INTERPRETAÇÃO CONSTITUCIONAL
A resolução das conflitualidades
intrínsecas da norma constitucional

EMERSON GARCIA

Prefácio
Jorge Miranda

INTERPRETAÇÃO CONSTITUCIONAL
A resolução das conflitualidades
intrínsecas da norma constitucional

2ª edição

| 2 |

Belo Horizonte

FÓRUM
CONHECIMENTO JURÍDICO

2023

©2015 Editora Atlas
©2ª edição 2023 Editora Fórum Ltda.

É proibida a reprodução total ou parcial desta obra, por qualquer meio eletrônico, inclusive por processos xerográficos, sem autorização expressa do Editor.

Conselho Editorial

Adilson Abreu Dallari
Alécia Paolucci Nogueira Bicalho
Alexandre Coutinho Pagliarini
André Ramos Tavares
Carlos Ayres Britto
Carlos Mário da Silva Velloso
Cármen Lúcia Antunes Rocha
Cesar Augusto Guimarães Pereira
Clovis Beznos
Cristiana Fortini
Dinorá Adelaide Musetti Grotti
Diogo de Figueiredo Moreira Neto (*in memoriam*)
Egon Bockmann Moreira
Emerson Gabardo
Fabrício Motta
Fernando Rossi
Flávio Henrique Unes Pereira

Floriano de Azevedo Marques Neto
Gustavo Justino de Oliveira
Inês Virgínia Prado Soares
Jorge Ulisses Jacoby Fernandes
Juarez Freitas
Luciano Ferraz
Lúcio Delfino
Marcia Carla Pereira Ribeiro
Márcio Cammarosano
Marcos Ehrhardt Jr.
Maria Sylvia Zanella Di Pietro
Ney José de Freitas
Oswaldo Othon de Pontes Saraiva Filho
Paulo Modesto
Romeu Felipe Bacellar Filho
Sérgio Guerra
Walber de Moura Agra

Luís Cláudio Rodrigues Ferreira
Presidente e Editor

Coordenação editorial: Leonardo Eustáquio Siqueira Araújo
Aline Sobreira de Oliveira

Rua Paulo Ribeiro Bastos, 211 – Jardim Atlântico – CEP 31710-430
Belo Horizonte – Minas Gerais – Tel.: (31) 99412.0131
www.editoraforum.com.br – editoraforum@editoraforum.com.br

Técnica. Empenho. Zelo. Esses foram alguns dos cuidados aplicados na edição desta obra. No entanto, podem ocorrer erros de impressão, digitação ou mesmo restar alguma dúvida conceitual. Caso se constate algo assim, solicitamos a gentileza de nos comunicar através do *e-mail* editorial@editoraforum.com.br para que possamos esclarecer, no que couber. A sua contribuição é muito importante para mantermos a excelência editorial. A Editora Fórum agradece a sua contribuição.

Dados Internacionais de Catalogação na Publicação (CIP) de acordo com ISBD

G216i	Garcia, Emerson
	Interpretação constitucional: a resolução das conflitualidades intrínsecas da norma constitucional / Emerson Garcia. - 2. ed. - Belo Horizonte : Fórum, 2023.
	599p. ; 17cm x 24cm. – (Coleção Emerson Garcia de Direito Constitucional v.2)
	Inclui bibliografia.
	ISBN da coleção: 978-65-5518-467-9
	ISBN: 978-65-5518-360-3
	1. Direito. 2. Direito Constitucional. 3. Teoria Geral do Direito. I. Título.
2022-308	CDD: 342
	CDU: 342

Elaborado por Vagner Rodolfo da Silva – CRB-8/9410

Informação bibliográfica deste livro, conforme a NBR 6023:2018 da Associação Brasileira de Normas Técnicas (ABNT):

GARCIA, Emerson. *Interpretação constitucional*: a resolução das conflitualidades intrínsecas da norma constitucional. 2. ed. Belo Horizonte: Fórum, 2023. 599p. ISBN 978-65-5518-360-3. (Coleção Emerson Garcia de Direito v.2).

LISTA DE ABREVIATURAS E SIGLAS

ADCT	–	Ato das Disposições Constitucionais Transitórias
ADI	–	Ação Direta de Inconstitucionalidade
AgR	–	Agravo Regimental
AIJC	–	*Annuaire International de Justice Constitutionnelle*
APD	–	*Archives de Philosophie du Droit*
AöR	–	*Archiv des öffentlichen Rechts*
ARS	–	*Archiv für Rechts- und Sozialphilosophie*
ATC	–	Acórdãos do Tribunal Constitucional português
BOE	–	*Boletín Oficial del Estado*
BVerfGE	–	Entscheidungen des Bundesverfassungsgericht
BVerwGE	–	Entscheidungen des Bundesverwaltungsgericht
CC	–	*Cuestiones Constitucionales*
CLR	–	*Columbia Law Review*
DJ	–	*Diário da Justiça*
DP	–	*Direito Público*
DS	–	*Diritto e Società*
DSt	–	*Der Staat*
DUDH	–	Declaração Universal dos Direitos Humanos
ECLR	–	*European Constitutional Law Review*
EHRLR	–	*European Human Rights Law Review*
ELJ	–	*European Law Journal*
EuGRZ	–	*Europäische Grundrechte Zeitschrift*
GG	–	Grundgesetz
GLR	–	*Georgia Law Review*
GU	–	*Giornale Ufficiale*
HD	–	Habeas Data
HLR	–	*Harvard Law Review*
HPT	–	*History of Political Thought*
IJCL	–	*International Journal of Constitutional Law*
IJMGR	–	*International Journal on Minority and Group Rights*
JLI	–	*Journal of Legal Interpretation*
JO	–	*Journal Officiel*
JZ	–	*Juristen Zeitung*
LA	–	*Logique et Analyse*
LP	–	Law and Philosophy
MI	–	Mandado de Injunção
NDI	–	*Novissimo Digesto Italiano*
NDLR	–	*Notre Dame Law Review*
NVwZ	–	*Neue Zeitschrift für Verwaltungsrecht*
NYULR	–	*New York University Law Review*
PD	–	*Persona y Derecho*, Revista de fundamentación de las Instituciones Jurídicas y de Derechos Humanos
QJS	–	*Quarterly Journal of Speech*
RBDC	–	*Revista Brasileira de Direito Constitucional*
RBF	–	*Revista Brasileira de Filosofia*

RBLJ	–	*Revista Brasileira de Letras Jurídicas*
RCCS	–	*Revista Crítica de Ciências Sociais*
RDA	–	*Revista de Direito Administrativo*
RDADPERJ	–	*Revista de Direito da Associação dos Defensores Públicos do Estado do Rio de Janeiro*
RDC	–	*Revue de Droit Constitutionnel*
RDCA	–	*Constitutions* – Revue de Droit Constitutionnel Appliqué
RDCIAE	–	*Revista de Direito Civil, Imobiliário, Agrário e Empresarial*
RDISDP	–	*Revue de Droit International, de Sciences Diplomatiques et Politiques*
RDMPERJ	–	*Revista de Direito do Ministério Público do Estado do Rio de Janeiro*
RDP	–	*Revista de Direito Público*
RDPSP	–	*Revue du Droit Public et Science Politique*
RDPSPFE	–	*Revue du Droit Public et de la Sience Politique em France et a L'Étranger*
RDTJRJ	–	*Revista de Direito do Tribunal de Justiça do Estado do Rio de Janeiro*
RE	–	Recurso Extraordinário
REAGU	–	*Revista da Escola da Advocacia-Geral da União*
REP	–	*Revista de Estudos Políticos*
REPS	–	*Revista de Estudos Políticos e Sociais*
RF	–	*Rivista di Filosofia*
RFDC	–	*Revue Française du Droit Constitutionnel*
RFDUL	–	*Revista da Faculdade de Direito da Universidade de Lisboa*
RFSP	–	*Revue Française de Science Politique*
RGDIP	–	*Revue Générale de Droit International Public*
RIDPP	–	*Rivista Italiana di Diritto e Procedura Penale*
RIFD	–	*Rivista Internazionale di Filofofia del Diritto*
RILSF	–	*Revista de Informação Legislativa do Senado Federal*
RIP	–	Revista *Interesse Público*
RJ	–	*Ratio Juris*
RMPEGO	–	*Revista do Ministério Público do Estado de Goiás*
RMPSP	–	Revista do Ministério Público de São Paulo – *Justitia*
RP	–	*Ragion Pratica*
RPGR	–	*Revista da Procuradoria-Geral da República*
Rt	–	*Rechtstheorie*
RTDP	–	*Rivista Trimestrale di Diritto Pubblico*
RTJ	–	*Revista Trimestral de Jurisprudência*
STF	–	Supremo Tribunal Federal
StLR	–	*Stanford Law Review*
SLR	–	*Statute Law Review*
TGB	–	*The Green Bag*
TLQR	–	*The Law Quarterly Review*
TRC	–	Teoría y Realidad Constitucional
UCLR	–	*University of Chicago Law Review*
U.S.	–	*United States Reports*
VLR	–	*Virginia Law Review*
YLJ	–	*Yale Law Journal*

SUMÁRIO

PREFÁCIO
Jorge Miranda 11

NOTA BIOGRÁFICA 15

CONSIDERAÇÕES INICIAIS 17

INTRODUÇÃO

1   Gênese da conflitualidade: o sistema constitucional e a relação texto-contexto 19
2   Conflitos e decisões no plano jurídico-constitucional 29
3   Tese de fundo: conceito, contextualização e perspectivas da conflitualidade intrínseca 43
4   Delimitação e importância do objeto da investigação 51
5   Metodologia utilizada 54
6   Plano da investigação 57

TÍTULO I
CONFLITUALIDADE INTRÍNSECA DA NORMA CONSTITUCIONAL

CAPÍTULO I 63
FORMAÇÃO DA CONFLITUALIDADE INTRÍNSECA

1   Aspectos introdutórios 63
2   Enunciado linguístico, disposição normativa e norma constitucional ... 70
3   Conflitualidade intrínseca e antinomia: distinção ontológica e relação consequencial 84
4   A norma constitucional e sua conflitualidade intrínseca: peculiaridades ... 89
4.1 A conflitualidade intrínseca nas distintas espécies de norma constitucional 92
5   Concausas da conflitualidade intrínseca 108
6   Aspectos do contexto ambiental 111

CAPÍTULO II 119
PLANOS DE PROJEÇÃO DA CONFLITUALIDADE INTRÍNSECA

1   Aspectos introdutórios 119
2   A conflitualidade no plano linguístico 120
2.1 A funcionalidade da linguagem 123
2.2 A tríade estrutural da comunicação normativa: linguagem, cultura e pensamento 126
2.3 A Constituição formal e a "linguagem para propósitos específicos" 134

2.4	Interferências na compreensão dos enunciados linguísticos normativos	143
2.4.1	A estrutura dos enunciados linguísticos enquanto mecanismo de prevenção das interferências	161
2.5	Inferências do discurso normativo	173
2.6	A carga emotiva da linguagem constitucional	179
3	A conflitualidade no plano axiológico	184
3.1	O constitucionalismo e a virada axiológica	192
3.2	Valores: formação e relevância	216
3.2.1	O consenso no delineamento da base axiológica da Constituição formal	227
3.2.2	O relativismo axiológico e a superação do fundamentalismo	231
3.2.3	Os valores constitucionais e o seu alicerce cultural	236
3.2.4	Norma e valor: uma distinção necessária	241
3.2.5	O papel dos tribunais na sedimentação da axiologia constitucional	245
3.3	Concepções ideológicas da ordem constitucional	249
4	A conflitualidade no plano teleológico	253
4.1	A teleologia constitucional e a inter-relação entre referenciais jurídicos e políticos	260
4.2	A Constituição entre a autonomia política e o comprometimento teleológico	267
4.3	O poder e a pessoa humana como epicentro das dissonâncias teleológicas	274
4.4	O utilitarismo constitucional: proteção ou ameaça às liberdades individuais?	283
5	A conflitualidade no plano operativo	292
5.1	A liberdade entre o *facere* e o *non facere*	298
5.2	A realização do referencial de igualdade	308
5.3	A implementação dos direitos prestacionais	317

TÍTULO II
INTERPRETAÇÃO CONSTITUCIONAL E RESOLUÇÃO DA CONFLITUALIDADE INTRÍNSECA

CAPÍTULO I 331
CONSIDERAÇÕES PRELIMINARES

1	A resolução da conflitualidade intrínseca e suas implicações	331
2	Fatores endógenos que influem na resolução das conflitualidades intrínsecas	335
3	Fatores exógenos que influem na resolução da conflitualidade intrínseca	339
4	Ambivalência da interpretação constitucional: propulsão ou resolução da conflitualidade intrínseca	345

CAPÍTULO II 347
RESOLUÇÃO DA CONFLITUALIDADE INTRÍNSECA E PRIMAZIA DA PESSOA HUMANA

1	A pessoa humana e sua dignidade	347
2	A teoria dos círculos e o delineamento da dignidade humana	354
3	A dignidade humana e o seu potencial expansivo	359
3.1	Dignidade humana e mínimo existencial	361
4	Limites dos direitos fundamentais e conflitualidade intrínseca	364

CAPÍTULO III		373
A FUNCIONALIDADE RESOLUTIVA DA INTERPRETAÇÃO CONSTITUCIONAL		
1	Aspectos introdutórios	373
1.1	Elementos constitutivos da interpretação constitucional: argumentação e interpretação *stricto sensu*	379
2	Teorias da interpretação constitucional	382
2.1	Teorias do contrato	384
2.2	Teorias axiológicas	402
2.3	Teorias procedimentais	407
3	Funcionalidades da interpretação constitucional	414
3.1	Interpretação constitucional: reconhecer ou adjudicar?	415
3.2	Tensão dialética entre segurança jurídica e função de integração criativa	421
4	O intérprete e o seu elemento anímico	435
4.1	Pré-compreensão e compreensão na interpretação constitucional	440
4.2	O sentimento constitucional	443
4.3	Ideologias do discurso interpretativo	444
5	Hermetismo ou permeabilidade textual	446
5.1	Os extremos do formalismo e do realismo	447
5.2	Discurso interpretativo e fatores ambientais que interagem com o texto	468
6	Postulados de racionalidade na interpretação constitucional	471
6.1	Postulado do não absurdo e retração textual	486
7	Métodos de interpretação constitucional	491
7.1	Métodos clássicos e insuficiência do "quadrado Savigny"	495
7.2	Método tópico-problemático e abertura sistêmica	502
7.3	Método concretizador	510
7.4	Ponderação pré-normativa	514
7.5	Sinergia metódica e argumentação jurídica	519
8	Adjudicação de significado e liberdade decisória do intérprete	531
PROPOSIÇÕES		535
REFERÊNCIAS		547

PREFÁCIO

1. Depois de dedicar a sua dissertação de mestrado aos *Conflitos entre normas constitucionais* (Rio de Janeiro, 2008), na sua tese de doutoramento, defendida em 2012, e agora publicada, EMERSON GARCIA versa sobre *A conflitualidade intrínseca das normas constitucionais*, com enfoque predominante na problemática da interpretação.

Subjacente a ambas as obras, encontra-se a teoria da Constituição que o Autor – jurista muito bem informado, com grande capacidade de análise crítica e de elaboração dogmática – domina profundamente, sabendo ligá-la à teoria dos direitos fundamentais e entrosá-la no Direito comparado e na realidade económica, social, política e cultural conformada e conformadora das normas jurídicas. Tudo acompanhado de uma bibliografia de dezenas e dezenas de escritos.

Tive a imensa satisfação de ser orientador tanto do mestrado quanto do doutoramento, que EMERSON GARCIA obteve, com as mais altas classificações, na Universidade de Lisboa; e é também uma honra para esta Universidade que ele aí tenha querido prestar provas, enfileirando, com brilho, ao lado de tantos brasileiros que têm procurado a sua Faculdade de Direito e que aí têm sido sempre acolhidos com amizade e estímulo.

2. A extensão e a complexidade da tese – com uma introdução e duas vastas partes ou títulos, um sobre a conflitualidade intrínseca e outro sobre a funcionalidade intrínseca das normas constitucionais e sobre a sua resolução – não me permitem descrever todo o conteúdo do livro.

Vou apenas reproduzir algumas das proposições conclusivas com que o próprio Autor encerra a obra, a meu ver, as mais significativas e elucidativas:

- A conflitualidade intrínseca é um incidente, efetivo ou potencial, que surge no curso do processo de interpretação e reflete a oposição entre grandezas argumentativamente relevantes, passíveis de influir no delineamento de uma pluralidade de significados reconduzíveis ao mesmo enunciado linguístico. (nº 4)
- As atividades de valoração e decisão, ínsitas e inseparáveis da interpretação constitucional, decorrem da necessidade de identificar e superar as conflitualidades intrínsecas, permitindo a individualização da norma constitucional. (nº 5)
- As conflitualidades intrínsecas e os significados potencialmente atribuíveis ao texto normativo, por serem diretamente influenciados pela relação entre texto e conteúdo, variam conforme os circunstancialismos de natureza espacial e temporal. (nº 7)
- O modo de resolução das conflitualidades intrínsecas, enquanto antecede a individualização da norma constitucional, tem influência direta no seu relacionamento com as demais normas do sistema, podendo evitar, ou estimular, o surgimento de conflitualidades extrínsecas (*rectius*: antinomias). (nº 12)

- O potencial expansivo da conflitualidade intrínseca tende a ser inversamente proporcional ao da conflitualidade extrínseca, de modo que a ampliação das questões resolvidas no âmbito da primeira normalmente reduzirá a possibilidade de irrupção da segunda. (nº 14)
- A conflitualidade intrínseca tende a ser ampliada ou restringida conforme as variações de ordem qualitativa e quantitativa das concausas consideradas pelo intérprete. Interpretações *in abstracto*, dissociadas de uma situação específica, normalmente levarão em conta aspectos mais amplos da realidade. Interpretações *in concreto*, por sua vez, serão direcionadas pelas especificidades da situação a ser regulada, o que reduz, sensivelmente, os aspectos da realidade considerados pelo intérprete. (nº 20)
- Valores colhidos no ambiente sociopolítico e na Constituição formal mantêm entre si uma relação de osmose recíproca, influenciando e sendo influenciados. (nº 45)
- Como a norma é fruto da interação entre texto e contexto, direito e moral, apesar de consubstanciarem unidades distintas, não permanecem separados em compartimentos estanques. Comunicam-se e interpenetram-se. Em consequência, carecem de sustentação metódica as construções positivistas que negam a ação de influxos axiológicos no delineamento do significado dos enunciados linguísticos normativos. (nº 47)
- A dinamicidade do consenso faz com que ele apresente variações de natureza temporal, pessoal e espacial, o que, por via reflexa, torna igualmente dinâmicos os valores, subjacentes ao ambiente sociopolítico, a que confere sustentação. (nº 50)
- Ainda que se reconheça a autonomia existencial da Constituição formal e a vinculatividade dos objetivos políticos nela contemplados, o intérprete, ao resolver as conflitualidades intrínsecas, influi, diretamente, no delineamento desses objetivos, moldando a teleologia constitucional. (nº 54)
- A resolução das conflitualidades intrínsecas no plano teleológico, mediatamente comprometida com a realização do ideal de justiça, deve sempre se ajustar à preservação dos direitos fundamentais, que absorvem todas as feições positivas de uma ordem constitucional e buscam realçar os valores que a justiça é capaz de realizar. (nº 55)
- A ordem jurídica internacional influencia tanto a *formação* das conflitualidades intrínsecas quanto os juízos valorativos realizados pelo intérprete, que, tanto quanto possível, deve optar, entre os significados que se oferecem ao seu poder de escolha, por aquele que se harmonize com essa espécie de fator exógeno. (nº 68)
- A base axiológica de sustentação da dignidade humana tende a se ampliar ou restringir conforme a amplitude do ambiente sociopolítico: círculos menores, por apresentarem maiores pontos de convergência, tendem a ampliar os seus contornos essenciais; círculos maiores, a restringi-los. (nº 72)
- O sentimento constitucional, ao refletir a capacidade de percepção de uma base de valores e influir no delineamento do estado de ânimo que concorre para a construção da pré-compreensão e da compreensão, contribui para humanizar

a norma constitucional e para aumentar, no ambiente sociopolítico, a zona de convergência a respeito do significado que lhe foi atribuído. (nº 85)
- As técnicas de argumentação jurídica, que buscam assegurar a racionalidade do discurso desenvolvido pelo intérprete, são influenciadas pela sinergia dos métodos de interpretação e não podem desconsiderar os balizamentos oferecidos pelos significantes interpretados. A argumentação jurídica é essencialmente metódica e os métodos de argumentação nitidamente argumentativos: sua sinergia está teleologicamente comprometida com o direcionamento dos juízos valorativos e decisórios realizados pelo intérprete, justificando-os. (nº 103)
- A liberdade decisória do intérprete é diretamente proporcional à intensidade das conflitualidades intrínsecas. O resultado dessa atividade, por sua vez, somente é suscetível a um controle de racionalidade, não se ajustando a rígidos referenciais de correção argumentativa e substancial. (nº 104)

3. Uma atenção bem compreensível merece a Emerson Garcia os direitos fundamentais (ou, como diz, os direitos humanos) pois, como eles observam todas as feições positivas de uma ordem jurídica e buscam realçar todos os valores que a Justiça é capaz de realizar, adquirem uma indiscutível relevância no curso do processo de interpretação (título I, capítulo II).

Direitos de liberdade e direitos sociais aparecem aí interligados. Referenciais de mérito pessoal e justiça social devem caminhar em busca de um ponto de equilíbrio, permitindo que a intervenção estatal em prol da igualdade não receba uma exagerada ampliação, eliminando a liberdade, ou, sob os auspícios da proteção da liberdade, não dissemine um estado de indiferença em relação a padrões mínimos de justiça material.

Sem esquecer o confronto ideológico atual, acrescido por uma crise económica já demasiado prolongada, deve entender-se que o Estado social, longe de refletir uma ruptura com o modelo liberal, importa no seu aperfeiçoamento. Os direitos sociais apresentam uma nítida continuidade teleológica com a liberdade individual, centrada no mesmo referencial de proteção (5.3.).

No âmbito dos direitos sociais, a estrutura normativa sofrerá modificações conforme esteja presente ou não a necessidade de proteger o nível mínimo de direitos materializado na ideia de dignidade e que poderão dar ensejo a um verdadeiro direito subjetivo. E também aí se conhecem as ações afirmativas e as discriminações positivas.

De resto, mesmo no que tange aos direitos de liberdade, os contornos clássicos que asseguravam ao indivíduo uma esfera jurídica imune ao poder de coação estatal, identificando-se e exaurindo-se em um *non face*, sofreram um profundo realinhamento ao se verificar que a abstenção, em si, não se mostrava suficiente à transposição de alguns direitos do plano jurídico para o real ou mesmo à sua proteção contra a ação de terceiros. Donde a teoria do "dever de proteção".

Circulação de ideias, pluralismo político e embates ideológicos são características inerentes à democracia. A ordem jurídica, em geral, e a constitucional, em particular, devem ser sensíveis a essas dissonâncias. Não podem ser estruturadas à margem do *acquis* histórico, daí decorrendo uma irresistível tensão dialética entre a necessidade de as liberdades serem consolidadas e constantemente reconstituídas, ainda que argumentativamente.

Por último, vale a pena reter e repensar a relativa especificidade apontada aos órgãos jurisdicionais e ao Tribunal Constitucional na interpretação. É que, embora sejam também influenciados por pré-compreensões e referenciais ideológicos, os tribunais desempenham uma atividade essencialmente jurígena, delineando o significado da norma constitucional e, face à natureza desta atividade, as suas decisões apresentam uma relativa estabilidade. As alterações de entendimento, por sua vez, aumentam o seu ónus argumentativo, preocupação sensivelmente atenuada em relação às funções legislativa e executiva, em que propendem o aspeto político e, não raro, é desnecessária a fundamentação.

4. A doutrina constitucional brasileira – não por acaso, desde a entrada em vigor da Constituição de 1988 – atravessa uma fase de evidente pujança não só pela quantidade de monografias e artigos de revistas e em obras coletivas, mas também por um nível muito elevado de qualidade que a põe a par das doutrinas constitucionais europeias e norte-americana.

Este livro de Emerson Garcia enquadra-se bem, por todas as razões, nesse desenvolvimento científico e académico que deve ser conhecido e saudado, especialmente nos demais países de língua portuguesa.

Jorge Miranda
Professor catedrático jubilado da Universidade de Lisboa.

NOTA BIOGRÁFICA

Emerson Garcia é Doutor e Mestre em Ciências Jurídico-Políticas pela Universidade de Lisboa, bem como Especialista em *Education Law and Policy* pela *European Association for Education Law and Policy* (Antuérpia – Bélgica) e em Ciências Políticas e Internacionais pela Universidade de Lisboa.

Foi membro da Comissão de Juristas instituída no âmbito da Câmara dos Deputados, sob presidência do Ministro Mauro Campbell Marques, para a apresentação do anteprojeto de reforma da Lei nº 8.429/1992 (Lei de Improbidade Administrativa), que deu origem ao PL nº 10/887/2018 e, posteriormente, à Lei nº 14.230/2021. Foi ouvido na Comissão Especial da Câmara dos Deputados e na Comissão de Constituição e Justiça do Senado Federal durante a tramitação da PEC nº 6/2019, que resultou na promulgação da EC nº 103/2019 (Reforma da Previdência), e em diversos debates no âmbito do Poder Legislativo. Ainda participou de inúmeras comissões de estudos legislativos no âmbito da Associação Nacional dos Membros do Ministério Público (CONAMP) e da Procuradoria-Geral de Justiça do Rio de Janeiro, incluindo aquela que originou a atual Lei Orgânica da Instituição (Lei Complementar nº 106/2003).

Ingressou no Ministério Público do Estado do Rio de Janeiro em maio de 1996. Além do exercício de suas funções regulares, integrou a Coordenadoria das Promotorias Eleitorais e várias Assessorias Jurídicas no âmbito da Instituição. É o Consultor Jurídico da Procuradoria-Geral de Justiça desde 2013, função que também desempenhara no quadriênio 2005/2009. Desde 2013, é o Diretor da *Revista do Ministério Público*, periódico com 55 anos de existência e repositório autorizado do STF e do STJ.

Foi Assessor Jurídico da Associação Nacional dos Membros do Ministério Público (CONAMP) de 2008 a 2011, exercendo a função de Consultor Jurídico da entidade de classe desde 2012. Mantém, na página da CONAMP, a seção "Direito em Debate", em que divulga dezenas de artigos jurídicos de sua autoria. Também foi Assessor Jurídico do Conselho Nacional dos Procuradores-Gerais dos Ministérios Públicos dos Estados e da União (CNPG) em 2012.

Elaborou inúmeras notas técnicas, a respeito de projetos de atos normativos, do Congresso Nacional e do Conselho Nacional do Ministério Público, a pedido da CONAMP e do CNPG, sendo acolhidas como a posição oficial dessas entidades.

Teve teses aprovadas em diversos Congressos Nacionais do Ministério Público. É membro honorário do Instituto dos Advogados Brasileiros.

Foi examinador em mais de duas centenas de concursos públicos, incluindo certames da magistratura; do Ministério Público; da Defensoria Pública; de Procuradorias estaduais e municipais; de Tribunal de Contas, da União e dos Estados; do Senado Federal e de inúmeras estruturas de poder dos distintos níveis da federação.

Foi Coordenador da Banca Examinadora de Direito Constitucional em quase duas dezenas de Exames de Ordem Unificados do Conselho Federal da Ordem dos Advogados do Brasil.

É professor convidado de inúmeras instituições de ensino.

Ministrou cursos *in company* em diversas instituições públicas e privadas, como o Supremo Tribunal Federal, o Ministério Público Federal, a Advocacia-Geral da União e a Fundação Escola Superior do Ministério Público do Distrito Federal e Territórios.

Participou, como palestrante, de quase duas centenas de congressos e seminários realizados no Distrito Federal e na quase totalidade dos Estados da Federação.

Tem pareceres e artigos publicados em jornais e em dezenas de revistas especializadas, no Brasil e no exterior.

Integra os conselhos editoriais de inúmeras revistas especializadas.

Publicou, como autor, coautor, coordenador ou tradutor, sessenta e dois livros, sendo um deles não jurídico, intitulado *A linguagem e as portas que ela pode abrir e fechar*, com prefácio do Professor Evanildo Bechara, da ABL.

Foi finalista do 58º Prêmio Jabuti, da Câmara Brasileira do Livro, com a obra *Interpretação constitucional – A resolução das conflitualidades intrínsecas da norma constitucional*.

CONSIDERAÇÕES INICIAIS

A obra que se oferece ao público reflete a tese de doutoramento intitulada "Conflitualidade Intrínseca da Norma Constitucional", defendida pelo autor, junto à Universidade de Lisboa, em 6 de março de 2012. O júri foi composto pelos Professores Doutores José Joaquim Gomes Canotilho e Fernando Bronze, da Universidade de Coimbra, e pelos Professores Doutores Jorge Miranda (orientador), Jorge Reis Novais, Carlos Blanco de Morais, David Duarte, Pedro Romano e Miguel Teixeira de Souza, estes da Universidade de Lisboa.

A tese foi aprovada por unanimidade de votos, isso após longa e renhida discussão a respeito de diversas estruturas argumentativas defendidas pelo autor.

O processo de doutoramento, como se sabe, é longo e penoso, desafiando tanto a persistência do doutorando, quanto a paciência daqueles que estão à sua volta. Considerando o elevado quantitativo de partícipes individuais, o agradecimento coletivo seria mais que justificável. Apesar disso, e na certeza de que não passarei ao largo das omissões, gostaria de externar alguns agradecimentos em especial.

Em primeiro lugar, e como não poderia deixar de ser, agradeço a Deus. Da pequenez de nossas limitações terrenas, eleva-nos à grandeza do espírito, revelando-nos a essência e a razão de ser de nossa própria existência. Sem fé não há crescimento e verdadeira realização.

À minha família, aconchego nas intempéries, revigorante nos desânimos, uma especial e intensa deferência. O apoio de Claudete e Caroline, às quais, poucos após a defesa, juntou-se o pequeno Lucas, foi um lenitivo diário. No curso do doutoramento, perdi meu melhor amigo e companheiro, meu pai. Apesar da tristeza e do vazio, não esmoreci. Afinal, lembrando o poeta, não lhe disse adeus, porque o levo comigo.

Aos amigos, que me apoiaram de distintas maneiras, meu carinho. Em solo português, o apoio da família Garcia (Carlos, Tereza, Pedro, Miguel e Terezinha) e da querida Maria José de Abreu foi simplesmente essencial. Com eles sempre encontrei porto seguro. Também o Carlos Rátis, eminentemente jurista baiano, e sua família, sempre estiveram ao meu lado. Coincidência ou não, nas horas difíceis, Carlos, invariavelmente, estava lá – foi ele, inclusive, que assumiu o pesado ônus de imprimir e depositar os diversos volumes da tese.

No plano acadêmico, o agradecimento inaugural há de ser direcionado ao Professor Doutor Jorge Miranda. Após quase uma década de convívio, que principiou pelo curso de especialização, passou pelo mestrado e pelo doutoramento, e se estende ao pós-doutoramento, ora em curso, sua solicitude e aguçado espírito crítico sempre foram um estímulo diferenciado. Aos Professores Doutores Antonio Pedro Barbas Homem e Carla Amado Gomes, meu agradecimento pelo companheirismo e pela indicação para que participasse de curso, na área da educação, em solo belga. Na Itália, meus sinceros agradecimentos ao Professor Doutor Massimo Luciani, da prestigiosa *La Sapienza*, de Roma, pela troca de ideias e crítica sincera.

Externados os agradecimentos, é de bom alvitre esclarecer ao leitor que os ajustes realizados no título original tiveram como único objetivo o de facilitar, *prima facie*, a visualização do conteúdo da obra pelo público em geral. As conflitualidades intrínsecas surgem no curso do processo de interpretação constitucional e são resolvidas justamente por ele. Trata-se de operação cotidiana, realizada por qualquer operador do direito, mas que ainda carecia de sistematização. O objetivo, portanto, foi o de estabelecer uma visão inovadora a respeito da interpretação constitucional, demonstrando que o intérprete alcança o conteúdo da norma ao resolver divergências existentes no âmbito da linguagem, dos valores, dos fins a serem alcançados e do modo como a norma alcançará a realidade (ex.: impondo deveres, direitos ou faculdades). A tese é integralmente voltada à interpretação constitucional, daí a opção pelo título atribuído à obra, com o qual os leitores em potencial já estão familiarizados.

Para não desvirtuar o caráter propedêutico dessas considerações iniciais, fico por aqui, mas não sem antes desejar a todos uma boa leitura.

O Autor

INTRODUÇÃO

1 Gênese da conflitualidade: o sistema constitucional e a relação texto-contexto

À crescente interação entre Estado e sociedade, fruto da sedimentação do princípio democrático e da primazia atribuída ao ser humano, soma-se a constatação de que a Constituição deixou de ser um mero arquétipo neutral de organização política e de proteção das liberdades individuais. Longe de permanecer adstrita ao plano jurídico-normativo, foi erigida à posição de epicentro axiológico-normativo do ambiente sociopolítico, moldando e sendo moldada, construindo e sendo reconstruída, sempre em harmonia com as vicissitudes da realidade. Essa virada axiológica do constitucionalismo, responsável pela aproximação entre referenciais jurígenos e políticos, contribuiu para o avanço das construções teóricas que diuturnamente demonstram a abertura e a flexibilidade da unidade existencial normoaxiologicamente ordenada e de caráter fundante denominada de sistema constitucional.[1]

Ao se tornar não só permeável, como também dependente dos influxos de natureza axiológica colhidos na realidade, a Constituição formal passa por um intenso processo de remodelagem, exigindo amplas alterações de ordem metódica no âmbito da teoria da norma e da teoria da interpretação. Normas de estrutura principiológica têm a sua funcionalidade reinventada; os valores deixam de ser vistos como puras abstrações morais desprovidas de importância e conteúdo; o nivelamento formal passa a coexistir com a hierarquia axiológica, maximizando a importância dos juízos valorativos realizados; e o processo de interpretação constitucional a cada dia se vê mais distante do cognitivismo e da lógica dedutiva que conferem sustentação ao silogismo mecanicista. A abertura, denotando a capacidade de evoluir e se modificar,[2] e a flexibilidade, indicativa de sua aptidão para se ajustar à realidade com preservação dos seus balizamentos formais,

---

[1] Cf.: ZIPPELIUS, Reinhold; WÜRTENBERGER, Thomas. *Deutsches Staatsrecht*. 32. ed. München: C. H. Beck, 2008. p. 42; e CANARIS, Claus-Wilhelm. *Pensamento sistemático e conceito de sistema na ciência do direito* (*Systemdenken und Systembegriff in der Jurisprudenz*). (Trad. A. Menezes Cordeiro). 5. ed. Lisboa: Fundação Calouste Gulbenkian, 1989. p. 10-13 e 77-78.

[2] Cf.: CANARIS, Claus-Wilhelm. *Pensamento sistemático e conceito de sistema na ciência do direito* (*Systemdenken und Systembegriff in der Jurisprudenz*). (Trad. A. Menezes Cordeiro). 5. ed. Lisboa: Fundação Calouste Gulbenkian, 1989. p. 104.

são características do sistema que somente deixarão o plano puramente conceitual no momento em que ele se tornar sensível ao seu entorno.

Se a ideia de sistema pode assumir contornos estruturais (*rectius*: as ideias básicas de desenvolvimento de uma identidade), dogmáticos (*v.g.*: o sistema do direito romano) ou a própria necessidade de um específico modo de compreensão metódica (*rectius*: a denominada "interpretação sistemática"),[3] indicando, nesse último caso, a impossibilidade de a norma ser individualizada com a só consideração de uma disposição normativa em particular, desconsiderando a influência das demais partículas que integram e dão forma ao todo,[4] não menos exata é a constatação de que o sistema constitucional não pode ser concebido em um plano de pura abstração. A sua verdadeira identidade somente será delineada no momento em que a mobilidade do ambiente sociopolítico for agregada à estática dos enunciados linguísticos inseridos na Constituição formal.

O sistema constitucional é vivo e dinâmico, estando comprometido com a satisfação das "necessidades práticas da sociedade contemporânea".[5] Não prescinde da integração com a realidade para a sua plena formação e desenvolvimento.[6] Essa concepção, que poderíamos denominar de "integrativa", é nitidamente refratária àquelas de contornos "antiformalistas" ou "formalistas", esta por apregoar o hermetismo[7] e a plena preeminência do sistema formal,[8] aquela por conferir primazia às forças de natureza puramente moral e sociológica,[9] colocando em cheque a própria funcionalidade do texto normativo.

Perdem força as construções teóricas que se mostram refratárias às exigências de conteúdo e indiferentes aos valores que surgem a partir do ambiente sociopolítico: (1) a separação entre "sistema externo", que abrigaria as diretrizes de ordenação do direito e se preocuparia com sua apresentação na realidade, não com sua unidade interna; e "sistema interno", que absorveria as normas e seria indiferente aos influxos recebidos do contexto, não resiste à constatação de que o sistema não prescinde de coerência interna e os princípios de justiça, ao influírem no aperfeiçoamento do direito, são suscetíveis de evolução; (2) o "sistema axiomático", ao exigir um rol fechado de conceitos fundamentais e somente se afeiçoar ao método dedutivo, mostra-se de todo incompatível com o direito, em que são comuns as inferências, as antinomias e os juízos valorativos; e, ostentando

---

[3] Cf.: BÜLLESBACH, Alfred. Systemtheorie im Recht. *In*: HASEMER, Winfried; NEUMANN, Ulfrid; KAUFMANN, Arthur. *Einführung in Rechtstheorie der Gegenwart*. 7. ed. Heidelberg: C. F. Müller, 2004. p. 428 (429).

[4] Cf.: SEELMANN, Kurt. *Rechtsphilosophie*. 4. ed. München: C. H. Beck, 2007. p. 57; e RAZ, Joseph. *The concept of a legal system*: an introduction to the theory of legal system. 2. ed. Oxford: Oxford University Press, 1980. p. 3.

[5] Cf.: SCHWARTZ, Bernard. *A history of the Supreme Court*. New York: Oxford University Press, 1995. p. 380. No mesmo sentido: ZAGREBELSKY, Gustavo. La doctrine du droit vivant et la question de constitutionnalité. *Constitutions – RDCA – Revue de Droit Constitutionnel Appliqué*, p. 9-20, jan./fév. 2010. p. 9 (15-16).

[6] Cf.: RIGAUX, François. The concept of fact in legal science. *In*: NERHOT, Patrick. *Law, interpretation and reality*: essays in epistemology, hermeneutics and jurisprudence. Dordrecht: Kluwer Academic, 1990. p. 38 (38).

[7] O hermetismo, em seus extremos, conduz à aporia do sistema fechado, o que, na percepção de Patrick Nerhot, é simplesmente absurdo, já que a própria noção de sistema, no âmbito das ciências sociais, por interagir com o ambiente sociopolítico, é onticamente aberta (NERHOT, Patrick. The law and its reality. *In*: NERHOT, Patrick. *Law, interpretation and reality*: essays in epistemology, hermeneutics and jurisprudence. Dordrecht: Kluwer, 1990. p. 50 (61)).

[8] Sobre as inconsistências do formalismo, vide: BOBBIO, Norberto. *Giusnaturalismo e positivismo giuridico*. 3. ed. Milano: Edizioni di Comunitá, 1977. p. 79 e ss.

[9] O designativo de formalistas, antiformalistas e integrativos é normalmente utilizado para qualificar as ciências legais. Cf.: WROBLEWSKI, Jerzy. Cognition of norms and cognition trough norms. *In*: DI BERNARDO, Giuliano. *Normative structures of the social world*. Amsterdam: Rodopi, 1988. v. 11, p. 223 (225-234); e ZIEMBINSKI, Zygmunt. *Polish contributions to the theory and philosophy of law*. Amsterdan: Rodopi, 1987. p. 84-85.

inconsistências de natureza similar, (3) o "sistema conceitual-abstrato", que apregoa a ideia de unidade a partir de um conceito base, como o de justiça, do qual são deduzidos os demais conceitos necessários.[10]

A remodelagem teórica da ideia de sistema, transitando do hermetismo para a abertura, longe de ser um fator de instabilidade para a sua coerência interna, que se veria refém de uma irrestrita liberdade conformativa por parte de qualquer intérprete, deve ser considerada o espelho da sensibilidade do direito e, consequentemente, da virada axiológica experimentada pelo constitucionalismo. O sistema passa a assumir contornos axiológico-integrativos, não prescindindo da concorrência entre valores e balizamentos textuais.

Ao se negar a autossuficiência do sistema, que não prescinde dos influxos recebidos do contexto, reconhece-se, *ipso facto*, a sua evolutividade e dinamismo, daí decorrendo o correlato poder de adaptação às vicissitudes do ambiente sociopolítico.[11] Seus contornos, além de não serem rígidos e definitivos, permanecendo à margem da existência de lacunas e contradições, não são preestabelecidos, sendo constantemente construídos e reconstruídos com o auxílio dos intérpretes.

Por ser uma unidade normoaxiologicamente ordenada e de caráter fundante, o sistema constitucional é composto por normas e valores que interagem e se alimentam reciprocamente, de modo a assegurar a aproximação com o ambiente sociopolítico, o pleno cumprimento de seus objetivos e a harmonia de todas as normas que encontrem na Constituição o seu fundamento de validade.

Pode-se afirmar que o ponto nodal do "sistema aberto" é a funcionalidade que tem sido atribuída aos princípios pela metodologia contemporânea: são normas que não se ajustam a uma subsunção não valorativa e à lógica do "tudo ou nada". Além de normalmente se distinguirem das regras no plano quantitativo, apresentando maior grau de vagueza, também são qualitativamente distintos, ostentando singularidades que se refletem no modo de resolução dos conflitos normativos em que estejam envolvidos (*v.g.*: com o recurso à técnica da ponderação, isso em razão da insuficiência das técnicas tradicionalmente utilizadas para a resolução de antinomias, como *lex posterior derogat legi priori*, *lex superior derogat legi inferiori* etc.). Apresentam extrema sensibilidade axiológica, o que os torna particularmente permeáveis aos valores colhidos no ambiente sociopolítico, e atuam como verdadeiros amálgamas do sistema, coordenando suas distintas partes e contribuindo para a preservação de sua coerência interna.[12] Larenz já realçara que os princípios assumem uma relevante importância teleológica na interpretação jurídica[13] e podem apresentar contornos extremamente diversificados, passíveis de hierarquização

---

[10] Cf.: LARENZ, Karl. *Metodologia da ciência do direito* (*Methodenlehre der Rechtswissenschaft*). (Trad. José Lamego). 3. ed. Lisboa: Fundação Calouste Gulbenkian, 1997. p. 230-241; e CANARIS, Claus-Wilhelm. *Pensamento sistemático e conceito de sistema na ciência do direito* (*Systemdenken und Systembegriff in der Jurisprudenz*). (Trad. A. Menezes Cordeiro). 5. ed. Lisboa: Fundação Calouste Gulbenkian, 1989. p. 26 e ss.

[11] Cf.: BOBBITT, Philip. From the constitutional fate: theory of the Constitution. *In*: LEVINSON, Sanford; MAILLOUX, Steven. *Interpreting law and literature*: a hermeneutic reader. Illinois: Northwestern University Press, 1988. p. 363 (373-374).

[12] Cf.: LARENZ, Karl. *Metodologia da ciência do direito* (*Methodenlehre der Rechtswissenschaft*). (Trad. José Lamego). 3. ed. Lisboa: Fundação Calouste Gulbenkian, 1997. p. 235 e ss.; e 316.

[13] LARENZ, Karl. *Metodologia da ciência do direito* (*Methodenlehre der Rechtswissenschaft*). (Trad. José Lamego). 3. ed. Lisboa: Fundação Calouste Gulbenkian, 1997. p. 577.

no momento da concretização,[14] o que evidencia a sua suscetibilidade à influência das circunstâncias fáticas e jurídicas subjacentes ao caso concreto.

O redimensionamento metódico dos princípios, implícitos ou explícitos, evidencia o distanciamento do constitucionalismo em relação às construções teóricas que remontam ao movimento de codificação oitocentista, apregoando a existência de um sistema fechado, em que o intérprete realiza uma atividade de puro conhecimento do significado ínsito no texto normativo, prevalecendo, desse modo, o "esquema sujeito/objeto". De acordo com esse esquema, sujeito cognoscente e objeto cognoscido permanecem separados e incomunicáveis, sem qualquer influência recíproca.

O constitucionalismo, em verdade, deve ser concebido como "uma atitude especial, direcionada à eficácia de palavras escritas",[15] não mais se compatibilizando com a lógica da subsunção mecânica e estática, voltada ao conhecimento de sentidos imanentes, ínsitos nos enunciados linguísticos interpretados. Essa "atitude" é direcionada à compreensão de um texto normativo aberto e permeável, sensível às vicissitudes da realidade sociopolítica e, consequentemente, aos influxos de ordem axiológica que dela se desprendem e o alimentam. Não há fenômeno jurídico-social minimamente relevante que passe ao largo de uma leitura constitucional, o que denota não só a necessária compatibilização de sua forma e de sua essência aos limites, como, principalmente, às imposições de conteúdo estabelecidas pela Constituição.

A Constituição passa a ser vista como uma fonte insuscetível de ser acessada sem sensibilidade.[16] O intérprete deve ser capaz de perceber as modificações da realidade, ainda que a estrutura do texto permaneça imutável, e, direcionando-se pela base axiológica que permeia a ordem jurídica e a ordem social, alcançar soluções que permitam a aproximação do *sollen* (dever) ao *sein* (ser). Não é possível, no atual estágio de evolução do constitucionalismo, minimizar-se o papel do intérprete e utilizar-se uma imagem de Constituição moldada em tempos passados, em que a interação entre poder estatal e sociedade ostentava maior simplicidade e era nitidamente menos intensa que na atualidade.[17]

A Constituição, que não é propriamente um corpo articulado destinado à resolução de problemas em qualquer nível de governo, mas sim, um estatuto básico que fornece aos atores sociopolíticos a sua base de organização, assume feições nitidamente instrumentais e simbólicas.[18] Sob o primeiro prisma, trata-se de documento que estabelece um *"modus disputandi"* :[19] confia aos intérpretes a resolução de seus próprios problemas,[20]

---

[14] LARENZ, Karl. *Metodologia da ciência do direito* (*Methodenlehre der Rechtswissenschaft*). (Trad. José Lamego). 3. ed. Lisboa: Fundação Calouste Gulbenkian, 1997. p. 592.

[15] LASSWELL, Harold D. *Politics*: who gets, what, when, how. New York: Peter Smith, 1950. p. 103.

[16] Cf.: SMITH, Steven Douglas. *Constitution and the pride of reason*. New York: Oxford University Press, 1998. p. 79.

[17] Cf.: GARCÍA-PELAYO, Manuel. *Las transformaciones del Estado contemporáneo*. 2. ed. Madrid: Alianza, 1985. p. 143.

[18] Cf.: FRANKENBERG, Günther. *A gramática da Constituição e do direito* (*Autorität und Integration*: zur Gramatik von Recht und Verfassung). (Trad. Elisete Antoniuk). Belo Horizonte: Del Rey, 2007. p. 125-127.

[19] FRANKENBERG, Günther. *A gramática da Constituição e do direito* (*Autorität und Integration*: zur Gramatik von Recht und Verfassung). (Trad. Elisete Antoniuk). Belo Horizonte: Del Rey, 2007. p. 26.

[20] Cf.: BREYER, Stephen. *Active liberty*: interpreting our democratic Constitution. New York: Vintage Books, 2005. p. 134.

permitindo a superação da falta de consenso e a resolução de conflitos sociopolíticos.[21] A instrumentalidade da Constituição, enquanto mecanismo de organização do Estado e garantia do bem comum, é alcançada com a criação de estruturas orgânicas, a definição de processos e a previsão de comandos, hipotéticos ou categóricos, voltados à regulação sociopolítica. A feição simbólica, por sua vez, se manifesta na base axiológica subjacente à Constituição, que, além de influir no delineamento dos valores tidos como relevantes no contexto social, mostra-se extremamente permeável àqueles originários da sociedade, assegurando uma contínua relação de fluxo e refluxo entre *texto* e *contexto*.[22] Ao delinear os limites da licitude e inclinar-se pela tolerância, a ordem constitucional, de forma simbólica, indica os pontos de ruptura da normalidade sociopolítica, exercendo efetiva influência na formação do conceito de bem comum. Em um plano puramente idealístico, que nem sempre se materializa na realidade, pode-se afirmar que os contornos simbólicos do texto constitucional permitem que seja ele visto como a "magna carta da identidade nacional".[23]

A regulação constitucional influi tanto sobre as situações jurídicas expressa e diretamente alcançadas por suas normas, quanto, também, sobre as situações reais que não sejam imediatamente alcançadas pelo discurso jurídico-normativo.[24] Nesse último caso, a influência se manifesta tanto na formação de um espaço livre de direito, como, igualmente, no livre balanceamento das forças sociais, cuja expansão ou retração pode ser facilitada ou comprometida pela abstenção do Estado na sua regulação.

Como autoconceito da estrutura política e projeto de realização das aspirações coletivas, ambas decorrentes da autonomia existencial do Estado de Direito, a Constituição possui indiscutível importância na formação da consciência sociopolítica. Essa consciência, por sua vez, pode sedimentar-se e dar origem a uma identidade coletiva.[25] Direito e consciência, embora ocupem âmbitos distintos, terminam por ostentar uma nítida interdependência na formação da base axiológica que dá sustentação à identidade coletiva. Na medida em que o direito se aproxime das aspirações e dos referenciais de justiça encampados pela consciência individual, a base moral característica dessa consciência encampa as prescrições que oferece e passa a ser conformada de acordo com ela. Essa interdependência, que se faz presente na influência do direito no processo de formação dos valores e no fato de esse processo encontrar sua gênese na consciência individual, termina por reduzir o seu aparente distanciamento, já que o âmbito do direito é a organização sociopolítica, enquanto o âmbito da consciência é o convencimento interior e a individualidade.[26]

---

[21] Cf.: PIEROTH, Bodo. L'apport de Jürgen Habermas au droit constitutionnel. *Revue du Droit Public et de la Sience Politique en France et a l'Étranger*, n. 6, p. 1487, nov./déc. 2007. p. 1487 (1489).

[22] Cf.: LUCHAIRE, François. De la méthode en droit constitutionnel. *Revue du Droit Public et de la Sience Politique en France et a L'Étranger*, n. 2, p. 275-329, mars./avr. 1981. p. 275 (314).

[23] Cf.: FARIA, José Eduardo. *O direito na economia globalizada*. São Paulo: Malheiros, 2002. p. 34.

[24] Cf.: CAFÉ ALVES, Alaôr. A função ideológica do direito na sociedade moderna. *Revista Brasileira de Filosofia*, v. 232, p. 169-179, jan./jun. 2009. p. 169 (177).

[25] Cf.: FRANKENBERG, Günther. *A gramática da Constituição e do direito* (*Autorität und Integration*: zur Gramatik von Recht und Verfassung). (Trad. Elisete Antoniuk). Belo Horizonte: Del Rey, 2007. p. 101.

[26] Cf.: DI COSIMO, Giovanni. *Coscienza e costituzione*: il limiti del diritto di fronte al convincimenti interiori della persona. Milano: Giuffrè, 2000. p. 10.

A oscilação da norma constitucional entre os extremos do *símbolo* e do *instrumento* variará conforme a sua capacidade de integração social e de transformação da realidade;[27] exigindo, ou não, a intermediação legislativa; tendo, ou não, completude suficiente para regular uma situação concreta. À constatação de que a ordem constitucional não só é permeável, como receptiva a referenciais ideológicos, segue, no plano consequencial, que a importância de sua feição simbólica acompanhará a intensidade com que se manifestem tais referenciais e, de modo correlato, o grau de tolerância em relação aos referenciais a que o sistema não atribuiu preeminência. Em outras palavras: as distintas ideologias que afloram em um ambiente multicultural (1) são reconhecidas, (2) apenas permitidas ou (3) foram proscritas?[28] Constituições que conferem absoluta preeminência ao aspecto ideológico-simbólico, característica recorrente na clássica constelação socialista,[29] tendem a apregoar a intolerância e a evitar o livre fluxo das forças sociais. Distanciam-se da realidade e tornam-se mecanismos de opressão para os detentores do poder. A ruptura ideológica entre texto e contexto tende a criar um sentimento de anticonstitucionalismo, marcado pela presença de uma feição simbólica em tudo repudiada pelo ambiente social, o que termina por afastar qualquer "vontade de constituição", isso para utilizarmos a clássica expressão de Hesse.[30] Desse modo, termina por ser esvaziada a própria função instrumental da Constituição.

Acresça-se que referenciais ideológicos, ainda que permeiem toda a ordem constitucional, não podem chegar ao extremo de desconsiderar os lineamentos do texto e a base axiológica que se forma no contexto. Sentimentos de justiça, delineados por fatores de natureza puramente ideológica, não podem atuar como intransigentes limitadores da interpretação constitucional, isso sob pena de a Constituição, pouco a pouco, perder a sua função instrumental, criando um sentimento de falta de imperatividade dos balizamentos oferecidos pelo seu texto. Não é demais lembrar que a interpretação de fatos empíricos idênticos pode redundar em resultados tão diversos a ponto de reconduzi-los a pensamentos ideológicos inconciliáveis,[31] o que desaconselha que seja desconsiderado o texto formal, de vital importância para assegurar a existência de um fio condutor em todo e qualquer processo de interpretação constitucional.

Enquanto as normas-programa, por serem prioritariamente dirigidas ao legislador, terão a sua feição simbólica potencializada, as normas de organização, por exemplo, serão essencialmente instrumentais. Todas as normas constitucionais, no entanto,

---

[27] Cf.: COTARELO, Ramon. *Del estado del bienestar al estado del malestar*: la crisis del estado social y el problema de la legitimidad. 2. ed. Madrid: Centro de Estudios Constitucionales, 1990. p. 76.

[28] Constituições que expressamente apregoam o pluralismo, como a albanesa, de 1998 (art. 3º), dão um importante passo rumo à coexistência ideológica.

[29] Cf.: FRANKENBERG, Günther. *A gramática da Constituição e do direito* (*Autorität und Integration*: zur Gramatik von Recht und Verfassung). (Trad. Elisete Antoniuk). Belo Horizonte: Del Rey, 2007. p. 141.

[30] HESSE, Konrad. *A força normativa da Constituição* (*Die normative Kraft der Verfassung*). (Trad. Gilmar Ferreira Mendes). Porto Alegre: Sérgio Antonio Fabris, 1991. p. 19-20. De acordo com Hesse, para que a Constituição efetivamente se projete na realidade, é necessária a presença, na consciência geral, ao lado da "vontade de poder", da "vontade de Constituição", que se baseia na compreensão de que uma ordem jurídica inquebrantável (a) é necessária e possui indiscutível valor, (b) deve estar em constante processo de legitimação e (c) não pode ser eficaz sem o concurso da vontade humana, no que se diferencia de uma lei do pensamento. Nas palavras de Hesse: "nenhum poder do mundo, nem mesmo a Constituição, pode alterar as condicionantes naturais" (HESSE, Konrad. *A força normativa da Constituição* (*Die normative Kraft der Verfassung*). (Trad. Gilmar Ferreira Mendes). Porto Alegre: Sérgio Antonio Fabris, 1991. p. 24).

[31] Cf.: FREENDEN, Michael. *Ideologies and political theory*: a conceptual approach. Oxford: Clarendon, 1996. p. 93.

preponderantemente instrumentais ou simbólicas, sempre influenciarão na interpretação constitucional e na definição da validade da legislação infraconstitucional.[32]

Ressalte-se que a natureza aparentemente instrumental de certas disposições constitucionais, quando analisadas sob o prisma idealístico-formal, pode ser totalmente esvaziada no momento de transição do processo de interpretação à sua efetiva projeção na realidade. De forma simples e objetiva: a norma obtida pelo intérprete, face às especificidades do contexto, pode não produzir todos os efeitos reconduzíveis aos seus contornos semânticos. É justamente essa a situação de alguns direitos sociais que tenham todos os seus elementos estruturais definidos na ordem constitucional ou que sejam integrados pelo princípio-mor da necessária proteção à dignidade humana. Mesmo que não dependam de integração legislativa, podem ter sua implementação comprometida por razões de ordem financeira. Nesse caso, a norma constitucional, conquanto instrumentalmente ineficaz, denota evidente preocupação com o bem comum, passando a exercer uma função simbólica. Ainda merece referência a constatação de que a ampliação do horizonte constitucional, absorvendo temáticas que, à evidência, não ostentam essa natureza, pode redundar em um evidente arrefecimento da força simbólica da Constituição. Como o símbolo é uma imagem que confere maior visibilidade a ideias abstratas, estimulando a sensibilidade do interlocutor e permitindo que sejam apreendidas na realidade,[33] observa-se que a pulverização das temáticas abordadas termina por desvirtuar a compreensão de sua essência, dificultando a formação de um verdadeiro sentimento constitucional.

A constitucionalização, em alguns casos, não obstante a imperatividade inerente à genealogia das normas a serem aplicadas, também pode ser reduzida a contornos puramente imaginários,[34] isso porque a sua plena operatividade sempre será influenciada pelo grau de aceitação das soluções propostas. Lembrando conhecida lei da economia, é possível afirmar que a oferta constitucional irá necessariamente interagir com a procura por essas soluções, do que decorre a resultante do preço, refletida na maior ou na menor densidade normativa da Constituição no plano concreto.

O êxito de uma ordem constitucional será influenciado pela qualidade interna de suas regulamentações, pelas condições externas que permitam a sua realização e pela atividade desenvolvida pelo responsável pela individualização de suas normas, daí a relevância da relação triangular estabelecida entre "texto, contexto e interpretação".[35] Na síntese de Häberle:[36] *"[k]ein (rechtlicher) Text ohne Kontext"*, *"kein (rechtlicher) Text ohne Auslegung"* ["não há texto (jurídico) sem contexto, não há texto (jurídico) sem interpretação"]. A ordem constitucional, aliás, pode ser vista como uma rede de inter-relações formada a partir da aproximação, de um lado, da linguagem textual, e, do

---

[32] Cf.: DE VERGOTTINI, Giuseppe. *Diritto costituzionale*. 3. ed. Padova: CEDAM, 2001. p. 170-171.
[33] Cf.: COTTA, Sergio. Politique et symbole. In: CRANSTON, Maurice; MAIR, Peter. *Langage et politique*. Bruxelles: Bruylant, 1982. p. 95 (103).
[34] Sobre a falta de concretização da Constituição, em evidente prejuízo de sua função jurídico-instrumental, vide: NEVES, Marcelo. *A constitucionalização simbólica*. 2. ed. São Paulo: Martins Fontes, 2007. p. 90 e ss.
[35] Cf.: GRIMM, Dieter. *Constituição e política (Die Verfassung und die Politik)*. (Trad. Geraldo de Carvalho). Belo Horizonte: Del Rey, 2006. p. 24 e 266.
[36] HÄBERLE, Peter. Function und Bedeutung der Verfassungsgerichte in vergleichender Perspektive. *Europäische Grundrechte Zeitschrift*, a. 32, n. 22-23, p. 685-688, 2005. p. 685 (685).

outro, das forças de natureza social, econômica, política e moral.[37] Tal ocorre justamente porque as disposições normativas constitucionais estão situadas em um contexto multidimensional, real e cambiante, o que permite sejam adjudicados significados dinâmicos a significantes estanques, resultado da ação de forças que determinam a natureza, o significado e os efeitos que os significantes linguísticos produzirão no plano concreto.[38] A norma constitucional é essencialmente mutável. Afinal, entre o momento constituinte e o momento em que é individualizada, é factível a possibilidade de o contexto social ter passado por diversas modificações.[39]

À constatação de que não há verdadeira interpretação com abstração do contexto,[40] soma-se outra: a Constituição formal, face ao seu caráter fundante, requer, por parte do intérprete, indagações complexas e valorações de grande impacto social,[41] o que exige um ponto de equilíbrio entre os referenciais de liberdade e adstrição textual. As especificidades desse processo bem demonstram que o intérprete não se limita a realizar um reconhecimento intransitivo dos significados inerentes ao texto normativo ou a promover o realinhamento dos balizamentos que oferece. Em verdade, atua de modo concorrente, participando efetivamente do delineamento do significado da norma, e complementar, ajustando-se às potencialidades do texto.[42]

Apesar da necessária inter-relação entre texto e contexto, pode-se afirmar, parafraseando Dutheillet de Lamothe,[43] que, por vezes, há um verdadeiro divórcio, mas, a exemplo de muitos casais contemporâneos, os dois mantêm um relacionamento amigável e pacífico. A Constituição formal permanece e o contexto segue o seu curso normal. Casualmente se encontram, mas não mantêm relações de intimidade. Quando a convivência se mostra impossível, ou desaconselhável, ao menos sob os olhos do intérprete, o texto é solenemente ignorado, permitindo a satisfação de certos objetivos tidos como relevantes. Ou, no outro extremo, o contexto é simplesmente deixado de lado, o que resulta no delineamento de uma norma totalmente estranha à realidade em que se projetará. A responsabilidade pela aproximação desses dois vetores, malgrado seja comum a todos os intérpretes, é particularmente intensa em relação ao Tribunal Constitucional, que deve zelar pela constante conexão entre texto e contexto, evitando, ao máximo, o surgimento de zonas de ruptura, somente contornáveis por uma reforma constitucional.

---

[37] Cf.: LEVI, Judith N.; WALKER, Anne Graffam. *Language in the judicial process*. New York: Plenum Press, 1990. (Law, Society and Policy, v. 5). p. 6.

[38] Cf.: COULTHARD, Malcolm; JOHNSON, Alison. *An introduction to forensic linguistics*: language in evidence. New York: Routledge, 2007. p. 48.

[39] Cf.: LAVAGNA, Carlos. *Costituzione e socialismo*. Bologna: Il Mulino, 1977. p. 40. Na síntese de Walter Claudius Rothemburg, a Constituição, face à sua dimensão dinâmica, "está mais para cinema do que para fotografia" (ROTHEMBURG, Walter Claudius. *Direito constitucional*. São Paulo: Verbatim, 2010. p. 17).

[40] Cf.: RÜTHERS, Bernd. Methodenfragen als Verfassungsfragen? *Rechtstheorie*, v. 40, n. 3, p. 253-283, 2009. p. 253 (267-272).

[41] Cf.: PENSOVECCHIO LI BASSI, Antonino. *L'interpretazione delle norme costituzionali*: natura, metodo, difficoltà e limiti. Milano: Giuffrè, 1972. p. 28.

[42] Cf.: BETTI, Emilio. *Interpretazione della legge e degli atti giuridici*: teoria generale e dogmatica. 2. ed. Milano: Giuffrè, 1971. p. 4.

[43] DE LAMOTHE, Olivier Dutheillet. Le Conseil constitutionnel et le droit européen. *Revue Française de Droit Constitutionnel*, n. 57, p. 23-35, 2004. p. 23 (27).

A aproximação entre texto e contexto, a ser realizada pelo processo de interpretação, sempre estará sujeita às múltiplas vicissitudes que recaem sobre cada um desses elementos, sendo de todo conveniente que a linguagem textual seja bem estruturada, evitando-se, tanto quanto possível, a ambiguidade, o que realçará as feições simbólica e instrumental da Constituição, contribuindo para a sua potencial aceitação. O contexto deve ser corretamente apreendido, com o desprendimento da intransigência característica dos pré-conceitos e das posturas ideológicas extremadas, máxime quando ostentem viés religioso, em que a racionalidade costuma ser relegada a plano secundário.[44] Por fim, a interpretação deve estar lastreada em métodos racionais de argumentação, passíveis de serem reconstruídos por todos que desejem aferir a adequação do sentido atribuído à disposição normativa.[45] Em qualquer caso, como observa Schauer,[46] jamais superaremos a constatação de que, diversamente ao que se verifica em um jogo de xadrez, em que todos os movimentos podem ser encontrados em suas regras, a argumentação jurídica e as decisões tomadas pelo intérprete no curso do processo de interpretação não encontram balizamento em regras imperativas definidas *a priori*.

A interpretação jurídica, além de estar sujeita à complexidade da condição humana, com especial realce para a imprevisibilidade das ações que dela se desprendem, é caminho necessário à individualização da norma. É "o coração e a vida do direito",[47] que dela não prescinde para existir e se tornar operativo. Com os olhos voltados aos contornos semânticos da disposição normativa, é possível, apenas, prever, de modo precário, o significado que lhe será atribuído no futuro, jamais defini-lo com absoluta precisão. Aos aspectos inatos da condição humana, somam-se a mutabilidade (1) dos fatores intrínsecos à linguagem, permitindo que seus contornos semânticos e sintáticos ofereçam uma pluralidade de significados concorrentes, e (2) dos fatores extrínsecos a ela, que influem sobre a sua forma de projeção na realidade e bem refletem a necessidade de adaptação a um mundo em constante transformação. O direito não pode ser concebido como um sistema fechado, axiomático e preestabelecido. É permeável e sensível ao seu entorno, não passa ao largo das especificidades do caso concreto e é constantemente construído e reconstruído.

Face à amplitude de seus objetivos e à importância que deve ostentar em um ambiente essencialmente cambiável e evolutivo, como sói ser aquele de contornos sociopolíticos, a ordem constitucional deve ser vista como um projeto[48] em busca de constante concretização, que se realiza por meio de um processo renovável a cada momento em que é interpretada. A ordem constitucional é uma pletora de significados,

---

[44] Cf.: KELLER, Helen; SIGRON, Maya. Radikal-islamischer religiöser Extremismus im Spannungsfeld von Meinungsfreiheit und staatlicher Sicherheit/Fall A.K. und A.R. gegen Usbekistan vor dem UN-AMR. *EuGRZ*, a. 37, n. 1-5, p. 20-22, März 2010. p. 20 (20-22).

[45] Como ressaltado por Golding, nenhuma ciência é construída a partir de meros palpites, mas palpites podem dar origem a hipóteses e inaugurar linhas argumentativas racionalmente demonstráveis (GOLDING, Martin Philip. *Legal reasoning*. Canadá: Broadview, 2001. p. 2).

[46] SCHAUER, Frank. *Thinking like a lawyer*: a new introduction to legal reasoning. USA: Harvard University Press, 2009. p. 5-6.

[47] NERHOT, Patrick. Interpretation in legal science. *In*: NERHOT, Patrick. *Law, interpretation and reality*: essays in epistemology, hermeneutics and jurisprudence. Dordrecht: Kluwer, 1990. p. 193 (193).

[48] "Projeto de vida política de um povo", segundo García-Pelayo, é como deve ser vista a Constituição (GARCÍA-PELAYO, Manuel. *Las transformaciones del Estado contemporáneo*. 2. ed. Madrid: Alianza, 1985. p. 144-145).

conhecidos ou a serem descobertos, relativamente estáticos ou intensamente dinâmicos, que levitam em torno de sua unidade (*Einheit*)[49] e necessariamente se articulam com a realidade em que projeta a sua força normativa. A unidade da ordem constitucional atua como mecanismo de gestão da divergência, assegurando que bens e valores aparentemente inconciliáveis se articulem em torno de algumas zonas fundamentais de consenso, de modo que a preeminência de qualquer deles se ajuste ao sistema e não coloque em risco a própria subsistência da Constituição.

À aparente "iliquidez" da ordem constitucional, caracterizada pelo longo caminho a ser percorrido entre o texto, *locus* da atividade intelectiva desenvolvida pelo intérprete,[50] e o delineamento da norma, com a sua correlata incidência em situações concretas, não se segue que o processo de interpretação permaneça refém das predileções pessoais do intérprete. Inicialmente, observa-se que a atividade de interpretação não prescinde dos referenciais de base estrutural e limite de desenvolvimento, que se encontram condensados nos enunciados linguísticos objeto de interpretação. O potencial léxico-gramatical do texto consubstancia um limite que não pode ser ultrapassado pelo intérprete.[51] Afinal, somente assim será assegurada, de um lado, a funcionalidade da Constituição formal enquanto vontade constituinte, e, de outro, a necessidade de assegurar a sua estabilidade, somente suscetível a mutações interpretativas, não a rompimentos. A linguagem somente pode receber os significados que se harmonizem com as convenções vigentes no ambiente sociopolítico, não com aqueles que o intérprete, ao seu alvedrio, busque lhe atribuir. Compreender a funcionalidade da interpretação constitucional significa, basicamente, compreender que o intérprete, ao se deparar com um enunciado linguístico inserido na Constituição formal, há de lhe atribuir o significado que, a um só tempo, se ajuste ao seu potencial expansivo e às nuances do contexto.

Acresça-se que a compreensão das teorias e dos métodos de interpretação, instrumental necessário à resolução de divergências em relação aos sentidos passíveis de serem atribuídos à norma, mostra-se particularmente relevante ao permitir a reconstrução do *iter* seguido pelo intérprete. Ainda que seja exata a afirmação no sentido de que o discurso interpretativo nem sempre conduz ao consenso, é factível que pode realizar aproximações intersubjetivas, conduzindo a uma "suscetibilidade de consenso".[52]

O grande desafio do constitucionalismo contemporâneo, marcado pela evidente flexibilidade da linguagem jurídica, é racionalizar o processo de interpretação de modo a amenizar o desconforto passível de ocorrer, em uma sociedade democrática e pluralista, a partir da ampla margem de liberdade valorativa deixada ao intérprete, em especial ao intérprete último, o Tribunal Constitucional. Se a certeza do direito pode ser vista como um valor de natureza ético-jurídica ou como um fim a ser perenemente perseguido, indicando a possibilidade de serem conhecidas, antecipadamente, as

---

[49] Cf.: SCHOCH, Friedrich. *Übungen im öffentlichen Recht*: Verfassungsrecht und Verfassungsprozeßrecht. Berlin: Walter de Gruyter, 2000. p. 15-16.
[50] Cf.: BITTAR, Eduardo C. B. Hermenêutica e Constituição: a dignidade da pessoa humana como legado à pós-modernidade. *In*: ALMEIDA FILHO, Agassiz; MELGARÉ, Plínio (Org.). *Dignidade da pessoa humana*: fundamentos e critérios interpretativos. São Paulo: Malheiros, 2010. p. 239 (239-240).
[51] Cf.: BARAK, Aaron. *Purposive interpretation in law*. (Trad. Sari Bashi). Oxford: Princeton University Press, 2007. p. xiii.
[52] KAUFMANN, Arthur. *Filosofia do direito* (*Rechtsphilosophie*). (Trad. António Ulisses Cortês). Lisboa: Fundação Calouste Gulbenkian, 2004. p. 100.

normas que regerão comportamentos futuros,[53] afigura-se evidente que a flexibilidade linguística, a influência de fatores externos e a liberdade valorativo-decisória do intérprete caminham em norte contrário a esse objetivo. Daí a necessidade de não só identificar os problemas enfrentados pelo intérprete na integração entre texto e contexto, como, também, aprimorar e tornar transparentes os métodos de interpretação, o que permitirá uma espécie de compensação pela perda de certeza normalmente associada à maior fluidez das disposições constitucionais. Com isso, poderão ser direcionadas e reconstruídas as escolhas realizadas pelo intérprete.

Em relação ao direcionamento das escolhas a serem realizadas, há uma diretriz fundamental que não pode ser preterida e muito menos desconsiderada pelo intérprete. Trata-se do respeito ao ser humano, razão de ser do Estado de Direito, origem e fim da produção normativa, fio condutor do discurso jurídico-interpretativo, enfim, imagem que delineia e dá forma à ordem jurídica. Mesmo as restrições aos direitos do ser humano devem estar alicerçadas, ainda que de modo mediato, na necessidade de preservar a sua essência, concebido em sua individualidade ou como parte do agregado coletivo.

Por fim, deve-se lembrar que o intérprete não fala para si próprio, não produz e exaure em sua própria esfera jurídica todas as distintas funcionalidades do processo de comunicação normativa. O intérprete, inserido que está no ambiente sociopolítico, é influenciado pelos valores ali sedimentados, por seus anseios e aspirações. Reflexões nascidas no plano individual somente se tornam viáveis quando compatíveis com os paradigmas estabelecidos no universo coletivo.[54]

Para que a Constituição possa efetivamente apresentar-se como a síntese das relações entre texto e contexto, é imprescindível a superação de todas as situações de contraposição que se apresentam ao intérprete no curso do processo de interpretação. Trata-se da oposição entre grandezas simultaneamente amparadas por sociedades pluralistas e que podem conduzir a uma diversidade de significados em potencial, todos reconduzíveis ao enunciado linguístico objeto de interpretação.

2 Conflitos e decisões no plano jurídico-constitucional

A condição humana, lastreada em referenciais de capacidade intelectiva e racionalidade, conferindo características específicas ao ser e ao agir de cada indivíduo, é naturalmente propícia ao irromper da conflitualidade. A existência de conflitos, em verdade, é característica endêmica à condição humana, parte indissociável da vida diária.[55] Afinal, a unanimidade no pensamento assume ares utópicos e as zonas de convergência, conquanto existentes, não apresentam contornos absolutos, daí decorrendo inúmeras possibilidades de conflito no ambiente sociopolítico. O universo conflitual pode ser concebido em múltiplos planos, que podem principiar pelas relações intersubjetivas de base, envolvendo apenas duas pessoas com interesses antagônicos, até alcançar dimensões mais amplas, contrapondo Estados, conjuntos de Estados ou

---

[53] Cf.: LUZZATI, Claudio. *La vaghezza delle norme*: un'analisi del linguagio giuridico. Milano: Giuffrè, 1990. p. 421.
[54] Cf.: PERRY, Michael J. *Morality, politics and law*. New York: Oxford University Press, 1990. p. 121.
[55] Cf.: BEATY, David M. *The ultimate rule of law*. New York: Oxford University Press, 2004. p. 1. Como assinala o autor, "estando Darwin certo, sempre foi e sempre será assim".

organizações internacionais, gerando, desse modo, zonas de divergência entre esferas de poder autônomas entre si.[56]

Esse quadro, no plano do Estado de Direito, mostra-se particularmente intenso nas sociedades pluralistas contemporâneas, em que a tolerância que lhes serve de alicerce sustenta e estimula o conflito de individualidades.[57] Há uma constante tensão dialética entre os referenciais de identidade, vital para a coesão social, e de diferença, igualmente importante para o evolver de qualquer grupamento.[58] A sociedade mantém-se constantemente aberta e inacabada: está sempre suscetível à preeminência de novas ideias, daí decorrendo a alteração dos paradigmas culturais. Sua feição, consequentemente, torna-se de todo cambiável.

A conflitualidade, conquanto marcada pela oposição de ideias e interesses, não é necessariamente um fator de desagregação social. No ambiente sociopolítico, os conflitos setoriais, que naturalmente decorrem da mecânica das relações institucionais e intersubjetivas, podem contribuir, de fato, para o aperfeiçoamento das estruturas estatais e a contínua reformulação da identidade social, alimentando um processo de evolução e constante aprimoramento. Conflitos dessa natureza podem assumir contornos extremamente diversificados, merecendo especial realce aqueles que se desenvolvem a partir do exercício do poder político, da racionalidade de cada ser humano, de suas relações com o poder e da circulação econômica.

O exercício do poder político, ao ser contextualizado em um sistema prosélito da divisão orgânico-funcional das funções estatais, de modo que as distintas funções existentes sejam exercidas por órgãos diversos, permitindo, desse modo, que cada um deles contenha os excessos dos demais, é seara nitidamente propícia à irrupção de conflitos. Na medida em que a divisão de competências e o modo de exercício do poder encontram sua base de sustentação na ordem constitucional, que nada mais é que um "multivalente" instrumento de política,[59] é natural a existência de um órgão, autônomo ou inserido na cúpula do Poder Judiciário, a que se atribua o *múnus* de zelar por sua força normativa. Tocqueville,[60] referindo-se à realidade norte-americana, há muito observara que "quase não há questão política nos Estados Unidos que não se resolva, mais cedo ou mais tarde, em questão judiciária".

A racionalidade indica que cada ser humano pode concordar ou discordar, construir, obstar ou desconstruir. Consubstancia uma individualidade com igual voz e importância em um ambiente marcado pela diversidade e que, de modo algo paradoxal,

---

[56] Cf.: FISCHER-LESCANO, Andreas; TEUBNER, Gunther. *Regime-Kollisionen*: zur Fragmentierung des globalen Rechts. Frankfurt a. M.: Suhrkamp, 2006. p. 72 e ss.

[57] Cf.: FISCHER-LESCANO, Andreas. Prozedurale Rechtstheorie: wiethölter. *In*: BUCKEL, Sonja; CHRISTENSEN, Ralph; FISCHER-LESCANO, Andreas (Org.). *Neue Theorien des Rechts*. 2. ed. Stuttgart: Lucius & Lucius, 2009. p. 75 (84-85).

[58] Cf.: ROSENFELD, Michel. L'égalité et la tension dialectique entre l'identité et la différence. *Constitutions – RDCA – Revue de Droit Constitutionnel Appliqué*, p. 177-194, avr./juin. 2010. p. 177 (177 e ss.).

[59] VAN MAARSEVEEN, Henc; VAN DER TANG, Ger. *Written constitutions*: a computerized comparative study. New York: Oceana, 1978. p. 273.

[60] TOCQUEVILLE, Aléxis de. *A democracia na América* (*De la démocratie en Amérique*): livros I e II. (Trad. Eduardo Brandão). São Paulo: Martins Fontes, 2004. p. 317. Lawrence Baum, do mesmo modo, observou que todas as decisões do Supremo Tribunal possuem três níveis (1º) a decisão a respeito do caso concreto; (2º) a interpretação a respeito das questões jurídicas envolvidas; e (3º) a posição assumida em relação às questões políticas associadas às questões jurídicas (BAUM, Lawrence. *A Suprema Corte Americana*. (Trad. Élcio Cerqueira). Rio de Janeiro: Forense Universitária, 1987. p. 14).

tem sua evolução condicionada por ela. O respeito à diversidade,[61] que está "semeada na natureza do homem",[62] torna-se pressuposto da própria revitalização do ambiente sociopolítico, não excluindo, obviamente, a liberdade de divergir daqueles que pensem de modo diverso. O desafio é preservar o pluralismo com a identificação da linha limítrofe entre a crítica e o puro e simples desrespeito ao agir e ao pensar de outrem.[63]

A aceitação da pluralidade, ademais, traz consigo uma imagem mais complexa da verdade, que deixa de assumir contornos absolutos e passa a ser vista como um referencial de convergência, passível de ser alcançado por uma multiplicidade de percursos distintos.[64] O conflito entre interesses antagônicos pode ser visto como a "incerteza fundamental da espécie humana",[65] pois dele decorrem resultantes essencialmente instáveis e cambiáveis, o que gera um constante estado de dúvida em relação ao próprio evolver do ambiente sociopolítico.

As relações entre indivíduo e poder se manifestam tanto na formação, quanto na coexistência. No primeiro caso, com a participação na escolha dos órgãos diretivos e na consequente formação da vontade política. No segundo, com o delineamento de direitos e deveres, de ações e abstenções, de prestações a serem recebidas ou da esfera jurídica a ser protegida. Nesse processo, é natural a existência de opiniões divergentes e, consequentemente, de conflitos, os quais, em ambientes democráticos, se manifestam com especial intensidade à época das eleições. Aqui, o respeito à divergência é elemento vital à própria subsistência da democracia, base de desenvolvimento de um verdadeiro Estado de Direito.

No plano econômico, a ampla predominância do capitalismo e, por via reflexa, da livre-iniciativa torna inevitável a eclosão de conflitos entre a regulação estatal e a liberdade almejada pelos detentores dos meios de produção, que se apresentam constantemente em conflito entre si, com a classe operária e com os próprios consumidores. Face à natureza dos interesses envolvidos e observados os limites do necessário, merece pleno acolhimento a constatação de Durkheim[66] ao afirmar que "a liberdade (entendemos aqui a liberdade justa, aquela que a sociedade tem o dever de fazer respeitar) é o produto de uma regulamentação". As relações econômicas, ínsitas e inseparáveis do ambiente social, são o meio propício para conflitos e, em situações extremadas, para rupturas, daí a contínua preocupação com políticas de manutenção e inserção social, em especial para as classes menos favorecidas, que permanecem à margem do processo produtivo. Nesse contexto, o respeito ao próximo se distancia de uma postura puramente omissiva

---

[61] Nas plásticas palavras de Walter Lippmann, "[i]t requires much virtue to do that well. There must be a strong desire to be just. There must be a growing capacity to be just. There must be discernment and sympathy in estimating the particular claims of divergent interests. There must be moral standards which discourage the quest of privilege and the exercise of arbitrary power. There must be resolution and value to resist oppression and tyranny. There must be patience and tolerance and kindness in hearing claims, in argument, in negotiation, and in reconciliation" (LIPPMANN, Walter. *The good society*. New Jersey: Transaction, 2004. p. 366).

[62] Cf.: HAMILTON, Alexander; MADISON, James; JAY, John. *The Federalist*. New York: Barnes & Noble Classics, 2006. p. 51 e ss.

[63] Cf.: VOSSKUHLE, Andreas. Religionsfreiheit und Religionskritik: zur Verrechtlichung religiöser Konflikte. *Europäische Grundrechte Zeitschrift*, a. 37, n. 18-21, p. 537-543, nov. 2010. p. 537 (540). No exemplo desse autor, uma caricatura do Profeta islâmico Maomé parece ultrapassar os limites da mera crítica.

[64] Cf.: COSTA, Pietro. Diritti fondamentali (storia). *In: Enciclopedia del diritto*. Milano: Giuffrè, 2008. t. 2, p. 365, §21.

[65] DAHRENDORF, Ralf. *Ensaios de teoria da sociedade*. (Trad. Regina Lúcia M. Morel). Rio de Janeiro-São Paulo: Zahar-EDUSP, 1974. p. 256-257.

[66] DURKHEIM, Émile. *De la division du travail social*. Paris: Presses Universitaires de France, 1973. p. IV.

e não invasiva, como caracterizado pela ideia de tolerância, e alcança a imperativa realização de um *facere* estatal.

A integração social pode perfeitamente decorrer da conflitualidade, permitindo a superação de pontos de anacronismo, com a consequente atualização das zonas de convergência que formam a identidade cultural. Bobbio,[67] aliás, já observara, em relação ao costume, que ele encontra sua gênese diretamente nos conflitos sociais existentes em dada sociedade, que, pouco a pouco, dão azo ao surgimento de zonas de consenso. O mesmo ocorre em relação aos processos revolucionários, que veem a desconstrução como antecedente lógico e necessário à construção.[68]

A necessária conexão existencial entre *pluralismo* e divergência torna frequentes os debates em torno do modo de convivência entre ideias e pensamentos colidentes e entre maiorias e minorias,[69] o que, a depender dos balizamentos existentes, pode intensificar ou diminuir as situações de conflito. O pluralismo traz em si a concepção de que não existem, no ambiente sociopolítico, critérios objetivos de bem, verdade e justiça: a realidade é cambiante e cambiante é, igualmente, o juízo valorativo que cada indivíduo faz a seu respeito. É factível que cada grupo social pode privilegiar interesses específicos, bem como que uma pessoa normal pode ter interesses comuns com grupos bem diversificados.[70] Dessa interação surge a estabilidade do ambiente sociopolítico e a consequente harmonia existencial entre interesses divergentes e, mesmo, inconciliáveis.

O pluralismo há de ser reconhecido sob todos os pontos de vista (artístico, religioso etc.), assumindo especial relevo para o ambiente democrático, em sua feição política.[71] O pluralismo político, alicerce estrutural do regime liberal, aponta para a inexistência de uma verdade oficial, havendo, apenas, uma opinião majoritária, fruto da igual manifestação e consideração de todas as opiniões existentes. O livre aflorar de opiniões dinamiza a interação recíproca entre grupos de interesses e o Estado, que atuam como participantes do discurso político,[72] impedindo a estagnação das orientações políticas.

Embora esteja normalmente associado à ideia de liberdade, não é de se excluir a possibilidade de existir um pluralismo dela dissonante, o que ocorreria sempre que a divergência fosse previamente delimitada, não podendo surgir espontaneamente, se estivesse sujeita a limites outros que não a necessidade de resguardar a liberdade dos outros e a harmônica convivência social. Em uma perspectiva mais extremada, ainda é possível se falar em um pluralismo radical, que no plano pragmático deságua no liberalismo e, no plano político, faz fronteira com o anarquismo.[73]

Para que a liberdade não se torne algoz da própria liberdade, tem sido preferível o "pluralismo limitado", em que a liberdade deve se ajustar à máxima de coexistência e

---

[67] BOBBIO, Norberto. Consuetudine (teoria generale). *In*: *Enciclopedia del diritto*. Milano: Giuffrè. (1961) 2007. v. IX, p. 426 (426, §1º).

[68] Cf.: DAHRENDORF, Ralf. Der moderne soziale Konflikt. *In*: IMBUSCH, Peter; HEITMEYER, Wilhelm. *Integration-Desintegration*: ein Reader zur Ordnungsproblematik moderner Gesellschaften. Wiesbaden: V.S., 2008. p. 353 (353 e ss.).

[69] Cf.: HWANG, Shu-Pern. Rechtsanwendung in der pluralistischen Demokratie. *Der Staat*, v. 46, n. 3, p. 442-462, 2007. p. 442 (452-455).

[70] Cf.: CRAIG, Paul P. *Public law and democracy in the United Kingdom and the United States of America*. Oxford: Clarendon Press, 1990. p. 60.

[71] Cf.: DEBBASCH, Charles et al. *Droit constitutionnel et institutions politiques*. 3. ed. Paris: Economica, 1990. p. 197.

[72] Cf.: JANOSKI, Thomas. *Citizenship and society*: a framework of rights & obligations in liberal, traditional, and social democratic regimes. Cambridge: Cambridge University Press, 1998. p. 117.

[73] Cf.: CRISAFULLI, Vezio. *Stato, popolo, governo*: illusioni e delusioni costituzionali. Milano: Giuffrè, 1985. p. 325-326.

à necessária coesão do Estado. Enquanto o "pluralismo radical" encontra o seu alicerce de sustentação na ideologia liberal, o "pluralismo limitado" busca conciliar liberdade e autoridade. Afinal, como ressaltado por Crisafulli,[74] do mesmo modo que "a autoridade não deve significar arbítrio, a liberdade não deve degradar a licença". Constata-se que o pluralismo tende a superar o liberalismo[75] e não pode ser separado dos "processos sociais".[76] Em sua concepção corrente, marcada pelo respeito à autoridade e pelo reconhecimento e necessária compatibilização das liberdades, a ideia de pluralismo,[77] ou coexistência das diferenças, pressupõe a adoção de uma postura em relação às distintas práticas existentes, no mesmo ambiente sociopolítico, tanto por parte dos contendores quanto por parte do observador externo. Essa postura costuma ser retratada pelos referenciais de *neutralidade* e *tolerância*.

A neutralidade indica uma postura de imparcialidade, o que impede a adesão explícita ou o apoio a qualquer das posições existentes. Contextualizando essa concepção no âmbito do Estado e de sua produção normativa, tem-se a necessidade de serem igualmente respeitadas as distintas posições que se insiram no plano da juridicidade, com a correlata impossibilidade de qualquer delas receber tratamento diferenciado. A tolerância, por sua vez, denota uma postura menos radical. Parte da premissa de que o ambiente sociopolítico é composto por diversas esferas existenciais, formadas por ideias e comportamentos, que não podem ser alcançadas pela ação estatal.[78]

Enquanto a tolerância apresenta contornos nitidamente negativos, realçando uma postura de abstenção em relação às posições divergentes,[79] mas não obstando, contudo, a adesão àquelas tidas como convergentes, a neutralidade não só exige a abstenção como veda a adesão. No Estado de Direito, a opção por um ou outro desses referenciais tende a ser influenciada pela natureza dos valores envolvidos e por sua importância no ambiente sociopolítico, tendo sempre em mente os objetivos de pacificação social e realização do bem comum. Enquanto as questões religiosas costumam ser tratadas com neutralidade,[80] prevalecendo a laicidade do Estado,[81] as econômicas, ainda que

---

[74] CRISAFULLI, Vezio. *Stato, popolo, governo*: illusioni e delusioni costituzionali. Milano: Giuffrè, 1985. p. 327.
[75] Cf.: EISFELD, Rainer. *Il pluralismo fra liberalismo e socialismo* (*Pluralismus zwischen Liberalismus und Sozialismus*). (Trad. Gustavo Corni). Bologna: Il Mulino, 1976. p. 87 e ss.
[76] Cf.: CRAIG, Paul P. *Public law and democracy in the United Kingdom and the United States of America*. Oxford: Clarendon Press, 1990. p. 59.
[77] Cf.: WOLKMER, Antonio Carlos. *Introdução ao pensamento jurídico crítico*. 6. ed. São Paulo: Saraiva, 2008. p. 188.
[78] Cf.: VERZA, Annalisa. Neutrality toward microdifferences, toleration toward macrodifferences. *In*: TROPER, Michel; VERZA, Annalisa. *Legal philosophy*: general aspects (concepts, rights and doctrines): proceedings of the 19th World Congress of the International Association for Philosophy of Law and Social Philosophy (IVR), New York, June 24-30, 1999, v. 82 de ARSP. Sttutgard: Franz Steiner, 2002. p. 99 (99).
[79] Cf.: SADURSKI, Wojciech. *Freedom of speech and its limits*. The Netherlands: Springer, 2001. p. 31-35.
[80] Como exceção, pode ser mencionada a Constituição argentina de 1853, que, mesmo após suas sucessivas reformas, ainda dispõe, em seu art. 2º, que "el gobierno federal sostiene el culto católico apostólico romano". Cf.: BIDART CAMPOS, German J. *Manual de la Constitución reformada*. Buenos Aires: Ediar, 2006. t. I, p. 541.
[81] As relações do Estado com o poder espiritual têm sofrido alterações tão intensas quanto as variáveis de tempo e espaço. De um modo geral, os distintos modelos existentes podem ser enquadrados em uma das seguintes categorias: (1) Estado teocrático ou sacral, em que, eliminada qualquer possibilidade de pluralismo religioso, verifica-se a interpenetração entre Estado e poder espiritual na consecução do bem comum (*v.g.*: o fundamentalismo religioso no Irã e no Vaticano; e, em período mais remoto, o "cesaropapismo", que refletia a contínua intervenção do Estado nas questões religiosas sob o argumento de zelar pelos interesses dos fieis); (2) Estado proselitista, cuja característica essencial não é propriamente a confusão entre as figuras, mas a proteção e o enaltecimento de uma religião específica (*v.g.*: Estados ortodoxos); (3) Estado cooperativo, em que, apesar de reconhecido o

reconhecida a livre-iniciativa, não costumam obstar a intervenção do Estado em setores específicos do mercado ou, mesmo, o aprimoramento da infraestrutura, de modo a priorizar os setores considerados prioritários para a economia do país. Nessa seara, como contrapartida à liberdade, tem-se, apenas, o dever de tolerância estatal, não a sua neutralidade. Apesar de o pluralismo se compatibilizar com ambas, tolerância e neutralidade, o radicalismo dessa última, que impõe sensível redução às opções políticas das estruturas estatais de poder, aconselha que seja ela tratada como exceção, não como regra. Acresça-se que a neutralidade tende a ser extremamente útil à preservação do *status quo*, que se vê envolto numa redoma impenetrável, o que possibilita a sua perpetuação. Essa constatação, por si só, já demonstra a necessidade de certa parcimônia no uso do conceito, máxime no âmbito de um sistema constitucional de feições abertas, sujeito a constantes oscilações em relação à importância de certos valores para o evolver social (*v.g.*: igualdade material, justiça distributiva etc.).

A correta identificação dos diversos grupos representativos do ambiente sociopolítico, a compreensão dos respectivos referenciais de identidade e aspiração, e a adoção de práticas normativas[82] e sociais, que permitam a sua integração e efetiva participação no espaço público, mostram-se vitais para que a conflitualidade associada à sua existência seja tão somente um antecedente à agregação e ao aperfeiçoamento sociais, não um estopim de desagregação.[83] Esse processo será diretamente influenciado pelo modo de ver e entender a própria tolerância, que deve se estender para além da indiferença[84] e unir os referenciais de permissão e respeito, nitidamente distintos das ideias de cooperação e adesão. Em verdade, ela deve representar uma necessária reciprocidade entre todos os envolvidos, isso sob pena de afrontar a própria máxima de convivência.[85] É importante observar que a preservação da diversidade não prescinde de opções e ações políticas que reconheçam a sua existência e, além disso, estimulem o seu desenvolvimento, daí se falar em "política de reconhecimento cultural".[86] Sem reconhecimento, que deve ser necessariamente dinâmico e flexível,[87] não há tolerância e muito menos proteção, ao que

---

pluralismo, poder espiritual e poder estatal apresentam pontos de contato (*v.g.*: no Reino Unido, o Chefe de Estado deve jurar fidelidade aos dogmas da igreja oficial, a anglicana, sendo, igualmente, o seu chefe); (4) Estado laico ou secular, que passa ao largo da realidade religiosa subjacente ao meio social e elimina, *a priori*, qualquer influência do poder espiritual no ambiente político; laicidade guarda similitude com neutralidade, indicando a impossibilidade de a estrutura estatal de poder possuir uma "fé oficial", privilegiando-a em detrimento das demais; e (5) Estado totalitário ateísta ou simplesmente ateu, que vê no poder espiritual objetivos incompatíveis com os do Estado, terminando por vedar as próprias práticas religiosas (*v.g.*: a extinta URSS).

[82] Não é incomum que a proteção e a efetiva inserção das minorias sejam buscadas não só com o acolhimento do pluralismo ideológico, como, também, com a implementação do pluralismo normativo, indicando um tratamento diferenciado às minorias, compatível com as peculiaridades que ostentam no ambiente sociopolítico. Cf.: BESSON, Samantha. European legal pluralism after Kadi. *ECLR*, v. 5, n. 2, p. 237-264, 2009. p. 237 (258-259).

[83] Cf.: COHEN, Jonathan. Effective participation of national minorities as a tool for conflict prevention. *International Journal on Minority and Group Rights*, v. 16, n. 4, p. 539-548, 2009. p. 539 (539); e GEIS, George S. Internal poison pills. *New York University Law Review*, v. 84, n. 5, p. 1169-1221, 2009. p. 1169 (1177-1192).

[84] Como ressaltado por France Farago, "o que é tolerado não é nem autorizado, nem interdito, nem obrigatório" (FARAGO, France. *La laïcité*: tolérance voilée? Nantes: Pleins Feux, 2005. p. 7 e ss.).

[85] Cf.: HABERMAS, Jürgen. *Entre naturalismo e religião*: estudos filosóficos (Zwischen Naturalismus und Religion: Philosophische Aufsätze). (Trad. Flávio Beno Siebeneichler). Rio de Janeiro: Tempo Brasileiro, 2007. p. 280-281.

[86] TULLY, James. *Une étrange multiplicité*: le constitutionnalisme à une époque de diversité (Strange multiplicity: constitutionalism in an age of diversity). Québec: Presses Université Laval, 1999. p. 2.

[87] Cf.: TULLY, James. *Une étrange multiplicité*: le constitutionnalisme à une époque de diversité (Strange multiplicity: constitutionalism in an age of diversity). Québec: Presses Université Laval, 1999. p. 24-25.

se soma a constatação de que a não inserção de certos grupos ou práticas no universo da cultura tende a marginalizá-los, comprometendo a sua própria existência.

Acresça-se que a tolerância está existencialmente vinculada ao conflito. Como ressalta Habermas,[88] exige-se tolerância justamente em relação às concepções que conflitem entre si por razões passíveis de serem reconstruídas subjetivamente, mas que não ofereçam uma expectativa racional de serem unidas motivadamente. Tolera-se o que está em conflito e não pode ser unido. Rawls,[89] em construção que nitidamente realçava o papel da tolerância como instrumento conducente à união, entende que o "ideal de cidadania" impõe o dever moral, um verdadeiro "dever de civilidade", de estar disposto a ouvir os outros e de ser equânime ao decidir quando é possível fazer ajustes para conciliar os próprios pontos de vista com os demais. Com isso, será possível formar uma "esfera de confiabilidade"[90] no ambiente social, permitindo que cada indivíduo veja os demais como semelhantes e companheiros, estando todos imbuídos do propósito de preservar e contribuir para a evolução do grupamento.

Em algumas situações, face à natureza das ideias consideradas, de sua importância no ambiente sociopolítico e da respectiva mobilização social, ao que se soma a incondicional refutação da opinião alheia, suprimindo-se qualquer vestígio de tolerância, é plenamente factível que o conflito contribua para a desintegração social. Esse quadro é particularmente agravado com o que Sunstein[91] denominou de "polarização (ou radicalização) grupal", caracterizada pela existência de tendências pré-deliberativas que conduzem ao extremismo, à adstrição aos próprios argumentos e à consequente refutação de referenciais de racionalidade nas deliberações coletivas. A prática argumentativa não prescinde da abertura aos demais interlocutores, devendo estar disposta a receber a informação e a considerar os argumentos apresentados.[92] Situações de resistência têm sido particularmente influenciadas pela intensificação dos fluxos migratórios, não sendo incomum que práticas xenófobas se desenvolvam na população local a partir do sentimento de que as minorias étnicas podem se tornar uma ameaça aos seus próprios interesses.[93] Ainda em relação à intolerância, à qualificação da conflitualidade desintegradora, como observa Frankenberg,[94] há de contribuir, intensamente, a forma como é visto o opositor: se é "declarado inimigo" ou se continua a ser tratado "sob o signo da semelhança", isso apesar das aversões ou divergências práticas. Se inimigo, verifica-se a desarticulação do próprio referencial de "democracia deliberativa", que não

---

[88] Cf.: HABERMAS, Jürgen. *Entre naturalismo e religião*: estudos filosóficos (Zwischen Naturalismus und Religion: Philosophische Aufsätze). (Trad. Flávio Beno Siebeneichler). Rio de Janeiro: Tempo Brasileiro, 2007. p. 288.
[89] RAWLS, John. *O liberalismo político*. (Trad. Dinah de Abreu Azevedo). 2. ed. São Paulo: Ática, 2000. p. 266.
[90] SÉRVULO DA CUNHA, Sérgio. *Fundamentos de direito constitucional*. São Paulo: Saraiva, 2008. v. 2, p. 551.
[91] SUSTEIN, Cass. Por que os grupos vão a extremos. *In*: LEITE SAMPAIO, José Adércio (Org.). *Constituição e crise política*. Belo Horizonte: Del Rey, 2006. p. 71 (71-72).
[92] Cf.: PERELMAN, Chaïm; OLBRECHTS-TYTECA, Lucie. *Tratado da argumentação* (Traité de l'argumentation): a nova retórica. (Trad. Maria Ermantina de Almeida Prado Galvão). São Paulo: Martins Fontes, 2005. p. 19.
[93] Sobre a "teoria da ameaça", vide: ROUX, Guillaume. Xénophobie, "cultures politiques" et théories de la menace. *Revue Française de Science Politique*, v. 58, n. 1, p. 69-95, fev. 2008. p. 69 (69 e ss.).
[94] FRANKENBERG, Günther. *A gramática da Constituição e do direito* (Autorität und Integration: zur Gramatik von Recht und Verfassung). (Trad. Elisete Antoniuk). Belo Horizonte: Del Rey, 2007. p. 180.

prescinde da interação entre pessoas e ideias, da capacidade crítica e da possibilidade de externar a respectiva opinião no espaço público.[95]

No âmbito normativo, as características inerentes aos textos normativos e o irreversível *status* conquistado pelo intérprete, que assumiu participação direta no processo de delineamento da norma, não mais conhecida, mas verdadeiramente criada, tornaram visível que a diversidade de interpretações passíveis de serem reconduzidas a uma única disposição possa dar origem a uma multiplicidade de significados conflitantes.[96]

Como ressaltaram Lawrence Friedman[97] e muitos outros, o direito, em diversos sentidos, é uma disciplina interpretativa. Na ordem constitucional, esse quadro se desenha com singular intensidade: a maior abertura semântica de suas disposições, fruto do seu caráter fundante e da necessária absorção de toda a diversidade do sistema jurídico, ao que se soma a variedade característica de uma sociedade pluralista, faz com que a conflitualidade aflore e permaneça ativa em todo o *iter* que principia com os trabalhos constituintes e é ultimado com a efetiva projeção dos efeitos da norma constitucional na realidade.

Em ambientes democráticos, o processo de elaboração das disposições normativas constitucionais costuma ser caracterizado por calorosos debates,[98] que principiam pela identificação das matérias a serem alçadas ao plano constitucional, avançam no delineamento da base ideológica que terá preeminência na sustentação do regime político e descem a minúcias em relação ao seu teor propriamente dito, em especial no que diz respeito ao modo de coexistência entre os órgãos de soberania e ao seu relacionamento com a pessoa humana. A própria relação entre direitos fundamentais e Poder Público é essencialmente conflitual, marcada por tensões dialéticas que encontram sua origem na constatação de que o Estado, a um só tempo, é "garantidor e inimigo da liberdade".[99] Direitos dessa natureza foram concebidos para serem opostos ao Estado, resguardando a esfera jurídica individual contra o avanço desmedido do poder.[100] Na medida em que

---

[95] Cf.: GUTMANN, Amy; THOMPSON, Dennis Frank. *Democracy and disagreement*. 2. ed. USA: Harvard University Press, 1996. p. 199 e ss.

[96] Cf.: GUASTINI, Ricardo. *Das fontes às normas (Dalle fonti alle norme)*. (Trad. Edson Bini). São Paulo: Quatier Latin, 2005. p. 247. O autor, em passagem anterior, partindo da distinção entre disposição normativa e norma, reconhece que "toda disposição é (mais ou menos) vaga e ambígua, de um tal modo que tolera diversas e conflitantes atribuições de significado" (GUASTINI, Ricardo. *Das fontes às normas (Dalle fonti alle norme)*. (Trad. Edson Bini). São Paulo: Quatier Latin, 2005. p. 34). Como essas "conflitantes atribuições de significado" se manifestam em momento anterior ao delineamento da norma, sendo autoexcludentes, é evidente a presença da conflitualidade intrínseca.

[97] FRIEDMAN, Lawrence M. On the interpretation of laws. *Ratio Juris*, v. 1, n. 3, p. 252-262, 1988. p. 252 (252).

[98] Não é de se excluir, no entanto, a possibilidade de uma Constituição estruturalmente democrática resultar da imposição, do arbítrio da força, endógena ou exógena. A Constituição japonesa de 1947 é um exemplo bem sugestivo: adotada logo após a Segunda Guerra Mundial, durante o período de ocupação das forças aliadas, seguiu o projeto imposto pelos norte-americanos, elaborado por especialistas a pedido do General MacArthur, merecendo especial realce a previsão de desmilitarização do Japão e a ampla proteção às liberdades individuais. Cf.: INOUE, Kyoko. *MacArthur's Japanese Constitution*: a linguistic and cultural study of its making. Chicago: University of Chicago Press, 1991. p. 1 e ss.

[99] KIRCHHOF, Paul. *Der Staat als Garant und Gegner der Freiheit*: von Privileg und Überfluss zu einer Kultur des Masses. München: Ferdinand Schöningh, 2004.

[100] Cf.: COSTA, Pietro. Diritti fondamentali (storia). *In*: *Enciclopedia del diritto*. Milano: Giuffrè, 2008. t. 2, p. 365, §10.

foram generalizados, sendo estendidos a todos os indivíduos que integram a espécie humana, passaram a desempenhar um relevante papel de integração social.[101]

Debates relacionados ao conteúdo constitucional costumam ser polarizados por substancialistas e procedimentalistas.[102] Essas duas construções teóricas, em seus contornos mais basilares, divergem em relação ao *locus* adequado das decisões políticas que estruturam o Estado e moldam o ambiente sociopolítico. Os substancialistas, por valorizarem o conteúdo constitucional, tendem a ampliar as matérias com esse *status*, com o correlato aumento do papel diretivo e limitador da Constituição em relação às maiorias ocasionais. À lei restaria o *múnus* de operacionalizar as decisões políticas previamente tomadas no plano constitucional.[103] Os procedimentalistas, por sua vez, entendem que à Constituição compete organizar o Estado e o processo democrático, sem restringir a margem valorativa das maiorias ocasionais, que se renovam a cada momento histórico. A ordem constitucional deveria apresentar contornos essencialmente instrumentais, garantindo a participação democrática e a regulação do "processo" de tomada de decisões, com a imprescindível valorização da liberdade política inerente à concepção democrática. Os procedimentalistas restringem o potencial expansivo das decisões constitucionais, de modo a evitar que as gerações futuras sejam manietadas pelos juízos valorativos realizados pelas gerações passadas.[104] A experiência das sociedades democráticas tem demonstrado que o extremismo costuma produzir efeitos bem deletérios: tanto o minimalismo constitucional, exacerbando a mobilidade democrática, quanto o dirigismo absoluto ("maximalismo constitucional"), inviabilizando a liberdade política e a plena operatividade dos aspectos essenciais do princípio democrático, devem ser evitados. É necessário que a Constituição e, de modo correlato, o intérprete observem um ponto de equilíbrio: sem descurar do delineamento dos aspectos essenciais do Estado e da sociedade, não devem avançar em minúcias cambiantes e cambiáveis pelas maiorias ocasionais. Esses aspectos, à evidência, não podem ser reconduzidos a um arquétipo básico, variando conforme os circunstancialismos de ordem espacial e temporal.

Estruturadas as disposições normativas e promulgada a Constituição, abre-se um novo foco de conflitos, originários da necessidade de identificação do significado dos enunciados linguísticos que formam o seu corpo. Exige-se a realização de juízos valorativos a respeito dos enunciados utilizados; da estrutura sintática (concordância, regência, pontuação etc.); da interação com outros significantes, enunciados e textos; da influência dos fatores extrínsecos colhidos no contexto não linguístico; dos valores a que será conferida preeminência (liberais, republicanos etc.); dos fins a serem alcançados com a futura norma; do modo de operacionalizar esses fins; e das especificidades do caso concreto. É nesse momento que surge a denominada *conflitualidade intrínseca*.

---

[101] Cf.: MÜNCH, Richard. Elemente einer Theorie der Integration moderne Gesellschaften. *In*: IMBUSCH, Peter; HEITMEYER, Wilhelm. *Integration – Desintegration*: ein Reader zur Ordnungsproblematik moderner Gesellschaften. Wiesbaden: V.S., 2008. p. 51 (53).

[102] Cf.: STRECK, Lenio Luiz. *Jurisdição constitucional e hermenêutica*: uma nova crítica ao direito. Porto Alegre: Livraria do Advogado, 2002. p. 134-141.

[103] Cf.: TRIBE, Lawrence H. *Constitutional choices*. Cambridge: Harvard University Press, 1985. p. 3-28; e CAPPELLETTI, Mauro. *Juízes legisladores? (Giudici legislatori?)*. (Trad. Carlos Alberto Álvaro de Oliveira). Porto Alegre: Sérgio Antonio Fabris, 1993. p. 40-42, 73-81 e 92-107.

[104] Cf.: ELY, John Hart. *Democracy and distrust*: a theory of judicial review. 11. ed. Cambridge: Harvard University, 1995. p. 88 e ss.

Essa fase é superada com a finalização do processo de interpretação e a consequente individualização da norma constitucional. A ela segue-se a necessidade de compatibilizar a norma encontrada com as demais normas do sistema, momento em que pode eclodir o conflito entre normas constitucionais. A superação do conflito normativo ou extrínseco, por sua vez, torna-se imprescindível à individualização da norma de decisão, padrão normativo que definirá a situação concreta.[105]

Em um plano puramente idealístico, seria possível afirmar que a interpretação é uma atividade que se desenvolve sobre o texto normativo, enquanto a aplicação pressupõe a existência de normas perfeitamente individualizadas. Interpreta-se o texto, aplica-se o fruto da interpretação. Observa-se, no entanto, que a pretensa autonomia existencial entre essas atividades não pode ignorar a constatação de que as especificidades do problema concreto e da realidade circundante, subjacentes ao momento da aplicação, devem ser consideradas desde o início do processo de interpretação.[106] A estrita relação existente entre a construção do significado normativo, o problema e as consequências decorrentes da individualização da norma torna evidente a conexão existencial, e não meramente consequencial, entre interpretação e aplicação do padrão normativo. Daí se dizer, comumente, que as atividades de interpretação e aplicação formam um processo unitário.[107] Por outro lado, essa constatação não compromete: é possível que o intérprete, à margem de um problema concreto, também promova uma atividade interpretativa, ainda que os significados alcançados sejam nitidamente provisórios.

Se a conflitualidade é indissociável da ordem constitucional, a decisão é indispensável à sua superação. Fala-se de decisão não num sentido puramente schmittiano,[108] que situa o fundamento da lei constitucional em uma decisão sobre a espécie e a forma da unidade política de um povo, que condicionaria os aspectos substanciais da atividade jurídica do Estado e exprimiria o seu *status* político. O que se afirma, em verdade, é que constituintes e intérpretes, cada qual ao seu tempo, desenvolvem atividades essencialmente decisórias: para os primeiros, as decisões começam no momento de compatibilizar os múltiplos interesses existentes e de definir as linhas estruturais do Estado; para os últimos, estão ínsitas nas sucessivas escolhas que devem realizar, principiando pela disposição constitucional que se ajuste ao problema e seja objeto de interpretação, operação que necessariamente levará em conta a sua validade formal, passando pelos métodos de interpretação a serem utilizados, estendendo-se aos fatores externos a serem levados em consideração, até alcançar a opção entre os distintos sentidos que podem ser atribuídos ao texto. No âmbito da democracia constitucional, é possível afirmar que

---

[105] Cf.: DUARTE, David. *A norma de legalidade procedimental administrativa*: a teoria da norma e a criação de normas de decisão na discricionariedade instrutória. Coimbra: Almedina, 2006. p. 298-324.

[106] Cf.: FERNANDEZ, Atahualpa. *Direito, evolução, racionalidade e discurso jurídico*: a "realização do direito" sob a perspectiva das dinâmicas evolucionárias. Porto Alegre: Sergio Antonio Fabris, 2002. p. 265.

[107] Cf.: GADAMER, Hans-Georg. *Verdade e Método* (*Wahrheit und methode*): complementos e índice, traços fundamentais de uma hermenêutica filosófica. (Trad. Enio Paulo Giachini). 2. ed. Petrópolis: Vozes, 2004. v. II, p. 399-400; e STRECK, Lenio Luiz. A hermenêutica filosófica e as possibilidades de superação do positivismo pelo (neo) constitucionalismo. *In*: LEITE SAMPAIO, José Adércio (Org.). *Constituição e crise política*. Belo Horizonte: Del Rey, 2006. p. 273 (290). Como observado por Kaufmann, a 'mera' aplicação também é interpretação" (KAUFMANN, Arthur. *Filosofia do direito* (*Rechtsphilosophie*). (Trad. António Ulisses Cortês). Lisboa: Fundação Calouste Gulbenkian, 2004. p. 353).

[108] Cf.: SCHMITT, Carl. *Teoría de la Constitución* (*Verfassungslehre*). (Trad. Francisco Ayala). Madrid: Alianza, 2003. p. 30 e 45 e ss.

essas atividades assumem contornos cooperativos e não cooperativos, desenvolvendo-se em dois planos distintos e sucessivos: no primeiro plano, os interessados, reunidos em Assembleia Constituinte, concordam, por maioria ou unanimidade, em aprovar um instrumento voltado à consecução do bem comum, o texto constitucional; no segundo plano, cada interlocutor, ao interpretá-lo, ainda que permaneça adstrito a certos padrões de racionalidade, atribui à norma constitucional o sentido que lhe parece mais adequado, não raro privilegiando seus próprios interesses.[109]

A ideia de conflitualidade está ínsita no pensamento de Patterson[110] ao observar que as pessoas discordam do significado de um texto, em especial quando ostente natureza normativa, por se basearem em pressuposições conflitantes em relação ao modo de gerar o respectivo significado. Essas pressuposições decorrem não só de divergências de natureza linguística, como, principalmente, do modo de ver e entender a realidade. Barber e Fleming,[111] do mesmo modo, realçam que as principais questões da interpretação constitucional advêm dos conflitos relacionados à funcionalidade da Constituição e ao modo de perquirir o seu significado.

O múnus decisório do intérprete está funcionalmente voltado à resolução das conflitualidades intrínsecas. O sentido da norma, por sua vez, será diretamente influenciado pela formação do intérprete, pelos seus pré-conceitos e pelos fatores externos (ideológicos, culturais etc.) a que atribua preeminência. A norma não é mero produto do conhecimento, da apreensão de um sentido preexistente, mas resultado de uma "vontade decisional",[112] constrói sentidos a partir de enunciados linguísticos. Pode

---

[109] Cf.: RILEY, Jonathan. Constitutional democracy as a two-stage game. *In*: FEREJOHN, John A.; RAKOVE, Jack N.; RILEY, Jonathan (Ed.). *Constitutional culture and democratic rule*. Cambridge: Cambridge University Press, 2001. p. 147 (147-148).

[110] PATTERSON, Dennis. *Law and truth*. Oxford: Oxford University Press, 1999. p. 113.

[111] BARBER, Sotirius A.; FLEMING, James A. *Constitutional interpretation*. New York: Oxford University Press, 2007. p. 13.

[112] Cf.: MODUGNO, Franco. *Interpretazione giuridica*. Padova: CEDAM, 2009. p. 40. Vide, ainda: KAUFMANN, Arthur. *Filosofia do direito* (*Rechtsphilosophie*). (Trad. António Ulisses Cortês). Lisboa: Fundação Calouste Gulbenkian, 2004. p. 183. Em sentido contrário, entendendo que a interpretação não pode ser vista como um ato de vontade, isso sob pena de a atividade do intérprete descambar em arbitrariedade, agindo como se legislador fosse, vide: STRECK, Lenio Luiz. A hermenêutica jurídica nos vinte anos da Constituição do Brasil. *In*: MOREIRA DE MOURA, Lenice S. (Org.). *O novo constitucionalismo na era pós-positivista*: homenagem a Paulo Bonavides. São Paulo: Saraiva, 2009. p. 59 (70 e ss.). Esse autor, embora reconheça que a linguagem pode conter ambiguidades e vaguezas e que o intérprete desempenha uma atividade criativa, afirma não haver propriamente liberdade, já que esses aspectos não obstariam a possibilidade de alcançar "verdades conteudistas", vale dizer, verdades adequadas à Constituição, que devem ser devidamente fundamentadas. Essa tese, no entanto, comporta duas reflexões: (1º) ao partir da premissa de que *vontade* se identifica com *liberdade* de escolha, sendo integralmente absorvida por ela, parece negar que toda ação humana pressupõe uma manifestação intelectiva que pode ser reconduzida ao referencial de vontade; e (2º) não parece se desprender de um argumento circular que envolve igualdade e verdade: como as divergências podem ser vistas como aspectos pragmáticos inevitáveis (*v.g.*: teorias distintas, votos divergentes, superação de precedentes etc.), a solução será reconhecer que o significado último, imposto pelo Tribunal Constitucional, é verdadeiro simplesmente por existir e ser operativo. O significado divergente, por sua vez, na medida em que "não existe" e "não é operativo", será necessariamente falso. A fundamentação, desse modo, não assumiria propriamente contornos instrumentais, conduzindo à verdade; seria mero requisito formal para a aceitação do significado e, consequentemente, da verdade que lhe é imanente. A "verdade conteudista", quando muito, seria vista como um referencial externo, não afastando a constatação empírico-jurídica de que a verdade, longe de ser estável, é volátil, o que aconselha seja o foco de análise deslocado do significado, o resultado, para os argumentos, instrumental que conduz à sua obtenção. Bertea, com propriedade, observa que a norma não é apenas uma manifestação de vontade, mas uma manifestação de vontade que deve ser racionalmente justificada. A existência do enunciado linguístico posto pela autoridade é apenas parte da justificação jurídica, não a exaurindo (BERTEA, Stefano. *Certezza del diritto e argomentazione giuridica*. Itália: Rubbettino, 2002. p. 35-36). Certas críticas, não é demais lembrar, são cíclicas, sendo reapresentadas por atores distintos em contextos diversos. Basta lembrar

ser vista como uma espécie de "síntese circular e dialética" de ao menos duas vontades distintas: a externada pelo intérprete e aquela subjacente ao texto constitucional, o objeto da interpretação.[113]

Operações que, aos olhos da doutrina clássica, eram marcadas pelo mecanicismo encobrem situações de intensa conflitualidade, exigindo sucessivas decisões por parte do intérprete. É o caso do raciocínio silogístico, formado por (1) premissa maior ou enunciado prescritivo geral, (2) premissa menor ou enunciado descritivo e (3) conclusão ou enunciado prescritivo individual.[114] O padrão normativo ofertado pela autoridade competente veicularia a premissa maior, a situação concreta consistiria na premissa menor e, ao intérprete, restaria, apenas, a singela tarefa de enquadrar a segunda na primeira, daí decorrendo a consequência jurídica por esta prevista. A simplicidade desse raciocínio, no entanto, não permite que se ignore que incumbe ao intérprete a tarefa de individualizar o sentido da norma e de identificar os contornos da situação fática, compatibilizando-a com as provas existentes. Nesse processo, o intérprete realiza duas séries de decisões, resolvendo problemas afetos às questões de direito (interpretação das fontes) e às questões de fato (verificação dos aspectos da realidade tidos como relevantes), que são preliminares à decisão inerente à resolução da controvérsia.[115] As fontes podem ser compreendidas em um sentido objetivo-funcional, o ato ou fato que origina a norma, ou subjetivo (orgânico), vale dizer, quem as edita.[116] Os fatos, em uma acepção estrita, indicam a parcela da realidade a ser alcançada pelo padrão normativo, tendo decisiva influência na sua escolha. Em uma acepção ampla, alcançam todos os fatores extrínsecos, subjacentes ao ambiente sociopolítico, que influem no delineamento da norma. Na medida em que o intérprete deve tomar decisões para a individualização das próprias premissas que formam o silogismo, afigura-se clara a necessidade de serem realizados juízos valorativos, o que evidencia uma nítida atividade criativa, distanciando-se do arquétipo mecanicista.[117]

O silogismo calcado em bases estritamente lógicas, indicativo da produção de inferências necessárias a partir de proposições preexistentes,[118] deve ceder lugar ao silogismo argumentativo, no qual o intérprete realiza inequívocos juízos valorativos

---

as palavras de Pelegrino Rossi ao negar ao ato de julgar a natureza de um verdadeiro ato de vontade: "l'acte de juger n'a pas les caractères généraux de l'acte de vouloir – la généralité et l'initiative; il les exclut au contraire. [...] Le juge ne crée rien, il declare" (ROSSI, Pelegrino. *Cours de droit constitutionnel professé à la Faculté de Droit de Paris*. 5. ed. Paris: Guillaumin, 1884. v. 4, p. 240).

[113] FREITAS, Juarez. *A interpretação sistemática do direito*. 4. ed. São Paulo: Malheiros, 2004. p. 80.

[114] Cf.: BYDLINSKI, Franz. *Juristische Methodenlehre und Rechstsbegriff*. 2. ed. Wien: Springer, 1991. p. 395; e DUGUIT, Léon. *Manuel de droit constitutionnel*. 2. ed. Paris: E. de Boccard, 1911. p. 120. A fórmula, aliás, já fora didaticamente exposta por Beccaria (BECCARIA, Cesare. *Dos delitos e das penas* (*Dei delitti e delle pene*, 1764). (Trad. Paulo M. Oliveira). São Paulo: Atena, 1954. p. 36).

[115] Cf.: GUASTINI, Ricardo. *Das fontes às normas* (*Dalle fonti alle norme*). (Trad. Edson Bini). São Paulo: Quatier Latin, 2005. p. 68-69. O significado, como afirmou Guastini, é "uma variável das valorações e decisões do intérprete" (GUASTINI, Ricardo. *Distinguiendo*: estudios de teoría y metateoría del derecho. (Trad. Jordi Ferrer i Beltrán). Barcelona: Gedisa, 1999. p. 35).

[116] Cf.: RUGGERI, Antonio. *Fonti e norme nell'ordinamento e nell'esperienza costituzionale*. Torino: Giappichelli, 1993. p. 4.

[117] Cf.: BÄCKER, Carsten. Der Syllogismus als Grundstruktur des juristischen Begründens? *Rechtstheorie*, v. 40, n. 3, p. 404-424, 2009. p. 404 (406-414).

[118] Cf.: CARNEIRO, Maria Francisca. *Paradoxos no direito*: lógica e teoria de categorias. Porto Alegre: Núbia Fabris, 2009. p. 31-37.

e concorre, de modo efetivo, para a formação das proposições que servirão de base às suas conclusões.[119]

Sempre que o intérprete, à luz de algum paradigma, realiza uma interpretação conforme, tomando decisões de modo a superar a diversidade de significados potencialmente associados ao enunciado linguístico interpretado, são solucionadas conflitualidades intrínsecas. Em situações dessa natureza, com os olhos voltados a um paradigma específico, que tanto pode refletir uma fonte de direito superior, fundamento de validade da norma que pretende individualizar,[120] ou um objetivo que está decidido a alcançar, como o de evitar a irrupção de antinomias, o intérprete rejeita os significados que dele destoam e alberga o significado que a ele se harmonize. Realiza, assim, uma interpretação conforme.[121] Tem-se, com isso, uma espécie de dirigismo interpretativo não escrito, que, não raras vezes, pode ser visto como um imperativo lógico que prestigia a unidade hierárquico-normativa da ordem jurídica.[122] Esse dirigismo busca preservar a coerência do sistema jurídico, verdadeiro postulado de racionalidade do processo de interpretação que não pode ser desconsiderado pelo intérprete.[123]

O Tribunal Constitucional, ao realizar o controle de constitucionalidade das normas infraconstitucionais, identifica e soluciona, com relativa frequência, inúmeras conflitualidades intrínsecas que surgem a partir da apreciação dos padrões normativos submetidos à sua apreciação. Essa atividade é rotineiramente realizada com a denominada "interpretação conforme a Constituição" ("Verfassungskonforme Auslegung").[124] Se a expressão, em uma acepção mais lata, indica que toda e qualquer disposição normativa infraconstitucional deve ser interpretada em harmonia com a Constituição, em um plano mais restrito, aponta para (1) a identificação, dentre os possíveis sentidos, daquele que seja compatível com a ordem constitucional, daí decorrendo o reconhecimento da não incidência, em certa situação de fato, do sentido considerado inconstitucional, ou a declaração de inconstitucionalidade parcial sem redução de texto, com a consequente indicação da interpretação compatível com o texto constitucional;[125] ou (2) a controvertida

---

[119] Cf.: RIBEIRO SERPA, José Hermílio. *Direito constitucional interdisciplinar*. Porto Alegre: Sergio Antonio Fabris, 2006. p. 70.

[120] Cf.: GUASTINI, Ricardo. *Produzione e applicazione del diritto*: lezioni sulle "preleggi". Torino: Giappichelli, 1989. p. 79-81; GUASTINI, Ricardo. *Distinguiendo*: estudios de teoría y metateoría del derecho. (Trad. Jordi Ferrer i Beltrán). Barcelona: Gedisa, 1999. p. 177 e 231-233; e CANOSA USERA, Raul. *Interpretación constitucional y fórmula política*. Madrid: Centro de Estudios Constitucionales, 1988. p. 15.

[121] Com os olhos voltados à Constituição espanhola de 1978, que realça o caráter vinculante dos valores, Lucas Verdu fala na imprescindibilidade de uma "interpretação conforme a valores" (LUCAS VERDU, Pablo. *Teoría de la Constitución como ciencia cultural*. 2. ed. Madrid: Dykinson, 1998. p. 118).

[122] Cf.: BRIC, Johannes. *Vereinsfreiheit*: eine rechtsdogmatische Untersuchung der Grundfragen des Vereinsrechts. Wien: Springer, 1998. p. 66.

[123] Como ressaltado por Freitas, tanto a interpretação conforme a Constituição, quanto a intepretação sistemática, buscam afastar as contradições no interior do sistema (FREITAS, Juarez. *A interpretação sistemática do direito*. 4. ed. São Paulo: Malheiros, 2004. p. 79).

[124] Cf.: BYDLINSKI, Franz. *Juristische Methodenlehre und Rechstsbegriff*. 2. ed. Wien: Springer, 1991. p. 373; SCHOCH, Friedrich. *Übungen im öffentlichen Recht*: Verfassungsrecht und Verfassungsprozeßrecht. Berlin: Walter de Gruyter, 2000. p. 71; MEDEIROS, Rui. *A decisão de inconstitucionalidade*: os autores, o conteúdo e os efeitos da decisão de inconstitucionalidade da lei. Lisboa: Universidade Católica Editora, 1999. p. 289-412; e BONAVIDES, Paulo. *Curso de direito constitucional*. 25. ed. São Paulo: Malheiros, 2010. p. 517-524.

[125] Cf.: VOSSKUHLE, Andreas. Theorie un Praxis der verfassungskonformen Auslegung von Gesetzen durch Fachgerichte: Kritische Bestandsaufnahme und Versuch einer Neubestimmung. *Archiv des Öffentlichen Rechts*, n. 125, v. 2, p. 177-201, 2000. p. 177 (183).

possibilidade de ampliação do significado da disposição, com a consequente extensão dos seus efeitos a situações originariamente não contempladas, de modo a desconsiderar as discriminações que não possam ser racionalmente justificadas.[126]

O Tribunal deixa de emitir um juízo censório à atividade do legislador[127] e preserva a literalidade da disposição, neutralizando os significados inconstitucionais que se lhe poderiam atribuir. Como se percebe, a partir de uma única disposição, é identificada uma variedade de significados, de "normas" em potencial, divergentes ou mesmo contrapostas, sendo a conflitualidade intrínseca solucionada partindo-se da premissa de que a força normativa da Constituição deve ser necessariamente preservada. Diz-se que a conflitualidade é intrínseca na medida em que se manifesta no curso do processo de interpretação, em momento antecedente à individualização da norma a ser extraída da disposição normativa, única considerada compatível com o texto constitucional. Nesse particular, observa-se que as múltiplas "normas" potencialmente individualizáveis, em verdade, reduzem-se àquela compatível com a Constituição, o que afasta a incidência de um conflito entre normas e situa a questão em momento anterior, como incidente a ser solucionado no curso do processo de interpretação. Sensível ao risco de a técnica da interpretação conforme levar o intérprete a optar por significados que, não obstante harmônicos com a Constituição, não sejam alcançados pelo potencial expansivo dos enunciados linguísticos infraconstitucionais, o Tribunal Constitucional Federal alemão reconheceu que não se pode dar "a uma lei de texto e sentido inequívocos, um significado

---

[126] É bem conhecida a frase de Cooley, no sentido de que "[t]he Court, if possible, must give the statute such a construction as will enable it to have effect" (COOLEY, Thomas McIntiry. *A treatise on the constitutional limitations*. 4. ed. Boston: Little, Brown and Company, 1878. p. 228). No âmbito da doutrina italiana, que tem se dedicado longamente ao tema, as sentenças interpretativas podem ser de rejeição (*di rigetto*) ou de acolhimento (*di acoglimento*). É proferida uma sentença interpretativa de rejeição quando o Tribunal Constitucional, buscando preservar o texto legislativo, extrai da disposição normativa uma norma (entre várias possíveis) conforme a Constituição (*v.g.*: Sentença nº 11/1965). Em relação à sentença de acolhimento, ela pode ser: (a) parcial ou redutiva, quando possui conteúdo negativo e decide pela declaração de inconstitucionalidade de uma norma obtida de parte do texto (*v.g.*: Sentença nº 63/1966); (b) suplementar ou aditiva, quando o Tribunal declara a inconstitucionalidade da disposição impugnada "na parte em que esta não disse algo" e, recorrendo à analogia, à dedução lógica ou a outras normas do ordenamento, introduz a disciplina que se mostra adequada (*v.g.*: Sentença nº 190/1970); (c) substitutiva ou manipulativa, indicando que o sentido de uma parte do texto (que, nos seus termos literais, não se mostra inconstitucional) é substituído por outro, este último formulado pela via interpretativa (*v.g.*: Sentença nº 15/1969). Cf.: AMOROSO, Giovanni. I seguiti delle decisioni di interpretazione adeguatrice della Corte costituzionale nella giurisprudenza di legittimità della Corte di cassazione. *Rivista Trimestrale di Diritto Pubblico*, n. 3, p. 769-806, 2008. p. 769 (771-781); PARODI, Giampaolo. Seguito giurisdizionale delle decisioni costituzionali interpretative e additive di principio ed elementi di difusione' nel controllo di costituzionalità. *Rivista Trimestrale di Diritto Pubblico*, n. 3, p. 821-849, 2008. p. 821 (822-835); SORRENTI, Giusi. *L'interpretazione conforme a Costituzione*. Milano: Giuffrè, 2006. p. 177-207; BERTI, Giorgio. *Interpretazione costituzionale*: lezioni di diritto pubblico. 4. ed. Verona: CEDAM, 2001. p. 527-536; e DI RUFFIA, Biscaretti. *Diritto costituzionale*. 15. ed. Napoli: Jovene Editore, 1989. p. 677-678. Com variações pontuais na classificação, vide: MORTATI, Costantino. *Istituzioni di diritto pubblico*. 7. ed. Padova: CEDAM, 1967. t. II, p. 1422-1426; CRISAFULLI, Vezio. *Lezioni di diritto costituzionale*. 5. ed. Verona: CEDAM, 1984. v. II, t. II, p. 396-409; DE VERGOTTINI, Giuseppe. *Diritto costituzionale*. 3. ed. Padova: CEDAM, 2001. p. 637-642; e DI CELSO, M. Mazziotti; SALERMO, G. M. *Manuale di diritto costituzionale*. Padova: CEDAM, 2002. p. 496-497. Sobre as *sentenças interpretativas* no direito espanhol, *tertium genus* que coexiste com as *sentenças estimatorias* e *desestimatórias*, por meio das quais o Tribunal Constitucional profere uma decisão mista, pronunciando, a um só tempo, a inconstitucionalidade de uma parte da norma e a constitucionalidade, no sentido proposto, de outra parte, vide: DE OTTO, Ignacio. *Derecho constitucional*: sistema de fuentes. 2. ed. Barcelona: Ariel, 2001. p. 286; BALAGUER, CALLEJÓN, María Luisa. Las sentencias del Tribunal Constitucional. *In*: BALAGUER CALLEJÓN, Francisco (Org.). *Derecho constitucional*. 2. ed. Madrid: Tecnos, 2003. v. I, p. 265 (268-269); e CORZO SOSA, Edgar. *La cuestión de inconstitucionalidad*. Madrid: Centro de Estudios Políticos y Constitucionales, 1998. p. 535.

[127] Cf.: ZIEDLER, Wolfgang. The Federal Constitutional Court of the Federal Republic of Germany: decisions on the constitutionality of legal norms. *Notre Dame Law Review*, n. 62, p. 504, 1987. p. 504 (509).

oposto"[128] e deixou expressa a impossibilidade de serem criados significados *ex novo*, pois "isso é tarefa do legislador e não do Tribunal Constitucional" (Das ist Sache des Gesetzgebers, nicht des Bundesverfassungsgericht).[129]

3 Tese de fundo: conceito, contextualização e perspectivas da conflitualidade intrínseca

O designativo *conflitualidade intrínseca da norma constitucional* comporta um breve esclarecimento. A ideia de conflitualidade, como soa evidente, indica um estado de choque, de embate entre individualidades distintas. Na perspectiva aqui tratada, a conflitualidade surge da oposição de grandezas, identificadas pelo intérprete no curso do processo de interpretação e que são tidas como indispensáveis na individualização dos significados passíveis de serem atribuídos ao texto constitucional. Essas grandezas, que representam, à luz da interação entre texto e contexto, as peculiaridades da linguagem, os valores concorrentes, os fins a serem alcançados pela futura norma e o modo de operacionalizá-la, hão de ser devidamente individualizadas, de modo que o intérprete possa identificar aquelas que possuem preeminência, os significados que com elas se compatibilizam e, dentre os significados possíveis, aquele que será atribuído ao enunciado linguístico objeto de interpretação.

A conflitualidade intrínseca consubstancia um incidente, efetivo ou potencial, do processo de interpretação constitucional, que reflete a oposição entre grandezas argumentativamente relevantes, passíveis de influir na identificação de uma pluralidade de significados reconduzíveis ao mesmo enunciado linguístico. Diz-se que a conflitualidade pode ser efetiva ou potencial, na medida em que o intérprete necessariamente deve aferir a sua presença, tomando uma decisão a esse respeito. Decisões dessa natureza terão lugar no curso do processo de interpretação. Concluindo pela existência da conflitualidade, o intérprete deve resolvê-la. Inclinando-se pela negativa, deve atribuir ao enunciado linguístico interpretado o único significado que lhe foi possível identificar.

Na medida em que a conflitualidade surge no curso do processo de interpretação, apontando para a oposição entre fatores intrínsecos, afetos à linguagem, ou entre fatores extrínsecos, como os que caracterizam a projeção do padrão deôntico na realidade, afigura-se evidente que ela antecede a individualização da norma constitucional. Em verdade, enquanto não resolvidas as conflitualidades e proferida a decisão final pelo intérprete, atribuindo um significado ao texto, não haverá norma propriamente dita.

À luz do próprio *iter* percorrido até a individualização da norma, pode-se afirmar que conflitualidades dessa natureza a antecedem, não permanecendo em estado latente após a sua individualização. Aliás, não de modo juridicamente relevante, isso em relação a essa norma em particular, que já teve o seu significado definido e não mais carece de interpretação. Conflitualidade intrínseca e norma mantêm entre si uma relação de

---

[128] *BVerGE* 8. 28 (28), 1958 (*Besoldungsrecht*).
[129] *BVerfGE* 18. 97 (111), 1964 (*Zusammenveranlagung*). De acordo com o Tribunal, a interpretação conforme a Constituição encontraria seus limites no texto e na vontade do legislador ("Jede verfassungskonforme Auslegung findet ihre Grenze dort, wo sie mit dem Wortlaut und dem klar erkennbaren Willen des Gesetzgebers in Widerspruch treten würde").

antecedente e consequente. A partir dessas premissas, surge o questionamento: se a conflitualidade é antecedente, por que denominá-la de intrínseca? A opção decorre de duas razões básicas. A primeira, por reforçar a distinção em relação à conflitualidade extrínseca, mais conhecida como conflito entre normas constitucionais, que se desenvolve entre individualidades bem distintas, as normas. A segunda, por indicar a ideia de inerência, vale dizer, uma relação necessária entre a individualização da norma e a imprescindível superação, no curso do processo de interpretação, das conflitualidades que concorrem para o surgimento de uma pluralidade de significados. Apesar de ser plenamente factível que o intérprete conclua pela ausência de uma conflitualidade dessa natureza, isso em razão da ausência de potencial expansivo do enunciado e de sua total impermeabilidade à influência de fatores extrínsecos, como ocorre quando utilizados significantes linguísticos de representação numérica (*v.g.*: "o Parlamento tem 550 Deputados"), a aferição de sua presença é indispensável à completude argumentativa do processo de interpretação.

Na presente investigação, as conflitualidades são contextualizadas no âmbito de uma Constituição formal, fruto de um processo constituinte e composta por enunciados linguísticos que demandam interpretação para a individualização do seu significado. A partir dos referenciais de forma e essência, que refletem, respectivamente, a especificidade do procedimento utilizado em sua elaboração e a importância de certos institutos para a organização estatal, tornou-se bem difundida a distinção entre Constituição em sentido formal (*Verfassung im formellen Sinn*) e Constituição em sentido material (*Verfassung im materiellen Sinn*).[130] Enquanto a primeira consubstancia um documento escrito, cognominado ou não de Constituição, que ostenta caráter fundante e valor superior às demais normas do sistema, somente podendo ser reformado com a observância de requisitos específicos, o que caracteriza a sua rigidez, a denominada Constituição em sentido material pode receber, de acordo com Pérez Luño,[131] três sentidos distintos: (1) sociológico – em que se descreve o funcionamento real das instituições democráticas; (2) político – que indica as decisões políticas fundamentais que estão na base de uma

---

[130] Cf.: ZIPPELIUS, Reinhold; WÜRTENBERGER, Thomas. *Deutsches Staatsrecht*. 32. ed. München: C. H. Beck, 2008. p. 41-42; KOJA, Friedrich. Die Verfassung. In: *Staatsrecht in Theorie und Praxis*: Festschrift Robert Walter zum 60. Geburtstag. Wien: Manzsche Verlags, 1991. p. 349 (349-354); BACHOF, Otto. *Normas constitucionais inconstitucionais? (Verfassungswidrige Verfassungsnormen?)*. (Trad. José Manuel M. Cardoso da Costa). Coimbra: lmedina, 1994. p. 39; DE OTTO, Ignacio. *Derecho constitucional*: sistema de fuentes. 2. ed. Barcelona: Ariel, 2001. p. 17; BONAVIDES, Paulo. *Curso de direito constitucional*. 25. ed. São Paulo: Malheiros, 2010. p. 80-83; GONÇALVES FERREIRA FILHO, Manoel. *Curso de direito constitucional*. 32. ed. São Paulo: Saraiva, 2006. p. 11-12; DE MORAES, Alexandre. *Direito constitucional*. 25. ed. São Paulo: Atlas, 2010. p. 3; DA SILVA, José Afonso. *Curso de direito constitucional positivo*. 33. ed. São Paulo: Malheiros, 2010. p. 40-41; RAMOS TAVARES, André. *Curso de direito constitucional*. 3. ed. São Paulo: Saraiva, 2006. p. 62-65; MIRANDA, Jorge. *Manual de direito constitucional*. 6. ed. Coimbra: Coimbra Editora, 2007. t. II, p. 27-36; GOMES CANOTILHO, José Joaquim. *Direito constitucional e teoria da Constituição*. 7. ed. Coimbra: Almedina, 2010. p. 1139-1140; BACELAR GOUVEIA, Jorge. *Manual de direito constitucional*. 3. ed. Coimbra: Almedina, 2010. v. 1, p. 581; FAVOREU, Louis *et al*. *Droit constitutionnel*. 6. ed. Paris: Dalloz, 2003. p. 68-77; HAMON, Francis; TROPER, Michel; BURDEAU, Georges. *Manuel de droit constitutionnel*. 27. ed. Paris: L.G.D.J, 2001. p. 39; CRISAFULLI. *Lezioni di Diritto Costituzionale*. 2. ed. Padova: CEDAM, 1970. p. 90-94; DE VERGOTTINI, Giuseppe. *Diritto costituzionale*. 3. ed. Padova: CEDAM, 2001. p. 10-12; DI CELSO, M. Mazziotti; SALERMO, G. M. *Manuale di diritto costituzionale*. Padova: CEDAM, 2002. p. 100-101; MORTATI, Costantino. *Istituzioni di diritto pubblico*. 12. ed. Padova: CEDAM, 1991. t. I, p. 26 e 31; BALAGUER CALLEJÓN, Francisco *et al*. (Coord.). *Derecho constitucional*. 2. ed. Madrid: Tecnos, 2003. v. I, p. 107-109; e WROBLEWSKI, Jerzy. *Constitución y teoría general de la interpretación jurídica*. (Trad. Arantxa Azurza). Madrid: Cuadernos Civitas, 2001. p. 56.

[131] PÉREZ LUÑO, Antonio Enrique. *Derechos humanos, estado de derecho y Constitución*. 8. ed. Madrid: Tecnos, 2003. p. 273.

determinada comunidade, servindo de fundamento à Constituição formal e assegurando a unidade do sistema jurídico; e (3) axiológico – que denota a elaboração teórica e a força propulsora do máximo desenvolvimento dos valores básicos aceitos majoritariamente pela coletividade, que servem de fundamento e direcionam a formação da normatividade constitucional. A nosso ver, a ideia de Constituição material, em seus contornos mais basilares, busca veicular a identidade do Estado consoante às vicissitudes do ambiente sociopolítico, daí a constatação de que os três sentidos sugeridos pelo jurista espanhol, caso concebidos em sua individualidade, oferecerão uma identidade meramente parcial. A reunião resultará na identificação do conjunto de princípios fundamentais que delineiam a organização do Estado, em especial a estrutura orgânica e a divisão de competências, e o seu modo de relacionamento com as pessoas em seu território. Em decorrência de seus fatores constitutivos, é evidente que a concepção de Constituição em sentido material pode apresentar evidentes variações de natureza espacial e temporal: altera-se a sua essência tão logo se altere a visão da comunidade a respeito dos princípios fundamentais.

Não obstante conectada à preocupação de se formar a identidade constitucional em harmonia com o senso comum (*rectius*: conhecimento generalizado[132] ou conceito atribuído a uma atitude no domínio público),[133] a concepção de Constituição em sentido material não afasta a constatação de que o caráter fundante e a supremacia normativa são características inerentes à Constituição em sentido formal, de modo que todas as suas disposições, versem, ou não, sobre temática considerada materialmente constitucional, terão reconhecida a sua imperatividade, dando origem a normas superiores às demais espécies normativas.[134] Normas legais, ainda que consideradas materialmente constitucionais, não passam a ocupar, só por isso, patamar superior às demais. Deve-se reconhecer que, não obstante a sua relevância conceitual, a ideia de "Constituição material" não se mostra apta a substituir ou, mesmo, a desvalorizar a "Constituição oficial".[135]

Deve-se reconhecer, com Tribe,[136] que proposições de direito constitucional nem sempre encontrarão uma conexão imediata com o texto constitucional, sendo plenamente factível a existência de instituições e práticas que encontrem sustentação em fontes outras. Essa possibilidade, não só é factível, como recorrente em sistemas como o norte-americano, que encontra sua pedra fundamental em uma Constituição sintética com mais de dois séculos de vigência. O texto é a fonte primária, mas não exclusiva da normatividade constitucional. Embora seja exato afirmar que as normas jurídicas, a depender da concepção de "fonte" partilhada pelo operador do direito, podem apresentar origens tão diversificadas quanto os costumes ou a jurisprudência, nos sistemas do tipo europeu continental a preeminência tem sido atribuída ao direito escrito, formado a partir dos enunciados linguísticos aprovados pela autoridade competente e que demandam interpretação. No curso do processo de interpretação,

---

[132] Cf.: McCARTHY, John. *Formalizing common sense papers*. New Jersey: Intellect Books, 1990. p. 192-193.

[133] Cf.: ARTOSI, Alberto. Reasonableness, common sense and science. *In*: BONGIOVANNI, Giorgio; SARTOR, Giovanni; VALENTINI, Chiara. *Reasonableness and law*. New York: Springer, 2009. p. 69 (72).

[134] Cf.: ALLEWELDT, Ralf. *Bundesverfassungsgericht und Fachgeric/htsbarkeit*. Tübingen: Mohr Siebeck, 2006. p. 99.

[135] Cf.: BERTI, Giorgio. *Interpretazione costituzionale*: lezioni di diritto pubblico. 4. ed. Verona: CEDAM, 2001. p. 21.

[136] TRIBE, Lawrence H. *American constitutional law*. 3. ed. New York: The Foundation Press, 2000. p. 35.

são desenvolvidas atividades de natureza valorativa e decisória, permitindo que sejam identificados os significados passíveis de serem atribuídos aos enunciados linguísticos interpretados, com a consequente escolha daquele que integrará o conteúdo da norma. Valoração e decisão decorrem da necessidade de identificar e superar as conflitualidades intrínsecas, o que somente é possível com o concurso do intérprete, que direciona sua atividade intelectiva, de modo ativo e voluntário, à individualização da norma.

Enquanto a individualização da norma a partir de um enunciado linguístico textual pressupõe o exercício de um ato de vontade direcionado à atribuição de significado, as normas consuetudinárias são individualizadas com a realização de uma atividade ontologicamente distinta. Observa-se, inicialmente, que a formação do costume tem sido condicionada à presença de dois requisitos básicos, um de natureza objetiva e, outro, de natureza subjetiva.[137] O requisito objetivo estará presente com a constatação de que certa prática tem se repetido, em caráter público e uniforme, durante considerável lapso temporal. O requisito subjetivo, por sua vez, indica a generalizada difusão do entendimento de que a observância dessa prática é obrigatória e conforme ao direito. São necessárias a longa repetição e a *opinio necessitatis sive obligationis*. Como se percebe, o costume não resulta de um ato formal finalisticamente voltado à produção do direito, daí dizer-se que é uma fonte não voluntária,[138] espontânea[139] e informal.[140] Na clássica distinção de Duguit,[141] as normas oriundas do direito escrito são a expressão formal da consciência e da vontade do povo, enquanto as normas consuetudinárias emanam "da vontade consciente, mas tácita, do povo". A ausência de consciência ou, melhor dizendo, de atividade funcionalmente comprometida com um fim, permite que se fale num *ius involuntarium*.[142]

A voluntariedade, que no direito escrito se faz presente tanto na confecção do texto, quanto na atividade do intérprete, não se projeta de igual modo sobre o costume. Aqui, não há espaço para atividades valorativas ou decisões por parte do intérprete, que se limita a constatar a presença da norma consuetudinária, em nada concorrendo para o seu delineamento. Ao lançar seus olhos sobre ela, o operador de direito desenvolve um discurso puramente descritivo, não interpretativo. Isso ocorre justamente porque as conflitualidades possíveis já se manifestaram e foram resolvidas em momento antecedente à formação do costume, não subsistindo a ele. Note-se que o intérprete, ao verificar a presença dos requisitos exigidos para a configuração da norma consuetudinária, ainda que desenvolva uma atividade passível de ensejar divergências, em nada concorre para a formação do costume, o que ocorreu em momento anterior à sua análise.

---

[137] Cf.: GENY, François. *Méthode d´interpretation et sources en droit privé positif*. Paris: Marescq Ainé, 1919. v. 1, p. 278; FAVOREU, Louis *et al. Droit constitutionnel*. 6. ed. Paris: Dalloz, 2003. p. 76; BOBBIO, Norberto. Consuetudine (teoria generale). *In: Enciclopedia del diritto*. Milano: Giuffrè. (1961) 2007. v. IX, p. 426; BAPTISTA MACHADO, João. *Introdução ao direito e ao discurso legitimador*. 17. reimp. Coimbra: Almedina, 2008. p. 161; e REALE, Miguel. *Lições preliminares de direito*. 27. ed. São Paulo: Saraiva, 2010. p. 158.

[138] Cf.: BAPTISTA MACHADO, João. *Introdução ao direito e ao discurso legitimador*. 17. reimp. Coimbra: Almedina, 2008. p. 161.

[139] Cf.: SANTIAGO NIÑO, Carlos. *Introducción al análisis del derecho*. 2. ed. Buenos Aires: Astrea, 2005. p. 150.

[140] Cf.: BOBBIO, Norberto. Consuetudine (teoria generale). *In: Enciclopedia del diritto*. Milano: Giuffrè. (1961) 2007. v. IX, p. 426, §1º.

[141] DUGUIT, Léon. *Traité de droit constitutionnel*. 3. ed. Paris: Ancienne Librairie Fontemong & Cie., 1927. t. I, p. 147.

[142] Cf.: MODUGNO, Franco. *Interpretazione giuridica*. Padova: CEDAM, 2009. p. 10.

Em relação à posição secundária da jurisprudência nos sistemas do tipo europeu continental, não deve ser desconsiderada a constatação de Roscoe Pound,[143] direcionada aos sistemas de *common law*, mas perfeitamente generalizável, no sentido de que os órgãos legislativos, ainda que sejam considerados os mais qualificados, somente de modo intermitente realizarão um trabalho construtivo de criação do direito, o que torna não só inevitável, como imprescindível, a atuação dos tribunais. Daí a constatação de Dicey,[144] no sentido de que, nesses sistemas, o apelo aos precedentes é uma espécie de "ficção" por meio da qual a "decisão judicial" dissimula sua transformação em "legislação judicial".

Enquanto os sistemas de *common law* são marcados pela força expansiva dos precedentes (*case-law*), objeto de consideração em todo e qualquer julgamento,[145] de modo que a sua *ratio decidendi*[146] estabelece uma diretiva jurídica geral e adquire força *erga omnes*,[147] sendo analogicamente aplicada a casos futuros,[148] nos sistemas de *civil law*, os precedentes, apesar de ostentarem uma "eficácia persuasiva",[149] são normalmente vistos como meras pontes de transição entre o texto e a realidade. Identificada a prevalência dos textos normativos postos pela autoridade competente e a ausência de uma tradição que outorgue aos tribunais o *múnus* de criar o direito *ex novo*, é natural que os precedentes sejam contextualizados no plano do discurso técnico-argumentativo, como fatores de compreensão, sem força vinculante, do potencial expansivo de enunciados linguísticos preexistentes, que delimitam o alcance da norma a ser obtida pelo intérprete. É recorrente que possíveis interferências no processo de comunicação normativa, fruto das características dos enunciados linguísticos constitucionais (*v.g.*: ambiguidade, vagueza etc.),[150] sejam superadas com o recurso a pautas argumentativas adotadas nos precedentes, que são institucionalizadas no âmbito da ciência jurídica e contribuem para aumentar a determinação e a previsibilidade do conteúdo normativo da Constituição.[151] No extremo oposto, em que as características intrínsecas do sistema ou a própria tradição atribuem esse papel criativo aos tribunais, os precedentes sofrem uma análise mais detalhada, que começa pelo exato delineamento da situação fática, permitindo a definição do paradigma a que deverão ser associados os casos supervenientes, e se

---

[143] POUND, Roscoe. *Jurisprudence*. New Jersey: The Lawbook Exchange, 2000. v. 1, p. 7 e ss.

[144] DICEY, Albert Venn. *Introduction to the study of the law of the Constitution*. England: Elibron, (1902) 2005. p. 18.

[145] Cf.: FARBER, Daniel A.; SHERRY, Suzanna. *Judgment calls*: principle and politics in constitutional law. New York: Oxford University Press, 2009. p. 63 e ss.

[146] A *ratio decidendi* assume contornos descritivos, apontando o caminho conducente à decisão adotada no precedente, e prescritivos, vinculando os demais tribunais aos seus termos. Cf.: McLEOD, Ian. *Legal method*. 2. ed. England: MacMillan, 1996. p. 139 e ss.

[147] Cf.: BRADLEY, A. W.; EWING, K. D. *Constitutional and administrative law*. 13. ed. Harlow: Pearson Education, 2003. p. 12 e 366.

[148] Como ressaltado por Neil MacCormick, nenhum evento verificado na realidade é exatamente idêntico a outro, daí a conclusão de que os precedentes são sempre aplicados por analogia (MACCORMICK, Neil. Particulars and universals. *In*: BANKOWSKI, Zenon; MACLEAN, James (Org.). *The universal and the particular in legal reasoning*. Hampshire: Ashgate, 2006. p. 3 (5)). No mesmo sentido: ALEXANDER, Larry. Precedent. *In*: PATTERSON, Dennis (Org.). *A companion to philosophy of law and legal theory*. USA: Wiley-Blackwell, (1999) 2003. p. 503 (504).

[149] Cf.: MODUGNO, Franco. *Interpretazione giuridica*. Padova: CEDAM, 2009. p. 304.

[150] Cf.: SCHAUER, Frederick. An essay on constitutional language. *In*: LEVINSON, Sanford; MAILLOUX, Steven. *Interpreting law and literature*: a hermeneutic reader. Illinois: Northwestern University Press, 1988. p. 133 (133).

[151] Cf.: ALEXY, Robert. *Teoria da argumentação jurídica* (*Theorie der Juristischen Argumentation*). (Trad. Zilda Hutchinson Schild Silva). São Paulo: Landy, 2001. p. 268.

estende à própria interpretação da *ratio decidendi*, possibilitando a identificação do seu alcance. Além da importância dada à matéria fática,[152] a vinculatividade é o principal fator distintivo entre os sistemas.

Essa constatação, por certo, apresenta algumas nuances quando transposta para o plano constitucional, já que o Tribunal Constitucional, enquanto órgão responsável pelo delineamento final do direito posto, definirá o significado e o alcance da norma constitucional. A Constituição, como repetidamente se diz, é o que o Tribunal diz que é, ou, na lúcida percepção de Rawls, o que o povo, agindo constitucionalmente por meio de outros poderes, permite que o Tribunal diga que é.[153] É possível que suas decisões produzam efeitos (1) *inter partes*, o que não chega a afastar a sua influência sobre as instâncias inferiores, sempre atentas ao que decidirá o Tribunal Constitucional; ou (2) *erga omnes*, o que costuma decorrer de disposição expressa do próprio sistema. Em ambos os casos, é intuitivo que suas decisões, ao resolverem situações específicas, serão estruturadas em enunciados linguísticos de "terceira geração", que formarão uma sequência lógica com os enunciados de primeira e de segunda geração, consubstanciados, respectivamente, no texto constitucional e na norma constitucional obtida com o processo de interpretação. Os enunciados de terceira geração, a depender do seu grau de generalidade e do distanciamento temporal em relação às situações concretas que possam alcançar, também sofrerão a influência de fatores extrínsecos e poderão exigir que a individualização do seu sentido seja antecedida pela necessária resolução de outro conjunto de conflitualidades intrínsecas, ontologicamente semelhantes àquelas resolvidas no curso do processo de interpretação dos enunciados de primeira geração. Conquanto similar, esse processo se desenvolve posteriormente à individualização da norma constitucional, o que o contextualiza em momento distinto daquele considerado em nossa pesquisa, que somente considera a transição dos enunciados de primeira para os de segunda geração.[154]

Como se disse, não obstante a importância assumida pelo Tribunal Constitucional nos sistemas do tipo europeu continental, é na Constituição formal que o intérprete, até mesmo de modo intuitivo, busca o alicerce de sustentação da norma constitucional. Face à preeminência assumida pelo texto constitucional nas discussões teóricas desenvolvidas nessa seara, ainda que ele não possa ser visto como fonte exclusiva da normatividade constitucional, é natural a opção de escolhê-lo como campo de pesquisa, nele contextualizando a análise das conflitualidades intrínsecas.

---

[152] Cf.: MACCORMICK, Neil; SUMMERS, Robert S. Further general reflections and conclusions. *In*: MACCORMICK, D. Neil; SUMMERS, Robert S. (Org.). *Interpreting precedents*: a comparative study. 3. ed. England: Dartmouth; Ashgate, 1997. p. 531 (536 e ss.).

[153] RAWLS, John. *O liberalismo político*. (Trad. Dinah de Abreu Azevedo). 2. ed. São Paulo: Ática, 2000. p. 288.

[154] Um exemplo bem sugestivo foi oferecido pelo Supremo Tribunal Federal brasileiro, que editou uma Súmula Vinculante, como autorizado pelo art. 103-B da Constituição de 1988, e, em momento posterior, proferiu decisão restringindo o seu alcance: "A Súmula Vinculante 18 do STF ("A dissolução da sociedade ou do vínculo conjugal, no curso do mandato, não afasta a inelegibilidade prevista no §7º do artigo 14 da Constituição Federal") não se aplica aos casos de extinção do vínculo conjugal pela morte de um dos cônjuges" (STF, Pleno, Tema nº 678, RE nº 758.461/PB, Rel. Min. Teori Zavascki, j. em 22.05.2014, *DJ* de 30.10.2014).

Em decorrência da própria diversidade funcional da Constituição (*v.g.*: ordenativa, organizativa, limitativa, garantidora, procedimental, integradora, simbólica etc.),[155] é factível que suas normas sejam enquadradas em arquétipos amplamente variados, que assumirão contornos distintos conforme as condições de aplicação (*v.g.*: normas hipotéticas ou categóricas, conforme exijam, ou não, a presença de uma condição para a sua incidência), a natureza do comando (*v.g.*: normas prescritivas, permissivas, proibitivas ou meramente técnicas), os destinatários (*v.g.*: normas particulares ou gerais), a eficácia (*v.g.*: normas de eficácia limitada ou plena, conforme dependam, ou não, de integração pela legislação infraconstitucional); e o modo de resolução dos conflitos normativos (*v.g.*: regras e princípios). O ângulo de análise da norma constitucional em nada afeta a sua essência, conclusão algo óbvia ao observarmos que qualquer classificação pressupõe a existência do objeto classificado. Com abstração da classificação que possam receber, as normas constitucionais, quando delineadas a partir de uma Constituição formal, sempre serão o resultado de um processo ontologicamente idêntico, refletido em uma atividade intelectiva desenvolvida pelo intérprete, que, com os olhos voltados ao problema, principiará pela análise do enunciado linguístico textual, devendo apreender e considerar os distintos aspectos concernentes ao contexto, e alcançará, ao final, um significado, que será descrito em um enunciado linguístico normativo. As distintas classificações existentes nada mais são que uma pluralidade de pontos de vista externos em relação a um paradigma comum, a norma constitucional. Qualquer norma constitucional terá o seu significado determinado após a conclusão do processo de interpretação, em que poderão eclodir inúmeras conflitualidades intrínsecas, a serem resolvidas pelo intérprete como antecedente necessário à sua individualização. Assim ocorre por não ser possível atribuir aos enunciados linguísticos inseridos na Constituição formal uma natureza imanente, de modo que o seu enquadramento em uma dada classificação das normas constitucionais possa ser realizado *a priori*, antes mesmo da conclusão do processo de interpretação.

Ainda que a própria ordem constitucional se antecipe e atribua certa qualificação a um de seus enunciados linguísticos, isso em nada afetará a resolução das conflitualidades intrínsecas. Essa possibilidade é especialmente percebida em relação às normas de estrutura principiológica, não sendo incomum que a Constituição faça menção expressa a alguns princípios, que assumirão uma funcionalidade extremamente diversificada, como a de facilitar a penetração dos valores colhidos no ambiente sociopolítico, influir na interpretação dos demais enunciados do sistema, colmatar as lacunas existentes, estabelecer diretrizes comportamentais e servir de *standards* de juridicidade. Em situações dessa natureza, ao deparar com o enunciado linguístico intitulado de princípio, caberá ao intérprete levar em consideração todos os fatores extrínsecos que concorrem para a densificação do seu sentido, resolver as conflitualidades intrínsecas que deles se desprendem e alcançar o significado que pode ser atribuído ao respectivo enunciado. A única peculiaridade existente é que os enunciados linguísticos que, *prima facie* e de modo

---

[155] Sobre as múltiplas funções jurídico-políticas da Constituição, vide: GOMES CANOTILHO, José Joaquim. *Direito constitucional e teoria da Constituição*. 7. ed. Coimbra: Almedina, 2010. p. 1438-1441; e GONÇALVES FERREIRA FILHO, Manoel. *Aspectos do direito constitucional contemporâneo*. 3. ed. São Paulo: Saraiva, 2009. p. 63-75.

provisório, ostentem natureza principiológica, apresentarão níveis de ambiguidade e vagueza bem mais acentuados que os enunciados normalmente relacionados às regras.

Ressalte-se que a classificação das normas constitucionais pode se mostrar útil na identificação das conflitualidades intrínsecas que ordinariamente surgem no processo de formação de algumas dessas espécies. Haja, ou não, um enunciado linguístico imediatamente encartado na Constituição formal, o que se observa é que as conflitualidades intrínsecas não se desvincularão do processo de interpretação. Especificamente em relação à atividade intelectiva voltada à individualização das normas implícitas, observa-se que a ausência de limites textuais imediatos tende a aumentar a afluência e a importância dos fatores extrínsecos que influirão no delineamento dos significados possíveis. Fatores extrínsecos e conflitualidade intrínseca terminam por se ampliar ou retrair de modo diretamente proporcional.

A necessária inter-relação entre texto e contexto, constatação natural na medida em que não só a linguagem ordinária, como também o enunciado normativo, não podem permanecer indiferentes ao entorno em que se projetarão, conduz à conclusão de que a resolução das conflitualidades intrínsecas não se desenvolverá em um plano puramente teórico, indiferente à práxis. Essa constatação, no entanto, não constitui óbice ao desenvolvimento de uma investigação científica voltada à sua sistematização e consequente compreensão dos arquétipos básicos que se formam no curso do processo de interpretação.

O desenvolvimento de um aspecto basilar da Teoria da Constituição, como sói ser aquele afeto à norma constitucional, sem contextualizá-lo em uma dada dimensão espacial e temporal, exige, ao menos, que sejam definidas as características fundamentais da ordem constitucional tomada como paradigma. Afinal, essa ordem constitucional, imaginária, não concreta, frise-se, servirá de referencial para o aproveitamento, ou não, das teses aqui sustentadas em sistemas específicos e devidamente individualizados. São dois os contornos básicos dessa Constituição hipotética: deve ser escrita e estar situada em um ambiente democrático, em que prevalece o pluralismo. Escrita, porque a investigação das conflitualidades intrínsecas principia pelas especificidades da linguagem lançada em um documento formal e pelas interferências que costumam surgir no processo de comunicação normativa; estar situada em um ambiente democrático, porque a norma constitucional sempre resulta de uma decisão do intérprete, e decisões dessa natureza apresentam feições distintas nos Estados em que é evidente a preocupação com a reconstrução argumentativa e em Estados autoritários, em que os titulares do poder passam ao largo de preocupações dessa natureza.

Com os olhos voltados a essa Constituição hipotética, o intérprete desenvolverá um processo intelectivo direcionado à superação da conflitualidade intrínseca e ao consequente delineamento da norma. Esse processo, ainda que concebido em sua individualidade teórica, é caracterizado por uma pluralidade de opções metódicas, a serem consideradas de acordo com o seu efeito sinergético, vale dizer, os métodos escolhidos hão de concorrer, simultaneamente, para a efetivação de um resultado comum. Métodos distintos podem concorrer para o delineamento de conflitualidades diversas e resultar em significados variáveis, daí a necessidade de compreender os distintos caminhos passíveis de serem percorridos pelo intérprete.

4 Delimitação e importância do objeto da investigação

A conflitualidade intrínseca, enquanto incidente interposto entre o texto constitucional e o significado que lhe será atribuído pelo intérprete, consubstancia uma característica ínsita e indissociável da Constituição formal. Na medida em que sua identificação e superação fazem parte do *iter* que conduzirá ao delineamento da norma constitucional, afigura-se evidente a influência que exerce sobre a própria "força normativa da Constituição", concebida não na abstração de suas linhas estruturais, mas como realidade existencial que deve se fazer presente no ambiente sociopolítico.

Compreender os arquétipos básicos da conflitualidade intrínseca significa compreender os problemas enfrentados ou, se for o caso, que deveriam ter sido enfrentados pelo intérprete, em especial o Tribunal Constitucional, no curso do processo de interpretação, de contornos complexos e eminentemente híbridos.

A impossibilidade de se obter, como dado da natureza, o significado dos enunciados linguísticos inseridos na Constituição formal bem realça a necessidade de ser desenvolvida uma atividade intelectiva que agregue elementos cognitivos, como a apreensão do texto e da realidade; valorativos, indicando a necessidade de análise e integração desses elementos; e decisórios, imprescindíveis à individualização do significado da norma. Acresça-se a inevitável concorrência de fatores de ordem racional ou puramente emotiva, fruto, respectivamente, dos postulados que se desprendem da ordem jurídica e da sensibilidade do intérprete, que não permanece alijada do processo de interpretação, nele penetrando especialmente por meio das pré-compreensões. Como esse processo é direcionado à individualização da norma constitucional, é justamente ele que torna operativa a "força normativa da Constituição", daí a necessidade de se ampliar o controle dos demais interessados em relação à essência e aos limites de sua normatividade. Para tanto, é necessário individualizar e ordenar os distintos planos de manifestação da conflitualidade, principiando pelo linguístico, e identificar as sucessivas "decisões parciais" tomadas pelo intérprete até o delineamento da norma constitucional.[156] Com isso, será possível reconstruir e aferir a racionalidade dos distintos juízos valorativos realizados, o que não dispensa o cotejo com os referenciais axiológicos que se desprendem do ambiente sociopolítico e formam a identidade social. Em consequência, certamente será possível arrefecer as críticas de que o intérprete ou, de modo mais específico, o Tribunal Constitucional, ao proceder à integração entre texto e contexto, interferiria na vontade popular expressa na Constituição, terminando por usurpá-la.[157] Essa vontade, como dissemos, integra-se a um processo mais amplo, não exaurindo o conteúdo da norma constitucional.

Não é exagero afirmar que qualquer pesquisa científica que tenha a norma constitucional como objeto deve necessariamente traçar, com precisão, os seus limites imanentes, isso sob pena de inviabilizar qualquer tentativa de completude e coerência investigativa. Afinal, investigação dessa natureza seria capaz de absorver toda e qualquer temática afeta à Teoria da Constituição. Nesse particular, observa-se o realce

---

[156] Cf.: WROBLEWSKI, Jerzy. Moral values and legal reasoning: some aspects of their mutual relations. *In*: SADURSKI, Wojciech (Ed.). *Ethical dimensions of legal theory*. The Netherlands: Rodopi, 1991. p. 15 (22).

[157] Cf.: PERRY, Michael J. *We the people*: the Fourteenth Amendment and the Supreme Court. Oxford: Oxford Unviersity Press, 2001. p. 3 e ss.

normalmente conferido a dois questionamentos específicos: *qual* é o significado da norma constitucional e *quem* deve delinear esse significado.

A investigação permanece adstrita ao primeiro questionamento ou, de modo mais específico, à identificação dos problemas estruturais e da base argumentativa utilizada pelo intérprete, para o delineamento da norma constitucional. A compreensão desse processo permitirá que sejam identificados os caminhos conducentes à "Constituição invisível", isso para utilizarmos a sugestiva imagem de Tribe,[158] e que nem sempre está ao alcance do operador do direito com um mero passar de olhos sobre os enunciados linguísticos que formam o texto constitucional.

O segundo questionamento, por sua vez, ao qual somente se faz referência *en passant*, é aquele que se desprende do princípio democrático, demandando reflexões a respeito da tensão dialética entre maioria e minoria na interpretação constitucional realizada pelo Parlamento e, principalmente, a respeito da supremacia dos órgãos jurisdicionais ou do Tribunal Constitucional no delineamento da norma constitucional.[159] Se, no primeiro caso, a interpretação é realizada por mandatários populares, cingindo-se a discussão à adoção de medidas que assegurem a efetiva representatividade das distintas camadas da população, no segundo, tem-se uma pequena aristocracia, que não costuma ser escolhida pelo voto popular, com poderes para definir o que a Constituição efetivamente é, bem como para rejeitar o entendimento externado por agentes escolhidos em harmonia com premissas democráticas.[160] É a "dificuldade contramajoritária" a que se referiu Alexander Bickel[161] e que Hamilton[162] já antecipara não se tratar propriamente de uma "supremacia judicial", mas sim, de uma "supremacia constitucional".

Conquanto sejam vigorosas as vozes no sentido de que os tribunais devem adotar uma postura de autocontenção, não avançando na análise de questões tidas como puramente políticas, o que evitaria se imiscuíssem na liberdade valorativa e no poder de escolha próprio das funções legislativa e executiva, não menos densas são as teses que apregoam a correção de sua atuação. Afinal, (1) é necessário assegurar a supremacia da Constituição, evitando a sua inobservância com o objetivo de satisfazer os interesses das maiorias ocasionais;[163] (2) o Judiciário serve de "fórum de princípio", livre das disputas políticas, estando focado, apenas, no ideal de justiça;[164] (3) é preciso que recaia sobre uma única instância o múnus de uniformizar a interpretação constitucional;[165] acrescendo-se, ainda, que (4) questões como "justiça" e "direitos" são demasiado relevantes para serem deixadas ao arbítrio das maiorias ocasionais ou do próprio povo.[166] Em relação

---

[158] TRIBE, Lawrence H. *The invisible constitution*. New York: Oxford University Press, 2008. p. 13.
[159] Cf.: BARBER, Sotirius A.; FLEMING, James A. *Constitutional interpretation*. New York: Oxford University Press, 2007. p. XIV e XV.
[160] Cf.: WALDRON, Jeremy. *Law and disagreement*. Oxford: Oxford University Press, 1999. p. 5 e ss.
[161] BICKEL, Alexander. *The least dangerous branch*. 2. ed. New Haven: Yale University Press, 1986. p. 16-18.
[162] Cf.: HAMILTON, Alexander. The Federalist nº 78. *In*: HAMILTON, Alexander; MADISON, James; JAY, John. *The Federalist*. New York: Barnes & Noble Classics, 2006. p. 427.
[163] Vide a linha argumentativa do Supremo Tribunal norte-americano em *City of Boerne vs. Flores*, 521 U.S. 507 (529), 1997.
[164] Cf.: DWORKIN, Ronald. *A matter of principle*. Cambridge: Harvard University Press, 1985. p. 71.
[165] Cf.: CORWIN, Edward S. *Court over Constitution*. Princeton: Princeton University Press, 1938. p. 7.
[166] HAMILTON, Alexander. The Federalist nº 78. *In*: HAMILTON, Alexander; MADISON, James; JAY, John. *The Federalist*. New York: Barnes & Noble Classics, 2006. p. 427 e ss.

à autoridade das decisões jurisdicionais, ela pode ser perfeitamente delineada a partir de uma perspectiva histórica, marcada pela sua aceitação por parte da coletividade.[167]

A presente investigação parte de duas premissas fundamentais: (1) o texto constitucional carece de interpretação; e (2) todos os participantes do processo de comunicação normativa são intérpretes em potencial. Dessas duas premissas, decorre a conclusão de que todas as conflitualidades intrínsecas passíveis de influir no significado a ser atribuído ao texto hão de ser identificadas e solucionadas pelo intérprete, qualquer que seja ele, qualquer que seja a legitimidade que se lhe possa atribuir (*v.g.*: democrática em relação ao Parlamento; argumentativa[168] quanto aos órgãos jurisdicionais e ao Tribunal Constitucional). Não avançamos, assim, em questões afetas à legitimidade do intérprete.

A compreensão dos planos de desenvolvimento da conflitualidade intrínseca evita, igualmente, que valorações e decisões interpretativas sejam direcionadas por premissas puramente dogmáticas, colocando em plano secundário a importância do texto e a influência do contexto ambiental na outorga de significado aos enunciados linguísticos interpretados. A dogmática, vista por Kant[169] como "o procedimento da razão pura, sem uma prévia crítica da sua própria capacidade", não é balizada unicamente pelo texto normativo e muito menos permanece à margem dos circunstancialismos que concorrem para a formação do conhecimento jurídico. Ostenta autonomia e antecedência em relação à interpretação, devendo contribuir para unir texto e contexto, não para gerar uma fratura entre ambos. Deve instrumentalizar a interpretação constitucional, não substituir-se a ela. As teses dogmáticas, em qualquer caso, não só contribuem para direcionar a interpretação, influindo na preferência ou na preterição de significados específicos, como, principalmente, são utilizadas como paradigmas de controle dos resultados encontrados, contribuindo para demonstrar a defensabilidade, ou não, do *iter* percorrido. Teses interpretativas, aliás, estão normalmente fundadas sobre teses dogmáticas.[170]

A constante referência, no curso desta introdução, aos juízos valorativos realizados pelo intérprete, indica a não adesão a um formalismo asséptico, em que direito e padrões axiológicos se veem separados por uma barreira inexpugnável, afastando qualquer possibilidade de influência recíproca na formação do respectivo conteúdo. Pelo contrário, como ressaltado por Franco Modugno,[171] não há juízo normativo à margem de juízo valorativo. Como não é possível realizar operação mental dessa última natureza à margem de conteúdos axiológicos, quer se lhes atribua contornos morais (*lato sensu*), quer contornos específicos (*v.g.*: religiosos, políticos, econômicos etc.), afigura-se evidente a sua importância na resolução das conflitualidades intrínsecas. Daí, no entanto, não deriva a conclusão, *a fortiori*, de que a investigação avança em considerações de ordem metaética,

---

[167] Cf.: DWORKIN, Ronald. *Freedom's law*: the moral reading of the American constitution. Cambridge: Harward University Press, 1996. p. 34-35.

[168] Cf.: ALEXY, Robert. Balancing, constitutional review and representation. *International Journal of Constitutional Law*, v. 3, n. 4, p. 572-581, 2005. p. 572 (578-581); e ALEXY, Robert. *Teoria da argumentação jurídica* (*Theorie der Juristischen Argumentation*). (Trad. Zilda Hutchinson Schild Silva). São Paulo: Landy, 2001. p. 211 e ss.

[169] KANT, Immanuel. *Crítica da razão pura* (*Kritik der reinen Vernunft*). (Trad. Manuela Pinto dos Santos e Alexandre Fradique Morujão). 5. ed. Lisboa: Fundação Calouste Gulbenkian, 2001. p. 30.

[170] Cf.: MODUGNO, Franco. *Interpretazione giuridica*. Padova: CEDAM, 2009. p. 179.

[171] MODUGNO, Franco. *La regionevolezza nella giustizia costituzionale*. Napoli: Editoriale Scientifica, 2009. p. 10.

vale dizer, buscando (1) explicar o significado dos termos morais, (2) identificar, para além das generalidades, a precisa relação mantida, no plano das especificidades, entre julgamentos morais e jurídicos, e (3) definir o estatuto epistemológico dos julgamentos morais, o que permitiria precisar a origem, a estrutura e os métodos associados ao conhecimento que produzem. Ainda que se reconheça a relevância dessas considerações, as quais, na espirituosa observação de Folke Tersman,[172] "parecem esotéricas aos não filósofos", elas certamente ultrapassariam, em muito, os balizamentos oferecidos por uma Teoria da Constituição. A investigação, quando necessário, avança, apenas, em considerações de ética normativa, o que auxilia na identificação das soluções boas ou ruins e dos caminhos a serem percorridos pelo intérprete, na resolução das conflitualidades intrínsecas, de modo a alcançar esses resultados.

5 Metodologia utilizada

Não é possível avançar no estudo das conflitualidades intrínsecas passando ao largo de uma metodologia do direito voltada à estruturação de esquemas argumentativos que demonstrem, sob uma perspectiva racional, a defensabilidade do processo desenvolvido pelo intérprete. Ainda que não seja possível demonstrar, com absoluta precisão, a verdade ou a falsidade das decisões tomadas, incluindo aquela afeta à escolha dos fatores considerados relevantes, deve ser possível reconstruir o *iter* percorrido até a realização desse objetivo.

A conclusão torna-se particularmente nítida ao constatarmos que a base sobre a qual se desenvolve a atividade do intérprete, primeira fonte de irrupção de conflitualidades, é a linguagem jurídica e o seu modo de interação com o contexto, o que bem demonstra que a resolução dos problemas conceituais certamente será influenciada pela solução que se dê aos problemas empíricos. No plano puramente intrínseco, a análise dos aspectos semânticos e sintáticos dos enunciados linguísticos normativos permitirá identificar as razões que ensejam o surgimento de interferências no processo de comunicação normativa e, consequentemente, contribuem para a concorrência de uma pluralidade de significados. No plano extrínseco, será possível aferir a natureza e a intensidade dos distintos fatores que contribuem para o delineamento do contexto e influem na formação dos significados reconduzíveis ao texto. Quando o intérprete se movimenta nesses dois planos, é preciso delimitar as fronteiras do discurso cognoscitivo ou puramente descritivo – passível de ser considerado verdadeiro ou falso,[173] é importante lembrar – e o momento em que principia o discurso valorativo. Em outras palavras, até que ponto o intérprete está necessariamente atrelado ao texto e quais os limites do distanciamento possível.

Essa metodologia de estudo tanto pode ser concebida na individualidade de uma ordem constitucional específica, preocupando-se com os obstáculos a serem superados para a individualização do significado dos enunciados linguísticos a ela integrados,

---

[172] TERSMAN, Folke. *Moral disagreement*. New York: Cambridge University Press, 2006. p. 1.
[173] Cf.: GUASTINI, Ricardo. *Distinguiendo*: estudios de teoría y metateoría del derecho. (Trad. Jordi Ferrer i Beltrán). Barcelona: Gedisa, 1999. p. 59.

como pode assumir contornos mais amplos, direcionando-se a uma visão global do fenômeno constitucional.

O constitucionalismo, enquanto fenômeno universal[174] e nitidamente entrelaçado com o evolver do Estado e da democracia, passou por um evidente processo de padronização. As Constituições contemporâneas, ainda que apresentem distinções de substância, consequência lógica da individualidade de cada povo, costumam seguir um arquétipo básico, em que sobressaem, ao menos no plano formal, a consagração do princípio democrático, da divisão de poderes e de um rol de direitos fundamentais. Especificamente em relação a esse último aspecto, ainda que cada rol seja quantitativamente variável, eles são muito similares no plano qualitativo, vale dizer, no que diz respeito à essência do direito fundamental protegido. Essa constatação, fruto de uma visão cosmopolita dos direitos humanos, conduz a outra: a ordem constitucional não permanecerá indiferente ao que se verifica junto aos demais Estados. Sua interpretação será necessariamente influenciada pela experiência auferida por outros povos, quer em um plano horizontal, que abrange as Constituições simultaneamente em vigor, quer em um plano vertical, alcançando aquelas que, apesar de não mais estarem vigendo, ofereçam uma experiência similar àquela vivenciada na atualidade. Afinal, ainda que a Constituição apresente inovações pontuais quando comparada com outros sistemas ou com aquelas que a precederam, a repetição, ao menos parcial, será a tônica.

O processo de globalização constitucional praticamente inviabiliza a existência de uma "norma constitucional de proveta",[175] totalmente autônoma e indiferente aos modelos existentes e ao *acquis constitutionnel* dos regimes democráticos. O que se verifica na atualidade é a "interorganizatividade" das distintas ordens constitucionais, que dialogam entre si, formando paradigmas transnacionais, e se articulam com sistemas organizativos supranacionais, não raro, nesse último caso, com perda do seu próprio poder normativo.[176] O direito, em si, se tornou "universal,"[177] daí se falar em um "direito mundial" ("Weltrecht").[178] Se o isolamento é inconcebível,[179] a transplantação total e

---

[174] Sobre o "constitucionalismo mundial", vide: ACKERMAN, Bruce. The rise of world constitutionalism. *Virginia Law Review*, n. 83, p. 771-797, 1997. p. 771 (771). Em relação ao transconstitucionalismo, fenômeno que reflete a projeção do direito constitucional para além das fronteiras estatais, tornando-se relevante para outras esferas, inclusive não estatais, daí decorrendo o entrelaçamento entre ordens jurídicas estatais, internacionais, transnacionais, supranacionais e locais, vide: NEVES, Marcelo. *Transconstitucionalismo*. São Paulo: WMF/Martins Fontes, 2009. p. XIX e XX.

[175] FRANKENBERG, Günther. *A gramática da Constituição e do direito* (*Autorität und Integration*: zur Gramatik von Recht und Verfassung). (Trad. Elisete Antoniuk). Belo Horizonte: Del Rey, 2007. p. 138; e FRANKENBERG, Günther. Comparing constitutions: ideas, ideals and ideology – toward a layered narrative. *IJCL*, v. 4, n. 3, p. 439-459, 2006. p. 439 (439 e ss.).

[176] Cf.: GOMES CANOTILHO, José Joaquim. Intervenções. In: *Canotilho e a Constituição dirigente*. 2. ed. Rio de Janeiro: Renovar, 2005. p. 13 (15).

[177] Cf.: GALGANO, Francesco. La globalizzazione e le fonti del diritto. *Rivista Trimestrale di Diritto Pubblico*, n. 2, p. 313-323, 2006. p. 313 (321).

[178] Cf.: CALLIESS, Gralf-Peter. Systemtheorie: Luhmann/Teubner. In: BUCKEL, Sonja; CHRISTENSEN, Ralph; FISCHER-LESCANO, Andreas (Org.). *Neue Theorien des Rechts*. 2. ed. Stuttgart: Lucius & Lucius, 2009. p. 53 (62).

[179] No direito norte-americano, como anota Gomes Canotilho, já se formam correntes de opinião que veem a utilização de *standards* de direito comparado ou de direito internacional como uma nova frente de ativismo judicial (GOMES CANOTILHO, José Joaquim. O ativismo judiciário: entre o nacionalismo, a globalização e a pobreza. In: MOREIRA DE MOURA, Lenice S. (Org.). *O novo constitucionalisno na era pós-positivista*: homenagem a Paulo Bonavides. São Paulo: Saraiva, 2009. p. 47 (48-49)). A esse respeito, dois casos são paradigmáticos: em *John Geddes Lawrence and Tyron Gardner vs. Texas* (538 *U.S.* 1, 2003) o Supremo Tribunal da Federação declarou a inconstitucionalidade de lei texana que criminalizou a prática de relações sexuais consentidas entre adultos; e em

irrefletida de conceitos, institutos e práticas jurisdicionais é medida arriscada, passível de colocar em risco a força normativa da Constituição, que pode ser rejeitada pelo próprio *corpus juris*, dificultando a sua penetração no plano social.[180] Essa constatação torna-se particularmente clara ao observarmos que Constituições sintéticas e liberais, como a norte-americana de 1787, exigem valorações e decisões interpretativas sensivelmente distintas daquelas de que carecem as Constituições analíticas e de viés social, que não raro contemplam um extenso rol de direitos prestacionais, de exigibilidade imediata ou, o que é mais comum, carentes de intermediação legislativa.[181]

Apesar da similitude entre as ordens constitucionais, afigura-se evidente a reduzida utilidade do método descritivo,[182] que parte do nível mais específico de comparação, o enunciado linguístico inserido na Constituição formal, e, desconsiderando as especificidades do contexto em que inserido, o coteja com enunciados de Constituições diversas. A limitação desse método decorre justamente da total desconsideração dos fatores extrínsecos que concorrem para a formação das conflitualidades intrínsecas. Do mesmo modo que aspectos inerentes ao grau de desenvolvimento civilizatório, à evolução política e às necessidades decorrentes das especificidades do ambiente físico influem no delineamento do texto normativo, o mesmo ocorrerá em relação à norma propriamente dita.[183] Justifica-se, desse modo, a preferência por um método técnico-conceitual, que se desprende do texto normativo e alcança os institutos jurídicos no modo como são vistos por estudiosos que vivenciam a realidade dos distintos sistemas existentes. A diversidade de contexto, como soa evidente, certamente contribui para a disseminação de distintas visões a respeito do processo de formação da norma constitucional, mas não afasta a possibilidade de que sejam formados certos arquétipos básicos.

Ronald P. Roper v.s. Christopher Simmons (03-0633, 2005), em que o vício de inconstitucionalidade foi identificado em lei do Missouri que autorizou a aplicação da pena de morte a pessoas que, à época do crime, ainda eram menores. No primeiro caso, ao reconhecer a existência de uma esfera jurídica afeta à privacidade e à liberdade dos homossexuais, o Tribunal reviu as limitações estabelecidas em *Bowers* v. *Hardwick*, (478 U. S. 186, 1986), em que tais direitos não foram reconhecidos, e declarou que as razões e os valores ali adotados "have been rejected by the European Court of Human Rights, and that other nations have taken action consistent with an affirmation of the protected right of homosexual adults to engage in intimate, consensual conduct". No segundo caso, por sua vez, o Tribunal afirmou que a execução de criminosos juvenis ofendia inúmeros tratados internacionais, incluindo "the United Nations Convention on the Rights of the Child and the International Covenant on Civil and Political Rights". Essa visão cosmopolita da pessoa humana, conquanto seja elogiável em incontáveis Estados do Ocidente, prosélitos de uma integração axiológica de contornos universais, não passou imune ao histórico isolamento norte-americano. O isolamento é sintetizado na sentença do *Justice* Scalia: "[a]cknowledgement of foreign approval has no place in the legal opinion of this Court...".

[180] Cf.: FRANKENBERG, Günther. *A gramática da Constituição e do direito* (*Autorität und Integration*: zur Gramatik von Recht und Verfassung). (Trad. Elisete Antoniuk). Belo Horizonte: Del Rey, 2007. p. 137-138.

[181] Se a distinção entre Constituições "longas" e "breves", como ressaltado por Gomes Canotilho (GOMES CANOTILHO, José Joaquim. *Direito constitucional e teoria da Constituição*. 7. ed. Coimbra: Almedina, 2010. p. 216), carece de justificação científica, é inegável que a estrutura sintética da Constituição norte-americana foi campo propício ao evolver teórico de diversas técnicas de interpretação constitucional. Afinal, como observado por Bryce, quanto mais curta é uma lei, mais os seus termos devem ser gerais, aumentando, em consequência, o ônus do intérprete (BRYCE, James. *La république américaine*: le gouvernement national. (Trad. Daniel Müller). Paris: M. Giard & E. Brière, 1911, t. 1. p. 544).

[182] Sobre os métodos no direito comparado, vide: ANCEL, Marc. *Utilidade e métodos do direito comparado*. (Trad. Sérgio José Porto). Porto Alegre: Sergio Antonio Fabris, 1980. p. 120-121.

[183] Cf.: STORY, Joseph. *Commentaries on the conflict of laws, foreign and domestic*: in regard to contracts, rights, and remedies, and especially in regard to marriages, divorces, wills, successions, and judgments. Boston: Hilliard, Gray and Company, 1834. p. 1.

Não obstante as especificidades de cada Estado de Direito e a inegável importância assumida pelo contexto, é factível a possibilidade de serem traçados padrões básicos de argumentação jurídica que permitam a compreensão do fenômeno constitucional como um todo,[184] de modo a auxiliar o operador do direito no delineamento e na resolução de problemas que desempenham um papel de vital importância na identificação da própria normatividade constitucional. Ao recorrermos a essa visão cosmopolita do fenômeno constitucional, conferindo especial ênfase à produção científica dedicada ao estudo dos distintos aspectos afetos à temática da conflitualidade intrínseca, procuramos, como já foi dito, contribuir para a estruturação de certos *standards* argumentativos que influirão na superação desse tipo de incidente.

6 Plano da investigação

A investigação é subdividida em duas partes: a primeira dedicada à compreensão da conflitualidade intrínseca da norma constitucional e, a segunda, à interpretação constitucional, vale dizer, ao modo de resolução dessa conflitualidade, antecedente lógico ao delineamento da norma constitucional.

O Título I, intitulado "Conflitualidade Intrínseca da Norma Constitucional", delineia os conceitos indispensáveis à compreensão da temática no âmbito de uma Teoria da Constituição constitucionalmente descontextualizada, sendo composto por dois capítulos.

A partir da distinção basilar entre disposição normativa e norma constitucional torna-se possível identificar os conflitos enfrentados pelo intérprete no exercício da atividade intelectiva voltada à agregação de significado aos significantes inseridos na Constituição formal. Esses conflitos, por surgirem e serem resolvidos no momento pré-normativo, apesar de não se identificarem com as antinomias, com elas mantêm uma relação estreita, já que o intérprete, ao resolvê-los, contribui para a retração ou para a ampliação das incompatibilidades entre as distintas normas do sistema, aumentando ou diminuindo as zonas de tensão entre elas. Além de enfrentar essas questões, o Capítulo I ainda é dedicado à compreensão das características distintivas da conflitualidade intrínseca no plano constitucional, o que decorre das especificidades de normas dessa natureza, e à influência do contexto ambiental, que pode assumir contornos linguísticos ou não linguísticos.

O Capítulo II destina-se à identificação dos quatro planos de projeção da conflitualidade intrínseca: linguístico, axiológico, teleológico e operativo. Em cada um desses planos podem existir grandezas contrapostas que, a depender da preeminência que lhes seja atribuída, conduzirão a uma diversidade de significados em potencial, o que atrairá o poder de decisão do intérprete.

No plano linguístico, são analisadas a funcionalidade da linguagem, sua interação com a cultura e o pensamento, as peculiaridades da linguagem jurídica, as interferências na compreensão da comunicação normativa, com especial deferência à ambiguidade e à vagueza semântica, e a carga emotiva da linguagem constitucional, que contribui

---

[184] Cf.: SGARBOSSA, Luís Fernando; JENSEN, Geziela. *Elementos de direito comparado*: ciência, política legislativa, integração e prática judiciária. Porto Alegre: Sergio Antonio Fabris, 2008. p. 213-214.

para a sua aceitação ou repulsa no ambiente sociopolítico. Esses fatores permitirão o direcionamento das escolhas realizadas pelo intérprete, que devem se ajustar ao potencial expansivo dos enunciados linguísticos que integram a Constituição formal.

No plano axiológico, é objeto de análise a virada metódica experimentada pelo constitucionalismo, sendo a abordagem inicialmente direcionada às tradicionais divergências verificadas entre naturalistas e positivistas a respeito das relações entre direito e moral. Nesse contexto, o denominado neoconstitucionalismo figura como uma terceira via, que valoriza a permeabilidade axiológica da ordem constitucional e confere acentuada primazia à pessoa humana. São analisados, igualmente, o processo de formação dos valores, que se mostram ontologicamente distintos das normas, o seu alicerce cultural de sustentação e o papel dos tribunais na sedimentação da axiologia constitucional.

No plano teleológico, é realçada a tensão dialética entre poder e pessoa humana como epicentro das dissonâncias em relação aos fins a serem alcançados pela norma constitucional, o que necessariamente influi na formação das conflitualidades intrínsecas. Ainda é objeto de análise a profunda inter-relação existente entre referenciais jurígenos e axiológicos, a tensão dialética entre autonomia política e comprometimento teleológico no ambiente constitucional e o risco que posições utilitaristas, com o alegado propósito de preservar o bem comum, podem oferecer à preservação das liberdades fundamentais.

No plano operativo, as atenções se voltam ao modo como a norma projeta a sua força normativa na realidade. Não é incomum que uma disposição constitucional que ordinariamente aponte para um *non facere* somente seja efetivamente observada agregando-se um *facere*, que se apresentará como meio indispensável à consecução do fim inicial. Com os olhos voltados ao enunciado linguístico interpretado, o intérprete deve estabelecer a intensidade dos deveres e das faculdades que assegurarão a sua máxima efetividade, os quais podem coexistir, dando origem a diversas normas, ou não. De um modo geral, é possível que seja identificado um "dever de realização *lato sensu*" e um dever de regulação. No primeiro caso, surge a obrigação de adotar ações ou omissões que tenham como efeito imediato a outorga de plena efetividade à norma constitucional (*v.g.*: a obrigação de não violar o direito de liberdade e de oferecer as prestações necessárias à implementação de algum direito social). No segundo, tem-se a obrigação de o Estado editar as normas infraconstitucionais que integrarão o conteúdo da Constituição, permitindo ou facilitando a sua efetivação (*v.g.*: dever de delinear os institutos constitucionais e de editar normas organizativas e procedimentais que os protejam, que podem ser enquadrados na categoria mais ampla do dever de proteção). A conflitualidade no plano operativo torna-se particularmente relevante na seara dos direitos fundamentais, exigindo a análise da postura a ser assumida pelo Estado em relação à liberdade, que pode oscilar entre o *non facere* e o *facere*, a possibilidade de transposição da igualdade formal ao plano substancial e a eventual exigibilidade dos direitos sociais, normalmente carentes de integração legislativa e sujeitos à valoração política das maiorias ocasionais.

Individualizado o problema, a conflitualidade intrínseca da norma constitucional, tanto nos seus elementos característicos, quanto nos seus planos de projeção, passa-se, no Título II, à análise da "Interpretação Constitucional e Resolução da Conflitualidade Intrínseca".

A resolução da conflitualidade intrínseca, como é intuitivo, terá importância decisiva no significado a ser atribuído à norma constitucional. Os resultados alcançados pelo intérprete, por sua vez, serão diretamente influenciados pelos fatores endógenos, subjacentes ao sistema jurídico em que inserido (*v.g.*: outras normas), e exógenos, associados a paradigmas externos (*v.g.*: a moral ou a ordem jurídica internacional, levados em consideração). Nesse contexto, a interpretação constitucional assume uma posição de nítida ambivalência, já que teorias e métodos prestigiados pelo intérprete tanto influenciarão no seu surgimento, quanto na sua resolução. A análise dessas questões é objeto do Capítulo I.

O Capítulo II é voltado à análise da posição de primazia da pessoa humana na realidade contemporânea, o que se reflete nos juízos valorativos e decisórios realizados pelo intérprete. A partir dessa constatação, são traçados os lineamentos básicos da dignidade humana e da denominada *teoria dos círculos*, comprometida com a demonstração de que a expansão ou a retração desse referencial está associada ao ambiente sociocultural em que contextualizado.

O último Capítulo do Título II é dedicado ao estudo da função resolutiva da interpretação constitucional. Afinal, a *ratio essendi* dessa atividade intelectiva, que comporta o discurso argumentativo e a interpretação *stricto sensu*, de contornos decisórios, é justamente a de superar as conflitualidades intrínsecas, adjudicando um sentido ao significante interpretado. A identificação dos contornos dessa função resolutiva passa necessariamente pela compreensão das teorias da interpretação, as quais, em seus contornos mais amplos, podem ser agrupadas no âmbito (a) do contrato, em que se valoriza o teor do pacto fundante e o entendimento de seus autores, (b) da axiologia, permitindo-se a confluência de valores e referenciais textuais no delineamento da norma constitucional e (c) do procedimento, de modo a minimizar o comprometimento com referenciais de substância, assegurando-se, apenas, a racionalidade do *iter* percorrido.

O intérprete, embora influenciado por suas pré-compreensões, requisito necessário à sua própria inserção nos universos linguístico e normativo, deve encontrar um ponto de equilíbrio na formação de sua compreensão, de modo a não desconsiderar os balizamentos oferecidos pelo texto e a influência exercida pelo contexto, com especial ênfase à base cultural inerente ao ambiente sociopolítico. Nesse processo, devem ser aferidos os níveis de permeabilidade textual e observados os postulados de racionalidade da interpretação constitucional, evitando, desse modo, que os resultados alcançados levitem no imaginário do intérprete ou se distanciem do referencial mais amplo de justiça.

A condução do processo de interpretação será influenciada pelos métodos escolhidos pelo intérprete, que assumem feição nitidamente argumentativa, subsidiando e justificando as decisões tomadas. Face à importância que assumem, é relevante identificar se há alguma espécie de dirigismo ou de sinergia metódica, de modo a reduzir ou, ao menos, estabelecer balizamentos à atividade do intérprete. Tal se faz necessário ao constatarmos que suas decisões, quer sob um prisma procedimental, quer sob uma ótica substancial, normalmente não se harmonizarão com estritos referenciais de correção ou incorreção.

TÍTULO I

CONFLITUALIDADE INTRÍNSECA DA NORMA CONSTITUCIONAL

CAPÍTULO I

FORMAÇÃO DA CONFLITUALIDADE INTRÍNSECA

1 Aspectos introdutórios

Incidente que se manifesta no curso do processo de interpretação, a configuração da conflitualidade intrínseca exige a presença de três requisitos básicos: (1) unicidade de programa normativo; (2) unicidade de âmbito de incidência dos significados; e (3) significados divergentes.

A unicidade de programa normativo (*rectius*: base textual sobre a qual se desenvolve a interpretação) pode ser considerada o cerne da conflitualidade intrínseca. É justamente esse requisito que contextualiza a análise no plano intranormativo, no processo conducente à individualização da norma. Identificada a presença de mais de um programa normativo, com o desenvolvimento de interpretações paralelas, não propriamente confluentes, daí resultará a individualização de mais de uma norma constitucional, normas estas que podem coexistir em harmonia, apresentando uma concordância prática, ou serem incompatíveis entre si, ensejando o surgimento da antinomia.

A unicidade de âmbito de incidência dos significados (*rectius*: das normas potencialmente individualizáveis) indica que todos se referem a uma só e mesma norma, não a uma multiplicidade de normas originárias do mesmo programa normativo. Tais significados, na medida em que se projetam no mesmo âmbito temporal, espacial, pessoal e material, são alternativos, cabendo ao intérprete identificar aquele que dará origem à norma, compondo o seu conteúdo. Em consequência, ao programa normativo x há de corresponder uma única norma, ainda que múltiplos significados tenham sido cogitados pelo intérprete no decorrer do processo conducente à sua individualização.

Os significados divergentes apontam para a existência de "normas" potencialmente individualizáveis pelo intérprete e que se mostram incompatíveis entre si. Essa circunstância decorre da contraposição entre grandezas tidas como relevantes no curso do processo de interpretação (*v.g.*: de natureza linguística e axiológica) e que podem influir no surgimento de uma pluralidade de significados, todos reconduzíveis aos limites semânticos do texto. Não identificada a presença de uma variedade de significados possíveis, mas sim de uma unicidade de sentido, de conflitualidade intrínseca não se poderá falar. É importante ressaltar que o termo "significado" não é unívoco, sendo possível atribuir-lhe quatro noções distintas no âmbito da teoria da linguagem:[185] (a)

---

[185] Cf.: LUZZATI, Claudio. *L'interprete e il legislatore*: saggio sulla certezza del diritto. Milano: Giuffrè, 1999. p. 7 e ss.

significado como denotação de um termo – indivíduo ou conjunto de indivíduos aos quais o termo se refere ou aos quais pode ser atribuído de modo verdadeiro;[186] [187] (b) significado como conotação – conjunto de propriedades e de relações que permitem o conhecimento do objeto denotado, refletindo o entendimento a seu respeito; (c) significado como parte do sistema lexical – convenção que, no plano semântico, indica o sentido atribuído aos significantes linguísticos; (d) significado como prática contextual – modo de emprego dos significantes linguísticos por certos participantes do processo de comunicação.

Enquanto o significado denotativo assume contornos classificatórios e o conotativo apresenta feição nitidamente subjetiva, indicando o pensamento ou a intenção a respeito de algo, as duas últimas categorias se voltam para o conteúdo do enunciado linguístico enquanto instrumento do processo de comunicação, o que pressupõe a transmissão e o recebimento da informação. Face à generalidade da comunicação normativa, é no plano lexical que deve ser buscado o significado dos significantes utilizados, não nas especificidades de cada grupo existente no ambiente sociopolítico.

A conflitualidade intrínseca será solucionada ao fim do processo de interpretação, o que se dará justamente com a atribuição de significado ao enunciado linguístico e consequente individualização da norma constitucional. Nesse momento, restarão superadas todas as divergências anteriormente verificadas e consideradas pelo intérprete.

Ressalte-se que a conflitualidade intrínseca, a exemplo da norma, ainda que se tome por base o mesmo enunciado linguístico da Constituição formal, pode assumir contornos distintos conforme a variação dos circunstancialismos de natureza espacial e temporal. Alteradas as circunstâncias, novas grandezas podem se opor, modificando as feições da conflitualidade, e novos significados podem parecer mais atrativos ao intérprete, dando ensejo ao delineamento de uma norma dotada de conteúdo distinto. Essa volatilidade ainda pode se tornar mais intensa quando o enunciado linguístico é interpretado não de modo abstrato, mas com os olhos voltados à resolução de um problema concreto.

Soma-se a isso que as mutações constitucionais, ao permitirem a obtenção de novos significados a partir de antigos significantes, serão normalmente antecedidas pela necessária resolução de conflitualidades intrínsecas reais, que oferecem ao intérprete uma pluralidade de significados. Na medida em que o mesmo enunciado linguístico oferece sustentação a distintos significados, sendo conferida primazia àquele que mais se ajuste aos circunstancialismos do momento em que desenvolvido o processo de interpretação, afigura-se evidente que o intérprete tomou uma decisão, decidindo qual o sentido que iria preponderar.

A conflitualidade, no entanto, pode não conduzir a uma diversidade de significados quando a realidade do presente, que consubstancia o âmbito da norma, torne absolutamente inviável que se obtenha, a partir do mesmo enunciado normativo, o antigo significado. Uma situação dessa natureza, embora plenamente aceitável no plano conceitual, dificilmente se harmonizará com o cotidiano da interpretação

---

[186] As noções de verdadeiro ou falso somente se amoldam ao discurso descritivo, não ao prescritivo, prevalecente no âmbito das normas jurídicas.

[187] Cf.: TARELLO, Giovanni. *L'interpretazione della legge*. Milano: Giuffrè, 1980. p. 202.

constitucional. Para que tal ocorra, é necessário vislumbrar, no antigo significado, uma total incompatibilidade com qualquer referencial atual de racionalidade e juridicidade. Isso, obviamente, só ocorrerá em situações extremas de ruptura política. Nesse caso, apesar de temporariamente preservada a vigência formal do antigo texto constitucional, são rechaçados todos os sentidos que se harmonizem com o regime anterior e se distanciem do movimento revolucionário. Considerando que uma parte dos significados potencialmente reconduzíveis ao enunciado normativo, por razões ideológicas, é, a *priori*, considerada ilícita ou absurda, pode-se afirmar que a conflitualidade intrínseca real, não meramente potencial, deixa de ocorrer, já que não há escolha de significados à margem da racionalidade e da juridicidade. Somente nesse caso seria possível afirmar que o intérprete teve subtraído o seu poder de escolha entre o antigo e o atual significado.

Avançando na análise do terceiro requisito necessário à configuração da conflitualidade intrínseca, consubstanciado na presença de significados divergentes, todos reconduzíveis ao mesmo programa normativo, é necessário identificar que fatores concorrem para o seu surgimento.

O primeiro fator, tido como intrínseco, diz respeito à estrutura léxica e gramatical do enunciado normativo, o que permitirá aferir a presença de ambiguidade ou vagueza, semântica ou sintática, nos significantes linguísticos interpretados. Como a linguagem, enquanto instrumento necessário à realização do processo de comunicação normativa, sempre se projetará em um dado contexto, indicando que o texto constitucional, face à sua abstração e pretensão de permanência,[188] precisa ser constantemente descontextualizado (em relação ao momento de seu surgimento) e recontextualizado (em relação ao momento de sua aplicação), não é possível considerar os significantes linguísticos em uma dimensão atemporal. Essa constatação bem explica o porquê de as conflitualidades intrínsecas estarem frequentemente associadas à mutação constitucional.

É factível que a individualização daquilo que o povo considera um "corpo normativo ideal" tende a variar de geração para geração, consequência dos valores que se desprendem do contexto e das aspirações e necessidades que a cada dia surgem e se renovam. A conexão existente entre as distintas gerações, necessária para o delineamento do alicerce cultural de qualquer povo, exige a combinação dos referenciais de identidade e diferença:[189] identidade para viabilizar a continuidade e assegurar o aproveitamento do "adquirido;" diferença para buscar a constante atualização dessa identidade à luz das peculiaridades do contexto. A Constituição formal não permanece indiferente a essa relação: sua identidade é assegurada com o respeito à identidade dos seus significantes linguísticos, incluindo os limites interpretativos que oferecem; a diferença, por sua vez, é garantida ao torná-la permeável aos fatores extrínsecos, oferecendo novas possibilidades de significado que se mostrem mais ajustadas ao momento de sua interpretação. Assegura-se, assim, a permanência da ordem constitucional, que, longe de ser fossilizada, tem a sua identidade constantemente construída e reconstruída, de modo a preservar a individualidade de cada geração. Com os olhos voltados à separação

---

[188] Cf.: LEVINSON, Sanford. Designing an Amendment process. *In*: FEREJOHN, John A.; RAKOYE, Jack N.; RILEY, Jonathan (Org.). *Constitutional culture and democratic rule*. Cambridge: Cambridge University Press, 2001. p. 271 (287).

[189] Cf.: BARSHACK, Lior. Time and the Constitution. *International Journal of Constitutional Law*, v. 7, n. 4, p. 553-576, Oct. 2009. p. 553 (566).

entre texto e conteúdo, o primeiro estável, o segundo evolutivo, Lavagna[190] distinguia entre "Constituição em sentido formal" e "Constituição em sentido substancial".

O segundo fator ou, melhor dizendo, conjunto de fatores, não obstante interligado ao primeiro, possui individualidade própria. Diz respeito ao contexto. A relação de estrita dependência mantida entre o texto e o contexto, com influência direta na correlação entre significantes e significados, exige do intérprete a correta apreensão dos fatores que concorrem no delineamento da variável dinâmica dessa equação. O que se verifica, em verdade, é uma íntima ligação entre fatores intrínsecos, afetos à linguagem do objeto interpretado, que devem ser contextualizados com a necessária consideração de todos os fatores extrínsecos relevantes, e a individualidade que caracteriza esses últimos, contribuindo, mesmo, para a ampliação dos significados em potencial.

O contexto com o qual os significantes linguísticos devem interagir pode ser visto sob uma perspectiva dúplice, podendo assumir contornos linguísticos ou não linguísticos.[191] O contexto linguístico, por sua vez, pode ser dividido em puramente linguístico ou sistêmico.

O contexto puramente linguístico é integrado pelas especificidades da linguagem utilizada, fator que exerce influência direta na individualização dos significados. A linguagem utilizada na formulação do enunciado linguístico, se ordinária ou de propósitos específicos, influi no delineamento do respectivo significado, o mesmo ocorrendo em relação às subdivisões eventualmente existentes no âmbito de cada linguagem específica (*v.g.*: a terminologia própria do direito constitucional, do direito civil, do direito penal etc.). Ainda que a linguagem específica faça intenso uso de significantes característicos da linguagem ordinária, é necessário identificar em que situações o significado ordinário deve ser preterido em prol do técnico. É de todo relevante compreender o *acquis linguístico*, presente nas distintas convenções existentes no ambiente sociopolítico, o que permite que sejam associados significantes e significados de modo a tornar possível a compreensão pelos participantes do processo de comunicação.

O contexto sistêmico, como deriva de seus próprios contornos semânticos, há de ser visto a partir da interação entre grandezas inseridas num mesmo plano existencial. Nessa perspectiva, é plenamente factível que certos enunciados linguísticos possam influir sobre o sentido de outros, o mesmo ocorrendo em relação à forma em que são dispostos na frase. Estruturada a frase, o seu sentido será inevitavelmente influenciado pelas demais frases inseridas no texto ou no sistema de textos. No plano normativo não é diferente. Termos técnicos, quando analisados em sua individualidade, podem receber sentidos em tudo destoantes daqueles que receberiam quando acompanhados de outros significantes linguísticos, colhidos na linguagem técnica ou ordinária. Os enunciados linguísticos, do mesmo modo, terão o seu significado influenciado pelos demais enunciados do texto, e este, por sua vez, por outros textos do sistema.[192]

---

[190] LAVAGNA, Carlos. *Costituzione e socialismo*. Bologna: Il Mulino, 1977. p. 36.

[191] Cf.: Wróblewski, Bánkowski e MacCormick, que preconizam a divisão entre contexto puramente linguístico, sistêmico ou ambiental (WROBLEWSKI, Jerzy; BÁNKOWSKI, Zenon; MACCORMICK, Neil. *The judicial application of law*. Springer: The Netherlands, 1992. p. 91); e OST, François. Retour sur l'interprétation. *Journal of Legal Interpretation (Reasonableness and Interpretation)*, Münster: LIT, p. 127-150, 2003. p. 127 (139).

[192] Cf.: WROBLEWSKI, Jerzy. Moral values and legal reasoning: some aspects of their mutual relations. *In*: SADURSKI, Wojciech (Ed.). *Ethical dimensions of legal theory*. The Netherlands: Rodopi, 1991. p. 15 (23).

Sob a epígrafe do contexto sistêmico estão igualmente incluídas as demais normas constitucionais, extraídas das fontes formais ou não formais do direito constitucional. Conquanto não estejam inseridas no mesmo plano existencial dos enunciados linguísticos ainda carentes de interpretação, essas figuras mantêm entre si uma relação de antecedente e consequente, o que faz surgir uma situação de dependência recíproca: enquanto a *ratio essendi* do enunciado é dar origem à norma, esta é construída sobre os balizamentos por ele estabelecidos. As demais normas de natureza constitucional devem ser necessariamente consideradas pelo intérprete em momento anterior à finalização do processo de interpretação. Com isso, rende-se homenagem ao postulado de coerência, evitando, tanto quanto possível, que seja escolhido significado que comprometa a harmonia do sistema, precipitando a eclosão de conflitos normativos.

Por fim, o contexto não linguístico ou ambiental está associado à realidade propriamente dita, englobando todos os fatores circunstanciais existentes no momento em que deflagrado o processo de interpretação, bem como os valores que a partir deles se formam. Esses fatores apresentam feições extremamente variáveis, sendo certo que a interpretação tende a se aproximar de um referencial de completude argumentativa na medida em que o intérprete logre êxito em identificá-los e apreendê-los com a maior amplitude e intensidade possíveis. Fatores dessa natureza refletem o modo de interação entre texto e realidade, o que exige a correta apreensão do ambiente sociopolítico em que a futura norma se projetará e os efeitos que produzirá nesse ambiente: no primeiro caso, exige-se o delineamento da base cultural que permeia toda a sociedade politicamente organizada, alcançando todos os valores que lhe dão sustentação; no segundo, o modo de interação da futura norma com essa base cultural, que alcança, igualmente, as suas expectativas políticas e econômicas.

Como se constata, o processo de interpretação não nasce e se desenvolve em um ambiente puramente teórico, indiferente ao seu entorno. Afinal, a ele se somam fatores de natureza nitidamente pragmática.[193] Como ressaltado por Häberle,[194] é necessário ter sempre presente a tríade "Texten, Theorien und Praxis". Essa constatação bem ilustra a sentença de Patterson,[195] no sentido de que a "interpretação sozinha não gera conhecimento". A exemplo da linguística, que somente pode se desenvolver se convenções intersubjetivas, colhidas na prática, permitirem a compreensão das palavras em um mesmo sentido, a interpretação não prescinde de fatores extrínsecos. Recorrer a uma interpretação asséptica, que surge e se desenvolve com a só consideração do individualismo do intérprete, é um "não início", já que desconectada dos demais fatores que concorrem para a formação do significado. O discurso dogmático-jurídico é, em si, um discurso sobre questões práticas. É, em consequência, também um discurso prático.[196]

O terceiro fator diz respeito à necessidade de estruturação da norma em harmonia com os fins a serem alcançados. Além da diversidade de fins que podem influenciar as

---

[193] Cf.: WROBLEWSKI, Jerzy; BÁNKOWSKI, Zenon; MACCORMICK, Neil. *The judicial application of law*. Springer: The Netherlands, 1992. p. 94.

[194] HÄBERLE, Peter. Function und Bedeutung der Verfassungsgerichte in vergleichender Perspektive. *Europäische Grundrechte Zeitschrift*, a. 32, n. 22-23, p. 685-688, 2005. p. 685 (685).

[195] PATTERSON, Dennis. *Law and truth*. Oxford: Oxford University Press, 1999. p. 94.

[196] Cf.: ALEXY, Robert. *Teoria da argumentação jurídica* (*Theorie der Juristischen Argumentation*). (Trad. Zilda Hutchinson Schild Silva). São Paulo: Landy, 2001. p. 320.

opções do intérprete, a norma pode resultar em enunciados deônticos operativamente diversos, exigindo distintas posturas por parte de seus destinatários imediatos (*v.g.*: certos objetivos podem ser alcançados por atos comissivos ou omissivos). É necessário que o intérprete identifique os operadores deônticos passíveis de serem utilizados e busque escolher, com os olhos voltados ao fim pretendido, o que melhor assegure a aproximação entre texto e contexto.

O quarto fator encontra sua gênese no próprio intérprete. Aponta para a sua formação, humana e profissional, para a base ideológica que dá sustentação às suas ações e para os métodos de interpretação a que confira preeminência. É plenamente factível que métodos distintos de interpretação podem conduzir à ampliação ou à retração dos significados passíveis de serem atribuídos aos significantes interpretados, bem como que a pré-compreensão do intérprete pode ser decisiva em relação à maior inclinação por certos significados. As características do intérprete podem, igualmente, influir na manipulação dos métodos de interpretação, utilizados não para alcançar significados, mas sim, para justificar significados escolhidos em momento antecedente à sua própria deflagração. Diversidade de métodos, utilização preponderantemente política, não jurídica e, consequentemente, relatividade lógica dos resultados alcançados, são aspectos de decisiva influência no delineamento da norma.

O modo de conduzir o processo de interpretação, cuja estrutura é igualmente influenciada pelo contexto cultural, assume decisiva importância em relação ao modo como os distintos Tribunais Constitucionais veem a Constituição formal e a conduzem pelas nuances da realidade. Enquanto o *Conseil Constitutionnel* francês parece prestigiar uma lógica cartesiana, valorizando a precisão e a concisão, o *Bundesverfassungsgericht* alemão não raro observa a realidade estrangeira e recorre a monografias científicas, de modo a realizar a maior integração possível entre texto, teoria e prática.[197]

A presença de conflitualidades intrínsecas não aponta para qualquer debilidade no sistema normativo. Indica, apenas, que, no processo de adjudicação de sentido ao texto, múltiplas possibilidades se abriram ao intérprete, o que pode ter decorrido exclusivamente de fatores de ordem linguística, da influência de fatores extrínsecos, inclusive de natureza axiológica e teleológica, ou por razões puramente operativas. É importante lembrar que a ordem constitucional, além de apresentar uma dimensão espacial, indicativa da esfera territorial em que projetará a sua força normativa, deve ser temporalmente contextualizada. Como já dissemos, essa constatação, por si só, permite intuir o seu constante desenvolvimento histórico, de modo a adaptar-se, sem a necessidade de constante modificação formal, aos circunstancialismos do ambiente sociopolítico.[198] É natural que a multiplicação de significados decorra diretamente desse desenvolvimento, que tende a ser potencializado em razão da pretensão de permanência que costuma acompanhar a ordem constitucional, exceção feita a algumas poucas que emergem de um processo revolucionário. Nessa linha, os mesmos enunciados linguísticos, conquanto formalmente invariáveis, devem dar origem a normas materialmente

---

[197] Cf.: HÄBERLE, Peter. Function und Bedeutung der Verfassungsgerichte in vergleichender Perspektive. *Europäische Grundrechte Zeitschrift*, a. 32, n. 22-23, p. 685-688, 2005. p. 685 (685-686).

[198] Cf.: CRISAFULLI, Vezio. Disposizione (e norma). *In*: *Enciclopedia del diritto*. Milano: Giuffrè, (1964) 2007. v. XIII. p. 207; e BEVILAQUA, Clóvis. *Teoria geral do direito civil*. 7. ed. Rio de Janeiro: Francisco Alves, 1955. p. 43.

ajustadas a contextos que sofreram profundo realinhamento com o fluir do tempo. Novos contextos fazem emergir novos significados, que podem se contrapor entre si ou com significados pretéritos.

Debilidade, se houver, estará presente, apenas, nos fatores pré-normativos, que deixam de apresentar relevância após a individualização da norma. A pluralidade de sentidos divergentes, quando contextualizada em momento pós-normativo, vale dizer, após a individualização das normas que os veiculam, que incidiriam, de modo divergente, sobre uma mesma situação, indica uma incoerência no sistema normativo. Nesse caso, cabe ao intérprete, utilizando-se das técnicas apropriadas (*v.g.*: a aplicação das regras da *lex superior*, da *lex specialis*, da *lex posterior derogat priori*, da *ponderatio* etc.), afastar a aplicação de normas já individualizadas, eliminando as incoerências existentes.[199]

A identificação dos distintos fatores que concorrem para o surgimento da conflitualidade intrínseca permite que sejam compreendidos os múltiplos obstáculos a serem superados e as distintas decisões parciais a serem tomadas pelo intérprete até a decisão final, que atribui significado ao enunciado linguístico, com a consequente individualização da norma constitucional. Nesse *iter*, o intérprete passa por sucessivas séries de valorações e decisões, que alcançam a individualização (1) do enunciado linguístico a ser levado em consideração, o que inclui a verificação de sua validade, (2) do contexto com o qual interage, (3) dos valores a que deve atribuir preeminência, (4) dos fins a serem alcançados, (5) dos contornos operativos do futuro enunciado deôntico, (6) dos métodos de interpretação a serem empregados, e (7) do significado atribuído à norma constitucional.

Como se percebe, a necessária correlação entre o significado escolhido e o enunciado interpretado não autoriza que seja encampada uma visão simplista de que a conflitualidade intrínseca, em verdade, se reduziria ao plano linguístico, materializada na vagueza e na ambiguidade inerentes à linguagem. É possível afirmar que existem duas categorias de significados. A primeira categoria, de natureza teórica, absorve todos os significados que a linguagem utilizada, consideradas as variantes possíveis do léxico e da gramática, permite que sejam atribuídos aos enunciados linguísticos. São abrangidos por essa categoria, inclusive, os significados de todo dissociados da realidade, já que a análise realizada se desenvolve em um plano puramente teórico. A segunda categoria, por sua vez, alcança, apenas, os significados que se mostrem harmônicos com a realidade. Em outras palavras, somente irão transpor o círculo maior, de natureza teórica, e penetrar no círculo menor, de natureza teórico-pragmática, os significados que, à luz do contexto, sejam considerados viáveis pelo intérprete. Essa "viabilidade", por sua vez, sofre grande influência dos fatores extrínsecos, que permitem que sejam identificados os significados potencialmente atribuíveis à norma, que podem apresentar, ou não, uma relação de superposição com o círculo dito "teórico". É factível que esses significados, tanto no plano qualitativo, quanto no plano quantitativo, serão influenciados pela posição assumida pelo intérprete em relação aos referidos fatores, o que conduz à inevitável necessidade de resolução das conflitualidades intrínsecas.

---

[199] Cf.: ALCHOURRÓN, Carlos E.; BULYGIN, Eugenio. *Introducción a la metodología de las ciencias jurídicas y sociales*. Buenos Aires: Astrea, 2006. p. 44.

2 Enunciado linguístico, disposição normativa e norma constitucional

Conjunto de enunciados linguísticos significantes,[200] a Constituição formal ostenta uma funcionalidade normativo-construtiva. Fala-se em *enunciados linguísticos* para indicar as expressões acabadas, formadas em consonância com as convenções gramaticais adotadas pela língua utilizada. Diz-se que eles são *significantes* por serem formados a partir de referenciais linguísticos que buscam veicular, consoante os seus contornos semânticos e sintáticos, um sentido passível de ser delineado pelo intérprete, um significado. A *funcionalidade normativo-construtiva*, por sua vez, expressa que o texto constitucional é o ponto de partida da normatividade constitucional, que será construída justamente a partir da base linguística por ele oferecida.

Com os olhos voltados às distintas teorias da interpretação ou, de modo mais preciso, àquelas teorias que conferem a devida importância aos referenciais de natureza semiótica, é possível afirmar que os enunciados linguísticos podem apresentar uma funcionalidade dúplice: ou irão figurar como objeto da interpretação, permitindo que deles seja extraído o significado da norma; ou serão vistos como fonte exclusiva do significado normativo, que neles está ínsito, devendo ser tão somente conhecido pelo intérprete. No primeiro caso, o intérprete desenvolve um discurso interpretativo, sendo reconhecida a dicotomia entre texto e norma; no segundo, realiza um discurso meramente descritivo, em que os referenciais de texto e norma se sobrepõem, ocupando o mesmo plano existencial.

Face à evidente concorrência de fatores extrínsecos e intrínsecos na sua formação, é possível afirmar que a norma constitucional não é propriamente interpretada, mas obtida com a interpretação:[201] o objeto da interpretação (*rectius*: objeto do

---

[200] Cf.: MODUGNO, Franco. *Interpretazione giuridica*. Padova: CEDAM, 2009. p. 106.

[201] Cf.: TARELLO, Giovanni. *Diritto, enunciati, usi*: studi di teoria e metateoria del diritto. Bologna: Il Mulino, 1974. p. 394; TARELLO, Giovanni. *L'interpretazione della legge*. Milano: Giuffrè, 1980. p. 9-10; RUGGERI, Antonio. *Fonti e norme nell'ordinamento e nell'esperienza costituzionale*. Torino: Giappichelli, 1993. p. 6; MODUGNO, Franco. *Interpretazione giuridica*. Padova: CEDAM, 2009. p. 4-5 e 326-327; GUASTINI, Ricardo. *Das fontes às normas (Dalle fonti alle norme)*. (Trad. Edson Bini). São Paulo: Quatier Latin, 2005. p. 23, 96-97 e 220; GUASTINI, Ricardo. *Distinguiendo*: estudios de teoría y metateoría del derecho. (Trad. Jordi Ferrer i Beltrán). Barcelona: Gedisa, 1999. p. 34-35, 50-54, 100-104 e 107; CHIASSONI, Pierluigi. *Tecnica dell'interpretazione giuridica*. Bologna: Il Mulino, 2007. p. 276; QUADRI, Rolando. Dell'applicazione della legge in generale. *In*: SCIALOJA, Antonio; BRANCA, Giuseppe. *Commentario del Codice Civile*: art. 10-15. Bologna: Nicola Zanichelli, 1974. p. 215; JORI, Mario; PINTORE, Anna. *Manuale di teoria generale del diritto*. 2. ed. Torino: Giappichelli, 1995. p. 240-241; FALCON, Giandomenico. *Lineamenti di diritto pubblico*. 3. ed. Padova: CEDAM, 1991. p. 19; CRISAFULLI, Vezio. *Lezioni di diritto costituzionale*. 6. ed. Verona: CEDAM, 1993. v. II, t. I, p. 46-47; LAVAGNA, Carlos. *Costituzione e socialismo*. Bologna: Il Mulino, 1977. p. 35 e 43; MORTATI, Costantino. *Istituzioni di diritto pubblico*. 7. ed. Padova: CEDAM, 1967. t. II, p. 1426; DE VERGOTTINI, Giuseppe. *Diritto costituzionale*. 3. ed. Padova: CEDAM, 2001. p. 147; Cf.: VIOLA, Francesco; ZACCARIA, Giuseppe. *Diritto e interpretazione*: lineamenti di teoria ermeneutica del diritto. 6. ed. Roma: Laterza, 2009. p. 117; ZAGREBELSKY, Gustavo. *Manuale di iritto costituzionale*: il sistema delle fonti del diritto. Torino: UTET, 1987. v. I, p. 69; HAMON, Francis; TROPER, Michel; BURDEAU, Georges. *Manuel de droit constitutionnel*. 27. ed. Paris: L.G.D.J, 2001. p. 59; OST, François. Retour sur l'interprétation. *Journal of Legal Interpretation (Reasonableness and Interpretation)*, Münster: LIT, p. 127-150, 2003. p. 127 (139); PERELMAN, Chaïm. Les antinomies en droit: essai de synthèse. *In*: PERELMAN, Chaïm. *Les antinomies en droit*. Bruxelles: Établissements Émile Bruylant, 1965. p. 392 (402-403); ZIEMBINSKI, Zygmunt. Le contenus et la structure de normes concédant les compétences. *In*: DI BERNARDO, Giuliano. *Normative structures of the social world*. Amsterdam: Rodopi, 1988. v. 11, p. 159 (161); TROPER, Michel. *A filosofia do direito (La philosophie du droit)*. (Trad. Ana Deiró). São Paulo: Martins Fontes, 2008. p. 76-77 e 132-133; WROBLEWSKI, Jerzy. *Constitución y teoría general de la interpretación jurídica*. (Trad. Arantxa Azurza). Madrid: Cuadernos Civitas, 2001. p. 25-26; BUNG, Jochen. Theorie der Interpretation: Davidson. *In*: BUCKEL, Sonja; CHRISTENSEN, Ralph; FISCHER-LESCANO, Andreas (Org.). *Neue Theorien des Rechts*. 2. ed. Stuttgart: Lucius & Lucius, 2009. p. 271 (282-283); LARENZ, Karl. *Metodologia da ciência do direito (Methodenlehre*

pensamento)[202] é o enunciado linguístico textual (*obiectum affectum*), a norma o seu resultado (*obiectum effectum*).[203] Assim, somente é possível falar em *interpretação da norma* se tomarmos *norma* como *texto normativo*, não como enunciado deôntico pronto e acabado, como significado sujeito, tão somente, à averiguação do intérprete.[204] O Constituinte não é o autor da norma constitucional, mas sim, do enunciado linguístico de natureza constitucional que a originou.[205] O enunciado linguístico não é a norma, mas um dos fatores que concorrem para a sua formação, fator, aliás, de indiscutível relevância, isso em razão dos limites que estabelece para a atividade do intérprete,[206] interpondo-se entre a fonte de direito constitucional[207] e a norma.[208]

Norma, texto e ato de produção do texto ostentam, nessa ordem, além de funcionalidades distintas, uma relação decrescente de proximidade e relevância para com a realidade. A norma *não é*: o enunciado linguístico inserido na Constituição formal, a disposição que o absorve, o querer ou a intenção de quem os produziu e tampouco é um dado objetivo ínsito no texto, suscetível à mera apreensão do intérprete. A norma *é* significado, obtido pelo intérprete, a partir de significantes textuais sob a influência do contexto. Dwokin[209] já evidenciara que "[l]aw is an interpretive concept", sendo necessariamente influenciado pelas exigências da realidade. É importante ressaltar que a norma aqui referida ocupa uma posição intermédia entre o enunciado linguístico e a denominada "norma de decisão", que oferecerá a solução para o caso concreto: a primeira

---

der Rechtswissenschaft). (Trad. José Lamego). 3. ed. Lisboa: Fundação Calouste Gulbenkian, 1997. p. 270; VILLAR PALASI, José Luis. *La interpretación y los apotegmas jurídico-lógicos*. Madrid: Tecnos, 1975. p. 34-35; BERNAL PULIDO, Carlos. *El principio de proporcionalidad y los derechos fundamentales*. 2. ed. Madri: Centro de Estudios Políticos y Constitucionales, 2005. p. 80-81; CANOSA USERA, Raul. *Interpretación constitucional y fórmula política*. Madrid: Centro de Estudios Constitucionales, 1988. p. 6 e 25; QUEIROZ, Cristina. *Direitos fundamentais*: teoria geral. 2. ed. Coimbra: Coimbra Editora, 2010. p. 85-87 e 178-179; PEREIRA COUTINHO, Luís Pedro. *A autoridade moral da Constituição*: da fundamentação da validade do direito constitucional. Coimbra: Coimbra Editora, 2009. p. 660 e ss.; ÁVILA, Humberto. *Teoria dos princípios*: da definição à aplicação dos princípios jurídicos. 11. ed. São Paulo: Malheiros, 2010. p. 16, 22, 32, 33 e 60; NEVES, Marcelo. *A constitucionalização simbólica*. São Paulo: Acadêmica, 1994. p. 79; STRECK, Lenio Luiz. *Jurisdição constitucional e hermenêutica*: uma nova crítica do direito. 2. ed. Rio de Janeiro: Forense, 2004. p. 581 e 593; GRAU, Eros Roberto. *Ensaio e discurso sobre a interpretação/aplicação do direito*. 5. ed. São Paulo: Malheiros, 2009. p. 23, 28, 31 e 80-85; DE BARROS BELLO FILHO, Ney. *Sistema constitucional aberto*. Belo Horizonte: Del Rey, 2003. p. 22-23; SLAIBI FILHO, Nagib. *Direito constitucional*. 3. ed. Rio de Janeiro: Forense, 2009. p. 51-52 e 182-201; SANTOS BEZERRA, Paulo César. *Lições de teoria constitucional e de direito constitucional*. 2. ed. Rio de Janeiro: Renovar, 2009. p. 147; e DE BARCELLOS, Ana Paula. Ponderação, racionalidade e atividade jurisdicional. In: BARROSO, Luís Roberto (Org.). *A reconstrução democrática do direito público no Brasil*. Rio de Janeiro: Renovar, 2007. p. 259 (268-269).

[202] Cf.: WEINBERGER, Ota. The norm as thought and as reality. In: MACCORMICK, Neil; WEINBERGER, Ota (Org.). *An institutional theory of law*: new approaches to legal positivism. Netherlands: Springer, 1992. p. 31 (35).

[203] Cf.: MODUGNO, Franco. *Interpretazione giuridica*. Padova: CEDAM, 2009. p. 46; GOMES CANOTILHO, José Joaquim; MOREIRA, Vital. *Fundamentos da Constituição*. Coimbra: Coimbra Editora, 1991. p. 47.

[204] Cf.: GUASTINI, Ricardo. *Das fontes às normas* (*Dalle fonti alle norme*). (Trad. Edson Bini). São Paulo: Quatier Latin, 2005. p. 131.

[205] A respeito da distinção entre texto e norma, a nomenclatura utilizada é bem diversificada. Ferrajoli, por exemplo, denomina o primeiro de "enunciado", enquanto a segunda, que consubstancia o significado atribuído ao texto, é a "proposição" (FERRAJOLI, Luigi. *Principia iuris*: teoria del diritto e della democrazia. Roma-Bari: Laterza, 2007. v. I, p. 217).

[206] Cf.: CRISAFULLI, Vezio. Atto normativo. In: *Enciclopedia del diritto*. Milano: Giuffrè, (1959) 2007. v. IV, p. 238, §13.

[207] Como lembrado por Aarnio, a fonte de direito é uma "ferramenta técnica", não uma "fonte material" a serviço do intérprete (AARNIO, Aulis. *The rational as reasonable*: a treatise on legal justification. The Netherlands: Springer, 1987. p. 77).

[208] Cf.: DE VERGOTTINI, Giuseppe. *Diritto costituzionale*. 3. ed. Padova: CEDAM, 2001. p. 146.

[209] DWORKIN, Ronald. *Law's empire*. Massachusetts: Harvard University Press, 2000. p. 87.

é individualizada após a superação das conflitualidades intrínsecas; a segunda, por sua vez, pode ter sua formação condicionada à solução de conflitualidades extrínsecas, presentes sempre que duas ou mais normas antagônicas entre si possam incidir sobre a mesma situação concreta.[210]

Por integrarem o "discurso prescritivo",[211] que delineia o dever ser e busca transformar a realidade, influindo no comportamento de governantes e governados, os enunciados linguísticos formadores do texto constitucional possuem imperatividade e não podem ser desconsiderados no processo de interpretação. O intérprete individualiza a norma a partir do texto, do qual não pode prescindir, pois, conquanto não seja o único, é componente essencial do processo de interpretação.[212] O texto precede e condiciona a norma, cujo significado se vê limitado pelo seu potencial expansivo.[213] A constatação decorre da força normativa da Constituição, cujos alicerces fundamentais remontam ao seu texto.

São os enunciados, não os significantes linguísticos, o objeto da interpretação constitucional.[214] Os significantes, concebidos em sua individualidade, fora de contexto e à margem de um enunciado que os absorva, não dão origem a significados juridicamente relevantes. Podem alimentar pensamentos e significados abstratos, meras especulações a serem redimensionadas quando inseridas no processo de comunicação normativa. Significantes isolados são partículas desse processo, perdendo a sua funcionalidade quando destacados da integralidade do discurso. A inserção dos significantes linguísticos em enunciados permite que sejam reduzidos os seus níveis de vagueza e ambiguidade, viabilizando a identificação dos próprios objetivos a que se destinam. Nesse processo, são excluídos, de imediato, os significados que, conquanto harmônicos com os significantes concebidos em sua individualidade, destoam da integralidade do enunciado. É de todo incorreto o argumento "aritmético" que vê no significado do enunciado a soma dos significados de cada um dos significantes que o formam. A interpretação reflete um

---

[210] Em sentido contrário, afirmando que a norma se distingue do enunciado normativo por corresponder à solução de um caso concreto, vide: DE BARCELLOS, Ana Paula. Ponderação, racionalidade e atividade jurisdicional. In: BARROSO, Luís Roberto (Org.). *A reconstrução democrática do direito público no Brasil*. Rio de Janeiro: Renovar, 2007. p. 259 (260, 265-266). Em passagem posterior, no entanto, discorre sobre o conflito entre regras e princípios, que são espécies de normas (DE BARCELLOS, Ana Paula. Ponderação, racionalidade e atividade jurisdicional. In: BARROSO, Luís Roberto (Org.). *A reconstrução democrática do direito público no Brasil*. Rio de Janeiro: Renovar, 2007. p. 281-286), e afirma que "normas que realizam diretamente direitos fundamentais dos indivíduos têm preferência sobre normas relacionadas apenas indiretamente com os direitos fundamentais" (DE BARCELLOS, Ana Paula. Ponderação, racionalidade e atividade jurisdicional. In: BARROSO, Luís Roberto (Org.). *A reconstrução democrática do direito público no Brasil*. Rio de Janeiro: Renovar, 2007. p. 286). Ora, se essas normas podem coexistir e se projetar sobre a mesma situação concreta, é possível identificar um aparente engano no conceito inicialmente referido: afinal, podem existir normas que não correspondem à solução do caso concreto, já que passíveis de terem sua aplicação afastada de acordo com as circunstâncias do caso. O que regula o caso concreto é a norma de decisão, que pode ser antecedida por uma pluralidade de normas e estas por uma pluralidade de enunciados.

[211] GUASTINI, Ricardo. *Das fontes às normas* (*Dalle fonti alle norme*). (Trad. Edson Bini). São Paulo: Quatier Latin, 2005. p. 25; GUASTINI, Ricardo. *Distinguiendo*: estudios de teoría y metateoría del derecho. (Trad. Jordi Ferrer i Beltrán). Barcelona: Gedisa, 1999. p. 59, 73 e 92.

[212] Cf.: CRISAFULLI, Vezio. *Lezioni di diritto costituzionale*. 6. ed. Verona: CEDAM, 1993. v. II, t. I, p. 46-47.

[213] Cf.: CRISAFULLI, Vezio. Disposizione (e norma). In: *Enciclopedia del diritto*. Milano: Giuffrè, (1964) 2007. v. XIII, p. 207. Observe-se que o autor atribui à disposição normativa a função de "revelar a norma". Essa "revelação", no entanto, deve ser concebida como mero "plano de trabalho", que será detalhado no curso do processo de interpretação, cujos contornos são essencialmente criativos.

[214] Cf.: MODUGNO, Franco. *Interpretazione giuridica*. Padova: CEDAM, 2009. p. 136; e ROSS, Alf. *Direito e justiça* (*On law and justice*). (Trad. Edson Bini). São Paulo: Edipro, 2003. p. 139 e ss.

processo global, em que os significantes perdem a sua individualidade e passam a ser vistos como partes indissociáveis do enunciado.[215] Essa constatação demonstra a razão de os problemas enfrentados pelo intérprete se estenderem do plano semântico, em que são descobertos os significados possíveis, ao sintático, relativo ao modo como os significantes são organizados e o enunciado estruturado, o que gera reflexos inevitáveis no significado a ser atribuído a este último.[216]

O enunciado linguístico é um fragmento do texto normativo. Fazem parte dessa categoria as construções linguísticas que denotem uma unidade existencial, uma expressão morfologicamente completa nos planos semântico e sintático. Partindo-se dessa premissa, pode-se afirmar que os enunciados linguísticos são a forma de expressão do texto e da norma constitucional. Tanto o significante, o texto, como o significado, a norma, possuem um conteúdo que precisa ser veiculado, o que é feito com a utilização de enunciados. Na construção de Guastini,[217] tal ocorreria pelo fato de a *interpretação* se assemelhar à *tradução*, isso em razão de ambas importarem na reconstrução ou reformulação de textos, de modo que o intérprete produz um enunciado, a norma, que ele assume ser *sinônimo* de outro enunciado, pertencente à linguagem das fontes, ao texto constitucional. O intérprete substituiria, "sem perda do significado", a disposição (objeto da interpretação) pela norma (resultado da interpretação). Do ponto de vista ontológico, ainda segundo o jurista italiano, disposição e norma seriam entidades homogêneas: a primeira, integrando o "discurso das fontes"; a segunda, o "discurso do intérprete". Em consequência, seria incorreto afirmar que a disposição, como enunciado linguístico, é um "objeto empírico", ao alcance e perceptível pelos sentidos, enquanto a norma, como significado, é uma "enigmática construção mental". Longe de distinguirmos enunciados de "alguma coisa distinta dos enunciados", realizamos "a distinção entre duas classes de enunciados".

Lançando os olhos sobre a construção de Guastini, observamos que, apesar de a interpretação, de fato, assemelhar-se à tradução, importando na releitura de um texto, não raro com o delineamento de enunciados linguísticos mais acessíveis aos partícipes do processo de comunicação normativa que aqueles produzidos pela autoridade competente,[218] elas não se identificam. Enquanto, na tradução, é perceptível a preocupação em reproduzir, de modo atemporal, o exato conteúdo e alcance do texto, tal qual delineado por seu autor,[219] na interpretação tem-se uma atividade temporalmente

---

[215] Cf.: ROSS, Alf. *Direito e justiça (On law and justice)*. (Trad. Edson Bini). São Paulo: Edipro, 2003. p. 164; e HAWKES, Terence. *Structuralism and semiotics*. 2. ed. New York: Routledge, 2003. p. 8.

[216] Cf.: MODUGNO, Franco. *Interpretazione giuridica*. Padova: CEDAM, 2009. p. 125.

[217] GUASTINI, Ricardo. *Das fontes às normas (Dalle fonti alle norme)*. (Trad. Edson Bini). São Paulo: Quatier Latin, 2005. p. 26-28; e 134.

[218] A simplificação dos enunciados linguísticos com o recurso a outros enunciados pode ser vista como uma manifestação da função metalinguística da linguagem. Trata-se de uma linguagem de segundo nível, responsável pela definição das mensagens do primeiro nível. (PUGLIESE, Márcio. *Teoria do direito*. 2. ed. São Paulo: Saraiva, 2009. p. 30-31).

[219] Cf.: HALE, Sandra Beatriz. *The discourse of court interpreting*: discourse practices of the law, the witness, and the interpreter. Philadelphia: John Benjamins, 2004. p. 2-3. Discorrendo sobre as correntes existentes a respeito do papel desempenhado pelo tradutor, a autora atribui preeminência a duas delas: de acordo com a primeira, o tradutor teria liberdade para alterar o estilo e o modo de representação das ideias do autor; a segunda, por sua vez, entende que deveria atribuir preeminência à literalidade do texto, máxime quando a tradução fosse destinada ao sistema legal.

contextualizada e de todo sensível à realidade, não raro distanciando-se da intenção da autoridade que a editou e da literalidade[220] do texto. O enunciado da norma não é e não pode ser *sinônimo* do enunciado do dispositivo interpretado: cada qual se desenvolve em um plano existencial distinto, é influenciado por circunstancialismos diversos e tem uma funcionalidade própria. Não há propriamente uma relação de *sinonímia* entre esses enunciados, mas sim, de *compatibilidade*. O resultado da interpretação, sob pena de ruptura da conexão com o texto, deve nele encontrar o seu alicerce. Ambos se situam em uma relação de continuidade, sendo o texto o antecedente e a norma o consequente. A *sinonímia*, ademais, exigiria um apego exagerado, de todo incompatível com a metodologia contemporânea, à *intentio legislatoris* e à literalidade do texto. Aproximar-se-ia da interpretação enquanto atividade de conhecimento, desconsiderando a sua importância criativa. Nessa linha, também é possível afirmar que a norma não *substitui* o texto, em verdade, o *sucede*. Somente estaríamos perante uma substituição se a norma passasse a ser contextualizada no plano do texto, coexistindo com outras disposições e ostentando a mesma funcionalidade que elas. O enunciado da disposição situa-se no plano da normatização em potência. O enunciado da norma, com escusas pela tautologia, no plano normativo. A imperatividade que ostentam possui funcionalidade diversa: a disposição é direcionada aos intérpretes; a norma a todos aqueles que tenham sua situação jurídica por ela alcançada. Conclui-se que a homogeneidade ontológica entre disposição e norma limita-se à sua forma de expressão e comunicação, centrada nos enunciados linguísticos, não propriamente na sua funcionalidade. Não é por outra razão que, na percepção de Radbruch,[221] "a interpretação jurídica não é pura e simplesmente um pensar de novo aquilo que já foi pensado, mas, pelo contrário, um saber pensar até o fim aquilo que já começou a ser pensado por um outro".

Os diversos enunciados que formam o texto constitucional costumam ser organizados sob a forma de disposições normativas: partes do texto que preservam sua autonomia gramatical quando dele destacados e que configuram uma individualidade formal mínima (*v.g.*: alínea, inciso, parágrafo ou *caput* de um artigo).[222] As disposições normativas, por sua vez, podem agregar um ou vários enunciados. Para tanto, nesse último caso, basta que as construções linguísticas não percam sua substância quando destacadas do todo, preservando o seu *status* de enunciados. No plano estritamente formal, a disposição é uma unidade. No plano puramente linguístico, pode ser formada

---

[220] *Literalidade*, como observa Gibbs, é um significante nitidamente polissêmico, podendo se referir à (1) plena harmonia com a letra do texto; (2) à adesão à construção ordinária ou ao significado primário do termo ou expressão; (3) expressão de algo sem exagero, de modo claro e sem qualquer criatividade; e (4) representação de fatos palavra por palavra (GIBBS, Raymond W. *The poetics of mind*: figurative thought, language, and understanding. Cambridge: Cambridge University Press, 1994. p. 25). O mais comum é falar em literalidade para retratar a fidelidade à representação realizada, operação que normalmente se exaure com o uso de um dicionário. Isso, no entanto, nem sempre é tarefa fácil, já que a ambiguidade e a vagueza de alguns enunciados linguísticos, ao que se soma a influência exercida pelo contexto no delineamento do seu sentido, em muito dificultam a conclusão de que o significado escolhido pelo intérprete corresponde a algo acessível *prima facie* e insuscetível de qualquer dúvida, noções normalmente associadas à literalidade.

[221] RADBRUCH, Gustav. Cinco minutos de filosofia do direito. *In*: *Filosofia do direito (Rechtsphilosophie)*. Coimbra: Arménio Amado, 1974. p. 231.

[222] Cf.: GARCIA, Emerson. *Conflito entre normas constitucionais*: esboço de uma teoria geral. Rio de Janeiro: Lumen Juris, 2008. p. 165.

por inúmeros enunciados, que serão vistos como fragmentos da disposição, havendo, normalmente, um principal e outros a ele subordinados.

Não se verifica uma "correspondência biunívoca"[223] entre disposição normativa e norma, sendo plenamente factível que (1) uma única disposição dê origem a mais de uma norma, cada qual com objeto distinto, o que é diretamente influenciado pela diversidade de enunciados que a integram;[224] e (2) um fragmento de disposição, vale dizer, um único enunciado, possa permitir o surgimento de várias normas com objetos distintos, não sendo incomum que regras e princípios sejam extraídos a partir da mesma expressão linguística.

Ainda merece menção a possibilidade de (3) a íntegra de duas ou mais disposições ou, mesmo, de alguns dos fragmentos que as integram, formarem uma base textual unitária e, ao invés de uma pluralidade, originarem uma única norma, possibilidade admitida por Crisafulli,[225] mas combatida por Guastini,[226] que vê, no resultado da conjugação de disposições ou fragmentos, uma verdadeira norma. Caso contrário, continua ele, deveríamos conceber o produto dessa construção como uma disposição "apócrifa", vale dizer, um enunciado não elaborado por uma autoridade normativa, sendo obtido, pelo intérprete, com o emprego de "técnicas manipulatórias".

O entendimento de Guastini, em sua essência, busca evitar que a própria atividade de elaboração do texto normativo, a cargo de uma autoridade democraticamente legitimada, seja desconsiderada e, por fim, usurpada pelo intérprete. Afinal, além da liberdade valorativa inerente ao processo de interpretação, o intérprete também teria o poder de manipular os balizamentos a serem observados, consubstanciados justamente no texto, o que, em última *ratio*, lhe asseguraria uma liberdade quase que absoluta.

Em relação à crítica formulada, observa-se, em um primeiro momento, que disposições e fragmentos normativos, no sentido aqui tratado, têm a estrutura de enunciados, assim consideradas aquelas construções linguísticas que preservam a sua substância e identidade quando destacadas do todo em que inseridas, acrescendo-se que a preconizada análise conjunta de disposições e fragmentos há de ser justificada pela identidade da temática e pela estrita conexão existencial que mantêm entre si. À luz dessas premissas, tem-se que o intérprete, ao proceder desse modo, longe de manipular, segue um padrão mínimo de racionalidade. Considera, em sua integridade, toda a base textual dispersa pelo texto constitucional, sem desconsiderar qualquer de

---

[223] RUGGERI, Antonio. *Fonti e norme nell'ordinamento e nell'esperienza costituzionale*. Torino: Giappichelli, 1993. p. 5-6; GUASTINI, Ricardo. *Das fontes às normas (Dalle fonti alle norme)*. (Trad. Edson Bini). São Paulo: Quatier Latin, 2005. p. 29 e 298, nota 271; ZAGREBELSKY, Gustavo. *La giustizia costituzionale*. Bologna: Il Mulino, 1977. p. 279 e ss.; LAVAGNA, Carlos. *Costituzione e socialismo*. Bologna: Il Mulino, 1977. p. 52; GOMES CANOTILHO, José Joaquim; MOREIRA, Vital. *Fundamentos da Constituição*. Coimbra: Coimbra Editora, 1991. p. 48; e BARROSO, Luís Roberto. O começo da história: a nova interpretação constitucional e o papel dos princípios no direito brasileiro. In: BARROSO, Luís Roberto (Org.). *Temas de direito constitucional*. 2. ed. Rio de Janeiro: Renovar, 2008. t. III, p. 3 (23).

[224] Cf.: ZIEMBINSKI, Zygmunt. Le contenus et la structure de normes concédant les compétences. In: DI BERNARDO, Giuliano. *Normative structures of the social world*. Amsterdam: Rodopi, 1988. v. 11, p. 159 (161).

[225] Cf.: CRISAFULLI, Vezio. *Lezioni di diritto costituzionale*. 6. ed. Verona: CEDAM, 1993. v. II, t. I, p. 47.

[226] GUASTINI, Ricardo. *Das fontes às normas (Dalle fonti alle norme)*. (Trad. Edson Bini). São Paulo: Quatier Latin, 2005. p. 33. Em outra passagem, tratando das concepções restritivas de norma, faz referência à possibilidade de sua obtenção a partir de "uma pluralidade de disposições combinadas entre si" (GUASTINI, Ricardo. *Das fontes às normas (Dalle fonti alle norme)*. (Trad. Edson Bini). São Paulo: Quatier Latin, 2005. p. 38).

suas partes. Verdadeira manipulação haveria se parte dos enunciados conexos fosse desconsiderada ou simplesmente ignorada, o que, ao final, influiria na base textual e nos balizamentos que dariam origem à norma.

Essa operação, no entanto, deve manter-se adstrita às situações em que a conexão de significantes se mostre indissociável e inerente à temática versada, não se expandir ao ponto de anular a funcionalidade de enunciados normativos, dotados de evidente autonomia, simplesmente porque o intérprete pretende vê-los absorvidos por aqueles que melhor atendem à sua pré-compreensão. A atividade de seleção, análise e junção dos enunciados, que Guastini visualiza como verdadeira interpretação, é, por certo, mais ampla, mas não destoa, na essência, daquela que inaugura todo e qualquer processo de interpretação: a identificação da base textual sobre a qual se desenvolverá. O que se exige do intérprete é um padrão mínimo de "sinceridade metódica", evitando posturas seletivas e arbitrárias na análise dos enunciados linguísticos dispersos pelo texto constitucional.

A possibilidade de múltiplas disposições normativas serem utilizadas concorrentemente na individualização de uma única norma costuma decorrer não só de exigências metódicas, como, também, de previsão expressa do próprio texto normativo. É o que ocorre, por exemplo, quando a disposição w determina que sejam aplicados a certos sujeitos os comandos da disposição x, sempre que presentes as circunstâncias estabelecidas na disposição y, observadas as exceções traçadas na disposição z.[227] Esse tipo de conexão de sentido, como é intuitivo, pode encontrar ressonância na literalidade do texto ou decorrer de sua própria estrutura, encontrando sustentação em referenciais de natureza lógico-sistemática.

Situação mais comum consiste na possibilidade de, a partir de um só fragmento ou disposição normativa, serem obtidas normas em potencial, com conteúdos distintos, regulando o mesmo objeto, o que ocorrerá em razão da diversidade de elementos extrínsecos passíveis de influir no processo de interpretação ou da utilização, na produção normativa, de disposições polissêmicas, vagas ou ambíguas, daí resultando certo quantitativo de combinações, dos significados atribuídos, em um dado ambiente histórico-cultural, aos vocábulos da linguagem ordinária e aos vocábulos técnicos utilizados no texto constitucional.[228] As combinações, por sua vez, costumam ser particularmente numerosas face à presença, nos enunciados linguísticos utilizados na transmissão da informação, de várias zonas de penumbra.[229] Essa característica, com variações de intensidade, como anota Guastini,[230] é inerente a toda disposição normativa, que "tolera diversas e conflitantes atribuições de significado". Nesses casos, na visão de Ruggeri,[231] não se identificaria a presença de "disposições alternativas", suscetíveis de

---

[227] Cf.: ZIEMBINSKI, Zygmunt. Le contenus et la structure de normes concédant les compétences. *In*: DI BERNARDO, Giuliano. *Normative structures of the social world*. Amsterdam: Rodopi, 1988. v. 11, p. 159 (161).
[228] Cf.: TARELLO, Giovanni. *Diritto, enunciati, usi*: studi di teoria e metateoria del diritto. Bologna: Il Mulino, 1974. p. 394-395.
[229] Cf.: TARELLO, Giovanni. *Diritto, enunciati, usi*: studi di teoria e metateoria del diritto. Bologna: Il Mulino, 1974. p. 395.
[230] GUASTINI, Ricardo. *Das fontes às normas* (*Dalle fonti alle norme*). (Trad. Edson Bini). São Paulo: Quatier Latin, 2005. p. 34.
[231] Cf.: RUGGERI, Antonio. *Fonti e norme nell'ordinamento e nell'esperienza costituzionale*. Torino: Giappichelli, 1993. p. 6.

ensejar a produção de normas diversas, mesmo opostas, mas sim, a presença de "normas alternativamente deduzíveis de um mesmo texto". A nosso ver, a conclusão precisa ser melhor explicitada. A afirmação de que as normas são "alternativamente deduzíveis" não parece deixar margem a dúvidas de que somente uma norma pode ser obtida pelo intérprete, o que resulta evidente em razão do advérbio de modo utilizado. Apesar de múltiplas normas serem "deduzíveis", sendo possível extrair uma pluralidade de significados de um único enunciado, tal ocorre de modo alternativo, vale dizer, uma opção exclui a outra.

Em sentido diverso, partindo da identidade entre texto e norma, sustenta Enrico Paresce[232] que a atividade de interpretação expressaria um processo de "duplicação" da própria norma. A norma, por sua vez, apesar de ostentar uma diversidade de significados, o que decorreria das inúmeras interpretações passíveis de serem realizadas, teria uma única interpretação válida, a última, consagrada na experiência jurídica concreta. Construções dessa natureza, como se percebe, sobrepõem realidades distintas e consequenciais, materializadas no texto e na norma; realizam uma simbiose entre o objeto da interpretação, o texto, e o seu produto, a norma; veem verdadeiras normas onde só há significados em potencial; atribuem à interpretação uma função de conhecimento (*rectius*: de duplicação), não de integração criativa; e parecem associar o referencial de validade ao de correção, qualidade que recairia sobre uma única interpretação. Como já se afirmou, só há verdadeira norma ao fim do processo de interpretação. Não há propriamente um conflito entre normas, já que somente uma norma, ao final, será obtida. Se várias opções se abrem ao intérprete, divergentes e, quiçá, contrapostas, e ele deve escolher uma delas, afigura-se nítida a presença de uma situação de conflitualidade, a qual, por se manifestar no curso do processo de interpretação, terá natureza intrínseca. É relevante observar, com White,[233] que a interpretação não é propriamente a busca de um único significado, mas sim, a busca de todos os significados possíveis. Afinal, o intérprete não deve privilegiar suas pré-concepções e ignorar os demais significados potencialmente reconduzíveis ao texto, isso sob pena de desvirtuar a própria *ratio* de sua atividade, a de individualizar uma norma que consubstancie um verdadeiro fator de conexão entre o texto e o contexto.

Ainda que uma pluralidade de intérpretes venha a desenvolver, simultaneamente, uma pluralidade de processos de interpretação, de modo que em cada um deles seja delineada uma norma com sentido distinto das demais, não será verificada a existência de um verdadeiro conflito normativo. E isso por uma razão simples, tais normas não apresentam uma relação de confluência, mas de mera concomitância: surgem de modo paralelo e sem pontos de contato. Tais normas, malgrado divergentes, irão coexistir na ordem constitucional até o momento em que seja apregoada a sua aplicação sobre uma mesma situação, momento em que será realizado um novo processo de interpretação, normalmente por um intérprete diverso (*v.g.*: o Tribunal Constitucional), de modo a identificar, dentre os significados possíveis (*v.g.*: aqueles encontrados nos processos

---

[232] PARESCE, Enrico. Interpretazione (fil. dir. e teoria gen.). *In*: *Enciclopedia del diritto*. Milano: Giuffrè, (1972) 2007. v. XXII, p. 152 (§15).
[233] WHITE, James Boyd. *Heracles' bow*: essays on the rhetoric and poetics of the law. Wisconsin: University of Wisconsin Press, 1989. p. 78.

anteriores de interpretação), o que será atribuído à norma. Esse *iter*, a depender da qualidade dos intérpretes e das peculiaridades da ordem constitucional, pode ser realizado sucessivas vezes até que o intérprete último defina o significado final da norma. Como se percebe, o que o processo de interpretação antecedente denomina de "norma" será tão somente uma "norma em potencial" para o subsequente, e assim sucessivamente. A simplicidade estrutural dessa construção é facilmente percebida em qualquer litígio judicial, de natureza constitucional ou não, em que as partes conferem interpretações distintas ao mesmo enunciado linguístico e defendem os seus interesses com base nas normas encontradas. O juiz, por sua vez, pode decidir a lide atribuindo ao mesmo enunciado linguístico um sentido distinto daquele defendido pelas partes, o que bem demonstra que, nesse último processo de interpretação, as "normas" iniciais figuram como meras alternativas postas à disposição do intérprete, *in casu*, o juiz.

Demonstrada a ausência de uma paridade quantitativa entre disposições e normas, sendo plenamente factível que uma pluralidade de disposições dê origem a uma única norma ou, mesmo, que de uma única disposição se extraiam múltiplas normas, resta aferir se é possível falarmos em uma necessária paridade existencial entre essas figuras. De forma mais objetiva: é possível que haja disposição sem norma ou norma sem disposição? A resposta a este questionamento, por certo, está intimamente associada ao conceito de norma e às bases de desenvolvimento do seu processo de individualização. Construções normativas de cunho restrito, como aquelas que reservam o designativo *norma* às imposições ou às autorizações, por certo, em muito restringirão o rol de disposições que ostentam potencial normativo. Afinal, nem todas, ao fim do processo de interpretação, darão origem a enunciados dessa natureza. O critério normalmente utilizado pelas teorias restritivas, para o reconhecimento da norma, consiste na exigência de um enunciado deôntico, o que exclui as definições legislativas, as meras diretrizes de atuação e as disposições revogadoras.[234] Com isso, teríamos disposições que não dariam origem a normas: exemplo clássico, no âmbito do direito constitucional, é o das denominadas "normas programáticas", cuja normatividade chegou a ser negada.[235] As disposições que as enunciassem estariam desprovidas de uma norma a elas correspondente.

Outro aspecto relevante da temática afeta à paridade existencial entre normas e disposições diz respeito à possibilidade de individualizarmos uma norma sem a correlata existência de disposição ou conjunto de disposições expressas que lhes dê sustentação. O reconhecimento da existência de normas implícitas no sistema, que oferecem padrões de conduta, consequências ou soluções não conectadas diretamente ao texto constitucional, é um claro exemplo dessa possibilidade.[236] É o que se verifica em

---

[234] Cf.: GUASTINI, Ricardo. *Das fontes às normas* (*Dalle fonti alle norme*). (Trad. Edson Bini). São Paulo: Quatier Latin, 2005. p. 37. Von Wright atribuía ao enunciado normativo a função de qualificar deonticamente certa ação (VON WRIGHT, Georg Henrik. *Norm and action*: a logical enquiry. Londres: Routledge, 1963. p. 105).

[235] Carlos Lavagna, por exemplo, defendia que as disposições constitucionais que veiculassem votos, recomendações ou diretivas, impropriamente chamadas de normas programáticas, não seriam verdadeiras normas, mas "norme apparenti" (LAVAGNA, Carlos. *Ricerche sul sistema normativo*. Milano: Giuffrè, 1984. p. 90). Na sequência, sustentava que o correto seria realizar a divisão entre "proposições normativas" e "proposições não normativas", não possuindo, as últimas, as características essenciais da norma jurídica (LAVAGNA, Carlos. *Ricerche sul sistema normativo*. Milano: Giuffrè, 1984. p. 102).

[236] Cf.: NAVARRO, Pablo E. Derechos implícitos y limites constitucionales. *Revista Brasileira de Filosofia*, v. 232, p. 38-56, jan./jun. 2009. p. 38 (43).

relação às inferências do discurso normativo, com especial realce para a individualização das normas de estrutura principiológica e o emprego da analogia.

As normas de estrutura principiológica, individualizáveis a partir de um método de generalização crescente das normas diretamente conectadas a enunciados linguísticos, são o exemplo mais eloquente da existência de norma sem disposição normativa. Nesse caso, a norma implícita não é fruto de pura abstração, sem alicerces ou balizamentos para o desenvolvimento da interpretação: toma como base os enunciados linguísticos que veiculam o sentido das normas utilizadas pelo intérprete. Não emprega, no entanto, enunciados expressamente contemplados nas fontes, organizados sob a forma de disposições.

Também no emprego da analogia será possível identificar a existência de norma sem disposição que lhe seja correlata. Nesse caso, ao se aplicar a norma a situações ordinariamente não alcançadas por ela, mas que ostentam uma identidade de razões em relação àquelas situações a que se dirige, produz-se, em verdade, uma nova norma, sendo o intérprete direcionado pelos contornos daquela tomada como paradigma e pela identidade de razões que justificam o seu comando ou a sua hipótese de incidência.[237] Esse raciocínio por inferência pode resultar em "analogias fracas" ou em "analogias fortes", conforme sejam poucos ou múltiplos os pontos de contato entre as situações objeto de comparação.[238] O grau de semelhança tende a apresentar variações conforme os pontos que se têm como relevantes para a sua determinação: do mesmo modo que é possível identificar uma semelhança entre aviões e balões, já que ambos são meios de transporte aéreo, é igualmente possível sustentar a sua total dissonância a partir dos conceitos estabelecidos pela engenharia mecânica.

Em sentido diverso, Guastini,[239] partindo da premissa de que a interpretação jurídica sempre tem por objetivo a atribuição de significado a uma disposição normativa, sustenta que, nas situações descritas, vale dizer, na individualização das normas de estrutura principiológica e na analogia, o que se tem é uma pura atividade de produção (ou integração) do direito. A "norma não expressa" não seria fruto da interpretação, já que elaborada na ausência de disposição que a exprima. Face à evidente impossibilidade de se dissociar a "elaboração" da norma não expressa, tal qual evidenciada por Guastini, da "interpretação jurídica", atividade intelectiva sempre presente em qualquer percurso conducente à individualização da norma, não nos parece adequado separar essas operações em compartimentos estanques e incomunicáveis. Assim, ao invés de definir, com Guastini, a norma como o significado atribuído a uma disposição normativa, parece

---

[237] Cf.: GUASTINI, Ricardo. *Distinguiendo*: estudios de teoría y metateoría del derecho. (Trad. Jordi Ferrer i Beltrán). Barcelona: Gedisa, 1999. p. 221-222. Enquanto a analogia é caracterizada pela criação de uma nova norma, aplicando-a a situações não alcançadas pela norma tomada como paradigma, a interpretação analógica permite que a mesma norma estenda seus efeitos a casos semelhantes, o que decorre de sua própria *ratio essendi*, não do processo de integração conduzido pelo intérprete. Cf.: MAXIMILIANO, Carlos. *Hermenêutica e aplicação do direito*. 19. ed. Rio de Janeiro: Forense, 2007. p. 214-215.

[238] Cf.: KAUFMANN, Arthur. *Filosofia do direito* (*Rechtsphilosophie*). (Trad. António Ulisses Cortês). Lisboa: Fundação Calouste Gulbenkian, 2004. p. 120. Golding fala em "analogias positivas" e em "analogias negativas" para indicar, respectivamente, os fatores de semelhança e os fatores de distinção entre dois objetos (GOLDING, Martin Philip. *Legal reasoning*. Canadá: Broadview, 2001. p. 45).

[239] GUASTINI, Ricardo. Produzione di norme a mezzo di norme: un contributo alla'analisi del ragionamento giuridico. *In*: GIANFORMAGGIO, L.; LECALDANO, E. *Ética e diritto*: le vie della giustificazione razionale. Bari: Latterza, 1986. p. 173 (173 e ss.).

mais exato defini-la como o significado atribuído a um enunciado linguístico-normativo, originário de disposição ou fragmento e, em situações específicas, da própria norma.

Situação incomum e que, quando presente, atesta o pouco apreço pela técnica consiste na possibilidade de existirem fragmentos ou disposições normativas a respeito da mesma temática, veiculando significantes idênticos ou opostos, total ou parcialmente. Tratando-se de significantes idênticos, não haverá espaço para maiores perplexidades, já que, apesar da variedade das bases textuais, a existência de um significante comum a todas as disposições permitirá que sejam tratadas como uma unidade, daí decorrendo uma única norma ou uma pluralidade de normas com conteúdos distintos. A questão será mais complexa, no entanto, quando os significantes forem diversos, permitindo que, a partir de uma multiplicidade de fragmentos ou disposições normativas, possam ser obtidas normas com conteúdos incompatíveis, que se excluam reciprocamente, regulando idêntico objeto. Considerando que partes do texto constitucional tanto poderão ser consideradas em conjunto, de modo a formar um único programa de norma, como em separado, oferecendo uma multiplicidade de programas de norma, é factível que situações dessa natureza ocuparão a linha limítrofe entre a conflitualidade intrínseca e a conflitualidade extrínseca. Em outras palavras, conforme nos inclinemos por um ou outro caminho, estaremos perante uma incompatibilidade a ser solucionada no curso do processo de interpretação, contornável, portanto, ou perante uma incompatibilidade insolúvel, que avançará na formação de uma antinomia real.

A presença de uma conflitualidade meramente intrínseca exige que fragmentos e disposições dispersos pelo texto constitucional, conexos e afetos à mesma temática, sejam conjuntamente considerados pelo intérprete, sendo vistos como uma unidade, como uma só base linguística, sobre a qual se desenvolverá todo o processo de interpretação. Esse *modus operandi*, que prestigia a unidade e a coerência interna da ordem constitucional, mostra-se particularmente útil para se evitar o surgimento de antinomias, vale dizer, de conflitualidades extrínsecas. Não é propriamente uma opção que se abre ao intérprete, mas sim, verdadeira imposição metódica. Afinal, prestigia todas as nuances do texto constitucional, buscando compatibilizá-las e delas extrair a maior normatividade possível; assume contornos nitidamente preventivos à irrupção de conflitos, isso por evitar o simultâneo surgimento de normas com conteúdos colidentes; e preserva a harmonia e a estabilidade da ordem constitucional, delineando uma única norma, o que potencializa a força normativa da Constituição e evita que seja postergada, para o momento de elaboração da norma de decisão, a solução de uma conflitualidade já latente no curso do próprio processo de interpretação.

Acresça-se que as disposições constitucionais não podem ser vistas como partículas isoladas, indiferentes e imunes às vicissitudes verificadas na Constituição em que inseridas. É plenamente factível que as alterações promovidas numa disposição constitucional específica influam no delineamento da norma constitucional obtida a partir de disposição diversa.[240] Esse tipo de influência sistêmica é consequência lógica da própria unidade constitucional, o que demonstra a possibilidade de possíveis

---

[240] Cf.: RUGGERI, Antonio. *Fonti e norme nell'ordinamento e nell'esperienza costituzionale*. Torino: Giappichelli, 1993. p. 8.

divergências de significado serem solucionadas no momento em que superadas as conflitualidades intrínsecas.

A conexão e a identidade da temática abordada, no entanto, nem sempre serão suficientes à análise conjunta de fragmentos e disposições constitucionais. Conclusão justificável na medida em que são esses, igualmente, os fatores que podem conduzir à formação de antinomias reais e, eventualmente, resultar em *"lacunas de colisão"*, presentes sempre que restarem infrutíferas todas as tentativas de eliminação da contradição (*v.g.*: estabelecendo uma relação entre comando geral e exceção),[241] de modo que as normas delineadas pelo intérprete terminam por se anular. Nesses casos, procede-se à integração normativa com o auxílio dos princípios gerais.[242] Considerando os efeitos deletérios que necessariamente acompanham as lacunas de colisão, elas devem ser vistas como a *ultima ratio*, como um resultado a ser sempre evitado. Além desse "reforço argumentativo", a contextualização da questão no âmbito da conflitualidade intrínseca exige que seja devidamente considerada a possível presença de uma complementariedade recíproca entre fragmentos e disposições esparsas, o que reforça a necessidade de análise conjunta, ou a existência de divergências meramente semânticas, com o emprego de significantes linguísticos que divirjam, tão somente, sem seu sentido técnico-jurídico, não em seu sentido vulgar.

É perfeitamente possível estabelecermos, para os enunciados normativos, dois referenciais extremos e antagônicos de determinabilidade semântica. Em um extremo podem ser inseridos os enunciados dotados de maior determinabilidade semântica, em que se abre pouco espaço para a penetração de fatores exteriores e o desenvolvimento da liberdade valorativa do intérprete, o que é especialmente verificado em certas normas de organização (*v.g.*: o enunciado que disponha sobre o quantitativo de membros do Tribunal Constitucional). No extremo oposto, temos os enunciados que apresentam menor determinabilidade semântica, em que é decisiva a influência de fatores externos no processo interpretativo (*v.g.*: os enunciados de contornos programáticos). Os primeiros podem ser cognominados de *enunciados semanticamente determinados*, os últimos de *enunciados semanticamente indeterminados*.

Ainda que os designativos não sejam imunes a críticas, podendo ensejar a falsa impressão de que um enunciado semanticamente indeterminado é um não enunciado, já que seus contornos linguísticos seriam de todo inalcançáveis, ou, mesmo, que um enunciado semanticamente determinado não sofre a influência de qualquer fator externo ou, em situações extremas, é imune à própria interpretação, eles bem demonstram a

---

[241] Cf.: BLACK, Henry Campbell. *Handbook on the construction and interpretation of the laws*. 2. ed. St. Paul: West Publishing, 1911. p. 325, nº 103.

[242] Cf.: ENGISCH, Karl. *Introdução ao pensamento jurídico* (*Einführung in das Juristische Denken*). (Trad. J. Baptista Machado). 8. ed. Lisboa: Fundação Calouste Gulbenkian, 2001. p. 314-315; PECZENIK, Aleksander. *On law and reason*. 2. ed. The Netherlands: Springer, 1989. p. 25; SAMPAIO FERRAZ JR., Tercio. *Introdução ao estudo do direito*: técnica, decisão, dominação. 4. ed. São Paulo: Atlas, 2003. p. 222; BAPTISTA MACHADO, João. *Introdução ao direito e ao discurso legitimador*. 17. reimp. Coimbra: Almedina, 2008. p. 171; DE OLIVEIRA ASCENSÃO, José. *O direito*: introdução e teoria geral. 13. ed. Coimbra: Almedina, 2010. p. 419 e 425; e OTERO, Paulo. *Legalidade e administração pública*: o sentido da vinculação administrativa à juridicidade. Coimbra: Almedina, 2007. p. 653. Canaris justifica o surgimento da "lacuna de colisão" na "proibição de arbítrio", vale dizer, se a contradição é insolúvel, o juiz não poderia escolher arbitrariamente a norma a ser seguida (CANARIS, Claus-Wilhelm. *Pensamento sistemático e conceito de sistema na ciência do direito* (*Systemdenken und Systembegriff in der Jurisprudenz*). (Trad. A. Menezes Cordeiro). 5. ed. Lisboa: Fundação Calouste Gulbenkian, 1989. p. 218-224).

existência de uma "margem de oscilação semântica",[243] em que a transparência da mensagem veiculada pelo enunciado pode aumentar ou diminuir, maximizando, ou não, o papel do intérprete. Essa "margem de oscilação" permite que seja identificada a existência, ao lado dos referenciais extremos já mencionados, de um nível médio de determinação semântica.

A transparência inerente aos *enunciados semanticamente determinados* delimita com maior precisão o âmbito de movimentação do intérprete, permitindo que seja identificado, com relativa facilidade, se o resultado obtido efetivamente representa um rompimento em relação ao significado ou aos significados ordinariamente extraíveis da disposição constitucional. A simplicidade dessa conclusão, no entanto, não impede que fatores externos, especialmente aqueles destinados a assegurar a coexistência dos significados em potencial com outras normas do sistema, exerçam alguma influência sobre um enunciado semântico aparentemente claro e infenso a dúvidas de significado. Daí a advertência de Crisafulli,[244] no sentido de que a existência de disposições, sob as quais se desenvolve a atividade do intérprete, conquanto reduza, não chega a suprimir por completo a margem de incerteza da norma.

A transparência semântica, por simplificar o processo de interpretação, diminuindo a influência de fatores externos, tende a gerar, no intérprete, um estado de espírito favorável à correção dos significados alcançados. A ideia de transparência tanto pode refletir uma característica inata, quanto consubstanciar uma qualidade construída em certos ciclos. No primeiro caso, o de característica inata, a transparência é um dado objetivo, que deve ser apenas apreendido pelo intérprete. Esse aspecto torna-se particularmente visível quando os Tribunais, em algumas decisões, argumentam que o resultado obtido está alicerçado no "significado literal" da disposição normativa, na adesão às "explícitas palavras" que dela constam, com o que buscam convencer que o sentido que lhe atribuem é o correto.[245] Essa técnica argumentativa, além de destacar a importância do texto constitucional no processo de interpretação, reconhece, por via reflexa, a existência de uma autoridade superior, que se materializa no texto e tem sua origem no Poder Constituinte. A transparência pode assumir, igualmente, os contornos de qualidade construída, que é agregada ao texto e possibilita a identificação de um significado de face. É o que ocorre quando o processo de comunicação normativa é aperfeiçoado com o recurso a fórmulas que buscam atribuir caráter inequívoco ao significado que se busca associar ao significante interpretado (*v.g.*: jurisprudência mansa e pacífica, entendimento sumulado, prática reiterada, doutrina dominante etc.).[246]

Note-se que mesmo os *enunciados semanticamente determinados*, que conferem maior simplicidade ao processo de individualização da norma constitucional, podem não afastar a necessidade de serem realizados complexos juízos valorativos a respeito das situações concretas potencialmente alcançáveis por ela. A norma, em seus contornos gerais, será

---

[243] Cf.: AINIS, Michele. *Cultura e politica*: il modello costituzionale. Padova: CEDAM, 1991. p. 49.
[244] CRISAFULLI, Vezio. Disposizione (e norma). *In*: *Enciclopedia del diritto*. Milano: Giuffrè, (1964) 2007. v. XIII, p. 207.
[245] Cf.: MARSHALL, Geoffrey. *Constitutional theory*. New York: Oxford University Press, 1971. p. 79.
[246] Cf.: SAMPAIO FERRAZ JR., Tercio. Limites da interpretação jurídica. *Revista Brasileira de Filosofia*, v. 232, p. 57-77, jan./jun. 2009. p. 57 (73).

individualizada com maior facilidade, mas o delineamento da norma de decisão ainda pressupõe que seja definida a sua incidência sobre uma situação concreta específica.[247]

Em relação aos *enunciados semanticamente indeterminados*, pode-se afirmar que a sua obscuridade, já apontada por Von Savigny[248] como uma "imperfeição", pode derivar tanto da carência, quanto do excesso de significado.[249] No primeiro caso, os padrões linguísticos utilizados, face à limitada capacidade comunicativa dos significantes empregados ou à falta de coerência em sua construção sintática, em muito dificultam a identificação do seu significado. No segundo caso, a polissemia dos significantes empregados permite que seja alcançada uma multiplicidade de significados, que serão definidos em harmonia com os métodos utilizados pelo intérprete.[250] Em qualquer situação, no entanto, face à própria funcionalidade da ordem constitucional, que não destoa de referenciais de justiça e ordenação, deve o intérprete partir da premissa de que os enunciados normativos possuem objetivos lógicos e racionais,[251] dando origem a normas igualmente lógicas e racionais. Se a vagueza dos enunciados linguísticos é um fator de vital importância para a adaptabilidade e consequente permanência da ordem constitucional, não é exagero afirmar, com Gomes Canotilho e Moreira,[252] que a dificuldade enfrentada pelo intérprete, em relação às características objetivas e aos sinais distintivos concernentes ao objeto desses enunciados, é responsável por boa parte da erosão da força normativa da Constituição.

A conflitualidade intrínseca tende a ser mais intensa nos enunciados normativos semanticamente indeterminados, isso por ser sensivelmente mais ampla a margem de valoração deixada ao intérprete para identificar o significado atribuível ao texto e a correlata individualização da norma constitucional. Na obscuridade decorrente de carência de significado, o limitado potencial do texto será inevitavelmente suprido por fatores extrínsecos (*v.g.*: de natureza histórica, ideológica etc.), que serão utilizados no curso do processo de interpretação para integrar o seu conteúdo. Nas situações em que haja excesso de significado, a influência de fatores exteriores será igualmente decisiva para a definição do significado prevalecente. Em ambos os casos, a identificação dos fatores externos a serem considerados e a preeminência a ser atribuída a cada qual serão decisivos na definição do conteúdo da norma constitucional.

O intérprete deve realizar uma escolha concreta, individualizando a norma constitucional,[253] quando se deparar com interferências no processo de comunicação normativa, como a ambiguidade e a vagueza semântica; verificar que a influência de fatores extrínsecos pode conduzir a uma pluralidade de sentidos distintos; ou, mesmo,

---

[247] Cf.: TROPER, Michel. *A filosofia do direito (La philosophie du droit)*. (Trad. Ana Deiró). São Paulo: Martins Fontes, 2008. p. 71.
[248] VON SAVIGNY, Friedrich Karl. *Traité de droit romain*. (Trad. M. CH. Guenoux). Paris: Firmin Didot Fréres, 1840. t. 1, p. 203.
[249] Cf.: AINIS, Michele. *Cultura e politica*: il modello costituzionale. Padova: CEDAM, 1991. p. 50.
[250] Cf.: RUGGERI, Antonio. *Fonti e norme nell'ordinamento e nell'esperienza costituzionale*. Torino: Giappichelli, 1993. p. 6.
[251] Cf.: FALCON, Giandomenico. *Lineamenti di diritto pubblico*. 3. ed. Padova: CEDAM, 1991. p. 19.
[252] GOMES CANOTILHO, José Joaquim; MOREIRA, Vital. *Fundamentos da Constituição*. Coimbra: Coimbra Editora, 1991. p. 56.
[253] Cf.: PENSOVECCHIO LI BASSI, Antonino. *L'interpretazione delle norme costituzionali*: natura, metodo, difficoltà e limiti. Milano: Giuffrè, 1972. p. 12.

constatar que a própria evolução da ordem constitucional, marcada por alterações de ordem formal e não formal (*rectius*: a mutação constitucional), fez que a interação entre disposições e normas, novas ou preexistentes, ampliasse ou retraísse os significados possíveis.[254] Realizada a escolha, haverá uma única norma sob o ponto de vista jurídico, não mais subsistindo as dificuldades próprias do plano pré-normativo, como a polissemia dos enunciados utilizados.

Um último aspecto a respeito da distinção ontológica entre texto e norma, que não está diretamente relacionado à temática da conflitualidade intrínseca, mas que deve ser abordado por colocar em risco a sua própria compreensão, diz respeito ao objeto do controle de constitucionalidade realizado pelo Tribunal Constitucional. Em outras palavras, a declaração de inconstitucionalidade alcança a norma ou, também, a disposição normativa? Se a primeira opção da alternativa parece não suscitar maiores dúvidas, o mesmo não pode ser dito em relação à última.

Tratando-se de vício meramente formal, relacionado à inobservância do processo legislativo estabelecido pela ordem constitucional, a invalidade alcançará o próprio ato normativo, isso com abstração do conteúdo das normas a que pode dar origem. No caso de vício material, as atenções se voltam ao conteúdo das normas, sendo identificada uma relação de contraposição entre uma norma constitucional e outra de natureza infraconstitucional. Antinomias dessa natureza pressupõem a existência de normas, não podendo se manifestar entre textos normativos pendentes de interpretação. Em consequência, seria possível afirmar que o Tribunal Constitucional somente declara a inconstitucionalidade de normas, não das disposições normativas que lhes deram origem. Apesar do aparente êxito dessa linha de argumentação, observa-se que a funcionalidade da disposição constitucional sempre será a de possibilitar o surgimento de normas, o que permite concluir que, apesar de referenciais distintos, não são estanques e muito menos indiferentes um ao outro. Essa conclusão direciona a outra: a inconstitucionalidade da norma somente não será estendida à disposição quando não houver uma correspondência biunívoca entre ambas, vale dizer, quando for possível extrair novos significados, novas normas, da mesma disposição, sem que o vício de inconstitucionalidade os inquine. Constatando-se, por outro lado, que todas as normas obtidas a partir da disposição destoam da Constituição, ambas, norma e disposição, serão alcançadas pela declaração de inconstitucionalidade.[255]

3 Conflitualidade intrínseca e antinomia: distinção ontológica e relação consequencial

A atividade do operador do direito, ao se deparar com textos normativos, é especificamente voltada ao delineamento do seu significado, o que exige a previsão das consequências que dele advirão para a realidade. Enquanto a norma é individualizada

---

[254] Cf.: CRISAFULLI, Vezio. Disposizione (e norma). *In*: *Enciclopedia del diritto*. Milano: Giuffrè, (1964) 2007. v. XIII. p. 207.

[255] Cf.: GUASTINI, Ricardo. *Das fontes às normas* (*Dalle fonti alle norme*). (Trad. Edson Bini). São Paulo: Quatier Latin, 2005. p. 296-299; e GUASTINI, Ricardo. *Distinguiendo*: estudios de teoría y metateoría del derecho. (Trad. Jordi Ferrer i Beltrán). Barcelona: Gedisa, 1999. p. 33-34, e 337-339.

ao fim do processo de interpretação, momento em que o intérprete escolhe, entre os significados possíveis, aquele que irá atribuir ao texto, a previsão indica que ele, tanto quanto possível, deve antever a relação dessa norma com as demais normas do sistema e o ambiente sociopolítico. Com isso, busca-se diminuir o risco de inconsistências no sistema jurídico, passíveis de redundar no esvaziamento da própria funcionalidade da norma, que existe, mas não se projeta na realidade, ou em dificuldades para se qualificar normativamente um caso concreto. Evita-se, desse modo, a afronta aos postulados de racionalidade inerentes ao sistema jurídico, que não podem ser desconsiderados pelo intérprete. Dentre as inconsistências mais comuns, podem ser mencionadas a redundância, a inoperância, a lacuna e a contradição normativa.[256]

Conquanto seja evidente que todas as inconsistências normativas mantêm uma relação direta com o processo de interpretação, já que as decisões tomadas pelo intérprete poderão intensificar ou, mesmo, evitar o seu surgimento, afigura-se particularmente útil, para os fins de nossa pesquisa, estabelecer as distinções entre a conflitualidade intrínseca e o conflito entre normas constitucionais. Afinal, esses referenciais ocupam extremos opostos numa linha imaginária que tem como ponto central a norma constitucional.

A antinomia reflete a incompatibilidade de diretivas concernentes a um mesmo objeto, daí decorrendo uma situação de contradição, inviabilizando a sua simultânea observância.[257] No plano normativo, verifica-se o conflito quando duas ou mais normas, igualmente eficazes em certo âmbito (pessoal, espacial e temporal), projetam-se sobre o mesmo caso e oferecem soluções que se mostram, de modo total ou parcial,[258] logicamente inconciliáveis.[259] A inconciliabilidade denota a existência de uma antinomia real, não apenas aparente.

Face à sua própria natureza, pressupõe uma incompatibilidade entre textos interpretados, jamais ostentando contornos meramente formais, com abstração do conteúdo da norma. A conclusão decorre da constatação de que a norma resulta da atividade do intérprete, sendo certo que enquanto uma interpretação pode conduzir à

---

[256] Cf.: SANTIAGO NIÑO, Carlos. *Introducción al análisis del derecho*. 2. ed. Buenos Aires: Astrea, 2005. p. 272-292.

[257] Cf.: PERELMAN, Chaïm. Les antinomies en droit: essai de synthèse. *In*: PERELMAN, Chaïm. *Les antinomies en droit*. Bruxelles: Établissements Émile Bruylant, 1965. p. 392 (393).

[258] Utilizando-se como referencial de análise a amplitude da contradição verificada entre as normas, ela será, de acordo com a doutrina de Ross (ROSS, Alf. *Direito e justiça (On law and justice)*. (Trad. Edson Bini). São Paulo: Edipro, 2003. p. 158-162), secundada, dentre outros, por Bobbio (BOBBIO, Norberto. *Teoria dell'ordinamento giuridico*. Torino: Giappichelli, 1960. p. 91-92), Santiago Nino (SANTIAGO NIÑO, Carlos. *Introducción al análisis del derecho*. 2. ed. Buenos Aires: Astrea, 2005. p. 274-275) e Sampaio Ferraz (SAMPAIO FERRAZ JR., Tercio. *Introdução ao estudo do direito*: técnica, decisão, dominação. 4. ed. São Paulo: Atlas, 2003. p. 215), do tipo "total-total", "parcial-parcial" e "total-parcial". No primeiro tipo, as normas possuem o mesmo âmbito de eficácia, de modo que, em qualquer circunstância, não é possível aplicar uma delas sem entrar em conflito com a outra (*v.g.*: uma norma que permite e outra que proíbe); no segundo, as normas coincidem parcialmente no seu âmbito de eficácia, indicativo de que somente entram em contradição em parte do seu conteúdo (*v.g.*: uma norma que nega nas circunstâncias *w* e *x* e outra que afirma nas circunstâncias *x* e *z*, havendo coincidência e contradição no *x*); e, no terceiro, o âmbito de eficácia de uma das normas absorve o da outra, fazendo que a aplicação da norma "absorvida", em qualquer circunstância, entre em contradição com a norma "absorvente", que terá um âmbito de eficácia parcialmente livre de qualquer conflito (*v.g.*: uma norma que nega em qualquer circunstância e outra que afirma em uma circunstância específica). Essa última espécie de antinomia ("total-parcial") é caracterizada por uma relação do tipo "geral-especial" (BOBBIO, Norberto. *Teoria dell'ordinamento giuridico*. Torino: Giappichelli, 1960. p. 100), sendo solucionada a partir da utilização do critério de especialidade. Cf.: GARCIA, Emerson. *Conflito entre normas constitucionais*: esboço de uma teoria geral. Rio de Janeiro: Lumen Juris, 2008. p. 251-252.

[259] Cf.: PRIETO SANCHIS, Luis. *Justicia constitucional y derechos fundamentales*. Madrid: Trotta, 2003. p. 175; e p. 210.

antinomia, outra pode fazê-la desaparecer.[260] Diversamente da conflitualidade intrínseca, que deve ser resolvida no curso do processo de interpretação, a antinomia o será em momento posterior, já que não há antinomia entre textos carentes de interpretação. Para que haja antinomia entre duas normas é necessário que dois processos de interpretação tenham sido deflagrados, com a superação de dois conjuntos distintos de conflitualidades intrínsecas.

O surgimento da antinomia pressupõe o esgotamento, pelo intérprete, de todas as possibilidades de compatibilização entre as normas em potencial, o que deve ser alcançado, inclusive, com a interpretação conforme, de modo a excluir os significados que gerem situações de antagonismo normativo. Essa postura contribui para formar um sistema consistente e inteligível.[261] Superada essa fase e constatado que duas ou mais normas se projetam, de modo divergente, sobre o mesmo âmbito de incidência, somente uma delas poderá ser considerada e aplicada. O conflito resolve-se no momento de elaboração da norma de decisão, podendo acarretar a invalidade de uma das normas envolvidas, ou, se atribuirmos uma extensão mais ampla ao processo de criação de padrões imperativos, nos momentos finais da "produção jurídica",[262] isso em sua feição negativa, enquanto ato de exclusão de alguma norma, parcial ou totalmente, do ordenamento jurídico, por ocasião da elaboração da norma de decisão.

Ao fim do processo de interpretação, a *contradição normativa* não deve ser confundida com a *contradição axiológica*.[263] Percebe-se, a partir de seus próprios contornos semânticos, que a primeira contrapõe normas, a segunda, valores. Será verificada uma contradição axiológica quando, tomando-se certas pautas de valores como paradigma, concluir-se que as consequências decorrentes de uma norma mostram-se inadequadas ou injustas quando cotejadas com as consequências advindas de outra norma, aplicável a um caso distinto. Nesse caso, não há qualquer contradição normativa, já que as normas não se aplicam à mesma situação concreta. O que se verifica é uma discordância, por parte do operador do direito, em relação às soluções que oferecem. A depender dos valores professados pelo intérprete, um exemplo de contradição axiológica existente na Constituição brasileira consistiria nas garantias diferenciadas oferecidas, de um lado, a Senadores e Deputados Federais, Estaduais e Distritais, parlamentares vinculados à União, aos Estados e ao Distrito Federal, e, de outro, a Vereadores, parlamentares da esfera municipal. Enquanto os primeiros, além de serem invioláveis por suas opiniões, palavras e votos, podem ter a ação penal a que respondam suspensa por decisão da

---

[260] Cf.: PERELMAN, Chaïm. Les antinomies en droit: essai de synthèse. In: PERELMAN, Chaïm. *Les antinomies en droit*. Bruxelles: Établissements Émile Bruylant, 1965. p. 392 (403); GUASTINI, Ricardo. *Das fontes às normas (Dalle fonti alle norme)*. (Trad. Edson Bini). São Paulo: Quatier Latin, 2005. p. 234; GUASTINI, Ricardo. *Distinguiendo*: estudios de teoría y metateoría del derecho. (Trad. Jordi Ferrer i Beltrán). Barcelona: Gedisa, 1999. p. 272; e BAPTISTA MACHADO, João. *Introdução ao direito e ao discurso legitimador*. 17. reimp. Coimbra: Almedina, 2008. p. 171.

[261] Cf.: BLACK, Henry Campbell. *Handbook on the construction and interpretation of the laws*. 2. ed. St. Paul: West Publishing, 1911. p. 345-346. O autor invoca a velha máxima "interpretare et concordare leges legibus est optimus interpretandi modus".

[262] Cf.: GUASTINI, Ricardo. *Das fontes às normas (Dalle fonti alle norme)*. (Trad. Edson Bini). São Paulo: Quatier Latin, 2005. p. 235.

[263] Cf.: SANTIAGO NIÑO, Carlos. *Introducción al análisis del derecho*. 2. ed. Buenos Aires: Astrea, 2005. p. 278.

Casa Legislativa,[264] os últimos somente possuem a primeira garantia,[265] isso apesar de a Federação brasileira não reconhecer qualquer hierarquia entre os entes que a compõem.

Na construção de Franco Mondugno,[266] que se aproxima, em certa medida, de nossa linha de pesquisa, a antinomia será (1) *própria*, quando ocorrer entre normas em sentido próprio e verdadeiro e (2) *imprópria* ou *potencial*, quando refletir a oposição entre valores, o que poderá dar lugar a normas incompatíveis. Nesse último caso, ainda segundo ele, não haverá uma verdadeira antinomia, mas sim, uma divergência incidental a ser solucionada no curso do processo de interpretação, em que se escolhe entre "normas inspiradas em valores diferentes, contrários entre si". Como se percebe, há uma nítida confusão entre os conceitos de significado e norma: o autor visualiza normas onde só existem significados em potencial. Em verdade, o intérprete escolhe, entre os significados possíveis, aquele que será tomado como norma, sendo certo que a oposição entre os valores se manifesta em momento antecedente à própria individualização da norma.

A "antinomia imprópria", no sentido referido por Modugno, guarda correlação com o que denominamos de conflitualidade intrínseca, noção que absorve o conjunto de divergências entre fatores intrínsecos ou extrínsecos, vale dizer, entre os fatores inerentes ao léxico e à gramática, ou externos a eles, colhidos na realidade, alcançando, ao fim, uma diversidade de significados reconduzíveis ao texto normativo interpretado. Nesses casos, caberá ao intérprete tomar uma série de decisões que devem superar os conflitos que se manifestam no curso do processo de interpretação, antecedente lógico e necessário à individualização da norma jurídica. Como já afirmado, também não é de se descartar a presença de uma antinomia imprópria, de natureza axiológica, entre normas já delineadas pelo intérprete. Nesse caso, verificar-se-ia um conflito entre os valores que albergam (*v.g.*: cominação de sanção mais severa a infração menos grave), denotando uma injustiça não passível de ser superada com o recurso ao processo de interpretação.[267]

A resolução das conflitualidades intrínsecas, na medida em que teleologicamente voltada à atribuição de significado ao texto normativo e, consequentemente, à individualização da norma, terá influência direta no modo de relacionamento das distintas normas do sistema, cada qual fruto de processo intelectivo similar e que necessariamente irão interagir. Essa interação, por sua vez, pode ser permanente, o que ocorrerá sempre que se mostrem compatíveis entre si, ou temporária, cessando tão logo seja identificada a presença de uma incompatibilidade absoluta, o que pressupõe um conflito não solucionável pelas técnicas disponíveis ao operador do direito (*v.g.*: ponderação de bens e valores). O modo de resolução das conflitualidades intrínsecas pode estimular ou evitar a irrupção de antinomias, reais ou aparentes. Conflitualidade intrínseca e conflito entre normas, conquanto ontologicamente distintos, já que situados, respectivamente, em momento anterior e em momento posterior à individualização da norma, mantêm entre si uma evidente relação consequencial.

---

[264] Constituição brasileira de 1988, arts. 53; 27, §1º; e 32, §3º.
[265] Constituição brasileira de 1988, art. 29, VIII.
[266] MODUGNO, Franco. *Legge – ordinamento giuridico – pluralità degli ordinamenti*: saggi di teoria generale del diritto. Milano: Giuffrè, 1985. p. 127.
[267] Cf.: SAMPAIO FERRAZ JR., Tercio. *Introdução ao estudo do direito*: técnica, decisão, dominação. 4. ed. São Paulo: Atlas, 2003. p. 213.

Enquanto a conflitualidade intrínseca é um incidente que antecede a individualização da norma a ser acrescida ao sistema, a antinomia ou conflitualidade extrínseca real redundará na subtração, desse sistema, de modo definitivo ou temporário, de uma ou mais normas já individualizadas pelo intérprete, solução a ser encontrada a partir de um paradigma de validade (*v.g.*: lex posteriori derrogati priori) ou de pura aplicação (*v.g.*: princípios colidentes devem ser ponderados de modo a identificar aquele de maior peso no caso concreto).

Ao reconhecermos a existência de uma relação consequencial entre conflitualidade intrínseca e conflitualidade extrínseca real, afigura-se evidente que destoamos de um dos pilares de sustentação da metódica estruturante de Friedrich Müller,[268] que vê nessa conclusão uma verdadeira impossibilidade lógica. De acordo com sua construção, objeto de maior desenvolvimento na segunda parte da tese, afeta à resolução das conflitualidades intrínsecas, o dever ser normativo é fruto de um processo intelectivo desenvolvido de modo racional e sistêmico, que integraria o texto normativo (*rectius*: programa da norma) à realidade subjacente à sua aplicação (*rectius*: âmbito da norma). Contextualizando a análise no plano dos direitos fundamentais, Müller observa que os direitos tutelados somente serão individualizados ao fim do processo de concretização, sendo certo que não há norma dissociada do caso concreto. Na medida em que a verdadeira norma é aquela que regerá o caso concreto, observa que todos os demais direitos potencialmente existentes, previstos em normas em potencial e que eventualmente poderiam colidir entre si, figuram como meros incidentes argumentativos, que foram considerados e absorvidos no percurso metodológico conducente à individualização da única norma existente, que é a responsável pelo delineamento do direito tutelado. Na medida em que os demais direitos em potencial sequer chegaram a alcançar o plano normativo, absorvidos que foram pela única norma existente, não há que se falar em colisão de direitos e muito menos em ponderação, atividade que conduziria a um "envolvimento afetivo em problemas jurídicos concretos".

A teoria de Müller, como se percebe, se harmoniza com o entendimento de que há uma única norma possível para cada caso concreto, o que torna metodologicamente desnecessária a realização de um juízo de ponderação, somente exigível quando presentes diversas normas potencialmente concorrentes.

Entendimento contrário ao de Müller, mas que não se harmoniza por completo à perspectiva de análise aqui adotada, é o encampado por Robert Alexy.[269] Ao adotar, como base de sustentação dos direitos fundamentais, um conceito semântico de norma jurídica, que equivaleria ao enunciado linguístico inserido na Constituição formal, amplia o plano sobre o qual se desenvolverão os juízos valorativos do intérprete e estende a incidência desses direitos a qualquer situação concreta que se ajuste à literalidade das disposições constitucionais. Ao estender, *prima facie*, a incidência dos direitos fundamentais a qualquer situação concreta que se compatibilize com a referida literalidade, termina por tornar natural a irrupção de colisões, que não serão normalmente superadas pelo processo de interpretação, exigindo a realização de juízos de ponderação, de modo a

---

[268] MÜLLER, Friedrich. *Discours de la méthode juridique (Juristische Methodik)*. (Trad. Olivier Jouanjan). France: Presses Universitaires de France, 1996. p. 163 e ss.
[269] ALEXY, Robert. *Theorie der Grundrechte*. Baden-Baden: Suhrkamp Taschenbuch, 1994. p. 63-70.

identificar o direito que, à luz das circunstâncias fáticas e jurídicas subjacentes ao caso concreto, possa ser considerado preponderante.

Embora seja exato afirmar que o contexto a ser valorado pelo intérprete, no curso do processo de interpretação, deve considerar a necessidade de coexistência da futura norma com outras espécies normativas, verdadeiro postulado de racionalidade, permitindo que seja alcançado um referencial de coerência, cremos que isso não chega ao extremo de reconduzir parte do sistema a uma só e única norma. Em outras palavras, não nos parece possível que a interpretação seja suficiente para evitar o surgimento de toda e qualquer contradição normativa, de modo que todas as divergências existentes sejam reduzidas ao *status* de conflitualidades intrínsecas, sequer alcançando o plano das normas. Em primeiro lugar, observa-se que o processo de interação entre texto e contexto há de se repetir tantas vezes quantos forem os enunciados linguísticos, independentes entre si, colhidos na Constituição formal. Afinal, a força normativa da Constituição principia por suas próprias disposições, que somente devem ser consideradas em conjunto – afastando a possibilidade de darem origem a normas concorrentes – quando se evidenciar uma nítida relação de complementaridade em sua base linguística, não por iniciativa exclusiva do intérprete. Em segundo lugar, o intérprete, ao antecipar por completo a resolução das conflitualidades normativas, o faz com a supressão de todas as demais normas que poderiam existir de modo concorrente com aquela a que atribui preeminência, operação que deixa de atribuir eficácia do texto constitucional e retrai a força normativa da Constituição. Em terceiro lugar, a individualização da norma constitucional não representa um processo intelectivo sobreposto à individualização da norma de decisão, distinção que se torna bem perceptível ao observarmos que a interpretação constitucional também pode ser realizada *in abstracto*, destinada a fins puramente acadêmicos: enquanto a primeira absorve as conflitualidades intrínsecas, a segunda será antecedida pela resolução das conflitualidades extrínsecas.

Uma das principais tarefas do intérprete será a de identificar, com precisão, a linha limítrofe entre conflitualidade intrínseca e conflitualidade extrínseca. Nesse particular, uma análise comparativa demonstra que o potencial expansivo de cada uma delas será inversamente proporcional ao da outra: a expansão de uma tende a retrair a outra. Apesar de o intérprete estar comprometido com a harmonização das normas constitucionais, o que inclui a necessidade de preservar a coerência do sistema, esse resultado não pode ser alcançado em prejuízo da própria força normativa da Constituição.

4 A norma constitucional e sua conflitualidade intrínseca: peculiaridades

Em uma investigação científica voltada à análise das conflitualidades intrínsecas que surgem no processo de individualização da norma constitucional, é de todo relevante identificar os traços estruturais que singularizam essa espécie de conflitualidade quando cotejada com as demais, que podem se manifestar no âmbito de qualquer padrão normativo. Para tanto, põe-se o problema de estabelecer a distinção entre o enunciado linguístico inserido na Constituição formal e os demais enunciados que formam as espécies normativas a ela subordinadas, permitindo identificar os traços característicos das conflitualidades que os assolam. Na medida em que a conflitualidade aqui analisada apresenta contornos intrínsecos, é o enunciado linguístico, ao qual pode ser reconduzida uma pluralidade de significados, não a norma, cujo significado já se encontra individualizado, que deve nortear a análise. Nesse particular, cremos que três critérios ocupam uma posição de preeminência: o da indeterminação textual, o da funcionalidade e o da permeabilidade axiológica.[270]

O critério da indeterminação textual indica que os enunciados linguísticos inseridos na Constituição formal têm um elevado grau de generalidade e abstração, tendo uma vagueza semântica mais acentuada que a apresentada pelos padrões normativos infraconstitucionais.[271] Esse critério, malgrado se ajuste ao caráter fundante da ordem constitucional, que normalmente não desce às especificidades de um regulamento, não apresenta contornos absolutos quando submetido a uma confrontação de ordem prática. Afinal, inúmeras disposições constitucionais são pouco suscetíveis à influência de fatores extrínsecos e não costumam comportar uma pluralidade de significados. No plano infraconstitucional, por outro lado, a mera referência aos princípios jurídicos já é um claro indicativo de que a vagueza não é apanágio exclusivo da Constituição formal. Em qualquer caso, embora se constate que a vagueza semântica pode estar presente em praticamente todo enunciado linguístico formulado em termos genéricos, como são os de natureza normativa, afigura-se evidente que a funcionalidade da Constituição faz com que ela melhor se ajuste a esse referencial que as demais espécies normativas do sistema. Normas estas que, em última *ratio*, destinam-se à especificação dos seus comandos.

O critério da funcionalidade, embora caminhe no mesmo norte da indeterminação textual, põe em realce o caráter fundante da ordem constitucional e sua posição de primazia[272] e autossustentabilidade,[273] ao menos parcial,[274] enquanto expressão do poder constituinte, não do poder constituído.[275] A isso se soma a preocupação com a sua estabilidade e permanência,[276] fins que são alcançados com a elaboração de enunciados

---

[270] Sobre as características que distinguem as normas constitucionais, vide: BARROSO, Luís Roberto. *Interpretação e aplicação da Constituição*. 7. ed. São Paulo: Saraiva, 2009. p. 111-116; REIS GONÇALVES PEREIRA, Jane. *Interpretação constitucional e direitos fundamentais*. Rio de Janeiro: Renovar, 2006. p. 49-54; e CANOSA USERA, Raul. *Interpretación constitucional y fórmula política*. Madrid: Centro de Estudios Constitucionales, 1988. p. 59-63.

[271] Cf.: ÁLVAREZ CONDE, Enrique. *Curso de derecho constitucional*: el Estado constitucional. El sistema de fuentes. Los derechos y libertades. 2. ed. Madrid: Tecnos, 1996. v. I, p. 162; e HESSE, Konrad. *Elementos de direito constitucional da República Federal da Alemanha (Grundzüge des Verfassungsrechts der Bundesrepublik Deutschland)*. (Trad. Luís Afonso Heck). Porto Alegre: Sérgio Antonio Fabris, 1998. p. 38-39.

[272] Cf.: AGUILA, Yann. Cinq questions sur l'interprétation constitutionnelle. *Revue Française de Droit Constitutionnel*, Paris: Presses Universitaires de France, n. 21, p. 9-46, 1995. p. 9 (15); PIERANDREI, Franco. L'interpretazione delle norme costituzionali in Italia. *In*: *Scritti di diritto costituzionale*. Torino: Giappichelli, 1964. v. 2, p. 645 (650); DE OTTO, Ignacio. *Derecho constitucional*: sistema de fuentes. 2. ed. Barcelona: Ariel, 2001. p. 17; e GARCÍA DE ENTERRÍA, Eduardo. *La Constitución como norma y el Tribunal Constitucional*. 3. ed. Madrid: Civitas, 2001. p. 49.

[273] Cf.: STRECK, Lenio Luiz. *Hermenêutica jurídica e(m) crise*: uma exploração hermenêutica da construção do direito. 6. ed. Porto Alegre: Livraria do Advogado, 2005. p. 244 e ss.

[274] Fala-se em "primazia parcial" face à crescente importância do direito internacional, mais especificamente do *jus cogens*, e, no continente europeu, do direito comunitário, que se articulam entre si e disputam, em não poucas matérias, a "supremacia normativa" ou, ao menos, a "aplicação preferente". Cf.: GOMES CANOTILHO, José Joaquim. *Direito constitucional e teoria da Constituição*. 7. ed. Coimbra: Almedina, 2010. p. 694-696.

[275] Cf.: SIEYÈS, Emmanuel Joseph. *Qu'est-ce que le Tiers-État*. 3. ed. Versailles: D. Pierres, 1789. p. 111.

[276] Cf.: CANOSA USERA, Raul. *Interpretación constitucional y fórmula política*. Madrid: Centro de Estudios Constitucionales, 1988. p. 62.

linguísticos dotados de acentuada elasticidade,[277] com preferência pelos enunciados que darão origem a normas de estrutura principiológica.[278] Essas características conferem à Constituição uma posição superior na hierarquia das fontes[279] e, consequentemente, na hierarquia das normas,[280] justificando a maior vagueza de seus enunciados.[281] A ordenação hierárquica, aliás, emerge da impossibilidade de exaurir, na Constituição, o inteiro sistema jurídico, formado, igualmente, pelo influxo de fatores extrínsecos ao texto, o que permite que seja continuamente alcançada a totalidade da vida social. Nessa linha, afigura-se lógico que em um sistema hierarquicamente ordenado, ao se descender nessa escala, serão progressivamente encontrados padrões normativos mais específicos e com menor grau de vagueza. Aumenta-se o detalhamento, diminui-se a vagueza dos fins a serem alcançados e dos meios suscetíveis de serem adotados.[282] Em qualquer caso, não haveria propriamente uma diferença quantitativa entre padrões normativos constitucionais e infraconstitucionais. A distinção, por estar embasada no caráter fundante da Constituição, seria qualitativa.

O critério da permeabilidade axiológica indica que os enunciados linguísticos inseridos na Constituição formal são mais sensíveis à influência dos valores colhidos no ambiente sociocultural, o que se manifesta tanto na sua elaboração, por iniciativa constituinte, quanto no momento de sua interpretação. Essa permeabilidade é particularmente acentuada nas Constituições contemporâneas, prosélitas do pluralismo e da tolerância, o que exige a sua contínua compatibilização com os padrões ideológicos do ambiente. Observa-se, ainda, que a sensibilidade a esses valores é um indicativo da constante evolutividade da ordem constitucional, que, almejando a permanência, normalmente apresentará contornos formais que assegurem a sua mobilidade, permitindo a adaptação aos circunstancialismos subjacentes ao momento de sua projeção na realidade. A Constituição, por consubstanciar "a principal porta de entrada da política no direito",[283] deve acolher e refletir, tanto quanto possível, a base de valores existente no seu plano de incidência, o que é de vital importância para se assegurar a

---

[277] Cf.: MORTATI, Costantino. Costituzione dello Stato: dottrine generali e Costituzione della Repubblica italiana. In: Enciclopedia del diritto. Milano: Giuffrè, (1962) 2007. v. XI, p. 139, §27.
[278] Cf.: BÖCKENFÖRDE, Ernst-Wolfgang; NICOLETTI, Michele; BRINO, Omar. Stato, costituzione, democrazia: studi di teoria della costituzione e di diritto costituzionale. Milano: Giuffrè, 2006. p. 68.
[279] É a "mutação genética" a que se referiu Zagrebelsky: o "Estado Legal" cede lugar ao "Estado Constitucional" (ZAGREBELSKY, Gustavo. Il diritto mite: legge, diritto, giustizia. Torino: Einaudi, 1992 (reimp. de 2010). p. 39). Na medida em que a Constituição sempre será vista como o paradigma de validade da legislação constitucional, seria possível falar, sob essa ótica, com Guastini (GUASTINI, Ricardo. Distinguiendo: estudios de teoría y metateoría del derecho. (Trad. Jordi Ferrer i Beltrán). Barcelona: Gedisa, 1999. p. 302-303), de sua "completude".
[280] Cf.: CRISAFULLI, Vezio. Fonti del diritto (dir. cost.). In: Enciclopedia del diritto. Milano: Giuffrè, (1968) 2007. v. XVII, p. 925, §14.
[281] Cf.: AGUILA, Yann. Cinq questions sur l'interprétation constitutionnelle. Revue Française de Droit Constitutionnel, Paris: Presses Universitaires de France, n. 21, p. 9-46, 1995. p. 9 (16-17).
[282] Cf.: LUCIANI, Massimo. L'interprete della Costituzione di fronte al rapporto fatto-valore: il testo costituzionale nella sua dimensione diacronica. Diritto e Società, n. 1, p. 1-26, 2009. p. 1 (19).
[283] Cf.: CANOSA USERA, Raul. Interpretación constitucional y fórmula política. Madrid: Centro de Estudios Constitucionales, 1988. p. 106 e ss. No mesmo sentido: MEIRELLES TEIXEIRA, J. H. Curso de direito constitucional. Rio de Janeiro: Forense Universitária, 1991. p. 274. Na síntese de Callies: "direito e política se unem sobre o instituto da Constituição" ("Recht und Politik koppeln sich dann über das Institut der Verfassung") – CALLIESS, Gralf-Peter. Systemtheorie: Luhmann/Teubner. In: BUCKEL, Sonja; CHRISTENSEN, Ralph; FISCHER-LESCANO, Andreas (Org.). Neue Theorien des Rechts. 2. ed. Stuttgart: Lucius & Lucius, 2009. p. 53 (61).

sua permanência e força normativa.[284] Não é por outra razão que a orientação política prevalecente à época tende a direcionar a interpretação constitucional,[285] daí surgindo normas politicamente alinhadas, não politicamente assépticas. Os padrões normativos infraconstitucionais, por sua vez, conquanto não sejam avessos à influência de fatores extrínsecos, em especial daqueles de natureza axiológica, não podem se distanciar dos valores encampados pela ordem constitucional. A norma constitucional atua como elemento fundante e propulsor de uma ordem de valores. As demais normas devem respeitá-la e contribuir para o seu desenvolvimento com observância dos limites por ela estabelecidos, inclusive aqueles de natureza axiológica.

Esses critérios, como é intuitivo, não se excluem reciprocamente, complementam-se. Cada um deles serve de fundamento e base de desenvolvimento dos demais. A indeterminação do texto é a fórmula necessária para assegurar que a Constituição possua natureza puramente fundante, não exauriente da ordem jurídica, e para que possa recepcionar, ou tolerar, os distintos valores que se manifestam em um sistema em que o pluralismo é a tônica. Para que a Constituição tenha uma funcionalidade específica, de caráter fundante, é preciso que suas disposições, além de generalíssimas, sejam sensíveis à penetração da diversidade axiológica inerente ao ambiente sociopolítico. O pluralismo, longe de obstar a convergência, deve ser visto como "condição de possibilidade da verdade",[286] isso ao permitir a livre formação e expressão de todos os fatores que podem conduzir ao seu surgimento. Por fim, não haveria que se falar em permeabilidade axiológica se a Constituição fosse formada por enunciados normativos que oferecessem pouco espaço à penetração da realidade e ao poder de escolha do intérprete, tornando-se não o texto fundante, mas o texto único, insuscetível de ser complementado por qualquer outro.

Como decorrência lógica da especificidade dos enunciados linguísticos inseridos na Constituição formal, tanto a conflitualidade intrínseca, quanto o próprio processo de interpretação, são influenciados pela sua "inicialidade".[287] Por não ter sua validade e conteúdo condicionados por padrões normativos intrassistêmicos, a diversidade de significados em potencial é sensivelmente superior àqueles que seriam obtidos no plano infraconstitucional, vinculado que está à Constituição, o que reduz o universo das conflitualidades a serem consideradas pelo intérprete e exige a realização de uma interpretação conforme.

4.1 A conflitualidade intrínseca nas distintas espécies de norma constitucional

Além das especificidades que ostentam quando cotejados com os enunciados linguísticos situados no plano infraconstitucional, os enunciados da Constituição formal podem dar origem a normas constitucionais que ostentam distintas especificidades. Qualquer classificação, à evidência, há de ser realizada ao fim do processo de interpretação, momento em que a norma é individualizada. Isso, no entanto, não

---

[284] Nas palavras do Tribunal Constitucional espanhol, "La Constitución es una norma cualitativamente distinta de las demás, por cuanto incorpora el sistema de valores esenciales que ha de constituir el orden de convivencia política e informar todo el ordenamiento jurídico" (Sentença nº 9/1981, de 31.3.1981, BOE de 14.4.1981).

[285] Cf.: PENSOVECCHIO LI BASSI, Antonino. *L'interpretazione delle norme costituzionali*: natura, metodo, difficoltà e limiti. Milano: Giuffrè, 1972. p. 57.

[286] Cf.: KAUFMANN, Arthur. *Filosofia do direito* (*Rechtsphilosophie*). (Trad. António Ulisses Cortês). Lisboa: Fundação Calouste Gulbenkian, 2004. p. 444.

[287] DE MOURA AGRA, Walber. *Curso de direito constitucional*. 5. ed. Rio de Janeiro: Forense, 2009. p. 69.

impede seja percorrido um caminho inverso. Em outras palavras, é possível identificar, a partir de certas classificações das normas constitucionais, aquelas que são mais, ou menos, suscetíveis às conflitualidades intrínsecas no curso do processo de interpretação conducente à sua obtenção.

Dentre as classificações existentes, merecem especial realce aquelas que dividem as normas constitucionais em (1) normas de organização e procedimento de um lado e de conteúdo do outro; (2) normas preceptivas e programáticas; (3) normas explícitas e implícitas; e (4) regras e princípios.

Partindo de uma perspectiva de análise estritamente normativa, não pairam maiores dúvidas sobre a constatação de que as normas constitucionais apresentam distintas funcionalidades, especialmente acentuadas quando nos fixamos na dicotomia mais ampla entre "normas de organização e procedimento" e "normas de conteúdo",[288] e não menos marcantes quando se avança na tentativa de estabelecer subdivisões nessa última categoria. Essa classificação, não obstante as críticas que pode receber, já que sua amplitude pouco soma em termos de sistematização das normas constitucionais e, a depender do referencial de análise, uma categoria pode assumir os contornos da outra, oferece alguma utilidade na compreensão das conflitualidades intrínsecas.

As Constituições contemporâneas são funcionalmente caracterizadas pela (1) estruturação do poder estatal e pela (2) regulação (*rectius*: proteção *lato sensu*) das relações das pessoas singulares e coletivas com esse poder, havendo especial deferência à liberdade e à igualdade. Acresça-se que tanto a feição estrutural, quanto a regulatória ou protetiva, devem estar comprometidas com o bem comum, que reflete o referencial de justiça subjacente a qualquer padrão normativo. O bem comum, sob a ótica constitucional, costuma ser refletido nos valores mais basilares do sistema, que contribuem para a preservação de sua unidade e direcionam o processo de interpretação, sendo normalmente amparados e legitimados pelo consenso.[289] É o caso da dignidade humana, da segurança jurídica e da paz social, que não devem ser desconsiderados qualquer que seja a análise realizada.

As feições estrutural e regulatória, à evidência, não permanecem compartimentadas, de modo a não se influenciarem reciprocamente. Longos catálogos de direitos fundamentais, máxime quando analisados sob a ótica prestacional e da proteção *stricto sensu*,

---

[288] Segundo Ignacio de Otto, seriam as partes orgânica e dogmática da Constituição (DE OTTO, Ignacio. *Derecho constitucional*: sistema de fuentes. 2. ed. Barcelona: Ariel, 2001. p. 28). Ross distinguia as "normas de conduta" das "normas de competência", ressaltando que estas últimas não formam uma categoria independente; devem, ao revés, ser interpretadas como normas de conduta formuladas indiretamente, pois se destinam à sua elaboração; são, ao final, reconduzidas à primeira categoria (ROSS, Alf. *Direito e justiça (On law and justice)*. (Trad. Edson Bini). São Paulo: Edipro, 2003. p. 57). Hart, por sua vez, classifica as regras (*rectius*: normas) em primárias e secundárias: as primeiras determinam um dado comportamento; as segundas regulam, dentre outros, aspectos de competência, organização e validez (HART, Herbert L. A. *O conceito de direito (The concept of law)*. (Trad. A. Ribeiro Mendes). 3. ed. Lisboa: Fundação Calouste Gulbenkian, 2001. p. 101-109). Similar à distinção entre *normas de conteúdo* e *normas de organização* (PIERANDREI, Franco. L'interpretazione delle norme costituzionali in Italia. In: *Scritti di diritto costituzionale*. Torino: Giappichelli, 1964. v. 2, p. 645 (652)) *e procedimento*, tem-se a dicotomia entre *normas diretas*, que estabelecem a forma de agir, e *normas indiretas*, que definem estruturas, procedimentos e formas voltadas à aplicação das normas diretas. Como se percebe, normas de organização e procedimento e normas indiretas assumiriam função nitidamente instrumental Cf.: RUGGERI, Antonio. *Fonti e norme nell'ordinamento e nell'esperienza costituzionale*. Torino: Giappichelli, 1993. p. 4.

[289] Cf.: FRANKENBERG, Günther. *A gramática da Constituição e do direito (Autorität und Integration*: zur Gramatik von Recht und Verfassung). (Trad. Elisete Antoniuk). Belo Horizonte: Del Rey, 2007. p. 103.

terão sua eficácia social diretamente influenciada por aspectos estritamente orgânicos. Nesse caso, as normas de organização e os processos de decisão política que lhes são subjacentes assumem uma função instrumental em relação aos direitos fundamentais, sendo determinantes na individualização do seu significado prático.[290]

Observa-se, inicialmente, que, enquanto a importância dos valores constitucionais mostra-se reduzida em relação às "normas de organização e procedimento", ela é consideravelmente ampla no que diz respeito às "normas de conteúdo", o que ocorre por duas razões básicas. A primeira razão decorre da constatação de que disposições afetas às "normas de organização e procedimento" apresentam, normalmente, maior completude textual, limitando os significados possíveis e, por via reflexa, a liberdade de conformação do intérprete, o que reduz a influência de fatores externos, incluindo os referenciais axiológicos. Essa primeira razão, no entanto, por si só, é insuficiente para demonstrar a correção da afirmação inicial. Afinal, é plenamente factível que também as disposições afetas às "normas de conteúdo" apresentem a mesma completude textual, o que eliminaria qualquer distinção entre as categorias, daí a relevância da segunda razão. De acordo com ela, enquanto as "normas de conteúdo" são vocacionadas ao contato direto com o ambiente sociopolítico, interagindo de modo mais intenso com a realidade, as "normas de organização e procedimento" assumem caráter essencialmente instrumental, operacionalizando a funcionalidade das primeiras. O nível de completude textual e a intensidade com que influirão na realidade tornam as disposições constitucionais mais ou menos suscetíveis de serem influenciadas, no curso do processo de interpretação, pelos valores constitucionais.

Em consequência, o processo de formação das normas constitucionais de organização não é o *locus* adequado a amplas manifestações de conflitualidade intrínseca. Nesses casos, a objetividade costuma ser a regra, pouco espaço sobrando para a penetração das especificidades da realidade e a realização de operações valorativas mais amplas por parte do intérprete. A simplicidade dessa conclusão, no entanto, não afasta a importância das normas de organização enquanto instrumentos necessários à operacionalização das demais normas constitucionais, em especial daquelas que delineiam e protegem os direitos fundamentais. São justamente as normas de organização que institucionalizam e delimitam o exercício do poder estatal, finalisticamente voltado ao cumprimento dos comandos constitucionais, exercendo indiscutível influência na intensidade em que são observados os direitos afetos à pessoa humana. Delineiam o processo de formação da vontade política e definem os mecanismos de inter-relação das estruturas estatais de poder, permitindo que o poder controle o poder. Nesse sentido, a célebre *Déclaration des Droits de l'Homme et du Citoyen*, de 1789, no auge do liberalismo clássico, além de enunciar um rol de direitos fundamentais, já preconizava uma verdadeira simbiose existencial entre direitos e poderes, proclamando, em seu art. 16, que "a sociedade em que não esteja assegurada a garantia dos direitos nem estabelecida a separação dos poderes não tem Constituição". Exercício do poder e fruição dos direitos fundamentais se relacionam de tal modo que não é exagero afirmar que a passagem, pelos últimos, do

---

[290] Cf.: FRANKENBERG, Günther. *A gramática da Constituição e do direito* (*Autorität und Integration*: zur Gramatik von Recht und Verfassung). (Trad. Elisete Antoniuk). Belo Horizonte: Del Rey, 2007. p. 104.

plano semântico ao real, será necessariamente direcionada pelos contornos atribuídos ao primeiro.

Com os olhos voltados à eficácia das normas constitucionais ou, de modo mais específico, à possibilidade, ou não, de ser estabelecida uma conexão direta entre o seu comando e uma situação concreta, avançamos para o segundo paradigma de análise, que divide as normas em preceptivas e programáticas.

As normas preceptivas independem de integração legislativa, sendo originárias de enunciados linguísticos suficientemente completos,[291] o que permite que seja identificado o seu objeto, os seus destinatários e o modo como devem interagir com a realidade. As normas programáticas ou diretivas, por não ostentarem uma completude existencial, quer em relação à hipótese de incidência, quer em relação aos seus efeitos jurídicos, não se tornam plenamente eficazes enquanto o Legislador não se desincumbir do *múnus* de regulamentá-las. Face às suas características intrínsecas, a eficácia dessa última categoria não pode apoiar-se sobre institutos preexistentes, dependendo da discricionariedade legislativa e da adaptação de institutos por vezes já regulados pelo legislador.[292] Mesmo essas normas possuem (*alguma*) eficácia direta (*v.g.*: influem na interpretação das demais disposições do sistema e podem ser utilizadas como paradigma no controle de constitucionalidade e na aferição da recepção da ordem jurídica anterior),[293] estando superada a tese de que refletiriam um invólucro destituído de conteúdo, não possuindo qualquer normatividade enquanto não integradas pela legislação infraconstitucional. Ainda merece referência a distinção entre as normas de programação final e condicionada.

É possível afirmar que as normas de programação final são aquelas que não prescrevem uma resposta a determinada situação de fato, mas sim, determinam a consecução de um fim. Distinguem-se das normas de programação condicional, que consubstanciam a maior parte das normas jurídicas, na medida em que nestas a conduta devida está condicionada à presença de determinado pressuposto de fato.[294] Nessa mesma linha, são identificadas as normas-objetivo, que atuam como instrumentos de governo, dispõem sobre a implementação de políticas públicas, fim a ser alcançado com a intermediação de outras normas, de conduta e de organização, e também influenciam o processo de interpretação do direito, isso porque reduzem a "amplitude da moldura dos textos e dos fatos", adequando-os a esses fins.[295]

A identificação da conduta devida, normalmente simples nas normas de programação condicional, é visivelmente complexa nas normas de programação final, raramente alcançando conclusões unívocas. Tal ocorre justamente em razão da maior responsabilidade do intérprete na integração das últimas, recaindo sobre ele, anteriormente à escolha da medida adequada, o ônus de identificar as reais razões que justificam a existência do padrão normativo, sendo decisiva a influência das expectativas subjacentes ao contexto. Acresça-se a possível necessidade de ser realizado um juízo de

---

[291] Cf.: DI RUFFIA. *Diritto Costituzionale*. 15. ed. Napli: Jovene Editore, 1989. p. 236-237.
[292] Cf.: BERTI, Giorgio. *Interpretazione costituzionale*: lezioni di diritto pubblico. 4. ed. Verona: CEDAM, 2001. p. 329.
[293] Cf.: MIRANDA, Jorge. *Manual de direito constitucional*. 6. ed. Coimbra: Coimbra Editora, 2007. t. II, p. 270-274.
[294] DE OTTO, Ignacio. *Derecho constitucional*: sistema de fuentes. 2. ed. Barcelona: Ariel, 2001. p. 43.
[295] Cf.: GRAU, Eros Roberto. *Ensaio e discurso sobre a interpretação/aplicação do direito*. 5. ed. São Paulo: Malheiros, 2009. p. 41 e 128-132.

prognose[296] em relação aos efeitos futuros que as distintas medidas possíveis podem gerar sobre o objetivo a ser alcançado. Como o sistema normalmente não prevê um único fim, é necessária especial atenção para se evitarem conflitos com outros fins igualmente relevantes.[297] Essa operação, é fácil perceber, não costuma ser trilhada por caminhos exclusivamente fáticos e científicos, o que dificulta a sindicação judicial, restringindo a sua amplitude.[298]

A distinção entre normas preceptivas e programáticas evidencia que, no processo conducente à individualização de uma ou outra, o intérprete irá se deparar com conflitualidades de distinta ordem, sensivelmente mais complexas em relação às últimas. Esse aspecto torna-se bem perceptível quanto às disposições constitucionais que dispõem sobre os denominados direitos sociais. Face à necessidade de integração legislativa, detalhando a prestação a ser oferecida, à imprescindível existência de recursos financeiros para o seu custeio e à elevada carga de liberdade política dos poderes constituídos no oferecimento das prestações necessárias, é natural que "direitos" dessa

---

[296] Cf.: HESSE, Konrad. *Elementos de direito constitucional da República Federal da Alemanha* (*Grundzüge des Verfassungsrechts der Bundesrepublik Deutschland*). (Trad. Luís Afonso Heck). Porto Alegre: Sérgio Antonio Fabris, 1998. p. 258.

[297] Cf.: DE OTTO, Ignacio. *Derecho constitucional*: sistema de fuentes. 2. ed. Barcelona: Ariel, 2001. p. 43.

[298] A análise de prognoses legislativas no âmbito do controle de constitucionalidade exige que sejam revisitados aspectos nucleares de atuação da Jurisdição Constitucional, que, no processo de concretização da lei, passará a apreciar a realidade de forma mais intensa, o que lhe permitirá verificar a sustentabilidade das opções do Legislador (Cf.: ALEXY, Robert. *Theorie der Grundrechte*. Baden-Baden: Suhrkamp Taschenbuch, 1994. p. 427. No direito norte-americano, tornou-se célebre o memorial utilizado pelo advogado Louis D. Brandeis (*Brandeis-Brief*) no Caso *Muller vs. State of Oregon* (208 US 412, 1908), que dedicava duas páginas às questões jurídicas e cento e dez aos efeitos deletérios que a longa duração da jornada de trabalho causava à mulher, contribuindo para que o Supremo Tribunal reconhecesse que o papel social e biológico dessa camada da população poderia ser comprometido pelo trabalho excessivo. Cf.: NOWAK, John E.; ROTUNDA, Ronald D. *American constitutional law*. 7. ed. St. Paul: West, 2004. p. 376-377. Memoriais como esse, anota Tribe, "ajudaram a salvar inúmeras leis da invalidação", contribuindo para que o Supremo Tribunal visualizasse a "real e substancial" relação entre a lei e os seus objetivos (TRIBE, Lawrence H. *American constitutional law*. 2. ed. New York: The Foundation Press, 1988. p. 568 e 573). Como observou Schwartz, Brandeis, que posteriormente se tornou *Justice* do Supremo Tribunal, inaugurou uma nova era de interpretação constitucional, em que os fatos assumem relevância ímpar na individualização das normas constitucionais, sendo o texto normativo apenas o início da pesquisa realizada pelo juiz (SCHWARTZ, Bernard. *A history of the Supreme Court*. New York: Oxford University Press, 1995. p. 215-216). No direito alemão, o *Bundesverfassungsgericht* tem analisado as prognoses legislativas e a possibilidade de ocorrerem os fatos em que se baseiam. No Caso *Apotheken*, o Tribunal verificou a constitucionalidade de lei do Estado da Baviera que exigia uma especial autorização da autoridade competente para a instalação de novas farmácias (*BVerfGE* 7, 377, 1958). Como ressaltado por Ehmke, trata-se do *leading case* a respeito da interpretação do art. 12, 1, da *Grundgesetz*, de 1949, que assegura o direito ao livre exercício profissional (EHMKE, Horst. Prinzipen der Verfassungsinterpretation. *In*: Gefährdungshaftung im öffentlichen Recht. *Aussprache zu den Berichten in den Verhandlungen der Tagung der Vereinigung der Deutschen Staatsrechtslehrer*, n. 20, p. 53-98, 1961. p. 53 (93 e ss.)). Ao reconhecer a incompatibilidade dessa medida com a liberdade de exercício profissional garantida na *Grundgesetz*, o Tribunal baseou-se nos seguintes argumentos: (a) laudos periciais demonstravam que a liberdade de instalação de farmácias em outros países do mesmo nível civilizatório da Alemanha não trazia qualquer ameaça à saúde pública; (b) em razão do elevado custo de instalação, essa liberdade não conduziria, necessariamente, a uma exagerada multiplicação desses estabelecimentos; (c) o possível risco de os farmacêuticos não cumprirem os seus deveres legais em razão da diminuição de sua capacidade financeira, consequência do aumento de competitividade, era infundado, já que, além de as opções pessoais equivocadas não poderem justificar medidas legislativas dessa natureza, a superação do modelo de farmácia de fabricação pelo de entrega aumentava o tempo livre do farmacêutico; (d) opiniões de peritos indicavam que a maior procura de medicamentos decorreria de circunstancialismos associados ao pós-guerra (*v.g.*: desnutrição e patologias de ordem psicológica). Cf.: BECKER, Joachim. *Transfergerechtigkeit und Verfassung*: die Finanzierung der Rentenversicherung im Steuer – und Abgabensystem und im Gefüge staatlicher Leistungen. Tübingen: Mohr Siebeck, 2001. p. 225-226; LENZ, Sebastian. *Vorbehaltlose Freiheitsrechte*: stellung und Funktion vorbehaltloser Freiheitsrechte in der Verfassungsordnung. Tübingen: Mohr Siebeck, 2006. p. 56; DIMOULIS, Dimitri; MARTINS, Leonardo. *Teoria geral dos direitos fundamentais*. 2. ed. São Paulo: Revista dos Tribunais, 2010. p. 279-302; e FERREIRA MENDES, Gilmar. *Direitos fundamentais e controle de constitucionalidade*: estudos de direito constitucional. 3. ed. São Paulo: Saraiva, 2009. p. 475-477.

natureza não sejam considerados verdadeiros "direitos subjetivos", mas sim, meras esperanças veiculadas em normas programáticas. Não será incomum, no entanto, que o intérprete, ao resolver as conflitualidades intrínsecas no plano operativo, agregue à disposição constitucional afeta aos direitos sociais a base axiológica inerente à dignidade humana e conclua, ao final do processo de interpretação, que não individualizou meras normas programáticas, estando perante verdadeiras normas preceptivas, que ensejam o surgimento de direitos subjetivos e autorizam a atuação dos órgãos jurisdicionais para impor a sua observância.

A terceira classificação toma por base a existência, ou não, de um enunciado normativo formulado nas fontes do direito, daí decorrendo a divisão das normas em explícitas e implícitas.[299] As normas explícitas pressupõem a presença, na gênese do processo de interpretação, de um ou mais enunciados normativos cujos contornos semânticos indiquem o conteúdo básico dessas normas e tracem os balizamentos a serem observados pelo intérprete. As normas implícitas, por sua vez, são aquelas que não encontram correspondência em enunciados normativos específicos, inseridos na Constituição formal, sendo delineadas a partir (1) do aproveitamento, como ocorre com a analogia, (2) da combinação ou (3) da abstração de distintas normas do sistema. O recurso a essas espécies normativas é relativamente comum com o objetivo de evitar a configuração de lacunas normativas. Tanto podem ser obtidas a partir de singelas estruturas argumentativas (*v.g.*: o argumento *a contrario*[300] – o que não é proibido é permitido),[301] como em decorrência de complexos juízos valorativos, abarcando uma diversidade de normas ou a ordem constitucional em sua inteireza. Os princípios constitucionais, sem prejuízo de serem expressamente contemplados em muitas Constituições contemporâneas, são exemplos característicos dessa última espécie de operação. Como observou Del Vecchio,[302] costumam ser encontrados com a realização de um processo indutivo, em que o estudo de normas específicas, com progressão dos graus de generalidade e abstração, permite a identificação dos princípios gerais que as informam.

Normas implícitas, face à volatilidade de sua base textual de sustentação, podendo ser individualizadas a partir de uma ou de diversas normas, explícitas ou implícitas,[303] cujo processo de escolha sofre intensa influência dos juízos valorativos realizados pelo intérprete e, por via reflexa, oferece balizamentos mais amenos, são obtidas a partir de um processo de interpretação mais suscetível às conflitualidades intrínsecas, reflexo natural da maior gama de variáveis e, consequentemente, de significados passíveis de serem considerados pelo intérprete.

---

[299] Cf.: GUASTINI, Ricardo. *Das fontes às normas* (*Dalle fonti alle norme*). (Trad. Edson Bini). São Paulo: Quatier Latin, 2005. p. 276; e GUASTINI, Ricardo. *Distinguiendo*: estudios de teoría y metateoría del derecho. (Trad. Jordi Ferrer i Beltrán). Barcelona: Gedisa, 1999. p. 270-272 e 357-358. O processo de obtenção das normas implícitas é cognominado, pelo autor, de "transformação" da linguagem normativa, que teria seu alcance elasticido a situações ordinariamente não alcançadas por ela.
[300] Cf.: GUASTINI, Ricardo. *Distinguiendo*: estudios de teoría y metateoría del derecho. (Trad. Jordi Ferrer i Beltrán). Barcelona: Gedisa, 1999. p. 214-216.
[301] Cf.: PHILIPPS, Lothar. Normentheorie. *In*: HASEMER, Winfried; NEUMANN, Ulfrid; KAUFMANN, Arthur. *Einführung in Rechtstheorie der Gegenwart*. 7. ed. Heidelberg: C. F. Müller, 2004. p. 320 (320 e ss.).
[302] DEL VECCHIO, Giorgio. *Sui principi generali del diritto*. Milano: Giuffrè, 1958. p. 11-12.
[303] Cf.: CHIASSONI, Pierluigi. *Tecnica dell'interpretazione giuridica*. Bologna: Il Mulino, 2007. p. 276.

Por fim, resta analisar a distinção entre regras e princípios e sua relevância no âmbito da conflitualidade intrínseca. Observa-se, de início, que a dogmática contemporânea dispensou maior atenção a essa temática no momento em que identificou a insuficiência teórico-pragmática de um sistema jurídico fechado, que reconhece a completude do "modelo de regras" e situa a jusante do direito os paradigmas de ordem moral e política. Ao se reconhecer a importância desses paradigmas no delineamento da norma jurídica, que, longe de ser imune, é dependente dos influxos recebidos do contexto, percebeu-se a insuficiência do silogismo mecanicista e a impossibilidade de a aplicação do direito ser reduzida a um modelo de mera subsunção. O protagonismo dessa virada metodológica coube aos princípios.

Os princípios, em suas feições clássicas, assumiam contornos diferenciados conforme eram analisados sob a ótica das doutrinas naturalistas ou das doutrinas positivistas, que serão objeto de reflexões mais amplas ao analisarmos a virada axiológica do constitucionalismo. Para os naturalistas, seriam formas de expressão de referenciais metafísicos (*v.g.*: de natureza religiosa, humanista, racional etc.), preexistentes ao poder estatal e que deveriam ser observados com abstração de qualquer chancela pela autoridade competente.[304] Para os prosélitos do positivismo enquanto método, os princípios expressariam os valores materiais básicos de uma ordem jurídica, sendo relevantes instrumentos de interpretação e de integração do direito. Na medida em que se apregoava a separação entre direito e moral, somente seriam considerados os princípios decorrentes do direito positivo, expressos em sua letra ou dele extraídos com a utilização de um processo hermenêutico. É nesse último sentido que se falava em princípios gerais do direito[305][306] – princípios, por veicularem a essência da ordem jurídica; gerais, porque transcendem os preceitos específicos, contribuindo para a compreensão e a harmonização do seu sentido. Na perspectiva positivista, os princípios não eram vistos como "normas de primeira grandeza". Tinham uma funcionalidade nitidamente subsidiária, vale dizer, eram utilizados apenas à falta de "norma específica".

Os argumentos tradicionalmente opostos à força normativa dos princípios realçam a sua maior abstração e a não indicação tanto dos pressupostos fáticos que delimitarão a sua aplicação, quanto das consequências a eles atreladas. Ter-se-ia uma diferença substancial em relação às normas, que veiculam prescrições dotadas de maior determinabilidade, permitindo a imediata identificação das situações, fáticas ou jurídicas, por elas reguladas,[307] bem como as respectivas consequências. Esses argumentos, no entanto, não logram afastar a relação de continência existente entre normas e princípios. O maior ou o menor grau de generalidade existente em duas normas, a exemplo do maior ou do menor campo de aplicação, em nada compromete a identidade ontológica

---

[304] À guisa de ilustração, podem ser mencionados os princípios do *bonum faciendum* (o bem deve ser feito); do *neminem laedere* (não lesar a ninguém); do *suum cuique tribuere* (dar a cada um o que é seu); e do *honeste vivere* (viver honestamente).

[305] Cf.: GARCÍA DE ENTERRÍA, Eduardo; FERNÁNDEZ, Tomás-Ramón. *Curso de derecho administrativo*. Madrid: Civitas, 2004. v. I, p. 85.

[306] Vide o art. 1.4 do Código Civil espanhol (antigo art. 6º); o art. 12 das Disposições Preliminares do Código Civil italiano; e o art. 4º da Lei de Introdução às Normas do Direito Brasileiro.

[307] Cf.: BELADIEZ ROJO, Margarita. *Los principios jurídicos*. Madrid: Tecnos, 1994. p. 75 e ss.

entre elas, máxime ao constatarmos inexistir uma unidade de medida dessa natureza.[308] Essa constatação permanece hígida mesmo ao observarmos que os princípios, ao estabelecerem orientações gerais direcionadas a situações que não são predeterminadas, possuem uma capacidade expansiva maior que as regras, em que o fazer ou o não fazer é direcionado por circunstâncias nelas próprias predeterminadas.[309]

Os princípios jurídicos são imperativos, exigindo a necessária conformação de qualquer conduta aos seus ditames, o que denota o seu caráter normativo (*dever ser*).[310] Por ser cogente a observância dos princípios, qualquer ato que deles destoe será injurídico.[311] Os sistemas abertos são marcados pela crescente importância atribuída às normas de estrutura principiológica, portas largas para a entrada, no plano jurídico, dos valores assentes no meio social, o que em nada compromete a sua imperatividade.

Não obstante o reconhecimento da relação de continência existente entre normas e princípios, ainda se está longe de chegar a um consenso em relação à linha limítrofe que separa as regras dos princípios ou quando determinado enunciado linguístico dará origem a uma regra ou quando culminará na estruturação de um princípio.[312] Há quem argumente, por exemplo, que a principal distinção entre regras e princípios reside na postura assumida pelo intérprete: ativa em relação aos princípios, sendo realizada uma intensa atividade valorativa na individualização do seu conteúdo, normalmente passiva quanto às regras, em que o modelo de subsunção é prevalecente ou a atividade valorativa, quando realizada, o é em menor intensidade.[313] Ainda que seja factível a existência de uma relativa gradação quanto à influência de referenciais axiológicos na individualização de regras e princípios, intensa para os últimos, comedida para as primeiras, o modelo de subsunção clássico, apontando para uma separação rígida entre os momentos de criação e de aplicação do direito, há muito tem se revelado inadequado. Em ambos os casos, o operador do direito assumirá uma postura ativa, não havendo que se falar em indiferença quanto a decisões previamente tomadas pelo legislador. Também ele tem o *múnus* de decidir.

As construções doutrinárias voltadas à distinção entre essas figuras têm sido divididas (1) em *concepção fraca dos princípios*, que apregoa uma distinção quantitativa

---

[308] Cf.: GUASTINI, Ricardo. *Distinguiendo*: estudios de teoría y metateoría del derecho. (Trad. Jordi Ferrer i Beltrán). Barcelona: Gedisa, 1999. p. 147.

[309] Cf.: ZAGREBELSKY, Gustavo. *Manuale di iritto costituzionale*: il sistema delle fonti del diritto. Torino: UTET, 1987. v. I, p. 107.

[310] Regras e princípios, como afirma Alexy, refletem uma dimensão deontológica (*dever ser*), apresentando-se como espécies do gênero norma (ALEXY, Robert. *Theorie der Grundrechte*. Baden-Baden: Suhrkamp Taschenbuch, 1994. p. 72).

[311] Após afirmar que os princípios são normas dotadas de maior generalidade, observa Bobbio que a conclusão é justificada por duas razões básicas: (1) são extraídos das normas a partir de um processo de generalização crescente ("se abstraio da espécie animal, obtenho sempre animais, e não flores ou estrelas") e (2) desempenham a mesma função cumprida por todas as normas, isto é, a função de regular um caso (BOBBIO, Norberto. *Teoria dell'ordinamento giuridico*. Torino: Giappichelli, 1960. p. 155-156).

[312] Como ressaltado por Díez de Picazo, "muito se fala e pouco se precisa" em relação à temática dos princípios jurídicos (Apresentação à obra: LARENZ, Karl. *Derecho justo*: fundamentos de ética jurídica (*Richtiges Recht*: Grundzüge einer Rechtsethik). (Trad. Luis Díez-Picazo). Madrid: Civitas, 2001. p. 14).

[313] Cf.: GARCÍA FIGUEROA, Alfonso. *Principios y positivismo jurídico*. Madrid: Centro de Estudios Políticos y Constitucionales, 1998. p. 131 e 204.

ou de grau entre regras e princípios; e (2) em *concepção forte dos princípios*, que defende a existência de uma diferença de ordem qualitativa.[314]

A *concepção fraca de princípios* está vinculada a uma visão positivista do direito, não visualizando distinção substancial em relação às regras, mas, unicamente, maior generalidade, vagueza semântica e abstração, o que conduz os princípios à condição de normas fundamentais do sistema[315] e lhes confere um grande valor hermenêutico, sem aptidão, contudo, para fornecer uma unidade de solução no caso concreto. A impropriedade desse critério de distinção decorre da constatação de que também as regras podem assumir graus variáveis de generalidade, vagueza e abstração, o que desaconselha que seja ele utilizado como único paradigma de análise. Todas as disposições normativas, na medida em que estruturadas com o recurso à linguagem, indicativo da necessidade de se agregarem significantes a significados, possuem uma "textura aberta",[316] de todo incompatível com uma postura passiva do operador do direito.

A *concepção forte de princípios* apregoa a existência de distinções nos planos lógico e qualitativo, de modo que os princípios devem ser vistos como normas jurídicas que se diferenciam das regras em razão de sua composição estrutural e na forma de solução dos conflitos. A imperatividade da ordem jurídica não se esgotaria na previsão explícita das regras, estendendo-se aos princípios, que apresentariam grande permeabilidade axiológica.[317] Ante o prestígio auferido por essa concepção, para a qual converge a grande maioria dos estudos contemporâneos, é relevante tecer algumas considerações em relação aos seus traços estruturais, com especial realce na doutrina de dois de seus maiores expoentes, Ronald Dworkin e Robert Alexy.

Dentre as construções que mais contribuíram para o redimensionamento da concepção de norma jurídica, o destaque é justamente atribuído à teoria de Dworkin, que tinha um alvo específico: o positivismo de Hart. Dentre as inúmeras críticas que apresentou ao enfoque positivista, encontra-se a incorreção do entendimento de que o direito deveria ser concebido como um sistema de regras, aplicadas à maneira do "tudo ou nada", com exceções suscetíveis de enumeração exaustiva. Dworkin,[318] ao contrário, sustenta que qualquer ordem jurídica possui princípios, que não são produto de nenhuma decisão explícita e que têm como principais características a não

---

[314] Cf.: ALEXY, Robert. Sistema jurídico, principios jurídicos y razón práctica. (Trad. Manuel Atienza). *In*: ALEXY, Robert. *Derecho y razón práctica*. México: Fontamara, 2002. p. 7 (15).

[315] Nesse sentido: BOBBIO, Norberto. *Teoria dell'ordinamento giuridico*. Torino: Giappichelli, 1960. p. 158-159.

[316] HART, Herbert L. A. *O conceito de direito* (*The concept of law*). (Trad. A. Ribeiro Mendes). 3. ed. Lisboa: Fundação Calouste Gulbenkian, 2001. p. 137 e ss.

[317] Em sentido diverso, Humberto Ávila oferece uma classificação tripartite, agregando a categoria dos postulados, definidos como "instrumentos normativos metódicos, isto é, como categorias que impõem condições a serem observadas na aplicação das regras e dos princípios, com eles não se confundindo" (*v.g.*: seria o caso do critério de proporcionalidade, inerente à ordem jurídica e que não é passível de ponderação) – ÁVILA, Humberto. *Teoria dos princípios*: da definição à aplicação dos princípios jurídicos. 11. ed. São Paulo: Malheiros, 2010. p. 62-63. Como se percebe, à categoria "regulatória", integrada por regras e princípios, o autor agrega uma categoria "metódica", que serve de instrumental à individualização e consequente correção do dever ser, do padrão normativo que, de forma imediata, regerá o caso concreto. A imperatividade de ambas, no entanto, as enquadraria indistintamente sob a epígrafe do gênero norma. Na presente investigação, a novel categoria normativa é enquadrada sob a epígrafe dos postulados de racionalidade da interpretação constitucional, direcionando o intérprete no desenvolvimento de sua atividade intelectual. Não são verdadeiras normas, mas sim, exigências metódicas que atestam a sustentabilidade argumentativa desse processo e a racionalidade dos conteúdos alcançados.

[318] DWORKIN, Ronald. *Taking rights seriously*. Massachusetts: Harvard University Press, 1999. p. 14 e ss.

individualização prévia das situações em que serão aplicados, a não aplicação à maneira do "tudo ou nada" e o papel que desempenham na justificação das decisões judiciais, podendo ter sua incidência afastada por uma pluralidade de razões insuscetíveis de enumeração exaustiva. Os princípios ainda seriam qualitativamente distintos das regras, isso por apresentarem uma dimensão de peso, permitindo a sua ponderação com outros princípios potencialmente incidentes no caso concreto. Acresça-se que no modelo positivista os juízes têm um excesso de discricionariedade, pois, sempre que se depararem com a ausência de regra específica para resolver um caso concreto, o que ocorre nos casos difíceis, terão ampla liberdade para decidi-lo do modo que melhor lhes aprouver. Criariam regras gerais *ex post facto*, atuando como se legisladores fossem.[319]

Conquanto seja exato afirmar que Hart efetivamente faz referência ao designativo *regra* para indicar as distintas partículas que compõem o sistema jurídico, isso não guarda correspondência com o "modelo de regras" sugerido por Dworkin. A razão é simples: as regras referidas por Hart não se identificam com aquelas delineadas por Dworkin, o que é facilmente perceptível com um breve passar de olhos pelo exemplo de regra sugerido por este último: "a velocidade do caminhão não deve exceder 80 milhas por hora". Esse caso, para Hart, seria um exemplo de comando específico que coexistiria com outros dotados de maior generalidade, como aqueles que estabelecem, apenas, as diretrizes de atuação (*v.g.*: a exigência de máxima eficiência, de satisfação do interesse público etc.). Também não haveria óbice a que fossem identificadas regras implícitas na ordem jurídica. Acresça-se a possibilidade, plenamente factível, face à "textura aberta" das regras, de que seja ampliado o seu potencial expansivo ou identificada alguma exceção que não tenha sido inicialmente prevista. Afinal, como afirmado por Hart, seria de todo inviável delinear uma concepção de regra tão detalhada que permitisse definir, *a priori*, se seria aplicada, ou não, a um caso particular e "nunca envolvesse, no ponto de aplicação efetiva, uma escolha nova entre alternativas abertas".[320] O que se verifica, na percepção do próprio Hart,[321] é, essencialmente, uma infelicidade na designação utilizada, isso face à referência aos "padrões jurídicos variáveis", que fariam as vezes dos princípios referidos por Dworkin. Apesar de Hart não ter se aprofundado na análise dos princípios, os quais, na sua visão, apresentariam apenas uma distinção de grau em relação às regras, sendo mais "extensos, gerais ou específicos",[322] isso não permite lhe seja atribuída a conclusão de que o conflito entre regras seria sempre resolvido à maneira do "tudo ou nada". Afinal, ele incluiu sob a epígrafe das regras normas de natureza tipicamente principiológica.

Embora não se verifique a plena compatibilidade da construção de Hart com o modelo positivista combatido por Dworkin, é inegável que esse último, ao reconhecer a imperatividade dos princípios, que poderiam, inclusive, excepcionar a incidência das regras em um caso concreto, em muito realçou a importância dos valores no delineamento

---

[319] Cf.: DWORKIN, Ronald. *Taking rights seriously*. Massachusetts: Harvard University Press, 1999. p. 17 e 34.
[320] HART, Herbert L. A. *O conceito de direito* (*The concept of law*). (Trad. A. Ribeiro Mendes). 3. ed. Lisboa: Fundação Calouste Gulbenkian, 2001. p. 141.
[321] HART, Herbert L. A. *O conceito de direito* (*The concept of law*). (Trad. A. Ribeiro Mendes). 3. ed. Lisboa: Fundação Calouste Gulbenkian, 2001. p. 325.
[322] HART, Herbert L. A. *O conceito de direito* (*The concept of law*). (Trad. A. Ribeiro Mendes). 3. ed. Lisboa: Fundação Calouste Gulbenkian, 2001. p. 322.

do seu conteúdo. Afinal, se aos princípios falta uma base semântica estendida, sobre a qual se desenvolveria a atividade do intérprete, sobra-lhes a permeabilidade aos valores.

É importante ressaltar que a teoria de Dworkin, ao criticar o "modelo de regras" e defender que o sistema é igualmente integrado pelos princípios jurídicos, não contrapõe *regras* e *princípios*. O autor, em verdade, constrói a sua teoria sobre a distinção entre *normas* e *princípios*, não fazendo referência à *regra* como espécie do gênero *norma*. Apesar de contrapor *normas* e *princípios*, isso não significa que negue o caráter normativo dos últimos: a construção de Dworkin busca contestar o positivismo, utilizando os *princípios* para esse fim. Os princípios, apesar de terem caráter normativo, estão fora do direito positivo, que seria integrado unicamente pelas normas.

Os princípios se distanciam das regras na medida em que permitem maior aproximação entre o direito e os valores sociais, não expressando consequências jurídicas que se implementam automaticamente com a simples ocorrência de determinadas condições, o que impede que sejam previstas, *a priori*, todas as suas formas de aplicação. A efetividade dos princípios não é resultado de uma operação meramente formal e alheia a considerações de ordem moral. Os princípios terminam por indicar determinada direção, mas não impõem uma solução em particular.

Na solução dos casos difíceis (*hard cases*), caracterizados pela necessidade de interpretação de termos abertos e pela acentuada abstração dos direitos e deveres a eles correlatos, é necessária a utilização de determinados vetores que não podem ser caracterizados como regras: são os *principles* e as *policies*,[323] princípios em sentido amplo. Os princípios (em sentido estrito) consubstanciam uma dimensão moral, como a justiça (*justice*) e a equidade (*fairness*), voltada à salvaguarda da esfera individual, enquanto as políticas refletem diretrizes públicas, metas a serem alcançadas pelos poderes constituídos visando à consecução de interesses econômicos e sociais afetos à comunidade. Na síntese de Dworkin, argumentos de princípio buscam estabelecer um direito individual (*individual right*), enquanto os argumentos de política voltam-se a um objetivo coletivo (*collective goal*).[324] Caso o direito fosse compreendido como um mero sistema de regras, não haveria espaço para os *principles* e as *policies*.

Na teoria de Dworkin, a ideia de direitos individuais, em seu sentido forte, indica que os indivíduos detêm direitos contra o Estado, anteriores aos direitos criados por uma legislação específica.[325] Nessa perspectiva, os princípios, que consubstanciam a forma de expressão desses direitos, poderiam estar fora do sistema, embasando o processo de criação das regras.

A "distinção lógica" entre princípios e regras é evidenciada por Dworkin,[326] ao afirmar que, malgrado semelhantes por estabelecerem *standards* que apontam para decisões particulares sobre obrigações jurídicas em circunstâncias determinadas, distinguem-se quanto ao caráter de direção que estabelecem e à solução dos conflitos.

Os princípios não são necessariamente aplicáveis com a só presença dos pressupostos considerados suficientes à incidência do seu potencial normativo. É possível que sejam

---

[323] DWORKIN, Ronald. *Taking rights seriously*. Massachusetts: Harvard University Press, 1999. p. 22-23.
[324] DWORKIN, Ronald. *Taking rights seriously*. Massachusetts: Harvard University Press, 1999. p. 90.
[325] DWORKIN, Ronald. *Taking rights seriously*. Massachusetts: Harvard University Press, 1999. p. xi e 189.
[326] DWORKIN, Ronald. *Taking rights seriously*. Massachusetts: Harvard University Press, 1999. p. 71 e ss.

preteridos por princípios que, em dada situação concreta, apontem para uma direção oposta. A exceção ao princípio não exclui da ordem jurídica o direito a que está associado, sendo factível que, em situação distinta, seja ele o prevalecente.

As regras, por sua vez, são aplicáveis à maneira do tudo ou nada (*all or nothing fashion*): presentes os pressupostos de fato por elas referidos, ou a regra é válida e a resposta que fornece deve ser aceita, ou não o é, em nada contribuindo para a decisão.[327] As regras não comportam exceções. Acaso existentes, as exceções, ao menos em teoria, devem ser integralmente contempladas, isso sob pena de a regra ser inexata e incompleta.

Os princípios possuem uma dimensão de peso (*dimension of weight*), referencial de análise que contribuirá para a solução de colisões, permitindo a identificação daquele que irá preponderar. Assim, verificando que vários princípios incidem sobre determinada situação concreta, deve o responsável pela solução do conflito valorar o peso relativo de cada um deles, identificando os princípios cuja utilização, total ou parcial, será admitida ou afastada.[328] Os princípios se assemelham a "vetores", expressando "forças" que exigem que seja calculada uma "resultante".[329] O princípio preterido preserva a sua força normativa, mas deixa de incidir na situação concreta. Acresça-se que a intensidade do juízo valorativo realizado na solução da colisão é inversamente proporcional à certeza alcançada, sendo frequentes as discussões e as opiniões divergentes.

Quanto às regras, todas têm igual importância no sistema, não sendo possível a construção de uma escala variável entre elas. Por não apresentarem uma dimensão de peso, o conflito entre elas será resolvido no plano da validade, operação que será direcionada pelos critérios fornecidos pelo próprio ordenamento jurídico: hierárquico (*lex superior derogat inferiori*), cronológico (*lex posterior derogat priori*), de especialidade (*lex specialis derogat generali*) etc. Identificado o conflito, somente uma das regras será válida.

Dworkin ressalta que nem sempre estará claro se uma disposição normativa caracteriza uma regra ou um princípio. Como exemplo, lembra que a Primeira Emenda à Constituição norte-americana obsta que o Congresso limite a liberdade de expressão: concebendo-a como uma regra, como um direito absoluto, ter-se-ia a inconstitucionalidade de qualquer lei que a restringisse (*v.g.*: punindo os crimes contra a honra); vendo-a como um princípio, seriam justificáveis as restrições baseadas em outro *principle* ou *policy* que, nas circunstâncias, tenha peso suficiente para permitir a restrição.[330]

Em alguns casos, a distinção entre regras e princípios é sensivelmente volátil.[331] Nesse particular, o Supremo Tribunal dos Estados Unidos foi instado a se pronunciar sobre a natureza jurídica da disposição contemplada na Seção I da *Lei Sherman*, que declarava nulos os contratos que restringissem o comércio: é uma regra, cujo efeito é a invalidação de todos os contratos que restrinjam o comércio, ou é um princípio, caso em que somente permitiria a invalidação de um contrato em não havendo outros princípios específicos que apontassem para solução diversa? Apesar de interpretar o dispositivo como regra, o Tribunal entendeu estar nele ínsito o adjetivo "irrazoável",

---

[327] DWORKIN, Ronald. *Taking rights seriously*. Massachusetts: Harvard University Press, 1999. p. 18.
[328] DWORKIN, Ronald. *Taking rights seriously*. Massachusetts: Harvard University Press, 1999. p. 26-27.
[329] Cf.: ZAGREBELSKY, Gustavo. *Il diritto mite*: legge, diritto, giustizia. Torino: Einaudi, 2010. p. 96.
[330] DWORKIN, Ronald. *Taking rights seriously*. Massachusetts: Harvard University Press, 1999. p. 27.
[331] DWORKIN, Ronald. *Taking rights seriously*. Massachusetts: Harvard University Press, 1999. p. 170.

logo, somente seriam vedadas as restrições "irrazoáveis".[332] Com isso, permitiu que o dispositivo funcionasse logicamente como regra e, na essência, como princípio. No primeiro caso, ao dispor que, constatada a existência de uma restrição irrazoável, deve o Tribunal considerar o contrato inválido e, no segundo, ao exigir que sejam considerados inúmeros outros princípios concorrentes, consoante circunstâncias econômicas específicas, para decidir se a restrição é, ou não, irrazoável. Conclui que palavras como "razoável", "negligente" e "injusto" condicionam a aplicação das regras em que estão inseridas aos princípios que lhes são correlatos, o que, se não chega a transformar a regra em princípio, certamente lhe confere uma feição dúplice.

A dicotomia entre o caráter "conclusivo" das regras e o "não conclusivo" dos princípios é combatida por Hart a partir de um exemplo ofertado pelo próprio Dworkin: restando comprovado que o neto e herdeiro testamentário havia envenenado o seu avô com o objetivo de evitar qualquer alteração no respectivo testamento, o Supremo Tribunal de Nova York conferiu primazia ao princípio de que ninguém pode beneficiar-se com a sua própria torpeza e afastou a aplicação das regras regentes da sucessão testamentária, que asseguravam a transmissão da herança e não continham nenhuma exceção explícita que pudesse ser invocada nesse caso.[333] Segundo ele, essa seria uma demonstração cabal de que a regra não ostenta um caráter necessariamente "conclusivo":

> Mesmo se descrevermos tais casos (como Dworkin por vezes sugere) não como conflitos entre regras e princípios, mas como um conflito entre o princípio que justifica e explica a regra em análise e um qualquer outro princípio, o contraste pronunciado entre regras de tudo-ou-nada e princípios não-conclusivos desaparece.[334]

Ressalte-se, no entanto, que o Tribunal de Nova York adotou uma metodologia distinta em seu julgamento. A opinião prevalecente estabeleceu uma distinção entre a "letra da lei" e a "lei real", concluindo que os juízes devem construir esta última a partir de textos não isolados historicamente, mas influenciados pela experiência condensada nos princípios gerais do direito.[335] Como se percebe, não foi delineada uma dicotomia entre regras e princípios, de modo a afastar a aplicação das primeiras. Em verdade, o que fez o Tribunal foi direcionar o processo de concretização da regra sucessória com a influência de um princípio geral de direito, terminando por identificar uma exceção não escrita à sua aplicação.

Quanto à distinção entre *principles* e *policies* preconizada por Dworkin, não parece que a primeira categoria esteja adstrita aos direitos individuais ou totalmente imune a influxos políticos e ao estabelecimento de diretrizes de atuação para o legislador. O delineamento de um fim político também é uma forma de manifestação dos princípios. Além disso, como observou Alexy,

---

[332] *Standard Oil vs. United States*, 221 U.S. 1, 60 – 1911; e *United States vs. American Tobacco Co.*, 221 U.S. 106, 180 – 1911.
[333] *Riggs vs. Palmer*, 115 N.Y. 506, 1889, In: DWORKIN, Ronald. *Law's empire*. Massachusetts: Harvard University Press, 2000. p. 15-20.
[334] HART, Herbert L. A. *O conceito de direito* (*The concept of law*). (Trad. A. Ribeiro Mendes). 3. ed. Lisboa: Fundação Calouste Gulbenkian, 2001. p. 324.
[335] DWORKIN, Ronald. *Law's empire*. Massachusetts: Harvard University Press, 2000. p. 19.

não é necessário (erfordelich) nem funcional (zweckmäβig) ligar o conceito de princípio ao conceito de direito individual. As propriedades lógicas comuns a ambos os tipos de princípios a que alude Dworkin com o seu conceito de 'principles in the generic sense' e que aparecem claramente nas colisões de princípios sugerem a conveniência de um conceito amplo de princípio.[336]

Note-se que o arquétipo de positivismo utilizado por Dworkin certamente é compatível com o pensamento oitocentista da Revolução Francesa, que conferia absoluta preeminência à atividade legislativa e era infenso à penetração de vetores axiológicos no sistema, máxime quando tal se desse pela pena dos juízes. No entanto, não se harmoniza com todas as nuances da evolução do pensamento positivista.

Ainda merece menção a absoluta impossibilidade de serem enumeradas, mesmo teoricamente, todas as exceções passíveis de serem introduzidas em uma regra. As vicissitudes da realidade sociopolítica se opõem a qualquer construção que busque erguer um padrão de perfeição com base nessa premissa, sendo sempre possível o surgimento de uma nova hipótese não prevista anteriormente,[337] o que pode ocorrer pelas vias legislativa e interpretativa.[338]

Na doutrina de Robert Alexy, regras e princípios são tipos de normas: (1) formulados com o auxílio das expressões deônticas básicas do comando, da permissão e da proibição; (2) consubstanciam razões para juízos concretos de dever ser, ainda que os princípios "sejam razões de tipo muito diferente"; e (3) exaurem o universo normativo, pois "toda norma é uma regra ou um princípio".[339]

Enquanto as regras impõem determinado padrão de conduta, os princípios são normas jurídicas impositivas de uma *otimização*, ordenando que algo seja realizado na melhor medida possível, podendo ser cumpridos em diferentes graus, sendo este um elemento de diferenciação em relação à teoria de Dworkin.[340] A medida do seu cumprimento, por sua vez, dependerá tanto das possibilidades reais quanto também das possibilidades jurídicas subjacentes ao caso. As regras, por sua vez, ostentariam um caráter disjuntivo, sendo aplicáveis ou não.

A afirmação de que os princípios podem ser cumpridos em diferentes graus resulta do fato de não veicularem comandos definitivos. O comando que deles inicialmente deflui pode ser afastado por razões opostas, sendo que a solução desse conflito não é identificada *a priori*, variando gradativamente conforme os valores em jogo no caso concreto.

O âmbito das possibilidades jurídicas é determinado pelos princípios opostos, que incidem na espécie e que igualmente buscam a prevalência de suas potencialidades, bem como pelas regras que, de algum modo, excepcionam o princípio que se pretende aplicar. Além de encerrarem "comandos de otimização" (*Optimierungsgebote*), que

---

[336] ALEXY, Robert. *Theorie der Grundrechte*. Baden-Baden: Suhrkamp Taschenbuch, 1994. p. 99.
[337] Cf.: ALEXY, Robert. *Theorie der Grundrechte*. Baden-Baden: Suhrkamp Taschenbuch, 1994. p. 89.
[338] Cf.: GARCÍA FIGUEROA, Alfonso. *Principios y positivismo jurídico*. Madrid: Centro de Estudios Políticos y Constitucionales, 1998. p. 174 e ss.
[339] ALEXY, Robert. *Theorie der Grundrechte*. Baden-Baden: Suhrkamp Taschenbuch, 1994. p. 72.
[340] ALEXY, Robert. *Theorie der Grundrechte*. Baden-Baden: Suhrkamp Taschenbuch, 1994. p. 75-77.

variarão consoante as circunstâncias fáticas e jurídicas presentes por ocasião de sua aplicação, os princípios apresentam peculiaridades em relação às regras.

Acresce o jurista alemão que os princípios coexistem e convivem harmonicamente, permitindo que, em caso de colisão, um deles seja preponderantemente aplicado ao caso concreto, a partir da identificação do seu peso e da ponderação com outros princípios, conforme as circunstâncias em que esteja envolto.[341] A colisão não será solucionada com a declaração de nulidade do princípio preterido ou com a utilização de uma cláusula de exceção, afastando a sua incidência por critérios de especialidade. O que se verifica, em verdade, é a momentânea exclusão, no caso concreto, da incidência, total ou parcial, de um princípio, que permanecerá hígido para aplicação futura. Somente em situações excepcionais é que se poderá falar na invalidade dos princípios (*Ungültigkeit von Prinzipien*), o que se dará em decorrência de sua total incompatibilidade com a ordem jurídica, não em virtude dos circunstancialismos do caso concreto (*v.g.*: é o que ocorreria, no direito alemão, com a invocação do princípio de discriminação racial, de todo incompatível com esse sistema).[342]

O conflito entre regras, por sua vez, pode ser solucionado a partir de três caminhos: (a) declarando-se a invalidade de pelo menos uma das regras; (b) entendendo-se que pelo menos uma das regras não é aplicável; ou (c) identificando-se uma "cláusula de reserva" (*Vorbehaltsklausel*) numa das regras em conflito. Com essa última construção, Alexy busca superar a dicotomia traçada por Dworkin, entre o caráter conclusivo das regras e o não conclusivo ou *prima facie*[343] dos princípios: a regra incidirá salvo se houver uma exceção instituída por outra regra ou por um princípio (nesse caso, ocorrerá uma verdadeira principialização da regra, cuja aplicação passa a estar condicionada a um princípio). Em verdade, seria plenamente factível a possibilidade de um princípio introduzir uma cláusula de exceção na regra a ser aplicada, demonstrando que também as regras podem assumir um caráter não conclusivo ou *prima facie*.[344]

Aqui, diferentemente ao que ocorre com os princípios, não se tem um exercício de ponderação, mas uma forma de exclusão, sendo cogente a aplicação da regra ao caso, sempre que verificado o seu substrato fático típico.[345] *Enquanto os conflitos entre regras são dirimidos na dimensão da validade, os conflitos entre princípios o são na dimensão do peso*.[346] Portanto, as regras contêm determinações no âmbito do fático e juridicamente possível, o que significa que a diferença entre regras e princípios, espécies do gênero norma jurídica, é qualitativa e não de grau. Alexy,[347] caminhando em norte contrário ao de Dworkin,[348] entende que as cláusulas de exceção passíveis de serem introduzidas pelos princípios nas regras não comportam uma enumeração sequer teórica.

---

[341] Cf.: ALEXY, Robert. Colisão de direitos fundamentais e realização de direitos fundamentais no estado de direito democrático. (Trad. Luís Afonso Heck). *Revista de Direito Administrativo*, n. 217, p. 67-79, 1999. p. 67 (75).

[342] ALEXY, Robert. *Theorie der Grundrechte*. Baden-Baden: Suhrkamp Taschenbuch, 1994. p. 93-94.

[343] Como observa Miguel Nogueira de Brito, "a noção de prima facie visa estabelecer uma distinção entre obrigações que podem ser afastadas com base em considerações que conduzem à prática de um acto alternativo de conteúdo incompatível e obrigações que, tudo visto, não podem ser afastadas" (BRITO, Miguel Nogueira de. *A Constituição constituinte*: ensaio sobre o poder de revisão da Constituição. Coimbra: Coimbra Editora, 2000. p. 317, nota).

[344] Cf.: ALEXY, Robert. *Theorie der Grundrechte*. Baden-Baden: Suhrkamp Taschenbuch, 1994. p. 89.

[345] ALEXY, Robert. *Theorie der Grundrechte*. Baden-Baden: Suhrkamp Taschenbuch, 1994. p. 77.

[346] ALEXY, Robert. *Theorie der Grundrechte*. Baden-Baden: Suhrkamp Taschenbuch, 1994. p. 78.

[347] ALEXY, Robert. *Theorie der Grundrechte*. Baden-Baden: Suhrkamp Taschenbuch, 1994. p. 88-89.

[348] DWORKIN, Ronald. *Taking rights seriously*. Massachusetts: Harvard University Press, 1999. p. 25 e 74.

As construções de Dworkin e de Alexy demonstram que a distinção existente entre regras e princípios é melhor visualizada a partir da identificação da técnica a ser seguida nas hipóteses de conflito, o que nos leva a encampar a "concepção forte dos princípios". Acresça-se que a relação entre princípios é essencialmente conflitual,[349] isso em razão da maior abertura semântica e do correlato potencial expansivo que possuem, sendo frequente que uma pluralidade de princípios projete a sua força normativa sobre uma mesma situação fático-jurídica.

Na dogmática contemporânea, os princípios podem assumir diversas funções. À guisa de ilustração, podem assumir funções (1) interativa, possibilitando a penetração da moral no direito e rechaçando o positivismo clássico; (2) interpretativa, permitindo a identificação do sentido das disposições normativas e sua contínua adequação aos valores socioculturais existentes por ocasião de sua aplicação; (3) integrativa, contribuindo para aperfeiçoar o conteúdo de outros padrões normativos ou colmatar as lacunas existentes; e (4) ordenatória, estabelecendo diretrizes comportamentais e servindo de paradigma para a aferição da juridicidade do comportamento humano, o que torna imperativo que os fatos, simultaneamente, sejam valorados em conformidade com as regras e os princípios que lhes são subjacentes. Nessa linha, também é possível falar em funções positiva, em razão da influência que exercem na formação e no conteúdo das decisões jurídicas, e negativa, por excluírem os valores colidentes e as normas que os prestigiem.[350]

Note-se que a distinção qualitativa entre regras e princípios, preconizada por Dworkin e Alexy, não deve ser concebida em abstrato, à margem dos métodos de interpretação e do processo de concretização da norma. Ainda que o texto (*programa da norma*), por si, possa ser inicialmente concebido como regra ou princípio, é plenamente factível que, à luz do caso concreto, o mesmo enunciado possa assumir esta ou aquela feição ao fim do processo de concretização.

Não é por outra razão que Prieto Sanchís,[351] apreendendo essa peculiaridade, afirma que regras e princípios não consubstanciam propriamente duas classes de enunciados normativos, mas dois tipos de estratégias interpretativas, sendo realizada a distinção entre ambos *exclusivamente* no momento de sua aplicação.[352] Somente nessa ocasião poderá o intérprete aferir se está perante um conflito entre regras ou uma colisão entre princípios. Também aqui, no entanto, não há óbice a que seja percorrido caminho argumentativamente inverso, de modo a identificar qual dessas espécies normativas é mais suscetível ao surgimento de conflitualidades intrínsecas no curso do processo de interpretação conducente à sua individualização. Essa suscetibilidade, como soa evidente, alcança os princípios em intensidade nitidamente superior às regras.

Contextualizando nossa argumentação na profícua construção teórica desenvolvida por Dworkin e Alexy, é possível observar, de imediato, que os princípios, diversamente

---

[349] Como assinalou Canaris, "os princípios não têm pretensão de exclusividade" (CANARIS, Claus-Wilhelm. *Pensamento sistemático e conceito de sistema na ciência do direito* (*Systemdenken und Systembegriff in der Jurisprudenz*). (Trad. A. Menezes Cordeiro). 5. ed. Lisboa: Fundação Calouste Gulbenkian, 1989. p. 90).

[350] Cf.: LARENZ, Karl. *Derecho justo*: fundamentos de ética jurídica (*Richtiges Recht*: Grundzüge einer Rechtsethik). (Trad. Luis Díez-Picazo). Madrid: Civitas, 2001. p. 33 e ss.

[351] PRIETO SANCHIS, Luis. *Ley, principios, derechos*. Madrid: Dykinson, 1998. p. 51-58.

[352] No mesmo sentido: ÁVILA, Humberto. *Teoria dos princípios*: da definição à aplicação dos princípios jurídicos. 11. ed. São Paulo: Malheiros, 2010. p. 33-34.

das regras, mostram-se muito mais dependentes de referenciais axiológicos no delineamento do seu conteúdo. Os valores, em verdade, são a alma e a essência dos princípios. Em consequência, é factível que a diversidade de valores colhidos no ambiente sociopolítico exigirá do intérprete uma série de decisões para que seja delineado o conteúdo do princípio.

Além da conflitualidade de natureza axiológica, também a identificação dos fins a serem alcançados pelos princípios exigirá uma intensa atividade valorativa por parte do intérprete. Quer se prestigie a dicotomia entre *principles* e *policies* preconizada por Dworkin, quer se elasteça a abrangência dos princípios, tal qual preconizado por Alexy, a conclusão será a mesma: a penetração de referenciais políticos no delineamento do seu conteúdo e a importância que ostentam no estabelecimento de diretrizes públicas de atuação ou de metas a serem alcançadas pelos poderes constituídos exigem que o intérprete realize escolhas de natureza teleológica. Cabe a ele identificar os fins que se harmonizem com os ideais do sistema, ao menos no plano idealístico-formal, e que se ajustem às vicissitudes do ambiente sociopolítico. Esse aspecto é particularmente perceptível ao vermos os princípios como "mandados de otimização", direcionando-se não à prescrição de um comportamento específico, mas sim, à obtenção de um fim, o que acentua a diversidade de comportamentos potencialmente aptos a alcançá-lo.[353]

O fato de as regras estabelecerem padrões de conduta, de "contornos bem definidos", assim considerada a possibilidade de o intérprete apreender o seu conteúdo, o exato comportamento exigido e as consequências estabelecidas para a sua inobservância, bem demonstra que, no plano linguístico, menor será o potencial expansivo das escolhas a serem realizadas. Os princípios, no entanto, face à própria funcionalidade que ostentam, oferecem ao intérprete um campo maior de escolhas em relação aos significados passíveis de serem enquadrados nos "rótulos" que se lhes costuma atribuir (*v.g.*: princípios da segurança jurídica, da confiança legítima etc.). Apesar de o *semântico* preservar a sua importância, o *axiológico*, com toda sua riqueza e mobilidade, em muito o supera.

Ainda que se reconheça que o potencial expansivo de um princípio é limitado pelos princípios opostos, o que aparentemente situa essa relação de antagonismo no plano normativo, é factível que, em momento anterior, no curso do processo de interpretação, os valores, que concorrem para o delineamento de todas as normas do sistema, já terão desempenhado relevante papel na definição de sua essência, conferindo-lhe uma identidade mesmo antes de serem comprimidos ou estendidos em razão do cotejo com outros princípios.

5 Concausas da conflitualidade intrínseca

A multiplicidade de significados que pode surgir a partir de um único programa normativo não é fenômeno direcionado por fatores isolados e independentes entre si. Não pode ser tributada, exclusivamente, às características ou às imprecisões dos enunciados semânticos, às vicissitudes do ambiente sociopolítico, às possibilidades de operatividade da futura norma ou, mesmo, às opções metodológicas do intérprete. O que

---

[353] Cf.: GUASTINI, Ricardo. *Distinguiendo*: estudios de teoría y metateoría del derecho. (Trad. Jordi Ferrer i Beltrán). Barcelona: Gedisa, 1999. p. 149.

se verifica, em verdade, é a confluência de fatores intrínsecos, inerentes ao enunciado normativo; de fatores extrínsecos, que podem apresentar grandes variações de substância e intensidade conforme as decisões tomadas pelo intérprete, responsável direto pela sua seleção e consequente valoração; e de fatores de ordem teórica e metodológica que direcionam o processo de interpretação.

A influência desses fatores na formação da conflitualidade intrínseca ainda apresentará variações conforme o objetivo do intérprete seja delinear a norma constitucional (1) com abstração de qualquer caso concreto que possa justificar a sua aplicação, operação recorrente no ambiente acadêmico, ou (2) com os olhos voltados à aplicação, a um caso concreto, da norma a ser individualizada. No primeiro caso, face à própria situação de abstração em que inseridos os fatores considerados, o que realça a possibilidade de excessos ou retrações, é natural que sejam identificadas dissonâncias em relação aos resultados obtidos em uma interpretação direcionada ao caso concreto. Daí ser comum se dizer que só há verdadeira interpretação no momento de aplicação da norma. Em verdade, há interpretação em ambos os casos, mas, no primeiro, o significado alcançado apresentará contornos nitidamente provisórios e suscetíveis de modificação em razão das especificidades presentes em certos contextos.

Os fatores intrínsecos, em linha de princípio, decorrem da generalidade, da ambiguidade e da vagueza conceitual de certos significantes linguísticos, bem como dos aspectos sintáticos que direcionam a estruturação dos enunciados normativos. Mesmo se a interpretação estiver associada a um caso concreto, a força expansiva dos fatores intrínsecos será sensivelmente ampliada quando o objetivo do intérprete for o de estender a incidência da futura norma a situações rotineiramente não alcançadas por ela. Nesse caso, é comum que textos aparentemente "claros" se tornem extremamente controversos quando necessário aplicá-los a situações imprevistas,[354] o que exige maior esforço do intérprete para a ampliação dos significados possíveis.

Considerando que o contexto exerce grande influência no processo de interpretação, já que a norma, por ser vocacionada à interação com o ambiente, não pode desconsiderar as suas vicissitudes, observa-se, como já antecipamos, que "realidade difusa" e "realidade específica", aquela relacionada ao ambiente sociopolítico, concebido em sua inteireza, esta afeta aos aspectos circunstanciais estritamente relacionados ao caso concreto, podem conduzir à obtenção de significados distintos, influindo no modo como o intérprete vê a possibilidade de expansão dos fatores intrínsecos. O próprio reconhecimento da ambiguidade ou da vagueza semântica pode ser influenciado pela realidade. Como o processo de interpretação se integra à atividade de aplicação da norma, o intérprete, tendencialmente, será levado a explorar o potencial expansivo dos enunciados normativos, de modo a identificar todos os significados que se ajustem às necessidades do caso concreto. Para tanto, levará em consideração as diretivas de significado da "linguagem para propósitos específicos" que utiliza, vale dizer, a linguagem jurídica. Dentre elas, encontra-se a necessária consideração dos significados já sedimentados no ambiente jurídico, em especial aqueles delineados pelos tribunais. Tais significados podem ter sido obtidos a partir da interação do texto com uma "realidade difusa", o que é próprio das

---

[354] PERELMAN, Chaïm. Avoir un sens et donner un sens. *Logique et Analyse*, n. 20, p. 235, dec. 1962. p. 235 (238).

interpretações *in abstracto*, ou pode ter surgido a partir de uma "realidade específica", inerente a uma situação concreta qualquer, mas de contornos distintos daquela submetida ao intérprete na atualidade. Quando a "realidade atual" apresentar peculiaridades em relação às "pretéritas", é plenamente factível que outros significados passem a ser considerados. Na medida em que esses "novos significados" colidam com os "antigos significados", já sedimentados em certos setores (*v.g.*: Tribunal Constitucional, ambiente sociopolítico etc.), ter-se-á a ampliação da conflitualidade intrínseca, e o intérprete, ao decidi-la, há de privilegiar a "realidade atual" em detrimento das demais.

Os fatores extrínsecos têm grande influência na compressão ou na expansão das conflitualidades intrínsecas. Essa afirmação torna-se particularmente nítida ao constatarmos que a agregação de fatores externos à linguagem convencional, como aqueles de natureza histórica, axiológica, ideológica e factual, tanto pode contribuir para aumentar a exatidão do seu significado, quanto, também, fazer com que novos significados sejam descobertos.[355]

Ao decidir quais fatores extrínsecos serão levados em consideração no delineamento do sentido do enunciado normativo, o intérprete realiza escolhas que terão influência direta no resultado do processo de interpretação. Afinal, a redução ou a ampliação desses fatores pode influir sobre a intensidade da conflitualidade intrínseca, reduzindo ou ampliando os significados que se submeterão ao poder de escolha do intérprete. Além do aspecto que poderíamos denominar de "quantitativo", centrado no número de fatores tidos como relevantes, ainda assume especial relevância o aspecto "qualitativo".

A ideia de qualidade indica a intensidade com que cada um dos fatores existentes é levado em consideração, podendo ser analisada nos planos vertical e horizontal. No plano vertical, afere-se o grau de profundidade da análise realizada pelo intérprete, que pode invocar o respectivo fator de modo meramente perfunctório ou buscar exaurir todos os seus aspectos relevantes. No plano horizontal, por sua vez, a análise assume contornos comparativos, devendo o intérprete aferir a qualidade dos diferentes fatores utilizados e identificar aqueles que terão primazia. Em ambos os casos, será evidente a influência sobre a conflitualidade intrínseca.

Tratando-se de processo de interpretação voltado à individualização de normas em abstrato, sem qualquer vinculação a uma situação concreta, o contexto a interagir com o texto tende a abarcar fatores presentes ou futuros, existentes ou previstos, o que faz com que a influência desses fatores seja ampliada e a conflitualidade expandida. Nesse caso, o intérprete, longe de ter a sua atenção direcionada pelas especificidades de uma situação perfeitamente individualizada, deve se preocupar, inclusive, com situações desconhecidas, evitando alcançar, tanto quanto possível, significados que se mostrem parciais, vale dizer, incompatíveis com um conjunto de situações teoricamente alcançáveis por eles. Na interpretação imediatamente conectada a uma situação concreta, esse problema tende a ser amenizado, já que o intérprete terá sua atenção precipuamente direcionada pelas suas especificidades, o que o leva a limitar os fatores extrínsecos considerados. Isso, no entanto, não impede que interpretações *in abstracto* sejam direcionadas pela preocupação com problemas concretos, cuja existência é conhecida ou presumida, ou

---

[355] Cf.: WROBLEWSKI, Jerzy; BÁNKOWSKI, Zenon; MACCORMICK, Neil. *The judicial application of law*. Springer: The Netherlands, 1992. p. 92.

mesmo que interpretações *in concreto* sofram uma influência direta de situações sequer submetidas à apreciação do intérprete, em especial o Tribunal Constitucional, que passa a levar em consideração o potencial expansivo, na realidade, dos significados que irá delinear. Nesse particular, a força vinculante dos precedentes, embora seja uma característica inerente aos sistemas de *common law*, não é de todo desconsiderada nos sistemas de *civil law*. Mesmo nesses sistemas, é natural que as instâncias inferiores sejam direcionadas pela interpretação sedimentada nas instâncias superiores.

A valoração dos fatores intrínsecos e extrínsecos não pode prescindir da adequada identificação do melhor formato e funcionalidade que devem ostentar os enunciados deônticos a serem estruturados pelo intérprete. A interpretação constitucional não prescinde dessa consciência por parte de tantos quantos pretendam adjudicar significados aos significantes interpretados.[356]

Certos enunciados, apesar de plenamente compatíveis com o significado resultante da interação dos fatores anteriormente referidos, podem não se mostrar plenamente operativos para alcançar os objetivos almejados ou, mesmo, maximizar a sua projeção na realidade. Não é de se excluir a possibilidade de um enunciado deôntico impor obrigações ao Poder Público, como a proteção a um direito fundamental, e admitir que o seu cumprimento se dê tanto com um *non facere*, interditando qualquer prática que possa afetar o seu núcleo essencial, quanto com um *facere*, exigindo que sejam disponibilizadas as condições necessárias à sua expansão e pleno gozo.

Além dos fatores intrínsecos e extrínsecos, referenciais de análise que influenciam no delineamento da essência da norma constitucional, observa-se que as opções metodológicas do intérprete, ao assumirem caráter instrumental nesse processo, terminam por direcionar a intensidade dessa influência, podendo ampliá-la ou restringi-la, dificultando ou facilitando a superação das conflitualidades que se formem.

6 Aspectos do contexto ambiental

O enunciado linguístico de natureza normativa, enquanto projeto de regulação funcionalmente direcionado ao ambiente sociopolítico, realidade viva e dinâmica, não pode permanecer indiferente aos distintos fatores que se projetam sobre esse ambiente e concorrem para o seu delineamento. Todo e qualquer enunciado linguístico, normativo ou não, se inter-relaciona com determinados fatores que influem na formação do seu significado e respectivo alcance; essa influência tanto pode contribuir para elucidar os seus contornos semânticos, facilitando a superação de possíveis vaguezas ou ambiguidades (é a "desambiguação" a que se referiu Luzzati),[357] como pode estimular o próprio surgimento desse tipo de interferência no processo de comunicação, o que decorre da agregação de complicadores que o enunciado linguístico, concebido em sua individualidade, não ostentava. Esses fatores são colhidos no universo existencial de cada enunciado, vale dizer, no contexto em que inserido, que pode ser visto sob uma perspectiva linguística ou não linguística. Aliás, remonta aos romanos o brocardo

---

[356] Cf.: BARBER, Sotirius A.; FLEMING, James A. *Constitutional interpretation*. New York: Oxford University Press, 2007. p. 11.

[357] LUZZATI, Claudio. *L'interprete e il legislatore*: saggio sulla certezza del diritto. Milano: Giuffrè, 1999. p. 623.

"lex non est textus sed contextus". Alguns autores reservam o designativo *contexto* ao universo linguístico, referindo-se ao não linguístico como *situação*.[358]

O contexto linguístico alcança todos os fatores de natureza homônima que apresentem algum tipo de conexão com o enunciado interpretado, o que pode redundar em sucessivos níveis de dependência e generalidade, principiando pelas relações com os demais significantes e enunciados inseridos no texto: avançando pelas relações do texto com outros textos, até alcançar as relações entre conjuntos de textos, cada qual representando um sistema específico. Não é incomum que o contexto linguístico seja dividido em distintos setores disciplinares, formando universos distintos e relativamente independentes, de modo que as conexões linguísticas permaneçam adstritas a cada um desses setores. Essa separação é particularmente perceptível em relação aos distintos ramos do direito, sendo possível que um mesmo significante linguístico ostente significados diversos, conforme o ramo em que utilizado.[359]

Especificamente em relação à Constituição, as conexões linguísticas podem assumir contornos intra, infra ou supraconstitucionais.

As conexões intraconstitucionais refletem as articulações entre os distintos enunciados linguísticos que formam a ordem constitucional, sendo natural que os contornos semânticos de alguns deles ou, de modo mais exato, das normas a que deram origem, possam influir no significado a ser atribuído a outras partes do texto. É de se notar, ainda, que essa influência não apresenta contornos de absoluta linearidade. Explica-se: é possível que certas partes do texto assumam maior ou menor relevância conforme o significado que o intérprete esteja inclinado a escolher,[360] o que exige sensibilidade para que a interpretação leve efetivamente em consideração todas as variáveis envolvidas. Como os distintos enunciados linguísticos se interpenetram, o que não pode ser negligenciado pelo intérprete, é possível afirmar que, na individualização de cada norma constitucional, é a Constituição em sua integridade que será objeto de interpretação.

As conexões infraconstitucionais se desenvolvem a partir das relações entre a Constituição e os demais atos normativos da ordem jurídica interna, editados sob sua égide ou por ela recepcionados. Nesse caso, embora seja voz corrente ser de todo inadequada a "interpretação da Constituição conforme as leis",[361] é plenamente factível que as leis contribuam para a sedimentação de uma relação estável entre significantes e significados específicos, de modo que, uma vez empregado o mesmo significante pela ordem constitucional, seja atraído o uso do significado a que está relacionado. Os denominados conceitos pré-constitucionais tanto podem ser encampados com o significado que possuem no plano infraconstitucional, quanto ser transformados, o que normalmente ocorre por força do contexto, ambiental ou não ambiental. Em qualquer caso, uma vez constitucionalizado, o conceito foge à esfera de disponibilidade do legislador.[362]

---

[358] Cf.: ROSS, Alf. *Direito e justiça (On law and justice)*. (Trad. Edson Bini). São Paulo: Edipro, 2003. p. 143; e MODUGNO, Franco. *Interpretazione giuridica*. Padova: CEDAM, 2009. p. 112 e 136.

[359] Cf.: TRIMARCHI, Pietro. *Istituzioni di diritto privato*. 6. ed. Milano: Giuffrè, 1983. p. 11.

[360] Cf.: MARKOVITS, Richard S. *Matters of principle*: legitimate legal argument and constitutional interpretation. New York: New York University Press, 1998. p. 58.

[361] Cf.: GOMES CANOTILHO, José Joaquim. *Direito constitucional e teoria da Constituição*. 7. ed. Coimbra: Almedina, 2010. p. 1233-1234.

[362] Cf.: GOMES CANOTILHO, José Joaquim; MOREIRA, Vital. *Fundamentos da Constituição*. Coimbra: Coimbra Editora, 1991. p. 54-55.

Exemplo bem sugestivo dessa possibilidade foi oferecido pelo Supremo Tribunal Federal brasileiro: ao interpretar o alcance do substantivo "salários", utilizado, pela Constituição de 1988, como base de cálculo de contribuição social destinada ao custeio da seguridade social (art. 195, I), decidiu pela constitucionalização do conceito já sedimentado na legislação trabalhista e preexistente à ordem constitucional. Com isso, declarou a inconstitucionalidade de lei ordinária que ampliara o conceito de salário previsto na legislação trabalhista e instituíra contribuição social sobre os valores recebidos por avulsos, administradores e autônomos.[363] O mesmo ocorreu ao interpretar o art. 5º, XXXVI, da Constituição de 1988 ("a lei não prejudicará o direito adquirido, o ato jurídico perfeito e a coisa julgada"), decidindo que a "coisa julgada" a que se refere esse preceito é a judicial, não a administrativa, encampando o conceito constante do art. 6º, §3º, da "Lei de Introdução às Normas do Direito Brasileiro", em vigor há várias décadas.[364]

As conexões supraconstitucionais, por sua vez, são aquelas estabelecidas entre a Constituição e os padrões normativos considerados superiores a ela. Se essa possibilidade era de todo impensável à luz do conceito clássico de soberania ("una, indivisível, inalienável e imprescritível")[365] e poder constituinte (soberano e ilimitado),[366] poucas são as vozes que negam, na atualidade, a importância do direito internacional, com especial realce para o *jus cogens*, que atua como limitador ao poder do Estado no âmbito do seu próprio território. O *jus cogens* pode ser visto como uma reunião de *standards* mínimos, "aceita e reconhecida pela sociedade internacional em seu conjunto",[367] especialmente em relação à imperativa proteção dos direitos humanos,[368] à igualdade entre os Estados, à autodeterminação dos povos[369] e à manutenção da paz (*Frieden*),[370] que devem ser incorporados ou respeitados pelas Constituições de cada Estado.[371] É

---

[363] 2ª Turma, RE nº 177.068/RS, Rel. Min. Marco Aurélio, j. em 30.6.1994, *RTJ* nº 159, 1997, p. 349-360.

[364] 1ª Turma, RE nº 144.996, Rel. Min. Moreira Alves, j. em 29.4.1997, *DJ* de 12.9.1997.

[365] DUGUIT, Léon. *Manuel de droit constitutionnel*. 2. ed. Paris: E. de Boccard, 1911. p. 81-82.

[366] Cf.: SIEYÈS, Emmanuel Joseph. *Qu'est-ce que le Tiers-État*. 3. ed. Versailles: D. Pierres, 1789. p. 110 e ss.

[367] Convenção de Viena sobre o Direito dos Tratados, de 1969, art. 53. Essa convenção, como ressaltado por Jorge Miranda, é refratária à ideia de que o consentimento é base necessária do Direito Internacional (MIRANDA, Jorge. *Curso de direito internacional público*. 4. ed. Cascais: Principia, 2010. p. 124).

[368] Nas palavras de Vieira de Andrade, certos direitos fundamentais devem ser considerados "patrimônio espiritual comum da humanidade" (VIEIRA DE ANDRADE, José Carlos. *Os direitos fundamentais na Constituição portuguesa de 1976*. 4. ed. Coimbra: Almedina, 2010. p. 36-37).

[369] Cf.: PERRIN, Georges J. *Droit international public*. Zurich: Schulthess, 1999. p. 519-554; e CORREIA BAPTISTA, Eduardo. *Ius cogens em direito internacional*. Lisboa: Lex, 1997. p. 396 e ss.

[370] Cf.: NIESEN, Peter; EBERL, Oliver. Demokratischer Positivismus: Habermas und Maus. *In*: BUCKEL, Sonja; CHRISTENSEN, Ralph; FISCHER-LESCANO, Andreas (Org.). *Neue Theorien des Rechts*. 2. ed. Stuttgart: Lucius & Lucius, 2009. p. 3 (22).

[371] Cf.: MOREIRA, Vital. O futuro da Constituição. *In*: GRAU, Eros Roberto; SANTIAGO GUERRA FILHO, Willis (Org.). *Direito constitucional*: estudos em homenagem a Paulo Bonavides. São Paulo: Malheiros, 2001. p. 313 (328); e MIRANDA, Jorge. *Manual de direito constitucional*. 6. ed. Coimbra: Coimbra Editora, 2007. t. II, p. 56 e 124 e ss. De acordo com esse último autor, o *jus cogens* seria um limite heterônomo de reforma constitucional, assim considerado aquele que provém das relações com outros ordenamentos jurídicos. Em sentido diverso, defendendo, a partir de exemplos colhidos na história, a inexistência de limites transcendentes ou imanentes ao poder constituinte soberano: BLANCO DE MORAIS, Carlos. *Justiça constitucional*: garantia da Constituição e controlo da constitucionalidade. 2. ed. Coimbra: Coimbra Editora, 2006. t. I, p. 31. Segundo ele, o *jus cogens* pode ser visto "como um limite de validade das normas de Direito Internacional Público, mas não como limite às Constituições dos Estados" (BLANCO DE MORAIS, Carlos. *Justiça constitucional*: garantia da Constituição e controlo da constitucionalidade. 2. ed. Coimbra: Coimbra Editora, 2006. t. I, p. 35); acrescendo que "os limites referidos revestem natureza política, e até jurídica em sede de responsabilidade internacional, mas carecem, em qualquer caso, de valor supraconstitucional" (BLANCO DE MORAIS, Carlos. *Justiça constitucional*: garantia

factível a possibilidade de essas "regras imperativas absolutas",[372] superiores à vontade dos Estados,[373] influírem no delineamento dos significados constitucionais.

Ainda que haja um único significante a ser interpretado, é natural que o seu significado sofra variações conforme a espécie de conexão linguística considerada. No plano das conexões infraconstitucionais, uma diretriz a ser observada pelo intérprete é a de preferir a fonte que melhor se ajuste à natureza da matéria versada.[374] Nessa perspectiva, enunciados linguísticos que utilizem conceitos próprios, por exemplo, do direito civil ou do direito penal, hão de ter o significado influenciado por atos normativos afetos a essa seara. É necessário distinguir, no entanto, as situações em que o conceito, ao ser constitucionalizado, o foi com objetivos diversos daqueles sedimentados em outras searas. Nesse caso, é possível que seja estabelecida uma ruptura com outros paradigmas, prevalecendo, em qualquer caso, a supremacia constitucional.

Em relação ao contexto não linguístico, observa-se que ele absorve um amplo e variado leque de fatores, incluindo aspectos sociopolíticos e econômicos e os contornos culturais da sociedade,[375] propósitos e objetivos tidos como relevantes,[376] ou, mesmo, as peculiaridades de uma situação concreta.[377] Todos amplamente suscetíveis à ação do tempo. As normas constitucionais, enquanto padrões de regulação social, não podem ser individualizadas à margem dessa realidade. Pelo contrário, o seu significado será definido com a necessária influência da totalidade do contexto, mais especificamente com a influência do modo pelo qual o intérprete vê e apreende esse contexto.[378] O processo de interpretação não permanece adstrito ao material fornecido pelas fontes formais, sendo factível que a ele se soma uma multiplicidade de conceitos que delineiam o patrimônio cultural da sociedade e, em *ultima ratio*, do próprio intérprete. É o contexto social que justifica a existência da regulação estatal e estabelece os significados correntes da linguagem utilizada.[379]

A suscetibilidade do texto à influência do contexto é facilmente perceptível com um mero passar de olhos sobre (1) a evolutividade material acompanhada de estabilidade formal oferecida pela mutação constitucional; (2) a declaração de inconstitucionalidade

---

da Constituição e controlo da constitucionalidade. 2. ed. Coimbra: Coimbra Editora, 2006. t. I, p. 37). Malgrado se reconheça que tais limites não podem retirar a validade das normas constitucionais que com eles colidam, é inegável a sua função de referencial de legitimidade, o que poderá ensejar, inclusive, a não aplicação das normas que deles destoem. Esses efeitos, ao influenciarem a força normativa da Constituição e o próprio delineamento da realidade, não permitem a pura desconsideração desses limites.

[372] REUTER, Paul. *Droit international public*. 4. ed. Paris: Presses Universitaires de France, 1973. p. 30.

[373] Cf.: DIEZ DE VELASCO, Manuel. *Instituciones de derecho internacional público*. 13. ed. Madrid: Tecnos, 2002. p. 947.

[374] Cf.: LUCHAIRE, François. De la méthode en droit constitutionnel. *Revue du Droit Public et de la Sience Politique en France et a L'Étranger*, n. 2, p. 275-329, mars./avr. 1981. p. 275 (298).

[375] Cf.: AVELAR FREIRE SANT'ANNA, Alayde. *A radicalização do direito*. Porto Alegre: Sérgio Antonio Fabris, 2004. p. 37 e ss.

[376] Cf.: WROBLEWSKI, Jerzy; BÁNKOWSKI, Zenon; MACCORMICK, Neil. *The judicial application of law*. Springer: The Netherlands, 1992. p. 103-104.

[377] Como ressaltado por Richard Posner, não é incomum que o juiz norte-americano adote uma postura "legalista" ou "não legalista", permanecendo adstrito ou distanciando-se do texto normativo, a partir da reação moral ou emocional (*v.g.*: repulsa, indignação, contentamento etc.) que tenha em relação à conduta de uma das partes envolvidas na lide (POSNER, Richard. *How judges think?* Cambridge: Harvard University Press, 2008. p. 231).

[378] Cf.: BELLERT, I. *La linguistica testuale (On a condition of the coherence of text)*. (Trad. M. Elisabeth Conte) Milano: Feltrinelli, 1977. p. 180.

[379] Cf.: LAVAGNA, Carlos. *Costituzione e socialismo*. Bologna: Il Mulino, 1977. p. 39.

superveniente, em que as vicissitudes da realidade retiram da norma infraconstitucional a compatibilidade que inicialmente ostentava em relação à Constituição; (3) a imposição de restrições aos direitos fundamentais com observância do postulado de proporcionalidade; e (4) a resolução de conflitos principiológicos com o recurso à técnica da ponderação.

Se a multiplicidade de fatores que compõem o contexto não linguístico é facilmente perceptível, o mesmo pode ser dito em relação à sua falta de sistematização e à indeterminação da exata influência que exercem na atribuição de significado aos significantes normativos. A falta de coerência que reina nessa seara não tem impedido que tais fatores sejam constantemente considerados pelo intérprete, não de modo uniforme, mas com evidentes variações qualitativas e quantitativas. Essas variações costumam ser influenciadas pelos referenciais ideológicos encampados pelo intérprete e pela teoria da interpretação adotada. Na medida em que cada intérprete enumera os fatores que têm por relevantes e atribui a cada um deles o peso que lhe pareça mais adequado às peculiaridades espaciais, temporais e pessoais que envolvem o processo de interpretação, afigura-se evidente que as escolhas a serem realizadas terão influência direta no delineamento dos significados em potencial.

É possível, no entanto, traçar alguns balizamentos à escolha desses fatores.

O primeiro deles reside na necessidade de o intérprete manter-se adstrito àqueles fatores que estejam conectados à situação concreta e ao enunciado linguístico escolhido como base do processo de interpretação. Somente esses fatores podem ser considerados relevantes, não aqueles que somente encontrem ressonância na pré-compreensão e nas aspirações pessoais do intérprete.

Um segundo balizamento consiste na constatação de que, embora não seja possível atribuir contornos puramente objetivos a escolhas dessa natureza, o intérprete somente encontrará receptividade por parte dos demais participantes do processo de comunicação normativa caso consiga "generalizar" seus argumentos. Argumentos empíricos dessa natureza não podem destoar da base cultural[380] e dos padrões de racionalidade já sedimentados no ambiente sociopolítico,[381] isso sob pena de serem desautorizadas as conclusões alcançadas. A invocação das regras de experiência, do senso comum, do *acquis* social e de outras formas de expressão do consenso ou, simplesmente, da ampla convergência, são recursos úteis para o intérprete.

O terceiro balizamento, particularmente útil nas situações de internormatividade, consiste na necessidade de o intérprete considerar os fatores de natureza normativa que podem influenciar na interpretação do enunciado linguístico. Trata-se de imperativo de coerência que assegura a unidade do sistema constitucional.

O quarto balizamento indica que esses fatores nem sempre ostentarão o mesmo grau de importância, tanto no que diz respeito à situação concreta, quanto em relação ao enunciado linguístico interpretado. É possível, assim, que seja estabelecida uma ordem de preferência entre eles, ordem esta que não deve destoar dos *standards* normalmente seguidos no ambiente sociopolítico.

---

[380] As questões afetas à base cultural serão objeto de maior desenvolvimento na seção 2.2 do Capítulo II, intitulada "A tríade estrutural da comunicação normativa: linguagem, cultura e pensamento".
[381] Cf.: ALEXY, Robert. *Teoria da argumentação jurídica* (*Theorie der Juristischen Argumentation*). (Trad. Zilda Hutchinson Schild Silva). São Paulo: Landy, 2001. p. 226.

A interação entre texto e contexto torna-se particularmente intensa nas situações em que o intérprete, ao individualizar a norma constitucional, deva realizar juízos valorativos mais amplos. Isso é bem perceptível em relação aos princípios constitucionais, tanto explícitos, que têm o seu designativo atribuído pela própria Constituição, restando ao intérprete o delineamento do seu conteúdo, quanto implícitos, que são integralmente construídos a partir das demais normas do sistema. Face à sua evidente polissemia, ao que se soma a total abertura dos objetivos a que estão atrelados, os princípios são mais suscetíveis à dinâmica dos fatores extrínsecos.

A influência do contexto não linguístico e a pluralidade de conflitualidades intrínsecas que dele se desprendem, embora assumam inegável importância no processo de interpretação, não podem chegar ao extremo de contribuir para o delineamento de significados que não mantenham qualquer conexão com os enunciados textuais interpretados. Constatando-se que o significado almejado, único aceitável no ambiente sociopolítico, é absolutamente incompatível com os significados possíveis, ter-se-á de concluir que o intérprete, ao resolver as conflitualidades intrínsecas e delinear o sentido da norma constitucional, terá que optar entre prestigiar a validade social e a validade jurídica. Em situações de divergência extrema, como essa, o intérprete jamais logrará êxito em encontrar significados que se mostrem adequados aos postulados de racionalidade da interpretação constitucional.

Ao delinear uma norma que tenha validade social, mas que se distancie da juridicidade, o intérprete atuará de modo arbitrário, *contra constitutionem*, ignorando os limites da base linguística que confere sustentação ao processo de interpretação. Por outro lado, afastando-se por completo dos fatores que permitem que seja atestada a conexão entre texto e contexto ambiental, o intérprete comprometerá a eficácia social da norma encontrada. Ausente um padrão mínimo de aceitação social, a consequência possível será a paulatina ocorrência da denominada derrogação costumeira ou desuso.[382]

O desuso reflete o marco final de um processo de não recepção social que se inicia com a identificação da total dissociação entre texto e contexto. Enquanto, de início, verifica-se uma nítida resistência ao acolhimento da norma, a não modificação do contexto pela via normativa, consequência absolutamente normal quando estiver em jogo a própria identidade da sociedade, faz com que essa resistência assuma contornos absolutos e se transmude em indiferença, momento em que se deixa de atribuir imperatividade ao significado passível de ser atribuído ao texto normativo. Esse efeito, como soa evidente, pressupõe a realização de intensos juízos de valor pelos participantes do processo de comunicação normativa.[383]

A aceitação, em verdade, reflete o "fundamento psicossocial da Constituição", vinculado à cultura de cada sociedade, que se manifesta na crença de que é justo e benéfico o acolhimento da norma constitucional.[384] Ausente esse fundamento, a norma, não obstante juridicamente hígida, será socialmente inválida, o que compromete a sua

---

[382] Cf.: ALEXY, Robert. *Begriff und Geltung des Rechts*. Freiburg/München: Karl Alber GmbH, 2002. p. 147.
[383] Cf.: PECZENIK, Aleksander. *On law and reason*. 2. ed. The Netherlands: Springer, 1989. p. 29.
[384] Cf.: GONÇALVES FERREIRA FILHO, Manoel. *Aspectos do direito constitucional contemporâneo*. 3. ed. São Paulo: Saraiva, 2009. p. 54-62.

efetiva projeção na realidade.[385] Pelegrino Rossi, aliás, há muito observara a necessidade de existir um liame moral entre os homens e as instituições, sem o qual nada é sólido ou regular.[386] Caso contrário, o que se verificará será o caminhar de referenciais pragmáticos e jurígenos em direções opostas, fazendo com que a "Constituição de fato" supere a "Constituição legal", que será conservada em relicário, destituída de sua própria força normativa.[387] É justamente essa a diferença entre "ter" e "estar" em Constituição.[388] Quando o jurígeno é desconsiderado em prol do pragmático, também as concepções de justiça e correção passam a ser colhidas exclusivamente nesse plano, o que se dá com o recurso a instrumentos "extrametódicos", sendo a política o mais proeminente de todos.[389]

A individualização do contexto não linguístico apresenta uma íntima correlação com o fator tempo. O ambiente sociopolítico é mutável por excelência, o que demonstra, em contraste com a permanência e a estabilidade do texto, a presença de uma variável essencialmente cambiante, que, ao interagir com ele, influenciará no delineamento do seu significado.

Ao analisar e valorar os enunciados objeto de interpretação em conjunto com o contexto, linguístico e não linguístico, o intérprete tende a reduzir a margem de indeterminação que naturalmente acompanha os seus contornos semânticos.[390]

---

[385] Maria Helena Diniz visualiza a existência de uma "lacuna ontológica" nas situações em que a eficácia jurídica não corresponda à eficácia social (DINIZ, Maria Helena. *Norma constitucional e seus efeitos*. 8. ed. São Paulo: Saraiva, 2009. p. 70).

[386] ROSSI, Pelegrino. *Cours de droit constitutionnel professé à la Faculté de Droit de Paris*. 5. ed. Paris: Guillaumin, 1884. v. 1, p. LXI.

[387] Cf.: CRISAFULLI, Vezio. *Stato, popolo, governo*: illusioni e delusioni costituzionali. Milano: Giuffrè, 1985. p. 286.

[388] Cf.: LUCAS VERDU, Pablo. *Teoría de la Constitución como ciencia cultural*. 2. ed. Madrid: Dykinson, 1998. p. 43-45.

[389] Cf.: VOLPI, Franco. Herméneutique et philosofie pratique. *Journal of Legal Interpretation (Reasonableness and Interpretation)*, Münster: LIT, p. 11-42, 2003. p. 11 (12).

[390] Cf.: MODUGNO, Franco. *Interpretazione giuridica*. Padova: CEDAM, 2009. p. 137.

CAPÍTULO II

PLANOS DE PROJEÇÃO DA CONFLITUALIDADE INTRÍNSECA

1 Aspectos introdutórios

A conflitualidade intrínseca, enquanto incidente argumentativo conducente a uma pluralidade de significados divergentes, exigindo decisões por parte do intérprete, pode ser contextualizada em incontáveis planos de análise, todos dependentes dos valores ou interesses que o intérprete considere relevantes e que possam, de algum modo, se manifestar nos significados divergentes. Nesse sentido, seria possível falarmos em conflitualidades intrínsecas nos planos linguístico, histórico, sistêmico, teleológico, lógico, racional, dos direitos, dos deveres, da laicidade, do livre comércio, do dirigismo contratual etc. Essa multiplicidade de planos de análise, no entanto, pode ser sensivelmente simplificada ao constatarmos que o processo de interpretação constitucional está comprometido com certos objetivos primários, que aglutinam incontáveis objetivos secundários. Pierandrei, ao analisar a interpretação em sentido lato e sem qualquer preocupação com a sistematização das conflitualidades intrínsecas, delineou, com perfeição, a essência desses objetivos primários. De acordo com o jurista italiano,[391] a interpretação pode ser definida como a atividade destinada a declarar o sentido e o significado de certos atos, de modo que, partindo de um "dado real (forma representativa), tende à determinação de um valor e de seu alcance".

O "dado real", como é intuitivo, nada mais é que o enunciado linguístico interpretado, cujos contornos léxicos e gramaticais podem abrigar uma pluralidade de significados, todos formados a partir dos influxos recebidos do contexto. Por refletir o limiar do processo de interpretação e indicar os limites estabelecidos para a atividade do intérprete, o plano linguístico assume singular importância no estudo das conflitualidades intrínsecas.

Apesar de todo e qualquer significado normativo ser expresso por meios linguísticos, a conflitualidade não está limitada a esse plano. Justifica-se a afirmação: na medida em que cada significado pode realçar um aspecto específico da realidade e da regulação estatal, a opção por qualquer dos significados possíveis será necessariamente influenciada

---

[391] PIERANDREI, Franco. L'interpretazione delle norme costituzionali in Italia. *In: Scritti di diritto costituzionale.* Torino: Giappichelli, 1964. v. 2, p. 645 (647).

pela preeminência atribuída a um dado aspecto. Volvendo à definição de Pierandrei, observa-se que esses aspectos estão primordialmente consubstanciados na determinação do "valor" e do seu "alcance".

Toda e qualquer norma, constitucional ou não, há de ter um valor subjacente a ela. Por não assumir contornos puramente formais, mas sim axiológicos, é factível que o valor acompanha a essência da norma, vale dizer, o seu significado. Identificada uma pluralidade de significados reconduzíveis aos enunciados linguísticos interpretados, é factível que esses significados podem aderir a valores distintos, de modo que a opção por qualquer destes tende a apresentar reflexos imediatos na escolha daqueles. Observa-se, em consequência, que a resolução da conflitualidade verificada no plano axiológico tem efeito direto no plano linguístico, já que o significado atribuído à norma pode variar conforme os valores a que o intérprete atribua preeminência.

A norma, enquanto padrão de regulação social, sempre estará associada à realização de um fim, razão de ser de sua própria existência. Face à diversidade de bens e interesses tutelados pela ordem jurídica, é natural que cada significado reconduzível ao enunciado linguístico interpretado possa apresentar variações em relação aos fins a serem realizados e à intensidade em que isso ocorrerá. A superação da conflitualidade no plano teleológico permitirá que seja identificado o "alcance" que se pretende atribuir à norma e, por via reflexa, o significado que melhor se ajusta a esse objetivo.

Ao delinear o sentido da norma constitucional, resultado da atividade intelectiva que agrega significado ao significante interpretado, o intérprete necessariamente levará em consideração os referenciais de *texto, valor* e *fim*. A norma, no entanto, face às suas próprias características existenciais, há de interagir com a realidade de algum modo, o que ocorre com o estabelecimento de permissões, proibições, imposições ou declarações técnicas, sendo esta última categoria normalmente reconduzida às anteriores. É justamente a identificação desse modo de interação que caracteriza a conflitualidade intrínseca no plano operativo.

2 A conflitualidade no plano linguístico

Face à própria essência da linguagem, concebida como um "sistema de comunicação"[392] que operacionaliza a transmissão e o recebimento da informação,[393] pode-se afirmar que ela consubstancia o principal veículo de estruturação do direito. Afinal, todo ordenamento jurídico, escrito ou não escrito, é suscetível de ser convertido em palavras.[394] A estrita conexão existente entre direito e linguagem,[395] que se reflete na

---

[392] Cf.: McMENAMIN, Gerald R.; CHOI, Dongdoo. *Forensic linguistics*: advances in forensic stylistics. Florida: CRC, 2002. 2002, p. 2; BLOOMER, Aileen; GRIFFITHS, Patrick; MERRISON, Andrew. *Introducing language in use*: a coursebook. Onix: Routledge, 2005. p. 15; e DEBRIX, François. *Language, agency, and politics in a constructed world*. New York: M. E. Sharpe, 2003. p. 13-14.

[393] Cf.: ECO, Umberto. *A theory of semiotics*. USA: Indiana University Press, 1979. p. 32.

[394] Cf.: KELSEN, Hans. *Teoria geral das normas (Allgemeine Theorie der Normen)*. (Trad. José Florentino Duarte). Porto Alegre: Sergio Antonio Fabris, 1986. p. 41; e ROBLES, Gregório. *O direito como texto*: quatro estudos de teoria comunicativa do direito. São Paulo: Manole, 2005. p. 2. Na síntese do autor: "direito é texto".

[395] Sobre a distinção entre idioma e dialeto vide: WARDHAUGH, Ronald. *An introduction to sociolinguistics*. 5. ed. Malden: Wiley-Blackwell, 2006. (Blackwell Textbooks in Linguistics, v. 4.), p. 27-42; HUDSON, Richard A. *Sociolinguistics*. 2. ed. Cambridge: Cambridge Universtiy Press, 1996. p. 21 e ss.; e DOWNES, William. *Language*

formação de padrões normativos e no seu aprofundamento científico em bases quase que inteiramente linguísticas,[396] torna inevitável que questões de ordem semântica e sintática influam no plano da juridicidade, delineando os "segmentos" subjetivo, objetivo e temporal da norma.[397] Essa inter-relação assume especial relevância ao constatarmos que a produção normativa encontra-se normalmente descontextualizada dos eventos e participantes sobre os quais se projetará, o que faz surgir a necessidade de contínua reconstrução do seu sentido, inevitavelmente influenciado por vicissitudes de ordem espacial e temporal.

A atribuição de sentido ao texto normativo, calcada nas especificidades do caso concreto, deve necessariamente se preocupar com a análise da linguagem, que assume especial relevância em dois planos, complementares e inseparáveis: o da forma e o da função.[398] A forma absorve os aspectos gramaticais, as suas características semânticas e sintáticas, que direcionam a sua estruturação de modo a viabilizar o processo de comunicação. A função, por sua vez, diz respeito ao uso da linguagem como instrumento de comunicação e interação humana. Enquanto a exclusiva análise da forma permitirá que sejam alcançadas definições do *tipo lexical*, como aquelas oferecidas pelos dicionários, suscetíveis de serem consideradas verdadeiras ou falsas, a análise da função, exigindo a interação da forma com a realidade, ensejará definições do *tipo especulativo*, dando ensejo a verdadeiras decisões linguísticas, necessárias não só para superar as interferências do processo de comunicação (*v.g.*: a ambiguidade ou a vagueza dos enunciados utilizados), como também para definir o alcance dos significados encontrados.[399]

No plano jurídico, é necessário identificar, em um primeiro momento, como a linguagem desempenha a sua função de comunicação normativa e como a denominada linguagem jurídica tem sido estruturada à luz da funcionalidade que deve desempenhar. Avançando da função para a forma, deve ser aferida a possibilidade de plena compreensão dos significantes linguísticos normativos, as causas de interferência no processo de individualização do significado e os mecanismos utilizados para superá-las.

---

and society. 2. ed. Cambridge: Cambridge University Press, 1998. p. 16-18; AKMAJIAN, Adrian. *Linguistics*: an introduction to language and communication. 5. ed. Massachusetts: MIT, 2001. p. 275 e ss.; MILROY, Lesley; GORDON, Matthew J. *Sociolinguistics*: method and interpretation. Malden: Wiley-Blackwell, 2003. p. 16 e ss.; e McMENAMIN, Gerald R.; CHOI, Dongdoo. *Forensic linguistics*: advances in forensic stylistics. Florida: CRC, 2002. p. 52.

[396] Como afirmou Gibbons, "o direito é a mais linguística das instituições" (GIBBONS, John. Taking legal language seriously. *In*: GIBBONS, John *et al*. (Org.). *Language in the law*. Índia: Orient Longman, 2004. p. 1 (1)) ou, de modo mais enfático, "uma esmagadora instituição linguística" (GIBBONS, John. *Forensic linguistics*: an introduction to language in the justice system. Cornwall: Wiley-Blackwell, 2003. p. 1), estando "necessariamente associado à linguagem" (Cf.: MATTILA, Heikki E. S. *Comparative legal linguistics*. Hampshire: Ashgate, 2006. p. 6). Em *ultima ratio*, "o direito não existiria sem a linguagem" (TROSBORG, Anna. *Rhetorical strategies in legal language*: discourse analysis of statutes. Tübingen: Günter Narr, 1997. p. 19). Afinal, a "linguagem é o meio pelo qual o direito atua" (BIX, Brian. *Law, language and legal determinacy*. New York: Oxford University Press, 2003. p. 1); vale dizer, "é o veículo por meio do qual o direito é transmitido, interpretado e executado em todas as culturas" (LEVI, Judith N.; WALKER, Anne Graffam. *Language in the judicial process*. New York: Plenum Press, 1990. p. 4). Também encampando a metáfora do veículo: SCHNEIDEREIT, Gaby. *Legal language as a special language*: structural features of English legal language. Germany: Green, 2007. p. 4.

[397] Cf.: GOMES CANOTILHO, José Joaquim; MOREIRA, Vital. *Fundamentos da Constituição*. Coimbra: Coimbra Editora, 1991. p. 49.

[398] Cf.: McMENAMIN, Gerald R.; CHOI, Dongdoo. *Forensic linguistics*: advances in forensic stylistics. Florida: CRC, 2002. p. 2.

[399] Cf.: CARRIÓ, Genaro R. *Notas sobre derecho y lenguaje*. 5. ed. Buenos Aires: Abeledo-Perrot-LexisNexis, 2006. p. 92-93.

O positivismo de contornos formalistas, como observa Ortony,[400] ao partir da premissa de que a descrição da realidade física era um modo de manifestação da ciência, caracterizada pela precisão e, consequentemente, pela ausência de ambiguidade, via a linguagem literal como a ferramenta mais apropriada para a veiculação da normatividade estatal. Em razão da transparência da linguagem, que ostentaria um significado de face, e ao vínculo que a conectaria à realidade, seria ela, e tão somente ela, a base sobre a qual se desenvolveria o processo de interpretação. Se a supremacia da linguagem e sua indiferença à influência de fatores extrínsecos, não passíveis de concorrer no delineamento do seu significado, não possuem muitos seguidores na atualidade, é inegável que a linguagem continua a desempenhar um papel de vital importância no processo de interpretação, já que direciona e limita a atividade do intérprete.

Na atualidade, os enunciados linguísticos normativos, a exemplo das obras de arte, têm sido vistos, guardadas as devidas proporções, como uma "obra aberta", isso para utilizarmos o conceito de Umberto Ecco:[401] são formas completas e fechadas, quando vistas na sua perfeição de organismo perfeitamente individualizado, e abertas face à possibilidade de serem interpretadas de modos diversos, sem que sua singularidade resulte alterada. Daí a existência de uma verdadeira "tensão constitutiva"[402] entre os significantes e os significados que lhes serão atribuídos no caso concreto.

Quanto ao modo em que é veiculada, a linguagem é um sistema que utiliza sinais físicos para exprimir significados.[403] Pode ser escrita ou não escrita, incluindo-se sob esta última epígrafe a comunicação por meio de sons, gestos, imagens e símbolos. No plano jurídico, a linguagem apresenta nítidas nuances, conforme seja analisada em uma ou outra dessas vertentes. A linguagem escrita, essencialmente monológica, é o meio natural de veiculação da produção normativa e de inúmeros atos derivados, como os contratos e o registro dos atos processuais. A linguagem falada, por sua vez, é interativa e dinâmica, prevalecendo no trato direto entre os profissionais do direito.[404] Em uma investigação voltada à compreensão da origem e dos mecanismos de resolução das conflitualidades intrínsecas, é à linguagem escrita, meio de veiculação da Constituição formal, que se deve dispensar a devida atenção.

As conflitualidades intrínsecas que surgem no plano linguístico estão intimamente associadas ao dinamismo da linguagem, fenômeno essencialmente cultural e sensível às vicissitudes da percepção humana no processo de comunicação. Os significantes, com isso, passam a se harmonizar com significados amplamente cambiáveis, exigindo valorações e escolhas por parte do intérprete. Além dos aspectos afetos à própria essência

---

[400] Cf.: ORTONY, Andrew. Metaphor, language and thought. In: *Metaphor and thought*. 2. ed. Cambridge: Cambridge University Press, 1993. p. 1 (1-2).

[401] ECO, Umberto. *Opera aperta*: forma e indeterminazione nelle poetiche contemporanee. Milano: Bompiani, 1993. p. 34.

[402] GOMES CANOTILHO, José Joaquim. *Constituição dirigente e vinculação do legislador*: contributo para a compreensão das normas constitucionais programáticas. 2. ed. Coimbra: Coimbra Editora, 2001. p. 59.

[403] Cf.: WEISLER, Steven; MILEKIC, Slavoljub P. *Theory of language*. Massachusetts: MIT Press, 2000. p. 125. Os sinais, como afirmava o clássico Charles Morris, estão para as ciências humanas como o átomo está para as ciências físicas e a célula para as biológicas (MORRIS, Charles William. *Foundations of the language of signs*. 5. ed. Chicago: University of Chicago Press, 1947. p. 42).

[404] Cf.: GIBBONS, John. *Forensic linguistics*: an introduction to language in the justice system. Cornwall: Wiley-Blackwell, 2003. p. 15.

da linguagem, verifica-se uma dificuldade relativamente frequente na compreensão de significantes e enunciados linguísticos de natureza técnica, como são aqueles empregados em disposições normativas. Esses fatores contribuem para ampliar as interferências no processo de comunicação normativa, somando-se aos ruídos gerados pela ambiguidade e pela vagueza que normalmente acompanham os enunciados linguísticos inseridos na Constituição formal.

2.1 A funcionalidade da linguagem

A linguagem apresenta uma funcionalidade extremamente diversificada: de um lado, é forma de transposição de discursos mentais em significantes compreensíveis pelo intérprete;[405] de outro, direciona a utilização desses significantes a distintos objetivos.[406] É, ainda, forma de sinalização, consciente ou inconsciente, da vinculação do comunicante a um grupo ou a uma esfera territorial específica, contribuindo para o surgimento de referenciais de união e identidade.[407] O acerto dessa afirmação não é comprometido mesmo com a constatação de que países como Bélgica e Suíça alcançaram um referencial de unidade, apesar das divisões linguísticas, ou, mesmo, que a mera comunhão linguística não seja suficiente à obtenção dessa unidade – é o que se verifica com a língua alemã em relação à Áustria e à Alemanha, bem como o inglês, o espanhol e o francês, línguas oficiais de inúmeros Estados independentes entre si. Não é incomum que a força unificante da língua seja preterida por outros elementos, como os de natureza política, religiosa ou étnica.[408]

Face à riqueza da temática, é natural que as classificações existentes sejam extremamente variadas, o que impede que seja estabelecido, entre elas, um traço de uniformidade.[409] Para os fins de nossa exposição, mostra-se particularmente útil a construção ofertada por Tarello,[410] não só em razão de sua coesão estrutural, mas,

---

[405] Como observado por John Catalano, a linguagem não estabelece a conexão direta de pensamentos, mas instrumentaliza essa conexão (CATALANO, John. *Francis Lieber*: hermeneutics and practical reason. Maryland: University Press of America, 2000. p. 48). O acesso à consciência, aliás, é sempre mediado por palavras (Cf.: CORTELLA, Lucio. The rationality of language: philosophic consequences of the hermeneutic paradigm. *Journal of Legal Interpretation (Reasonableness and Interpretation)*, Münster: LIT, p. 55-70, 2003. p. 55 (58)).

[406] As tentativas de atribuir uma unidade funcional a todas as expressões de sentido, que se destinariam, apenas, a descrever estados de fato, foram cognominadas por J. L. Austin de "constative fallacy" (AUSTIN, J. L. *How to do things with words*. Oxford: Oxford University Press, 1962. p. 3). George Berkeley, em momento anterior, já realçava que a mera comunicação de ideias, concebida em sua acepção mais estrita, não esgotava os fins da linguagem, que também influía na formação de paixões e na direção de comportamentos (BERKELEY, George. *A treatise concerning the principles of human understanding (1710)*. Oxford: Jonathan Dancy, 1998. Introdução, p. 89 e ss., itens 19 e 20).

[407] Cf.: TIERSMA, Peter M. *Legal language*. Chicago: The University of Chicago Press, 1999. p. 51; e RAIBLE, Wolfgang. Foundations: theoretical foundations of language universal and language tipology. *In*: HASPELMATH, Martin (Org.). *Language universals and language tipology*: an international handbook. Berlim/NewYork: Walter de Gruyter, 2001, v. 1, t. 1, p. 1 (1).

[408] Cf.: CRISAFULLI, Vezio; NOCILLA, Damiano. Nazione. *In*: *Enciclopedia del diritto*. Milano: Giuffrè, (1977) 2007. v. XXVII, p. 787, §4º.

[409] Hobbes, por exemplo, distinguia o uso geral dos usos especiais da linguagem: o primeiro seria a forma de representar ideias e pensamentos; os últimos refletiriam a impressão da realidade, a transmissão do conhecimento, a transmissão da vontade e a distração pessoal ou coletiva (HOBBES, Thomas. *Leviatã*: ou matéria, forma e poder de um estado eclesiástico e civil (Leviathan: or matter, form and power of a commonweath ecclesiastical and civil). (Trad. Alex Marins). São Paulo: Martin Claret, 2005. p. 32).

[410] TARELLO, Giovanni. *Diritto, enunciati, usi*: studi di teoria e metateoria del diritto. Bologna: Il Mulino, 1974. p. 136.

principalmente, por acentuar a coexistência de comunicações impositivas e de comunicações centradas em referenciais nitidamente axiológicos, destinadas à formação de estados de ânimo, positivos ou negativos.

De acordo com Tarello, em classificação simplificada e que absorve a essência das distintas teorias existentes, a linguagem pode apresentar contornos *cognoscitivos*, *preceptivos* ou *expressivos*, conforme busque, respectivamente, (1) formular e transmitir conhecimento e informação, (2) dirigir ou influir sobre o comportamento dos seres humanos e (3) exprimir ou suscitar estados de ânimo.[411] É importante ressaltar, com G. H. von Wright,[412] que a funcionalidade da linguagem nem sempre será identificada com a só análise dos aspectos semânticos e sintáticos dos enunciados utilizados: tanto é possível formular uma oração preceptiva utilizando o verbo no modo indicativo, sendo a sua verdadeira função extraída dos valores envolvidos ou do contexto em que empregada (*v.g.*: o enunciado formalmente descritivo "a casa é asilo inviolável do indivíduo", previsto no art. 5º, XI, da Constituição brasileira de 1988, tem indiscutível função preceptiva, o que se deduz do sistema de direitos fundamentais encartado nessa ordem constitucional), como uma oração cognoscitiva recorrendo ao imperativo. No caso dos enunciados prescritivos, em especial no âmbito normativo, é comum o recurso a significantes "deônticos", como "permitido" e "obrigatório", e a significantes "modais", como "necessário" e "possível".[413]

Enunciados prescritivos, vocacionados à modificação de aspectos da realidade, podem alcançar, ou não, os seus objetivos. Diversamente dos enunciados cognitivos ou descritivos, somente se harmonizam com o qualificativo de justos ou injustos, convenientes ou inconvenientes.[414] A impossibilidade de serem intitulados de verdadeiros ou falsos decorre da constatação de que não veiculam descrições da realidade: são prescritivos, não descritivos.[415] De qualquer modo, além da "força prescritiva", que é a aptidão para modificar o comportamento dos destinatários,[416] sempre serão associados a um significado, a exemplo dos enunciados cognoscitivos e expressivos, qualidade imprescindível para que possam dirigir ou influir sobre o comportamento alheio.[417] Partindo da distinção entre os usos descritivo e prescritivo da linguagem, é possível

---

[411] A essas categorias Genaro Carrió acresce o uso "operativo" da linguagem, que absorveria as situações não enquadráveis nas demais categorias e que tivessem relevância no ambiente jurídico-social (*v.g.*: o ato de instituição de herdeiro testamentário) – CARRIÓ, Genaro R. *Notas sobre derecho y lenguaje*. 5. ed. Buenos Aires: Abeledo-Perrot-LexisNexis, 2006. p. 20-21. Santiago Nino, por sua vez, fala em uso operativo quando as palavras empregadas refletem a própria realização da ação a que se referem (*v.g.*: a frase "juro dizer a verdade" reflete precisamente a ação de jurar) – SANTIAGO NIÑO, Carlos. *Introducción al análisis del derecho*. 2. ed. Buenos Aires: Astrea, 2005. p. 64. Face à vagueza da proposta de Carrió e ao evidente contorno cognoscitivo que ostentam ambas as construções, isso por delinear a informação a ser difundida, permanecemos adstritos à classificação de Tarello, suficiente aos propósitos aqui almejados.

[412] VON WRIGHT, Georg Henrik. *Norm and action*: a logical enquiry. Londres: Routledge, 1963. p. 105.

[413] Cf.: SANTIAGO NIÑO, Carlos. *Introducción al análisis del derecho*. 2. ed. Buenos Aires: Astrea, 2005. p. 65.

[414] Cf.: SANTIAGO NIÑO, Carlos. *Introducción al análisis del derecho*. 2. ed. Buenos Aires: Astrea, 2005. p. 65; e KALINOWSKI, G. Les performatifs en droit: sur la distinction entre le langage prescriptif et le langage performatif. *In*: DI BERNARDO, Giuliano. *Normative structures of the social world*. Amsterdam: Rodopi, 1988. v. 11, p. 205 (205).

[415] Cf.: VON WRIGHT, Georg Henrik. *Norm and action*: a logical enquiry. Londres: Routledge, 1963. p. 105; e GUASTINI, Ricardo. *Distinguiendo*: estudios de teoría y metateoría del derecho. (Trad. Jordi Ferrer i Beltrán). Barcelona: Gedisa, 1999. p. 59.

[416] Cf.: GAVAZZI, Gaetano. *Elementi di teoria del diritto*. 2. ed. Torino: Giappichelli, 1984. p. 21.

[417] Cf.: MODUGNO, Franco. *Interpretazione giuridica*. Padova: CEDAM, 2009. p. 32.

estabelecer a dicotomia entre proposições e normas: enquanto as primeiras veiculam o significado dos enunciados linguísticos utilizados para transmitir conhecimento e informação, as segundas refletem o significado dos enunciados linguísticos utilizados para dirigir atitudes e comportamentos.[418]

Embora a função preceptiva (2), ao indicar o que deve ser, seja aquela desempenhada pela linguagem normativa, também as funções cognoscitiva (1) e expressiva (3), em especial no texto constitucional, possuem inegável importância. Face à própria funcionalidade dos enunciados linguísticos normativos, imperativos, não meramente sugestivos, ainda que seja possível a disponibilidade do interesse por parte dos destinatários, a norma jurídica deve ser vista como uma espécie do gênero preceptivo (*rectius*: imperativo).[419] A ideia de prescrição, no modo aqui versado, aponta para a irresistibilidade da norma sempre que preenchidos os requisitos estabelecidos em sua hipótese de incidência. Em razão dessa irresistibilidade, a norma sempre produzirá algum efeito jurídico, ainda que seja o de influir na interpretação das demais disposições normativas do sistema ou revogar aquelas que se mostrem incompatíveis com ela.[420] A função cognoscitiva, indicativa ou descritiva aponta para aquilo que é, sendo normalmente utilizada como base de desenvolvimento da função prescritiva. Quanto à função expressiva, ela se manifesta na veiculação dos valores subjacentes à Constituição, colaborando para a formação de um sentimento constitucional; nos princípios a ela subjacentes, expressos ou implícitos; e em seu próprio preâmbulo, o qual, sem adentrar em discussões afetas à sua normatividade, costuma refletir um "espírito de co-humanidade e o senso comum"[421] ou, mesmo, desempenhar uma função de "pedagogia constitucional".[422]

Em qualquer caso, o principal fim da linguagem sempre será o de gerar entendimento,[423] representando a matéria-prima e a expressão do nosso pensamento,[424] bem como o registro de nossa experiência,[425] o que somente é possível face à existência de convenções, expressas ou tácitas, que associam os significantes linguísticos a significados

---

[418] Cf.: GUASTINI, Ricardo. Constitutive rules and the is-ought dichotomy. *In*: DI BERNARDO, Giuliano. *Normative structures of the social world*. Amsterdam: Rodopi, 1988. v. 11, p. 79 (79).

[419] Por razões metodológicas, incluímos sob a epígrafe mais ampla dos enunciados preceptivos aqueles que parte da doutrina denomina de performativos ou constitutivos (CARCATERRA. Gaetano. *Le norme costitutive*. Milano: Giuffrè, 1974. p. 2 e ss.; e MODUGNO, Franco. *Interpretazione giuridica*. Padova: CEDAM, 2009. p. 34-35). Enunciados dessa natureza não teriam a função de prescrever um comportamento, mas sim, a de pôr em evidência um estado de coisas (*v.g.*: "[a] língua portuguesa é o idioma oficial da República Federativa do Brasil" – art. 13, *caput*, da Constituição brasileira de 1988). Ainda merece referência a tradicional dicotomia entre "normas preceptivas" e "normas programáticas", as primeiras de eficácia condicionada, independendo de complementação, as últimas carentes de complementação para que alcancem uma eficácia plena (MIRANDA, Jorge. *Manual de direito constitucional*. 6. ed. Coimbra: Coimbra Editora, 2007. t. II, p. 269). Apesar dos distintos graus de eficácia, ambas são imperativas, produzindo algum efeito na realidade, o que justifica nossa opção pela referência conjunta.

[420] Cf.: MORTATI, Costantino. Costituzione dello Stato: dottrine generali e Costituzione della Repubblica italiana. *In*: *Enciclopedia del diritto*. Milano: Giuffrè, (1962) 2007. v. XI, p. 139, §27.

[421] GRIMM, Dieter. *Constituição e política* (*Die Verfassung und die Politik*). (Trad. Geraldo de Carvalho). Belo Horizonte: Del Rey, 2006. p. 74.

[422] LUCAS VERDU, Pablo. *Teoría general de las articulaciones constitucionales*. Madrid: Dykinson, 1998. p. 123.

[423] Cf.: LOCKE, John. *Ensaio sobre o entendimento humano* (*An essay concerning human understanding*). (Trad. Eduardo Abranches de Soveral). Lisboa: Fundação Calouste Gulbenkian, 1999. v. II, p. 650.

[424] Cf.: CULICOVER, Peter W.; NOWAK, Andrzej. *Dynamical grammar*: minimalism, acquisition, and change. Oxford: Oxford University Press, 2003. (Foundations of Syntax, v. 2), p. 10.

[425] Cf.: WHITE, James Boyd. *Heracles' bow*: essays on the rhetoric and poetics of the law. Wisconsin: University of Wisconsin Press, 1989. p. 126; e CAREY, Susan. *The origin of concepts*. Oxford: Oxford University Press, 2009. p. 247-248.

específicos.[426] A verdadeira essência da linguagem, como afirmara Lieber,[427] não é a de estabelecer uma comunhão de pensamentos, mas sim, uma comunhão de significantes ordinários, que conduzirão à convergência de entendimentos. Lembrando Julieta, ao propor a Romeu que renegassem o nome e a inimizade de seus genitores para viverem o seu intenso amor, pode-se afirmar: "What's in a name? that wich we call a rose, By any other name would smell as sweet".[428] São justamente as convenções que permitem que seja alcançada a convergência de entendimentos. Em relação à linguagem normativa, observa Mattila[429] que a sua função mais ampla e espetacular é a de realizar justiça a partir dos significados que pode oferecer.

2.2 A tríade estrutural da comunicação normativa: linguagem, cultura e pensamento

A compreensão do alcance e da potencialidade da linguagem, enquanto principal instrumento de comunicação (*lato sensu*) nas sociedades atuais,[430] com intensa utilização no plano normativo-constitucional, exige reflexões em torno de dois referenciais externos que concorrem na identificação de sua eficácia para alcançar os resultados esperados com o seu uso. São eles: a cultura e o pensamento.[431] Ainda que os componentes dessa tríade estrutural da comunicação normativa não apresentem contornos "monolíticos",[432] sendo factível a existência de visões parciais da linguagem (*v.g.*: semântica, sintaxe, pragmática etc.),[433] da cultura (*v.g.*: os antropólogos veem na cultura um conjunto de instituições, comportamentos, rituais etc.) e do pensamento (*v.g.*: os psicólogos separam o pensamento em aspectos concernentes à sensação, à memória, à percepção etc.), é inegável a sua efetiva interação no processo de comunicação. Todo e qualquer significado sempre consubstanciará uma síntese da interação entre fatores linguísticos e fatores extrínsecos ou pragmáticos.[434]

As distintas funcionalidades da linguagem, como é intuitivo, hão de se desenvolver em um certo contexto espacial, temporal e social,[435] permitindo que ela transponha a abstração de suas linhas estruturais e aufira significados que alcançarão a realidade.

---

[426] Cf.: ASPREY, Michele M. *Plain language for lawyers*. Sydney: The Federation Press, 2003. p. 22; YULE, George. *The study of language*. 2. ed. Cambridge: Cambridge University Press, 1996. p. 114; BULHÕES PEDREIRA, José Luiz. *Conhecimento, sociedade e direito*: introdução ao conceito de direito. Rio de Janeiro: Renovar, 2008. p. 24; e CARRIÓ, Genaro R. *Notas sobre derecho y lenguaje*. 5. ed. Buenos Aires: Abeledo-Perrot-LexisNexis, 2006. p. 91-92. Como afirmou Patterson, o significado é encontrado na prática, concebida como a "coordenação intersubjetiva do uso verbal" (PATTERSON, Dennis. *Law and truth*. Oxford: Oxford University Press, 1999. p. 94).

[427] LIEBER, Francis. *Legal and political hermeneutics*: or principles of interpretation and construction in law and politics, with remarks on precedents and authorities. Boston: Charles C. Litle and James Brown, 1839. p. 27.

[428] SHAKESPEARE, William. *Romeo and Juliet*. Ato II, Cena II. In: *The complete works of William Shakespeare*. Cleveland: The World Syndicate, s/d. p. 901.

[429] MATTILA, Heikki E. S. *Comparative legal linguistics*. Hampshire: Ashgate, 2006. p. 31.

[430] Cf.: DOWNES, William. *Language and society*. 2. ed. Cambridge: Cambridge University Press, 1998. p. 2.

[431] Cf.: HUDSON, Richard A. *Sociolinguistics*. 2. ed. Cambridge: Cambridge Universtiy Press, 1996. p. 70.

[432] Cf.: FRAWLEY, William. *Linguistic semantics*. New Jersey: Routledge, 1992. p. 47.

[433] Cf.: CHIERCHIA, Genaro; McCONNELL-GINET, Sally. *Meaning and grammar*: an introduction to semantics. 2. ed. Massachusetts: MIT Press, 2000. p. 3.

[434] LUST, Barbara et al. *Syntactic theory and first language acquisition*: cross-linguistic perspectives. New Jersey: Routledge, 1994. v. 2, p. 4.

[435] Cf.: TOOLAN, Michael J. *Narrative*: a critical linguistic introduction. 2. ed. Oxon: Routledge, 2001. p. 143 e ss.

Trata-se de instituição ou produto[436] essencialmente cultural, que alimenta e é realimentado por um processo dinâmico que delineia o evolver social e possibilita que sejam conhecidos os acontecimentos passados e tracejados aqueles que se desenvolverão em momento futuro. Conquanto seja exato afirmar que a história da padronização das distintas linguagens existentes foi influenciada por referenciais de elitismo e conservadorismo,[437] o que explica, no primeiro caso, a preeminência que se busca atribuir aos significados construídos nos círculos culturais mais elevados, isso em detrimento daqueles que se distanciem do conceito de "língua culta"; e, no segundo, a relutância em se modificar significados que alcançaram elevados níveis de estabilidade, não se pode chegar ao extremo de permitir que tais referenciais conduzam a uma situação de ruptura com os alicerces culturais da comunidade. Esse estado de coisas é nitidamente acentuado no âmbito da linguagem normativa, verdadeiro paraíso existencial do elitismo e do conservadorismo.

O conceito de linguagem absorve sons, unidades de significado e estruturas gramaticais de modo intimamente interligado ao contexto de sua utilização.[438] Esse contexto aponta não só para os aspectos circunstanciais que envolvem a comunicação, como, principalmente, para a base cultural que confere sustentação à linguagem,[439] base esta que reflete a identidade construída e os projetos de aperfeiçoamento de uma sociedade, absorvendo os símbolos e as ações que a caracterizam.[440]

A concepção de cultura apresenta contornos bem variáveis. Em seu sentido originário, indicaria o efeito da ação de cultivar; já em Cícero, passa a ser vista como a filosofia da alma ("cultura animi philosophia est"); posteriormente, é aplicada sobre tudo o que o homem faz e produz, podendo gerar frutos, beleza ou utilidade.[441] Daí decorrem três modos de expressão da cultura: (1) cultura como atividade – expressando

---

[436] Cf.: DOWNES, William. *Language and society*. 2. ed. Cambridge: Cambridge University Press, 1998. p. 415.

[437] Cf.: CHAMBERS, J. K. *Sociolinguistics theory*: linguistic variation and its social significance. 2. ed. Maden: Wiley-Blackwell, 2003. (Language in Society, v. 32), p. 275.

[438] Cf.: CONLEY, John M.; O'BARR, William. *Just words*: law, language and power. Chicago e London: University of Chicago Press, 1998. p. 6; WHITE, James Boyd. *Heracles' bow*: essays on the rhetoric and poetics of the law. Wisconsin: University of Wisconsin Press, 1989. p. 129; MERTZ, Elisabeth. *The language of law school*: learning to "think like a lawyer". New York: Oxford University Press, 2007. p. 45; HENDRICKS, Christina; OLIVER, Kelly. *Language and liberation*: feminism, philosophy and language. Albany: Suny Press, 1999. p. 52; GIORA, Rachel; FEIN, Ofer. Irony: context and salience. *In*: GOLDFORD, Dennis J. *The American Constitution and the debate over originalism*. Cambridge: Cambridge University Press, 2005. p. 201 (202-203); ALEXANDER, Larry; SHERWIN, Emily. *The rule of rules*: morality, rules, and the dilemmas of Law. USA: Duke University Press, 2001. p. 97; OPALEK, K. Directives, norms and performatives. *In*: DI BERNARDO, Giuliano. *Normative structures of the social world*. Amsterdam: Rodopi, 1988. v. 11, p. 183 (194); FISCH, Stanley Eugene. *Doing what comes naturally*: change, rhetoric, and the practice of theory in literary and legal studies. USA: Duke University Press, 1990. p. 2 e ss.; McMENAMIN, Gerald R.; CHOI, Dongdoo. *Forensic linguistics*: advances in forensic stylistics. Florida: CRC, 2002. p. 2; COULTHARD, Malcolm; JOHNSON, Alison. *An introduction to forensic linguistics*: language in evidence. New York: Routledge, 2007. p. 37; e VILLAR PALASI, José Luis. *La interpretación y los apotegmas jurídico-lógicos*. Madrid: Tecnos, 1975. p. 35.

[439] Cf.: HÄBERLE, Peter. Function und Bedeutung der Verfassungsgerichte in vergleichender Perspektive. *Europäische Grundrechte Zeitschrift*, a. 32, n. 22-23, p. 685-688, 2005. p. 685 (685).

[440] Cf.: BARRON, Anne. *Acquisition in interlanguage pragmatics*: learning how to do things with words in a study abroad cotext. Philadelphia: John Benjamins, 2003. (Pragmatics & Beyond, v. 108), p. 24.

[441] Cf.: ADOLFO LAMAS, Félix. Tradición, tradiciones y tradicionalismos. *In*: DIP, Ricardo (Org.). *Tradição*: revolução e pós-modernidade. Campinas: Millennium, 2001. p. 15 (28).

a ação de cultivar;[442] (2) cultura subjetiva – o cultivo do próprio homem, indicando sua educação e base moral de sustentação; e (3) cultura objetiva – o produto da ação do homem, o cultivado.

Cultura é processo. É fruto de constantes contextualizações, sempre sensíveis à ação do tempo e às vicissitudes que surgem a partir da interação entre os distintos integrantes da comunidade. Engloba o conhecimento que cada indivíduo deve ter e as crenças que deve partilhar para que possa estar inserido em certo meio.[443] Individualiza uma comunidade e a distingue de outras comunidades. Trata-se de conhecimento adquirido, utilizado na vida diária, que é constantemente construído e reconstruído, o que bem demonstra a impossibilidade de a linguagem, enquanto instrumento de interação social, permanecer em um plano estático. A cultura, na concepção aqui referida, assume, a um só tempo, (1) os mesmos traços que os antropólogos costumam lhe atribuir, vale dizer, é algo que todos têm, contrastando com a "cultura" encontrada em certos ciclos intelectualizados;[444] e (2) os mesmos contornos que formam o plano de desenvolvimento de qualquer investigação de natureza sociológica, apontando para a identidade de uma comunidade.

Além de processo, cultura é significado. Exige a percepção do contexto e a realização de juízos valorativos, permitindo que sejam individualizadas as características de uma comunidade. A apreensão da identidade cultural é influenciada não só por uma base empírica, como, também, pelos referenciais de racionalidade, expressando convergência e um *locus* comum no ambiente sociopolítico; e emotividade, que externa a sensibilidade do intérprete no delineamento de uma identidade que, em última *ratio*, é igualmente sua.

A cultura, enquanto fator externo à linguagem,[445] contribui tanto para o seu surgimento, quanto para a sua extinção. Tanto para a densificação, quanto para a alteração do seu sentido.[446] Tal qual o espírito em relação ao corpo, está presente em todas as fases do seu processo evolutivo. Cultura, em seus contornos mais amplos, é tudo aquilo que, para além das funções biológicas e do oferecido pela natureza, "dá à vida e à atividade humanas, forma, sentido e conteúdo".[447] É, acima de tudo, fruto do processo social, marcado pela contínua interação e renovação dos indivíduos, que, além de conviver no mesmo ambiente, são alcançados pelo ciclo vital da espécie humana, que principia com o nascimento e cessa com a morte. Esse processo faz com que gerações contemporâneas, em razão de sua contínua convivência, passem a partilhar de algumas ideias e símbolos, bem como que cada nova geração comece a sua formação integrada a esse processo, o que possibilita o contato com o adquirido social e a sua consequente evolução.

---

[442] Cf.: ADOLFO LAMAS, Félix. Tradición, tradiciones y tradicionalismos. *In*: DIP, Ricardo (Org.). *Tradição*: revolução e pós-modernidade. Campinas: Millennium, 2001. p. 15(28).

[443] Cf.: WARDHAUGH, Ronald. *An introduction to sociolinguistics*. 5. ed. Malden: Wiley-Blackwell, 2006. (Blackwell Textbooks in Linguistics, v. 4.), p. 221.

[444] Cf.: HUDSON, Richard A. *Sociolinguistics*. 2. ed. Cambridge: Cambridge Universtiy Press, 1996. p. 70.

[445] Cf.: McMENAMIN, Gerald R.; CHOI, Dongdoo. *Forensic linguistics*: advances in forensic stylistics. Florida: CRC, 2002. p. 26.

[446] Cf.: ECO, Umberto. *A theory of semiotics*. USA: Indiana University Press, 1979. p. 46.

[447] Cf.: BENVENISTE, E. *Problèmes de linguistique générale*. Paris: Gallimard, 1966. p. 30.

Em uma concepção elitista, cultura seria o nome dado ao melhor que já foi feito e pensado nas mais diversas searas da atividade humana (*v.g.*: literatura, arte, música, ciências etc.); Para concepções populares, indicaria os aspectos da vida diária, que delineiam o modo de ser e de agir de uma coletividade (*v.g.*: culinária, estilo de vida, indumentária etc.).[448] Cada sociedade tem suas próprias ideias coletivas, que se tornam comuns, ao menos parcialmente, entre os membros da população, e formam a sua cultura.[449] Face à individualidade de cada ser humano, é natural que nem todos tenham apreendido ou partilhem de todos os elementos que delineiam a cultura de uma sociedade. Enquanto alguns desses elementos são mais generalizados, outros só se manifestam em setores específicos do ambiente sociopolítico. Sociedade multicultural, por sua vez, é aquela em que se verifica uma diversidade de manifestações culturais, não raro inconciliáveis entre si, no âmbito dos diferentes grupos que a compõem.

A cultura, ao fornecer a essência da vida relacional, interage com o léxico e a gramática no êxito do processo de comunicação.

Linguagem e cultura possuem uma essência volátil, avessa ao continuísmo estrito e invariável,[450] o que resulta da constante interação entre os indivíduos, cada qual dotado de capacidade intelectiva e capaz de influenciar na reorganização social. Nesse particular, é intuitiva a constatação de que as vicissitudes e as modificações da língua estão inevitavelmente relacionadas às forças sociais.[451]

A linguagem, em sua essência, é flexível.[452] Na medida em que o uso da linguagem em geral está suscetível à influência de valores de ordem social e cultural, é possível se falar em uma "etnografia da comunicação", o que desaconselha seja a análise da linguagem situada num plano puramente abstrato.[453] Significantes linguísticos e significados em potencial estão conectados entre si por força de convenções, fenômeno essencialmente social e que se desenvolve em um plano de pura arbitrariedade,[454] já que, antes dessa conexão de sentido, inexistia qualquer padrão lógico ou natural que os unisse. Em sentido contrário, sustenta Frawley[455] que as representações semânticas são invariáveis, porque são constituídas por propriedades relativamente estáveis e descontextualizadas. A cultura, embora possa usar o conteúdo dessas representações, não o determina. A constatação de que a linguagem é um fenômeno essencialmente social

---

[448] Cf.: ALMOND, Brenda. Morality and multiculturalism. *In*: NISSEN, Ulrik; ANDERSEN, Svend; REUTER, Lars. *The sources of public morality*: on the ethics and religion debate: proceedings of the annual conference of the Societas Ethica in Berlin, August 2001. Münster: LIT, 2003. p. 36 (37).

[449] Cf.: BULHÕES PEDREIRA, José Luiz. *Conhecimento, sociedade e direito*: introdução ao conceito de direito. Rio de Janeiro: Renovar, 2008. p. 201.

[450] Cf.: WHITE, James Boyd. *Heracles' bow*: essays on the rhetoric and poetics of the law. Wisconsin: University of Wisconsin Press, 1989. p. 129; e JOSEPH, John Earl. *Language and politics*. Edinburgh: Edinburgh University Press, 2006. p. 32.

[451] Cf.: FASOLD, Ralph W. *The sociolinguistcs of language*. 7. ed. Malden: Wiley-Blackwell, 1990. (Language in Society, v. 6), p. 223.

[452] Cf.: MARMOR, Andrei. *Social conventions*: from language to law. New Jersey: Princeton University Press, 2009. p. 102.

[453] Cf.: FASOLD, Ralph W. *The sociolinguistcs of language*. 7. ed. Malden: Wiley-Blackwell, 1990. (Language in Society, v. 6), p. 39.

[454] Cf.: DOWNES, William. *Language and society*. 2. ed. Cambridge: Cambridge University Press, 1998. p. 6.

[455] FRAWLEY, William. *Linguistic semantics*. New Jersey: Routledge, 1992. p. 50. No mesmo sentido: HERINGER, H. J. Not by nature nor by intention: the normative power of the language signs. *In*: DI BERNARDO, Giuliano. *Normative structures of the social world*. Amsterdam: Rodopi, 1988. v. 11, p. 101 (101 e ss.).

e que a concretização do processo de comunicação pressupõe a sua contextualização torna de difícil aceitação a tese da total separação entre esses dois fatores. Não é por outra razão que a análise do contexto, com especial realce às regras socioculturais de uso apropriado da linguagem,[456] mostra-se imprescindível à identificação do sentido dos enunciados linguísticos utilizados.[457] O texto é um "retículo cultural" e seus elementos estruturais estão sujeitos a "revoluções e mutações constantes".[458]

É justamente a influência do contexto que possibilita o surgimento de inúmeras variedades de uma mesma língua.[459] Por variedade entende-se um círculo de itens linguísticos (grafia, pronúncia etc.) com similar distribuição social.[460] Conquanto continuem a pertencer a um gênero comum, podem dar origem a divergências pontuais de som e significado (*v.g.*: regionalismos, distinções sociológicas e peculiaridades étnicas são exemplos característicos dessa possibilidade). No sentido inverso, não é incomum que a diversidade de contexto, gerando profundas distinções de ordem cultural, não gere reflexos imediatos na linguagem, a qual, apesar de ser um elemento indiscutivelmente cultural, não chega a ser alcançada por esse processo. Sociedades pluralistas contemporâneas, com intensas diferenças culturais entre seus subgrupos, continuam expressando-se com a mesma linguagem, sem distinções substanciais de ordem semântica ou sintática,[461] estabilidade esta que se projeta na construção dos significados que alcançarão a realidade.

Com os olhos voltados à tríade "Texten, Theorien und Praxis", que não pode ser ignorada em qualquer análise linguística, máxime quando destinada à comunicação normativa,[462] não nos parece possível encampar o argumento simplista de que a relação entre texto e realidade refletiria, tão somente, uma espécie de interação entre o "teórico" e o "pragmático", ou, mesmo, que a linguagem projete no contexto uma representação de significados preconcebidos, estruturados na individualidade do emitente da informação e que nem sempre acompanhariam as vicissitudes culturais. Teoria e prática não mantêm entre si uma mera relação de antecedente e consequente; interagem e se relacionam,[463] daí decorrendo uma influência recíproca que não pode ser minimizada. A alegação de que a linguagem não pode se sujeitar a um "reducionismo cultural"[464] desconsidera que ela, em si, é um produto cultural, que direciona o surgimento das convenções que possibilitarão a conexão entre significantes e significados. No plano linguístico, a

---

[456] Cf.: BARRON, Anne. *Acquisition in interlanguage pragmatics*: learning how to do things with words in a study abroad cotext. Philadelphia: John Benjamins, 2003. (Pragmatics & Beyond, v. 108), p. 8.

[457] Cf.: MERTZ, Elisabeth. *The language of law school*: learning to "think like a lawyer". New York: Oxford University Press, 2007. p. 45; e SOLAN, Lawrence M. The Clinton scandal: some legal lessons for linguistics. *In*: COTTERILL, Janet. *Language in the legal process*. New York: Palgrave Macmillan, 2002. p. 180 (186).

[458] Cf.: BITTAR, Eduardo C. B. Hermenêutica e Constituição: a dignidade da pessoa humana como legado à pós-modernidade. *In*: ALMEIDA FILHO, Agassiz; MELGARÉ, Plínio (Org.). *Dignidade da pessoa humana*: fundamentos e critérios interpretativos. São Paulo: Malheiros, 2010. p. 239 (244).

[459] Cf.: WARDHAUGH, Ronald. *An introduction to sociolinguistics*. 5. ed. Malden: Wiley-Blackwell, 2006. (Blackwell Textbooks in Linguistics, v. 4.), p. 25.

[460] Cf.: HUDSON, Richard A. *Sociolinguistics*. 2. ed. Cambridge: Cambridge Universtiy Press, 1996. p. 22-23.

[461] Cf.: HUDSON, Richard A. *Sociolinguistics*. 2. ed. Cambridge: Cambridge Universtiy Press, 1996. p. 91.

[462] Cf.: HÄBERLE, Peter. Function und Bedeutung der Verfassungsgerichte in vergleichender Perspektive. *Europäische Grundrechte Zeitschrift*, a. 32, n. 22-23, p. 685-688, 2005. p. 685 (685).

[463] Cf.: VILLAR PALASI, José Luis. *La interpretación y los apotegmas jurídico-lógicos*. Madrid: Tecnos, 1975. p. 94.

[464] Cf.: FRAWLEY, William. *Linguistic semantics*. New Jersey: Routledge, 1992. p. 45.

pragmática encontra-se estritamente relacionada à semântica, já que a funcionalidade dos significantes linguísticos é necessariamente dependente do seu significado e modo de exteriorização.[465] A semântica absorve os sistemas de significado, a pragmática os processos de comunicação.[466]

É bem conhecida a construção de que as palavras (ou ao menos a maior parte delas) expressam conceitos, sendo formas de representação da realidade,[467] atribuindo significados ao serem vinculadas a certos aspectos desta última em consonância com as ideias que os representam.[468] A linguagem, apesar de ser algo natural, verdadeiro instrumento utilizado pelo ser humano em contextos específicos, não é propriamente um "espelho da realidade", responsável pelo fornecimento de pistas indefectíveis a respeito de seus componentes específicos.[469] A existência de uma espécie de vínculo metafísico entre os enunciados linguísticos e a realidade, de modo que somente um significado seja válido, isso por expressar a natureza intrínseca do fenômeno descrito,[470] reflete uma concepção platônica, que não se harmoniza com a natureza nitidamente convencional dessa relação. Em outras palavras, o vínculo entre significantes linguísticos e realidade, longe de ser naturalístico, é estabelecido pelos homens.[471] Os significantes linguísticos não possuem um significado intrínseco tido como verdadeiro e insuscetível à influência do discurso estipulativo. Terão o significado que lhes seja atribuído pelas convenções linguísticas do ambiente sociopolítico.[472] Deve-se preferir a concepção *convencionalista* à *essencialista*,[473] que, em certa medida, assume contornos *fatalistas*,[474] vale dizer, os eventos são estabelecidos de modo atemporal, insuscetíveis de qualquer influência por parte dos seres humanos. Concepções essencialistas ainda conferem elevada importância à etimologia dos significantes linguísticos, ao identificarem o seu significado. Acolhida a premissa de que possuem um único significado, principiar pelo seu processo de formação pode ser um ótimo método para identificar o modo como são usados desde a origem. O complicador, no entanto, é que, além de acompanharem a evolução social, os significantes linguísticos não permanecem isolados do entorno, vale dizer, da interação com outros significantes linguísticos, o que inviabiliza a obtenção de significados a partir de um ponto de vista puramente interno.

---

[465] Cf.: LEVINSON, Sanford. *Pragmatics*. Cambridge: Cambridge University Press, 1983. p. 1 e ss.; e WROBLEWSKI, Jerzy. Cognition of norms and cognition trough norms. *In*: DI BERNARDO, Giuliano. *Normative structures of the social world*. Amsterdam: Rodopi, 1988. v. 11, p. 223 (223).
[466] Cf.: ECO, Umberto. *I limiti dell'interpretazione*. 4. ed. Milano: Bompiani, 2004. p. 260.
[467] Cf.: CAREY, Susan. *The origin of concepts*. Oxford: Oxford University Press, 2009. p. 247.
[468] Cf.: JOURDAN, Christine; TUITE, Kevin. *Language, culture and society*: key topics in linguistic anthropology. Cambridge: Cambridge University Press, 2006. (Studies in the Social and Cultural Foundations of Language, v. 23), p. 17.
[469] Cf.: GELLNER, Ernest. *Words and things*: an examination of, and an attack on, linguistic philosophy. 2. ed. New York: Routledge, 2005. p. 59 e 135.
[470] Kantorowicz fala em "realismo verbal" (KANTOROWICZ, Hermann Ulrich. *La definición del derecho*. Madri: Revista de Occidente, 1964. p. 34).
[471] Cf.: MODUGNO, Franco. *Interpretazione giuridica*. Padova: CEDAM, 2009. p. 2-3; e SANTIAGO NIÑO, Carlos. *Introducción al análisis del derecho*. 2. ed. Buenos Aires: Astrea, 2005. p. 12.
[472] Cf.: CARRIÓ, Genaro R. *Notas sobre derecho y lenguaje*. 5. ed. Buenos Aires: Abeledo-Perrot-LexisNexis, 2006. p. 94.
[473] Cf.: SANTIAGO NIÑO, Carlos. *Introducción al análisis del derecho*. 2. ed. Buenos Aires: Astrea, 2005. p. 38-39.
[474] Cf.: JOHNSON, James. Inventing constitution traditions: the poverty of fatalism. *In*: FEREJOHN, John A.; RAKOVE, Jack N.; RILEY, Jonathan (Ed.). *Constitutional culture and democratic rule*. Cambridge: Cambridge University Press, 2001. p. 71 (72-78).

A linguagem convencional, em verdade, está integrada a um processo de comunicação no qual os participantes se engajam em circunstâncias concretas de modo a satisfazer objetivos específicos. Esse processo tanto pode redundar na mera reprodução, quanto na reconstrução da realidade de acordo com a visão particular do participante. São justamente os recursos oferecidos pela linguagem que lhe dão sustentação, daí a conhecida sentença de Wittgenstein: "Os limites de minha linguagem significam os limites do meu mundo".[475] A linguagem não é espelho da realidade, mas fator de interação com a realidade. Não é, igualmente, realidade empírica suscetível de puro conhecimento, mas instrumento de apreensão da experiência social.

Sob outra ótica, a linguagem é o meio utilizado pelas gerações passadas para transmitir sua cultura às novas gerações, o que contribui, decisivamente, para a preservação e a correlata evolução do agregado social. A linguagem, desse modo, desempenha uma relevante função de "socialização".[476] No plano normativo, mais especificamente em relação à ordem constitucional, verifica-se que uma dada geração, consoante o seu modo de ver e compreender a identidade de uma sociedade politicamente organizada, ao que se soma a individualização das necessidades atuais e futuras que dela se desprendem, elabora um texto fundamental vocacionado à permanência. As linhas estruturais ali traçadas, normalmente acompanhadas de um complexo processo de reforma, têm a pretensão de reger tanto as gerações atuais, quanto as gerações vindouras, assegurando a sua coesão e continuidade. Também aqui a linguagem busca aproximar, integrando diferentes feições da sociedade em torno de uma identidade comum, aquela semanticamente construída pela Constituição.

Como a linguagem é um produto cultural, sendo um veículo de apreensão e expressão dos valores subjacentes ao ambiente sociopolítico, é óbvia a constatação de que a Constituição formal, pelo só fato de ter suas disposições estruturadas com o uso da linguagem, não pode se dissociar da cultura.[477]

Identificada a funcionalidade da linguagem e a importância da cultura no delineamento dos significados que nortearão a comunicação, resta aferir o papel desempenhado pelo fator de conexão entre a abstração da primeira e a concretude da segunda. O pensamento, diversamente da linguagem, malgrado assuma contornos instrumentais, não desempenha um papel de comunicação social e muito menos ostenta um componente interfísico que se projeta na realidade. Não gera qualquer impacto social, a menos que seja materializado em algum comportamento.[478] Construções intelectivas dessa natureza refletem um modo de adaptação do mundo para a mente, sendo veiculadas por meio da linguagem.[479] Para a compreensão de sua funcionalidade, é necessário distinguir, no âmbito da atividade mental cognominada de pensamento, os

---

[475] WITTGENSTEIN, Ludwig. *Tratado lógico-filosófico* (*Tractatus Logico-Philosophicus*). 3. ed. (Trad. M. S. Lourenço). Lisboa: Fundação Calouste Gulbenkian, 2002. p. 114.
[476] Cf.: HUDSON, Richard A. *Sociolinguistics*. 2. ed. Cambridge: Cambridge University Press, 1996. p. 92.
[477] Cf.: DE BARROS CARVALHO, Paulo. Sobre o percurso de construção de sentido: modelo de interpretação do direito tributário. *In*: RAMOS TAVARES, André; FERREIRA MENDES, Gilmar; GANDRA DA SILVA MARTINS, Ives. *Lições de direito constitucional em homenagem ao jurista Celso Bastos*. Rio de Janeiro: Saraiva, 2005. p. 9 (9).
[478] Cf.: KATZ, Albert N. Figurative language and figurative thought. *In*: KATZ, Albert N. *Figurative language and thought*. New York: Oxford University Press, 1998. p. 5.
[479] GIBBS, Raymond W. *The poetics of mind*: figurative thought, language, and understanding. Cambridge: Cambridge University Press, 1994. p. 1.

conceitos de memória e inferência.[480] Memória aponta para o adquirido, para a identidade cultural da pessoa humana, suas pré-compreensões e seus conhecimentos. Inferência, por sua vez, é o resultado, a conclusão do processo intelectivo voltado à individualização de proposições até então desconhecidas: a partir da aceitação de alguma proposição, o pensamento dirige-se à aceitação de outras.[481] Com o uso da memória, a pessoa humana pode individualizar pré-conceitos, totalmente integrados ao seu passado adquirido, o que viabiliza o conhecimento e o aprendizado.[482] Com a inferência, são formadas novas ideias desconhecidas, as proposições.

Tanto os significados ordinários da linguagem, quanto os contornos básicos da identidade cultural, quer do indivíduo, quer da comunidade, estão armazenados na memória. Não fosse assim, além de a linguagem ser incompreensível para o indivíduo, o que o manteria fora do processo de comunicação, ele ainda se veria alijado do próprio contexto em que se projeta a linguagem, impedindo o delineamento do seu verdadeiro significado. A memória é particularmente útil nas situações de "intertextualidade", fenômeno que reflete a relação entre textos distintos em um mesmo processo de comunicação.[483] De modo mais explícito: no âmbito do discurso principal, um dos interlocutores, com o objetivo de aperfeiçoar ou ilustrar a sua mensagem, faz referência a textos diversos. Para que o receptor logre êxito na apreensão da informação, é necessário que possua uma pré-compreensão a respeito dos textos objeto de remissão.

Ressalte-se ser perfeitamente factível que o participante do processo de comunicação ou, no caso da nossa investigação, o intérprete do texto constitucional, seja levado a interpretar os enunciados linguísticos com o só recurso à memória. Esse proceder, conquanto se mostre viável no delineamento de "algum significado", nem sempre refletirá o significado que se ajusta à tríade estrutural da comunicação normativa: linguagem, cultura e pensamento. Em verdade, a memória somente terá influência decisiva no delineamento da norma constitucional quando o texto normativo interpretado deixar pouco ou nenhum espaço para a penetração da realidade (*rectius*: cultura) no processo de interpretação. Nesse caso, a linguagem assumirá contornos praticamente invariáveis (*v.g.*: prescrições numéricas ou que empreguem nomes próprios) e o intérprete fará mero uso de seus pré-conceitos, do seu passado adquirido.

Na medida em que os textos normativos são estruturados com a utilização de significantes linguísticos plenamente suscetíveis à influência da realidade, construída e delineada pela cultura, afigura-se evidente que o processo de interpretação não se completará com a só utilização de pré-conceitos, frutos da memória do intérprete e que permanecem à margem das múltiplas vicissitudes do ambiente social ainda não integradas ao seu adquirido. Nesses casos, a norma constitucional sempre assumirá os contornos de uma proposição. Essa conclusão permanecerá imutável mesmo nas situações em que,

---

[480] Cf.: HUDSON, Richard A. *Sociolinguistics*. 2. ed. Cambridge: Cambridge Universtiy Press, 1996. p. 72; e SAEED, John I. *Semantics*. 2. ed. Malden: Wiley-Blackwell, 2003. p. 182.

[481] Cf.: KAUFMANN, Arthur. *Filosofia do direito* (*Rechtsphilosophie*). (Trad. António Ulisses Cortês). Lisboa: Fundação Calouste Gulbenkian, 2004. p. 104.

[482] Cf.: BULHÕES PEDREIRA, José Luiz. *Conhecimento, sociedade e direito*: introdução ao conceito de direito. Rio de Janeiro: Renovar, 2008. p. 44.

[483] Cf.: RODRÍGUEZ, Victor Gabriel. *Argumentação jurídica*: técnicas de persuasão e lógica informal. 2. ed. Campinas: LZN, 2004. p. 42-43.

ao fim do processo de interpretação, o intérprete constate que os resultados alcançados em nada divergiram dos recursos que já dispunha em sua memória. A só necessidade de ser considerada a realidade, a interação entre linguagem e cultura em todas as suas vicissitudes, torna o resultado da interpretação desconhecido, *status* que somente irá se alterar ao fim desse processo, após a análise de todos os fatores envolvidos. Em consequência, os significantes linguísticos normativos não devem ser vistos como um repositório estático de informação memorizada, mas sim, como um sistema dinâmico, que pode ter seus domínios estendidos a partir de inferências obtidas com o raciocínio.[484] A própria linguagem, em si, é um "sistema dinâmico",[485] essencialmente evolutivo.

Considerando que o processo de comunicação, malgrado encontre na linguagem o seu principal alicerce de sustentação, termina por revelar traços da personalidade individual e exige certa sensibilidade às vicissitudes do contexto,[486] sendo inevitável a constatação de que texto normativo e norma constitucional, longe de se sobreporem, mantêm entre si uma relação de antecedente e consequente. A produção normativa de ordem formal é tão somente o início, não o fim do processo de atribuição de significado.[487] Essa constatação não significa propriamente que o intérprete poderá agregar livremente novos significados ao enunciado linguístico textual, mas sim, que os significados possíveis encontram-se incompletos. No plano constitucional, o discurso constituinte é um discurso independente, que assume caráter instrumental em relação a um discurso de segunda ordem, formulado pelo intérprete com a necessária influência do contexto e do pensamento.

2.3 A Constituição formal e a "linguagem para propósitos específicos"

Diversamente ao que verificamos em relação ao uso cotidiano da linguagem, os padrões normativos são estruturados de modo formal e impessoal, o que, por aumentar o número de destinatários em potencial, exige a utilização de recursos que permitam a obtenção de níveis razoáveis de compreensão quanto ao sentido a ser atribuído aos enunciados linguísticos. Face à inevitável "descontextualização",[488] fruto do distanciamento entre o contexto subjacente à produção das disposições normativas e o contexto de individualização da norma, a linguagem utilizada alcançará elevados níveis de abstração e autonomia textual quando cotejada com a linguagem normalmente empregada na comunicação ordinária.

A visualização das disposições normativas de modo *descontextualizado* bem explica o porquê de as distintas Constituições contemporâneas, apesar da inegável semelhança formal, darem origem a normas constitucionais substancialmente distintas. É justamente no momento da *contextualização*, vale dizer, na apreensão e consequente interação com

---

[484] AKMAJIAN, Adrian. *Linguistics*: an introduction to language and communication. 5. ed. Massachusetts: MIT, 2001. p. 11.

[485] Cf.: CULICOVER, Peter W.; NOWAK, Andrzej. *Dynamical grammar*: minimalism, acquisition, and change. Oxford: Oxford University Press, 2003. (Foundations of Syntax, v. 2), p. 194.

[486] Cf.: CHAMBERS, J. K. *Sociolinguistics theory*: linguistic variation and its social significance. 2. ed. Maden: Wiley-Blackwell, 2003. (Language in Society, v. 32), p. 6-7.

[487] Cf.: JACKSON, Bernard S. *Semiotics and legal theory*. London: Routledge, 1987. p. 34.

[488] Cf.: GIBBONS, John. *Forensic linguistics*: an introduction to language in the justice system. Cornwall: Wiley-Blackwell, 2003. p. 21.

o ambiente sociopolítico, que o texto constitucional adquire uma identidade.[489] Essa identidade, no entanto, não permanece imutável, indiferente às variações do entorno. Pelo contrário, as acompanha, resultado de um processo de contínua *recontextualização*. O mesmo texto pode desempenhar e se ajustar a diferentes funcionalidades, todas influenciadas pelo contexto. A contínua *recontextualização* da linguagem constitucional, embora seja particularmente relevante para a compreensão da Constituição formal, não pode ser desconsiderada quando invocados os precedentes do Tribunal Constitucional, quer se lhes atribua caráter vinculante, quer sejam usados como mero reforço argumentativo. Em ambos os casos, máxime quando invocadas palavras ou trechos inteiros encartados no precedente, não podem passar despercebidas as especificidades do contexto (que não se resume às especificidades do caso) que influiu no delineamento do sentido atribuído aos enunciados linguísticos.[490]

Observa-se que a estruturação da sociedade em sistemas, articulados entre si e que apresentam contornos extremamente variáveis, como o econômico, o político e o jurídico, torna inevitável que cada um deles desenvolva uma linguagem própria,[491] cuja funcionalidade é oferecer facilidades comunicativas que não poderiam ser obtidas com o uso da linguagem ordinária. São exemplos de "linguagem para propósitos específicos" ou linguagens específicas,[492] que coexistem com a "linguagem para propósitos gerais" ou, simplesmente, linguagem ordinária.[493]

As linguagens específicas, que tiveram grande desenvolvimento a partir do século XVIII, com o aprimoramento da produção e a divisão do trabalho, são aquelas utilizadas por peritos de certo campo do conhecimento para se comunicar entre si.[494] Com o objetivo de aumentar o nível de precisão no processo de comunicação,[495] utilizam significantes linguísticos estranhos à linguagem ordinária ou, embora comuns, lhes atribuem, não raras vezes, significados diversos, consentâneos com o sistema em que inseridos.[496] Ressalte-se, no entanto, que, nas linguagens específicas, juntamente com

---

[489] Cf.: MERTZ, Elisabeth. *The language of law school*: learning to "think like a lawyer". New York: Oxford University Press, 2007. p. 45; e FRIEDMANN, W. *Legal theory*. 5. ed. New York: Columbia University Press, 1967. p. 70.

[490] Cf.: MERTZ, Elisabeth. *The language of law school*: learning to "think like a lawyer". New York: Oxford University Press, 2007. p. 48.

[491] Cf.: PHILLIPS, Alfred. *Lawyer's language*: how and why legal language is different. London and New York: Routledge, 2003. p. 23.

[492] Também se pode falar em "linguagens setoriais" para designar as linguagens utilizadas em ambientes específicos (*v.g.*: linguagem penal, constitucional etc.). Cf.: VIOLA, Francesco; ZACCARIA, Giuseppe. *Diritto e interpretazione*: lineamenti di teoria ermeneutica del diritto. 6. ed. Roma: Laterza, 2009. p. 278 e ss...

[493] Cf.: TROSBORG, Anna. *Rhetorical strategies in legal language*: discourse analysis of statutes. Tübingen: Günter Narr, 1997. p. 15; SCHNEIDEREIT, Gaby. *Legal language as a special language*: structural features of English legal language. Germany: Green, 2007. p. 4; NIELSEN, Sandro. *The bilingual LSP dictionary*: principles and practice for legal language. Tübingen: Günter Narr, 1994. p. 34-35; PEARSON, Jennifer. *Terms in context*. The Netherlands: John Benjamins, 1998. (Studies in Corpus Linguistics, v. 1), p. 7; e SOURIOUX, Jean-Louis; LERAT, Pierre. *Le langage du droit*. Paris: Presses Universitaires de France, 1975. p. 9.

[494] Cf.: SCHNEIDEREIT, Gaby. *Legal language as a special language*: structural features of English legal language. Germany: Green, 2007. p. 4-5; e LIEBER, Francis. *Legal and political hermeneutics*: or principles of interpretation and construction in law and politics, with remarks on precedents and authorities. Boston: Charles C. Litle and James Brown, 1839. p. 36.

[495] Cf.: COULTHARD, Malcolm; JOHNSON, Alison. *An introduction to forensic linguistics*: language in evidence. New York: Routledge, 2007. p. 50.

[496] Cf.: WROBLEWSKI, Jerzy; BÁNKOWSKI, Zenon; MACCORMICK, Neil. *The judicial application of law*. Springer: The Netherlands, 1992. p. 97.

o tecnicismo, coexistem os significantes linguísticos empregados na comunicação ordinária, significantes estes que atuam como verdadeiros amálgamas, contribuindo para a construção da estrutura e a intelegibilidade do texto.[497] Não devem ser vistas como sistemas fechados, totalmente dissociados da linguagem ordinária. Por outro lado, em decorrência de suas singularidades, não parece correto afirmar, com Schneidereit,[498] que as linguagens específicas seriam subsistemas da linguagem ordinária. Afinal, somente parte do seu conteúdo é conhecido pela linguagem ordinária, impedindo que se fale na existência de uma relação de continência. O que se tem, em verdade, são círculos secantes: parte da linguagem é ordinária, parte é técnica, não sendo esta última alcançada pelo raio de abrangência da primeira. À constatação de que as linguagens específicas não podem subsistir sem a linguagem ordinária não segue a conclusão de que esta última absorve a todas elas. Relações de verticalidade como essa devem necessariamente partir do pressuposto de que todas as características dos objetos absorvidos podem ser reconduzidas ao objeto absorvente, o que não é o caso.

O tecnicismo exagerado, como é intuitivo, ao se tornar acessível apenas aos "profissionais", restringe o acesso à ordem jurídica do Estado, o que faz surgir inúmeras consequências negativas, em especial a pouca importância que o cidadão comum atribui a um documento incompreensivo, manuseado apenas por técnicos especializados. No plano linguístico, verifica-se uma evidente relação de proporcionalidade entre os referenciais de "familiaridade" e "acessibilidade", de modo que a informação de natureza normativa será tanto mais acessível quanto maior for o nível de compreensão da linguagem no meio em que irá circular.[499] Daí a crítica de White,[500] ao visualizar, nas linguagens profissionais, a presença de um "modo quase que secreto de comunicação". Seriam exemplos de linguagem "fechada".[501] Tecnicismo e compreensão são grandezas inversamente proporcionais, de modo que o aumento de um conduzirá à diminuição do outro.[502] As consequências tornam-se mais graves ao observarmos que o alvo da comunicação normativa é a população em geral, o que desaconselha que seja a linguagem jurídica tratada como um instrumento de comunicação interna, somente compreensível àqueles que estejam inseridos no sistema do qual emana. Inconvenientes à parte, o que normalmente se verifica é a existência de um sentimento de exclusão e impenetrabilidade por parte do leigo, que se vê simplesmente alijado do processo de comunicação normativa.[503] A verdade é que a linguagem jurídica alimenta um interessante

---

[497] Cf.: MORETAU, Olivier. *Le raisonnable et le droit*: standards, prototypes et interprétation uniforme. *Journal of Legal Interpretation (Reasonableness and Interpretation)*, Münster: LIT, p. 221-238, 2003. p. 221 (223).
[498] SCHNEIDEREIT, Gaby. *Legal language as a special language*: structural features of English legal language. Germany: Green, 2007. p. 5.
[499] Cf.: GIORA, Rachel. *On our mind*: salience, context and figurative language. New York: Oxford University Press, 2003. p. 16.
[500] WHITE, James Boyd. *The legal imagination*. Chicago: The University of Chicago Press, 1985. p. 5.
[501] PARESCE, Enrico. Interpretazione (fil. dir. e teoria gen.). *In: Enciclopedia del diritto*. Milano: Giuffrè, (1972) 2007. v. XXII, p. 152 (§24).
[502] Cf.: BERK-SELIGSON, Susan. *The bilingual courtroom in the judicial process*. 2. ed. Chicago: Chicago University Press, 2002. p. 17.
[503] Cf.: CONSTANTINO PETRI, Maria José. *Manual de linguagem jurídica*. São Paulo: Saraiva, 2009. p. 29.

paradoxo: o direito, a exemplo da língua, é um fenômeno social, mas termina por se distanciar e apartar de sua própria base de sustentação.[504]

A linguagem jurídica, analisada sob a ótica dos significantes linguísticos utilizados, costuma ser caracterizada por um arquétipo básico, que se reflete no emprego de (1) termos técnicos, com significados puramente técnicos; (2) termos técnicos com significados comuns; (3) termos ordinários com significados comuns;[505] (4) termos ordinários com significados incomuns; (5) termos de origem estrangeira, especialmente latina; e (6) termos técnicos ou ordinários, vagos ou ambíguos,[506] daí decorrendo uma polissemia interna (significados distintos na própria linguagem jurídica) ou uma polissemia externa (um significado na linguagem ordinária e outro na linguagem jurídica),[507] o que aumenta o risco de interferências no processo de comunicação. A produção normativa, em consequência, termina por assumir uma postura nitidamente egocêntrica:[508] é finalisticamente direcionada a um incontável número de partícipes do processo de comunicação, mas permanece indiferente à sua capacidade ou, ao menos, possibilidade de compreender a natureza e a funcionalidade da informação. O emitente transfere para o receptor um ônus seu: o de preocupar-se com a apreensão de significado dos significantes linguísticos conectados a frações da realidade. Não é por outra razão que, na atualidade, a linguagem estritamente jurídica, pelas barreiras que cria, não tem se mostrado um meio totalmente eficaz à veiculação dos conteúdos jurídicos.[509] Distanciar-se do *egocentrismo* e aproximar-se do *conhecimento mútuo* é o grande desafio a ser enfrentado tanto pelas autoridades responsáveis pela elaboração dos textos normativos, quanto pelo intérprete, aumentando, com isso, as chances de sucesso no processo de comunicação normativa.

Buscando inspiração nas "condições de felicidade" ("felicity conditions") a que se referia Austin,[510] características que contribuiriam para assegurar a plena operatividade do processo de comunicação, pode-se afirmar que a estruturação dos textos normativos deve estar comprometida com um objetivo fundamental, a necessidade de serem reconhecidos pelos destinatários, e esse objetivo será alcançado com a observância de três requisitos básicos: o primeiro exige o emprego de significantes linguísticos compatíveis com a funcionalidade dos padrões normativos, que devem unir os referenciais de transparência e imperatividade; o segundo, que seus contornos semânticos e sintáticos atuem como fio condutor de uma interpretação que alcance padrões satisfatórios de justiça e completude de significados; e, o terceiro, que unam, tanto quanto possível,

---

[504] Cf.: SOURIOUX, Jean-Louis; LERAT, Pierre. *Le langage du droit*. Paris: Presses Universitaires de France, 1975. p. 9-10. Hegel, como lembrado por Engisch, já observara que tornar o direito acessível apenas aos eruditos consubstancia injustiça semelhante àquela praticada pelo tirano Dionísio, que mandou fixar as tábuas da lei tão alto que nenhum cidadão era capaz de lê-las (ENGISCH, Karl. *Introdução ao pensamento jurídico* (*Einführung in das Juristische Denken*). (Trad. J. Baptista Machado). 8. ed. Lisboa: Fundação Calouste Gulbenkian, 2001. p. 139).

[505] Cf.: VILLAR PALASI, José Luis. *La interpretación y los apotegmas jurídico-lógicos*. Madrid: Tecnos, 1975. p. 98.

[506] Cf.: AUBERT, Jean-François. *Traité de droit constitutionnel suisse*. Neuchatel: Ides et Calendes, 1967. v. I, p. 116.

[507] Cf.: CONSTANTINO PETRI, Maria José. *Manual de linguagem jurídica*. São Paulo: Saraiva, 2009. p. 30-31.

[508] Cf.: BARR, Dale J.; KEYSAR, Boaz. Making sense of how we make sense: the paradox of egocentrism in language use. *In*: COLSTON, Herbert L.; KATZ, Albert N. *Figurative language comprehension*: social and cultural influences. New Jersey: Routledge, 2005. p. 21 (23-24).

[509] Cf.: SCHNEIDEREIT, Gaby. *Legal language as a special language*: structural features of English legal language. Germany: Green, 2007. p. 4.

[510] AUSTIN, J. L. *How to do things with words*. Oxford: Oxford University Press, 1962. p. 26.

os referenciais de adaptabilidade, permitindo que sejam constantemente ajustados ao contexto em que se projetarão e que direcionará a sua interpretação e previsibilidade de significados, evitando que sejam manipulados a cada interpretação.

A linguagem jurídica, juntamente com a linguagem ordinária e outras formas de comunicação utilizadas nos sistemas e microssistemas sociais, integra o universo mais amplo da linguagem convencional,[511] que absorve todo instrumental de comunicação, técnico ou não, voluntariamente adotado no ambiente sociopolítico. Em distinção que remonta a Santo Agostinho,[512] observa-se que a linguagem convencional ainda coexiste com a linguagem natural, que consubstancia uma fonte de comunicação colhida na experiência e independe da adesão ou da aquiescência de qualquer dos participantes do processo de comunicação (*v.g.*: a fumaça é sinal de fogo). Basta a sensibilidade do interlocutor para, com base na experiência, apreender os sinais exteriores do significante natural e identificar o seu sentido.[513]

Apesar de não ser incomum a opção pelo linguajar técnico e rebuscado, com estruturas sintáticas complexas e incomuns,[514] a ordem jurídica em geral, e a Constituição escrita em particular, como dissemos, não prescindem de integração por significantes linguísticos colhidos na linguagem ordinária,[515] o que busca facilitar a identificação do seu conteúdo por todos os intérpretes em potencial, os quais, presume-se, conhecem os significantes linguísticos utilizados no cotidiano do ambiente em que vivem e desenvolvem a sua personalidade.[516] A utilização da linguagem ordinária, em verdade, não chega a ser uma opção, mas verdadeiro imperativo, o qual, ao fim, contribui para a própria aceitação da Constituição.[517] Isso, no entanto, não afasta a constatação de que a estrutura semântica e sintática dos enunciados linguísticos constitucionais costuma apresentar algumas especificidades quando cotejada com as demais espécies normativas de natureza infraconstitucional. Ainda que a profusão de Constituições analíticas seja a tônica, o que em muito destoa do caráter sintético dos primeiros textos constitucionais, verifica-se que os enunciados utilizados costumam ser demasiado breves, esquemáticos

---

[511] Cf.: DOWNES, William. *Language and society*. 2. ed. Cambridge: Cambridge University Press, 1998. p. 2; e WROBLEWSKI, Jerzy. Cognition of norms and cognition trough norms. *In*: DI BERNARDO, Giuliano. *Normative structures of the social world*. Amsterdam: Rodopi, 1988. v. 11, p. 223 (223).

[512] AGOSTINHO, Santo. *A doutrina cristã*. São Paulo: Paulus, 2002. Livro II, cap. 3, nº 4. No mesmo sentido: ROSS, Alf. *Direito e justiça (On law and justice)*. (Trad. Edson Bini). São Paulo: Edipro, 2003. p. 139 e ss.; e CARRIÓ, Genaro R. *Notas sobre derecho y lenguaje*. 5. ed. Buenos Aires: Abeledo-Perrot-LexisNexis, 2006. p. 115.

[513] Cf.: BULHÕES PEDREIRA, José Luiz. *Conhecimento, sociedade e direito*: introdução ao conceito de direito. Rio de Janeiro: Renovar, 2008. p. 14.

[514] Cf.: PHILLIPS, Alfred. *Lawyer's language*: how and why legal language is different. London and New York: Routledge, 2003. p. 24. Gibbons ressalta que estudos psicolinguísticos têm demonstrado que esse tipo de prática, além de dificultar a compreensão pelos leigos, enfraquece o vínculo que deve existir entre o padrão normativo e o ambiente social (GIBBONS, John. Taking legal language seriously. *In*: GIBBONS, John *et al.* (Org.). *Language in the law*. Índia: Orient Longman, 2004. p. 1 (5)). Phillips, em outra ocasião, já ressaltara que as deficiências básicas da linguagem jurídica seriam sua opacidade, impenetrabilidade e ininteligibilidade (PHILLIPS, Alfred. *The lawyer and society*. Glasgow: Ardmoray, 1987. p. 118).

[515] Cf.: BUTT, Peter; CASTLE, Richard William. *Modern legal drafting*: a guide to using clearer language. Cambridge: Cambridge University Press, 2001. p. 54.

[516] A Constituição espanhola de 1978 chegou a considerar o conhecimento do castelhano um dever jurídico dos cidadãos espanhóis: "[e]l castellano es la lengua española oficial del Estado. Todos los españoles tienen el deber de conocerla y el derecho a usarla" (art. 3º, 1).

[517] Na visão de Soler, ser compreendida, pelos destinatários, com abstração de sua condição social, é o primeiro objetivo de qualquer norma (SOLER, Sebastián. *Fé en el derecho y otros ensayos*. Buenos Aires: TEA, 1956. p. 129-130).

e incisivos, em muito ampliando o grau de dificuldade da interpretação constitucional.[518] Afinal, como se referem a fenômenos da realidade e a valores ou bens da vida social, cabe ao intérprete assegurar a sua interação com esses referenciais, o que pressupõe que sejam superadas as incertezas existentes e assegurada a elasticidade possível, sempre com o objetivo de garantir a eficácia da Constituição formal.

Ainda que a funcionalidade da comunicação seja jurídica, a opção pela linguagem estritamente jurídica, com as peculiaridades inerentes a qualquer "linguagem para propósitos específicos", nem sempre alcançará maiores níveis de precisão que a linguagem ordinária.[519] *In casu*, a precisão técnica, aos olhos do *homo medius*, se transmuda em uma imprecisão ordinária. Para que significantes jurídicos possam preterir os ordinários é necessário que haja, realmente, uma "boa razão",[520] não sendo demais lembrar que a linguagem ordinária não tem se mostrado apta a cobrir todas as vicissitudes da realidade.[521] Em consequência, também o intérprete, ao individualizar o sentido dos significantes linguísticos encartados no texto constitucional, deve, em princípio, preferir o seu significado comum, de acordo com os usos ordinários,[522] que são sensivelmente distintos dos usos de cunho clássico ou etimológico,[523] somente avançando para significados específicos, consentâneos com o linguajar técnico, quando exigido pelos postulados de racionalidade que devem direcionar a interpretação constitucional. O *múnus* do intérprete será o de identificar o *usus loquendi* do significante interpretado, se situado no plano ordinário ou no plano técnico.

Inconvenientes à parte, constatado o emprego do linguajar técnico, é o sentido técnico do significante linguístico, não o ordinário, que deve ser priorizado pelo intérprete,[524] ressalvadas, obviamente, as situações em que a própria estrutura do texto aponte para um "sentido popular".[525] Igual conclusão, aliás, prevalecerá em relação aos significantes característicos da linguagem ordinária: uma vez empregados, é o significado ordinário, não aquele apreendido em um tecnicismo imaginário, que deve prevalecer.

A utilização do linguajar técnico nem sempre será caracterizada pela prevalência de referenciais de pureza e unicidade, de modo que uma única espécie de "linguagem para propósitos específicos" coexista com a linguagem ordinária. Não é incomum que significantes linguísticos colhidos em distintas linguagens específicas sejam integrados

---

[518] Cf.: PENSOVECCHIO LI BASSI, Antonino. *L'interpretazione delle norme costituzionali*: natura, metodo, difficoltà e limiti. Milano: Giuffrè, 1972. p. 77-78.

[519] Cf.: MELLINKOFF, David. *The language of the law*. Boston: Little Brown, 1963. p. 345.

[520] Cf.: WHITE, James Boyd. *The legal imagination*. Chicago: The University of Chicago Press, 1985. p. 4.

[521] Cf.: SCHNEIDEREIT, Gaby. *Legal language as a special language*: structural features of English legal language. Germany: Green, 2007. p. 6.

[522] Cf.: BLACK, Henry Campbell. *Handbook on the construction and interpretation of the laws*. 2. ed. St. Paul: West Publishing, 1911. p. 143; WROBLEWSKI, Jerzy; BÁNKOWSKI, Zenon; MACCORMICK, Neil. *The judicial application of law*. Springer: The Netherlands, 1992. p. 167.

[523] Cf.: LIEBER, Francis. *Legal and political hermeneutics*: or principles of interpretation and construction in law and politics, with remarks on precedents and authorities. Boston: Charles C. Litle and James Brown, 1839. p. 99.

[524] Cf.: STORY, Joseph. *Commentaries on the Constitution of the United States with a preliminary review of the constitutional history of Colonies and States before the adoption of the Constitution*. Boston: Hilliard, Gray and Company, 1833. v. I, §453; BLACKSTONE, William. *Commentaries on the laws of England*. Philadelphia: Childs & Peterson, 1860. v. 1, p. 59; BLACK, Henry Campbell. *Handbook on the construction and interpretation of the laws*. 2. ed. St. Paul: West Publishing, 1911. p. 13; e TARELLO, Giovanni. *L'interpretazione della legge*. Milano: Giuffrè, 1980. p. 113-114.

[525] Cf.: SEDGWICK, Theodore. *A treatise on the rules wich govern the interpretation and application of statutory and constitutional law*. New York: J. S. Voorhies, 1857. p. 261.

à mesma base textual ou se tornem igualmente relevantes no mesmo contexto.[526] Quando isso ocorre e o texto é primordialmente direcionado aos espertos da linguagem preponderante, verifica-se, em relação aos significantes pertencentes a outras linguagens, uma evidente dificuldade de compreensão. Contextualizando a questão no plano constitucional, será inevitável a dificuldade dos juristas em identificar o significado de significantes linguísticos afetos a outros sistemas de comunicação.[527]

Exemplo sugestivo, no direito brasileiro, é a utilização, no art. 166, §3º, II, b, da Constituição de 1988, da expressão "serviço da dívida". Como única "pista" para a identificação do seu sentido, tem-se a indicação de que se trata de uma despesa, cujo montante deve ser declinado no projeto de lei orçamentária ofertado pelo Executivo e que não pode ser anulada por emenda parlamentar. Mas que "serviço" seria esse? Tomado em sua literalidade, esse significante poderia ser enquadrado sob a epígrafe mais ampla do serviço público, indicando, na clássica lição de Hauriou, a "organização pública de poderes, de competências e de costumes assumindo a função de fornecer ao público, de forma regular e contínua, um serviço determinado dentro de um pensamento político, no sentido elevado do termo".[528] Daí o aparente acerto de Rui Barbosa, jurista que se pronunciou sob a égide da Constituição brasileira de 1891 e concluiu que, ao lado da inevitável assunção de obrigações,

> a todas as soberanias ou autonomias, portanto, concomitantemente com essa necessidade e com o poder que della resulta, lhes é irrecusável o direito e a obrigação de os organizarem, num systema de previdencia, fiscalização e solução dos seus compromissos. Esta especialização administrativa constitue o serviço da dívida pública. O serviço da dívida pública, por conseguinte, é um dos serviços públicos.[529]

Não obstante a envergadura desses argumentos, o significado que mais se afeiçoaria à linguagem jurídica foi preterido por outro, próprio do sistema econômico. "Serviço da dívida", assim, diz respeito ao desembolso que deve ser periodicamente realizado para a amortização parcial da dívida pública e das demais parcelas financeiras que recaem sobre ela (*v.g.*: juros e correção monetária). Como se constata, a dificuldade encontrada para a identificação do significado dessa expressão, de estatura constitucional, é importante frisar, alcança tanto aqueles que somente estão familiarizados com a linguagem ordinária, quanto os que se acostumaram às vicissitudes da linguagem jurídica. Em relação aos aspectos estritamente linguísticos da interpretação constitucional, deve-se ressaltar, com Black,[530] a presunção de que o texto interpretado reflete uma forma de expressão compatível com a dignidade e a solenidade da ordem constitucional, o que o aproxima dos significados que se ajustem ao correto uso do idioma, não àqueles de uso coloquial e vulgar.

---

[526] Cf.: COTTERILL, Janet. *Language in the legal process*. Hampshire: Palgrave Macmillan, 2002. p. 147.
[527] Cf.: SEDGWICK, Theodore. *A treatise on the rules wich govern the interpretation and application of statutory and constitutional law*. New York: J. S. Voorhies, 1857. p. 263.
[528] HAURIOU, Maurice. *Précis de droit administratif et de droit public*. Paris: Dalloz, 1933. p. 64.
[529] BARBOSA, Rui. *Commentarios à Constituição Federal Brasileira*: colligidos e ordenados por Homero Pires. São Paulo: Saraiva, 1932. v. I, p. 343.
[530] BLACK, Henry Campbell. *Handbook on the construction and interpretation of the laws*. 2. ed. St. Paul: West Publishing, 1911. p. 144.

Apesar de a linguagem jurídica apresentar termos específicos e objetivos diferenciados,[531] próprios do sistema em que se desenvolve, ser nitidamente simétrica e não assimétrica como a linguagem ordinária, em que os significantes linguísticos empregados costumam variar em conformidade com fatores como *status*, idade e conhecimento dos interlocutores (*v.g.*: a comunicação entre médico e paciente, professores e alunos, pais e filhos etc.)[532] e ostentar variações internas conforme o ramo do direito a que se refere, ela é, necessariamente, mas não integralmente, baseada na linguagem ordinária.

O sentido dos enunciados linguísticos formulados em dada língua é determinado, com maior ou menor precisão, pelas diretivas de sentido dessa língua.[533] Essas diretivas podem assumir contornos gerais, permitindo a atribuição de significados ao linguajar ordinário, ou contornos específicos, nesse caso quando aplicadas à "linguagem para propósitos específicos". As diretivas de contornos específicos não raro rompem com os padrões puramente semânticos, permitindo, inclusive, que significantes linguísticos característicos da linguagem ordinária recebam significados distintos quando transpostos para o plano técnico. Sob o ponto de vista do intérprete, essas diretivas são vistas como as únicas capazes de fornecer o sentido tido como adequado ou, num processo de interpretação opaco e que tangencie o arbítrio, são as únicas capazes de justificar as suas opções.

No plano constitucional, como afirmamos, a primeira e principal diretiva de significado a ser seguida é a presunção de uso da linguagem ordinária. Avançando na análise e identificando-se, pelo contexto, que o significante linguístico foi utilizado em seu sentido técnico, é este, não aquele, que deve ser identificado. Situações de ambiguidade ou vagueza são constantemente superadas com o recurso aos precedentes do Tribunal Constitucional; à produção doutrinária, que busca indicar, argumentativamente, os significados que mais se compatibilizem com os enunciados normativos; à tradição, máxime quando reflitam entendimentos sedimentados sob a égide de textos constitucionais pretéritos; ao modo em que são compreendidos enunciados normativos similares, integrados ao direito internacional ou alienígena[534] etc.

Ressalte-se, no entanto, que apesar da importância das diretivas linguísticas na atribuição de significados aos significantes interpretados, não é incomum que a sua utilização não seja suficiente à superação das situações de ambiguidade ou vagueza, semântica ou sintática. Nesse caso, a persistência da conflitualidade intrínseca exigirá que o intérprete recorra a outras técnicas para a sua superação, o que faz com que os significados encontrados sejam diretamente influenciados por suas opções.

Questão igualmente tormentosa consiste na utilização de significantes linguísticos idênticos, veiculando significados distintos, no âmbito do mesmo texto normativo.

---

[531] Cf.: PRIETO DE PEDRO, Jesús. *Lenguas, lenguaje y derecho*. Madrid: Civitas, 1991. p. 131-132.
[532] Cf.: TROSBORG, Anna. *Rhetorical strategies in legal language*: discourse analysis of statutes. Tübingen: Günter Narr, 1997. p. 17.
[533] Cf.: WROBLEWSKI, Jerzy; BÁNKOWSKI, Zenon; MACCORMICK, Neil. *The judicial application of law*. Springer: The Netherlands, 1992. p. 89-90.
[534] Sobre a crescente "internacionalização" do direito e a correlata possibilidade de atribuição de significados similares aos mesmos significantes, em distintas ordens jurídicas, vide: GINSBURG, Tom. *Judicial review in new democracies*: constitutional courts in Asian cases. Cambridge: Cambridge University Press, 2003. p. 15-17.

Situações dessa natureza tendem a potencializar as conflitualidades intrínsecas e a maximizar o papel do contexto na identificação do significado a ser escolhido.

Toda e qualquer forma de comunicação que faça uso da linguagem se desenvolve sob um invólucro que assume características "estilísticas".[535] Esse invólucro, que aponta para as opções pessoais do agente em relação à forma de veiculação da informação, há de ser escolhido em consonância com as características dos demais partícipes do processo de comunicação, isso sob pena de despertar um sentimento, consciente ou não, de discriminação, e comprometer a apreensão da informação. O desconforto que um linguajar "excessivamente" culto pode gerar quando direcionado a pessoas de reduzido nível cultural é semelhante àquele que uma linguagem normativa hermética pode ocasionar em seus destinatários em potencial. Para assegurar a transição entre o hermetismo e a abertura comunicativa, autoridades responsáveis pela produção normativa e, principalmente, intérpretes, sobre os quais recai o *múnus* da "tradução",[536] devem simplificar a linguagem utilizada, direcionando sua atenção à ampliação do rol de participantes (ativos) nesse processo de comunicação, isso sob pena de a imperatividade normativa ser arrefecida pela incompreensão do seu alcance.[537] É a "purificação" do discurso normativo a que se referiu Guastini.[538] Compreender a linguagem constitucional significa compreender, em todo o seu alcance, a força normativa da Constituição.[539]

O que se verifica, em verdade, é uma influência recíproca entre as linguagens setoriais e a linguagem ordinária, de modo que esta última, ainda que em menor medida, também absorve significantes e significados próprios daquelas.[540] A influência da linguagem jurídica na linguagem ordinária, em especial sob a forma de neologismos, é facilmente apreendida ao constatarmos que novos termos, ao serem utilizados em padrões normativos impostos pelo Estado, passarão a ser reproduzidos em toda a estrutura estatal, integrando um infindável número de documentos públicos, teleologicamente direcionados à população.[541] Como desdobramento dessa inter-relação, tem-se que as dificuldades enfrentadas para a identificação do sentido da linguagem jurídica não serão menos árduas que aquelas constantemente enfrentadas com o uso da linguagem ordinária.[542]

---

[535] Cf.: CHAMBERS, J. K. *Sociolinguistics theory*: linguistic variation and its social significance. 2. ed. Maden: Wiley-Blackwell, 2003. (Language in Society, v. 32), p. 4.

[536] Do mesmo modo que o desconhecimento da língua exige a presença de tradutores para a realização de um julgamento justo, o desconhecimento da linguagem também deve ser remediado de modo a alcançar a completude do ciclo de comunicação (Cf.: MASON, Marianne. *Courtroom interpreting*. Maryland: University Press of América, 2008. p. 1). Nesse caso, o significado dos enunciados linguísticos deve ser identificado em harmonia com as peculiaridades do contexto e os padrões correntes da linguagem, tudo em consonância com os usos da língua, da cultura e da situação concreta (Cf.: HALE, Sandra Beatriz. *The discourse of court interpreting*: discourse practices of the law, the witness, and the interpreter. Philadelphia: John Benjamins, 2004. p. 5).

[537] Cf.: COULTHARD, Malcolm; JOHNSON, Alison. *An introduction to forensic linguistics*: language in evidence. New York: Routledge, 2007. p. 37.

[538] GUASTINI, Ricardo. *Distinguiendo*: estudios de teoría y metateoría del derecho. (Trad. Jordi Ferrer i Beltrán). Barcelona: Gedisa, 1999. p. 267-268.

[539] Cf.: CONLEY, John M.; O'BARR, William. *Just words*: law, language and power. Chicago e London: University of Chicago Press, 1998. p. 2.

[540] Cf.: MATTILA, Heikki E. S. *Comparative legal linguistics*. Hampshire: Ashgate, 2006. p. 3-4.

[541] Cf.: MATTILA, Heikki E. S. *Comparative legal linguistics*. Hampshire: Ashgate, 2006. p. 60.

[542] Cf.: WROBLEWSKI, Jerzy. Semantic basis of the theory of legal interpretation. *Logique et Analyse*, n. 6, p. 397-416, dec. 1963. p. 397 (409).

Deve-se ressaltar, no entanto, que as distinções entre a linguagem ordinária e a linguagem jurídica permanecem adstritas ao plano semântico, não avançando para o plano sintático. Conquanto possam apresentar variações de significado, o modo de disposição dos significantes linguísticos na frase há de seguir os mesmos padrões, qualquer que seja a espécie de linguagem convencional utilizada, ordinária ou para propósitos específicos. Se o significado dos significantes linguísticos está intimamente conectado às convenções sociais, que acompanham as vicissitudes do ambiente sociopolítico e são amplamente suscetíveis à influência de fatores extrínsecos, as regras estruturais da língua não sofrem tal influência com a mesma intensidade.[543] No plano sintático, podem ser verificadas variações de estilo, mas não de correção. A linguagem convencional é uma só e não prescinde da observância desses padrões,[544] ainda que, em situações excepcionalíssimas, possa ser admitido o acolhimento de formas anômalas, sedimentadas e amplamente acolhidas no âmbito em que utilizadas.

2.4 Interferências na compreensão dos enunciados linguísticos normativos

Paralelamente às múltiplas funcionalidades da linguagem, constata-se que, na vida, a emissão e o entendimento da comunicação linguística são fenômenos distintos, embora sucessivos.[545] Afinal, emissor e receptor, por refletirem individualidades distintas, podem, ou não, convergir a respeito da mensagem veiculada pela linguagem. A divergência, aliás, pode assumir contornos mais amplos, opondo não só emissor e receptor, concebidos em sua individualidade, como, também, os múltiplos receptores em potencial, atuais e futuros, que podem não ter um entendimento comum a respeito do conteúdo da comunicação. Tal divergência pode se estender, ainda, à sua própria funcionalidade, não se identificando, com precisão, se ela ostenta contornos cognoscitivos, preceptivos ou expressivos.

É plenamente factível que, embora seja conhecido o conteúdo da comunicação, haja dúvidas quanto à sua funcionalidade (*v.g.*: trata-se de ordem ou mero conselho?), sendo a recíproca verdadeira (*v.g.*: sabemos que estamos perante uma ordem, mas há dúvidas quanto ao seu conteúdo exato).[546] Não é por outra razão que muitos linguistas se surpreendem com o exotismo de algumas teorias da interpretação jurídica, como o textualismo do ambiente anglo-saxão, que apregoa a existência de um significado simples e não ambíguo para os textos normativos, que deve ser descoberto e simplesmente declarado pelo intérprete.[547]

A existência de divergências quanto ao conteúdo ou à funcionalidade da comunicação decorre de múltiplos fatores, que têm sido tratados, pela teoria da comunicação, como "interferências," podendo gerar (1) obstáculos, associados a equívocos no endereçamento, desaparecimento da mensagem por falhas na transmissão ou no recebimento, e atrasos;

---

[543] Cf.: MARMOR, Andrei. *Social conventions*: from language to law. New Jersey: Princeton University Press, 2009. p. 79.
[544] Cf.: WROBLEWSKI, Jerzy; BÁNKOWSKI, Zenon; MACCORMICK, Neil. *The judicial application of law*. Springer: The Netherlands, 1992. p. 98.
[545] Cf.: ASCOLI, Max. *La interpretazione delle legi*: saggio di filosofia del diritto. Roma: Athenaeum, 1928. p. 19.
[546] Cf.: AUSTIN, J. L. *How to do things with words*. Oxford: Oxford University Press, 1962. p. 114-115.
[547] Cf.: GIBBONS, John. *Forensic linguistics*: an introduction to language in the justice system. Cornwall: Wiley-Blackwell, 2003. p. 23.

(2) perdas, refletidas na diminuição ou na deterioração da informação; (3) distorções, resultantes de imperfeições na interpretação e consequente compreensão da mensagem; e (4) ruídos, que se manifestam quando elementos confusos, paralelos à mensagem propriamente dita, a ela se misturam.[548] Naquilo que se relaciona mais diretamente à linguagem constitucional e à conflitualidade intrínseca que pode ocasionar, são as distorções que merecem maior atenção. Afinal, sob essa epígrafe podem ser incluídas todas as divergências e falhas de compreensão a respeito da construção dos enunciados linguísticos e da correlação entre significantes e significados.

As distorções podem ser agrupadas em dois grandes grupos.

O primeiro grupo congrega as causas de natureza extrínseca, que delineiam a influência exercida pelo contexto, o perfil do intérprete e como se conduzirá no curso do processo de interpretação. Essas causas, apesar de terem influência decisiva no delineamento do significado do enunciado interpretado, não estão situadas no plano linguístico, o que, por razões metódicas, nos leva a realizar uma análise meramente perfunctória nesse momento.

O segundo grupo alberga as causas de natureza intrínseca, que podem ser reconduzidas aos aspectos estruturais de qualquer linguagem convencional, o léxico e a gramática.[549] O léxico alcança a totalidade dos significantes linguísticos da língua, merecendo especial realce a sua conexão com distintos aspectos da realidade, representando-os, o que engloba os seus aspectos semânticos.[550] Sob essa ótica, o significado, do qual se ocupa a semântica,[551] pode ser visto como "elemento do sistema lexical".[552] A gramática tanto diz respeito à morfologia, vale dizer, à estruturação dos significantes linguísticos a partir de letras e símbolos, quanto à sintaxe, indicando a combinação desses significantes em uma sentença, de modo a produzir um significado distinto daquele ostentado pelas distintas partículas que o integram. A gramática é o sistema interno da linguagem que direciona o seu uso e permite a compreensão da comunicação.[553] Parafraseando Rui Barbosa, é possível afirmar que as normas jurídicas, "que tudo regem, não podem, todavia, reger a grammatica, sem a qual, não logrando ser entendidas, não lograrão ser obedecidas. Mala grammatca vitanda est".[554] Em relação às causas de natureza intrínseca que ensejam o surgimento de distorções, direcionaremos nossa atenção aos aspectos semânticos e sintáticos do texto, responsáveis imediatos pelo delineamento do seu significado.

---

[548] Cf.: MATTILA, Heikki E. S. *Comparative legal linguistics*. Hampshire: Ashgate, 2006. p. 34. Márcio Pugliesi reduz a concepção de interferência à de ruído, desconsiderando as suas especificidades (PUGLIESE, Márcio. *Teoria do direito*. 2. ed. São Paulo: Saraiva, 2009. p. 20-21).

[549] Cf.: JACKSON, Bernard S. *Semiotics and legal theory*. London: Routledge, 1987. p. 33.

[550] Cf.: GALVAN, S. Über den Begriff von Möglich Welt in den Anwendungen der Modal Logik. *In*: DI BERNARDO, Giuliano. *Normative structures of the social world*. Amsterdam: Rodopi, 1988. v. 11, p. 65 (71).

[551] Cf.: LÖBNER, Sebastian. *Semantik*: eine Einführung, Berlin: Walter de Gruyter, 2003. p. 3.

[552] Cf.: LUZZATI, Claudio. *L'interprete e il legislatore*: saggio sulla certezza del diritto. Milano: Giuffrè, 1999. p. 11 e 31.

[553] Cf.: McMENAMIN, Gerald R.; CHOI, Dongdoo. *Forensic linguistics*: advances in forensic stylistics. Florida: CRC, 2002. p. 2.

[554] BARBOSA, Rui. *Commentarios à Constituição Federal Brasileira*: colligidos e ordenados por Homero Pires. São Paulo: Saraiva, 1933. v. IV, p. 73.

Como se percebe, as distorções, além das especificidades do processo de interpretação, podem se associadas a três referenciais de análise, que há muito foram identificados como a tríade estrutural da semiótica: *pragmática* (relação dos significantes com o contexto e o intérprete), *semântica* (relação dos significantes com os objetos aos quais se aplicam) e *sintaxe* (relação formal entre os significantes linguísticos).[555] A íntima correlação desses fatores bem demonstra a impossibilidade de o conteúdo da norma ser individualizado com o só recurso a um "sistema semântico autônomo",[556] indiferente ao modo de estruturação dos enunciados linguísticos, à influência exercida pelo contexto na formação dos significados e ao papel desempenhado pelo intérprete, participante ativo e não mero expectador passivo.[557]

A distorção de natureza extrínseca, em um primeiro momento, decorre não propriamente da linguagem, mas do modo como o intérprete apreende a linguagem e conduz o processo de interpretação, operações diretamente influenciadas pelo seu nível de inteligência, cultura[558] e capacidade de apreensão do contexto em que são utilizados e no qual se projetarão os enunciados linguísticos.[559] Ao estabelecer a conexão entre linguagem e realidade, os intérpretes podem adotar métodos diferenciados na categorização das variantes sociais que possibilitarão o delineamento da base cultural a ser levada em consideração.[560] Face ao papel desempenhado pelo interprete, não é exagero afirmar que a presença de interferências no processo de comunicação normativa não decorrerá, unicamente, das características do texto, sendo igualmente influenciada pelo propósito de torná-lo uma fonte de clareza ou um manancial de significados divergentes e desencontrados.[561] O intérprete tanto influi na adjudicação de sentido ao texto, quanto na escolha dos métodos que conduzirão a esse resultado, daí a importância de sua atividade.

Além das características de ordem cognitiva, ainda merece referência o aspecto emocional, fazendo com que o intérprete, influenciado por uma excitação momentânea, alcance sentidos diversos daqueles que alcançaria em uma situação de total estabilidade emocional.[562] Somando-se a essas caraterísticas intrínsecas, observa-se, com White,[563]

---

[555] Cf.: MORRIS, Charles William. *Signs, language and behavior*. 4. ed. New Jersey, Prentice Hall, 1946. p. 6; INNIS, Robert E. *Semiotics*: an introductory anthology. USA: Indiana University Press, 1985. p. xv; JACKSON, Bernard S. Semiotics and the problem of interpretation. *In*: NERHOT, Patrick. *Law, interpretation and reality*: essays in epistemology, hermeneutics and jurisprudence. Dordrecht: Kluwer, 1990. p. 84 (84 e ss.); e GUASTINI, Ricardo. *Distinguiendo*: estudios de teoría y metateoría del derecho. (Trad. Jordi Ferrer i Beltrán). Barcelona: Gedisa, 1999. p. 315.

[556] Cf.: LUZZATI, Claudio. *La vaghezza delle norme*: un'analisi del linguagio giuridico. Milano: Giuffrè, 1990. p. 40.

[557] Cf.: PETTER, Lafayette Josué. *Princípios constitucionais da ordem econômica*: o significado e o alcance do art. 170 da Constituição Federal. 2. ed. São Paulo: Revista dos Tribunais, 2008. p. 110.

[558] BERK-SELIGSON, Susan. *The bilingual courtroom in the judicial process*. 2. ed. Chicago: Chicago University Press, 2002. p. 12. Como afirmou John Earl Joseph, se a linguagem fosse um país, a educação seria a sua capital, um lugar central por onde todos passariam (JOSEPH, John Earl. *Language and politics*. Edinburgh: Edinburgh University Press, 2006. p. 46).

[559] Cf.: JOSEPH, John Earl. *Language and politics*. Edinburgh: Edinburgh University Press, 2006. p. 4.

[560] Cf.: HUDSON, Richard A. *Sociolinguistics*. 2. ed. Cambridge: Cambridge Universtiy Press, 1996. p. 77.

[561] Cf.: PATTERSON, Dennis. *Law and truth*. Oxford: Oxford University Press, 1999. p. 115.

[562] Cf.: LIEBER, Francis. *Legal and political hermeneutics*: or principles of interpretation and construction in law and politics, with remarks on precedents and authorities. Boston: Charles C. Litle and James Brown, 1839. p. 34.

[563] WHITE, James Boyd. *Heracles' bow*: essays on the rhetoric and poetics of the law. Wisconsin: University of Wisconsin Press, 1989. p. 77.

que o meio mais importante de se falar sobre o sentido de um texto é perguntar que "feição" do intérprete ele faz aflorar. Essa "feição", que corresponde a um aspecto da personalidade despertado pela característica e funcionalidade do texto, tendo influência direta nas opções do intérprete, seria responsável, por exemplo, pelo aumento ou diminuição de sua sensibilidade e pela maior ou menor suscetibilidade à influência de fatores extrínsecos. Seria possível falar em um "leitor ideal" para cada tipo de texto.

Exemplo sugestivo da influência que a natureza do texto exerce sobre a postura a ser adotada pelo intérprete encontra-se expressa na famosa frase do *Justice* John Marshall, proferida no célebre Caso *McCulloch vs. Maryland*: "We must never forget, that it is a Constitution we are expounding".[564] Parece evidente que o texto constitucional despertará, no intérprete, uma feição bem distinta daquela que o acompanharia na interpretação de uma obra literária ou de uma partitura musical. Afinal, trata-se do alicerce e da moldura de toda a ordem jurídica, estabelecido soberanamente pelo povo e que carrega consigo a sua mais lídima autoridade.[565]

Padrões satisfatórios de concordância, em especial nas situações mais complexas, em que o mesmo significante está aberto a uma pluralidade de significados, não prescindirão de uma proximidade intelectiva, ideológica e sociológica entre os intérpretes. Esse último aspecto realça a existência de uma comunhão cultural, daí decorrendo uma base comum de conquistas, anseios e frustrações que permite que seja atribuído um "espírito" ao texto normativo, corpo inanimado à espera de uma identidade. É justamente a cultura, enquanto identidade de um povo, que atua como fio condutor da atividade de cada intérprete e permite a sua aproximação, isso apesar das intensas dissonâncias de ordem individual. É igualmente a cultura que justifica a diversidade de sentidos que distintos povos atribuem a textos normativos praticamente idênticos.

Observa-se, ainda, que a concordância entre os intérpretes não raro se vê substituída pela chancela da autoridade, como a do Tribunal Constitucional, que impõe o significado preponderante.[566] Nesse particular, não é incomum que o sistema constitucional seja estruturado de modo a possibilitar que os diversos significados potencialmente reconduzíveis ao texto normativo possam não só florescer no ambiente sociopolítico, como, principalmente, passar por um "período de prova". Com isso, predicados e defeitos podem se tornar visíveis à época da definição do significado hegemônico. Esse tipo de técnica é constantemente empregado nos sistemas de controle difuso de constitucionalidade, em que o pronunciamento do Tribunal Constitucional não costuma ser imediato, o que possibilita uma ampla interação entre texto e realidade. Essa interação, por sua vez, torna evidente a importância da atividade desenvolvida pelos múltiplos intérpretes da Constituição: constroem uma pluralidade de normas "provisórias", contribuindo para a construção da norma "definitiva". Sob esse prisma,

---

[564] 17 *U.S.* 316, 1819.
[565] Cf.: STORY, Joseph. *Commentaries on the Constitution of the United States with a preliminary review of the constitutional history of Colonies and States before the adoption of the Constitution*. Boston: Hilliard, Gray and Company, 1833. v. I, §410.
[566] É bem conhecido o irônico comentário do *Justice* Robert Jackson, do Supremo Tribunal norte-americano, ao referir-se à supremacia desse Tribunal na interpretação da Constituição, *verbis*: "We are not final because we are infalible, but we are infalible only because we are final" (*Brown vs. Allen*, 344 *U.S.* 443 (540), 1953).

é perfeitamente possível afirmar que o significado do texto é construído por uma "comunidade de intérpretes".[567]

A distorção de natureza intrínseca pode estar associada a inúmeras causas que geram "interferências" na identificação do sentido da linguagem. Dentre elas, merece menção a "prodigiosa riqueza e flexibilidade da linguagem".[568] Longe de ser um "instrumento de precisão matemática", apresenta uma "textura aberta",[569] permitindo que de um mesmo enunciado linguístico se obtenha significados distintos, não raro com um significado central, de uso comum, e extensões metafóricas ou figurativas facilmente alcançáveis, ou não, pelos interlocutores.[570] Trata-se de consequência que decorre da impossibilidade lógica de se dispor de uma palavra para cada ideia ou objeto específico.[571] A "fluidez da linguagem", em verdade, pode ser vista como o seu principal atributo, permitindo que, a partir de uma pluralidade de significados em potencial, seja alcançado, de acordo com as peculiaridades do contexto em que será utilizado, um significado particular.[572]

Interessante exemplo pode ser encontrado na Constituição brasileira de 1988. Ao tratar dos direitos fundamentais, previu, no inciso LXV do seu art. 5º, que "a prisão ilegal será imediatamente relaxada pelo juiz". *In casu*, a utilização do verbo "relaxar", como sinônimo de revogação, extinção ou desconstituição, remonta aos textos constitucionais pretéritos,[573] já estando incorporada à tradição constitucional brasileira. Embora se trate de significante nitidamente polissêmico, podendo indicar as ações de afrouxar, enfraquecer, desleixar, abrandar, suavizar, perdoar etc., afigura-se evidente que, no mencionado exemplo, a sua compreensão, no sentido que se lhe deve atribuir, somente se torna possível quando analisado em conjunto com (1) a natureza da disposição constitucional em que inserido (veicula um direito fundamental); (2) a sua funcionalidade (contraponto à prisão ilegal) e (3) o responsável pela respectiva ação (o juiz, agente responsável, ao menos conceitualmente, pela materialização do valor justiça). Afinal, na linguagem ordinária, *relaxar* tem sido constantemente associado a uma ação que possibilita o *descanso*. A utilização desse significante não parece ter outro efeito senão o de comprometer o sentido do texto aos olhos de um intérprete não versado nessa "linguagem para propósitos específicos". Não contribui, igualmente,

---

[567] WHITE, James Boyd. *Heracles' bow*: essays on the rhetoric and poetics of the law. Wisconsin: University of Wisconsin Press, 1989. p. 79.
[568] CARRIÓ, Genaro R. *Notas sobre derecho y lenguaje*. 5. ed. Buenos Aires: Abeledo-Perrot-LexisNexis, 2006. p. 19.
[569] LLOYD, Dennis. *Introduction to jurisprudence*. Londres: Stevens and Sons, 1959. p. 398; CARRIÓ, Genaro R. *Notas sobre derecho y lenguaje*. 5. ed. Buenos Aires: Abeledo-Perrot-LexisNexis, 2006. p. 138; e HART, Herbert L. A. *O conceito de direito* (*The concept of law*). (Trad. A. Ribeiro Mendes). 3. ed. Lisboa: Fundação Calouste Gulbenkian, 2001. p. 140 e ss.
[570] CARRIÓ, Genaro R. *Notas sobre derecho y lenguaje*. 5. ed. Buenos Aires: Abeledo-Perrot-LexisNexis, 2006. p. 93.
[571] Cf.: LOCKE, John. *Ensaio sobre o entendimento humano* (*An essay concerning human understanding*). (Trad. Eduardo Abranches de Soveral). Lisboa: Fundação Calouste Gulbenkian, 1999. v. II, p. 553.
[572] Cf.: SLAPPER, Gary; KELLY, David. *Source book on the English legal system*. 2. ed. London: Cavendish Smith Bailey & Gunn, 2001. p. 2; BUTT, Peter; CASTLE, Richard William. *Modern legal drafting*: a guide to using clearer language. Cambridge: Cambridge University Press, 2001. p. 52; WHITE, James Boyd. *Heracles' bow*: essays on the rhetoric and poetics of the law. Wisconsin: University of Wisconsin Press, 1989. p. 79-80; LIEBER, Francis. *Legal and political hermeneutics*: or principles of interpretation and construction in law and politics, with remarks on precedents and authorities. Boston: Charles C. Litle and James Brown, 1839. p. 119; e STORY, Joseph. *Commentaries on the Constitution of the United States with a preliminary review of the constitutional history of Colonies and States before the adoption of the Constitution*. Boston: Hilliard, Gray and Company, 1833. v. I, §424.
[573] As Constituições de 1934 (art. 113, nº 21); 1946 (art. 141, §22); 1967 (art. 150, §12); e a denominada Emenda Constitucional nº 1/1969 (art. 153, §12) também se valeram do verbo "relaxar".

para a adaptabilidade do texto normativo a situações futuras e poderia gerar dúvidas em relação ao próprio alcance do "relaxamento": se importa na extinção da prisão ou em mero suavizar do seu rigor.

A maior generalidade de certas palavras termina por ampliar o potencial expansivo da comunicação linguística, apresentando, como contraponto à facilidade de compatibilização do seu conteúdo com as situações da realidade, uma evidente dificuldade em delimitar o seu alcance. Palavras gerais dão lugar a entendimentos de igual natureza, sendo aplicadas a inúmeras situações particulares, unidas entre si por certos traços comuns.[574]

Lembrando as reflexões do *Justice* Cardozo,[575] seria possível afirmar que o sistema ideal, isso se fosse possível alcançá-lo, deveria ser, a um só tempo, flexível e preciso, conjugando progresso e estabilidade: flexível para se ajustar às vicissitudes do ambiente sociopolítico; preciso para oferecer a cada situação específica uma solução justa e apropriada. Não obstante a correção dessas reflexões, ao avançarmos da linguagem ordinária para a jurídica, constatamos que a generalidade dos enunciados linguísticos, longe de refletir um equívoco na estruturação dos textos normativos ou uma afronta deliberada à precisão, costuma ser uma opção não só voluntária, como também necessária. Se a generalidade das normas infraconstitucionais assegura a sua flexibilidade, permitindo que sejam aplicadas a situações inicialmente imprevistas, bem como a sua constante adaptação às modificações sociais,[576] sem que seja preciso recorrer a um moroso processo de alteração formal,[577] essa funcionalidade, no plano constitucional, se sobressai ainda com maior intensidade.

À Constituição compete traçar as vigas mestras da organização estatal e dos direitos individuais básicos, não descer às minúcias de um regulamento. Por mais analítica que seja, jamais se nivelará aos padrões de generalidade que caracterizam os padrões normativos infraconstitucionais. A opção por uma generalidade linguística mais acentuada é particularmente comum nas Constituições sintéticas, sendo o modelo norte-americano o mais conhecido de todos. Expressões como "life, liberty and property", "due process of law", "equal protection of the laws", "unreasonable searches and seizures", "cruel and unusual punishments" e "commerce among the several states",[578] ao que se somam as peculiaridades de um sistema de *common law*, oferecem ao constitucionalismo norte-americano uma inesgotável base de desenvolvimento e adaptabilidade. Nas palavras do *Justice* Robert Jackson,[579] são "majestosas generalidades". Uma formalização excessiva, como observa Luzzati,[580] certamente inviabilizaria a superação dos absurdos

---

[574] Cf.: LOCKE, John. *Ensaio sobre o entendimento humano* (*An essay concerning human understanding*). (Trad. Eduardo Abranches de Soveral). Lisboa: Fundação Calouste Gulbenkian, 1999. v. II, p. 560-561.

[575] CARDOZO, Benjamin. *The nature of the judicial process*. New Haven: Yale University Press, 1921. p. 143.

[576] Cf. CRISAFULLI, Vezio. Atto normativo. In: *Enciclopedia del diritto*. Milano: Giuffrè, (1959) 2007. v. IV, p. 238, §6.

[577] Cf.: LIEBER, Francis. *Legal and political hermeneutics*: or principles of interpretation and construction in law and politics, with remarks on precedents and authorities. Boston: Charles C. Litle and James Brown, 1839. p. 48-49.

[578] Para Schauer, a interpretação judicial desses significantes linguísticos, face à sua margem de liberdade, sequer se assemelharia à interpretação em geral (SCHAUER, Frank. *Thinking like a lawyer*: a new introduction to legal reasoning. USA: Harvard University Press, 2009. p. 149).

[579] *West Virginia State Board of Education vs. Barnette*, 319 U.S. 624, 1943.

[580] LUZZATI, Claudio. *La vagheza delle norme*: un'analisi del linguagio giuridico. Milano: Giuffrè, 1990. p. 221.

pragmáticos que o senso comum oferece, daí a relevância da adaptabilidade do texto às vicissitudes do contexto.

Aos enunciados linguísticos de sentido genérico ou relativo devem ser atribuídos, tanto quanto possível, significados expansivos, alcançando todas as situações que possam ser absorvidas pela linguagem utilizada.[581] A maior flexibilidade das disposições constitucionais é campo propício à irrupção de conflitualidades intrínsecas, o que maximiza o papel do intérprete e diminui, consideravelmente, os níveis de precisão. Essa propriedade, no entanto, longe de ser uma fonte de instabilidade, bem se ajusta à funcionalidade da Constituição, contribuindo para assegurar a sua permanência e adaptabilidade.

Além da maior abertura semântica de certos significantes linguísticos, a pluralidade de significados pode decorrer, igualmente, de outros aspectos inerentes aos significantes, a exemplo de sua ambiguidade e vagueza conceitual, como, também, da forma de organização das expressões linguísticas, vale dizer, de sua sintaxe. Essa característica é inerente à linguagem ordinária[582] e, consequentemente, se estende à linguagem jurídica, gerando imprecisões de significado.[583]

O primeiro aspecto a ser considerado é a ambiguidade, cujo conceito, de modo algo paradoxal, como ressalta Schane,[584] não é unívoco. Em um sentido amplo, indicaria as dúvidas surgidas na comunicação entre dois interlocutores ou a dúvida existente quanto à aplicação, ou não, de um termo. Em um plano mais restrito, define a característica semântica ou sintática que vincula uma pluralidade de significados a um único significante.[585] Nesse último sentido, que empregaremos em nossa análise, o enunciado linguístico somente será considerado ambíguo quando se enquadrar na "regra da pessoa razoável" ("reasonable person rule"), vale dizer, quando duas pessoas razoavelmente bem informadas puderem atribuir-lhe dois ou mais significados.[586] É possível falar, sob essa perspectiva, em "desacordo razoável" ("reasonable disagreement"),[587] particularmente frequente em relação ao significado de significantes linguísticos que apresentem intensa permeabilidade aos influxos axiológicos (*v.g.*: dignidade humana, vida etc.). Excluem-se, assim, os significados absurdos, possivelmente amparados pela letra, mas rechaçados pelo referencial de racionalidade.[588]

A ambiguidade, quando detectada, costuma ser fruto da polissemia dos conceitos utilizados,[589] o que, como veremos, não exclui a ocorrência de uma ambiguidade

---

[581] Cf.: LIEBER, Francis. *Legal and political hermeneutics*: or principles of interpretation and construction in law and politics, with remarks on precedents and authorities. Boston: Charles C. Litle and James Brown, 1839. p. 138.

[582] Cf.: LÖBNER, Sebastian. *Semantik*: eine Einführung, Berlin: Walter de Gruyter, 2003. p. 26-27.

[583] Cf.: MODUGNO, Franco. *Interpretazione giuridica*. Padova: CEDAM, 2009. p. 111.

[584] Cf.: SCHANE, Sanford A. *Language and the law*. London: Continuum, 2006. p. 12-15.

[585] Cf.: LÖBNER, Sebastian. *Semantik*: eine Einführung, Berlin: Walter de Gruyter, 2003. p. 53.

[586] Cf.: WILSON, Willian. Fact and law. *In*: NERHOT, Patrick. *Law, interpretation and reality*: essays in epistemology, hermeneutics and jurisprudence. Dordrecht: Kluwer, 1990. p. 11 (21).

[587] Cf.: GOLDMAN, Alvin I. Epistemic relativism and reasonable disagreement. *In*: FELDMAN, Richard; WARFIELD, Ted A. *Disagreement*. Oxford: Oxford University Press, 2010. p. 187 (203 e ss.).

[588] Como observou Blackstone, o intérprete deve afastar-se da literalidade das palavras quando não ofereçam sentido algum ou conduzam a um significado absurdo (BLACKSTONE, William. *Commentaries on the laws of England*. Philadelphia: Childs & Peterson, 1860. v. 1, p. 60).

[589] Cf.: MATTILA, Heikki E. S. *Comparative legal linguistics*. Hampshire: Ashgate, 2006. p. 36; e VILLAR PALASI, José Luis. *La interpretación y los apotegmas jurídico-lógicos*. Madrid: Tecnos, 1975. p. 94. Santiago Nino oferece interessante

estrutural ou sintática. Na medida em que uma única unidade significante pode conduzir a uma pluralidade de significados, resultado passível de ser alcançado com o regular emprego da linguagem ordinária ou, de modo mais intenso, com a utilização de metáforas,[590] a comunicação somente se tornará compreensível com o concurso de fatores extrínsecos que permitam identificar o sentido adequado à ideia ou ao objeto que une os interlocutores.[591] Essa imperfeição da linguagem, cognominada de "serious evil" por Sedgwick,[592] será tanto mais intensa quanto maior for a possibilidade de distanciamento do fim a que deveria se destinar o enunciado empregado.[593] A ambiguidade pode dar origem a maiores equívocos quando for do tipo "processo-produto", presente quando um dos significados possíveis se referir a uma atividade ou processo e o outro ao seu resultado. É o que ocorre com significantes como trabalho e ciência.[594]

Observa-se que a ambiguidade no plano lexical tende a se expandir ou retrair, conforme as características do texto em que o enunciado linguístico esteja inserido. Nesse caso, a diversidade de significados decorre não propriamente da construção sintática do texto, mas sim da influência que os enunciados exercem uns sobre os outros.[595] Certos significantes podem se tornar unívocos ou ambíguos a depender do seu entorno linguístico[596] ou, mesmo, das características fáticas subjacentes ao momento em que são empregados. Em ambos os casos, será flagrante a influência de fatores extrínsecos, puramente linguísticos ou fáticos, no delineamento do respectivo significado. Essa influência é facilmente perceptível quando significantes de acentuada ambiguidade têm sua aplicação associada a outros dotados de maior especificidade, que delimitam o seu alcance e terminam por reduzir o universo de significados que se lhes pode atribuir.

Face à necessidade de coexistência e coerência entre os distintos enunciados linguísticos que formam o texto, é intuitivo que nem todos os significados que podem receber preservarão essa relação de harmonia entre eles.[597] A ambiguidade há de ser

---

exemplo de ambiguidade semântica visto na Constituição argentina de 1853. De acordo com o seu art. 2º, "[e]l gobierno federal sostiene el culto católico apostólico romano", o que enseja dúvidas em relação ao significado do significante "sostiene": uma corrente entende que tem o sentido de "professar", indicando que o governo considera verdadeira a religião católica; outra, com amparo nos trabalhos Constituintes, que tem o sentido de "manter", permitindo concluir que o governo deve atender economicamente ao culto católico (SANTIAGO NIÑO, Carlos. *Introducción al análisis del derecho*. 2. ed. Buenos Aires: Astrea, 2005. p. 261).

[590] Cf.: SCHANE, Sanford A. *Language and the law*. London: Continuum, 2006. p. 6; e KATZ, Albert N. Figurative language and figurative thought. *In*: KATZ, Albert N. *Figurative language and thought*. New York: Oxford University Press, 1998. p. 3-4. Como ressaltara Santo Agostinho, a incompreensão de um texto pode estar associada à utilização de significantes desconhecidos para o interlocutor ou de significantes figurados, não sendo essa circunstância corretamente apreendida (AGOSTINHO, Santo. *A doutrina cristã*. São Paulo: Paulus, 2002. liv. II, cap. 10).

[591] Cf.: BLACKSTONE, William. *Commentaries on the laws of England*. Philadelphia: Childs & Peterson, 1860. v. 1, p. 60; e LUCHAIRE, François. De la méthode en droit constitutionnel. *Revue du Droit Public et de la Sience Politique en France et a L'Étranger*, n. 2, p. 275-329, mars./avr. 1981. p. 275 (311).

[592] SEDGWICK, Theodore. *A treatise on the rules wich govern the interpretation and application of statutory and constitutional law*. New York: J. S. Voorhies, 1857. p. 225.

[593] Cf.: LOCKE, John. *Ensaio sobre o entendimento humano (An essay concerning human understanding)*. (Trad. Eduardo Abranches de Soveral). Lisboa: Fundação Calouste Gulbenkian, 1999. v. II, p. 649.

[594] Cf.: SANTIAGO NIÑO, Carlos. *Introducción al análisis del derecho*. 2. ed. Buenos Aires: Astrea, 2005. p. 261.

[595] Cf.: SEDGWICK, Theodore. *A treatise on the rules wich govern the interpretation and application of statutory and constitutional law*. New York: J. S. Voorhies, 1857. p. 226.

[596] Cf.: WHITE, James Boyd. *Heracles' bow*: essays on the rhetoric and poetics of the law. Wisconsin: University of Wisconsin Press, 1989. p. 112.

[597] Cf.: DOMINGUES DE ANDRADE, Manuel A. *Ensaio sobre a teoria da interpretação das leis*. 2. ed. Coimbra: Arménio Amado, 1963. p. 30.

solucionada considerando-se a dicotomia entre os significados que permitem a consecução desse objetivo e aqueles que dele se distanciam. É factível a possibilidade de existir um significado que poderíamos denominar de "natural", "corrente" ou "espontâneo", e outro "artificial", "oculto" ou "forçado".

A ambiguidade lexical ou semântica, malgrado seja fenômeno natural e indissociável da linguagem, quando transposta para o âmbito normativo, dificulta a compreensão, tornando-se fator de insegurança e campo fértil à irrupção de conflitos intrínsecos. Quando um único enunciado linguístico se harmoniza com dois significados amparados pelo uso comum, sendo um deles de alcance mais limitado e o outro dotado de maior amplitude, alcançando situações particulares excluídas do potencial expansivo do primeiro, a decisão a ser tomada pelo intérprete exigirá a opção entre o *significado de alcance estrito* e o *significado de alcance amplo*.[598] Nesse caso, embora se reconheça que a obtenção da plena eficácia dos textos normativos seja o principal padrão de racionalidade a ser observado pelo intérprete em sua atividade, tal como veremos, há de ocorrer com estrita observância dos postulados que o informam, que são a coerência, a possibilidade de realização, a justiça, a conveniência e o não absurdo.

É importante observar que o processo de escolha entre o *significado de alcance estrito* e o *significado de alcance amplo* sofrerá influência direta da postura político-ideológica assumida pelo intérprete em relação à natureza e à funcionalidade da norma em potencial no âmbito do Estado de Direito. Essa postura, em uma visão simplista, será delineada consoante a forma em que é vista e compreendida a constante tensão dialética que se verifica entre *poder* e *ser humano*. Em outras palavras: qual é o meio e qual é o fim? Qual deles pode se expandir ao preço da retração do outro? Como desdobramento inevitável, o intérprete será igualmente influenciado pela postura adotada em relação às tensões no interior do *poder*, do que decorre a formação de certas premissas conceituais quanto à divisão horizontal (*v.g.*: igualdade formal e preeminência fático-jurídica no âmbito das funções executiva, legislativa e judiciária) ou vertical (*v.g.*: nas Federações, igualdade formal ou preeminência fática da União em relação aos Estados-membros) do poder, o mesmo ocorrendo em relação aos distintos direitos e deveres afetos ao homem (*v.g.*: há direitos fundamentais que ocupam, *in abstracto*, uma posição de preeminência?).

Na vagueza conceitual, diversamente ao que se verifica em relação à ambiguidade, o sentido do enunciado linguístico é conhecido, mas há divergências quanto aos seus limites, o que enseja dificuldades na delimitação de sua aplicação, vale dizer, na individualização das situações a que se refere.[599] Identificar a extensão desse sentido mostra-se indispensável ao perfeito delineamento da conexão entre enunciado e realidade.[600] A presença de casos típicos, que preenchem as características e propriedades referidas pela comunicação, não exclui a possibilidade de surgimento de casos atípicos, em que tais fatores se apresentam de modo apenas parcial ou, mesmo, acompanhados

---

[598] Cf.: STORY, Joseph. *Commentaries on the Constitution of the United States with a preliminary review of the constitutional history of Colonies and States before the adoption of the Constitution*. Boston: Hilliard, Gray and Company, 1833. v. I, §403.

[599] Cf.: WILLIAMSON, Timothy. *Vagueness*. New York: Routledge, 1994. p. 36 e ss.

[600] Cf.: SOURIOUX, Jean-Louis; LERAT, Pierre. *Le langage du droit*. Paris: Presses Universitaires de France, 1975. p. 59.

de fatores adicionais, daí decorrendo um estado de divergência quanto à incidência da expressão tida como vaga.[601]

Ambiguidade guarda relação com "pluralidade de significados"; a vagueza, com o "limite do significado".[602] O enunciado linguístico será ambíguo quando forem múltiplos os significados potencialmente reconduzíveis aos seus contornos semânticos; vago, quando o cerne do único significado adequado é conhecido, mas há dúvidas em relação aos seus limites.[603] Thomas Dubut,[604] referindo-se aos direitos sociais relacionados no preâmbulo da Constituição francesa de 1946, ainda em vigor por força do preâmbulo da Constituição de 1958, que têm a sua importância reconhecida (*v.g.*: o direito à proteção da saúde, à solidariedade social etc.), mas suscitam dúvidas sobre serem verdadeiros "direitos fundamentais" ou meros "objetivos de valor constitucional", estando primordialmente voltados ao legislador, fala em "exigências constitucionais na modalidade deôntica indeterminada", já que não esclarecido se podem, ou não, ser imediatamente exigidos perante os órgãos jurisdicionais.

Todo e qualquer conceito jurídico – expressão linguística que nem sempre será identificada como um enunciado pronto e acabado, mas sim como parte de sua estrutura – carece de interpretação, mas nem todo conceito oferece a mesma liberdade valorativa ao intérprete. É justamente o grau de vagueza semântica que delineia os contornos essenciais dos denominados "conceitos jurídicos indeterminados". A indeterminação dos conceitos jurídicos não reflete propriamente a impossibilidade de o seu significado vir a ser conhecido. Indica, apenas, que o intérprete deve realizar juízos valorativos mais intensos, já que a acentuada abertura semântica desses conceitos em muito amplia o universo das conflitualidades intrínsecas, aumentando, em consequência, o seu poder de escolha.[605] É o que ocorre com conceitos como o de "interesse público": ainda que seja possível identificar, prima facie, o que indubitavelmente ostenta essa qualidade e o que

---

[601] Cf.: CARRIÓ, Genaro R. *Notas sobre derecho y lenguaje*. 5. ed. Buenos Aires: Abeledo-Perrot-LexisNexis, 2006. p. 32. Os casos típicos estão numa zona de intensa luminosidade, não havendo dúvidas quanto à incidência do significante linguístico utilizado. No extremo oposto, há uma zona de obscuridade, não havendo dúvidas quanto à não incidência do significante nessa seara. Por fim, conclui o autor que "[e]l tránsito de una zona a otra es gradual; entre la total luminosidad y la oscuridad total hay una zona de penumbra sin limites precisos" (CARRIÓ, Genaro R. *Notas sobre derecho y lenguaje*. 5. ed. Buenos Aires: Abeledo-Perrot-LexisNexis, 2006. p. 33-34). Como ressalta Hart, a distinção entre o "caso-padrão nítido ou paradigma" e os "casos discutíveis", algumas vezes, é apenas uma questão de grau (*v.g.*: quanto cabelo uma pessoa precisa deixar de ter para ser considerada "careca"), outras vezes resulta do fato de o "caso-padrão" ser um complexo de elementos distintos, mas que costumam se apresentar de modo concomitante, o que faz que a ausência de algum deles enseje dúvidas em relação à incidência do significante linguístico (HART, Herbert L. A. *O conceito de direito* (*The concept of law*). (Trad. A. Ribeiro Mendes). 3. ed. Lisboa: Fundação Calouste Gulbenkian, 2001. p. 8-9).

[602] Cf.: MODUGNO, Franco. *Interpretazione giuridica*. Padova: CEDAM, 2009. p. 111.

[603] Cf.: ENGBERG, Jan; HELLER, Dorothee. Vagueness and indeterminacy in law. *In*: BHATIA, Vijay K.; CANDLIN, Christopher N.; ENGBERG, Jan. *Legal discourse across cultures and systems*. Hong Kong: Hong Kong University Press, 2008. p. 145 (147).

[604] DUBUT, Thomas. Le juge constitutionnel et les concepts: réflexions à propos des "exigences constitutionnelles. *Revue Française du Droit Constitutionnel*, n. 80, p. 749-764, oct. 2009. p. 749, (756).

[605] Karl Engisch opõe os conceitos determinados aos indeterminados, apontando, como característica dos últimos, a incerteza quanto ao seu conteúdo e extensão (ENGISCH, Karl. *Introdução ao pensamento jurídico* (*Einführung in das Juristische Denken*). (Trad. J. Baptista Machado). 8. ed. Lisboa: Fundação Calouste Gulbenkian, 2001. p. 208). Além da indeterminação decorrente dos significantes utilizados, tem-se aquela associada à estrutura e à funcionalidade do enunciado linguístico, denominada de "cláusula geral" por Engisch. Entende-se como tal, segundo ele, "uma formulação da hipótese legal que, em termos de grande generalidade, abrange e submete a tratamento jurídico todo um domínio de casos" (ENGISCH, Karl. *Introdução ao pensamento jurídico* (*Einführung in das Juristische Denken*). (Trad. J. Baptista Machado). 8. ed. Lisboa: Fundação Calouste Gulbenkian, 2001. p. 229).

inegavelmente não a possui, estará igualmente presente o halo conceitual a que se referiu Philipp Heck, vale dizer, a zona de penumbra que oferece dúvidas em relação ao exato sentido do conceito.[606] Partindo da concepção de Assier-Andrieu,[607] que vê os conceitos jurídicos como "progressivas concreções oriundas do terreno móvel da dinâmica social", é possível afirmar que a ideia de indeterminabilidade indicaria a especial sensibilidade desse processo de concreção aos influxos sociais e, em especial, ao modo como o intérprete os apreende. A utilização dos conceitos jurídicos indeterminados contribuirá para o surgimento de *enunciados semanticamente indeterminados*, que apresentam a mesma essência: o acentuado grau de vagueza semântica, sendo particularmente permeáveis à influência de fatores externos no processo interpretativo.

Por decorrer da imprecisão dos enunciados linguísticos utilizados, a vagueza confere elevada liberdade valorativa ao intérprete na fixação dos seus limites. Esse aspecto é bem perceptível em relação aos enunciados que, conquanto façam referência a propriedades que se manifestam na realidade em graus distintos, não estabelecem qualquer balizamento de ordem quantitativa e de contornos objetivos.[608]

Como exemplos de vagueza semântica, podem ser mencionados os requisitos estabelecidos pela Constituição brasileira de 1988 (art. 62) para que o Presidente da República adote medidas provisórias com força de lei, o que somente pode ocorrer "em caso de relevância e urgência". Que matéria deve ser tida como relevante e que providência pode ser considerada urgente são temáticas complexas, que o Supremo Tribunal brasileiro sempre resistiu em apreciar, enquadrando-as sob a epígrafe mais ampla dos atos políticos, insuscetíveis de sindicação judicial. Sob a égide da Emenda Constitucional nº 1, de 1969, que disciplinou o último regime de exceção da história republicana brasileira, o Supremo Tribunal Federal firmou jurisprudência no sentido de que requisitos semelhantes, exigidos para a edição dos extintos decretos-lei, não estavam sujeitos a controle jurisdicional. Em decorrência de seus contornos essencialmente políticos, somente o Presidente da República poderia valorá-los.[609] Esse entendimento foi inicialmente prestigiado sob a égide da Constituição de 1988, tendo o Tribunal adotado uma postura de autocontenção, evitando imiscuir-se em seara que, para ele, era afeta a outro Poder. Em momento posterior, no entanto, reconheceu que mesmo os atos discricionários absorviam dois planos distintos e necessariamente coexistentes: o da juridicidade e o da liberdade valorativa. O Tribunal, contudo, para evitar que suas avaliações se substituíssem àquelas realizadas pelo Presidente da República, estabeleceu um limitador para a sua atividade, somente admitindo o controle em relação ao excesso do poder de legislar,[610] vale dizer, quanto àquelas situações em que o conteúdo da medida provisória se situe em uma zona de certeza positiva quanto ao não preenchimento dos referidos requisitos.

---

[606] Cf.: ENGISCH, Karl. *Introdução ao pensamento jurídico* (*Einführung in das Juristische Denken*). (Trad. J. Baptista Machado). 8. ed. Lisboa: Fundação Calouste Gulbenkian, 2001. p. 209.
[607] ASSIER-ANDRIEU, Louis. *O direito nas sociedades humanas* (*Le droit dans le sociétés humaines*). (Trad. Maria Ermantina Galvão). São Paulo: Martins Fontes, 2000. p. 49.
[608] Cf.: SANTIAGO NIÑO, Carlos. *Introducción al análisis del derecho*. 2. ed. Buenos Aires: Astrea, 2005. p. 264.
[609] *RTJ*, n. 44, p. 54; e n. 62, p. 819.
[610] STF. Pleno, ADI nº 162-1/DF (Medida Liminar), Rel. Min. Moreira Alves, *DJ* de 19.09.1997.

Normalmente fruto da generalidade dos significantes linguísticos utilizados, a vagueza conceitual, em que pese às dificuldades que enseja na identificação do sentido da comunicação, é técnica que facilita a mutabilidade e consequente permanência do texto, ajustando-o a novas realidades sociopolíticas sem a necessidade de modificação formal. Reduzir ou suprimir a vagueza significa, por vezes, impedir que o esquema conceitual adotado alcance as inúmeras especificidades da realidade.[611] Vagueza e exatidão conceitual costumam apontar para referenciais semânticos distintos e de funcionalidade diversa: a primeira, embora conduza à mobilidade e à facilidade de adaptação,[612] torna comum a eclosão de conflitos interpretativos; a segunda, por sua vez, se distancia da conflitualidade em proporção semelhante à redução de sua capacidade de adaptação às novas vicissitudes sociopolíticas.

Essas características da linguagem ordinária, que dificultam a identificação do exato sentido da comunicação, nem sempre permanecerão compartimentadas em uma classe específica de significantes linguísticos, que poderiam receber a alcunha de "problemáticos". Fosse possível identificar, com precisão cirúrgica, que significantes se enquadram nesse perfil, os problemas existentes seriam facilmente superados. Afinal, bastaria evitar a sua utilização para que cessassem as dúvidas que circundam o processo de comunicação.[613] O que se verifica, no entanto, é que significantes linguísticos de sentido aparentemente exato podem apresentar variações de percepção consoante as características do interlocutor, os contornos sintáticos do texto e os aspectos circunstanciais de natureza espacial e temporal. A regra não é propriamente a certeza, mas sim, que a linguagem em geral é potencialmente genérica, ambígua e vaga.

Não é incomum que a vagueza conceitual e a ambiguidade somente surjam no processo de transição entre os extremos da pura literalidade e da realidade.[614] Significantes linguísticos aparentemente unívocos podem se tornar ambíguos ou vagos ao interagirem com a realidade, fruto da dependência recíproca entre linguagem e ambiente cultural, ao que se soma a funcionalidade esperada de cada significado, que deve se ajustar a certos postulados de racionalidade. Como a maioria dos significantes linguísticos expressa ideias abstratas, é natural que não haja total convergência ao avançarem para o plano da concretude.

Na medida em que a linguagem ordinária ostenta características que podem comprometer a convergência dos interlocutores em relação ao seu exato conteúdo, deve-se reconhecer que os textos normativos, por se valerem da mesma matéria-prima, ainda que entremeada por termos técnicos, enfrentarão problema similar. Essa constatação bem demonstra a impossibilidade de se contextualizar o direito e os padrões normativos que

---

[611] Cf.: SANTIAGO NIÑO, Carlos. *Introducción al análisis del derecho*. 2. ed. Buenos Aires: Astrea, 2005. p. 166.
[612] Cf.: AINIS, Michele. *Cultura e politica*: il modello costituzionale. Padova: CEDAM, 1991. p. 48.
[613] Glanville Williams há muito observou a existência de um verdadeiro "fetiche pelas palavras", que leva à preterição da função pela essência e faz surgir o entendimento de que o emprego de palavras distintas, ainda que ostentem o mesmo significado, influi no resultado da interpretação (WILLIAMS, Glanville L. Language and the law. *TLQR*, v. 61, p. 71, jul. 1945, p. 71 (74-81)). Em situações dessa natureza, não será incomum que a divergência de significados, não obstante atribuída a razões linguísticas, seja o resultado de opções políticas e ideológicas que se pretende ver "legitimadas" ou argumentativamente reforçadas pelo reenvio ao texto produzido pela autoridade competente. Cf.: ASPREY, Michele M. *Plain language for lawyers*. Sydney: The Federation Press, 2003. p. 19-20.
[614] Cf.: LIEBER, Francis. *Legal and political hermeneutics*: or principles of interpretation and construction in law and politics, with remarks on precedents and authorities. Boston: Charles C. Litle and James Brown, 1839. p. 33.

lhe são correlatos em um universo de pura certeza, imune a divergências quanto ao seu sentido e alcance.[615] Imaginar o contrário, como ressalta Peter Tiersma,[616] seria o mesmo que afirmar que os dicionários possuem uma funcionalidade puramente prescritiva, no sentido de serem eles os senhores do sentido da linguagem, ignorando-se, com isso, que esse tipo de produção literária deve assumir funções descritivas, retratando os usos atuais da linguagem comunitária, claro indicativo de que o sentido de um termo depende de seus usos, essencialmente mutáveis no tempo,[617] não de imposição governamental. Ainda no início do século XX, o *Justice* Oliver Wendell Holmes já observara que "uma palavra não é um cristal, transparente e imutável; é a pele de um pensamento vivo, podendo apresentar intensas variações de cor e conteúdo de acordo com as circunstâncias e o momento em que é usada".[618] Não é por outra razão que George E. Moore,[619] em momento anterior, cognominara de "falácia naturalística" a tentativa de identificar uma espécie de "valor intrínseco" dos enunciados linguísticos, o que permitiria atribuir-lhes características determinadas e invariáveis, afastando qualquer influência do contexto na individualização do respectivo significado. Um elemento essencialmente cultural, como a linguagem, jamais poderia assumir características não culturais, assépticas e indiferentes ao entorno. Significados hão de ser individualizados consoante a natureza contemporânea dos enunciados linguísticos e os padrões atuais do discurso empregado. Com a observância dessas regras, da linguagem *de facto* serão alcançados significados *de jure*.[620]

A linguagem convencional, em interação com a mente humana, é capaz de gerar um elevado número de sentenças,[621] volatilidade esta que é nitidamente influenciada pelos circunstancialismos de ordem cultural. O significante linguístico tem o seu significado influenciado pelo contexto, vale dizer, pelas vicissitudes diárias da realidade,[622] o que estimula a sua mutabilidade e, por vezes, gera "zonas de penumbra" ou simultânea diversidade de significados.[623] A linguagem, afinal, é um fenômeno social, não podendo ser compreendida em total abstração, isolada do ambiente sociopolítico.[624] Essa característica é sensivelmente ampliada quando o próprio texto normativo, reproduzindo termos

---

[615] Cf.: WILLIAMS, Glanville L. Language and the law. *TLQR*, v. 61, p. 71, jul. 1945. p. 71 (72).
[616] TIERSMA, Peter M. *Legal language*. Chicago: The University of Chicago Press, 1999. p. 115. Nas palavras do autor: "usage determines meaning".
[617] Cf.: LIEBER, Francis. *Legal and political hermeneutics*: or principles of interpretation and construction in law and politics, with remarks on precedents and authorities. Boston: Charles C. Litle and James Brown, 1839. p. 101.
[618] *Towne vs. Eisner*, 245 U.S. 418 (425), 1918.
[619] MOORE, George Edward. *Principia ethica*. 2. ed. Cambridge: Cambridge University Press, 1993. p. 15-19.
[620] Cf.: GELLNER, Ernest. *Words and things*: an examination of, and an attack on, linguistic philosophy. 2. ed. New York: Routledge, 2005. p. 59.
[621] Cf.: CRAIN, Stephen; LILLO-MARTIN, Diane Carolyn. *An introduction to linguistic theory and language acquisition*. Oxford: Blackwell 1999. (Blackwell Textbooks in Linguistics, v. 15), p. 123; e FISCH, Stanley Eugene. *Is there a text in this class?*: the authority of interpretive communities. 11. ed. Harvard: Harvard University Press, 1980. p. 338 e ss.; YULE, George. *The study of language*. 2. ed. Cambridge: Cambridge University Press, 1996. p. 87.
[622] Cf.: PHILLIPS, Alfred. *Lawyer's language*: how and why legal language is different. London and New York: Routledge, 2003. p. 37.
[623] Cf.: CHARMAN, Mary; VANSTONE, Bobby; SHERRATT, Liz. *As law*. 4. ed. Devon: Willan, 2006. p. 55.
[624] Cf.: CONLEY, John M.; O'BARR, William. *Just words*: law, language and power. Chicago e London: University of Chicago Press, 1998. p. 10.

anteriormente empregados na produção normativa ou, mesmo, "inovando", prestigia o arcaísmo e se distancia da linguagem empregada no momento de sua edição.[625]

A linguagem, a cada momento em que é interpretada, deve passar por um novo processo de contextualização, de interação com a realidade. Modificações de contexto terminam por atuar como fatores de desestabilização da linguagem. Conclui-se que significantes linguísticos formalmente invariáveis não raro conduzirão a significados voláteis, que acompanharão as mutações culturais do ambiente sociopolítico.[626] Essa íntima conexão entre texto normativo e contexto torna-se um interessante complicador nos sistemas de *common law*, em que prevalece a força vinculante dos precedentes. Afinal, a vinculação somente deve ocorrer quando presente a identidade ou a intensa similitude de contexto, o que exige redobrados cuidados por parte do intérprete.

No plano constitucional, a permanência de padrões normativos oscilará conforme o modo de utilização dos padrões de vagueza e, quando possível, de exatidão semântica, permitindo, a um só tempo, que seja assegurada a continuidade das instituições e dos objetivos fundamentais do Estado, isso sem descurar de sua imperativa compatibilização com o entorno social. Quando o constituinte, tal qual um dicionário prescritivo, adota fórmulas linguísticas herméticas e inflexíveis, é natural que se verifique o seu paulatino distanciamento dos usos da linguagem corrente. Por fim, afetada a funcionalidade que direcionou a elaboração do texto, que não mais se ajusta à realidade, é comprometida a sua própria permanência.

Considerando que o enunciado linguístico expressa um significado e a Constituição é um sistema de significados,[627] uma importante questão a ser resolvida diz respeito à individualização dos limites e potencialidades dos contornos semânticos do texto constitucional. A Constituição, a exemplo dos demais padrões normativos, deve possuir um grau de vagueza textual que permita adaptá-la, ao menos parcialmente,[628] por meio da interpretação, às contínuas alterações do ambiente sociopolítico. A permanência do texto ou a contínua necessidade de reforma serão diretamente influenciadas por esse grau de vagueza. Embora se trate de característica inerente a todo e qualquer padrão normativo, com abstração da natureza das relações jurídicas que irá regular (*v.g.*: administrativas, cíveis, penais etc.), ela se mostra particularmente acentuada em relação à ordem constitucional. Afinal, por tratar-se do alicerce de sustentação de toda a ordem jurídica, afigura-se óbvio que seus níveis de generalidade e abstração serão nitidamente superiores aos dos demais ramos do direito. Acresça-se que a permanência da ordem constitucional é de vital importância para a sedimentação de um "sentimento constitucional" e a consequente estabilidade do Estado de Direito.

O modo de construção e ordenação dos significantes numa frase terá, igualmente, grande influência na identificação do conteúdo e da funcionalidade da comunicação,

---

[625] Cf.: GIBBONS, John. Taking legal language seriously. *In*: GIBBONS, John *et al.* (Org.). *Language in the law*. Índia: Orient Longman, 2004. p. 1 (4-5).

[626] Cf.: JOSEPH, John Earl. *Language and politics*. Edinburgh: Edinburgh University Press, 2006. p. 79.

[627] Apesar de construída no âmbito de uma teoria constitucional britânica, merece ser lembrada a síntese de Philip Allot: "A Constituição é, assim, um mundo de significação; uma realidade significativa. A Constituição é um sistema significante" (ALLOTT, Philip. *Towards the international rule of law*: essays in integrated constitutional theory. London: Cameron May, 2006. p. 23 (28)).

[628] Cf.: ZAGREBELSKY, Gustavo. *Manuale di iritto costitunionale*: il sistema delle fonti del diritto. Torino: UTET, 1987. v. I, p. 70.

podendo contribuir tanto para facilitar a sua compreensão, quanto para ampliar os pontos de divergência. Essa preocupação remonta aos romanos e já fora sistematizada por Ihering,[629] que advertia para a necessidade de cuidado na forma em que os significantes linguísticos se sucederiam na frase e na coordenação lógica das ideias apresentadas. Questões afetas à regência, à concordância e à ordem de apresentação dos significantes linguísticos, isso para utilizarmos uma nomenclatura típica da língua portuguesa,[630] tanto podem facilitar, quanto dificultar o processo de comunicação. A linguagem natural, como é salutar, surge a partir de combinações.[631] Individualizado o alfabeto (latino, grego, cirílico, hebraico, árabe, chinês etc.), será possível obter, com significados distintos ou similares, inúmeras palavras a partir da combinação de suas letras, inúmeras frases a partir de suas palavras e inúmeros textos a partir de suas frases. Essa constatação evidencia que nenhuma partícula semântica é indiferente ao seu entorno, sendo plenamente factível que alterações formais em um plano específico influam na individualização do significado de planos diversos.

É natural que os significantes linguísticos utilizados na construção de textos ou de meras sentenças apresentem entre si uma conexão de sentido, de modo a se complementar reciprocamente e a produzir um efeito sinergético que certamente não seria alcançado quando considerados em sua individualidade. A atribuição de sentido aos significantes linguísticos há de ser feita a partir de sua consideração conjunta, não de modo isolado,[632] como se fossem meras letras de um alfabeto, desconectadas e independentes entre si. Essa premissa torna-se particularmente relevante ao constatarmos que o intérprete, ao atribuir a algum significante linguístico significados não usuais ou, mesmo, ao ignorar a sua própria existência, ou, ainda, ao construir significados que correspondam a significantes linguísticos não encartados no texto, tende a desvirtuar a essência do objeto interpretado, gerando uma fratura entre ele e o sentido que lhe foi atribuído.[633] Do mesmo modo, é plenamente factível a presença de uma "ambiguidade sintática" ou estrutural, que pode decorrer das propriedades gramaticais dos significantes empregados ou da posição que ocupam no texto. Não é incomum, por exemplo, a existência de dúvidas em relação a que significantes um dado pronome está vinculado ou se o adjetivo modifica apenas o substantivo mais próximo ou todos aqueles inseridos em uma sequência.[634] Na realidade, como observam Crain e Lillo-Martin,[635] é comum que a ambiguidade semântica ande "de mãos dadas" com a ambiguidade sintática.

---

[629] VON IHERING, Rudolf. *L'esprit du droit romain dans les diverses phases de son développement*. (Trad. O. de Meulenaere). Paris: A. Chevalier-Marescq, 1888. t. 3, p. 310.
[630] Cf.: CONSTANTINO PETRI, Maria José. *Manual de linguagem jurídica*. São Paulo: Saraiva, 2009. p. 149 e ss.
[631] Cf.: SOLER, Sebastián. *La interpretación de la ley*. Barcelona: Ariel, 1962. p. 161-165; e McMENAMIN, Gerald R.; CHOI, Dongdoo. *Forensic linguistics*: advances in forensic stylistics. Florida: CRC, 2002. p. 2.
[632] Cf.: LIEBER, Francis. *Legal and political hermeneutics*: or principles of interpretation and construction in law and politics, with remarks on precedents and authorities. Boston: Charles C. Litle and James Brown, 1839. p. 142
[633] Cf.: SEDGWICK, Theodore. *A treatise on the rules wich govern the interpretation and application of statutory and constitutional law*. New York: J. S. Voorhies, 1857. p. 261
[634] Cf.: SCHANE, Sanford A. *Language and the law*. London: Continuum, 2006. p. 6; e YULE, George. *The study of language*. 2. ed. Cambridge: Cambridge University Press, 1996. p. 103.
[635] CRAIN, Stephen; LILLO-MARTIN, Diane Carolyn. *An introduction to linguistic theory and language acquisition*. Oxford: Blackwell 1999. (Blackwell Textbooks in Linguistics, v. 15), p. 122.

A importância da sintaxe foi bem evidenciada no Protocolo de Berlim, de 6 de outubro de 1945, cujo único objetivo, como anota Ross,[636] foi o de alterar o art. 69 do ato institutivo do Tribunal Militar Internacional, contido no Acordo de Londres, de 8 de agosto de 1945, substituindo, em seu art. 69, o ponto e vírgula por uma vírgula. Segundo esse preceito, o Tribunal seria competente para julgar

> [o]s crimes contra a humanidade, a saber: homicídio, extermínio, escravidão, deportação e outros atos desumanos cometidos contra qualquer população civil, antes ou depois da guerra; ou perseguições por razões políticas, raciais ou religiosas em execução ou em conexão com qualquer crime compreendido na esfera de jurisdição do Tribunal, sejam ou não transgressões das leis internas do país onde perpetradas.

Com a substituição do ponto e vírgula que sucedia o substantivo *guerra* por uma vírgula, a competência do Tribunal foi sensivelmente reduzida, já que a exigência de conexão com um dos crimes compreendidos em sua jurisdição passou a ser estendida a qualquer ato a ser por ele julgado, não se restringindo àqueles referidos após o ponto e vírgula, que diziam respeito às perseguições. A mudança, em verdade, limitou-se a restabelecer a *ratio* inicial do Tribunal, contornando as deturpações decorrentes do uso inadvertido do ponto e vírgula.[637]

A sintaxe não só assegura a coerência das proposições e diminui o risco de contradições, como, também, pode realçar alguns significantes em detrimento de outros ou, mesmo, evidenciar uma funcionalidade específica para a respectiva comunicação (*v.g.*: sugerir ou atribuir contornos imperativos ao comportamento almejado). A maximização de sua importância ou a sua consideração em caráter meramente indicativo, com a correlata integração e devida consideração no contexto em que inserida, podem redundar em significados diversos. Observa-se, nesse particular, não ser incomum, em uma Constituição, a veiculação de ordens com a utilização de enunciados indicativos, não de enunciados imperativos ou deônticos[638] (*v.g.*: Constituição brasileira de 1988, art. 5º, §4º: "[o] Brasil se submete à jurisdição de Tribunal Penal Internacional a cuja criação tenha manifestado a adesão"). O excessivo apego à sintaxe, em alguns casos, poderia conduzir a situações inusitadas, tornando facultativo, por exemplo, aquilo que, na essência, é imperativo.

A complexidade sintática, prestigiando o estilo em detrimento da essência ou reproduzindo construções linguísticas já ultrapassadas na comunicação cotidiana, tende a aumentar a dificuldade na compreensão dos textos normativos, gerando maior divergência em relação ao seu sentido. Daí se afirmar que a necessidade de alcançar um nível maior de precisão e evitar a ambiguidade supera puros objetivos de elegância.[639]

---

[636] ROSS, Alf. *Direito e justiça (On law and justice)*. (Trad. Edson Bini). São Paulo: Edipro, 2003. p. 156.
[637] Cf.: TARELLO, Giovanni. *L'interpretazione della legge*. Milano: Giuffrè, 1980. p. 120.
[638] CARRIÓ, Genaro R. *Notas sobre derecho y lenguaje*. 5. ed. Buenos Aires: Abeledo-Perrot-LexisNexis, 2006. p. 21; e GUASTINI, Ricardo. *Das fontes às normas (Dalle fonti alle norme)*. (Trad. Edson Bini). São Paulo: Quatier Latin, 2005. p. 48-49.
[639] Cf.: TROSBORG, Anna. *Rhetorical strategies in legal language*: discourse analysis of statutes. Tübingen: Günter Narr, 1997. p. 13-14.

Ao se utilizar uma redação gramaticalmente coerente e correta, são em muito reduzidas as dificuldades de natureza sintática enfrentadas pelo intérprete. Essa constatação, embora reduza a amplitude das conflitualidades intrínsecas, não chega ao extremo de eliminá-las. Afinal, vagueza e ambiguidade são aspectos semânticos indissociáveis da maior parte dos significantes linguísticos e, consequentemente, dos enunciados que venham a formar. Não é por outra razão que, na visão de Ross,[640] um texto somente poderia ser considerado claro no plano sintático, não no semântico. Mesmo essa afirmação não assume contornos absolutos, já que a sintaxe pode gerar dúvidas em relação à funcionalidade do texto (*v.g.*: é imperativo ou meramente indicativo).

À preocupação com os aspectos semânticos e sintáticos de cada disposição normativa segue a necessidade de ordená-las de modo a assegurar o pronto acesso do intérprete e a coerência sistêmica da Constituição. Lembrando Bentham,[641] pode-se afirmar que as matérias devem ser distribuídas na ordem "mais natural", considerando-se como tal aquela que facilita a consulta e a identificação dos textos a serem utilizados no processo de construção da norma. Essa "naturalidade" certamente se aproxima de um padrão de racionalidade, apontando para uma forma de organização temática que seja fidedigna às opções da autoridade responsável pela produção normativa e que facilite o seu conhecimento por parte dos destinatários.

O padrão de racionalidade, que se refletirá nos critérios utilizados para o agrupamento das disposições e para a composição das distintas seções do texto, será necessariamente influenciado pelos valores prevalecentes à época de sua elaboração. Exemplo sugestivo da suscetibilidade da estrutura textual à influência de fatores políticos e ideológicos pode ser encontrado na evolução do constitucionalismo brasileiro: a Constituição Imperial de 1824, embora reconhecesse os direitos civis e políticos dos cidadãos, somente tratou da matéria em seu último título, dedicando os anteriores à estrutura do Estado, postura que, com algumas variações, vinha sendo mantida pelas Constituições posteriores, até que a Constituição de 1988 dispôs sobre os direitos e garantias fundamentais em seu segundo título, logo após os quatro artigos iniciais, que tratam dos princípios fundamentais da República. Essa alteração, longe de ser meramente topográfica, reflete um evidente comprometimento com o ser humano, verdadeiro fim da organização estatal, não mero meio para a satisfação de objetivos menos nobres.

Durante o processo de harmonização sistêmica, o intérprete não pode desconsiderar que os enunciados linguísticos costumam ser organizados em títulos, capítulos ou seções que, em rigor lógico, indicam a natureza da matéria versada e, consequentemente, direcionam a interpretação dos enunciados ali inseridos.[642] É o argumento da "sedes

---

[640] ROSS, Alf. *Direito e justiça (On law and justice)*. (Trad. Edson Bini). São Paulo: Edipro, 2003. p. 157.
[641] BENTHAM, Jérémie. Vue générale d'un corps complet de législation. *In: Oeuvres de Jérémie Bentham*. (Org. e trad. É. Dumont). 3. ed. Bruxelles: Société Belge de Librairie, 1840. t. 1, p. 285 (290). Max Weber afirmava que a sistematização jurídica sempre teve vital importância para a viabilidade metódica do formalismo jurídico, já que possibilita a formação de "um conjunto de regras claro, coerente e, sobretudo, desprovido, em princípio, de lacunas" (WEBER, Max. *Economía e sociedad*. (Trad. Eduardo García Maynez e Eugenio Imaz). México: Fondo de Cultura, 1944. (Sociología del Derecho, t. III), p. 25).
[642] Cf.: LUCHAIRE, François. De la méthode en droit constitutionnel. *Revue du Droit Public et de la Sience Politique en France et a L'Étranger*, n. 2, p. 275-329, mars./avr. 1981. p. 275 (296); MARKOVITS, Richard S. *Matters of principle*: legitimate legal argument and constitutional interpretation. New York: New York University Press, 1998. p. 57; e LUCAS VERDU, Pablo. *Teoría general de las articulaciones constitucionales*. Madrid: Dykinson, 1998. p. 75. Essa

materiae".[643] Deve-se ressaltar, no entanto, que essa verdadeira regra de bom senso, por vezes, há de sofrer temperamentos face à possível debilidade técnica do Constituinte. A Constituição brasileira de 1988 oferece um exemplo bem sugestivo a esse respeito: de acordo com o art. 64 do Ato das Disposições Constitucionais Transitórias, o Poder Público deve adotar as providências necessárias para que cada cidadão brasileiro possa receber do Estado um exemplar da Constituição. A norma oriunda desse preceito, como soa evidente, não veicula uma obrigação instantânea, que seria exaurida com a singela distribuição de exemplares da Constituição, ato contínuo à sua promulgação, o que ocorreu há mais de duas décadas. As gerações se renovam e os infantes de hoje certamente terão plena capacidade de discernimento em futuro próximo, daí a necessidade de um processo contínuo de comunicação e formação de cidadãos. Constata-se que um possível deslize topográfico do Constituinte não pode passar despercebido pelo intérprete.

Além dos aspectos inerentes à linguagem, como generalidade, ambiguidade ou vagueza conceitual dos significantes utilizados, ao que se soma a força transformadora da sintaxe, tem-se aquilo que Locke[644] denominou de "abuso das palavras", que nada mais é que o proposital (ou acidental) obscurecimento do significado dos significantes linguísticos. Tal ocorre quando as palavras (1) não denotam ideias claras e precisas; (2) veiculam ideias importantes, mas de difícil definição, despertando intensas emoções;[645] (3) não são utilizadas de modo constante, terminando por retratar, em contextos semelhantes, ideias ou objetos distintos;[646] (4) sofrem de uma "obscuridade afetada", o que ocorre quando se atribuem a significantes antigos significados novos e não habituais, se criam significantes novos ou se unem significantes novos ou antigos de modo a criar um sentido inovador;[647] (5) têm o seu significado atrelado a ideias ou a objetos que não retratam e não podem retratar; e (6) são empregadas, em relação a terceiros, retratando objetos a que, de modo habitual, estão estreita e necessariamente interligadas, gerando a falsa impressão de que a percepção do seu preciso significado é generalizada. Nessas situações, emerge, em toda a sua intensidade, a relevância do contexto, que assumirá vital importância na atribuição de significado aos enunciados linguísticos que ostentem essas características.

---

técnica, como se sabe, remonta a Von Savigny (VON SAVIGNY, Friedrich Karl. *Traité de droit romain*. (Trad. M. CH. Guenoux). Paris: Firmin Didot Fréres, 1840. t. 1, p. 248-249).

[643] Cf.: GUASTINI, Ricardo. *Distinguiendo*: estudios de teoría y metateoría del derecho. (Trad. Jordi Ferrer i Beltrán). Barcelona: Gedisa, 1999. p. 229.

[644] LOCKE, John. *Ensaio sobre o entendimento humano* (*An essay concerning human understanding*). (Trad. Eduardo Abranches de Soveral). Lisboa: Fundação Calouste Gulbenkian, 1999. v. II, p. 669-693

[645] CARRIÓ, Genaro R. *Notas sobre derecho y lenguaje*. 5. ed. Buenos Aires: Abeledo-Perrot-LexisNexis, 2006. p. 93.

[646] Como ressaltou o *Justice* Oliver Wendell Holmes, não é incomum que "as mesmas palavras possam ter diferentes significados em diferentes partes do mesmo ato" (*Lamar v. United States*, 240 U.S. 60 (65), 1916). Em situações dessa natureza, é solenemente ignorada a advertência de Benthan: "Mesmas ideias, mesmas palavras" (BENTHAM, Jérémie. Vue générale d'un corps complet de législation. In: *Oeuvres de Jérémie Bentham*. (Org. e trad. É. Dumont). 3. ed. Bruxelles: Société Belge de Librairie, 1840. t. 1, p. 285 (341)). Como afirmaram Aikten e Butt, "nunca mude a linguagem, a menos que se deseje alterar o significado, e sempre mude a linguagem se o desejo é alterar o significado" (PIESSE, E. L. *The elements of drafting*. 10. ed. rev. J. K. Aitken; Peter J. Butt. Sydney: Lawbrook, 2004. p. 18). Também enaltecendo essa "regra de ouro": HAIGH, Rupert. *Legal English*. Oxon: Routledge-Cavendish, 2009. p. 92.

[647] O arcaísmo, na linguagem jurídica, compromete a comunicação em intensidade semelhante ao seu distanciamento dos padrões correntes na linguagem ordinária. Cf.: MELLINKOFF, David. *The language of the law*. Boston: Little Brown, 1963. p. 199.

Na esteira das observações de Locke, será plenamente factível que o intérprete se depare com significantes linguísticos que, no contexto em que inseridos, não ofereçam qualquer sentido plausível. Ainda que apresentem uma pluralidade de significados quando considerados em sua individualidade, ao serem inseridos no texto normativo, coexistindo com outros significantes absolutamente incompatíveis, insuscetíveis de terem o seu sentido harmonizado, poderão ensejar o surgimento de situações absolutamente iníquas. Como o operador do direito não pode se furtar ao dever de interpretar o texto constitucional, que, espera-se, não ostente vícios dessa natureza, uma solução há de ser encontrada.

É bem conhecido o aforismo romano de que nos atos normativos não se presumem palavras inúteis (*verba cum effectu, sunt accipienda*). Há, em verdade, uma presunção inversa: todo significante linguístico integrado a um enunciado normativo há de ter alguma utilidade e funcionalidade. Trata-se, no entanto, de presunção meramente relativa. É plenamente possível que um significante linguístico, além de não ostentar nenhuma utilidade no enunciado em que esteja inserido, ainda contribua para conturbá-lo, comprometendo a compreensão dos sentidos que dele poderiam ser extraídos. Em situações dessa natureza, a conflitualidade intrínseca não exigirá do intérprete propriamente uma escolha entre sentidos diversos, mas sim, uma escolha entre o "sentido" e o "sem sentido". Quando o "sem sentido" for consequência inevitável do aproveitamento do significante linguístico cujo significado seja tido como implausível, ao intérprete não restará alternativa senão tratá-lo como não escrito (*pro non scripto*).[648] Essa opção, embora drástica e extrema, longe de comprometer a força normativa da Constituição, a preserva, permitindo que de suas disposições seja extraído algum sentido.

2.4.1 A estrutura dos enunciados linguísticos enquanto mecanismo de prevenção das interferências

A "elasticidade" do texto constitucional, influenciada pelas características da linguagem ordinária e, principalmente, pela funcionalidade da Constituição, torna relativamente frequentes as divergências em torno do conteúdo e da aplicação da norma constitucional. Observa-se, inicialmente, um nítido redimensionamento dessa "elasticidade" ao cotejarmos as Constituições dos séculos XVIII e XIX com aquelas que surgiram no século XX: as primeiras evidenciavam uma preocupação em assegurar as liberdades fundamentais sem afastar a possibilidade de sua compressão pela autoridade competente, o que justificava a generalidade dos enunciados utilizados; as segundas, por sua vez, além de, não raro, regularem os direitos sociais, impondo o oferecimento de prestações por parte do Estado, normalmente descem a minúcias em relação ao modo de regulação de certos institutos, oferecendo padrões vinculantes que substituem a mera reserva de lei, que situava no legislador o arbítrio de defini-los do modo que melhor lhe aprouvesse.[649] A "elasticidade", no entanto, ainda que ofereça distinções de grau e de funcionalidade, continua presente, o que, de modo conexo, tem atraído a metáfora dos

---

[648] Cf.: ALLEN, Carleton Kemp. *Law in the making*. 7. ed. Oxford: Oxford University Press, 1964. p. 488.
[649] Cf.: MORTATI, Costantino. Costituzione dello Stato: dottrine generali e Costituzione della Repubblica italiana. In: *Enciclopedia del diritto*. Milano: Giuffrè, (1962) 2007. v. XI, p. 139, §27.

"casos fáceis" e dos "casos difíceis", utilizada, normalmente, para indicar as situações em que a aplicação, ou não, da norma delineada pelo intérprete é induvidosa ou, de modo diverso, suscita intensas dúvidas.[650] Em momento anterior à aplicação da norma, mais especificamente no curso do processo de interpretação, afigura-se evidente a existência de situações em que certos conteúdos cogitados pelo intérprete nitidamente se afeiçoam aos significantes linguísticos empregados na construção da disposição normativa, enquanto outros suscitam dúvidas ou resistências.

Se o entendimento gerado pela linguagem somente é possível face à existência de convenções tácitas que associam significantes linguísticos a significados específicos, afigura-se evidente que esse "entendimento" nem sempre será uniforme e igualitário em relação a todos os significantes empregados em textos normativos. É plenamente factível que certos significantes apresentem uma zona de convergência mais ampla, enquanto outros, por razões variadas, suscitem maiores divergências em relação ao seu sentido. As convenções podem apresentar contornos hegemônicos, o que importa na ausência ou na imediata desconsideração de outros possíveis significados, ou débeis, de modo que outros significados possam ser associados ao texto, exigindo-se uma decisão por parte do intérprete.

O inevitável surgimento de zonas de penumbra e, consequentemente, de divergências em torno do sentido dos enunciados linguísticos, tem levado à utilização de recursos diversificados, sempre com o objetivo de aumentar o grau de precisão dos textos normativos e ampliar a convergência em torno do seu sentido.[651] O ideal perseguido é permitir que o texto normativo encontre um ponto de equilíbrio entre a precisão e a flexibilidade.[652] Os recursos utilizados variam desde o emprego de linguajar puramente técnico, o que aumenta a precisão, mas limita a percepção dos leigos, até o extremo de estabelecer, no âmbito do próprio diploma normativo, o conceito dos termos mais refratários à convergência. São as "definições declaratórias".[653] Esse tipo de técnica costuma ser empregado, com relativa frequência, no âmbito das convenções internacionais, permitindo que os participantes aumentem a esfera de certeza em relação às obrigações assumidas no plano internacional. Possíveis vantagens, no entanto, além de não evitarem que os próprios conceitos sejam confusos, não afastam a existência de inúmeros outros aspectos negativos, como: (a) a ampliação, em demasia, dos diplomas normativos; (b) a dificuldade em prever todas as vicissitudes da realidade; e (c) a menor adaptabilidade do texto normativo. Os aspectos negativos aumentam em intensidade quando contextualizados na ordem constitucional, que deve ter, tanto quanto possível, dimensões reduzidas. Além disso, deve estabelecer, apenas, os balizamentos gerais

---

[650] Cf.: DWORKIN, Ronald. *Taking rights seriously*. Massachusetts: Harvard University Press, 1999. p. 81; e GUASTINI, Ricardo. *Das fontes às normas (Dalle fonti alle norme)*. (Trad. Edson Bini). São Paulo: Quatier Latin, 2005. p. 72. Nos casos difíceis, "a atividade do juiz", de acordo com Prieto Sanchís, "não é técnica, mas político-jurídica" (PRIETO SANCHIS, Luis. *Ideología e interpretación jurídica*. Madrid: Tecnos, 1987. p. 107), conclusão que certamente é influenciada pelos intensos juízos valorativos realizados.

[651] Cf.: GIBBONS, John. Taking legal language seriously. *In*: GIBBONS, John et al. (Org.). *Language in the law*. India: Orient Longman, 2004. p. 1 (2).

[652] Cf.: PRAKASAM, A. The Indian Evidence Act 1872: a lexicogrammatical study. *In*: GIBBONS, John et al. (Org.). *Language in the law*. India: Orient Longman, 2004. p. 17 (17).

[653] Cf.: TIERSMA, Peter M. *Legal language*. Chicago: The University of Chicago Press, 1999. p. 118.

do sistema e se ajustar à realidade com especial intensidade, já que vocacionada à permanência.

Como dissemos, é natural que significantes linguísticos colhidos na linguagem ordinária, também quando utilizados na comunicação técnico-jurídica, situação recorrente em uma ordem constitucional, ensejem o surgimento de "zonas de penumbra"[654] quanto ao seu exato sentido, o que afasta a pretensão de absoluta certeza do direito[655] e inviabiliza a demonstração de deduções lógicas utilizando-os como única matéria-prima.[656] Essas zonas de penumbra podem se distanciar, mas não irão se separar por completo do denominado "núcleo de significado" do significante linguístico. Existirão situações em que será particularmente controversa a congruência entre o significado do significante linguístico e o caso concreto que se pretende ver regulado, o que normalmente ocorrerá em razão da ausência de alguns elementos característicos, que, sem desnaturá-lo por completo, sejam suficientes para distingui-lo dos casos enquadráveis no referido núcleo de significado.[657]

Os enunciados linguísticos utilizados em um sistema jurídico, ainda que visualizados em um período pré-normativo, em momento anterior à conclusão do processo de interpretação, podem ser subdivididos em duas categorias básicas: os enunciados primitivos e os enunciados derivados.[658] Primitivos são os enunciados que dão origem aos conceitos básicos do sistema, não tendo o seu significado definido a partir de qualquer outro enunciado. Derivados, por sua vez, são os que têm a definição do seu significado direta ou indiretamente conectada a outros enunciados. Os enunciados primitivos tendem a ser mais vagos que os derivados, o que amplia a zona de penumbra e provoca uma retração do núcleo de significado, isso ao menos no plano semântico. Os enunciados derivados percorrerão caminho inverso: afinal, como pressupõem a compreensão do significado da matriz que lhes deu origem, é natural a ampliação do núcleo de significado, com a consequente redução da zona de penumbra.

As zonas de penumbra podem acompanhar o enunciado linguístico desde a origem da ordem constitucional ou aflorar em momento posterior, fruto da irrupção, no ambiente sociopolítico, de casos atípicos, ou em decorrência de modificações sistêmicas que influenciem no delineamento do seu sentido (*v.g.*: alteração ou eliminação de outros significantes linguísticos). Do mesmo modo que falamos na "trama aberta" ("open texture") das normas jurídicas, o que aponta para a existência de casos certamente enquadráveis no seu campo de incidência, de casos seguramente não alcançados por esse campo e de casos em que a aplicação da norma é dúbia,[659] idêntica construção pode

---

[654] HART, Herbert L. A. *O conceito de direito (The concept of law)*. (Trad. A. Ribeiro Mendes). 3. ed. Lisboa: Fundação Calouste Gulbenkian, 2001. p. 137-149; CARRIÓ, Genaro R. *Notas sobre derecho y lenguaje*. 5. ed. Buenos Aires: Abeledo-Perrot-LexisNexis, 2006. p. 56; e ROSS, Alf. *Direito e justiça (On law and justice)*. (Trad. Edson Bini). São Paulo: Edipro, 2003. p. 142.

[655] CARRIÓ, Genaro R. *Notas sobre derecho y lenguaje*. 5. ed. Buenos Aires: Abeledo-Perrot-LexisNexis, 2006. p. 78.

[656] Cf.: VIEHWEG, Theodor. *Tópica e jurisprudência (Topik und Rechtsphilosophie)*. (Trad. Tércio Sampaio Ferraz Jr.). Brasília: Departamento de Imprensa Nacional, 1979. p. 78.

[657] Cf.: HART, Herbert L. A. *O conceito de direito (The concept of law)*. (Trad. A. Ribeiro Mendes). 3. ed. Lisboa: Fundação Calouste Gulbenkian, 2001. p. 144-145.

[658] Cf.: SANTIAGO NIÑO, Carlos. *Introducción al análisis del derecho*. 2. ed. Buenos Aires: Astrea, 2005. p. 167.

[659] Cf.: HART, Herbert L. A. *O conceito de direito (The concept of law)*. (Trad. A. Ribeiro Mendes). 3. ed. Lisboa: Fundação Calouste Gulbenkian, 2001. p. 140 e ss. Como sintetizou Rolando Quandri, todo padrão normativo tem um centro, dotado de clareza, e uma periferia, que perde em clareza ao se distanciar do centro (QUADRI,

ser estendida aos textos normativos. Por certo, existirão significados que indiscutivelmente devem ser relacionados aos significantes interpretados, significados que serão forçosamente excluídos em qualquer processo racional de interpretação e significados que podem, ou não, ser utilizados conforme os circunstancialismos do caso.

Os conceitos jurídicos, a exemplo da vida ordinária, não são taxativos e imutáveis: apresentam perfis nítidos e zonas de penumbra que podem se expandir ou retrair conforme os circunstancialismos que os envolvam.[660] Também aqui será possível afirmar que o intérprete, ao aferir a compatibilidade de ideias e objetos com o enunciado linguístico, estará perante casos fáceis ou difíceis. As imprecisões da linguagem, como observa Carrió, "não podem resolver-se sem tomar uma genuína decisão",[661] decisão esta que se mostra imprescindível à resolução desse tipo de conflitualidade intrínseca, que surge logo no limiar do processo de interpretação. Não é por outra razão que o estudo da linguagem, para os fins de nossa pesquisa, assume contornos essencialmente pragmáticos, apontando para a visão que o intérprete forma a seu respeito, mais especificamente em relação às escolhas que deve realizar com o objetivo de conectar significantes e significados, ao que se somam os efeitos produzidos pelo significado escolhido em relação aos demais participantes do processo de comunicação.[662]

Ressalte-se que a análise textual, embora relevante, não costuma exaurir os múltiplos aspectos que envolvem o direito constitucional. É comum que questões polêmicas somente sejam resolvidas a partir da articulação de teorias que, apesar de não amparadas pela literalidade do texto constitucional, tenham sua inclusão por ele exigida[663] (*v.g.*: no Direito brasileiro, as concepções de segurança jurídica, proporcionalidade e poder de polícia não foram previstas, com essa configuração semântica, no texto constitucional, mas são diuturnamente invocadas pelos poderes constituídos).

A superação de divergências em relação ao conteúdo e à funcionalidade da comunicação linguística, normativa ou não, exige que seja conferido especial relevo à influência exercida por outros fatores, como a interação com aspectos da realidade que se mostram especialmente relevantes para a operatividade do seu conteúdo. São justamente esses fatores extrínsecos que contribuem para a identificação do sentido dos significantes, suprimindo excessos ou evitando retrações incompatíveis com a sua *ratio*. Como ressaltado por Dworkin,[664] embora seja exato afirmar que o conceito (*concept*), face à sua abertura semântica, deve ser objeto de juízos valorativos por parte do intérprete, que o integrará à luz de sua própria concepção (*conception*), esta última não se mostra totalmente livre para se dissociar dos *standards* de conduta estabelecidos pelo primeiro e que se veem influenciados pelo contexto sociopolítico. É o que ocorre, por exemplo, com o conceito de equidade (*fairness*).

Rolando. Dell'applicazione della legge in generale. *In*: SCIALOJA, Antonio; BRANCA, Giuseppe. *Commentario del Codice Civile*: art. 10-15. Bologna: Nicola Zanichelli, 1974. p. 245).

[660] Cf.: HECK, Philipp. The formation of concepts and the jurisprudence of interests (Bregriffsbildung und Interessensjurisprudenz). (Trad. M. Magdalena Schoch). *In*: *The jurisprudence of interests*. Cambridge: Harvard University Press, 1948. p. 101 (147).

[661] CARRIÓ, Genaro R. *Notas sobre derecho y lenguaje*. 5. ed. Buenos Aires: Abeledo-Perrot-LexisNexis, 2006. p. 54.

[662] Cf.: CRYSTAL, David. *A dictionary of linguistics and phonetics*. 2. ed. Oxford: Blackwell, 1985. p. 240.

[663] Cf.: EPSTEIN, Richard A. *How progressives rewrote the Constitution*. Washington: Cato Institute, 2007. p. 9.

[664] DWORKIN, Ronald. *Taking rights seriously*. Massachusetts: Harvard University Press, 1999. p. 134 e ss.

A conhecida autonomia da linguagem escrita sempre justificará a preocupação em se inserir, no texto normativo, todas as informações necessárias à compreensão do seu sentido.[665] Trata-se de providência salutar e que, em um padrão de pura racionalidade, jamais deve ser desconsiderada. Afinal, a autoridade, singular ou colegiada, responsável pela elaboração normativa, pode estar separada, no tempo ou no espaço, dos intérpretes em potencial, o que leva ao desconhecimento da identidade destes últimos e do seu grau de conhecimento a respeito dos circunstancialismos que envolveram a produção normativa.

Daí se dizer que a superação das zonas de penumbra, pelos intérpretes da Constituição, exige o conhecimento não só do texto constitucional, como, também, dos distintos aspectos que circundam a vida em sociedade. Aqui se incluem as bases de relativo consenso e de acentuada divergência, de modo a verificar o acolhimento, ou não, das pautas argumentativas utilizadas, bem como os efeitos que as decisões tomadas no curso do processo de interpretação podem produzir no ambiente sociopolítico. Somente assim os intérpretes não se resignarão "a ser meros expectadores de um espetáculo que não compreendem",[666] permanecendo num plano puramente conceitual e ignorando o necessário liame que deve existir entre ordem constitucional e realidade.

A linguagem jurídica, por ser ontologicamente idêntica à linguagem ordinária, compartilha não só de suas características negativas, que dificultam a compreensão do conteúdo da comunicação, como, também, daquelas que facilitam a comunicação, eliminando qualquer margem de divergência sobre os seus contornos semânticos e sintáticos. É plenamente factível a utilização, em textos normativos, de expressões linguísticas que não suscitam qualquer dúvida em relação ao seu sentido. Isso é verificado, por exemplo, com as prescrições categóricas que utilizam significantes numéricos (Constituição russa de 1993, art. 125, I – "O Tribunal Constitucional da Federação Russa é integrado por 19 juízes"), nomes próprios (Constituição brasileira de 1988, art. 18, §1º – "Brasília é a Capital Federal") ou quaisquer outros significantes utilizados para definir características objetivamente singulares, como as cores (*Grundgesetz* alemã de 1949, art. 22 – "A bandeira federal é preto-vermelho-ouro"). Percorrendo o caminho oposto, pode-se afirmar, com Wroblewski,[667] que a existência de disposições normativas que não suscitam dúvidas é uma prova empírica de que existem construções semânticas dessa natureza.

É igualmente útil a tentativa de se empregar, no plano normativo, uma linguagem que evidencie, com a maior transparência possível, o sentido da comunicação. À transparência ainda deve ser adicionada a exata identificação dos objetivos pretendidos, o que contribui para reduzir as zonas de tensão.[668] O emprego de termos do uso cotidiano, ao alcance do *homo medius*, tende a aumentar a convergência em torno do sentido a ser extraído dos significantes linguísticos. Esse tipo de linguagem, denominada de "plain

---

[665] Cf.: TIERSMA, Peter M. *Legal language*. Chicago: The University of Chicago Press, 1999. p. 127.
[666] Cf.: CARRIÓ, Genaro R. *Notas sobre derecho y lenguaje*. 5. ed. Buenos Aires: Abeledo-Perrot-LexisNexis, 2006. p. 60.
[667] WROBLEWSKI, Jerzy. Semantic basis of the theory of legal interpretation. *Logique et Analyse*, n. 6, p. 397-416, dec. 1963. p. 397 (409).
[668] Cf.: WATSON-BROWN, Anthony. Defining 'Plain English' as an aid to legal drafting. *Statute Law Review*, v. 30, n. 2, p. 85-96, 2009. p. 85 (85-86).

language" no ambiente anglo-saxão,[669] assume grande relevância ao conter os pontos de eclosão da conflitualidade intrínseca, sendo plenamente factível a sua utilização na expressão de conceitos técnicos ou de grande complexidade. O direito, tanto quanto possível, deveria ser escrito tal qual é falado.[670] Bentham,[671] discorrendo sobre o estilo das leis, há muito estruturara quatro regras a serem observadas na confecção dos textos normativos: (1ª) somente devem conter termos jurídicos conhecidos pelo povo; (2ª) se é imprescindível a utilização de termos técnicos, devem veicular a sua definição; (3ª) os termos da definição devem ser conhecidos e usuais; e (4ª) ideias idênticas devem ser veiculadas pelos mesmos termos. Em síntese, para os textos normativos, "uma nobre simplicidade é a sua mais bela característica". Embora não seja usual a veiculação de definições nos textos constitucionais, não se pode negar a utilidade das regras oferecidas pelo jurista inglês.

A utilização de termos técnicos ou incomuns, bem como de construções sintáticas pouco usuais, como ressalta Asprey,[672] deve ser reservada às situações em que (a) os interlocutores sejam especialistas, estando familiarizados com o seu uso; (b) não seja possível substituí-los por um significante de uso comum; ou (c) resumam ideias complexas. Essa técnica, de qualquer modo, não deixará de ser confrontada com a tensão dialética entre permanência textual da ordem constitucional e evolutividade da linguagem cotidiana. Ainda que, em um dado contexto histórico, o texto constitucional mantenha-se fiel à linguagem cotidiana, o fluir do tempo e as modificações no ambiente social podem fazer com que a superposição inicial dê origem a um hiato futuro. Em consequência, não se mostra plenamente operativo o entendimento externado por Benthan,[673] no sentido de que a clareza da linguagem, fazendo com que os padrões normativos alcancem níveis mais elevados de precisão, tornaria extremamente rara a existência de divergências em torno do significado a ser atribuído ao texto, dispensando a própria interpretação judicial.[674]

Em qualquer caso, a utilização da "plain language" sempre será um importante recurso para o acesso à linguagem constitucional, permitindo que o intérprete nela penetre e, com decisões simplificadas, alcance o significado mais adequado. Há quem sustente que a sua utilização, conquanto contribua para maior acessibilidade do intérprete, termina por diminuir os níveis de precisão esperados de um padrão normativo, isso em

---

[669] Cf.: GIBBONS, John. Taking legal language seriously. *In*: GIBBONS, John *et al.* (Org.). *Language in the law*. Índia: Orient Longman, 2004. p. 1 (10-11); ENGBERG, Jan; HELLER, Dorothee. Vagueness and indeterminacy in law. *In*: BHATIA, Vijay K.; CANDLIN, Christopher N.; ENGBERG, Jan. *Legal discourse across cultures and systems*. Hong Kong: Hong Kong University Press, 2008. p. 145 (148); SCHANE, Sanford A. *Language and the law*. London: Continuum, 2006. p. 3; e GARNER, Bryan A. *Legal writing in plain English*: a text with exercises. Chicago: The University of Chicago Press, 2001. p. 34-35.

[670] Cf.: SLAPPER, Gary; KELLY, David. *Source book on the English legal system*. 2. ed. London: Cavendish Smith Bailey & Gunn, 2001. p. 4.

[671] BENTHAM, Jérémie. Vue générale d'un corps complet de législation. *In*: *Oeuvres de Jérémie Bentham*. (Org. e trad. É. Dumont). 3. ed. Bruxelles: Société Belge de Librairie, 1840. t. 1, p. 285 (341).

[672] ASPREY, Michele M. *Plain language for lawyers*. Sydney: The Federation Press, 2003. p. 14.

[673] BENTHAM, Jérémie. Vue générale d'un corps complet de législation. *In*: *Oeuvres de Jérémie Bentham*. (Org. e trad. É. Dumont). 3. ed. Bruxelles: Société Belge de Librairie, 1840. t. 1, p. 285 (339-342).

[674] Também destacando as vicissitudes do texto e a imprevisibilidade das situações futuras, vide: SCHAUER, Frank. *Thinking like a lawyer*: a new introduction to legal reasoning. USA: Harvard University Press, 2009. p. 150.

razão da impossibilidade de ser continuamente adaptada à realidade.[675] A nosso ver, *linguagem ordinária* e *precisão* não encerram premissas antinômicas, sendo plenamente factível a sua coexistência. O objetivo, sempre, é evitar que os textos normativos veiculem uma "mensagem hermética ou fechada",[676] fruto do tecnicismo exagerado, do linguajar rebuscado e do constante recurso ao arcaísmo e ao estrangeirismo, o que torna o sentido normativo particularmente obscuro e inalcançável do ponto de vista do *homo medius*.

Se a utilização da "plain language" certamente contribui para reduzir a "fisiológica indeterminação" dos significantes linguísticos no plano semântico, ela não chega ao extremo de alcançar uma "linguagem legal unívoca",[677] de modo a superar, por completo, a "patológica obscuridade" da linguagem jurídica. Afinal, o texto constitucional, enquanto organismo vivo, não permanece à margem da dinâmica da linguagem ordinária e muito menos imune à influência do contexto. Essas características são em muito intensificadas quando utilizados significantes linguísticos que se vinculam a significados de natureza ética (*v.g.*: a adstrição da Administração Pública ao princípio da "moralidade administrativa", dever previsto no art. 37, caput, da Constituição brasileira de 1988; e a previsão, como objetivo fundamental da República Federativa do Brasil, de "construir uma sociedade livre, justa e solidária" – art. 3º, I, da mesma Constituição), sendo inevitável a tentativa de aplicá-los a situações distintas, a partir de considerações radicalmente diversas.[678]

Acresça-se que a obscuridade no plano jurídico se manifesta não só no "hipertecnicismo", como, também, no excessivo reenvio entre disposições normativas.[679] Esse *modus operandi* é particularmente "útil" quando a obscuridade possa ser vista como um objetivo perseguido pela autoridade que elaborara o texto normativo, o que se torna cada vez mais frequente em relação aos textos que versem sobre despesa pública.[680]

No Direito brasileiro, um exemplo de tecnicismo que torna a linguagem jurídica de difícil compreensão para o leigo é a utilização do substantivo "competência" no sentido de atribuição jurídica, ostentada por um órgão jurisdicional para processar e julgar uma causa. Quando dois ou mais órgãos jurisdicionais entendem que devem julgar uma causa ou, mesmo, que não devem julgá-la, é suscitado um "conflito de competência"[681] e, ao final, é declarado o juiz ou tribunal "competente" e aquele que é considerado "incompetente". Na linguagem ordinária, por sua vez, o termo "competente", cuja polissemia não precisa ser realçada,[682] é normalmente empregado enquanto adjetivo, expressando a virtude de alguém. Não indica propriamente a possibilidade de exercício de uma atribuição, mas sim, a qualidade positiva ostentada por quem é capaz de realizar algo corretamente.

---

[675] Cf.: COULTHARD, Malcolm; JOHNSON, Alison. *An introduction to forensic linguistics*: language in evidence. New York: Routledge, 2007. p. 37.

[676] Cf.: MATTILA, Heikki E. S. *Comparative legal linguistics*. Hampshire: Ashgate, 2006. p. 35.

[677] Cf.: KAUFMANN, Arthur. *Filosofia do direito (Rechtsphilosophie)*. (Trad. António Ulisses Cortês). Lisboa: Fundação Calouste Gulbenkian, 2004. p. 184.

[678] Cf.: TERSMAN, Folke. *Moral disagreement*. New York: Cambridge University Press, 2006. p. 88.

[679] Cf.: MODUGNO, Franco. *Interpretazione giuridica*. Padova: CEDAM, 2009. p. 149.

[680] Cf.: AINIS, Michele. *La legge oscura*: come e perché non funziona. Roma: Laterza, 1997. p. 11.

[681] Constituição brasileira de 1988, art. 102, I, *o*.

[682] Cf.: DE OLIVEIRA SERRANO, Ana Isabel. Competências, da noção ao referencial. *Revista de Estudos Políticos e Sociais*, v. XXIII, n. 1-4, p. 441-572, jan./dez. 2001. p. 441 (455-477).

No extremo oposto à desejada identidade entre linguagem normativa e linguagem cotidiana, tem-se o delicado problema, verificado em alguns Estados, em que a linguagem normativa chega a destoar da própria língua-mãe dos intérpretes em potencial.[683] Na Idade Média, não era incomum a utilização do latim[684] na linguagem jurídica e, ainda na atualidade, o inglês e o francês continuam a ser empregados, por Estados do continente africano, na confecção dos textos normativos, isso apesar de a maior parte da população falar outros idiomas.[685]

O problema também aparece nas situações em que o Estado convive com uma pluralidade de idiomas, cada qual falado, apenas, por uma parcela específica da população. Nesse caso, a questão apresentará perspectivas distintas, conforme haja, ou não, um referencial de unidade linguística. Em outras palavras, sendo identificada a existência de um idioma nacional e de idiomas regionais, o primeiro, em linha de princípio, há de prevalecer no plano jurídico-constitucional, ainda que seja reconhecida a relevância sociocultural dos demais. Exemplo sugestivo pode ser obtido no direito francês. A Constituição de 1958, que não fazia qualquer menção à língua oficial, foi reformada pela Lei Constitucional nº 92-554, que alterou o seu art. 2º para conferir ao "francês" esse status. Posteriormente, em 2008, nova reforma foi realizada, passando a dispor o art. 75-1 que "[l]es langues régionales appartiennent au patrimoine de la France".[686] Nesse caso, como a língua francesa reflete a identidade nacional e é ensinada de maneira obrigatória nas escolas,[687] tem sido reconhecida a sua primazia, isso apesar de as línguas regionais não serem "somente toleradas, mas aceitas e reconhecidas".[688] Solução diversa, no entanto, há de ser encontrada quando uma pluralidade de idiomas ostentar o *status* de língua oficial.

Em termos de perfeição conceitual, os melhores exemplos são aqueles que estabelecem uma relação paritária entre as línguas existentes, como o suíço, em que o texto constitucional encontra-se redigido em três idiomas, o alemão, o francês e o italiano, todos com igual força e valor, o que impede, segundo o entendimento há

---

[683] Cf.: GIBBONS, John. Taking legal language seriously. *In*: GIBBONS, John et al. (Org.). *Language in the law*. Índia: Orient Longman, 2004. p. 1 (11).

[684] O emprego do latim na comunicação jurídica foi defendido por Blackstone sob o argumento de que não se tratava propriamente de um estrangeirismo, mas sim de uma linguagem técnica, estruturada para duração eterna; fácil de ser apreendida, no presente e no futuro; e que oferecia concisão e precisão (BLACKSTONE, William. *Commentaries on the laws of England*. Philadelphia: Childs & Peterson, 1860. v. 2, p. 819-821). Isso, no entanto, não afastava a constatação de que, apesar de todas as vantagens oferecidas, tal linguagem somente era compreendida por técnicos especializados. É curiosa a descrição de Roscoe e Roscoe a respeito do uso da linguagem jurídica, no âmbito dos tribunais ingleses, após o Estatuto de Eduardo III: os processos tramitavam com observância do inglês, tinham suas conclusões exteriorizadas em francês e eram registrados em latim (ROSCOE, Henry; ROSCOE, Thomas. *Westminster Hall*: or, professional relics and anecdotes of the bar, bench, and woolsack. London: J. Knight & H. Lacey, 1825. v. 1, p. 1). Ainda na atualidade, o latim é largamente utilizado na linguagem jurídica, inlusive pelos tribunais, que procuram justificar as decisões tomadas com o recurso a cânones interpretativos nesse idioma (*v.g.*: *ubi lex non distinguit, nec nos distinguere debemus; ubi eadem ratio, idem ius; specialia generalibus derogant; in dúbio pro reo; odiosa sunt restringenda etc.*). Cf.: CORNU, Gérard. *Linguistique juridique*. Paris: Montchrestien, 1990. p. 372.

[685] Cf.: MATTILA, Heikki E. S. *Comparative legal linguistics*. Hampshire: Ashgate, 2006. p. 4.

[686] Note-se que o Conselho Constitucional, na Decisão nº 99-142 DC, de 15.06.1999, *Recue* p. 71, havia considerado a Carta Europeia das Línguas Regionais ou Minoritárias incompatível com a Constituição de 1958, afirmando que esta última deveria ser necessariamente reformada se a França pretendesse ratificar a Carta.

[687] Conseil Constitutionnel, Decisión nº 2001-454 DC, de 17.01.2002.

[688] VIGUIER, Jacques. Le primauté juridique de la langue nationale française sur les langues régionales secondes. *Revue du Droit Public et de la Science Politique en France et à l'Étranger*, n. 6, p. 1635-1648, nov./dec. 2009. p. 1635 (1648).

muito sedimentado,[689] que se atribua preeminência a qualquer deles na solução de possíveis divergências com os demais. Ou, ainda, o finlandês,[690] em que todos os textos normativos devem ser publicados nos dois idiomas oficiais, isso sem prejuízo da correlata proteção dos demais dialetos existentes. Uma primeira maneira de afastar divergências entre os distintos textos é evitar que os padrões normativos sejam concebidos na individualidade de um deles e posteriormente traduzidos para os demais. Afinal, é factível que certos significantes linguísticos, malgrado apresentem elevados níveis de precisão em certa língua, podem se mostrar particularmente vagos ou ambíguos em outras.[691] A elaboração dos textos deve ocorrer de modo simultâneo, permitindo que sejam cotejados e compatibilizados os significantes utilizados. Se essa solução se mostra racional quando poucos sejam os idiomas considerados, torna-se particularmente complexa quando identificada uma pluralidade deles, o que, não raro, atrairá o recurso da tradução. Uma segunda possibilidade, que decorre do recurso à tradução, consiste na submissão dos textos, no momento imediatamente anterior à aprovação de sua versão final, a um corpo de especialistas, que seria responsável pela verificação de sua correção e compatibilidade nas diferentes línguas adotadas. Como desdobramento do trabalho desenvolvido pelos especialistas, ainda seria possível estruturar uma linguagem para propósitos específicos, oferecida em cada uma das línguas utilizadas, que empregue significantes linguísticos já avaliados e compatibilizados. Cuidados à parte, deve-se reconhecer, com Schilling,[692] que, perante uma pluralidade de linguagens, o único modo seguro de encontrar significados uniformes seria não reconhecer a autenticidade de todas, mas tão somente de uma delas. O mesmo autor, no entanto, reconhece que essa solução, no final das contas, sequer pode ser considerada uma verdadeira solução.

Sensível à falta de solução preconizada por Schilling, a Constituição sul-africana de 1996, após enumerar onze idiomas oficiais,[693] acresceu que, em caso de divergência, o inglês iria prevalecer.[694] Pelas suas singularidades, ainda deve ser lembrado o exemplo indiano, em que a Constituição de 1950, de forma pouco sistemática, trata da língua oficial em nada menos que dez artigos e um anexo: (a) art. 120 – idioma a ser usado no Parlamento federal; (b) art. 210 – no Legislativo estadual; (c) arts. 343-344 – idioma oficial

---

[689] Cf.: AUBERT, Jean-François. *Traité de droit constitutionnel suisse*. Neuchatel: Ides et Calendes, 1967. v. I, p. 116.

[690] Constituição finlandesa de 1999, Seção 17, 2.

[691] Theodor Schilling, referindo-se às dificuldades enfrentadas no âmbito da União Europeia, que congrega mais de duas dezenas de línguas distintas, oferece, como exemplo de distorção, o emprego do vocábulo "espiritual" no segundo parágrafo do preâmbulo da Carta dos Direitos Fundamentais da União Europeia. Esse vocábulo, quando traduzido para o alemão, o foi como "geistig-religiös", fazendo com que a versão alemã fosse a única a mencionar o aspecto religioso (SCHILLING, Theodor. Beyond multilingualism: on different approaches to the handling of diversing language versions of a community law. *European Law Journal*, v. 16, n. 1, p. 47-66, jan. 2010. p. 47 (50)). Isso bem demonstra que o avanço do "direito constitucional europeu" exigirá a simultânea estruturação do "elemento institucional", afeto às categorias jurídicas e às instituições que se formam no espaço público, e do "elemento relacional", que se direciona à reunião, como um "povo nacional", dos vinte e sete povos europeus que vivem no continente. Cf.: ROUSSEAU, D.; GAUDIN, Hélène. Le droit constitutionnel européen en débat. *Revue du Droit Public et de la Sience Politique en France et a l'Étranger*, n. 3, p. 721, mai./jun. 2008. p. 721 (723); e MORETAU, Olivier. Le raisonnable et le droit: standards, prototypes et interprétation uniforme. *Journal of Legal Interpretation (Reasonableness and Interpretation)*, Münster: LIT, p. 221-238, 2003. p. 221 (221).

[692] SCHILLING, Theodor. Beyond multilingualism: on different approaches to the handling of diversing language versions of a community law. *European Law Journal*, v. 16, n. 1, p. 47-66, jan. 2010. p. 47 (52).

[693] Constituição sul-africana de 1996. Capítulo 1. Seção 6. 1: "The official languages of the Republic are Sepedi, Sesotho, Setswana, siSwati, Tshivenda, Xitsonga, Afrikaans, English, isiNdebele, isiXhosa and isiZulu".

[694] Constituição sul-africana de 1996. Capítulo 14. Seção 240.

da União; (d) arts. 345-347 – idiomas regionais; (e) idioma da Suprema Corte, das Cortes Superiores etc.; e (f) anexo VIII. Esse intrincado sistema dispõe, em suas linhas gerais, que o hindi e o inglês, este último temporariamente, são os idiomas oficiais da União. Os Estados-membros, por sua vez, podem definir, por lei, o seu idioma oficial, sendo oportuno lembrar que o anexo VIII da Constituição, até a 92ª Emenda Constitucional, de 2003, já contava com um rol de vinte e dois idiomas de expressiva aceitação no território indiano. Diversamente do paradigma suíço, observa-se que, na realidade sul-africana e na indiana, a linguagem constitucional não alcançará, para a população em geral, um padrão de familiaridade semelhante ao da linguagem cotidiana. Com isso, considerável parcela da população enfrentará dificuldades semelhantes àquelas diuturnamente encontradas no aprendizado de uma segunda língua, o que exige a compreensão de outro meio de vida e de outros padrões de racionalidade comunicativa.[695] Além da inegável dificuldade de acesso à ordem constitucional, por parte das minorias de reduzido nível cultural, esse quadro certamente influenciará na irrupção da conflitualidade normativa. Nesses casos, a pluralidade cultural, apesar de influir na própria escolha do idioma oficial, não chega a ser considerada, na produção normativa, em toda a sua extensão.

A importância da língua, em verdade, transcende o léxico e a gramática, isso em razão de seu *status* de fator de identidade de um povo. Não é por outra razão que o "nacionalismo linguístico" chega a influir na própria forma de organização do Estado. O exemplo belga é bem sugestivo nesse sentido: a diversidade de línguas fez com que a Bélgica evoluísse de um Estado unitário para uma Federação complexa, em que, além do governo federal, coexistem dois governos locais e três comunidades linguísticas (francês e flamengo, tidas como oficiais, e o alemão, falado por reduzida parcela da população) dotadas de autogoverno.[696] A diversidade de línguas pode culminar em uma sociedade fracionada, daí decorrendo uma divisão política, inviabilizando a própria continuidade do Estado. Não é incomum que conflitos étnicos apresentem o nacionalismo linguístico como uma de suas causas imediatas, o que bem demonstra a complexidade da questão e a necessidade de a ordem constitucional não renegar a existência das diversas línguas adotadas no território do Estado. A identificação do povo com a língua utilizada na comunicação é fruto de um longo processo de cristalização cultural, que não pode ser desconsiderado pela produção normativa.[697] Trata-se de campo propício ao aflorar de um sentimento de hierarquização do poder político e econômico, que normalmente se verá acompanhado pela dificuldade de acesso às estruturas de

---

[695] Cf.: BARRON, Anne. *Acquisition in interlanguage pragmatics*: learning how to do things with words in a study abroad cotext. Philadelphia: John Benjamins, 2003. (Pragmatics & Beyond, v. 108), p. 24-25. Alguns sociolinguistas, como Chambers, citam os exemplos de Estados bilingues, como o Canadá e o Haiti, o primeiro adotando o inglês e o francês, e o segundo, o francês e o crioulo, para observar que a coexistência de idiomas oficiais nunca é sociologicamente igual (CHAMBERS, J. K. *Sociolinguistics theory*: linguistic variation and its social significance. 2. ed. Maden: Wiley-Blackwell, 2003. (Language in Society, v. 32), p. 10). Em muitas situações, a depender do contexto e da temática, a opção por um ou outro idioma trará maiores facilidades para a compreensão e ensejará o surgimento de situações jurídicas mais favoráveis para o falante (*v.g.*: *status* social). Não é incomum, ainda, que seja promovida uma verdadeira mistura desses códigos linguísticos ou, mesmo, utilizadas construções incongruentes com os padrões da língua culta.

[696] Cf.: CHOUDHRY, Sujit. Managing linguistic nationalism through constitution design: lessons from South Asia. *International Journal of Constitutional Law*, v. 7, n. 4, p. 577-618, oct. 2009. p. 577 (578).

[697] Cf.: CHOUDHRY, Sujit. Managing linguistic nationalism through constitution design: lessons from South Asia. *International Journal of Constitutional Law*, v. 7, n. 4, p. 577-618, oct. 2009. p. 577 (582).

poder, por parte de certos grupos.[698] Stuart Mill,[699] aliás, já estabelecera a conexão ente uniformidade linguística e democracia, ao observar que a existência de uma diversidade de "nacionalidades", fruto da diversidade de línguas, inviabiliza a formação da opinião pública e, consequentemente, do próprio governo representativo. No plano oposto, o próprio surgimento da nacionalidade, que viabiliza a democracia participativa e conduz à unidade do poder político, terminaria por ser seriamente comprometido.[700]

Face à imprescindibilidade da língua enquanto veículo de comunicação entre o Estado e os seus cidadãos, não lhe é dado sequer adotar uma postura de neutralidade, delegando às forças sociais a natural escolha da língua a ser utilizada. O Estado, inevitavelmente, terá que realizar uma escolha, escolha esta que não pode passar ao largo do contexto, sob pena conduzir à desestabilização do ambiente sociopolítico.

Outro aspecto digno de nota diz respeito aos problemas enfrentados com o que se tem denominado de "reconceitualização" da linguagem ordinária.[701] Como se constata pelos contornos semânticos do termo empregado, significantes linguísticos característicos da linguagem ordinária são efetivamente empregados no plano jurídico, mas, não raro, ostentam significado diverso daquele normalmente empregado na linguagem ordinária. Em situações dessa natureza, tem-se a linguagem ordinária na forma e o tecnicismo na essência, em muito dificultando o processo de interpretação conduzido pelos destinatários da norma.

Questões afetas à compreensão da linguagem normativa tornam-se particularmente relevantes aos constatarmos que (1) ninguém se escusa de cumprir a norma jurídica, em especial aquela de estatura constitucional; (2) a voluntária adesão à ordem jurídica pressupõe a compreensão do seu sentido; e (3) os objetivos da norma, centrados em um certo referencial de justiça, devem ser alcançados não só na realidade, como, também, aos olhos da coletividade.

O brocardo latino "ignorantia juris neminem excusat" bem reflete a ideia de que o subjetivismo afeto a cada individualidade não pode chegar ao ponto de comprometer a imperatividade da norma jurídica e a própria coesão social. Referenciais de igualdade e segurança jurídica, que se manifestam nas relações com o Estado e com os demais membros da coletividade, apontam para o potencial desestabilizador de escusas dessa natureza, fundadas não em dados objetivos, mas sim no puro subjetivismo de cada indivíduo. Esse postulado, na forma em que tem sido tratado, tem como principal objetivo o de contribuir para a efetividade da norma, evitando que a aplicação direta de seus comandos, ou das sanções eventualmente existentes, seja obstada por escusas puramente subjetivas. Trata-se de presunção que pode ser tida como razoável, isso no sentido de "pragmaticamente indispensável", mas que é irrazoável no sentido

---

[698] Ressaltando a posição de desvantagem dos falantes de outras línguas que não a oficial, vide: TAYLOR, Charles. Nationalism and modernity. *In*: McKIM, Robert; McMAHAN, Jeff. *The morality of nationalism*. Oxford: Oxford University Press, 1999. p. 31 (34).

[699] STUART MILL, John. *Le gouvernement representative*. (Trad. M. Dupont-White). Paris: Guillaumin et Cie., Éditeurs, 1877. p. 383 e ss.

[700] Cf.: ANDERSON, Benedict. *Imagined communities*: reflections on the origins and spread of nationalism. 2. ed. London: Verso, 1991. p. 37 e ss.

[701] Cf.: PHILLIPS, Alfred. *Lawyer's language*: how and why legal language is different. London and New York: Routledge, 2003. p. 24; e GU, Sharron. *The boundaries of meaning and the formation of law*: legal concepts and reasoning in the English, Arabic and Chinese traditions. Québec: McGill-Queen's Press, 2006. p. 9.

de "imediatamente verificável".[702] Prestigia-se a funcionalidade objetiva da norma jurídica e relega-se a plano secundário o subjetivismo presente entre seus destinatários e intérpretes em potencial, o que, em situações extremas, pode conduzir a situações de ruptura entre texto e realidade. Esse aspecto será particularmente palpável quando, não bastassem as limitações inatas da linguagem ordinária, ela ceder lugar ao tecnicismo jurídico, tornando-se incompreensível para o público em geral,[703] o que depõe contra a referida presunção (absoluta) de conhecimento.

Avançando para além da "escusa de ignorância", soa evidente que a voluntária adesão à ordem jurídica exige que seja conhecido o sentido dos textos normativos, já que a adesão ao desconhecido mais se assemelha à indiferença que propriamente a uma verdadeira emissão de vontade. Nesse contexto, ainda que a presença de conflitualidades intrínsecas possa conduzir a uma pluralidade de significados compatíveis com o texto, justificando possíveis divergências entre os intérpretes, as imperfeições linguísticas certamente contribuirão para o agravamento desse quadro. Em consequência, a imperatividade, calcada em bases puramente objetivas, sempre será alcançada. A adesão voluntária, por sua vez, somente o será em sendo possível a compreensão da comunicação, que necessariamente se desenvolve no plano subjetivo.

A tensão dialética verificada entre referenciais objetivos e subjetivos terá inevitáveis reflexos na imagem que se formará, no ambiente sociopolítico, em relação à funcionalidade da norma jurídica. Efetividade sem compreensão soa como pura imposição e, em *ultima ratio*, como afronta ao princípio democrático. Os efeitos da norma se fazem sentir, mas a ausência de compreensão impede que sua essencialidade penetre no imaginário popular, o que, lembrando Hesse,[704] impede a formação da "vontade de Constituição". Esse estado de coisas contribui para agravar a crise de legitimidade que constantemente assola o Tribunal Constitucional. Afinal, textos normativos incompreensíveis tendem a aumentar a desconfiança em torno de sua interpretação.[705]

Acresça-se que as interferências na compreensão dos significantes linguísticos ainda podem contribuir para a multiplicação de lacunas, hiatos normativos caracterizados pela inexistência de norma que permita a qualificação deôntica de um dado comportamento (*v.g.*: é obrigatório agir do modo *x*) ou pela não previsão de consequências jurídicas para situações específicas.[706] Esses hiatos, é importante ressaltar, nem sempre estarão associados à mera incompletude textual. Ao conduzir o processo de interpretação e se deparar com possíveis distorções na comunicação, fruto da ambiguidade ou da vagueza textual, semântica ou sintática, o intérprete deve tomar as decisões necessárias

---

[702] Cf.: PHILLIPS, Alfred. *Lawyer's language*: how and why legal language is different. London and New York: Routledge, 2003. p. 29.

[703] Cf.: MATTILA, Heikki E. S. *Comparative legal linguistics*. Hampshire: Ashgate, 2006. p. 3.

[704] HESSE, Konrad. *A força normativa da Constituição* (*Die normative Kraft der Verfassung*). (Trad. Gilmar Ferreira Mendes). Porto Alegre: Sérgio Antonio Fabris, 1991. p. 19.

[705] Cf.: PHILLIPS, Alfred. *Lawyer's language*: how and why legal language is different. London and New York: Routledge, 2003. p. 23.

[706] Cf.: GUASTINI, Ricardo. *Das fontes às normas* (*Dalle fonti alle norme*). (Trad. Edson Bini). São Paulo: Quatier Latin, 2005. p. 174; GUASTINI, Ricardo. *Distinguiendo*: estudios de teoría y metateoría del derecho. (Trad. Jordi Ferrer i Beltrán). Barcelona: Gedisa, 1999. p. 271-272; SANTIAGO NIÑO, Carlos. *Introducción al análisis del derecho*. 2. ed. Buenos Aires: Astrea, 2005. p. 281-289; e ALCHOURRÓN, Carlos E.; BULYGIN, Eugenio. *Introducción a la metodología de las ciencias jurídicas y sociales*. Buenos Aires: Astrea, 2006. p. 41.

à resolução das conflitualidades intrínsecas. Ao fazê-lo, pode conter em demasia o potencial expansivo do texto normativo e lhe atribuir significados que excluam do alcance da norma constitucional situações que poderiam ser reguladas por ela. A lacuna pode igualmente surgir em decorrência dos fatores extrínsecos considerados pelo intérprete, que atuariam como fatores de limitação da amplitude dos significados atribuídos aos textos normativos. Se é exato afirmar que o intérprete possui considerável liberdade na colmatação das lacunas, não menos exata é a conclusão de que liberdade similar também existirá na identificação da própria presença dessas lacunas.

As mesmas causas que influenciam a formação das lacunas normativas, vale dizer, as interferências na comunicação e as decisões tomadas pelo intérprete no curso do processo de interpretação, podem contribuir para a eclosão de antinomias normativas. Enquanto as lacunas são caracterizadas pela ausência de comandos deônticos (*v.g.*: é proibido o comportamento *x*) em situações que o exigiriam ou pela existência de situações a que não está atrelada nenhuma consequência jurídica, nas antinomias há uma pluralidade de comandos ou de consequências jurídicas atreladas à mesma situação.[707] O intérprete contribuirá para o surgimento de uma lacuna caso retraia o significado atribuído à norma e, em consequência, limite a sua projeção na realidade. O surgimento da antinomia, por sua vez, será estimulado na medida em que o intérprete elasteça o potencial expansivo dos enunciados normativos e lhes atribua significados que entrarão em conflito com outras normas existentes. Para evitá-la, é necessário realizar, tanto quanto possível, uma interpretação conforme, vale dizer, conforme às demais normas em potencial do sistema.

2.5 Inferências do discurso normativo

Embora seja factível que os enunciados linguísticos podem conduzir a uma pluralidade de significados distintos, merece maior reflexão a origem de tal polissemia, que pode não resultar propriamente do potencial expansivo dos enunciados interpretados, mas sim, ser fruto de juízos valorativos e de sua articulação lógica com outros enunciados linguísticos. É nesse processo que surgem as inferências linguísticas.

A análise de enunciados linguísticos, à luz dos sentidos ou ideias que normalmente veiculam, aqui denominados de *premissas*, pode conduzir a *conclusões* que, apesar de conectadas a eles, não sejam passíveis de serem apreendidas facilmente pelo processo de comunicação. As conclusões, em verdade, são inferidas a partir de um processo de coerência valorativa, em que, tomando-se por base os significados inicialmente encontrados pelo intérprete, são alcançados novos significados, decorrentes dos demais, mas que podem não ser reconduzidos à literalidade dos enunciados originários.

Em situações dessa natureza, verifica-se que certos enunciados linguísticos, os significantes, foram interpretados e deram origem a significados que, igualmente estruturados sob a forma de enunciados linguísticos, passaram por outro processo de interpretação, sendo tratados, desta feita, como verdadeiros significantes, e, a partir de sua análise, permitiram a individualização de novos significados. A inferência é

---

[707] Cf.: GUASTINI, Ricardo. *Das fontes às normas* (*Dalle fonti alle norme*). (Trad. Edson Bini). São Paulo: Quatier Latin, 2005. p. 150, 227.

valorativa, não propriamente linguística, isso porque os novos significados não são estruturados a partir de meros significantes em "estado bruto", mas de significantes "lapidados", o que lhes confere o *status* de significados derivados.

Cada significado derivado pode ter fundamento simples ou fundamento complexo. No primeiro caso, uma única norma originária serve de fundamento para a norma derivada, possibilidade facilmente perceptível em relação aos binômios norma geral/ norma de decisão, regra/princípio e princípio setorial/princípio geral. No segundo caso, por sua vez, uma pluralidade de normas originárias concorre para o delineamento da norma derivada.

Inferências, ou implicações, como preferem alguns,[708] podem ter natureza convencional, de modo que a estrutura da sentença utilizada por um dos interlocutores permita ao outro identificar, de imediato e sem qualquer acréscimo, parte diversa do processo de comunicação. É igualmente possível que um conteúdo igualmente conectado aos significantes linguísticos, mas "semanticamente codificado", possa ser delineado por um dos partícipes do processo de comunicação, sendo acolhido pelo outro. Tal ocorre com enunciados linguísticos que, ao olhar desatento, parecem não oferecer espaço à formação de uma pluralidade de significados.[709]

Inferências em sentido fraco são aquelas que desnudam conteúdos tidos como "implícitos", facilmente apreendidos pelos participantes do processo de comunicação normativa, quer em decorrência das convenções existentes, quer como consequência natural do processo de comunicação, exigindo reduzido esforço argumentativo para a sua demonstração. *Inferências em sentido forte*, por sua vez, apontam para conteúdos amparados por intensos juízos valorativos, construídos por um dos interlocutores a partir de conteúdos anteriores e que demandam maior esforço de argumentação.

As inferências, como é intuitivo, apresentarão distintos graus de densidade, que podem apontar para a mera aceitabilidade de sua ocorrência, até alcançar a certeza de sua existência. Na primeira situação, estaremos perante uma operação de lógica indutiva, na segunda, de lógica dedutiva.[710] A inferência é dedutiva quando os novos significados estão necessariamente abrangidos pelos significados (*rectius*: significantes) considerados pelo intérprete e que lhes serviram de base.[711] Será indutiva, por sua vez, quando os significados considerados não apresentarem completude e certeza comunicativa, indicando, apenas, significados possíveis, que podem, ou não, preencher os requisitos mais amplos e gerais que lhes permitam assumir o *status* de significados derivados,

---

[708] Cf.: CHIERCHIA, Genaro; McCONNELL-GINET, Sally. *Meaning and grammar*: an introduction to semantics. 2. ed. Massachusetts: MIT Press, 2000. p. 79; MARMOR, Andrei. *Social conventions*: from language to law. New Jersey: Princeton University Press, 2009. p. 113; e GUASTINI, Ricardo. *Das fontes às normas* (*Dalle fonti alle norme*). (Trad. Edson Bini). São Paulo: Quatier Latin, 2005. p. 226, nota 220.

[709] Cf.: MARMOR, Andrei. *Social conventions*: from language to law. New Jersey: Princeton University Press, 2009. p. 113.

[710] Cf.: ALLWOOD, Jens S.; ANDERSSON, Lars-Gunnar; DAHL, Östen. *Logic in linguistics*. Cambridge: Cambridge University Press, 1977. p. 16.

[711] Cf.: HARE, Richard Mervyn. *The language of morals*. Oxford: Oxford University Press, 1991. (Oxford Paperbacks, v. 77), p. 32.

exigindo intensos juízos valorativos. No plano puramente linguístico, a inferência conduz a conclusões necessárias quando decorrente de premissas tidas como verdadeiras.[712]

Nessa linha, é possível que nova norma constitucional seja inferida ou, melhor dizendo, deduzida, de norma constitucional delineada em momento anterior. A inferência aponta para a individualização de normas a partir de normas. Trata-se de processo valorativo-construtivo em que o intérprete utiliza, como base de desenvolvimento de sua atividade intelectiva, enunciados linguísticos que se encontram integrados não a disposições ou a fragmentos normativos, mas sim, a genuínas normas. Interpreta-se o resultado de interpretação anterior. Normas encontradas a partir de inferências possuem existência e significado próprios, coexistindo com as normas que lhes serviram de base. Na medida em que consubstanciam unidades distintas, conclui-se que cada uma delas será antecedida por um rol de conflitualidades intrínsecas específicas, a serem solucionadas no curso do processo de interpretação. Essas conflitualidades, no entanto, terão amplitude distinta. Enquanto as normas de base tiveram que superá-las para alcançar a sua própria normatividade, as normas obtidas por inferência surgiram após a resolução das conflitualidades iniciais, o que termina por reduzir, tanto no plano qualitativo, quanto no plano quantitativo, as conflitualidades que ainda devem ser enfrentadas.

A inferência normativa manifesta-se, normalmente, na (1) individualização da norma de decisão a partir da norma geral, o que lhe atribui contornos dedutivos;[713] na (2) identificação de princípios constitucionais gerais a partir da abstração de regras e princípios mais específicos; e na (3) aplicação analógica da norma geral, estendendo-a a situações originariamente não contempladas. Nesse último caso, a inferência analógica, como ressaltado por Kaufmann, apresenta caráter misto, do tipo dedutivo-indutivo: parte, a exemplo da indução, do caso, e busca, como a dedução, o resultado, o que faz não por meio do caso, mas sim por meio da norma.[714]

Também teremos inferências normativas quando o respectivo sistema constitucional contemplar a existência de órgãos com competência para interpretar os enunciados linguísticos formadores do texto normativo e, em um segundo momento, conferir força vinculante, em caráter geral e abstrato, ao resultado dessa interpretação. A norma obtida, para ser aplicada, ainda deverá ser compatibilizada com os circunstancialismos da época e ajustada às peculiaridades do caso concreto. Observa-se, desse modo, que o delineamento da norma geral se dá de modo escalonado, sendo factível que as conflitualidades intrínsecas da primeira operação tendem a ser mais amplas que as da segunda. Fala-se em duplo delineamento por uma razão muito simples: a primeira norma não será pura e simplesmente aplicada pelos demais participantes do processo de comunicação normativa, permitindo a imediata formação da norma de decisão.

---

[712] Cf.: McCAWLEY, James D. *Everything that linguists have always wanted to know about logic but were ashamed to ask*. 2. ed. Chicago: Chicago University Press, 1993. p. 107.

[713] Lembre-se que o processo de individualização da norma de decisão não exige a superação de conflitualidades intrínsecas, mas sim, de possíveis conflitos normativos. A conclusão se impõe ao observarmos que a norma de decisão pressupõe a existência de normas gerais já delineadas, cabendo ao intérprete decidir qual delas regerá a situação concreta.

[714] KAUFMANN, Arthur. *Filosofia do direito* (*Rechtsphilosophie*). (Trad. António Ulisses Cortês). Lisboa: Fundação Calouste Gulbenkian, 2004. p. 113.

Acresça-se que a própria dicotomia existencial entre a norma geral e a norma de decisão, que são individualizadas por órgãos distintos, torna inevitável o surgimento de zonas de tensão entre as preferências subjetivas de cada qual, os métodos de interpretação que se entende corretos e os fatores exógenos levados em consideração. Daí ser possível concluir que a norma de decisão, em situações dessa natureza, nem sempre ostenta uma relação de continuidade e harmonia com a norma geral.

Quando o mesmo órgão que interpreta o texto, resolve as conflitualidades intrínsecas e individualiza a norma geral é o responsável pela formulação da norma de decisão, o que ocorre após a resolução das conflitualidades extrínsecas que envolvem a norma geral, tem-se uma evidente linearidade na valoração de todos os elementos envolvidos, que se projetam, de igual modo, em todas as fases desse processo. Essa operação, à luz do resultado almejado, qual seja, a transposição do texto normativo à realidade, ostenta uma aparência de unidade, o que é particularmente justificado por emanar do mesmo órgão. No momento em que ocorre a sua bipartição entre órgãos distintos, é inevitável o surgimento de divergências de ordem valorativa, com o consequente rompimento da referida unidade. Nesse contexto, nem sempre se identificará uma proximidade temporal entre a individualização da norma geral e a formulação da norma de decisão, daí decorrendo a interposição, entre uma e outra, de inúmeras circunstâncias fáticas e jurídicas, inerentes à própria realidade, cambiante por excelência, que não foram sopesadas ou sequer consideradas quando da manifestação do primeiro órgão. Essa constatação, por si só, já demonstra que a utilização da norma geral, pelo segundo órgão, não se refletirá em uma operação puramente mecânica, de mera reprodução de juízos valorativos alheios, sendo natural que se busque, de algum modo, considerar os circunstancialismos supervenientes, o que culminará com a própria reestruturação da norma geral originária, formando-se uma norma geral derivada. Acresça-se ser igualmente possível que o órgão responsável pela elaboração da norma de decisão, sempre que se fizer necessário, tente ajustar os efeitos da norma geral a outras normas do sistema, o que será feito cotejando-a com outras normas gerais, estas individualizadas por ele próprio, de modo a identificar, no caso concreto, uma situação de conflitualidade normativa que deva ser solucionada antes da definição da norma de decisão.

No Direito brasileiro, a partir da reforma constitucional de 2004, foi prevista a possibilidade de o Supremo Tribunal Federal, observados certos requisitos,[715] aprovar, em processo puramente objetivo, súmula vinculante que defina, em matéria constitucional, "a validade, a interpretação e a eficácia de normas determinadas".[716] A súmula tanto pode dizer respeito ao sentido e ao alcance da norma constitucional, quanto à juridicidade de normas infraconstitucionais que a tenham como paradigma de validade. Dentre os requisitos exigidos, está o de que a temática a ser sumulada tenha sido apreciada em "reiteradas decisões",[717] que podem ter sido emitidas em sede de controle abstrato ou concreto de constitucionalidade, bem como que haja "controvérsia atual entre órgãos

---

[715] Vide Lei nº 11.417/2006.
[716] Constituição Brasileira de 1988, art. 103-A, §1º.
[717] Constituição brasileira de 1988, art. 103-A, *caput*.

judiciários ou entre esses e a administração pública que acarrete grave insegurança jurídica e relevante multiplicação de processos sobre questão idêntica".[718]

Ao decidir pela aprovação da súmula vinculante, que não é oponível aos órgãos legislativos,[719] o Supremo Tribunal Federal fará publicar breve enunciado linguístico contendo a sua interpretação a respeito do sentido e alcance do texto normativo objeto de controvérsia. Enquanto não for revista ou cancelada, a observância da súmula será imperativa "em relação aos demais órgãos do Poder Judiciário e à administração pública direta e indireta, nas esferas federal, estadual e municipal".[720] A partir de interpretações construídas em processos específicos, busca-se aumentar a previsibilidade do sentido das normas constitucionais e assegurar um padrão de uniformidade, permitindo que todos sejam regidos pela "mesma" Constituição.[721] Utiliza-se um "instrumento de consolidação"[722] jurisprudencial e, consequentemente, amplia-se a estabilidade das relações sociais e a segurança jurídica.[723] Para tanto, constrói-se uma norma geral, resultante da interpretação do texto constitucional, que será necessariamente interpretada pelos demais operadores do direito, isso por duas razões básicas: uma de ordem lógica, outra de ordem metódica. Sob a primeira ótica, a lógica, tem-se a impossibilidade de se empregar um enunciado linguístico, qualquer que seja ele, sem que seja identificado o seu sentido e alcance, daí a necessidade de individualização da norma geral derivada. A segunda ótica, por sua vez, indica uma evidente separação entre a norma geral, cuja individualização pressupõe a solução das conflitualidades intrínsecas, e a norma de decisão, que exigirá a compatibilização de uma situação específica com a norma geral, sendo certo que esta última tanto pode ser solitária quanto refletir a resultante de um conflito entre normas gerais que simultaneamente projetavam a sua força normativa sobre a mesma situação fática ou jurídica.

Ainda que o Supremo Tribunal Federal, ao editar a súmula vinculante, vá a jusante da norma geral, antecipando a solução de conflitos normativos que se mostrem iminentes (*v.g.*: entre princípios constitucionais), não será possível resolver, *in abstracto*, todos os conflitos dessa natureza, isso porque a realidade é essencialmente cambiante. Não se pode, igualmente, ter como desnecessária a formulação da própria norma de decisão, que é o derradeiro fator de conexão entre previsão normativa e realidade. Essa necessidade de "reinterpretação",[724] embora não tenha força para afastar, certamente consegue

---

[718] Constituição brasileira de 1988, art. 103-A, §1º.
[719] Constituição brasileira de 1988, art. 103-A, *caput*.
[720] Constituição brasileira de 1988, art. 103-A, *caput*.
[721] Cf.: GARCIA, Emerson. *Conflito entre normas constitucionais*: esboço de uma teoria geral. Rio de Janeiro: Lumen Juris, 2008. p. 239-240.
[722] PERRONE CAMPOS MELLO, Patrícia. *Precedentes*: o desenvolvimento judicial do direito no constitucionalismo contemporâneo. Rio de Janeiro: Renovar, 2008. p. 104.
[723] Cf.: STIEFELMANN LEAL, Roger. *O efeito vinculante na jurisdição constitucional*. São Paulo: Saraiva, 2006. p. 115.
[724] Exemplo de divergência em relação à interpretação da súmula vinculante pode ser obtido no âmbito da jurisprudência do Superior Tribunal de Justiça, mais especificamente no julgamento do HC nº 135.082/SP, Rel. Min. Maria Thereza de Assis Moura, j. em 03.02.2011, *DJe* de 14.03.2011. O ponto nodal do julgamento dizia respeito à incidência, ou não, da Súmula Vinculante nº 5 ("A falta de defesa técnica por advogado no processo administrativo disciplinar não ofende a Constituição") sobre a sindicância instaurada para a apuração de falta grave em sede de execução penal. No caso concreto, agentes penitenciários foram ouvidos sem a presença da defesa do preso, que terminou por ser condenado, em sindicância, em razão de ameaça a funcionário da unidade prisional. O Tribunal, reformando decisão proferida pela instância ordinária, entendeu que o preso não é um sujeito pleno de direitos e prerrogativas, apto a demonstrar a sua inocência ao ser acusado de falta

amenizar a crítica de Perelman,[725] no sentido de que a padronização da jurisprudência, com a consequente adoção de precedentes vinculantes, pode obstar a renovação do sistema jurídico, que se tornaria impermeável à realidade e, consequentemente, estagnar a jurisprudência.

Diversamente da interpretação de 1º grau, voltada à individualização da norma geral e que toma por base enunciados linguísticos dotados de normatividade em potência, a interpretação de 2º grau, inerente à inferência normativa, se desenvolve sobre enunciados linguísticos verdadeiramente normativos. Entre uma e outra verifica-se um nítido estreitamento do universo valorativo do intérprete, o que advém não só da inevitável penetração de fatores exógenos na primeira operação, daí decorrendo a obtenção de um sentido próximo da realidade, como, também, do fato de o resultado obtido, que resolve todas as conflitualidades intrínsecas, ser imperativo para o intérprete de 2º grau.

A dimensão do lapso temporal que separa as atividades de individualização da norma geral originária e de formação da norma de decisão tem influência direta no surgimento de conflitualidades normativas. Afinal, na medida em que esse lapso temporal aumenta, é plenamente factível que maiores alterações tenham ocorrido na realidade que influiu na individualização dessa norma geral específica e na das demais normas do sistema, daí decorrendo que uma compatibilidade inicial pode ceder lugar a uma conflitualidade latente no momento em que forem consideradas para a formação da norma de decisão.

Diversamente das inferências, que delineiam novas normas como desdobramento de normas anteriores, as ficções apontam não para uma relação consequencial de coexistência, mas sim, para a substituição da norma em potencial por outra que melhor se ajuste a certos paradigmas prestigiados pelo intérprete. Não respeitam os potenciais expansivos do texto e não estão alicerçadas em considerações de ordem propriamente valorativa. No direito norte-americano, o designativo ficção jurídica foi utilizado para indicar a substituição (velada) do significado possível pelo significado almejado, assim considerado aquele que, aos olhos do intérprete, melhor se ajustasse às circunstâncias do caso e ao bem-estar social.[726] Pretere-se o significado que se amolde aos padrões textuais existentes por aquele que se ajuste a um referencial tido como superior, como o referencial de justiça. Diz-se que o intérprete age de modo "velado" na medida em que se preocupa em não criar uma fratura aparente entre a sua atividade e o enunciado linguístico emanado da autoridade responsável pela produção normativa.

A ficção, é importante frisar, não se confunde com a conclusão errônea.[727] É caracterizada pela intencionalidade, pela voluntária adesão a um significado que

---

administrativa. Por tal razão, embora se esteja perante um processo administrativo, este não se equipara àquele que norteou a elaboração da Súmula Vinculante nº 5, o que decorre da análise dos precedentes que motivaram a sua edição, os quais não se referem à execução penal, e do imperativo respeito às garantias constitucionais do devido processo legal e da ampla defesa. Ao interpretar a súmula vinculante, o Superior Tribunal de Justiça levou em conta a provável *voluntas* do Supremo Tribunal Federal ao editá-la, o que fez com a análise dos precedentes, e foi particularmente sensível à sua coexistência com as demais normas do sistema, especialmente aquelas que versam sobre os direitos fundamentais.

[725] PERELMAN, Chaïm. *Ética e direito (Étique et droit)*. (Trad. Maria Ermantina de Almeida Prado Galvão). São Paulo: Martins Fontes, 2005. p. 578 e ss.
[726] Cf.: WHITECROSS PATON, George. *A text-book of jurisprudence*. 3. ed. Oxford: Clarendon, 1964. p. 189.
[727] Cf.: FULLER, Lon L. *Legal fictions*. California: Stanford University Press, 1967. p. 7.

sabidamente não se amolda ao significante que lhe serviu de base. Conta, no entanto, com a adesão do intérprete em prol da obtenção de uma utilidade tida como relevante. Face ao distanciamento do texto e à aproximação a certos referenciais de justiça, a ficção normativa em muito se distancia dos dogmas do formalismo clássico, que impunha rígidos balizamentos à atividade do intérprete e restringia a sua atividade valorativa. Na atualidade, a permeabilidade axiológica do texto constitucional e a crescente maximização do papel desempenhado pelo intérprete tornam frequente o recurso à ficção, ainda que a referência ao designativo seja evitada.

As normas encontradas a partir da ficção em muito contribuem, como anota Fuller,[728] para tornar a ordem jurídica ainda mais incognoscível aos olhos do leigo. Na plástica sentença de Sheppard, ao assinalar as especificidades da ficção em relação à inferência, "the subject matter of law is somewhat transcendent, and too high for ordinary capacities".[729]

2.6 A carga emotiva da linguagem constitucional

A estruturação da linguagem sob o binômio significante/significado indica, claramente, que os significantes linguísticos utilizados na comunicação são instrumentos de veiculação de sentido, que é emitido e recepcionado. Para que a comunicação seja viável, é imprescindível que os significantes linguísticos sejam compreendidos de modo semelhante pelos partícipes do processo de comunicação, o que se torna possível com a utilização da linguagem corrente (*v.g.*: idioma, dialeto etc.). Essa convergência quanto aos aspectos essenciais da linguagem, como soa evidente, não exclui a possibilidade de existirem compreensões distintas quanto ao seu exato alcance, o que normalmente decorre de fatores intrínsecos à linguagem, semânticos ou sintáticos, ou de fatores extrínsecos, inerentes ao ambiente sociopolítico.

A comunicação linguística, não raro, emprega significantes que despertam a sensibilidade emotiva dos interlocutores. Alguns significantes são preponderantemente emotivos (*v.g.*: amor e ódio), outros, são puramente descritivos (*v.g.*: mesa e cadeira), e ainda há aqueles que podem ser usados em sentidos extremamente diversificados, sendo empregados, não raro, na estruturação de metáforas (*v.g.*: reto e brilhante). A sensibilidade, que pode ser acentuada ou, mesmo, eliminada, de acordo com as características do contexto, é particularmente intensa na comunicação verbal, caracterizada por uma relação "face a face", que torna a individualização do significado sensível aos significantes linguísticos, aos gestos, à expressão facial e à entonação da voz. A comunicação escrita, por sua vez, tende a ser menos pessoal e menos emotiva, consequência inevitável de sua "descontextualização", vale dizer, do seu distanciamento de uma realidade específica. O distanciamento emocional e o tom impessoal, particularmente intensos nos textos abstratos,[730] não chegam ao ponto de alcançar uma posição de absoluta neutralidade. Afinal, o processo de individualização do sentido é influenciado não só pelos aspectos

---

[728] FULLER, Lon L. *Legal fictions*. California: Stanford University Press, 1967. p. 2.
[729] SHEPPARD, William. *The touchstone of common assurances*: or, A plain and familiar treatise, opening the learning of the common assurances, or conveyances of the kingdom. 6. ed. Dublin: John Exshaw, 1785. Prefácio, p. xiii.
[730] Cf.: GIBBONS, John. *Forensic linguistics*: an introduction to language in the justice system. Cornwall: Wiley-Blackwell, 2003. p. 23.

puramente gramaticais, como, também, pela emoção que os enunciados linguísticos, face às especificidades do contexto, podem despertar em cada um de seus intérpretes. Esse tipo de emoção, normalmente estranho à autoridade responsável pela produção normativa e que raramente se incorpora às características intrínsecas do texto, é indissociável do processo de interpretação.[731]

Certos significantes linguísticos, em contextos específicos, provocam, de modo deliberado ou acidental, sentimentos de simpatia ou repulsa, acolhimento ou rejeição. Berkeley já observara que certos significantes podem despertar sentimentos de temor, amor, ódio, admiração e respeito antes mesmo que o intérprete apreenda o exato conteúdo da expressão em que inseridos.[732] Os referenciais de justo e injusto, a exemplo de palavras como democracia, pluralismo, livre-iniciativa e direitos humanos, isso sem olvidar a própria concepção de direito, além de não serem empregados com muita precisão, são constantemente utilizados em embates ideológicos, em que é particularmente intensa a carga emotiva.[733] Significantes como *direito* e *democracia* geram uma sensibilidade emotiva nitidamente favorável. Utilizá-los para definir os atributos de uma sociedade politicamente organizada "implica condecorá-la com um rótulo honorífico e reunir ao seu redor atitudes de adesão".[734] O mesmo pode ser dito em relação à *dignidade da pessoa humana*, que faz aflorar no intérprete os seus instintos de autopreservação, continuidade e solidariedade existencial. A *dignidade* é daqueles significantes que despertam, em relação a situações específicas, a imediata repulsa ou a plena adesão com abstração de preocupações conceituais, passando ao largo de qualquer minudência metódica.

A supressão da permeabilidade emotiva inerente a diversos significantes linguísticos é particularmente difícil ao constatarmos a importância de certas emoções na integração do seu conteúdo e da sua funcionalidade, permitindo a sua aproximação à realidade, ao que se soma a crescente importância, no plano jurídico, do papel atribuído ao intérprete, que participa ativamente da individualização das normas jurídicas. A tentativa de manter o direito alheio à influência de fatores morais e emotivos rendeu severas críticas ao positivismo clássico, que não logrou êxito em subjugar, no plano teórico, aspectos inerentes à própria realidade, como o potencial emotivo de inúmeros significantes absorvidos pela linguagem cotidiana. Afinal, são justamente os sentimentos que impulsionam e direcionam a atitude,[735] incluindo aquela que se forma perante a necessidade de identificar o conteúdo de um comando normativo. Não obstante a indispensabilidade da formalização e sistematização do direito, ao que se soma a exigência de racionalidade, não é possível suprimir a operatividade e a própria necessidade do "sentir jurídico".[736]

---

[731] Cf.: BARBER, Sotirius A.; FLEMING, James A. *Constitutional interpretation*. New York: Oxford University Press, 2007. p. 9.
[732] BERKELEY, George. *A treatise concerning the principles of human understanding (1710)*. Oxford: Jonathan Dancy, 1998. Introdução, p. 89 e ss., item 20.
[733] Cf.: CARRIÓ, Genaro R. *Notas sobre derecho y lenguaje*. 5. ed. Buenos Aires: Abeledo-Perrot-LexisNexis, 2006. p. 22.
[734] SANTIAGO NIÑO, Carlos. *Introducción al análisis del derecho*. 2. ed. Buenos Aires: Astrea, 2005. p. 16.
[735] Cf.: ROSS, Alf. *Direito e justiça (On law and justice)*. (Trad. Edson Bini). São Paulo: Edipro, 2003. p. 345-346.
[736] LUCAS VERDU, Pablo. *El sentimiento constitucional*: aproximación al estudio del sentir constitucional como modo de integración política. Madrid: Reus, 1985. p. 4.

Face à intensa influência de fatores estranhos aos planos semântico e sintático na definição do sentido dos significantes linguísticos, não é incomum, por vezes, que, em certo contexto, o seu significado emotivo adquira relativa independência em relação ao seu significado ordinário, tendo primazia na individualização do conteúdo da comunicação. Esse aspecto é particularmente nítido na utilização de figuras de linguagem, em que são empregados enunciados linguísticos que agregam sentimentos positivos ou negativos quanto a um significado específico. Ao se falar, por exemplo, em "ditadura mascarada", veicula-se um sentido negativo quanto ao significante ditadura e transmite-se a ideia de que ela está encoberta por algo, normalmente por um regime (formalmente) democrático.

Apesar de refletir a individualidade de cada ser humano, sendo direcionada pelas características inerentes à personalidade, a emoção não permanece alheia ao entorno sociopolítico, onde estão inseridos os partícipes da comunicação e onde se desenvolve o próprio processo de formação da linguagem. No âmbito normativo, observa-se que a funcionalidade ostentada, no Estado de Direito, pela ordem constitucional, faz com que ela se torne sensível aos influxos políticos, em que a carga emotiva é particularmente acentuada.

O processo de formação das emoções é um evidente indicador de sua volatilidade, sendo comum que uma única pessoa, em contextos diversos, tenha reações distintas em relação a um mesmo objeto ou ideia. Além disso, os seres humanos nem sempre partilham das mesmas emoções, o que termina por influenciar na compreensão do conteúdo e da funcionalidade da linguagem. O sentido ordinário é influenciado não só pelo contexto, como, também, pela relação entre "disposição e interesse"[737] ou, melhor dizendo, pelas "paixões"[738] do intérprete. As conotações emotivas dos significantes linguísticos são diretamente influenciadas pelos valores morais encampados pelos partícipes do processo de comunicação, o que bem demonstra a permeabilidade do direito aos influxos axiológicos.[739]

Emoções distintas podem conduzir a interpretações diversas. A partir dessa constatação, pode-se afirmar que a utilização de significantes linguísticos dotados de elevado potencial emotivo tende a aumentar a conflitualidade intrínseca e, de modo correlato, intensificar o papel desempenhado pelo subjetivismo do intérprete. Emoção e razão, quando caminham juntas, não raro o fazem por puro capricho do acaso. Com isso, a imprevisibilidade do conteúdo das normas é sensivelmente ampliada, especialmente em relação aos significantes linguísticos que podem produzir efeitos mais amplos no ambiente sociopolítico, como a ideia de *igualdade* – o espaço de discriminação tido como juridicamente aceitável tende a ser visto de modo mais amplo pela parcela da população totalmente inserida na sociedade e com acesso às facilidades públicas (*v.g.*: homens e

---

[737] HOBBES, Thomas. *Leviatã*: ou matéria, forma e poder de um estado eclesiástico e civil (Leviathan: or matter, form and power of a commonweath ecclesiastical and civil). (Trad. Alex Marins). São Paulo: Martin Claret, 2005. p. 38.

[738] HOBBES, Thomas. *Leviatã*: ou matéria, forma e poder de um estado eclesiástico e civil (Leviathan: or matter, form and power of a commonweath ecclesiastical and civil). (Trad. Alex Marins). São Paulo: Martin Claret, 2005. p. 81-82.

[739] Cf.: SANTIAGO NIÑO, Carlos. *Introducción al análisis del derecho*. 2. ed. Buenos Aires: Astrea, 2005. p. 16.

brancos) e de modo mais restrito pelos grupos historicamente excluídos (*v.g.*: mulheres e negros), isso em razão do sentimento de repulsa naturalmente causado nestes últimos.

O "sentimento jurídico", além de influir no delineamento da norma constitucional, atuando sobre as decisões a serem tomadas pelo intérprete, será igualmente relevante na sua aceitação pela "sociedade aberta dos intérpretes da Constituição". Afinal, todo aquele que busque reconstruir o *iter* argumentativo percorrido pelo intérprete é suscetível de ser influenciado por algum sentimento, que produz atração ou repulsa, e contribui, ou não, para que o conteúdo da norma seja aceito de bom grado.[740] O significado atribuído aos enunciados linguísticos pode assumir contornos "persuasivos", de modo que o seu emprego tanto pode apresentar os contornos de condecoração ou refletir o de estigma, despertando emoções favoráveis ou desfavoráveis nos participantes do processo de comunicação.

Exemplo bem sugestivo de sentimento jurídico negativo é aquele produzido pela expressão "decreto-lei", que ornou a ordem constitucional de inúmeros Estados, inclusive o brasileiro, em períodos de pouco apreço à democracia. Rompendo com os saudáveis dogmas sedimentados por Locke, Montesquieu e tantos outros, ainda se verifica, em algumas plagas, a nefasta prática de concentrar em um mesmo órgão as funções executiva e legislativa. Concentração de poder dessa natureza, não é preciso lembrar, consubstancia verdadeiro convite ao arbítrio e à tirania, já que o mesmo órgão responsável pela execução da norma terá a competência de definir os seus contornos e estabelecer os limites que irá observar. É o caso dos "decretos-leis": decretos por emanarem do Executivo, lei por tratarem de matérias que o direito público contemporâneo tem tradicionalmente outorgado às câmaras legislativas e por terem força derrogatória sobre as normas legais preexistentes.[741] Não obstante a similitude semântica, essa espécie normativa sempre assumiu, no continente latino-americano, especificidades que a distinguiam de outros paradigmas. Na sóbria análise de Giuseppe Viesti,[742] os decretos-leis, nos regimes democráticos, sempre tiveram a sua difusão associada aos sistemas de governo do tipo parlamentar, caracterizados pela relação de confiança existente entre os órgãos executivo e legislativo, de modo que a vontade externada pelo primeiro era vista como o entendimento do último. Nos sistemas presidenciais, por sua vez, reservava-se o seu uso às situações particularíssimas, que "integram os extremos da mais absoluta necessidade e urgência", como aquelas que colocam em risco "a independência nacional, a integridade do território, o funcionamento das instituições constitucionais e a execução de tratados internacionais". Por fim, na forma de governo do tipo monárquico, em franco desuso na atualidade, o decreto-lei era uma opção natural para o soberano absoluto que consentiu com a presença de uma assembleia representativa. O jurista italiano ainda lembra que, após o segundo conflito mundial, o denominado Estado autoritário, caracterizado pela concentração de poderes, teve

---

[740] Cf.: LUCAS VERDU, Pablo. *El sentimiento constitucional*: aproximación al estudio del sentir constitucional como modo de integración política. Madrid: Reus, 1985. p. 5.

[741] Cf.: QUINTERO, Cesar A. *Los decretos con valor de ley*. Madrid: Instituto de Estudios Políticos, 1958. p. 10; e VIESTI, Giuseppe. *Il decreto-leggi*. Napoli: Jovene, 1967. p. 9-12.

[742] VIESTI, Giuseppe. *Il decreto-leggi*. Napoli: Jovene, 1967. p. 13-20.

franca expansão, sofrendo posterior retração face ao reconhecimento da democracia, enquanto ideal universal, e à crescente proteção aos direitos humanos.

Os decretos-leis foram introduzidos no direito brasileiro pela Carta ditatorial de 1937, extintos pela Constituição democrática de 1946 e reintroduzidos pela Revolução de 1964, tendo ornado a Constituição de 1967 e a Emenda Constitucional nº 1/1969, que regeu o auge da repressão política no Brasil, perdurando até a Constituição de 1988. No último período em que adotado no constitucionalismo brasileiro, o decreto-lei, após a sua edição e imediata entrada em vigor, era submetido ao Congresso Nacional, que deveria apreciá-lo em 30 dias, prazo posteriormente prorrogado para 60 dias, isso sob pena de aprovação pelo decurso do prazo. Esse sistema foi modificado pela Emenda Constitucional nº 22/1982, passando a ser imperativa a inclusão, do decreto-lei, na ordem do dia, nas dez sessões subsequentes, em dias sucessivos, sempre que não tivesse sido aprovado no prazo de 60 dias. Se, ao final dessas sessões, não fosse apreciado, seria considerado aprovado. Apesar da limitação das matérias passíveis de serem reguladas por decreto-lei (segurança nacional, finanças públicas, incluindo normas tributárias, criação de cargos públicos e fixação de vencimentos – EC nº 1/1969, art. 55, I a III), o Supremo Tribunal Federal realizava um controle meramente empírico desses requisitos, o que estimulava o Executivo a dispensar interpretação extremamente ampla aos conceitos constitucionais, estendendo em demasia o potencial expansivo dessa espécie legislativa.

Não é necessário um aguçado espírito científico para se constatar que, no Brasil, sempre que a democracia se fez ausente, o decreto-lei emergiu com inegável vigor. A expressão terminou por ser estigmatizada, mostrando-se de todo incompatível com os novos ares que oxigenaram o país a partir da década de 80 do século XX. O estigma, no entanto, recaiu tão somente sobre a expressão, não alcançando a concentração de poder e o risco que representa para a democracia brasileira. Com o advento da Constituição de 1988, o que era estranho à democracia foi por ela referendado, desta feita, com o pomposo nome de "medida provisória": medida, por ter alguma funcionalidade, provisória, por ter eficácia por apenas trinta dias e estar sujeita à posterior rejeição pelo Legislativo. Face à ausência de restrições em relação às matérias passíveis de serem reguladas por esse instrumento, à inércia do Legislativo em apreciá-la e à inacreditável inexistência de limites para a reedição da mesma medida provisória, o resultado foi catastrófico: em pouco mais de uma década foram editadas milhares de medidas provisórias, algumas delas reeditadas quase uma centena de vezes, não raro com alterações no texto anterior, o que causava calafrios no mais dedicado dos operadores do direito. Afinal, como transitar nesse manancial de medidas definitivas, ditas provisórias? Para "amenizar" esse "pequeno problema", que faria melhor figura em um anedotário, não na ordem constitucional de um Estado Democrático de Direito, foi promulgada a Emenda Constitucional nº 32/2001, a qual, longe de extinguir o cancro, aplicou-lhe alguns poucos lenitivos: excluiu algumas matérias do alcance das medidas provisórias; eliminou a possibilidade de reedição, permitindo, apenas, a prorrogação de sua vigência por sessenta dias no caso de inércia do Congresso; e estabeleceu uma consequência para o caso de não apreciação pelo Legislativo: o sobrestamento da pauta. Como o Executivo continuou a editar medidas provisórias e o Legislativo continuou lento, o resultado foi o trancamento da pauta. Para "compensar" as concessões ao regime democrático, a reforma constitucional manteve em vigor, indefinidamente, todas as medidas provisórias editadas até o seu advento.

A sucessão dos decretos-leis, pelas medidas provisórias, é um claro exemplo de como instrumentos praticamente idênticos – identidade facilmente perceptível por concentrarem no Presidente da República o poder de legislar – podem transitar do *status* de símbolo do regime de exceção ao de parte integrante de uma Constituição justamente denominada de "cidadã". A mera alteração formal dos significantes permitiu a superação de uma repulsa generalizada e o Presidente da República continuou a legislar como se Parlamento fosse.

A Constituição, como um todo, e cada um de seus preceitos, em particular, inevitavelmente despertarão emoções no ambiente sociopolítico, que se manifestarão em relação ao direito posto e aos seus efeitos.[743] Quando essas emoções se enraízam e assumem contornos positivos, conduzindo a uma ampla e intensa adesão aos seus comandos, a ordem constitucional deixa de ser autorreferenciada, vale dizer, não mais se nutre isoladamente de suas próprias aspirações e interconexões formais, mas sim, de um sentimento comum.[744]

3 A conflitualidade no plano axiológico

A penetração do discurso axiológico no plano normativo pode ocorrer de dois modos distintos: voltado ao sistema como um todo ou às normas que o integram, concebidas em sua individualidade ou em um ambiente de interação recíproca. No primeiro modo, o discurso axiológico influencia não só o surgimento do discurso normativo, mas, principalmente, a sua justificação, o que exige considerações em torno de sua funcionalidade e da legitimidade dos órgãos responsáveis pela estruturação dos padrões normativos que o integram, não adentrando propriamente em considerações de conteúdo. No segundo modo, as atenções se voltam à individualização do conteúdo da norma jurídica, à busca de soluções que se mostrem axiologicamente satisfatórias e que não ultrapassem os balizamentos estabelecidos pelo texto interpretado.

A primeira questão que se põe é a de saber se a ordem constitucional pode, a um só tempo, mostrar-se receptiva à influência de juízos de valor, como aqueles que delineiam os referenciais de justiça e bem comum, e, paralelamente, ter suas normas

---

[743] Recasens Siches traça a distinção entre o sentimento de respeito à ordem jurídica; o sentimento de respeito ao próximo; a indicação emocional em relação à solução de algum problema voltado à regulação da convivência e da cooperação intersubjetivas; e a reação emocional contra ações, normas e decisões injustas (RECASENS SICHES, Luís. *Experiencia jurídica, naturaleza de la cosa y lógica de lo razonable*. México: Fondo de Cultura Económica, 1971. p. 111).

[744] Lucas Verdu distingue entre *"Constituição viva"*, que penetra no sentimento popular, e "Constituição alheia", vigente, mas, no fundo, ignorada pelas pessoas comuns (LUCAS VERDU, Pablo. *El sentimiento constitucional*: aproximación al estudio del sentir constitucional como modo de integración política. Madrid: Reus, 1985. p. 6). Lavagna, por sua vez, associa a "Constituição viva" à "Constituição formal": a primeira é o resultado da ação dos intérpretes, política e historicamente situados, realizada com observância dos balizamentos oferecidos pela Constituição formal (LAVAGNA, Carlos. *Costituzione e socialismo*. Bologna: Il Mulino, 1977. p. 46). Em consequência, não há opção possível entre "Constituição viva" e "Constituição formal", já que esta é premissa daquela; a questão, em verdade, se põe em saber "a qual 'Constituição viva' a que se deve referir" (LAVAGNA, Carlos. *Costituzione e socialismo*. Bologna: Il Mulino, 1977. p. 49).

estruturadas a partir de uma atividade intelectiva de cunho racional, e não puramente emotiva ou ideológica.

Qualquer que seja o modo de interação entre os discursos axiológico e normativo, os valores considerados não podem ser colhidos em uma dimensão de puro subjetivismo, submetidos, tão somente, ao imaginário do intérprete. É imprescindível que sejam obtidos a partir do contexto, isso sob pena de o intérprete transitar da *valoração* para o *arbítrio*. Ainda que não haja consenso em relação ao seu teor e alcance, é factível que o alicerce cultural possibilitará o reconhecimento desses valores e a consequente aceitabilidade das decisões dos órgãos primários de produção normativa, responsáveis pela confecção do texto, e dos intérpretes, que fazem as vezes de órgãos secundários – não no sentido de subsidiariedade, mas sim, no de continuidade, desenvolvendo o *iter* de produção normativa iniciado pelos órgãos primários. Com os olhos voltados ao discurso axiológico, mais especificamente em sua feição comprometida com o conteúdo da norma, é plenamente factível o surgimento de zonas de tensão com outros referenciais de análise. O primeiro deles pode manifestar-se na própria interação com a base textual sobre a qual se desenvolverá o processo de interpretação. O enunciado linguístico interpretado pode apresentar contornos refratários aos valores obtidos no contexto, de modo que nenhum significado dele extraído possa se harmonizar com tais valores. Enunciados dessa natureza, que poderíamos denominar de "herméticos", isso por não oferecerem maior mobilidade ao intérprete, farão com que a *solução jurídica* de um caso específico se distancie da *solução moral* esperada pelos demais participantes do processo de comunicação normativa. Como observou Massimo Luciani, ao intérprete não é dado juntar valores à ordem constitucional sem que o seu texto os recepcione.[745] Assim o fazendo, chamará para si uma atividade própria do Poder Constituinte. É importante observar que a agregação de valores, ainda que funcionalmente voltada à ampliação dos direitos fundamentais, é atividade que influirá no próprio equilíbrio do sistema, atuando no balanceamento dos valores existentes e gerando um custo, que pode refletir na esfera jurídica alheia, pública ou privada. Daí a necessidade de estar amparada na própria Constituição formal.

Ainda que ontologicamente distintos dos padrões normativos, os valores, quando concebidos em sua individualidade, dissociados do processo interpretativo conducente à obtenção das normas constitucionais, também podem apresentar-se em uma relação conflitual com outros valores ou mesmo com aquelas normas que alberguem valores assimétricos.[746] No primeiro caso, estaremos perante uma conflitualidade axiológica, que pode, ou não, influenciar o delineamento do conteúdo da norma constitucional. No segundo, teremos uma conflitualidade normoaxiológica, que aponta para a consideração e o prestígio, na interpretação da disposição constitucional, de valores destoantes de outros igualmente reconduzíveis à ordem constitucional.

A conflitualidade axiológica, quando dissociada do processo de interpretação conducente à obtenção da norma constitucional, apesar de poder influir na formação

---

[745] Cf.: LUCIANI, Massimo. L'interprete della Costituzione di fronte al rapporto fatto-valore: il testo costituzionale nella sua dimensione diacronica. *Diritto e Società*, n. 1, p. 1-26, 2009. p. 1 (20).
[746] Cf.: FRANKENBERG, Günther. *A gramática da Constituição e do direito* (*Autorität und Integration*: zur Gramatik von Recht und Verfassung). (Trad. Elisete Antoniuk). Belo Horizonte: Del Rey, 2007. p. 103.

de referenciais de aceitação sociopolítica, não se projetará no plano normativo. Pode ensejar a formação de balizamentos axiológicos, originários ou reforçados, que permitirão aferir o grau de aceitação das normas constitucionais, redundando em uma nítida conflitualidade normoaxiológica, mas não atuarão no seu delineamento. Em sentido diverso, a conflitualidade axiológica influenciará na formação da norma sempre que os valores envolvidos forem devidamente sopesados em momento anterior à sua individualização. Os valores ambientais, por permear todo o sistema, hão de ser necessariamente considerados no processo de delineamento da norma, sendo sopesados por ocasião da resolução da conflitualidade intrínseca no plano axiológico. Essa espécie de conflitualidade, além de ser um imperativo de ordem lógica, o que decorre da funcionalidade característica dos valores no delineamento do sistema e da realidade, não depara com um óbice inegavelmente incômodo: a impossibilidade de se alcançarem soluções plenamente satisfatórias aos conflitos verificados entre grandezas ontologicamente distintas, como soem ser as normas e os valores. Afinal, é justamente isso que se verifica no âmbito da conflitualidade normoaxiológica, em que a norma já está formada e os valores assimétricos eventualmente existentes poderiam justificar, em situações extremadas, que fosse afastada a imperatividade da norma ou, no extremo oposto, a subsistência de uma norma dissonante do contexto. Em qualquer caso, a afronta a uma das grandezas envolvidas seria inevitável.

Dentre os fatores não linguísticos, que podem influenciar na atribuição de significado aos enunciados normativos, os de natureza axiológica são os mais suscetíveis à liberdade valorativa do intérprete, alcançando as suas pré-compreensões e o modo característico de ver e sentir o ambiente sociopolítico. Valores como justiça, equidade e moralidade, concebidos em sua individualidade ou como disseminações de um tronco comum, tendem a apresentar variações significativas, que acompanham a formação ideológica e cultural do intérprete, daí a constatação de que raramente alcançarão contornos unívocos.[747] Os contornos e o alcance que lhes sejam atribuídos terão influência direta no processo de intepretação, sendo plenamente factível que venham a conter ou a expandir os significados passíveis de serem considerados e escolhidos pelo intérprete. Em decorrência dessa mobilidade e do reconhecimento, pelo Tribunal Constitucional federal alemão,[748] da existência de uma "ordem de valores" (*Wert Ordnung*) subjacente à Constituição, juristas do porte de Ernst Forsthoff[749] e Carl Schmitt[750] passaram a combater essa concepção axiológica de ordem constitucional, que sempre seria delineada a partir da atividade intelectiva realizada pelo intérprete. Enquanto o primeiro realçava o risco de a "invasão de valores" culminar com a dissolução do caráter liberal da Constituição alemã, à margem da metodologia jurídica, o segundo advertia para o inevitável surgimento de uma "tirania dos valores". Essas críticas, como soa evidente, estão nitidamente associadas ao redimensionamento do papel desempenhado pelo Estado de Direito a

---

[747] Cf.: WROBLEWSKI, Jerzy; BÁNKOWSKI, Zenon; MACCORMICK, Neil. *The judicial application of law*. Springer: The Netherlands, 1992. p. 92.

[748] *BVerfGE* 7, 198 (205), 1958 (*Lüth*).

[749] FORSTHOFF, Ernst. Die umbildung des Verfassungsgesetzes. *In*: *Festschriftt für Carl Schmitt zum 70. Geburtstag*. Berlim: Duncker und Rumblot, 1959. p. 35 (35 e ss.).

[750] SCHMITT, Carl. La tiranía de los valores (Die Tyrannei der Werte). (Trad. Anima Schmitt de Otero). *Revista de Estudios Políticos*, n. 115, p. 65-81, ene./feb. 1961. p. 65-81.

partir do segundo pós-guerra, que assumiu contornos sociais e não puramente liberais, e pela evidente preocupação com uma concepção substantiva de Estado, que não mais poderia ser visto como um invólucro passível de receber qualquer conteúdo.[751]

Para que haja um conhecimento racional dos valores, é imperativo que o intérprete busque alicerçar os seus juízos de valor nos referenciais de argumentação, universalização e falibilidade.[752]

Observa-se, em primeiro lugar, que o discurso do intérprete se assentará em bases argumentativas de natureza livre, fruto da dinâmica social e do próprio processo de apreensão dos valores, que não prescinde do ambiente sociopolítico. Liberdade argumentativa não é o mesmo que indiferença ao entorno. O intérprete deve ser movido pela preocupação de compatibilizar o seu percurso valorativo com a preservação da "intersubjetividade".[753] Em outras palavras, as conclusões alcançadas devem, tendencialmente, ser recepcionadas pelos demais componentes do grupamento quando todos os fatores relevantes, colhidos no contexto, sejam devidamente considerados e ponderados. Nesse caso, seria possível considerar que uma grande zona de convergência se formaria entre aqueles que realizassem o mesmo juízo valorativo.[754]

A tradicional discussão, protagonizada pela dicotomia entre a objetividade e a subjetividade dos valores, conforme se reconheça, respectivamente, que as coisas têm um valor intrínseco ou que esse valor é delineado por um observador externo, certamente peca pelo extremismo.[755] Afinal, é factível que as qualidades intrínsecas da coisa certamente influenciarão no delineamento do seu valor, o que situa a questão no plano objetivo. Por outro lado, a formação dos valores não prescinde das características inerentes ao responsável por essa operação, daí o avanço no plano subjetivo. Objetividade e subjetividade hão de ser mescladas. A identificação do ponto de equilíbrio, por sua vez, será diretamente influenciada pela capacidade de universalização das conclusões alcançadas. Ross,[756] embora reconhecesse na atitude pessoal o fundamento último da moralidade, não via nesta última um capricho arbitrário. Reconhecia que os pontos de vista morais obedecem a múltiplos determinantes comuns que tendem a produzir uniformidade entre os indivíduos pertencentes ao mesmo grupo ou comunidade. Essas determinantes, aliás, podem ser incluídas sob a epígrafe mais ampla da cultura.

Ao propiciar a penetração de referenciais axiológicos no processo de delineamento da norma constitucional, o intérprete, tanto ao individualizá-los quanto ao realizar os juízos valorativos propriamente ditos, cotejando a sua importância, deve buscar o enquadramento de suas decisões em certos paradigmas universalizáveis. A ideia de universalização pode ser concebida sob a ótica dos objetos ou dos expectadores externos. No primeiro caso, aponta para um referencial de coerência, exigindo que o tratamento

---

[751] MARIA CRUZ, Luiz. *La desformalización de la Constitución: notas sobre la crítica de Ernest Forstohoff al (neo) constitucionalismo. In*: DE JULIOS-CAPUZANO, Alfonso (Org.). *Ciudadanía y derecho en la era de la globalización*. Madrid: Dykinson, 2007. p. 61 (64-65).

[752] Cf.: KAUFMANN, Arthur. *Filosofia do direito (Rechtsphilosophie)*. (Trad. António Ulisses Cortês). Lisboa: Fundação Calouste Gulbenkian, 2004. p. 428-431.

[753] Cf.: POPPER, Karl. *The logic of scientific discovery*. 2. ed. New York: Harper Torchbooks, 1968. p. 44 e ss.

[754] Cf.: KAUFMANN, Arthur. *Filosofia do direito (Rechtsphilosophie)*. (Trad. António Ulisses Cortês). Lisboa: Fundação Calouste Gulbenkian, 2004. p. 429.

[755] Cf.: MARMOR, Andrei. *Positive law and objective values*. Oxford: Oxford University Press, 2001. p. 160.

[756] ROSS, Alf. *Lógica de las normas*. (Trad. José S. P. Hierro). Granada: Comares, 2000. p. 86-87.

axiológico dispensado a certos objetos, à luz dos mesmos circunstancialismos, seja uniforme, sem qualquer fratura ou discriminação. No segundo, exige que os demais participantes do processo de comunicação normativa possuam uma identidade cultural que comungue dos mesmos valores prestigiados pelo intérprete. Esse tipo de atividade, que se enquadra sob a epígrafe mais ampla do discurso moral,[757] conquanto seja influenciada pelo subjetivismo do intérprete, não pode ser absorvida pela sua arbitrariedade. Ainda que o pluralismo seja a tônica, é inegável que certos valores apresentarão maior densidade e aceitação que outros, daí a necessidade de apreendê-los com responsabilidade. Esse processo de apreensão evidencia a preeminência da objetividade dos valores, mas não desconsidera, por completo, os aspectos subjetivos inerentes à atividade intelectiva realizada pelo intérprete.

Os múltiplos vetores de natureza normoaxiológica que influenciam a atividade do intérprete no delineamento do significado da norma constitucional, embora apreensíveis no contexto jurídico-social, não se projetarão com igual força e intensidade. É plenamente factível que a pré-compreensão do intérprete ou os circunstancialismos de ordem espaço-temporal confiram maior importância a alguns desses vetores em detrimento dos demais, daí resultando a obtenção de sentidos nitidamente divergentes.

Trata-se de atividade essencialmente cambiante e que não se compatibiliza com uma visão estática de ordem jurídica ou de sociedade. Ainda que o processo constituinte tenha sofrido maior influência de certos referenciais ideológicos, contemporâneos à edição do texto constitucional, é possível que novos referenciais assumam uma posição de preeminência no contexto sociopolítico ou mesmo que antigos referenciais sofram uma releitura, compatibilizando-os com aspectos circunstanciais cuja importância não pode ser desconsiderada.

Ao albergarem o pluralismo ideológico, as Constituições contemporâneas oficializam a tolerância, tornando-se relevante instrumento de integração social.[758] Questões relacionadas à tolerância tornam-se especialmente importantes quando constatamos que o multiculturalismo passa a ser uma característica recorrente em inúmeros Estados de Direito. O multiculturalismo surge da diversidade e da coexistência de distintas individualidades, que podem permanecer unidas por alguns traços comuns e concorrer para a formação da identidade cultural de uma dada sociedade.[759] A coexistência de distintos estilos de vida certamente conduz a uma heterogeneização sociocultural (*Sozio-kulturelle Heterogenisierung*), sendo um dos seus símbolos mais evidentes.[760] Nessa perspectiva, o fluxo de imigrantes, por exemplo, ao influir no delineamento da realidade, torna a norma constitucional sensível a convicções e a costumes estrangeiros, exigindo

---

[757] O universalismo, como realçado por Walker, parte da premissa de que a nossa melhor prática moral somente pode ser construída por meio de um processo social e em resposta a problemas afetos à organização coletiva (WALKER, Neil. The burden of universalism. *In*: BANKOWSKI, Zenon; MACLEAN, James (Org.). *The universal and the particular in legal reasoning*. Hampshire: Ashgate, 2006. p. 53 (62)).

[758] Cf.: GRIMM, Dieter. *Constituição e política* (*Die Verfassung und die Politik*). (Trad. Geraldo de Carvalho). Belo Horizonte: Del Rey, 2006. p. 31 e 209.

[759] Cf.: CROSSWITHE, James. *The rhetoric of reason*: writing and the attractions of argument. Wiscosin: University of Wisconsin Press, 1996. p. 216 e ss.

[760] Cf.: ANHUT, Reimund; HEITMEYER, Wilhelm. Desintegration, Konflikt, Ethnisierung: *In*: IMBUSCH, Peter; HEITMEYER, Wilhelm. *Integration - Desintegration*: ein Reader zur Ordnungsproblematik moderner Gesellschaften. Wiesbaden: V.S., 2008. p. 129 (134).

que seja identificado em que medida tais fatores exógenos devem ser considerados e tolerados.[761]

Pluralismo e multiculturalismo, na medida em que se amoldam à noção de "coexistência", pressupõem a observância de balizamentos que, a um só tempo, assegurem a força expansiva e permitam a contenção das distintas manifestações que surgem sob a sua égide. O equilíbrio do sistema, por sua vez, é garantido pela ordem constitucional, que, longe de assumir uma posição de neutralidade, enuncia certos valores que tendem a aproximar-se do consenso e se sobrepõem às oscilações características de debates ideológicos e culturais (*v.g.*: a dignidade da pessoa humana).

Ainda sob o prisma do conhecimento racional dos valores, observa-se que o referencial de falibilidade assume especial relevância. A dificuldade em realizar uma verificação positiva a respeito da verdade ou da correção das conclusões alcançadas pelo intérprete em seus juízos valorativos, consequência lógica do caráter finito dos argumentos apresentados e da multiplicidade de pontos de vista externos, termina por maximizar a importância de uma verificação negativa, direcionada às falhas que podem estar presentes no raciocínio realizado. A identificação da falibilidade do raciocínio tanto pode decorrer da inconsistência de suas conclusões, isso ao indicar valores constantemente refutados no ambiente sociopolítico, quanto pode resultar de sua desconexão com os fatos que se pretende reger. É necessário que o discurso axiológico, além de universalizável, permaneça hígido após uma verificação negativa.

O discurso axiológico realça a constatação de que a interpretação constitucional se assemelha à interpretação de uma composição musical.[762] Do mesmo modo que nenhuma construção teórica pode assegurar que a intenção do compositor seja integralmente captada pelo intérprete ou mesmo evitar que um dado tema receba maior ênfase que outro, também a interpretação constitucional não se mostra apta a reproduzir, com absoluta fidelidade, a intenção constituinte ou a selecionar e valorar exatamente os mesmos referenciais ideológicos que a influenciaram. A exemplo de uma composição musical, que pode assumir colorido clássico ou contemporâneo de acordo com o direcionamento dado pelo intérprete, também a norma constitucional pode apresentar variações em seus contornos democráticos, liberais ou sociais.

A grande dificuldade reside em individualizar, entre os referenciais normativoaxiológicos que influenciarão no delineamento da norma constitucional, aqueles que terão preeminência e quem será o responsável por essa indicação.

Em uma perspectiva essencialmente idealística e sem perder de vista a centralidade do homem e de sua dignidade, afirma-se que a essência da Constituição tem como elementos a justiça, a segurança e a liberdade, subjacentes aos próprios fins do Direito.[763] Esses elementos, em verdade, não são apanágio exclusivo do ambiente constitucional. São verdadeiros postulados de qualquer ordem jurídica finalisticamente comprometida com a agregação e o evolver de uma sociedade que encontre na valorização do ser

---

[761] Cf.: GRIMM, Dieter. *Constituição e política* (*Die Verfassung und die Politik*). (Trad. Geraldo de Carvalho). Belo Horizonte: Del Rey, 2006. p. 104.
[762] Cf.: BREYER, Stephen. *Active liberty*: interpreting our democratic Constitution. New York: Vintage Books, 2005. p. 7.
[763] Cf.: OTERO, Paulo. *Instituições políticas e constitucionais*. Coimbra: Almedina, 2009. v. I, p. 26-27.

humano a sua base axiológica. Como afirmou Alexy,[764] no epicentro de todas as teorias da justiça[765] está a questão de saber se os seres humanos possuem direitos e, em caso positivo, que direitos possuem.

O processo de delineamento da norma constitucional há de ser influenciado pela necessária reverência à interação entre Constituição e sociedade, à preservação dos postulados que caracterizam uma ordem jurídica comprometida com a coesão social e, principalmente, pelo respeito ao ser humano. A aproximação entre texto e contexto, por sua vez, é norteada pela correta apreensão dos valores culturais que permeiam o ambiente sociojurídico.

A dimensão cultural, além do viés social que lhe é característico, também aponta para a ordem de valores presente nas opções políticas do constituinte e que necessariamente se espraia pelo tecido constitucional. Essa afirmação, como é intuitivo, aparentemente rivaliza com a premissa de que os valores, em sua pureza conceitual, sempre serão resgatados no meio social, sendo influenciados, ou não, pelo direito positivo, podendo, ou não, compatibilizar-se com ele. A natureza cambiante dos valores, sempre sujeitos às vicissitudes do contexto sociopolítico, embora impeça a sua compreensão em uma perspectiva estática (*rectius*: indiferente à realidade), isso porque o deôntico não consegue absorver e suprimir o axiológico,[766] não afasta a possibilidade de as normas constitucionais influenciarem o evolver da sociedade e o próprio surgimento de novos valores.

Deve ser apreendida com certa cautela a assertiva de Manning,[767] no sentido de que a moral deve surgir na sociedade, não podendo ser a ela imposta pelo poder de coerção estatal. O pensamento do filósofo saxão, apesar de irretocável em sua conclusão, exige que seja ressaltado que direito e moral não ocupam compartimentos estanques e incomunicáveis, sendo aquele afeto ao Estado e esta à sociedade. A moral, embora não possa ser imposta pela norma, pode ser por ela influenciada, o que permite que se fale em uma relação de osmose recíproca entre referenciais jurígenos e axiológicos. O que não parece verossímil é a tese, sustentada por Nélson Saldanha,[768] de que, ao serem absorvidos pela ordem jurídica, os valores não só se "oficializam" como "se realizam socialmente". Oficialização, à evidência, não é garantia de realização. Se a oficialização efetivamente contribui para a sedimentação dos valores já adotados no ambiente sociopolítico, ela nem sempre será exitosa quando os valores que encampar dele destoarem. Em situações extremas, será possível que essa divergência dê lugar ao desuso ou, mesmo, à própria ruptura da ordem jurídica.

A Constituição, enquanto referencial de ordenação sociopolítica dotado de indiscutível permeabilidade axiológica, deve estar finalisticamente comprometida com

---

[764] ALEXY, Robert. Justice and discourse (discourse theory and human rights). *In*: LOPES ALVES, João. *Ética e o futuro da democracia*. Lisboa: Colibri, 1998. p. 133 (133).

[765] Para uma síntese das teorias da justiça, vide: SEELMANN, Kurt. *Rechtsphilosophie*. 4. ed. München: C. H. Beck, 2007. p. 126 e ss.

[766] Como observa Andrea Longo, não é correto afirmar que o legislador possa positivar valores metapositivos; essa positivação, em verdade, reflete o vínculo do direito positivo a valores metalegislativos: LONGO, Andrea. Valori, principi e Costituzione: qualque spunto sui meccanismi di positivizzazione delle istanze assiologiche di base. *Diritto e Società*, n. 1, p. 76, 2002. p. 76 (79).

[767] MANNING, D. J. *Liberalism*. London: D. J. Manning: J. M. Dent & Sons, 1976. p. 17.

[768] SALDANHA, Nelson. Em torno dos valores. *Revista da Academia Brasileira de Letras Jurídicas*, n. 11, p. 79-90, 1. sem. 1997. p. 79 (80).

a integração dos ambientes em que projeta a sua força normativa, permitindo que sejam alcançados certos padrões de unidade e coesão. A simplicidade dessa conclusão não afasta a constatação de que, se a união é algo conceitualmente desejável, não havendo maior dissenso quanto à sua importância para o Estado e a sociedade, o mesmo não pode ser dito em relação à viabilidade de realização desse objetivo ou ao *quantum* e ao *locus* de consenso e dissenso exigidos para que se o tenha por alcançado.[769]

Integração, consoante a formulação realizada por Smend e, posteriormente, por Habermas, indica um processo circular, nutrido pela interação entre valores e comunidade concreta.[770] Nessa perspectiva, a função de integração pode ser inicialmente contextualizada no plano jurídico-normativo e projetar-se no plano axiológico, de modo a permitir a aproximação entre texto e contexto a partir do fluxo e refluxo constante de valores. Ao ofertar uma ordem de valores comunitários, a Constituição, em uma vertente, direciona os seus padrões jurídico-normativos à alimentação desse processo circular de natureza integrativa, em outra, absorve os valores sociais, o que confere dinamicidade à ordem de valores inicialmente estática por ela ofertada. Esse processo permite que a sociedade possa ver a si própria quando vê a Constituição,[771] que se torna, nas palavras de Häberle, "meio de autorrepresentação cultural de um povo, espelho de seu legado cultural e fundamento de suas esperanças".[772] Há, nesse contexto, uma íntima interação entre fatos (*Fakten*) e valores (*Werten*), sociedade (*Gesellschaft*) e direito (*Recht*).[773]

Essa relação foi especialmente realçada pelo Tribunal Constitucional Federal alemão no *Maastricht Urteil*,[774] ao afirmar que a "democracia" seria dependente da "existência de pressupostos prévios, como a discussão constante e livre entre as forças sociais, interesses e ideias que se encontram, em que também se esclarecem e se transformam objetivos políticos", sendo a partir daí que "uma opinião pública delineia a vontade política". A existência de uma "opinião pública" é um nítido exemplo de união, indicando certa convergência de entendimentos (*quantum*) a respeito de temáticas que ostentam relevância sociopolítica (*locus*). *In casu*, a união desenvolveu-se em torno de um padrão conceitual que, apesar de inserido no plano jurídico-normativo, apresentava não só uma extrema sensibilidade axiológica, como, também, se mostrava totalmente dependente dos influxos recebidos do ambiente sociopolítico. Esses influxos, por sua vez, condensavam os valores subjacentes ao contexto, permitindo a participação popular no delineamento da vontade política, o que é característico da democracia. É sob essa última ótica que se pode falar na ordem de valores enquanto instrumento de integração.

---

[769] Cf.: BRUGGER, Winfried. Radikaler und geläutereter Pluralismus. *Der Staat*, n. 29, p. 497, 1990. p. 497 (507).
[770] Cf.: CHESSA, Omar. *Libertà fondamentali e teoria costituzionale*. Milano: Guiffrè, 2002. p. 230.
[771] Cf.: ALLOTT, Philip. *Towards the international rule of law*: essays in integrated constitutional theory. London: Cameron May, 2006. p. 23 (27). A Constituição, segundo o autor, a exemplo de outros processos sociais de significado (religião, arte, moralidade), "é o espelho de um espelho, mas, apesar disso, gera uma imagem que não é meramente a imagem de um espelho".
[772] HÄBERLE, Peter. *Libertad, igualdad, fraternidad*: 1789 como historia, actualidad y futuro del Estado constitucional (1789 als Teil der Geschichte, Gegenwart und Zukunft des Verfassungsstaates). (Trad. Ignacio Gutiérrez Gutiérrez). Madrid: Trotta, 1998. p. 46.
[773] Cf.: CARRINO, Agostino. *Die Normenordnung*. Wien: Springer, 1998. p. 168.
[774] *BVerfGE*, 89, 155 (185), 1993.

A Constituição, ao menos em parte, como anota Berti, é responsável pela integração entre Estado e sociedade.[775]

É bem conhecida a crítica de Forsthoff[776] no sentido de que "a Constituição deixou de ser um instrumento de união". O pluralismo subjacente às Constituições contemporâneas, cônscias da necessária coexistência das individualidades, que não podem ser absorvidas ou ignoradas, tenderia a dificultar a função de integração da ordem constitucional. Afinal, a diversidade cultural, ética e étnica, com a heterogeneidade de valores que a caracteriza e os múltiplos interesses divergentes, quiçá contrapostos, que abriga, em muito se distancia das condições ideais de união social, em que os conflitos sejam proscritos e a harmonia seja uma característica indissociável da convivência. Em consequência, também o Estado, na visão de Forsthoff, face à dificuldade em unir os referenciais de generalidade e concretude, também teria perdido a sua representatividade.[777] Como realçado por Chessa,[778] em um "pluralismo avançado", a necessária conexão entre direito e moral conduzirá a um "minimalismo constitucional", exigindo da Constituição uma limitação ao conteúdo ético que reflita o denominador comum das inúmeras diversidades que compõem uma organização social complexa. Sob essa ótica, a união há de ser primordialmente obtida a partir do livre fluxo das forças sociais. Apesar disso, é perceptível que a ordem constitucional, ao contribuir para o delineamento da identidade cultural e se mostrar sensível aos seus influxos, não só direciona, como contribui para amalgamar referidas forças, não tendo sido despida da função de harmonizar as divergências.

Os valores extraídos da ordem constitucional, ontologicamente infensa à neutralidade axiológica, assumem contornos provisórios e cambiáveis, sendo diretamente influenciados pelas constantes vicissitudes do ambiente sociopolítico. A individualização do sentido da norma constitucional, conquanto seja influenciada pela base axiológica estática que deu sustentação aos trabalhos constituintes e se refletiu no texto produzido (*v.g.*: a ideologia prevalecente, como a liberal), será direcionada, primordialmente, pelos valores colhidos na realidade subjacente ao contexto em que será inserida. A compreensão desse direcionamento axiológico exige que seja devidamente identificada a posição ocupada pelo constitucionalismo contemporâneo nas disputas teóricas a respeito das relações entre direito e moral, ora refratárias a essa relação, ora acolhedoras.

3.1 O constitucionalismo e a virada axiológica

A formação das conflitualidades intrínsecas, como dissemos, embora se desenvolva a partir dos balizamentos obtidos junto ao plano linguístico, não pode passar ao largo das distintas vicissitudes do ambiente sociopolítico. Nesse particular, a compreensão de que o delineamento da norma constitucional é o marco final de um processo que reflete a integração entre texto e contexto, consoante as diretrizes traçadas pelo intérprete,

---

[775] BERTI, Giorgio. *Diritto e Stato*: riflessioni sul cambiamento. Padova: CEDAM, 1986. p. 10
[776] FORSTHOFF, Ernst. *Der Staat der Industriegesellschaft*: dargestellt am Beispiel der Bundesrepublik Deutschland. 2. ed. München: Beck, 1971. p. 72.
[777] Cf.: FORSTHOFF, Ernst. *Der Staat der Industriegesellschaft*: dargestellt am Beispiel der Bundesrepublik Deutschland. 2. ed. München: Beck, 1971. p. 158.
[778] CHESSA, Omar. *Libertà fondamentali e teoria costituzionale*. Milano: Guiffrè, 2002. p. 280.

exige reflexões em relação à influência de fatores extrínsecos, de natureza axiológica, na formação dos enunciados deônticos de observância geral.

A *summa divisio* nessa seara tem sido polarizada por naturalismos e positivismos jurídicos. Ressalte-se, desde logo, que estamos perante significantes linguísticos nitidamente polissêmicos, que absorvem inúmeras construções distintas, unidas entre si por alguns poucos traços comuns. Expressam, em seu âmago, a necessidade de o homem observar certos balizamentos na formação do direito ou, em sentido diverso, a presença de uma total liberdade criativa.[779]

O objetivo de nossas considerações é demonstrar que certas construções teóricas, ao valorizarem o texto normativo e, simultaneamente, apregoarem a sua permeabilidade axiológica, não refletem a necessária adesão ao naturalismo. Em relação ao positivismo, é de todo útil analisar a sua capacidade, ou não, de adaptação às exigências atuais, que não se ajustam a uma irrestrita separação entre os referenciais jurígeno e axiológico. A partir daí, será possível identificar o alicerce de sustentação das teorias pós-positivistas e neoconstitucionalistas.

Teorias naturalistas, apesar das variações que apresentam, principiando pelo seu alicerce metafísico de sustentação,[780] relacionado a "cosmovisões"[781] (teológica,[782] racionalista,[783] humanística,[784] do estado de natureza[785] etc.), convergem no reconhecimento

---

[779] Cf.: KAUFMANN, Arthur. *Filosofia do direito* (*Rechtsphilosophie*). (Trad. António Ulisses Cortês). Lisboa: Fundação Calouste Gulbenkian, 2004. p. 31.

[780] Cf.: SANTIAGO NIÑO, Carlos. *Introducción al análisis del derecho*. 2. ed. Buenos Aires: Astrea, 2005. p. 28-30; PAGANO, Aúthos. *O direito natural, a justiça e os fatos sociais*. São Paulo: Luzes Gráficas, 1966. p. 97-98; ZIPPELIUS, Reinhold. *Rechtsphilosophie*. München: C. H. Beck, 1982. p. 94 e ss.; e OESER, Erhard. *Evolution and constitution*: the evolutionary selfconstruction (i.e. self-construction) of law. The Netherlands: Springer, 2003. p. 15.

[781] Cf.: HABERMAS, Jürgen. *Entre naturalismo e religião*: estudos filosóficos (Zwischen Naturalismus und Religion: Philosophische Aufsätze). (Trad. Flávio Beno Siebeneichler). Rio de Janeiro: Tempo Brasileiro, 2007. p. 288.

[782] O Apóstolo Paulo afirmava que os gentios, mesmo antes da *lei*, guiavam-se pela *natureza* e cumpriam a *lei*, isso ao observarem a vontade divina (Romanos, 2, 12-14). Trata-se da superposição entre o *fas* e o *jus* a que se referiu Groppali (GROPPALI, Alexandre. *Filosofia do direito*. (Trad. Ricardo Rodrigues Gama). Campinas: LZN, 2003. p. 67). O acolhimento dos Evangelhos como lei dos homens reflete a tendência "de absorver a cidade terrestre na Cidade de Deus, de criar e de organizar sobre a terra a Cidade de Deus" (VILLEY, Michel. *Leçons d'histoire de la philosophie du droit*. Paris: Dalloz, 1962. p. 41). O direito natural seria o modo de manifestação da lei eterna, imposta por um Ser Supremo, que age sobre todas as pessoas e coisas (CALLYHAN ROBINSON, William. *Elements of American jurisprudence*. USA: BiblioBazaar, 1900 (reimp. 2008). p. 7-8).

[783] Kant via no direito natural um "conjunto de princípios universais, absolutos, perfeitos e imutáveis, derivados da própria razão humana" (KANT, Immanuel. *Crítica da razão prática*. São Paulo: Martins Fontes, 2003. Parte I, Livro I, Capítulo I, §7). Cícero, embora atribuísse a um único Deus a condição de autor, sancionador e promulgador da lei que rege a natureza humana, não hesitava em afirmar que essa "lei verdadeira" é "a reta razão, conforme a natureza, universal, imutável e eterna" (CÍCERO, Marco Túlio. *La república*. Madrid: Aguilar, 1979. Livro III, XXII, p. 100). Montesquieu, ao distinguir as leis da natureza das leis positivas, ressalva que "a lei, em geral, é a razão humana", que tanto governa todos os povos da terra, como cada nação em particular (MONTESQUIEU, Barão de. *L'esprit des lois*. Paris: Garnier Frères, 1949. t. 1, p. 10). No mesmo sentido: PUFENDORF, Samuel. *Os deveres do homem e do cidadão de acordo com as leis do direito natural* (*The whole duty of man, according to the law of nature*). (Trad. Eduardo Francisco Alves). Rio de Janeiro: Topbooks, 2007. p. 97-99; e DE ALMEIDA SECCO, Orlando. *Introdução ao estudo do direito*. 11. ed. Rio de Janeiro: Lumen Juris, 2009. p. 32. Gropalli aparta os racionalistas do direito natural: este se basearia na essência humana, aqueles nos ditames da reta razão (GROPPALI, Alexandre. *Filosofia do direito*. (Trad. Ricardo Rodrigues Gama). Campinas: LZN, 2003. p. 82).

[784] Cf.: BARBOSA PINTO, Marcos. *Constituição e democracia*. Rio de Janeiro: Renovar, 2009. p. 189; e CENEVIVA, Walter. *Direito constitucional brasileiro*. 3. ed. São Paulo: Saraiva, 2003. p. 7-8. Segundo esse último autor, "a normatividade das relações coletivas é inerente à existência mesma do homem, transcendendo do direito oficial vigente".

[785] Lê-se, no Digesto de Ulpiano, que "jus naturale est quod natura omnia animalia docuit" ("direito natural é aquilo que a natureza ensina a todos os animais") – Livro I, Título I, §3º. Vatel, referindo-se às relações internacionais, averbava que "a Nação tem também os mesmos direitos que a natureza dá aos homens" (VATTEL, Emer de.

da insuficiência do direito posto[786] e de que as normas jurídicas preexistem à atividade do intérprete.[787] São apenas conhecidas, não criadas. Independem de qualquer ato de vontade, já que ofertadas por um referencial superior, sendo espontâneas. E o seu significado é tão somente apreendido, o que lhes assegura aprovação e aceitação inatas.[788] A função do intérprete seria descobrir o significado de uma "Constituição não escrita", cujos princípios transcendentes, exteriores e superiores à Constituição formal, constituem o seu fundamento.[789] A partir dessas premissas, é possível afirmar que o naturalismo pode ser visto a partir de uma perspectiva (a) metodológica, indicando os referenciais de análise a serem utilizados pelo intérprete, bem como o modo de apreendê-los, ou (b) substantiva, refletindo o conteúdo dos padrões de conduta por ele oferecidos.[790]

Em síntese: para os naturalistas, algum fato empírico determina como as pessoas devem viver.[791] Sua verdade e justiça se manifestam no plano objetivo, o que lhes confere uma pretensão à universalidade (*rectius*: geral aceitação, denotando a sua justificação),[792] sendo necessariamente vinculantes.[793] Face à base axiológica que lhes dá sustentação, concepções naturalistas associam o direito à justiça:[794] enquanto a expressão *direito justo*

Le droit des gens ou Principes de la loi naturelle. Paris: Guillaumin et Cie, 1863. t. I, p. 79-80). Construções dessa natureza, como observado por Barzottto, refletem um "reducionismo antropológico", subtraindo do ser humano a característica de sujeito e submetendo-o, a exemplo dos demais animais, às determinações da natureza (BARZOTTO, Luiz Fernando. Pessoa e reconhecimento: uma análise estrutural da dignidade da pessoa humana. *In*: ALMEIDA FILHO, Agassiz; MELGARÉ, Plínio (Org.). *Dignidade da pessoa humana*: fundamentos e critérios interpretativos. São Paulo: Malheiros, 2010. p. 39 (49)). George Bonjean, do mesmo modo, a considera uma "ideia bizarra" (BONJEAN, Georges. *Explication méthodique des Institutes de Justinien*. Paris: A. Durand et Pedone-Lauriel, 1878. t. 1, p. 7).

[786] Cf.: ALEXANDER, Larry; SHERWIN, Emily. *The rule of rules*: morality, rules, and the dilemmas of Law. USA: Duke University Press, 2001. p. 184.

[787] Essa concepção é nítida no pensamento de Sieyès, ao fundar o Poder Constituinte no direito natural e os poderes constituídos no direito positivo (SIEYÈS, Emmanuel Joseph. *Qu'est-ce que le Tiers-État*. 3. ed. Versailles: D. Pierres, 1789. p. 111).

[788] Cf.: BENDITT, Theodore M. *Law as rule and principle*: problems of legal philosophy. California: Standord University Press, 1978. p. 90 e ss. Villey distinguia entre o "direito natural clássico" e o "direito natural moderno". O primeiro, inspirado em Aristóteles (ARISTÓTELES. *Etica Niocomachea*. (Trad. Claudio Mazzarelli). Milano: Bompiani Testi a Fronte, 2007. Livro V, 1137 b, 14, p. 221-223) e que via no direito não um conjunto de regras, mas sim, um estado de coisas racional, que exprimiria as relações justas entre os homens, consoante a observação da natureza. O segundo, por sua vez, via no ser humano e em sua existência a única realidade, claro indicativo de que o jusnaturalismo estaria na origem da doutrina dos direitos humanos (VILLEY, Michel. Abrégé du droit naturel classique. *Archives de Philosophie du Droit*, n. 6, p. 25-72, 1961. p. 25 (25 e ss.)). Dessas teorias decorreria a contraposição entre direito natural objetivo e direito natural subjetivo, sendo este último defendido por Locke (LOCKE, John. *Segundo tratado sobre o governo* (*Two treatises of government*). (Trad. Alex Marins). São Paulo: Martin Claret, 2005. p. 23 e ss.) e combatido por Villey, que realçava o seu distanciamento das bases de sustentação do naturalismo, voltadas à individualização do comando normativo justo, ao que se soma a constatação de que concepções individuais de justiça (*rectius*: subjetivas) sempre estarão reféns das preferências de cada interessado, o que multiplicaria as pretensões alegadamente fundadas no direito natural (VILLEY, Michel. La genèse du droit subjectif chez Guillaume d'Occam. *Archives de Philosophie du Droit*, n. 9, p. 97-127, 1964. p. 97 (97 e ss.)).

[789] Cf.: AGUILA, Yann. Cinq questions sur l'interprétation constitutionnelle. *Revue Française de Droit Constitutionnel*, Paris: Presses Universitaires de France, n. 21, p. 9-46, 1995. p. 9 (11).

[790] Cf.: LEITER, Brian. Naturalism and naturalized jurisprudence. *In*: BIX, Brian (Org.). *Analyzing law*: new essays in legal theory. Oxford: Oxford University Press, 1998. p. 79 (81).

[791] Cf.: DONOVAN, James M. *Legal anthropology*: an introduction. USA: Rowman & Littlefield, 2008. p. 29.

[792] Cf.: CHRISTODOULIDS, Emilios. Elliding the particular: a comment on Neil MacCormick's Particulars and universals. *In*: BANKOWSKI, Zenon; MACLEAN, James (Org.). *The universal and the particular in legal reasoning*. Hampshire: Ashgate, 2006. p. 97 (98).

[793] Cf.: ROSS, Alf. *Il concetto di validità e il conflitto tra positivismo giuridico e giusnaturalismo*. (Trad. A. Febbrajo). Itália: A. Pessina, 1961. p. 142.

[794] Cf.: FERREIRA DA CUNHA, Paulo. *Filosofia jurídica prática*. Belo Horizonte: Fórum, 2009. p. 61.

seria pleonástica, pois somente pode existir direito que seja justo, a expressão *direito injusto* seria nitidamente contraditória, já que o injusto não pode ser direito.[795] O direito jamais se compatibilizaria com uma postura avalorativa. Os juízos de valor, não obstante imprescindíveis ao delineamento do direito, assumiriam feição meramente descritiva, o que os sujeitaria a uma verificação empírica, daí decorrendo a possibilidade de serem considerados verdadeiros ou falsos. Em relação à origem desses valores, é comum aglutinar as distintas construções existentes em subjetivistas e objetivistas.[796]

Uma primeira construção subjetivista sustenta que os juízos de valor encontram a sua base de sustentação em referenciais afetos à essência do ser humano, concebido em sua individualidade, tais como os sentimentos e as atitudes.[797] Na medida em que os valores assim colhidos refletiriam o entendimento de pessoas específicas, não haveria um verdadeiro conflito axiológico quando destoassem do entendimento de outras pessoas. Afinal, valores dessa natureza permaneceriam atrelados e indissociáveis de sua origem. Em outras palavras, cada pessoa possuiria e exprimiria os seus próprios valores, que seriam seus e apenas seus, em nada dependendo da aquiescência alheia. Para superar a inconsistência dessa incontrolável pulverização axiológica, tem-se uma variante do naturalismo subjetivista que associa os sentimentos ou as atitudes não a uma pessoa específica, mas à maioria dos componentes de certo grupo social. Os juízos valorativos assumiriam feição coletiva, não meramente individual. Uma vez delineada a "identidade" do grupo, seriam identificados verdadeiros conflitos axiológicos sempre que os valores por ele prestigiados não se harmonizassem ao paradigma de análise. Quando o cotejo se estendesse aos valores prestigiados por outro grupo distinto, o conflito se dissiparia, já que cada um deles teria a sua própria identidade. Essa concepção ainda traz consigo outro complicador, que é justamente a tendência em se atribuir o qualificativo de grupo à maioria, daí decorrendo que os valores prestigiados pela minoria seriam necessariamente tidos como equivocados.

As construções objetivistas, por sua vez, entendem que os juízos valorativos, apesar de descreverem fatos passíveis de verificação empírica, não encontram sustentação em sentimentos ou atitudes de pessoas ou grupos específicos. Não é incomum, por exemplo, que concepções utilitaristas sejam associadas à visão naturalista, de modo que os referidos juízos de valor, além de apresentarem o conteúdo que mais se ajuste à felicidade e ao bem-estar da maioria (feição utilitarista),[798] assumam contornos puramente descritivos, refletindo a apreensão de um sentido preexistente (feição naturalista). O naturalismo de base teológica, por sua vez, extrai os valores do plano da espiritualidade, cuja base última de sustentação é a fé. Construções dessa natureza apresentam o grave inconveniente

---

[795] Cf.: GUASTINI, Ricardo. *Das fontes às normas* (*Dalle fonti alle norme*). (Trad. Edson Bini). São Paulo: Quatier Latin, 2005. p. 116. Na síntese de Del Vecchio, direito natural "é o critério absoluto do justo" (DEL VECCHIO, Giorgio. *Lições de filosofia do direito*. (Trad. António José Brandão). 5. ed. Coimbra: Arménio Amado, 1979. p. 334).

[796] Cf.: SANTIAGO NIÑO, Carlos. *Introducción al análisis del derecho*. 2. ed. Buenos Aires: Astrea, 2005. p. 356-359.

[797] Sobre a teoria do intuitivismo ou intuicionismo, vide: GROPPALI, Alexandre. *Filosofia do direito*. (Trad. Ricardo Rodrigues Gama). Campinas: LZN, 2003. p. 73; e ALEXY, Robert. *Teoria da argumentação jurídica* (*Theorie der Juristischen Argumentation*). (Trad. Zilda Hutchinson Schild Silva). São Paulo: Landy, 2001. p. 48-49.

[798] MURPHY, Mark C. *Natural law in jurisprudence and politics*. Cambridge: Cambridge University Press, 2006. p. 92. Para esse autor, a tese fundamental do direito natural é a de que a autoridade do direito deriva do bem comum.

de inviabilizar qualquer tipo de discussão moral com quem não professe a mesma fé, já que o plano moral seria integralmente absorvido pelo religioso.[799]

G. E. Moore criticava a "falácia naturalista"[800] sob o argumento de que as teorias naturalistas confundiam o plano dos fatos empíricos com o plano dos valores, o que, em última *ratio*, apontaria para a falsidade do naturalismo. Afinal, no plano intrínseco, sob a lógica das teorias naturalistas, não haveria qualquer inconveniente em se identificar valores a partir de fatos. A teoria naturalista seria falsa na medida em que sempre seria possível, de modo razoável, elastecer ou restringir o significado dos enunciados linguísticos, indicativo de que eles não ostentariam um único significado correto, que seria tão somente verificado pelo intérprete. Ainda que se tente atribuir uma "propriedade natural" a um dado significado (*v.g.*: bom), sempre seria pertinente o questionamento se um dado objeto se enquadra nesse significado. Moore simplesmente negava a possibilidade de o "bom" ser definido a partir de uma qualidade natural.

As construções naturalistas, especialmente ao serem utilizadas para alicerçar os direitos humanos, evidenciam algumas deficiências bem acentuadas quando contextualizadas no plano sociológico. A utilização de referenciais metafísicos, passíveis de mera verificação, torna inevitável a expectativa de uma relação de identidade entre os distintos sistemas jurídicos.[801] Aristóteles já realçara que o direito natural "é aquele que tem em todas as partes a mesma força, independente do que pareça ou não".[802] Parte-se da premissa de que a realidade do mundo natural é a mesma em qualquer lugar, e, consequentemente, que todos os povos estão sujeitos à mesma lei superior, raciocinando do mesmo modo. Ignora-se que nem todos os povos apresentam o mesmo nível civilizatório ou os mesmos conceitos de justo e injusto, bem como que a natureza individual, como observado por Durkheim,[803] é determinada e transformada pelo fator social. Identificar a existência de certos padrões morais que rotineiramente se repetem nos distintos grupamentos humanos não é o mesmo que apregoar, como pretendem os naturalistas, a sua estabilidade e permanência em todos. É factível que esses padrões oscilam de civilização para civilização, estendem-se ou comprimem-se.[804]

---

[799] Analisando o direito à liberdade religiosa com as lentes do princípio democrático e do pluralismo, sustenta Michael Perry a possibilidade de os mandatários do povo invocarem, em discussões públicas, razões de ordem religiosa (PERRY, Michael J. *Under God*?: religious faith and liberal democracy. Cambridge: Cambridge University Press, 2003. p. 20-52). Essa tese, como se percebe, embora reconheça a existência de uma "moral religiosa" (PERRY, Michael J. *Under God*?: religious faith and liberal democracy. Cambridge: Cambridge University Press, 2003. p. 20), não lhe confere caráter absoluto e muito menos apregoa a intolerância em relação aos prosélitos de religiões estranhas àquela adotada pelo falante. Trata-se, apenas, de uma visão a respeito da democracia enquanto modo de participação na política, participação esta que sofreria a influência de distintos fatores sociais, como, evidentemente, são os de natureza religiosa.

[800] MOORE, George Edward. *Principia ethica*. 2. ed. Cambridge: Cambridge University Press, 1993. p. 15-16; e 123.

[801] Cf.: DONOVAN, James M. *Legal anthropology*: an introduction. USA: Rowman & Littlefield, 2008. p. 30.

[802] ARISTÓTELES. *Etica Niocomachea*. (Trad. Claudio Mazzarelli). Milano: Bompiani Testi a Fronte, 2007. Livro V, 1134b, p. 21.

[803] DURKHEIM, Émile. *As regras do método sociológico*. (Trad. Paulo Neves). São Paulo: Martins Fontes, 2003. p. 108.

[804] Cf.: CONKLIN, William E. *The invisible origins of legal positivism*: a re-reading of a tradition. Netherlands: Kluver Academic Publishers, 2001. p. 34.

Não menos numerosas, as construções positivistas apresentam feições extremamente diversificadas.[805] Bobbio,[806] por exemplo, distinguia três possibilidades de uso da palavra *positivismo*, não identificando uma ligação necessária entre elas: positivismo enquanto (1) *método*, evidenciando a oposição ao direito natural, o que indicaria o modo de análise do direito, permitindo distinguir o "direito real", a ser meramente descrito, do "direito ideal", a ser valorado; (2) *teoria*, que engloba seis concepções sobre a natureza do direito, as três primeiras (coativa, legal e imperativa) configurariam os alicerces do positivismo, e as outras três (coerência, completude e interpretação mecânica do ordenamento) delineariam o positivismo em sentido amplo; e (3) *ideologia*, significando que o positivismo pode ser visto em sentido fraco, de modo que o direito deve encampar certos valores, ou em sentido forte, permanecendo alheio a qualquer consideração de ordem moral, o que impõe a sua observância qualquer que seja o conteúdo.

A visão do positivismo enquanto ideologia em sentido forte, máxime após a barbárie nazista, tem sido vista como o seu "calcanhar de Aquiles", crítica que termina por ser irrefletidamente estendida a toda e qualquer teoria positivista.[807] Esse modo de ver o positivismo apresenta contornos nitidamente axiológicos, pois pressupõe a existência de um dever moral de obedecer as normas do direito positivo com abstração do seu conteúdo.[808] Choca-se com o positivismo enquanto método, que não admite essa simbiose entre direito e moral.

Quanto às teorias realistas, que contextualizam a validade do direito no modo como é aplicado, Bobbio reluta em inseri-las na concepção mais ampla de positivismo sob o argumento de que a sua definição de direito apreende as normas do modo como são efetivamente seguidas numa sociedade, assumindo contornos factuais. Os positivistas, em sentido diverso, consideram o direito sob o prisma da validade (o dever ser), não sob a ótica da eficácia (ser). Essa crítica, por certo, é direcionada às teorias que confiram primazia ao *ser*, somente reconhecendo a validade das normas efetivamente aplicadas. No realismo jurídico norte-americano, por exemplo, o direito em vigor é tão somente aquele que o juiz aplica.[809] Observa-se, no entanto, que para o juiz aplicar a norma é necessário que ela exista e, principalmente, que seja obrigatória. Com isso, pode-se concluir que a justificação dessa obrigatoriedade terminará por conduzir ao esquema teórico de Kelsen, que exige uma relação de conformidade com uma norma superior.[810]

Direcionando nossa atenção às construções que tratam do positivismo jurídico como método, realçando a sua oposição ao direito natural e a sua independência em relação aos paradigmas de moral e de justiça (ou a qualquer outra crença metafísica, como

---

[805] Pietro Piovani realça que as distintas construções teóricas podem ser reconduzidas à ideia de *positum*, de direito posto, originário de determinada autoridade (PIOVANI, Pietro. *Linee di una filosofia del diritto*. 3. ed. Padova: CEDAM, 1968. p. 138).

[806] BOBBIO, Norberto. *O positivismo jurídico*: lições de filosofia do direito. (Trad. Marcio Pugliesi, Edson Bini e Carlos E. Rodrigues). São Paulo: Ícone, 1995. p. 233-237; e BOBBIO, Norberto. Sul positivismo giuridico. *Rivista di Filosofia*, n. LII, p. 14-34, 1961. p. 14 (14 e ss.).

[807] Cf.: SANTIAGO NIÑO, Carlos. *Introducción al análisis del derecho*. 2. ed. Buenos Aires: Astrea, 2005. p. 32.

[808] Cf.: CARRIÓ, Genaro R. *Notas sobre derecho y lenguaje*. 5. ed. Buenos Aires: Abeledo-Perrot-LexisNexis, 2006. p. 326.

[809] Cf.: WENDELL HOLMES, Oliver. The path of the law. *HLR*, n. 8, 1897, p. 457. In: *Collected legal papers*. New York: Peter Smith, 1952. p. 167 (167-169).

[810] Cf.: TROPER, Michel. *A filosofia do direito (La philosophie du droit)*. (Trad. Ana Deiró). São Paulo: Martins Fontes, 2008. p. 54.

afirmava Duguit),[811] pode-se afirmar que são normalmente impulsionadas pelo desejo de atribuir preeminência à lei (o legocentrismo),[812] enquanto principal fonte de direito,[813] de modo a assegurar a certeza e a previsibilidade no âmbito das relações jurídicas.[814] É a primeira revolução do direito a que se referiu Ferrajoli, baseada na onipotência do legislador.[815] Sustenta-se que as normas surgem a partir de construções linguísticas, de natureza voluntária, impostas por convenções humanas[816] ou por quem detém competência para tanto,[817] não estando integralmente inseridas no universo axiológico, ao que se soma a constatação de que o conhecimento da natureza redunda em fatos, não em valores. Em consequência, não haveria qualquer contradição ao falarmos em "direito injusto" e muito menos tautologia ao invocarmos a existência de um "direito justo".[818] O positivismo busca a validade normativa em sua genealogia, o direito natural na justiça.[819] Diversamente das construções naturalistas, não vê o conteúdo do direito como algo preexistente e meramente cognoscível, mas sim, como fruto da vontade e do arbítrio do próprio homem.[820]

Esse modo de ver a ciência jurídica era realçado por Montesquieu,[821] que reforçava a importância da lei e minimizava o papel dos juízes, sempre adstritos à reprodução literal do seu sentido. Associa-se ao formalismo interpretativo, que vê na interpretação uma atividade de puro conhecimento, sem qualquer margem para juízos valorativos e decisórios, atividades que, caso realizadas, importariam em meras opções, o que ofereceria ao intérprete um desmedido espaço de discricionariedade e retiraria do produto da interpretação qualquer resquício de objetividade. O direito seria visto como um sistema fechado, de todo indiferente aos valores colhidos no ambiente sociopolítico, situação que, na correta observação de Posner,[822] não o tornaria suscetível a reconstruções de sentido.

Alguns positivistas simplesmente contestavam a existência do direito natural e outros o reconheciam, limitando-se a negar a vinculatividade do direito positivo às suas

---

[811] DUGUIT, Léon. *Traité de droit constitutionnel*. 3. ed. Paris: Ancienne Librairie Fontemong & Cie., 1927. t. I, p. 3 e 74-75.
[812] Cf.: ZAGREBELSKY, Gustavo. *Il diritto mite*: legge, diritto, giustizia. Torino: Einaudi, 2010. p. 38.
[813] Cf.: VON SAVIGNY, Friedrich Karl. *Traité de droit romain*. (Trad. M. CH. Guenoux). Paris: Firmin Didot Fréres, 1840. t. 1, p. 48.
[814] Cf.: MORTATI, Costantino. Costituzione dello Stato: dottrine generali e Costituzione della Repubblica italiana. In: *Enciclopedia del diritto*. Milano: Giuffrè, (1962) 2007. v. XI, p. 139, §26.
[815] FERRAJOLI, Luigi. Los fundamentos de los derechos fundamentales: debate com Luca Baccelli, Michelangelo Bovero, Ricardo Guastini, Mario Jori, Anna Pintore, Ermanno Vitale y Danilo Zolo. In: DE CABO, A.; PISARELLO, G. *Los fundamentos de los derechos fundamentales*. Madrid: Trotta, 2001. p. 53 e 55.
[816] Cf.: TEBBIT, Mark. *Philosophy of law*: an introduction. London: Routledge, 2000. p. 11.
[817] O conceito de lei estabelecido por John Austin confere especial realce à origem do direito positivo: "Regra estabelecida para a conduta de um ser inteligente por um ser inteligente com poder sobre ele" (AUSTIN, J. L. *The province of jurisprudence determined and the uses of the study of jurisprudence*. Indianápolis: Hackett, 1998. p. 18).
[818] Cf.: CARRIÓ, Genaro R. *Notas sobre derecho y lenguaje*. 5. ed. Buenos Aires: Abeledo-Perrot-LexisNexis, 2006. p. 386. Note-se que para o denominado "positivismo ético", o direito, pelo só fato de ter emanado de uma vontade dominante, é justo e deve ser obedecido por força de um dever moral, concepção que termina por suprimir qualquer distinção entre direito e moral ou entre legalidade e justiça. Cf.: BOBBIO, Norberto. Giusnaturalismo e positivismo *giuridico*. 3. ed. Milano: Edizioni di Comunità, 1977. p. 110; e CARVAJAL CORDÓN, Julián. *Moral, derecho y política en Immanuel Kant*. Cuenca: Universidad de Castilla La Mancha, 1999. p. 229.
[819] Cf.: DONOVAN, James M. *Legal anthropology*: an introduction. USA: Rowman & Littlefield, 2008. p. 30.
[820] Cf.: KAUFMANN, Arthur. *Filosofia do direito* (*Rechtsphilosophie*). (Trad. António Ulisses Cortês). Lisboa: Fundação Calouste Gulbenkian, 2004. p. 61-62.
[821] Cf.: MONTESQUIEU, Barão de. *L'esprit des lois*. Paris: Garnier Frères, 1949. t. 1, p. 165-166.
[822] POSNER, Richard. *Frontiers of legal theory*. Cambridge: Harvard University Press, 1999. p. 192.

prescrições. Enquanto o pensamento monista reduz o direito ao sistema jurídico estatal e apregoa o positivismo enquanto ideologia, posição que impede o delineamento de uma verdadeira teoria da justiça e que, face às atrocidades praticadas por regimes totalitários, quase levou o positivismo jurídico ao descrédito, as correntes pluralistas reconhecem a existência de normas não estatais, mas normalmente negam a sua vinculatividade.[823] Austin, por exemplo, reconhecia a dicotomia entre a lei dos homens e a lei de Deus, que seria uma verdadeira "lei natural"; evitava, no entanto, o uso da expressão por considerá-la ambígua,[824] preferindo falar em "lei divina".[825] Hobbes,[826] embora não vislumbrasse na "lei natural" uma verdadeira lei, pois somente ostentaria esse atributo o comando instituído pelo Estado, vale dizer, a "lei civil", via na equidade, na justiça, na gratidão e em outras virtudes morais delas derivadas, verdadeiras qualidades que predispunham os homens para a paz e a obediência. Quando essas qualidades eram apreendidas pelo Estado, a lei natural passava a fazer parte da lei civil e, quando não o fossem, prevalecia o poder absoluto e centralizado, que teria como únicos limites aqueles estabelecidos pelo contrato social.[827] Apesar da "concessão", mantinham-se atrelados ao positivismo ao observar que a ciência jurídica não precisa se preocupar com o que é moralmente certo ou errado.

Os naturalistas, por sua vez, evitando se desprender do palpável e avançar no puramente utópico, costumam reconhecer a imperatividade da produção legislativa estatal, já que a existência e o poder de império do Estado são realidades inegáveis. Apregoam que esse "direito" perderá tal característica e deixará de ser vinculante sempre que não estiver em conformidade com o direito natural (*v.g.*: a lei de Deus).[828]

A base de valores que confere vinculatividade ao naturalismo e é desconsiderada (como vinculante)[829] pelo positivismo enquanto método (também denominado de clássico, metodológico ou neutral) pode ser reconduzida à ideia mais ampla de moral.[830] As divergências entre um e outro necessariamente tangenciam as relações entre direito e moral: para o naturalismo, a conexão é intrínseca, para o positivismo,

---

[823] Cf.: VASCONCELLOS, Arnaldo. *Teoria da norma jurídica*. 6. ed. São Paulo: Malheiros, 2006. p. 256-257.
[824] Sobre as dificuldades em apreender o sentido do direito natural, vale lembrar a advertência de Michel Villey: "je ne recommande pas à tous le droit naturel, mais à ceux-là seulement qui peuvent comprendre. Le droit naturel est esotérique" (VILLEY, Michel. *Réflexions sur la philosophie et le droit*: Les Carnets. Paris: PUF, 1995. p. 45).
[825] AUSTIN, J. L. *The province of jurisprudence determined and the uses of the study of jurisprudence*. Indianapolis: Hackett, 1998. p. 19.
[826] HOBBES, Thomas. *Leviatã*: ou matéria, forma e poder de um estado eclesiástico e civil (Leviathan: or matter, form and power of a commonweath ecclesiastical and civil). (Trad. Alex Marins). São Paulo: Martin Claret, 2005. p. 198-199.
[827] HOBBES, Thomas. *Leviatã*: ou matéria, forma e poder de um estado eclesiástico e civil (Leviathan: or matter, form and power of a commonweath ecclesiastical and civil). (Trad. Alex Marins). São Paulo: Martin Claret, 2005. p. 127 e ss.
[828] Cf.: SUÁREZ, Francisco. *Tratado de las leyes y de Dios legislador*: de la ley positiva humana en si misma y en quanto puede considerarse en la pura naturaleza del hombre, la cual se llama también ley civil. (Trad. Jaime Torrubiano Ripol). Madrid: Reus, 1918. v. 3, p. 9.
[829] Cf.: COLEMAN, Jules L.; LEITER, Brian. Legal positivism. *In*: PATTERSON, Dennis (Org.). *A companion to philosophy of law and legal theory*. USA: Wiley-Blackwell, 1999 (reimp. 2003). p. 241 (241). Como ressaltado por Kramer, direito e moral não são instâncias "separadas", mas "separáveis", o que denota não ser imprescindível a conexão entre ambas (KRAMER, Larry D. *In defense of legal positivism*: law without trimmings. Oxford: Oxford University Press, 2003. p. 2).
[830] Cf.: SANTIAGO NIÑO, Carlos. *Introducción al análisis del derecho*. 2. ed. Buenos Aires: Astrea, 2005. p. 18.

não é imprescindível.[831] Enquanto naturalistas extraem a norma de uma base moral,[832] positivistas identificam a norma e posteriormente a cotejam com essa base moral. Para o positivismo enquanto método, não haveria qualquer contradição na existência de uma "norma jurídica imoral", já que a qualificação de uma norma como jurídica independe de qualquer compatibilidade com exigências de natureza moral, possibilidade que, como dissemos, seria simplesmente impensável para um naturalista ortodoxo.[833]

A respeito da moral e das diretrizes comportamentais que dela se desprendem, é possível adotar uma (1) *concepção fundamentalista,* voltada à compreensão de sua origem, o que permite, por exemplo, que lhe seja atribuído fundamento teológico, de modo que suas prescrições sejam vistas como emanadas de uma autoridade divina, ou cultural, baseadas nos padrões comportamentais que surgem a partir do relacionamento entre os homens, ou uma (2) *concepção teleológica,* que se direciona à funcionalidade das normas morais no ambiente sociopolítico, vale dizer, aos fins que pretendem alcançar, o que permite se fale em *eudemonismo,*[834] indicando que o fim a ser alcançado é a felicidade do indivíduo, ou em *utilitarismo,* direcionando-as ao bem-estar da coletividade.[835]

Naturalismos e positivismos (ao menos os formalistas, de feição clássica) também apresentam zonas de convergência. A primeira delas está presente no plano metódico, sendo caracterizada pela posição assumida em relação ao esquema "sujeito/objeto".[836] De acordo com esse esquema, a justiça do direito seria um dado objetivo e a atividade cognitiva desenvolvida pelo intérprete seria caracterizada pela absoluta separação entre o sujeito e o objeto, de modo que o conhecimento permanecesse imune a qualquer influxo subjetivo.[837] O intérprete não estaria inserido no "horizonte de compreensão"[838] e se limitaria a representar passivamente o objeto, sem participar da sua criação. Enquanto os naturalismos extraem a justiça de um referencial metafísico de sustentação, os positivistas clássicos o encontram no texto normativo, que apresenta características objetivas e não se sujeita a qualquer valoração de ordem subjetiva. Sujeito cognoscente e objeto cognoscido seriam unidades autônomas e rigidamente separadas. A insuficiência do esquema "sujeito-objeto", como veremos, é evidenciada pela indiscutível participação do intérprete no delineamento da norma, que não é propriamente conhecida, mas delineada a partir de um processo de integração criativa: sujeito e objeto interagem,[839] não permanecendo separados. A segunda zona de convergência entre naturalismos e

---

[831] Cf.: WALDRON, Jeremy. *Law and disagreement.* Oxford: Oxford University Press, 1999. p. 165.
[832] Cf.: EHRENZWEIG, Albert Armin; KNIGHT, Max. *Law:* a personal view. The Netherlands: BRILL, 1977. p. 127.
[833] Cf.: CARRIÓ, Genaro R. *Notas sobre derecho y lenguaje.* 5. ed. Buenos Aires: Abeledo-Perrot-LexisNexis, 2006. p. 327-328.
[834] Cf.: MOORE, George Edward. *Principia ethica.* 2. ed. Cambridge: Cambridge University Press, 1993. p. 149 e ss.
[835] Cf.: SANTIAGO NIÑO, Carlos. *Introducción al análisis del derecho.* 2. ed. Buenos Aires: Astrea, 2005. p. 70.
[836] Cf.: KAUFMANN, Arthur. *La filosofía del derecho en la posmodernidad* (*Rechtsphilosophie in der Nach-Neuzeit*). (Trad. Luis Villar Borda). Bogotá: Temis, 2007. p. 41-43; e KAUFMANN, Arthur. *Filosofia do direito* (*Rechtsphilosophie*). (Trad. António Ulisses Cortês). Lisboa: Fundação Calouste Gulbenkian, 2004. p. 396-397.
[837] Hessen, por exemplo, sustentava a dicotomia sujeito/objeto e realçava que o objeto de conhecimento, além de meramente descoberto, teria influência direta sobre o sujeito cognoscente, concorrendo para a sua redefinição (HESSEN, Johannes. *Teoria do conhecimento.* (Trad. Antonio Correia). 8. ed. Coimbra: Arménio Amado, 1987. p. 26-27).
[838] Cf.: KAUFMANN, Arthur. *Filosofia do direito* (*Rechtsphilosophie*). (Trad. António Ulisses Cortês). Lisboa: Fundação Calouste Gulbenkian, 2004. p. 68.
[839] Cf.: FREITAS, Juarez. *A interpretação sistemática do direito.* 4. ed. São Paulo: Malheiros, 2004. p. 38.

positivismos reside no reconhecimento da independência existencial entre a norma e uma "realidade histórica concreta":[840] ambos concordam que o significado normativo deve ser apreendido a partir de um referencial estático, que pode assumir, respectivamente, contornos metafísicos ou advir da vontade humana.

A "onipotência positivista",[841] decorrente da sedimentação da democracia e do prestígio auferido pelos textos constitucionais, criou, especialmente a partir do final do século XIX, um ambiente de resistência às teorias naturalistas, que somente reconheciam a imperatividade das normas postas pela autoridade competente na medida em que compatíveis com certos valores superiores. Isso, no entanto, não importou no amplo e irrestrito acolhimento do positivismo, ao menos não daquele de feição clássica, em que o conteúdo da norma, exaurido pelo texto, seria tão somente conhecido pelo intérprete, que passaria ao largo de qualquer operação de índole valorativa.[842]

O efetivo desenvolvimento teórico do positivismo foi realizado por Kelsen, que lançou as bases da teoria normativista ou lógico-normativa do direito e difundiu o que poderíamos denominar de *positivismo neutral*. Sua teoria encontra raízes no positivismo lógico do "Círculo de Viena", que somente atribui importância ao que pode ser verificado logicamente, negando qualquer sentido às proposições metafísicas, como aquelas de natureza valorativa, vistas que são como mera expressão de sentimentos.[843] Distancia-se do jusnaturalismo por considerar os valores insuscetíveis de conhecimento, o que facilita a sua manipulação, sendo sempre ajustados às preferências pessoais. Aparta-se, ainda, do positivismo clássico (de contornos psicológicos ou sociológicos), que assemelhava a norma a fatos, entendendo que a norma jurídica não poder ser concebida, apenas, como uma ordem acompanhada de sanção. A partir desses pontos de divergência, conclui que o direito deve ser visto como um conjunto de normas imperativas, não de fatos, cabendo à ciência jurídica apenas descrevê-lo, enquanto dever ser objetivo, com abstração de qualquer juízo valorativo ou preferência pessoal.

Para Kelsen,[844] o direito positivo é imposto por atos de vontade, com origem e fim no ser humano, inserindo-se no universo do dever ser. A ciência jurídica teria por objeto, apenas, estruturas formais, mais especificamente as normas postas pela autoridade competente, não adentrando em considerações que avancem na análise do seu conteúdo ou que se direcionem à ordem moral, possibilidades inacessíveis ao conhecimento científico. O direito vigente é o direito positivo, não o direito idealizado pelo intérprete, alicerçado em juízos valorativos característicos do discurso moral. Ciência jurídica e intérprete, cada qual ao seu modo, devem tão somente descrever o direito vigente, não valorá-lo. Suas proposições, por serem essencialmente descritivas, poderão ser qualificadas de verdadeiras ou falsas. A norma, desse modo, poderia ter

---

[840] OESER, Erhard. *Evolution and constitution*: the evolutionary selfconstruction (i.e. self-construction) of law. The Netherlands: Springer, 2003. p. 15.

[841] FASSÓ, Guido. Jusnaturalismo. *In*: BOBBIO, Norberto; MATEUCCI, Nicola; PASQUINO, Gianfranco. *Dicionário de política (Dizionario di politica)*. (Trad. Carmen C. Varriale, Gaetano Lo Mônaco, João Ferreira, Luís Guerreiro Pinto Caçais e Renzo Dino). 12. ed. Brasília: Editora da Universidade de Brasília, 2004. v. 1 e 2, p. 655 (659).

[842] Cf.: SCARPELLI, Uberto. *Cos'è il positivismo giuridico*. Milano: Edizioni di Comunità, 1965. p. 34.

[843] Cf.: KAUFMANN, Arthur. *Filosofia do direito (Rechtsphilosophie)*. (Trad. António Ulisses Cortês). Lisboa: Fundação Calouste Gulbenkian, 2004. p. 21.

[844] Cf.: KELSEN, Hans. *Teoria pura do direito (Reine Rechtslehre)*. (Trad. João Baptista Machado). 6. ed. São Paulo: Martins Fontes, 2003. p. 5-9.

qualquer conteúdo (*Gesetz ist Gesetz*[845] – lei é lei); a preocupação seria agir de modo normativamente válido, não de modo justo;[846] a validade seria auferida, em última instância, na norma fundamental, qualificada inicialmente como "hipótese"[847] e, posteriormente, como "ficção",[848] não em uma pauta de valores.

Enquanto os naturalistas somente apregoam a vinculatividade do direito justo, na teoria de Kelsen, o direito, justo ou não, seria sempre vinculante. A norma poderia ter qualquer conteúdo, ainda que absurdo. Esse ponto de sua teoria motivou reações enérgicas, que são sintetizadas no título do sugestivo opúsculo de Klenner,[849] que via a sua *Rechtslehre* (Teoria do Direito) como algo *Rechtsleere* (Vazio de Direito).

Como ressalta Santiago Nino,[850] o positivismo neutral não precisa estar necessariamente fundado em um "ceticismo ético", indicativo da dificuldade em se identificar valores morais de aceitação universal, passíveis de serem apreendidos e demonstrados por meios objetivos e racionais; indicando que somente os enunciados empíricos, não os morais, seriam suscetíveis de apreensão racional. É factível que a moral existe e influi no delineamento do direito. No entanto, para os prosélitos dessa teoria, considerações de ordem moral não seriam decisivas no delineamento do conteúdo ou condicionariam a validade do direito.[851] O direito teria a garantia de não ser "contaminado" por elementos

---

[845] Eis a fórmula integral, apontada por Radbruch como uma das principais causas da barbárie nazista e que o fez cerrar fileiras com o naturalismo: "Was als Gesetz niederlegt ist, gilt als Recht" ("O que é veiculado como lei, vale como direito") – (RADBRUCH, Gustav. Gesetzliches Unrecht und übergesetzliches Recht. In: *Rechtsphilosophie*. 4. ed. Stuttgart: Erik Wolf, 1950. p. 347 (347 e ss.)). Vide, ainda, do mesmo autor, Cinco minutos de filosofia do direito. (RADBRUCH, Gustav. Cinco minutos de filosofia do direito. In: *Filosofia do direito* (*Rechtsphilosophie*). Coimbra: Arménio Amado, 1974. p. 415-418). Nesse manifesto, dirigido aos estudantes de Heidelberg, o autor afirma que, (1) para o positivismo, a lei vale por ser lei, qualquer que seja o seu conteúdo; (2) esse princípio foi substituído por outro, o de que será considerado direito tudo o que for vantajoso para o povo; (3) as leis, ao negarem os direitos naturais da pessoa humana, carecem de validade, devendo ser-lhes negada obediência; (4) certas leis podem afrontar de modo tão intenso os três valores a que o direito deve servir (bem comum, segurança jurídica e justiça) que devem ter o seu caráter jurídico negado; e (5) há princípios fundamentais do direito mais fortes que o direito positivo, fazendo com que este último perca a validade sempre que os contrarie.

[846] Cf.: DE GIORGI, Raffaele. *Scienza del diritto e legittimazione*: critica dell'epistemologia giuridica tedesca da Kelsen a Luhmann. Lecce: Pensa Multimedia, 1998. p. 19.

[847] Cf.: KELSEN, Hans. *Teoria pura do direito* (*Reine Rechtslehre*). (Trad. João Baptista Machado). 6. ed. São Paulo: Martins Fontes, 2003. p. 215-217. De acordo com a posição inicial de Kelsen, toda norma encontraria o seu fundamento de validade em uma norma superior. No entanto, para que a investigação do fundamento de validade da norma não se perca no interminável, é necessário pressupor a existência de uma norma última e mais elevada. Essa norma, denominada de "norma fundamental" (*Grundnorm*), que não obtém sua validade em outra mais elevada, é pressuposta na medida em que não é posta por nenhuma autoridade.

[848] Cf.: KELSEN, Hans. *Teoria geral das normas* (*Allgemeine Theorie der Normen*). (Trad. José Florentino Duarte). Porto Alegre: Sergio Antonio Fabris, 1986. p. 328-329. Revendo a posição adotada na *Teoria pura do direito*, o autor afirma que a norma fundamental, além de não assumir contornos positivos, é meramente pensada, o que aponta para uma norma fictícia, que não deve ser confundida com um real ato de vontade. Para alcançar essa conclusão, Kelsen se vale da filosofia de Vaihinger, que aponta a ficção como um recurso do pensamento, do qual é possível fazer uso sempre que não se pode alcançar o fim do pensamento com o material disponível. Essa ficção, ainda segundo ele, contradiz a realidade e a si mesma: no primeiro caso, porque a norma fundamental, que impõe a observância do direito positivo, não existe enquanto real ato de vontade; no segundo caso, porque encontra sustentação no suposto poder conferido por uma autoridade suprema da moral ou do direito, terminando por auferir uma autoridade que está acima dela. Considerando que o fim do pensamento da norma fundamental é o de alcançar o fundamento de validade das normas instituintes de uma ordem jurídica ou moral positiva, conclui que isso somente será alcançado por uma ficção.

[849] HERMANN, Klenner. *Rechtsleere*: Verurteilung der Reinen Rechtslehre. Frankfurt/Main: Marxistische Blätter, 1972.

[850] SANTIAGO NIÑO, Carlos. *Introducción al análisis del derecho*. 2. ed. Buenos Aires: Astrea, 2005. p. 30-32.

[851] Nesse sentido: RIPERT, Georges. *A regra moral nas obrigações civis*. (Trad. Osório de Oliveira). Campinas: Bookseller, 2000. p. 39-46.

extrajurídicos de natureza axiológica, o que assumiria indiscutível relevância ao se reconhecer que os conflitos entre valores seriam solucionados a partir de meras opções, não podendo ser decididos racionalmente.[852] Acresça-se, como desdobramento lógico dessas considerações, que os princípios jurídicos, que não prescindem de considerações axiológicas, sequer consubstanciariam verdadeiras normas.[853]

Ao permitir o delineamento do direito a partir do "livre e ilimitado julgamento"[854] daqueles que representam o poder estatal, o positivismo neutral pode conduzir a situações inusitadas, como o reconhecimento da plena juridicidade da barbárie nazista, já que sabidamente amparada pela ordem jurídica interna do *III Reich*.[855] Se o desatino de Hitler ou o próprio totalitarismo não podem ser integralmente creditados ao positivismo, é inegável a constatação de que ele certamente facilitou a sua instalação e propagação.[856] A partir do segundo pós-guerra, a fuga para o direito natural foi um recurso intuitivo para se fugir do arbítrio que floresceu com o positivismo. Esse "renascimento do direito natural" ("Naturrechtsrenaissance")[857] não foi propriamente um produto da razão e do bom senso, mas uma reação extremada aos desatinos praticados sob o manto protetor do direito posto.[858] Trata-se, em verdade, de um modo de oposição ao fenômeno da "injurídica conformidade à lei" ("Gesetzlichen Unrechts").[859] O modo como os Tribunais de Nuremberg e Tóquio interpretaram o princípio *nullum crimen sine lege*, descontextualizado que foi de qualquer referencial positivo, aliás inexistente, passando a ser visto como uma máxima de coexistência entre todos os homens civilizados, é um exemplo sugestivo desse renascimento.[860] É possível afirmar que esse "renascimento" adquire feições cíclicas, renovando-se sempre que identificado o surgimento de insatisfações

---

[852] Cf.: ZACCARIA, Giuseppe. I giudizi di valore nell'interpretazione giuridica. *Persona y Derecho, Revista de Fundamentación de las Instituciones Jurídicas y de Derechos Humanos*, n. 61, p. 103-114, jul./dic. 2009. p. 103 (104).

[853] Há quem continue a sustentar que conceitos como princípios gerais do direito e equidade, enquanto fórmulas para a colmatação de lacunas do direito positivo, são evidentes manifestações do direito natural: BEZERRA FALCÃO, Raimundo. *Ensaios acerca do pensamento jurídico*. São Paulo: Malheiros, 2008. p. 61-63; e VASCONCELLOS, Arnaldo. *Teoria da norma jurídica*. 6. ed. São Paulo: Malheiros, 2006. p. 218 e ss.

[854] Cf.: WEINKAUF, Hermann. Was heißt das: Positivismus als juristische Strategie? *JuristenZeitung*, p. 54-57, 1970. p. 54 (54).

[855] Observa Santiago Nino que apesar de a teoria de Kelsen ter sido desenvolvida em um sentido que permite deduzir o acolhimento do positivismo ideológico a que se referiu Bobbio, impondo o dever de obediência à norma jurídica qualquer que seja o seu conteúdo, o jurista austríaco não teria negado, em nenhum momento, a possibilidade de os juízes deixarem de aplicar normas jurídicas por razões morais (SANTIAGO NIÑO, Carlos. *Introducción al análisis del derecho*. 2. ed. Buenos Aires: Astrea, 2005. p. 35). Se a assertiva literal efetivamente não existiu, o desenvolvimento teórico de Kelsen caminha em norte contrário às conclusões do filósofo argentino.

[856] Cf.: RECASENS SICHES, Luís. *Iusnaturalismos actuales comparados*. Madrid: Universidad de Madrid, 1970. p. 19.

[857] Cf.: RENSMANN, Thilo. *Wertordnung und Verfassung*: das Grundgesetz im Kontext grenzüberschreitender Konstitutionalisierung. Tübingen: Mohr Siebeck, 2007. p. 29.

[858] Cf.: KAUFMANN, Arthur. *La filosofia del derecho en la posmodernidad* (*Rechtsphilosophie in der Nach-Neuzeit*). (Trad. Luis Villar Borda). Bogotá: Temis, 2007. p. 11-12; KAUFMANN, Arthur. *Filosofia do direito* (*Rechtsphilosophie*). (Trad. António Ulisses Cortês). Lisboa: Fundação Calouste Gulbenkian, 2004. p. 46-47; DONOVAN, James M. *Legal anthropology*: an introduction. USA: Rowman & Littlefield, 2008. p. 30; e FASSÓ, Guido. Jusnaturalismo. *In*: BOBBIO, Norberto; MATEUCCI, Nicola; PASQUINO, Gianfranco. *Dicionário de política* (*Dizionario di politica*). (Trad. Carmen C. Varriale, Gaetano Lo Mônaco, João Ferreira, Luís Guerreiro Pinto Caçais e Renzo Dino). 12. ed. Brasília: Editora da Universidade de Brasília, 2004. v. 1 e 2, p. 655 (659).

[859] Cf.: KAUFMANN, Arthur. Rechtsphilosophie, Rechtstheorie, Rechtsdogmatik. *In*: HASEMER, Winfried; NEUMANN, Ulfrid; KAUFMANN, Arthur. *Einführung in Rechtstheorie der Gegenwart*. 7. ed. Heidelberg: C. F. Müller, 2004. p. 1 (2); e SEELMANN, Kurt. *Rechtsphilosophie*. 4. ed. München: C. H. Beck, 2007. p. 35.

[860] Cf.: PERELMAN, Chaïm. *Ética e direito* (*Étique et droit*). (Trad. Maria Ermantina de Almeida Prado Galvão). São Paulo: Martins Fontes, 2005. p. 395.

generalizadas, no ambiente sociopolítico, em relação aos contornos do direito positivo, máxime quando aviltante da individualidade e da indenidade de cada ser humano.[861] O direito natural, desse modo, assume contornos de "regra de crítica jurídica",[862] atuando como paradigma do justo.

Se o recurso ao direito natural conferiu maior densidade à injuridicidade dos atos praticados, a questão pode tornar-se mais polêmica se acrescermos um complicador: seria possível negar que o nacional-socialismo de Hitler formou, no território alemão, uma consciência moral amplamente favorável a inúmeras violências que praticou? Na medida em que a consciência moral assume contornos voláteis, variando de povo para povo, tais práticas efetivamente afrontaram o direito natural? Em relação à temática ora tratada, o nacional-socialismo parece ter contribuído, decisivamente, ao menos em dois aspectos: (1º) o direito não pode existir dissociado de padrões morais; (2º) os padrões morais, a depender da matéria versada (*v.g.*: o respeito aos direitos humanos), serão obtidos em círculos mais amplos que o território alcançado pela ordem jurídica interna de cada Estado de Direito (*v.g.*: a integralidade das "nações civilizadas", isso para utilizarmos uma terminologia recorrente junto ao Tribunal Internacional de Justiça – Estatuto, art. 38, 4).[863]

Na medida em que superados o arbítrio e o totalitarismo, com o correlato restabelecimento da democracia, o direito natural tem a sua importância minimizada, sendo, não raro, relegado ao ostracismo. Tal, no entanto, não afasta a constatação de que a ciência jurídica não mais se compatibiliza com construções teóricas de viés puramente formal, que apregoem a neutralidade[864] e permaneçam indiferentes ao conteúdo a ser atribuído às normas. Além da superação do positivismo ideológico, prosélito da cega obediência a todo e qualquer padrão normativo editado pela autoridade competente, observa-se a absorção, pela ordem jurídica, de dogmas rotineiramente associados às construções naturalistas. Esse fenômeno, particularmente intenso na seara dos direitos humanos, refletiria uma verdadeira "positivação do direito natural",[865] concepção que em nada se confunde com uma teoria monista da ordem jurídica, segundo a qual o direito natural seria a ordem imanente na sociedade histórica, sendo necessariamente absorvido pelo direito positivo. O direito natural seria o próprio direito positivo.[866] Esse último entendimento peca por visualizar uma necessária inter-relação entre a base

---

[861] Cf.: ADEODATO, João Maurício. *A retórica constitucional*: sobre tolerância, direitos humanos e outros fundamentos éticos do direito positivo. São Paulo: Saraiva, 2009. p. 70-72.

[862] WIEACKER, Franz. *Historia del derecho privado de la Edad Moderna*. (Trad. Francisco Fernández Jardón). Madrid: Aguilar, 1957. p. 209.

[863] Sobre o surgimento e a funcionalidade dos "princípios gerais de direito reconhecidos pelas nações civilizadas", passíveis de serem utilizados como método de interpretação, modo de sistematização, meio de expressão de um ideal de justiça e instrumento de integração da ordem jurídica internacional, vide: PROTIÈRE, Guillaume. Les principes généraux dans la jurisprudence internationale: éléments d'une différenciation fonctionnelle. *Revue du Droit Public et de la Science Politique en France et a l'Étranger*, n. 1, p. 259, jan./fev. 2008. p. 259.

[864] Cf.: MIAILLE, Michel. *Introdução crítica do direito* (*Une introduction critique au droit*). 3. ed. (Trad. Ana Prata). Lisboa: Estampa, 2005. p. 44.

[865] Cf.: CAPPELLETTI, Mauro. *O controle de constitucionalidade das leis no direito comparado*. 2. ed. Porto Alegre: Sergio Antonio Fabris, 1992. p. 54. Ainda merece menção a posição extremada de Carl Schmitt, ao sustentar que "todos os conceitos concisos da teoria do Estado moderna são conceitos teológicos secularizados", o que encontraria justificativa na curiosa transição do "Deus onipotente" para o "legislador onipotente" (SCHMITT, Carl. *Teologia política* (*Politische Teologie*). (Trad. Elisete Antoniuk). Belo Horizonte: Del Rey, 2006. p. 35).

[866] Cf.: DE OLIVEIRA ASCENSÃO, José. *Introdução à ciência do direito*. 3. ed. Rio de Janeiro: Renovar, 2005. p. 188-190.

de sustentação da ordem social e a ordem jurídica, o que não explica, por exemplo, os padrões normativos produzidos por governos autoritários, assumindo feições materialmente injustas.

Não obstante suas feições originárias, o positivismo, a exemplo da ciência jurídica, também evoluiu. Essa constatação torna-se útil ao observarmos que não poucos autores,[867] ao referirem-se a ele, o fazem em seu sentido clássico, não raro de modo depreciativo. O positivismo, em suas feições mais amplas, não se sobrepõe ao normativismo de Kelsen, apresentando inúmeras variantes.

O próprio positivismo neutral parece não se ajustar ao pensamento de autores como Bentham[868] e Austin,[869] com decisiva participação na fundação do positivismo jurídico moderno e que, longe de negarem a existência de valores universais, defendiam, de um lado, a possibilidade de justificá-los a partir de um princípio de utilidade,[870] fundado na satisfação do bem comum, vale dizer, na busca pela felicidade do maior número possível de pessoas, e, de outro, a natureza independente de argumentos legais e morais.[871] Já no século XX, Hart,[872] "alvo" principal da teoria moral de Dworkin, não deixava de considerar os juízos valorativos ao incursionar na discussão sobre a justificação da pena. Afinal, ainda que a jurisprudência passe ao largo de conceitos morais, a liberdade, enquanto direito moral, somente pode ser restringida em havendo uma justificativa.

Ainda merece lembrança que o fato de Kelsen ter se preocupado com o fundamento de validade do direito (*rectius*: o dever de observar a norma), inclusive com o recurso à norma fundamental, fez que alguns autores o qualificassem como "quase-positivista" ou, melhor dizendo, "jusnaturalista".[873] Para outros, como Waldron,[874] a própria existência do positivismo neutral parte de uma premissa moral, isso ao formar um juízo de valor negativo a respeito da penetração da moral no direito. Desse modo, assumiria uma função nitidamente política e ideológica.[875]

É possível afirmar que considerável parcela das teorias positivistas reconhece que o conceito de direito é delineado a partir de operações descritivas, não avançando

---

[867] Cf.: SCARPELLI, Uberto. *Cos'è il positivismo giuridico*. Milano: Edizioni di Comunità, 1965. p. 39.

[868] BENTHAM, Jérémie. Principes de législation. *In*: *Oeuvres de Jérémie Bentham*. (Org. e Trad. É. Dumont). 3. ed. Bruxelles: Société Belge de Librairie, 1840. t. 1, p. 11-48; e BENTHAM, Jérémie. *An introduction to the principles of morals and legislation*. USA: Adegi Graphics LLC, 1961. p. 2 e ss.

[869] AUSTIN, J. L. *The province of jurisprudence determined*. Cambridge: Cambridge University Press, 1995. p. 18 e ss.

[870] De acordo com Bentham, o "princípio de utilidade" seria "uma espécie de lugar comum em moral e em política" (BENTHAM, Jérémie. Principes de législation. *In*: *Oeuvres de Jérémie Bentham*. (Org. e Trad. É. Dumont). 3. ed. Bruxelles: Société Belge de Librairie, 1840. t. 1, p. 11). Austin, por sua vez, defendia que o utilitarismo, enquanto meio para buscar a maior felicidade de todos, seria uma forma de revelar as "leis divinas" ainda não explicitadas por Deus (AUSTIN, J. L. *The province of jurisprudence determined and the uses of the study of jurisprudence*. Indianapolis: Hackett, 1998. p. 41). Para o primeiro, a utilidade derivaria da natureza humana; para o segundo, da vontade divina.

[871] COTTERRELL, Roger B. M. *The politics of jurisprudence*: a critical introduction to legal philosophy. USA: University of Pennsylvania Press, 1992. p. 57-58.

[872] HART, Herbert L. A. Are there any natural rights? *In*: GOODIN, Robert E.; PETTIT, Philip. *Contemporary political philosophy*: an anthology. 2. ed. USA: Blackwell, 2006. p. 281 (281 e ss.).

[873] Kaufmann, do mesmo modo, ao realçar que a norma fundamental de Kelsen vale como uma norma de direito natural, sustenta que o dever, nessa construção, é uma categoria ética ou moral (KAUFMANN, Arthur. *Filosofia do direito* (*Rechtsphilosophie*). (Trad. António Ulisses Cortês). Lisboa: Fundação Calouste Gulbenkian, 2004. p. 24 e 322).

[874] WALDRON, Jeremy. *Law and disagreement*. Oxford: Oxford University Press, 1999. p. 167.

[875] Cf.: LÖWY, Michael. *Ideologias e ciência social*: elementos para uma análise marxista. São Paulo: Cortez, 2002. p. 40.

em juízos valorativos. Divergem em relação ao modo de ser das normas jurídicas e à sua imperatividade quando cotejadas com fatores extrínsecos de natureza moral. Em consequência, é factível a possibilidade de se qualificar como jurídico um dado sistema ou norma e, simultaneamente, afirmar-se que são demasiado injustos para serem observados, postura que refletiria uma verdadeira obrigação moral do intérprete e, em última instância, do juiz, em deixar de aplicá-los. Essa conclusão, como observa Santiago Nino,[876] seria rechaçada pelos jusnaturalistas, pois se a "norma" é injusta e os juízes têm a obrigação moral de não aplicá-la, ela não seria uma verdadeira norma, e pelas teorias positivistas que apregoam a imperatividade da norma com abstração da justiça ou injustiça do seu conteúdo, agregadas por Bobbio, sob o rótulo do "positivismo ideológico".

A distinção entre direito e moral e a possível não coincidência entre padrões morais e padrões jurídicos, apesar de evidenciada na realidade, não descarta a constatação de que a aproximação ou o distanciamento desses referenciais terá consequências distintas para a norma e o ambiente sociopolítico. O direito, enquanto entidade complexa, agrupando questões que variam desde o delineamento do seu conteúdo ao modo de uso da força, sempre ostentará uma feição social: "the real or factual dimension of Law" a que se referiu Alexy.[877]

Padrões morais, tanto quanto possível, devem ser traduzidos em padrões jurídicos. Não se trata de uma característica ontológica, mas sim, de uma exigência de ordem funcional. Por ser um padrão de regulação social, a norma, ao se distanciar da base moral que permeia o seu plano de aplicação, corre o sério risco de se tornar inefetiva.[878] Em qualquer caso, não há obstáculo para que readquira a efetividade após certos cambiamentos sociais, constatação que demonstra o desacerto da tese defendida por alguns,[879] que associa a efetividade à juridicidade. Esse tipo de concepção, como se percebe, promove uma sobreposição entre os referenciais de *validade jurídica* e *validade social*. A validade social pressupõe que uma pauta mínima de valores afetos ao ambiente sociopolítico encontre correspondência na norma, o que lhe conferirá efetividade ou eficácia social (*sozialer Wirksamkeit*).[880] Tal eficácia social, malgrado não guarde similitude com uma zona de convergência que beire o consenso, deve estar lastreada em padrões mínimos de aceitação.[881] Caso a validade jurídica se dissocie da validade social, certas consequências recairão sobre a norma, inclusive com o fenômeno da denominada derrogação costumeira ou desuso ("Phänomen der Derogation durch Gewohnheitsrecht – desuetudo"), mas ela permanecerá formalmente hígida. Ainda que

---

[876] SANTIAGO NIÑO, Carlos. *Introducción al análisis del derecho*. 2. ed. Buenos Aires: Astrea, 2005. p. 38.
[877] ALEXY, Robert. The nature of arguments about the nature of law. *In*: MEYER, Lukas H. L.; PAULSON, Stanley; MENKO POGGE, Thomas. *Rights, culture, and the law*: themes from the legal and political philosophy of Joseph Raz. New York: Oxford University Press, 2003. p. 3-16.
[878] Cf.: LUCIANI, Massimo. L'interprete della Costituzione di fronte al rapporto fatto-valore: il testo costituzionale nella sua dimensione diacronica. *Diritto e Società*, n. 1, p. 1-26, 2009. p. 1 (2).
[879] Cf.: DI CELSO, M. Mazziotti; SALERMO, G. M. *Manuale di diritto costituzionale*. Padova: CEDAM, 2002. p. 5.
[880] Como fora observado por Kelsen, a noção de eficácia (*rectius*: efetividade) está associada ao "fato real de ela (a norma) ser efetivamente aplicada e observada, da circunstância de uma conduta humana conforme à norma se verificar na ordem dos fatos" (KELSEN, Hans. *Teoria pura do direito* (*Reine Rechtslehre*). (Trad. João Baptista Machado). 6. ed. São Paulo: Martins Fontes, 2003. p. 11).
[881] Cf.: ALEXY, Robert. *Begriff und Geltung des Rechts*. Freiburg/München: Karl Alber GmbH, 2002. p. 147.

seja possível afirmar que a norma é socialmente inválida, a perda de sua juridicidade é medida extrema, que principia pela sua não invocação no âmbito dos tribunais, até que seja obtido o expresso reconhecimento de sua não imperatividade.[882]

A questão que se põe na atualidade é identificar se podem ser enquadradas sob a epígrafe do positivismo jurídico construções teóricas que atribuam ao intérprete não uma atividade de puro conhecimento, limitando-se a descrever normas preexistentes, mas de verdadeira integração criativa; atividade que estabelece a conexão entre texto e contexto e delineia um significado harmônico com o ambiente sociopolítico. A moral deixaria de ser vista como mero paradigma de comparação e contribuiria no delineamento do próprio objeto a ser comparado, a norma jurídica. Observa-se que a própria referência ao "juízo valorativo" do intérprete é indicativa de que o direito se aproxima de referenciais axiológicos e assume perspectivas mais amplas que aquelas contextualizadas em um plano de pura neutralidade. O direito, em verdade, longe de ser oferecido, pronto e acabado, por uma fonte metafísica (*v.g.*: a religião) ou pelo texto normativo, como fazem crer inúmeras construções naturalistas e positivistas, resulta de uma construção procedimental, conduzida pelo intérprete e que conta com o concurso de fatores intrínsecos e extrínsecos. Essa construção assume feições de natureza "subjetivo-objetiva",[883] resultado da necessária interpenetração da atividade intelectiva com dados passíveis de verificação empírica (*v.g.*: texto normativo, aspectos da realidade etc.). Face à sua necessária interação com o ambiente sociopolítico, o direito assume contornos essencialmente mutáveis, sendo delineado por força de decisão.[884]

A doutrina positivista de Hart, considerada por Dworkin[885] "the most powerful contemporary version of positivism", parte da premissa de que a moral efetivamente influi no delineamento do direito, mas não é imperioso que as normas jurídicas reproduzam ou satisfaçam certos cânones de natureza moral, ainda que isso normalmente ocorra.[886] Seria necessário distinguir entre a invalidade do direito e a sua imoralidade:[887] com os olhos voltados à barbárie nazista, adverte que as normas moralmente iníquas podem ainda ser direito, o que não impede a sua inobservância em circunstâncias extremas.[888] Utilizada a classificação de Bobbio, pode-se afirmar que a doutrina de Hart se amolda ao positivismo enquanto método e rechaça o positivismo enquanto ideologia, já que nega a existência de uma obrigação moral de observar o direito positivo com abstração do seu conteúdo. Distanciando-se das construções positivistas que veem o direito como ato de

---

[882] Cf.: PECZENIK, Aleksander. *On law and reason*. 2. ed. The Netherlands: Springer, 1989. p. 29.
[883] Cf.: KAUFMANN, Arthur. *La filosofia del derecho en la posmodernidad* (*Rechtsphilosophie in der Nach-Neuzeit*). (Trad. Luis Villar Borda). Bogotá: Temis, 2007. p. 42-43.
[884] Cf.: LUHMANN, Niklas. *Sociologia do direito*. (Trad. Gustavo Bayer). Rio de Janeiro: Tempo Brasileiro, 1983. v. II, p. 9.
[885] DWORKIN, Ronald. *Taking rights seriously*. Massachusetts: Harvard University Press, 1999. p. IX e 16.
[886] HART, Herbert L. A. *O conceito de direito* (*The concept of law*). (Trad. A. Ribeiro Mendes). 3. ed. Lisboa: Fundação Calouste Gulbenkian, 2001. p. 201-202.
[887] Hart distingue a "moral positiva", aquela aceita e compartilhada por certo grupo social, dos princípios morais usados na crítica às instituições atuais, incluindo a "moral positiva". Esses últimos princípios consubstanciam a "moral crítica" (HART, Herbert L. A. *Law, Liberty and Morality*. Califórnia: Stanford University Press, 1963. p. 20).
[888] HART, Herbert L. A. *O conceito de direito* (*The concept of law*). (Trad. A. Ribeiro Mendes). 3. ed. Lisboa: Fundação Calouste Gulbenkian, 2001. p. 227-228.

vontade do Estado (*v.g.*: a vontade do soberano, de Austin),[889] Hart[890] propõe um conceito de direito que encontra sustentação na "regra de reconhecimento", fenômeno social que situa em cada comunidade o poder de decidir se uma norma faz parte, ou não, do seu direito, definindo, desse modo, a sua validade.[891] Cabe a ela estabelecer as qualidades que as normas devem apresentar para que possam ser reconhecidas. Se a contraposição entre a norma jurídica e algum paradigma moral não é suficiente para afastar a sua aplicação, o mesmo não pode ser dito em relação à "regra de reconhecimento": uma vez afrontada, a norma jurídica perderá a sua validade.

No âmbito das fontes do direito, Hart não adere às construções teóricas que somente incluem, sob essa epígrafe, o direito legislado, já que a "regra de reconhecimento" permite que sejam consideradas normas jurídicas aquelas de natureza involuntária (*v.g.*: os costumes), vale dizer, não editadas pelo poder competente. A ordem jurídica não é fechada nem completa, e muito menos imune a lacunas. As incertezas decorreriam da textura aberta da linguagem normativa, impedindo que o intérprete realize uma atividade puramente mecânica, como preconizado pelo positivismo sob os auspícios do "formalismo".[892] Como se percebe, Hart não sustenta que os juízes devem se limitar a reconhecer direitos preexistentes, à margem de qualquer processo de criação normativa. Sua construção associa os dogmas do positivismo neutral, que apregoa a separação entre direito e moral, a uma postura antiformalista, reconhecendo a concorrência do intérprete no delineamento da norma, o que se tornou possível com a flexibilidade assegurada pela textura aberta da linguagem jurídica. Hart, embora veja no direito um sistema de regras (*rules*), ressalta que o seu alcance nem sempre será exato, o que, nos casos difíceis, dá margem ao surgimento de zonas de penumbra, que oferecem ao juiz a discricionariedade necessária ao delineamento do seu conteúdo, daí decorrendo a "flexibilidade do direito".[893]

Dworkin, com o intuito declarado de combater o positivismo de Hart, buscou estabelecer uma vinculação necessária entre direito e moral,[894] sustentando que o raciocínio jurídico é necessariamente influenciado por princípios, delineados pelos tribunais a partir do contínuo exercício da atividade judicante, os quais, com relativa frequência, assumem contornos morais.[895] O raciocínio jurídico seria constantemente moldado pelo raciocínio moral, corroborando a absoluta impossibilidade de o direito ser

---

[889] AUSTIN, J. L. *The province of jurisprudence determined and the uses of the study of jurisprudence*. Indianapolis: Hackett, 1998. p. 18 e ss; e 164 e ss. A existência de uma "autoridade soberana", como ressalta Leoni, sempre pressupõe a existência de um poder que a constitua, poder este que define o seu título de justificação, como o teológico, o democrático etc. (LEONI, Bruno. *Lezioni di filosofia del diritto*. Itália: Rubbettino, 2003. p. 78-79).

[890] HART, Herbert L. A. *O conceito de direito* (*The concept of law*). (Trad. A. Ribeiro Mendes). 3. ed. Lisboa: Fundação Calouste Gulbenkian, 2001. p. 59 e ss.

[891] HART, Herbert L. A. *O conceito de direito* (*The concept of law*). (Trad. A. Ribeiro Mendes). 3. ed. Lisboa: Fundação Calouste Gulbenkian, 2001. p. 104-105.

[892] HART, Herbert L. A. *O conceito de direito* (*The concept of law*). (Trad. A. Ribeiro Mendes). 3. ed. Lisboa: Fundação Calouste Gulbenkian, 2001. p. 137 e ss.

[893] Cf.: CAMPBELL, Tom. *Prescriptive legal positivism*: law, rights and democracy. London: Routledge Cavendish, 2004. p. 113.

[894] O recurso à moral, como ressalta Alexy, é um lugar comum em "todas as teorias não positivistas" ("alle nichtpositivistischen Theorien"): ALEXY, Robert. *Begriff und Geltung des Rechts*. Freiburg/München: Karl Alber GmbH, 2002. p. 17.

[895] DWORKIN, Ronald. *Taking rights seriously*. Massachusetts: Harvard University Press, 1999. p. 14 e ss.

separado da moral. Quanto ao modo em que se daria essa relação, os princípios seriam o veículo utilizado pela moral para penetrar no direito – esse entendimento, exposto na obra *Taking rights seriously*, coletânea de textos esparsos cuja primeira impressão remonta a 1977, será objeto de maior desenvolvimento no tópico dedicado à distinção entre norma e valor. Por ora, observa-se que os princípios ou, mais especificamente, os princípios gerais do direito (*general principles of law*), com especial realce aos três valores fundamentais que veiculam – a justiça, a equidade e o Estado de Direito –, são vinculantes, ainda que se mostrem dissonantes do direito legislado. As regras seriam aplicadas à maneira do tudo ou nada, afastando qualquer margem de livre apreciação. Os princípios, por sua vez, que ostentam indiscutível importância na solução dos casos difíceis, teriam uma dimensão de peso, variando em importância, conforme as circunstâncias do caso concreto.

A construção de Dworkin parece estabelecer uma necessária sobreposição entre moral e direito na justificação dos princípios, o que inviabilizaria, por exemplo, a densificação de um princípio a partir da própria ordem jurídica, com abstração de qualquer consideração de ordem moral. Embora seja exato afirmar que os princípios jurídicos podem ser princípios morais, não menos exata é a constatação de que nem sempre o serão, o que, à evidência, não eliminará a sua natureza jurídica. Somente em situações extremas o juiz teria o dever moral de não aplicá-los. A utilização jurídica de princípios morais aponta para uma conexão entre direito e moral, mas não os identifica. Em resposta a essas críticas, formuladas por David A. J. Richards, Dworkin principia comungando da tese de que uma regra jurídica moralmente reprovável pode preservar a sua juridicidade, bem como que um princípio inicialmente obrigatório pode ser moralmente tão indigno que os juízes tenham o dever de não aplicá-lo.[896] Acresce que à pergunta sobre o que é o direito deve seguir-se a pergunta a respeito do que exige a moral de fundo (*background morality*), quer os critérios morais tenham sido incorporados à legislação, quer não. Tal deve ocorrer tanto quando os princípios jurídicos que incorporam conceitos morais são considerados indispensáveis para a argumentação jurídica, como quando a questão é precisamente saber que princípios devem ser considerados decisivos.[897] Por fim, arremata: "De nada disso decorre que o direito seja sempre moralmente correto nem que o que é moralmente correto seja sempre direito, nem mesmo nos casos difíceis".[898] Quanto à crítica de que, em sua teoria, os princípios jurídicos seriam sempre princípios morais "sólidos" ou "corretos", a conclusão é peremptória: "Eu não penso isso".[899] Como se constata, Dworkin vislumbra a existência de amplos pontos de conexão, mas não uma sobreposição necessária entre direito e moral.

Dworkin, como ressalta Carrió,[900] é nitidamente influenciado pelas características do sistema jurídico norte-americano, em que (1) a ordem constitucional, plenamente receptiva aos princípios morais, é utilizada como paradigma de validade das normas infraconstitucionais; e (2) os juízes, no exercício do *judicial review*, constantemente

---

[896] DWORKIN, Ronald. Seven critics. *Georgia Law Review*, n. 11, p. 1201-1267, 1977. p. 1201 (1253).
[897] DWORKIN, Ronald. Seven critics. *Georgia Law Review*, n. 11, p. 1201-1267, 1977. p. 1201 (1254).
[898] DWORKIN, Ronald. Seven critics. *Georgia Law Review*, n. 11, p. 1201-1267, 1977. p. 1201 (1254).
[899] DWORKIN, Ronald. Seven critics. *Georgia Law Review*, n. 11, p. 1201-1267, 1977. p. 1201 (1254).
[900] CARRIÓ, Genaro R. *Notas sobre derecho y lenguaje*. 5. ed. Buenos Aires: Abeledo-Perrot-LexisNexis, 2006. p. 346 e 362.

reconhecem a invalidade das normas que destoem desses princípios. Essa estreita conexão entre direito e moral, conquanto esteja arraigada no Judiciário e na sociedade dos Estados Unidos da América, não chega ao ponto de estabelecer um vínculo necessário e conceitual entre esses fatores. No extremo oposto, é compreensível a existência de um sistema que minimize a penetração de influxos axiológicos no delineamento do significado a ser atribuído ao texto normativo. Na medida em que os próprios órgãos jurisdicionais não recorram, com frequência, a *standards* morais, será visível o distanciamento das premissas estabelecidas por Dworkin.

Outro aspecto digno de realce na teoria de Dworkin, a ser analisado em momento posterior, é o repúdio à discricionariedade que o positivismo atribui aos juízes na solução dos casos não alcançados pela normatização existente.[901] Haveria uma única solução correta para cada caso, o que afastaria qualquer possibilidade de escolha por parte do juiz. Apesar de os influxos morais aparentemente diminuírem a margem de certeza do direito, Dworkin busca afastar esse inconveniente com a idealização de um juiz com capacidades sobre-humanas, a quem denominou de Hércules, que deveria necessariamente identificar e levar em consideração, ao menos nos casos difíceis, o conteúdo dos princípios gerais do direito e da base moral que lhes dá sustentação.[902]

Reflexões a respeito da permeabilidade axiológica do direito serão diretamente influenciadas pela solução que se dê a certos problemas preliminares, como o alcance que se queira atribuir à preeminência do direito legislado; à inter-relação entre direito e moral; à importância dos juízos de valor no processo de interpretação; e às relações entre as distintas espécies de valor, como os de natureza ética, política ou jurígena. A própria defesa dos direitos humanos, temática recorrente em incontáveis estudos jurídicos a partir da segunda metade do século XX, embora tenha contribuído para fortalecê-lo,[903] não pode ser considerada monopólio do jusnaturalismo.[904] O seu enquadramento no âmbito dos direitos morais, tomados em uma concepção teleológica e de feição eudemônica, há muito tem sido reconhecido.

Na linha evolutiva da concepção de direito, o advento do constitucionalismo pode ser visto como a segunda revolução verificada no positivismo enquanto método. Trata-se da alteração interna do paradigma positivista, que transitou da onipotência do legislador para a adstrição aos balizamentos estabelecidos por uma norma qualitativamente superior às demais, a Constituição formal.[905] Essa feição positivista foi redimensionada com o reconhecimento da permeabilidade axiológica do direito, constatação nitidamente potencializada no âmbito do constitucionalismo, o que deflui não só da maior abertura

---

[901] DWORKIN, Ronald. *Taking rights seriously*. Massachusetts: Harvard University Press, 1999. p. 68-71 e 82-86. Essa parte da teoria de Dworkin tem sido potencializada por alguns autores, como Lênio Streck, que veem na discricionariedade, não na separação em relação à moral, a principal característica do positivismo (STRECK, Lenio Luiz. A hermenêutica jurídica nos vinte anos da Constituição do Brasil. *In*: MOREIRA DE MOURA, Lenice S. (Org.). *O novo constitucionalisno na era pós-positivista*: homenagem a Paulo Bonavides. São Paulo: Saraiva, 2009. p. 59 (70-71)).

[902] Prestigiando a tese de Dworkin, no sentido de que haveria um único entendimento "politicamente correto": DE BARROS BELLO FILHO, Ney. *Sistema constitucional aberto*. Belo Horizonte: Del Rey, 2003. p. 22.

[903] Cf.: CATTANEO, Mario A. Alcune riflessioni sulla vitalità del diritto naturale. *Rivista Inernazionale di Filosofia del Diritto*, série V, n. 3, p. 449-454, giul./set. 2009. p. 449 (449-454).

[904] Cf.: SANTIAGO NIÑO, Carlos. *Introducción al análisis del derecho*. 2. ed. Buenos Aires: Astrea, 2005. p. 197.

[905] Cf.: PRIETO SANCHIS, Luis. *Justicia constitucional y derechos fundamentales*. Madrid: Trotta, 2003. p. 14.

semântica dos enunciados linguísticos de natureza constitucional, mas, principalmente, da crescente importância assumida pelas normas de estrutura principiológica, expressas ou implícitas.[906] Na atualidade, reconhece-se que enunciados linguísticos dessa natureza, cujo elevado grau de vagueza textual não precisa ser realçado, não só têm o seu sentido densificado com o inarredável recurso a pautas morais, como devem ser considerados verdadeiras normas, as quais, embora ostentem uma funcionalidade específica, possuem imperatividade e projetam a sua força normativa sobre o ambiente sociopolítico.[907] A própria compreensão da exata extensão dos direitos fundamentais, que envolvem interesses de inegável envergadura para o indivíduo e a sociedade, como a vida, a liberdade e a segurança, não prescinde de considerações de ordem moral.[908] Essas características bem demonstram a incompatibilidade entre o Estado constitucional e a "inércia mental"[909] associada ao positivismo enquanto método, isso ao advogar o raciocínio lógico-dedutivo e uma postura avalorativa por parte do intérprete, que permaneceria confinado aos limites semânticos do enunciado linguístico interpretado.[910]

Uma tentativa de preservar a utilidade conceitual do positivismo pode ser vista nas construções teóricas que, sem afrontar a sua premissa fundamental, refletida na separação entre direito e moral, sustentam, por exemplo, a permeabilidade axiológica do direito legislado, que tem o seu conteúdo integrado com o recurso aos valores colhidos no ambiente sociopolítico, ou a presença de referências morais na regra de reconhecimento preconizada por Hart.[911] Com os olhos voltados a essa possível adaptação conceitual do positivismo, desenvolveu-se, no ambiente anglo-saxão, a ideia de "positivismo inclusivo".[912] Assemelha-se às construções antipositivistas, como a de Dworkin,[913] ao reconhecer a proximidade entre direito e moral, mas delas se distancia no

---

[906] Cf.: ZAGREBELSKY, Gustavo. *Il diritto mite*: legge, diritto, giustizia. Torino: Einaudi, 2010. p. 147 e ss.

[907] Cf.: ALEXY, Robert. *Theorie der Grundrechte*. Baden-Baden: Suhrkamp Taschenbuch, 1994. p. 72; e DWORKIN, Ronald. *Taking rights seriously*. Massachusetts: Harvard University Press, 1999. p. 24.

[908] Cf.: SHINER, Roger A. Law and morality. *In*: PATTERSON, Dennis (Org.). *A companion to philosophy of law and legal theory*. USA: Wiley-Blackwell, 1999 (reimp. de 2003). p. 436 (438).

[909] ZAGREBELSKY, Gustavo. *Il diritto mite*: legge, diritto, giustizia. Torino: Einaudi, 2010. p. 38.

[910] Cf.: EHRENZWEIG, Albert Armin; KNIGHT, Max. *Law*: a personal view. The Netherlands: BRILL, 1977. p. 77.

[911] Cf.: GARCÍA FIGUEROA, Alfonso. Positivismo corrigido e positivistas incorrigíveis. *In*: RIBEIRO MOREIRA, Eduardo; GONÇALVES JÚNIOR, Jerson Carneiro; POLLETI BETTINI, Lucia Helena. *Hermenêutica constitucional*: homenagem aos 22 anos do Grupo de Estudos Maria Garcia. São Paulo: Conceito Editorial, 2010. p. 27 (27-28).

[912] Cf.: WALUCHOW, Wilfrid. J. *Inclusive legal positivism*. Oxford: Oxford University Press, 1994. p. 80 e ss.; COLEMAN, Jules L. *The practice of principle*: in defence of a pragmatist approach to legal theory. Oxford: Oxford University Press, 2001. p. 103-119; e MORESO, José Juan. El reino de los derechos y la objetividad de la moral. *In*: DICIOTTI, E. (Org.). *Diritti umani ed oggettività della morale*. Siena: Dipartimento di Scienze Storiche, Giuridiche, Politiche e Sociali di Siena, 2003. p. 9 (9 e ss.). Em sentido semelhante, Frederick Schauer fala em positivismo delgado, fraco ou simples (SCHAUER, Frederick. Positivism through think and thin. *In*: BIX, Brian (Org.). *Analyzing law*: new essays in legal theory. Oxford: Oxford University Press, 1998. p. 65 (65-66)). Campbell denomina de "positivismo ético" a teoria que defende a possibilidade de o sentido das normas ser identificado sem o recurso a controvertidas questões morais ou a outras especulações. Essa teoria, justificada pela moralidade política, renderia homenagem ao princípio democrático e não incursionaria em julgamentos morais, o que exige a adoção de uma postura ética, por operadores éticos, que devem direcionar sua atividade à identificação da regra de conduta apropriada ou, à sua falta, à escolha da alternativa mais adequada (CAMPBELL, Tom. *Prescriptive legal positivism*: law, rights and democracy. London: Routledge Cavendish, 2004. p. 114 e 43).

[913] Brian Bix inclui a doutrina de Dworkin, juntamente com outras construções rotineiramente tidas como antipositivistas, no âmbito das "teorias modernas do direito natural", todas centradas na visão do direito enquanto instrumento ou prática social, não estando primordialmente voltadas à individualização do seu fundamento metafísico de sustentação (BIX, Brian. Natural law theory. *In*: PATTERSON, Dennis (Org.). *A companion to philosophy of law and legal theory*. USA: Wiley-Blackwell, 2003. p. 223 (230 e ss.). Essa concepção, no entanto, não

que diz respeito à natureza e à intensidade dessa relação. O "positivismo exclusivo",[914] por sua vez, identifica o conteúdo e a validade da norma exclusivamente nas fontes convencionais do direito: "Todo direito está baseado nas fontes, e nada que não esteja baseado nas fontes é direito".[915] Enquanto o "positivismo exclusivo" nega, o "inclusivo" aceita a existência de instâncias outras, vinculadas à moral, que influem na determinação do conteúdo do direito.

Podem ser incluídas sob a epígrafe do "positivismo inclusivo" aquelas construções que reconhecem a penetração dos valores na esfera jurídico-normativa, inclusive no processo de determinação do significado das normas. Seria possível falarmos de um "positivismo axiologicamente sensível", apregoando que os textos normativos, malgrado devam ser respeitados, podem estar sujeitos a influxos de ordem axiológica no delineamento do seu significado. Construções dessa natureza, apesar de preservarem alguns traços originais do positivismo, reconhecendo a produção legislativa como fonte-mor do direito, dele se distanciam ao valorizar as relações entre texto e contexto e reconhecer a aproximação entre direito e moral, que não só influencia na elaboração dos textos normativos, como desempenha relevante papel no delineamento do seu sentido. Enquanto o antipositivismo vislumbra uma relação necessária entre direito e moral, o "positivismo inclusivo" ocupa uma posição intermédia: admite a relação, mas não a considera imprescindível e muito menos necessária. O problema, como ressaltado por Atieza,[916] é o inevitável reconhecimento da tese de que a relação entre direito e moral seria meramente contingente, sendo conceitualmente admissível a existência de um sistema jurídico moralmente asséptico.

A tentativa de resgate conceitual do positivismo está certamente atrelada ao discurso de sua metateoria de sustentação, calcada nos referenciais de certeza e clareza.[917] Ocorre que a concepção de direito enquanto sistema axiomático de normas, fechado e alheio a considerações morais, verdadeira viga-mestra do positivismo, não se ajusta à sensibilidade e à mobilidade axiológicas que se lhe pretende atribuir, isso sem olvidar o conjunto de exceções, às normas jurídicas positivadas, que não podem ser definidas *a priori*. Esse aspecto é particularmente perceptível em relação às correntes metodológicas que reconhecem o caráter normativo dos princípios. Diversamente do pensamento positivista, que apregoava o seu vazio semântico-jurídico e a contaminação política que produziam nas verdadeiras normas,[918] neles visualizam distinções de natureza qualitativa

---

merece ser acolhida. Socorrendo-nos de Weinberger (WEINBERGER, Ota. Beyond positivism and natural law. *In*: MACCORMICK, Neil; WEINBERGER, Ota (Org.). *An institutional theory of law*: new approaches to legal positivism. Netherlands: Springer, 1986 (reimp. de 1992). p. 111 (122-123)), podemos afirmar que o recurso a valores não se identifica com o recurso a referenciais metafísicos e objetivos. O contexto é dinâmico e os valores que dele se desprendem igualmente o são.

[914] Stefano Bertea fala em "positivismo maduro" (BERTEA, Stefano. Diritto e norma. *In*: LA TORRE, Massimo; SCERBO, Alberto. *Una introduzione alla filosofia del diritto*. Itália: Rubbettino, 2003. p. 47 (49)).

[915] MARMOR, Andrei. *Positive law and objective values*. Oxford: Oxford University Press, 2001. p. 49.

[916] ATIENZA, Manuel. ¿Es el positivismo jurídico una teoría aceptable del derecho? *In*: RIBEIRO MOREIRA, Eduardo; GONÇALVES JÚNIOR, Jerson Carneiro; POLLETI BETTINI, Lucia Helena. *Hermenêutica constitucional*: homenagem aos 22 anos do Grupo de Estudos Maria Garcia. São Paulo: Conceito Editorial, 2010. p. 455 (465).

[917] Cf.: GARCÍA FIGUEROA, Alfonso. Positivismo corrigido e positivistas incorrigíveis. *In*: RIBEIRO MOREIRA, Eduardo; GONÇALVES JÚNIOR, Jerson Carneiro; POLLETI BETTINI, Lucia Helena. *Hermenêutica constitucional*: homenagem aos 22 anos do Grupo de Estudos Maria Garcia. São Paulo: Conceito Editorial, 2010. p. 27 (34).

[918] Cf.: ZAGREBELSKY, Gustavo. *Il diritto mite*: legge, diritto, giustizia. Torino: Einaudi, 2010. p. 152.

em relação às regras, que se refletem no modo de resolução dos conflitos decorrentes de sua interação no sistema, sempre suscetíveis a um juízo de ponderação. Essas correntes podem ser enquadradas sob a epígrafe mais ampla do "neoconstitucionalismo" ou, sendo utilizado o positivismo enquanto método como paradigma de análise, sob a epígrafe do "pós-positivismo"[919] (ou "construtivismo epistemológico", como prefere Bertea).[920]

Neoconstitucionalismo, longe de consubstanciar termo unívoco, é epígrafe sob a qual podem ser incluídas distintas construções teóricas, unidas entre si por um traço comum: a adesão a paradigmas que importam no rompimento com concepções tradicionalmente adotadas na seara constitucional.[921] Esses paradigmas, em seus contornos mais amplos, podem dizer respeito ao modo de estruturar a ordem político-constitucional ou à teoria jurídica utilizada para identificar os significados constitucionais. Merece particular referência o redimensionamento das normas de estrutura principiológica, implícitas ou explícitas, que passam a ostentar maior sensibilidade axiológica, e a evidente preocupação com o respeito à pessoa humana. Daí decorre uma inevitável alteração da base metódica que confere operatividade à Constituição, com intensos reflexos na teoria da norma e na teoria da interpretação, que passam a se preocupar com a normatividade e a densificação do sentido dos princípios constitucionais, espécies normativas marginalizadas pelo positivismo enquanto método, e com a maximização do papel do intérprete, merecendo especial realce a atuação dos órgãos jurisdicionais.[922] Compete ao intérprete, a partir de limitada base linguística e no exercício de atividade acentuadamente criacionista, individualizar conteúdos normativos, o que exige sensibilidade para apreender e valorar todos os fatores de natureza axiológica que devem concorrer nesse processo, tomando as decisões necessárias à identificação do significado adequado. Desenvolve um discurso essencialmente axiológico[923] e indutivo, o qual, direcionado pelo pensamento problemático, busca preencher os balizamentos oferecidos pelo enunciado linguístico

---

[919] Cf.: BONAVIDES, Paulo. *Curso de direito constitucional*. 25. ed. São Paulo: Malheiros, 2010. p. 264. Forgó e Somek veem as correntes de pensamento pós-positivista (*Nachpositivistisches Rechtsdenken*) como integrantes de uma "teoria do saber jurídico" ("Theorie des rechtlichen Wissens"), resultando da comunicação entre o direito e a realidade subjacente ao ambiente sociopolítico (FORGÓ, Nikolaus; SOMEK, Alexander. Nachpositivistisches Rechtsdenken. *In*: BUCKEL, Sonja; CHRISTENSEN, Ralph; FISCHER-LESCANO, Andreas (Org.). *Neue Theorien des Rechts*. 2. ed. Stuttgart: Lucius & Lucius, 2009. p. 253 (253 e ss.)). Kaufmann fala em *Neopositivismus* como a tentativa de superar o empirismo do direito natural e a estática do positivismo, daí resultando um modelo de pensamento que atribui concretude ao direito (KAUFMANN, Arthur. Problemgeschichte der Rechtsphilosophie. *In*: ELLSCHEID, Günter. Strukturen naturrechtlichen. *In*: HASEMER, Winfried; NEUMANN, Ulfrid; KAUFMANN, Arthur. *Einführung in Rechtstheorie der Gegenwart*. 7. ed. Heidelberg: C. F. Müller, 2004. p. 1 (82-83)).

[920] BERTEA, Stefano. *Certezza del diritto e argomentazione giuridica*. Itália: Rubbettino, 2002. p. 22.

[921] Alguns autores, como Prieto Sanchís, atribuem ao neoconstitucionalismo características que parecem ser indissociáveis da própria noção de constitucionalismo, como o caráter normativo da Constituição, sua superioridade hierárquica no sistema de fontes, sua rigidez e sua eficácia direta (PRIETO SANCHIS, Luis. *Justicia constitucional y derechos fundamentales*. Madrid: Trotta, 2003. p. 116-117). Guastini, encampando uma posição restritiva, visualiza, como traços verdadeiramente fundamentais do constitucionalismo, a rigidez constitucional e a existência de um sistema de controle de constitucionalidade. Os demais, por sua vez, seriam indicadores de uma maior constitucionalização (GUASTINI, Ricardo. La costituzionalizzazione dell'ordinamento italiano. *Ragion Pratica*, n. 11, p. 185-206, 1988. p. 185 (185 e ss.)).

[922] Cf.: OTO RAMOS DUARTE, Écio; POZZOLO, Susanna. *Neoconstitucionalismo e positivismo jurídico*. São Paulo: Landy, 2006. p. 79; e SANTOS BEZERRA, Paulo César. *Lições de teoria constitucional e de direito constitucional*. 2. ed. Rio de Janeiro: Renovar, 2009. p. 57.

[923] Cf.: BONGIOVANNI, Giorgio. *Costituzionalismo e teoria del diritto*. Bari: Laterza, 2008. p. 60 e ss.

interpretado.[924] Somente assim será possível delinear a "dimensão axiológica" da Constituição, vinculada e indissociável de conceitos como liberdade, igualdade, pluralismo político, justiça e, principalmente, dignidade humana.[925]

Ao se tornar permeável à influência dos valores, a Constituição aparta-se do formalismo asséptico e torna-se dependente dos influxos recebidos do ambiente sociopolítico, permitindo que se fale em uma "leitura moral" de seus preceitos.[926] Essa influência, como dissemos, tem origem em fatores extremamente diversificados, que principiam pela releitura das relações entre direito e moral, avançam com o redimensionamento da funcionalidade das normas de estrutura principiológica e não prescindem de uma reestruturação metódica do processo de interpretação, que supera o discurso axiomático-dedutivo para valorizar os juízos valorativos e decisórios realizados pelo intérprete. Ao institucionalizar e desenvolver-se sobre essa base axiológica, o direito torna-se vivo e influente, sendo um instrumento voltado à realização do bem comum,[927] que é constantemente construído e reconstruído de acordo com as necessidades do ambiente sociopolítico. Na síntese de Prieto Sanchis: "Ninguna Constitución sin teoría ética que la sustente; ninguna interpretación constitucional sin argumentación moral".[928]

Não é exagero afirmar que um dos marcos fundamentais do denominado neoconstitucionalismo, ao menos no plano pragmático, é o conhecido Caso Lüth,[929] do Tribunal Constitucional Federal alemão (*Bundesverfassungsgericht*). Em sua decisão, o Tribunal reconheceu a existência de uma "ordem objetiva de valores" no plano constitucional.[930] Com isso, a Lei Fundamental (*Grundgesetz*) passou a ser vista não como uma "ordem quadro" (*Rahmenordnung*) para a ação do legislador, mas como o alicerce de desenvolvimento da própria ordem social, que seria influenciada pelos valores nela auferidos. É importante ressaltar que essa "ordem de valores" deve ser concebida sob uma perspectiva essencialmente dinâmica, sendo o significante "ordem" utilizado no sentido de organização, não no de primazia.[931] Em qualquer caso, a constitucionalização dos valores poderá contribuir para a maior integração do Estado e da sociedade, desde que, por óbvias razões, os valores a que se busca atribuir preeminência sirvam de fundamento e inspirem o ambiente sociopolítico.[932]

---

[924] Cf.: SANDOVAL GÓES, Guilherme. Neoconstitucionalismo. *In*: BARROSO, Luís Roberto (Org.). *A reconstrução democrática do direito público no Brasil*. Rio de Janeiro: Renovar, 2007. p. 113 (113).

[925] Cf.: LUCAS VERDU, Pablo. *Teoría de la Constitución como ciencia cultural*. 2. ed. Madrid: Dykinson, 1998. p. 40.

[926] Cf.: DWORKIN, Ronald. *Freedom's law*: the moral reading of the American constitution. Cambridge: Harward University Press, 1996. p. 1 e ss.

[927] Cf.: STRECK, Lenio Luiz. O positivismo discricionarista e a crise do direito no Brasil: a resposta correta (adequada à Constituição) como um direito fundamental do cidadão. *In*: BRAGA KLEVENHUSEN, Renata. *Temas sobre direitos humanos*: em homenagem ao professor Vicente de Paulo Barreto. Rio de Janeiro: Lumen Juris, 2009. p. 81 (90).

[928] PRIETO SANCHIS, Luis. *Justicia constitucional y derechos fundamentales*. Madrid: Trotta, 2003. p. 30.

[929] BVerfGE 7, 198 (205), 1958.

[930] Cf.: RENSMANN, Thilo. *Wertordnung und Verfassung*: das Grundgesetz im Kontext grenzüberschreitender Konstitutionalisierung. Tübingen: Mohr Siebeck, 2007. p. 68 e ss.

[931] Cf.: GARCIA, Emerson. *Conflito entre normas constitucionais*: esboço de uma teoria geral. Rio de Janeiro: Lumen Juris, 2008. p. 77-78.

[932] Cf.: LUCAS VERDU, Pablo. *Teoría de la Constitución como ciencia cultural*. 2. ed. Madrid: Dykinson, 1998. p. 130-131.

O neoconstitucionalismo não vê o direito como um mero ato de vontade, mas como o resultado de um conjunto de vontades, do legislador e do intérprete.[933] Reconhece a sua permeabilidade moral, revelando um intenso comprometimento com a pessoa humana. A Constituição passa a ser vista como um conjunto sistêmico de enunciados linguísticos, de natureza prescritiva, que tem os seus significados não propriamente atrelados à autoridade Constituinte, mas atribuídos pelo intérprete. Acresça-se que essa aproximação entre os momentos de criação e aplicação do direito importa no redimensionamento dos dogmas de sustentação da divisão orgânica do poder.[934] O Tribunal Constitucional, guardião da ordem constitucional, assume um papel de indiscutível relevância em matérias outrora enquadráveis sob a epígrafe das questões puramente políticas.

O neoconstitucionalismo distancia-se do naturalismo por não desconsiderar a importância dos balizamentos oferecidos pelos enunciados linguísticos inseridos na Constituição formal, por reconhecer a função de integração criativa desempenhada pelo intérprete e por estar calcado em bases eminentemente racionais, como se verifica com o desenvolvimento teórico da técnica da ponderação.[935] Rememorando a classificação de Bobbio, distingue-se do positivismo enquanto método, por ser plenamente receptivo aos influxos morais, do positivismo enquanto teoria, por não reconhecer a hegemonia da Constituição formal, que não seria suscetível, apenas, a uma interpretação mecânica, e do positivismo enquanto ideologia, por ser avesso à injustiça e à cega obediência.[936]

Esse quadro já permite deduzir que o neoconstitucionalismo não é fenômeno novo. Em verdade, é possível constatar a sua crescente generalização a partir do segundo pós-guerra, justamente o marco de declínio do positivismo e do efêmero ressurgir das construções naturalistas. Naturalismos, positivismos e neoconstitucionalismos à parte, não é exagero afirmar que o intérprete nem sempre se manterá fiel à higidez dessas construções teóricas e muito menos declinará os seus reais propósitos ao conduzir o processo de interpretação. Por ser bem conhecida a resistência teórica aos dogmas do naturalismo, o mais provável será encontrar naturalistas transvestidos de positivistas, e não raro de positivistas neutrais. Apesar de metodicamente inconciliáveis, é perfeitamente possível que o naturalista vislumbre, de antemão, a injustiça, a inaceitabilidade moral, ao menos para os seus padrões, de qualquer significado passível de ser reconduzido ao enunciado linguístico interpretado, o que o impediria de falar em norma jurídica mesmo ao fim do processo de interpretação, após a resolução das conflitualidades intrínsecas. Apesar disso, individualiza a norma e apregoa a sua falta de imperatividade. Pode, ainda, conduzir o processo de interpretação de modo a obter normas que se harmonizem com as normas morais que têm como preexistentes, ainda que isso importe em total distanciamento do texto normativo. Como ressaltado por Zagrebelsky, "o estilo, o modo

---

[933] Realçando a importância do intérprete sistemático, vide: FREITAS, Juarez. *A interpretação sistemática do direito*. 4. ed. São Paulo: Malheiros, 2004. p. 63 e ss.

[934] Cf.: DE MOURA AGRA, Walber. *Curso de direito constitucional*. 5. ed. Rio de Janeiro: Forense, 2009. p. 39.

[935] Cf.: RIBEIRO MOREIRA, Eduardo. Neoconstitucionalismo e teoria da interpretação. *In*: RIBEIRO MOREIRA, Eduardo; GONÇALVES JÚNIOR, Jerson Carneiro; POLLETI BETTINI, Lucia Helena. *Hermenêutica constitucional*: homenagem aos 22 anos do Grupo de Estudos Maria Garcia. São Paulo: Conceito Editorial, 2010. p. 215 (216).

[936] Cf.: STRECK, Lenio Luiz. A hermenêutica filosófica e as possibilidades de superação do positivismo pelo (neo) constitucionalismo. *In*: LEITE SAMPAIO, José Adércio (Org.). *Constituição e crise política*. Belo Horizonte: Del Rey, 2006. p. 273 (275).

de argumentar 'em direito constitucional', se assemelha, de fato, ao estilo, ao modo de argumentar 'em direito natural'", conclusão óbvia ao se constatar o *modus operandi* dos Tribunais Constitucionais, sempre sensíveis à abertura das Constituições e à sua permeabilidade aos influxos axiológicos.[937] A "leitura moral" da Constituição faz parte do trabalho diário dos operadores do direito.[938]

A identificação da sinceridade metódica do intérprete exige que seja devidamente considerado que a norma é fruto da interação entre texto e contexto, daí decorrendo necessariamente (1) a observância aos balizamentos oferecidos pelos enunciados linguísticos e (2) a consideração dos influxos de ordem moral colhidos no ambiente sociopolítico, que não devem ser manipulados, exasperados ou flexibilizados de acordo com suas pré-compreensões.

3.2 Valores: formação e relevância

Ainda que premidos pela advertência de Hessen,[939] no sentido de que "o conceito de valor não pode rigorosamente definir-se", cremos que seja possível afirmar que valor indica o atributo, positivo ou negativo, de ato, fato ou situação. O valor, que tem natureza transitória e contingente,[940] pode assumir contorno puramente subjetivo, surgindo a partir da crença, individual ou comunitária, dessa preferibilidade;[941] ou objetivo, sendo extraído de certa base de análise, como a sociedade ou o direito posto. Em outras palavras, reflete tanto uma atitude por parte do sujeito, o ato de avaliar ou valorar,[942] quanto uma característica atribuída ao objeto.[943] Uma teoria dos valores evidencia a distinção entre posturas puramente descritivas e críticas: enquanto as primeiras indicam um comportamento neutral por parte do intérprete; as segundas refletem a sua opinião a respeito do objeto interpretado.[944] Quem descreve se limita a observar, constatar, medir. Quem critica avança da observação, constatação ou medição, para amar, odiar, aprovar ou desaprovar aquilo que foi observado, constatado ou medido. As opiniões obtidas a partir da crítica possibilitarão o delineamento de uma diversidade de valores que refletirão a percepção do intérprete a respeito de cada um dos objetos interpretados.

A teoria dos valores, embora possa se voltar tanto ao estudo do ato de valorar, quanto ao objeto passível de valoração, é sempre estruturada a partir de considerações de natureza ontológica, genealógica e epistemológica, vale dizer, busca identificar o que são os valores, qual a sua origem e qual o conhecimento que se tem sobre eles.[945]

---

[937] ZAGREBELSKY, Gustavo. *Il diritto mite*: legge, diritto, giustizia. Torino: Einaudi, 2010. p. 157.
[938] Cf.: DWORKIN, Ronald. *Freedom's law*: the moral reading of the American constitution. Cambridge: Harward University Press, 1996. p. 3.
[939] HESSEN, Johannes. *Filosofia dos valores*. (Trad. Luís Cabral Moncada). Coimbra: Almedina, 2001. p. 43.
[940] Cf.: LONGO, Andrea. Valori, principi e Costituzione: qualque spunto sui meccanismi di positivizzazione delle istanze assiologiche di base. *Diritto e Societa*, n. 1, p. 76, 2002. p. 76 (87).
[941] Cf.: RAZ, Joseph. *Practical reason and norms*. New York: Oxford, 2002. p. 11.
[942] Cf.: PECZENIK, Aleksander. *On law and reason*. 2. ed. The Netherlands: Springer, 1989. p. 75; e PECZENIK, Aleksander. Prima-facie values and the law. *In*: SADURSKI, Wojciech (Ed.). *Ethical dimensions of legal theory*. The Netherlands: Rodopi, 1991. p. 91 (91).
[943] Cf.: PERRY, Ralph Barton. *General theory of value*. USA: Read Books, 2007. p. 3.
[944] Cf.: PERRY, Ralph Barton. *General theory of value*. USA: Read Books, 2007. p. 3.
[945] Cf.: TAEKEMA, Sanne. *The concept of ideals in legal theory*. The Hague: Springer, 2002. p. 2.

A opção por uma ou outra vertente, vale dizer, pelo objeto ou pela ação, tende a ser influenciada pela adesão, respectivamente, às teorias cognitivistas ou não cognitivistas.[946]

Consideram-se cognitivistas ou descritivistas as teorias que identificam os valores a partir de uma base de análise de natureza estática, permitindo concluir pela verdade ou falsidade das conclusões alcançadas, já que os valores, nesse caso, são tão somente conhecidos. Essas teorias podem ser subdivididas em naturalistas e não naturalistas: no primeiro caso, a base de análise está consubstanciada em um referencial metafísico[947] (*v.g.*: razão, natureza etc.); no segundo, por sua vez, busca-se sustentação em propriedades não naturais que apresentam uma relação de inerência com pessoas, objetos, ações e fatos. Em ambos os casos, quer sejam obtidos a partir de um referencial externo ao objeto considerado, quer sejam tidos como inerentes a ele, os valores, repita-se, serão apenas conhecidos. Essas teorias apresentam a evidente dificuldade em demonstrar a subsistência de referenciais axiológicos à margem das vicissitudes do contexto e da capacidade de apreensão do intérprete.

As teorias não cognitivistas, por sua vez, encontram sustentação no entendimento de que qualquer que seja a base de sustentação dos valores, ela assume contornos meramente exibicionistas. Não oferece valores prontos e acabados. E muito menos permite ao intérprete desenvolver uma atividade puramente descritiva. Fala-se em exibicionismo para indicar o oferecimento das variáveis sobre as quais o intérprete desenvolverá a sua atividade intelectiva, o que lhe permitirá delinear os valores pertinentes ao caso. Não é incomum que construções não cognitivistas sustentem que juízos valorativos são frutos de sentimentos ou emoções, o que certamente compromete a racionalidade da construção. Em qualquer caso, o intérprete, a partir de uma base ao alcance de todos, delineia, com os influxos de sua personalidade, os valores, que não poderão ser considerados verdadeiros ou falsos.[948]

Encampando a classificação de Wroblewski,[949] os valores constitucionais podem ter seus contornos existenciais analisados no plano filosófico e no plano da linguagem ou semiótico.

No plano filosófico, são identificadas duas posições extremas: de um lado, o cognitivismo e o objetivismo ontológico, em que não se admitem diferenças semióticas entre enunciados axiológicos e de outro tipo, estando o diferencial presente no "tipo de existência" ou no "tipo de conhecimento"; de outro, o não cognitivismo e subjetivismo axiológico ou sociologismo, segundo o qual os valores só podem ser conhecidos enquanto resultado do processo de valoração, não existindo com independência do objeto valorado. Para o cognitivismo, o não cognitivismo reconhece uma distinção semiótica entre as proposições e os valores, não estando estes últimos a indicar a verdade ou a falsidade; do ponto de vista semântico, supõe que os valores ostentam um significado emotivo

---

[946] Cf.: PECZENIK, Aleksander. *On law and reason*. 2. ed. The Netherlands: Springer, 1989. p. 47 e ss.; e TERSMAN, Folke. *Moral disagreement*. New York: Cambridge University Press, 2006. p. 2.

[947] SALDANHA, Nelson. Em torno dos valores. *Revista da Academia Brasileira de Letras Jurídicas*, n. 11, p. 79-90, 1. sem. 1997. p. 79 (79). Nas palavras do autor, os valores seriam "entidades metafísicas".

[948] Cf.: PECZENIK, Aleksander. *On law and reason*. 2. ed. The Netherlands: Springer, 1989. p. 49. De acordo com o autor, os valores "can no be true than numbers healthy".

[949] WROBLEWSKI, Jerzy. *"Sentido" y "hecho" en el derecho*. (Trad. J. Igartua). San Sebastián: Universidad del País Vasco, 1989.

frente ao significado descritivo das proposições; e, do ponto de vista pragmático, entende que a função dominante será emotiva e descritiva.[950]

No plano da linguagem ou semiótico, os valores se distinguem das normas constitucionais propriamente ditas. As valorações são inerentes à justificação das normas jurídicas gerais ou à tomada de decisão, o que associa a tipologia dos enunciados valorativos ao tipo de justificação, tornando-a dele dependente. Especificamente em relação à justificação, podem ser identificados quatro tipos: (1º) primário, em que o objeto é valorado com independência de qualquer justificação;[951] a verdade existe e é conhecida em função da filosofia concreta sob a qual se valora; para o não cognitivismo o enunciado reflete uma valoração básica aceita ou rechaçada sem argumentos sob o ponto de vista de um indivíduo ou grupo; (2º) sistematicamente relativizados, em que a valoração se justifica por associação a algum sistema axiológico não absoluto; (3º) condicionalmente relativizados, caracterizados pelo fato de a justificação se referir a alguma relação empírica com outro objeto; e (4º) instrumentalmente relativizados, marcados pelo uso como meio, embasado nas exigências do fim a que se refere a justificação.[952]

Naquilo que se relaciona à resolução das conflitualidades intrínsecas, o ato de valorar ou juízo valorativo propriamente dito terá lugar no curso do processo de interpretação, sendo direcionado pela pré-compreensão e pelos métodos ao alcance do intérprete. Em relação ao objeto passível de valoração, verifica-se que a atividade do intérprete é voltada à atribuição de significado aos enunciados linguísticos que formam o texto constitucional. Nesse processo, é plenamente factível que o intérprete se depare com uma pluralidade de significados, fruto de variadas conflitualidades intrínsecas, dentre as quais as de natureza axiológica. Assim, embora seja exato afirmar que são os enunciados linguísticos o objeto da interpretação, sendo sobre eles realizado um juízo de valor, não menos exata é a constatação de que essa atividade será influenciada pelos juízos de valor que contribuíram para o surgimento e na resolução da conflitualidade intrínseca de natureza axiológica. Nessa linha, verifica-se a valoração de dois objetos distintos: o enunciado linguístico e o paradigma escolhido pelo intérprete como base de sustentação dos valores que influem no resultado do processo de interpretação. A questão que se põe é identificar qual será o paradigma utilizado pelo intérprete para a identificação dos valores que contribuirão para a densificação do conteúdo das normas constitucionais.

Os valores não apresentam uma geração espontânea e muito menos neutral. Surgem e se desenvolvem umbilicalmente ligados a certas experiências humanas, experiências estas que têm origem extremamente diversificada, podendo ser associadas a praticamente qualquer seara do pensamento e da atuação humana. Essa origem diversificada não afasta a constatação de que o processo de formação dos valores não se desenvolve em

---

[950] Cf.: WROBLEWSKI, Jerzy. *"Sentido" y "hecho" en el derecho*. (Trad. J. Igartua). San Sebastián: Universidad del País Vasco, 1989. p. 15-32.

[951] Utilizá-lo, como anota Wroblewlski, indica a inexistência de argumentos ao seu favor: WROBLEWSKI, Jerzy. *"Sentido" y "hecho" en el derecho*. (Trad. J. Igartua). San Sebastián: Universidad del País Vasco, 1989. p. 25).

[952] Cf.: WROBLEWSKI, Jerzy. *"Sentido" y "hecho" en el derecho*. (Trad. J. Igartua). San Sebastián: Universidad del País Vasco, 1989. p. 24-25; e FRANCO MONTORO, André. *Introdução à ciência do direito*. 28. ed. São Paulo: Revista dos Tribunais, 2009. p. 327.

compartimentos estanques e incomunicáveis. Pelo contrário, não é incomum que os paradigmas existentes exerçam uma influência recíproca.

Com o objetivo de preservar a coesão do discurso, faremos referência a três paradigmas de análise, que ostentam natureza econômica, religiosa ou moral: enquanto os dois primeiros versam sobre temática definida, o último é particularmente aberto, permitindo que absorva distintos planos de análise. Cada um desses paradigmas ostenta relativa independência em relação aos demais, sendo plenamente factível que certo ato ou fato ostente valor positivo em um dado sentido e negativo em outro.[953]

Sob a ótica econômica, o valor exprimiria a utilidade de um dado objeto ou a sua possibilidade de troca por outros cuja utilidade é reconhecida.[954] Em uma hierarquia axiológica, a primazia seria atribuída àqueles objetos de maior relevância econômica, indicando uma "eficiente alocação de recursos" ("effizienten Allokation von Ressourcen"),[955] o que serviria para indicar a correção dos atos praticados.[956] Trata-se do "princípio da maximização das utilidades" ("Prinzip der Nutzenmaximierung").[957] Esse tipo de concepção, apregoada por pensadores como Marx e Engels, defende que toda ordem social encontra-se alicerçada no fato econômico, de natureza exclusivamente humana, que determina a formação da consciência social. Os fenômenos sociais, como realçado por Groppali,[958] podem ser observados de modo heterônomo ou autônomo: no primeiro caso, é analisada a relação de dependência que mantêm entre si, como o efeito em relação à causa; no segundo, são identificadas as suas próprias regras de surgimento e desenvolvimento, o que permite uma análise independente, mesmo que sofram a influência de outros fenômenos sociais. Ainda que considerações de ordem econômica concorram para a formação dos valores, elas não os exaurem, o que afasta a existência de uma relação heterônoma entre eles.

Adotando-se um paradigma religioso, os valores seriam encontrados a partir da espiritualidade, alicerçada em referenciais superiores, que agem na formação dos *standards* responsáveis pelo direcionamento do pensar e do agir da pessoa humana. Esses *standards*, por sua vez, que têm reconhecida a sua imperatividade, importância ou mero valor a partir de um estado mental baseado na fé, vale dizer, na crença de sua infalibilidade e correção, apresentam inúmeras variações. O pluralismo religioso conduz à necessidade de separação e individualização, de modo que cada conjunto de *standards* possa ser agrupado sob um designativo específico, permitindo o seu reconhecimento e, para aqueles que assim o desejarem, o seu acolhimento. É nesse contexto que surgem

---

[953] Cf.: PERRY, Ralph Barton. *General theory of value*. USA: Read Books, 2007. p. 10.

[954] Cf. SMITH, Adam. *Inquérito sobre a natureza e as causas da riqueza das nações* (*An inquiry into the nature and causes of the wealth of nations*). (Trad. Teodora Cardoso e Luís Cristóvão de Aguiar). 4. ed. Lisboa: Fundação Calouste Gulbenkian, 1999. v. I, p. 126 e ss.

[955] Cf.: BIRKENSTOCK, Eva. Rechtstheorien ohne Moralphilosophie: zur Abkopplung neuer Rechtstheorien von der Rechtsphilosophischen Tradition. *Der Staat*, v. 46, n. 4, p. 561-572, 2007. p. 561 (570).

[956] Cf.: MÜLLER, Felix. Ökonomische Theorie des Rechts. *In*: BUCKEL, Sonja; CHRISTENSEN, Ralph; FISCHER-LESCANO, Andreas (Org.). *Neue Theorien des Rechts*. 2. ed. Stuttgart: Lucius & Lucius, 2009. p. 351 (355-356).

[957] Cf.: SCHNEIDER, Jochen. Theorie juristischen Entscheiden. *In*: HASEMER, Winfried; NEUMANN, Ulfrid; KAUFMANN, Arthur. *Einführung in Rechtstheorie der Gegenwart*. 7. ed. Heidelberg: C. F. Müller, 2004. p. 348 (353).

[958] GROPPALI, Alexandre. *Filosofia do direito*. (Trad. Ricardo Rodrigues Gama). Campinas: LZN, 2003. p. 144.

e se propagam as religiões, desenvolvendo-se à margem da razão,[959] no plano da espiritualidade, e encontrando sustentação na fé. Individualizados os *standards* preferidos pelo intérprete, deles se desprenderão os valores tidos como relevantes.

O paradigma moral, por sua vez, apesar de assumir contornos eminentemente voláteis, apresentando conteúdo compatível com a época, o local e os mentores de sua densificação, busca prestigiar a base de valores que se desprende de um dado contexto (social, político etc.). Moral, como se sabe, é conceito mais fácil de ser sentido que propriamente definido, o que não afasta a constatação de que, no ambiente sociopolítico, são formulados conceitos abstratos, que condensam, de forma sintética, a experiência auferida com a convivência em sociedade, terminando por estabelecer concepções dotadas de certa estabilidade e com ampla aceitação entre todos, o que contribui para a manutenção do bem-estar geral. É justamente a moral que aglutina tais concepções, podendo ser concebida como o conjunto de valores comuns entre os membros da coletividade em determinada época, estando submetida a um "controle social direto",[960] ou, sob uma ótica restritiva, como o manancial de valores que informam o atuar do indivíduo, estabelecendo os seus deveres para consigo e a sua própria consciência sobre o bem e o mal. No primeiro caso, conforme a distinção realizada por Bergson,[961] tem-se o que se convencionou chamar de moral fechada, e, no segundo, de moral aberta. A moral representa uma teoria das obrigações do homem que prescinde da especialidade das obrigações do direito.[962]

De acordo com o ceticismo moral, valores de natureza moral seriam insuscetíveis de conhecimento. Afinal, não seria possível determinar, racionalmente, se uma conduta é moralmente boa ou ruim, correta ou incorreta, justa ou injusta. Valores, longe de serem passíveis de análise, seriam objeto de mera escolha, que surgiria dissociada de qualquer critério ou base de sustentação, externando, apenas, as preferências pessoais e o subjetivismo do responsável pela sua individualização. Críticas dessa natureza certamente teriam maior receptividade se a ideia de moral efetivamente levitasse no imaginário de cada membro da coletividade, não encontrando alicerce em qualquer paradigma que a tornasse apreensível e passível de conhecimento. Diversamente da parcialidade ideológica e do caráter unidirecional dos paradigmas econômico e religioso, o paradigma moral valoriza a vertente sociológica, em que se estabelece a vinculação dos valores subjacentes ao direito com o ambiente social em que pretende fazer-se eficaz.[963] A coerência e consequente correção dos valores assim apreendidos será aferida de acordo com a representação do contexto.[964]

---

[959] Como afirmou São Tomás de Aquino, enquanto o teólogo considera o pecado como uma infração contra Deus, o filósofo moral o considera contrário à razão (DE AQUINO, São Tomás. *Suma Teológica, Prima Secundae*. São Paulo: Loyola, 2002. Questão 71, art. VI).

[960] WALDROW, Jeremy. *The dignity of legislation*. Cambridge: Cambridge University Press, 1999. p. 20.

[961] BERGSON, Henri. *The two sources of morality and religion*. (Trad. R. Ashley Audra e Cloudsley Brereton, com o auxílio de W. Horsfall Carter). Notre Dame: University of Notre Dame Press, 1977. p. 34 e ss.

[962] Cf.: SCHAPP, Jan. *Liberdade, moral e direito*: elementos de uma filosofia do direito (Freiheit, Moral und Recht: Grundzüge einer Philosophie des Rechts). (Trad. Mariana Ribeiro de Souza). Porto Alegre: Sergio Antonio Fabris, 2009. p. 135.

[963] Cf.: BARRANCO AVILÉS, Maria del Carmen. *La teoría jurídica de los derechos fundamentales*. Madrid: Dykinson, 2004. p. 173.

[964] Cf.: VALA, Jorge. Social values and contexts of interaction. *In*: LOPES ALVES, João. *Ética e o futuro da democracia*. Lisboa: Colibri, 1998. p. 511 (516).

A vertente sociológica tem o mérito de estimular a construção de uma ordem de valores que consubstancia um espelho do ambiente social, marcado pelo pluralismo e que não prescinde da tolerância,[965] o que certamente contribui para assegurar a sua estabilidade: lembremos que a essência de qualquer sociedade se situa na solidariedade moral dos conviventes, denotando a sua solidariedade no bem, de todo refratária ao mal.[966] No extremo oposto, observa-se que a utilização, em sociedades laicas e pluralistas, de um paradigma religioso na formação dos valores que influirão na individualização das normas constitucionais, será, por certo, um fator de instabilidade social.[967] O mesmo pode ser dito em relação ao paradigma econômico, que pode relegar a plano secundário o próprio respeito à pessoa humana. Ainda que se reconheça que a "consciência da autoridade" ("gewisse Autoritäten"), qualquer que seja ela (religiosa, democraticamente constituída etc.), e a "razão" ("Vernunft") certamente concorrem para o delineamento do paradigma moral, ele não pode ser concebido de modo isolado da "sociedade" ("Gesellschaft").[968]

A movimentação no plano axiológico, por ser sensível às vicissitudes do ambiente social, não pode prescindir do sentido histórico que os valores assumem e que permite seja delineada a identidade de um povo.[969] Considerando que cada povo possui uma variedade de fontes de identidade, é intuitivo que os indivíduos podem delas se apropriar de diferentes maneiras,[970] daí decorrendo uma diversidade de valores. Nesse particular, é de todo conveniente lembrar, com Baker, que as generalizações a respeito de aspectos socioculturais de um dado povo devem ser precedidas de grande cautela, máxime quando o pluralismo seja a tônica e os pontos de consenso apresentem inegável fluidez.[971] O regular funcionamento do regime democrático, permitindo que a minoria se incline às deliberações da maioria, exige que aos valores comuns a todos os membros da comunidade seja atribuída maior importância que às forças de dissenso, que acentuam as diferenças e diminuem a coesão social. Esses valores não devem ser postos em questão. A fidelidade a eles, tanto quanto possível, deve ser incondicional, e não se deve negligenciar em reforçar a sua ação sobre os membros da comunidade.[972]

A diversidade inerente ao seu processo de formação indica que os valores não ostentarão, em relação a cada pessoa, uma uniformidade de importância. A própria

---

[965] Cf.: PERRY, Michael J. *Morality, politics and law*. New York: Oxford University Press, 1990. p. 7.
[966] Cf.: DEI MALATESTA, Nicola Framarino. *A sociedade e o Estado*. (Trad. Lúcia Amélia Fernandez Baz e Maria Sicília Damiano). São Paulo: LZN, 2003. p. 61. Da associação da *moral* ao *bem* decorre a distinção entre moral positiva (*faça o bem*) e moral negativa (*não faça o mal*), sendo esta última, segundo Malatesta, a fonte originária dos sentimentos de justiça (DEI MALATESTA, Nicola Framarino. *A sociedade e o Estado*. (Trad. Lúcia Amélia Fernandez Baz e Maria Sicília Damiano). São Paulo: LZN, 2003. p. 71).
[967] Cf.: PERRY, Michael J. *Religion in politics*: constitutional and moral perspectives. New York: Oxford University Press, 1999. p. 65.
[968] Cf.: ELLSCHEID, Günter. Recht und Moral. *In*: HASEMER, Winfried; NEUMANN, Ulfrid; KAUFMANN, Arthur. *Einführung in Rechtstheorie der Gegenwart*. 7. ed. Heidelberg: C. F. Müller, 2004. p. 214 (216-221).
[969] Cf.: RUGGERI, Antonio. *Fonti e norme nell'ordinamento e nell'esperienza costituzionale*. Torino: Giappichelli, 1993. p. 359-360.
[970] Cf.: HERRERA LIMA, Maria. Impartiality and tolerance in the theory of justice. *In*: LOPES ALVES, João. *Ética e o futuro da democracia*. Lisboa: Colibri, 1998. p. 289 (298).
[971] Cf.: BAKER, Bruce. *Taking the law into their own hands*: lawless law enforces in Africa. Hampshire: Ashgate, 2002. p. 29.
[972] PERELMAN, Chain. Rhétorique et politique. *In*: CRANSTON, Maurice; MAIR, Peter. *Langage et politique*. Bruxelles: Bruylant, 1982. p. 5 (7-8).

existência dos valores está associada à liberdade do ser humano em participar do seu processo de formação, realizando verdadeiras valorações.[973] Daí a possibilidade de apresentarem variações e de serem ordenados de distintas maneiras,[974] de acordo com a prioridade que mantêm entre si.[975] Cada pessoa terá sua "escala ideal de valores",[976] que pode ostentar intensas zonas de convergência ou de divergência com os demais atores do círculo em que inserido. Com os olhos voltados à individualidade do ser humano, não será possível afirmar que certos juízos morais sejam objetivamente falsos, enquanto outros se mostrem objetivamente verdadeiros.[977] Padrões de correção ou incorreção somente se formarão no plano exterior, a partir da escolha de um paradigma de comparação, como a moral social. Tanto os valores pessoais do intérprete, quanto as diferentes concepções do processo de justificação, são diretamente influenciados por sua experiência no meio social, o qual se encontra umbilicalmente associado às tradições culturais e institucionais, daí decorrendo a aceitação de certos padrões comportamentais e a correlata exclusão de outros.[978]

Acresça-se que é justamente o escalonamento de preferências que permite que se fale em uma "hierarquia de valores", fazendo com que o plano mais elevado e o plano mais baixo sejam ocupados, respectivamente (1) pelos valores subordinantes e pelos valores subordinados, de modo que os primeiros sirvam de base e vinculem o desenvolvimento dos últimos; ou, sob outra perspectiva de análise,[979] (2) pelas impressões mais positivas e por aquelas que assumam contornos acentuadamente negativos.[980] Essa hierarquização torna-se particularmente importante no âmbito da argumentação jurídica, sendo natural que a adesão aos valores situados no plano mais elevado facilite o convencimento dos demais participantes do processo de comunicação normativa em relação à defensabilidade das soluções propostas.[981]

Os valores se dissociam do plano atemporal em que inseridos os enunciados linguísticos carentes de interpretação, apresentando uma feição dinâmica e atualizadora da ordem constitucional. Sua hierarquização, alimentada que é pelo contexto ambiental,

---

[973] Cf.: REALE, Miguel. *Experiência e cultura*. 3. ed. São Paulo: Saraiva, 1983. p. 196.

[974] Cada ser humano, como observou Reale, deve formar sua própria experiência ética, experimentando e provando diretamente os valores, "sendo como que Cristo de sua própria redenção" (REALE, Miguel. *Filosofia do direito*. 20. ed. São Paulo: Saraiva, 2010. p. 234).

[975] Cf.: ROKEACH, M. *The nature of human values*. New York: Free Press, 1973. p. 5. Utilizando como referencial de estudo as dimensões da liberdade e da igualdade, o autor identifica quatro tipos de valores que lhes são subjacentes, que ocupariam os quatro extremos de um quadrante. Seria possível afirmar que o quadrante indicaria o ambiente sociopolítico e, cada extremo, os diferentes tipos de crença a respeito da preferibilidade da liberdade e da igualdade. O quadrante I seria ocupado pelo socialismo, que confere elevada importância à liberdade e à igualdade; o III, situado no extremo oposto, pelo fascismo, que confere baixa importância à liberdade e à igualdade; o II seria reservado ao comunismo, isso por conferir elevada importância à igualdade e baixa importância à liberdade; e o IV, situado no extremo oposto deste último, seria atribuído ao capitalismo, que atribui elevada importância à liberdade e menor importância à igualdade. Cf.: ROKEACH, M. *The nature of human values*. New York: Free Press, 1973. p. 170.

[976] Cf.: DE SOUZA MENDONÇA, Jacy. *Curso de filosofia do direito*: o homem e o direito. São Paulo: Quartier Latin, 2006. p. 257.

[977] Cf.: WALDRON, Jeremy. *Law and disagreement*. Oxford: Oxford University Press, 1999. p. 164.

[978] Cf.: SMITH, Rogers M. *Liberalism and american constitutional law*. Harward: Harward University Press, 1985. p. 227.

[979] Cf.: REALE, Miguel. *Filosofia do direito*. 20. ed. São Paulo: Saraiva, 2010. p. 235.

[980] Cf.: PERRY, Ralph Barton. *General theory of value*. USA: Read Books, 2007. p. 626.

[981] Cf.: PERELMAN, Chaïm; OLBRECHTS-TYTECA, Lucie. *Tratado da argumentação (Traité de l'argumentation)*: a nova retórica. (Trad. Maria Ermantina de Almeida Prado Galvão). São Paulo: Martins Fontes, 2005. p. 92.

assume vital importância como diretriz de realização da funcionalidade constitucional, contribuindo para o delineamento dos objetivos preeminentes e, consequentemente, para a preservação da própria coerência lógica da Constituição.[982] Essa constatação bem demonstra a incorreção de uma postura avalorativa ou axiologicamente arbitrária por parte do intérprete, ou, mesmo, integralmente lastreada em sua pré-compreensão, com total insensibilidade aos influxos originários do contexto.

A grande dificuldade enfrentada é a de evitar que juízos de valor surgidos a partir da intuição do intérprete, que somente encontram sustentação em seus pensamentos e convicções pessoais, passem a influir de modo decisivo no ambiente sociopolítico.[983] Posturas puramente intuitivas e que se desprendem da base sociológica terminam por estimular a irrupção de conflitos em relação a todos aqueles que pensam de modo diferente, configurando uma fonte de instabilidade. Identificada a funcionalidade das convicções pessoais, ponto de partida, não propriamente fim dos juízos de valor, é necessário aferir a correção das crenças fáticas, vale dizer, o modo pelo qual o intérprete apreende e considera a realidade, pois é justamente ela que oferecerá a base de sustentação dos valores. A partir dessa relação entre o real e o axiológico será possível aferir a racionalidade do *iter* percorrido pelo intérprete, distanciando-se, desse modo, do imaginário e das pré-compreensões. A existência de valores objetivos e, consequentemente, de valores objetivamente melhores que outros, está associada à identificação de uma convicção geral a respeito de sua existência e consequente aceitação no ambiente sociopolítico, exigindo a presença de uma concordância generalizada sobre certas questões tidas como relevantes.[984] Essa intersubjetividade axiológica, por sua vez, além de exigir a observância dos referenciais de plausibilidade, verificabilidade e, principalmente, de viabilidade de consenso,[985] pressupõe a devida consideração e compreensão de todos os fundamentos tidos como relevantes, o que permitirá aferir se as conclusões serão efetivamente aprovadas pelos membros da coletividade.

A aversão à permeabilidade axiológica do direito, característica inerente às construções teóricas que prestigiam o positivismo clássico,[986] termina por atribuir à Constituição uma funcionalidade meramente formal, condicionante da validade das espécies normativas que dela derivam. Há uma verdadeira neutralidade constitucional, não tendo valores a impor ou a absorver. Esse modo de compreender a Constituição é de todo infenso ao constitucionalismo contemporâneo, em que se verifica a sedimentação do "substancialismo decisório", com a consequente preeminência da essência em detrimento da forma, vale dizer, de uma base axiológica calcada na absorção dos valores culturais que permeiam o ambiente sociopolítico e interagem com o texto constitucional,[987] de

---

[982] Cf.: PASQUALINI, Alexandre. *Hermenêutica e sistema jurídico*: uma introdução à interpretação sistemática do direito. Porto Alegre: Livraria do Advogado, 1998. p. 109-110.
[983] Cf.: HARE, Richard Mervyn. *Essays on political morality*. Oxford: Oxford University Press, 1998. p. 109.
[984] Cf.: PUTNAM, Hilary. *Meaning and the moral sciences*. London: Routledge, 1978. p. 9 e ss.
[985] Cf.: KAUFMANN, Arthur. *La filosofía del derecho en la posmodernidad (Rechtsphilosophie in der Nach-Neuzeit)*. (Trad. Luis Villar Borda). Bogotá: Temis, 2007. p. 36.
[986] A teoria pura do direito de Kelsen assume uma posição de preeminência nesse cenário: KELSEN, Hans. *Teoria pura do direito (Reine Rechtslehre)*. (Trad. João Baptista Machado). 6. ed. São Paulo: Martins Fontes, 2003. p. 5-9.
[987] NANIA, Roberto. *Il valore della Costituzione*. Milano: Giuffrè, 1986. p. 45-47 e 62.

modo que a ordem de valores subjacente à Constituição seja continuamente delineada e realimentada com os influxos da realidade.

A Constituição, longe de consubstanciar, apenas, uma estrutura formal de organização e contenção do poder, assegurando o funcionamento do Estado e resguardando a esfera jurídica individual, torna-se uma ampla fonte de valores, que alimenta e direciona a densificação das regras e dos princípios nela encartados. O texto constitucional deve não só interagir, como dialogar com esses valores,[988] que contribuíram decisivamente na individualização do seu significado. Face à sua conhecida "bipolaridade",[989] indicando que para cada valor há sempre um desvalor correspondente, cabe ao intérprete identificar quais os valores que, não obstante contrapostos, podem ser alternativamente satisfeitos, possibilidade comum em "Constituições compromissórias", e quais os desvalores do sistema que refletem um paradigma a ser combatido ou, apenas, um paradigma a não ser alcançado no processo de interpretação.

Os valores constitucionais apresentam uma funcionalidade extremamente variável. Podem atuar, por exemplo, como (1) vetores de interpretação, contribuindo para a identificação do significado das normas constitucionais; e (2) vetores de integração, estabelecendo um diálogo constante entre a ordem constitucional e o ambiente sociopolítico, de modo que ambos moldam e se veem reciprocamente moldados.

Qualquer que seja a sua funcionalidade, os valores constitucionais podem apresentar distintos graus de generalidade, alcançando searas específicas, como os direitos fundamentais, ou albergando aspectos mais amplos do ambiente sociopolítico. Sob essa última perspectiva, mostram-se particularmente relevantes os valores que condensam os referenciais de justiça e bem comum, verdadeiros "fins sociais",[990] que podem ser vistos em um plano puramente metódico ou avançar até a identificação do seu sentido. Como é intuitivo, há uma íntima conexão existencial entre o método e o sentido. Em relação ao método, as ideias de justiça e bem comum serão definidas a partir da concepção de direito adotada. É factível que concepções naturalistas irão defini-las a partir de considerações metafísicas; positivistas a partir da estrita fidelidade aos parâmetros estabelecidos pela autoridade competente, veiculados pelo texto normativo; pós-positivistas com o recurso aos valores extraídos da interação entre os ambientes jurígeno e sociopolítico, que tendem a refletir as necessidades e aspirações dos membros da sociedade; e procedimentalistas com a identificação de um modelo processual que assegure tratamento equânime a todos aqueles alcançados pela regulação estatal.[991] Em consequência, seria possível falarmos, respectivamente, em "justiça ideal", "justiça formal", "justiça substancial" e "justiça procedimental". Se as duas primeiras construções sofrem o desgaste que acompanha as construções naturalistas e positivistas, as duas últimas apresentam maior vigor. No Estado Social, a preeminência, ao menos

---

[988] Cf.: SMITH, Steven Douglas. *Constitution and the pride of reason*. New York: Oxford University Press, 1998. p. 77.

[989] Cf.: REALE, Miguel. *Filosofia do direito*. 20. ed. São Paulo: Saraiva, 2010. p. 191; e ASSIS DE ALMEIDA, Guilherme; OCHSENHOFER CHRISTMANN, Martha. *Ética e direito*: uma perspectiva integrada. 3. ed. São Paulo: Atlas, 2009. p. 33.

[990] OPPENHEIM, Felix E. Justiça. *In*: MATTEUCCI, Nicola; PASQUINO, Gianfranco. *Dicionário de política* (*Dizionario di politica*). (Trad. Carmen C. Varriale, Gaetano Lo Mônaco, João Ferreira, Luís Guerreiro Pinto Caçais e Renzo Dino). 12. ed. Brasília: Editora Universidade de Brasília, 2004. v. 1, p. 660 (660).

[991] Cf.: CAMPBELL, Tom. *Prescriptive legal positivism*: law, rights and democracy. London: Routledge Cavendish, 2004. p. 111-112.

no plano idealístico e no que diz respeito à preservação dos direitos fundamentais, tem sido atribuída à "justiça substancial", que reflete um comprometimento com resultados, não se contentando com o esforço e a correção do proceder. De modo correlato a esta última, ainda merece menção a "justiça reparadora", que contextualiza benefícios e encargos no plano das recompensas e das punições.[992]

O referencial de justiça, um dos valores nucleares de qualquer sistema jurídico,[993] é nitidamente polissêmico. A construção de padrões de justiça tem observado certas máximas que, em sua essência, apontam para a tensão dialética entre referenciais positivos, indicando a correção do agir e do pensar, e referenciais negativos, apontando, no extremo oposto, para a incorreção do agir e do pensar. Embora seja inviável ver a justiça como algo preconcebido e compatível com a lógica da subsunção, não se pode negar a conveniência de serem estabelecidas algumas pautas para a identificação do seu conteúdo.

Aristóteles,[994] por exemplo, via a justiça como virtude, como uma qualidade intrínseca ao ser humano, direcionando-o à realização do bem e à materialização da igualdade. Nesse último sentido, a justiça atuaria como verdadeiro princípio político de distribuição dos encargos e dos benefícios.[995] Platão, do mesmo modo, associa a ação do homem justo à realização do bem.[996] Sob uma perspectiva utilitarista, a justiça seria indissociável do útil,[997] justificando, inclusive, o avanço desmedido na seara individual. Esse entendimento, que será obtido de análise específica, foi amplamente rechaçado por John Rawls.[998] Partindo de uma visão contratualista de sociedade, ele busca identificar quais objetivos a serem perseguidos pelas partes em uma posição original, em que cobertas por um véu de ignorância, desconhecendo seus direitos e aptidões, o que as impediria de direcionar suas escolhas a partir de seus próprios interesses.[999] Nessas condições, segundo Rawls, seriam dois os princípios de justiça escolhidos: (1º) cada pessoa deve ter direito ao mais amplo sistema de liberdades básicas que se mostre compatível com a outorga de iguais liberdades aos demais membros da sociedade; e (2º) as desigualdades econômicas e sociais devem ser distribuídas de modo que, simultaneamente (a) redundem nos maiores benefícios para os menos favorecidos, observadas as restrições que advêm do "princípio de poupança justa";[1000] e que (b) o acesso a cargos e funções seja franqueado a

---

[992] Cf.: OPPENHEIM, Felix E. Justiça. In: MATTEUCCI, Nicola; PASQUINO, Gianfranco. Dicionário de política (Dizionario di politica). (Trad. Carmen C. Varriale, Gaetano Lo Mônaco, João Ferreira, Luís Guerreiro Pinto Caçais e Renzo Dino). 12. ed. Brasília: Editora Universidade de Brasília, 2004. v. 1 e 2, p. 660 (662).
[993] Cf.: DERSHOWITZ, Alan M. Is there a right to remain silent?: coercive interrogation and the Fifth Amendment after 9/11. New York: Oxford University Press, 2008. p. 135.
[994] ARISTÓTELES. Etica Niocomachea. (Trad. Claudio Mazzarelli). Milano: Bompiani Testi a Fronte, 2007. Livro V, 1, 1129a, 2 e 3, p. 187-197.
[995] ARISTÓTELES. Etica Niocomachea. (Trad. Claudio Mazzarelli). Milano: Bompiani Testi a Fronte, 2007. Livro V, 1, 1130a, 10 a 25, p. 193.
[996] PLATÃO. A república. (Trad. Maria Helena da Rocha Pereira). 9. ed. Lisboa: Fundação Calouste Gulbenkian, 2001. Livro I, 335 d e e, p. 18-19.
[997] Cf.: STUART MILL, John. A liberdade: utilitarismo. São Paulo: Martins Fontes, 2000. p. 241 e ss.
[998] RAWLS, John. Uma teoria da justiça. (Trad. Vamireh Chacon). Brasília: Editora Universidade de Brasília, 1981. p. 64-65.
[999] RAWLS, John. Uma teoria da justiça. (Trad. Vamireh Chacon). Brasília: Editora Universidade de Brasília, 1981. p. 146-150.
[1000] A ideia de poupança indica que cada sociedade deve não só preservar os ganhos de cultura e civilização, mantendo intactas as instituições justas, como também poupar o valor adequado para a efetiva acumulação do capital real.

todos, com igualdade equitativa de oportunidades. A teoria de Rawls, como se percebe, se distancia das construções utilitaristas, que colocam em risco os direitos individuais em prol do interesse coletivo.

A construção de Rawls é combatida por Robert Nozick sob o argumento de que a realização da justiça distributiva exigiria uma contínua intervenção estatal, de modo a igualar as oportunidades apesar da desigualdade de talentos. Seria preferível, desse modo, a adoção de uma concepção procedimental de justiça, sem qualquer comprometimento com a distributividade.[1001] O procedimentalismo, ao se contentar com o oferecimento dos meios para o pleno desenvolvimento individual, não oferece respostas satisfatórias a situações de histórica desigualdade, terminando por dificultar a alteração do *status quo*.

Na medida em que seja reconhecida a dependência da justiça aos influxos axiológicos, cuja imperatividade, de acordo com alguns jusfilósofos, como Ronald Dworkin, excepcionaria o próprio direito legislado, é inevitável o reconhecimento do papel de destaque por ela assumido no âmbito da conflitualidade intrínseca.

É factível que os contornos essenciais da justiça, ainda que influenciáveis pela pré-compreensão e pelos juízos de valor do intérprete, também são moldados em harmonia com os influxos de ordem cultural e de acordo com a possibilidade material de realização, máxime quando assuma contornos distributivos. Face à sua própria genealogia, a ideia de justiça é extremamente cambiante. As situações de conflito, por sua vez, inevitáveis no delineamento do senso comum, seriam solucionadas com o recurso a um padrão de racionalidade. Em verdade, fora dos planos idealístico e formal, é praticamente inviável definir o que seja justo de modo objetivo, universal e conclusivo. Não é por outra razão que alguns autores, como Ehrenzweig e Knight,[1002] chegam ao extremo de afirmar que o senso de justiça de cada indivíduo pertence à mesma categoria dos sentidos de visão, audição, olfato e paladar: são personalíssimos, consubstanciando o resultado de reações individuais a estímulos selecionados.

Não se pode ignorar que a essência da justiça, embora seja extremamente volátil, não desconsidera referenciais mínimos de igualdade e liberdade, que variam de intensidade em consonância com os padrões ideológicos prevalecentes (*v.g.*: os regimes liberal e social-democrático). Não é de se excluir, evidentemente, a possibilidade de ambientes sociopolíticos em que prevalece, de modo irrestrito, a igualdade formal, se mostrarem nitidamente injustos sob a ótica de referenciais de igualdade material. Ou, mesmo, que a garantia da liberdade, interditando-se, apenas, a intervenção estatal, não seja suficiente ao seu pleno desenvolvimento, isso em razão do não oferecimento de condições adequadas a tanto. Por ser um conceito complexo e que nem sempre ensejará o surgimento de amplas zonas de consenso, a justiça, por vezes, é mais facilmente percebida e sentida que racionalmente construída e demonstrada. Essa percepção

---

Cada geração deve receber de suas antecessoras o que lhe é devido e deixar o seu legado para aquelas que a sucederão (RAWLS, John. *Uma teoria da justiça*. (Trad. Vamireh Chacon). Brasília: Editora Universidade de Brasília, 1981. p. 314-324).

[1001] NOZICK, Robert. *Anarchia, stato e utopia*: i fondamenti filosofici dello "Stato Minimo". Firenze: Le Mollier, 1981. p. 203 e ss.

[1002] EHRENZWEIG, Albert Armin; KNIGHT, Max. *Law*: a personal view. The Netherlands: BRILL, 1977. p. 7 e 75.

mostra-se particularmente intensa em relação ao injusto:[1003] apesar de ocuparem o verso e o anverso da mesma moeda, o reprovar tende a alcançar o consenso com mais facilidade que o aprovar. Afinal, a afronta a certos bens ou valores, denotando a existência de uma ação à margem do senso comum, é apreendida com mais facilidade que os distintos graus de compatibilidade de uma ação com esses bens ou valores.

O referencial de bem comum, indissociável de toda e qualquer ação estatal, apresenta uma essência nitidamente comunitária, sendo o *telos* de análise deslocado do *homo* para a *societas*. Igualmente sensível aos influxos morais, é especificamente direcionado à preservação e à evolução do ambiente sociopolítico, no qual assumem especial importância a paz, a segurança e a solidariedade. Não está, desse modo, primordialmente voltado à solução de questões afetas à "vida justa", mas sim, à "vida boa em sociedade", o que lhe confere particular relevância na integração social.[1004] Em seus contornos mais extremados, de viés utilitarista, chega a subjugar direitos e liberdades individuais em prol do bem-estar geral.

A acolhida ou a resistência aos juízos de valor tende a ser maior, ou menor, conforme se ajustem, ou não, aos postulados de coerência e consequencialidade adequada. Enquanto a coerência aponta para a necessidade de certo valor se compatibilizar com os demais valores prestigiados pelo artífice de sua estruturação, máxime quando ambos possuem influência na mesma estrutura argumentativa, a consequencialidade adequada exige que o seu artífice esteja disposto a absorver ou a suportar todas as consequências, mediatas ou imediatas, que possam se desprender desse valor.

3.2.1 O consenso no delineamento da base axiológica da Constituição formal

A sociedade pluralista, sensível aos referenciais de tolerância que preconizam a "igualdade dos diferentes", embora não seja necessariamente uma sociedade fragmentada e multiética, nem sempre apresentará, de modo espontâneo e particularmente acentuado, aqueles laços visíveis de união que permitem a formação do consenso, conceito ontologicamente conexo à uniformidade e à coesão.[1005] A própria concepção de consenso, se imposto ou meramente conhecido, se máximo ou mínimo, está, com escusas pela tautologia, longe de alcançar um consenso.[1006] Não é por outra razão que Hampshire[1007] sustentava que não se deveria procurar por consenso em uma sociedade, mas sim, por conflitos aceitáveis e ineliminários, bem como por um controle racional das hostilidades, o que permitiria delinear a sua verdadeira base moral.

A compreensão do alcance e das vicissitudes do consenso mostra-se especialmente relevante no âmbito da interpretação constitucional, evitando que a mera referência,

---

[1003] Cf.: WEINBERGER, Ota. The conditio humana and the ideal of justice. *In*: MACCORMICK, Neil; WEINBERGER, Ota (Org.). *An institutional theory of law*: new approaches to legal positivism. Netherlands: Springer, 1986 (reimp. de 1992). p. 207 (207-208).

[1004] FRANKENBERG, Günther. *A gramática da Constituição e do direito* (*Autorität und Integration*: zur Gramatik von Recht und Verfassung). (Trad. Elisete Antoniuk). Belo Horizonte: Del Rey, 2007. p. 221-222.

[1005] Cf.: KAMMEN, Michael. *A machine that would go of itself*: the Constitution in American culture. New Brunswick e London: Transaction, 2006. p. 90.

[1006] Cf.: FRANKENBERG, Günther. *A gramática da Constituição e do direito* (*Autorität und Integration*: zur Gramatik von Recht und Verfassung). (Trad. Elisete Antoniuk). Belo Horizonte: Del Rey, 2007. p. 158-159.

[1007] HAMPSHIRE, Stuart. *Innocence and experience*. USA: Harvard University Press, 1989. p. 189.

vaga e imprecisa, a áreas de convergência sociopolítica seja suficiente à superação de pontos de aparente tensão ideológica. Em um primeiro momento, observa-se que o delineamento de uma ordem constitucional de consenso não pode desconsiderar o processo conducente à sua obtenção.

O reconhecimento do consenso enquanto imposição, com o correlato estabelecimento de uma relação de verticalidade entre a ordem constitucional e a realidade sociopolítica, traria, como consequência lógica, a negação normativa do próprio pluralismo. O consenso, com todas as nuances valorativas e subjetivas que delineiam os seus contornos básicos, deve ser concebido como um fim, que pode, ou não, ser alcançado pela liberdade de ser e agir característica do pluralismo. A imposição, como é intuitivo, ao apontar para o arquétipo do "correto", não se harmoniza com a tolerância e afasta a liberdade. Sem tolerância e liberdade não há pluralismo.

Além do extremismo ideológico, com os efeitos deletérios que qualquer tentativa de imposição do consenso traz consigo, ainda se verifica a possibilidade de o texto constitucional mostrar-se dissonante de certos pontos de convergência já sedimentados no ambiente sociocultural. Em situações desse tipo, com evidente divergência entre o texto escrito e a cultura de um povo, será inevitável, no decorrer do processo de interpretação, a identificação de uma ampla influência de fatores externos, que são utilizados com o objetivo de diminuir a distância entre a norma, individualizada a partir do texto, e o respectivo contexto em que inserida. Caso os fatores externos mostrem-se ineficazes para a redução desse distanciamento, é possível que o desuso ou, em situações extremas, a depender da importância que a norma ostente para o sistema, a própria ruptura constitucional, venha a ocorrer.

Ressalte-se que as Constituições contemporâneas, que veem o pluralismo, cultural, étnico e político, como elemento indissociável da própria democracia, protegem inúmeros valores e interesses que, em sua pureza conceitual, sequer poderiam ser tidos como compatíveis entre si. É o que se verifica nas relações entre soberania estatal e preservação dos direitos humanos; regra da maioria e proteção das minorias;[1008] intervencionismo ou protecionismo estatal e autodeterminação individual;[1009] direito de liberdade e dever de proteção; propriedade e função social etc.[1010] Nessa perspectiva, em que o consenso imposto mostra-se de todo dissonante da diversidade inerente a uma ordem constitucional democrática, em que princípios colidentes costumam ostentar igual força e importância para o sistema, o contexto não pode ser desconsiderado. Em verdade, toda a teoria jurídica construída sobre os princípios constitucionais levita em torno do papel desempenhado pelas circunstâncias fáticas e jurídicas subjacentes ao caso concreto, que assume indiscutível importância na densificação do conteúdo e na escolha dos princípios tidos como preponderantes.

[1008] Sobre os requisitos a serem observados para o tratamento diferenciado das minorias, o que exige a sua inclusão em uma "classe suspeita" e a superação de participação meramente figurativa no processo político, vide: DWORKIN, Ronald. *Sovereign virtue*: the theorie and practice of equality. Massachusetts: Harvard University Press, 2002. p. 409-426.

[1009] Cf.: HABERMAS, Jürgen. *Après L'État-nation*: une nouvelle constellation politique. (Trad. Rainer Rochlitz). Paris: Fayard, 2000. p. 31.

[1010] Cf.: FRANKENBERG, Günther. *A gramática da Constituição e do direito* (*Autorität und Integration*: zur Gramatik von Recht und Verfassung). (Trad. Elisete Antoniuk). Belo Horizonte: Del Rey, 2007. p. 161.

A visão do consenso como evento naturalístico, que se forma livremente no ambiente sociopolítico, embora diminua a previsibilidade dos resultados e estimule a conflituosidade ideológica, tem o mérito de realimentar o pluralismo em todas as suas nuances, sedimentando a tolerância e garantindo a liberdade. A obtenção do consenso a partir de um processo meramente cognoscitivo, não impositivo, aproxima o texto do contexto, permitindo que preservem a harmonia e desenvolvam, em prol da democracia, uma influência recíproca.

A extensão dos laços visíveis de união exigidos para a formação do consenso tanto pode facilitar, quanto inviabilizar, qualquer atividade cognoscitiva voltada à sua obtenção. Essa extensão pode ser visualizada sob duas óticas, uma qualitativa, outra quantitativa. No primeiro caso, a base de valoração passível de ser identificada é analisada em seus contornos essenciais, a partir do objeto, que pode ser visto sob a ótica do *status* que ostenta (*v.g.*: valores, princípios ou regras, fundamentais, como a dignidade humana e a democracia, ou não), do procedimento, da motivação ou do resultado. No segundo caso, o quantitativo, tem-se a abrangência em que se manifesta a convergência dos atores sociopolíticos a respeito das bases de valoração, o que pode ser exigido em relação a uma extensa área ("broad area of agreement") ou, apenas, a respeito de certos pontos, considerados nodais e imprescindíveis à caracterização de uma situação de convergência, como é o caso da dignidade humana ou outro princípio tido como fundamental (*v.g.*: a justiça social). Consoante a intensidade da convergência exigida, será possível falar em consenso máximo ou em consenso mínimo.[1011] Uma sociedade, qualquer que seja ela, somente pode ser considerada como tal enquanto apresentar alguns pontos básicos de convergência, daí derivando a sua coesão e continuidade.

Invocar a existência de pontos básicos de convergência implica reconhecer, *a contrario senso*, que a sociedade é divergente em sua própria essência, não passando ao largo das conflitualidades, o que bem realça a importância do pluralismo e da tolerância que lhe é correlata. Malgrado divirja sobre a existência de Deus e o sentido da vida, a essência da concepção de justiça e sobre os próprios limites da tolerância e do pluralismo, a sociedade não deixa de ser identificada como tal.[1012] O consenso, embora não chegue a assumir contornos propriamente utópicos (o processo de comunicação linguística, por exemplo, seria absolutamente inviável se a conexão entre significantes e significados não encontrasse ressonância em convenções intersubjetivas aceitas por todos os participantes), não pode ser considerado algo fácil de ser obtido nas sociedades pluralistas. A "teoria consensual da verdade", de Habermas,[1013] partindo dos referenciais de intersubjetividade e racionalidade, restringe a força criadora da verdade ao consenso de todos, terminando por fincar as suas bases de sustentação em um consenso universal que dificilmente será obtido. Em qualquer caso, conceitos voláteis como o de verdade, além de não prescindirem do referencial de intersubjetividade, sempre terão o seu

---

[1011] Como anota Giandomenico Falcon, o direito fundado sobre o consenso e o direito fundado sobre a força ocupam posições extremas. Mesmo a tirania não pode subsistir sem um mínimo de consenso (FALCON, Giandomenico. *Lineamenti di diritto pubblico*. 3. ed. Padova: CEDAM, 1991. p. 12).

[1012] Cf.: WALDRON, Jeremy. *Law and disagreement*. Oxford: Oxford University Press, 1999. p. 1.

[1013] HABERMAS, Jürgen. *Teoría de la acción comunicativa*: complementos e estudios prévios. Madrid: Cátedra, 1989. p. 113 e ss., em especial p. 131 e ss.

delineamento influenciado pela escolha da base empírica que se entende deva sustentá-la e pela argumentação desenvolvida.

Ainda existem inúmeras outras classificações e fundamentos teóricos para a ideia de consenso, as quais, embora prosélitas da convergência de entendimentos, assumem feições distintas em relação ao procedimento a ser observado para a sua obtenção e aos fins pretendidos. O consenso majoritário ou *consensus omnium*, de Fraenkel,[1014] se forma no âmbito do pluralismo democrático e tem por objetivo legitimar as decisões a serem tomadas pelas maiorias ocasionais. Enquanto manifestação da "soberania popular" (*Volkssouveränität*), pressupõe igualdade perante a lei, direitos de liberdade válidos e operativos, imparcialidade partidária da jurisdição e obediência ao procedimento democrático e às "regras do jogo" (*Spielregeln*). O consenso subordinado (*underlying consensus*), de Robert Dahl,[1015] reflete uma espécie de base comum de assentimento entre os distintos grupos políticos existentes, antecedendo a própria política. As disputas políticas passam a ser resolvidas de modo a assegurar uma composição entre os diversos interesses, o que assegura a viabilidade política do poder. O consenso de sobreposição (*overlapping consensus*) de Rawls[1016] busca demonstrar, em complemento às teses lançadas em sua célebre *Teoria da Justiça*, que o consenso a respeito da concepção de justiça social, embora não possa ser ampliado, de modo viável, em relação a outras esferas da moral, pode ser justificado de distintas maneiras, que se sobrepõem entre si e alcançam o mesmo resultado.

A identificação do consenso exigirá que sejam definidos os fatores de revelação a serem considerados. Um primeiro fator, necessariamente atrelado ao processo homônimo conducente à sua obtenção, é a imposição normativa: o consenso derivaria da ordem constitucional, sendo identificado pelo teor da norma constitucional. Um segundo fator pode ser obtido a partir da apreensão da realidade sociopolítica, demonstrando-se a presença de comportamentos passíveis de comprovação empírica. Um terceiro fator, que faz uso da racionalidade característica do grupamento, encontra-se lastreado em alicerces nitidamente historicistas, sendo invocadas aquelas presunções de consenso que se mostram plausíveis no imaginário coletivo. Os dois últimos fatores estão nitidamente associados ao consenso enquanto evento naturalístico, sendo um deles materializado na realidade apreendida e o outro na realidade presumida. O primeiro fator, por ter natureza impositiva, deu azo a uma visão da "Constituição como simulacro",[1017] residindo a simulação na tentativa de tornar atemporal a convergência verificada, na Assembleia Constituinte, sobre o modo de constituir e ordenar o sistema jurídico. A simulação aventada, em verdade, é mais aparente que real. Constata-se, inicialmente, que a ordem constitucional permanecerá enquanto o sujeito de direito, o povo, assim o desejar. Em relação à sua funcionalidade, observa-se a ausência de uma relação de sobreposição entre o texto e a norma, o que torna inevitável a consideração do contexto no processo de interpretação, permitindo uma constante aferição da subsistência, ou

---

[1014] FRAENKEL, Ernst. *Reformismus und Pluralismus*. DDR: Hoffmann und Campe, 1973. p. 395 e ss.
[1015] DAHL, Robert. *A preface to democratic theory*. Chicago: University of Chicago Press, 1956. p. 22 e 82-83.
[1016] Cf.: RAWLS, John. *O liberalismo político*. (Trad. Dinah de Abreu Azevedo). 2. ed. São Paulo: Ática, 2000. p. 190 e ss.
[1017] MOREIRA, Luiz. *A Constituição como simulacro*. Rio de Janeiro: Lumen Juris, 2007. p. 92-93.

não, do consenso. Conquanto seja exato afirmar que os integrantes das futuras gerações não podem participar desse consenso primitivo, é factível que o consenso não é estático, mas sim renovável, o que possibilita a sua contínua atualização.

Uma vez identificado e contextualizado no âmbito naturalístico, não impositivo, o consenso estará necessariamente suscetível às modificações do contexto sociopolítico, que podem se manifestar nos planos (1) temporal, (2) pessoal ou (3) espacial, indicando, respectivamente, as alterações valorativas que se manifestam com o fluir do tempo, as modificações no quadro de atores sociopolíticos a serem levados em consideração na identificação dos pontos de convergência, e a base física que delimita a amostragem da base valorativa que alicerça o consenso. Na compreensão da importância dessas modificações, deve ser considerado o quão intensa é a permeabilidade do consenso, exigindo que seja identificado se estamos perante áreas de convergência que poderíamos denominar de abertas ou fechadas. No primeiro caso, tem-se a flexibilidade do consenso, que se compatibiliza com sua compreensão enquanto evento naturalístico. No segundo, o seu enrijecimento e consequente insensibilidade axiológica, só sendo admitida a sua alteração a partir de nova imposição normativa. A constatação da estabilidade ou de eventuais alterações do consenso, além de condicionada à capacidade do dinamismo social em produzir pontos de dissenso, exigirá uma constante reapreciação dos fatores de revelação anteriormente referidos.

O consenso, salvo aquele de contornos impositivos, não permanece indiferente aos referenciais de mutabilidade e falibilidade. É mutável na medida em que necessariamente suscetível às vicissitudes de ordem temporal, pessoal e espacial, o que bem demonstra que todo consenso é temporário, jamais definitivo. A falibilidade, por sua vez, indica que conclusões assentadas no consenso são essencialmente falíveis, o que pode decorrer não só da incorreta identificação dos fatores conducentes à convergência, mas, principalmente, de sua inadequada verificação ou, mesmo, da não percepção dos cambiamentos da realidade, com inevitável ressonância sobre as zonas de consenso.

3.2.2 O relativismo axiológico e a superação do fundamentalismo

O Direito, dentre as muitas funcionalidades que ostenta, certamente contribui para a materialização do sistema de valores de uma sociedade.[1018] Direito e sociedade formam uma unidade existencial, concorrendo para a formação de certos padrões sociais, como os de correção e incorreção, justiça e injustiça. Em uma visão cosmopolita, cada sociedade politicamente organizada configura uma unidade, que deve coexistir com inúmeras outras, sendo o relacionamento entre elas pautado por referenciais comuns que asseguram a preservação da paz e a consequente continuidade da espécie humana. Os distintos padrões sociais que ostentam formam a base de sustentação do seu sistema de valores, contribuindo para o delineamento de sua individualidade.[1019]

A diversidade axiológica inerente à sociedade internacional bem demonstra que pluralismo e tolerância não chegam a ser propriamente opções, mas imperativos de

---

[1018] Cf.: GIBBONS, John. *Forensic linguistics*: an introduction to language in the justice system. Cornwall: Wiley-Blackwell, 2003. p. 1.

[1019] Cf.: OWEN WILLIAMS, Bernard Arthur. *Morality*: an introduction to ethics. Cambridge: Cambridge University Press, 1993. p. 20.

coexistência. À sedimentação do pluralismo político nas democracias ocidentais está associada a necessária coexistência de valores distintos e, por vezes, inconciliáveis, o que em muito dificulta a individualização da verdadeira *ratio* da Constituição e de seus enunciados normativos. Ainda que a ordem constitucional possa apresentar contornos de ordem formal tendencialmente universais,[1020] o seu conteúdo não passa ao largo de realidades empíricas, cujas características são essencialmente circunstanciais.[1021] Não é por outra razão que a irrefletida transposição de normas constitucionais estrangeiras sempre trará consigo o risco da rejeição, principiando no plano axiológico e podendo se estender à perda de normatividade, quer com o desuso de normas específicas, quer com a ruptura da própria ordem constitucional.

O relativismo político-axiológico, de todo infenso às hegemonias de pensar e agir, ao apregoar a inexistência da verdade absoluta, estimula a tolerância e faz despertar, na consciência do intérprete, o dever de conciliar múltiplas concepções morais e ideológicas, permitindo identificar aquelas que mais se ajustem aos circunstancialismos presentes no momento de aplicação da Constituição. O relativismo indica que os valores estão sempre dependentes das "condições de possibilidade" do ambiente sociopolítico, não sendo obtidos a partir de referenciais metafísicos, anteriores e superiores à ordem jurídico-social.[1022] É natural que certos valores, como os de cunho moral, ostentem uma evidente pretensão à universalidade.[1023] Fala-se em pretensão na medida em que nem todos alcançarão esse objetivo, já que as normas sociais costumam variar no tempo e no espaço.[1024] Concepções fundamentalistas, por sua vez, apregoam a supremacia ideológica e são infensas à diferença, terminando por suprimir o debate e reprimir toda e qualquer manifestação divergente. O fundamentalismo, como antítese da tolerância, tanto pode se manifestar na estruturação da ordem constitucional (*v.g.*: com a definição da religião oficial), como na solução de conflitualidades intrínsecas, desconsiderando influxos axiológicos igualmente relevantes para a correta compreensão de sistemas que (formalmente) se dizem pluralistas.

Disposições constitucionais que apregoem a liberdade de ser, pensar e agir, sem distinções de natureza política, cultural e ideológica, são verdadeiras "declarações de tolerância",[1025] tolerância esta que deve se estender ao processo de concretização da norma constitucional. A Constituição passa a orbitar em torno da diferença, apontando para a liberdade expansiva dos opostos e, por via reflexa, restringindo o espaço de intervenção do Estado.

[1020] Como observou Frankenberg, é difícil conceber, na atualidade, uma "norma constitucional de proveta", totalmente autônoma e imune às influências externas (FRANKENBERG, Günther. *A gramática da Constituição e do direito* (*Autorität und Integration*: zur Gramatik von Recht und Verfassung). (Trad. Elisete Antoniuk). Belo Horizonte: Del Rey, 2007. p. 138).

[1021] Cf.: RADBRUCH, Gustav. *Relativismo y derecho*. (Trad. Luis Villar Borda). Santa Fé de Bogotá: Temis, 1999. p. 2.

[1022] Cf.: REALE, Miguel. *Filosofia do direito*. 20. ed. São Paulo: Saraiva, 2010. p. 170-171.

[1023] Cf.: PECZENIK, Aleksander. Prima-facie values and the law. *In*: SADURSKI, Wojciech (Ed.). *Ethical dimensions of legal theory*. The Netherlands: Rodopi, 1991. p. 91 (91).

[1024] Cf.: RICOEUR, Paul. *O justo 1*: a justiça como regra moral e como instituição (Le juste I). (Trad. Ivone C. Benedetti). São Paulo: Martins Fontes, 2008. p. 203.

[1025] Cf.: GRIMM, Dieter. *Constituição e política* (*Die Verfassung und die Politik*). (Trad. Geraldo de Carvalho). Belo Horizonte: Del Rey, 2006. p. 105.

Relativismo e liberalismo mantêm entre si uma relação de antecedente e consequente, vale dizer, a preservação da esfera individual, o estímulo à tolerância e a conciliação das diferenças atuam como diretrizes de estruturação da própria ordem constitucional, que, sem pôr fim às individualidades e ao debate, confere imperatividade a certos referenciais em detrimento de outros. Sem prejuízo dessa atividade seletiva, a ordem constitucional, ao permitir a coexistência de distintas convicções sociais, políticas e morais, reconhece a sua força axiológica, admitindo, ainda que no plano das ideias, o seu livre desenvolvimento.

É justamente o reconhecimento desse pluralismo axiológico que alicerça a igualdade entre os homens, o mesmo podendo ser dito em relação à regra da maioria no sistema democrático, fruto da inviabilidade operacional da regra da unanimidade, que raramente logra êxito em ser transposta do plano teórico para a realidade. Reconhecer o pluralismo axiológico não é o mesmo que apregoar o nivelamento axiológico,[1026] de modo que cada convicção ostente o mesmo valor que as demais no contexto sociopolítico. É plenamente factível que, a partir das especificidades do caso, seja estabelecida uma hierarquia entre os valores envolvidos, sem que tal resulte na correlata violação à igualdade.

Na interação entre a ordem constitucional e o ambiente sociopolítico, certos valores, mesmo quando concebidos *in abstracto*, desvinculados de uma situação concreta, ostentarão uma posição de preeminência em relação a outros valores igualmente albergados pelo sistema.[1027] Nas democracias contemporâneas, é recorrente o entendimento de que, no plano axiológico, a pessoa humana supera o poder estatal e os direitos oponíveis ao Estado superam os deveres. Preeminências dessa natureza, no entanto, não costumam assumir contornos absolutos, não sendo incomum que, à luz das peculiaridades da situação concreta, valores conceitualmente inferiores venham a preterir valores tidos como superiores.[1028] Quando isso ocorre, é evidente o aumento do ônus argumentativo do intérprete, cuja opção, ao menos *prima facie*, é invariavelmente qualificada como "suspeita", estando sujeita a uma análise "estrita" por parte dos seus interlocutores. Essa alternância axiológica, embora não afaste a constatação de que o escalonamento hierárquico das normas jurídicas (*v.g.*: constitucionais e legais; legais e regulamentares) pode conduzir à absoluta preeminência dos valores que encampam,[1029] bem demonstra a importância assumida pelo pluralismo e pela tolerância no âmbito do Estado de Direito.

Somente não serão toleradas as convicções que apregoem a intolerância, de modo a suprimir o próprio pluralismo axiológico. A coexistência de convicções sociais, políticas e morais é elemento vital à preservação da igualdade e da democracia, daí a impossibilidade de suprimir o antecedente sem gerar reflexos no consequente. O alicerce

---

[1026] Em sentido contrário, sustenta Radbruch que todas as convicções deveriam ser vistas como de igual valor, o que refletiria a igualdade entre os homens, por não ser cientificamente reconhecível o conteúdo de verdade de cada uma delas (RADBRUCH, Gustav. *Relativismo y derecho*. (Trad. Luis Villar Borda). Santa Fé de Bogotá: Temis, 1999. p. 6).

[1027] Cf.: MORRONE, Andrea. Constitution adjudication and the principle of reasonableness. *In*: BONGIOVANNI, Giorgio; SARTOR, Giovanni; VALENTINI, Chiara. *Reasonableness and law*. New York: Springer, 2009. p. 215 (232 e ss.).

[1028] Cf.: GIZBERT-STIDINICK, Tomazs. Conflict of laws in adjudication: *In*: SADURSKI, Wojciech (Ed.). *Ethical dimensions of legal theory*. The Netherlands: Rodopi, 1991. p. 53 (54).

[1029] Cf.: GIZBERT-STIDINICK, Tomazs. Conflict of laws in adjudication: *In*: SADURSKI, Wojciech (Ed.). *Ethical dimensions of legal theory*. The Netherlands: Rodopi, 1991. p. 53 (58).

do Estado democrático não pode ser desvirtuado ao ponto de suprimi-lo, o que justifica a existência de determinações constitucionais impositivas de sua preservação ou que, de modo mais contundente, declarem a ilicitude dos partidos políticos antidemocráticos.[1030] Normas dessa natureza desempenham, igualmente, uma relevante função simbólica, indicando os valores prestigiados pela Constituição e estabelecendo os limites de tolerância e os pontos de ruptura da ordem política.[1031]

Argumenta-se, em sentido contrário ao relativismo de origem sociológica, que a diversidade dos juízos valorativos não advém propriamente da diversidade da base axiológica que lhes dá sustentação, mas sim, das circunstâncias fáticas que influem na sua formação, o que inclui a escolha de que circunstâncias devem ser levadas em consideração.[1032] Com isso, a falta de consenso a respeito das razões que justificam uma ação não seria suficiente para afastar a existência de uma base axiológica (ou moral, como preferem os filósofos) comum a respeito de sua correção ou incorreção.[1033] O fato de pessoas ou grupos divergirem a respeito da correção de uma ação não permitiria negar a existência de uma verdade moral (universal), sendo, ou não, alcançada por elas. É factível que esse tipo de construção sempre recorrerá a argumentos de ordem metafísica para se distanciar das bases de sustentação do relativismo, o que importa em uma verdadeira fratura entre o *ser* e o *dever ser*. Esse tipo de objetividade axiológica, no dizer de Habermas,[1034] reflete "a aspiração a uma vida perfeita".

A exemplo da necessária interpenetração entre texto normativo e contexto, não nos parece possível conceber valores com abstração da realidade que os circunda e na qual se manifestam. Posturas objetivistas, ao apregoarem a existência de uma espécie de matriz não histórica e permanente à qual se deve recorrer para a individualização de referenciais como verdade, bondade e correção,[1035] terminam por relegar a plano secundário a própria dinâmica desses referenciais. Da mesma forma que os valores podem apresentar feições voláteis aos olhos do intérprete, o modo de ver e apreender a sociedade também passará por vicissitudes semelhantes. O fato de não se compatibilizarem com a objetividade característica das ciências exatas não significa, necessariamente, que possam permanecer apartados de certos referenciais de racionalidade (*v.g.*: sustentar que o egoísmo e o mal ao próximo oferecem a base de sustentação e asseguram a continuidade de uma sociedade). A liberdade valorativa não avança ao ponto de se transmudar em arbitrariedade.

À constatação de que o fático pode influenciar na formação do axiológico deve seguir a observação de que a descrição dos fatos colhidos na realidade pode ter a sua

---

[1030] Vide as Constituições grega de 1975 (art. 29, 1), espanhola de 1978 (art. 6º) brasileira de 1988 (art. 17, *caput*) e a *Grundgesetz* alemã de 1949 (art. 21, 1 e 2).

[1031] Cf.: FRANKENBERG, Günther. *A gramática da Constituição e do direito* (*Autorität und Integration*: zur Gramatik von Recht und Verfassung). (Trad. Elisete Antoniuk). Belo Horizonte: Del Rey, 2007. p. 126.

[1032] Cf.: SANTIAGO NIÑO, Carlos. *Introducción al análisis del derecho*. 2. ed. Buenos Aires: Astrea, 2005. p. 377.

[1033] HURD, Heidi M. *O combate moral* (*Moral combat*). (Trad. Edson Bini). São Paulo: Martins Fontes, 2003. p. 36-37. A existência de um conflito moral insolúvel, de acordo com Hampshire, seria plenamente compatível com uma objetividade moral (HAMPSHIRE, Stuart. Morality and conflict. *In*: CLARKE, Stanley G.; SIMPSON, Evan. *Anti-theory in ethics and moral conservatism*, Albany: Suny Press, 1989. p. 135 (135 e ss.).

[1034] HABERMAS, Jürgen. Valores e normas: sobre o pragmatismo kantiano de Hilary Putnam. *In*: ROCHLITZ, Rainer. *Habermas*: o uso público da razão. (Trad. Léa Novaes). Rio de Janeiro: Tempo Brasileiro, 2002. p. 169 (171).

[1035] Cf.: BERNSTEIN, Richard J. *Beyond objectivism and relativism*: science, hermeneutics, and praxis. 4. ed. Pennsylvania: University of Pennsylvania Press, 1983. p. 8.

verdade ou falsidade empiricamente demonstrada. Identificada a veracidade das crenças de ordem fática, será sensivelmente reduzida a liberdade do intérprete e o potencial expansivo das divergências de natureza puramente axiológica, o que permitirá que seja aferida a racionalidade dos seus juízos valorativos, evitando que sejam totalmente absorvidos por suas convicções pessoais. Daí decorre a conclusão de que a diversidade de juízos de valor, não raro, é influenciada não só pela diversidade de entendimentos a respeito da realidade, mas, também, por atitudes irracionais no processo de apreensão da própria realidade, que somente encontram respaldo na imaginação do intérprete.

Conceitos de colorido axiológico, como o de justiça, não são caixas vazias, passíveis de receber qualquer conteúdo, tendo, como único limite, a criatividade do intérprete. Juízos valorativos dessa natureza certamente terão sua credibilidade comprometida caso se dissociem do contexto, da perspectiva de análise normalmente adotada e dos objetivos a que se destinam. Esse aspecto é bem realçado por Warnock, ao distinguir entre (1) imaginação enquanto "olhar da mente" e parte da percepção ordinária; e (2) imaginação como processo de criação, concluindo, ao fim, que ambas devem caminhar juntas, complementando-se reciprocamente.[1036]

A justiça da norma constitucional será aferida a partir de certo perfil de sociedade e de uma ordem concreta de valores, constatação que aponta para o seu distanciamento de construções circunscritas à razão teórica ou a qualquer outro referencial metafísico, aproximando-a da razão prática.[1037] A impossibilidade de recondução da noção de justiça à lógica binária do certo ou errado, do verdadeiro ou falso, serviu de estímulo para que teorias normativistas procurassem subjugá-la com o referencial de "dever ser jurídico", único passível de aferição objetiva. Com os olhos voltados ao relativismo axiológico, não se deve perder de vista o contínuo comprometimento, no âmbito dos distintos círculos que formam o espaço público (*v.g.*: a sociedade internacional e o Estado de Direito), com certos valores tidos como indispensáveis à existência e à própria continuidade da civilização. É o caso do respeito ao ser humano: malgrado apresente contornos distintos em cada um dos círculos axiológicos, sua essência é insuscetível de ser relativizada. Verifica-se, desse modo, "a existência de algo permanente sob a acidentalidade do direito positivo".[1038]

Para que a multiplicidade seja devidamente aferida e considerada, faz-se necessário, em um primeiro momento, como defendeu Rawls, afastar a existência de uma única concepção razoável de bem. Com isso, o engessamento valorativo cederia lugar a um construtivismo variável em proporção semelhante à diversidade dos paradigmas que o direcionam. Os referenciais de justiça ou de bem comum refletiriam objetivos a serem alcançados, não decisões *a priori*, invariáveis e insensíveis à própria volatilidade social. Daí se falar não em concepções políticas corretas ou incorretas de justiça, mas sim, em concepções razoáveis e irrazoáveis de justiça.[1039]

[1036] WARNOCK, Mary. *Imagination*. Califórnia: University of California Press, 1976. p. 131 e ss.
[1037] Cf.: RADBRUCH, Gustav. *Relativismo y derecho*. (Trad. Luis Villar Borda). Santa Fé de Bogotá: Temis, 1999. p. 2-3.
[1038] DE SOUZA MENDONÇA, Jacy. *Curso de filosofia do direito*: o homem e o direito. São Paulo: Quartier Latin, 2006. p. 120-121.
[1039] Cf.: RAWLS, John. *O liberalismo político*. (Trad. Dinah de Abreu Azevedo). 2. ed. São Paulo: Ática, 2000. p. 27-28.

Uma concepção de justiça será considerada razoável quando encontrar uma base pública de justificação, o que inevitavelmente conduzirá a princípios de razão pública.[1040] Esses princípios, por sua vez, serão buscados junto à pluralidade de doutrinas abrangentes e razoáveis, de modo que o seu delineamento reflita um resultado natural da evolutividade da sociedade e das instituições que lhe dão suporte,[1041] especificando os direitos básicos, as liberdades e oportunidades, bem como as medidas necessárias à sua garantia.

Uma correta apreensão dos princípios de razão prática permitirá a identificação dos distintos vetores axiológicos que se manifestam no ambiente social, de modo que sejam devidamente considerados e, na medida do possível, atendidos. Diz-se na medida do possível face à frequente conflitualidade entre esses vetores, que tanto podem ser harmonizáveis quanto inevitavelmente excludentes. A harmonização aponta para a coesão social e o fortalecimento do pluralismo político, a exclusão para a direção oposta. Considerando os seus efeitos deletérios, a exclusão deve ser reservada às incompatibilidades extremas, não devendo, em qualquer caso, encobrir situações de marginalização axiológica, normalmente fundadas em pré-conceitos ou em hegemonias axiológicas de todo incompatíveis com o pluralismo.

À possibilidade de harmonização de doutrinas razoáveis está associada a criação de uma esfera de consenso, identificando-se uma convergência valorativa, de ordem moral, quanto à defensabilidade de uma dada concepção política de justiça. Rawls, que denominou essa esfera de "consenso de sobreposição",[1042] direcionava-a à formação das ideias fundamentais que permitiam o desenvolvimento da justiça como equidade, assegurando a unidade social. Essa espécie de consenso, que poderíamos chamar de estrutural, pode igualmente coexistir com um consenso de concretização normativa, de modo que, no delineamento dos contornos normativos de uma dada disposição constitucional, seja possível atender às expectativas da pluralidade de doutrinas razoáveis.

O consenso de sobreposição de Rawls é funcionalmente estruturado com o objetivo de evitar a conflitualidade axiológica, assegurando a unidade social a partir de uma base comum, assentada em valores acatados pela pluralidade de doutrinas. Essa possibilidade, ainda que defensável em termos generalíssimos e de indiscutível pureza conceitual, não pode ser transposta para o plano das especificidades, sempre sensíveis à oscilação dos valores incidentes no caso concreto.

Como se percebe, à imperatividade da ordem constitucional não estará necessariamente associado o convencimento, vale dizer, a formação de um estado de ânimo, no plano social, a respeito da correção das opções políticas do Constituinte. Juridicidade e aceitabilidade nem sempre se harmonizam.

3.2.3 Os valores constitucionais e o seu alicerce cultural

Um Estado de Direito teleologicamente comprometido com a proteção dos direitos humanos há de ter sua ordem constitucional permeada por uma ordem de valores de

---

[1040] Cf.: RAWLS, John. *O liberalismo político*. (Trad. Dinah de Abreu Azevedo). 2. ed. São Paulo: Ática, 2000. p. 28.
[1041] Cf.: RAWLS, John. *O liberalismo político*. (Trad. Dinah de Abreu Azevedo). 2. ed. São Paulo: Ática, 2000. p. 32.
[1042] Cf.: RAWLS, John. *O liberalismo político*. (Trad. Dinah de Abreu Azevedo). 2. ed. São Paulo: Ática, 2000. p. 190 e ss.

contornos similares, que direcionará a atuação das estruturas estatais de poder e, em especial, a sua inter-relação com a pessoa humana. No âmbito desse alicerce axiológico, tanto serão identificados valores basilares, que ordenam e fundam o próprio sistema, quanto valores de desenvolvimento, que conferem maior especificidade aos valores basilares, ajustando a sua aplicação a searas específicas e facilitando a compreensão do intérprete.

Pode-se afirmar que a justiça é o valor-mor, a fonte basilar de qualquer sistema constitucional fundado em bases democráticas: dela emanam e para ela convergem os demais valores constitucionais. Não se trata de conceito meramente formal, alheio às vicissitudes da realidade. O referencial de justiça é essencialmente dinâmico, acompanhando a evolução da sociedade. Possui, ademais, um sentido material, refletindo um objetivo de correção, a ser alcançado a partir dos referenciais de igualdade, solidariedade, liberdade, segurança jurídica e bem comum, os quais, em sua individualidade, também devem ser enquadrados sob a epígrafe dos valores basilares do sistema.[1043] Afinal, além de conferirem maior densidade ao valor-mor da justiça,[1044] direcionam o desenvolvimento dos demais valores do sistema.

Os valores basilares, além de coexistirem, são interdependentes, contribuindo reciprocamente para a preservação do equilíbrio do sistema. Na síntese de Häberle, "cada parte se reflete no todo".[1045] Essa funcionalidade dos valores basilares não se harmoniza com pré-compreensões e conteúdos estanques, sendo evidente o seu caráter volátil, exigindo potencialidade de retração e de expansão consoante as especificidades do caso. A flexibilidade decorre do caráter aberto do sistema constitucional, das múltiplas ideologias que nele encontram esteio e dos inevitáveis influxos da realidade. Os valores

---

[1043] Para Paulo Otero, o Direito deve expressar os valores de justiça, segurança e liberdade, que, longe de serem impostos pela Constituição, teriam "força jurídica própria pré-constituinte e supraconstituinte", permitindo seja suscitado o "problema da (in)validade das respectivas normas 'constitucionais'" sempre que violados (OTERO, Paulo. *Instituições políticas e constitucionais*. Coimbra: Almedina, 2009. v. I, p. 604). Radbruch, por sua vez, visualiza três valores no direito: bem comum, segurança jurídica e justiça (RADBRUCH, Gustav. *Relativismo y derecho*. (Trad. Luis Villar Borda). Santa Fé de Bogotá: Temis, 1999. p. 34 e 73). Deve-se lembrar, com Kaufmann, que segurança jurídica pode significar "segurança através do direito" (v.g.: proteção da esfera jurídica individual) ou "segurança do próprio direito" (*v.g.*: indicando a sua cognoscibilidade, aplicabilidade e efetividade) – KAUFMANN, Arthur. *Filosofia do direito* (*Rechtsphilosophie*). (Trad. António Ulisses Cortês). Lisboa: Fundação Calouste Gulbenkian, 2004. p. 281.

[1044] Na construção de Rawls, a sociedade, em seus contornos básicos, está ligada a dois princípios de justiça na distribuição dos bens primários (RAWLS, John. *A theory of justice*. USA: Harvard University Press, 2005. p. 60-65). O primeiro diz respeito à distribuição das liberdades, que deve ocorrer da forma mais ampla possível, sempre com o respeito recíproco entre liberdades similares, de modo que uma não elimine a outra, e com especial deferência a um referencial de igualdade, daí se falar numa "liberdade igualitária". O segundo, por sua vez, refere-se à distribuição de bens e rendimentos, em que prevalece o "princípio da diferença", de modo a ser assegurada a igualdade de oportunidades, não a necessária percepção em partes iguais. Esse último princípio de justiça permite que se fale nas funções instrumental e finalística da justiça social, conforme facilitem o acesso ou assegurem o gozo efetivo de bens e rendimentos. Para Rawls, a igualdade de oportunidades, ainda que gere uma desigualdade de resultados econômicos e sociais, seria justificável sempre que redundasse em maiores benefícios para os setores menos favorecidos da sociedade (RAWLS, John. *A theory of justice*. USA: Harvard University Press, 2005. p. 65-75). A igualdade de oportunidades somente legitimaria a desigualdade social quando aumentasse a expectativa de bem-estar desses setores da sociedade. Tal não ocorrendo, restaria demonstrada a insuficiência de uma igualdade puramente liberal, calcada em um referencial puramente instrumental, e seria exigida a intervenção do Estado na distribuição de bens e rendimentos, deslocando-se o enfoque para o resultado. É justamente a partir de concepções como a de Rawls que se desenvolvem os debates em torno das funções instrumental e finalística da justiça social.

[1045] HÄBERLE, Peter. *La libertad fundamental en el estado constitucional*. (Trad. Jürgen Saligmann e César Landa). Granada: Comares, 2003. p. 32.

basilares atuam entre si como mecanismos de freio, contrapeso ou complemento,[1046] o que bem demonstra a presença de uma conflitualidade latente.

Acresça-se que a política, ao estruturar a ordem constitucional, realiza suas opções em relação aos valores que terão maior preeminência na formação da própria justiça. Essas opções, por sua vez, na medida em que integradas ao texto constitucional, hão de ser consideradas pelo intérprete.

Não bastasse isso, a imperfeição característica das realizações humanas nem sempre permitirá que tais valores sejam harmonicamente albergados por um dado padrão normativo,[1047] o que, em se tratando de disposições constitucionais originárias, exigirá reflexões em torno da conveniência de serem alcançados conteúdos que, embora preservando a segurança jurídica, destoem de outros valores igualmente relevantes para a configuração da justiça. Optando-se pela negativa, há de ser indicado em que medida esses valores assumirão uma posição de preeminência em relação à segurança jurídica, justificando a adoção de uma interpretação ab-rogante ou corretiva. Em outras palavras: em que medida a injustiça é aceitável ou em que situações a resolução da conflitualidade intrínseca, definindo as prioridades a serem alcançadas, permitirá que seja afastada a própria configuração da injustiça?

É importante observar que visões lastreadas em concepções puramente formalistas, conferindo ao legislador ampla liberdade no delineamento do direito, tendem a relegar o valor justiça a plano secundário. A justiça é um objetivo que pode ser alcançado, não um valor indissociável da própria essência do direito. Sob essa ótica, a justiça, longe de informar, é informada por outros valores do sistema, que formam o alicerce fundamental da produção normativa estatal, como é o caso da segurança jurídica.

Na Alemanha, o Tribunal Constitucional Federal já teve a oportunidade de reconhecer que a proteção da vida humana é "um valor central de toda ordem jurídica",[1048] bem como que "no ponto central da ordem fundamental se encontram o valor e a dignidade da pessoa".[1049] Em momento anterior, mais especificamente no Caso Lüth,[1050] o Tribunal afirmara que a livre manifestação da opinião era "um dos direitos humanos mais distintos", "fundamento de toda a liberdade". Essas decisões bem demonstram a preocupação com a fundamentalidade de certos valores, que apresentariam uma posição de preeminência em relação aos demais, quer por originá-los, quer por viabilizar o seu desenvolvimento e expansão.

Face ao dinamismo dos valores e à sua intensa permeabilidade aos influxos sociais, é factível que a base axiológica que confere sustentação à ordem constitucional não assume contornos estáticos e muito menos objetivos. Ainda que a Constituição formal denote a manifesta adesão a certos valores, eles serão constantemente construídos e reconstruídos de acordo com as modificações verificadas no ambiente social.

A necessária conexão de sentido entre os vetores axiológico e sociológico exige reflexões a respeito dos fatores que influem no delineamento do contexto, dando

---

[1046] Cf.: OTERO, Paulo. *Instituições políticas e constitucionais*. Coimbra: Almedina, 2009. v. I, p. 604-605.
[1047] Cf.: RADBRUCH, Gustav. *Relativismo y derecho*. (Trad. Luis Villar Borda). Santa Fé de Bogotá: Temis, 1999. p. 73.
[1048] *BVerfGE* 39, 1 (36), 1975 (*Schwangerschaftsabbruch*).
[1049] *BVerfGE* 65, 1 (41 e ss.), 1983 (*Volkszählung*).
[1050] *BVerfGE* 7, 198 (208), 1958 (*Lüth*).

origem a zonas de convergência a respeito da preferibilidade de um ato ou fato. Se a mera referência ao ambiente sociopolítico é suficiente ao delineamento da fonte física dos valores constitucionais, o mesmo não pode ser dito em relação à sua essência, às características que apontam para a singularidade desse ambiente. É nesse contexto que se insere a profícua construção de Peter Häberle,[1051] ao ver a teoria da Constituição como ciência da cultura (*Verfassungslehre als Kulturwissenschaft*). O reconhecimento do axiológico pelo jurígeno não prescinde de um referencial de perceptibilidade,[1052] que encontra o seu modo de expressão justamente na cultura.

A ordem constitucional, como o Direito em geral, é um padrão de regulação: organiza as estruturas de poder, atende às exigências de segurança jurídica e evita ou soluciona conflitos. Além dessa função essencialmente instrumental, definindo meios e processos a serem observados na realização de certos fins, é igualmente possível visualizar, nas normas constitucionais, um significado simbólico.[1053] A exemplo de todo e qualquer símbolo, que, a partir de influxos auferidos no entorno, reflete a essência, os limites ou as funções de algo, também as normas constitucionais apresentam uma dimensão cultural. Cada povo, em verdade, tem o direito de nutrir suas tradições e expressá-las, formando a sua identidade cultural, fundamento último de sua Constituição.[1054]

É justamente a cultura que forma a identidade de um povo. A cultura oferece a essência do vetor sociológico, do qual se desprendem os referenciais axiológicos que se integram e dão vida à Constituição, influindo na formação dos valores constitucionais. A identificação da essência da cultura, por sua vez, exige que sejam observados alguns parâmetros antropológico-jurídicos que sintetizam os seus elementos centrais mais relevantes: (1) ao *nível histórico*, devem ser considerados a tradição e os legados sociais;[1055] (2) ao *nível normativo*, as regras e usos sociais, incluindo os respectivos valores e ideais de conduta; (3) ao *nível psicológico*, as adaptações que permitem a superação dos problemas, incluindo processos de aprendizagem; e (4) ao *nível estrutural*, o conjunto de modelos de organização da própria cultura ou a compreensão da cultura como produto, ideia ou símbolo.[1056]

A cultura pode ser concebida como uma "realidade aberta",[1057] um conceito volátil, que acompanha as vicissitudes do ambiente sociopolítico. Embora se reconheça que é justamente essa intensa permeabilidade que permite que seja ela vista como a identidade de um povo, a funcionalidade dessa "propriedade" ainda estará condicionada

---

[1051] HÄBERLE, Peter. *Teoría de la Constitución como ciencia de la cultura* (*Verfassungslehre als Kulturwissenschaft*). (Trad. Emilio Mikunda). Madrid: Tecnos, 2000.

[1052] Cf.: LUCAS VERDU, Pablo. *Teoría de la Constitución como ciencia cultural*. 2. ed. Madrid: Dykinson, 1998. p. 127.

[1053] Cf.: FRANKENBERG, Günther. *A gramática da Constituição e do direito* (*Autorität und Integration*: zur Gramatik von Recht und Verfassung). (Trad. Elisete Antoniuk). Belo Horizonte: Del Rey, 2007. p. 126.

[1054] Cf.: LUCAS VERDU, Pablo. *Teoría general de las articulaciones constitucionales*. Madrid: Dykinson, 1998. p. 69; RUGGERI, Antonio. *Fonti e norme nell'ordinamento e nell'esperienza costituzionale*. Torino: Giappichelli, 1993. p. 77; e MAKINSON, David. Rights of peoples: a logician's point of view. In: CRAWFORD, James. *The rights of peoples*. Oxford: Clarendon Press, 1995. p. 69 (89).

[1055] Cf.: LUCAS VERDU, Pablo. *Teoría de la Constitución como ciencia cultural*. 2. ed. Madrid: Dykinson, 1998. p. 22.

[1056] Cf.: HÄBERLE, Peter. *Teoría de la Constitución como ciencia de la cultura* (*Verfassungslehre als Kulturwissenschaft*). (Trad. Emilio Mikunda). Madrid: Tecnos, 2000. p. 25.

[1057] Cf.: HÄBERLE, Peter. *Teoría de la Constitución como ciencia de la cultura* (*Verfassungslehre als Kulturwissenschaft*). (Trad. Emilio Mikunda). Madrid: Tecnos, 2000. p. 31.

à intensidade dos influxos que pode receber, particularmente amplos em um ambiente em que o pluralismo seja a tônica.

O Estado de Direito é necessariamente influenciado pela identidade do povo. Nesse particular, a cultura atua como fator de *mediação* entre as experiências do passado e a realidade do presente; de *incitação*, impulsionando transformações sociais de modo a conectar desenvolvimentos passados a projeções futuras; e de *tolerância*, ao absorver as distintas manifestações de ordem sociológica e permitir a coexistência tanto dos pontos de convergência, quanto das especificidades de grupos ou indivíduos. Ao surgir e se desenvolver no ambiente sociopolítico, passa a ter influência direta em todos os atos, fatos ou situações que possam ser reconduzidos, de modo mediato ou imediato, ao povo. Doutrinas políticas, por exemplo, não passam ao largo das práticas sociais. Seria possível falar, à luz do liberalismo clássico, em "cultura como caminho para a liberdade" ("Kultur als Weg zur Freiheit"),[1058] e o mesmo ocorre em relação aos regimes políticos, às relações entre o Estado e os indivíduos ou destes entre si.

A penetração da cultura no plano constitucional, longe de se exaurir na contemplação formal de estruturas normativas comprometidas com objetivos culturais, de natureza organizacional ou de conteúdo, se estende à própria *ratio essendi* da Constituição. Permite a aproximação entre texto e contexto. Vivifica e dinamiza uma ordem normativa que, por sua preeminência no sistema de fontes e sua natureza fundante para a organização do Estado e a regulação social, não pode prescindir de padrões mínimos de compatibilidade com o ambiente sociopolítico.

A Constituição, além de não se limitar a um conjunto de enunciados jurídicos, não é fruto de processo interpretativo que se desenvolve em uma realidade neutral, que leva em consideração fatores externos totalmente dissociados do evolver sociopolítico e da identidade cultural que dele se desprende. É inconcebível a existência de uma Constituição sem que exista um ambiente sociopolítico em que possa projetar sua força normativa; de um povo politicamente organizado que não possua uma Constituição ou uma identidade cultural; de uma cultura que não influencie o surgimento, a interpretação ou a extinção da norma estrutural, a Constituição. Povo, cultura e Constituição se conectam de tal modo que não se pode conceber um deles sem a necessária presença dos demais.[1059]

A "Constituição viva", fruto de um processo de interpretação permeável, continuamente construída e reconstruída pelos intérpretes da sociedade aberta, é uma "forma de expressão da cultura".[1060] A sua base axiológica de sustentação, os valores que forma e compartilha com o contexto são, igualmente, inequívocas expressões da cultura. A Constituição, ademais, além de influenciada, também influencia na formação de padrões culturais, o que pode refletir-se na imposição, no estímulo ou na mera acolhida de

---

[1058] WALKENHAUS, Ralf. *Konservatives Staatsdenken*: eine wissenssoziologische Studie zu Ernst Rudolf Huber. Berlin: Akademie, 1997. p. 365.

[1059] Na síntese de Häberle: a Constituição "é a expressão de certo grau de desenvolvimento cultural, um meio de autorepresentação própria de todo um povo, espelho de seu legado cultural e fundamento de suas esperanças e desejos" (HÄBERLE, Peter. *Teoría de la Constitución como ciencia de la cultura* (*Verfassungslehre als Kulturwissenschaft*). (Trad. Emilio Mikunda). Madrid: Tecnos, 2000. p. 34).

[1060] HÄBERLE, Peter. *Teoría de la Constitución como ciencia de la cultura* (*Verfassungslehre als Kulturwissenschaft*). (Trad. Emilio Mikunda). Madrid: Tecnos, 2000. p. 34. No mesmo sentido: LUCAS VERDU, Pablo. *Teoría de la Constitución como ciencia cultural*. 2. ed. Madrid: Dykinson, 1998. p. 22; e BENTIVOGLIO, Ludovico Matteo. Interpretazione delle norme internazionali. In: *Enciclopedia del diritto*. Milano: Giuffrè, 2007. v. XXII, p. 310 (§1º).

comportamentos que se cristalizam no ambiente sociopolítico. Nesse sentido, é possível afirmarmos que a "teoria da Constituição", ao ser vista como uma "ciência cultural", é, em verdade, uma "ciência da integração" (*Integrationswissenschaft*).[1061]

A cultura, como ressalta Habermas, possui uma substância que apresenta autonomia estrutural e resiste às tentativas arbitrárias da política para nela penetrar.[1062] O excessivo distanciamento entre a ordem constitucional e a cultura, da qual, em pureza conceitual, deveria ser uma forma de expressão, termina por reduzir a consciência de sua obrigatoriedade e a facilitar o surgimento de situações de ruptura. Não é por outra razão que o processo de interpretação, para alcançar a funcionalidade a que se destina, adjudicando significados aos enunciados linguísticos constitucionais, deve assegurar e administrar a confluência de inúmeros fatores, intrínsecos e extrínsecos; jurígenos, factuais e axiológicos; todos de indiscutível relevância no delineamento de uma "Constituição viva", que deve se ajustar aos cambiamentos da realidade a cada instante em que sua vigência se protraia no tempo.[1063]

A mobilidade da cultura e da ordem constitucional fazem com que os distintos valores do sistema, incluindo o seu valor-mor, a justiça, adquiram, em seus contornos essenciais, mobilidade similar.

3.2.4 Norma e valor: uma distinção necessária

A evolução da dogmática jurídica e a correlata constatação, principalmente após a barbárie nazista, de que o direito legislado não seria uma espécie de Robinson Crusoé, senhor absoluto do seu território e com indefectível força vinculante sobre o nativo "Sexta-feira", tornaram inevitável o desenvolvimento de construções teóricas voltadas à contenção do arbítrio e da tirania. A teoria de Otto Bachof,[1064] a respeito da inconstitucionalidade (*rectius*: invalidade) das normas constitucionais, é um exemplo sugestivo desse processo, para o qual concorreram inúmeras outras tentativas de superação do *status quo*. É nesse contexto que se inserem as iniciativas voltadas ao redimensionamento das normas jurídicas e à compreensão do papel desempenhado pelos valores no delineamento do seu conteúdo.

Em uma investigação científica voltada ao estudo das conflitualidades intrínsecas, incluindo aquelas que se desenvolvem no plano axiológico, afigura-se de vital importância delinear a linha limítrofe que separa a norma do valor. A primeira é dotada de força jurígena, pertence ao plano deontológico (deve ser) e pode ser alterada ou derrogada a partir de um processo formal de natureza voluntária. O segundo ostenta força moral,

---

[1061] BRODOCZ, André. Die symbolische Dimension konstitutioneller Institutionen: über kulturwissenschaftiliche Ansätze in der Verfassungsteorie. *In*: SCHWELLING. Birgit (Org.). *Politikwissenschaft als Kulturwissenschaft*: Theorien, Methoden, Problemstellungen. Heidelberg: VS, 2004. p. 131 (135).

[1062] HABERMAS, Jürgen. *Écrits politiques* (*Kleine politische Schriften*). (Trad. Christian Bouchindhomme e Rainer Rochlitz). Paris: Les Éditions du CERF, 1990. p. 52.

[1063] Cf.: GRIFFIN, James. *American constitutionalism*: from theory to politics. Illinois: Princeton University Press, 1998. p. 27.

[1064] BACHOF, Otto. *Verfassungswidrige Verfassungsnormen*. Tübingen: J. C. B. Mohr, 1951.

está integrado ao plano axiológico, indicando o que é bom,[1065] e não pode ser modificado por força de um processo formal.

Face à própria *ratio essendi* da Constituição, comprometida (ao menos no plano idealístico) com a estruturação e o evolver do Estado e da sociedade, afigura-se evidente que o valor sempre assumirá contornos positivos nessa seara, indicando o que é "bom". Daí a sua feição teleológica.[1066] A simples adesão a um dado valor ou, de modo mais preciso, a individualização da norma constitucional a partir do referencial de "bom" ou "correto" nele condensado, nada mais é que a busca de realização de um objetivo, a realização do valor.

Na medida em que a norma está situada no plano deontológico, uma vez delineado o seu conteúdo e superados possíveis conflitos normativos, a ordem jurídica não oferece, em linha de princípio, qualquer liberdade ao indivíduo para que respeite, ou não, os seus comandos. No valor, ao revés, mesmo após a identificação da conduta que mais se afeiçoa a ele, é preservada a liberdade do indivíduo, que, à míngua de qualquer imposição normativa, pode observá-lo, ou não.[1067] Essa distinção, que poderia parecer simples sob as lentes do positivismo enquanto método, já que direito e moral ocupariam compartimentos estanques, sem qualquer contato necessário, torna-se particularmente complexa ao constatarmos que, após a irreversível virada axiológica do constitucionalismo, os valores tiveram a sua funcionalidade redimensionada.

Enquanto realidades abstratas de natureza pré-jurídica,[1068] os valores não só influem em todo o *iter* de elaboração normativa, principiando pelos trabalhos constituintes, estendendo-se ao processo de interpretação e alcançando a formulação da norma de decisão, como desempenham funções de (1) orientação, aconselhando a adoção, ou não, de ações ou omissões, (2) identificação, permitindo a agregação e a consequente individualização das pessoas que partilhem de valores semelhante, e (3) crítica, possibilitando a análise de ações e omissões sob o ponto de vista de um observador externo.

Na temática afeta à distinção entre norma e valor, três questões tornam-se particularmente relevantes: a primeira aponta para a necessidade de reconhecer a natureza jurídica dos valores quando a própria ordem constitucional aponta para a sua existência; a segunda está associada ao modo de relacionamento entre valores de um lado e regras e princípios de outro; a terceira, por sua vez, exige o estabelecimento de uma distinção entre princípios extrassistêmicos e valores.

[1065] Cf.: ALEXY, Robert. *Theorie der Grundrechte*. Baden-Baden: Suhrkamp Taschenbuch, 1994. p. 126-127. No mesmo sentido: GRAU, Eros Roberto. *Ensaio e discurso sobre a interpretação/aplicação do direito*. 5. ed. São Paulo: Malheiros, 2009. p. 48; LONGO, Andrea. Valori, principi e Costituzione: qualque spunto sui meccanismi di positivizzazione delle istanze assiologiche di base. *Diritto e Società*, n. 1, p. 76, 2002. p. 76 (110); e GARCÍA FIGUEROA, Alfonso. *Principios y positivismo jurídico*. Madrid: Centro de Estudios Políticos y Constitucionales, 1998. p. 207.

[1066] Cf.: GRAU, Eros Roberto. *O direito posto e direito pressuposto*. 7. ed. São Paulo: Malheiros, 2008. p. 112.

[1067] Tomando como referencial a concepção de igualdade, observa García Figueroa que "o princípio diz 'devemos ser iguais' (ou livres, ou plurais politicamente etc.); o valor diz: 'a igualdade é boa' (ou 'a liberdade é boa' ou 'o pluralismo é bom' etc.)" – GARCÍA FIGUEROA, Alfonso. *Principios y positivismo jurídico*. Madrid: Centro de Estudios Políticos y Constitucionales, 1998. p. 208.

[1068] Cf.: LONGO, Andrea. Valori, principi e Costituzione: qualque spunto sui meccanismi di positivizzazione delle istanze assiologiche di base. *Diritto e Società*, n. 1, p. 76, 2002. p. 76 (78); e BIN, Roberto. *Capire la Costituzione*. 2. ed. Bari: Laterza, 2008. p. 46-47.

Principiando pelas situações em que a própria ordem constitucional reconhece a vinculatividade de certos valores,[1069] observa-se, desde logo, que, normalmente, de valores não se estará tratando. Na medida em que são erigidos ao plano constitucional, adquirindo, assim, natureza deontológica, passam a atuar de modo impositivo e assumem o *status* de princípios constitucionais. Em situações dessa natureza, em que há referência expressa a certos valores, somente se poderá falar na preservação de sua feição axiológica, não permitindo que seja ela absorvida pela deontológica, caso tenha ocorrido, apenas, o reconhecimento de valores preexistentes à ordem constitucional. Nesse caso, os valores preservam a sua essência e devem ser necessariamente levados em consideração na interpretação constitucional. Consubstanciam a base de justificação e o fundamento axiológico da ordem constitucional.[1070]

A ideia de valor, além de dependente dos influxos recebidos do ambiente sociopolítico, mostra-se nitidamente infensa a um paradigma estático, como sói ser o texto constitucional. A conclusão torna-se particularmente nítida ao observarmos que o conteúdo dos "valores" (*rectius*: princípios) referidos no texto não prescindirá de sua integração ao contexto, com especial realce aos valores que nele se formam. É perceptível, desse modo, que privilegiar a forma em detrimento da essência conduziria a inconsistências metodológicas somente superáveis com o acolhimento da tese, bem ao gosto do formalismo clássico, de que texto e contexto são totalmente independentes.

A normatização de valores metapositivos pode ser vista como uma *contradictio in terminis*. Afinal, se são normatizados, perdem a mobilidade e a natureza axiológica que os caracteriza. Essa afirmação, é importante observar, não importa na negativa de que incontáveis valores, a exemplo do que ocorre no ambiente sociopolítico, também se fazem presentes no plano constitucional. O que se afirma, em verdade, é que esses valores influenciarão no delineamento do conteúdo das normas constitucionais, mas, em si, não são normas. É natural que a Constituição seja permeada por uma "ordem de valores", que reflete as opções políticas fundamentais que nortearam a sua elaboração e contribui para a formação do amálgama de sua unidade. Os seus contornos, no entanto, longe de serem estáticos e resultarem de uma imposição, são dinâmicos e espontâneos, sendo constantemente construídos e reconstruídos.

[1069] A Constituição espanhola de 1978 tem sido campo propício para embates teóricos em torno da natureza dos valores. Com efeito, dispõe o seu art. 1º, 1: "España se constituye en un Estado social y democrático de Derecho, que propugna como valores superiores de su ordenamiento jurídico la libertad, la justicia, la igualdad y el pluralismo político". Em razão desse preceito, parte da doutrina espanhola tem apregoado o caráter normativo dos valores, separando, de um lado, regras, e, de outro, princípios e valores: enquanto as primeiras se distinguem dos últimos no plano qualitativo, princípios e valores se diferenciam no aspecto quantitativo, vale dizer, apresentam uma estrutura essencialmente aberta e de contornos indeterminados, mas os valores seriam mais indeterminados e abertos que os princípios, ostentando menor densidade normativa. Os valores seriam primordialmente direcionados ao legislador. Cf.: PECES-BARBA, Gregório. *Los valores superiores*. Madrid: Tecnos, 1984. p. 36; e PÉREZ LUÑO, Antonio Enrique. *Derechos humanos, estado de derecho y Constitución*. 8. ed. Madrid: Tecnos, 2003. p. 287-292. Segundo esse último autor, os valores formam o "contexto histórico-espiritual" da interpretação constitucional, pois contêm ideias diretivas gerais que fundamentam, orientam e limitam a sua realização. Os valores atuariam "como metanormas em relação aos princípios e como normas de terceiro grau em relação às regras ou disposições específicas". No Direito brasileiro, como a referência aos "valores supremos" foi incorporada ao preâmbulo da Constituição de 1988, não ao articulado, justifica-se o porquê de a temática não ter assumido proporções semelhantes à espanhola.
[1070] Cf.: LUCAS VERDU, Pablo. *Teoría de la Constitución como ciencia cultural*. 2. ed. Madrid: Dykinson, 1998. p. 107.

Os valores do sistema constitucional, implícitos ou explícitos, não prescindem de uma base cultural de sustentação. Ainda que os enunciados linguísticos da Constituição formal destoem, *prima facie*, de qualquer referencial de justiça e bem comum sedimentado no ambiente sociopolítico, os valores que concorrerão para o delineamento das normas constitucionais são aqueles obtidos a partir da influência do contexto, não exclusivamente aqueles inerentes à estática textual. Se o texto constitucional denota o apoio a uma ideologia essencialmente socialista e o ambiente sociopolítico apresenta contornos liberais, o resultado será a obtenção, após o processo de interpretação, de normas constitucionais de viés social com amenizações de natureza liberal, que não podem se expandir para além dos limites do texto.

Os valores, ainda que expressamente referidos pela Constituição, por pertencerem ao plano axiológico, serem essencialmente dinâmicos e não prescindirem da interação com o contexto, não consubstanciam um *tertium genus* normativo. Entendimento contrário, aliás, exigiria um redimensionamento da categoria dos princípios, dando ensejo à formação de uma subcategoria, a dos valores, os quais, ao adquirirem imperatividade, teriam simplesmente dissolvido o seu principal fator de distinção em relação às normas.

Avançando para a segunda questão, observa-se, de logo, que o aspecto mais controverso da relação entre valores e normas direciona-se ao modo de distingui-los dos princípios. Nesse particular, parece não haver critério mais seguro que o de ordem qualitativa, já que os valores não integram o plano deontológico. Na síntese de Alexy, essa distinção se reduz a um ponto: o que é melhor, *prima facie* ou em definitivo, no modelo de valores (*Wertemodell*), é devido, *prima facie* ou em definitivo, no modelo de princípios (*Prinzipien modell*).[1071] Em relação ao critério de ordem quantitativa, sugerido por parte da doutrina espanhola,[1072] cremos que sua operacionalização é de difícil realização, isso por ser tarefa assaz difícil traçar linhas imaginárias em referenciais axiológicos abertos e de limites indeterminados, de modo a estabelecer um escalonamento de graus.

Além de apresentarem características distintas em relação ao modo de solução dos conflitos normativos em que estejam envolvidos, é factível a maior abertura semântica dos princípios constitucionais quando cotejados com as regras. Daí decorre a necessidade de maior esforço argumentativo por parte do intérprete para o delineamento do conteúdo dessa espécie de norma, tornando mais acentuado o recurso aos valores. Como realçado por Canaris, valores,[1073] princípios e regras mantêm entre si uma relação ascendente de concretização. Os princípios ocupam uma posição intermédia entre valores e regras: o *plus*, em relação aos valores, reside na sua maior determinação, ao que se soma uma indicação sobre suas consequências jurídicas; o *minus*, em relação às regras, está na sua densidade normativa inferior, já que não indicam, com igual *precisão*, as situações de natureza fático-jurídica que possibilitarão a sua incidência ou as respectivas consequências jurídicas.

[1071] ALEXY, Robert. *Theorie der Grundrechte*. Baden-Baden: Suhrkamp Taschenbuch, 1994. p. 133.

[1072] Cf.: OTERO PARGA, Milagros. *Valores constitucionales*: introducción a la filosofía del derecho: axiología jurídica. Santiago de Compostela: Universidad de Santiago de Compostela, 1999. p. 35-36.

[1073] CANARIS, Claus-Wilhelm. *Pensamento sistemático e conceito de sistema na ciência do direito* (*Systemdenken und Systembegriff in der Jurisprudenz*). (Trad. A. Menezes Cordeiro). 5. ed. Lisboa: Fundação Calouste Gulbenkian, 1989. p. 86-87.

Apesar da distinção ontológica, as normas, face ao próprio processo conducente ao seu delineamento, não prescindem dos valores, que influenciam em intensidade superior à que são influenciados. A norma não é algo pronto e acabado, a ser tão somente apreendido pelo intérprete. É fruto do processo de interpretação, que se mostra particularmente sensível aos influxos de natureza axiológica colhidos no ambiente sociopolítico. Os valores assumiram indiscutível relevância no delineamento da norma constitucional. Serviriam de verdadeira matéria-prima, concorrendo, no processo de interpretação, com o texto normativo e os demais fatores extrínsecos tidos como relevantes na atribuição de significado aos enunciados linguísticos.

O terceiro aspecto a ser considerado diz respeito às relações entre valores e princípios extrassistêmicos. A dificuldade torna-se particularmente intensa em relação aos princípios morais, que têm natureza extrassistêmica e, segundo alguns, poderiam concorrer com as demais normas do sistema na regulação das situações concretas. Nessa linha, é inevitável que se ponha a seguinte indagação: o princípio extrassistêmico efetivamente possui natureza normativa e se distingue do valor?

Observa-se, inicialmente, que a juridicidade é primordialmente delineada pela ordem jurídica, interna ou internacional, que alberga tanto os padrões normativos emanados das autoridades competentes ou convencionados pelos Estados, quanto aqueles que, embora surgidos a partir de um processo de formação não voluntário, tenham sua imperatividade reconhecida, como ocorre com os costumes ou, nos sistemas de *common law*, com os precedentes. Isso, no entanto, não é o mesmo que afirmar que o Direito desconhece e permanece indiferente a toda base axiológica exterior a ele. O que se afirma, em verdade, é que essa base axiológica, embora concorra para o delineamento do significado da norma, podendo impedir, inclusive, que de um texto normativo seja alcançada uma norma dotada de imperatividade (*v.g.*: nas situações em que os enunciados linguísticos normativos apregoem a prática de condutas lesivas à humanidade), não possui, por si só, caráter jurígeno. Princípios extrassistêmicos não devem ser considerados verdadeiras normas, mas valores. Os princípios intrassistêmicos, por sua vez, embora tenham o seu conteúdo densificado a partir de juízos valorativos, não são obtidos à margem da ordem jurídica.

Os valores, por não se situarem no plano deontológico, conduzem, apenas, à formação de referenciais de preferibilidade, que contam com a adesão voluntária dos membros da sociedade. Qualquer norma constitucional, ostente a natureza de regra ou de princípio, será delineada sob a influência direta dos valores, que podem entrar em colisão entre si, o que exigirá uma decisão por parte do intérprete, solucionando a conflitualidade intrínseca e identificando aqueles que irão preponderar. Com isso, os valores penetram na ordem jurídica, influenciando no delineamento do seu conteúdo.

3.2.5 O papel dos tribunais na sedimentação da axiologia constitucional

Mesmo em sistemas de raiz romano-germânica, em que o direito escrito é a principal fonte do Direito, é inegável o relevante papel desempenhado pela jurisprudência na sedimentação da axiologia constitucional. É justamente no âmbito dos Tribunais que o Direito tem suas feições integralmente delineadas, contribuindo para a descoberta da ordem de valores subjacente ao contexto social. Para tanto, é sempre útil a análise dos precedentes, permitindo que o respeito pela "sabedoria acumulada do passado" sirva de proteção contra o "uso arbitrário do poder no futuro".[1074]

A volatilidade dos valores em muito dificulta a individualização das esferas de consenso, contribuindo para aumentar as controvérsias em torno da interpretação constitucional. Superar a escassez de consenso significa aumentar a objetividade e atenuar o potencial expansivo das pré-compreensões individuais, que devem se ajustar a um alicerce axiológico dotado de maior previsibilidade.

A técnica utilizada pelo constitucionalismo alemão para a atenuação desse quadro de controvérsias, mais especificamente pelo Tribunal Constitucional Federal (*Bundesverfassungsgericht*), consistiu no recurso à metáfora da "ordem objetiva de valores" ("objektive Wertordnung"), que condensaria a essência da Lei Fundamental (*Grundgesetz*) e, em um plano mais específico, a essência dos direitos fundamentais. Para tanto, o Tribunal rechaçou a neutralidade axiológica da ordem constitucional e individualizou os valores objetivos que, sob sua ótica, lhe davam sustentação.[1075] Nas sentenças de proibição de funcionamento dos partidos políticos cujos programas se mostravam dissonantes da "ordem fundamental democrática liberal", afrontando o art. 21, 2 da *Grundgesetz*, o Tribunal afirmou, textualmente, que esta última "não quer ser uma ordem neutra de valor".[1076] No Caso *Elfes*, entendeu-se que a Lei Fundamental era uma "ordem vinculada a valor", delimitando o poder público.[1077] No paradigmático Caso *Lüth*,[1078] a neutralidade axiológica é definitivamente afastada com a invocação da "ordem objetiva de valor", que encontra o seu alicerce estrutural nos direitos fundamentais, mais especificamente "na personalidade humana desenvolvida na comunidade social e na sua dignidade". Com isso, é reconhecida a existência de uma esfera jurídica imune à intervenção, justificando a eficácia dos direitos fundamentais em relação aos particulares (*Drittwirkung* – "efeitos em relação a terceiros").[1079] O Tribunal prestigiou a construção de Dürig,[1080] que via nos valores morais objetivos, como a dignidade humana, o alicerce de sustentação da própria ordem constitucional.[1081]

[1074] Cf.: EPSTEIN, Richard A. *How progressives rewrote the Constitution*. Washington: Cato Institute, 2007. p. viii.

[1075] Cf.: FRANKENBERG, Günther. *A gramática da Constituição e do direito* (*Autorität und Integration*: zur Gramatik von Recht und Verfassung). (Trad. Elisete Antoniuk). Belo Horizonte: Del Rey, 2007. p. 165-166.

[1076] BVerfGE 2, 1/12, 1952 (*Sozialistische Reichspartei – Verbot*); e 5, 85/134, 1956 (*Kommunistische Partei Deutschlands – Verbot*).

[1077] BVerfGE 6, 32/40, 1957 (*Elfes*).

[1078] BVerfGE 7, 198 (205), 1958 (*Lüth*).

[1079] No direito alemão, a expressão é utilizada em resposta ao seguinte questionamento: os direitos fundamentais somente podem ser invocados nas relações jurídicas dos indivíduos com o Estado ou podem ser suscitados perante terceiros (*Dritten*)? Cf.: STAFF, Ilse. *Verfassungsrecht*. Baden-Baden: Nomos Verlagsgesellschaft, 1976. p. 36. Para uma visão mais ampla da temática, formada por amplos debates em torno das teorias (1) negativistas, que restringem os direitos fundamentais às relações com o Estado; (2) extremadas, que sustentam a eficácia direta e imediata dos direitos fundamentais, em toda e qualquer situação, nas relações privadas; e (3) moderadas, que estabelecem alguns temperamentos a essa incidência, podendo ser subdivididas em teorias (3.1) da eficácia indireta ou mediata, (3.2) da equiparação dos particulares ao Estado (*state action*), (3.3) da amenização do desequilíbrio entre os particulares, (3.4) do dever de proteção e (3.5) dos três níveis, vide: GARCIA, Emerson. *Conflito entre normas constitucionais*: esboço de uma teoria geral. Rio de Janeiro: Lumen Juris, 2008. p. 295-324.

[1080] DÜRIG, Günter. Der Grundrechtssatz von der Menschenwürde. *AöR*, n. 81, 1957, p. 117 (117 e ss.).

[1081] Em sentido diverso, Nipperdey via a dignidade humana como um direito subjetivo (NIPPERDEY, Hans-Carl. Die würde des Menschen. *In*: NEUMANN, Franz; NIPPERDEY, Franz; SCHEUNER, Ulrich (Org.). *Die Grundrechte*. Berlin: Duncker & Humblot, 1954. v. II, p. 11 e ss.).

Contra a construção do Tribunal Constitucional Federal, costuma-se opor o argumento de que a sua ilimitada capacidade de reconhecer valores constitucionais (objetivos, é importante frisar) isolaria a sociedade do processo de interpretação constitucional, comprometendo a integração política e social que caracteriza uma república democrática. Seria, na visão de Frankenberg,[1082] uma "metaconstituição", situada acima da norma constitucional e que, ao alcance exclusivo do Tribunal Constitucional, controlaria a interpretação e a aplicação dos direitos fundamentais. Contornaria, ainda, a imprevisibilidade do pré-entendimento dos juízes constitucionais[1083] e refletiria uma evidente tentativa de se esquivar das controvérsias inerentes à interpretação constitucional que surgem em uma "sociedade aberta dos intérpretes da Constituição", cujo universo seria restringido.[1084]

A objeção, como é intuitivo, torna-se particularmente grave quando se constata que a "ordem objetiva de valores" pode assumir as vestes de mero recurso argumentativo para justificar os valores pessoais do intérprete. Ressalte-se que, face à própria natureza do processo de interpretação, expressando uma atividade essencialmente intelectiva, é natural que mesmo o juiz mais consciente não consiga evitar que suas percepções e julgamentos sejam afetados por seus valores e pré-compreensões particulares.[1085] Acresça-se que, em decorrência do seu caráter compromissório, não é incomum que a Constituição, em alguns casos (*rectius*: a maioria dos casos de grande impacto sociopolítico), mostre-se ambígua em relação aos valores a serem considerados preeminentes. Nessas situações, os intérpretes tendem a ler o texto constitucional à luz dos valores que acreditam que ela deveria conter se tivesse que expressar uma visão harmônica com o contexto sociopolítico.

Os argumentos contrários normalmente serão reconduzíveis a um alicerce comum: a indevida penetração de influxos subjetivos no plano do direito. A grande fragilidade desse argumento central repousa na tentativa de desqualificação de uma operação que, em verdade, busca "humanizar" ou "socializar" o direito, vale dizer, vê-lo sob as lentes de seus reais destinatários. Ao recorrer à metáfora da "ordem de valores", o Tribunal Constitucional nada mais faz que aproximar texto e contexto, apreendendo valores culturais subjacentes ao ambiente sociopolítico e incorporando-os ao plano constitucional, que é "humanizado" ou "socializado". Esse tipo de operação, a exemplo da interpretação constitucional ou de qualquer outro processo intelectivo, jamais assumirá contornos puramente objetivos, mecanicamente reconstruíveis por um autômato. Trata-se de característica indissociável de toda e qualquer ciência social e, em especial, da ordem jurídica.

A "ordem objetiva de valores" a que se refere o Tribunal Constitucional alemão jamais poderia ser concebida como um arquétipo estático, "desumano" e "dessocializado",

---

[1082] Cf.: FRANKENBERG, Günther. *A gramática da Constituição e do direito* (*Autorität und Integration*: zur Gramatik von Recht und Verfassung). (Trad. Elisete Antoniuk). Belo Horizonte: Del Rey, 2007. p. 168 e 248.
[1083] Nesse sentido: FRANKENBERG, Günther. *A gramática da Constituição e do direito* (*Autorität und Integration*: zur Gramatik von Recht und Verfassung). (Trad. Elisete Antoniuk). Belo Horizonte: Del Rey, 2007. p. 165.
[1084] Cf.: HÄBERLE, Peter. *Hermenêutica constitucional*: a sociedade aberta dos intérpretes da Constituição: contribuição para a interpretação pluralista e "procedimental" da Constituição (Die offene Gesellschaft der Verfasungsinterpreten: ein Beitrag zur pluralistischen und "prozessualen" Verfassungsinterpretation). (Trad. Gilmar Ferreira Mendes). Porto Alegre: Sérgio Antonio Fabris, 2002. p. 49.
[1085] Cf.: SMITH, Rogers M. *Liberalism and American constitutional law*. Harvard: Harvard University Press, 1985. p. 227.

que nasce e se desenvolve puramente à luz dos contornos formais do texto constitucional. Essa constatação torna-se particularmente evidente ao observarmos que os valores não podem permanecer separados do homem e da sociedade. A objetividade referida pelo Tribunal somente pode ser concebida no sentido de realçar uma conexão existencial entre valores e texto constitucional, cabendo a este último realizar uma filtragem dos influxos recebidos do ambiente sociopolítico e identificar que valores devem ser considerados pelo intérprete. Trata-se de uma objetividade meramente relativa.[1086] O delineamento desse referencial axiológico de estatura constitucional será necessariamente influenciado pelos influxos recebidos dos referenciais axiológicos obtidos junto ao ambiente sociopolítico, que penetram na Constituição, interagem com o seu texto e permitem que seja formada a sua própria axiologia.[1087] Essa operação não representa propriamente uma forma arbitrária de criar um dogma axiológico a partir de uma matriz normativa, contornando as dificuldades originadas pela multiplicidade de métodos e resultados de interpretação que advêm da "sociedade aberta". A exemplo do que se verifica no processo desenvolvido para o delineamento da norma constitucional, também aqui, isso sob pena de restar caracterizada uma verdadeira arbitrariedade, mostra-se imprescindível que seja viável a reconstrução do *iter* argumentativo percorrido pelo Tribunal na individualização da "ordem objetiva de valores".

No direito norte-americano, a teoria dos "valores fundamentais" (*fundamental values*) é essencialmente voltada à definição de um escalonamento entre as liberdades,[1088] indicando aquelas que, por serem mais básicas, ostentam uma posição preferente (*preferred position*), gozando de proteção mais intensa. Essa construção, a exemplo daquela realizada pelo Tribunal Constitucional alemão, busca preservar as liberdades que consubstanciam a base de sustentação da sociedade e do sistema político norte-americano, que são o direito ao livre exercício de uma religião, à liberdade de expressão e de imprensa, à reunião pacífica e o direito de petição, todos contemplados na Primeira Emenda à Constituição, de 1791, estendida aos Estados por força da Décima Quarta Emenda, de 1868. Não se trata de uma tentativa de desarticular a sociedade aberta ou de alijá-la do processo democrático de construção da Constituição, mas sim, de assegurar a indenidade do ambiente sociopolítico. No Caso *Prince vs. Commonwealth of Massachusetts*,[1089] o Supremo Tribunal norte-americano reconheceu que todos os direitos referidos na Primeira Emenda têm uma posição preferente no "esquema básico" da Constituição. O mesmo ocorreu, entre outras decisões, em *Russel vs. United States*[1090] e *Wallace vs. Jaffree*.[1091]

Embora se reconheça, a exemplo de Otto Bachof, que a ordem de valores não é propriamente criada pela Constituição, não nos parece possível afirmar que ela "se limita a reconhecê-la e a garanti-la" ou mesmo que "essa ordem é pré-estatal".[1092] Enquanto os valores sociopolíticos possuem uma essência cultural, sendo efetivamente

---

[1086] REALE, Miguel. *Filosofia do direito*. 20. ed. São Paulo: Saraiva, 2010. p. 209.
[1087] Robert Alexy contextualiza a "ordem de valores" no âmbito de sua teoria dos princípios (ALEXY, Robert. *Theorie der Grundrechte*. Baden-Baden: Suhrkamp Taschenbuch, 1994. p. 134 e ss.).
[1088] Cf.: SMITH, Rogers M. *Liberalism and American constitutional law*. Harvard: Harvard University Press, 1985. p. 80.
[1089] 321 *U.S.* 158, 1944.
[1090] 369 *U.S.* 749, 1962.
[1091] 472 *U.S.* 38, 1985.
[1092] BACHOF, Otto. *Jueces y Constitución*. (Trad. Rodrigo Bercovitz Rodríguez-Cano). Madrid: Civitas, 1985. p. 28.

pré-estatais e somente passíveis de serem apreendidos, a "ordem objetiva de valores" surge no plano constitucional, que colhe os influxos axiológicos recebidos do ambiente sociopolítico e integra-os ao seu sistema de regulação, daí derivando outros padrões axiológicos. O reconhecimento dessa ordem de valores não significa propriamente um ressurgimento do naturalismo,[1093] mas sim, o abandono de um positivismo formal cuja neutralidade, como é sabido, não se compatibiliza com o atual estágio de evolução do constitucionalismo.

3.3 Concepções ideológicas da ordem constitucional

As concepções ideológicas indicam que a ordem constitucional, longe de inserir-se em um plano de pureza jurídico-formal, é necessariamente alcançada por percepções a respeito do comportamento sociopolítico ideal.[1094] A Constituição está intimamente relacionada ao poder político, concebido como condição de existência e instrumento de coesão da sociedade,[1095] não podendo ser vista e analisada como um corpo *asséptico*, distante e indiferente às estruturas ideológicas existentes. O poder político reflete as ideologias existentes e a Constituição o limita e direciona, o que enseja uma interpenetração entre as diferentes ordens. A inevitável influência de influxos ideológicos na ordem constitucional permite que se fale, por exemplo, em constituições (1) socialistas, refletindo os princípios marxistas-leninistas, (2) liberais, que realçam as teorias individualistas, e (3) mistas, nas quais a interseção de direitos positivos e negativos é mais acentuada.[1096] Ainda que passe ao largo de um comprometimento ideológico expresso, a Constituição sempre refletirá um sistema de ideias, abstratamente comprometido com um dado sentido de justiça e de bem comum.[1097] O reconhecimento da plena liberdade do ser e a neutralidade do Estado em relação às distintas ideias existentes, longe de refletirem a indiferença, apontam para o claro comprometimento com uma ideologia de colorido liberal.

Os sistemas monolíticos, em que um único referencial ideológico predomina e marginaliza os demais, são de todo incompatíveis com a democracia, caracterizada pelo debate político e pelo livre fluxo de ideias. Conduzem ao totalitarismo e são avessos a todos os valores, ainda que inerentes e indissociáveis da espécie humana, que não se amoldem ou submetam à ideia dominante. Refletem uma ideologia paralisante, estática e indiferente ao evolver sociopolítico. Em sistemas pluralistas, marcados pelo livre desenvolvimento das forças políticas e sociais, a democracia aflora e alcança o seu apogeu. As ideologias, além de normativamente corretas, o que permite que se fale em "Constituição compromissória", fruto do "pacto" estabelecido entre as forças existentes, mostram-se essencialmente dinâmicas, sendo constantemente realimentadas pelo debate

---

[1093] PRIETO SANCHIS, Luis. *Justicia constitucional y derechos fundamentales*. Madrid: Trotta, 2003. p. 22.
[1094] Cf.: GARCIA, Emerson. *Conflito entre normas constitucionais*: esboço de uma teoria geral. Rio de Janeiro: Lumen Juris, 2008. p. 37-39; e OTERO, Paulo. *Instituições políticas e constitucionais*. Coimbra: Almedina, 2009. v. I, p. 16.
[1095] Cf.: SARSFIELD CABRAL, Francisco. Pluralismo e consenso: o debate ético na democracia. In: LOPES ALVES, João. *Ética e o futuro da democracia*. Lisboa: Colibri, 1998. p. 267 (275).
[1096] HOWARD, A. E. Dick. La protection des droits sociaux en droit constitutionnel américain. *RFSP*, v. 40, n. 2, p. 173 (190), 1990.
[1097] Cf.: WINKLER, Günther. *Rechtswissenschaft und Rechtserfahrung*: Methoden- und erkenntniskritische Gedanken über Hans Kelsens Lehre und das Verwaltungsrecht. Wien: Springer, 1994. p. 94 e ss.

político.[1098] A exemplo da moral,[1099] também as ideologias crescem na cultura e na tradição, não refletindo mera agregação momentânea de indivíduos com objetivos comuns.[1100]

Além de presentes em sua formação, as diferentes ideologias sociais também se refletirão na interpretação da Constituição. Afinal, por ter uma estrutura que congrega normas de natureza preceitual e principiológica, os valores sociais que delineiam a essência de suas regras e princípios são responsáveis pela definição de sua essência, assegurando sua contínua adequação às forças políticas e sociais.

Por ser inevitável a influência de inúmeras variantes ideológicas em sua formação e interpretação, deve a Constituição, sem prejuízo de sua unidade sistêmica, ser aplicada de modo a potencializar suas normas e a alcançar os distintos fins visados. Relegando a plano secundário as diferentes "individualidades" que compõem o figurino constitucional, correr-se-á o risco de prestigiar determinados valores em detrimento de outros dotados de igual importância no ambiente sociopolítico.

A preservação da essência da "Constituição compromissória" exige que sejam devidamente sopesados os influxos ideológicos nela diretamente refletidos e, somente em um segundo momento, deve ser a norma compatibilizada com os demais influxos recepcionados pela Constituição. Com isso, evita-se que o pluralismo de forças termine por ser desvirtuado e anulado.

Em relação à preservação do interesse social, pode-se dizer, de forma simplista, que a interpretação de suas potencialidades deve ser devidamente compatibilizada com os influxos liberais igualmente prestigiados pela ordem constitucional. Ainda que à propriedade seja assegurada uma função social, não pode o seu titular, sem qualquer compensação, ser dela integralmente privado. Em sendo prevista a prisão unicamente como sanção, não como meio de coerção processual, não se pode restringir a liberdade de um indivíduo para compeli-lo à prática de determinado ato de interesse coletivo; etc.

Embora seja exato que a abstenção dos poderes constituídos é premissa constantemente adotada para a preservação das liberdades individuais, cujo exercício deve ser pautado pela autoavaliação de um referencial de necessidade,[1101] a tutela dos direitos sociais está normalmente associada a uma ação comissiva, daí decorrendo uma atuação diferenciada dos órgãos jurisdicionais. O que se mostra inconcebível é transpor parâmetros de tutela e paradigmas de convivência institucional essencialmente voltados à preservação da liberdade para um campo em que se mostra essencial um *facere* estatal. Interpretar os direitos sociais à luz do pensamento liberal oitocentista pode gerar iniquidades somente comparáveis à tentativa de preservação das liberdades individuais a partir da ideologia marxista-leninista.

[1098] Cf.: GOMES CANOTILHO, José Joaquim. *Direito constitucional e teoria da Constituição*. 7. ed. Coimbra: Almedina, 2010. p. 218.

[1099] O desenvolvimento moral, enquanto processo de aprendizagem, pode ser estudado nos níveis cognitivo (*v.g.*: juízo moral), afetivo (*v.g.*: sentimento de correção ou incorreção) e da conduta (*v.g.*: falar a verdade ou mentir). Cf.: CORREIA JESUÍNO, Jorge. Valores, justiça e direitos: a perspectiva da psicologia social. *In*: LOPES ALVES, João. *Ética e o futuro da democracia*. Lisboa: Colibri, 1998. p. 469 (469).

[1100] Cf.: CALABRESI, Guido; BOBBITT, Philip. *Tragic choices*: the conflicts and society confronts in the allocation of tragically scarce resources. New York – London: W. W. Norton & Company, 1978. p. 198.

[1101] Cf.: ROSEN, Stanley. *Freedon and spontaneity*. *In*: LOPES ALVES, João. *Ética e o futuro da democracia*. Lisboa: Colibri, 1998. p. 37 (39).

A ordem constitucional, a partir dos diferentes influxos ideológicos que, explícita ou implicitamente, nela se materializaram, deve atuar como elemento polarizador da atuação estatal. A contemplação de um extenso rol de direitos econômicos, sociais e culturais ou mesmo a exigência de preservação da dignidade da pessoa humana, o que pressupõe o fornecimento de um rol mínimo de prestações, indica uma opção ideológica que deve ser prestigiada na interpretação das disposições constitucionais, tendo influência direta no delineamento das normas que lhe são correlatas.

Expressões já incorporadas aos padrões argumentativos rotineiramente utilizados pelos operadores do direito podem apresentar um acentuado viés ideológico. A fórmula Estado Social e Democrático de Direito é um exemplo sugestivo. Indica, de início, a imperativa observância de determinados padrões de conduta, quer omissivos, quer comissivos, pelo Estado ou pelos particulares. Não há legítimo exercício do poder ou proteção à esfera jurídica individual à margem da juridicidade. Daí se falar em *Estado de Direito*. Também denota a necessária participação popular no exercício do poder político, com a consequente aceitação das normas dele derivadas, o que justifica o designativo *Estado Democrático*. E, *the last but not the least*, acentua a atuação dos órgãos de poder com o objetivo de assegurar o progresso social e uma existência digna, tendo em vista a consecução do bem comum,[1102] perspectiva que delineia os contornos do *Estado Social*. De modo sintético, expressa o modo de exercício do poder, sua origem e fim.

A ordem constitucional, sempre que avança da regulação do poder às incursões no delineamento dos problemas essenciais à vida em sociedade, necessariamente se preocupa com um referencial de justiça, que normalmente se manifesta no reconhecimento e na distribuição equitativa de liberdades e bens públicos.[1103] Quaisquer que sejam as ideias predominantes, a humanidade tem evoluído no sentido de alterar o epicentro teleológico-funcional da ordem constitucional, que se desloca do Estado para a pessoa humana. Ideologias que apregoam valores colidentes com determinados referenciais de dignidade, fazendo da pessoa humana instrumento e não fim da atuação estatal, padecem de evidente crise de aceitação, ainda que aparentemente harmônicas com a ordem jurídica vigente. Nesse contexto, qualquer modelo de organização estatal, ainda que estruturado sobre um alicerce ideológico específico, deve sempre estar finalisticamente comprometido com a edificação de uma sociedade em que os valores subjacentes à dignidade humana assumam um lugar de destaque. Como observa Häberle,[1104] a dignidade humana, em muitas Constituições contemporâneas, constitui a premissa antropológica do Estado Constitucional, do direito estatal e, a cada dia em maior medida, do direito internacional.

No constitucionalismo contemporâneo, os direitos fundamentais assumem o *status* de epicentro normativo-ideológico da ordem constitucional, isso não obstante a

---

[1102] Nas palavras de Aristóteles: "Não é apenas para viver juntos, mas sim para bem viver juntos que se fez o Estado..." (ARISTÓTELES. *A política*. (Trad. Roberto Leal Ferreira). São Paulo: Martins Fontes, 1998. p. 53).

[1103] Cf.: FRANKENBERG, Günther. *A gramática da Constituição e do direito* (*Autorität und Integration*: zur Gramatik von Recht und Verfassung). (Trad. Elisete Antoniuk). Belo Horizonte: Del Rey, 2007. p. 102.

[1104] HÄBERLE, Peter. Dignità dell'uomo e diritti sociali nelle Costituzioni degli stati di diritto. *In*: BORGHI, Marco. *Costituzione e diritti sociali*. Fribourg: Éditions Universitaires Fribourg, 1990. p. 99 (100); e HÄBERLE, Peter. *Libertad, igualdad, fraternidad*: 1789 como historia, actualidad y futuro del Estado constitucional (1789 als Teil der Geschichte, Gegenwart und Zukunft des Verfassungsstaates). (Trad. Ignacio Gutiérrez Gutiérrez). Madrid: Trotta, 1998. p. 45.

volatilidade de seu conteúdo, pois em poucas ocasiões ensejam o surgimento de posições jurídicas definitivas.[1105] Aglutinam os referenciais axiológicos que refletem a satisfação individual e o bem comum, permitindo a harmônica convivência social.

Concepções puramente libertárias, em que o "nós" sempre sucumbe ao "eu", ensejam uma repulsa preconcebida a qualquer intervenção do Estado. A livre determinação permanece intocada e o coletivo cede perante o individual. Posturas essencialmente republicanas, por sua vez, em que o "eu" sempre sucumbe perante o "nós",[1106] sendo o interesse individual necessariamente subordinado ao coletivo, permitem que direitos individuais sejam constantemente desconsiderados em prol da satisfação de deveres coletivos, com a consequente desconsideração do ser humano como verdadeiro epicentro teleológico-funcional da Constituição.[1107] Um possível sacrifício dos interesses da pessoa humana, ainda que necessariamente comprometido com a salvaguarda de outros interesses de igual natureza, deve observar alguns referenciais axiológicos que não podem ser relegados.

Ressalte-se que concepções ideológicas extremadas, quando encampadas pelo intérprete, além de criar uma blindagem em relação à concorrência de outros fatores extrínsecos, podem culminar com o estabelecimento de uma cisão com o texto interpretado. Esse estado de coisas torna-se particularmente nítido quando a própria Constituição formal, embora suscetível à diuturna influência do contexto, manifesta uma nítida opção ideológica, direcionando o modo como os intérpretes devem vê-la. Aqueles que se distanciam desse "standard de correção ideológica" rompem com os dogmas sedimentados no texto formal e atraem para si maior ônus argumentativo.

No direito norte-americano, é bem conhecida a dicotomia, no âmbito da interpretação constitucional, entre liberais e conservadores.[1108] Os primeiros professam uma interpretação generosa dos direitos fundamentais e a resistência à legislação socioeconômica. Os conservadores, por sua vez, ao conferirem primazia ao historicismo ou ao pensamento dos *founding fathers*, se situam no extremo oposto, não anuindo, por exemplo, à expansão dos direitos sociais. Os liberais, ao prestigiarem o "attitudinal model", entendem que qualquer disputa deve ser resolvida à luz de considerações

---

[1105] Robert Alexy, em posição mais extremada, sustenta que a estrutura principiológica dos direitos fundamentais inviabiliza a existência, no plano constitucional, de "direitos absolutos genuínos" (*genuin absolute Rechte*), que nunca podem ser afastados; a "proteção absoluta" (*absolutes Schutzes*) de um direito sempre estaria condicionada aos demais princípios incidentes no caso, o que exigiria a utilização da técnica de ponderação (ALEXY, Robert. *Theorie der Grundrechte*. Baden-Baden: Suhrkamp Taschenbuch, 1994. p. 272). Essa regra comporta exceções. Em verdade, é plenamente factível a existência de direitos fundamentais que ensejam o surgimento de posições jurídicas definitivas e não apenas *prima facie*; são direitos que, por opção Constituinte, face à sua essencialidade para a existência e convivência humanas, possuem uma carga axiológica reforçada, assumindo o *status* de regras, insuscetíveis, pois de ponderação. Refletem aspectos essenciais da dignidade humana, como se dá com a proibição da tortura. Nesse sentido: GARCIA, Emerson. *Conflito entre normas constitucionais*: esboço de uma teoria geral. Rio de Janeiro: Lumen Juris, 2008. p. 293-294; GOMES CANOTILHO, José Joaquim. *Direito constitucional e teoria da Constituição*. 7. ed. Coimbra: Almedina, 2010. p. 1255; e REIS NOVAIS, Jorge. *As restrições aos direitos fundamentais não expressamente autorizadas pela Constituição*. 2. ed. Coimbra: Coimbra Editora, 2010. p. 577-578.

[1106] Popkin identifica uma versão procedimental e outra substantiva no denominado republicanismo: na primeira, o intérprete se ajusta aos valores colhidos no processo legislativo, na segunda, colhe os valores do ambiente sociopolítico para determinar o sentido do texto normativo (POPKIN, William D. *Statutes in court*: the history and theory os statutory interpretation. Durham e London: Duke University Press, 1999. p. 152).

[1107] Cf.: OTERO, Paulo. *Instituições políticas e constitucionais*. Coimbra: Almedina, 2009. v. I, p. 34.

[1108] Cf.: DWORKIN, Ronald. *Freedom's law*: the moral reading of the American constitution. Cambridge: Harward University Press, 1996. p. 2-3.

ideológicas e dos valores de justiça, o que torna os Tribunais, juntamente com os órgãos legislativos e executivos, "policymaking institutions". Os conservadores, no entanto, seguem o "legal model", o que os mantém adstritos aos precedentes, ao "sentido claro" da Constituição e à intenção dos *framers*.[1109] A postura ideológica dessas correntes interpretativas é evidenciada ao serem encampadas pelos Tribunais e terem os seus alicerces estruturais cotejados com o texto constitucional, o que permite falar, respectivamente, em *judicial activism* e *self-restraint*.[1110]

Questão complexa e que não raro se manifesta nas estruturas políticas regidas por Constituições compromissórias diz respeito à postura a ser adotada perante as manifestações ideológicas voltadas à subversão do regime, importando na própria destruição do pluralismo ou da ideologia de maior preeminência em dado contexto. Manifestar uma irrestrita intolerância, alijando referidas ideias do debate, ou prestigiar uma ampla liberdade política, permitindo que o próprio ambiente democrático receba, filtre e (normalmente) rechace ideias que podem culminar com a sua própria destruição é um verdadeiro dilema. Sua superação há de principiar pelas opções constituintes e, nesse particular, não é incomum que algumas Constituições contemporâneas busquem obstar a propagação de ideias que coloquem em risco a subsistência dos valores sedimentados no ambiente sociopolítico e que delineiam a sua identidade. A esse respeito, a *Grundgesetz* alemã, em seu art. 21, 2, oferece um exemplo bem sugestivo: "[o]s partidos que, em razão de seus fins ou do comportamento de seus membros, tendam a desvirtuar ou a destruir o regime fundamental de liberdade e democracia, ou a pôr em perigo a existência da República Federal Alemã, são inconstitucionais". Inexistindo vedação específica, o pluralismo, embora prevalecente, não deixa de ser limitado, já que não pode chegar ao extremo de comprometer a própria coexistência social.

4 A conflitualidade no plano teleológico

À constatação de que a teleologia do Direito, em seus contornos mais amplos, deve sempre se refletir na realização da justiça,[1111] segue-se o reconhecimento de que esse fim pode ser alcançado com a realização de distintos objetivos parciais, cada qual ostentando uma funcionalidade específica no ambiente sociopolítico. A ordem constitucional, ainda que primordialmente vocacionada à estruturação do Estado e à proteção da pessoa humana, ostenta objetivos similares a qualquer padrão normativo: é instrumento de regulação social.[1112] Afinal, não há Estado ou pessoa humana que prescinda da sociedade.

Enquanto instrumento de regulação, toda e qualquer norma constitucional deve ter um fim ou, na visão de Sanne Taekema, um ideal.[1113] Ao afirmarmos que a "justiça é

[1109] Cf.: SEGAL, Jeffrey Allan; SPAETH, Harold J. *The Supreme Court and the attitudinal model revisited*. Cambridge: Cambridge University Press, 2002. p. 86.

[1110] Cf.: ABRAHAM, Henry J. *The Judiciary*: the Supreme Court in the governmental process. 2. ed. Boston: Allyn and Bacon, 1971. p. 113.

[1111] Cf.: PICARD, Edmond. *Le droit pur*. Paris: Ernest Flammarion, 1908. p. 303.

[1112] Cf.: WROBLEWSKI, Jerzy; BÁNKOWSKI, Zenon; MACCORMICK, Neil. *The judicial application of law*. Springer: The Netherlands, 1992. p. 105.

[1113] TAEKEMA, Sanne. *The concept of ideals in legal theory*. The Hague: Springer, 2002. p. 2.

cega", buscamos realçar que seus julgamentos são imparciais, que todos os argumentos apresentados serão valorados e que seu poder de coerção alcançará indistintamente a todos. A representação artística da justiça é realizada por meio de uma mulher, com olhos vendados, segurando uma balança e uma espada. Essa figura representaria um ideal: a correta administração da justiça. Subjacente ao valor imparcialidade, ter-se-ia o ideal, a direção permanente, o objetivo primordial, de que a atuação da justiça seja sempre imparcial. Apesar de ambos serem revelados a partir de juízos valorativos, o ideal seria a parte operativa do valor.

A Constituição e, consequentemente, a norma constitucional sempre terão um ideal, uma teleologia, uma funcionalidade, produzindo certos efeitos no ambiente sociopolítico. Essa visão pragmática, que certamente norteia as decisões do Constituinte, influencia, em um segundo momento, as decisões tomadas pelo intérprete no curso do processo de interpretação. Cada uma dessas visões, na medida em que se distanciem no tempo, serão influenciadas por contextos diversos, linguísticos e não linguísticos, não sendo incomum que apresentem consideráveis distinções quando cotejadas entre si.[1114]

A funcionalidade das Constituições pode ser analisada sob duas perspectivas distintas. A primeira encontra-se especificamente voltada à compreensão da natureza dos fins a serem alcançados. A segunda, à estruturação do texto constitucional de modo a realizar esses fins.

Partindo da sistematização estabelecida por Van Maarseveen e Van der Tang,[1115] é possível atribuir, ao menos no plano conceitual, as seguintes funções às Constituições (*rectius*: "effects of a Constitution on its surroundings"): (1) ideológica – estabelece os valores prevalecentes na ordem constitucional em relação ao modo de ser do homem, da sociedade e do Estado, oferecendo roteiros, caminhos e metas a serem alcançados de acordo com eles (*v.g.*: ideologias cristã, humanitária, nacionalista, capitalista, socialista etc.); (2) nacionalista – contribui para sedimentar um sentimento de unidade e de identidade nacional, sendo normalmente associada à função de integração; (3) estrutural ou de orientação – estabelece as diretrizes políticas, indicando aquelas tidas como legítimas, e define o procedimento a ser adotado para a sua materialização; (4) de racionalização ou de neutralização – expressa desejos e convicções políticas em termos normativos, o que os separa da origem e lhes confere independência e objetividade; (5) de relações públicas – oferece a "certidão de nascimento do Estado" ou o seu "cartão de visitas", nesse último caso demonstrando o cumprimento, ao menos formal, das normas de direito internacional público, convencionais ou não convencionais; (6) de registro – a partir de um processo seletivo conduzido pelo Constituinte, grava o extrato da evolução política e da resolução dos conflitos verificados nesse plano; (7) simbólica – satisfaz a necessidade humana de permanecer vinculada a normas e valores fundamentais, sendo não raro desvirtuada, terminando por ser utilizada como máscara da realidade política, de modo a expressar uma visão otimista dos eventos políticos; (8) de barreira – encampa certos referenciais políticos e lhes confere permanência, o que impede as maiorias ocasionais de implementar livremente as suas opções políticas;

[1114] Cf.: MODUGNO, Franco. *Interpretazione giuridica*. Padova: CEDAM, 2009. p. 137-138.
[1115] VAN MAARSEVEEN, Henc; VAN DER TANG, Ger. *Written constitutions*: a computerized comparative study. New York: Oceana, 1978. p. 272-281.

(9) de transformação – estabelece o marco inicial do Estado e da ordem jurídica, o que importa no rompimento com os paradigmas anteriores, isso sem prejuízo do fenômeno da recepção normativa; (10) de regulação – fixa os padrões de organização e de atuação do Estado e dos indivíduos, influindo sobre condutas e expectativas.

É factível que, apesar de nem todas as Constituições desempenharem a totalidade dessas funções, estarão normalmente comprometidas com a maior parte delas. O modo de realizá-las, por sua vez, variará conforme a estrutura da Constituição formal, estando, também ela, comprometida com certos traços comuns a todos os Estados democráticos. Com os olhos voltados a um arquétipo básico de Constituição, é possível identificar alguns traços fundamentais adotados pela quase totalidade dos sistemas. Observa-se que as Constituições escritas costumam dispor sobre a natureza do Estado, os direitos dos indivíduos, os poderes dos órgãos estatais e o processo de reforma constitucional,[1116] traços que formam a espinha dorsal de sua estrutura. Essa estrutura, no entanto, não assume contornos meramente formais, sendo permeada por certos princípios que veiculam a própria essência do fenômeno constitucional, conferindo-lhe substância. Como observado por Horst Dippel,[1117] existem princípios que nenhuma ordem constitucional surgida nos mais de duzentos anos que se seguiram à Declaração dos Direitos de Virgínia, de 12 de junho de 1776, e que realmente fizesse jus a esse designativo, se atreveu a desafiar abertamente. São eles: soberania popular, princípios universais, direitos humanos, governo representativo, supremacia normativa da Constituição, separação dos poderes, governo limitado, responsabilidade e sindicabilidade do governo, imparcialidade e independência dos juízes, reconhecimento ao povo do direito de reformar o seu próprio governo e de rever a sua Constituição. Cada um desses princípios representa um modo de ser da ordem constitucional. Daí decorre que sua projeção na realidade sempre se refletirá na busca de um fim comprometido com a sua plena operacionalização.

Tentativas de desvirtuar ou de afrontar os traços fundamentais do constitucionalismo contemporâneo efetivamente existem, mas nunca se mostraram uma opção política viável em regimes democráticos. Sob outro prisma, a sua contemplação formal nem sempre tem sido acompanhada de um efetivo reconhecimento do seu valor substancial, o que não raro resulta em fórmulas exuberantes na aparência, mas sem qualquer potencial transformador da realidade. Como ressaltado por Lane, "nenhum Estado vive 100% de acordo com os seus documentos escritos".[1118]

Ao arquétipo básico somam-se os específicos, moldados de acordo com as peculiaridades locais, que direcionam a formação da vontade política que dará origem à Constituição do respectivo Estado. Nesse particular, assume especial relevo a definição da forma de Estado (*v.g.*: unitário, regional ou federal), da forma de governo (*v.g.*: monarquia, república etc.), do sistema de governo (*v.g.*: presidencialismo, semipresidencialismo

---

[1116] Cf.: LANE, Jan-Erik. *Constitutions and political theory*. Manchester: Manchester University Press, 1996. p. 110; e VAN MAARSEVEEN, Henc; VAN DER TANG, Ger. *Written constitutions*: a computerized comparative study. New York: Oceana, 1978. p. 161.

[1117] DIPPEL, Horst. *História do constitucionalismo moderno*: novas perspectivas. (Trad. António Manuel Hespanha e Cristina Nogueira da Silva). Lisboa: Fundação Calouste Gulbenkian, 2007. p. 10. Vide, ainda, FISCHER-LESCANO, Andreas; TEUBNER, Gunther. *Regime-Kollisionen*: zur Fragmentierung des globalen Rechts. Frankfurt a. M.: Suhrkamp, 2006. p. 53.

[1118] LANE, Jan-Erik. *Constitutions and political theory*. Manchester: Manchester University Press, 1996. p. 118.

e parlamentarismo) e do rol de direitos individuais (*v.g.*: resguardando a esfera individual ou oferecendo prestações), isso sem olvidar a total liberdade para se inserir no texto constitucional matérias que, a rigor, ali não deveriam estar. A esse respeito, é bem difundida a distinção entre Constituições sintéticas e analíticas. Enquanto as primeiras se limitam a estabelecer os alicerces fundamentais da organização política e os direitos fundamentais das pessoas que vivam no respectivo território, as segundas avançam nas miudezas, nas especificidades que, sujeitas às constantes vicissitudes do ambiente sociopolítico, deveriam ser reguladas pela legislação infraconstitucional. Embora não haja uma fórmula matemática que possa explicar a escolha de um ou outro modelo, arriscaríamos afirmar que a opção por Constituições analíticas tem sido particularmente sedutora após situações de ruptura política, máxime quando o regime anterior apresentava contornos ditatoriais. Nesses casos, a Constituição costuma ser recheada de competências orgânicas, direitos individuais, alguns deles faticamente inexequíveis e interesses corporativos. O "alargamento" do universo constitucional torna frequente a realização de reformas, já que as vicissitudes da vida nem sempre se compatibilizam com o detalhamento normativo no estamento mais alto da ordem jurídica. Em decorrência desse "frenesim constitucional",[1119] o imaginário coletivo passa a conferir pouca importância àquelas normas intituladas de constitucionais, raramente cumpridas e que mudam ao sabor das urnas, de modo que cada governo confecciona a sua própria Constituição. Todas as Constituições brasileiras, a contar de 1934, foram analíticas. Em Constituições sintéticas, por sua vez, o que se verifica é a maior tendência à permanência e a constante realização de interpretações construtivas, ajustando-as à realidade sociopolítica, essencialmente cambiante. Constituição é viga mestra, alicerce estrutural do Estado e do direito. Deve oferecer os fundamentos e indicar os caminhos a serem percorridos, deixando ao legislativo o desenvolvimento da ordem jurídica, que responderá às casualidades e às paixões que a sensibilidade humana diuturnamente faz aflorar. Minúcias e paixões fazem da Constituição um documento efêmero, que as marés da política não tardam em alcançar e violentar.

    O arquétipo constitucional é devidamente detalhado pelos diversos enunciados linguísticos que formam a Constituição formal, os quais, além de serem articulados de modo a atender a realização de cada um dos objetivos setoriais que a caracterizam (*v.g.*: garantia das liberdades fundamentais, oferecimento de prestações materiais, harmônica coexistência entre os órgãos de soberania e entre as estruturas territoriais de poder, parcial regulação da economia, proteção de interesses difusos, como o meio ambiente etc.), devem conferir especial relevância à unidade constitucional, evitando que o exaurimento de um deles inviabilize o cumprimento dos demais. É necessária a observância de um ponto de equilíbrio que assegure a coexistência desses objetivos, evitando, por exemplo, que a intervenção do Judiciário na implementação dos direitos sociais chegue ao extremo de absorver decisões políticas afetas aos ramos Executivo e Legislativo, afrontando, desse modo, a separação dos poderes, ou, mesmo, que, sob os auspícios do processo interpretativo, sejam alcançados conteúdos normativos que não

---

[1119] Cf.: MIRANDA, Jorge. Acabar com o frenesim constitucional. *In*: *Nos 25 anos da Constituição da República de 1976*: evolução constitucional e perspectivas futuras. Lisboa: AFDL, 2001. p. 651 (657-658).

possam ser reconduzidos aos balizamentos oferecidos pelo texto constitucional, sendo promovida verdadeira reforma constitucional sem a devida participação popular.

Além da necessidade de ser promovida a conjunta realização dos objetivos constitucionais, evitando-se, tanto quanto possível, a eclosão de conflitos normativos, o intérprete ainda irá se deparar com certas dificuldades ao definir as exatas consequências que advirão da realização de cada um desses objetivos. A difusão das denominadas "constituições compromissórias", que buscam alcançar padrões mínimos de consenso ao harmonizarem os distintos interesses de natureza moral, política e ideológica que concorrem para a sua formação, torna comum que cada um dos objetivos que integram o arquétipo constitucional apresente uma composição híbrida, não raro congregando valores aparentemente contraditórios e fins potencialmente diversos. Nesses casos, será necessário que o intérprete, a partir das especificidades da situação concreta, identifique os fins que deve alcançar para a plena observância do objetivo constitucional considerado. Preocupações dessa natureza costumam ser externadas pelos distintos métodos de interpretação, sempre sensíveis à realidade social e à necessidade de atender ao interesse público e ao bem-estar geral.[1120]

Na resolução das conflitualidades intrínsecas que surgem no plano teleológico, não é incomum a invocação do argumento baseado no "espírito da norma".[1121] Esse tipo de argumento, como é intuitivo, ostenta contornos multifacetários, sendo normalmente apresentado como indicando as características essenciais de um dado sistema normativo, o que inclui a sua base de formação, em especial a evolução histórica, os valores que dele defluem e a sua influência no ambiente sociopolítico.[1122] Em um plano mais restrito, é possível afirmar que o "espírito da norma" ou, na perspectiva aqui tratada, o espírito do enunciado linguístico objeto de interpretação, reflete o modo como a norma individualizada pelo intérprete irá interagir com a realidade. Esse modo de interação irá se refletir justamente nos fins da norma, vale dizer, nos efeitos a serem produzidos.[1123] Identificada uma diversidade de significados, cada qual produzindo um efeito específico no ambiente sociopolítico, o que demanda uma decisão por parte do intérprete, será necessário definir a base de sustentação do discurso interpretativo e, nesse particular, o argumento do espírito serve para demonstrar a coerência oferecida pelos significados

---

[1120] Cf.: HÄBERLE, Peter. *Hermenêutica constitucional*: a sociedade aberta dos intérpretes da Constituição: contribuição para a interpretação pluralista e "procedimental" da Constituição (Die offene Gesellschaft der Verfasungsinterpreten: ein Beitrag zur pluralistischen und "prozessualen" Verfassungsinterpretation). (Trad. Gilmar Ferreira Mendes). Porto Alegre: Sérgio Antonio Fabris, 2002. p. 12.

[1121] Cf.: BLACK, Henry Campbell. *Handbook on the construction and interpretation of the laws*. 2. ed. St. Paul: West Publishing, 1911. p. 66 e ss.

[1122] É esse o fio condutor da célebre obra de Roscoe Pound: *The spirit of the common law*. (POUND, Roscoe. *The spirit of the common law*. New Jersey: Transaction, 1999). Tebbit, por sua vez, analisa a questão em termos mais amplos, afirmando que ou o "espírito do direito" aponta para a realização da justiça que dele se espera ou se assemelha à equidade, isso nos sistemas indiferentes à realização da justiça (TEBBIT, Mark. *Philosophy of law*: an introduction. London: Routledge, 2000. p. 9-10). Contextualizando a questão no plano da interpretação bíblica, vide: HIRSCH JR., E. D. Contrafactuals in interpretation. *In*: LEVINSON, Sanford; MAILLOUX, Steven. *Interpreting law and literature*: a hermeneutic reader. Illinois: Northwestern University Press, 1988. p. 55 (61).

[1123] Cf.: STORY, Joseph. *Commentaries on the Constitution of the United States with a preliminary review of the constitutional history of Colonies and States before the adoption of the Constitution*. Boston: Hilliard, Gray and Company, 1833. v. I, §422.

possíveis. O *espírito* indica o *objetivo imediato* da norma, já que o *objetivo mediato* será sempre reconduzido à ideia de justiça.[1124]

A identificação do espírito da norma será diretamente influenciada pelos fatores considerados pelo intérprete e pelos métodos utilizados no curso do processo de interpretação. Fatores puramente intrínsecos (*rectius*: textos normativos), acompanhados da interpretação literal típica do positivismo clássico, certamente oferecerão um *espírito* bem distinto daquele encontrado com a influência de fatores extrínsecos e com o recurso a métodos de interpretação sensíveis às vicissitudes do caso concreto, o que, nesse último caso, pode importar em um nítido distanciamento da literalidade do enunciado linguístico.[1125] Daí ser possível afirmar que a razão determinante da norma, a denominada *ratio legis*, está associada aos fins a serem alcançados, que assumem contornos essencialmente cambiáveis, mudando conforme as vicissitudes do contexto. Diversamente da *occasio legis*, que é estática, refletindo o conjunto de circunstâncias históricas presentes no momento de edição do texto normativo e que influíram no delineamento de seus contornos semânticos (*v.g.*: a ruptura de um regime ditatorial precedendo a ampliação do rol de liberdades fundamentais integradas à ordem constitucional), a *ratio legis* estabelece o contato entre o padrão normativo e a vida real, conferindo-lhe mobilidade.[1126]

Ainda merece referência a advertência de François Luchaire,[1127] no sentido de que a invocação do "espírito do texto", por vezes, é um álibi a que recorre o intérprete com o objetivo de desconsiderar os limites semânticos ali estabelecidos. Contrariamente ao seu ponto de vista, não cremos que o espírito seja "procurado em grande parte fora do texto": trata-se, em verdade, de um modo de aproximar *texto* e *contexto* com os olhos voltados aos *objetivos* a serem alcançados. Não há preeminência do contexto e muito menos desconsideração do texto. Há interação e harmonização, de modo que os objetivos pretendidos se ajustem aos objetivos exigidos pela realidade. Embora se reconheça que o risco de deturpações efetivamente existe, não se pode negar que a metáfora do *espírito* certamente contribui para a escolha de significados que, sem dissociação com o significante interpretado, melhor se ajustem à sua teleologia.

O Supremo Tribunal norte-americano, apreciando o alcance do *Alien Contract Labor Law*, que proibia a contratação, e o consequente ingresso no país, de qualquer trabalhador estrangeiro, entendeu que o comando legal não seria extensivo aos ministros religiosos, isso apesar de não veicular qualquer exceção a esse respeito.[1128] Na visão do Tribunal, a vagueza dos significantes utilizados no texto normativo não autorizaria a atribuição de significados absurdos e irrazoáveis, que destoassem do seu espírito, passível de ser

---

[1124] Remonta ao jurisconsulto *Celsus* a constatação de que "saber as leis é compreender não as suas palavras, mas a sua força e poder" ("Scire Leges non hoc est verba earum tenere, sed vim ac potestatem" – Digesto, Livro XXVI). Essa passagem, como acentuado por Simonds, já evidencia a distinção entre a letra e o espírito da norma (SIMONDS, Roger. *Rational individualism*: the perennial philosophy of legal interpretation. Netherlands: Rodopi, 1995. p. 37).

[1125] Cf.: MODUGNO, Franco. *Interpretazione giuridica*. Padova: CEDAM, 2009. p. 164.

[1126] Cf.: DOMINGUES DE ANDRADE, Manuel A. *Ensaio sobre a teoria da interpretação das leis*. 2. ed. Coimbra: Arménio Amado, 1963. p. 22.

[1127] LUCHAIRE, François. De la méthode en droit constitutionnel. *Revue du Droit Public et de la Sience Politique en France et a L'Étranger*, n. 2, p. 275-329, mars./avr. 1981. p. 275 (315).

[1128] *Church of the Holy Trinity v. The United States*, 143 U.S. 457, 1892.

definido de acordo com a *voluntas legislatoris*. Nesse caso, prevaleceu o entendimento de que a restrição era direcionada aos trabalhadores estritamente conectados ao setor econômico, não aos religiosos vinculados a congregações específicas.

O Supremo Tribunal brasileiro, interpretando o preceito normativo que dispõe sobre a necessária nomeação de advogados para preencher algumas vagas de Tribunal Eleitoral, entendeu que o seu "espírito informador" era o de assegurar o acesso àquele "que se produziu na profissão, por longos anos", e que "realmente tem condição de trazer a perspectiva do advogado ao debate das questões eleitorais". Com isso, negou a possibilidade de magistrado aposentado, que adquirira regularmente o *status* de advogado, ser nomeado para vaga dessa natureza.[1129] Em outra oportunidade, interpretando o art. 47, §3º, V, do Ato das Disposições Constitucionais Transitórias da Constituição brasileira de 1988, preceito que ofereceu certo benefício financeiro àquelas pessoas que, além de preencherem requisitos específicos, não fossem proprietários "de mais de cinco módulos rurais", entendeu que não seria computada nessa área a denominada "reserva florestal legal", área que, por imposição normativa, não pode ser aproveitada produtivamente.[1130] Assim decidiu por entender que o "espírito da norma constitucional" era o de beneficiar o pequeno proprietário rural, que efetivamente não tem à sua disposição a área de reserva florestal.

Ehrlich,[1131] embora escrevendo no plano sociológico e com os olhos voltados à escola do direito livre, já observara que o pensamento humano é necessariamente dominado pela ideia de fim. É o fim que estabelece a direção, contribui para a seleção do objeto e define o método a ser utilizado. Em seu exemplo, o técnico, ao realizar uma construção em ferro, o considerará não como elemento químico, mas sim, como o material que a fundição lhe fornece e viabiliza a realização do seu trabalho. Ele somente se interessará pela propriedade do ferro que considera relevante para a sua atividade, cingindo seus estudos e reflexões a ela, e somente utilizará os métodos que considere relevantes na consecução desse objetivo. Não é incomum que no âmbito do direito constitucional ocorra fenômeno bem parecido. O intérprete, por vezes, ao invés de envidar esforços no sentido de materializar os objetivos passíveis de serem associados ao enunciado linguístico interpretado, busca interpretá-lo de modo a satisfazer os seus próprios objetivos, preexistentes ao processo de interpretação. Esse comportamento termina por conduzir a uma evidente parcialidade na escolha dos enunciados a serem utilizados e na resolução das conflitualidades intrínsecas de natureza teleológica. A manipulação se estende aos próprios métodos de interpretação, que serão empregados a partir de uma lógica unidirecional, insensível a qualquer outro fim que não aquele preferido pelo intérprete. Em situações dessa natureza, será plenamente factível que o significado atribuído à norma termine por destoar de qualquer padrão de racionalidade, refletindo, apenas, as aspirações pessoais do intérprete, não a correta apreensão das interações entre texto e contexto.

[1129] Pleno, RMS nº 23.123/PB, Rel p/ o acórdão Min. Nélson Jobim, j. em 15.12.1999, *DJ* de 12.03.2004.

[1130] 1ª T., AI nº 150.179 AgR/MG, Rel. Min. Sydney Sanches, j. em 02.04.1996, *DJ* de 19.12.1996.

[1131] EHRLICH, Eugen. *I fondamenti della sociologia del diritto* (*Grundlegung der Soziologie des Rechts*). (Trad. Alberto Febbrajo). Milano: Giuffrè, 1976. p. 9.

4.1 A teleologia constitucional e a inter-relação entre referenciais jurídicos e políticos

Política, do grego *polis*, significando cidade, Estado, indica, no sentido preferido por Aristóteles,[1132] o conjunto de assuntos afetos ao Estado. Em seus contornos mais amplos, absorve uma pluralidade de significados, podendo ser vista como a base axiológica sobre a qual se desenvolvem (1) os problemas de natureza pública, (2) a subsistência do Estado, incluindo questões afetas à sua soberania, (3) o modo de materialização do princípio democrático e (4) a governabilidade das instituições estatais.[1133] O direito constitucional, em seus contornos essenciais, é o direito do poder político.[1134] Não se avança no plano constitucional sem que, de modo mediato ou imediato, se alcance o político. Em verdade, é exato afirmar que a própria filosofia do Direito pode ser vista como um amplo subcampo da filosofia política,[1135] já que não há valoração jurídica que passe ao largo de considerações de ordem política. Mesmo os mais singelos enunciados linguísticos inseridos na Constituição formal, como aqueles que estabelecem normas de organização (*v.g.*: o Tribunal *x* terá *y* membros), encontram sua origem no plano político.

A Constituição, como "auto-entendimento de um povo acerca de sua existência política",[1136] organiza órgãos e reconhece direitos e deveres, regulando o surgimento e a forma de exercício do poder. Face à sua própria funcionalidade, a ordem Constitucional é vocacionada a influir nos projetos políticos. Para tanto, indica fins e estabelece balizamentos, o que, não raro, enseja o surgimento de zonas de tensão com as maiorias ocasionais, que veem seus projetos limitados pela ordem constitucional.

A política, aliás, não raro, é utilizada com o fim de se atribuir ares de generalidade a interesses específicos. Bentley,[1137] há mais de um século, já sentenciava inexistir interesse público objetivo em política, mas apenas interesses de grupos. Daí se afirmar que uma boa compreensão do sistema jurídico sempre será dependente da superação de uma controvérsia política.[1138] Situações dessa natureza, como é factível, além dos debates em torno da própria permanência da Constituição, suscitarão questionamentos quanto à possível manipulação da interpretação constitucional, sempre passível de ser direcionada à superação dos obstáculos limitadores das opções políticas.

Não se deve perder de vista que a Constituição, em sua inter-relação com o poder político, é, a um só tempo, elemento fundante e elemento fundado. Em outras palavras, embora regule suas formas de manifestação, dele se origina. A Constituição, como fruto

---

[1132] ARISTÓTELES. *A Política*. (Trad. Roberto Leal Ferreira). São Paulo: Martins Fontes, 1998. p. 4-6.

[1133] Cf.: LATOUR, Bruno. Pour un dialogue entre science politique et science studies. *RFSP*, v. 58, n. 4, p. 657-678, aug. 2008. p. 657 (661-669).

[1134] Cf.: ONIDA, Valerio. *La Costituzione*: la legge fondamentale della Repubblica. 2. ed. Bologna: Il Mulino, 2007. p. 48. Como ressaltado por Michel Troper, o direito em sua inteireza pode ser tratado como um fato político, permitindo, nesse sentido, que a teoria do direito seja usada como um método de análise do poder político (TROPER, Michel. The fact and the law. *In*: NERHOT, Patrick. *Law, interpretation and reality*: essays in epistemology, hermeneutics and jurisprudence. Dordrecht: Kluwer Academic, 1990. p. 22 (28)).

[1135] Cf.: WALDRON, Jeremy. *Law and disagreement*. Oxford: Oxford University Press, 1999. p. 4.

[1136] Cf.: GRIMM, Dieter. *Constituição e política* (*Die Verfassung und die Politik*). (Trad. Geraldo de Carvalho). Belo Horizonte: Del Rey, 2006. p. 39.

[1137] BENTLEY, Arthur Fischer. *The process of government*: a study of social pressures. Evaston: Principia, 1908 (reimp. 1949). p. 211.

[1138] Cf.: MÜLLER, Friedrich. *Juristische Methodik*: Grundlagen Öffentliches Recht. 9. ed. Berlin: Duncker & Humblot, 2004. v. I, p. 477.

do poder político, não deve limitá-lo além do necessário, isso sob pena de comprometer a sua própria identidade e subsistência, exigindo reformas constantes ou gerando o risco de perda da normatividade real, sempre latente quando as reformas não se mostrem possíveis. Deve, em verdade, restringir-se ao estabelecimento de balizas e diretrizes básicas, assegurando um espaço de desenvolvimento político que se amolde ao princípio democrático e às alternâncias do poder, de modo a garantir a livre manifestação das convicções existentes. Nota-se que a politicidade presente na interpretação constitucional decorre da impossibilidade e, por que não, da inconveniência, de se juridificar por completo a política.[1139] Somente com a harmonização das contradições a Constituição alcançará o objetivo de integração.

Ao subtrair determinadas matérias do processo decisório da política, a Constituição, em um primeiro momento, limita o seu espaço de desenvolvimento. Não elimina a política, apenas define a sua moldura.[1140] Bruce Ackerman[1141] ressalta que as decisões que dão origem à Constituição, com intensa fiscalização e mobilização popular, são nitidamente mais democráticas e densas que aquelas tomadas pelo legislador ordinário. Nesse modelo de "democracia dual", a decisão política do momento constituinte é qualitativamente distinta e superior à decisão política parlamentar. São justamente os balizamentos constitucionais que viabilizam a organização do Estado e do poder político, evitando que sejam eles constantemente reconstruídos ao sabor das maiorias ocasionais, que hão de permanecer adstritas aos caminhos oferecidos pela lei maior. Em um segundo momento, ao definir, a longo prazo, as bases de estruturação e desenvolvimento do Estado, a Constituição assegura a estabilidade do sistema e delega à política as decisões cíclicas e de curto prazo. Pensar em termos de política constitucional, como ressaltado por Müller, não é outra coisa senão sopesar as consequências e avaliar os efeitos.[1142]

A Constituição, em decorrência do consenso a que se destina e da permanência que almeja, costuma se contentar com as generalidades, deixando o processo de concretização mais aberto, o que aumenta o ônus do intérprete. Politização e juridicização ocupam extremos que, malgrado opostos na aparência, permanecem interligados, assumindo, respectivamente, maior ou menor importância conforme a mobilidade que o texto constitucional confira ao intérprete. Na medida em que o texto constitucional não só é vocacionado à normatividade, como regula a produção de normas, seara em que o poder político se manifesta com maior intensidade, a Constituição não pode ser contextualizada em um plano estritamente jurídico. A politicidade, em verdade, é colhida na complexidade do sistema de relações sociais, o que bem demonstra a impossibilidade de ser apreendida com o só recurso à literalidade dos enunciados linguísticos e à juridicidade dos institutos

---

[1139] Cf.: ÁLVAREZ CONDE, Enrique. *Curso de derecho constitucional*: el Estado constitucional. El sistema de fuentes. Los derechos y libertades. 2. ed. Madrid: Tecnos, 1996. v. I, p. 164.
[1140] Cf.: GRIMM, Dieter. *Constituição e política* (*Die Verfassung und die Politik*). (Trad. Geraldo de Carvalho). Belo Horizonte: Del Rey, 2006. p. 10.
[1141] ACKERMAN, Bruce. The new separation of powers. *Harward Law Review*, v. 113, n. 3, p. 632-727, jan. 2000. p. 632 (664).
[1142] MÜLLER, Friedrich. *Juristische Methodik*: Grundlagen Öffentliches Recht. 9. ed. Berlin: Duncker & Humblot, 2004. v. I, p. 398.

constitucionais.[1143] Sob outra ótica, a juridicização de questões inicialmente políticas, o que as sujeita aos balizamentos oferecidos pela Constituição e, consequentemente, ao crescente controle judicial, é consequência inevitável da importância por elas assumidas no âmbito do Estado contemporâneo.

A existência de uma consciência constitucional, fazendo com que a Constituição seja efetivamente vista como parte integrante e elemento indissociável da própria cultura subjacente ao ambiente sociopolítico, consubstancia um relevante limitador do poder político das maiorias ocasionais. O grau de intensidade da "fidelidade constitucional" será tanto maior quanto mais desenvolvida for a sua "estima social", indicando que o desfigurar da Constituição é inaceitável ou, quando menos, que deve ser evitado.[1144] A não recepção, pela população, das iniciativas políticas dissonantes da Constituição, mostra-se indispensável à sua preservação. Esse objetivo somente será alcançado e conservado a partir de indicadores culturais, não propriamente jurídicos, pressupondo um processo de conscientização da sociedade, em especial de suas elites políticas.[1145] A razão política não pode deixar de ser vista como uma racionalidade que surge e se comunica no interior da comunidade.[1146] O grande problema enfrentado é o de alcançar a conscientização da sociedade quando se constata que a crescente juridicização de questões discutidas no espaço público tende a aumentar o tecnicismo e a formalidade dos padrões normativos existentes, exigindo, inclusive, extenso conhecimento de técnicas de interpretação, que, o *homo medius*, em regra, não possui.[1147] Essa conscientização, por certo, passa pelo aumento dos instrumentos de estímulo à participação, como a atribuição de legitimidade processual às organizações da sociedade civil, permitindo que suscitem, em juízo, questões de interesse coletivo; e a realização de audiências públicas nos processos de grande relevância social, possibilitando a ampliação do debate.

Embora seja exato que os enunciados linguísticos inseridos na Constituição formal não assumem a natureza de atos ou declarações puramente políticas, já que inegável a sua juridicidade, não parece adequado afirmar, com Pensovecchio Li Bassi,[1148] que se identifiquem com os demais enunciados do sistema. A ordem constitucional não só organiza o poder político, como também regula os balizamentos a serem observados pela política no delineamento das espécies normativas infraconstitucionais, deixando, para estas, um campo de expansão nitidamente inferior, em nada se confundindo com a generalidade e o caráter fundante daquela.

Se a Constituição é intensamente permeável à política, com a interpretação constitucional não costuma ser diferente. O intérprete tende a projetar no processo de

---

[1143] Cf.: MORTATI, Costantino. Costituz ione dello Stato: dottrine generali e Costituzione della Repubblica italiana. *In*: Enciclopedia del diritto. Milano: Giuffrè, (1962) 2007. v. XI, p. 139, §27; e MORTATI, Costantino. Diritto costituzionale. *In*: Enciclopedia del diritto. Milano: Giuffrè, (1964) 2007. v. XII, p. 947, §11.

[1144] Cf.: GRIMM, Dieter. *Constituição e política (Die Verfassung und die Politik)*. (Trad. Geraldo de Carvalho). Belo Horizonte: Del Rey, 2006. p. 266.

[1145] Cf.: GRIMM, Dieter. *Constituição e política (Die Verfassung und die Politik)*. (Trad. Geraldo de Carvalho). Belo Horizonte: Del Rey, 2006. p. 94-95.

[1146] Cf.: BARATA-MOURA, José. Democracia e razão. *In*: LOPES ALVES, João. *Ética e o futuro da democracia*. Lisboa: Colibri, 1998. p. 79 (82).

[1147] Cf.: WALDRON, Jeremy. The core of the case of judicial review. *Yale Law JournalI*, n. 115, p. 1346-1370, 2006. p. 1346 (1346 e ss.).

[1148] PENSOVECCHIO LI BASSI, Antonino. *L'interpretazione delle norme costituzionali*: natura, metodo, difficoltà e limiti. Milano: Giuffrè, 1972. p. 23-26.

interpretação a sua concepção pessoal a respeito da própria natureza do sistema político em que inserido.[1149] A preeminência de ideologias específicas, como o liberalismo e a igualdade social, é característica recorrente em muitos Tribunais Constitucionais, desempenhando grande influência na aferição da constitucionalidade das opções políticas do poder público. Se o jurídico, face à própria origem e funcionalidade das normas, não pode se dissociar do político, essa característica é particularmente intensa em relação às normas constitucionais. Em verdade, nenhum Tribunal pode interpretar e tornar efetiva a Constituição permanecendo indiferente aos influxos políticos que nela penetram e dela se desprendem. Os órgãos jurisdicionais, em geral, e o Tribunal Constitucional, em particular, devem ser vistos, a um só tempo, como instituições governamentais, jurídicas e políticas.[1150]

O papel do Tribunal Constitucional é especialmente relevante quando constatamos que, apesar dos influxos políticos que inevitavelmente penetram em seu exercício funcional, ele pode ser visto como um "corretivo neutro da política partidária",[1151] já que alheio às forças políticas organizadas que disputam o domínio do Estado. É politicamente ativo, mas partidariamente neutro – ao menos, espera-se que seja. Essa "politização da justiça" é consequência inevitável da "juridificação da política". A ampliação do horizonte constitucional torna inevitável que atos politicamente decisórios sejam compelidos a ostentar não só uma relação de compatibilidade, não afrontando os balizamentos constitucionais, como uma relação de conformidade, devendo se ajustar ao cumprimento das finalidades preconizadas pela Constituição. Quanto maior a amplitude da constitucionalização do Direito, maior será a juridificação da política e, consequentemente, maior o universo de intervenção dos Tribunais.[1152]

Por outro lado, deve-se reconhecer que a interpretação constitucional, apesar da grande sensibilidade à política, não se reduz a ela.[1153] Em outras palavras, assume contornos jurídicos e políticos, sendo de todo incorreto desconsiderar um desses referenciais em prol da irrestrita adesão ao outro. A juridicidade aponta para a sua adstrição aos balizamentos estabelecidos pelo próprio sistema constitucional, com especial realce para a imperativa consideração de seus enunciados linguísticos. A politicidade, por sua vez, indica a necessidade de serem apreendidos certos valores subjacentes à realidade, que tornam o texto um organismo vivo, dinâmico e atual. Se a política anda de braços dados com uma irrestrita liberdade valorativa, a juridicidade permite alinhá-la a certos balizamentos, evitando que o intérprete enverede em um processo de criação *ex novo* da norma constitucional.

[1149] Cf.: SMITH, Rogers M. *Liberalism and American constitutional law*. Harvard: Harvard University Press, 1985. p. 227.
[1150] Cf.: ABRAHAM, Henry J. *The Judiciary*: the Supreme Court in the governmental process. 2. ed. Boston: Allyn and Bacon, 1971. p. 88.
[1151] Cf.: GRIMM, Dieter. *Constituição e política* (*Die Verfassung und die Politik*). (Trad. Geraldo de Carvalho). Belo Horizonte: Del Rey, 2006. p. 102.
[1152] Cf.: HIRSCHL, Ran. *Towards juristocracy*: the origins and consequences of the new constitutionalism. Cambridge: Harvard University Press, 2004. p. 211 e ss. Como acentuado pelo autor, a constitucionalização do direito, ao ampliar o objeto sujeito à apreciação do Judiciário, amplia o seu universo de intervenção de um modo difícil ou impossível de ser revertido (HIRSCHL, Ran. *Towards juristocracy*: the origins and consequences of the new constitutionalism. Cambridge: Harvard University Press, 2004. p. 171).
[1153] Cf.: PENSOVECCHIO LI BASSI, Antonino. *L'interpretazione delle norme costituzionali*: natura, metodo, difficoltà e limiti. Milano: Giuffrè, 1972. p. 67-68.

A influência da política no delineamento dos fins a serem alcançados pela norma constitucional tende a aumentar em proporção semelhante à proximidade do seu objeto com as relações de poder.[1154] Maior a distância, maior será a juridicidade, ainda que permeada por influxos axiológicos. Menor a distância, maior a politicidade, o que, não raro, fará com que as decisões tomadas se distanciem dos balizamentos do texto e da própria ordem de valores subjacente ao ambiente sociopolítico.

Face à intensa permeabilidade política e axiológica das disposições constitucionais, não é possível exigir do Tribunal Constitucional que delineie o conteúdo da norma com desconsideração da conflitualidade que emerge desses referenciais. Essa apreciação deve ser feita sob as lentes do direito, evitando que decisões puramente políticas sejam encobertas por um véu de juridicidade, o que pode resultar em enfraquecimento da própria força normativa da Constituição. Soa evidente que juridicidade exclusiva ou politicidade excessiva tendem a deturpar o conteúdo da norma constitucional, dando ensejo a uma fratura entre o texto e o contexto. Se o equilíbrio entre esses vetores é algo sempre desejável, o subjetivismo que inevitavelmente penetra em qualquer juízo valorativo dessa natureza não raro rende críticas à atuação do Tribunal Constitucional. Esse quadro torna-se ainda mais acentuado quando a intensidade das conflitualidades intrínsecas, com especial ênfase à ambiguidade e à vagueza semântica dos enunciados linguísticos,[1155] multiplica os sentidos potencialmente atribuíveis à norma, o que aumenta o poder de escolha do intérprete.

Na perspectiva de análise aqui adotada, as críticas são especialmente direcionadas à possível substituição, pelo Tribunal Constitucional, de escolhas que estariam situadas na esfera valorativa dos órgãos legislativos e executivos, o que os autorizaria a identificar, dentre os diversos fins alcançáveis a partir do enunciado linguístico constitucional, aquele que mais se afeiçoaria à sua conveniência e visão da realidade. Na medida em que se reconheça que a função primordial do Tribunal é a de zelar pela individualização do conteúdo da norma constitucional, ao que se soma a constatação de que essa atividade não prescinde de considerações em torno dos distintos aspectos da realidade, inclusive daqueles de contornos políticos, afigura-se evidente que esse risco sempre será latente. É justamente em torno desse problema que se formam as discussões em torno da "ideologia judicial", do "ativismo"[1156] e da possível necessidade de "autocontenção" do Tribunal Constitucional. A ideologia se projetaria na identidade das decisões do Tribunal, permitindo a previsão do seu próprio conteúdo; o ativismo apontaria para

---

[1154] Cf.: CANOSA USERA, Raul. *Interpretación constitucional y fórmula política*. Madrid: Centro de Estudios Constitucionales, 1988. p. 120.

[1155] Cf.: SUSTEIN, Cass et al. *Are judges political?*: an empirical analysis of the federal judiciary. Washington: Brookings Institution Press, 2006. p. 132.

[1156] A expressão "ativismo judicial" começou a ser utilizada no direito norte-americano para caracterizar a postura assumida pelo Supremo Tribunal, entre os anos de 1954 e 1969, quando esteve sob a presidência de Earl Warren. Nesse período, o Tribunal adotou uma postura progressista em relação a inúmeros temas de indiscutível relevância no ambiente sociopolítico, mais especificamente na seara dos direitos fundamentais. Remontam a esse período as clássicas decisões proferidas nos Casos (a) *Brown vs. Board of Education* (347 U.S. 483, 1954), em que se reconheceu a inconstitucionalidade da segregação racial nas escolas; (b) *Gideon vs. Wainwright* (372 U.S. 335, 1963), em que se decidiu pela obrigatoriedade de os acusados em um processo criminal serem defendidos por advogado (1963); (c) *Miranda vs. Arizona* (348 U.S. 436, 1966), consagrando-se o direito contra a autoincriminação; (d) *New York Times vs. Sullivan* (376 U.S. 254, 1964), em que se preservou a liberdade de expressão e o direito de crítica aos atos dos agentes públicos; e (e) *Griswold vs. Connecticut* (381 U.S. 479, 1965), protegendo-se o direito à privacidade. Cf.: ROOSEVELT III, Kermit. *The myth of judicial activism*: making sense of Supreme Court decisions. USA: Yale University Press, 2008. p. 87-166.

uma espécie de excesso, indicando que o Tribunal superou os limites da juridicidade e avançou, em demasia, para a seara política; a autocontenção, por sua vez, denotaria a preocupação com a preservação do equilíbrio entre as vertentes da juridicidade e da politicidade, de modo que o Tribunal, apesar de ter o poder de avançar nessa última seara, isso em razão da imperatividade de suas decisões, não o faria, preservando a esfera valorativa das demais funções estatais.

O ativismo e a autocontenção, embora possam refletir uma postura previamente assumida pelo Tribunal Constitucional, servindo de diretriz argumentativa em todos os juízos valorativos realizados no curso de sua atividade judicante, assumem, em verdade, contornos primordialmente consequenciais. Em outras palavras: qualificam as conclusões do Tribunal após o encerramento do processo de interpretação. A oscilação entre um referencial e outro será nitidamente influenciada pela "ideologia judicial", indicando a posição assumida, *a priori*, pelo Tribunal Constitucional, em relação a certos fatores extrajurídicos a que se poderia atribuir o designativo de *políticos*. Observa-se, nesse particular, que a identificação dos fins da norma constitucional, além de ser influenciada pela pré-compreensão do intérprete, referencial que indica o seu conhecimento adquirido e a sua visão a respeito do direito e da sociedade, pode ser realizada com variações entre os extremos da total permeabilidade ou da absoluta parcialidade política. Em ambos os casos é reconhecida a importância da política. Ocorre que, no primeiro extremo, o intérprete, em especial o Tribunal Constitucional, apreende e valora as vicissitudes do contexto, dali extraindo os influxos políticos. No segundo, por sua vez, substitui as vicissitudes do contexto pelo seu *acquis*, de modo que o referencial político não é propriamente apreendido, mas sim, exteriorizado pelo Tribunal. Enquanto a *apreensão* refletiria um atuar imparcial, que em nada se confunde com um atuar neutral, já que o Tribunal inevitavelmente realizará juízos valorativos de natureza política e resolverá as conflitualidades verificadas nessa seara, a *exteriorização* é eivada de parcialidade. Afinal, o Tribunal ignora o contexto e delineia o fim que se afeiçoa aos seus conceitos de ordem política (*v.g.*: preeminência do liberalismo, restringindo o oferecimento de direitos prestacionais; minimização da intervenção do Estado na economia, privilegiando as ideias neoliberais etc.). É justamente essa parcialidade política que é condensada na ideia de "ideologia judicial", expressão indicativa da presença de estereótipos argumentativos (*v.g.*: liberais ou conservadores)[1157] que sempre caracterizam a postura do Tribunal em relação a certas temáticas. A ideologia, no entanto, não deve ter origem puramente judicial, mas sim ambiental, devendo refletir, tanto quanto possível, a resultante da interação entre as diretrizes axiológicas contempladas na Constituição, os valores prestigiados pelas maiorias ocasionais e as aspirações e necessidades identificadas no plano social. Em ambientes democráticos, a Constituição não só estabelece as estruturas estatais de poder, como vincula essas estruturas à sociedade, situando no povo o alicerce último de todo poder.[1158]

O surgimento, no âmbito do Tribunal Constitucional, de uma ideologia de contornos distintos daqueles prevalecentes no texto constitucional e no ambiente sociopolítico é

[1157] Cf.: SUSTEIN, Cass *et al. Are judges political?*: an empirical analysis of the federal judiciary. Washington: Brookings Institution Press, 2006. p. 19.

[1158] Cf.: STONE SWEET, Alec. *Governing with judges*: constitutional politics in Europe. New York: Oxford University Press, 2000 (2ª tiragem de 2002). p. 21.

indicativo de parcialidade política, o que deve ser evitado.[1159] É importante ressaltar que a tão propagada adstrição do Tribunal aos influxos do contexto não guarda qualquer similitude com uma pseudovinculação à vontade política das maiorias ocasionais. A obviedade dessa conclusão decorre da constatação de que uma das principais funções do Tribunal é justamente a de preservar a indenidade da ordem constitucional das investidas dos governantes. Não é por outra razão que, *v.g.*, em uma sociedade premida pela miséria, em que os poderes constituídos direcionam os recursos públicos a fins menos nobres, como o aumento da propaganda institucional, máxime no período que antecede as eleições, e, no outro extremo, teimam em atribuir contornos puramente programáticos às normas afetas aos direitos sociais, incluindo aqueles essenciais à sobrevivência, a atuação do Tribunal Constitucional assume vital importância na reprovação de opções políticas que, em *ultima ratio*, carecem de sustentação socioconstitucional. A interação entre juridicidade e política torna-se particularmente intensa ao se definir capacidades e limites do poder estatal, o que termina por gerar zonas de tensão entre o Tribunal e as demais funções estatais.[1160] A experiência, no entanto, tem demonstrado que são raras as situações em que questões políticas tidas como cruciais geram uma situação de confronto entre o Tribunal Constitucional e os interesses das forças políticas hegemônicas.[1161] Nesse particular, as exceções existentes (*v.g.*: a resistência do Supremo Tribunal norte-americano à implementação da política econômica preconizada pelo *New Deal* do Presidente Roosevelt)[1162] só servem para confirmar a regra.

O desafio a ser continuamente enfrentado no processo de interpretação é o de que os intérpretes não busquem ver na Constituição o preciso delineamento de suas políticas ideais, relegando a plano secundário a realidade sociopolítica ou o pluralismo característico da democracia. A individualização da norma constitucional deve ser, ao menos em parte – já que insuprimível a influência da pré-compreensão –, autônoma em relação às preferências pessoais,[1163] isso sob pena de o contexto deixar de exercer qualquer influência nesse processo.

A interpretação política da Constituição indica, tão somente, a necessidade de apreensão dos valores predominantes no ambiente sociopolítico, refletindo, tanto quanto possível, os projetos públicos voltados à consecução do bem comum,[1164] com especial

---

[1159] No direito norte-americano, em que prevalece o critério de indicação política dos juízes e é verificada uma nítida adesão à ideologia liberal ou à republicana, conforme o partido político responsável pela indicação, Sustein *et al.* aduzem que uma das formas de remediar esse mal, tido como inevitável, seria compor turmas julgadoras com juízes dotados de distintas preferências políticas (SUSTEIN, Cass *et al. Are judges political?*: an empirical analysis of the federal judiciary. Washington: Brookings Institution Press, 2006. p. 137 e ss.). Essa solução, conquanto encontre justificativa nas regras de experiência, traz o inconveniente de estar lastreada em uma espécie de imutabilidade ideológica dos juízes, que jamais evoluiriam; e de institucionalizar a parcialidade política, que passa a ser vista como algo inevitável e inerente aos próprios órgãos jurisdicionais, não a algumas pessoas que ocasionalmente desempenham as respectivas funções.

[1160] Cf.: STONE SWEET, Alec. *Governing with judges*: constitutional politics in Europe. New York: Oxford University Press, 2002. p. 22.

[1161] Cf.: HIRSCHL, Ran. *Towards juristocracy*: the origins and consequences of the new constitutionalism. Cambridge: Harvard University Press, 2004. p. 214.

[1162] Cf.: IRONS, Peter. *A people's history of the Supreme Court*. New York: Penguin, 1999. p. 297 e ss.

[1163] Cf.: STONE SWEET, Alec. *Governing with judges*: constitutional politics in Europe. New York: Oxford University Press, 2002. p. 26.

[1164] Cf.: DE OLIVEIRA LIMA, Newton. *Jurisdição constitucional e construção de direitos fundamentais no Brasil e nos Estados Unidos*. São Paulo: MP, 2009. p. 184.

ênfase à proteção da pessoa humana,[1165] isso sem descurar dos limites estabelecidos pelos enunciados linguísticos objeto de interpretação. Essa juridificação da política se projeta indistintamente sobre todas as estruturas estatais de poder, não sendo apanágio exclusivo dos órgãos jurisdicionais.[1166] Todos devem atuar no plano da juridicidade, ainda que no exercício de competências essencialmente políticas.[1167]

4.2 A Constituição entre a autonomia política e o comprometimento teleológico

O significante *autonomia*, em seus contornos mais amplos, indica a "liberdade de determinação consentida para um sujeito".[1168] Ao transpormos essa noção para o plano constitucional, mais especificamente para a tensão dialética verificada no curso do processo de interpretação entre liberdade e dirigismo teleológico, teremos que identificar

---

[1165] Cf.: MOREIRA, Luiz. Direito e política. *In*: LEITE SAMPAIO, José Adércio (Org.). *Constituição e crise política*. Belo Horizonte: Del Rey, 2006. p. 149 (149 e ss.).

[1166] Cf.: CARDOSO MATOS, Nelson Juliano. Judicialização da política e politização da justiça: noções gerais e distinções conceituais. *In*: METON MARQUES DE LIMA, Francisco; SANTOS PESSOA, Robertônio. *Constitucionalismo, direito e democracia*. Rio de Janeiro: GZ, 2009. p. 169 (170).

[1167] O desenvolvimento do controle de constitucionalidade tem sido decisivo para o redimensionamento da clássica dicotomia entre questões jurídicas e questões políticas. Estas últimas, por refletirem o livre exercício de um juízo valorativo, indicando as opções e as preferências de agentes escolhidos pelo sufrágio popular, estariam imunes a qualquer tipo de controle por parte dos órgãos jurisdicionais (Cf.: FISCHER-LESCANO, Andreas; TEUBNER, Gunther. *Regime-Kollisionen*: zur Fragmentierung des globalen Rechts. Frankfurt a. M.: Suhrkamp, 2006. p. 128-129). Essa imunidade, aliás, fora apregoada por Marshall no célebre caso *Marbury vs. Madison* (1 *Cranch* 137, 1803), sendo bem conhecida a afirmação de que "questions in their nature political [...] can never be made in this Court". A rigidez dessa separação, como soa evidente, não se compatibiliza com dois alicerces estruturais do Estado de Direito: (1) a superioridade hierárquica da Constituição; e (2) a proteção dos direitos fundamentais. Afinal, é plenamente possível que certos atos, normativos ou não, lastreados em um poder democraticamente legitimado, venham a afrontar a Constituição ou, de modo mais específico, os direitos fundamentais nela amparados. Rui Barbosa, referindo-se ao conteúdo e ao potencial expansivo das questões políticas, assim se manifestou: "[m]as em que termos se deve entender o horizonte desta expressão? Adoptada em sua accepção ampla, ella abrangeria no seu raio a esphera inteira da soberania constitucional, baldaria absolutamente a competencia, que para o judiciario se reclama, de cohibir-lhes as incursões no terreno do direito individual, reduzindo esta competencia a nada. O poder executivo e o poder legislativo são órgãos politicos do regimen; politica é a sua origem, seu caracter, sua actividade; politicas todas as suas funções. A se considerar, pois, a este aspecto a situação desses poderes, não haveria um só de seus actos, para o qual não se pudesse reivindicar immunidade á syndicancia dos tribunaes; e o ascendente pretendido por estes, como propugnaculo das garantias constitucionaes contra a usurpação do chefe do Estado, ou das assembléas representativas, seria pura e simplesmente uma burla" (BARBOSA, Rui. *Commentarios á Constituição Federal Brasileira*: colligidos e ordenados por Homero Pires. São Paulo: Saraiva, 1933. v. IV, p. 179-180). A qualificação de uma questão como puramente política (*purely political*), de modo a imunizá-la de qualquer controle jurisdicional, deve ser obtida consoante um critério de exclusão. Além de emanar de órgãos democraticamente legitimados, é necessário que o ato esteja em total harmonia com a ordem constitucional e não viole direitos fundamentais. Em consequência, somente apresentarão contornos puramente políticos, daí decorrendo o reconhecimento de uma ampla liberdade valorativa, os atos que se ajustem a essa filtragem inicial. De modo simples e objetivo: só é puramente político, lícito, portanto, o que seja jurígeno (Cf.: BARAK, Aaron. L'exercice de la fonction juridictionnelle vu par un juge: le rôle de la Cour dans une démocratie. *Revue Française de Droit Constitutionnel*, n. 66, p. 227-302, abr. 2006. p. 227 (274)). Não há liberdade política no plano da ilicitude. A decisão de criar um tributo é ato, em princípio, puramente político, mas se a lei que o cria destoa da Constituição, a opção deixará de sê-lo, já que ilícita. O mesmo ocorre com a condução das relações exteriores; o reconhecimento de Estados estrangeiros recém-criados; a regulação do comércio exterior; a declaração de guerra e a celebração da paz; a utilização das Forças Armadas; a definição da despesa e da receita públicas no plano orçamentário; o exercício do poder de sanção e de veto pelo Presidente da República etc. Observa-se que o órgão responsável pelo controle de constitucionalidade sempre deverá aferir a compatibilidade, com a Constituição, de todos os atos emanados das estruturas estatais de poder. É obstado, apenas, isso sob pena de mácula à divisão das funções estatais, o controle das opções realizadas e do juízo valorativo que lhes serviram de base, desde, obviamente, que não destoem dos padrões de juridicidade.

[1168] MORTATI, Costantino. *Istituzioni di diritto pubblico*. 7. ed. Padova: CEDAM, 1967. t. II, p. 694.

se o conteúdo da Constituição é efetivamente autônomo em relação aos distintos valores que permeiam a ordem política, somente estando comprometido com o referencial mais amplo de justiça e o necessário respeito à democracia, ou se é possível direcionar o seu sentido à satisfação dos objetivos que ocupam a pauta do dia.

Utilizando como paradigma de análise as construções de índole neoliberal, que consubstanciam uma espécie de "retorno às origens", valorizando a liberdade e retraindo o potencial expansivo da *rule of law* e do próprio intervencionismo estatal, é possível afirmar que o dirigismo teleológico é uma consequência praticamente inevitável. A interpretação constitucional e, de modo mais incisivo, o delineamento da legislação infraconstitucional que busca conferir eficácia plena às normas constitucionais de natureza programática, certamente serão influenciados pelos efeitos que se pretende produzir no ambiente sociopolítico. No pensamento neoliberal, a maximização da liberdade valoriza as escolhas e as realizações individuais,[1169] diminuindo a esfera de restrição e, no extremo oposto, evitando que o Estado se substitua ao indivíduo no fornecimento das prestações necessárias ao seu bem-estar.

Owen Fiss,[1170] lançando os olhos sobre o neoliberalismo econômico, programa voltado ao aumento de riqueza das nações a partir da não intervenção do Estado na economia, estimulando a redução do déficit fiscal e a eliminação de tarifas, tudo em prol do mercado livre, defende a autonomia do direito em relação às iniciativas econômicas. Em extremo oposto ao intervencionismo estatal característico do Estado de bem-estar social, o pensamento neoliberal apregoa a retração da atividade estatal, com a correlata redução dos custos financeiros que sufocam o modelo estatal de contornos prestacionais, de modo a reduzir a sua estrutura orgânica e a assegurar a livre movimentação das forças de mercado. Apesar de prestigiarem a liberdade, diminuindo os níveis de regulação e intervenção estatal, construções dessa natureza terminam por gerar um elevado custo social. Na medida em que o Estado reduz suas atividades e se retira do mercado, transferindo à iniciativa privada grande parte de seu aparato, há um evidente risco de comprometimento dos níveis de bem-estar já alcançados, isso sem olvidar a sua abstenção no aprimoramento desses níveis.[1171]

O neoliberalismo é a antítese do Estado Social, que passa a ser visto como a principal causa do inchaço do aparato estatal e do endividamento público. Afinal, ao financiar a seguridade social, o Estado termina por desviar os recursos públicos da atividade produtiva, o que maximiza problemas futuros em troca de soluções momentâneas.[1172] Embora seja exato afirmar que o encolhimento do Estado, tal qual preceitua o neoliberalismo, reduz a carga tributária e estimula o desenvolvimento do setor produtivo, não menos exata é a constatação de que as desigualdades sociais tendem a ser ampliadas, situação que, nos países de modernidade tardia, pode conduzir à penúria e à indigência.

Ainda que o ônus subjacente à concepção de justiça social recaia tanto sobre a sociedade quanto sobre o Estado, constata-se que o desenvolvimento da solidariedade

---

[1169] Cf.: WENDELL HOLMES, Oliver. *Re-imagining justice*: progressive interpretations of formal equality, rights, and the rule of Law. Hants: Ashgate, 2003. p. 168.

[1170] FISS, Owen. A autonomia do direito. *In*: LEITE SAMPAIO, José Adércio (Org.). *Constituição e crise política*. Belo Horizonte: Del Rey, 2006. p. 57 (58).

[1171] Cf.: OTERO, Paulo. *Instituições políticas e constitucionais*. Coimbra: Almedina, 2009. v. I, p. 466.

[1172] Cf.: CRUZ, Paulo Márcio. *Política, poder, ideologia & estado contemporâneo*. São Paulo: Juruá, 2005. p. 234-235.

social e a efetiva observância dos deveres fundamentais alicerçados na dignidade humana não costumam apresentar, sob uma ótica voluntarista, o desenvolvimento esperado. As forças sociais, em seu fluxo natural, longe de ampararem, subjugam os mais fracos, daí o intenso desenvolvimento do Estado Social a partir do segundo pós-guerra.

O Estado Social, no entanto, na medida em que não se torna plenamente operativo com o só delineamento de comandos normativos ou a mera garantia de uma esfera jurídica imune a qualquer intervenção exógena, exigindo estrutura e recursos compatíveis com as prestações que pretende oferecer à pessoa humana, terminou por ser manietado pela escassez.[1173] O crescimento do Estado Social é a principal razão do seu declínio. A ampliação do rol de prestações a cargo do Estado, com o correlato aumento da estrutura administrativa, ao que se somam os frequentes redimensionamentos da noção de dignidade humana, que tende a crescer a partir das conquistas já sedimentadas no ambiente jurídico-social, permitindo que novas conquistas sejam obtidas e outras mais sejam postuladas, não se viram acompanhados de um aumento proporcional da receita pública. Aliás, implementar a receita pública na proporção almejada certamente traria reflexos negativos no clássico direito de propriedade, ensejando a redistribuição de renda em níveis tão intensos que descaracterizariam o próprio liberalismo, ainda que mitigado por um intenso colorido social. O desequilíbrio entre receita e despesa sacramentou a inviabilidade econômica do Estado Social "máximo", impondo profundas retrações ao intervencionismo estatal.

O Estado, ademais, é vocacionado à continuidade. Essa proposição bem demonstra que a "indiferença" ao desequilíbrio financeiro do presente não redundará na sua supressão em momento futuro; em sentido algo diverso, só contribuirá para aumentá-lo. Não é razoável que as gerações presentes usufruam das prestações sociais e o déficit seja transferido às gerações futuras, ou, em situações mais específicas, que prestações destinadas à população idosa sejam custeadas pelas gerações presentes, sem a garantia de que poderão usufruir de prestações similares em momento futuro.

Esses fatores têm contribuído para a crise do Estado de bem-estar, permitindo que se fale, no extremo oposto, em um Estado de "mal-estar".[1174] A hipertrofia do intervencionismo estatal termina por restringir em demasia a esfera de liberdade individual, isso sem olvidar os evidentes prejuízos ao princípio democrático, já que o fortalecimento dos órgãos executivos, responsáveis pela implementação das prestações sociais, tende a arrefecer a importância do Parlamento. O grande dilema das sociedades contemporâneas reside em como direcionar para o seu benefício as funções de alocação e de livre exploração dos investimentos rentáveis sem suprimir a autodeterminação ou agigantar o aparato executivo. Daí a importância da atividade regulatória, que delineia as condições gerais de produção e distribuição, de modo a favorecer o crescimento econômico, a estabilidade dos preços e o pleno emprego.[1175]

[1173] Cf.: OTERO, Paulo. *Instituições políticas e constitucionais*. Coimbra: Almedina, 2009. v. I, p. 459-461.

[1174] Cf.: COTARELO, Ramon. *Del estado del bienestar al estado del malestar*: la crisis del estado social y el problema de la legitimidad. 2. ed. Madrid: Centro de Estudios Constitucionales, 1990. p. 1 e ss.

[1175] Cf.: HABERMAS, Jürgen. *Après L'État-nation*: une nouvelle constellation politique. (Trad. Rainer Rochlitz). Paris: Fayard, 2000. p. 28.

Posturas extremadas, tanto de exacerbado intervencionismo, quanto de ampla abstenção, nesse último caso com a quase total supressão das atividades estatais, ensejam o surgimento de uma situação de conflitualidade que somente será harmonizada com elevadas doses de equilíbrio valorativo e uma percepção responsável do risco sociopolítico subjacente a situações dessa natureza. Nesse debate afloram teorias lastreadas nos referenciais de justiça e segurança jurídica, como a proibição de retrocesso social, bem como a imperativa preservação da dignidade humana, das gerações presentes e futuras, que não pode ser comprometida com o amplo e irrestrito desmantelamento do aparato estatal.

Segundo Fiss, o direito deve ser visto como uma instituição autônoma a serviço de um conjunto extremamente diversificado de valores, alguns dos quais totalmente estranhos ao mercado e ao crescimento econômico, como são aqueles afetos à liberdade política, à consciência individual e à igualdade substantiva. Conclui que o fracasso da "análise econômica do direito",[1176] ao apregoar que toda regra de direito serve ao mercado, bem demonstra que um padrão normativo busca realizar objetivos maiores, que podem tangenciar, mas que não estão necessariamente adstritos ao mercado. Essa constatação não afasta a importância dos fatores de ordem econômica na realização de juízos valorativos a respeito da preeminência a ser atribuída a certos direitos e na sua potencial efetividade,[1177] sendo possível, inclusive, a realização de uma interpretação conforme a esses fatores.[1178]

O entendimento de Fiss se baseia na incorreção de um comprometimento teleológico por parte do intérprete, ao atribuir significado ao enunciado linguístico objeto de interpretação. Isso, por outro lado, não afasta a constatação de que o intérprete, ao resolver as conflitualidades intrínsecas que surgem nos planos linguístico, axiológico, teleológico e operativo, será necessariamente influenciado pelas relações entre texto e contexto, sendo plenamente factível que as grandezas consideradas preponderantes em cada um desses planos não reflitam propriamente suas aspirações pessoais, encontrando alicerce nas vicissitudes da própria realidade. Se objetivos de ordem econômica não devem chegar ao extremo de direcionar e condicionar a atividade do intérprete, tal qual preconizado pela "análise econômica do direito", de modo a afastar todos os significados em potencial que a eles não se harmonizem, deve-se reconhecer que eles efetivamente integram e são úteis ao ambiente sociopolítico.

Todo e qualquer objetivo que se compatibiliza com os balizamentos oferecidos pelos enunciados linguísticos e que se harmoniza com os demais fatores extrínsecos que concorrem para a atribuição de significado à norma devem ser considerados pelo intérprete, que pode resolver as conflitualidades no plano teleológico de modo a viabilizar a sua realização. Se o comprometimento teleológico do intérprete, regra geral, é algo indesejado, pois relega a plano secundário a racionalidade do processo interpretativo, terminando por chancelar os significados escolhidos *a priori*, a autonomia do direito e, por identidade de razões, da ordem constitucional, é algo que somente se harmonizaria

---

[1176] Vide o desenvolvimento teórico realizado por Richard Posner (POSNER, Richard. *An analysis economic of law*. Boston: Little Brown, 1972).

[1177] Cf.: BYDLINSKI, Franz. *Fundamentale Rechts-grundsätze*. Wien: Springer, 1988. p. 283.

[1178] Cf.: BYDLINSKI, Franz. *Juristische Methodenlehre und Rechtsbegriff*. 2. ed. Wien: Springer, 1991. p. 374.

com uma neutralidade difícil de ser alcançada e, por identidade de razões, difícil de ser explicada. O próprio ideal de justiça preconizado por Fiss não pode ser visto como um conceito asséptico, tendo sua satisfação necessariamente influenciada por referenciais de ordem teleológica.

O objetivo que encontra amparo direto ou indireto na Constituição há de ser alcançado sem descurar da ideia de unidade, que se traduz na sua necessária interação com outros objetivos, bens, interesses e valores de estatura constitucional. Se a ordem constitucional não possui plena autonomia em relação a objetivos políticos, os quais, em *ultima ratio*, são a ela reconduzidos, tão pouco pode permanecer indiferente aos efeitos que a irrestrita adesão a esses objetivos pode ocasionar.

A afirmação de que a Constituição está comprometida com o referencial mais amplo de justiça e de que o comprometimento teleológico, em regra, é algo indesejado, em nada inviabiliza a possibilidade de se reconhecer a existência de um objetivo que necessariamente reflita o comprometimento com esse referencial, justificando que o intérprete, *a priori*, esteja voltado à sua realização. Trata-se da primazia da pessoa humana e dos direitos que lhe são correlatos. Os direitos humanos absorvem todas as feições positivas de uma ordem jurídica e buscam realçar todos os valores que a justiça é capaz de realizar,[1179] daí a indiscutível relevância que se lhes atribui no curso do processo de interpretação.

Ao reconhecimento de uma esfera jurídica individual imune à intervenção estatal, permitindo a livre manifestação de ideias e ações, não está normalmente atrelado o desenvolvimento igualitário, vale dizer, a ascensão individual paralela e simultânea, tendo por fim último o bem-estar social. A paulatina formação de escalonamentos sociais é consequência lógica e indissociável da livre iniciativa, que permite e legitima tanto a plena evolução, quanto a total estagnação, conduzindo o indivíduo a situações de penúria que rivalizam com sua própria condição humana.

É nesse contexto que surge a preocupação com a justiça social, objetivo que pode assumir contornos "distributivos" ou meramente "procedimentais". No primeiro caso, como se deduz de seus contornos semânticos, com a correta distribuição de bens, que podem assumir a forma de recursos, direitos e oportunidades de vários tipos.[1180] No segundo, com a disponibilização de instrumentos e oportunidades que viabilizem a obtenção desses bens. A justiça social atua como fator de inibição à sedimentação da desigualdade decorrente da livre-iniciativa,[1181] permitindo, ademais, que seja preservada a própria coesão social, isso por evitar que uma massa de excluídos coloque em risco a estabilidade política, econômica e social.[1182] Um amplo e irrestrito nivelamento social, embora louvável no plano axiológico ou puramente conceitual, é algo que, por óbvias razões, não se ajusta ou compatibiliza com o liberalismo, que tenderia a ser aniquilado

---

[1179] Cf.: FISS, Owen. A autonomia do direito. *In*: LEITE SAMPAIO, José Adércio (Org.). *Constituição e crise política*. Belo Horizonte: DelRey, 2006. p. 57 (65).

[1180] Cf.: BARRY, Brian. Justice and democracy *In*: LOPES ALVES, João. *Ética e o futuro da democracia*. Lisboa: Colibri, 1998. p. 239 (239).

[1181] Radbruch denomina de direito social as modificações do direito individualista, com o objetivo de equilibrar as diferenças de poder entre os economicamente fracos e os fortes, entre os trabalhadores e os empresários (RADBRUCH, Gustav. *Relativismo y derecho*. (Trad. Luis Villar Borda). Santa Fé de Bogotá: Temis, 1999. p. 15-16).

[1182] Cf.: OTERO, Paulo. *Instituições políticas e constitucionais*. Coimbra: Almedina, 2009. v. I, p. 450.

com a insegurança decorrente da instabilidade política e a derrocada do sistema de mérito. Um sistema ideal seria aquele que, em princípio, permitisse ao indivíduo desenvolver livremente as bases de sua personalidade, de modo a expandir o seu talento individual,[1183] sem que isso fosse obstado por qualquer pré-conceito, baseado em aspectos intangíveis e indiferentes às qualidades individuais, como são aqueles de natureza hereditária. Em qualquer caso, referenciais de mérito pessoal e justiça social devem caminhar em busca de um ponto de equilíbrio, permitindo que a intervenção estatal, em prol da igualdade, não receba uma exagerada ampliação, eliminando a liberdade, ou, sob os auspícios de proteção da liberdade, não dissemine um estado de indiferença em relação a padrões mínimos de justiça material.

A impossibilidade de ser alcançada uma concepção extremada de igualdade não impede, no entanto, que seja ela utilizada para amenizar ou direcionar alguns vetores característicos da liberdade, conferindo-lhes uma função social. A liberdade, desse modo sim, passa a receber um colorido igualitário.

Os influxos igualitários terminam por preencher espaços outrora integralmente ocupados pela liberdade, restringindo o individualismo que lhe é característico em prol da satisfação de referenciais de justiça social. Esse objetivo de ordem satisfativa, à evidência, não se compatibiliza com posturas não interventivas ou omissivas por parte do Estado, máxime quando se busca assegurar a dignidade da pessoa humana.

Na amenização das arestas de exclusão individual e consequente implementação da justiça social, o Estado pode (1) restringir a liberdade tendencialmente voltada ao aumento da desigualdade, (2) intensificar a oferta de oportunidades (*v.g.*: com ações afirmativas) ou (3) implementar direitos prestacionais, o que pressupõe a redistribuição da riqueza, retirando-a das classes mais favorecidas (*v.g.*: com a cobrança de tributos) e direcionando-a às menos favorecidas.[1184] Essas medidas ocupam uma ordem crescente de intensidade interventiva, gerando distintos reflexos no contexto sociopolítico. Concepções restritivas ou meramente procedimentalistas tendem a gerar distintos níveis de eficácia social da norma constitucional.

A ideia de justiça social, ao não determinar a forma de organização ou o nível das medidas a serem adotadas pelo Estado, suscita inúmeros debates em torno de sua operacionalização.[1185] A questão é particularmente relevante ao constatarmos que, tendencialmente, quanto mais intensas forem as tentativas de alcançar a igualdade, maiores serão as restrições a serem impostas à liberdade.

À implementação dos direitos prestacionais, atividade centrada no papel distributivo do Estado, se opõe a teoria de que o Estado está finalisticamente voltado à defesa dos

---

[1183] Cf.: CHAMBERS, J. K. *Sociolinguistics theory*: linguistic variation and its social significance. 2. ed. Maden: Wiley-Blackwell, 2003. (Language in Society, v. 32), p. 280, nota 3.

[1184] Em tempos de escassez, a aplicação de recursos públicos em benefício de grupos específicos reflete uma escolha particularmente difícil no âmbito de um processo político responsável. "Escolhas trágicas", na medida em que impõem o rompimento do referencial de igualdade formal, devem permitir a reconstrução argumentativa das razões conducentes à preeminência dos destinatários escolhidos e das medidas a serem adotadas. Cf.: CALABRESI, Guido; BOBBITT, Philip. *Tragic choices*: the conflicts and society confronts in the allocation of tragically scarce resources. New York – London: W. W. Norton & Company, 1978. p. 38-39; CASTLES, Francis A. *The future of the welfare state*: crisis myths and crisis realities. New York: Oxford University Press, 2004. p. 35; e BARRY, Brian. Justice and democracy *In*: LOPES ALVES, João. *Ética e o futuro da democracia*. Lisboa: Colibri, 1998. p. 239 (241).

[1185] Cf.: BARRY, Brian. Justice and democracy *In*: LOPES ALVES, João. *Ética e o futuro da democracia*. Lisboa: Colibri, 1998. p. 239 (241).

direitos individuais, não à sua violação, o que certamente ocorreria se desempenhasse uma função distribuidora, terminando por afetar o direito natural de propriedade de uns em prol de outros. A solução, de acordo com esse pensamento, seria um modelo de "Estado mínimo".[1186] Diversamente ao que se verifica no Estado Social, o "Estado mínimo", ao repudiar tal forma de intervenção estatal, privilegia o interesse individual em detrimento do social, somente visualizando a justiça social em sua função instrumental, não finalística. Constatando-se que os meios utilizados na obtenção de bens e rendimentos são justos, fundando-se em títulos e processos amparados pela ordem jurídica, não poderia ser posta em dúvida a justiça do resultado, ainda que a partição fosse flagrantemente desigual.[1187] A concepção de justiça distributiva seria absolutamente incompatível com a justiça dos meios utilizados.[1188]

A linha argumentativa que dá sustentação à teoria do "Estado mínimo" privilegia, ao extremo, o mérito individual e o livre movimento das forças sociais, de modo que qualquer intervenção estatal, voltada não à preservação da liberdade dessas forças, mas sim à sua reacomodação, é considerada ilegítima, pois tende, como dissemos, a afrontar o seu próprio fundamento existencial, qual seja, a proteção dos direitos individuais. Ao repudiar os referenciais de igualdade real e solidariedade social, o modelo de "Estado mínimo" tende a dissolver a coesão social e o próprio princípio democrático. A existência de uma massa de excluídos, totalmente dependentes das oscilações do mercado e abandonados à própria sorte, compromete qualquer sentimento de solidariedade social, estimulando o surgimento de divisões no seio da sociedade e arrefecendo a participação política dos excluídos, que estarão irremediavelmente desprotegidos pelo Estado. Para o "Estado mínimo", cláusulas como a proteção da dignidade humana e a de bem-estar social são como sementes sem fertilidade, que jamais oferecerão bons frutos para a coletividade.

O princípio de justiça social, instrumento de agregação da sociedade e de preservação da dignidade humana do próximo (*rectius*: excluído), projeta-se não só sobre o Estado, mas, também, sobre os indivíduos. Reflete um dever fundamental de solidariedade que exige a preservação do homem pelo próprio homem, o que, ao fim, contribuirá para a preservação da coesão social e, em medida semelhante, do bem-estar geral. Nesse contexto, a dignidade humana atua como fonte[1189] e destino do dever de solidariedade, fundamentando a sua existência e definindo os objetivos a serem alcançados com o seu cumprimento.

A ordem constitucional, na medida em que não é propriamente autônoma em relação aos influxos políticos recebidos do contexto, deve ajustar sua teleologia às exigências do ambiente sociopolítico. Encontra-se, nesse particular, teleologicamente comprometida com a realidade, não com referenciais abstratos e puramente idealistas.

[1186] É o pensamento de: NOZICK, Robert. *Anarchia, stato e utopia*: i fondamenti filosofici dello "Stato Minimo". Firenze: Le Mollier, 1981. p. VIII.

[1187] Cf.: NOZICK, Robert. *Anarchia, stato e utopia*: i fondamenti filosofici dello "Stato Minimo". Firenze: Le Mollier, 1981. p. 163.

[1188] Cf.: NOZICK, Robert. *Anarchia, stato e utopia*: i fondamenti filosofici dello "Stato Minimo". Firenze: Le Mollier, 1981. p. 179.

[1189] Cf.: CASALTA NABAIS, José. *O dever fundamental de pagar impostos*. Coimbra: Almedina, 2009. p. 54 e ss.

4.3 O poder e a pessoa humana como epicentro das dissonâncias teleológicas

Não obstante a diversidade de objetivos constitucionais a serem considerados, é possível afirmar que a ideia de equilíbrio, no plano teleológico, é particularmente direcionada a dois referenciais fundamentais: ao modo de exercício do poder e à proteção dos direitos fundamentais.[1190]

O reconhecimento de que o poder estatal deve ser exercido com moderação, sem avançar para o arbítrio e a tirania, fez com que diversos mecanismos de contenção fossem desenvolvidos com o evolver da humanidade. A síntese desses mecanismos pode ser reconduzida ao emblemático princípio da separação dos poderes. Esse princípio pode ser analisado a partir de critérios de (1) *natureza científica* ou *jurídica*, afetos às características essenciais das funções estatais; (2) *técnico-organizativa*, centrado na repartição das funções entre órgãos distintos; ou (3) *política*, comprometido com a satisfação dos interesses de determinada instância social.[1191] Principiando pelo critério científico, observa-se que o poder seria visto sob uma perspectiva funcional: à função legislativa compete a formação do direito (*rule making*), enquanto que às funções executiva e jurisdicional é atribuída a sua realização (*law enforcement*). Ressalte-se que a esta última função compete velar pela prevalência do direito, atuando nos casos de ameaça ou efetiva violação a direitos ou quando a ordem jurídica assim o determinar, ainda que não haja violação. Sua intervenção final, ademais, será definitiva (*final enforcing power*), sendo essa a principal característica que a diferencia da função executiva.[1192] O critério científico, no entanto, não obstaria a concentração, em um mesmo órgão, das distintas funções afetas ao exercício do poder, possibilidade não afastada por Locke,[1193] mas combatida por Montesquieu.[1194] Por tal

---

[1190] Cf.: TRIBE, Lawrence H; DORF, Michael. *On reading the Constitution*. Cambridge: Harvard University Press, 1991. p. 6.

[1191] Cf.: BASSI, Franco. Il principio della separazione dei poteri. *Rivista Trimestrale di Diritto Pubblico*, n. 1, p. 17 (18), 1965. p. 17 (18).

[1192] Cf.: QUEIRÓ, Afonso. *Lições de direito administrativo*. Coimbra: João Arantes, 1976. v. I, p. 9-84; e CASTRO RANGEL, Paulo. *Repensar o poder judicial*: fundamentos e fragmentos. Porto: Publicações Universidade Católica, 2001. p. 274 e ss.

[1193] Como mecanismo de contenção do poder, Locke, na linha da teoria que seria posteriormente desenvolvida por Montesquieu, concebeu o exercício do poder sob uma perspectiva quase que exclusivamente funcional, do que resultava a divisão em Legislativo, Executivo e Federativo (LOCKE, John. *Segundo tratado sobre o governo (Two treatises of government)*. (Trad. Alex Marins). São Paulo: Martin Claret, 2005. §§143-148), cabendo ao último o papel de defesa do Estado e de regulação das relações mantidas com potências estrangeiras. O Legislativo, representado pelo Parlamento, seria competente para produzir as leis a serem seguidas pelo Executivo e, em especial, teria o dever de velar pelo respeito dos direitos e liberdades, o que era a tônica do liberalismo. Não obstante a divisão das funções, o órgão representativo do Estado (*v.g.*: o rei) exerceria os Poderes Federativo e Executivo, este último englobando a execução administrativa e a judicial. O rei ainda detinha a *prerrogativa real*, que consistia no "poder de atuar, discricionariamente, para o bem público sem prescrição legal, e, algumas vezes, mesmo contra ela" (LOCKE, John. *Segundo tratado sobre o governo (Two treatises of government)*. (Trad. Alex Marins). São Paulo: Martin Claret, 2005. §160), o que derivaria da impossibilidade de a lei dispor sobre todas as situações da vida, da morosidade do Parlamento e da necessidade de assegurar a flexibilidade do Executivo, garantindo-lhe uma margem de liberdade (LOCKE, John. *Segundo tratado sobre o governo (Two treatises of government)*. (Trad. Alex Marins). São Paulo: Martin Claret, 2005. §160). Uma resenha crítica da posição de Locke pode ser obtida em: JELLINEK, Georg. *Gesetz und Verordnung*. Tübingen: Scientia Verlag Aalen, 1887 (reimp. de 1964), p. 64 e ss.

[1194] MONTESQUIEU, Barão de. *L'esprit des lois*. Paris: Garnier Frères, 1949. t. 1. Livro XI. Capítulo VI. No mesmo sentido: HAMILTON, Alexander; MADISON, James; JAY, John. *The Federalist*. New York: Barnes & Noble Classics, 2006. p. 267 e ss.

razão, é preferível conjugá-la com o sentido orgânico, que busca distribuir o exercício do poder entre distintos órgãos.

O critério técnico-orgânico analisa a separação dos poderes sob a perspectiva dos distintos órgãos que exercem as funções estatais, situando-a nos planos horizontal e vertical. No direito norte-americano, é clássico o entendimento de que uma vez demonstrada a outorga de poder a um dado órgão, os seus contornos devem ser interpretados de modo amplo, permitindo a plena consecução dos fins almejados.[1195] Embora se mostre adequado para uma realidade em que vige uma Constituição de reduzidas dimensões e na qual os tribunais assumem importância singular no delineamento do direito, característica inerente aos sistemas de *common law*, esse entendimento deve ser transposto com certa cautela para os sistemas que se valem de Constituições detalhadas e que não atribuam funcionalidade similar à atividade dos tribunais. Soa lógico que os referenciais de poder e fim devem permanecer articulados entre si, mas isso não permite que sejam desconsideradas as intrincadas divisões de poder que uma Constituição de contornos analíticos normalmente estabelece, daí a necessidade de cautela para que a separação do poder não de transmude em absorção, de modo que a ampliação de poderes genéricos redunde na desconsideração de poderes específicos.

A separação horizontal indica que os distintos órgãos estão em posição de igualdade, não sendo divisada qualquer hierarquia ou absorção. Atuam com autonomia e independência, mas, nas situações indicadas pela ordem constitucional, podem atuar de modo concorrente, sendo estabelecidos condicionamentos recíprocos de modo a preservar o equilíbrio institucional e a obstar o surgimento do arbítrio. A separação horizontal, ao menos sob uma perspectiva teórica, pode ser "flexível" (v.g.: o modelo parlamentar europeu) ou "rígida" (v.g.: o modelo presidencial americano), o que corresponde, ou não, à capacidade de destruição recíproca do Parlamento e do Governo, com a dissolução do primeiro ou a censura do segundo.[1196] Não obstante as variações que podem surgir, observa-se que a separação dos poderes apresentará contornos que acompanharão os sistemas de organização do poder político: sistemas parlamentar, presidencial e a variante do semipresidencialismo, que tenderá a se aproximar de um ou outro.[1197]

A separação vertical, por sua vez, pode ser concebida sob duas óticas distintas: (a) nas relações mantidas entre o Estado e o indivíduo, identificando o alcance do poder normativo do primeiro e a esfera remanescente ao último; e (b) na divisão de competências entre distintas unidades territoriais de poder, o que está associado à forma de Estado adotada (unitário ou composto), sendo múltiplas as vertentes que pode assumir.

A separação de poderes entre o Estado e os particulares está centrada na definição do alcance da regulação estatal e, consequentemente, na margem de liberdade deixada

---

[1195] Cf.: BRYCE, James. *La république américaine*: le gouvernment national. (Trad. Daniel Müller). Paris: M. Giard & E. Brière, 1911. t. 1, p. 551-552.

[1196] Cf.: FAVOREU, Louis *et al*. *Droit constitutionnel*. 6. ed. Paris: Dalloz, 2003. p. 339.

[1197] A experiência tem demonstrado que a tradicional confrontação entre Executivo e Legislativo, ao menos nos sistemas presidenciais, tem cedido lugar às tensões infrainstitucionais entre maioria e oposição. O dualismo Executivo-Legislativo é substituído pela tensão dialética entre "bloco de governo" e "bloco de oposição", deslocando o foco de análise do plano institucional para o plano partidário. Cf.: FAVOREU, Louis *et al*. *Droit constitutionnel*. 6. ed. Paris: Dalloz, 2003. p. 338.

ao indivíduo. À conclusão de que o indivíduo não exerce propriamente um "poder" opõe-se a constatação de sua aptidão para adotar determinados comportamentos passíveis de alterar a realidade fenomênica. Concebida essa esfera de atuação como um todo unitário, é possível que o Estado delimite, ante a natureza da atividade ou por mera opção política, uma área de atuação exclusiva, concorrente ou mesmo subsidiária. Essa área tende a variar conforme se prestigie maior margem de regulação ou uma maior autonomia individual, o que, utilizando-se os princípios da proporcionalidade e da proibição de excesso, deve ser sopesado à luz dos direitos fundamentais.[1198]

A separação de poderes entre as estruturas territoriais de poder apresentará variações que acompanharão a forma de Estado adotada.[1199]

No Estado unitário, há uma vontade política central, que se impõe a todos, quer no plano normativo, quer no plano administrativo. Pode ser centralizado ou descentralizado. A primeira forma, como anotam Delpérée e Verdussen,[1200] não existe em estado puro, já que, por força da própria realidade, sempre se opera algum grau de descentralização no plano local, em que coletividades ou órgãos específicos são investidos da função de gerir os interesses que lhes são próprios, exprimindo suas próprias aspirações. Os Estados unitários normalmente apresentam divisões territoriais (*v.g.*: as Províncias no Brasil Império) e, por razões práticas, certos níveis de descentralização do poder, o que permite a aproximação da população aos centros de comando.[1201] Em nível intermédio entre o Estado unitário e o federal, tem-se o Estado regional (*v.g.*: Itália e Portugal, respectivamente, após as Constituições de 1947 e 1976) ou provincial (*v.g.*: Sérvia, após a Constituição de 2006), em que as regiões e províncias, apesar de não possuírem uma Constituição própria, apresentam alguma autonomia política.

No Estado composto, identifica-se uma diversidade de vontades políticas que podem ostentar, ou não, o atributo da soberania. São exemplos: (1) a união pessoal, resultante do fato de uma mesma pessoa chefiar dois ou mais Estados, sendo esse o objetivo de inúmeros casamentos realizados entre nobres no decorrer da história – nesse modelo, como anota Jacques Cadart,[1202] cada Estado integrante da união pessoal tem suas próprias leis, restringindo-se a união à pessoa do chefe –; (2) a união real, que normalmente resulta da união pessoal, é caracterizada por uma aproximação mais íntima entre os Estados, que apresentam órgãos comuns e uma única representação no plano internacional (*v.g.*: a união austro-húngara após 1918 e a união entre Suécia e Noruega no período de 1815 a 1905), sendo esses dois primeiros modelos mera reminiscência histórica; (3) a confederação, forma em franco desuso e que consiste na reunião voluntária, por

---

[1198] Cf.: ZIPPELIUS, Reinhold. *Teoria geral do Estado* (*Allgemeine Staatslehre*). (Trad. Karin Praefke-Aires Coutinho, coordenação de J. J. Gomes Canotilho). Lisboa: Fundação Calouste Gulbenkian, 1997. p. 402-403. Segundo Zippelius, a exemplo das restrições à esfera individual, também as prestações a cargo do Estado devem ser reservadas às situações "em que a autorregulação e a autossustentação, privada ou corporativa, não funcionam tão bem ou melhor", o que aponta para a subsidiariedade dessa intervenção (ZIPPELIUS, Reinhold. *Teoria geral do Estado* (*Allgemeine Staatslehre*). (Trad. Karin Praefke-Aires Coutinho, coordenação de J. J. Gomes Canotilho). Lisboa: Fundação Calouste Gulbenkian, 1997. p. 403).

[1199] Cf.: LANE, Jan-Erik. *Constitutions and political theory*. Manchester: Manchester University Press, 1996. p. 170.

[1200] DELPÉRÉE, Francis; VERDUSSEN, Marc. Le système fédéral. *In*: DELPÉRÉE, Francis. *La Belgique fédérale*. Bruxelles: Bruylant, 1994. p. 47 (48).

[1201] Cf.: ARDANT, Philippe. *Institutions politiques & droit constitutionnel*. 4. ed. Paris: L.G.D.J., 1992. p. 32.

[1202] Cf.: CADART, Jacques. *Institutions politiques et droit constitutionnel*. 3. ed. Paris: Economica, 1990. v. 1, p. 66.

tratado, de Estados soberanos, que passam a exercer, a partir de órgãos comuns, uma parcela de seu poder político (*v.g.*: a Confederação Helvética, que, desde 1848, apesar de preservar a designação, é uma federação; note-se que sob a égide do Pacto de 1815, que se intitulava "federal", a Suíça era considerada uma confederação)[1203] – em termos práticos, ou a confederação se dissolve ou se transforma em federação, como ocorreu com os Estados Unidos da América em 1787 e com a Alemanha em 1871 –; e (4) o Estado federal, composto por entes (*v.g.*: Estados-Membros, *Länder*, cantões etc.) dotados de autonomia política e destituídos de soberania, o que o distingue da confederação.

No Estado federal, fórmula mais destacada de Estado composto e que encontra o seu marco na Constituição norte-americana de 1787, não se tem uma única vontade política, mas uma pluralidade de vontades políticas, articuladas em harmonia com o balizamento constitucional, que se impõe indistintamente a todos. Há um desmembramento do poder político, que passa a ser exercido por entes autônomos, sem qualquer relação de subordinação entre si: "O Estado federal é uma sociedade de iguais".[1204] Os poderes outorgados às unidades federadas tanto podem alcançar as distintas funções estatais (legislativa, executiva e judiciária) quanto restringir-se a algumas delas (*v.g.*: os *Länder* na Áustria[1205] e os Municípios no Brasil, unidades federadas que somente possuem os Poderes Executivo e Legislativo). As federações podem ser perfeitas (*v.g.*: a norte-americana), formadas a partir da união de Estados soberanos, ou imperfeitas (*v.g.*: a brasileira), originárias de Estados unitários, em que os Estados-membros receberam sua autonomia política do ente central, outrora hegemônico.[1206] Como características recorrentes da federação, podem ser mencionadas (1) a existência de um legislativo bicameral, em que a representação de uma das Câmaras está lastreada na população, enquanto a outra busca preservar a igualdade entre os Estados; (2) a divisão de competências legislativas; e (3) um órgão de cúpula responsável por dirimir os conflitos que se verifiquem entre os entes federados.[1207] É justamente esse órgão que será o responsável pela realização do controle de constitucionalidade, o qual, longe de ser apanágio exclusivo dos sistemas de Constituição escrita, é a viga mestra da própria Federação.[1208] Afinal, cabe à ordem constitucional estabelecer a divisão de competências entre os entes federados e assegurar a coesão do Estado, o que implica na necessária existência de mecanismos que assegurem a preservação de sua força normativa.

A divisão de competências em um Estado Federal é influenciada por critérios de partição política do poder, que oscilam de modo nitidamente pendular, podendo tender para o fortalecimento do centro ou da periferia. Em favor dessa última vertente, pode-se

---

[1203] Cf.: AUBERT, Jean-François. *Traité de droit constitutionnel suisse*. Neuchatel: Ides et Calendes, 1967. v. I, p. 200; e FAVRE, Antoine. *Droit constitutionnel suisse*. 2. ed. Fribourg: Éditions Universitaires Fribourg, 1970. p. 39-42.

[1204] DELPÉRÉE, Francis; VERDUSSEN, Marc. Le système fédéral. *In*: DELPÉRÉE, Francis. *La Belgique fédérale*. Bruxelles: Bruylant, 1994. p. 47 (50).

[1205] Cf.: VERNET LLOBET, Jaume. *El sistema federal austriaco*. Madrid: Marcial Pons, 1997. p. 116.

[1206] (FAVOREU, Louis *et al*. *Droit constitutionnel*. 6. ed. Paris: Dalloz, 2003. p. 381) falam em Estado federal por associação ou por dissociação. Pablo Lucas Murillo de la Cueva, por sua vez, o divide em integral (perfeito) e funcional (imperfeito), incluindo a Espanha, apesar da ausência de qualificação formal, na última categoria (MURILLO DE LA CUEVA, Pablo Lucas. El Poder Judicial en el Estado autonómico. *Teoría y Realidad Constitucional*, n. 5, p. 89, 2000. p. 89 (100)).

[1207] Cf.: DEBBASCH, Charles et al. *Droit constitutionnel et institutions politiques*. 3. ed. Paris: Economica, 1990. p. 34-36.

[1208] Cf.: BARBOSA, Rui. *Commentarios à Constituição Federal Brasileira*: colligidos e ordenados por Homero Pires. São Paulo: Saraiva, 1933. v. IV, 1933, p. 361-362.

argumentar que a aproximação de governantes e governados auxilia na preservação de um senso de comunidade local, estimulando a ideologia participativa.[1209] Em prol da primeira, argumenta-se com a necessidade de serem preservados referenciais mínimos de unidade e coesão, o que conduz à resolução dos conflitos federativos de modo preferencialmente favorável à preservação das decisões políticas de âmbito nacional.

O modo como o intérprete vê as relações entre centro e periferia assume indiscutível importância na resolução das conflitualidades intrínsecas, já que suas pré-compreensões em relação ao fortalecimento ou ao enfraquecimento, do centro ou da periferia, terminarão por influir no significado a ser atribuído aos enunciados linguísticos objeto de interpretação. Na percepção de Shapiro,[1210] a Federação (norte-americana) pode ser vista como uma espécie de "cartel", em que os múltiplos participantes se uniram porque perceberam que poderiam obter benefícios maiores, seguindo as regras do cartel, que aqueles que obteriam caso não houvesse cartel algum. Se é exato afirmar que a integridade normativa da Constituição Federal exige que seja contido o potencial expansivo das Constituições Estaduais e da legislação infraconstitucional como um todo, que não podem destoar dos balizamentos por ela estabelecidos,[1211] não menos exata é a constatação de que a divisão de competências pode passar por múltiplas vicissitudes, a depender do modo como seja vista pelo intérprete.

Face à divisão de competências entre o centro e a periferia, ao que se soma a existência de uma ordem constitucional indistintamente imposta a todos, é imprescindível a existência de um mecanismo que assegure o regular funcionamento desse sistema. Para tanto, como dissemos, é comum a existência de um Tribunal que resolva as divergências que venham a surgir. É nesse momento que se intensificam os debates em torno de um aspecto específico da teleologia das normas constitucionais, mais especificamente daquelas que estabelecem competências: o Tribunal deve fortalecer o centro ou a periferia?

A linha evolutiva do direito norte-americano demonstra que desde as primeiras décadas do século XIX o Supremo Tribunal da Federação passou a externar uma evidente preocupação em interpretar a Constituição de modo a fortalecer os poderes da União.[1212] Observa-se, em uma perspectiva puramente conceitual, que a Constituição de 1787 apresenta uma disciplina amplamente favorável à supremacia dos Estados. Enquanto o governo federal não pode fazer nada que não lhe tenha sido expressa ou implicitamente autorizado pela Constituição, os Estados podem fazer tudo que não lhes tenha sido

---

[1209] Cf.: BREYER, Stephen. *Active liberty*: interpreting our democratic Constitution. New York: Vintage Books, 2005. p. 57.

[1210] SHAPIRO, Martin. Judicial review in developed democracies. *In*: GLOPPEN, Siri; GARGARELLA, Roberto; SKAAR, Elin. *Democratization and the judiciary*: the accountability function of courts in new democracies. London: Frank Cass, 2004. p. 7 (8).

[1211] Eis as sugestivas palavras do *Justice* Oliver Wendell Homes, ao realçar a importância do controle dos atos dos governos locais para a subsistência da Federação: "I do not think the United States would come to an end if we lost our power to declare an Act of Congress void. I do think the Union would be imperiled if we could not make that declaration as to the laws of the several States" (Speech at a dinner of the Harward Law School Association of New York, February 15, 1913. *In*: *Collected legal papers*. New York: Peter Smith, 1952. p. 295-296). Sua visão bem demonstra que a subsistência da Federação ostenta uma posição de primazia quando contextualizada no âmbito da supremacia normativa da Constituição.

[1212] Cf.: WIECK, William. Constitutional history. *In*: *American constitutional history*: selections from the Encyclopedia of the American Constitutions. New York: Macmillan, 1989. p. 81.

expressa ou implicitamente proibido.[1213] A questão é que essa supremacia conceitual, com o passar dos anos, tem sido sensivelmente atenuada, o que denota um evidente comprometimento com o objetivo de fortalecer o centro em detrimento da periferia. Essa teleologia centralizadora, embora apresente o efeito negativo de diminuir a autonomia dos Estados-membros, outrora soberanos, tem o mérito de aumentar a coesão nacional em aspectos que, aos olhos do intérprete último, o Supremo Tribunal norte-americano, não prescindam de um tratamento uniforme.

Não é exagero afirmar que o fortalecimento do centro configura uma tendência de qualquer federação. Observa-se, inicialmente, que as interpretações que contrariem o interesse específico de um Estado-membro são sempre acompanhadas do argumento de que buscam beneficiar os interesses de todos os demais, cujos interesses seriam coletivamente defendidos pela União. Trata-se de nítido exemplo da velha fórmula, tantas vezes repetida, de que o interesse de muitos se sobrepõe ao de poucos. Outra constatação que corrobora a afirmação inicial é a de que o Supremo Tribunal da Federação é, necessariamente, órgão federal, estando o seu funcionamento dependente da arrecadação federal e os seus interesses institucionais sujeitos às normas estabelecidas pelo legislativo federal. O Tribunal, embora atue como árbitro entre dois contendores, é órgão de um deles, o que não deixa de ser um interessante complicador. O argumento constantemente oposto a essa observação, não raro tida como "maldosa", é o de que o Tribunal não é órgão puramente político. Para tanto, é natural o recurso à tese de que os órgãos jurisdicionais, no exercício de suas funções, são conceitualmente neutros e imparciais, ainda que sejam chamados a decidir uma disputa entre o ente a que pertencem e outro qualquer. Assim, basta que os juízes do Tribunal digam: "[s]im, nós trabalhamos para o governo central, mas, por sermos juízes, somos independentes e neutros em relação ao governo em disputas entre o governo central e os Estados-membros".[1214] Objeções à parte, somente um órgão acima das partículas poderia tomar decisões de interesse do todo. E, nesse particular, ou o órgão é supranacional, o que configuraria evidente violação à soberania, ou é federal, fórmula sempre preferida.

No âmbito da separação vertical do poder, o grande obstáculo a ser constantemente enfrentado é evitar que a federação remanesça, apenas, no plano formal, cedendo lugar a uma intensa concentração de poder na realidade das estruturas de poder. Em alguns casos, esse quadro é influenciado não só pela deliberada intenção de fortalecer o centro, o que se projeta no modo de resolução das conflitualidades intrínsecas, que antecedem a individualização das normas constitucionais, a respeito da competência de cada ente federado, como, também, é facilitado pelo próprio sistema. É o que ocorre com o modelo brasileiro, em que as modificações à Constituição Federal, diversamente do modelo norte-americano, podem ser promovidas sem qualquer participação dos Estados.

Ainda é plenamente factível que o intérprete, ao se deparar com as conflitualidades intrínsecas, possa escolher entre significados que gerem distintas consequências de

---

[1213] Cf.: GOLDFORD, Dennis J. *The American Constitution and the debate over originalism*. New York: Cambridge University Press, 2005. p. 23.
[1214] SHAPIRO, Martin. Judicial review in developed democracies. *In*: GLOPPEN, Siri; GARGARELLA, Roberto; SKAAR, Elin. *Democratization and the judiciary*: the accountability function of courts in new democracies. London: Frank Cass, 2004. p. 7 (9).

natureza social, econômica etc.[1215] Esse modo de ver a norma constitucional termina por estabelecer uma espécie de conexão entre a ciência jurídica e outras ciências sociais, como a economia e a sociologia.[1216] Embora se trate de uma conexão consequencial, que se estabelece, de fato, após a conclusão do processo de interpretação, deve o intérprete, tanto quanto possível, antes de tomar sua decisão final, adjudicando um significado ao texto, projetar os efeitos que a futura norma produzirá no ambiente sociopolítico. Somente assim será possível alcançar soluções satisfatórias, tanto nas minúcias da individualidade, resolvendo os casos concretos, quanto na amplitude das generalidades, delineando a norma constitucional *in abstracto*.

Betti,[1217] aliás, já observara que o intérprete deve sempre representar, mentalmente, as reações e repercussões práticas que cada um dos significados possíveis desencadeará no ambiente sociopolítico. É justamente essa dramatização que influirá sobre o êxito da interpretação proposta. Afinal, embora encontre a sua base de desenvolvimento em um enunciado linguístico encartado na Constituição formal, a norma é vocacionada à interação com a realidade. Longe de surgir e se projetar em um plano puramente teórico, deve ser assimilada pelos demais participantes do processo de comunicação normativa, assumindo contornos nitidamente pragmáticos.

Ao se reconhecer que o intérprete não desenvolve uma atividade puramente cognitiva, à margem de juízos valorativos e decisórios, deve-se considerar que o discurso interpretativo se preocupará, igualmente, com as consequências da decisão a ser tomada. Essa implicação recíproca entre norma e consequência é justamente o alicerce de sustentação de inúmeras correntes metodológicas, como a jurisprudência dos interesses e a jurisprudência dos valores. Ambas, a partir da configuração e consequente comparação dos paradigmas envolvidos, *in casu*, os interesses ou valores, sustentam a necessidade de o resultado da interpretação atender àquele tido como preponderante.

Essas considerações de ordem pragmática, como ressaltado por Ross,[1218] refletem a fusão de uma concepção da realidade com uma postura valorativa, permitindo que a norma constitucional efetivamente cumpra a sua *ratio essendi*: a de regular um ambiente sociopolítico específico, se ajustando às suas nuances, necessidades e expectativas.

A justificação das soluções adotadas pelo intérprete na resolução de conflitualidades dessa natureza exige que sejam declinados os fatores que concorrem para o delineamento dos significados possíveis, as consequências associadas a cada um deles, que podem apresentar-se de modo concorrente, vinculando-se a um mesmo significado, e as razões conducentes à atribuição de primazia a uma delas. A resolução dessas conflitualidades torna especialmente relevantes a apreensão e a análise do contexto ambiental. Afinal, é justamente ele que direcionará a formação de um juízo de valor quanto à inter-relação entre norma e realidade.

[1215] Cf.: SANTIAGO NIÑO, Carlos. *Introducción al análisis del derecho*. 2. ed. Buenos Aires: Astrea, 2005. p. 343-344; e ROSS, Alf. *Direito e justiça (On law and justice)*. (Trad. Edson Bini). São Paulo: Edipro, 2003. p. 181 e ss.

[1216] Cf.: BYDLINSKI, Franz. *Juristische Methodenlehre und Rechtsbegriff*. 2. ed. Wien: Springer, 1991. p. 84 e ss.

[1217] BETTI, Emilio. *Interpretazione della legge e degli atti giuridici*: teoria generale e dogmatica. 2. ed. Milano: Giuffrè, 1971. p. 5-6.

[1218] Cf.: ROSS, Alf. *Direito e justiça (On law and justice)*. (Trad. Edson Bini). São Paulo: Edipro, 2003. p. 343 e ss.

A resolução da conflitualidade intrínseca no plano teleológico é particularmente suscetível ao que se convencionou denominar de "constitucionalismo situacional".[1219] Trata-se de fenômeno essencialmente político, refletindo a postura de certos intérpretes no sentido de fortalecer os poderes das instituições sempre que dirigidas por agentes que tenham uma postura político-ideológica similar à sua. No extremo oposto, buscam restringir os poderes dessas mesmas instituições sempre que dirigidas por seus oponentes. Essa postura do intérprete costuma se manifestar quando presente uma situação de tensão entre os distintos órgãos de soberania, exigindo a adoção de um entendimento em relação à expansão ou à retração de suas competências. Exemplo típico de "constitucionalismo situacional" pode ser visto no modo como, no Parlamento, os blocos da maioria e da minoria veem a possibilidade de os órgãos jurisdicionais ou o Tribunal Constitucional analisarem a compatibilidade de suas decisões políticas com a ordem constitucional. Enquanto o bloco da maioria tende a rechaçar um controle amplo, a minoria, por não ter possibilidade de reverter, no espaço político, as decisões tomadas, tende a apoiar uma maior incursão dos órgãos de controle. Com isso, a teleologia da norma passa a ser manipulada de acordo com as conveniências políticas do intérprete.

Em relação aos órgãos jurisdicionais e ao Tribunal Constitucional, embora seja possível a adoção de uma postura situacional, já que também eles são influenciados por pré-compreensões e referenciais ideológicos, a oscilação de entendimento não costuma alcançar níveis extremados. A justificativa certamente decorre da constatação de que tais órgãos, malgrado não sejam insensíveis a esse tipo de influxo, desempenham uma atividade essencialmente jurígena, delineando o significado da norma constitucional. Face à natureza de sua atividade, é natural que suas decisões apresentem uma relativa estabilidade. As alterações de entendimento, por sua vez, aumentam o seu ônus argumentativo, preocupação que é sensivelmente atenuada em relação às funções legislativa e executiva, em que prepondera o aspecto político e, não raro, é desnecessária a fundamentação.

De modo correlato às distintas formas de manifestação da democracia, que tanto pode revelar um comprometimento ideológico, como uma aspiração à neutralidade, assumindo contornos meramente formais ou procedimentais, tem-se a inevitável influência dessa base axiológica no delineamento da norma constitucional e no modo de exercício do poder.

O comprometimento ideológico direciona o processo de formação e estabelecimento do poder político, de modo a conferir preeminência a uma dada ordem de valores, contribuindo para a sua preservação e consequente desenvolvimento. A legitimidade do poder estará alicerçada não só na participação política do cidadão, mas, especialmente, no seu modo de exercício. É nesse contexto que se fala em uma democracia humana, em que o poder político encontra sua origem e é exercido em prol da pessoa humana.[1220]

A neutralidade, por sua vez, ao conduzir a liberdade política aos seus extremos, valorizando a representatividade auferida com o sufrágio universal, nivela os valores constitucionais, desconsiderando qualquer posição de preeminência. O poder político

---

[1219] Cf.: WHITTINGTON, Keith E. *Political foundations of judicial supremacy*: the Presidency, the Supreme Court and constitutional leadership in U.S. history. Princeton; Oxford: Princeton University Press, 2007. p. 168.
[1220] Cf.: OTERO, Paulo. *Instituições políticas e constitucionais*. Coimbra: Almedina, 2009. v. I, p. 599.

livremente exercido, circunscrito aos juízos valorativos realizados, com exclusividade, pela autoridade democraticamente eleita, pode gerar uma ruptura do sistema, já que descomprometido com os seus alicerces estruturais. Essa possibilidade em muito se assemelharia ao positivismo oitocentista, que apregoava a mera análise da validade formal da norma, com total abstração da justiça do seu conteúdo, do que decorria a possibilidade de juridicização de qualquer conteúdo, ainda que, na essência, se mostrasse atentatório aos valores mais comezinhos da espécie humana. Os perigos desse quadro são especialmente percebidos em uma ordem constitucional vocacionada à defesa dos direitos humanos. Além de serem positivados em larga escala, ainda se verifica a criação de um instrumental finalisticamente voltado à garantia da sua efetividade, o que não pode ser desconsiderado pelo intérprete.

Em um plano de pureza conceitual, constata-se que a tensão dialética verificada entre comprometimento ideológico e neutralidade democrática será tendencialmente resolvida em benefício do primeiro, conclusão que, como é perceptível, resvala a obviedade, isso porque toda e qualquer ordem constitucional, além de direcionar o exercício do poder, é axiologicamente orientada. Por não ser um corpo asséptico, a ordem constitucional é diretamente influenciada e orientada por certos valores.

A obviedade característica do plano conceitual, no entanto, não se mantém ao alcançar a realidade. É comum justificar a inobservância do referido comprometimento ideológico com a liberdade valorativa inerente aos atos políticos, o que é especialmente percebido com a escolha de prioridades, temática que assume indiscutível relevância em Estados de "modernidade tardia",[1221] em que carência de recursos e necessidade de prestações estatais não se desenvolvem em idêntica proporção. Acresça-se que, além da relutância em se caracterizar uma situação de descumprimento da Constituição, ainda se costuma opor o princípio da separação dos poderes estatais como óbice intransponível à sindicação judicial.

O modo de ver a interação entre poder e pessoa humana ainda permite que se fale, com Barber e Fleming,[1222] em "constitucionalistas negativos" e em "constitucionalistas positivos". Para os primeiros, as normas constitucionais devem ser individualizadas de modo a limitar o avanço do poder.[1223] Os segundos, por sua vez, apregoam que o principal objetivo da Constituição é conferir poderes ao governo, ainda que adstritos

---

[1221] Gomes Canotilho, esclarecendo a evolução do seu pensamento quanto ao constitucionalismo dirigente e à relativização do conceito, ainda defende a sua utilidade nos Estados de "modernidade tardia": a Constituição dirigente não "morreu", o que "morreu" foi a "'Constituição metanarrativa' da transição para o socialismo e para uma sociedade sem classes" GOMES CANOTILHO, José Joaquim. *"Brancosos" e interconstitucionalidade*: itinerários dos discursos sobre a historicidade constitucional. 2. ed. Coimbra: Almedina, 2008. p. 34-35 e 154-156). Com isso, esclareceu entendimentos equivocados, em especial na doutrina brasileira, quanto ao alcance do prefácio à 2ª edição da obra: GOMES CANOTILHO, José Joaquim. *Constituição dirigente e vinculação do legislador*: contributo para a compreensão das normas constitucionais programáticas. 2. ed. Coimbra: Coimbra Editora, 2001.
[1222] BARBER, Sotirius A.; FLEMING, James A. *Constitutional interpretation*. New York: Oxford University Press, 2007. p. xvi e 35 e ss.
[1223] Dworkin enfatiza a necessidade de limitar o governo para proteger a liberdade e outros direitos individuais (DWORKIN, Ronald. *Taking rights seriously*. Massachusetts: Harvard University Press, 1999. p. 266 e ss.). Duguit, enfatizando os limites opostos ao Estado, afirmava que eles teriam natureza positiva e negativa: há coisas que o Estado deve fazer e coisas que o Estado não pode fazer (DUGUIT, Léon. *L'état, le droit objectif et la loi positive*. Paris: Dalloz, 2003. p. 12).

à observância de certos direitos fundamentais.[1224] A opção por um ou outro vetor axiológico redundará na obtenção de normas constitucionais organizativas e funcionais sensivelmente distintas, máxime quando o comprometimento teleológico estiver voltado à proteção dos direitos humanos, sendo este o valor de preeminência no sistema.

A pretendida neutralidade da interpretação, ao conferir contornos axiologicamente assépticos à norma constitucional, torna tecnicamente corretas decisões políticas, adotadas pelos poderes constituídos, ideologicamente descomprometidas com os valores constitucionais, permitindo a sua paulatina erosão no plano infraconstitucional. Essas decisões, por vezes, não serão passíveis de reversão mesmo com o controle de constitucionalidade, já que o paradigma de análise, vale dizer, a norma constitucional, em sua literalidade, com elas pode não colidir, o que, em não poucas ocasiões, é considerado suficiente para que o Tribunal Constitucional reconheça a sua validade.

As decisões políticas, embora sensíveis às oscilações do princípio majoritário, sendo mutáveis por natureza, não podem passar ao largo dos valores constitucionais, daí a impossibilidade de, a partir de um alegado estado de neutralidade constitucional, serem autorreferenciadas, justificando o teor de qualquer decisão, com fundamento, tão somente, na capacidade de proferir a própria decisão.

4.4 O utilitarismo constitucional: proteção ou ameaça às liberdades individuais?

O delineamento dos contornos essenciais de um utilitarismo constitucional, como se depreende de sua própria construção semântica, não pode prescindir dos subsídios oferecidos pelas construções utilitaristas,[1225] que contextualizam no bem comum a justificativa para as ações do Estado e do próprio ser humano.[1226] O utilitarismo é uma espécie de teoria moral substantiva em que o reconhecimento da moralidade de um ato está associado à produção de consequências mais favoráveis que as outras escolhas possíveis.[1227] Enquanto abordagem de contornos "consequencialistas",[1228] busca justificar a correção de um proceder a partir da maximização das consequências benéficas. Embora se reconheça que toda ação e toda decisão, partindo de um referencial de racionalidade e do comprometimento com a satisfação de certos interesses, sempre se comprometerão

---

[1224] Hamilton realçava a importância de um governo forte e os benefícios que poderia oferecer (HAMILTON, Alexander. The Federalist nº 1. In: HAMILTON, Alexander; MADISON, James; JAY, John. *The Federalist*. New York: Barnes & Noble Classics, 2006. p. 9 e ss.

[1225] Del Vechio lembra que o conceito de utilidade pode ser concebido em sentido formal e abstrato ou em sentido material e concreto: o primeiro aponta para a adequação entre meios e fins, o que não implica em qualquer determinação concreta de valor e não oferece qualquer fundamento para o direito; o segundo, por sua vez, importa em um verdadeiro juízo de valor, sendo essa a essência das teorias utilitárias (DEL VECCHIO, Giorgio. *Lições de filosofia do direito*. (Trad. António José Brandão). 5. ed. Coimbra: Arménio Amado, 1979. p. 554).

[1226] Cf.: BENTHAM, Jérémie. Principes de législation. In: *Oeuvres de Jérémie Bentham*. (Org. e Trad. É. Dumont). 3. ed. Bruxelles: Société Belge de Librairie, 1840. t. 1, p. 11-48; STUART MILL, John. *A liberdade*: utilitarismo (On liberty and utilitarianism). (Trad. Eunice Ostrensky). São Paulo: Martins Fontes, 2000. p. 177 e ss.; e TROYER, John. *The classical utilitarians*: Bentham and Mill. Indianapolis: Hackett, 2003. p. 1 e ss.; e 145 e ss.

[1227] Cf.: GREENAWALT, Kent. *Conflicts of law and morality*. Oxford: Oxford University Press, 1989. p. 94.

[1228] Cf.: MULGAN, Tim. *The demands of consequentialism*. Oxford: Oxford University Press, 2005. p. 25 e ss.; SANTIAGO NIÑO, Carlos. *Introducción al análisis del derecho*. 2. ed. Buenos Aires: Astrea, 2005. p. 391-392; e KYMLICKA, Will. *Les théories de la justice*: une introduction. Libéraux, utilitaristes, libertariens, marxistes, communautariens, féministes. Paris: La Découverte, 1999. p. 18-19.

com a realização de algum bem,[1229] sendo, portanto, consequencialistas,[1230] a referência ao *bem comum* denota uma evidente posição de preeminência em relação ao bem individual.

Diversamente ao que se verifica em relação a outras teorias morais, que invocam a existência de Deus ou de outro referencial metafísico para justificar os seus objetivos, o utilitarismo aponta para a necessidade de se promover o bem-estar que cada membro da coletividade almeja no cotidiano. Como exigência, tem-se que a busca do bem-estar ou da utilidade deve ser realizada de modo imparcial por cada um dos partícipes desse processo, evitando que preferências de ordem estritamente pessoal tornem-se decisivas nas escolhas a serem realizadas.[1231]

As construções utilitaristas, não obstante as dissonâncias que apresentam entre si, ostentam uma funcionalidade comum: assegurar que as normas estejam comprometidas com um referencial útil, que se materializa no bem-estar coletivo.[1232] É possível indicar, como os dois principais atrativos do utilitarismo, o comprometimento com o bem-estar coletivo e a contínua aferição das regras morais à luz das consequências que geram para esse bem-estar.[1233] Construções dessa natureza exigem que seja constantemente verificado se o comportamento social ou a ação política objeto de aferição produz, ou não, um bem passível de ser identificado. Para que qualquer comportamento ou ação seja censurado (*v.g.*: o homossexualismo), é necessário demonstrar que alguém é lesado em decorrência de sua execução. No extremo oposto, somente serão moralmente elogiáveis se puderem beneficiar a outrem.

Os juízos valorativos que venham a ser realizados devem ser direcionados não às ações propriamente ditas, mas sim, às suas consequências, mais especificamente ao bem ou ao mal que produzirão no ambiente sociopolítico. Para tanto, realiza-se um "teste de generalização", que se exprime na seguinte constatação: se as consequências de certo tipo de ato são desejáveis, então todos aqueles que o praticarem agirão corretamente.[1234]

Se os aspectos estruturais do utilitarismo costumam ser prestigiados pelas distintas construções existentes, o mesmo não pode ser dito em relação ao modo de aferir se uma situação pode ser enquadrada sob a epígrafe do bem ou do mal. Nessa aferição, Smart[1235] distingue, de um lado, entre utilitarismo egoísta e universalista, e, do outro, entre utilitarismo hedonista e idealista. No primeiro caso, as consequências da ação serão consideradas boas ou más, tomando-se como paradigma, respectivamente, os interesses do próprio indivíduo responsável pela aferição ou os interesses de todos os integrantes da coletividade. No segundo caso, as atenções se direcionam à natureza do bem, que é circunscrito ao prazer e deve se estender ao maior número de pessoas, isso em relação

---

[1229] Cf.: ARISTÓTELES. *Etica Niocomachea*. (Trad. Claudio Mazzarelli). Milano: Bompiani Testi a Fronte, 2007. Livro I, 1094a, p. 51.

[1230] Cf.: MENGONI, Luigi. *Ermeneutica e dogmatica giuridica*. Milano: Giuffrè, 1996. p. 91.

[1231] Cf.: KYMLICKA, Will. *Les théories de la justice*: une introduction. Libéraux, utilitaristes, libertariens, marxistes, communautariens, féministes. Paris: La Découverte, 1999. p. 18.

[1232] Sobre a ascendência do coletivismo, vide: LIPPMANN, Walter. *The good society*. New Jersey: Transaction, 2004. p. 45 e ss.

[1233] Cf.: KYMLICKA, Will. *Les théories de la justice*: une introduction. Libéraux, utilitaristes, libertariens, marxistes, communautariens, féministes. Paris: La Découverte, 1999. p. 20.

[1234] Cf.: LYONS, David. *Forms and limits of utilitarianism*. Oxford: Oxford University Press, 1965. p. 1.

[1235] SMART, J. J. C. An outline of a system of utilitarian ethic. *In*: SMART, J. J. C.; OWEN WILLIAMS, Bernard Arthur. *Utilitarianism*: for and against (1973). Cambridge: Cambridge University Press, 1998. p. 3 (3 e ss.).

ao hedonismo,[1236] entendimento prestigiado por Bentham e Stuart Mill, ou, no caso do idealismo, se estender a qualquer estado de coisas que produza algum tipo de bem.[1237]

Variante bem conhecida do utilitarismo é aquela propagada pelas correntes teóricas que apregoam a análise econômica do direito (*law and economics school*).[1238] A própria Economia Política, em seus contornos mais amplos, é a "ciência do útil".[1239] Nesse caso, o bem ou a felicidade serão medidos de acordo com o valor econômico dos bens e serviços que podem proporcionar a sua satisfação, sendo sempre perseguido o aumento da eficiência. Como ressaltado por Hanson e Hart,[1240] a relação entre direito e economia pode ser analisada sob duas perspectivas distintas: a positiva, que descreve ou prevê; e a normativa, que prescreve. Os economistas legais, ao tomarem suas decisões, formulam dois tipos de questionamentos positivos básicos: (1º) qual o efeito comportamental da política promovida; se ela alcança resultados eficientes (*rectius*: maiores benefícios com menores custos); e como o direito deve ser visto se a eficiência for o seu único propósito?; (2º) como a aplicação judicial do direito deve ser feita, se a eficiência for o seu único objetivo? A perspectiva normativa, por sua vez, formula os seguintes questionamentos: (1º) a eficiência deve ser o objetivo do direito?; (2º) em caso positivo, a lei deve ser reformada para alcançar esse objetivo? Esses questionamentos permitem identificar um traço fundamental na análise econômica do direito: o pensamento utilitarista se desenvolve com os olhos voltados ao contexto,[1241] não prescindo da prévia identificação dos efeitos a serem produzidos pelo significado escolhido pelo intérprete.

Não obstante as possíveis vantagens oferecidas pelo utilitarismo no âmbito social, isso em razão de sua preocupação com a consecução de objetivos que se harmonizem com os interesses da maior parte dos membros da coletividade, alcançando a felicidade geral,[1242] lhe são normalmente opostas duas críticas principais: a dificuldade em estabelecer a dosimetria da felicidade e em hierarquizar e distribuir os distintos prazeres passíveis de serem alcançados.[1243] No que diz respeito à primeira crítica, observa-se que o modo de vida dos homens assume contornos extremamente diversificados, o que em muito dificulta a sua redução a um denominador comum. Em relação à segunda, constata-se que os distintos prazeres assumirão importância distinta para cada ser humano, variando

---

[1236] Cf.: TÄNNSJÖ, Torbjörn. *Hedonistic utilitarianism*. Edinburghh: Edinburghh University Press, 1998. p. 76.

[1237] Cf.: WENDELL HOLMES, Oliver. The other utilitarians. *In*: BIX, Brian (Org.). *Analyzing law*: new essays in legal theory. Oxford: Oxford University Press, 1998. p. 197 (197).

[1238] Cf.: OPPENHEIMER, Margaret; MERCURO, Nicholas. *Law and economics*: alternative economic approaches to legal and regulatory issues. New York: M.E. Sharpe, 2005. p. 3 e ss.

[1239] Cf.: REALE, Miguel. *Filosofia do direito*. 20. ed. São Paulo: Saraiva, 2010. p. 238.

[1240] HANSON, Jon D.; HART, Melissa R. Law and economics. *In*: PATTERSON, Dennis (Org.). *A companion to philosophy of law and legal theory*. USA: Wiley-Blackwell, 1999 (reimp. de 2003). p. 311 (311-312).

[1241] Cf.: RANNEY, Frances J. *Aristotle's ethics and legal rhetoric*: an analysis of language beliefs and the law. Hampshire: Ashgate, 2005. p. 29.

[1242] Kaufmann, partindo da premissa de que o modo de vida dos seres humanos é demasiado diferente, o que impede a sua redução a um denominador comum, sustenta que a felicidade não é universalizável (KAUFMANN, Arthur. *La filosofía del derecho en la posmodernidad* (*Rechtsphilosophie in der Nach-Neuzeit*). (Trad. Luis Villar Borda). Bogotá: Temis, 2007. p. 83-84). Se a afirmação se harmoniza com as especificidades de cada individualidade, já que cada ser humano tem sentimentos, gostos e pensamentos próprios, ela não chega ao extremo de inviabilizar a identificação do alicerce cultural de uma sociedade e, consequentemente, as preferências que dela podem ser abstraídas.

[1243] Cf.: WENDELL HOLMES, Oliver. The other utilitarians. *In*: BIX, Brian (Org.). *Analyzing law*: new essays in legal theory. Oxford: Oxford University Press, 1998. p. 197 (207).

a importância conforme o estilo de vida adotado e os valores encampados. Bentley,[1244] aliás, já advertia que falar de bem objetivo ou de utilidade objetiva em política é como descobrir ouro sobre a montanha: uma nulidade.

John Rawls, distanciando-se do lugar comum, formulou as seguintes críticas ao utilitarismo: (1) o bem-estar coletivo não pode ser obtido com o irrestrito prejuízo de cada indivíduo, o que ocorreria caso fosse simplesmente aplicada a regra da maioria na busca da felicidade coletiva; (2) o utilitarismo se preocupa com a felicidade coletiva sem indicar os seus critérios de distribuição entre os distintos integrantes do espaço público, o mesmo ocorrendo em relação à distribuição dos sacrifícios; e (3) não é sensível a qualquer preocupação em relação à justiça. No utilitarismo, segundo Rawls, "the good is defined independently from the right, then the right is defined as that which maximizes the good".[1245]

A visão globalizante do utilitarismo direciona sua atenção para o máximo de bem-estar geral, passando ao largo de qualquer consideração em relação ao bem-estar individual, delineado a partir das necessidades e aspirações de cada ser humano.[1246] É justamente a preocupação com esse aspecto distributivo, em que é considerado o interesse de todas as pessoas, de modo imparcial, que caracteriza a teoria da justiça de Rawls.

Além disso, não podem ser desconsiderados os riscos que as construções utilitaristas oferecem para o pluralismo. Afinal, é factível a dificuldade em comparar interesses de diversas ordens, amparados por distintos alicerces morais, de modo a individualizar um resultado aritmético confiável, demonstrando a produção do maior bem possível para os grupos aquinhoados e do menor mal para os grupos atingidos. Os referenciais de pluralismo e tolerância evidenciam a impossibilidade de serem simplesmente solapados os direitos das minorias em prol do bem-estar coletivo.[1247]

O utilitarismo não pode chegar ao extremo de desconsiderar toda a base axiológica extraída do ambiente sociopolítico e substituí-la, de modo simplista, pela ideia de bem-estar geral. É justamente essa base axiológica que oferece a identidade cultural de uma dada sociedade, o que impede que seja ela substituída por um argumento de contorno puramente teleológico. Se o bem-estar geral deve ser um objetivo constantemente perseguido, é imprescindível saber como ele será alcançado, pois também aqui devem ser observados valores básicos do sistema, como o ideal de justiça e o respeito à pessoa humana. Falam por si os efeitos produzidos por uma leitura totalitária e antissemita do alicerce dogmático do Nacional-Socialismo: "O Direito é o que é útil para o povo".[1248]

Um modo de contornar algumas falhas do utilitarismo, não todas, é o reconhecimento de que o referencial de bem comum ou felicidade pode ser interpretado tanto no sentido de um acréscimo, de um fator de agregação, quanto no sentido de não subtração, de não comprometimento, mantendo inalteradas as situações preexistentes. Nesse

---

[1244] BENTLEY, Arthur Fischer. *The process of government*: a study of social pressures. Evaston: Principia, 1949. p. 213.
[1245] RAWLS, John. *A theory of justice*. USA: Harvard University Press, 1971 (reimp. de 2005). p. 24.
[1246] Cf.: KAUFMANN, Arthur. *Filosofia do direito* (*Rechtsphilosophie*). (Trad. António Ulisses Cortês). Lisboa: Fundação Calouste Gulbenkian, 2004. p. 259.
[1247] Cf.: HOUSER, Rick; WILCZENSKI, Felicia; DOMOKOS-CHENG HAM, MaryAnna. *Culturally relevant ethical decision-making in counseling*. London: SAGE, 2006. p. 28.
[1248] Cf.: ENGISCH, Karl. *Introdução ao pensamento jurídico* (*Einführung in das Juristische Denken*). (Trad. J. Baptista Machado). 8. ed. Lisboa: Fundação Calouste Gulbenkian, 2001. p. 50.

último plano enquadra-se o "utilitarismo negativo",[1249] sugerido por Karl Popper[1250] ao afirmar que deveríamos nos preocupar não só com a maximização de nossas alegrias, como, também, com a minimização da infelicidade. A proteção contra o infortúnio, a desgraça ou a destruição torna-se o fim último a ser alcançado, vale dizer, a consequência desejada em qualquer conduta juridicamente relevante. A infelicidade, ademais, diversamente da felicidade, ao se materializar em referenciais como dor, sofrimento, pobreza e fome, poderia ser universalizada. Diversamente do utilitarismo (positivo), essa última vertente se preocupa em evitar a infelicidade do maior número de pessoas e na maior extensão possível. Apesar disso, não explica, de modo satisfatório, a justiça em se impor a infelicidade extrema a um pequeno grupo para que essa consequência seja evitada em relação à maioria.

A transposição irrefletida do utilitarismo (positivo) para o plano constitucional pode fazer com que a interpretação dos enunciados linguísticos inseridos na Constituição formal seja direcionada, única e exclusivamente, por uma visão consequencial, mais especificamente para o bem a ser produzido para uma considerável parcela dos membros da coletividade, ainda que isso importe em total afronta ao pluralismo e, o que é mais grave, aos próprios direitos fundamentais.

No plano estritamente constitucional, parece não haver dúvidas que a proteção aos direitos fundamentais é uma das vigas mestras do pensamento político contemporâneo, fonte de bem-estar para a coletividade e, por conseguinte, uma opção com forte colorido utilitarista. Se a contemplação formal não é campo fértil a polêmicas ou a tergiversações, o mesmo não pode ser dito em relação à individualização das normas de proteção ou, em um plano mais avançado, à sua coexistência com outras normas, em especial aquelas que ostentem uma intensa carga de interesse público, daí decorrendo alguns problemas na resolução dos conflitos que se apresentem.

Não obstante a constatação de que o desenvolvimento da civilização conduziu o ser humano ao *status* de *ratio essendi* da organização estatal, fim último de sua existência, não mero objeto ao seu serviço, ainda é necessária vigilância para que os referenciais de utilitarismo e bem comum não se desprendam dessa base axiológica. Lembrando os conceitos propostos por Isaiah Berlin, é possível identificar uma liberdade negativa, que reflete uma concepção liberal do indivíduo, da privacidade e dos direitos humanos, e uma liberdade positiva, apregoada por republicanos e comunitaristas, que associam esse conceito à ideia de responsabilidade e de bem comum.[1251] Uma possível deturpação dessa "liberdade positiva", comprimindo-a de modo a assegurar a prevalência de interesses de natureza coletiva, pode ameaçar a própria indenidade da pessoa humana. Exemplo dos

---

[1249] Cf.: SMART, J. J. C. An outline of a system of utilitarian ethic. *In*: SMART, J. J. C.; OWEN WILLIAMS, Bernard Arthur. *Utilitarianism*: for and against (1973). Cambridge: Cambridge University Press, 1998. p. 3 (28 e ss.); e KAUFMANN, Arthur. *Filosofia do direito* (*Rechtsphilosophie*). (Trad. António Ulisses Cortês). Lisboa: Fundação Calouste Gulbenkian, 2004. p. 222.
[1250] POPPER, Karl. *A sociedade aberta e seus inimigos* (*The open society and its enemies*). (Trad. Mílton Amado). São Paulo: Editora da Universidade de São Paulo, 1987. t. 1, p. 100 e ss.
[1251] Cf.: PIA LARA, Maria. Positive and negative freedom: questions regarding the quality of life. *In*: LOPES ALVES, João. *Ética e o futuro da democracia*. Lisboa: Colibri, 1998. p. 191 (192).

riscos existentes pode ser colhido em inúmeros trabalhos de Alan Dershowitz,[1252] que, partindo de um contexto de ameaça terrorista,[1253] advoga a necessidade de os direitos fundamentais serem delineados não de modo a assegurar a plenitude do seu potencial expansivo, mais sim, com o objetivo de resguardar os interesses da coletividade, em especial a sua segurança, ainda que isso importe na própria descaracterização do que se pode entender como núcleo essencial do direito envolvido. Essa concepção, aliás, encontra suas bases estruturais na doutrina de Bentham, que se mostrava incompatível com o reconhecimento da racionalidade de sistemas normativos que protejam direitos passíveis de se voltar contra o bem comum.[1254]

Ao analisar, por exemplo, o direito contra a autoincriminação, contemplado na V Emenda, de 1791,[1255] Dershowitz[1256] questiona sobre que conteúdo seria atribuído a esse direito por um juiz honesto e que buscasse realizar uma interpretação não ideológica da Constituição (*rectius*: comprometida com a plena eficácia dos enunciados que veiculam os direitos fundamentais). Para o deslinde desse questionamento, observa que o texto pode receber múltiplas interpretações razoáveis, algumas amplas, outras restritas. O intento original dos constituintes não é claro, já que desconheciam o risco extremado oferecido pelo terrorismo. Além disso, a compreensão do atual sistema de justiça criminal não se harmoniza a uma interpretação puramente histórica e o privilégio contra a autoincriminação, no modo como tem sido simbolicamente concebido pelas sucessivas gerações, não se ajusta a uma análise puramente técnica, com abstração da intensidade do mal que pode advir de sua irrestrita observância. Em consequência, a análise textual pode ser feita em diferentes níveis de abstração, de modo que considerações a respeito da funcionalidade da Constituição devem se conectar à sua importância para o combate ao terrorismo.

No entender de Dershowitz,[1257] a lógica liberal, que apregoa a necessidade de se interpretar a "Constituição viva", sempre com o objetivo de "expandir direitos", termina por vê-la como um documento que evolui tão somente em uma direção, almejando "mais liberdade, igualdade e devido processo". Esse tipo de interpretação seria tudo menos neutro. Segundo ele, o juiz deve sempre aspirar a realização do ideal de justiça, que deve alcançar não só as partes em litígio, mas o sistema legal em sua integridade.[1258] Acresce que o terrorismo não poderá ser contido com o só recurso aos instrumentos oferecidos pelas sociedades democráticas, lastreados no princípio da culpa individual e

---

[1252] DERSHOWITZ, Alan M. *Is there a right to remain silent?*: coercive interrogation and the Fifth Amendment after 9/11. New York: Oxford University Press, 2008; e DERSHOWITZ, Alan M. *Why terrorism works*: understanding the threat, responding to the challenge. New Haven: Yale University Press, 2003.

[1253] Sobre a temática, vide a importante coletânea organizada por Christian Walter, denominada *Terrorism as a challenge for national and international law*: security versus liberty?. Berlin: Springer, 2004, mais especificamente, p. 49-170. (WALTER, Christian. *Terrorism as a challenge for national and international law*: security versus liberty? Berlin: Springer, 2004).

[1254] Cf.: TEBBIT, Mark. *Philosophy of law*: an introduction. London: Routledge, 2000. p. 107.

[1255] "No person [...] shal be compelled in any criminal case to be a witness against himself".

[1256] DERSHOWITZ, Alan M. *Is there a right to remain silent?*: coercive interrogation and the Fifth Amendment after 9/11. New York: Oxford University Press, 2008. p. 126-136.

[1257] DERSHOWITZ, Alan M. *Is there a right to remain silent?*: coercive interrogation and the Fifth Amendment after 9/11. New York: Oxford University Press, 2008. p. 133.

[1258] DERSHOWITZ, Alan M. *Is there a right to remain silent?*: coercive interrogation and the Fifth Amendment after 9/11. New York: Oxford University Press, 2008. p. 135.

na proibição de serem punidos os parentes e amigos inocentes dos terroristas suicidas.[1259] Por fim, conclui que o "Estado preventivo" deve conter e pôr fim às ameaças antes mesmo que elas ocorram, o que autoriza a utilização de meios de coerção, incluindo a tortura, contra os indivíduos, para que as autoridades possam obter "informações de inteligência" para evitar futuros crimes e, igualmente, produzir evidências em relação aos crimes passados.[1260] Em suas palavras: "Virtually every rule that serves as a shield for the good will also serve as a sword for the bad".[1261]

A linha argumentativa de Dershowitz impressiona por duas razões básicas. A primeira encontra-se lastreada em sua coerência sistêmica, apregoando a realização de um processo racional para o delineamento dos significados normativos, em que se valoriza a neutralidade ideológica do intérprete, despido de todo e qualquer pré-conceito, e demonstrando uma grande preocupação com o interesse coletivo. A segunda razão que torna seus argumentos particularmente impressivos é a sua visão a respeito do ser humano, que nada mais seria que um pequeno tijolo inserido em uma construção de grandes proporções, a sociedade, o que justificaria, por exemplo, o seu irrestrito descarte ou manipulação sempre que tal se mostrasse útil à preservação da indenidade da construção.

Conquanto soe evidente que a ordem constitucional deve ostentar uma funcionalidade comprometida com o bem-estar social, daí não decorre a conclusão de que o ser humano possa ser utilizado como mero meio para a realização desse objetivo. Como ressaltado por Häberle,[1262] o interesse público não pode ser visto como um somatório de interesses individuais, entendimento que colocaria *indivíduo* e *comunidade* em uma relação de meios e fins. Entendimento diverso caminha em norte contrário aos valores mais comezinhos da civilização ocidental, fruto de um longo desdobramento histórico,[1263] que teria o seu esteio moral simplesmente desconstruído, terminando por renegar ao ostracismo as conquistas obtidas nos últimos séculos de evolução da humanidade. Interpretar os enunciados linguísticos que veiculam direitos fundamentais de modo neutral ou não ideológico não autoriza que seja desconsiderado que o ser humano, concebido em sua individualidade ou como parte do organismo social, deve ser necessariamente protegido pelas estruturas estatais de poder. Afinal, é justamente essa a razão de ser do Estado, o que justifica o entendimento, amplamente sedimentado, de que não só os enunciados já referidos, como todos aqueles inseridos no texto constitucional, devem receber o significado que mais valorize a pessoa humana.

Embora seja exato afirmar que qualquer visão extremada dos direitos fundamentais pode conduzir ao exagero e à iniquidade, o que decorreria da desconsideração de que direitos dessa natureza devem necessariamente coexistir e que o homem vive em

---

[1259] DERSHOWITZ, Alan M. *Is there a right to remain silent?*: coercive interrogation and the Fifth Amendment after 9/11. New York: Oxford University Press, 2008. p. 137.

[1260] DERSHOWITZ, Alan M. *Is there a right to remain silent?*: coercive interrogation and the Fifth Amendment after 9/11. New York: Oxford University Press, 2008. p. 138.

[1261] DERSHOWITZ, Alan M. *Is there a right to remain silent?*: coercive interrogation and the Fifth Amendment after 9/11. New York: Oxford University Press, 2008. p. 141.

[1262] HÄBERLE, Peter. *La libertad fundamental en el estado constitucional*. (Trad. Jürgen Saligmann e César Landa). Granada: Comares, 2003. p. 53.

[1263] Cf.: MAGALHÃES FILHO, Glauco Barreira. *Hermenêutica e unidade axiológica da Constituição*. Belo Horizonte: Mandamentos, 2001. p. 228-229.

sociedade, autorizando a imposição de restrições que viabilizem a própria subsistência do agregado social, eles não podem estar totalmente sujeitos à lógica da ponderação de bens, valores ou interesses. Ainda que a pessoa humana seja vista sob uma ótica relacional, colocando-se em realce a necessidade de coexistência com os seus semelhantes, a sua essência não pode ser desconsiderada. Aliás, a própria funcionalidade dos direitos fundamentais, voltados à salvaguarda da esfera individual, deve operar, em certa medida, como obstáculo à completa implementação do princípio de utilidade. Se direitos dessa natureza pudessem ser simplesmente desconsiderados com o objetivo de realizar o bem comum, eles, por certo, não fariam jus ao pomposo designativo. Alguns direitos, em verdade, somente adquirem real importância quando se mostram inconvenientes ou indesejados para as maiorias ocasionais.[1264]

O princípio de inviolabilidade da pessoa humana obsta à imposição de sacrifícios, independentes do consentimento individual e não compensáveis, sob o argumento de que isso beneficiará uma considerável parcela da coletividade.[1265] Esse *individualismo*, que longe de se alicerçar no egoísmo e na indiferença, é indissociável da condição humana, nitidamente se contrapõe à *generalização* extremada preconizada por Dershowitz. Tal princípio impõe limites intransponíveis à perseguição do bem-estar geral, outorgando uma posição de prioridade aos direitos outorgados ao ser humano,[1266] o que justifica, inclusive, a inserção dos direitos fundamentais na ordem constitucional e a imposição de limites materiais ao poder reformador, evitando que sejam aviltados pelas maiorias ocasionais. A preeminência dos direitos se justifica por expressarem o significado moral de cada ser humano e o comprometimento da ordem jurídica com o seu pleno desenvolvimento.[1267]

Lembrando as reflexões de Waldron,[1268] pode-se afirmar que a subsistência da sociedade e o desenvolvimento da democracia, longe de serem incompatíveis com os direitos fundamentais, certamente seriam comprometidos caso não houvesse uma relação moral entre os interesses de cada indivíduo e os interesses dos demais. Essa relação moral reflete a necessidade de proteção de cada partícula como requisito de existência e coesão do todo. A possível imposição de restrições aos direitos fundamentais, visando à satisfação de objetivos de interesse coletivo, jamais pode chegar ao extremo de descaracterizar o próprio núcleo essencial do direito envolvido e, muito menos, afrontar o princípio kantiano[1269] de que o indivíduo não deve ser usado como meio, como puro objeto, manipulável e descartável. A utilização da pessoa como meio, em prol da satisfação do bem-estar coletivo, será evidente sempre que o conteúdo atribuído à norma afetar de modo intenso e visceral a sua esfera jurídica individual para propiciar prazer, conforto ou segurança aos demais integrantes do grupamento.

[1264] Cf.: TEBBIT, Mark. *Philosophy of law*: an introduction. London: Routledge, 2000. p. 107.
[1265] Cf.: SANTIAGO NIÑO, Carlos. *Introducción al análisis del derecho*. 2. ed. Buenos Aires: Astrea, 2005. p. 418-419.
[1266] Cf.: DWORKIN, Ronald. *Taking rights seriously*. Massachusetts: Harvard University Press, 1999. p. ix; 90-94; e 364-368.
[1267] Cf.: CAMPBELL, Tom. *Rights*: a critical introduction. New York: Routledge, 2006. p. 3.
[1268] WALDRON, Jeremy. *Law and disagreement*. Oxford: Oxford University Press, 1999. p. 282.
[1269] KANT, Immanuel. *Fundamentação da metafísica dos costumes e outros escritos*. (Trad. Leopoldo Holzbach). São Paulo: Martin Claret, 2004. p. 52. *Verbis*: "O homem – e, de uma maneira geral, todo o ser racional – existe como fim em si mesmo, e não apenas como meio para uso arbitrário desta ou daquela vontade. Em todas as suas ações, pelo contrário, tanto nas direcionadas a ele mesmo como nas que o são a outros seres racionais, deve ser ele sempre considerado simultaneamente como fim".

Acresça-se que a necessária preservação do ser humano e o imperativo respeito aos direitos fundamentais assegurados pela ordem constitucional não podem ser comprometidos sequer por argumentos de ordem quantitativa, muito em voga, aliás, nas discussões de viés utilitarista.[1270] Em outras palavras, ainda que o quantitativo de "agraciados" com o bem seja sensivelmente superior ao de "penitenciados", que não terão reconhecidos, em prol do bem coletivo, os mais comezinhos direitos fundamentais, isso não pode chegar ao extremo de comprometer a própria *ratio* do Estado. Malgrado não seja possível atribuir igual força e intensidade a todos os interesses que florescem no ambiente sociopolítico, não se pode negar a nenhum deles a proteção decorrente dos valores a que a própria coletividade atribui relevância, tanto é assim que os erigiu ao *status* de direitos fundamentais. A inviolabilidade e a visão da pessoa humana enquanto fim, não meio, são evidentes manifestações de sua dignidade, que não pode ser preterida ainda que consideráveis os benefícios sociais.

A construção de Dershowitz é uma clara manifestação do "utilitarismo de atos", que torna justificável qualquer ação que gere consequências mais favoráveis que desfavoráveis ao bem-estar geral. As atenções são direcionadas ao ato concreto e às consequências que dele advirão, com relativa abstração do seu entorno. O denominado "utilitarismo de regras" ou "utilitarismo indireto",[1271] por sua vez, longe de aferir a correção ou a incorreção axiológica do comportamento a partir da aplicação direta do princípio de utilidade, leva em conta, como fator de intermediação, a base axiológica que delineia a identidade cultural da sociedade.[1272] Com isso, somente será aferida a utilidade daqueles atos que se mostrem harmônicos com essa base de valores. Nesse caso, questiona-se sobre as consequências, para o bem-estar coletivo, das ações praticadas com base nessas diretrizes de comportamento.[1273] Enquanto a proteção das minorias seria totalmente desarrazoada para o "utilitarismo de atos", ela seria absolutamente

---

[1270] Cf.: HARE, Richard Mervyn. *Freedom and reason*. Oxford: Oxford University Press, 1965. p. 121 e ss.

[1271] Cf.: EDMUNDSON, William A. *Uma introdução aos direitos (An introduction to rights)*. (Trad. Evandro Ferreira e Silva). São Paulo: Martins Fontes, 2006. p. 93.

[1272] Cf.: GREENAWALT, Kent. *Conflicts of law and morality*. Oxford: Oxford University Press, 1989. p. 96.

[1273] A distinção entre o "utilitarismo de atos" e o "utilitarismo de regras" é facilmente perceptível a partir do cálculo aritmético oferecido por Harris (HARRIS, C. E. *Applying moral theories*. 5. ed. USA: Wadsworth, 2006. Capítulo VI). O autor principia sua explicação descrevendo a seguinte situação fática: uma mulher, acometida de um tipo específico de câncer, está prestes a morrer. Descobre-se, no entanto, que uma droga especial, desenvolvida por um biólogo da mesma cidade, é capaz de salvá-la. Procurado pelo marido, o biólogo informa que só venderá a droga pela importância de 2.000 dólares, isso apesar de ter gasto apenas 10% desse valor com a matéria-prima. O marido busca, desesperadamente, conseguir essa importância, mas, sem crédito na praça ou amigos abastados, consegue levantar apenas 1.000 dólares. Pede ao biólogo que reduza o valor cobrado ou permita que o restante seja pago em momento posterior. A resposta do biólogo é negativa. Afirma que é sua chance de fazer dinheiro com suas pesquisas. Ao marido se abrem duas possibilidades: (1ª) deixar a mulher morrer; ou (2ª) furtar a droga. A partir desse quadro, Harris identifica as três pessoas alcançadas pela decisão e realiza os cálculos a respeito dos benefícios que advirão de cada uma das opções.
Na primeira opção, o marido, a esposa e o biólogo receberiam, apenas, 1 unidade de utilidade, totalizando 3; afinal, a mulher morreria, o marido a perderia e o biólogo nada ganharia. Na segunda opção, o marido, ao furtar, e a esposa, ao sobreviver, receberiam 100 unidades de utilidade, e o biólogo, que nada ganhou com sua pesquisa, receberia apenas 1 unidade, o que totalizaria 201 unidades. A primeira opção, que respeita à ordem jurídica do Estado onde o furto é tipificado penalmente e somente se prevê a possibilidade de redução de pena, estaria em perfeita harmonia com o "utilitarismo de regras", isso apesar do reduzido número de unidades de utilidade que seria capaz de gerar. A segunda opção, por sua vez, apesar de estar à margem da ordem jurídica, seria a preferida pelo "utilitarismo de atos", já que resultaria em maior alegria e utilidade: duas pessoas seriam beneficiadas e apenas uma prejudicada.

correta à luz do "utilitarismo de regras", que leva em consideração não o ato em si, mas as regras que direcionam a sua prática. Evita-se que seja reconhecida a correção moral do ato de torturar simplesmente porque diversas pessoas poderão ser salvar ou simplesmente porque se tornará possível conter o avanço da criminalidade. Ao invés de escolher a melhor ação em cada situação concreta, o "utilitarismo de regras" se limita a escolher as melhores regras. [1274]

Como observou Lyons,[1275] é necessário agregar ao "teste de generalização" típico do utilitarismo e, em especial, do "utilitarismo de atos", alguns argumentos de natureza não utilitária, como o referencial de justiça colhido no ambiente sociopolítico e a equidade do responsável pela realização dos juízos valorativos, o que lhe permitirá aferir, com isenção, o modo de alcançar o bem-estar geral sem a correlata afronta aos demais valores do sistema. Tanto o "utilitarismo de atos", quanto o "utilitarismo de regras" serão corretos se promoverem uma utilidade e incorretos se não a promoverem.[1276] A distinção é que nesse último modelo de utilitarismo tal não pode ocorrer a qualquer preço.

5 A conflitualidade no plano operativo

A norma constitucional necessariamente apresentará uma estrutura interna e um modo específico de projetar a sua força normativa na realidade. Sua imperatividade, embora nem sempre redunde em um enunciado prescritivo, no sentido de impor determinada ação ou omissão, o que é facilmente verificado em relação às normas de organização (*v.g.*: a definição da competência legislativa dos diferentes entes do Estado Federal), sempre estará associada a determinados referenciais de interação com a realidade, refletidos em permissões, proibições, imposições ou declarações técnicas.

A simplicidade dessa constatação inicial não esgota o potencial expansivo desses referenciais de interação com a realidade. Em verdade, além das dificuldades enfrentadas na sua própria individualização, exigindo que o operador do direito identifique se está perante permissões, proibições ou imposições, ou mesmo perante um *facere* ou *non facere*, tais referenciais não assumem contornos rígidos e imutáveis. São cambiáveis, apresentando variações que acompanharão as circunstâncias fáticas e jurídicas do caso e as especificidades de ordem sociopolítica existentes no momento da individualização da norma. Nessa perspectiva, será plenamente possível que uma norma constitucional que, na simplicidade de suas linhas estruturais, aponte para um *non facere*, somente seja efetivamente observada agregando-se um *facere*, que se apresentará como meio indispensável à consecução do fim inicial.

O delineamento constitucional do poder estatal passa necessariamente pela partição do seu exercício entre os distintos órgãos de soberania e gera reflexos imediatos no nível de ingerência na esfera jurídica individual. O intérprete, ao analisar os enunciados normativos de modo a aferir a natureza e a intensidade dos poderes outorgados a esses órgãos, terá que assumir uma postura em relação (1) à plena operatividade do

---

[1274] Cf.: EDMUNDSON, William A. *Uma introdução aos direitos* (*An introduction to rights*). (Trad. Evandro Ferreira e Silva). São Paulo: Martins Fontes, 2006. p. 94-95.

[1275] LYONS, David. *Forms and limits of utilitarianism*. Oxford: Oxford University Press, 1965. p. 161.

[1276] Cf.: HARRIS, C. E. *Applying moral theories*. 5. ed. USA: Wadsworth, 2006. p. 126.

poder objeto de análise; (2) aos reflexos de sua expansão ou retração no sistema em que inserido, mais especificamente quanto aos efeitos produzidos junto aos demais órgãos de soberania; e (3) ao modo de interação com os direitos fundamentais, que podem ser comprimidos com a sua expansão. Nesse plano, a conflitualidade intrínseca aflora em grande intensidade. Ao contrapor o poder ao próprio poder, e, em um segundo momento, ao indivíduo, exige do intérprete uma intrincada série de decisões que permitam a observância do padrão de racionalidade exigido do processo de interpretação. O poder deve ser estruturado de modo a viabilizar o seu pleno exercício, sendo igualmente necessário assegurar a coexistência entre as distintas manifestações do poder estatal, evitando a criação de posições de hegemonia, de modo que o poder seja o elemento de contenção do próprio poder.[1277] E, ainda, não se pode desconsiderar a funcionalidade do Estado e do poder, que possuem caráter instrumental e devem estar comprometidos com a proteção da esfera jurídica individual e o bem-estar da coletividade.

Ao analisarmos a conflitualidade no plano operativo, devemos lançar nossos olhos sobre o modo como a normatividade constitucional se apresenta e se projeta na realidade. A tradicional *summa divisio* entre permissão, proibição, imposição e declaração técnica delineia o primeiro aspecto a ser considerado pelo intérprete. Afinal, o significado da norma há de se afeiçoar a um desses parâmetros de operacionalização, os quais nem sempre ocuparão compartimentos estanques, permanecendo separados um dos outros. É não só factível, como absolutamente normal, que a mesma norma possa dar lugar a parâmetros distintos de ação quando analisada sob o prisma de sujeitos diversos. É basilar que ao se permitir o exercício de um direito proíbe-se, de modo correlato, que esse exercício seja obstado por quem quer que seja. A permissão é direcionada ao titular do direito, a proibição às demais pessoas, humanas ou jurídicas, que com ele coexistam no ambiente sociopolítico. O mesmo pode ocorrer em relação à imposição, que pode ser direcionada a certos sujeitos com o objetivo de tornar viável a permissão ou a proibição contida na norma em relação a sujeitos diversos. É o que ocorre, por exemplo, com o dever de o Estado estruturar e disponibilizar órgãos jurisdicionais aos quais os interessados possam recorrer sempre que queiram fazer valer as permissões que, apesar de outorgadas pelo sistema constitucional, tenham sido violadas por terceiros que afrontaram as proibições a que estavam sujeitos.

Avançando no delineamento do aspecto operativo da norma constitucional, o intérprete, ao firmar posição a respeito da dicotomia entre faculdade (*rectius*: permissão) e dever (*rectius*: proibição ou imposição), terá o *múnus* de identificar os distintos contornos que esse último poderá assumir. Enquanto a faculdade apresenta contornos unitários, indicando a *permissão*, que absorve tanto a opção de fazer, quanto a de não fazer algo, e normalmente reflete o objeto imediato da norma (*v.g.*: o exercício de um direito fundamental), o dever apresenta contornos dúplices, que se materializam justamente na *proibição* ou na *imposição*, e pode consubstanciar o objeto mediato ou imediato da norma.

O dever assumirá contornos de objeto mediato ou, de modo mais preciso, complementar, quando for cotejado com a faculdade atribuída a um dado sujeito. A complementaridade do dever, longe de refletir a sua acessoriedade ou dispensabilidade,

---

[1277] Cf.: MONTESQUIEU, Barão de. *L'esprit des lois*. Paris: Garnier Frères, 1949. t. 1, cap. VI.

aponta para a presença de uma espécie de conexão existencial com o objeto imediato (*rectius*: a faculdade), contribuindo ou, mesmo, tornando-se indispensável para a sua realização. Esse aspecto é facilmente perceptível em relação aos denominados direitos sociais (*v.g.*: assistência social), cuja realização está normalmente condicionada ao reconhecimento da existência de um dever prestacional por parte do Estado. Reconhecendo-se a existência não de um dever, mas de uma faculdade do Estado, o que denota a possibilidade de ser avaliada a conveniência política da implementação, ou não, de certas prestações referidas na Constituição formal, ter-se-á o correlato esvaziamento do "direito" inicialmente assegurado à pessoa humana.

Será igualmente possível qualificar o dever como objeto imediato quando, sob a ótica da Constituição formal, as possíveis faculdades associadas a ele forem tratadas como consequência do seu cumprimento, não como razão de ser de sua existência. Um enunciado linguístico de natureza constitucional que descreva, semanticamente, a obrigação de o Estado oferecer, imediatamente, certos serviços à população, dará origem a uma norma cujo objeto imediato é a imposição de um dever, sendo a faculdade de gozo desse serviço o seu objeto mediato, umbilicalmente vinculado àquele e situado no mesmo plano existencial.

Não é de se excluir, evidentemente, a possibilidade de um dever coexistir não com uma faculdade, mas sim, com outro dever. Para tanto, basta que seja identificado, em relação aos sujeitos envolvidos, mais especificamente aqueles que se beneficiarão com a conduta de outrem (*rectius*: os titulares do "direito"), a inexistência de qualquer poder de disposição em relação aos respectivos bens e interesses. Esse aspecto torna-se particularmente nítido no que diz respeito às relações jurídicas em que o Poder Público figure como beneficiário de um dever imposto a outrem. Nesse caso, não é incomum que a ordem jurídica lhe imponha o dever jurídico de exigir a observância da referida obrigação. Exemplo bem sugestivo é o dever de pagar tributos, imposto aos cidadãos em geral, e o correlato dever de o Poder Público diligenciar na sua arrecadação, adotando, inclusive, as medidas judiciais necessárias, isso sob pena de possível responsabilização do administrador omisso. Nessa linha, cabe ao intérprete verificar se um dado dever se correlaciona a uma faculdade ou, mesmo, a outro dever.

O dever, mediato ou imediato, consubstancia a própria norma em relação com um sujeito, definindo a conduta que lhe é imposta.[1278] Ao identificar a presença de um dever, compete ao intérprete verificar os distintos modos de operacionalizá-lo, individualizando os *deveres específicos*. Nesse particular, a norma constitucional pode ser delineada de modo a se tornar operativa de distintas maneiras, o que exigirá avaliações e escolhas por parte do intérprete. Os modos de operacionalizá-la consubstanciam os deveres específicos, que tanto podem coexistir, quanto se excluir reciprocamente. Esses deveres, em seus contornos mais basilares, são de duas espécies distintas: (1) o dever de realização *lato sensu*; e (2) o dever de regulação.

[1278] Cf.: KELSEN, Hans. *Teoria geral das normas* (*Allgemeine Theorie der Normen*). (Trad. José Florentino Duarte). Porto Alegre: Sergio Antonio Fabris, 1986. p. 170.

O dever de realização *lato sensu* indica que sobre o respectivo sujeito, público ou privado,[1279] recai a obrigação de adotar ações ou omissões que tenham como efeito imediato a outorga de plena efetividade, à norma constitucional, na realidade subjacente ao ambiente sociopolítico. Esse dever tanto pode consubstanciar o objeto imediato da norma, ocupando o núcleo de sua previsão semântica (*v.g.*: a obrigação de não restringir certos direitos durante períodos de exceção e de aprovar o orçamento no modo e no prazo estabelecidos), como pode figurar como seu objeto mediato, refletindo o contraponto a uma faculdade constitucional (*v.g.*: a obrigação de não violar o direito de liberdade e de oferecer as prestações necessárias à implementação de algum direito social). Em ambos os casos, quer figure como objeto mediato, quer como objeto imediato, é possível que, a depender do sentido e dos fins a serem alcançados pela norma constitucional, o dever reflita uma proibição (*non facere*) ou uma imposição (*facere*).

O dever de regulação estará caracterizado quando o cumprimento da norma constitucional estiver associado à produção, pelo Estado, de normas infraconstitucionais, que integrarão o seu conteúdo, permitirão ou simplesmente facilitarão a sua fruição (*v.g.*: dever de delinear os institutos constitucionais e de editar normas organizativas e procedimentais que os protejam, que podem ser enquadrados na categoria mais ampla do dever de proteção),[1280] servindo de base ao surgimento de faculdades ou, mesmo, a uma nova ordem de deveres. As faculdades, como já afirmado, sempre estarão associadas a certos deveres. Os novos deveres, por sua vez, também denominados de "deveres de segundo grau", delinearão as proibições ou as imposições que recairão sobre certos sujeitos, públicos ou privados, podendo dar origem a certas faculdades. As normas infraconstitucionais a serem editadas tanto podem ser necessárias para uma regulação *ex novo*, versando sobre temáticas até então estranhas ao direito posto, quanto podem se destinar à plena compatibilização da legislação então vigente com a ordem constitucional superveniente, quer em razão de sua não recepção parcial, quer em virtude da necessidade de serem exploradas certas potencialidades do texto constitucional que nela não encontram ressonância. A existência do dever de regulação, como é intuitivo, pressupõe que o texto constitucional ofereça indicações razoáveis a esse respeito, o que pode ocorrer com a fixação de prazo, a utilização de advérbios de tempo (*v.g.*: imediatamente) ou, mesmo, de modo implícito,[1281] o que decorreria do reconhecimento da indispensabilidade de certos institutos ou direitos que carecem de regulação. Parece correto afirmar que o reconhecimento de um dever de legislar *stricto sensu* termina por ser o resultado das dimensões impositiva, temporal e material, vale dizer, é preciso que a liberdade política característica dessa seara tenha sido parcialmente limitada pela Constituição, que indica, em relação à lei infraconstitucional, o *quando* e

---

[1279] Em relação aos "deveres fundamentais", expressão de valores e interesses comunitários diversos e contrapostos aos valores e interesses individuais próprios dos "direitos fundamentais", vide: CASALTA NABAIS, José. *O dever fundamental de pagar impostos*. Coimbra: Almedina, 2009. p. 35 e ss.; e CARBONE, Carmelo. *I doveri pubblici individuali nella Costituzione*. Milano: Giuffrè, 1968. p. 1 e ss.

[1280] Cf.: ALEXY, Robert. *Theorie der Grundrechte*. Baden-Baden: Suhrkamp Taschenbuch, 1994. p. 440 e ss.

[1281] Cf.: GOMES CANOTILHO, José Joaquim. *Constituição dirigente e vinculação do legislador*: contributo para a compreensão das normas constitucionais programáticas. 2. ed. Coimbra: Coimbra Editora, 2001. p. 304 e 316.

o *como*.¹²⁸² Em sentido lato, o dever de legislar seria *múnus* do Poder Legislativo, que o exerceria quando e como melhor lhe aprouvesse.

A inobservância do dever de regulação caracteriza uma omissão legislativa. Nesse particular, evidencia-se uma nítida distinção entre *inércia* e *omissão*. A linha limítrofe entre uma e outra reside no modo como é visto o exercício da função legislativa. Concebendo-a como puro poder, em que prevalece a plena valoração política a respeito da conveniência, do momento e do modo de exercê-la, a inação do Poder Público caracterizará a sua inércia. Se à concepção de *poder*, em que prevalece a prerrogativa de estabelecer a ordenação jurídica no âmbito do território, for agregada a de *dever*, indicando a obrigação de editar lei específica, o seu descumprimento dará ensejo à caracterização da omissão. Apesar de ambas indicarem um comportamento voluntário, fazendo surgir uma situação empiricamente verificável, somente a segunda está associada, por imposição constitucional, a um dever jurídico *stricto sensu*.¹²⁸³

Não é incomum que o delineamento do dever específico conducente à operatividade da norma constitucional seja influenciado não só pelos significados potencialmente atribuíveis ao texto e pela possibilidade físico-jurídica de a norma efetivamente alcançar a realidade, como, também, pelas razões políticas que podem eventualmente obstar a realização desse objetivo. Esse aspecto torna-se particularmente perceptível em relação à interpretação realizada pelos órgãos jurisdicionais, cujas decisões, não raro, influem sobre atividades características dos órgãos legislativos e executivos. Se essa inter-relação se mostra natural quando temos em mente o princípio da divisão das funções estatais e os mecanismos de *checks and balances* inerentes a ele, ela enseja alguns complicadores quando lembramos que os juízes não controlam a "bolsa" nem a "espada", o que, em situações politicamente delicadas, pode colocar em risco a exequibilidade de suas decisões. Situações dessa natureza, aliás, longe de serem recentes, remontam aos primórdios do constitucionalismo, não sendo incomum que os Tribunais afiram, previamente, a potencial efetividade de suas decisões¹²⁸⁴

[1282] Cf.: PEREIRA DA SILVA, Jorge. *Dever de legislar e protecção jurisdicional contra omissões legislativas*. Lisboa: Universidade Católica Editora, 2003. p. 24.

[1283] Cf.: GÓMEZ PUENTE, Marcos. *La inactividad del legislador*: una realidad suscetible de control. Madrid: McGraw-Hill, 1997. p. 19.

[1284] No célebre Caso *Marbury vs. Madison* (5 U.S. 137, 1803), o Supremo Tribunal norte-americano proferiu decisão justamente vista como um dos marcos mais importantes da linha evolutiva do controle de constitucionalidade. Afinal, foi nessa decisão que o Tribunal, pela primeira vez, reconheceu que uma lei dissonante da Constituição carecia de imperatividade, não podendo ser aplicada. O curioso é que as circunstâncias subjacentes ao caso, comentadas por praticamente todos os tratadistas americanos, indicavam o sério risco de descumprimento da decisão caso contrariasse os interesses do Executivo. O caso concreto encontra sua gênese no resultado das eleições presidenciais de 1800, que culminaram com uma ampla derrota do Partido Federalista, o que afastou a esperança de recondução de Adams e culminou com a eleição de Jefferson, do Partido Republicano-Democrata. À época, John Marshall era Secretário de Estado. Como a posse de Jefferson somente ocorreria em 4 de março de 1801, o Presidente Adams nomeou diversos correligionários políticos para ocuparem importantes cargos, dentre eles o próprio Marshall, que foi nomeado, com aprovação do Senado, Presidente do Supremo Tribunal, cargo que acumulou com o de Secretário de Estado até a superveniência do novo governo. Dentre as diversas nomeações realizadas por Adams, já assinadas e com selo dos Estados Unidos, algumas delas não foram entregues a tempo, o que impediu o início do exercício das funções antes da posse do novo Presidente. Ao assumir o poder, Jefferson determinou a James Madison, Secretário de Estado, que não entregasse o título de nomeação a William Marbury, que fora nomeado Juiz de Paz no Condado de Washington. Levado o caso ao Tribunal, houve uma demora de quase dois anos para a sua apreciação, o que somente ocorreu em 1803. Nesse ínterim, o Executivo se manifestou no sentido de que uma decisão favorável a Marbury provocaria uma crise entre os poderes, sendo generalizada a opinião de que ela não seria cumprida. Marshall, apesar de envolvido em todos os fatos, não só participou

ou, mesmo que, em decisões mais polêmicas, passem pelo dissabor de testemunhar o seu descumprimento.[1285]

Esse caráter cambiante da norma constitucional, que direcionará a atuação dos seus destinatários em potencial, exige que sejam teoricamente delineados os balizamentos a serem seguidos para a individualização dos meios de interação com a realidade. Na medida em que essa atividade se desenvolve no plano operativo, não redundando necessariamente em uma relação conflitual com outras normas, torna-se possível falar em uma conflitualidade intrínseca.

A conflitualidade intrínseca, no plano operativo, é especialmente percebida na seara dos direitos fundamentais, quer nas relações com o Estado, quer entre privados. Nessa seara, é constante a necessidade de o intérprete identificar que normas podem ser extraídas do enunciado linguístico interpretado, de modo concorrente ou alternado, e quais delas mostram-se aptas a viabilizar a plena efetividade do direito fundamental no ambiente sociopolítico. Essas questões mostram-se particularmente relevantes em torno (1) da liberdade e da postura a ser assumida pelo Estado, que pode oscilar entre o *non facere* e o *facere*, (2) da transposição da igualdade formal ao plano substancial, o que traz consigo a tormentosa discussão em torno das "ações afirmativas", e (3) da implementação dos direitos sociais, normalmente carente de integração legislativa e sujeita à valoração política das maiorias ocasionais.

---

do julgamento, como, em razão do próprio cargo que ocupava, foi o responsável por entregar a opinião do Tribunal. No mérito, foi reconhecido o direito de Marbury à posse no cargo, já que os requisitos constitutivos já haviam se integralizado à época do governo de Adams, concluindo, assim, pela ilegalidade do ato de Madison. A ordem pleiteada, no entanto, deixou de ser concedida sob o argumento de que a competência do Tribunal para apreciar o caso havia sido outorgada por lei, o que afrontava a Constituição. Ao reconhecer a preliminar de incompetência, o Tribunal não só afastou o risco de que sua decisão fosse descumprida, isso em um contexto em que o Executivo e o Legislativo eram dominados pelo partido vencedor das eleições de 1800, como, também, contribuiu vivamente para a evolução do constitucionalismo mundial. Cf.: WILLOUGHBY, Westel W. *Principles of the constitutional law of the United States*. 2. ed. New York: Baker, Voorhis & Co., 1983. p. 26; NOWAK, John E.; ROTUNDA, Ronald D. *American constitutional law*. 7. ed. St. Paul: West, 2004. p. 1-10; CHEMERINSKY, Erwin. *Constitutional law*: principles and policies. 3. ed. New York: Aspen, 2006. p. 39-47; REED AMAR, Akhil. *America's Constitution*: a biography. New York: Random House, 2005. p. 223 e 229-233; TRIBE. *American Constitutional Law*. 3. ed. New York: Foundation Press, 2000. p. 207-213; e ACKERMAN, Bruce. *The failure of the founding fathers*: Jefferson, Marshall and the rise of presidential democracy. Cambridge: Harward University Press, 2005. p. 194-198.

[1285] Em *Brown vs. Board of Education* (347 U.S. 483, 1954), o Supremo Tribunal norte-americano proferiu uma das decisões mais polêmicas e marcantes de sua história. Lastreado em uma inesperada unanimidade entre seus membros (9 × 0), deu início a uma marcante revolução legal e social, entendendo que a segregação racial nas escolas afrontava a *equal protection clause* adotada pela Décima Quarta Emenda, de 1864. Em que pese tratar-se de um sistema de *common law*, em que a força normativa dos precedentes não precisa ser lembrada ou explicada, observa-se que, uma década depois, menos de 2% das escolas distritais originariamente segregadas havia promovido a dessegregação (HUTCHINSON, Dennis J. Brown vs. Board of Education. *In*: *The Oxford guide to United States Supreme Court decision*. New York: Oxford University Press, 2000. p. 34-36; e TUSHNET, Mark V. *Taking the Constitution away from the courts*. New Jersey: Princeton University Press, 2000. p. 7-8). Outro exemplo emblemático foi protagonizado pelo Tribunal Constitucional federal alemão, que foi instado a decidir sobre os limites da relação do Estado com a religião. Ao apreciar a amplitude da neutralidade apregoada pelo direito constitucional (GG de 1949, art. 140 c.c. Constituição de Weimar, art. 137, I: "Es besteht keine Staatskirche"), o Tribunal decidiu pela impossibilidade de serem afixados crucifixos nas salas de aula das escolas públicas, prática que denotaria a adesão ao cristianismo em detrimento das demais religiões livremente professadas (*BVerfGE* 93, 1, 1995 (*Kruzifix Urteil*)). Nesse particular, observa-se que algumas religiões, como o budismo, não creem na existência de um Deus. A decisão do Tribunal, no entanto, não encontrou grande ressonância social, o que conduziu a um desrespeito generalizado. Nas palavras de um juiz local, "há mais crucifixos pendurados nas salas de aula da Baviera agora que antes da decisão" (VANBERG, Georg. *The politics of constitutional review in Germany*. New York: Cambridge University Press, 2005. p. 2-4).

5.1 A liberdade entre o *facere* e o *non facere*

A liberdade, além de se manifestar nas relações sociais, reflete um especial modo de ser do indivíduo no âmbito do Estado de Direito, quer individualizando uma esfera de ação imune à intervenção estatal, quer apontando para o potencial expansivo dessa ação no âmbito das estruturas estatais de poder. No primeiro caso, a liberdade atua como fator de contenção, no segundo como fator de expansão. A interação das concepções de liberdade e poder estatal, em que, de modo algo paradoxal, a primeira, a um só tempo, é garantida e ameaçada pelo último, tem ensejado múltiplas reflexões em torno da posição do indivíduo no âmbito do Estado de Direto.

Benjamin Constant, em sua célebre dicotomia, falava em "liberdade dos antigos" e em "liberdade dos modernos".[1286] A "liberdade dos antigos" indicava que a soberania nacional deve ser repartida entre os cidadãos, que zelam por seus próprios interesses com "uma participação ativa e constante no poder estatal". Inclui o direito de "deliberar nos lugares públicos", "votar pela guerra ou pela paz", "editar as leis", "responsabilizar os governantes" etc. Esse direito de participação, no entanto, não protege o cidadão contra a opressão da maioria, que poderia livremente avançar sobre a esfera jurídica individual. A "liberdade dos modernos", por sua vez, é traduzida na proteção da liberdade civil, assegurando a livre determinação na condução dos interesses privados e a existência de uma esfera jurídica imune à intervenção estatal, o que termina por resguardar os direitos das minorias. Constant conclui, com absoluto acerto, que a preeminência da "liberdade dos antigos" aumenta a ideologia participativa, mas atribui reduzido valor aos direitos individuais de liberdade perante a maioria. A preeminência da "liberdade dos modernos", por outro lado, faz surgir o risco de que os cidadãos, satisfeitos com a autonomia privada e a proteção dos interesses individuais, venham a "renunciar facilmente ao direito de repartir o poder político". A "liberdade dos modernos", no entanto, não poderia ser sacrificada em prol dos direitos de participação política. O grande desafio é "aprender a combinar as duas".

Ordens jurídicas que preconizam a existência de uma sociedade livre necessariamente albergam as faces ativa (participação) e passiva (proteção) da liberdade. Trata-se de campo propício à reflexão sobre as ideias de Constant, exigindo o esforço do intérprete no sentido não só de arejar a atividade de concretização da norma constitucional com a utilização dos influxos democráticos que permeiam a ordem jurídica,[1287] como, também, de individualizar a possível preeminência de uma das referidas faces da liberdade na norma constitucional.

A liberdade ativa diz respeito às conexões estabelecidas entre povo e governo, envolvendo, no plano político, capacidade, participação e responsabilidade.[1288] Ao delegar poderes aos seus representantes, o povo não é alijado de sua autoridade soberana,

---

[1286] CONSTANT, Benjamin. Del'esprit de conquête. *In*: *Oeuvres*: présenté et annoté par Alfred Roulin. Paris: Gallimard, 1957. p. 1044 e ss.
[1287] Cf.: BREYER, Stephen. *Active liberty*: interpreting our democratic Constitution. New York: Vintage Books, 2005. p. 6-8.
[1288] Cf.: BREYER, Stephen. *Active liberty*: interpreting our democratic Constitution. New York: Vintage Books, 2005. p. 16.

continuando a participar do processo de governo.[1289] A liberdade passiva, por sua vez, assume contornos essencialmente protetivos, não proativos.

A liberdade, enquanto bem que viabiliza o acesso a outros bens, deve ser objeto de contínua proteção pela organização estatal. Pode sofrer direcionamentos e balizamentos, de modo a assegurar a coexistência de distintas liberdades, mas não pode ser suprimida, isso sob pena de subverter os fins que justificam a própria existência da organização estatal.

No direito britânico, caracterizado pela preeminência dos precedentes dos Tribunais e pela ausência de uma Constituição formal, as liberdades individuais são o alicerce do seu Direito Constitucional, legitimando e limitando o poder do soberano. A liberdade, ainda que o *statute law* esteja sofrendo constante ampliação, é essencialmente protegida pelo *common law* e por um Parlamento independente, que se opõe a qualquer excesso do Executivo, não estando condicionada ao reconhecimento por qualquer lei de grau superior.[1290] Na Europa Continental, ao revés, a exemplo do Brasil, sem prejuízo do tão difundido universalismo dos direitos do homem, inatos e declarados, não propriamente constituídos pela ordem jurídica interna, as liberdades, de modo histórico e, mesmo, intuitivo, têm sido vistas como um produto da Constituição, refletindo uma concessão do poder soberano. A concepção de que a liberdade é anterior ao poder, limitando-o, é inevitavelmente influenciada por referenciais extrassistêmicos, que conferem sustentabilidade à teoria dos direitos inatos, não criados ou partilhados com o Estado.

A base axiológica que dá sustentação ao Estado Democrático de Direito não pode deixar de outorgar ao homem liberdades juridicamente relevantes e assegurar a sua expansão de modo tão amplo quanto necessário para o pleno desenvolvimento da personalidade.[1291]

No plano jurígeno, a liberdade implica na possibilidade de o ser humano (1) externar e se direcionar de acordo com a sua vontade, o que exige o reconhecimento de sua capacidade de direito, restringindo-se as exceções às situações em que a vontade não possa ser livremente formada ou claramente externada (*v.g.*: é o caso dos alienados mentais); e (2) dispor dessa liberdade na medida em que não afete outras normas e valores de estatura constitucional, como a dignidade humana. Como pode se manifestar em relação a distintos aspectos da personalidade, é natural que a ordem jurídica, longe de se limitar à garantia genérica da liberdade, realize o seu detalhamento e especificação, de modo a indicar todas as faculdades físicas (*v.g.*: pensar, falar, movimentar etc.) e jurídicas (*v.g.*: o matrimônio e outros direitos potestativos que exigem a mera chancela formal do Poder Público).[1292] Liberdade é faculdade jurídica que se materializa nos planos interno e externo, conforme o ser humano se limite a formar a sua vontade ou venha a exteriorizá-la, podendo assumir contornos psíquicos (*v.g.*: liberdade de consciência e de crença); verbais, escritos ou não (*v.g.*: liberdade de expressão); e físicos (v.g.: liberdade

---

[1289] Cf.: BREYER, Stephen. *Active liberty*: interpreting our democratic Constitution. New York: Vintage Books, 2005. p. 23.

[1290] Cf.: BRADLEY, A. W.; EWING, K. D. *Constitutional and administrative law*. 13. ed. Harlow: Pearson Education, 2003. p. 404.

[1291] BIDART CAMPOS, German J. *Manual de la Constitución reformada*. Buenos Aires: Ediar, 2006. t. I, p. 519.

[1292] Cf.: PACE, Alessandro. *Problematica delle libertà costituzionali*: parte generale. 3. ed. Padova: CEDAM, 2003. p. 116.

de ir e vir). Compete a cada indivíduo escolher "se", "como" e "quando" exercitará a sua liberdade.[1293]

A importância da liberdade, enquanto valor inerente ao homem e indissociável da democracia, exige a maximização do seu potencial expansivo. Essa constatação, de decisiva influência no processo de individualização dos direitos fundamentais, permite que se fale em um princípio não escrito, consistente na "presunção de máxima expansão das liberdades constitucionais".[1294] Os direitos fundamentais se integram a uma ordem de valores funcionalmente vocacionada à unificação e à coordenação das individualidades no âmbito de uma concreta unidade política.[1295] A afirmação desses direitos, em nível dogmático, é acompanhada da correlata modulação do poder estatal. Essas grandezas, aparentemente contrapostas, devem coexistir em torno de um ponto de equilíbrio comum, assegurando a preservação das individualidades e uma pacífica coexistência interpessoal no âmbito da coletividade.[1296]

Circulação de ideias, pluralismo político e embates ideológicos são características inerentes à democracia, tornando-a nitidamente conflitual. A ordem jurídica em geral, e a constitucional em particular, devem ser sensíveis a essas dissonâncias. Não podem ser estruturadas à margem do *acquis* histórico e permanecer indiferentes à constante necessidade de preservar a harmonia e o equilíbrio do ambiente democrático, daí decorrendo uma inevitável tensão dialética entre a necessidade de as liberdades serem consolidadas e constantemente reconstruídas, ainda que argumentativamente.

Ressalte-se que a ausência de qualquer balizamento ao exercício da liberdade poderia afetar outros bens jurídicos relevantes, como soem ser a ordem pública e os direitos fundamentais, o que exige o estabelecimento de limitações de modo a assegurar a sua coexistência. A estruturação dessas limitações, por sua vez, pressupõe a individualização da norma que delineia a liberdade e dispõe sobre o seu potencial expansivo, ao que soma a identificação dos demais direitos que com ela devem coexistir no sistema. Os limites, como se percebe, assumem feições intrínsecas e extrínsecas, nesse último caso, evitando ou solucionando os conflitos que possam se manifestar em relação a outras normas. Além das limitações, funcionalmente vocacionadas à contenção do potencial expansivo da liberdade, tem-se o extremo oposto, que diz respeito às providências necessárias a assegurar que a liberdade tenha algum potencial expansivo, evitando que o seu livre delineamento atue como fator impeditivo ao seu desenvolvimento.

A fórmula básica de qualquer liberdade pode ser condensada nos seguintes termos: é assegurado (ou reconhecido, caso sejam atribuídos contornos inatos à liberdade) o direito de fazer ou deixar de fazer algo, sendo vedada a oposição de óbices pelo Estado ou por terceiros, ressalvadas as situações previstas na ordem jurídica. Toda disposição constitucional que contempla uma liberdade dá origem a ao menos duas normas: (1) a permissão de gozo da liberdade; e (2) a proibição de que o Estado ou outros indivíduos a infrinjam. Ambas, à evidência, devem se ajustar aos limites estabelecidos para o gozo da liberdade. Identifica-se, desse modo, a presença dos elementos permissivo,

---

[1293] Cf.: PACE, Alessandro. *Problematica delle libertà costituzionali*: parte generale. 3. ed. Padova: CEDAM, 2003. p. 117.
[1294] BARILE, Paolo. *Diritti dell'uomo e libertà fondamentali*. Bologna: Il Mulino, 1984. p. 41.
[1295] Cf.: CHESSA, Omar. *Libertà fondamentali e teoria costituzionale*. Milano: Guiffrè, 2002. p. 230.
[1296] Cf.: LILLO, Pasquale. *Diritti fondamentali e libertà della persona*. Torino: Giappichelli, 2001. p. 5-6.

proibitivo e limitativo. Enquanto o elemento limitativo, apesar de não exclusivamente, é primordialmente externo, refletindo as limitações que venham a ser impostas ao exercício da liberdade por outros interesses constitucionalmente tutelados, os elementos permissivo e proibitivo são internos, estando ínsitos na própria essência da liberdade. Em relação a esses últimos elementos, deve-se ressaltar que a sua análise em separado somente se justifica para assegurar maior clareza na exposição, já que o elemento permissivo, ao veicular o conteúdo propriamente dito da liberdade, necessariamente absorve o proibitivo. Afinal, para que se reconheça a existência de liberdade é imperativo que ao titular do direito seja permitido exercê-la, o que inclui a proibição de que seja impedido de fazê-lo.

O reconhecimento de liberdades, no ambiente democrático, pode suscitar debates não só em torno de sua coexistência com outras liberdades, como, também, em momento antecedente, no que diz respeito à postura a ser adotada pelo Estado em relação a cada liberdade considerada em sua individualidade. Em um extremo, em posição bem ao gosto do liberalismo clássico, pode-se apregoar a injuridicidade de qualquer intervenção estatal, conferindo livre-arbítrio às forças sociais na individualização de seus limites. A ideologia liberal é particularmente cara ao livre desenvolvimento das potencialidades pessoais e à harmônica coexistência no grupamento, de todo infenso a privilégios pessoais. Determinadas políticas públicas, como a oferta de oportunidades aos menos favorecidos, além de se mostrarem ontologicamente incompatíveis com certos referenciais de igualdade formal, ainda colidiriam com a liberdade, cujo principal efeito de ordem pragmática termina por ser o de ampliar as desigualdades, originárias da natureza ou da sociedade.[1297] Em outro extremo, tem-se uma postura protecionista do Estado, que busca preservar a base axiológica responsável pela sustentação das liberdades, harmonizando-as com a *ratio essendi* do sistema, em especial o pluralismo político.

A questão, em seu aspecto mais basilar, consiste em identificar se é metodicamente justificável impor a retração ou evitar um irrestrito reconhecimento da esfera de proteção individual com o objetivo de assegurar ou estimular a subsistência da participação política e, no limite, "o livre desenvolvimento da personalidade" (*Die freie Entfaltung der Persönlichkeit*).[1298] Deve o Estado de Direito manter latente o "espírito de conquista" do cidadão, de modo que o seu desejo de interação com as estruturas estatais não esmoreça?

Um regime puramente libertário pode se posicionar contrariamente à "proteção estatal", prestigiando o princípio da não intervenção. A abertura que propicia, no entanto, apesar de estimular a tolerância, pode desaguar no radicalismo, amparando tanto o razoável, quanto o irrazoável. Além disso, não oferece solução adequada à proteção das minorias, que podem ser facilmente oprimidas pelas maiorias ocasionais. Um regime protecionista, por sua vez, não demonstra desconfiança em relação à "proteção estatal". Estabelece limites ao exercício do poder democraticamente legitimado, evitando a opressão das minorias ou a manipulação do poder de modo a preservar o *status quo*.[1299]

[1297] Cf.: RIVERO, Jean. *Les libertés publiques*. Paris: Presses Universitaires de France, 1973. p. 167.
[1298] Cf.: RENSMANN, Thilo. *Wertordnung und Verfassung*: das Grundgesetz im Kontext grenzüberschreitender Konstitutionalisierung. Tübingen: Mohr Siebeck, 2007. p. 36.
[1299] Cf.: FRANKENBERG, Günther. *A gramática da Constituição e do direito* (*Autorität und Integration*: zur Gramatik von Recht und Verfassung). (Trad. Elisete Antoniuk). Belo Horizonte: Del Rey, 2007. p. 48-55.

O aumento dos níveis de intervenção estatal costuma proteger a liberdade com a imposição de restrições à própria liberdade. O paradoxo, no entanto, é mais aparente que real, refletindo uma mera máxima de convivência social.[1300] Aqueles que apregoam a retração do intervencionismo estatal, em especial ao estabelecer balizamentos à autonomia privada, sustentam que o Estado não detém um conhecimento maior que os indivíduos em relação às suas próprias necessidades.[1301] As teorias liberais clássicas dispensam profundo respeito às escolhas individuais, que somente deveriam ser restringidas, em aspectos concernentes à liberdade e à propriedade, naquilo que se mostrasse absolutamente necessário à salvaguarda da convivência social.[1302] Teorias libertárias absolutas, na medida em que podem conduzir a resultados destrutivos, são de todo incompatíveis com a coesão social. Deve-se observar que a valorização da participação política não pode chegar ao extremo de desconsiderar a pessoa humana, anterior e de importância superior à sua própria inserção na sociedade e no Estado.[1303]

Os contornos clássicos da liberdade, que asseguravam ao indivíduo uma esfera jurídica imune ao poder de coerção estatal, identificando-se e exaurindo-se em um *non facere*, sofreram um profundo realinhamento ao se constatar que a abstenção, em si, não se mostrava suficiente à transposição de alguns direitos do plano jurídico para o real ou mesmo à sua proteção contra a ação de terceiros. Esse quadro é especialmente percebido ao se estabelecer a distinção entre a "posse", contextualizada no plano jurídico, e o "uso" efetivo dos direitos de liberdade. Nos direitos que dependam, única e exclusivamente, de decisão do titular (*v.g.*: a liberdade de ir e vir) ou que assegurem uma esfera jurídica imune à intervenção estatal (*v.g.*: proscrição da tortura), o uso pode ser visto como mero exaurimento de um direito incondicionado. Outros direitos têm o seu uso sujeito a certas condições, cuja presença é indispensável à sua efetividade (*v.g.*: o poder sobre uma coisa, no direito de propriedade, e o vínculo laboral, em alguns casos, no direito ao livre exercício da profissão).[1304]

O intérprete, ao delinear a norma constitucional que assegura a liberdade, não raro será premido a se distanciar da referida fórmula básica. E tal se dará justamente em relação à postura a ser assumida pelo Estado, que pode se distanciar dos contornos proibitivos, do *non facere*, para assumir contornos impositivos, em que o *facere* assume relevância ímpar. Uma objeção inicial a essa construção, direcionada não propriamente à obrigação estatal de criação desses mecanismos, mas sim à sua inserção no plano intrínseco, como parte integrante da própria norma constitucional que reconhece a liberdade, poderia se basear na constatação de que a existência de políticas públicas voltadas ao aperfeiçoamento da liberdade, não só é exterior a ela, como pressupõe a sua prévia individualização, pois só se pode aperfeiçoar aquilo que se conhece, e tal

---

[1300] Como afirmava Kant, "o Direito é, pois, o conjunto das condições sob as quais o arbítrio de cada um pode conciliar-se com o arbítrio de outrem, segundo uma lei universal da liberdade" (KANT, Immanuel. *Metafísica dos costumes* (*Metaphysik der Sitten*). (Trad. José Lamego). Lisboa: Fundação Calouste Gulbenkian, 2005. p. 43).

[1301] Cf.: EPSTEIN, Richard A. *How progressives rewrote the Constitution*. Washington: Cato Institute, 2007. p. xi e 14.

[1302] Cf.: FREUND, Ernst. *The police power*: public policy and constitutional rights. New York: Callaghan & Company, 1904. p. 1.

[1303] Cf.: OTERO, Paulo. *Instituições políticas e constitucionais*. Coimbra: Almedina, 2009. v. I, p. 35.

[1304] Cf.: GRIMM, Dieter. *Constituição e política* (*Die Verfassung und die Politik*). (Trad. Geraldo de Carvalho). Belo Horizonte: Del Rey, 2006. p. 249.

somente será possível com a individualização da norma constitucional. A objeção, no entanto, somente impressiona ao primeiro exame. Uma análise mais detida permite afirmar que a postura a ser assumida pelo Estado apresentará contornos variáveis, conforme integre, ou não, a essência da própria liberdade, sendo plenamente factível que a fórmula básica se mostre suficiente, quando a intervenção estatal busque tão somente aperfeiçoá-la, e de todo insuficiente, quando a não intervenção inviabilize a própria existência da liberdade. Em consequência, o *facere* estatal pode ser visto como um mecanismo de otimização ou, em situações extremas, de integração da liberdade. No primeiro caso, busca-se ampliar a efetividade da norma constitucional que assegura a liberdade. No segundo, o objetivo é concorrer para a sua própria eficácia, sendo o *facere* estatal parte integrante e indissociável do conteúdo da norma, permitindo, a um só tempo, o seu aperfeiçoamento jurídico e a sua projeção na realidade.

Em um primeiro momento, para que o *facere* estatal assuma contornos integrativos, é necessário que, à luz da interação entre texto e contexto, seja possível formular, ao menos, três normas a partir da disposição constitucional que contempla a liberdade, todas interligadas entre si: (1) permissão de gozo; (2) proibição de infringência; e (3) imposição de criação de mecanismos que viabilizem o gozo. Ainda que a ordem constitucional não contenha disposição expressa sobre a necessidade de se tornar efetivo o direito nela consagrado, trata-se de imposição implícita no próprio direito, que pode ser operacionalizada de distintas maneiras, inclusive com o *facere* estatal.[1305]

Contextualizando a temática no âmbito da comunicação de massas, tem-se que uma postura libertária, levando às últimas consequências a não intervenção estatal, pode redundar no alijamento das minorias, não só no que diz respeito à circulação de ideias, como à própria possibilidade de virem a se tornar maioria. Afinal, os meios de comunicação social costumam ser dominados por grandes conglomerados econômicos, que tendem a afastar as posturas ideológicas dissonantes. Com isso, tem-se o comprometimento do pluralismo político e, por via reflexa, do ideal democrático.[1306] A liberdade de expressão e de informação, além dos limites extrínsecos que lhe são característicos, como a necessidade de preservar outros direitos fundamentais (*v.g.*: a honra),[1307] há de ter a sua essência assegurada, o que exige a adoção de mecanismos que viabilizem a sua plena realização, incluindo a necessidade de se evitar o monopólio da informação.

Outra possibilidade, em termos operativos, consiste na (4) imposição de um dever de proteção. A teoria do "dever de proteção" denota que os direitos fundamentais tanto delineiam uma esfera jurídica imune à intervenção estatal, o que importa em um *non facere* por parte dos órgãos estatais, quanto exigem a adoção, por parte destes últimos, das

---

[1305] Como exceção ao "silêncio constitucional", pode ser mencionada a Constituição marroquina de 2011, cujo art. 6º impõe ao Poder Público o dever de "criar condições para a efetividade da liberdade e da igualdade".
[1306] Cf.: HÄBERLE, Peter. *Pluralismo y Constitución*: estudios de teoría constitucional de la sociedad abierta (Die Verfassung des Pluralismus: Studien zur Verfassungstheorie der offenen Gesellschaft). (Trad. Emilio Mikunda). Madrid: Tecnos, 2002. p. 156.
[1307] Cf.: ONIDA, Valerio. *La Costituzione*: la legge fondamentale della Repubblica. 2. ed. Bologna: Il Mulino, 2007. p. 63.

medidas necessárias à sua preservação contra a investida de terceiros.[1308] É nesse último sentido que se fala em eficácia horizontal dos direitos fundamentais (*Drittwirkung*).[1309]

A partir da dimensão objetiva dos direitos fundamentais, que tem sido reconhecida pelo Tribunal Constitucional Federal alemão, tem-se uma evidente simbiose entre os direitos de defesa (*Abwehrrechte*) tradicionalmente oponíveis ao Estado[1310] e o seu reconhecido monopólio do uso da força, somente afastado em situações excepcionais (*v.g.*: legítima defesa), daí decorrendo a obrigação de serem disponibilizados os meios necessários à tutela dos direitos individuais.[1311] Os direitos de liberdade, desse modo, podem se transmudar em verdadeiros direitos prestacionais, impondo a adoção de ações positivas (*rectius*: medidas de proteção ou prevenção) por parte do Estado.[1312]

Analisando a "teoria da imputação" (*Zurechnungstheorie*) de Schwabe[1313] – segundo a qual se o Estado, por meio de regulação jurídica, atividade jurisdicional ou atuação executiva, não proíbe a intervenção de particulares em bens jurídicos fundamentalmente protegidos, como a vida e a saúde, então ele a permite, daí decorrendo a sua participação no processo de lesão, que passaria a ser-lhe imputada[1314] – observa Alexy, com absoluta propriedade, que o simples fato de uma ação não ser proibida não se mostra suficiente à fundamentação de participação ou à imputação de sua realização ao Estado.[1315] Fosse assim, toda e qualquer ação humana não proibida seria imputada ao Estado, indicativo de que o objetivo da teoria é tão somente atribuir-lhe algum tipo de responsabilidade por determinadas ações de um indivíduo contra outro, isso em razão do não cumprimento desse dever de proteção, o que em nada se confunde com a imputação, ao Estado, das intervenções de terceiros em bens protegidos pelos direitos fundamentais (*v.g.*: vida,

---

[1308] Cf.: ISENSEE, Josef; KIRCHHOF, Paul. *Handbuch des Staatsrechts der Bundesrepublik Deutschland*. 2. ed. Heidelberg: C.F. Müller Juristicher Verlag, 2000. v. V, p. 184-186.

[1309] No direito norte-americano, o Supremo Tribunal, em *DeShaney vs. Winnenbago County Department of Social Services* (489 U.S. 189, 1989), decidiu que uma agência governamental com competência para proteger crianças de abusos não teria o dever constitucional de proteger uma criança dos danos, absolutamente previsíveis, decorrentes de violência paterna. Enquanto a opinião dissidente preconizava que o dever do Estado advinha do fato de a criança não estar apta a proteger a si própria, prevaleceu o entendimento de que o *substantive due process of law* buscava proteger as pessoas do governo, não agentes privados uns dos outros, verbis: "[a] State's failure to protect an individual against private violence generally does not constitute a violation of the Due Process Clause, because the Clause imposes no duty on the State to provide members of the general public with adequate protective services. The Clause is phrased as a limitation on the State's power to act, not as a guarantee of certain minimal levels of safety and security; while it forbids the State itself to deprive individuals of life, liberty, and property without due process of law, its language cannot fairly be read to impose an affirmative obligation on the State to ensure that those interests do not come to harm through other means". O interessante desse caso é que o próprio Estado criara um departamento voltado à proteção das crianças, o que evidenciaria o reconhecimento do seu dever.

[1310] Cf.: POSCHE, Ralf. *Grundrechte als Abwehrrechte*: reflexive Regelung rechtlich geordneter Freiheit. Tübingen: Mohr Siebeck, 2003. p. 15 e ss.; e SCHOCH, Friedrich. *Übungen im öffentlichen Recht*: Verfassungsrecht und Verfassungsprozeßrecht. Berlin: Walter de Gruyter, 2000. p. 19 e ss.

[1311] Cf.: ALEXY, Robert. *Teoria da argumentação jurídica* (*Theorie der Juristischen Argumentation*). (Trad. Zilda Hutchinson Schild Silva). São Paulo: Landy, 2001. p. 415-420.

[1312] Cf.: *BVerfGE* 77, 170 (214), 1987 (*Lagerung chemischer Waffen*).

[1313] SCHWABE, Jürgen. *Grundkurs Staatsrecht*: eine Einführung für Studienanfänger. Berlin: Walter de Gruyter, 1995. p. 109 e ss.

[1314] No mesmo sentido: NOWAK, John E.; ROTUNDA, Ronald D. *American constitutional law*. 7. ed. St. Paul: West, 2004. p. 549 e ss. Como observam esses autores, em uma perspectiva lógica, sempre que um agente privado viola direitos alheios, é divisado um obrar do Estado, ainda que omissivo, na garantia desses direitos.

[1315] ALEXY, Robert. *Theorie der Grundrechte*. Baden-Baden: Suhrkamp Taschenbuch, 1994. p. 415-420.

liberdade e propriedade).[1316] A imputação ao Estado, como responsável ou corresponsável, somente seria sustentável em relação àqueles comportamentos que ele expressamente autorizou ou eventualmente impôs.[1317] Em sentido similar, manifesta-se Vieira de Andrade no sentido de somente ser admissível a responsabilização do Estado nos casos de descumprimento de um dever específico, mostrando-se a concepção mais extremada de todo incompatível com uma ordem jurídica baseada no princípio da liberdade.[1318]

O "dever de proteção" tem se mostrado especialmente relevante face ao caráter dinâmico dos riscos sociais, que ultrapassam, com frequência, a esfera protetiva diretamente alcançada pela literalidade da ordem constitucional. Não é incomum que questões envolvendo a utilização de energia nuclear, tecnologia genética ou internet não tenham sido equacionadas pela Constituição, no âmbito dos direitos fundamentais, o que, em um plano estrito, em muito enfraqueceria a esfera de proteção individual.[1319] Esse óbice, no entanto, tem sido contornado com a identificação do dever de o legislador adotar as medidas necessárias à proteção da liberdade, evitando que a inércia estatal termine por estimular a sua desfiguração. Para tanto, são impostos limites a algumas liberdades ou às liberdades de alguns indivíduos específicos, quer com a restrição do seu potencial expansivo, quer com a imposição de obrigações de cautela.[1320]

No âmbito das relações privadas, identificada a violação aos direitos fundamentais, sua ocorrência acarretaria a responsabilização do Estado, isso em razão da postura que assumira ao permiti-la ou não proibi-la. Esses direitos atuariam como "imperativos de tutela", indicativo de que sua incidência no plano privado estaria necessariamente dependente de uma intervenção do Estado, o qual, face à omissão, termina por ser responsabilizado pela violação.[1321]

A utilização dessa construção teórica, amplamente prevalecente no Direito alemão, está condicionada, segundo Canaris, à realização de três operações básicas: (a) comprovação da aplicabilidade da hipótese normativa do direito fundamental; (b) verificação da existência de um imperativo de tutela a partir da *ratio essendi* do caso, o que exige a demonstração, devidamente fundamentada, de uma necessidade poderosa de proteção do direito fundamental; e (c) ponderação dos valores envolvidos, que estará condicionada à incidência da hipótese normativa e à existência do imperativo de tutela.[1322]

O dever de proteção, ainda de acordo com Canaris, será tanto mais intenso quanto mais grave for a intervenção no direito fundamental e maior for o perigo que sobre ele se projete, mostrando-se o titular do direito incapaz de realizar a sua autoproteção,

---

[1316] Cf.: ALEXY, Robert. *Teoria da argumentação jurídica* (*Theorie der Juristischen Argumentation*). (Trad. Zilda Hutchinson Schild Silva). São Paulo: Landy, 2001. p. 417.

[1317] Cf.: REIS NOVAIS, Jorge. *As restrições aos direitos fundamentais não expressamente autorizadas pela Constituição.* 2. ed. Coimbra: Coimbra Editora, 2010. p. 87.

[1318] VIEIRA DE ANDRADE, José Carlos. *Os direitos fundamentais na Constituição portuguesa de 1976.* 4. ed. Coimbra: Almedina, 2010. p. 258.

[1319] Cf.: GRIMM, Dieter. *Constituição e política* (*Die Verfassung und die Politik*). (Trad. Geraldo de Carvalho). Belo Horizonte: Del Rey, 2006. p. 85.

[1320] Cf.: GRIMM, Dieter. *Constituição e política* (*Die Verfassung und die Politik*). (Trad. Geraldo de Carvalho). Belo Horizonte: Del Rey, 2006. p. 141.

[1321] Cf.: CANARIS, Claus-Wilhelm. *Direitos fundamentais e direito privado.* (Trad. Ingo Wolfgang Sarlet e Paulo Mota Pinto). Coimbra: Almedina, 2003. p. 58.

[1322] CANARIS, Claus-Wilhelm. *Direitos fundamentais e direito privado.* (Trad. Ingo Wolfgang Sarlet e Paulo Mota Pinto). Coimbra: Almedina, 2003. p. 103 e ss.

elementos que devem ser necessariamente cotejados com os direitos fundamentais contrapostos.[1323]

Em *Abtreibungsurteil I*,[1324] caso em que se discutia a constitucionalidade da legislação[1325] que promoveu considerável redução dos casos de aborto passíveis de punição, o Tribunal Constitucional Federal alemão entendeu que o dever de o Estado proteger a vida humana é diretamente extraído do art. 2º, nº 2, da *Grundgesetz*. Nas palavras do Tribunal,

> as normas de direitos fundamentais não contêm apenas direitos subjetivos de defesa (subjective Abwehrrechte) dos indivíduos contra o Estado, também constituindo uma ordem objetiva de valores, que, enquanto decisão fundamental de direito constitucional, se aplica e fornece as linhas de orientação e impulso a todas as áreas do direito.

Decidiu o Tribunal que a prática do aborto na forma implicitamente autorizada pela legislação, ainda que não possa ser diretamente atribuída a uma ação estatal, importa em uma nítida violação aos direitos fundamentais praticada por outros particulares. Considerando que o Estado se encontra juridicamente obrigado a proteger o indivíduo, é possível afirmar que esse "recuo" legislativo importou em uma nítida violação ao referido dever de proteção. Diversamente da concepção já arraigada em relação aos direitos de defesa, o Estado posiciona-se de modo dissonante da Constituição não em razão de um *facere*, mas em decorrência de um *non facere*. Frise-se que merece igual censura tanto a conduta que viola indiretamente um direito fundamental, quanto aquela que cria as condições propícias para a sua violação por parte de terceiros.

Esse dever de proteção, longe de assumir contornos meramente formais, deve mostrar-se idôneo à preservação dos direitos fundamentais, daí a possibilidade de controle dos atos praticados pelo Estado com esse objetivo. Quanto à correta amplitude do dever de proteção, ela será encontrada a partir dos valores sociopolíticos que se projetam sobre a realidade e permitem o delineamento da norma constitucional protetora dos direitos fundamentais.

Em *Abtreibungsurteil II*,[1326] o Tribunal Constitucional Federal alemão, após afirmar que a definição da forma e da extensão do dever de proteção se situa no plano da liberdade de conformação do legislador (*Gesetzgeber*), entendeu que a atividade legislativa deveria ser desenvolvida de modo a alcançar os objetivos previstos na Constituição. Ainda que seja divisada a existência de esferas valorativas integralmente submetidas à opção política do legislador, redundando em uma multiplicidade de diretrizes de

---

[1323] CANARIS, Claus-Wilhelm. *Direitos fundamentais e direito privado*. (Trad. Ingo Wolfgang Sarlet e Paulo Mota Pinto). Coimbra: Almedina, 2003. p. 113-114.

[1324] *BVerfGE* 39, 1, 1975 (*Schwangerschaftsabbruch I*). As linhas gerais do "dever de proteção", na visão de Dieter Grimm, já teriam sido traçadas pelo Tribunal Constitucional Federal no famoso Caso *Lüth* (*BVerfGE* 7, 198 (205), de 15.01.1958), ao reconhecer que a importância valorativa dos direitos fundamentais deveria influenciar, igualmente, a aplicação da lei (GRIMM, Dieter. *Constituição e política* (*Die Verfassung und die Politik*). (Trad. Geraldo de Carvalho). Belo Horizonte: Del Rey, 2006. p. 277-278).

[1325] Tratava-se da Lei Federal de 18.6.1974, que alterou os §§218 a 220 do Código Penal. Uma resenha dos dispositivos modificados e da decisão do Tribunal Constitucional pode ser obtida em Otto Kimminich: (KIMMINICH, Otto. A jurisdição constitucional e o princípio da divisão de poderes. (Trad. Anke Schlimm e Gilmar Ferreira Mendes). *Revista de Informação Legislativa*, n. 105, p. 283, jan./mar. 1990. p. 283 (299)).

[1326] *BVerfGE* 88, 203, 1993 (*Schwangerschaftsabbruch II*).

atuação, todas igualmente harmônicas com a Constituição, há uma esfera que, por refletir o conteúdo essencial do direito fundamental, se encontra imune a esse poder de livre apreciação. Com isso, o Tribunal reconheceu a existência de uma "proibição à insuficiência" (*Untermassverboten*), merecendo tal qualificativo a disposição normativa que proteja um direito fundamental em intensidade inferior àquela necessária à salvaguarda de seu conteúdo mínimo.

Em *Horschul-Urteil*,[1327] o Tribunal Constitucional Federal alemão, ao interpretar o disposto no art. 5º, III, da Grundgesetz, que assegura a "liberdade de ensino", extraiu três normas desse preceito. A primeira reconhecendo a liberdade para a prática das ações necessárias no âmbito da respectiva ciência. A segunda consagrando a proibição de intervenção do Estado. A terceira, por sua vez, estabelecendo o dever de o Estado promover as ações positivas, inclusive de tipo organizativo, no âmbito universitário, que se mostrem indispensáveis à proteção do âmbito de liberdade, de modo a permitir uma "livre atividade científica" ("freie wissenschaftliche Betätigung").

O dever de proteção, no entanto, na medida em que recai sobre o Estado, não pode ter sua análise adstrita aos órgãos legislativos, alcançando, de igual modo, os demais órgãos estatais, em especial os jurisdicionais.[1328] O legislador deve elaborar as leis de direito privado em harmonia com as normas constitucionais que reconhecem os direitos fundamentais, cabendo ao juiz interpretar a legislação de direito privado em harmonia com tais normas. Como assinala Canaris, tomando-se como referencial a atuação dos órgãos estatais, tem-se um efeito imediato dos direitos fundamentais sobre as normas de direito privado. Quanto às relações jurídicas privadas, na medida em que dependentes das normas de direito privado ou de uma atividade interpretativa norteada pelos influxos constitucionais, o efeito será meramente mediato.[1329]

Considerando que o dever de proteção é direcionado ao Estado, pode-se afirmar que essa construção, apesar de prestigiar a teoria da eficácia indireta dos direitos fundamentais nas relações privadas, que atribui especial relevo à intermediação do legislador para a penetração dos direitos fundamentais nessa seara (*v.g.*: por intermédio das cláusulas gerais e dos conceitos jurídicos indeterminados), impõe a obrigação de os órgãos públicos transitarem de uma posição estática para outra dinâmica, evitando a lesão dos direitos fundamentais no âmbito privado.[1330] O dever de proteção, no entanto, encontra como limite substancial a existência de outros direitos fundamentais

---

[1327] BVerfGE 35, 79, 1973 (*Hochschul Urteil*).
[1328] Vide arts. 1º, nº 3 e 93, nº 1, alínea 4, da *Grundgesetz*. Cf.: CANARIS, Claus-Wilhelm. *Direitos fundamentais e direito privado*. (Trad. Ingo Wolfgang Sarlet e Paulo Mota Pinto). Coimbra: Almedina, 2003. p. 65-68.
[1329] CANARIS, Claus-Wilhelm. *Direitos fundamentais e direito privado*. (Trad. Ingo Wolfgang Sarlet e Paulo Mota Pinto). Coimbra: Almedina, 2003. p. 36-38.
[1330] Cf.: FERREIRA DA SILVA MAC CRORIE, Benedita. *A vinculação dos particulares aos direitos fundamentais*. Coimbra: Almedina, 2005. p. 35; e VIEIRA DE ANDRADE, José Carlos. *Os direitos fundamentais na Constituição portuguesa de 1976*. 4. ed. Coimbra: Almedina, 2010. p. 256-257. Na síntese de Canaris, "quanto maior o nível do direito fundamental afectado, quanto mais severa a intervenção que a ameaça, quanto mais intenso o perigo, quanto menores as possibilidades do seu titular para uma eficiente auto-protecção, e quanto menor o peso dos direitos fundamentais e interesses contrapostos, tanto mais será de reconhecer um dever jurídico-constitucional de protecção" (CANARIS, Claus-Wilhelm. *Direitos fundamentais e direito privado*. (Trad. Ingo Wolfgang Sarlet e Paulo Mota Pinto). Coimbra: Almedina, 2003. p. 114).

igualmente protegidos pelo Estado. Presente a colisão, será necessária a realização de uma ponderação dos bens ou valores envolvidos.[1331]

A teoria do dever de proteção é nítido exemplo da evolutividade do Estado de Direito, que transita da posição de opressor, o que justificava a imposição de limites aos seus atos, para a de parceiro operativo, atuando lado a lado com a pessoa humana em busca da concretização de direitos que outrora pressupunham justamente o seu distanciamento.

5.2 A realização do referencial de igualdade

A *igualdade*, em seus contornos mais amplos, pode ser vista como (1) valor, indicando a correção do proceder que a apregoe e sua correlata aceitação no ambiente sociopolítico, (2) princípio, impondo esse proceder ou (3) fim a ser alcançado pelas estruturas estatais de poder. O primeiro se situa no plano axiológico, os dois últimos no deontológico.

A primeira grande missão de comandos normativos que apregoem a igualdade é estruturar uma sociedade onde todos estejam seguros e tenham sua condição humana reconhecida.[1332] Como é intuitivo, a existência de referenciais de análise que possuam a mesma essência é requisito indispensável a qualquer estudo relacionado à igualdade de direitos e deveres. A partir daí, parte-se para uma aferição comparativa, permitindo que seja identificado em que medida as semelhanças se manifestam e quais os bônus ou ônus delas decorrentes. Para tanto, é necessário isolar as características relevantes, decisivas e umbilicalmente conectadas a uma dada consequência jurídica, o que pressupõe a correta identificação dos objetivos da norma, e, posteriormente, proceder à comparação. O equívoco na individualização dessas características ou a incorreta associação entre característica e consequência jurídica, conferindo demasiada relevância a um aspecto destituído de toda e qualquer importância, certamente conduzirão a uma manifesta injustiça. Identificada a não uniformidade das características relevantes, será evidente a correção do tratamento diferenciado. Não obstante a simplicidade dessa conclusão, não raro ainda serão necessários juízos valorativos extremamente delicados em relação à justa medida desse tratamento diferenciado.

A concepção de humanidade, referencial de coesão e unidade, traz consigo a constatação de que todos os indivíduos nela inseridos possuem a mesma essência, sendo iguais por natureza. A igualdade, no entanto, não se exaure na humanidade, sendo factível que os seres humanos apresentem especificidades que, em certas circunstâncias, justificam tratamento diferenciado. Pode se manifestar tanto em círculos concêntricos, sendo o mais amplo deles delineado a partir da humanidade e os menores derivando uns dos outros (*v.g.*: todos os seres humanos podem vir a ser cidadãos de um Estado, os cidadãos podem ter acesso ao funcionalismo público, os funcionários públicos que exerçam a mesma função não poderão sofrer tratamento diferenciado etc.), como em círculos secantes, em que ao menos a humanidade será um elemento comum às relações de igualdade que podem ser estabelecidas.

[1331] Cf.: VIEIRA DE ANDRADE, José Carlos. *Os direitos fundamentais na Constituição portuguesa de 1976*. 4. ed. Coimbra: Almedina, 2010. p. 149.
[1332] Cf.: JAYAWICKRAMA, Nihal. *The judicial application of human rights law*: national, regional and international jurisprudence. Cambridge: Cambridge University Press, 2002. p. 604.

A igualdade, em seus aspectos mais estritos, vale dizer, aqueles que não digam respeito unicamente à inserção na humanidade, poderá apresentar múltiplas variações, que acompanharão as vicissitudes do meio social (*v.g.*: na Roma antiga, todos os cidadãos possuíam direitos políticos, mas os escravos e os bárbaros não eram considerados cidadãos. Em vários países, como o Brasil, as mulheres, em meados do século XX, apesar de nacionais, não podiam votar e não tinham reconhecida a plena capacidade civil etc.).

O liberalismo clássico, como se sabe, sedimentou dogmas cujos contornos semânticos em muito destoavam de sua projeção na realidade. A cansativa retórica da igualdade é um desses exemplos, sempre contemplada em sua plasticidade formal, mas raramente materializada em toda a sua potencialidade de expansão. Daí se afirmar que, na igualdade liberal, "todos são iguais, mas alguns são mais iguais que outros".[1333] O acerto dessa afirmação pode ser facilmente constatado com um mero passar de olhos pela ordem de valores subjacente à gênese do liberalismo, fartamente ilustrada pela revolução franco-americana.

Em terras francesas, apregoava-se uma igualdade que distinguia entre ricos e pobres, somente admitindo a participação política dos primeiros, não dos últimos.[1334] Em paragens americanas, por sua vez, a discriminação[1335] racial não só contribuiu para a eclosão da guerra de secessão, quase levando ao fim a Federação, como, ainda no século XX, ensejava calorosos debates em torno da política segregacionista de alguns Estados-membros. No Caso *Dred Scott vs. Sandford*,[1336] o Supremo Tribunal

---

[1333] OTERO, Paulo. *Instituições políticas e constitucionais*. Coimbra: Almedina, 2009. v. I, p. 255.

[1334] Cf.: SIEYÈS, Emmanuel Joseph. *Exposição refletida dos direitos do homem e do cidadão* (*Préliminaire de la Constitution*: reconnaissance et exposition raisonnée des droits de l'homme et du citoyen). (Trad. Emerson Garcia). Rio de Janeiro: Lumen Juris, 2008. p. 69.

[1335] Discriminação, enquanto contraponto ao tratamento igualitário, consiste na atribuição de posições jurídicas diferenciadas àqueles que possuam as caraterísticas definidas pelo poder dominante. Está associada à presença de certas diferenças, reais ou simplesmente idealizadas, que indicariam a presença do binômio superioridade/inferioridade no cotejo de um grupo em relação a outro. A escolha dessas diferenças fica a cargo do grupo dominante, que atribui, às suas próprias características, consequências positivas, e, às características dos demais grupos, consequências negativas ou simplesmente neutrais. É nesse contexto que se insere a discriminação racial enquanto verdadeira política de Estado. Como exemplos, podem ser mencionados o *apartheid* na África do Sul e a doutrina norte-americana do *separate but equal*.

[1336] 60 U.S. 393, 1857. Em sua gênese, o caso está vinculado à solicitação do Território do *Missouri*, ao Congresso dos Estados Unidos, para que fosse admitido como Estado da Federação, do que resultou o *Missouri Compromise Act*, segundo o qual estaria para todo o sempre abolida a escravidão e a servidão involuntária, salvo na punição de crime pelo qual a parte tenha sido regularmente condenada, em todo o território denominado *Louisiana*, "excetuando a parte que é incluída nos limites do estado contemplado por esta Lei". Assim, tinha-se a abolição da escravidão em toda a *Louisiana*, com exceção do *Missouri*. O processo propriamente dito teve início em 1846, tendo o escravo negro *Dred Scott* proposto uma ação em face da viúva de seu antigo senhor sob o argumento de que havia sido levado por seu amo (*Dr. John Emerson*), um cirurgião militar do *Missouri*, Estado escravagista, para Fort Armstrong, situado em *Illinois* (1834) e, posteriormente, para Fort Snelling, localizado em *Wisconsin* (1836), sendo os negros livres em ambos os territórios. Ulteriormente, e desta feita com a família que constituíra, *Dred Scott* foi trazido de volta para o Estado do *Missouri*, tendo retomado a condição de escravo. Entendendo ser ilegítimo o seu retorno à servilidade, sustentou que ao ingressar em *Illinois*, território livre por força do *Missouri Compromise Act*, adquirira a liberdade, que não mais lhe poderia ser retirada ("once free, always free"). Não obstante a decisão favorável em primeira instância, a Suprema Corte Estadual, em grau de apelação, terminou por entender que *Dred Scott* retomara o seu primitivo estado servil. A questão, posteriormente, foi renovada, agora perante a Justiça Federal (*Circuit*) e com o Sr. *John A. Sandford* no polo passivo (a antiga viúva de seu amo passou a compactuar com a causa abolicionista e forjou a venda do escravo ao Sr. *Sandford* para que a questão pudesse voltar a ser discutida). O caso finalmente foi julgado pelo Supremo Tribunal dos Estados Unidos em 6 de março de 1857, restando decidido que: (a) os escravos negros não eram cidadãos americanos, não tendo direitos a serem protegidos; (b) deveria ser observada a lei do Estado do *Missouri* que considerava o demandante um escravo; e (c) o mais importante, que o *Missouri Compromise Act* excedia o poder do Congresso ao abolir a escravidão nos

norte-americano decidiu que os americanos descendentes de africanos, quer escravos, quer livres, não poderiam ser considerados cidadãos dos Estados Unidos, tendo julgado inconstitucional o *Missouri Compromise Act*, de 1820, por entender que teriam sido violados os direitos dos senhores de escravos sem o devido processo legal. Anota Peter Irons[1337] que nenhum litigante individual na história constitucional da América teve fama semelhante à de *Dred Scott*, tamanha a importância dos interesses envolvidos no julgamento de seu caso. Para mencionar apenas um, basta dizer que a decisão do Tribunal foi decisiva para a deflagração da guerra de secessão, pois era manifestamente favorável à postura escravagista mantida pelos Estados do sul.

Em *Brown vs. Board of Education*,[1338] o Tribunal decidiu pela inconstitucionalidade da segregação racial nas escolas públicas,[1339] política moralmente reprovável e que privava a sociedade do talento em potencial dos membros das minorias raciais. Essa decisão, de 1952, louvável sobre todos os aspectos, invocou o disposto na Seção 1 da Décima Quarta Emenda, de 1868, que dispunha sobre privilégios e imunidades, devido processo legal e igual proteção das leis, princípios de indiscutível relevância, mas que, até então, não haviam sido interpretados por nenhum Tribunal de modo a obstar a segregação racial.

O Estado liberal, como se percebe, sempre foi sensível à igualdade de todos perante a lei, mas isso não excluía a prática da escravidão e de outras espécies de discriminação, como as que alcançavam as mulheres e os negros, ou que restringiam a participação política aos indivíduos de posse. A fórmula da igualdade geral, apesar de prevista pela ordem jurídica, era interpretada de modo a excluir certos grupos, como os negros e as mulheres. A Constituição brasileira de 1824 também é um exemplo singular dessa

---

territórios, pois a Constituição não outorgara a este poderes para intervir no direito de propriedade dos senhores dos escravos, que haviam sido privados de sua propriedade sem o *due process of law*. Em 1865, a Décima Terceira Emenda alterou o entendimento fixado pelo Tribunal. Para uma visão mais ampla da posição do Supremo Tribunal norte-americano em questões raciais e de seu impacto no meio social, vide: *Prigg vs. Pennsylvania* (41, U.S. 539, 1842), *The Civil Rights Cases* (109 U.S. 3, 1883), *City of Richmond vs. J. A. Croson Co.* (488 U.S. 469, 1989) e *Shaw vs. Reno* (509 U.S. 630, 1995).

[1337] IRONS, Peter. *A people's history of the Supreme Court*. New York: Penguin, 1999. p. 157.

[1338] 344 U.S. 1, 1952.

[1339] A doutrina do *separate but equal* (iguais, mas separados), em seus contornos mais simples, indicava que negros e brancos, apesar de iguais, não precisavam, necessariamente, conviver e se desenvolver em conjunto, sendo absolutamente legítima a sua separação. Partindo dessa base filosófica, a segregação racial se estendeu pelos mais diversos domínios, como as escolas, públicas e particulares, os meios de transporte e as relações de emprego. O Supremo Tribunal norte-americano, em um primeiro momento, em fins do século XIX, entendeu que a igualdade de tratamento seria atendida quando fossem oferecidas iguais facilidades às distintas raças, ainda que tais facilidades fossem oferecidas de modo separado (*Plessy vs. Ferguson*, 163 U.S. 537, 1896). A partir da segunda metade do século XX, o Tribunal passou a considerar suspeitas as distinções de tratamento estabelecidas puramente em razão da raça, o que exigia uma análise mais detida das razões conducentes à sua utilização, considerando-as, em regra, violadoras da *equal protection clause* contemplada na Décima Quarta Emenda. O marco dessa tendência foi o caso *Brown vs. Board of Education* (347 U.S. 483, 1954), em que, pela primeira vez desde *Plessy*, foi integralmente examinada a validade dessa doutrina, concluindo o Tribunal pela sua inaplicabilidade no âmbito da educação, daí decorrendo a inconstitucionalidade dos sistemas de ensino público que segregavam estudantes em razão da raça. No mesmo sentido: *Bolling vs. Sharpe* (347 U.S. 497, 1954). Observam Nowak e Rotunda (NOWAK, John E.; ROTUNDA, Ronald D. *American constitutional law*. 7. ed. St. Paul: West, 2004. p. 754) que o Tribunal não passou por cima (*overrule*) de Plessy, tendo contextualizado a questão puramente no plano da educação. Somente em decisões posteriores a doutrina terminou por ser rechaçada em outras áreas: (1) parques (*Muir vs. Louisville Park Theatrical Ass'n*, 347 U.S. 971, 1954); (2) praias públicas e casas de banho (*Mayor of Baltimore vs. Dawson*, 350 U.S. 877, 1955); (3) curso de golfe municipal (*Holmes vs. City of Atlanta*, 350 U.S. 879, 1955); (4) ônibus (*Gayle vs. Browder*, 352 U.S. 903, 1956); (5) competições atléticas (*State Athletic Com'n vs. Dorsey*, 359 U.S. 533, 1959); (6) restaurantes dos aeroportos (*Turner vs. City of Menphis*, 369 U.S. 350, 1962); (7) assento nas salas dos tribunais (*Johnson vs. Virginia*, 373 U.S. 61, 1963); e (8) auditórios municipais (*Schito vs. Bynum*, 375 U.S. 395, 1964).

igualdade seletiva, pois, em um período em que a mulher estava sob o jugo do homem e o negro atado aos grilhões da senzala, o seu art. 179, XIII, com inegável plasticidade, dispunha que "a lei será igual para todos, quer proteja, quer castigue".

Em seus contornos clássicos, para que uma concepção ideal de igualdade fosse alcançada, seria necessário suprimir, ou ao menos reduzir, o potencial expansivo das discriminações. O grande desafio seria ampliar a importância da humanidade, de modo a absorver as discriminações e alcançar uma concepção mais ampla de igualdade geral. A redução das discriminações e a sedimentação da igualdade também são nitidamente influenciadas pelo evolver do princípio democrático. Afinal, por ser a lei o produto da vontade geral, não haveria razão para que uma parcela de seus autores fosse excluída do seu processo de elaboração ou do seu manto protetor.

A neutralidade do Estado, elemento característico do *laissez-faire*, somente se harmonizava com a denominada *igualdade perante a lei*, sendo vedada a outorga de posições jurídicas favoráveis a indivíduos ou grupos, ainda que notória a sua posição de inferioridade no contexto sociopolítico. Essa concepção inicial está nitidamente associada à de igualdade perante a lei, que deve incidir do mesmo modo e com intensidade idêntica sobre todos. A visualização do ser humano como epicentro das estruturas estatais de poder, que, deixando de ser vistas como fins, são alçadas ao *status* de instrumentos voltados à consecução do bem comum, ao que se soma a tendência à universalização dos direitos humanos, permitindo a paulatina sedimentação de pautas mínimas de valores comuns à sociedade internacional, tem contribuído para a eliminação de algumas discriminações atentatórias à dignidade humana, como são aquelas calcadas no gênero, na raça[1340] e na cor. Com isso, amplia-se o âmbito de participação político-social. A igualdade geral, reconhecida e, porque não, ínsita na ordem jurídica, traz consigo uma intensa carga axiológica, que deve direcionar não só a produção normativa, como, também, a atividade interpretativa, preferindo-se sempre aquele sentido que mais prestigie as semelhanças e a harmonia social, sem estratificações ou preferências arbitrárias e dissonantes da própria essência humana. É justamente isso que apregoa o inciso IV do art. 3º da Constituição brasileira de 1988, dispondo ser objetivo fundamental da República Federativa do Brasil "promover o bem de todos, sem preconceitos de origem, raça, sexo, cor, idade e quaisquer outras formas de discriminação". Reconhece-se que esses fatores contribuem para a individualização de cada ser humano, distinguindo-o dos demais, mas veda-se a sua valoração de forma preconceituosa, dissonante de padrões de justiça e racionalidade. Ao Estado é atribuído o dever de atuar em prol do bem de todos, sendo-lhe vedada qualquer forma de exclusão calcada no preconceito.

Como regra geral, suprimem-se os tratamentos discriminatórios e apregoa-se a plena igualdade. A primeira parte do *caput* do art. 5º da Constituição de 1988, cópia quase literal do art. 3º da *Grundgesetz* alemã de 1949 ("Alle Menschen sind vor dem Gesetz gleich"), insere a igualdade no primeiro plano do rol dos direitos fundamentais. Em outras palavras, todos possuem esses direitos, não castas ou parcelas específicas do grupamento. Além dessa técnica, não é incomum a preocupação com a inserção de

---

[1340] Como assinala Breyer, a atividade do Estado deve ser "color-blind" (BREYER, Stephen. *Active liberty*: interpreting our democratic Constitution. New York: Vintage Books, 2005. p. 77).

regras específicas que reforçam a posição jurídica de pessoas ou grupos tradicionalmente discriminados, como o fazem os arts. (1) 5º, I, que dispõe sobre a igualdade entre homens e mulheres, (2) 7º, XXX, que versa sobre a "proibição de diferença de salários, de exercício de funções e de critério de admissão por motivo de sexo, idade, cor ou estado civil", e (3) 226, §6º, que reconhece a igualdade entre filhos biológicos e adotivos, até então discriminados pela legislação civil.

À regra geral da igualdade, por outro lado, costumam ser opostas exceções, sendo restringida a esfera jurídica de certos grupos ou pessoas em razão de fatores puramente objetivos ou como decorrência de atos imputáveis à própria pessoa. A racionalidade e justiça dessas discriminações e, por via reflexa, a preservação da dignidade humana, sem subjetivismos inconsequentes, são alguns dos grandes desafios do mundo contemporâneo. Qualquer *plus* pode redundar em evidente menosprezo à condição de ser humano, qualquer *minus* em nivelamento de indivíduos que se encontram em situação diversa e que não devem ser igualados aos demais. No plano das exceções à igualdade, merece menção, no direito brasileiro, a ausência de capacidade eleitoral passiva dos analfabetos, que não podem candidatar-se a qualquer cargo eletivo (art. 14, §4º, da CR/1988). Em relação às exceções consequenciais, que restringem a esfera jurídica do indivíduo em decorrência de seus próprios atos, podem ser mencionadas as reprimendas decorrentes do direito sancionador, como a privação da liberdade e a correlata suspensão dos direitos políticos (art. 15, III, da CR/1988). Os demais cidadãos, por sua vez, são livres e estão no pleno gozo dos direitos políticos, o que aponta para uma situação de (temporária) desigualdade.

A igualdade geral, como se percebe, não deve ser vista como um princípio inconsequente e indiferente à natureza das coisas. Exige-se tratamento idêntico para aqueles que se encontrem em idêntica situação, não para os que estejam em situação distinta. Nesse sentido, a Constituição holandesa de 1983 (art. 1º) teve a preocupação de explicitar que todas as pessoas "devem ser tratadas igualmente em iguais circunstâncias". A identidade ou não de situações fático-jurídicas, à evidência, não pode resultar de escolhas arbitrárias, estranhas à realidade e à razão. Nesses casos, o tratamento diferenciado não deve resultar, pura e exclusivamente, de aspectos inerentes à pessoa, mas de fatores agregados (*v.g.*: capacidade econômica para fins tributários, presumida ausência ou limitação da capacidade de discernimento para fins civis etc.), que influem na inter-relação com o Estado e com os demais particulares. Aplica-se a fórmula clássica, já defendida por Aristóteles,[1341] que apregoa a necessidade de se tratar igualmente os iguais e desigualmente os desiguais.[1342]

Ressalte-se que a mera igualdade formal pouco a pouco se mostrou absolutamente inócua, já que incapaz de transpor o plano semântico e alcançar a realidade. Apesar de todos receberem o mesmo tratamento normativo e o Estado não estar autorizado a introduzir discriminações arbitrárias, nem todos gozavam das mesmas oportunidades de inserção social. Assim, de modo correlato ao sentido clássico das discriminações, que apresenta contornos negativos ou de exclusão, assume indiscutível relevância o

---

[1341] ARISTÓTELES. *A Política*. (Trad. Roberto Leal Ferreira). São Paulo: Martins Fontes, 1998. p. 162-165.

[1342] Cf.: ALEXY, Robert. *Theorie der Grundrechte*. Baden-Baden: Suhrkamp Taschenbuch, 1994. p. 360. Nas palavras do autor: "Gleiches ist gleich, Ungleiches ist ungleich zu behandeln".

seu sentido positivo ou de inclusão, que se disseminou a partir da primeira metade do século XX. Nesse período, o pensamento jurídico-político percebeu que a simples igualdade perante a lei, sem discriminações atentatórias à dignidade humana, não seria apta, por si só, a estabelecer uma igualdade real. Em outras palavras, afirmar que o miserável é igual ao rico, ou que, em uma sociedade historicamente segregacionista, o negro, doravante, passaria a ser igual ao branco, não tem o condão de gerar efetivo benefício para as pessoas que se encontrassem em situação de inferioridade. Significa, tão somente, que, perante os olhos da norma, todos são iguais. Esse tipo de igualdade, por sua vez, em nada influi sobre as forças sociais que traçam os contornos da realidade. Na conhecida crítica de Anatole France, "a lei proíbe tanto o rico, como o pobre, de viver debaixo das pontes, de pedir nas ruas e de roubar".

A partir dessa constatação, desenvolveu-se o entendimento de que a igualdade, como parte integrante e indissociável do ideal de justiça, somente seria alcançada com a adoção de medidas de inclusão, não meramente formais, que permitissem a sua efetiva implementação, e não mera contemplação. Seria necessário transitar da *igualdade formal* para a *igualdade material*. Com isso, o artificialismo da igualdade formal entra em refluxo, o dogma da neutralidade estatal é repensado e o pensamento jurídico-filosófico passa a ser direcionado à materialização da igualdade substancial, ontologicamente calcada no oferecimento de oportunidades para o livre desenvolvimento da personalidade e na correlata inserção social.

O delineamento da igualdade, como se percebe, passa pela (1) definição da igualdade formal do modo mais amplo possível, (2) contenção da discriminação, punindo-se as iniciativas que atentem contra a igualdade formal e (3) construção da igualdade material.[1343] É justamente nesse último âmbito que se situa a conflitualidade intrínseca no plano operativo. Em outras palavras: como operacionalizar as normas constitucionais que apregoem a igualdade? É admissível um tratamento diferenciado com o objetivo de alcançar a igualdade material?

A constatação de que um indivíduo pertence à espécie humana, embora demonstre uma igualdade de essência, não afasta a possibilidade de, em círculos mais estreitos de análise, serem identificadas dissonâncias que justifiquem o tratamento diferenciado. O problema central (*zentrale Problem*), como observam Christian Starck e Thorsten

---

[1343] Não é demais lembrar, com Christian Starck e Thorsten Ingo Schmidt (STARCK, Christian; SCHMIDT, Thorsten Ingo. *Staatsrecht*. 2. ed. München: C.H. Bech, 2008. p. 148), que a igualdade, na medida em que surge e é garantida pelo Direito, deve ser contextualizada em um plano de pura juridicidade, não sendo possível falar, assim, em "igualdade no ilícito" ("Gleichheit im Unrecht"). Se uma pessoa age à margem da ordem jurídica e, por ineficiência do aparato estatal, não sofre qualquer consequência jurídica desfavorável, isso não faz surgir para os demais o "direito" de também agirem ilicitamente e não sofrerem qualquer punição. A evolução da humanidade tem demonstrado, ademais, que a fórmula da igualdade foi muitas vezes invocada para justificar a própria ruptura da ordem jurídica. Como afirmou Duguit (DUGUIT, Léon. *Traité de droit constitutionnel*. 3. ed. Paris: Ancienne Librairie Fontemong & Cie., 1927. t. III, 1923: 583), "il n'y a pas de gouvernement tyrannique qui n'ait eu pour but d'étendre un niveau égalitaire sur tous les individus". A superação de crises sociais ou a ascensão ao poder à margem da ordem jurídica, com a correlata deposição de governos legítimos, são apenas alguns dos objetivos a serem alcançados com a bandeira da igualdade, que, alegadamente, seria recomposta com a derrubada dos regimes a "ela opostos", que "privilegiam as classes dominantes e sedimentam a exclusão social". O lenitivo contra esse tipo de prática encontra-se na sedimentação do ideal democrático e no desenvolvimento, no ambiente social, de uma moral crítica, evitando manipulações e zelando pela efetivação dos contornos materiais da igualdade jurídica.

Ingo Schmidt,[1344] é identificar as características relevantes que permitem o tratamento diferenciado. No seu exemplo, embora seja plenamente justificável a existência de tratamento tributário diferenciado em relação às vacas e aos cachorros, pois as primeiras são animais úteis (*Nutztiere*) e os últimos animais domésticos (*Haustiere*), o mesmo não ocorreria se a distinção recaísse sobre cachorros e gatos, ambos pertencentes ao mesmo gênero.

A pura e simples inclusão, sob uma fórmula geral de igualdade, de grupos historicamente discriminados em decorrência de certos padrões socioculturais, por si só, pode vir a refletir uma forma de discriminação. A partir dessa constatação, a doutrina norte-americana desenvolveu a "doutrina do impacto desproporcional" ("disparate impact doctrine"), construção teórica que busca demonstrar o excessivo ônus que a norma geral pode ocasionar sobre certos grupos que não ostentam, de fato, uma posição de igualdade. A expressão "disproportionate impact" indica que certa escolha (v.g.: um critério ou teste de emprego), apesar de formalmente igualitária, desfavoreceu um grupo quando aferido o impacto causado aos demais integrantes do ambiente sociopolítico, o que indica uma situação de discriminação.[1345] O Supremo Tribunal norte-americano encampou essa linha argumentativa no *leading case Griggs vs. Duke Power Co.*[1346] A ação foi ajuizada por um grupo de pessoas negras em face da *Duke Power Co.*, empresa de energia elétrica que historicamente só admitia essa camada da população para o desempenho de funções subalternas, sendo arguida a ilicitude do "teste de inteligência" utilizado como critério de promoção. Argumentavam os autores da ação que esse requisito aparentemente igualitário, ao exigir a aprovação em uma prova escrita, ao invés da tradicional apresentação de certificados escolares, terminaria por perpetuar o *status quo*, já que os negros, por terem estudado em escolas segregadas, não poderiam competir em igualdade de condições com os brancos. Em sua decisão, reconheceu o Tribunal que o "teste de inteligência", malgrado formalmente lícito, não se harmonizava com um referencial de igualdade material, pois, estatisticamente, não se mostrava apto a indicar a maior eficiência profissional para fins de promoção, podendo "'congelar' o *status quo* de práticas empregatícias discriminatórias do passado".

Ainda que, como ressaltado por Lieberman,[1347] se reconheça a dificuldade em identificar as situações em que esteja configurado um "impacto desproporcional", dificuldade similar estará presente em toda e qualquer iniciativa que não se limite à aferição da igualdade no plano puramente formal, à margem de considerações em torno da realidade e dos juízos valorativos subjacentes a esse tipo de operação.

Situações de igualdade formal e de igualdade material estão normalmente articuladas com posições opostas aos valores que apregoam. Em uma sociedade capitalista, de contornos essencialmente liberais, em que a livre-iniciativa e o sistema de mérito são

---

[1344] STARCK, Christian; SCHMIDT, Thorsten Ingo. *Staatsrecht*. 2. ed. München: C.H. Bech, 2008. p. 144.

[1345] Cf.: MARKOVITS, Richard S. *Matters of principle*: legitimate legal argument and constitutional interpretation. New York: New York University Press, 1998. p. 269; TOBLER, Christa. *Indirect discrimination*: a case study into the development of the legal concept of indirect discrimination under EC law. Oxford: Intersentia, 2005. p. 91 e ss.; THOMPSON FORD, Richard. *Racial culture*: a critique. New Jersey: Princeton University Press, 2005. p. 184 e ss.; e REES, Neil; LINDSAY, Katherine; RICE, Simon. *Australian Anti-Discrimination Law*: text, cases and materials. Sidney: Federation Press, 2008. p. 128 e ss.

[1346] 401 *U.S.* 424, 1971.

[1347] LIEBERMAN, Myron. *Public education*: an autopsy. USA: Harvard University Press, 1993. p. 187.

elevados a posições extremas, não será incomum constatarmos a presença, no plano jurídico, de uma igualdade formal, e, no plano fático, de uma flagrante desigualdade material. Iguais na norma, desiguais na realidade. Por outro lado, presente a preocupação com a igualdade material, será ela inevitavelmente acompanhada de uma desigualdade formal, já que a norma veiculará discriminações positivas com o objetivo de atenuar a real posição de inferioridade de certos grupos. É o que os anglo-americanos denominam de "reverse discrimination"[1348] e os alemães de "umgekehrter Diskriminierung",[1349] indicando o favorecimento dos membros de um grupo historicamente inferiorizado, o que normalmente se dá às expensas ou em detrimento de grupos que ocupam uma posição de preeminência.[1350] Desiguais na norma, tendencialmente iguais na realidade. Fala-se em tendencialmente iguais na medida em que a norma, ainda que sistêmica e finalisticamente imbuída dos melhores propósitos, normalmente só terá êxito na atenuação das diferenças, não na sua total supressão.

As políticas públicas direcionadas a certos grupos sociais com o objetivo de construir um referencial de igualdade material têm sido incluídas sob a epígrafe das ações afirmativas, que tanto podem obrigar o Estado a implementá-las diretamente, como podem impor àqueles que com ele se relacionem (*v.g.*: ao celebrar contratos com o Poder Público) ou que por ele sejam beneficiados (*v.g.*: ao receber incentivos financeiros), a obrigação de promovê-las. Acresça-se que a expressão já foi incorporada por algumas Constituições, como a queniana de 2010 (art. 56). Nesse caso, a conflitualidade intrínseca no plano operativo é sensivelmente diminuída, já que a própria ordem constitucional dispôs que a igualdade (material) deveria ser alcançada com a adoção de providências (formalmente) discriminatórias, restando aferir, apenas, a sua justa medida.

Sobre o argumento de que as ações afirmativas terminariam por violar a cláusula de igual proteção (*equal protection clause*), observa Dworkin[1351] que essa cláusula não assegura que cada cidadão receba igual benefício de cada decisão política, mas, apenas, que será tratado como um igual, com igual interesse e respeito no processo político de deliberação. Essa linha argumentativa, apesar de ter objetivos opostos, apresenta certa semelhança com a construção de Edmund Burke, que defendia o direito de todo homem a uma porção justa de tudo o que a sociedade, a partir da combinação de sua força e habilidade, podia fazer em seu favor, acrescendo que "nessa participação todos os homens têm iguais direitos, mas não a coisas iguais".[1352] Em decorrência disso, ainda

---

[1348] Cf.: PINCUS, Fred L. *Reverse discrimination*: dismantling the myth. Colorado: Lynne Rienner, 2003. p. 1 e ss.; e MILLER SWAIN, Carol. *The new white nationalism in America*: its challenge to integration. New York: Cambridge University Press, 2002. p 271.

[1349] Cf.: MAIDOWSKI, Ulrich. *Umgekehrte Diskriminierung*: Quotenregelungen zur Frauenförderung im öffentlichen Dienst und in den politischen Parteien. Berlin: Duncker & Humblot, 1989. p. 15 e 41-42; STARCK, Christian; SCHMIDT, Thorsten Ingo. *Staatsrecht*. 2. ed. München: C.H. Bech, 2008. p. 150-151.

[1350] Ely ressalta que quando brancos decidem em favor dos negros, em prejuízo dos próprios brancos, não há que se falar em *strict scrutiny*. Afinal, não pode ser considerado "suspeito" que uma maioria discrimine a si mesma (ELY, John Hart. The constitutionality of reverse racial discrimination. *University of Chicago Law Review*, v. 41, p. 723-741, 1974. p. 723 (723 e ss.)).

[1351] DWORKIN, Ronald. Affirmative action: does it work? *In*: *Sovereign virtue*: the theory and practice of equality. Massachusetts: Harvard University Press, 2002. p. 411.

[1352] BURKE, Edmund. Reflexiones sobre la Revolución francesa (1790). *In*: *Textos políticos*. México: Fondo de Cultura Económica, 1996. p. 92.

segundo Burke, aqueles que contribuíssem mais deveriam receber mais: era a tônica do Estado Liberal.

Ao adotar uma política pública em benefício de um grupo específico, o Estado não promove qualquer afronta aos direitos dos demais membros da coletividade, isso porque não seria necessário lhes disponibilizar aquilo que já possuíam ou estava ao seu alcance possuir. O tratamento diferenciado se situa no plano dos meios, já que a igualdade material é o fim sempre perseguido.[1353] Violação à igualdade haveria se o mesmo benefício fosse oferecido aos que estão na posição 0 e na posição +1. À simplicidade dessa constatação, no entanto, contrapõe-se a premissa de que a atuação estatal é vocacionada à satisfação do bem comum, e este nem sempre se confundirá com os interesses do grupo a que se atribuiu preeminência. A análise há de assumir proporções mais amplas, incursionando, igualmente, nos aspectos negativos da atuação estatal, mais especificamente nos efeitos que a priorização de uma dada política pública causará em relação aos interesses de outros grupos igualmente representativos. Em tempos de escassez, em que "escolhas trágicas" são uma constante, é necessário redobrado cuidado para que "ações afirmativas" não se transmudem em "ações negativas".

Quanto às medidas propriamente ditas, a primeira dificuldade reside em individualizar os grupos destinatários dessas discriminações positivas, o que exige reflexões em torno do contexto social e das razões históricas que contribuíram para a sua formação. Escolhas equivocadas, privilegiando aqueles que não deveriam ser privilegiados, podem redundar em uma instabilidade social, deflagrando e institucionalizando desigualdades, não combatendo-as. Fatores econômicos e raciais são constantemente invocados, sendo reflexo da própria movimentação das forças sociais.[1354]

As ações afirmativas fazem com que a *igualdade inata*, presente pela só condição de ser humano, ceda lugar a uma *igualdade construída*, de modo a assegurar a concretização de certos padrões de justiça material. Esses padrões, por sua vez, refletem os valores comuns à ordem constitucional, que direcionam qualquer processo de normatização ou de execução normativa. É o caso dos incisos I e III do art. 3º da Constituição de 1988, que dispõe serem objetivos fundamentais da República Federativa do Brasil "construir uma sociedade livre, justa e solidária", bem como "erradicar a pobreza e a marginalização e reduzir as desigualdades sociais e regionais". Esses preceitos podem ser considerados o epicentro axiológico de qualquer ação afirmativa promovida em

---

[1353] Cf.: GUASTINI, Ricardo. *Distinguiendo*: estudios de teoría y metateoría del derecho. (Trad. Jordi Ferrer i Beltrán). Barcelona: Gedisa, 1999. p. 198.

[1354] No contexto brasileiro, certamente surpreenderia a muitos o resultado da pesquisa realizada por Alberto Carlos Almeida, que, em termos raciais, identificou nos pardos, não nos negros, a camada da população mais estigmatizada e com menores oportunidades (ALMEIDA, Alberto Carlos. *A cabeça do brasileiro*. Rio de Janeiro/São Paulo: Record, 2007. p. 213 e ss.). *Ipso facto*, deveriam ser os pardos, não os negros, os maiores beneficiados pelas políticas públicas de inclusão social. Essa circunstância, no entanto, foi totalmente ignorada pelo *Estatuto da Igualdade Racial*, instituído pela Lei nº 12.288/2010, que previu a adoção de políticas públicas nas áreas de saúde, educação, cultura, lazer, liberdade religiosa, acesso à terra, moradia, trabalho e meios de comunicação social com o objetivo de promover a inclusão social da "população negra", assim considerada "o conjunto de pessoas que se autodeclaram pretas e pardas, conforme o quesito cor ou raça usado pela Fundação Instituto Brasileiro de Geografia e Estatística (IBGE), ou que adotam autodefinição análoga". A liberdade para "autodeclarar-se" integrante da população negra, à evidência, não pode ultrapassar os balizamentos oferecidos pela realidade. Não é possível que indivíduo de pele branca, olhos claros e cabelos louros formule declaração dessa natureza e venha a se beneficiar das referidas políticas públicas. Má-fé, *animus jocandi* ou deficiência mental, pouco importa a causa, a declaração jamais poderá se sobrepor à realidade.

território brasileiro, direcionando a adoção de políticas públicas aptas à consecução dos objetivos nele referidos.

Individualizados os destinatários e o objetivo fundamental, devem ser escolhidos os instrumentos a serem utilizados para operacionaliza-lo. As discriminações positivas refletem a essência das ações afirmativas, que apresentam natureza e objetivos extremamente variáveis. Podem assumir natureza legislativa ou administrativa e ter por objetivo assegurar (1) a igualdade de oportunidades, permitindo que certos grupos tenham plena possibilidade de desenvolver suas aptidões (*v.g.*: reserva de vagas em universidades), (2) a concessão de prestações sociais mínimas e indispensáveis à preservação da dignidade humana (*v.g.*: saúde e educação básica) ou (3) a concessão, ampla e irrestrita, de forma igualitária, de todas as prestações sociais necessárias ao indivíduo (*v.g.*: direitos sociais nos antigos regimes socialistas). São exemplos corriqueiros a garantia de acesso a serviços e a bens considerados essenciais ao pleno desenvolvimento da personalidade ou à própria sobrevivência (*v.g.*: ingresso no ensino superior, programas assistenciais de distribuição de recursos e alimentos etc.). A medida dessas prestações normalmente oscilará entre prestações mínimas, indispensáveis a uma existência digna, e prestações voltadas ao nivelamento social, de modo a igualar os membros da coletividade. Essa última possibilidade, no entanto, apresenta um acentuado colorido teórico, pois destoa de qualquer sistema baseado no livre desenvolvimento e no mérito pessoal, isso sem olvidar a notória escassez de recursos em inúmeros Estados contemporâneos.

Enunciado linguístico inserido na Constituição formal, que apregoe a observância da igualdade, somente poderá ser interpretado, de modo a admitir a sua operacionalização com a implementação de práticas discriminatórias, quando o contexto o justificar. Com isso, o intérprete permanecerá adstrito aos fins da norma, zelando pela efetividade da Constituição. Por outro lado, ao lembrarmos que as ações afirmativas têm por objetivo reduzir ou suprimir as desigualdades sociais e regionais, que se manifestam entre pessoas do mesmo ambiente sociopolítico, é intuitivo que cessarão ou serão paulatinamente reduzidas tão logo as desigualdades sejam eliminadas ou atenuadas. Ressalvadas as hipóteses em que alicerçadas em situações de inferioridade inerentes à própria espécie humana, invariáveis e imutáveis, como se verifica com a fragilidade de crianças e idosos, as ações afirmativas sempre serão temporárias. Isso sob pena de se inaugurar um novo quadro de desigualdade, com atores diversos, tão logo cesse a desigualdade que, de início, se buscava combater.

5.3 A implementação dos direitos prestacionais

Os efeitos deletérios da exclusão social, fruto de um liberalismo exacerbado que concebe o Estado minimalista e deixa o indivíduo entregue à própria sorte, têm sido objeto de profunda reflexão pelas sociedades contemporâneas. Embora seja evidente que o *status* de ser humano pode ser visto como o resultado de um evento naturalístico, a sua "preservação" não deve ser entregue, única e exclusivamente, às vicissitudes da natureza. Para que o indivíduo exista e viva como verdadeiro ser humano, é necessário que lhe seja disponibilizado um rol de prestações materiais mínimas, assegurando a preservação do padrão de dignidade reconhecido no meio social. Como ressaltou Bobbio, "todas as declarações recentes dos direitos do homem compreendem, além dos direitos individuais tradicionais, que consistem em liberdades, também os direitos sociais, que consistem em poderes".[1355]

O entendimento de que as obrigações do Estado em relação ao indivíduo não se esgotariam no mero delineamento de uma esfera jurídica imune a intervenções, vale dizer, em um *non facere* estatal, remonta ao pensamento revolucionário francês. Não obstante as previsões pontuais, somente no início do século XX o modelo puramente abstencionista passou a, efetivamente, coexistir com o prestacional. Esses ensinamentos se disseminaram e foram acolhidos nos planos interno e internacional.

Não obstante a sua disseminação, é factível que não basta a mera consagração normativa dos direitos sociais para que seja assegurada a sua plena operatividade. É necessário, acima de tudo, que seja reconhecida a sua distinção estrutural em relação às liberdades clássicas. Afinal, como ressaltado por Mauro Cappelletti,[1356] é justamente essa distinção que explica a dificuldade desses direitos serem realizados concretamente. Sobre o Estado recai o *múnus* de implementar um *facere*, não um mero *non facere*. O dever é positivo, não meramente negativo. Exige, além disso, um atuar contínuo e sistemático. Ao oferecer direitos prestacionais, o Estado assegura ao indivíduo um rol de necessidades básicas que o livre fluxo das forças sociais ou sua limitação pessoal não permitiu que fossem diretamente obtidas por ele.

É importante ressaltar que o desenvolvimento do Estado Social, longe de refletir uma ruptura com o modelo liberal, importou no seu aperfeiçoamento. Os direitos sociais apresentam uma nítida "continuidade teleológica" com a liberdade individual, centrada no mesmo referencial de proteção e que historicamente buscava conter o avanço estatal.[1357] Estão funcionalmente vocacionados à realização da justiça social,[1358] apresentando basicamente três restrições operativas quando cotejados com os direitos de liberdade: a exigência, como regra geral, de mediação legislativa, definindo as prestações a serem ofertadas pelo Estado,[1359] a outorga de liberdade valorativa às autoridades competentes,[1360] que podem decidir se, quando e como implementar esses direitos; e a disponibilidade de recursos financeiros, sabidamente limitados. Quando a questão é levada aos órgãos jurisdicionais, é comum a argumentação, pelo Poder Público, no sentido de que sua efetivação está estritamente relacionada à implementação de políticas públicas, seara em que é intensa a liberdade valorativa dos agentes democraticamente legitimados.[1361]

Em razão dessas especificidades, os direitos sociais encontram grandes obstáculos para a sua concretização, dificultando a formulação de pretensões, perante o Judiciário, visando à condenação do Estado à adoção das medidas necessárias ao seu atendimento.[1362]

[1355] BOBBIO, Norberto. *A era dos direitos*. (Trad. Carlos Nélson Coutinho). Rio de Janeiro: Campus, 1992. p. 21.

[1356] CAPPELLETTI, Mauro. *Proceso, ideologías, sociedad*. (Trad. Santiago, Sentis Melendo). Buenos Aires: Europa-América, 1974. p. 121.

[1357] OTERO, Paulo. *Instituições políticas e constitucionais*. Coimbra: Almedina, 2009. v. I, p. 336.

[1358] BADURA, Peter. *Staatsrecht, Systematische Erläuterung des Grundgesetzes*. 3. ed. München: C. H. Beck, 2003. p. 90.

[1359] Cf.: GUASTINI, Ricardo. *Distinguiendo*: estudios de teoría y metateoría del derecho. (Trad. Jordi Ferrer i Beltrán). Barcelona: Gedisa, 1999. p. 189.

[1360] Cf.: PACE, Alessandro. *Problemática delle libertà costituzionali*: parte generale. 3. ed. Padova: CEDAM, 2003. p. 149.

[1361] BARRY, Brian. Justice and democracy In: LOPES ALVES, João. *Ética e o futuro da democracia*. Lisboa: Colibri, 1998. p. 239 (241).

[1362] GUASTINI, Ricardo. *Das fontes às normas (Dalle fonti alle norme)*. (Trad. Edson Bini). São Paulo: Quatier Latin, 2005. p. 256.

Em sentido contrário, há quem sustente que as restrições operativas que recaem sobre os direitos sociais impedem, mesmo, que sejam eles considerados "direitos" em sentido verdadeiro e próprio, já que não seriam judicialmente sindicáveis.[1363]

Com os olhos voltados às conflitualidades intrínsecas que se manifestam no plano operativo, recairá sobre o intérprete o *múnus* de identificar, à luz dos contornos linguísticos do enunciado interpretado, dos valores colhidos no ambiente sociopolítico e dos fins a serem alcançados pela futura norma, como devem ser delineadas as suas prescrições. São endereçadas unicamente ao Legislador, afigurando-se imprescindível a sua participação para a integração da normatividade constitucional, ou estabelecem deveres a serem imediatamente adimplidos pelo Poder Público? Em outras palavras: as disposições normativas que os contemplam devem dar origem a que espécie de normas?

Os direitos sociais, longe de interditarem uma atividade do Estado, a pressupõem. Indicam, em regra, a necessidade de intervenção estatal visando ao fornecimento de certos bens essenciais, que poderiam ser obtidos pelo indivíduo, junto a particulares, caso dispusesse de meios financeiros suficientes e encontrasse uma oferta adequada no mercado.[1364] Esses direitos devem ser moldados consoante critérios de subsidiariedade, somente se justificando a prestação estatal no caso de as circunstâncias inviabilizarem a sua obtenção direta pelo beneficiário em potencial.

Os enunciados linguísticos inseridos na Constituição formal, ao fazerem referência aos direitos sociais, podem dar origem a comandos normativos de natureza essencialmente distinta, todos carentes de juízos valorativos e decisórios a cargo do intérprete. É possível que (1) assegurem o gozo de um direito subjetivo; e (2) imponham deveres da mais diversa ordem, podendo ser mencionados (2.1) a proibição de violá-los, (2.2) a obrigação de editar normas que integrem o seu conteúdo ou protejam a sua essência, (2.3) a obrigação de satisfazer os fins a que se referem e (2.4) a obrigação de oferecer as prestações necessárias à sua fruição.[1365]

[1363] Cf.: FLEINER, Thomas. La giustiziabilità dei diritti sociali. *In*: BORGHI, Marco. *Costituzione e diritti sociali*. Fribourg: Éditions Universitaires Fribourg, 1990. v. 2, p. 109 (114).

[1364] Cf.: ALEXY, Robert. *Theorie der Grundrechte*. Baden-Baden: Suhrkamp Taschenbuch, 1994. p. 454.

[1365] Gomes Canotilho (GOMES CANOTILHO, José Joaquim. *Direito constitucional e teoria da Constituição*. 7. ed. Coimbra: Almedina, 2010. p. 474-476; e tomemos a sério os direitos económicos, sociais e culturais. *In*: GOMES CANOTILHO, José Joaquim. *Estudos sobre direitos fundamentais*. 2. ed. Coimbra: Coimbra Editora, 2008. p. 35 (37/38)), após realçar que a "técnica de positivação" dos denominados "direitos a prestações" constitui uma "eleição racional" de "enunciados semânticos", enumera as seguintes possibilidades de positivação jurídico-constitucional dos direitos sociais: (a) *normas programáticas*, definidoras de tarefas e fins do Estado, mas que podem ser trazidas à colação no momento da concretização dos direitos sociais; (b) *normas de organização*, atributivas de competência ao legislador para a emanação de medidas relevantes no plano social, gerando sanções unicamente políticas no caso de descumprimento; (c) *garantias institucionais*, impondo a obrigação de o legislador proteger a essência de certas instituições (família, administração local, saúde pública) e a adotar medidas relacionadas com o "valor social eminente" dessas instituições; (d) *direitos subjetivos*, isto é, inerentes ao espaço existencial dos cidadãos, pressupondo a garantia constitucional de certos direitos, o dever de o Estado criar os pressupostos materiais indispensáveis ao seu exercício efetivo e a faculdade de o cidadão exigir, de forma imediata, as prestações constitutivas desses direitos. Albrecht Weber (WEBER, Albrecht. L'État social et les droits sociaux en RFA. *Revue Française de Droit Constitutionnel*, n. 24, p. 677-693, 1995. p. 677 (680)) oferece classificação distinta, sustentando que os direitos sociais podem ser normativamente enquadrados do seguinte modo: (1) *direitos subjetivos*, o que pressupõe a individualização de normas prescritivas, (2) *mandados constitucionais endereçados ao legislador*, o que os confina ao plano das normas programáticas ou (3) *princípios diretores*, classificação que deve atentar para a essência das normas, não para o designativo que lhes seja arbitrariamente atribuído. Essa classificação indica uma escala nitidamente decrescente em termos de densidade normativa e de potencial exigibilidade.

Os direitos sociais, na medida em que a estrutura normativa o permita, podem assumir o contorno de direitos subjetivos (*v.g.*: o direito à liberdade de associação sindical, assegurado aos trabalhadores nas Constituições brasileira e portuguesa), daí decorrendo obrigações concretas para a sociedade e para o Estado (*v.g.*: a retribuição do trabalho, sendo vedado o escravismo). Essa característica é normalmente reservada aos direitos sociais que impõem obrigações negativas ao Estado, não estando estritamente correlacionados à exata delimitação dos atos a serem praticados e ao dispêndio de recursos públicos para a sua implementação. Os direitos que exijam um atuar positivo, em regra, não costumam ser interpretados como diretamente invocáveis a partir das normas constitucionais, pressupondo, ante o seu acentuado grau de indeterminação, a intermediação legislativa.

Avançando para o plano dos deveres, não suscita maiores dúvidas a obrigação de o Estado não afrontar os bens, valores e interesses cuja proteção seja almejada pelos direitos sociais (*v.g.*: o dever de não violar a saúde, de não obstar o desenvolvimento da educação etc.). Em relação aos direitos sociais que exijam um *facere* para a sua implementação, são normalmente vistos como impositivos da obrigação de editar normas que integrem o seu conteúdo ou protejam a sua essência, fixando suas condições e dimensões, bem como a respectiva fonte de custeio.[1366] Sua intensidade e extensão variarão conforme as disponibilidades, assumindo, em regra, a natureza de normas essencialmente programáticas.

Ainda que as normas relacionadas aos direitos sociais sejam vistas como mandados constitucionais endereçados ao legislador[1367] e imponham determinados objetivos a serem alcançados, é factível que terão uma funcionalidade extremamente diversificada. À guisa de ilustração, servem de parâmetro para o controle de constitucionalidade (por ação ou por omissão), prestam um relevante auxílio na interpretação dos enunciados linguísticos infraconstitucionais, podem obstar o retrocesso social[1368] e exigem que todos

---

[1366] Cf.: ZIPPELIUS, Reinhold. *Teoria geral do Estado* (*Allgemeine Staatslehre*). (Trad. Karin Praefke-Aires Coutinho, coordenação de J. J. Gomes Canotilho). Lisboa: Fundação Calouste Gulbenkian, 1997. p. 395.

[1367] Echavarría fala em cláusulas diretivas, de caráter mais promocional que prescritivo, e que incorporam, portanto, mais princípios que regras (SOLOZÁBAL ECHAVARRÍA, Juan José. El estado social como estado autonómico. *Teoría y Realidad Constitucional*, n. 3, p. 61, 1999. p. 61 (68)).

[1368] Na doutrina, Jorge Miranda, discorrendo sobre o "não retorno da concretização" ou "proibição de retrocesso", observa que as normas legais concretizadoras das normas constitucionais a elas se integram, não sendo possível a sua simples eliminação, isso sob pena de retirar a eficácia jurídica das normas constitucionais correlatas (MIRANDA, Jorge. *Manual de direito constitucional*. 4. ed. Coimbra: Coimbra Editora, 2008. t. IV, p. 397-399). Além disso, a proibição de retrocesso funda-se também no princípio da confiança inerente ao Estado de Direito. Ressalta, no entanto, que esse entendimento não visa a equiparação entre normas constitucionais e legais, pois estas continuam passíveis de alteração ou revogação. O que se pretende é evitar a ab-rogação, pura e simples, de normas legais que conferem efetividade às constitucionais e "com elas formam uma unidade de sistema". O Tribunal Constitucional português, no Acórdão nº 509/2002 (Processo nº 768/2002, j. em 19.12.2002, *Diário da República*, n. 36, Série I-A, p. 905-917), após ampla análise da proibição de retrocesso, afirmou que deve ser encontrado um ponto de equilíbrio entre a "estabilidade da concretização legislativa" e a "liberdade de conformação do legislador", devendo-se concluir pela possibilidade de supressão de determinadas prestações sociais desde que isso não se dê de forma arbitrária e não afete o "direito a um mínimo de existência condigna", que encontra o seu fundamento no princípio da dignidade da pessoa humana. No caso concreto, reconheceu a inconstitucionalidade de decreto da Assembleia da República que regulava a titularidade do direito ao rendimento social de inserção, aumentando a idade mínima de 18 (dezoito) para 25 (vinte e cinco) anos, o que culminaria em impor sérias restrições a relevantes necessidades dos jovens. Na realidade brasileira, Oswaldo Ferreira de Carvalho e Eliane Romeiro Costa (FERREIRA DE CARVALHO, Oswaldo; ROMEIRO COSTA, Eliane. O princípio da proibição de retrocesso social no atual marco jurídico-constitucional brasileiro. *Direito Público*, n. 34, p. 7-40, jul./ago. 2010. p. 7 (30 e ss.)) situam na preservação da dignidade humana o fundamento da proibição de retrocesso, posição que

os atos emanados do Poder Público, de natureza normativa ou não, se ajustem aos seus contornos. Por sua própria natureza, atingem domínios potenciais de aplicação que se espraiam por searas não propriamente superpostas a parâmetros indicadores de um conteúdo mínimo de justiça social.

O Conselho Constitucional italiano, apesar de considerar, por exemplo, o direito à saúde um direito subjetivo (*diritto primario e fondamentale*), exige a interposição legislativa, que igualmente disciplinará os respectivos aspectos financeiros.[1369] Esse entendimento foi preconizado pelo Tribunal na Sentença nº 455, de 16 de outubro de 1990,[1370] que versava sobre o alcance do direito à saúde previsto no art. 32 da Constituição italiana. Na ocasião, foi reconhecido o valor constitucional desse direito, sua primariedade e fundamentalidade, bem como a inviolabilidade correlata à sua natureza quando em confronto com outros interesses constitucionais protegidos.[1371] A tutela do direito à saúde, no entanto, "se articula em situações jurídicas subjetivas diversas, dependendo da natureza e do tipo de proteção que o ordenamento constitucional assegura em benefício da integridade e do equilíbrio físico e psíquico da pessoa humana nas relações jurídicas surgidas em concreto". Com isso, instituiu uma dicotomia na estrutura do direito à saúde que albergaria: (a) um direito de defesa, consagrando uma obrigação *erga omnes* e assegurando a proteção da integridade físico-psíquica da pessoa contra agressões praticadas por terceiros, direito imediatamente garantido pela Constituição e passível de ser tutelado pelos tribunais (*rectius*: um direito de proteção); e (b) um direito a prestação, que pressupõe a prévia "determinação, por parte do legislador, dos instrumentos, do tempo e do modo em que se efetivará a respectiva prestação".

A atuação do legislador seria necessária para o fim de realizar a ponderação entre os diversos valores protegidos pela ordem constitucional, identificando os recursos disponíveis no momento da operacionalização desse direito e a quem será atribuída, na estrutura organizacional, a responsabilidade de implementá-lo.

Essa posição é criticada por Daniela Bifulco,[1372] que visualiza, no percurso argumentativo do Tribunal, conferindo-se exclusividade ao legislador na ponderação dos interesses concorrentes e no dimensionamento dos custos e dos recursos disponíveis, um condicionamento do direito à saúde e, indiretamente, a sua própria negação quando

---

nos parece adequada na medida em que o oferecimento de direitos prestacionais contribui para o delineamento de sua substância, o que impede futuros aviltamentos. No âmbito do Supremo Tribunal Federal, prevalece uma espécie de "silêncio eloquente", não havendo decisões plenárias com base nessa construção, mas, tão somente, votos vencidos (vide ADI nº 2.065/DF e ADI nº 3.105/DF).

[1369] CC, Sentença nº 455/1990, proferida em 16.10.1990. Após acentuarem a constitucionalização da obrigação do Estado de "instituir escolas estatais para todas as ordens e graus" (art. 32, nº 2, da Constituição italiana), Di Celso e Salermo, analisando o art. 34 da Constituição, que assegura o "direito ao estudo", visualizam a existência do direito a obter dos Poderes Públicos, "segundo as condições estabelecidas na Constituição e na lei", as prestações necessárias ao profícuo desenvolvimento dessa atividade (DI CELSO, M. Mazziotti; SALERMO, G. M. *Manuale di diritto costituzionale*. Padova: CEDAM, 2002. p. 208-212). Acrescentam que, "não diversamente do direito ao trabalho, o direito ao estudo nasce como liberdade e se desenvolve como direito cívico ou social ou, como outros preferem dizer (Martines), evolui da liberdade negativa à liberdade positiva". Apesar disso, apresenta uma diferença substancial em relação ao direito ao trabalho, pois a Constituição e a lei impõem os meios (*v.g.*: bolsa de estudo) para tornar efetivo esse direito, indicando uma concreta linha de ação, do que resulta um verdadeiro poder jurídico de exigir a sua prestação. Ao final, lembrando a Sentença nº 215/87, do Tribunal Constitucional, concluem que "a escola está aberta a todos" (*la scuola è aperta a tutti*).

[1370] In Giur. Cost. nº 3/90, p. 2732.

[1371] Cf.: BIFULCO, Daniela, *L'inviolabilità dei diritti sociali*. Napoli: Eugenio Jovene, 2003. p. 179-180.

[1372] BIFULCO, Daniela, *L'inviolabilità dei diritti sociali*. Napoli: Eugenio Jovene, 2003. p. 181.

detectada a inércia do legislador.[1373] Realça, no entanto, alguns aspectos decisivos desse entendimento, como a atribuição de "primazia axiológica" ao direito à saúde, isso ao reconhecer a sua inviolabilidade, daí decorrendo a característica da irretratabilidade, que é típica dos direitos invioláveis, e assegurar a observância do seu conteúdo mínimo e essencial, consagrando a proibição de retrocesso.[1374]

Na França, embora a Constituição de 1958 não contenha um rol de direitos sociais a serem assegurados pelo Estado, o preâmbulo da Constituição de 1946, a ela integrado, veicula importantes disposições a respeito da matéria. Consoante a alínea 10, "a Nação assegura ao indivíduo e à família as condições necessárias ao seu desenvolvimento", acrescendo a alínea 11 que "ela assegura a todos, às crianças, às mães e aos trabalhadores idosos, a proteção da saúde, a segurança material, o repouso e o lazer[...]". Analisando tais dispositivos em questões afetas à sua competência, que não alcança a análise de casos concretos, o Conselho Constitucional tem afirmado que incumbe ao legislador e, se for o caso, à autoridade regulamentar, determinar, "em respeito aos princípios constantes dessas disposições, as modalidades concretas de sua execução".[1375] E, ainda, contextualizando sua análise no âmbito das ajudas sociais, acrescenta que as exigências constitucionais decorrentes dessas disposições implicam na "execução de uma política de solidariedade social em favor da família", sendo deixada ao legislador a liberdade de escolha das modalidades de ajuda que lhe pareçam mais apropriadas.[1376]

Ao associar esses preceitos ao "princípio da salvaguarda da dignidade da pessoa humana", decorrente da primeira alínea do preâmbulo, reconheceu o Conselho Constitucional que "a possibilidade de toda pessoa dispor de uma habitação decente é um objetivo de valor constitucional".[1377] Embora não esteja expressamente inscrito em uma norma constitucional, decorreria dos princípios contemplados no preâmbulo. No entanto, como anotam Favoreau e Philip,[1378] um "objetivo de valor constitucional" não pode ser considerado propriamente uma "norma constitucional de pleno valor", podendo ceder mais facilmente quando em colisão com outra necessidade de interesse geral ou com um direito fundamental (*v.g.*: o direito de propriedade), sendo menos protegido que os últimos.

O entendimento do Conselho Constitucional, apesar de não adentrar em pretensões específicas que visem à concreção dos direitos sociais, deixa claro que das referidas normas não serão deduzidos direitos subjetivos e que a sua integração e especificação competem ao legislador, em clara reverência ao princípio da separação dos poderes.

[1373] Guido Corso observa que o controle do Tribunal Constitucional é pouco incisivo em se tratando de omissão do legislador, acrescendo que a tutela promovida pela jurisdição ordinária pressupõe a prévia intermediação legislativa, delimitando o respectivo direito (CORSO, Guido. I diritti sociali nella Costituzione italiana. *Rivista Trimestrale di Diritto Pubblico*, n. 3, p. 755, 1981. p. 755 (776-777)).

[1374] BIFULCO, Daniela, *L'inviolabilità dei diritti sociali*. Napoli: Eugenio Jovene, 2003. p. 183-185.

[1375] *Conseil Constitutionnel, Décision* nº 97-393 DC, j. em 18.12.1997, considerando 31, in FAVOREU, Louis; PHILIP, Loïc. *Les grandes décisions du Conseil Constitutionnel*. 12. ed. Paris: Dalloz, 2003. p. 885 (890).

[1376] *Conseil Constitutionnel, Décision* nº 97-393, cit., considerando 33.

[1377] *Conseil Constitutionnel, Decision* nº 94-359 DC, j. em 19.1.1995, considerandos 6 e 7, in FAVOREU, Louis; PHILIP, Loïc. *Les grandes décisions du Conseil Constitutionnel*. 12. ed. Paris: Dalloz, 2003. p. 897.

[1378] FAVOREU, Louis; PHILIP, Loïc. *Les grandes décisions du Conseil Constitutionnel*. 12. ed. Paris: Dalloz, 2003. p. 897.

Apesar de veicularem "princípios" ou "valores constitucionais",[1379] seu efeito mais concreto seria o de impedir a revogação de normas que consagrem os direitos sociais sem que outras de natureza similar às substituam.[1380] Embora a sua integração ao direito positivo indique uma exigência constitucional, a vagueza dos seus termos impede que sejam eles diretamente invocados para alicerçar pretensões perante os órgãos competentes, tendo natureza essencialmente programática.[1381]

Quanto ao direito à saúde, Favoreau e Philip[1382] acenam com uma clara evolução da jurisprudência do Conselho Constitucional. Em um primeiro momento (decisão de 15 de janeiro de 1975), invocou o princípio previsto no preâmbulo e o considerou como parte integrante do direito positivo. Posteriormente (decisão de 18 de janeiro de 1978), aceitou apenas examinar se uma lei colide com o direito à saúde. E, mais recentemente (decisão de janeiro de 1991), reconheceu o direito à proteção da saúde tal qual enunciado no referido Preâmbulo.

Especificamente em relação à concretização dos direitos sociais, o Conselho de Estado, em regra, não tem reconhecido nas normas que os contemplam densidade suficiente a ponto de serem considerados verdadeiros direitos subjetivos. O Conselho de Estado teve a oportunidade de afirmar que o "direito à ajuda social constitui, acima de tudo, uma declaração de princípio", não gerando direitos subjetivos.[1383] Por tal razão, não seria conveniente confiar o seu respeito a um organismo de natureza jurisdicional, cujo fim precípuo é o de aplicar regras jurídicas.

A doutrina acena com a evolução desse entendimento, que importaria, no exemplo mencionado, no reforço do caráter jurídico da ajuda social aos desfavorecidos (passagem da assistência ao efetivo direito à ajuda social), contribuindo para a sedimentação da consciência de que os quadros jurídicos tradicionais sofreram uma mudança de natureza.[1384] Essa apreensão da realidade, requisito indispensável à integração da norma, seria realizada pelos órgãos jurisdicionais, não importando em qualquer mácula ao princípio da separação dos poderes.

Ressalte-se que a extensão indefinida do Estado Providência jamais poderá ser assegurada. Dois fatores contribuem de forma decisiva para essa retração dos direitos prestacionais: a "crise econômica generalizada", que inviabiliza o atendimento de todas as necessidades individuais, e a "crise ideológica", sob a forma de dúvidas quanto à solidariedade anônima e à igualdade como finalidade social, o que dificulta a integração da norma pelos órgãos jurisdicionais.[1385]

[1379] Sobre a distinção entre princípios e valores, possuindo os primeiros, além da característica normativa, um maior grau de concreção e de especificação, vide: PÉREZ LUÑO, Antonio Enrique. *Derechos humanos, estado de derecho y Constitución*. 8. ed. Madrid: Tecnos, 2003. p. 287-292.
[1380] FAVOREU, Louis; PHILIP, Loïc. *Les grandes décisions du Conseil Constitutionnel*. 12. ed. Paris: Dalloz, 2003. p. 608.
[1381] Cf.: FAVOREU, Louis et al. *Droit constitutionnel*. 6. ed. Paris: Dalloz, 2003. p. 249.
[1382] FAVOREU, Louis; PHILIP, Loïc. *Les grandes décisions du Conseil Constitutionnel*. 12. ed. Paris: Dalloz, 2003. p. 353.
[1383] *Conseil d'État, Avis du Conseil d'Etat*, Doc. Parl. Sénat, 1974-1975, n. 581, 1, p. 86.
[1384] Cf.: OST, F. Juge-pacificateur, juge-arbitre, juge entraîneur: trois modèles de justice. *In*: GERARD, PH.; OST, F.; VAN DE KERCHOVE, M. *Fonction de juger et pouvoir judiciaire*: transformations et déplacements. Bruxelas: Publications des Facultés Universitaires Saint-Louis, 1983. p. 1 (12).
[1385] Cf.: OST, F. Juge-pacificateur, juge-arbitre, juge entraîneur: trois modèles de justice. *In*: GERARD, PH.; OST, F.; VAN DE KERCHOVE, M. *Fonction de juger et pouvoir judiciaire*: transformations et déplacements. Bruxelas: Publications des Facultés Universitaires Saint-Louis, 1983. p. 1 (13).

Os direitos sociais também podem refletir a imposição de certos fins a serem alcançados, assumindo, enquanto "mandados de otimização", a estrutura de princípios constitucionais. Traduziriam o "reconhecimento da ideia de solidariedade, de justiça social, de igualdade factual e de complementaridade entre as liberdades individuais e suas condições sociais",[1386] veiculando parâmetros essenciais que, a exemplo das obrigações impostas ao legislador, devem ser necessariamente observados por todos os órgãos estatais em suas respectivas esferas de atuação. A maior fluidez que ostentam e a não indicação de uma diretriz específica a ser seguida lhes confere uma densidade normativa inferior.

Ainda que, *a priori*, a estrutura normativa do direito social, vinculado a um *facere* estatal, não permita o imediato surgimento do dever de oferecer certas prestações materiais, o respeito à dignidade humana pode fazer com que o intérprete, ao resolver as conflitualidades intrínsecas no plano operativo, delineie normas preceptivas, dando azo ao surgimento de um direito subjetivo. Para tanto, é necessário que, à luz das peculiaridades da situação concreta, mostrem-se imprescindíveis determinadas prestações já ao abrigo de um quadro axiológico sedimentado no grupamento. Nesses casos, será possível exigir um *facere* estatal para atender a um rol mínimo de direitos.

A jurisprudência do Tribunal Administrativo Federal alemão (*Bundesverwaltungsgericht*),[1387] combinando o princípio diretor do Estado Social (previsto no art. 20, nº 1, da Lei Fundamental, e que isoladamente não é aceito como indicador de direitos diretamente invocáveis) com o princípio da dignidade humana (art. 1º, nº 1, da Lei Fundamental), tem dele extraído, em casos específicos, o fundamento de garantia do mínimo vital. Também o "direito ao livre desenvolvimento da personalidade" (*GG*, art. 2º, nº 1), como ressalta Schmidt,[1388] tem sido invocado pelo Tribunal Constitucional Federal, não só em uma *dimensão material*, que indica o seu *status* de direito fundamental aglutinador de direitos de liberdade não escritos, como em uma *dimensão procedimental*, tornando constitucionalmente sindicáveis outras prescrições que, como o princípio diretor do Estado Social, não seriam consideradas direitos fundamentais.[1389]

Ascendendo na escala de densidade normativa anteriormente referida, merece ser mencionada a jurisprudência do Supremo Tribunal Federal brasileiro, quanto à possibilidade de os direitos prestacionais auferirem o seu fundamento de validade nos mandados constitucionais endereçados ao legislador. Interpretando os arts. 5º e 196 da Constituição brasileira,[1390] o Tribunal decidiu que o fornecimento gratuito de medicamentos essenciais à vida, a pessoa portadora do vírus HIV e destituída de recursos financeiros, configura um direito público subjetivo à saúde.[1391] Em essência, são esses os

---

[1386] Cf.: WEBER, Albrecht. L'État social et les droits sociaux en RFA. *Revue Française de Droit Constitutionnel*, n. 24, p. 677-693, 1995. p. 677 (681).

[1387] *BVerwGE* 1, 159 (161), 1954 (*Fürsorgeanspruch*); e 52, 339 (346), 1977 (*Teilhabeurteil*).

[1388] Cf.: SCHMIDT, Walter. I diritti fondamentali sociali nella Repubblica Federale Tedesca. *In*: *Rivista Trimestrale di Diritto Pubblico*, p. 785, n. 3, 1981. p. 785 (790, 795 e 799).

[1389] *BVerfGE* 50, 57 (107), 1979 (*Mitbestimmung*).

[1390] O art. 5º, *caput*, assegura a todos o direito à vida, e o art. 196 dispõe que "a saúde é direito de todos e dever do Estado, garantido mediante políticas sociais e econômicas que visem à redução do risco de doença e de outros agravos e ao acesso universal e igualitário às ações e serviços para sua promoção, proteção e recuperação".

[1391] STF, 2ª T., RE nº 271.286 AgR/RS, j. em 12.9.2000, *DJ* de 24.11.2000, p. 101. No mesmo sentido: RE nº 236.200/RS, Rel. Min. Maurício Corrêa; RE nº 247.900/RS, Rel. Min. Marco Aurélio; RE nº 264.269/RS, Rel. Min. Moreira Alves;

fundamentos da decisão: (a) a fundamentalidade do direito à saúde; (b) o Poder Público, sob pena de infração à Constituição, deve zelar pela implementação desse direito, sendo um imperativo de solidariedade social; (c) o caráter programático das referidas normas não pode transformá-las em promessas constitucionais inconsequentes; (d) razões de ordem ético-jurídica impõem que o direito à vida se sobreponha a interesses financeiros e secundários do Estado; e (e) além da consagração meramente formal dos direitos sociais, recai sobre o Estado o dever de atender às prerrogativas básicas do indivíduo.

Tanto a jurisprudência do Tribunal Constitucional alemão quanto a do Supremo Tribunal Federal brasileiro permitem concluir que os *mandados constitucionais endereçados ao legislador* e os *princípios diretores do Estado* (*rectius*: o princípio do Estado Social) podem "assumir as vestes" de direitos subjetivos acaso conjugados com os princípios da dignidade humana e do livre desenvolvimento da personalidade, exigindo um *facere* estatal para atender a um rol mínimo de direitos. Note-se, em especial na decisão do Tribunal brasileiro, que a própria questão orçamentária foi relegada a plano secundário, sendo prestigiados valores em muito superiores àqueles que definem a competência dos Poderes Executivo e Legislativo. Caberia aos órgãos responsáveis pelo oferecimento dessas prestações realocar os recursos existentes de modo a cumprir as prioridades estabelecidas no texto constitucional.[1392] Ultrapassada a questão da inexistência de dotação orçamentária específica, o único óbice ainda passível de impedir a implementação dos referidos direitos seria a demonstração, pelo Estado, da total inexistência de recursos. Nesse caso, o descumprimento resultaria de uma total impossibilidade material, não do injustificável descumprimento de um direito subjetivo, o que impede que seja ele censurado.

No direito norte-americano, na era do *Chief Justice* Warren, a teoria da *equal protection of laws* teve grande desenvolvimento, impondo profundas alterações na até então prevalecente postura abstencionista do Estado perante os direitos individuais. De acordo com essa teoria, que trazia consigo uma evidente dimensão substantiva, não cingindo-se à proclamação formal da igualdade, o Estado deveria oferecer os meios mínimos necessários ao exercício das liberdades individuais, permitindo que se tornem reais e efetivas. Transitou-se de uma liberdade-autonomia, em que preponderam as obrigações negativas por parte do Estado, para uma liberdade-prestação, em que as obrigações positivas assumem uma singular importância.

Observa Tribe[1393] que a primeira referência à *equal protection* é encontrada na opinião majoritária do *Justice* Brennan no Caso *Shapiro vs. Thompson*,[1394] que se referia às salvaguardas para o *right of travel*, cujo exercício não poderia redundar em restrições ao oferecimento de direitos prestacionais, de modo a excluir as pessoas que não possuíssem um tempo de residência mínima no local. De acordo com o Tribunal, a Constituição pode ser violada de duas maneiras: (1ª) quando o Governo realiza classificações de modo a distinguir, em suas normas ou programas, pessoas que se encontram em situação

---

e os RE nº 267.612/RS, nº 232.335/RS e nº 273.834/RS, relatados pelo Min. Celso de Mello.
[1392] Como afirmado por Alexy, "direitos individuais podem ter mais peso que razões de política financeira" (ALEXY, Robert. *Theorie der Grundrechte*. Baden-Baden: Suhrkamp Taschenbuch, 1994. p. 466).
[1393] TRIBE, Lawrence H. *American constitutional law*. 2. ed. New York: The Foundation Press, 1988. p. 558 e 1438.
[1394] 394 *U.S.* 618, 1969.

similar; e (2ª) quando o Governo falha na classificação, fazendo com que suas normas ou programas não distingam pessoas que, para os propósitos da igual proteção, deveriam ser vistas de forma diferente. Segundo Nowak e Rotunda,[1395] tratando-se de direitos considerados fundamentais pelo Supremo Tribunal (ajudas sociais para a subsistência, moradia, educação e acesso aos cargos públicos), sua proteção pode ser implementada com fundamento na cláusula da "equal protection", acrescendo que, mesmo na hipótese de ser necessária a alocação de recursos financeiros, deve ser garantido um *quantum* mínimo de benefício. A proteção de determinado direito pode ser elevada a nível constitucional a partir do momento em que seja identificado um senso comum sobre a sua fundamentalidade (vida, liberdade ou propriedade – Quinta e Décima Quarta Emendas), a exemplo do que ocorreu no mencionado Caso *Shapiro*, em que o Supremo Tribunal declarou a invalidade de leis estaduais que recusavam a assistência social aos residentes a menos de um ano no Estado, pois privavam determinadas famílias da ajuda mínima necessária à sua sobrevivência, violando a cláusula da *equal protection of laws*.[1396] Como ressaltado por Howard,[1397] após a década de 1970, o Tribunal, a partir da presidência de Warren Burger, não mais recepcionou a utilização dessa cláusula como fundamento de proteção dos direitos sociais, tendo o *Justice* White, no *Case Lindsay vs. Normer*,[1398] afirmado que "a Constituição não contém remédios jurídicos a todos os males sociais e econômicos". Entendimento diverso prevaleceu em relação ao direito à educação. Apesar de não lhe atribuir contornos propriamente constitucionais, o que excluiria a incidência da cláusula da *equal protection of laws*, o Supremo Tribunal tem reconhecido a sua essencialidade à sedimentação da própria noção de cidadania, exigindo a garantia de um "mínimo de instrução", de modo a permitir a participação do indivíduo nas instituições cívicas.[1399]

Na linha do que foi dito, pode-se afirmar que, no âmbito dos direitos sociais, a estrutura normativa sofrerá modificações conforme esteja presente, ou não, a necessidade de proteger o rol mínimo de direitos materializado na ideia de dignidade,[1400] o que poderá

[1395] NOWAK, John E.; ROTUNDA, Ronald D. *Treatise on constitutional law*: substance and procedure. St. Paul: West, 1992. v. 3, p. 501.

[1396] Cf.: TRIBE, Lawrence H. *American constitutional law*. 2. ed. New York: The Foundation Press, 1988. p. 1436 a 1463.

[1397] HOWARD. La protection des droits sociaux en droit constitutionnel américain. *RFSP*, v. 40, n. 2, p. 173 (173 e ss.), 1990.

[1398] 405 *U.S.* 56, 1972.

[1399] *Plyler vs. Doe*, 457 *U.S.* 202, 1982.

[1400] A consagração constitucional da dignidade humana não se ajusta à tradicional dicotomia positivista entre os momentos de criação e de aplicação do direito. A vagueza semântica da expressão exige que seja ela integrada consoante os influxos sociais e as circunstâncias do caso concreto, fazendo com que o momento criativo termine por projetar-se no momento aplicativo e a ele integrar-se, implicando numa nítida superposição operativa. A essência da Constituição, assim, longe de ser uma certa concepção material de homem, seria, na conhecida proposição de Häberle, a construção da vida social e política como um "processo indefinidamente aberto". Essa atividade integrativa da norma, especialmente quando se constata que na dignidade humana se articula a dimensão moral da pessoa, sendo a sua afirmação o gérmen do reconhecimento de direitos inerentes ao indivíduo e o fundamento de todos os direitos humanos (Vide: GONZÁLEZ MORENO, Beatriz. *El estado social*: naturaleza jurídica y estructura de los derechos sociales. Madrid: Civitas, 2002. p. 95-96), não pode ser deixada ao alvedrio do Poder Executivo. Não encontra amparo na lógica e na razão a tese de que a ação ou a omissão que venha a aviltar a dignidade de outrem passe ao largo de instrumentos adequados de controle da *potestas publica*. Formando a dignidade humana a base axiológica dos direitos sociais, verifica-se que a sua sindicação pelo Poder Judiciário acarretará reflexos nos direitos a ela correlatos. Os valores integrados na dignidade humana, em verdade, congregam a essência e terminam por auferir maior especificidade nos direitos fundamentais. Os direitos fundamentais, a um só tempo, esmiúçam a ideia de dignidade e têm a sua interpretação por ela direcionada, do que resulta uma simbiose que

dar ensejo a um verdadeiro direito subjetivo. Nesses casos, os direitos prestacionais estarão diretamente embasados nas normas constitucionais, que terão aplicabilidade imediata face à densidade normativa obtida com o concurso dos valores inerentes à dignidade humana. Lembrando a estrutura metodológica delineada por Häberle,[1401] pode-se afirmar que a efetividade dos direitos sociais pressupõe a análise do trinômio possibilidade, necessidade e realidade. A possibilidade apresenta contornos de cunho normativo e indica a potencialidade do ordenamento jurídico para absorver a pretensão formulada. A necessidade está atrelada à satisfação de aspectos inerentes à dignidade humana. E a realidade indica os limites materiais e circunstanciais que condicionam a ação do Estado na satisfação das necessidades básicas do indivíduo. Esses requisitos, em situações específicas, podem ser divisados nos denominados "direitos sociais originários", que auferem o seu fundamento normativo diretamente do texto constitucional. Não é de se excluir, igualmente, a possibilidade de os direitos sociais serem vistos como emanações diretas da dignidade humana, que, por si só, com abstração de outros enunciados complementares, pode ser utilizada como base de sustentação de direitos dessa natureza.

---

não é passível de ser dissolvida. O caráter fundante da dignidade humana foi bem enunciado pelo art. 10 da Constituição espanhola, ao consagrar a existência de direitos fundamentais a ela inerentes: "La dignidad de la persona, los derechos inviolables que le son inherentes, el libre desarrollo de la personalidad, el respeto a la ley y a los derechos de los demás son fundamentos del orden político y de la paz social".

[1401] HÄBERLE, Peter. *Pluralismo y Constitución*: estudios de teoría constitucional de la sociedad abierta (Die Verfassung des Pluralismus: Studien zur Verfassungstheorie der offenen Gesellschaft). (Trad. Emilio Mikunda). Madrid: Tecnos, 2002. p. 78-84.

TÍTULO II

INTERPRETAÇÃO CONSTITUCIONAL E RESOLUÇÃO DA CONFLITUALIDADE INTRÍNSECA

CAPÍTULO I

CONSIDERAÇÕES PRELIMINARES

1 A resolução da conflitualidade intrínseca e suas implicações

A individualização do enunciado linguístico a ser interpretado, pressuposto necessário ao próprio surgimento das conflitualidades intrínsecas, está associada ao interesse em obter uma norma constitucional, o que pode decorrer de necessidade (*v.g.*: regulação de uma situação concreta) ou de puro desejo (*v.g.*: reflexões de um estudioso), sendo certo que, nesse último caso, a maior amplitude do contexto considerado dará ensejo a significados meramente provisórios, não raro distintos daqueles obtidos no momento em que a Constituição, com os olhos voltados ao problema, for concretizada.

O intérprete deverá identificar, no âmbito da Constituição formal, aquele enunciado linguístico cujos padrões semânticos mais se aproximem da temática a ser alcançada pela norma. Para realizar essa escolha inicial, o intérprete, influenciado por suas pré-compreensões, pela visão a respeito do contexto e pelos objetivos a serem alcançados com a norma em potencial, desenvolve uma interpretação que poderíamos denominar de precária, em que confere especial ênfase aos aspectos semânticos dos enunciados linguísticos disponíveis.

Se a função do enunciado linguístico é a de servir de base ao processo de interpretação, dando origem a normas constitucionais, é inegável a conexão existente entre ele e os interesses que demandam regulação normativa.[1402] A sua escolha há de ser influenciada por esses fatores, que não podem ser desconsiderados pelo intérprete, já que parte indissociável do contexto em que se projetará a norma. Isso não autoriza que ele promova o rompimento da conexão que deve existir entre interesses e enunciado. Tal ocorrerá quando levar em consideração interesses estranhos à previsão normativa, que seria escolhida por razões diversas daquelas que justificam a sua própria existência. Esse proceder, como é intuitivo, pode culminar com a escolha de enunciados desconectados da situação concreta. Desvirtuada a base que sustenta o processo de interpretação, a norma a ser encontrada certamente padecerá de vício similar. As escolhas realizadas devem resistir a um controle argumentativo, ocasião em que serão desconsiderados os interesses desvinculados do enunciado linguístico escolhido.

[1402] Cf.: DE BARCELLOS, Ana Paula. Ponderação, racionalidade e atividade jurisdicional. *In*: BARROSO, Luís Roberto (Org.). *A reconstrução democrática do direito público no Brasil*. Rio de Janeiro: Renovar, 2007. p. 259 (266-268).

Trata-se do primeiro passo do "processo analógico" a que se referiu Kaufmann,[1403] no qual o texto normativo (dever) e o caso (ser), por meio da interpretação, são reciprocamente ajustados. O primeiro transpõe o plano abstrato e, à luz das especificidades do caso, se transforma em uma "proposição normativa" concretizada. O segundo, por sua vez, se converte, perante o padrão normativo, em uma situação de fato, que representa o espelho da hipótese de incidência por ele delineada.

Escolhido o enunciado linguístico, o intérprete dá continuidade ao processo de interpretação, o que permitirá o aprofundamento da análise dos distintos fatores envolvidos e possibilitará a superação das conflitualidades que se apresentem. No curso desse processo é plenamente factível seja que constatada a inadequação do enunciado linguístico escolhido, o que pode exigir a realização de uma nova escolha, com a consequente deflagração de um novo processo de interpretação. Superada essa fase inicial, faz-se necessário identificar e superar cada uma das conflitualidades intrínsecas que se apresentem.

A conflitualidade intrínseca indica uma situação de contraposição entre certas grandezas, surgida nos planos linguístico, axiológico, teleológico e operativo, que influi no delineamento do significado a ser atribuído pelo intérprete ao enunciado linguístico objeto de interpretação. Ao se falar na resolução desse tipo de conflitualidade, o que se afirma, em verdade, é que o intérprete deve superar todas as situações de contraposição, verificadas no curso do processo de interpretação, e que possam, de algum modo, redundar em uma diversidade de significados, todos reconduzíveis ao objeto da interpretação. Na medida em que se multipliquem as situações de contraposição, maiores serão as chances de que se multipliquem os significados passíveis de serem escolhidos pelo intérprete, observados, em qualquer caso, os balizamentos do enunciado linguístico interpretado, que não apresenta potencial expansivo ilimitado.

A primeira dificuldade a ser enfrentada pelo intérprete diz respeito à identificação das conflitualidades intrínsecas que se formam, o que exige que sejam devidamente considerados e valorados todos os fatores que podem interagir com o texto e influir no seu significado. Embora não haja balizamentos rígidos a serem observados, qualquer *minus* ou qualquer *plus* que se distancie da base cultural e do padrão de racionalidade sedimentados no ambiente sociopolítico certamente comprometerá o acolhimento (nos planos jurídico, fático ou psicológico) do significado alcançado pelo intérprete. O intérprete não deve desconsiderar as peculiaridades do ambiente em que inserido,[1404] formado justamente pelos demais partícipes do processo de comunicação normativa.

Identificados os distintos planos de manifestação da conflitualidade intrínseca, deve o intérprete escolher, entre as diversas grandezas concorrentes, nos distintos planos em que se manifestam, aquelas a que deve atribuir primazia. Para tanto, deve identificar a teoria da interpretação por ele prestigiada e valer-se dos diversos métodos de interpretação existentes, optando por aqueles que se mostrem compatíveis com as peculiaridades do texto e do contexto, o que lhe permitirá identificar os significados

---

[1403] KAUFMANN, Arthur. *Filosofia do direito* (*Rechtsphilosophie*). (Trad. António Ulisses Cortês). Lisboa: Fundação Calouste Gulbenkian, 2004. p. 26.
[1404] Cf.: PERELMAN, Chaïm; OLBRECHTS-TYTECA, Lucie. *Tratado da argumentação* (*Traité de l'argumentation*): a nova retórica. (Trad. Maria Ermantina de Almeida Prado Galvão). São Paulo: Martins Fontes, 2005. p. 35.

que se encontram associados às grandezas de maior importância no caso. Ao fim do processo de interpretação, deve escolher, dentre os significados possíveis, aquele que será incorporado à norma constitucional.

Embora seja exato afirmar que cada grandeza envolvida nessa situação de conflitualidade deve, em um primeiro momento, ser cotejada com aquelas situadas no mesmo plano existencial (*rectius*: valores com valores, aspectos linguísticos com aspectos linguísticos etc.), é plenamente factível que a resolução da conflitualidade relativa a um grupo específico de grandezas seja influenciada pelo modo como as demais grandezas envolvidas agem sobre ele. Os planos de desenvolvimento da conflitualidade intrínseca, longe de permanecerem isolados, interagem e influem reciprocamente uns sobre os outros. Não é por outra razão que a ambiguidade linguística, ao associar uma pluralidade de significados possíveis ao mesmo enunciado, pode ser contornada, por exemplo, com a verificação de qual o valor, dentre aqueles tidos como relevantes e pertinentes ao caso, deve ter reconhecida a sua preeminência, permitindo que seja identificado o significado a que está vinculado. Não é incomum, ademais, que os significados rejeitados pelo intérprete concorram para acentuar ou atenuar as características do significado preferido: a exclusão *a priori* contribui para a confirmação *a posteriori*.[1405]

A conflitualidade intrínseca há de ser identificada e superada em sua globalidade, não a partir de uma análise setorial, circunscrita a apenas parte das grandezas envolvidas. Afinal, a opção por uma perspectiva setorial tende a influir sobre o significado a ser obtido ao final do processo de interpretação, o que se refletirá, *ipso facto*, sobre a força normativa da Constituição e o seu modo de interação com a realidade. Nesse particular, deve-se observar que as distintas grandezas envolvidas no processo de interpretação, longe de encontrar a sua origem no imaginário do intérprete, são extraídas da produção constituinte (*rectius*: do texto constitucional) e do contexto sociopolítico (*v.g.*: valores, necessidades sociais etc.), o que evidencia a impossibilidade de serem desconsideradas sem que isso comprometa a própria "idoneidade" da norma obtida.

O significado atribuído à norma constitucional, por não surgir isolado no contexto normativo, será considerado em sua perspectiva mais ampla, enquanto significado parcial da própria Constituição. Essa relação entre conteúdo e continente deve necessariamente se ajustar a um referencial de coerência sistêmica, permitindo que a norma individualizada pelo intérprete, ainda que comprometida com a regulação de situações específicas, se ajuste às demais normas da ordem constitucional. Embora seja exato afirmar que a base de desenvolvimento da interpretação constitucional é um enunciado linguístico específico, os significados que a ele possam ser atribuídos, todos compatíveis com sua literalidade, podem ser expandidos ou retraídos consoante a influência das demais normas, já que todas, cada qual ao seu modo, delineiam o contexto e são por ele delineadas. A Constituição, enquanto "estrutura", representa um quadro deontológico, de contornos estáveis e contínuos, composto de enunciados linguísticos reciprocamente conexos e funcionalmente conectados à realidade. O referencial de "estrutura", como é intuitivo, supera o de "forma", ao valorizar a sistematicidade e a coerência, conferindo

---

[1405] Cf.: MARKOVITS, Richard S. *Matters of principle*: legitimate legal argument and constitutional interpretation. New York: New York University Press, 1998. p. 58.

ao âmbito de análise, segundo Paresce,[1406] uma "dinâmica interior não separada de uma insuprimível unidade". O intérprete, ao delinear o sentido da norma constitucional, há de se ajustar a esse referencial, que atua como nítido limitador à *potestas interpretandi*. Ao interpretar enunciados específicos, é à Constituição em sua inteireza que irá interpretar, quer para identificar as conexões de sentido que se mostram presentes, quer para excluir a sua existência.[1407] A individualização de significados normativos não prescinde da interação com outros significados normativos.[1408]

É possível se falar na *integralidade do processo hermenêutico*, que se reflete não só na leal utilização dos métodos de interpretação, sem manipulações e direcionamentos que busquem, apenas, justificar os significados que se harmonizem à pré-compreensão do intérprete, como, principalmente, na efetiva consideração de todos os fatores envolvidos, extrínsecos ou intrínsecos, considerando a sua "recíproca iluminação de significado".[1409]

Ao se deparar com as conflitualidades intrínsecas e avançar até a tomada de decisão, o intérprete deve necessariamente identificar as opções políticas e a ordem de valores que dão sustentação ao texto constitucional. Essa atividade, que terá decisiva influência na observância do postulado de coerência sistêmica, evitará que o subjetivismo chegue ao extremo de desconsiderar a própria essência do objeto interpretado, substituindo-o por outro mais ao gosto do intérprete. À primeira análise, de contornos essencialmente estruturais e linguísticos, deve seguir a sua necessária compatibilização com o contexto, se possível com os olhos voltados à norma de decisão, aquela que regerá o caso concreto, o que permitirá que seja aferida a melhor forma de assegurar a plena efetividade da Constituição, isso em todas as suas nuances, normativas e axiológicas. Esse direcionamento na decisão do intérprete não é propriamente uma forma de se privilegiar a intenção do Constituinte, mas sim, uma técnica necessária à preservação da essência da Constituição. Essa essência, malgrado cambiante, ajustando-se às constantes mutações do ambiente sociopolítico, não é integralmente renovada a cada processo de interpretação. Ela possui uma estabilidade, um alicerce estrutural, que se modifica lentamente e não permite que os significantes linguísticos a ela integrados levitem no vácuo, direcionados, apenas, pela influência de uma realidade cambiável, e totalmente reféns da liberdade criativa do intérprete.

O intérprete, ao tomar decisões e delinear o sentido a ser atribuído à norma constitucional, será necessariamente influenciado pelas consequências que se desprenderão de sua atividade e alcançarão o ambiente sociopolítico.[1410] Todo e qualquer padrão normativo, e o de estatura constitucional em especial, ostenta uma funcionalidade, um objetivo a ser cumprido. A preservação da unidade sistêmica da Constituição, lastreada na necessária coexistência de suas normas, somente será alcançada em sua inteireza

---

[1406] PARESCE, Enrico. Dogmatica giuridica. In: *Enciclopedia del diritto*. Milano: Giuffrè, (1972) 2007. v. XIII, p. 678 (§15).

[1407] Cf.: BENTIVOGLIO, Ludovico Matteo. Interpretazione delle norme internazionali. In: *Enciclopedia del diritto*. Milano: Giuffrè, 2007. v. XXII, p. 310 (§2º); e PARESCE, Enrico. Interpretazione (fil. dir. e teoria gen.). In: *Enciclopedia del diritto*. Milano: Giuffrè, (1972) 2007. v. XXII, p. 152 (§16).

[1408] Cf.: VIOLA, Francesco; ZACCARIA, Giuseppe. *Diritto e interpretazione*: lineamenti di teoria ermeneutica del diritto. 6. ed. Roma: Laterza, 2009. p. 229.

[1409] Cf.: BETTI, Emilio. *Teoria generale dell'interpretazione*. 2. ed. Milano: Giuffrè, 1990. v. II, p. 308 e ss.

[1410] CHARMAN, Mary; VANSTONE, Bobby; SHERRATT, Liz. *As law*. 4. ed. Devon: Willan, 2006. p. 75-76.

caso se estenda do texto à realidade. A preocupação com a harmonização principia no curso do processo de interpretação, prevenindo a eclosão de conflitos normativos; estende-se à resolução das conflitualidades extrínsecas que se apresentem no momento da aplicação; e alcança a própria realidade, de modo que a norma individualizada não seja inócua ou o exaurimento de seus efeitos não inviabilize a própria efetividade de outras normas igualmente integradas ao sistema.

As decisões tomadas no curso do processo de interpretação, embora exijam do intérprete uma tomada de posição a respeito dos diversos aspectos envolvidos, daí resultando, para cada um dos vetores considerados, situações de preeminência e de correlata inferioridade, não devem se distanciar da contínua preocupação em se preservar a harmonia do sistema, tanto em sua unidade interior, quanto em sua relação com a realidade. Para tanto, devem ser devidamente sopesados os fatores endógenos e exógenos que influem na resolução da conflitualidade intrínseca, permitindo, tanto quanto possível, que a norma constitucional assuma contornos harmonizadores. Como afirmara Ascoli, "a ideia de equilíbrio é inseparável do direito".[1411]

A efetiva projeção da Constituição na realidade, permitindo que se desprenda de sua abstração textual, sempre estará condicionada a uma "decisão final" por parte do operador do direito, e esta, por sua vez, será antecedida por uma multiplicidade de "decisões parciais",[1412] quantitativo que será necessariamente influenciado pela frequência das conflitualidades intrínsecas. Essa sucessão de decisões há de se conformar a um processo diretivo, materializado na interpretação constitucional, que se desenvolve à luz de certos métodos, escolhidos e aplicados consoante a pré-compreensão e os juízos de valor adotados pelo intérprete.[1413]

2 Fatores endógenos que influem na resolução das conflitualidades intrínsecas

A unidade do sistema constitucional, enquanto paradigma de harmonia e integração, exige a necessária compatibilização entre as normas constitucionais, o que contribui para a preservação de sua coerência e para o afastamento dos defeitos lógicos característicos dessa seara, como antinomias e inoperâncias normativas.[1414] Essa compatibilização exige que o processo de interpretação seja necessariamente influenciado pelas demais normas do sistema, fatores endógenos que concorrerão para a resolução das conflitualidades intrínsecas e, consequentemente, influirão na atribuição de significado da futura norma. Com isso, será possível alcançar uma "unidade material de sentido",[1415] de modo que, tanto quanto possível, as normas constitucionais ajustem-se e complementem-se, não entrando em conflito entre si.

[1411] ASCOLI, Max. *La interpretazione delle legi*: saggio di filosofia del diritto. Roma: Athenaeum, 1928. p. 127.

[1412] Cf.: WROBLEWSKI, Jerzy; BÁNKOWSKI, Zenon; MACCORMICK, Neil. *The judicial application of law*. Springer: The Netherlands, 1992. (Law and Philosophy Library, v. 15), p. 11.

[1413] Cf.: BETTI, Emilio. *Interpretazione della legge e degli atti giuridici*: teoria generale e dogmatica. 2. ed. Milano: Giuffrè, 1971. p. 4.

[1414] Cf.: SANTIAGO NIÑO, Carlos. *Introducción al análisis del derecho*. 2. ed. Buenos Aires: Astrea, 2005. p. 272.

[1415] Cf.: GARCÍA DE ENTERRÍA, Eduardo. *La Constitución como norma y el Tribunal Constitucional*. 3. ed. Madrid: Civitas, 2001. p. 97.

Na medida em que possuem uma origem comum, o exercício do poder constituinte ou, mesmo, de um poder reformador que nele encontre sua base de sustentação, é factível que as normas constitucionais ocupem o mesmo plano existencial, o que afasta a existência de uma hierarquia normativa entre elas.[1416] Ao serem indistintamente reconduzidas à Constituição, apresentando a mesma origem formal, e ostentarem idêntica supremacia em relação às normas infraconstitucionais, é factível a impossibilidade de ser criado um escalonamento que destoe do tratamento paritário estabelecido pelo próprio sistema. Ainda que alcancem bens e interesses de natureza diversificada, apresentando funcionalidades distintas, essa ausência de uniformidade em relação à sua importância no ambiente sociopolítico em nada afeta a constatação de que apresentam um nivelamento de ordem ontológica.

Acresça-se que a noção de hierarquia normativa está intimamente entrelaçada à de validade técnico-jurídico, indicando que uma norma é superior a outra tão somente quando possa ser considerado, de modo direto ou indireto, o seu fundamento de validade. Nessa linha, somente seria possível falar em hierarquia em relação à necessária adstrição do poder reformador aos balizamentos estabelecidos pelo Constituinte originário. Mesmo aqui, realizada a reforma e sendo ela formal e materialmente válida, a hierarquia se dissolverá e as normas obtidas a partir das disposições normativas de caráter reformador se nivelarão àquelas que encontram sustentação nas disposições originárias.

Não obstante o nivelamento ontológico, observa-se que as normas constitucionais são informadas por valores sensivelmente distintos, que tanto podem refletir as mais lídimas aspirações da população (*v.g.*: a proteção dos direitos humanos), como permanecer circunscritos a periféricas questões de natureza organizatória (*v.g.*: a estrutura administrativa dos órgãos públicos). A partir da distinção entre hierarquia (*rectius*: normativa) e importância, seria possível afirmar que as normas constitucionais, embora ocupem o mesmo "setor hierárquico", apresentam distinções de grau quando cotejadas entre si.[1417] Nas palavras de Nélson de Souza Sampaio,[1418] "poder-se-ia usar da comparação astronômica com as constelações, nas quais figuram estrelas de maior e de menor brilho". Essa distinção de grau é fruto dos valores que informam as distintas normas constitucionais, o que enseja a formação de uma diversidade de impressões a seu respeito. Considerando que esses valores não ostentam idêntica importância no ambiente sociopolítico, o mesmo ocorrerá em relação às normas que os veiculam, daí ser possível falar em uma "hierarquia axiológica"[1419] entre as normas constitucionais. É nessa perspectiva que deve ser interpretada a advertência de Bidart Campos, no sentido

---

[1416] Cf.: GOMES CANOTILHO, José Joaquim. *Constituição dirigente e vinculação do legislador*: contributo para a compreensão das normas constitucionais programáticas. 2. ed. Coimbra: Coimbra Editora, 2001. p. 146; GOMES CANOTILHO, José Joaquim. *Direito constitucional e teoria da Constituição*. 7. ed. Coimbra: Almedina, 2010. p. 1183; e BARROSO, Luís Roberto. *Interpretação e aplicação da Constituição*. 7. ed. São Paulo: Saraiva, 2009. p. 156. Em sentido contrário: OTERO, Paulo. *Legalidade e administração pública*: o sentido da vinculação administrativa à juridicidade. Coimbra: Almedina, 2007. p. 560.

[1417] SAMPAIO, Nélson de Souza. Hierarquia entre normas constitucionais. *Revista de Informação Legislativa do Senado Federal*, n. 85, p. 5-20, 1985. p. 5 (5).

[1418] SAMPAIO, Nélson de Souza. Inconstitucionalidade de emenda constitucional. *Revista de Direito Público*, v. 16, n. 67, p. 5-19, 1983. p. 5-19.

[1419] Cf.: FREITAS, Juarez. *A interpretação sistemática do direito*. 4. ed. São Paulo: Malheiros, 2004. p. 113 e ss.; e GUASTINI, Ricardo. *Distinguiendo*: estudios de teoría y metateoría del derecho. (Trad. Jordi Ferrer i Beltrán). Barcelona: Gedisa, 1999. p. 378.

de que "os direitos, enquanto direitos, não enquanto normas, não estão parificados na mesma hierarquia, tampouco os bens e necessidades a que se referem".[1420]

O delineamento da hierarquia axiológica, longe de assumir contornos puramente abstratos, não prescinde de considerações de ordem fático-jurídica, em especial quanto à relação entre as normas cotejadas e as especificidades do caso concreto. Considerando que os valores não prescindem da interação com o ambiente sociopolítico, é possível que certas normas, quando analisadas *in abstracto*, aparentem possuir uma importância maior que outras, e, *in concreto*, essa preponderância se inverta. A influência do contexto não afasta a constatação de que certas normas apresentam uma preeminência *prima facie*, que eventualmente pode ceder lugar às especificidades do caso concreto. É o caso, por exemplo, das *normas de base, de preservação sistêmica* e *de proteção aos direitos humanos*.

Certas normas podem assumir o *status* de fator de identificação do próprio sistema, de modo que a sua desconsideração não seja vista como mero descumprimento normativo, mas como verdadeiro rompimento sistêmico. Normas dessa natureza, que formam o alicerce de sustentação do sistema, são objeto de desenvolvimento por outras normas nele inseridas. É o que ocorre, por exemplo, com os princípios fundamentais da ordem constitucional (*v.g.*: democracia, pluralismo, separação dos poderes etc.). As *normas de base*, à evidência, apresentarão maior importância axiológica que as *normas de desenvolvimento*.

Embora não haja um arquétipo básico, permitindo definir, *in abstracto*, a posição ocupada por cada norma constitucional na hierarquia axiológica, é inegável que a própria ordem constitucional, por vezes, confere uma proteção reforçada a certas normas. Trata-se de claro indicativo de que, no sistema constitucional, por opção Constituinte, essas normas ostentam uma importância superior. As *normas de preservação sistêmica*, que podem, ou não, apresentar uma relação de superposição com as normas de base, são aquelas que buscam preservar aspectos essenciais do sistema constitucional (1) em situações de normalidade institucional, contra a ação do poder reformador ou, mesmo, (2) em situações de anormalidade institucional, dispondo sobre as garantias pessoais e institucionais que não podem ser afetadas. Diz-se que nem sempre apresentarão uma relação de superposição com as normas de base, na medida em que é plenamente possível a existência de normas dessa última natureza que não ostentem um *status* de irrevisibilidade.

As *normas de proteção aos direitos humanos* indicam a posição de primazia assumida pela pessoa humana, no Estado de Direito. Veiculam os valores mais basilares a qualquer sociedade civilizada, terminando por definir a *ratio essendi* e a própria funcionalidade das estruturas estatais de poder. Direitos humanos e democracia se interpenetram de tal modo que não se pode conceber o reconhecimento de direitos sem igualitária participação política, ou se conceber uma efetiva participação política sem o reconhecimento de direitos que permitam identificar a humanidade dos participantes e lhes confiram a necessária liberdade de pensar e agir. A importância dos direitos humanos evidencia que normalmente assumirão o *status* de normas de base, como ocorre com o princípio da dignidade humana, que é objeto de especificação e desenvolvimento pelos direitos

---

[1420] BIDART CAMPOS, German J. *Teoría general de los derechos humanos*. Buenos Aires: Astrea, 1991. p. 377.

fundamentais, e de normas de preservação sistêmica, isso com a vedação de que uma reforma constitucional suprima ou altere a essência desses direitos ou que sejam suspensos em momentos de anormalidade institucional. É igualmente possível que seja estabelecido um escalonamento, de contornos voláteis, não absolutos, entre os próprios direitos humanos, o que ocorrerá à luz de sua vinculação ao núcleo existencial da dignidade humana, dos instrumentos de proteção oferecidos pela ordem constitucional e de sua potencial efetividade.[1421]

No extremo oposto às normas que *prima facie* ocupam uma posição de preeminência, estão aquelas que, embora sejam formalmente constitucionais, não têm por objeto temática de natureza materialmente constitucional. Normas dessa natureza, sob uma perspectiva axiológica, ostentarão importância axiológica inferior às normas que não só encontram sua base de sustentação na Constituição formal, como são materialmente constitucionais.

É justamente com os olhos voltados a essa hierarquia axiológica que é possível sustentar a necessidade de o intérprete delinear o significado das normas constitucionais com reverência aos "princípios fundamentais" ou aos "princípios estruturais" do sistema constitucional, que nada mais são que normas dotadas de preeminência axiológica e que influem na interpretação das demais, de modo a compatibilizá-las entre si, assegurando a unidade do sistema. É justamente essa a razão de ser da conclusão alcançada pelo Tribunal Constitucional Federal alemão, no sentido de que as disposições constitucionais devem ser interpretadas de modo "que sejam compatíveis com as normas fundamentais elementares (elementaren Grundsätzen) da lei fundamental e com sua ordem de valor (Wertordnung)".[1422]

O reconhecimento de que as normas constitucionais ostentam uma importância axiológica diferenciada assumirá vital importância no processo de interpretação. Afinal, o intérprete, ao decidir que grandezas devem ser preferidas em cada um dos planos de manifestação da conflitualidade intrínseca, com a consequente escolha dos significados que devem preponderar, será influenciado pela necessidade de a norma por ele delineada coexistir com as demais normas do sistema. O processo de interpretação deve harmonizá-las. Nessa atividade, é plenamente factível que mais de uma norma constitucional tangencie a temática versada na disposição constitucional objeto de interpretação, cada qual conduzindo a um resultado interpretativo diverso. Em situações dessa natureza, o intérprete pode encontrar conteúdos normativos distintos, conforme o grau de influência e a primazia que venha a atribuir a cada uma das normas constitucionais envolvidas. Embora se reconheça que a liberdade valorativa do intérprete é inerente ao próprio processo de interpretação, ela há de se ajustar aos balizamentos estabelecidos pela Constituição, em especial à hierarquia axiológica entre suas normas.

A coexistência normativa nem sempre será marcada por rígidos referenciais de harmonia, sendo plenamente factível que a compatibilidade com certas normas redunde no distanciamento de outras. É exatamente no momento de decidir quais normas serão preteridas e quais normas serão prestigiadas que o intérprete levará em consideração a hierarquia axiológica existente entre elas. A hierarquia axiológica atuará como fator

---

[1421] Cf.: MIRANDA, Jorge. *Manual de direito constitucional*. 4. ed. Coimbra: Coimbra Editora, 2008. t. IV, p. 194-195.
[1422] *BVerfGE*, 30, 1 (19), 1970 (*Abhörurteil*). No mesmo sentido: *BVerfGE* 19, 206 (220), 1965 (*Kirchenbausteuer*).

de direcionamento da atuação do intérprete. Nesse processo, não será incomum a realização de juízos de ponderação, influenciados pelos aspectos circunstanciais do caso concreto, que permitirão ao intérprete identificar com que norma constitucional deve se harmonizar o produto de sua atividade intelectiva, vale dizer, o significado a ser outorgado ao enunciado linguístico interpretado.

3 Fatores exógenos que influem na resolução da conflitualidade intrínseca

Os conhecidos debates em torno da supremacia da ordem jurídica positiva, sobre ser, ou não, independente e infensa a qualquer influência exercida por fatores exógenos, necessariamente influenciarão a tentativa de delinear, argumentativamente, o processo de resolução das conflitualidades intrínsecas. Afinal, reconhecida tal influência, as decisões a serem tomadas pelo intérprete hão de se ajustar ao paradigma considerado, de modo a produzir normas constitucionais com ele compatíveis.

Em sentido lato, os fatores exógenos que necessariamente influenciarão no surgimento e na resolução das conflitualidades intrínsecas são aqueles que se desprendem do ambiente sociopolítico, cuja identidade cultural irradia necessários influxos sobre todos os juízos valorativos realizados pelo intérprete. Ainda que seja possível individualizar a norma constitucional *in abstracto*, o que, apesar da provisoriedade do significado encontrado, passível de ser alterado em razão das especificidades do caso concreto, pode apresentar alguma relevância acadêmica e contribuir para o direcionamento de comportamentos futuros, tal jamais será uma opção viável quando se desenvolva de modo indiferente ao contexto ambiental, linguístico ou não linguístico. Texto e contexto necessariamente interagem na formação do conteúdo da norma constitucional.

Em sentido estrito, é possível identificar a existência de fatores exógenos que, longe de se limitarem ao delineamento da realidade circundante, veiculam padrões de conduta. Nesse caso, atuarão como verdadeiros paradigmas, direcionando as escolhas do intérprete e, ao final do processo de interpretação, sendo cotejados com o significado alcançado. Fatores dessa natureza, em seus contornos mais amplos, podem ser colhidos no plano axiológico, refletindo os denominados padrões morais de conduta, ou, no plano jurígeno internacional, indicando os padrões de conduta sedimentados no âmbito da sociedade internacional.

Principiando pelos referenciais extrassistêmicos de natureza axiológica, passíveis de serem reconduzidos à noção mais ampla de moral, é factível a existência de divergências em relação ao modo como interagem com o direito ou, de modo mais preciso, se devem ser vistos como diretrizes vinculantes, diretrizes facultativas ou referenciais de integração, que interagem com o texto normativo no processo de delineamento da norma constitucional.

A partir das premissas estabelecidas ao analisarmos a virada axiológica do constitucionalismo, é possível afirmar que diversamente dos positivistas, que somente identificam a existência de um único direito, o positivo, os naturalistas defendem a existência de dois, o direito positivo e o direito natural: o primeiro estabelecido pelos homens e, o segundo, sempre identificado com padrões de justiça, preexistentes, vinculantes e hierarquicamente superiores ao direito positivo. A partir desse arquétipo básico, os naturalistas reconhecem a existência de fatores exógenos, cognominados, ou não, de padrões morais, que são vinculantes para o direito positivo. Esses fatores, por sua vez, terão origem extremamente diversificada, sendo obtidos, por exemplo, junto aos planos sociológico, teológico, individualista ou puramente racional. A concepção de direito enquanto fator real e expressão de harmônica convivência social, que não é propriamente criado, mas apreendido e reproduzido pelos homens, caracteriza o fundamento sociológico. Ele busca reproduzir as relações justas no ambiente sociopolítico, obedecendo a uma lei comum, conforme à natureza, que regula todos os povos.[1423] No plano teológico, vincula-se o direito natural a paradigmas de ordem divina, assumindo especial destaque, ao menos no Ocidente, os dogmas estabelecidos pelo cristianismo e pelas religiões que nele encontram sustentação.[1424] No plano individualista, o direito natural encontra o seu alicerce de sustentação na essência do ser humano, que possui direitos inatos, decorrentes de sua própria natureza, a serem descobertos com o auxílio da razão e que não podem ser desconsiderados pelo Estado. O direito natural seria o fundamento dos direitos humanos.[1425] No plano puramente racional, sustenta-se que todas as ações humanas são dirigidas pela razão, que traça os padrões de virtude e felicidade, estimulando a sua projeção em todos os quadrantes da vida.[1426]

Conexos à funcionalidade do direito natural, tem-se os efeitos produzidos em relação ao direito positivo, que a ele deveria se ajustar e submeter. Nesse particular, embora seja comum a sua utilização como paradigma de correção do direito positivo, não há maior consenso em relação aos efeitos ocasionados por uma contradição entre ambos.[1427] Podem ser concebidas (1) soluções extremas, como as de considerar a total preeminência do direito natural, daí decorrendo o dever de não obedecer às normas positivadas que destoem dos balizamentos traçados por ele; (2) soluções intermédias, exigindo que a divergência alcance toda a ordem jurídica positiva, e não apenas algumas de suas normas, ou reconhecendo a mera faculdade de os juízes deixarem de aplicar a norma dissonante; e (3) soluções amenas, que atribuem ao direito natural, apenas o papel de indicar a correção moral e política do direito positivo, não podendo afastar a aplicação de suas normas em caso de divergência.

[1423] Cf.: ARISTÓTELES. *Etica Niocomachea*. (Trad. Claudio Mazzarelli). Milano: Bompiani Testi a Fronte, 2007. Livro V, cap. 7, p. 209-211.

[1424] Cf.: SUÁREZ, Francisco. *Tratado de las leyes y de Dios legislador*: de la ley positiva humana en si misma y en quanto puede considerarse en la pura naturaleza del hombre, la cual se llama también ley civil. (Trad. Jaime Torrubiano Ripol). Madrid: Reus, 1918. v. 3, p. 60 e ss.

[1425] Cf.: LOCKE, John. *Segundo tratado sobre o governo* (*Two treatises of government*). (Trad. Alex Marins). São Paulo: Martin Claret, 2005. p. 37 e ss.

[1426] Cf.: HOBBES, Thomas. *Do cidadão* (*De cive*). (Trad. Fransmar Costa Lima). São Paulo: Martin Claret, 2004. p. 40 e ss.; e HOBBES, Thomas. *Leviatã*: ou matéria, forma e poder de um estado eclesiástico e civil (Leviathan: or matter, form and power of a commonweath ecclesiastical and civil). (Trad. Alex Marins). São Paulo: Martin Claret, 2005. p. 101. Na primeira obra, após afirmar que a lei da natureza "é a ordem da reta razão", o autor enuncia algumas dessas leis fundamentais, como "buscar a paz" e "cumprir os contratos estabelecidos" (HOBBES, Thomas. *Do cidadão* (*De cive*). (Trad. Fransmar Costa Lima). São Paulo: Martin Claret, 2004. p. 40 e 52); na segunda, sentencia que "[l]ei natural – lex naturalis – é um preceito ou regra geral, estabelecido pela razão, mediante o qual se proíbe a um homem fazer tudo o que possa destruir sua vida, privá-lo dos meios necessários para preservá-la ou omitir aquilo que pense poder contribuir melhor para preservá-la" (HOBBES, Thomas. *Leviatã*: ou matéria, forma e poder de um estado eclesiástico e civil (Leviathan: or matter, form and power of a commonwealth ecclesiastical and civil). (Trad. Alex Marins). São Paulo: Martin Claret, 2005. p. 101).

[1427] Cf.: TROPER, Michel. *A filosofia do direito* (*La philosophie du droit*). (Trad. Ana Deiró). São Paulo: Martins Fontes, 2008. p. 24.

Não obstante as críticas que recaem sobre as construções naturalistas, merecendo especial realce a dificuldade em individualizar os valores que informam os padrões de justiça, deve-se reconhecer que influxos naturalistas se mostram particularmente intensos em relação à proteção dos direitos humanos. A referência aos direitos inalienáveis ou intangíveis do homem é encontrada em muitas Constituições contemporâneas,[1428] o que bem demonstra um total desprendimento do positivismo formalista.

A intensa penetração de referenciais axiológicos na interpretação jurídica em muito contribui para tornar frequente a busca por padrões ideais de justiça, daí decorrendo uma inevitável tentativa de ressurgimento das construções naturalistas. Tentativas desse tipo, longe de serem abertamente defendidas, são, em regra, subliminares. No Direito contemporâneo, poucos autores, como John Finnis,[1429] aderem abertamente a esse tipo de construção. Invocam os fundamentos do direito natural, em especial os planos individualista (a pessoa humana como fonte e essência do direito) e puramente racional (a razão como diretriz inconsciente do pensar e do agir). Apregoam o universalismo de certos conteúdos, mais especificamente daqueles cunhados pelo pensamento jurídico ocidental. Advogam a possibilidade de os direitos inerentes à pessoa humana serem exigidos e condicionarem os poderes constituídos. E, por fim, concluem pela invalidade ou pela falta de imperatividade das normas positivas que destoem dos referidos padrões. Apesar disso, raramente empregam a estigmatizada expressão "direito natural". Em verdade, o prestígio de algumas construções naturalistas vê-se nitidamente condicionado aos contornos semânticos atribuídos à epígrafe sob a qual estão incluídas. Enquanto o "direito natural" as enfraquece, inviabilizando a própria tentativa de convencimento, a referência aos princípios da "moral" ou da "justiça" é o suficiente para amenizar a resistência.

A metodologia contemporânea não tem reconhecido, na estrita separação entre direito e moral, uma opção viável, o que em grande parte se deve ao abandono do formalismo clássico e ao reconhecimento (1) da ausência de identidade entre o texto e a norma e (2) do papel criativo desempenhado pelo intérprete. A quase que universal adoção de Constituições escritas, ao que se soma a sua supremacia normativa e os importantes balizamentos que traça para o poder político, fizeram com que o texto formal passasse a ser visto, também, como um fator de risco. Risco de conferir juridicidade à injustiça, atribuindo ares de normalidade a comportamentos atentatórios à própria espécie humana. Risco de distanciar-se da realidade, consequência lógica de sua aspiração à permanência e da reconhecida mutabilidade do ambiente sociopolítico. Enfim, risco de permanecer indiferente às próprias aspirações sociais. Embora se reconheça que a multiplicidade de doutrinas morais existentes em qualquer sociedade é fator impeditivo a que a própria validade do direito posto esteja condicionada à sua observância, não se

---

[1428] Vide: art. 1º, 1, da *Grundgesetz* alemã de 1949; art. 4º da Constituição andorrana de 1993; art. 10, 1, da Constituição espanhola de 1978; art. 2º da Constituição italiana de 1947; art. 11 da Constituição japonesa de 1946; art. 17, 2, da Constituição russa de 1993; e a primeira frase do preâmbulo da Constituição francesa de 1946, integrado à Constituição de 1958. O *Bill of Rights of Virginia*, de 12 de junho de 1776, cujo modelo se espraiou por outros Estados da Federação americana, dispunha, em seu art. 1º, que "todos os Homens são por natureza igualmente livres e independentes e possuem determinados direitos inatos [...]". Também a Declaração de Independência dos EUA, de 4 de julho de 1776, albergou a fórmula dos "direitos inalienáveis".

[1429] FINNIS, John. *Lei natural e direitos naturais (Natural law and natural rights)*. (Trad. Leila Mendes). São Leopoldo: Unisinos, 2007.

pode negar, sob outra ótica, que a operação de delineamento da norma constitucional, principiada pelo Constituinte e finalizada pelo intérprete, há de levar esses mesmos valores em consideração. É nítida a influência recíproca entre dever moral e dever jurídico, não sendo possível a correta individualização de um deles com uma ampla e irrestrita desconsideração do outro. O formalismo puro cede lugar à preocupação de ajustá-lo à realidade. Essa, aliás, é a essência do neoconstitucionalismo. Se a moral não assume contornos impositivos e muito menos pode ser vista como mero conselho a ser seguido, ou não, *ad libitum* do intérprete, não se pode negar a sua influência no delineamento da norma constitucional, circunstância bem percebida face à importância das conflitualidades intrínsecas no plano axiológico.

A segunda ordem de fatores exógenos a serem considerados tem raízes no plano internacional.

Com abstração dos profícuos debates envolvendo as relações entre a ordem jurídica interna e a ordem jurídica internacional, que há muito opõem monistas e dualistas,[1430] tem se constatado que o Estado não pode ser visto como uma partícula isolada, indiferente a certos valores sedimentados no âmbito da sociedade internacional. A intangibilidade da soberania estatal tem passado por contínuos redimensionamentos, motivados não só pelo voluntarismo de cada Estado (*v.g.*: com a adesão às organizações internacionais de integração), como, principalmente, pela necessidade de a ordem interna se compatibilizar com certos valores tidos como basilares no âmbito da ordem internacional.[1431] A coexistência de distintos vetores axiológicos no âmbito constitucional tanto pode ter origem sistêmica como extrassistêmica. Em outras palavras, os valores que concorrem na interpretação constitucional, não raro contrapostos e necessariamente excludentes, tanto podem ser reflexo de um dado jeito de ser e existir do próprio sistema em que inserida a disposição constitucional, quanto podem encontrar a sua origem em sistemas diversos, de índole universalista ou regional. Nesse último caso, tanto será possível identificar (1) a absoluta preeminência da base axiológica que dá sustentação ao respectivo sistema, influenciando a interpretação das disposições normativas inseridas em outro sistema, quanto (2) a concorrência desses valores, possibilitando, à luz das singularidades do caso, a escolha daqueles que prevalecerão.

Uma relação de absoluta preeminência de valores extrassistêmicos exige que seja reconhecido que o Estado não possui um poder ilimitado na definição da normatividade constitucional, devendo cingir-se a determinados princípios e, consequentemente, à carga axiológica a eles inerente, ambos de natureza suprapositiva,[1432] baseados em diretrizes específicas ou em uma "consciência jurídica geral" a respeito da justa ordenação do homem e da sociedade.[1433] A crescente internacionalização de certas matérias é um claro

---

[1430] Cf.: VERHOEVEN, Joe. *Droit international public*. Bruxelas: Larcier, 2000. p. 450-453; HILLIER, Tim. *Principles of public international law*. 2. ed. London: Cavendish, 1999. p. 339-340; MONACO, Ricardo. *Manuale di diritto internazionale pubblico*. 2. ed. Torino: UTET, 1980. p. 210-213; e DIEZ DE VELASCO, Manuel. *Instituciones de derecho internacional público*. Madrid: Tecnos, 2002. p. 194-200.

[1431] Cf.: BIRKENSTOCK, Eva. Rechtstheorien ohne Moralphilosophie: zur Abkopplung neuer Rechtstheorien von der Rechtsphilosophischen Tradition. *Der Staat*, v. 46, n. 4, p. 561-572, 2007. p. 561 (564-565).

[1432] Cf.: HANSCHMANN, Felix. Theorie transnationaler Rechtsprozesse. In: BUCKEL, Sonja; CHRISTENSEN, Ralph; FISCHER-LESCANO, Andreas (Org.). *Neue Theorien des Rechts*. 2. ed. Stuttgart: Lucius & Lucius, 2009. p. 375 (376 e ss.).

[1433] Cf.: OTERO, Paulo. *Instituições políticas e constitucionais*. Coimbra: Almedina, 2009. v. I, p. 18.

indicativo de que a Constituição não é uma realidade puramente sistêmica, sendo intenso e frequente o aporte extrassistêmico. Com a paulatina retração do domínio reservado dos Estados e a consequente ampliação do *ius cogens*,[1434] já se pode falar, inclusive, em um "Direito Constitucional Internacional".[1435]

Quer se reconheça que são ordens independentes, o que afasta o primado de qualquer delas[1436] e impede que se fale em invalidade no caso de divergência,[1437] restando, apenas, a possibilidade de responsabilização do Estado ou de seus agentes no plano internacional (*v.g.*: nos Tribunais Penais Internacionais *ad hoc*); quer se reconheça que consubstanciam uma única ordem jurídica,[1438] normalmente com o primado do direito internacional,[1439] a verdade é que a crescente preocupação com os direitos humanos[1440] e a autodeterminação dos povos, bem como com outros bens e valores que transcendem a individualidade de cada grupamento e tornam-se vitais à própria subsistência da humanidade, como ocorre em relação ao meio ambiente, simplesmente inviabilizam a adoção de uma postura de indiferença em relação à ordem jurídica internacional.[1441]

Mesmo a Constituição, "norma fundante", "alicerce estrutural do Estado", há muito deixou de ser cidadela da prepotência.[1442] É factível que o intérprete da Constituição formal sempre deverá lançar seus olhos sobre a ordem jurídica internacional, harmonizando sempre que possível, confrontando apenas quando inevitável. Tal pode ocorrer não só em razão do receio de sofrer sanções, fáticas ou jurídicas, de Estados ou organizações internacionais, como, também, em decorrência da preocupação com os sentimentos que despertará com a aplicação das normas que individualizar, que podem se refletir no acolhimento ou na repulsa aos atos praticados. Não é por outra razão que Santi Romano, ainda no início do século XX, observara que entre duas interpretações possíveis, deve-se

---

[1434] Cf.: OTERO, Paulo. *Instituições políticas e constitucionais*. Coimbra: Almedina, 2009. v. I, p. 19; e FISCHER-LESCANO, Andreas; TEUBNER, Gunther. *Regime-Kollisionen*: zur Fragmentierung des globalen Rechts. Frankfurt a. M.: Suhrkamp, 2006. p. 99 e ss.

[1435] Cf.: GOMES CANOTILHO, José Joaquim. *"Brancosos" e interconstitucionalidade*: itinerários dos discursos sobre a historicidade constitucional. 2. ed. Coimbra: Almedina, 2008. p. 284-300.

[1436] Cf.: ROMANO, Santi. *Corso di diritto internazionale*. 11. ed. Padova: CEDAM, 1929. p. 44.

[1437] Cf.: PERRIN, Georges J. *Droit international public*. Zurich: Schulthess, 1999. p. 839; e DIXON, Martin. *Textbook on international law*. 4 ed. Oxford: Oxford University Press, 2000. p. 84.

[1438] Cf.: MIRKINE-GUETZÉVITCH, Boris. *Les Nouvelles tendances du droit constitutionnel*. Paris: Marcel Giard, 1931. p. 52-53; e DIXON, Martin. *Textbook on international law*. 4 ed. Oxford: Oxford University Press, 2000. p. 83.

[1439] Cf.: KELSEN, Hans. *Teoria pura do direito (Reine Rechtslehre)*. (Trad. João Baptista Machado). 6. ed. São Paulo: Martins Fontes, 2003. p. 364-366; MONACO, Ricardo. *Manuale di diritto internazionale pubblico*. 2. ed. Torino: UTET, 1980. p. 213; e GONÇALVES PEREIRA, André; DE QUADROS, Fausto. *Manual de direito internacional público*. 3. ed. Coimbra: Almedina, 2009. p. 81-93.

[1440] Cf.: VIEIRA DE ANDRADE, José Carlos. *Os direitos fundamentais na Constituição portuguesa de 1976*. 4. ed. Coimbra: Almedina, 2010. p. 36-37. Nas palavras do autor, certos direitos fundamentais, por se encontrarem "mais intimamente ligados à dignidade e ao valor da pessoa humana", devem ser considerados "patrimônio espiritual comum da humanidade". Daí a necessidade de a Constituição ser interpretada de acordo com o Direito Internacional dos Direitos Humanos (OTERO, Paulo. *Instituições políticas e constitucionais*. Coimbra: Almedina, 2009. v. I, p. 377).

[1441] Cf.: PERRIN, Georges J. *Droit international public*. Zurich: Schulthess, 1999. p. 519-554.

[1442] Cf.: MOREIRA, Vital. O futuro da Constituição. *In*: GRAU, Eros Roberto; SANTIAGO GUERRA FILHO, Willis (Org.). *Direito constitucional*: estudos em homenagem a Paulo Bonavides. São Paulo: Malheiros, 2001. p. 313 (328). Como ressalta o autor, "hoje tem de dar-se por definitivamente encerrado o ciclo do Constitucionalismo nacional absolutamente soberano".

preferir aquela que se mostre harmônica com a ordem jurídica internacional,[1443] não por ser uma condição de eficácia da ordem interna, mas por refletir a vontade presumível do Estado em arcar com os compromissos assumidos no plano internacional[1444] e compactuar com valores já sedimentados na humanidade.

Avançando do direito internacional para o direito comunitário, observa-se a transposição de um sistema de cooperação horizontal, no qual cada Estado conserva integralmente a sua capacidade normativa e a executoriedade dos atos externos é determinada pelos atos internos, para um sistema de integração vertical, em que as fontes comunitárias de produção jurídica penetram na ordem interna e assumem, face à sua especialidade,[1445] uma posição de primazia,[1446] isso quando adstritas aos limites estabelecidos pelos tratados constitutivos.[1447] Integração dessa natureza, como soa evidente, pressupõe a existência de norma constitucional que autorize a transferência de poderes soberanos, daí decorrendo o reconhecimento da imperatividade das normas comunitárias no respectivo Estado-membro. Por identidade de razões, também o primado do direito comunitário decorre de autorização (implícita)[1448] da própria Constituição, que autorrelativiza a sua supremacia,[1449] para permitir que certas matérias passem a ser reguladas por referenciais exógenos, estranhos a ela. À luz desse quadro, deparando-se com uma pluralidade de significados, deve o intérprete preferir aquele que se harmonize com o direito comunitário.[1450] Embora não seja comum a existência de disposição constitucional expressa versando sobre o princípio do primado, o dirigismo interpretativo nessa seara se situa em uma linha limítrofe entre o plano lógico e o da imposição normativa. Afinal, o primado é da própria essência do direito comunitário, isso no modo em que tem sido aplicado no continente europeu.

[1443] ROMANO, Santi. *Corso di diritto internazionale*. 11. ed. Padova: CEDAM, 1929. p. 43. No mesmo sentido: RUOTOLO, Marco. La "funzione ermeneutica" delle convenzioni internazionali sui diritti humani nei confronti delle disposizioni costituzionali. In: *Diritto e Società*, n. 2, p. 291-319, 2000. p. 291-319.

[1444] Cf.: ANZILOTI, Dionísio. *Corso di diritto internazionale*. Roma: Spoleto, 1912. p. 36.

[1445] Cf.: GOMES CANOTILHO, José Joaquim. *Direito constitucional e teoria da Constituição*. 7. ed. Coimbra: Almedina, 2010. p. 825.

[1446] Sobre o "princípio do primado", que autoriza o juiz nacional a não aplicar a lei nacional que afronte o direito comunitário, vide: TJCE, Processo nº 6/64 (Costa c/ ENEL), j. em 15.7.964, *Recueil*, 1964, p. 1141; Processo nº 28/67 (Molkerei-Zentrale Westfalem Lippe mbH c/ Hauptzollamt Paderborn), j. em 3.4.1968, *Recueil*, 1968, p. 212; Processo nº 14/68 (Wilhelm c/ Bumbeskartellant), j. em 13.2.1969, *Recueil*, 1969, p. 15; Processo nº 11/70 (Internationale Handelsgesellschaft mbH c/ Einfuhr und Vorratsstelle für Getreide und Futtermittel), j. em 17.12.1970, *Recueil*, 1971, p. 1135 e ss.; Processo nº 48/76 (Comissão c/ República Italiana), j. em 13.7.1977, *Recueil*, 1977, p. 291; Processo nº 106/77 (Amministrazione delle Finanze dello Stato c/ Société Anonyme Simmenthal), j. em 9.3.1978, *Recueil*, p. 629 e ss.; e Processo nº 21/78 (Delkvist c/ Anklagemyndigheden), j. em 29.11.1978, *Recueil*, 1978, p. 2327 e ss.

[1447] Cf.: CHITI, Mario P. *Diritto amministrativo europeo*. Milano: Giuffrè, 1999. p. 35-43; e DE FINA, Giuseppe. *Diritto comunitario*. Torino: UTET, 1980. p. 67 e 251.

[1448] Cf.: JACQUÉ, Jean-Paul. Droit constitutionnel national. Droit communautaire, CEDH, Charte des Nations Unies. L'instabilité des rapports de système entre ordres juridiques. *Revue Française de Droit Constitutionnel*, n. 69, p. 3-37, jan. 2007. p. 3 (8).

[1449] Cf.: RUGGERI, Antonio. Metodi e dottrine dei costituzionalisti ed orientamenti della giurisprudenza costituzionale in tema di fonti e della loro composizione in sistema. *Diritto e Società*, n. 1, p. 141-184, 2000. p. 141 (156).

[1450] Cf.: FISCHER-LESCANO, Andreas; TEUBNER, Gunther. *Regime-Kollisionen*: zur Fragmentierung des globalen Rechts. Frankfurt a. M.: Suhrkamp, 2006. p. 122; e STYCHIN, Carl F.; MULCAHY, Linda. *Legal methods and systems*. London: Sweet & Maxwell, 2007. p. 76 e ss.

A interpretação constitucional, como ressaltado por Berti,[1451] aumenta o potencial comunicativo entre a ordem interna e as ordens internacional e comunitária, permitindo o aumento da coesão e da cooperação entre os distintos Estados.

4 Ambivalência da interpretação constitucional: propulsão ou resolução da conflitualidade intrínseca

É possível afirmar que a interpretação constitucional está funcionalmente vocacionada à atribuição de significado aos enunciados linguísticos textuais e, *ipso facto*, à resolução das conflitualidades intrínsecas. Sem ela não é possível individualizar, dentre os distintos significados que exsurgem desse tipo de conflitualidade, aquele que deve preponderar na individualização da norma constitucional. A singularidade desse processo se reflete no dever de o intérprete, ao se desincumbir das atividades de raciocínio, argumentação e decisão, identificar as conflitualidades existentes; as grandezas prevalecentes nesses conflitos; os significados em potencial associados a essas grandezas; e, por fim, o significado que integrará a norma constitucional.

A conflitualidade intrínseca encontra no processo de interpretação o seu *locus* de desenvolvimento. Embora seja possível afirmar que as grandezas em conflito preexistem à interpretação, o que, em linha de princípio, lhe atribuiria contornos meramente cognitivos, observa-se que tanto os significados que surgem a partir das conflitualidades, quanto a sua própria existência, estão sujeitos ao juízo valorativo e ao poder de decisão do intérprete.

Na medida em que o intérprete participa ativamente da identificação das conflitualidades intrínsecas, deve-se reconhecer que terá igual participação no delineamento de todos os significados em potencial, que delas se desprendem e que, uma vez ultimado o processo de interpretação, se submeterão à sua decisão final. Em ambos os momentos, tem-se uma evidente manifestação do discurso interpretativo.

A interpretação constitucional, apesar de ser instrumento adequado à superação das conflitualidades intrínsecas e à escolha, dentre os significados em potencial, daquele que irá integrar a norma constitucional, é, igualmente, o instrumento que viabiliza o próprio surgimento desse tipo de conflitualidade. Essa conexão existencial entre conflitualidade e interpretação enseja o surgimento de um "círculo de reciprocidade e contínua correlação", isso para recorrermos a uma expressão cunhada por Betti.[1452] A irrupção das conflitualidades é influenciada pelo processo de interpretação e este é imprescindível à sua superação. De modo algo paradoxal, a interpretação constitucional é a origem e a solução do problema.

A relação entre interpretação e conflitualidade intrínseca é tão intensa que seria possível estabelecermos uma relação consequencial entre os métodos utilizados na primeira e o nível de desenvolvimento da segunda. Com os olhos voltados à teoria dogmática clássica, poderíamos afirmar, por exemplo, que a interpretação literal, ao realçar os aspectos semânticos e sintáticos dos enunciados interpretados, exigiria do

---

[1451] BERTI, Giorgio. *Interpretazione costituzionale*: lezioni di diritto pubblico. 4. ed. Verona: CEDAM, 2001. p. 27-30.

[1452] BETTI, Emilio. *Interpretazione della legge e degli atti giuridici*: teoria generale e dogmatica. 2. ed. Milano: Giuffrè, 1971. p. 4.

intérprete a resolução de uma conflitualidade essencialmente linguística. Esse modo de ver a interpretação terminaria por desconsiderar que os métodos são utilizados de modo concorrente e convergente, vale dizer, todos influirão, ao mesmo tempo, na consecução de um resultado comum, o delineamento da norma constitucional. Nessa linha, a referida associação entre interpretação e conflitualidade somente seria admitida caso se partisse da premissa de que cada um dos métodos em questão encontra-se imune à influência dos demais, o que não se mostra possível.

A interpretação, embora possa ser vista como um elemento propulsor de conflitualidades, reflete o exercício de uma atividade intelectiva funcionalmente unitária, ainda que o *iter* de valoração e decisão possa ser subdividido em distintas etapas, concatenadas entre si e comprometidas com o objetivo de atribuir significado ao enunciado linguístico. Isso não afasta a constatação de que a postura assumida pelo intérprete em relação aos distintos métodos de interpretação certamente influenciará nas conflitualidades que se formarão e nos significados que serão obtidos. A escolha dos métodos a serem utilizados, longe de assumir contornos puramente neutrais, é certamente influenciada pelas ideologias que inspiram o intérprete no seu modo de ver e entender a ordem constitucional, pelas suas pré-compreensões, conscientes ou inconscientes, e pelo seu conhecimento dogmático, que pode chegar ao extremo de substituir teses interpretativas por teses puramente dogmáticas.

CAPÍTULO II

RESOLUÇÃO DA CONFLITUALIDADE INTRÍNSECA E PRIMAZIA DA PESSOA HUMANA

1 A pessoa humana e sua dignidade

O desenvolvimento do processo de interpretação pressupõe a prévia identificação do "fio condutor" da ordem constitucional, vale dizer, dos valores que alberga e dos fins a que se destina.[1453] Em sociedades democráticas e pluralistas, é factível que essa posição é primordialmente ocupada pela proteção à pessoa humana, fim último das estruturas estatais de poder. Os demais objetivos constitucionais, por sua vez, desempenharão função complementar ou instrumental em relação à principal funcionalidade da Constituição.

A preservação dos direitos humanos deve ser vista como a *ratio essendi* da civilização e fim indissociável de qualquer arquétipo de juridicidade, daí o acerto da conclusão de Sotelo Felippe, ao afirmar que "cada indivíduo é, para a humanidade, o que uma hora é para o tempo: parte universal e concreta do todo indissolúvel".[1454] A partir dessa premissa, observa-se que o processo de interpretação não pode ser estruturado e desenvolvido de modo a privilegiar fins e valores outros que não aqueles que maximizem o respeito e a proteção à pessoa humana. Ao superar as conflitualidades intrínsecas, o intérprete deve privilegiar as grandezas e os significados correlatos ao fio condutor da ordem constitucional, e, *ipso iure*, de sua atividade. No que diz respeito aos enunciados linguísticos direcionados à estruturação dos direitos fundamentais, a resolução da conflitualidade intrínseca contribuirá para a definição dos seus contornos básicos, isso sem aviltar a sua essência.

A reconhecida primazia dos direitos humanos no Estado de Direito, fruto da concepção de ser humano enquanto razão e fim do poder estatal, tem influenciado, intensamente, o delineamento do arquétipo constitucional. É possível afirmar que o discurso dos direitos do ser humano consubstancia a "linguagem da prioridade".[1455] Afinal, direitos são "trunfos políticos"[1456] que ostentam inegável força no ambiente

---

[1453] Cf.: BITTAR, Eduardo C. B. Hermenêutica e Constituição: a dignidade da pessoa humana como legado à pós-modernidade. In: ALMEIDA FILHO, Agassiz; MELGARÉ, Plínio (Org.). *Dignidade da pessoa humana*: fundamentos e critérios interpretativos. São Paulo: Malheiros, 2010. p. 239 (241).
[1454] SOTELO FELIPPE, Márcio. *Razão jurídica e dignidade humana*. São Paulo: Max Limonad, 1996. p. 100.
[1455] CAMPBELL, Tom. *Rights*: a critical introduction. New York: Routledge, 2006. p. 3.
[1456] DWORKIN, Ronald. *Taking rights seriously*. Massachusetts: Harvard University Press, 1999. p. xi.

sociopolítico, norteando e limitando o exercício do poder. O seu acolhimento, aliás, além de representar uma "revolução da consciência humana",[1457] tem sido visto como o principal meio para se determinar a correção moral da ordem jurídica.[1458] Sob a epígrafe dos direitos humanos,[1459] podem ser incluídos tanto a exigência do *facere*, quanto a do *non facere*, estatal ou privado, voltados à preservação e à garantia da digna existência do ser humano.[1460] Direitos dessa natureza, em seus contornos mais amplos, têm sido vistos sob uma perspectiva dúplice. Em um extremo, sua natureza seria puramente idealista ou moral, em que prevalece a ideia de inerência ao indivíduo, que a eles faria jus com abstração de sua inserção em uma disposição normativa formal. No extremo oposto, seriam objeto de reflexão e análise sob uma ótica jurígena, isso em razão de sua absorção por uma ordem jurídica, internacional ou interna, normalmente recebendo, no âmbito desta última, o designativo de direitos fundamentais (*rectius*: direitos humanos positivados).[1461] Um termo comum aos planos moral e jurígeno, internacional ou interno, é o de dignidade da pessoa humana, que seria reconhecida e preservada com o respeito a esses direitos.[1462]

A própria concepção de *dignidade humana* é campo propício à conflitualidade intrínseca. Trata-se de expressão incorporada a não poucas ordens constitucionais, exigindo uma intensa participação do intérprete no delineamento do seu significado, o que decorre (1) da vagueza de sua base semântica, (2) de sua evidente polissemia,[1463] (3) dos diversos valores que podem ser satisfeitos com a integração do seu conteúdo (*v.g.*: igualdade, justiça social etc.), (4) dos distintos fins que podem ser alcançados sob os auspícios de sua observância (*v.g.*: preservação da liberdade, da vida etc.) e (5) do modo de operacionalizá-la (*v.g.*: não incursão na esfera jurídica individual, oferta dos direitos sociais imprescindíveis à garantia do mínimo existencial etc.). Essas características tornam o seu conteúdo tão volátil quanto importante, máxime quando lembramos a sua permeabilidade aos influxos recebidos do contexto ambiental.

[1457] IGNATIEFF, Michael. *Whose universal values?*: the crisis in human rights. The Hague: Foundation Horizon, 1999. p. 10-11.

[1458] Cf.: STONE, Adrienne. Introduction. *In*: CAMPBELL, Tom; GOLDSWORTHY, Jeffrey Denys; STONE, Adrienne Sarah Ackary. *Protecting human rights*: instruments and institutions. Oxford: Oxford University Press, 2003. p. 1.

[1459] Sobre as distintas concepções de direitos humanos, vide: BOBBIO, Norberto. *A era dos direitos*. (Trad. Carlos Nélson Coutinho). Rio de Janeiro: Campus, 1992. p. 17.

[1460] Cf.: HAASHER, Guy. Law, reason and ethics in the philosophy of human rights. *In*: SADURSKI, Wojciech (Ed.). *Ethical dimensions of legal theory*. The Netherlands: Rodopi, 1991. p. 141 (142).

[1461] Cf.: PÉREZ LUÑO, Antonio Enrique. *Derechos humanos, estado de derecho y Constitución*. 8. ed. Madrid: Tecnos, 2003. p. 30-31; WOLFGANG SARLET, Ingo. *A eficácia dos direitos fundamentais*: uma teoria geral dos direitos fundamentais na perspectiva constitucional. 10. ed. Porto Alegre: Livraria do Advogado, 2010. p. 27-35; WOLFGANG SARLET, Ingo; FILCHTINER FIGUEIREDO, Mariana. Reserva do possível, mínimo existencial e direito à saúde: algumas aproximações. *In*: WOLFGANG SARLET, Ingo; BENETTI TIMM, Luciano (Org.). *Direitos fundamentais*: orçamento e "reserva do possível". 2. ed. Porto Alegre: Livraria do Advogado, 2010. p. 13 (15). Ferrajoli, por sua vez, associa o adjetivo *fundamental* aos *direitos* reconhecidos universalmente (FERRAJOLI, Luigi. Sobre los derechos fundamentales. *CC*, n. 15, p. 113-136, jul./dic. 2006. p. 113 (116-117)).

[1462] A dignidade humana seria o elemento "de base" de toda a ordem constitucional. Cf.: DE MELO ALEXANDRINO, José. *A estruturação do sistema de direitos, liberdades e garantias na Constituição portuguesa*. Coimbra: Almedina, 2006. v. II, p. 312.

[1463] Cármen Lúcia Antunes Rocha destaca a "ambiguidade e porosidade" do conceito (ANTUNES ROCHA, Cármen Lúcia. O princípio da dignidade da pessoa humana e a exclusão social. *Revista Interesse Público*, n. 4, p. 23-48.1999. p. 23 (24)).

Ainda em meados do século XX não era incomum que alguns atributos inerentes à espécie humana fossem enquadrados sob a epígrafe dos direitos da personalidade. Adriano de Cupis[1464] realçava a existência de direitos destinados a dar conteúdo à personalidade. Seriam direitos essenciais, sempre sujeitos à "sensibilidade" do ambiente social, o que poderia conduzir à sua expansão ou retração, vale dizer, mudando a consciência moral, muda o modo de ver a pessoa no seio da sociedade, o que, por via reflexa, também faz mudar os direitos considerados essenciais para a personalidade. Em sua essência, são direitos inatos, protegidos universalmente pelos ordenamentos jurídicos. Reforçando a necessidade de proteção desses atributos, dispôs a Constituição tunisiana de 1959, após a reforma de 2002 (art. 5º, 2ª parte), que o Estado, além de proteger a dignidade do ser humano, deve buscar o desenvolvimento de sua personalidade.

A proteção da dignidade humana costuma enfrentar uma dificuldade básica: a de identificar o que está, ou não, abrangido por ela. De um lado, corre-se o risco de ver como atentatórias à dignidade humana meras afrontas ao bom gosto e à moral comum. Do outro, a de não estender a sua proteção a valores efetivamente basilares à espécie humana. Aqui, retrai-se em excesso. Lá, amplia-se ao ponto de amesquinhar. Face à dificuldade conceitual, não é incomum que, a partir das experiências colhidas no ambiente sociopolítico, parcelas características da dignidade humana passem a receber proteção específica, precisando os contornos da violação. É o que se dá, por exemplo, com a proibição da tortura, cuja principal função é preservar aspectos físicos e morais inerentes à dignidade de todo e qualquer ser humano.

Com os olhos voltados à essência da pessoa humana e à projeção dessa essência na realidade, quer em sua individualidade, quer na inter-relação com a sociedade ou o Estado, é possível identificar dois elementos estruturais da dignidade que lhe é característica. O primeiro deles consiste na própria existência do ser humano, enquanto ser vivo e racional, que deve estar protegido de qualquer ameaça que possa comprometer a sua continuidade, quer essa ameaça provenha de ações (*v.g.*: atentados à integridade física), quer de omissões (*v.g.*: indiferença ao estado de penúria). O segundo elemento se manifesta no modo de ser humano ou, mais especificamente, na possibilidade de ser, fazer ou receber algo. Não obstante as variações de conteúdo, esse arquétipo básico da dignidade costuma ser acolhido pela maior parte das construções teóricas que se dedicam à temática, já que, rotineiramente, todas se preocupam em justificar as razões e os efeitos de sua proteção. Michael Perry,[1465] por exemplo, ao discorrer sobre os direitos humanos, neles visualiza dois fatores constitutivos: (1ª) todo ser humano é sagrado, indicativo de que é inviolável e de que tem um valor e uma dignidade inerente, sendo um fim em si mesmo;[1466] e (2ª) por ser sagrado, algumas escolhas podem ser feitas e outras lhe são defesas; algumas coisas não devem ser feitas a nenhum ser humano e outras devem ser feitas a todos. Essa visão, apesar de lastreada em paradigmas religiosos, sendo expressamente rechaçada a possibilidade de uma construção secular justificar

---

[1464] DE CUPIS, Adriano. *I diritti della personalità*. Milano: Giuffrè, 1950. p. 18-22.

[1465] PERRY, Michael J. *The idea of human rights*. New York: Oxford Unviersity Press, 1998. p. 4-5.

[1466] Durkheim já observara que o fator distintivo dos "entes sagrados é serem retirados da circulação comum, serem separados" (DURKHEIM, Émile. *Lições de sociologia*: a moral, o direito, o Estado. (Trad. J. B. Damasco Penna). São Paulo: T. A. Queiroz-Edusp, 1983. p. 130).

a inviolabilidade do ser humano, em muito se aproxima do arquétipo anteriormente referido.

Embora seja exato afirmar que os rótulos nem sempre expressam a essência, pode-se reconhecer, sob uma perspectiva metodológica, que as distintas concepções existentes a respeito da dignidade humana tendem a ser enquadradas, em suas linhas gerais, sob a epígrafe do naturalismo, do positivismo e da sensibilidade axiológica. Enquanto os dois últimos apresentam variações de conteúdo de acordo com os circunstancialismos de natureza espacial e temporal, o que os situa no plano mais amplo do relativismo, o primeiro, lastreado em algum dos alicerces metafísicos (teológico, racionalista, humanista etc.) que dão sustentação às teorias dessa natureza, assume contornos universais. Essa classificação, é importante frisar, além de sua simplicidade estrutural, direciona-se ao alicerce de sustentação da dignidade humana, não propriamente à essência da faculdade e da proteção que oferece ao indivíduo, o que justifica a não incursão em teorias como (1) a liberal, que valoriza a liberdade individual em um sentido negativo, obstando a intervenção estatal; (2) a institucional, que direciona sua atenção não à dimensão subjetiva dos direitos fundamentais, mas ao seu caráter objetivo, à garantia oferecida pelo aparato estatal; (3) a do Estado Social, que atribui ao indivíduo o direito à percepção de direitos prestacionais; (4) a democrática, que valoriza a participação política e a consequente moldagem do aparato estatal etc.[1467]

De acordo com as construções naturalistas, a proteção à dignidade humana independe das variações de contexto ou, mesmo, de sua expressa recepção pela ordem jurídica. Os direitos humanos, de importância superior e precedente,[1468] seriam atributos inatos de todo e qualquer ser humano, intangíveis e inalienáveis, acompanhando-o por toda a existência, não apresentando variações no tempo e no espaço.[1469] Configurariam o cerne do sistema moral de uma coletividade, antecedendo o processo político e se sobrepondo a ele.[1470] Por serem preexistentes ao direito posto, de natureza voluntária, produzido pelo homem, somente seriam passíveis de apreensão e conhecimento, não de criação.

É inegável que o naturalismo, em especial aquele de contornos teológicos, com destaque para o cristianismo, teve influência decisiva para a sedimentação dos direitos humanos.[1471] O homem, imagem e semelhança de Deus, teve sua essência valorizada e protegida. A Bíblia, partindo de um referencial de fé, apregoa o respeito a todo ser humano, a correção do pensar e do agir, e, consequentemente, a harmônica convivência social. A universalidade apregoada pelo naturalismo, embora tenha o mérito de realçar a

---

[1467] Cf.: BÖCKENFÖRDE, Ernst-Wolfgang. Teoría e interpretación de los derechos fundamentales. In: Escritos sobre derechos fundamentales. (Trad. Juan Requejo Pagés e Ignácio Villaverde Menéndez). Baden-Baden: Nomos, 1993. p. 45-71; e MIRANDA, Jorge. Manual de direito constitucional. 4. ed. Coimbra: Coimbra Editora, 2008. t. IV, p. 49-50.

[1468] Cf.: CRANSTON, Maurice. What are human hights? London: Blodey Head, 1973. p. 63.

[1469] Cf.: LOCKE, John. Segundo tratado sobre o governo (Two treatises of government). (Trad. Alex Marins). São Paulo: Martin Claret, 2005. p. 23 e ss.

[1470] Cf.: BARBOSA PINTO, Marcos. Constituição e democracia. Rio de Janeiro: Renovar, 2009. p. 89.

[1471] Cf.: BARZOTTO, Luiz Fernando. Pessoa e reconhecimento: uma análise estrutural da dignidade da pessoa humana. In: ALMEIDA FILHO, Agassiz; MELGARÉ, Plínio (Org.). Dignidade da pessoa humana: fundamentos e critérios interpretativos. São Paulo: Malheiros, 2010. p. 39 (40); e SEELMANN, Kurt. Rechtsphilosophie. 4. ed. München: C. H. Beck, 2007. p. 210-211.

igualdade entre todos os seres humanos, apresenta uma vulnerabilidade que aconselha a adoção de construções alternativas.

Em primeiro lugar, observa-se que nem todos os serem humanos estão em posição de irrestrita igualdade, o que decorre de suas qualidades intrínsecas (*v.g.*: doentes mentais) ou do modo como interagem com o entorno (*v.g.*: consoante a sua condição financeira), daí decorrendo o surgimento de aptidões e necessidades distintas, com a consequente exigência de tratamento diferenciado. Acresça-se que os povos não evoluem de modo linear, não sendo incomum que condições razoáveis de vida em certos locais sejam consideradas insuficientes ou, mesmo, humilhantes, em outros. Na medida em que poucos direitos apresentariam contornos de indiscutível relevância e indispensabilidade para todos os seres humanos do planeta, a consequência seria uma concepção demasiado tímida e restritiva a seu respeito. O próprio desenvolvimento dos direitos humanos correria o risco de estagnação, isso porque o tratamento linear terminaria por ver as posições de vanguarda adotadas em alguns Estados como meras concessões, não como verdadeiros paradigmas a serem seguidos.

Em segundo lugar, constata-se que a conexão dos direitos humanos a alicerces metafísicos, embora tenha o mérito de conter os excessos do poder, superando a lógica formalista que tantos abusos gerou, não consegue superar as dificuldades argumentativas que surgem ao se tentar justificar como realidades estranhas à ordem jurídica (*rectius*: os direitos humanos) podem prescindir de uma relação jurídica e da intervenção estatal para a sua plena operacionalização.[1472]

Para as construções que encampam o positivismo enquanto método, daí decorrendo uma relação de contraposição às teorias naturalistas, fundamentos metafísicos não podem condicionar o conteúdo do direito, mas tão somente informar a sua compatibilidade, ou não, com certos paradigmas tidos como relevantes. Os direitos humanos existem na medida em que reconhecidos pela ordem jurídica, sendo descritos, limitados e protegidos pelo aparato estatal. Construções dessa natureza, em seus contornos extremados, tanto reconheceriam a normalidade em se atribuir qualquer conteúdo aos direitos humanos, como em não se lhes atribuir conteúdo algum. Esse tipo de entendimento, como dito quando da análise da virada axiológica do constitucionalismo, mostrou-se de todo inaceitável a partir do segundo conflito mundial, período em que as mais comezinhas garantias reconhecidas pela humanidade foram solenemente ignoradas com a chancela do direito positivo. Não é incomum, ademais, que a própria ordem constitucional reconheça a sua incompletude e a possibilidade de o homem gozar de direitos outros que não aqueles que possam ser reconduzidos ao potencial expansivo dos seus enunciados linguísticos. A IX Emenda à Constituição norte-americana, de 1791; o art. 5ª, §2ª, da Constituição brasileira de 1988; e o art. 16, 1, da Constituição portuguesa de 1976 são nítidos exemplos da possibilidade de os direitos humanos (*rectius*: fundamentais) encontrarem a sua base de sustentação fora da Constituição formal. É o caso dos direitos já sedimentados no ambiente sociopolítico, isso no exemplo norte-americano,

---

[1472] Cf.: BIELEFELDT, Heiner. *Philosophie der Menschenrechte*: Grundlagen eines weltweiten Freiheitsethos. Frankfurt: Primus, 1998. p. 162.

e dos direitos colhidos no âmbito do direito internacional, como ocorre no paradigma luso-brasileiro.[1473]

Esse quadro inicial, como se percebe, não é nada animador. De um lado, a fluidez do naturalismo, refém do subjetivismo do intérprete e órfão da segurança jurídica. De outro, a neutralidade do positivismo, prosélito do formalismo e indiferente aos valores subjacentes ao contexto social. A solução alternativa, por sua vez, parte da premissa de que a preservação da dignidade humana não prescinde do direito e que o direito não deve renegar a plano secundário os aspectos essenciais dessa dignidade.[1474] Essa linha argumentativa, que busca compatibilizar a segurança oferecida pelo texto normativo com a base axiológica colhida no contexto, pressupõe que tais aspectos essenciais sejam colhidos fora do direito e tornem-se operativos por meio dele. Malgrado seja exato afirmar, com Campbell,[1475] que a efetiva proteção dos direitos humanos pressupõe a sua positivação em um direito concreto, internacional ou doméstico, isso não importa em afirmar que sua existência deve ser identificada com esses mecanismos de proteção. O discurso dos direitos humanos é, essencialmente, um discurso axiológico, não prescindindo de juízos valorativos de igual natureza. Em verdade, face aos inúmeros atos de direito internacional voltados à sua proteção, já é possível visualizá-los, ao menos em sua essência, como um "consenso de valores universal" ("universaler Werterkonsens").[1476]

Também aqui a dignidade é vista como algo inerente ao ser humano,[1477][1478] delineada a partir dos valores sociais sedimentados no contexto, o que realça a sua perspectiva historicista[1479] e a contínua sensibilidade à renovação dos influxos sociais, denotando o seu acolhimento pela "consciência jurídica geral".[1480] A dignidade deve ser vista como a "manifestação vinculante de uma identidade", a identidade do ser humano, que

---

[1473] Cf.: MIRANDA, Jorge. *Manual de direito constitucional*. 4. ed. Coimbra: Coimbra Editora, 2008. t. IV, p. 11-12.

[1474] Cf.: MOUTOUH, Hugues. La dignité de l'homme en droit. *Revue de Droit Publique et Science Politique*, n. 1, p. 159-196, 1999. p. 159 (165).

[1475] Cf.: CAMPBELL, Tom. Human rights: shifting boundaries. *In*: CAMPBELL, Tom; GOLDSWORTHY, Jeffrey Denys; STONE, Adrienne Sarah Ackary. *Protecting human rights*: instruments and institutions. Oxford: Oxford University Press, 2003. p. 18 (24).

[1476] RENSMANN, Thilo. *Wertordnung und Verfassung*: das Grundgesetz im Kontext grenzüberschreitender Konstitutionalisierung. Tübingen: Mohr Siebeck, 2007. p. 11-12.

[1477] A DUDH, de 1948, é um referencial da ideia de inerência: o seu primeiro considerando dispõe sobre o "reconhecimento da dignidade inerente a todos os membros da família humana" e o art. 1º que "[t]odas as pessoas nascem livres e iguais em dignidade e direitos". Lembrando a técnica adotada pela Constituição polonesa de 1997, após a reforma de 2005, deve-se reconhecer que "a dignidade inerente e inalienável da pessoa é a fonte dos direitos e das liberdades do homem e do cidadão" (art. 30).

[1478] Cf.: WOLFGANG SARLET, Ingo. Proibição de retrocesso, dignidade da pessoa humana e direitos sociais: manifestação de um constitucionalismo dirigente possível. *In*: LEITE SAMPAIO, José Adércio (Org.). *Constituição e crise política*. Belo Horizonte: Del Rey, 2006. p. 403 (411).

[1479] Cf.: KAUFMANN, Arthur. *Filosofia do direito* (*Rechtsphilosophie*). (Trad. António Ulisses Cortês). Lisboa: Fundação Calouste Gulbenkian, 2004. p. 435.

[1480] Cf.: VIEIRA DE ANDRADE, José Carlos. *Os direitos fundamentais na Constituição portuguesa de 1976*. 4. ed. Coimbra: Almedina, 2010. p. 50. No *Teeteto* de Platão, coube ao sofista Protágoras afirmar que o homem "é a medida de todas as coisas", "das que são e das que são, enquanto são, das que não são, enquanto não são". Sócrates, ao explicar a essência desse pensamento a Teeteto, afirma que "cada coisa é para mim do modo que a mim me parece" (PLATÃO. *Teeteto*. (Trad. Adriana Manuela Nogueira e Marcelo Boeri). Lisboa: Fundação Calouste Gulbenkian, 2005. 152a, p. 205). Na filosofia platônica, cabe a cada homem apreender a realidade de acordo com sua percepção. E a percepção, enquanto saber, como afirmou Sócrates no diálogo, "não pode ser falsa" (PLATÃO. *Teeteto*. (Trad. Adriana Manuela Nogueira e Marcelo Boeri). Lisboa: Fundação Calouste Gulbenkian, 2005. 152c, p. 206); "nada nunca é, mas vai se tornando sempre" (PLATÃO. *Teeteto*. (Trad. Adriana Manuela Nogueira e Marcelo Boeri). Lisboa: Fundação Calouste Gulbenkian, 2005. 152e, p. 206-207).

dele não pode ser dissociada. Ostenta um valor, o mais alto de todos os valores afetos ao ser humano.[1481] E regula o comportamento de todos que interagem com ele.[1482] A dignidade é reconhecida a todos os seres humanos pelo só fato de partilharem uma essência comum, sendo dotados de razão e liberdade intelectiva.[1483] Não é por outra razão que, ao afirmarmos que uma conduta ou situação específica viola a dignidade humana, estaremos afirmando, *ipso facto*, que essa conduta ou situação é atentatória à própria condição de pessoa humana.[1484]

É importante ressaltar que a ideia de *inerência*, situando na condição humana o fator de justificação da dignidade, não reflete propriamente uma adesão às correntes naturalistas. Pode ser vista, em verdade, como uma das principais portas de penetração da moral no direito. É o valor mais importante e paradigmático entre todos os valores.[1485] A própria subsistência da vida em comunidade obsta que seus distintos membros deixem de ver, uns aos outros, como integrantes da espécie humana, sendo imprescindível, de modo correlato, a observância de todos os seus atributos. Em qualquer caso, é necessário que a inerência da dignidade humana seja revalidada pela "consciência coletiva". Trata-se de conceito que demanda constante construção pela sociedade e que reflete a reafirmação de uma opção política.[1486]

O conteúdo atribuído à dignidade humana tende a assumir grande universalidade quando analisado nos contornos mais amplos da generalidade e da abstração. No extremo oposto, ao nos aproximarmos da especificidade e da concretude, as distinções entre os regimes jurídico-políticos tendem a se acentuar. O direito à vida é um exemplo bem sugestivo a respeito das dissonâncias que podem existir. Se o reconhecimento desse direito assume contornos nitidamente universais, não havendo Estado de Direito que apregoe a sua inobservância, o mesmo não pode ser dito em relação ao modo de vê-lo em um ambiente sociopolítico concreto, o que começa pela identificação dos seus titulares, não sendo incomum a existência de restrições em relação aos titulares desse direito (*v.g.*: a pessoa qualificada como combatente inimigo pode ser condenada à morte mesmo em Estados que proscreveram essa pena; o doente terminal pode vir a sofrer a eutanásia; e o feto pode ser objeto de aborto devidamente autorizado pela lei do Estado) e ao modo de protegê-lo (*v.g.*: com a mera abstenção de incursões que possam violá-lo ou com a imperativa oferta de prestações que assegurem a continuidade de uma vida digna). O relativismo tende a superar o universalismo que se busca atribuir aos direitos humanos, isso por existir uma inescondível relação com as especificidades

---

[1481] Cf.: RENSMANN, Thilo. *Wertordnung und Verfassung*: das Grundgesetz im Kontext grenzüberschreitender Konstitutionalisierung. Tübingen: Mohr Siebeck, 2007. p. 18.

[1482] Cf.: BARZOTTO, Luiz Fernando. Pessoa e reconhecimento: uma análise estrutural da dignidade da pessoa humana. *In*: ALMEIDA FILHO, Agassiz; MELGARÉ, Plínio (Org.). *Dignidade da pessoa humana*: fundamentos e critérios interpretativos. São Paulo: Malheiros, 2010. p. 39 (51).

[1483] Cf.: DUDH, de 1948, art. 1º. Na doutrina: MIRANDA, Jorge. *Manual de direito constitucional*. 4. ed. Coimbra: Coimbra Editora, 2008. t. IV, p. 183.

[1484] Cf.: BARZOTTO, Luiz Fernando. Pessoa e reconhecimento: uma análise estrutural da dignidade da pessoa humana. *In*: ALMEIDA FILHO, Agassiz; MELGARÉ, Plínio (Org.). *Dignidade da pessoa humana*: fundamentos e critérios interpretativos. São Paulo: Malheiros, 2010. p. 39 (50-51).

[1485] Cf.: COMPLAK, Krystian. Dignidad humana como categoría normativa en Polonia. *Cuestiones Constitucionales*, n. 14, p. 71-90, ene./jun. 2006. p. 71 (72).

[1486] Cf.: CASTILHO, Ricardo. *Justiça social e distributiva*: desafios para concretizar direitos sociais. São Paulo: Saraiva, 2009. p. 60.

locais. Os direitos humanos, declarados (*deklariert*) ou convencionados (*konveniert*), por terem sua proteção associada à ordem jurídica, estão sempre vinculados a um dado contexto situacional.[1487]

2 A teoria dos círculos e o delineamento da dignidade humana

O alicerce de sustentação da dignidade humana consubstancia uma espécie de moral fechada, adstrita a certos círculos, delineados com a influência de fatores normativos e sociológicos que permitem a formação de entendimento a respeito das garantias, proteções e prestações consideradas imprescindíveis para que cada indivíduo tenha sua condição humana efetivamente reconhecida. Os círculos aqui referidos consubstanciam espaços públicos de reflexão e relativa coesão, os quais, não obstante a autonomia que podem ostentar, não permanecem indiferentes entre si. Tangenciam-se nos seus aspectos basilares e distanciam-se nos periféricos. Tendencialmente, quanto maior o círculo, mais restritos serão os pontos de convergência e mais basilares serão os contornos essenciais da dignidade humana. Nos círculos menores o efeito será inverso.

A dignidade humana, longe de ostentar um conteúdo monolítico e invariável, é nitidamente influenciada pelas vicissitudes da base axiológica que lhe dá sustentação, o que permite dividi-la em duas partes: o centro e a periferia. Essa base axiológica, é importante ressaltar, não permanece adstrita ao imaginário, alheia às necessidades individuais e às condições de desenvolvimento propiciadas pelo ambiente sociopolítico, em especial aquelas de natureza econômica,[1488] que o Estado nem sempre domina.[1489] Os contornos da dignidade não podem permanecer indiferentes a esses fatores, ao menos não no interior do seu círculo de desenvolvimento. É plenamente factível que aos olhos de um observador externo, integrado a outros círculos, seja identificada uma excessiva compressão ou uma exagerada expansão da abrangência da dignidade humana. Tal, no entanto, não será suficiente para afastar a constatação de que o conceito de dignidade em um dado círculo, embora não seja o almejado, é o possível.

Enquanto o centro absorve os seus elementos essenciais e intransigíveis, a periferia densifica as especificidades de cada círculo, com especial realce para o nível civilizatório ali existente, que influi diretamente no modo de ver o ser humano e as suas relações com o poder. Os círculos menores podem ser vistos como a representação de cada Estado de Direito, enquanto os círculos maiores denotam, em um primeiro momento, o direito regional, e, em um segundo momento, o direito internacional. Como os círculos maiores devem harmonizar individualidades muito mais numerosas, é natural que a síntese por eles oferecida seja idêntica aos valores adotados pelo mais moderado dos círculos menores, ao menos para que haja uma relação de compatibilidade entre eles, e que seja mais tímida que os valores prevalecentes no mais progressista dos círculos menores, em que a dignidade humana avança ao ponto de absorver valores que, embora tidos

---

[1487] Cf.: VAN DER VEN, J. J. M. *Ius humanum*: das Menschliche und das Rechtliche. Frankfurt Am Main: Metzner, 1981. p. 3.

[1488] Cf.: NEUMANN, Volker. Menschenwürde und Existenzminimum. *In*: BREUER, Rüdiger *et al.* (Org.). *Neue Zeitschrift für Verwaltungsrecht*, p. 426-432, 1995. p. 426 (428).

[1489] Cf.: REIS NOVAIS, Jorge. *As restrições aos direitos fundamentais não expressamente autorizadas pela Constituição*. 2. ed. Coimbra: Coimbra Editora, 2010. p. 147.

como positivos em outros Estados, não são considerados inerentes à pessoa humana e muito menos indisponíveis.

É possível afirmar que os distintos fatores que compõem a dignidade humana terão o seu epicentro estrutural oferecido pelo direito internacional, que indicará a sua essência, vale dizer, o conteúdo mínimo que não pode ser descurado por qualquer integrante da sociedade internacional.[1490] Se o universalismo dessa concepção, ao menos nos planos teórico e ideológico, parece ser lugar comum no Ocidente, o mesmo não pode ser dito em relação à sua transposição para a realidade. Em não poucos aspectos, o universalismo tem sido visto como uma "teoria do bloco dominante", que pretende ver-se "convertida em uma ideologia".[1491] Essa ideologia, em verdade, teria como metavalor e ponto de equilíbrio a paz universal.[1492]

Note-se que o ocidentalismo da concepção corrente de direitos humanos já fora realçado por Boaventura de Sousa Santos,[1493] que alertara para a necessidade de ser estabelecido um diálogo multicultural, com contínua transmissão, absorção e valoração da informação. Esse diálogo somente seria viável com o afastamento da lógica maniqueísta da infalibilidade e o correlato reconhecimento da incompletude das distintas culturas. Nessa linha, é necessário um "trabalho de tradução intercultural".[1494]

É natural a presença de diferenças entre as tradições culturais de cada povo em relação ao reconhecimento e à proteção dos direitos humanos, o que, segundo alguns, apontaria para a incompatibilidade de uma Declaração universal dos direitos humanos com o relativismo cultural e moral. Afinal, entendimento contrário importaria no reconhecimento de que "a universidade dos direitos tem preferência sobre a preservação

---

[1490] A preocupação com a preservação de uma esfera jurídica essencial à preservação da dignidade humana é facilmente perceptível em convenções internacionais que vedam a supressão de certos direitos mesmo em situações excepcionais. O Pacto Internacional sobre Direitos Civis e Políticos, de 1966, em seu art. 4º, após autorizar que, em situações excepcionais, que ponham em perigo a existência da Nação, os Estados suspendam as obrigações ali contraídas, ressalta que não é autorizada nenhuma derrogação do direito à vida (art. 6º – ressalvada a aplicação da pena de morte nos casos previstos), do direito a não ser submetido à tortura nem a penas ou a tratamentos cruéis, desumanos ou degradantes (art. 7º), do direito de não ser submetido à escravidão ou mantido em servidão (art. 8º), do direito a não ser encarcerado pelo simples fato de não poder cumprir uma obrigação contratual (art. 11), do direito à irretroatividade da lei penal incriminadora (art. 15), do direito ao reconhecimento da personalidade jurídica (art. 16) e do direito à liberdade de pensamento, de consciência e de religião (art. 18). A Convenção Americana dos Direitos Humanos, de 1969, em seu art. 27, nº 2, repete as restrições constantes do Pacto dos Direitos Civis e Políticos e acrescenta a impossibilidade de supressão dos direitos da família (art. 17 – direito ao casamento, igualdade de direitos entre crianças nascidas do casamento ou não etc.), do direito ao nome (art. 18), dos direitos da criança (art. 19), do direito à nacionalidade (art. 20) e das garantias judiciais indispensáveis à proteção dos direitos que não podem ser suprimidos (art. 27, nº 2). A Convenção Europeia dos Direitos do Homem, de 1950, em seu art. 15, de modo mais tímido, somente não autoriza a derrogação do direito à vida (art. 2º – salvo em relação à pena de morte resultante de atos ilícitos de guerra), do direito a não ser submetido a tortura nem a penas ou a tratamentos cruéis, desumanos ou degradantes (art. 3º), do direito de não ser submetido à escravidão ou mantido em servidão (art. 4º, parágrafo primeiro) e do direito à irretroatividade da lei penal incriminadora (art. 7º).

[1491] Cf.: RUOTOLO, Marco. La "funzione ermeneutica" delle convenzioni internazionali sui diritti humani nei confronti delle disposizioni costituzionali. In: Diritto e Società, n. 2, p. 291-319, 2000. p. 291 (318).

[1492] Cf.: RUOTOLO, Marco. La "funzione ermeneutica" delle convenzioni internazionali sui diritti humani nei confronti delle disposizioni costituzionali. In: Diritto e Società, n. 2, p. 291-319, 2000. p. 291 (318).

[1493] DE SOUSA SANTOS, Boaventura. Por uma concepção multicultural de direitos humanos. In: Revista Crítica de Ciências Sociais, n. 48, p. 11-32, 1997. p. 11 (18-20).

[1494] DE SOUSA SANTOS, Boaventura. A gramática do tempo: para uma nova cultura política. São Paulo: Cortez, 2006. p. 127 e ss.

de identidades culturais antidireitos".[1495] [1496] As diferenças, acompanhadas ou não de afrontas diretas, não afastam a constatação de que a crescente generalização dos direitos humanos é um caminho sem volta. O fato de partilharmos uma humanidade comum, como realçado por Fukuyama,[1497] além de viabilizar o desenvolvimento de uma universalidade comunicativa, torna possível o estabelecimento de uma relação moral entre todos os seres humanos, isso apesar de o mundo ostentar características multiformes. Ainda que esse processo encontre resistência em barreiras de natureza cultural (*v.g.*: a inferioridade da mulher em certas culturas), ideológica (*v.g.*: a reminiscência de concepções marxistas), econômica (*v.g.*: a insuficiência de recursos para a implementação de políticas públicas) e técnica (*v.g.*: a insuficiência de ratificações e as reservas apresentadas em atos internacionais convencionais),[1498] é factível a impossibilidade de os Estados desconsiderarem esse *acquis* internacional. São direitos que não podem ser subtraídos do indivíduo ainda que a diversidade assumas proporções extremas.[1499] Mesmo que a dignidade humana apele a uma referência cultural e social, essa referência, quando contextualizada no âmbito dos círculos menores, tende a ser relativizada "em nome de uma dignidade humana na sociedade-mundo".[1500]

O conteúdo mínimo da dignidade humana tende a ser elasticido no plano regional, isso por representar um círculo de extensão mediana e, consequentemente, aumentar a possibilidade de convergência em relação a certos aspectos afetos à pessoa humana. Outro ponto digno de nota é a proliferação de organizações internacionais e de convenções internacionais de proteção dos direitos humanos especificamente voltados ao plano regional. Esse sistema, caracterizado pelo predomínio do voluntarismo dos sujeitos de direito internacional, em muito contribui para a sedimentação de certos valores entre os distintos Estados da região. Nesse particular, merece referência, em uma perspectiva mais recente, a Carta dos Direitos Fundamentais da União Europeia, que remonta a

---

[1495] FERNÁNDEZ-GARCIA, Eusébio *Dignidad humana y ciudadanía cosmopolita*. Madrid: Dykinson, 2001. p. 66.

[1496] Exemplos bem sugestivos de diversidade cultural são aqueles relacionados à questão religiosa. A Declaração dos Direitos do Homem no Islã, adotada pela Organização da Conferência Islâmica, no dia 5 de outubro de 1990, no Cairo, declara que "a comunidade islâmica é a melhor comunidade que Deus criou" e que "o islã é a religião natural do homem", o que definitivamente não se compatibiliza com a liberdade religiosa propagada pelo Ocidente. Cf.: DOBELLE, Jean-François. Le droit international et la protection des droits de l'homme. *In*: PERRIN DE BRICHAMBAUT et al. (Org.). *Leçons de droit international public*. Paris: Dalloz, 2002. p. 371 (383-384). Já a Carta da Liga Árabe (arts. 32 a 35) estabelece nítidas discriminações entre nacionais e estrangeiros por razões religiosas. Cf.: NASCIMBENE, Bruno. L'individuo e la tutela internazionale dei diritti umani. *In*: CARBONE, Sergio M.; LUZZATTO, Riccardo; SANTA MARIA, Alberto (Ed.). *Istituzioni di diritto internazionale*.Torino: Giappichelli, 2002. p. 269 (290), 2002.

[1497] FUKUYAMA, Francis. *Nosso futuro pós-humano*: consequências da revolução da biotecnologia. Rio de Janeiro: Rocco, 2003. p. 10; e 23 e ss.

[1498] Cf.: DUPUY, Pierre-Marie. *Droit international public*. 6. ed. Paris: Dalloz, 2002. p. 228-232; e GARCIA, Emerson. *Proteção internacional dos direitos humanos*: breves reflexões sobre os sistemas convencional e não convencional. 2. ed. Rio de Janeiro: Lumen Juris, 2009. p. 54-55.

[1499] Cf.: CARRILLO SALCEDO, Juan Antonio. *Soberania de los estados y derechos humanos en derecho internacional contemporáneo*. 2. ed. Madrid: Tecnos, 2001. p. 83-84; e FERNÁNDEZ SÁNCHEZ, Pablo Antonio, La violation grave des droits de l'homme comme une menace contre la paix. *Revue de Droit International de Sciences Diplomatiques et Politiques*, v. 77, n. 1, p. 23-59, 1999. p. 23 (27-29).

[1500] Cf.: GOMES CANOTILHO, José Joaquim. A teoria da Constituição e as insinuações do hegelianismo democrático. *In*: *"Brancosos" e interconstitucionalidade*: itinerários dos discursos sobre a historicidade constitucional. 2. ed. Coimbra: Almedina, 2008. p. 163 (181).

2000 e entrou em vigor juntamente com o Tratado de Lisboa, evidenciando o avanço na construção de uma verdadeira identidade europeia, agregando-a às identidades locais.[1501]

No que diz respeito aos círculos menores, além de ser possível o elastecimento, no âmbito de cada Estado de Direito, dos valores anteriormente referidos, observa-se que a adoção de práticas jurídico-sociais destoantes dos padrões prevalecentes nos círculos maiores fará com que sejam considerados algozes da dignidade humana. Não é por outra razão que não poucas ordens constitucionais, como a tunisiana,[1502] a portuguesa,[1503] a espanhola,[1504] a brasileira,[1505] a andorrana[1506] e a suíça,[1507] fazem referência expressa à necessidade de a Constituição formal ser interpretada, ou mesmo integrada, em harmonia com certos referenciais, voluntários ou não voluntários, sedimentados no direito internacional. Verifica-se uma nítida "constitucionalização do direito internacional".[1508]

Ainda que isso não costume ser declinado, a teoria dos círculos pode ser vista como o pano de fundo de qualquer concepção historicista, que vê os direitos humanos como produto da história, fruto de um processo que se aperfeiçoa e renova a cada momento evolutivo da civilização. Não são perenes e muito menos eternos. São constantemente construídos.[1509] Para o historicismo, os direitos humanos surgem na medida em que a necessidade os exija e o ambiente sociopolítico ofereça as condições propícias ao seu desenvolvimento. Bobbio,[1510] referindo-se ao seu surgimento, sentenciou: "Não todos de uma vez e nem de uma vez por todas". Essa conclusão torna-se particularmente nítida ao observarmos que não há história sem contexto, experiência sem sujeito. Ainda que os círculos axiológicos possam ser vistos sob uma perspectiva estática, centrada no universo de amostragem, o seu conteúdo é constantemente construído e reconstruído, estando em constante desenvolvimento. São diretamente influenciados pelas mutações culturais, que moldam a sua identidade e determinam a sua essência. Devem ser vistos sob uma

---

[1501] Cf.: BALAGUER CALLEJÓN, Francisco. A Carta dos Direitos Fundamentais da União Europeia. *Direito Público*, n. 35, p. 7-23, set./out. 2010. p. 7 (15); DENMAN, Daniel. The Charter of Fundamental Rights. *European Human Rights Law Review*, n. 4, p. 349-359, 2010. p. 349 (349 e ss.); KOKOTT, Juliane; SOBOTTA, Christoph. Die Charta der Grundrechte der Europäischen Union nach dem Inkrafttreten des Vertrags von Lissabon. *Europäische Grundrechte Zeitschrift*, a. 37, n. 10-13, p. 265-271, jul. 2010. p. 265 (265 e ss.) e DAVIS, Roy W. A brake? The Union's new "bill of rights". *European Human Rights Law Review*, n. 5, p. 449-460, 2005. p. 449 (450 e ss.).

[1502] Constituição tunisiana de 1959, após a reforma de 2002, art. 5º. Com a reforma, passou a contemplar uma cláusula verdadeiramente aberta de direitos fundamentais, de modo que todos os avanços adotados no plano internacional, contem, ou não, com a aquiescência formal do Estado tunisiano, geram imediato reflexo no plano interno. Essa é a interpretação extraída da primeira parte do referido art. 5º: "A República da Tunísia deve garantir as liberdades fundamentais e os direitos humanos em sua universalidade, abrangência, complementariedade e interdependência". O simples reconhecimento da universalidade dos direitos humanos foi suficiente à instituição de um processo de contínua atualização da ordem jurídica interna.

[1503] Constituição portuguesa de 1976, art. 16, 1.

[1504] Constituição espanhola de 1978, art. 10, 2.

[1505] Constituição brasileira de 1988, art. 5º, § 2º.

[1506] Constituição andorrana de 1993, art. 3º, 3.

[1507] Constituição suíça de 1999, art. 5º, 4.

[1508] LOPES SALDANHA, Jânia Maria; FLORES MACHADO, Sadi. O papel da jurisdição na efetivação dos direitos humanos: o cosmopolitismo para além do constitucional e do internacional, a partir do diálogo entre Têmis, Marco Polo e o Barão Cosme de Rondó. *In*: MOREIRA DE MOURA, Lenice S. (Org.). *O novo constitucionalismo na era pós-positivista*: homenagem a Paulo Bonavides. São Paulo: Saraiva, 2009. p. 147 (161).

[1509] Cf.: MONCHO i PASCUAL, Josep Rafael. *Ética de los derechos humanos*. Madrid: Tecnos, 2000. p. 50.

[1510] BOBBIO, Norberto. *A era dos direitos*. (Trad. Carlos Nélson Coutinho). Rio de Janeiro: Campus, 1992. p. 5.

perspectiva situacional, interagindo com o seu entorno, e temporalmente determinada. A dignidade humana não prescinde da interação entre o biológico e o cultural.[1511]

É justamente a teoria dos círculos que direcionará a resposta a inúmeros questionamentos rotineiramente formulados a respeito das consequências que podem advir do desrespeito à dignidade humana ou, de modo mais amplo, do desrespeito aos direitos humanos, que conferem maior especificidade ao seu conteúdo e são por ele alimentados.[1512] É o caso dos questionamentos a respeito de (a) que condutas justificam o uso da força, por organização internacional, nos assuntos internos de Estado soberano?;[1513] (b) que crimes podem ser julgados por tribunais internacionais, permanentes[1514] ou *ad hoc*?;[1515] (c) que direitos devem ser respeitados por Estado soberano para que possa permanecer associado a uma organização internacional como as Nações Unidas?;[1516] (d) que tipo de direitos deve ser violado para que um governo seja considerado ilegítimo, perdendo o próprio apoio popular?; e (e) que tipo de direitos, ainda que contemplado em normas de natureza programática, pode ter a sua eficácia integrada pelos órgãos jurisdicionais, e ser imediatamente exigido, com invocação do imperativo respeito à dignidade humana?

[1511] Cf.: LÉVI-STRAUSS, Claude. *As estruturas elementares do parentesco*. (Trad. Mariano Ferreira). Petrópolis: Vozes, 1982. p. 41.

[1512] Cf.: ROUSSEAU, Dominique. *Les libertés individuelles et la dignité de la personne*. Paris: Montchrestien, 1998. p. 70; CAMPBELL, Tom. Human rights: shifting boundaries. *In*: CAMPBELL, Tom; GOLDSWORTHY, Jeffrey Denys; STONE, Adrienne Sarah Ackary. *Protecting human rights*: instruments and institutions. Oxford: Oxford University Press, 2003. p. 18 (19); e PERELMAN, Chaïm. *Ética e direito (Étique et droit)*. (Trad. Maria Ermantina de Almeida Prado Galvão). São Paulo: Martins Fontes, 2005. p. 400 e ss.

[1513] O uso da força, consoante o Capítulo VII da Carta das Nações Unidas, está condicionado à configuração de uma situação de "ameaça à paz, ruptura da paz ou ato de agressão", o que pode restar caracterizado com violações massivas aos direitos humanos.

[1514] O Tribunal Penal Internacional, criado pelo Estatuto de Roma, de 17 de julho de 1998, tem sua competência restrita ao julgamento dos crimes mais graves, que afetem a sociedade internacional em seu conjunto, como é o caso dos crimes contra a humanidade, para cuja configuração é necessária a ocorrência de ataques generalizados ou sistemáticos (*v.g.*: escravidão, tortura, *apartheid* etc.). A jurisdição do Tribunal é estabelecida em caráter complementar à jurisdição interna, mantendo sobre os Estados a responsabilidade de reprimir os crimes internacionais (vide art. 1º do Estatuto do TPI). Tal, no entanto, não significa que o Tribunal intervirá tão somente para evitar a denegação de justiça decorrente da inércia dos órgãos jurisdicionais internos. Sua atuação se estenderá, igualmente, aos casos em que os órgãos internos exerçam o seu *múnus* com complacência, visando, apenas, a subtrair os acusados da Justiça Penal Internacional, isso em razão da regra *ne bis in eadem*, que deve ser relativizada em situações dessa natureza. Cf.: KAMTO, Maurice. Responsabilité de l'état et responsabilité de l'individu pour crime de génocide: quels mécanismes de mise em oeuvre? *In*: BOUSTANY, Katia; DORMOY, Daniel (Org.). *Génocide (s)*. Bruxelas: Éditions de L'Université de Bruxelles, 1999. p. 487.

[1515] Além dos Tribunais de Tóquio e Nuremberg, instalados pelas potências vencedoras, após o segundo conflito mundial, para julgar os vencidos, merece referência o Tribunal Penal Internacional instalado por iniciativa do Conselho de Segurança das Nações Unidas, com base no Capítulo VII da Carta, para julgar as violações massivas aos direitos humanos praticadas na antiga Iugoslávia (Resolução nº 808, de 22 de fevereiro de 1993, in *RGDIP*, v. 97, n. 2, 1993, p. 534 a 538). O mesmo ocorreu em relação ao Ruanda: Resolução nº 955, de 8 de setembro de 1994, in *RGDIP*, v. 98, n. 4, 1994, p. 1066 a 1068. Não é demais lembrar que a invocação do Capítulo VII exclui a necessidade de obtenção do prévio consentimento dos Estados em cujo território tenham sido praticados os crimes ou cujos nacionais venham a ser julgados por esses Tribunais. Cf.: DIEZ DE VELASCO, Manuel. *Instituciones de derecho internacional público*. Madrid: Tecnos, 2002. p. 254 e 739 e ss.

[1516] A África do Sul, ao legalizar a segregação racial com dominação branca, institucionalizando o *apartheid*, deu início ao seu processo de isolamento da sociedade internacional: em 1961 retirou-se do *Commonwealth* e, em 1974, foi expulsa da Organização das Nações Unidas. O Conselho de Segurança das Nações Unidas reconheceu que a discriminação racial promovida pelo *apartheid* constituía "uma ameaça potencial à paz e segurança internacionais", o que afastava a tese do domínio reservado de jurisdição interna (Carta da ONU, art. 2º, 7º) e poderia justificar, inclusive, a aplicação das medidas coercitivas previstas no Capítulo VII da Carta, isso apesar de a Resolução nº 282 (1970), de 23 de julho de 1970, relativa a essa temática, ter sido adotada com base no CapítuloVI.

3   A dignidade humana e o seu potencial expansivo

A inserção do homem na sociedade e a sua necessária submissão ao poder de mando das estruturas estatais de poder não permitem o desenvolvimento de liberdades amplas e irrestritas, isso sob pena de se inviabilizar a liberdade alheia, com o consequente comprometimento do bem comum. A dignidade humana não deve ser vista sob uma perspectiva puramente individualista, indiferente ao Estado e à sociedade. Em relação ao primeiro, o Estado,[1517] observa-se uma multifacetada capacidade funcional. Como detentor do poder, é, a um só tempo, (1) o principal opressor e o principal defensor do ser humano;[1518] (2) fator de articulação entre as distintas individualidades que compõem o ambiente sociopolítico; e (3) responsável pela operacionalização e plena satisfação dos interesses individuais e coletivos. No que diz respeito à sociedade, verifica-se a imprescindível necessidade de coexistência entre as individualidades, de modo que a expansão de algumas não chegue ao extremo de extinguir as demais, colocando em risco a própria continuidade do agregado social. Do reconhecimento generalizado da dignidade desprende-se o tratamento igualitário entre os seres humanos.[1519] A dimensão ontológica da dignidade humana, afeta à ideia de inerência, somente adquire sentido e plena operatividade no âmbito da intersubjetividade, com especial realce ao pluralismo e à tolerância.[1520] Não é por outra razão que a outorga de direitos não pode ser dissociada da imposição de deveres, da fixação de limites e do estabelecimento de restrições.

As restrições devem observar os balizamentos traçados pelo texto constitucional e não ultrapassar a medida do necessário à salvaguarda dos bens e interesses correlatos. A liberdade, enquanto critério de formação e expressão da capacidade intelectiva, é inerente ao ser humano, não podendo sofrer restrições que atentem contra a sua base axiológica ou descaracterizem por completo a capacidade de determinação e decisão. Em qualquer caso, como afirmou o Papa João Paulo II, na Encíclica *Veritatis Splendor*, de 6 de agosto de 1993, nunca se pode aviltar ou contrariar a dignidade humana, ainda que nobres sejam os objetivos (nº 92): afinal, não é lícito alcançar o bem com a prática do mal (nº 80).

A verificação do efetivo respeito à dignidade humana será amplamente influenciada pelas especificidades do caso concreto, sendo extremamente difícil a construção de arquétipos gerais e infalíveis. Referenciais libertários, protegendo a individualidade, a identidade e a integridade; igualitários, afastando a discriminação arbitrária; ou sociais, exigindo um rol mínimo de prestações sociais, com a consequente imposição de deveres prestacionais ao Estado, em muito contribuirão na aferição do respeito pela dignidade humana.[1521] Relativamente mais clara será a situação da pessoa que tenha

---

[1517] Realçando as relações entre indivíduo e Estado sob a perspectiva da evolução histórica, vide: PÉREZ LUÑO, Antonio Enrique. *Derechos humanos, estado de derecho y Constitución*. 8. ed. Madrid: Tecnos, 2003. p. 212-245.

[1518] O título da monografia de Paul Kirchhof fala por si: KIRCHHOF, Paul. *Der Staat als Garant und Gegner der Freiheit*: von Privileg und Überfluss zu einer Kultur des Masses. München: Ferdinand Schöningh, 2004.

[1519] Cf.: MIRANDA, Jorge. *Manual de direito constitucional*. 4. ed. Coimbra: Coimbra Editora, 2008. t. IV, p. 188-191.

[1520] Cf.: WOLFGANG SARLET, Ingo. As dimensões da dignidade da pessoa humana no estado democrático de direito. *In*: MOREIRA DE MOURA, Lenice S. (Org.). *O novo constitucionalismo na era pós-positivista*: homenagem a Paulo Bonavides. São Paulo: Saraiva, 2009. p. 85 (96-97).

[1521] Cf.: FRANKENBERG, Günther. *A gramática da Constituição e do direito (Autorität und Integration*: zur Gramatik von Recht und Verfassung). (Trad. Elisete Antoniuk). Belo Horizonte: Del Rey, 2007. p. 315-316.

o seu próprio *status* humano aviltado, sendo reduzida à condição de objeto, fórmula que exige um nível mínimo de convergência no ambiente sociopolítico, com o que se evitará que os conceitos pessoais do intérprete a respeito de bom gosto e moral comum sejam superpostos à noção de dignidade humana, suprimindo a autonomia individual. Como atributo inerente à própria noção de humanidade, a dignidade, por natureza, é indisponível, o que afasta a invocação da voluntariedade para justificar a sua violação.

Kant[1522] já afirmara que tudo tem um "preço" ou uma "dignidade": o que tem um preço pode ser substituído por outra coisa equivalente; o que é superior ao preço e não admite equivalente tem uma dignidade. O ser humano, sendo um fim em si mesmo, tem um valor intrínseco, uma dignidade. Não pode ser tratado como meio. Considerado como pessoa, não como elemento do sistema da natureza, é sujeito de uma razão moralmente prática, estando acima de qualquer preço. Conclui que "o respeito que eu tenho pelos outros ou que os outros têm por mim é o reconhecimento da dignidade nos outros homens, bem como que existe um valor que não tem preço ou um equivalente com o qual se possa substituir o objeto da estima". A filosofia kantiana, fundada no respeito pelo próximo e no valor intrínseco do ser humano, justifica a insurgência contra a opressão e aponta para a incorreção de práticas como a tortura e o terrorismo, em que o homem é tratado como objeto.

Uma dificuldade a ser enfrentada diz respeito à identificação das situações em que a própria voluntariedade do agir impede que a pessoa seja vista como objeto, ao realizar a prática aparentemente atentatória à sua dignidade. Afinal, os objetos não podem manifestar livremente suas opiniões e desejos, máxime quando refletem o exercício de uma profissão. Esse aspecto mostra-se relevante em relação ao exercício de profissões que aparentemente atentam contra a dignidade humana. É o caso do lançamento de anão, em que pessoas da plateia lançam esses pequeninos o mais longe que puderem; ou do *peep-show*, em que a mulher é contemplada unilateralmente a partir de uma cabine, iniciando-se a dança após a ativação, com moedas, de uma máquina automática, sendo que essas características de isolamento terminam por estimular a masturbação de quem assiste. Ambas as condutas foram consideradas atentatórias à dignidade humana: a primeira pelo Conselho de Estado francês, no polêmico Caso *Commune de Morsang-sur-Orge*;[1523] e, a segunda, pelo Tribunal Administrativo Federal (*Bundesverwaltungsgericht*) da Alemanha.[1524] A situação, no entanto, exige cautela, evitando que pessoas adequadamente esclarecidas dos riscos de sua conduta, aptas a externar livremente a sua vontade, tenham a sua autodeterminação substituída por uma determinação alheia. Proteger a dignidade humana não significa disseminar o paternalismo estatal, restringindo a liberdade em prol do conceito prevalecente de comportamento digno. Afinal, o pluralismo é marcado pela tolerância e pelo respeito às individualidades que destoem da maioria.

A volatilidade do conceito de *dignidade da pessoa humana*, amplamente sensível ao molde oferecido pela teoria dos círculos, em nada compromete o reconhecimento de sua

---

[1522] KANT, Immanuel. *Fundamentação da metafísica dos costumes e outros escritos*. (Trad. Leopoldo Holzbach). São Paulo: Martin Claret, 2004. p. 52.
[1523] J. em 27.10.1995, *Rec. Lebon*, p. 372.
[1524] *BVerwGE* 64, 274, 1981 (*Sittenwidrigkeit von Peep-Shows*).

fundamentalidade para (1) a ordem constitucional e a própria existência de um Estado de Direito comprometido com a plena satisfação das necessidades físicas, psíquicas, morais e espirituais do ser humano;[1525] (2) as ações do Poder Público, comissivas ou omissivas; (3) a estruturação e permanência da legislação infraconstitucional; (4) o delineamento dos direitos fundamentais descritos na Constituição formal, não raro suprindo a omissão do Legislador no delineamento do seu conteúdo; e (5) a interpretação de toda a ordem jurídica, especialmente a Constituição formal. Esse último aspecto bem realça a importância do referencial de dignidade da pessoa humana na resolução das conflitualidades intrínsecas.

3.1 Dignidade humana e mínimo existencial

À noção de dignidade humana encontra-se atrelada a de mínimo existencial (ou mínimo social – *social minimum*):[1526] rol de abstenções e de prestações indispensáveis a uma existência digna.[1527] O mínimo existencial é a parte operativa da dignidade humana, indicando as liberdades fundamentais que a integram, de modo a delinear uma esfera jurídica imune a intervenções exógenas, públicas ou particulares, e as prestações positivas que as estruturas estatais de poder não podem negar ao indivíduo, isso sob pena de lhe ser negada a própria essência humana. Esse mínimo não congrega apenas as prestações necessárias à sobrevivência. Exige um *plus*: que essas prestações assegurem o pleno desenvolvimento da personalidade individual e que ofereçam os meios necessários a uma existência digna e saudável.[1528]

Essa aproximação entre dignidade (*Würde*) e mínimo existencial (*Existenzminimum*) tem sido historicamente encampada em solo alemão. Com os olhos voltados a uma Lei Fundamental que praticamente passara ao largo dos direitos sociais,[1529] os Tribunais alemães,

---

[1525] Cf.: BITTAR, Eduardo C. B. Hermenêutica e Constituição: a dignidade da pessoa humana como legado à pós-modernidade. *In*: ALMEIDA FILHO, Agassiz; MELGARÉ, Plínio (Org.). *Dignidade da pessoa humana*: fundamentos e critérios interpretativos. São Paulo: Malheiros, 2010. p. 239 (253-254).

[1526] Cf.: RAWLS, John. *A theory of justice*. USA: Harvard University Press, 2005. p. 370.

[1527] Cf.: FORSTHOFF, Ernst. *Der Staat der Industriegesellschaft*: dargestellt am Beispiel der Bundesrepublik Deutschland. 2. ed. München: Beck, 1971. p. 75; LOBO TORRES, Ricardo. O mínimo existencial e os direitos fundamentais. *Revista de Direito Administrativo*, n. 177, p. 20-49, jul./set. 1989. p. 20 (20 e ss.); LOBO TORRES, Ricardo. *O direito ao mínimo existencial*. Rio de Janeiro: Renovar, 2009. p. 37; e CALABRICH SCHLUCKING, Marialva. *A proteção constitucional do mínimo imune*. Porto Alegre: Sergio Antonio Fabris, 2009. p. 25 e ss. Vide, ainda, o art. 12 da Constituição suíça de 1999.

[1528] Cf.: WOLFGANG SARLET, Ingo. *Dignidade da pessoa humana e direitos fundamentais na Constituição Federal de 1988*. 8. ed. Porto Alegre: Livraria do Advogado, 2010. p. 59-60.

[1529] A *Grundgesetz* alemã, como se sabe, não contempla um rol de direitos sociais, mas sim, pouquíssimas previsões esparsas (*v.g.*: a proteção da maternidade e dos filhos – GG, art. 6º, nºs 4 e 5). Não é demais lembrar que esse fato não obstou a observância desses direitos na Alemanha ou, mesmo, desautorizou a sólida dogmática dos direitos fundamentais cunhada pelo Tribunal Constitucional Federal. A omissão, em verdade, tem colorido histórico: a grande distância verificada entre o extenso rol de direitos sociais contemplado na Constituição de Weimar e a sua concretização junto à classe proletária alemã foi um dos fertilizantes para o surgimento do III *Reich*, daí a preocupação em não se assegurar direitos que se reduziriam a um mero exercício de retórica. Acresça-se, com Peter Badura (BADURA, Peter. *Staatsrecht, Systematische Erläuterung des Grundgesetzes*. 3. ed. München: C. H. Beck, 2003. p. 90) e Dieter Grimm (GRIMM, Dieter. *Constituição e política (Die Verfassung und die Politik)*. (Trad. Geraldo de Carvalho). Belo Horizonte: Del Rey, 2006. p. 250), que a doutrina prevalecente à época de Weimar, face à necessidade de mediação legislativa, afastava o efeito direto dos direitos sociais, que não passariam de meras "declarações de intenções e de programa". Sob a égide da Lei Fundamental de 1949, o Tribunal Constitucional Federal, a partir das cláusulas constitucionais que impõem o respeito ao ser humano e à sua liberdade, reconheceu a existência de obrigações a serem imediatamente adimplidas pelo Estado. Em consequência, "embora no nível

principiando pelo Tribunal Administrativo Federal (*Bundesverwaltungsgericht*),[1530] com ulterior desenvolvimento do Tribunal Constitucional Federal (*Bundesverfassungsgericht*),[1531] passaram a visualizar a exigibilidade de direitos prestacionais que encontravam sua base de sustentação na união (*Verbindung*) entre a cláusula da dignidade humana (*Menschenwürden – GG*, art. 1º, nº 1) e o princípio do Estado Social de Direito (*Sozialstaat – GG*, art. 20, nº 1).[1532] Com isso, a dignidade humana, além de orientar a produção normativa, atuando como mandado constitucional endereçado ao legislador; direcionar a interpretação e a integração da ordem constitucional, assumindo contornos de princípio diretor; poderia dar origem a verdadeiros direitos subjetivos, permitindo que a pessoa humana exija do Estado as prestações mínimas e imprescindíveis a uma existência digna.[1533]

Na temática dos direitos sociais, a Constituição brasileira de 1988 apresenta uma estrutura sensivelmente distinta da Lei Fundamental alemã de 1949: enquanto esta última deles praticamente não trata, aquela os prevê em profusão. Apesar de o paradigma brasileiro estabelecer um balizamento mais detalhado, ambos se assemelham na dependência de integração pela legislação infraconstitucional, que delineará as prestações a serem oferecidas pelo Estado, os requisitos que condicionarão a sua percepção pelos interessados e a respectiva fonte de custeio. Outra semelhança reside na funcionalidade atribuída à dignidade humana: se os Tribunais alemães extraíram o direito ao mínimo existencial diretamente de sua essência, o Supremo Tribunal brasileiro a utilizou para conferir eficácia plena aos preceitos constitucionais que versavam sobre os direitos fundamentais, suprindo a omissão do legislador infraconstitucional.[1534]

---

do direito constitucional menos marcada como Estado social, a República Federal alemã é Estado social em grau mais intenso do que a República de Weimar, que se mostrava, no nível do direito constitucional, socialmente mais forte" (GRIMM, Dieter. *Constituição e política* (*Die Verfassung und die Politik*). (Trad. Geraldo de Carvalho). Belo Horizonte: Del Rey, 2006. p. 251).

[1530] *BVerwGE* 1, 159 (161), 1954. Nesse julgamento, realizado em momento anterior à edição da Lei Federal sobre Assistência Social (*Bundessozialhilfsgesetz – BSHG*), o Tribunal, invocando a necessidade de proteção da dignidade humana e do direito à vida, reconheceu às pessoas carentes o direito subjetivo ao recebimento de auxílio material a cargo do Estado. A imperativa necessidade de preservação da dignidade humana, em especial nos Países de "modernidade tardia", torna imperativa a adoção de medidas de inserção social, o que permite divisar, no âmbito das estruturas estatais de poder, a paulatina formação de uma "opção pelos pobres", que passa a direcionar a formação, a interpretação e a efetivação dos padrões normativos estatais. Cf.: DEINHAMMER, Robert. Ist eine "Option für die Armen" in der Rechtswissenschaft? *Archiv für Rechts- und Sozialphilosophie*, v. 93, n. 4, p. 551-562, 2007. p. 551 (551 e ss.).

[1531] *BVerfGE* 40, 121 (133), 1975 (*Weisenrente Urteil*). De acordo com o Tribunal, o oferecimento de assistência social aos cidadãos, que tenham suas atividades limitadas pela precariedade de suas condições físicas e mentais, não podendo prover a própria subsistência, é uma das obrigações essenciais do Estado Social, que deve assegurar-lhes as condições mínimas para uma existência digna, e ainda adotar as medidas necessárias para integrá-los na sociedade.

[1532] Sobre a evolução da temática no direito alemão, vide: NEUMANN, Volker. Menschenwürde und Existenzminimum. *In*: BREUER, Rüdiger *et al*. (Org.). *Neue Zeitschrift für Verwaltungsrecht*, p. 426-432, 1995. p. 426 (426 e ss.). Especialmente em relação à influência do pensamento de Forsthoff, vide: RENSMANN, Thilo. *Wertordnung und Verfassung*: das Grundgesetz im Kontext grenzüberschreitender Konstitutionalisierung. Tübingen: Mohr Siebeck, 2007. p. 303-304.

[1533] As distintas funcionalidades da dignidade humana foram objeto de desenvolvimento por Albrecht Weber (WEBER, Albrecht. L'État social et les droits sociaux en RFA. *Revue Française de Droit Constitutionnel*, n. 24, p. 677-693, 1995. p. 677 (680).

[1534] Apesar de a Constituição de 1988 (art. 196) assegurar o direito à saúde genericamente a todos, sem indicação das prestações a serem oferecidas e dos recursos que permitirão a sua satisfação, o Supremo Tribunal Federal, integrando a sua eficácia com o imperativo dever de o Poder Público assegurar o direito à vida (art. 5º, *caput*) e à dignidade (art. 1º, III), reconheceu que as pessoas carentes, portadores do vírus HIV, tinham o direito público

O Tribunal Constitucional português também associou a dignidade humana ao mínimo existencial, o que permitiu a integração de eficácia do art. 63, nºs 1 e 3, da Constituição de 1976, que versa sobre o direito à segurança social, limitando a própria liberdade de conformação do legislador constitucional. O Tribunal tem conferido especial realce à existência, ao lado dos direitos positivos, de natureza prestacional, de direitos negativos, o que obstaria qualquer ação estatal que pudesse afrontar a garantia do mínimo existencial. Assim entendeu, por exemplo, ao declarar a injuridicidade da limitação dos beneficiários do "rendimento social de inserção"[1535] e da possibilidade de ser penhorada uma parte das prestações periódicas pagas, qualquer que seja o valor, a título de aposentação.[1536]

Como requisito necessário à preservação da essência da pessoa humana, o mínimo existencial há de ser indistintamente assegurado àqueles que estejam no interior do respectivo círculo axiológico, o que lhe atribui contornos igualitários: deve ser estendido a todos, com abstração das especificidades de ordem pessoal e do mérito de cada indivíduo. A referência à "dignidade da pessoa humana" é naturalmente excludente das pessoas jurídicas, que poderão figurar como sujeitos de inúmeros direitos, mas não possuirão propriamente uma *dignidade* a ser protegida. No outro extremo, toda e qualquer pessoa humana possui dignidade.

É importante ressaltar que a inegabilidade do mínimo existencial, além de ter como pressuposto o seu delineamento a partir do concurso de referenciais biológicos e culturais, aqueles afetos à essência humana, estes à base axiológica que se forma no respectivo círculo existencial, enfrentando alguns problemas típicos das prestações positivas (*v.g.*: necessidade de lei de detalhamento de prestações e destinatários, existência de recursos financeiros etc.), não passa ao largo da filosofia política que delineia a identidade do Estado e o modo de se relacionar com as pessoas que vivem em seu território. Esse aspecto é bem perceptível em relação aos Estados Unidos da América, os quais, não obstante os recentes avanços experimentados com as medidas de inclusão social no acesso

---

subjetivo de receber, gratuitamente, os medicamentos necessários e indispensáveis à sua sobrevivência (STF, 2ª Turma, RE-AgR nº 271.286/RS, Rel. Min. Celso de Mello, j. em 12.09.2000, DJ de 24.11.2000). O mesmo entendimento foi adotado em relação a pacientes com esquizofrenia paranoide e doença maníaco-depressiva crônica, com episódios de tentativa de suicídio, destituídas de recursos financeiros (STF, 2ª Turma, RE nº 393.175/RS, Rel. Min. Celso de Mello, j. em 12.12.2006, DJ de 2.2.2007).

[1535] Acórdão nº 509/2002, em *Diário da República* I-Série A, n. 36, de 12.02.2003, p. 905-917. Nesse julgamento, o Tribunal, em sede de controle preventivo de constitucionalidade, entendeu que o Decreto da Assembleia da República, que restringia o alcance do "rendimento social de inserção" a apenas uma parte dos jovens com idade entre 18 e 25 anos, alcançados pelo antigo "rendimento mínimo garantido", afrontava o "direito a um mínimo de existência condigna". Cf.: VIEIRA DE ANDRADE, José Carlos. *Os direitos fundamentais na Constituição portuguesa de 1976*. 4. ed. Coimbra: Almedina, 2010. p. 398-399; e MEDEIROS, Rui. Anotações ao art. 63. *In*: MIRANDA, Jorge; MEDEIROS, Rui. *Constituição portuguesa anotada*. Coimbra: Coimbra Editora, 2010. t. I, p. 639-640.

[1536] 1ª Secção, Acórdão nº 318/99, Proc. nº 855/98, Conselheiro Vítor Nunes de Almeida, j. em 26.5.1999, *Acórdãos do Tribunal Constitucional*, v. 43, 1999, p. 639 a 646 (646). Nesse julgamento, prevaleceu o entendimento de que a sobrevivência digna do trabalhador somente seria alcançada com o atendimento do "mínimo dos mínimos". Partindo dessa premissa, o Tribunal declarou a inconstitucionalidade do art. 824, nºs 1 e 2, do Código de Processo Civil, "na medida em que permite a penhora de até 1/3 das prestações periódicas pagas a título de aposentação ou de outra qualquer regalia social, seguro, indenização por acidente ou renda vitalícia, ou de quaisquer outras pensões de natureza semelhante, cujo valor não seja superior ao do salário mínimo nacional então em vigor, por violação do princípio da dignidade humana contido no princípio do Estado de direito que resulta das disposições conjugadas dos artigos 1º, 59º, nº 2, alínea a e 63º, nºs 1 e 3, da Constituição". No mesmo sentido: Plenário, Acórdão nº 177/02, Proc. nº 546/01, Rel. Cons. Maria dos Prazeres Pizarro Beleza, j. em 23.4.2002, *Acórdãos do Tribunal Constitucional*, v. 52, 2002, p. 259 a 271.

à saúde, são historicamente caracterizados como um Estado de feições liberais, em que o *non facere* estatal assume quase que total preeminência em relação a qualquer dever prestacional. Como ressaltado por Malla Pollack,[1537] esse modo de conduzir a política econômica, valorizando o aumento do superávit e retraindo a realização de gastos com bem-estar (*welfare*), desconsidera as evidências empíricas de que o implemento de direitos prestacionais tende a diminuir, de modo significativo, "comportamentos socialmente onerosos". Esse aspecto, aliás, ficou bem evidenciado durante a Grande Depressão, em que o aumento da assistência *per capita* reduziu consideravelmente as taxas de criminalidade.

No paradigma norte-americano, o referencial de dignidade humana certamente não apresenta timidez semelhante ao sedimentado em incontáveis Estados de "modernidade tardia". A especificidade é que o seu modelo econômico é delineado de modo a valorizar a ação individual e a retrair a intervenção estatal, quer em relação à atuação na esfera econômica, quer em relação à participação subsidiária do Estado com o objetivo de suprir as carências que o indivíduo, com o recurso exclusivo aos seus méritos e potencialidades financeiras, não foi apto a alcançar. Esse quadro termina por ser agravado em razão de uma reverência quase sagrada à liberdade contratual, o que mantém as "partes mais fracas ou menos sofisticadas"[1538] sob o jugo do capital. O que se verifica é a existência de um círculo axiológico favorável à ampliação da dignidade humana e um modelo econômico acentuadamente liberal que reduz ao extremo a concorrência do Estado na sua realização.

4 Limites dos direitos fundamentais e conflitualidade intrínseca

A individualização dos direitos fundamentais aponta para o reconhecimento de sua substância a partir dos contornos semânticos que lhes são atribuídos pela ordem constitucional, permitindo que seja delimitado o seu objeto ao associá-los a certo conteúdo ou situação, estática ou relacional. O "âmbito de proteção" do direito fundamental indica o bem jurídico protegido, o tipo de violação a que está sujeito e os pressupostos fáticos que devem estar presentes para a incidência da normatização constitucional.[1539]

[1537] POLLACK, Malla. O alto custo de não se ter direitos positivos: uma perspectiva dos Estados Unidos. *In*: WOLFGANG SARLET, Ingo; BENETTI TIMM, Luciano (Org.). *Direitos fundamentais*: orçamento e "reserva do possível". 2. ed. Porto Alegre: Livraria do Advogado, 2010. p. 325 (330). A autora realça que "a falta de direitos positivos nos Estados Unidos está ligada historicamente à escravidão" (POLLACK, Malla. O alto custo de não se ter direitos positivos: uma perspectiva dos Estados Unidos. *In*: WOLFGANG SARLET, Ingo; BENETTI TIMM, Luciano (Org.). *Direitos fundamentais*: orçamento e "reserva do possível". 2. ed. Porto Alegre: Livraria do Advogado, 2010. p. 340), sendo certo que essa falta "direciona os pobres para dentro das prisões" (POLLACK, Malla. O alto custo de não se ter direitos positivos: uma perspectiva dos Estados Unidos. *In*: WOLFGANG SARLET, Ingo; BENETTI TIMM, Luciano (Org.). *Direitos fundamentais*: orçamento e "reserva do possível". 2. ed. Porto Alegre: Livraria do Advogado, 2010. p. 343).

[1538] POLLACK, Malla. O alto custo de não se ter direitos positivos: uma perspectiva dos Estados Unidos. *In*: WOLFGANG SARLET, Ingo; BENETTI TIMM, Luciano (Org.). *Direitos fundamentais*: orçamento e "reserva do possível". 2. ed. Porto Alegre: Livraria do Advogado, 2010. p. 325 (335).

[1539] Cf.: WOLFGANG SARLET, Ingo. *A eficácia dos direitos fundamentais*: uma teoria geral dos direitos fundamentais na perspectiva constitucional. 10. ed. Porto Alegre: Livraria do Advogado, 2010. p. 387; FERREIRA MENDES, Gilmar. *Direitos fundamentais e controle de constitucionalidade*: estudos de direito constitucional. 3. ed. São Paulo: Saraiva, 2009. p. 13; e FERREIRA MENDES, Gilmar; MÁRTIRES COELHO, Inocêncio; GONET BRANCO, Paulo Gustavo. *Curso de direito constitucional*. 5. ed. São Paulo: Saraiva – Instituto Brasiliense de Direito Público, 2010. p. 284.

O seu delineamento, como é intuitivo, mostra-se particularmente permeável aos valores substanciais que refletem a convicção social, tanto em seus contornos atuais, quanto no curso de sua evolução a respeito da importância e da extensão desses direitos.[1540]

Avançando, é igualmente perceptível que os direitos fundamentais ostentam força subordinante em relação às demais disposições constitucionais, uma das facetas de sua dimensão jurídico-objetiva, direcionando e condicionando a forma com que serão interpretadas. A interação com o sistema há de observar essa primazia "inicial", aumentando o ônus argumentativo de qualquer interpretação conducente à retração do potencial expansivo das disposições que os contemplam. Ainda como decorrência lógica de sua primazia, a interpretação das disposições constitucionais consagradoras dos direitos fundamentais denota especial comprometimento com a máxima expansão do seu conteúdo. Se essa concepção não chega ao extremo de assegurar, por exemplo, a imediata implementação de todos os direitos a prestações, normalmente dependentes de certas opções políticas e dos circunstancialismos de ordem financeira, o mesmo não pode ser dito da maioria dos direitos de defesa, que asseguram a existência de uma esfera jurídica individual imune a intervenções exógenas. Com isso, aumenta-se a responsabilidade do intérprete na justificação de qualquer proceder em sentido diverso.[1541]

[1540] Um exemplo bem sugestivo a respeito das controvérsias relacionadas à delimitação do âmbito de proteção é oferecido pelo direito norte-americano, em relação à absorção, ou não, pela liberdade de expressão assegurada na Primeira Emenda, das denominadas palavras de ódio (*hate speech*), endereçadas a certos grupos por razões étnicas, raciais, religiosas ou de orientação sexual. Se essa prática tem sido normalmente coibida pela generalidade das democracias, o direito norte-americano, face à posição preferente (*preferred position*) atribuída aos direitos assegurados na Primeira Emenda, tem sido tradicionalmente refratário à imposição de restrições, o que tem constantemente realimentado o debate a respeito dessa temática (Cf.: WALKER, Samuel. *Hate speech*: the history of an American controversy. USA: University of Nebraska Press, 1994. p. 2-3). Em 1992, o Supremo Tribunal norte-americano considerou inconstitucional uma lei de St. Paul, Minnesota, que proibia o uso de qualquer símbolo que disseminasse raiva, medo ou ressentimento nas pessoas, com base em raça, cor, credo, religião ou gênero (*R.A.V. vs. St. Paul*, 505 U.S. 377, 1992). De acordo com o *Justice* Scalia, a lei de St. Paul estabelecia um tratamento diferenciado para distintas espécies de expressão, e "that is precisely what the First Amendment forbids". Aqueles que defendem o amplo e irrestrito alcance da proteção constitucional, com abstração do teor da mensagem veiculada, não hesitam em ver no discurso do ódio o mais lídimo exercício do referido direito fundamental, concebido para limitar a censura governamental a um direito de vital importância para a cultura norte-americana e indispensável ao evolver do ambiente democrático: o direito de cada pessoa expor suas ideias, por mais impopulares que sejam (Cf.: WOLFSON, Nicholas. *Hate speech, sex speech, free speech*. USA: Greenwood, 1997. p. 47). Afinal, como um americano diz com frequência, "I can say what I want, it's a free country" (NELSON, Samuel Peter. *Beyond the First Amendment*: the politics of free speech and pluralism. Maryland: Johns Hopkins University Press, 2005. p. 1). O entendimento contrário, no entanto, considera essa prática inconstitucional, vale dizer, à margem do âmbito de proteção da liberdade de expressão, isso por causar danos psicológicos aos grupos atingidos, caminhar em norte contrário à coesão social, contribuindo para a desintegração da sociedade, e por violar a igualdade subjacente a todos os integrantes da espécie humana, com abstração das características e opções que só interessam à individualidade de cada qual (Cf.: WEST, Robin. *Progressive constitutionalism*: reconstructing the Fourteenth Amendment. USA: Duke University Press, 1994. p. 157-158). Não é demais lembrar, com Cortese, que nada menos que 25% dos estudantes de um *campus* acadêmico norte-americano costumam ser vítimas desse tipo de discriminação, sendo que um terço desse total em mais de uma ocasião, o que bem demonstra a dimensão social do problema (CORTESE, Anthony Joseph Paul. *Opposing hate speech*. USA: Greenwood, 2006. p. 2). Se o problema efetivamente existe, não menos exata é a constatação de que a liberdade de expressão assumiu contornos quase que sacros na sociedade norte-americana, o que atrai, de imediato, a condição de "suspeita" a qualquer tentativa de reduzir o seu âmbito de proteção. Esse é um nítido exemplo da importância ostentada pelos valores colhidos no ambiente sociopolítico para o delineamento dos direitos fundamentais.

[1541] Na realidade francesa, merece lembrança a observação de Luchaire, no sentido de que na seara dos direitos e liberdades, o Conselho Constitucional, sempre que enunciou uma norma jurídica sem se apoiar em um texto normativo cujos contornos semânticos não suscitassem maiores dúvidas em relação ao seu sentido, o fez para limitá-los e justificar a intervenção do Poder Público (LUCHAIRE, François. De la méthode en droit constitutionnel. *Revue du Droit Public et de la Sience Politique en France et a L'Étranger*, n. 2, p. 275-329, mars./avr. 1981. p. 275 (328)).

Na medida em que inseridos na ordem constitucional, devendo coexistir com outros bens e valores de igual estatura, é factível a necessidade de os direitos fundamentais, em especial os direitos de defesa, sofrerem certos balizamentos ou terem o seu exercício limitado em situações específicas.[1542]

Esse aspecto torna-se particularmente nítido quando constatamos que a expansão de um direito pode redundar na retração de outro, titularizado por pessoa diversa, ou, mesmo, que certas medidas de interesse coletivo (*v.g.*: exigências sanitárias, de segurança, ordenação urbanística etc.) não se harmonizam com a irrestrita ampliação da esfera individual. As construções teóricas que se dedicam à temática têm sido aglutinadas, na síntese de Robert Alexy,[1543] sob a epígrafe de duas teorias: a interna e a externa.

A teoria interna (*Innentheorie*) se afasta da tese de uma dualidade existencial entre direito e restrição. Não visualiza a existência de duas coisas (*zwei Dinge*) distintas, mas apenas uma: o direito com um conteúdo específico.[1544] A ideia de direito seria uma síntese das faculdades possíveis e dos balizamentos necessários. O conceito de restrição, por ser logicamente impossível,[1545] seria substituído pelo de "limite imanente", que acompanharia o direito fundamental desde a sua gênese. Essa construção afasta a própria ideia de colisão entre direitos fundamentais, já que os limites imanentes a cada direito evitariam a sua expansão ao ponto de colidir com outros direitos igualmente tutelados. As dúvidas quanto aos limites do direito não seriam dúvidas acerca da conveniência de sua limitação, mas sobre o seu conteúdo.[1546]

Na medida em que a teoria interna não concebe a existência de normas coexistentes e colidentes a respeito da mesma temática diceológica, todos os pontos de tensão, quaisquer que sejam eles, devem ser superados no curso do processo de interpretação. Os direitos fundamentais ocupariam posições definitivas, sendo insuscetíveis de qualquer restrição posterior ao seu delineamento. Nessa perspectiva, constata-se que a ausência de distinção entre o âmbito de proteção do direito e os limites que lhe podem ser opostos exige que todos os bens e valores constitucionalmente tutelados sejam objeto de consideração na operação voltada ao traçar do seu conteúdo. Esses bens e valores, como soa evidente, podem ocupar posições nitidamente antagônicas, máxime quando retratem aspectos afetos ao bem comum e ao interesse estatal, o que pode restringir, *a priori*, o próprio surgimento do direito, redundando em "restrições arbitrárias da liberdade".[1547] Sob esse aspecto, observa-se a grande inconveniência metódica da teoria interna, já que a

---

Assim ocorreu em relação ao direito de recurso (j. em 20.7.1977), ao direito de greve (j. em 25.7.1979), à liberdade individual (j. em 9.1.1980) e às garantias essenciais ao exercício da liberdade (j. em 18.12.1964 e 28.2.1967).

[1542] Cf.: PRIETO SANCHIS, Luis. *Justicia constitucional y derechos fundamentales*. Madrid: Trotta, 2003. p. 217.

[1543] ALEXY, Robert. *Theorie der Grundrechte*. Baden-Baden: Suhrkamp Taschenbuch, 1994. p. 249-253. Vide, ainda, WOLFGANG SARLET, Ingo. *A eficácia dos direitos fundamentais*: uma teoria geral dos direitos fundamentais na perspectiva constitucional. 10. ed. Porto Alegre: Livraria do Advogado, 2010. p. 388-390.

[1544] Cf.: ALEXY, Robert. *Theorie der Grundrechte*. Baden-Baden: Suhrkamp Taschenbuch, 1994. p. 250.

[1545] Cf.: BOROWSKI, M. *La estrutura de los derechos fundamentales*. Bogotá: Universidad Externado de Colombia, 2003. p. 68 e ss.

[1546] Nesse sentido: DE DOMINGO, Tomás ¿*Conflictos entre derechos fundamentales*? Madrid: Centro de Estudios Políticos y Constitucionales, 2001. p. 322-369.

[1547] Cf.: WOLFGANG SARLET, Ingo. *A eficácia dos direitos fundamentais*: uma teoria geral dos direitos fundamentais na perspectiva constitucional. 10. ed. Porto Alegre: Livraria do Advogado, 2010. p. 389; e GOMES CANOTILHO, José Joaquim. *Direito constitucional e teoria da Constituição*. 7. ed. Coimbra: Almedina, 2010. p. 1280-1281.

própria norma que confere sustentação aos direitos fundamentais surge refém de bens e valores que, a rigor, são externos a ela, o que aconselha a sua consideração nesse plano.

Para a teoria externa (*Aussentheorie*), a ideia de restrição sugere a existência de duas coisas distintas (o direito e a restrição),[1548] que mantêm entre si uma relação de tipo sequencial. Nesse caso, ter-se-ia a existência do direito propriamente dito, ainda não restringido, e o produto que resulta do acréscimo de restrições a esse direito, vale dizer, o direito restringido. Distingue-se a posição *prima facie*, que antecede a restrição, da posição definitiva, posterior a ela. A restrição não mantém uma relação imprescindível com o direito. Surge, apenas, em razão de uma necessidade externa ao direito, que pode ser a concordância entre distintos direitos individuais ou entre direitos individuais e bem coletivos. Restrição dessa natureza, como observado por Alexy,[1549] que adere à teoria externa, pode ter origem direta ou indireta na Constituição, nesse último caso, com a edição de leis restritivas ou com a realização de juízos de ponderação,[1550] necessários sempre que verificada a colisão entre bens e direitos. É importante ressaltar que, tratando-se de limites estabelecidos diretamente pela ordem constitucional, ainda que o direito e a limitação sejam contemplados em disposições normativas distintas, será possível falar não propriamente em uma posição jurídica *prima facie*, mas sim em um "não direito definitivo".[1551] A Constituição brasileira de 1988 oferece um exemplo bem sugestivo a esse respeito: após dispor, em seu art. 150, III, b, que é vedado cobrar tributos "no mesmo exercício financeiro em que haja sido publicada a lei que os instituiu ou aumentou", ressalvou, no art. 195, §6º, que às contribuições sociais ali previstas não se aplicaria "o disposto no art. 150, III, b".

A determinação do campo normativo e o tratamento dispensado ao direito fundamental traçam o balizamento do seu conteúdo, assinalando os seus limites intrínsecos (ou "limites do conteúdo"),[1552] que decorrem de sua própria natureza. Individualizado o direito e reconhecidos os seus limites intrínsecos, deve ser verificada a presença de uma possível limitação, promovida por uma ação exógena, de origem constitucional ou infraconstitucional, que restrinja o âmbito objetivo do direito (*v.g.*: a consagração do direito de propriedade e a correlata necessidade de observância de sua função social, conforme disciplina traçada pelo legislador). A limitação de origem normativa pode ser estendida a todos, quando diga respeito à proteção da sociedade, sendo generalizada, ou assumir contornos relativos, quando não incida de forma geral e permanente, apresentando variações de natureza pessoal, espacial e temporal.[1553] Além da limitação de origem normativa, também é factível a ocorrência de uma limitação específica ou

---

[1548] ALEXY, Robert. *Theorie der Grundrechte*. Baden-Baden: Suhrkamp Taschenbuch, 1994. p. 250.
[1549] ALEXY, Robert. *Theorie der Grundrechte*. Baden-Baden: Suhrkamp Taschenbuch, 1994. p. 250.
[1550] A ponderação de interesses tem sido uma constante no âmbito da jurisdição constitucional, *v.g.*: (a) na Alemanha – BVerfGE 30, 173, 1951 (*Mephisto*), BVerfGE 35, 202, 1973 (*Lebach*) e 1 BvR 357/05, 2006 (*Luftsicherheitsgesetzes*); (b) no Brasil – Reclamação nº 2.040/DF, j. em 21.2.2002, DJU de 27.6.2003; (c) na Espanha – Sentencia nº 186/2000; e (d) em Portugal – Acórdão nº 391/2002.
[1551] Cf.: WOLFGANG SARLET, Ingo. *A eficácia dos direitos fundamentais*: uma teoria geral dos direitos fundamentais na perspectiva constitucional. 10. ed. Porto Alegre: Livraria do Advogado, 2010. p. 392.
[1552] Cf.: LILLO, Pasquale. *Diritti fondamentali e libertà della persona*. Torino: Giappichelli, 2001. p. 46.
[1553] Cf.: RIVERO, Jean. *Les libertés publiques*. Paris: Presses Universitaires de France, 1973. p. 169.

"conjuntural",[1554] levada a efeito, no caso concreto, pelos órgãos jurisdicionais, com o objetivo de preservar interesses igualmente tutelados pela Constituição, como são a ordem pública e os demais direitos fundamentais.[1555] Essa última limitação, como é intuitivo, pressupõe uma colisão entre direitos fundamentais, o que pode se verificar em relação a (1) direitos da mesma natureza, de modo que o exercício de um comprometa o exercício do outro (*v.g.*: a designação de reuniões, por grupos distintos, para o mesmo momento e local); ou (2) direitos de natureza distinta (*v.g.*: a manifestação pública que dificulte a liberdade de circulação).[1556]

Apesar da possibilidade de serem impostos limites aos direitos fundamentais, a teoria externa, que nos parece mais adequada à preservação da individualidade das distintas normas do sistema, reconhece a existência de um conteúdo essencial e irredutível, insuscetível de sofrer qualquer restrição por fatores exógenos.[1557] O objetivo é assegurar a indenidade da linha limítrofe entre limitação e extinção. Afinal, a imposição de restrições tão amplas que comprometam os contornos de sua própria identidade pouco destoará da extinção.[1558] Face à importância dos direitos fundamentais, à necessidade de se conter o avanço desmedido do poder e à inevitabilidade da imposição de restrições pela via legislativa, algumas ordens constitucionais, como a portuguesa,[1559] a espanhola[1560] e a alemã,[1561] dispõem, de modo expresso, sobre a necessidade de ser preservado o seu conteúdo essencial. Comandos dessa natureza, em verdade, externam o que já está ínsito na ordem constitucional: a necessidade de preservar a imperatividade dos direitos fundamentais e a base de valores que condensam, o que afasta a existência de uma ampla e irrestrita liberdade de conformação do legislador. Ainda que a ordem constitucional, como ocorre com a brasileira e a francesa,[1562] nada disponha a esse

---

[1554] BARTOLOMÉ CENZANO, José Carlos. *Derechos fundamentales y libertades públicas*. Valencia: Tirant lo Blanch, 2003. p. 76.

[1555] Cf.: MORANGE, Jean. *Libertés publiques*. Paris: PUF, 1985. p. 354.

[1556] Cf.: RIVERO, Jean. *Les libertés publiques*. Paris: Presses Universitaires de France, 1973. p. 166-167.

[1557] Cf.: ALEXY, Robert. *Theorie der Grundrechte*. Baden-Baden: Suhrkamp Taschenbuch, 1994. p. 267-272; PFERSMANN, Otto. Esquisse d'une théorie des droits fondamentaux. *In*: FAVOREAU, Louis (Org.). *Droits des libertés fondamentaux*. 2. ed. Paris: Dalloz, 2002. p. 83 (93); DE TOLEDO BARROS, Suzane. *O princípio da proporcionalidade e o controle da constitucionalidade das leis restritivas de direitos fundamentais*. 2. ed. Brasília: Brasília Jurídica, 2000. p. 98-102; WOLFGANG SARLET, Ingo. *Dignidade da pessoa humana e direitos fundamentais na Constituição Federal de 1988*. 8. ed. Porto Alegre: Livraria do Advogado, 2010. p. 118-121; WOLFGANG SARLET, Ingo. *A eficácia dos direitos fundamentais*: uma teoria geral dos direitos fundamentais na perspectiva constitucional. 10. ed. Porto Alegre: Livraria do Advogado, 2010. p. 402-404; QUEIROZ, Cristina. *Direitos fundamentais*: teoria geral. 2. ed. Coimbra: Coimbra Editora, 2010. p. 58 e 212-216; VIEIRA DE ANDRADE, José Carlos. *Os direitos fundamentais na Constituição portuguesa de 1976*. 4. ed. Coimbra: Almedina, 2010. p. 303-306; e HÄBERLE, Peter. *La liberdad fundamental en el estado constitucional*. (Trad. Jürgen Saligmann e César Landa). Granada: Comares, 2003. p. 322.

[1558] A salvaguarda do núcleo essencial pode ser vista "como ultima ratio, derradeira válvula de segurança contra restrições destes mesmos direitos" (GOMES CANOTILHO. Teoria da Constituição de 1976: desenvolvimento ou revisionismo constitucional? *In*: "*Brancosos*" *e interconstitucionalidade*: itinerários dos discursos sobre a historicidade constitucional. 2. ed. Coimbra: Almedina, 2008. p. 86), configurando a "barreira última na concretização do direito" (QUEIROZ, Cristina. *Direitos fundamentais*: teoria geral. 2. ed. Coimbra: Coimbra Editora, 2010. p. 216).

[1559] Constituição portuguesa de 1976; art. 18, 2 e 3.

[1560] Constituição espanhola de 1978; art. 53, 1.

[1561] *Grundgesetz* alemã de 1949; art. 19, 1 e 2.

[1562] No Caso *Droit de Grève à la Radio et à la Television*, o Conselho Constitucional francês reconheceu a inconstitucionalidade de proposições legislativas que regulamentavam o direito de greve, de modo a assegurar a continuidade do serviço público de rádio e de televisão no período de paralisação do trabalho, permitindo que os presidentes das sociedades exigissem da categoria em greve a adoção de medidas "para assegurar o serviço normal" e necessárias ao cumprimento de um extenso rol de atribuições previstas em lei (Decisão nº 79-105 DC, de 25.7.1979, *Recueil*,

respeito, afigura-se evidente que a dimensão objetiva dos direitos fundamentais impede a sua descaracterização sob os auspícios da necessidade de serem limitados. *In casu*, tal é feito sob o argumento da imperativa proteção da dignidade humana.

Esse conteúdo essencial, é importante ressaltar, apesar da estreita relação,[1563] não se identifica com o mínimo existencial.[1564] Sua função, em verdade, é a de caracterizar a parcela do direito, qualquer que seja ele, insuscetível de intervenção exógena. O mínimo existencial, por sua vez, se desprende da dignidade humana e delineia os direitos que não podem ser subtraídos do indivíduo.[1565]

O modo de ver o conteúdo essencial pode assumir contornos relativos, absolutos ou mistos.[1566]

Prestigia-se a teoria relativa ao se reconhecer o caráter volátil do conteúdo essencial, sendo delineado após (1) a utilização da técnica da ponderação, isso quando verificada

---

p. 33, *JO* de 27.7.1979). A decisão é comentada por: FAVOREU, Louis; PHILIP, Loïc. *Les grandes décisions du Conseil Constitutionnel*. 12. ed. Paris: Dalloz, 2003. p. 366-382). Embora tenha reconhecido o valor constitucional do princípio da continuidade do serviço público, que não foi explicitamente encampado por nenhuma disposição constitucional, o Conselho recepcionou o argumento de que a obrigação de "assegurar o serviço normal" terminaria por obstar o próprio exercício do direito de greve. Além de consagrar pela primeira vez o valor constitucional do direito de greve, fazendo com que os direitos sociais previstos no Preâmbulo da Constituição de 1946 assumissem um lugar de destaque, o Conselho promoveu a "conciliação entre dois princípios de valor constitucional" (FAVOREU, Louis; PHILIP, Loïc. *Les grandes décisions du Conseil Constitutionnel*. 12. ed. Paris: Dalloz, 2003. p. 370). Ao posicionar-se em sentido contrário à "absolutização" do direito de greve, o Conselho Constitucional entendeu que os limites a serem observados no seu exercício decorrem da necessidade de conciliá-lo com outros interesses de natureza constitucional, *in casu*, o princípio da continuidade dos serviços públicos. Na Decisão nº 80-117 DC, de 22.7.1980 (*Loi sur la protection et le contrôle des matières nucléaires*), *Recueil*, p. 42, *JO* de 24.7.1980, p. 1867), o Conselho decidiu que podem ser opostas ao direito de greve "as limitações necessárias com o fim de assegurar a proteção da saúde e da segurança das pessoas e dos bens, proteção que, a exemplo do direito de greve, tem a natureza de um princípio de valor constitucional". Posteriormente, na Decisão nº 82-144 DC, de 22.10.1982 ((*Loi relative au développement des institutions représentatives du personnel*), *Recueil*, p. 61, *JO* de 23.10.1982, p. 3210), decidiu que a proteção ao direito de greve não deve conduzir a um atentado ao princípio da igualdade. Como afirmou o Conselho em outra oportunidade, ao legislador incumbe regulamentar o exercício de um direito com o objetivo de "torná-lo mais efetivo ou de conciliá-lo com outras regras ou princípios de valor constitucional" (Decisão nº 84-181 DC, de 10.10.1984 (*Loi visant à limiter la concentration et à assurer la transparence financière et le pluralisme des entreprises de presse*), *Recueil*, p. 78, *JO* de 13.10.1984, p. 9395). Nessa operação de conciliação, o legislador não pode prejudicar um dos princípios envolvidos a ponto de colocá-lo em causa (Decisão nº 82-144 DC, de 22.10.1982 (*Loi relative au développement des institutions représentatives du personnel*), *Recueil*, p. 61, *JO* de 23.10.1982, p. 3210). Vide, ainda, a Decisão *Commune d'Annecy*, de 3.10.2008, em que o Conselho reconheceu o valor constitucional dos direitos e deveres definidos na *Charte de l'environnement* (Cf.: AGUILA, Yann; HUGLO, Christian; KOSCIUSKO-MORIZET, Nathalie. Droit constitutionnel et droit de l'environnement, in Constitutions. *Revue de Droit Constitutionnel Appliqué*, p. 493-503, oct./dec. 2010. p. 493 (493 e ss.)).

[1563] Cf.: WOLFGANG SARLET, Ingo. *Dignidade da pessoa humana e direitos fundamentais na Constituição Federal de 1988*. 8. ed. Porto Alegre: Livraria do Advogado, 2010. p. 124.

[1564] Em sentido contrário: LOBO TORRES, Ricardo. *O direito ao mínimo existencial*. Rio de Janeiro: Renovar, 2009. p. 85-89.

[1565] A respeito da justificação teórica do conteúdo essencial dos direitos fundamentais, Pérez Luño, em classificação parcialmente semelhante àquela que adotamos em relação aos direitos humanos, advoga a existência de quatro teorias: (1) teoria positivista – esfera de proteção normativa dos interesses defendidos pelo direito, protegendo a autonomia individual das possíveis intromissões do Estado; (2) teoria dos valores – núcleo objetivo intrínseco de cada direito a ser observado pela regulamentação legislativa; (3) teoria institucional – dimensão institucional que define o sentido, o alcance e as condições de exercício dos direitos fundamentais, sendo a proteção do conteúdo essencial uma garantia institucional; e (4) teoria jusnaturalista crítica – conteúdo delimitado com a apelação à consciência histórica, que possui a humanidade, no momento presente, em relação aos seus valores e direitos fundamentais (PÉREZ LUÑO, Antonio Enrique. *Derechos humanos, estado de derecho y Constitución*. 8. ed. Madrid: Tecnos, 2003. p. 311-312).

[1566] Cf.: LOBO TORRES, Ricardo. *O direito ao mínimo existencial*. Rio de Janeiro: Renovar, 2009. p. 90-95; e PRIETO SANCHIS, Luis. *Justicia constitucional y derechos fundamentales*. Madrid: Trotta, 2003. p. 232-233.

a colidência com outros direitos ou interesses tutelados,[1567] ou (2) o emprego do critério de proporcionalidade.[1568] que zela pela justa medida das restrições impostas por outras normas.[1569] Enquanto a ponderação, de acordo com as circunstâncias fáticas e jurídicas subjacentes ao caso concreto, poderia afastar, inclusive, a completa operatividade do direito fundamental, o que evidencia a sua estrutura principiológica,[1570] os limites a serem impostos devem sempre se ajustar ao critério de proporcionalidade, o que torna o conteúdo essencial nitidamente cambiável. Para esse tipo de construção, não seria concebível a existência de um direito fundamental que configurasse uma posição definitiva, assumindo os contornos de verdadeira regra. Com isso, todo e qualquer direito, com abstração dos contornos que a ordem constitucional lhe atribuísse, seria ponderável ou restringível.[1571] O conteúdo essencial ficaria totalmente submisso às conveniências externas, o que desaconselha o acolhimento da teoria relativa.

A teoria absoluta, por sua vez, advoga a existência de um núcleo insuscetível de restrição, determinado em abstrato,[1572] que não pode ser comprometido mesmo com

---

[1567] Cf.: REIS NOVAIS, Jorge. *As restrições aos direitos fundamentais não expressamente autorizadas pela Constituição*. 2. ed. Coimbra: Coimbra Editora, 2010. p. 570 e ss.

[1568] As três máximas fundamentais que informam o critério de proporcionalidade, como ressaltado por Alexy, a adequação, a necessidade (postulado do meio mais benigno) e a proporcionalidade em sentido estrito (postulado de ponderação propriamente dito) são logicamente inferidas de sua própria natureza, dele se deduzindo (ALEXY, Robert. *Theorie der Grundrechte*. Baden-Baden: Suhrkamp Taschenbuch, 1994. p. 100-104; e ALEXY, Robert. Balancing, constitutional review and representation. *International Journal of Constitutional Law*, v. 3, n. 4, p. 572-581, 2005. p. 572 (572-573)). No mesmo sentido: GOESEL-LE BIHAN, Valérie. Le contrôle exercé par le Conseil constitutionnel: défense et illustration d'une théorie générale. *Revue Française de Droit Constitutionnel*, n. 45, p. 67-83, 2001. p. 67 (68); e GOESEL-LE BIHAN, Valérie. Réflexion iconoclaste sur le contrôle de proporcionnalité exercé par le Conseil constitutionnel. *Revue Française de Droit Constitutionnel*, n. 30, p. 227-267, 1997. p. 227 (232).

[1569] Nessa perspectiva, merece menção a jurisprudência norte-americana, que desenvolveu o "teste da base de racionalidade" ("rational basis test", expressão inicialmente empregada pelo *Justice* Holmes na opinião dissidente emitida no Caso *Lochner vs. New York* (198 U.S. 45, 76, 1905)) e o "padrão de exame minucioso e rigoroso" ("standard of strict scrutiny" – Cf.: EPSTEIN, Richard A. *How progressives rewrote the Constitution*. Washington: Cato Institute, 2007. p. 11). De acordo com o primeiro, a análise do Tribunal deve limitar-se à verificação da racionalidade das escolhas realizadas pelo legislador, sem substituir-se ao seu juízo valorativo. Para tanto, devemos verificar se um homem justo e razoável necessariamente reconheceria que a escolha se harmoniza com os princípios fundamentais do sistema, na forma em que têm sido compreendidos pelas tradições do povo e do direito (Cf.: *Lochner vs. New York*, 198 U.S. 45, 76, 1905). O segundo, por sua vez, indica que uma lei que atinja um direito constitucionalmente protegido será necessariamente inconstitucional, a menos que se demonstre que o seu objetivo seja a satisfação de um interesse estatal relevante e os meios escolhidos sejam estreitamente adequados à sua realização. No primeiro caso, tem-se um exame limitado, em que se confere maior importância às opções políticas do legislador; no segundo, por sua vez, o exame é amplo, o que permite que sejam impostas maiores restrições às opções políticas do legislador, sempre com o objetivo de preservar a preeminência de certos valores constitucionais que serão restringidos. No meio, mas se aproximando do "padrão de exame minucioso e rigoroso", tem-se o denominado "padrão de exame minucioso intermediário" ("standard of intermediate scrutiny"), que permite que seja aferida a razoabilidade dos meios utilizados pela lei em relação a um interesse estatal legítimo (Cf.: EPSTEIN, Richard A. *How progressives rewrote the Constitution*. Washington: Cato Institute, 2007. p. 11).

[1570] Cf.: ALEXY, Robert. *Theorie der Grundrechte*. Baden-Baden: Suhrkamp Taschenbuch, 1994. p. 268.

[1571] Com os olhos voltados à ordem constitucional brasileira, que não contém disposição expressa a respeito da inviolabilidade do conteúdo essencial dos direitos fundamentais, sustentam Dimoulis e Martins que a dificuldade em delimitar tal conteúdo indica a impropriedade da tese que apregoa a sua existência, devendo ser preterida pela utilização do critério de proporcionalidade (DIMOULIS, Dimitri; MARTINS, Leonardo. *Teoria geral dos direitos fundamentais*. 2. ed. São Paulo: Revista dos Tribunais, 2010. p. 167-169). Quanto à solidez de argumentos dessa natureza, Jorge Miranda já ressaltara que as teorias relativas confundem proporcionalidade e conteúdo essencial, não devendo ser acatadas (MIRANDA, Jorge. *Manual de direito constitucional*. 4. ed. Coimbra: Coimbra Editora, 2008. t. IV, p. 341).

[1572] O Tribunal Constitucional espanhol, ao valorar a omissão legislativa na regulamentação do art. 30, n° 2, da Constituição de 1978, que remetia à lei a disciplina, com as devidas garantias da objeção de consciência, concluiu

o emprego da técnica da ponderação. Nesse caso, o direito fundamental assumiria os contornos de verdadeira regra, concepção que não obstante adequada para frear o avanço das restrições normativas, apresenta graves complicações quando direcionada à "concordância prática" ("praktischer Konkordanz") entre os direitos fundamentais,[1573] o que, não raro, faz com que um direito, à luz dos circunstancialismos do caso concreto e em decorrência do emprego da técnica de ponderação, seja integralmente preterido por outro.

Por fim, as teorias mistas reconhecem o caráter absoluto ou relativo do direito fundamental conforme se lhe atribua a natureza de regra ou princípio. Essa natureza é diretamente influenciada pela disciplina traçada na Constituição formal e pela relação do respectivo direito com o referencial de mínimo existencial. Construções dessa natureza são as que mais se afeiçoam à necessária interação entre texto e contexto, vale dizer, à reverência às opções políticas fundamentais sem descurar dos fatores exógenos que influem no delineamento de qualquer padrão normativo. Ainda que se atribua natureza essencialmente principiológica aos direitos fundamentais, a proibição à tortura, por exemplo, é daqueles direitos a que se tem buscado atribuir contornos absolutos, o que decorre de sua extrema lesividade ao próprio âmago da dignidade humana.[1574]

---

que a norma constitucional, embora dependente de conformação legislativa, tinha um *conteúdo mínimo* que não podia ser ignorado (Acórdão nº 15/1982, *apud* FERNÁNDEZ RODRIGUEZ, José Júlio. *La inconstitucionalidad por omisión*: teoria general. Derecho comparado. El caso español. Madrid: Civitas, 1998. p. 428 e ss.). A partir dessa premissa, concluiu que o conteúdo mínimo somente seria observado, em relação àqueles que invocassem a objeção de consciência, com a "suspensão provisória da incorporação ao serviço militar".

[1573] Cf.: SCHOCH, Friedrich. *Übungen im öffentlichen Recht*: Verfassungsrecht und Verfassungsprozeßrecht. Berlin: Walter de Gruyter, 2000. p. 70; e JESTAEDT, Matthias. *Grundrechtsentfaltung im Gesetz*: Studien zur Interdependenz von Grundrechtsdogmatik und Rechtsgewinnungstheorie. Tübingen: Mohr Siebeck, 1999. p. 17.

[1574] A tortura pode ser concebida como contraponto à dignidade humana. Largamente praticada pelos romanos, que em diversas partes do Digesto e do Código disciplinavam a *quaestio*, inicialmente restrita aos escravos e posteriormente estendida aos homens livres (CONROY, John. *Unspeakable acts, ordinary people*: the dynamics of torture. New York: Alfred R. Knopf, 2000. p. 19 e ss.), a tortura alcançou o seu ápice na Idade Média, sendo utilizada sempre que presente algum indício da prática de crime e não ocorresse a confissão voluntária do réu. A eficácia do "método", no entanto, já havia sido posta em dúvida por Ulpiano (Digesto, L. 1, §23, *de quaestione*). Afinal, a dor física intensa poderia justificar a assunção de culpa simplesmente para ver cessar o sofrimento. Além de ser utilizada como "instrumento de prova", a tortura também apresentava a funcionalidade de "sanção legal", cominada aos autores de crimes "graves". Na Roma antiga, podia ser somada à pena de morte; durante a Inquisição, na Roma e na Espanha medievais, foi utilizada para fins de perseguição religiosa (CASSESE, Antonio. *I diritti umani oggi*. Roma-Bari: Laterza, 2009. p. 172-173). O símbolo mor do cristianismo, a crucificação de Jesus Cristo, por si só, reflete um ato de tortura e aponta para o sacrifício de um indivíduo em prol de toda uma espécie. Como observou Cândido Mendes de Almeida, a tortura, pouco a pouco, foi se tornando incompatível com o pensamento cristão, tendo Christiano Thomasio, em sua Dissertação, defendido a proscrição dessa prática (MENDES DE ALMEIDA, Cândido. *Introdução e comentários ao Código Philipino ou Ordenações e Leis do Reino de Portugal*. 14. ed. Rio de Janeiro: Typ. do Instituto Philiomathico, 1870. p. 1309). Essas ideias foram encampadas por inúmeros pensadores, como Beccaria, que definiu a tortura como uma "barbárie" (BECCARIA, Cesare. *Dos delitos e das penas* (*Dei delitti e delle pene*, 1764). (Trad. Paulo M. Oliveira). São Paulo: Atena, 1954. p. 63). Como afirmou o *Justice* William Douglas (DOUGLAS, William O. *The right of the people*. New York: Pyramid Books, 1966. p. 95), mesmo a criatura mais miserável, que praticou um crime de singular gravidade, é um ser humano, e não pode ser submetida a tortura, isso sob pena de ser destituída desse *status*. No plano da teoria da norma, a proibição à tortura, quando integrada ao texto constitucional, não consubstancia um direito *prima facie*, dependente de condicionamentos fáticos e jurídicos. Consagra um direito definitivo, excludente da concorrência de qualquer outro bem ou valor que possa afetar a proibição constitucional. De forma simples e objetiva, pode-se afirmar que a tortura é incompatível com a só condição humana (JAYAWICKRAMA, Nihal. *The judicial application of human rights law*: national, regional and international jurisprudence. Cambridge: Cambridge University Press, 2002. p. 256). A exemplo do que ocorre na realidade brasileira (Constituição de 1988, art. 5º, XLIII), no direito português, a proibição à tortura também é um exemplo de direito definitivo (Constituição de 1976, art. 25, 2), não admitindo qualquer exceção (GOMES CANOTILHO, José Joaquim. *Direito constitucional e teoria da Constituição*. 7. ed. Coimbra: Almedina, 2010. p. 1255). A conclusão é reforçada pelo art. 19, 6, que assegura a intangibilidade

O que se observa nas distintas teorias existentes é a evidente preocupação em defender uma posição mínima do direito fundamental, de modo a assegurar a existência de uma esfera jurídica indisponível ao Poder Público e a outros particulares, que não podem privá-lo da mínima eficácia.[1575] Haja, ou não, balizamentos expressos quanto às limitações a serem impostas aos direitos fundamentais, caberá à jurisdição constitucional delinear o seu conteúdo essencial e evitar que seja ele descaracterizado pela intervenção legislativa. Note-se que o delineamento do conteúdo essencial não pode ser visto a partir de uma perspectiva isolacionista, à margem do próprio sistema constitucional (*v.g.*: nos sistemas que autorizam a aplicação da pena de prisão perpétua, as restrições à liberdade podem assumir contornos absolutos e nem por isso será possível na violação desse direito).

Contextualizando a questão dos limites ou restrições aos direitos fundamentais no âmbito da conflitualidade intrínseca, é possível afirmar que a teoria externa tende a retrair o potencial expansivo desta última, o que transfere a definição do exato alcance e da potencial operacionalidade do direito para o plano da conflitualidade extrínseca, marcado pela oposição entre normas potencialmente incidentes sobre a mesma situação concreta. A teoria interna, por sua vez, tende a ampliar as grandezas a serem consideradas no âmbito da conflitualidade intrínseca, de modo que todas as divergências sejam resolvidas no curso do processo de interpretação, daí resultando uma norma absolutamente harmônica com o sistema e insuscetível de se envolver numa situação de conflitualidade com outras normas.

---

de certos direitos, mesmo no estado de sítio ou de emergência. Essa posição definitiva sequer permite que a questão seja submetida a um juízo de ponderação. A preservação da segurança coletiva não pode justificar que sejam considerados lícitos os atos de tortura praticados contra detentos de uma unidade prisional, ainda que com o fim de obter informações sobre os planos dos comparsas em liberdade. Mesmo que haja uma emergência pública, a tortura não deve ser admitida (JAYAWICKRAMA, Nihal. *The judicial application of human rights law*: national, regional and international jurisprudence. Cambridge: Cambridge University Press, 2002. p. 298). No *Caso Tyrer c/ Reino Unido*, o Tribunal Europeu dos Direitos do Homem reconheceu que o dever de respeito ao princípio da dignidade da pessoa humana, apesar de não contemplado em sua literalidade no art. 3º da Convenção Europeia de Salvaguarda dos Direitos Humanos, podia ser inferido claramente do seu enunciado: "Ninguém pode ser submetido a tortura nem a penas ou tratamentos desumanos ou degradantes". Acrescentou, ainda, que as ofensas físicas e psicológicas (a humilhação grosseira perante outros ou a obrigação de agir contra a sua vontade ou consciência) atentam contra a dignidade humana, bem como que esse preceito configura uma das raras normas cujo alcance é absoluto (j. em 25 de abril de 1978, Série A, nº 26). No *Caso Irlanda c/ Reino Unido*, o Tribunal afirmou que "a Convenção proíbe em termos absolutos a tortura e as penas ou tratamentos desumanos ou degradantes, quaisquer que sejam as atividades da vítima. O artigo 3º não contempla restrições, no que ele contrasta com a maioria das cláusulas normativas da Convenção e dos Protocolos nºs 1 e 4, e depois com o artigo 15, parágrafo 2º, não sofrendo nenhuma derrogação mesmo no caso de perigo público que ameace a vida de uma Nação" (j. em 18 de janeiro de 1978, Série A, nº 25). Os detentos nas prisões da Irlanda do Norte eram submetidos, pelo governo britânico, a cinco formas de tortura psicológica: frequente falta de comida e água, privação de sono, permanência em pé por horas, utilização de capuzes ou submissão a transtornos, nos momentos antecedentes à inquirição, com sons e ruídos (CASSESE, Antonio. *I diritti umani oggi*. Roma-Bari: Laterza, 2009. p. 176). Os precedentes britânicos bem demonstram a persistência em se praticar a tortura sob a alegada necessidade de preservação do interesse coletivo, construção levada a extremos no final do século XX, quando ato tão vil foi institucionalizado na prisão norte-americana de Guantánamo. A efetiva coibição da tortura ainda exige que o legislador infraconstitucional disponibilize os instrumentos de direito sancionador necessários à reprimenda daqueles que se aventurem a praticá-la.

[1575] Cf.: WOLFGANG SARLET, Ingo. *A eficácia dos direitos fundamentais*: uma teoria geral dos direitos fundamentais na perspectiva constitucional. 10. ed. Porto Alegre: Livraria do Advogado, 2010. p. 402.

CAPÍTULO III

A FUNCIONALIDADE RESOLUTIVA DA INTERPRETAÇÃO CONSTITUCIONAL

1 Aspectos introdutórios

Interpretar, em uma perspectiva ampla, alcança uma variada gama de atividades, incluindo as de pura descrição e compreensão, como a desenvolvida por um cientista, ao descrever os fenômenos biológicos vistos com as lentes do seu microscópio.[1576] Em um plano mais estrito, significa conduzir um processo intelectivo que busca atribuir significado a um dado objeto, material ou imaterial, normativo ou não.[1577] Atividade intelectiva de vital importância para a solução das conflitualidades intrínsecas, a interpretação constitucional absorve problemas clássicos da interpretação jurídica em geral e agrega outros mais que floresceram com a própria teoria da Constituição. A expressão *interpretação jurídica*, não obstante as divergências em relação à sua exata funcionalidade e aos métodos a serem empregados, sempre foi vista como uma espécie de fator de conexão entre textos ou fragmentos da linguagem jurídica e significados,[1578] permitindo a identificação do conteúdo e do alcance dos conceitos jurídicos.[1579]

A interpretação jurídica não levita no arbítrio e muito menos permanece indiferente a um referencial de racionalidade. Pelo contrário, deve observar as diretrizes fixadas pela teoria científica, que tem a interpretação como objeto e é responsável pelos seus fundamentos e justificação. Esse *múnus* de alimentar cientificamente a interpretação consubstancia uma das funcionalidades da *hermenêutica*.[1580] A essa função, que Jean

---

[1576] Cf.: MARMOR, Andrei. *Interpretation and legal theory*. 2. ed. Oregon: Hart, 2005. p. 9.
[1577] Cf.: TARELLO, Giovanni. *L'interpretazione della legge*. Milano: Giuffrè, 1980. p. 4.
[1578] Cf.: MODUGNO, Franco. *Interpretazione giuridica*. Padova: CEDAM, 2009. p. 108.
[1579] Cf.: ENGISCH, Karl. *Introdução ao pensamento jurídico* (*Einführung in das Juristische Denken*). (Trad. J. Baptista Machado). 8. ed. Lisboa: Fundação Calouste Gulbenkian, 2001. p. 126.
[1580] Cf.: BIANCO, Franco. *Introduzione all'ermeneutica*. 4. ed. Milano: Laterza, 2005. p. 3-4; MAXIMILIANO, Carlos. *Hermenêutica e aplicação do direito*. 19. ed. Rio de Janeiro: Forense, 2007. p. 1; SANTOS BEZERRA, Paulo César. *Lições de teoria constitucional e de direito constitucional*. 2. ed. Rio de Janeiro: Renovar, 2009. p. 146; LIMONGI FRANÇA, Rubens. *Hermenêutica jurídica*. 9. ed. São Paulo: Revista dos Tribunais, 2009. p. 19; VASCONCELOS DINIZ, Mário Augusto. *Constituição e hermenêutica constitucional*. 2. ed. Belo Horizonte: Mandamentos, 2002. p. 231; COELHO, Luís Fernando. *Lógica jurídica e interpretação das leis*. Rio de Janeiro: Forense, 1979; CORTELLA, Lucio. The rationality of language: philosophic consequences of the hermeneutic paradigm. *Journal of Legal Interpretation (Reasonableness and Interpretation)*, Münster: LIT, p. 55-70, 2003. p. 55 (55); e AARNIO, Aulis. *The rational as reasonable*: a treatise on legal justification. The Netherlands: Springer, 1987. p. 68. Sobre a evolução do conceito de hermenêutica, vide: LEITE SAMPAIO, José Adércio. Hermenêutica e distanciamento: uma narrativa

Ladriere[1581] denomina de (1) epistemológica, somam-se a (2) metodológica, que a identifica com a interpretação e é direcionada à individualização do significado normativo; e a (3) filosófica, que associa a função metodológica a "uma certa concepção da existência, da consciência e da razão".

Embora seja induvidoso que um texto constitucional privado de significado nada mais é que um conjunto de indicadores destituídos de objeto, uma espécie de corpo sem alma ainda em busca de sua *ratio* existencial, a atividade de interpretação nem sempre foi vista como algo necessário e imprescindível. E assim ocorria face ao reconhecimento de que alguns textos apresentariam um significado evidente, o que, em tese, dispensaria qualquer atividade intelectiva voltada à sua individualização.

Teorias clássicas somente visualizavam a existência de verdadeira interpretação quando identificadas dúvidas ou controvérsias em relação ao exato sentido dos significantes linguísticos empregados no enunciado normativo,[1582] o que, não raro, demandaria o concurso de um especialista para a sua explicação.[1583] Daí as conhecidas máximas *in claris non fit interpretatio* e *interpretatio cessat in claris*. A clareza do texto seria evidenciada quando o seu significado emergisse e fosse prontamente extraído dos contornos semânticos dos significantes empregados, da estrutura sintática dos enunciados linguísticos que formaram e da funcionalidade que ostentam no sistema. Na síntese de Marcelo Dascal,[1584] seria realizada uma espécie de interpretação direta, à margem de qualquer alternativa possível. Em situações dessa natureza, o intérprete deveria manter-se fiel ao texto, sequer fazendo uso dos métodos de interpretação.[1585]

Esse tipo de teoria, "restritiva" ou "limitativa" da interpretação,[1586] prestigiava um dos significados do vocábulo latino *interpres*, que designava o intérprete, aquele que explica – explica-se, obviamente, o que demanda explicação.[1587] Nos "casos difíceis", que

---

historiográfica. *In*: AMORIM MACHADO, Felipe Daniel; ANDRADE CATTONI DE OLIVEIRA, Marcelo. *Constituição e processo*: a constituição do processo no constitucionalismo democrático brasileiro. Belo Horizonte: Del Rey, 2009. p. 57 (57 e ss.); e RODRIGUES MACIEL, José Fabio. Hermenêutica e interpretação constitucional na história do direito. *In*: RIBEIRO MOREIRA, Eduardo; GONÇALVES JÚNIOR, Jerson Carneiro; POLLETI BETTINI, Lucia Helena. *Hermenêutica constitucional*: homenagem aos 22 anos do Grupo de Estudos Maria Garcia. São Paulo: Conceito Editorial, 2010. p. 363 (363 e ss.).

[1581] LADRIERE, Jean. Hermenêutica e epistemologia. (Trad. Marcio Anatole de Souza Romeiro). *Revista Brasileira de Filosofia*, v. 232, p. 332-354, jan./jun. 2009. p. 332 (333).

[1582] Cf.: WROBLEWSKI, Jerzy; BÁNKOWSKI, Zenon; MACCORMICK, Neil. *The judicial application of law*. Springer: The Netherlands, 1992. p. 88 e 92. A sentença do Tribunal Supremo espanhol, de 6 de junho de 1928, é bem sugestiva ao afirmar que "las disposiciones legales no deben interpretarse más que en caso de duda o de oscuridad". Cf.: VILLAR PALASI, José Luis. *La interpretación y los apotegmas jurídico-lógicos*. Madrid: Tecnos, 1975. p. 114. No direito norte-americano, é tradicionalmente seguida a divisão entre interpretação e construção: a primeira indica o processo de descoberta do significado da linguagem; a segunda, por sua vez, pressupõe a existência de textos nebulosos ou omissos, ensejando dúvidas a respeito de sua incidência em um caso concreto (BLACK, Henry Campbell. *Handbook on the construction and interpretation of the laws*. 2. ed. St. Paul: West Publishing, 1911. p. 1).

[1583] Cf.: MODUGNO, Franco. *Interpretazione giuridica*. Padova: CEDAM, 2009. p. 3.

[1584] DASCAL, Marcelo. *Interpretação e compreensão*. (Trad. Márcia Heloisa Lima da Rocha). São Leopoldo: Editora Unisinos, 2006. p. 353 e ss.

[1585] Cf.: AUBERT, Jean-François. *Traité de droit constitutionnel suisse*. Neuchatel: Ides et Calendes, 1967. v. I, p. 117.

[1586] Cf.: MODUGNO, Franco. *Interpretazione giuridica*. Padova: CEDAM, 2009. p. 41.

[1587] Cf.: NAPIER, Jemina; McKEE, Rachel Locker; GOSWELL, Della. *Sign language interpreting*: theory and practice in Australia and New Zealand. Sydney: The Federation Press, 2006. p. 2. No período de apogeu dessas teorias, que se estende do século XVI ao XVIII, a "interpretatio" era realizada por doutores e tribunais, cujas conclusões adquiriam o *status* de direito objetivo em todas as matérias não disciplinadas pela "Lex" (*rectius*: normas oriundas do direito romano ou editadas pelo soberano). O princípio *in claris non fit interpretatio* estabelecia a hierarquia das fontes, impedindo o recurso à fonte de direito "interpretatio" quando a matéria fosse disciplinada na fonte

demandam argumentação, haveria interpretação, nos "fáceis" não, sendo possível falar, em relação aos últimos, face à sua inegável objetividade, em significados verdadeiros ou falsos.

Teorias contemporâneas, ainda que valorizem a "intenção constituinte" ou a "preeminência do texto", costumam reconhecer a realização de uma atividade interpretativa tanto nos casos difíceis, quanto nos fáceis, em que não há obscuridade ou dúvida aparente em relação ao significado ordinariamente atribuído aos enunciados linguísticos interpretados.[1588] Qualquer atividade intelectiva que busque delinear o significado do texto há de ser considerada uma forma de interpretação.[1589] As Constituições, após a elaboração, "must be interpreted and made to work".[1590] A ratio desse entendimento parte da premissa de que o intérprete, necessariamente, deve entrar em contato com o enunciado linguístico textual, aferir o seu modo de interação com o contexto e, somente então, definir o respectivo significado.[1591] A qualificação de "fácil" ou "difícil" é emanação de um sentimento, uma impressão despertada no intérprete após ultimar o processo de interpretação e atribuir um significado ao enunciado linguístico[1592] – a teoria clássica confundia os pontos de chegada e partida.[1593] Nesse iter, o intérprete realiza juízos valorativos e toma decisões, ainda que, ao final, identifique o hermetismo do texto, concluindo que não oferece qualquer abertura à influência de fatores extrínsecos e somente se harmoniza com um único e exclusivo significado. O objetivo desse processo mental de compreensão[1594] é atribuir uma feição dinâmica à essência nitidamente estática das fontes formais do direito,[1595] de modo que, associando enunciados linguísticos à realidade, seja delineado um conteúdo normativo. Não é por outra razão que Aharon Barak realça a inexistência de qualquer distinção ontológica entre a interpretação de

---

de direito "Lex". A partir do século XVIII, com o advento das codificações, a "interpretatio" deixou de ser vista como uma fonte secundária de direito e adquiriu o sentido atual, como atividade intelectiva voltada à identificação de significado. Nesse primeiro momento, o princípio *in claris non fit interpretatio* foi encampado pela escola da exegese, que defendia a adstrição da interpretação à vontade do legislador, conforme expressa na letra da lei. Indicava, desse modo, a impossibilidade de o intérprete avançar na identificação de significados que se distanciassem dessa *voluntas*, o que ocorreria quando ela fosse clara. Cf.: TARELLO, Giovanni. *L'interpretazione della legge*. Milano: Giuffrè, 1980. p. 33-34.

[1588] Cf.: PIERANDREI, Franco. L'interpretazione delle norme costituzionali in Italia. *In*: *Scritti di diritto costituzionale*. Torino: Giappichelli, 1964. v. 2, p. 645 (648); e MAILLOUX, Steven. Rethorical hermeneutics. *In*: LEVINSON, Sanford; MAILLOUX, Steven. *Interpreting law and literature*: a hermeneutic reader. Illinois: Northwestern University Press, 1988. p. 345 (353). Como toda regra comporta exceção, vale lembrar a decisão proferida pelo Conselho Constitucional francês ao julgar o caso *Nouvelle-Calédonie*. Na ocasião, afirmou o Conselho que o art. 10 da Constituição de 1958, ao autorizar o Presidente da República a solicitar do Parlamento uma segunda deliberação sobre a lei aprovada, previa "règles constitutionelles claires et précises, qui n'appellent aucune interpretation" (*Décision* nº 85-127, de 23.8.1985).

[1589] Cf.: GUASTINI, Ricardo. *Das fontes às normas* (*Dalle fonti alle norme*). (Trad. Edson Bini). São Paulo: Quatier Latin, 2005. p. 132-133; e MODUGNO, Franco. *Interpretazione giuridica*. Padova: CEDAM, 2009. p. 3.

[1590] Cf.: LINCH, J. M. *Negotiating the Constitution*: the earliest debates over original intent. London: Cornell University Press, 1999. p. 227.

[1591] Como observado por Owen Fiss, "[i]nterpretation is a process of generating meaning" (FISS, Owen. *The law as it could be*. New York: New York University Press, 2003. p. 153).

[1592] Cf.: BETTI, Emilio. *Interpretazione della legge e degli atti giuridici*: teoria generale e dogmatica. 2. ed. Milano: Giuffrè, 1971. p. 183.

[1593] Cf.: VIOLA, Francesco; ZACCARIA, Giuseppe. *Diritto e interpretazione*: lineamenti di teoria ermeneutica del diritto. 6. ed. Roma: Laterza, 2009. p. 117.

[1594] Cf.: KORINEK, Karl. Zur Interpretation von Verfassungsrecht. *In*: *Staatsrecht in Theorie und Praxis*: Festschrift Robert Walter zum 60. Geburtstag. Wien: Manzsche, 1991. p. 363 (365).

[1595] Cf.: DE VERGOTTINI, Giuseppe. *Diritto costituzionale*. 3. ed. Padova: CEDAM, 2001. p. 163.

textos aparentemente claros ou difíceis, já que nenhum texto é claro até ser interpretado e todos o são ao fim do processo de interpretação,[1596] que supera as conflitualidades intrínsecas e delineia o seu significado.

Acresça-se que a clareza intrínseca do texto, enquanto dado objetivo, denotando a presença de um significado evidente, pode nem sempre se harmonizar com as peculiaridades do contexto e os influxos recebidos do próprio sistema em que inserido o enunciado linguístico. É plenamente factível que o intérprete precise se deslocar do núcleo do significado aparente, para uma improvável periferia, tão improvável que sua existência sequer tenha sido percebida ao primeiro exame. Essa periferia, embora alcançada pelo potencial expansivo do enunciado linguístico, oferece significados que nem sempre se ajustarão ao que se convencionou denominar de "interpretação literal", referencial que normalmente acompanha a invocação do princípio hermenêutico "in claris...". O significado que venha a ser escolhido pelo intérprete, apesar de compatível com os fatores extrínsecos que concorrem no processo de formação e plenamente reconduzível ao enunciado linguístico interpretado, não será propriamente claro, já que, além de se distanciar do "sentido literal", demandou amplos juízos valorativos e decisórios.[1597]

Exemplo bem sugestivo da dificuldade em se identificar uma situação de clareza do texto constitucional foi protagonizado pelo Supremo Tribunal Federal brasileiro no julgamento do Recurso Extraordinário nº 390.840/MG.[1598] Nesse processo, discutia-se o significado a ser atribuído ao art. 195, I, da Constituição de 1988, que autoriza a incidência de contribuição social, de natureza tributária, sobre o "faturamento" de entidade economicamente ativa. O Tribunal, com quatro votos vencidos, considerou que os significantes *receita bruta* e *faturamento* seriam sinônimos, estando jungidos à venda de mercadorias, de serviços ou de mercadorias e serviços. Com isso, declarou a inconstitucionalidade do art. 3º, §1º, da Lei nº 9.718/1999, que ampliou o conceito de receita bruta para nele compreender a totalidade das receitas auferidas por pessoas jurídicas, independentemente da atividade por elas desenvolvida e da classificação contábil adotada. Ressaltou, ainda, que a alteração promovida pela Emenda Constitucional nº 20/1998, que alterou o referido preceito constitucional e definiu, como base de cálculo da contribuição social, "a receita ou o faturamento", não teria o condão de criar uma "constitucionalidade superveniente", de modo a expungir o vício da lei inconstitucional. A tese vencida, por sua vez, reconheceu a plena liberdade de conformação do legislador, que poderia estabelecer uma definição de faturamento distinta daquela sedimentada no âmbito do direito comercial. Essa divergência bem demonstra que significantes linguísticos aparentemente transparentes, que pouco espaço deixam a celeumas, podem abrigar uma diversidade de significados de acordo com a influência do contexto, *in casu*, de conceitos já sedimentados no plano infraconstitucional.

As teorias referidas, que destoam entre si em relação à amplitude e à imprescindibilidade da interpretação, estão normalmente associadas a outra espécie de embate teórico,

---

[1596] BARAK, Aaron. *Purposive interpretation in law*. (Trad. Sari Bashi). Oxford: Princeton University Press, 2007. p. xii.
[1597] Cf.: VIOLA, Francesco; ZACCARIA, Giuseppe. *Diritto e interpretazione*: lineamenti di teoria ermeneutica del diritto. 6. ed. Roma: Laterza, 2009. p. 116 e ss.
[1598] Pleno, Rel. Min. Marco Aurélio, j. em 9.11.2005, *DJ* de 15.8.2006.

havendo quem atribua ao intérprete o exercício de atividade puramente cognitiva, que se limita a descobrir o significado inerente ao texto. E, outros, que veem em seu obrar os contornos de verdadeira criação, que integra e aperfeiçoa os enunciados normativos. Enquanto Von Savigny visualizava, como função da interpretação, a "reconstrução do conteúdo da lei" ("Rekonstruktion des Inhalts des Gesetzes"),[1599] a teoria da reconstrução tem sido combatida, na atualidade, com o argumento de que o texto normativo não ostenta um sentido imanente, que seria tão somente declarado pelo intérprete.[1600]

Esse embate teórico a respeito da funcionalidade da interpretação, se puramente cognitiva, ou não, e, em caso positivo, qual o paradigma a que se deve recorrer com o objetivo de "revelar" o sentido da norma, tem sido historicamente polarizado pelas denominadas teorias subjetiva e objetiva,[1601] terminologia que não raro conduzirá a algumas perplexidades.

A teoria subjetiva, também denominada de psicológica ou histórico-filológica,[1602] atribuía à interpretação o *múnus* de identificar a vontade da autoridade responsável pela produção do texto normativo, o que exigiria uma investigação de natureza histórica. Ter-se-ia como objeto da investigação, dentre outros fatores, o teor das discussões legislativas e a realidade social contemporânea à elaboração do texto, o que contribuiria para identificar os objetivos almejados com a sua produção. Por estar atrelada à *mens legislatoris*, a interpretação assumiria contornos puramente cognitivos, identificando significados *ex tunc*, contemporâneos à produção do enunciado linguístico interpretado.

Malgrado seja inegável que a teoria subjetiva tem sido historicamente associada à *voluntas* ou à *mens legislatoris*, é possível afirmar que, na atualidade, a referência a influxos subjetivos na interpretação constitucional tem sido comumente utilizada para indicar a atividade intelectiva desenvolvida pelo intérprete. O subjetivismo, aqui, é do intérprete, não do legislador. Daí ser preferível falar em escola da exegese (do grego *ex gestain*, "conduzir para fora"),[1603] evitando-se a dúvida que a referência ao aspecto subjetivo traz consigo, se do legislador ou do intérprete.

De acordo com a teoria objetiva, assim denominada por centrar-se no enunciado linguístico interpretado, não no subjetivismo da autoridade responsável por sua elaboração, o texto normativo deve ser visto como uma unidade autônoma e independente, sem qualquer liame com objetivos e pretensões do seu autor: uma vez confeccionado e

---

[1599] VON SAVIGNY, Friedrich Karl. *Juristiche Methodenlehre*. Stuttgart: K. F. Koehler, 1951. p. 18.

[1600] Cf.: KAUFMANN, Arthur. Problemgeschichte der Rechtsphilosophie. *In*: ELLSCHEID, Günter. Strukturen naturrechtlichen. *In*: HASEMER, Winfried; NEUMANN, Ulfrid; KAUFMANN, Arthur. *Einführung in Rechtstheorie der Gegenwart*. 7. ed. Heidelberg: C. F. Müller, 2004. p. 26 (113); FISCHER, Christian. *Topoi verdeckter Rechtsfortbildungen im Zivilrecht*. Tübingen: Mohr Siebeck, 2007. p. 73 e ss.; STRECK, Lenio Luiz. *Jurisdição constitucional e hermenêutica*: uma nova crítica do direito. 2. ed. Rio de Janeiro: Forense, 2004. p. 594; MÜLLER, Friedrich. *Métodos de trabalho do direito constitucional*. 3. ed. (Trad. Peter Naumann). Rio de Janeiro: Renovar, 2005. p. 53-54; e PFERSMANN, Otto. Esquisse d'une théorie des droits fondamentaux. *In*: FAVOREAU, Louis (Org.). *Droits des libertés fondamentaux*. 2. ed. Paris: Dalloz, 2002. p. 83 (83-84).

[1601] Cf.: STEIN, Ekkehart; FRANK, Götz Frank. *Staatsrecht*. 19. ed. Tübingen: Mohr Siebeck, 2004. p. 37; e ABRAHAN, Kenneth S. Statutory interpretation and literary theory: some common concerns of an unlikely pair. *In*: LEVINSON, Sanford; MAILLOUX, Steven. *Interpreting law and literature*: a hermeneutic reader. Illinois: Northwestern University Press, 1988. p. 115 (116-118).

[1602] Cf.: DOMINGUES DE ANDRADE, Manuel A. *Ensaio sobre a teoria da interpretação das leis*. 2. ed. Coimbra: Arménio Amado, 1963. p. 14-15.

[1603] FRANCO MONTORO, André. *Introdução à ciência do direito*. 28. ed. São Paulo: Revista dos Tribunais, 2009. p. 426.

aprovado, dele se destaca irremediavelmente.[1604] Essa teoria ainda realça a impossibilidade de se individualizar a *voluntas legislatoris*. Prestigia-se, com isso, a *mens legis* ou *voluntas legis*, de modo que o significado do texto assuma contornos *ex nunc*, devendo ser identificado o significado da norma na atualidade. Na medida em que a norma não assume contornos de fato histórico – concluído, hermético e, consequentemente, inerte –, seria necessário identificar a sua vontade atual, renovável a cada dia em que perdurasse a sua vigência. O método histórico-evolutivo ou a denominada interpretação progressista nada mais seriam que um "objetivismo atualista".[1605]

A exemplo do que se verifica com a teoria subjetiva, o designativo "teoria objetiva" não é, igualmente, imune a críticas. A expressão, embora seja historicamente utilizada para indicar que o padrão normativo se separa dos desejos e aspirações do legislador no momento em que aprovado, o que direciona o processo de interpretação à análise do texto, tem sido empregada em sentido diametralmente oposto a esse. Não é incomum afirmar-se que a intepretação é objetiva pelo fato de a atividade do intérprete dirigir-se à identificação do significado ínsito ao texto normativo,[1606] significado este que pode encontrar origem na *voluntas legislatoris*. Aquilo que se enquadrava sob a epígrafe da teoria subjetiva (*rectius*: a *voluntas legislatoris*) passa a ser tido como o pressuposto necessário a uma interpretação objetiva, imune às valorações do intérprete. Nessa linha, é preferível a referência à escola dogmática, evitando-se a ambiguidade que o designativo "teoria objetiva" traz consigo.

A aparente superação da escola da exegese, que atribuía preeminência ao texto normativo, à certeza do Direito e à separação dos poderes, e avançava na individualização da vontade do legislador (*mens legislatoris*),[1607] pela escola dogmática,[1608] não foi suficiente à pacificação das divergências no plano constitucional. Note-se que a própria "superação" da escola da exegese está longe de alcançar uma posição de consenso em certos ciclos. No direito norte-americano, por exemplo, as concepções originalistas, incluídas sob a epígrafe mais ampla da teoria do contrato, ainda são responsáveis por calorosos debates doutrinários e jurisprudenciais.

A profusão de novos métodos hermenêuticos nessa seara é plenamente justificável pelas especificidades da Constituição formal, que, como visto, além de normalmente integrada por enunciados linguísticos dotados de maior vagueza semântica, possui caráter fundante e apresenta intensa permeabilidade axiológica. Em consequência, o emprego exclusivo dos métodos tradicionais termina por ter a sua utilidade comprometida.[1609] A funcionalidade resolutiva da interpretação constitucional, direcionada à superação

---

[1604] Cf.: PIERANDREI, Franco. L'interpretazione delle norme costituzionali in Italia. *In*: *Scritti di diritto costituzionale*. Torino: Giappichelli, 1964. v. 2, p. 645 (647).

[1605] Cf.: DOMINGUES DE ANDRADE, Manuel A. *Ensaio sobre a teoria da interpretação das leis*. 2. ed. Coimbra: Arménio Amado, 1963. p. 15.

[1606] Cf.: MARMOR, Andrei. An essay on the objectivity of law. *In*: BIX, Brian (Org.). *Analyzing law*: new essays in legal theory. Oxford: Oxford University Press, 1998. p. 3 (4-5).

[1607] Nas palavras de Laurent, o intérprete "est réellement l'esclave de la loi, en ce sens qu'il ne peut pas opposer sa volonté à celle du legislateur" (LAURENT, François. *Principes du droit civil français*. 3. ed. Paris: A. Marescq, 1878. p. 344).

[1608] Cf.: MEROLA CHIERCHIA, Pietro. *L'interpretazione sistematica della Costituzione*. Padova: CEDAM, 1978. p. 208.

[1609] Cf.: ÁLVAREZ CONDE, Enrique. *Curso de derecho constitucional*: el Estado constitucional. El sistema de fuentes. Los derechos y libertades. 2. ed. Madrid: Tecnos, 1996. v. I, p. 162; e PIERANDREI, Franco. L'interpretazione delle norme costituzionali in Italia. *In*: *Scritti di diritto costituzionale*. Torino: Giappichelli, 1964. v. 2, p. 645 (649-650).

das conflitualidades intrínsecas, não prescinde da análise de todos os fatores que concorrem nesse processo, intrínsecos e extrínsecos, linguísticos e não linguísticos. A existência de um conflito entre grandezas distintas é um indicativo de que o intérprete deve realizar atividades valorativas e decisórias, o que oferece um norte para a escolha da teoria da interpretação a ser seguida e dos métodos a serem utilizados. Para tanto, deve apreender as especificidades do contexto e do caso concreto, o que confere especial realce ao pensamento problemático, sem descurar da preservação da coerência interna do sistema. Note-se que a interpretação constitucional ainda apresenta uma funcionalidade específica: transcende a norma constitucional individualizada e influi sobre a validade e o sentido de qualquer padrão normativo infraconstitucional, o que bem demonstra a necessidade de a norma constitucional ser visualizada a partir de uma perspectiva sinergética, de modo a preservar a harmonia do sistema.

1.1 Elementos constitutivos da interpretação constitucional: argumentação e interpretação *stricto sensu*

Tomando-se a interpretação jurídica em seu sentido *lato*, observa-se que a expressão tem sido indistintamente utilizada para indicar todo processo intelectivo voltado à individualização da norma jurídica. A sua caracterização como um "processo ativo"[1610] e "dinâmico",[1611] com participação direta e imprescindível do intérprete, "órgão ativo",[1612] na transposição dos enunciados normativos do plano semântico para o real, permite que se afirme que ela sempre assumirá contornos criativos. Afinal, a atividade intelectiva do intérprete, realizando escolhas, se integra àquela previamente desenvolvida pela autoridade responsável pela elaboração do texto normativo, possibilitando que significantes linguísticos aparentemente estáticos, à luz da realidade e das técnicas empregadas, sirvam de base à individualização da norma jurídica.

A abrangência do papel criativo do intérprete termina por alcançar situações sensivelmente distintas, como aquelas em que haja plena objetividade semântica e total impermeabilidade aos influxos da realidade (os enunciados normativos categóricos que se valem de representações numéricas são exemplos sugestivos desse modelo, *v.g.*: "o Tribunal Constitucional é composto de dez juízes") ou aquelas em que a ambiguidade semântica e a influência de fatores extrínsecos sejam particularmente intensas, ensejando a formação de intensas conflitualidades intrínsecas.

"Casos potencialmente fáceis", marcados pela total ausência de zonas de penumbra, terminam por ser tratados em conjunto com "casos potencialmente difíceis", em que aquelas se fazem sentir com grande intensidade.[1613] Utiliza-se o advérbio *potencialmente* por uma razão simples: só será possível alcançar uma conclusão efetiva sobre se o caso

---

[1610] SLAPPER, Gary; KELLY, David. *Source book on the English legal system*. 2. ed. London: Cavendish Smith Bailey & Gunn, 2001. p. 2.
[1611] BENTIVOGLIO, Ludovico Matteo. Interpretazione delle norme internazionali. *In*: *Enciclopedia del diritto*. Milano: Giuffrè, 2007. v. XXII, p. 310 (§1º).
[1612] PENSOVECCHIO LI BASSI, Antonino. *L'interpretazione delle norme costituzionali*: natura, metodo, difficoltà e limiti. Milano: Giuffrè, 1972. p. 13.
[1613] Cf.: ROSS, Alf. *Direito e justiça (On law and justice)*. (Trad. Edson Bini). São Paulo: Edipro, 2003. p. 135 e ss.

é fácil ou difícil ao fim do processo de interpretação, após identificada a presença e a respectiva natureza das conflitualidades intrínsecas.

Essa pretensa homogeneidade no tratamento de situações distintas é justamente a base de sustentação das teorias que poderíamos denominar de *formalistas* e *dinâmicas*. As primeiras ignoram as zonas de penumbra existentes e enquadram todas as situações sob a epígrafe dos "casos potencialmente fáceis". As segundas, que apresentam incontáveis variações e que surgiram como uma espécie de contraponto às primeiras, valorizam o papel criativo do intérprete e, em situações extremadas, promovem a hipertrofia das zonas de penumbra, que passam a dominar o universo normativo, daí decorrendo que todas as situações passam a ser vistas como "casos potencialmente difíceis",[1614] o que redunda em uma espécie de "ceticismo interpretativo".[1615] A principal distinção entre esses dois extremos, artificialmente nivelados e equiparados, é justamente a atribuição, ou não, de um verdadeiro poder de decisão ao intérprete.

A temática torna-se particularmente complexa ao constatarmos que a oscilação entre esses extremos é influenciada pela liberdade do Tribunal em qualificar o caso como fácil ou difícil,[1616] o que, somado à simpatia pelo *dinamismo extremado*, pode culminar no delineamento de significados quase que inteiramente dissociados dos enunciados linguísticos interpretados. Observa-se, também, que o qualificativo de fácil ou difícil deve ser agregado ao resultado de um juízo valorativo realizado pelo intérprete, que terá desenvolvido uma atividade de interpretação. Se o caso fácil indica clareza e, o difícil, dúvida ou obscuridade, são necessárias a análise textual e uma conclusão a esse respeito, sendo plenamente factível que a clareza aparente para uns seja fonte de obscuridade para outros. Trata-se de qualificação que, longe de assumir contornos absolutos, é meramente relativa,[1617] variando à luz dos circunstancialismos e das singularidades do intérprete. Somente será possível falar em clareza e, *ipso facto*, em presença de um caso fácil, quando houver concordância, consenso entre os intérpretes. Como desdobramento, o caso fácil, longe de evitar a irrupção da conflitualidade intrínseca, seria delineado a partir de sua superação ou, mesmo, a partir da decisão, pelo intérprete, de que outros fatores extrínsecos ou significados concorrentes sequer devem ser levados em consideração. Em qualquer caso, sempre haverá uma decisão.

Decorridos quase dois séculos desde a sua estruturação, cremos que a classificação oferecida por Lieber,[1618] que distinguia entre interpretação "fechada", "extensiva" e "extravagante", ainda mantém a sua utilidade. Na interpretação *fechada*, privilegia-se o texto, de modo que os significantes sejam tomados em seu sentido estrito, imunes à influência de fatores extrínsecos. Na interpretação *extensiva*, o intérprete, com os olhos

---

[1614] É o que Carrió denomina de "uniformidade deformante" (CARRIÓ, Genaro R. *Notas sobre derecho y lenguaje*. 5. ed. Buenos Aires: Abeledo-Perrot-LexisNexis, 2006. p. 61-62).

[1615] Cf.: JORI, Mario; PINTORE, Anna. *Manuale di teoria generale del diritto*. 2. ed. Torino: Giappichelli, 1995. p. 207; e WEST, Robin. *Progressive constitutionalism*: reconstructing the Fourteenth Amendment. USA: Duke University Press, 1994. p. 155.

[1616] Cf.: WROBLEWSKI, Jerzy; BÁNKOWSKI, Zenon; MACCORMICK, Neil. *The judicial application of law*. Springer: The Netherlands, 1992. p. 92; e GUASTINI, Ricardo. *Das fontes às normas (Dalle fonti alle norme)*. (Trad. Edson Bini). São Paulo: Quatier Latin, 2005. p. 136 e 148-149.

[1617] Cf.: BERTI, Giorgio. *Interpretazione costituzionale*: lezioni di diritto pubblico. 4. ed. Verona: CEDAM, 2001. p. 183.

[1618] LIEBER, Francis. *Legal and political hermeneutics*: or principles of interpretation and construction in law and politics, with remarks on precedents and authorities. Boston: Charles C. Litle and James Brown, 1839. p. 66-70.

voltados à realidade, considera todo o potencial expansivo dos significantes, o que lhe permite identificar os significados mais adequados ao caso. Já na interpretação *extravagante*, são privilegiados os significados que mais se ajustem à realidade, ainda que essa operação resulte no rompimento da correlação que deve existir com os significantes interpretados; o significado avança para além dos limites textuais. A identificação, no processo de delineamento da norma constitucional, de um ponto de equilíbrio entre texto e realidade, terá influência direta no significado a ser obtido, sendo intensas as divergências que se formaram na metodologia contemporânea a esse respeito.

Embora se manifeste em qualquer atividade voltada à atribuição de significado aos enunciados linguísticos, o conceito de interpretação é comumente identificado com a integralidade do discurso do intérprete. Esse modo de vê-la somente é adequado se lhe atribuirmos um sentido *lato*, que absorveria a argumentação e a interpretação *stricto sensu*. Esta última consubstancia o conjunto de decisões tomadas pelo intérprete no processo de adjudicação de significados aos significantes analisados, medida necessária face às múltiplas conflitualidades intrínsecas que influem no delineamento da norma constitucional. A argumentação, por sua vez, diz respeito ao conjunto de justificações que conduzem e dão sustentação a essas decisões.[1619] Corroboram as opções do intérprete e demonstram a inaptidão ou a inconveniência das demais opções que se ofereceram à sua escolha.

A argumentação confere sustentação às inferências do intérprete. Diversamente da interpretação, finalisticamente voltada à adjudicação de significado a um significante, objetos textuais que se veem unidos por um sujeito – o intérprete –, a argumentação se desenvolve entre dois sujeitos, aquele que propõe o argumento e o(s) interlocutor(es) a ser(em) convencido(s), o que pressupõe um discurso.[1620] Na síntese de Neumann,[1621] "quem argumenta quer convencer" ("wer argumentiert, will überzeugen"). Acresça-se que cada participante da argumentação jurídica há de supor, no plano pragmático, que os seus destinatários em potencial estão aptos a participar.[1622]

O reconhecimento de que a interpretação jurídica está direcionada à atribuição de significado torna evidente que não há verdadeira interpretação sem decisão. Friedrich Müller,[1623] ao referir-se aos traços essenciais da metodologia jurídica ou, mais especificamente, da sua "metodologia estruturante", realçou ser ela "a técnica prático-científica dos processos decisórios orientados pelos textos das normas ou pelas normas". Note-se que a própria distinção ontológica entre texto normativo e norma

---

[1619] Cf.: VIOLA, Francesco; ZACCARIA, Giuseppe. *Diritto e interpretazione*: lineamenti di teoria ermeneutica del diritto. 6. ed. Roma: Laterza, 2009. p. 99.
[1620] Cf.: VIOLA, Francesco; ZACCARIA, Giuseppe. *Diritto e interpretazione*: lineamenti di teoria ermeneutica del diritto. 6. ed. Roma: Laterza, 2009. p. 101.
[1621] Cf.: NEUMANN, Ulfrid. Theorie der juristischen Argumentation. *In*: HASEMER, Winfried; NEUMANN, Ulfrid; KAUFMANN, Arthur. *Einführung in Rechtstheorie der Gegenwart*. 7. ed. Heidelberg: C. F. Müller, 2004. p. 333 (333).
[1622] Cf.: KORTIAN, Garbis. Legalité, légitimité et justice: remarques à propos d'une controverse sur la rationalité du droit moderne. *In*: LOPES ALVES, João. *Ética e o futuro da democracia*. Lisboa: Colibri, 1998. p. 151 (158).
[1623] MÜLLER, Friedrich. *Juristische Methodik*: Grundlagen Öffentliches Recht. 9. ed. Berlin: Duncker & Humblot, 2004. v. I, p. 470.

evidencia que o estabelecimento de uma conexão entre ambos pressupõe uma decisão por parte do intérprete.[1624]

A denominada interpretação *stricto sensu* é o ponto nodal do processo de interpretação, o núcleo essencial que dá sustentação à sua própria funcionalidade. Já se antecipa, com isso, a sua total incompatibilidade com construções teóricas que atribuem ao intérprete o exercício de uma função de puro conhecimento, característica recorrente das teorias formalistas e de algumas construções contemporâneas, como a apregoada inicialmente por Ronald Dworkin,[1625] que defendem uma leitura moral do direito e a existência de uma única interpretação correta, que seria alcançada por Hércules, o juiz perfeito que idealizara.

Argumentação e decisão, enquanto atividades finalisticamente direcionadas à individualização da norma, tanto podem ser orientadas ao sistema jurídico e às especificidades do caso, como à só resolução do problema concreto. No primeiro caso, o objetivo é individualizar a norma geral, que tem seus contornos delineados sob a influência do contexto, do *caso decidendo* e de sua posição no sistema; no segundo caso, a norma geral é compatibilizada com as demais normas do sistema, inclusive com a superação dos possíveis conflitos normativos que venham a surgir, permitindo a individualização da norma de decisão que se projetará sobre o caso concreto.

2 Teorias da interpretação constitucional

No curso do processo de interpretação são desenvolvidas atividades extremamente variáveis, que oscilam consoante a formação do intérprete e a teoria da interpretação por ele prestigiada. Steven Breyer,[1626] por exemplo, referindo-se à realidade norte-americana e às suas funções como *Justice* do Supremo Tribunal, enuncia as seguintes operações a cargo do intérprete: (1) leitura do enunciado linguístico objeto de interpretação, sendo verificados os seus contornos semânticos e sintáticos; (2) análise da história, incluindo os trabalhos preparatórios e o sentido atribuído ao texto por aqueles que o elaboraram; (3) análise da tradição, especificamente em relação ao sentido atribuído ao texto no passado e na atualidade; (4) exame dos precedentes em que o texto e os valores nele assentes foram interpretados; (5) constatação do propósito das frases; e (6) análise das consequências das distintas alternativas de interpretação. Ao final, acresce que alguns juízes conferem maior ênfase ao uso da linguagem, da história ou da tradição. Outros, aos propósitos e às consequências.

A operação de leitura destina-se à apreensão da linguagem utilizada e à atribuição de sentido, a partir de uma perspectiva linguística, ao enunciado interpretado, atividade que pode alcançar resultados distintos conforme o enunciado seja considerado em sua individualidade ou cotejado com outros, inseridos, ou não, no mesmo corpo normativo; em seu sentido atual ou no sentido contemporâneo à sua elaboração etc. Qualquer que

---

[1624] Cf.: BLANCO DE MORAIS, Carlos. *Justiça constitucional*: o contencioso constitucional português entre o modelo misto e a tentação do sistema de reenvio. Coimbra: Coimbra Editora, 2005. p. 883.

[1625] DWORKIN, Ronald. *Taking rights seriously*. Massachusetts: Harvard University Press, 1999. p. 68-71 e 82-86.

[1626] Cf.: BREYER, Stephen. *Active liberty*: interpreting our democratic Constitution. New York: Vintage Books, 2005. p. 7-8 e 86.

seja a metodologia empregada pelo intérprete, essa atividade sempre será realizada. Afinal, "interpretação" sem considerar a base textual existente é criação *ex novo*, não integração criativa. Essa conclusão permanece inalterada ainda que o intérprete, ao concluir sua atividade intelectiva, decida ignorar solenemente o estatuído no texto constitucional.

Se a leitura do enunciado linguístico é operação imprescindível, estando integrada a todas as construções teóricas voltadas ao estudo do processo de interpretação da Constituição formal, o mesmo não pode ser dito em relação aos fatores a serem considerados e aos objetivos a serem alcançados pelo intérprete. Os fatores aqui referidos consubstanciam os aspectos extrínsecos ao texto e que concorrem no delineamento do seu significado. Os objetivos, por sua vez, indicam um referencial externo ao qual o intérprete procura associar o significado a ser encontrado. Apesar de apresentarem contornos extremamente diversificados, as distintas teorias da interpretação podem ter os seus traços fundamentais agrupados em três arquétipos básicos: (1) teorias do contrato, (2) teorias axiológicas e (3) teorias procedimentais. Quando cotejadas entre si, observa-se que essas teorias atribuem uma importância diferenciada aos juízos valorativos realizados pelo intérprete:[1627] ínfimo nas teorias do contrato, mediano nas procedimentais e extremo nas axiológicas. As dissonâncias existentes bem demonstram que o próprio designativo "interpretação" não possui um sentido unívoco, podendo referir-se a atividades substancialmente distintas entre si,[1628] como são a de mero conhecimento, preferida pelas teorias do contrato, e de integração criativa, prevalecentes no âmbito das teorias procedimentais e axiológicas.

As teorias procedimentais e axiológicas atribuem amplitude diferenciada ao *judicial review*. De acordo com as primeiras, a função primária do judiciário é avaliar os processos utilizados no ambiente democrático. Para as segundas, a filosofia política deve ser, para os juízes, a principal fonte das normas de direito constitucional, sendo necessário que realizem uma leitura da Constituição à luz dos valores vigentes. Algumas teorias axiológicas, como a teoria moral de Dworkin,[1629] defendem que os juízes devem formular a melhor descrição dos princípios morais, de modo a traçar os contornos da experiência constitucional do país e oferecer o maior crédito à nação.[1630] As teorias contratuais ou originalistas, por sua vez, prestigiam o texto escrito, limitando-se a identificar o significado que consideram imanente a ele, que é normalmente aquele atribuído pelos responsáveis por sua elaboração, o que enfraquece a importância dos fatores extrínsecos e o próprio papel do intérprete.

As teorias procedimentais e as teorias axiológicas, que podem ser vistas como não originalistas, são particularmente sensíveis à evolutividade da Constituição e refratárias a qualquer postura de insensibilidade às alterações verificadas no ambiente sociopolítico. Se o originalismo é plenamente refratário, por exemplo, ao ativismo promovido pelo

---

[1627] Cf.: BEATY, David M. *The ultimate rule of law*. New York: Oxford University Press, 2004. p. 5.
[1628] Cf.: MARSHALL, Geoffrey. The Constitution: its theory and interpretation. *In*: BOGDANOR, Vernon. *The British Constitution in the twentieth century*. New York: Oxford University Press, 2005. p. 29 (33).
[1629] DWORKIN, Ronald. *Freedom's law*: the moral reading of the American constitution. Cambridge: Harward University Press, 1996. p. 2 e ss.
[1630] Cf.: BEATY, David M. *The ultimate rule of law*. New York: Oxford University Press, 2004. p. 15.

Supremo Tribunal norte-americano, sob a presidência de Earl Warren e Warren Burger,[1631] o mesmo não pode ser dito em relação às teorias não originalistas, que buscam não só amparar, mas também aumentar a cientificidade dessas decisões.

O intérprete, ao utilizar os métodos de interpretação constitucional, é necessariamente influenciado pela teoria da interpretação por ele prestigiada. Essa conclusão é facilmente alcançada ao lançarmos nossos olhos, por exemplo, sobre o denominado "método literal". É natural que perante situações de ambiguidade ou vagueza o intérprete se incline pelo significado que melhor se ajuste às suas bases teóricas. As teorias contratuais tendem a sustentar que o significado literal é aquele preferido pelo Constituinte à época da promulgação do texto constitucional. As teorias axiológicas defendem o significado que melhor realize os valores tidos como prevalecentes, no ambiente sociopolítico, no momento da interpretação. Por fim, as teorias procedimentais acolhem o significado que se harmonize com a correção do processo político.

2.1 Teorias do contrato

As teorias do contrato partem da premissa de que as Constituições encontram sua origem e são endereçadas ao povo, devendo ser interpretadas de acordo com os balizamentos estabelecidos por ele, diretamente ou por intermédio de seus representantes. A exemplo de Rousseau, muitos juristas americanos pensam a sua Constituição como um contrato, que protege interesses presentes e futuros,[1632] o que os leva a conferir ao texto o significado que emerge de sua literalidade ou aquele atribuído pelos que o escreveram e consentiram em ser governados por ele.[1633] O "contrato social" assegura a liberdade individual ao garantir uma esfera jurídica imune à intervenção do poder, que se vê protegida pela norma. Daí decorre, regra geral, uma dicotomia existencial entre os momentos de criação e aplicação da norma e, consequentemente, uma separação institucional entre os órgãos responsáveis pela *legis latio* e pela *legis executio*. Ainda que uma ou outra construção amenize a rigidez dessa separação, ela é constantemente acolhida pelas teorias do contrato.

O intérprete somente deve adotar um específico conjunto de diretrizes, consubstanciado no entendimento original do texto constitucional. Em uma postura não originalista, por sua vez, o intérprete formará livremente o seu entendimento a respeito do significado do texto, ainda que dissonante do significado original.[1634] Dependendo do grau de generalidade preferido pelo juiz ao individualizar o significado atribuído

---

[1631] Cf.: GOLDFORD, Dennis J. *The American Constitution and the debate over originalism*. New York: Cambridge University Press, 2005. p. 23.

[1632] Cf.: KNIGHT, Jack. Institutionalizing constitutional interpretation. *In*: FEREJOHN, John A.; RAKOYE, Jack N.; RILEY, Jonathan (Org.). *Constitutional culture and democratic rule*. Cambridge: Cambridge University Press, 2001. p. 361 (362); e SAGER, Lawrence. The birth logic of a democratic constitution. *In*: FEREJOHN, John A.; RAKOVE, Jack N.; RILEY, Jonathan (Ed.). *Constitutional culture and democratic rule*. Cambridge: Cambridge University Press, 2001. p. 110 (112).

[1633] Cf.: NEUMAN, Gerald L. *Strangers to the Constitution*: imigrants, borders and fundamental law. New Jersey: Princeton University Press, 1996. p. 9; e GOLDFORD, Dennis J. *The American Constitution and the debate over originalism*. New York: Cambridge University Press, 2005. p. 154 e ss.

[1634] Cf.: PERRY, Michael J. *The Constitution in the courts*: law or politics? New York: Oxford University Press, 1996. p. 55; PERRY, Michael J. *Morality, politics and law*. New York: Oxford University Press, 1990. p. 123; e LANE, Jessica. The poetics of legal interpretation. *In*: LEVINSON, Sanford; MAILLOUX, Steven. *Interpreting law and literature*: a hermeneutic reader. Illinois: Northwestern University Press, 1988. p. 269 (276).

à Constituição pelos *founding fathers* (pais fundadores), o originalismo pode ser *hard* ou *soft*,[1635] *strict* ou *moderate*.[1636] A Constituição atuaria como uma espécie de centro de gravidade moral, fornecendo, de modo objetivo, uma medida de certeza e estabilidade ao sistema legal.

A tese originalista busca estabelecer parâmetros objetivos em relação ao que se deve entender por interpretação constitucional e quanto aos fatores a que o intérprete pode recorrer nessa atividade.[1637] Tem acompanhado toda a evolução do constitucionalismo norte-americano: embora tenha sido marginalizada a partir dos anos trinta do século XX, período em que o realismo jurídico adquiriu grande prestígio e a dimensão substantiva do *due process of law* foi largamente aplicada, ressurgiu nas duas últimas décadas do século XX,[1638] contando com destacados representantes, como o *Justice* Scalia. Deve-se observar que a fixação de "parâmetros objetivos", característica inata do originalismo, indica, apenas, que o significado da norma preexiste à atividade do intérprete, permanecendo imune à influência dos seus juízos valorativos. Os originalistas buscam aproximar a intenção dos Constituintes ao discurso constitucional contemporâneo, unindo o passado ao presente, de modo a oferecer conclusões previsíveis e compatíveis com a origem da Constituição.[1639]

O primeiro paradigma de objetividade interpretativa, a *voluntas legislatoris*,[1640] é um "elemento extratextual"[1641] que confere especial realce à intenção do autor da respectiva expressão linguística, ou seja, a autoridade responsável pela produção dos enunciados normativos.[1642] Esse tipo de construção defende que o significado é imanente ao enunciado, tal qual fora posto e desejado pela autoridade que o elaborou, sendo tão somente identificado pelo intérprete, que, com honestidade e isenção intelectual, enunciaria as proposições normativas de modo puramente descritivo.[1643] Geny, aliás, advertia para a inexistência de base racional apta a sustentar um processo de interpretação que se

---

[1635] Cf.: SUSTEIN, Cass. *Legal reasoning and political conflict*. New York. Oxford University Press, 1996. p. 173.

[1636] Cf.: BREST, Paul. The misconceived quest for the original understanding. *UL Review*, n. 60, p. 204, 1980. p. 204 (222).

[1637] Cf.: O'NEILL, Johnathan George. *Originalism in American law and politics*: a constitutional history. Maryland: JHU, 2005. p. 1-2.

[1638] Cf.: O'NEILL, Johnathan George. *Originalism in American law and politics*: a constitutional history. Maryland: JHU, 2005. p. 5.

[1639] Cf.: BURGESS, Susan. *The founding fathers, pop culture, and constitutional law*: who's your daddy? Hampshire: Ashgate, 2009. p. 11.

[1640] Não falamos em *voluntas constitutoris*, ou "vontade constituinte", pela singela razão de a expressão não ser um legado das fontes latinas, mas mera construção linguística.

[1641] Cf.: MODUGNO, Franco. *Interpretazione giuridica*. Padova: CEDAM, 2009. p. 39.

[1642] Cf.: FRIED, Charles. Sonnet LXV and the "black ink" of the framers' intention. *In*: LEVINSON, Sanford; MAILLOUX, Steven. *Interpreting law and literature*: a hermeneutic reader. Illinois: Northwestern University Press, 1988. p. 45 (51). A construção de Sebastián Soler a respeito dos conceitos jurídicos que integram as normas bem retrata a preeminência atribuída ao legislador: "[e]l contenido del concepto jurídico es, pues, exactamente el que el legislador le ha acordado, y en esto la semejanza entre esta clase de conceptos jurídicos y los conceptos matemáticos es profunda" (SOLER, Sebastián. *Fé en el derecho y otros ensayos*. Buenos Aires: TEA, 1956. p. 162). Haveria um número limitado e previamente determinado de significados, construção que, apesar de aproximar-se da matemática, distancia-se das potencialidades da linguagem comum, sendo esta, não aquela, a matéria-prima da norma jurídica.

[1643] Cf.: LUCIANI, Massimo. L'interprete della Costituzione di fronte al rapporto fatto-valore: il testo costituzionale nella sua dimensione diacronica. *Diritto e Società*, n. 1, p. 1-26, 2009. p. 1 (6); e ESKRIDGE, William. *Dynamic statutory interpretation*. USA: Harward University Press, 1994. p. 13.

serve do texto para alcançar coisa distinta daquela que o autor quis estabelecer.[1644] A preeminência dos propósitos ou da teleologia da disposição normativa pressupõe a sua inserção em níveis mais genéricos, de modo a identificar o "objetivo" do legislador, coletivamente considerado. Para tanto, seria necessária uma minuciosa análise da história legislativa, individualizando-se o objetivo do legislador e, consequentemente, o objetivo da norma.[1645] Como se percebe, essa atividade de "arqueologia jurídica"[1646] prestigia a dicotomia entre *legis latio* e *legis executio*. O legislador, em sentido lato, é o autor voluntário da norma, enquanto os demais participantes do processo de comunicação normativa são os seus destinatários, devendo conhecê-la para que seja possível observá-la.[1647]

Identificada a *voluntas*, possíveis alterações do ambiente sociocultural somente seriam contornadas com uma reforma constitucional, sendo incabível alcançar resultado similar por meio da interpretação constitucional.[1648] Em consequência, haveria uma única interpretação correta, que seria apenas identificada e exteriorizada pelo intérprete, que produziria enunciados meramente descritivos,[1649] veiculando o sentido do único enunciado deôntico existente. Aquele integrado, formalmente, às fontes do direito. A concepção originalista foi protagonista em um dos momentos mais polêmicos da história constitucional norte-americana. Trata-se do Caso *Dred Scott*, em que o Supremo Tribunal, naquela que tem sido vista como a "pior" de suas decisões,[1650] foi favorável à postura escravagista dos Estados do sul, contribuindo decisivamente para a deflagração da guerra de secessão. As palavras do *Justice* Taney, que entregou a opinião do Tribunal, são bem sugestivas a respeito da dicotomia existencial entre originalismo e ambiente sociopolítico:

> A mudança de sentimento e da opinião pública em relação à raça africana, que teve lugar desde a adoção da Constituição, não pode mudar a sua construção e significado; ela deve ser construída e interpretada agora de acordo com o verdadeiro significado e intenção presentes quando foi criada e adotada.[1651]

A conclusão alcançada foi a de que a fórmula "all men are created equal" deveria ser interpretada tal qual proclamada na Declaração de Independência, não como um valor

---

[1644] GENY, François. *Méthode d'interpretation et sources en droit privé positif*. Paris: Marescq Ainé, 1919. v. 1, p. 263. Segundo ele, o legislador, atuando em harmonia com o processo legislativo, expressa a sua vontade por meio da lei. É ela que externa e transmite a todos a sua vontade, o que afasta a possibilidade de se observar uma regra que não possa ser reconduzida ao texto legal (GENY, François. *Méthode d'interpretation et sources en droit privé positif*. Paris: Marescq Ainé, 1919. v. 1, p. 106).

[1645] Cf.: BREYER, Stephen. *Active liberty*: interpreting our democratic Constitution. New York: Vintage Books, 2005. p. 87.

[1646] Cf.: ESKRIDGE, William. *Dynamic statutory interpretation*. USA: Harward University Press, 1994. p. 13.

[1647] Cf.: MODUGNO, Franco. *Interpretazione giuridica*. Padova: CEDAM, 2009. p. 45.

[1648] Cf.: AUBERT, Jean-François. *Traité de droit constitutionnel suisse*. Neuchatel: Ides et Calendes, 1967. p. 117-118.

[1649] Cf.: GUASTINI, Ricardo. *Das fontes às normas (Dalle fonti alle norme)*. (Trad. Edson Bini). São Paulo: Quatier Latin, 2005. p. 139 e 151.

[1650] FLETCHER, George P; SHEPPARD, Steve. *American law in a global context*: the basics. New York: Oxford University Press, 2005. p. 177.

[1651] *Dred Scott vs. Sandford*, 60 U.S. 393 (394), 1857. Em South Carolina v. United States, o Justice Brewer deixou claro que "[t]he Constitution is a written instrument. As such, its meaning does not alter. That which it met when adopted, it means now" (199 U. S. 437 (437-438), 1905).

moral abstrato.[1652] Tivesse ele perquirido o significado contemporâneo do texto, a sua conclusão certamente seria direcionada por preocupações outras, como a circunstância de o texto qualificar, ou não, a condição de cidadão a partir da raça. Ao adotar uma concepção restrita de cidadão, reconhecendo como tais aqueles assim considerados à época da promulgação do texto constitucional, Tanney alcançou conclusões sensivelmente distintas.[1653]

O originalismo, para muitos juristas, como Scalia, antigo *Justice* do Supremo Tribunal norte-americano, resolveria qualquer contradição ou tensão existente entre *judicial review* e democracia, permitindo que seja respeitada a autoridade de cada qual. Em outras palavras, se a Constituição é silenciosa, as escolhas do legislativo devem ser acolhidas, a menos que elas claramente contradigam algum comando constitucional. Aos juízes é vedado interpretar o texto constitucional e decidir de acordo com os seus próprios valores políticos e morais.[1654] Os casos *sub judice* são analisados com a utilização de um silogismo neutral, em que a premissa maior, a norma constitucional, deve ter o seu conteúdo individualizado em harmonia com o sentido atribuído pelos *founding fathers*. O silogismo seria "o ponto de partida da formalização lógica".[1655] Com isso, seria assegurada a neutralidade judicial. Violada a Constituição, deve o Juiz declarar a invalidade da lei, ainda que seja simpático aos seus comandos ou os considere particularmente justos.

Para os originalistas, os direitos sociais não encontram amparo na Constituição norte-americana de 1787, sendo certo que os juízes perdem sua neutralidade quando adicionam ou subtraem direitos e aplicam a justiça de acordo com as suas crenças pessoais.[1656] O mesmo pode ser dito em relação a qualquer direito fundamental que não esteja enumerado nesse documento.[1657] A pena de morte não poderia ser eventualmente proibida com fundamento na Oitava Emenda, que veda as punições cruéis ou não usuais (*cruel and unusual punishments*). Afinal, ainda que a proibição pudesse colaborar para o surgimento de uma sociedade mais justa e humana, essa pena era plenamente conhecida pelos *founding fathers*, não havendo qualquer indício de que a considerassem cruel ou

---

[1652] Cf.: BARBER, Sotirius A.; FLEMING, James A. *Constitutional interpretation*. New York: Oxford University Press, 2007. p. 6-7.

[1653] Cf.: BOBBITT, Philip. Constitutional law and interpretation. *In*: PATTERSON, Dennis (Org.). *A companion to philosophy of law and legal theory*. USA: Wiley-Blackwell, 1999 (reimp. de 2003). p. 126 (130).

[1654] Na metáfora de David Beaty, "like high priests preserving the integrity of a sacred text, by remaining faithful to its original ambition their neutraliy is preserved" (BEATY, David M. *The ultimate rule of law*. New York: Oxford University Press, 2004. p. 7). Como ressaltado por O'Neill, o originalismo é refratário a qualquer interpretação que importe no acolhimento de uma específica teoria moral ou filosófica (O'NEILL, Johnathan George. *Originalism in American law and politics*: a constitutional history. Maryland: JHU, 2005. p. 2). Em sentido diametralmente oposto, que bem reflete alguns momentos da história do Supremo Tribunal norte-americano, tem-se o célebre comentário do Governador Charles Evans Hugues, durante pronunciamento perante a Câmara de Comércio de Nova York, *verbis*: "We are under a Constitution, but the Constitution is what the judges say it is". Cf.: KAMMEN, Michael. *A machine that would go of itself*: the Constitution in American culture. New Brunswick; London: Transaction, 2006. p. 194.

[1655] Cf.: SCHWEIGHOFER, Erich. *Legal knowledge representation*: automatic text analysis in public international and European law. The Netherlands: Kluwer Law International, 1999. p. 26.

[1656] Cf.: BEATY, David M. *The ultimate rule of law*. New York: Oxford University Press, 2004. p. 7-8.

[1657] Cf.: O'NEILL, Johnathan George. *Originalism in American law and politics*: a constitutional history. Maryland: JHU, 2005. p. 2.

pretendessem aboli-la.[1658] E, ainda, o célebre caso *Brown vs. Board of Education*,[1659] que terminou com a segregação racial nas escolas, certamente não se compatibilizaria com o modo como os *framers* compreendiam a Décima Quarta Emenda, o que exigiria uma reforma constitucional para que se pusesse fim a essa prática espúria.[1660]

A teoria originalista, vista como a antítese da "living Constitution",[1661] pode ser alvo de inúmeras críticas.

A primeira delas se manifesta no fato de desconsiderar a existência de um nítido hiato entre o pensamento e a linguagem que o representa.[1662] É factível que pensamento e linguagem não apresentam uma relação de sobreposição, sendo esta, não aquele, que interage com o mundo exterior. Ainda que essa sobreposição esteja presente aos olhos do emitente, eventuais falhas de avaliação, as constantes interferências no processo de comunicação, a mutabilidade do contexto e a individualidade do interlocutor tornam evidente a impossibilidade de ele ser visto como um dado inerente ao texto. Acresça-se que a imperatividade característica das imposições estatais somente alcança o texto constitucional, não o elemento anímico que lhe deu origem.

A segunda crítica está associada a uma visão distorcida do princípio democrático, que vê no texto constitucional a fonte última de "legitimidade do poder político e moral",[1663] de modo que a intenção dos Constituintes nada mais é que a projeção da soberania popular.[1664] Não é incomum a utilização do argumento originalista de que somente a Assembleia Constituinte, não o Tribunal Constitucional, exerce a representatividade popular, logo, não seria dado ao último influir nas opções políticas

---

[1658] Cf.: SCALIA, Antonin. *A matter of interpretation*: federal courts and the law. New Jersey: Princeton University Press, 1998. p. 132 e 145-146. Gerard V. Bradley, dentre tantos, defende a possibilidade de a pena de morte vir a ser abolida a partir da interpretação de um princípio constitucional dinâmico, como aquele consagrado pela Oitava Emenda (BRADLEY, Gerard V. The tragic case of capital punishment. *In*: ESKRIDGE JR., William N.; LEVINSON, Sanford (Org.). *Constitutional stupidities, constitutional tragedies*. New York: New York University Press, 1998. p. 129 (131)). A intenção dos *Framers* não deve ser tida como determinante, na atualidade, para a aferição de sua compatibilidade com a Constituição. Os argumentos originalistas devem ser concebidos como um ponto de partida para a interpretação constitucional, não de chegada. Dworkin, do mesmo modo, após considerar a pena de morte um castigo cruel, entende que o Supremo Tribunal norte-americano tem realizado uma interpretação errônea da Oitava Emenda, tornando-a ineficaz por inaplicação (DWORKIN, Ronald. Hart's Posthumous Reply. *Philosophy & Social Theory*, NYU School of Law, n. 4, 1994).

[1659] 347 U.S. 483, 1954.

[1660] Cf.: DERSHOWITZ, Alan M. *Is there a right to remain silent?*: coercive interrogation and the Fifth Amendment after 9/11. New York: Oxford University Press, 2008. p. 129; e BURGESS, Susan. *The founding fathers, pop culture, and constitutional law*: who's your daddy? Hampshire: Ashgate, 2009. p. 12. De acordo com Richard Posner, *Brown* seria um clássico exemplo de "decisão legislativa", em que os juízes votam de modo a alcançar consequências não amparadas pelo texto normativo (POSNER, Richard. *How judges think?* Cambridge: Harvard University Press, 2008. p. 281). Como ressaltado por Ginsburg, essa decisão, além de passar por cima dos precedentes, o que contrasta com a caracterização usual dos sistemas de *common law*, apresentava uma retórica mais moral que propriamente legal (GINSBURG, Tom. *Judicial review in new democracies*: constitutional courts in Asian cases. Cambridge: Cambridge University Press, 2003. p. 17). Barber e Fleming, por sua vez, realçam que uma diferente "visão de mundo" conduziu a uma diversa "visão jurídica" do Tribunal em relação àquela adotada pelos *Framers* mais de um século antes (BARBER, Sotirius A.; FLEMING, James A. *Constitutional interpretation*. New York: Oxford University Press, 2007. p. 90).

[1661] Cf.: BURGESS, Susan. *The founding fathers, pop culture, and constitutional law*: who's your daddy? Hampshire: Ashgate, 2009. p. 12.

[1662] Cf.: DOMINGUES, Ivan. *Epistemologia das ciências humanas*. São Paulo: Loyola, 2004. p. 358.

[1663] Cf.: O'NEILL, Johnathan George. *Originalism in American law and politics*: a constitutional history. Maryland: JHU, 2005. p. 4.

[1664] Cf.: BURGESS, Susan. *The founding fathers, pop culture, and constitutional law*: who's your daddy? Hampshire: Ashgate, 2009. p. 11.

externadas pela primeira. Ordens constitucionais como a brasileira, a portuguesa e a norte-americana, dentre outras, ao referirem-se ao povo como legítimo instituidor da Constituição, não fazem menção ao povo brasileiro de 1988, ao povo português de 1976, ou ao povo norte-americano de 1787. É inconcebível uma concepção estática de povo. Trata-se de conceito imutável na forma e dinâmico na essência, o que aponta para a contínua e ininterrupta renovação do fundamento de existência da ordem constitucional, isso sob pena de ruptura do sistema. É o povo, na atualidade, que governa a si próprio e que possui a consciência de que a ordem constitucional deve ser obedecida, daí decorrendo que a disposição constitucional deve ser interpretada com os olhos voltados às vicissitudes atuais do ambiente sociopolítico, não como um monumento histórico.[1665] A interpretação constitucional busca satisfazer as necessidades do momento,[1666] o que exige sua contextualização no presente, sendo de todo infensa a um originalismo paralisante. A constante reconstrução da ordem constitucional é um indicativo de que seus referenciais axiológicos se renovam a cada dia, permitindo a integração de sua normatividade e, em *ultima ratio*, a preservação de sua força normativa. A Constituição, ademais, a exemplo de qualquer texto normativo, permanece em vigor enquanto não revogada, o que denota a existência, durante todo esse período, de um liame necessário com o contexto e os destinatários de suas normas.[1667] Daí a necessária presença de uma relação de parceria entre povo constituinte e Judiciário constituído na construção do referencial de justiça constitucional.[1668]

A terceira crítica reside na incongruência de se dissociar a pretensão de permanência da Constituição das vicissitudes do contexto sociopolítico.[1669] Lembrando a metáfora de Durkheim,[1670] observa-se que "todo grande psicólogo é normalmente um clínico medíocre": é seduzido pelos mistérios da mente e simplesmente ignora a realidade circundante. Com isso, prestigia-se uma teoria da petrificação (*Versteinerungstheorie*),[1671] em que a Constituição é fechada em um dado momento temporal, de modo que ela tem

---

[1665] Cf.: RADBRUCH, Gustav. *Relativismo y derecho*. (Trad. Luis Villar Borda). Santa Fé de Bogotá: Temis, 1999. p. 43.
[1666] Cf.: ZAGREBELSKY, Gustavo. *Manuale di iritto costituzionale*: il sistema delle fonti del diritto. Torino: UTET, 1987. v. I, p. 70.
[1667] Cf.: SIMONDS, Roger. *Rational individualism*: the perennial philosophy of legal interpretation. Netherlands: Rodopi, 1995. p. 226.
[1668] Cf.: SAGER, Lawrence. The birth logic of a democratic constitution. *In*: FEREJOHN, John A.; RAKOVE, Jack N.; RILEY, Jonathan (Ed.). *Constitutional culture and democratic rule*. Cambridge: Cambridge University Press, 2001. p. 110 (112).
[1669] Em *Olmstead vs. United States* (277 U.S. 438, 1928), o Supremo Tribunal norte-americano apreciou se o uso de interceptações telefônicas, sem autorização judicial, em um processo criminal, violaria a Quarta e a Quinta Emendas à Constituição, que asseguram, respectivamente, a inviolabilidade do domicílio e o devido processo legal. Prevaleceu, na ocasião, por escassa maioria (5 × 4), o entendimento de que, em uma perspectiva histórica, o propósito da Quarta Emenda não era o de assegurar a liberdade em sua acepção mais ampla, mas sim, o de proteger a casa do cidadão, sua pessoa, seus papéis e suas possessões, contra a força governamental, tal como emergia de sua literalidade. Em consequência, como o telefone sequer existia à época da Emenda, e os seus fios não faziam parte da casa, não seriam alcançados pela proteção. Nas palavras do *Chief Justice* Taft, que entregou a opinião do Tribunal, "[t]he reasonable view is that one who installs in his house a telephone instrument with connecting wires intends to project his voice to those quite outside, and that the wires beyond his house, and messages while passing over them, are not within the protection of the Fourth Amendment. Here those who intercepted the projected voices were not in the house of either party to the conversation". Somente em 1934, foi editado o *Federal Communications Act* que proibiu a interceptação de qualquer comunicação e a divulgação do seu conteúdo.
[1670] DURKHEIM, Émile. *On morality and society*: selected writings. Chicago: University of Chicago Press, 1973. p. 58.
[1671] Cf.: AINIS, Michele. *Cultura e politica*: il modello costituzionale. Padova: CEDAM, 1991. p. 211.

sua vitalidade (*living constitution, lebende Verfassung*) ignorada e é tratada como um tecido não evolutivo. A exemplo dos olhos do corpo humano, que desde o nascimento jamais se alteram, vislumbra a realidade e permanece imutável, mas, diversamente dos olhos, segue indiferente a ela. As disposições constitucionais não são imperativos historicamente contextualizados, mas alicerces de sustentação de um sistema ontologicamente aberto e dinâmico.[1672] Não são, igualmente, construções puramente científicas, desenvolvidas a partir de paradigmas de perfeição conceitual. O que se tem, em verdade, são estruturas semânticas que interagem com a realidade empiricamente verificável e que é solenemente ignorada pelos originalistas.[1673] A Constituição, em decorrência do alcance e da importância do seu poder regulatório, deve se adaptar a um mundo em frequente mutação, cujas condições políticas se alteram constantemente e raramente retornam ao *status quo*.[1674] É tarefa assaz difícil interpretar um texto à luz de circunstâncias que já não existem mais.[1675]

Ainda merecem realce aquelas críticas que destacam, em relação ao originalismo, (1) a dificuldade epistêmica em delinear quais os desejos e intenções dos *founding fathers* que realmente importam e a dificuldade ontológica associada à própria existência dessa vontade em um órgão de natureza colegiada, como a Assembleia Constituinte;[1676] (2) a possibilidade de diferentes significados serem razoavelmente conduzidos ao texto constitucional,[1677] máxime quando apresentar contornos sintéticos, empregando enunciados linguísticos dotados de grande generalidade;[1678] e (3) a possibilidade de o sentido original assumir relativa indeterminação quando associado à situação concreta. Em (1), tem-se a ausência de unicidade existencial de qualquer intenção que possa ser reconduzida aos *founding fathers*. Em (2), observa-se que os propósitos são nitidamente abstratos, descontextualizados dos casos concretos, os quais, à evidência, jamais poderiam

---

[1672] Cf.: PIERANDREI, Franco. L'interpretazione delle norme costituzionali in Italia. *In*: *Scritti di diritto costituzionale*. Torino: Giappichelli, 1964. v. 2, p. 665-666.

[1673] Cf.: BRYCE, James. *La république américaine*: le gouvernment national. (Trad. Daniel Müller). Paris: M. Giard & E. Brière, 1911. t. 1, p. 544. Como observou o jurista saxão, "[o]s homens podem fechar os olhos e trocar a realidade das mudanças pelo uso contínuo de fórmulas antigas e respeitáveis, buscando se persuadir de que essas fórmulas têm, hoje, para os seus espíritos, o mesmo significado que lhes vêm sendo dado a muitas gerações. É uma constatação que não se pode impedir".

[1674] Cf.: SAGER, Lawrence. The birth logic of a democratic constitution. *In*: FEREJOHN, John A.; RAKOVE, Jack N.; RILEY, Jonathan (Ed.). *Constitutional culture and democratic rule*. Cambridge: Cambridge University Press, 2001. p. 110 (117).

[1675] Cf.: LUCHAIRE, François. De la méthode en droit constitutionnel. *Revue du Droit Public et de la Sience Politique en France et a L'Étranger*, n. 2, p. 275-329, mars./avr. 1981. p. 275 (316).

[1676] Cf.: SMITH, Steven Douglas. What does constitutional interpretation interpret? *In*: HUSCROFT, Grant (Ed.). *Expouding the Constitution*: esays in constitutional theory. New York: Cambridge University Press, 2008. p. 21 (26); FLETCHER, George P. *Our secret Constitution*: how Lincoln redefined American Constitution. New York: Oxford University Press, 2001. p. 30; OST, François. Retour sur l'interprétation. *Journal of Legal Interpretation (Reasonableness and Interpretation)*, Münster: LIT, p. 127-150, 2003. p. 127 (130); e ELLSCHEID, Günter. Strukturen naturrechtlichen. *In*: HASEMER, Winfried; NEUMANN, Ulfrid; KAUFMANN, Arthur. *Einführung in Rechtstheorie der Gegenwart*. 7. ed. Heidelberg: C. F. Müller, 2004. p. 148 (149).

[1677] Cf.: PERRY, Michael J. *The Constitution in the courts*: law or politics? New York: Oxford University Press, 1996. p. 56.

[1678] Cf.: SAGER, Lawrence. The birth logic of a democratic constitution. *In*: FEREJOHN, John A.; RAKOVE, Jack N.; RILEY, Jonathan (Ed.). *Constitutional culture and democratic rule*. Cambridge: Cambridge University Press, 2001. p. 110 (112).

ser previstos em todas as suas vicissitudes,[1679] bem demonstrando que a intenção dos *founding fathers* à época sequer controlaria a sua interpretação na atualidade.[1680] Em (3), verifica-se a infrutífera tentativa de ver a concretude com as lentes da abstração, desconsiderando as múltiplas especificidades que a circundam.

As dificuldades em individualizar a *voluntas legislatoris* são bem conhecidas. Principiam pela impossibilidade de se identificar, com precisão, não a intenção de uma pessoa determinada, mas a de um órgão colegiado,[1681] máxime após as tratativas e os debates característicos do processo legislativo, bem como em razão de os pressupostos levados em consideração e as normas prefiguradas pela maioria não apresentarem contornos uniformes em relação a todos os parlamentares.[1682] Avançam pela definição dos materiais a serem considerados (*v.g.*: debates, pronunciamentos das lideranças partidárias, entrevistas etc.), atividade que terá influência direta nos respectivos resultados e sempre esbarrará no risco de a intenção sequer ser deduzida dos trabalhos parlamentares, isso, dentre outras razões, pela possibilidade de cada parlamentar atribuir distinto pré-significado à proposição que aprovou.[1683] Se estendem à inviabilidade de se extrair certeza da *intentio*.[1684] E alcançam o estabelecimento de uma conexão entre esse tipo de intenção e os contornos linguísticos do enunciado normativo interpretado.[1685] Sob essa última ótica, não é demais lembrar que a linguagem, ordinária ou para propósitos específicos, é frequentemente vaga e ambígua, gerando interferências no processo de comunicação que são transplantadas para a *voluntas legislatoris*.

Um exemplo colhido no Direito norte-americano oferece uma exata dimensão das dificuldades existentes. O Supremo Tribunal da Federação, ao analisar se a Décima Quarta Emenda à Constituição, de 1868, estendia, ou não, aos Estados, o dever de respeito ao *Bill of Rights*, alcançou conclusões diametralmente opostas com o recurso à mesma teoria da interpretação. Em *Adamson vs. California*,[1686] o *Justice* Black, invocando os debates que antecederam a aprovação da Emenda, inclinou-se por uma resposta positiva. Em *Bartkus vs. Illinois*,[1687] por sua vez, o *Justice* Frankfurter, recorrendo à situação política da época, concluiu pela negativa.

[1679] Cf.: FLETCHER, George P. *Our secret Constitution*: how Lincoln redefined American Constitution. New York: Oxford University Press, 2001. p. 31.

[1680] Cf.: FLETCHER, George P. *Our secret Constitution*: how Lincoln redefined American Constitution. New York: Oxford University Press, 2001. p. 32.

[1681] Cf.: STEIN, Ekkehart; FRANK, Götz Frank. *Staatsrecht*. 19. ed. Tübingen: Mohr Siebeck, 2004. p. 39-41; WALDRON, Jeremy. *The dignity of legislation*. Cambridge: Cambridge University Press, 1999. p. 25-28; GUASTINI, Ricardo. *Distinguiendo*: estudios de teoría y metateoría del derecho. (Trad. Jordi Ferrer i Beltrán). Barcelona: Gedisa, 1999. p. 219; e MAXIMILIANO, Carlos. *Hermenêutica e aplicação do direito*. 19. ed. Rio de Janeiro: Forense, 2007. p. 24-26.

[1682] Cf.: LAVAGNA, Carlos. *Costituzione e socialismo*. Bologna: Il Mulino, 1977. p. 37-38; e PIERANDREI, Franco. L'interpretazione delle norme costituzionali in Italia. *In*: *Scritti di diritto costituzionale*. Torino: Giappichelli, 1964. v. 2, p. 645 (666).

[1683] Cf.: MARSHALL, Geoffrey. *Constitutional theory*. New York: Oxford University Press, 1971. p. 75; e CHARMAN, Mary; VANSTONE, Bobby; SHERRATT, Liz. *As law*. 4. ed. Devon: Willan, 2006. p. 75.

[1684] Cf.: LUCHAIRE, François. De la méthode en droit constitutionnel. *Revue du Droit Public et de la Sience Politique en France et a L'Étranger*, n. 2, p. 275-329, mars./avr. 1981. p. 275 (317).

[1685] Cf.: WHITE, James Boyd. *Heracles' bow*: essays on the rhetoric and poetics of the law. Wisconsin: University of Wisconsin Press, 1989. p. 79.

[1686] 332 *U.S.* 46, 1947.

[1687] 359 *U.S.* 121, 1959.

Além das dificuldades em se individualizar a intenção, constata-se que os conceitos de intenção e significado não se identificam. Afinal, é plenamente factível que os enunciados normativos, face às exigências do ambiente sociopolítico, passem a receber significados e a se projetar sobre situações fáticas ou jurídicas não previstas à época de sua confecção, inexistindo qualquer intenção a esse respeito.[1688] O conhecido exemplo de Dworkin[1689] é bem sugestivo a esse respeito: se o pai diz aos filhos para não tratarem a ninguém com injustiça, ele certamente não deseja que sua orientação somente se aplique às situações por ele imaginadas. Sua família deve ser guiada pelo *conceito* de equidade, não por uma especial *concepção* de equidade. Esse aspecto é particularmente acentuado quando os atos de promulgação e interpretação da Constituição se distanciam no tempo, o que retrai a importância da *voluntas* e expande a colaboração do intérprete, que assume a responsabilidade de reaproximar texto e contexto. A *voluntas legislatoris*, apesar de existir, nem sempre alcançará tais singularidades, o que bem demonstra suas limitações. O mesmo ocorrerá em relação aos enunciados linguísticos que darão origem às denominadas normas programáticas: na medida em que buscam direcionar realizações futuras, sendo ontologicamente elásticas e desprovidas de alcance preciso,[1690] elas certamente se tornariam obsoletas se prestigiada uma *voluntas* de todo estranha aos circunstancialismos contemporâneos à sua interpretação.[1691]

A imprevisibilidade, por outro lado, nem sempre constituiria óbice à identificação da *voluntas legislatoris*. Nesse sentido, é bem interessante o exemplo colhido na Constituição norte-americana de 1787 (art. II, Seção 2), que dispõe ser o Presidente o "Commander in Chief" do Exército (*Army* – força de terra), da Marinha (*Navy* – força de mar) e da Milícia (*Militia* – força civil somente utilizável em situações de emergência e que teve papel decisivo na Guerra de Independência). Não obstante a omissão à "força de ar", já que o avião não havia sido inventado à época, não há dúvidas de que o Presidente também exerce sobre ela a sua autoridade suprema. Caso se pretenda justificar tal conclusão na "intenção" dos *framers*, soa evidente que o seu objetivo era o de concentrar no Presidente o comando de todo o aparato bélico voltado à defesa do País, atividade que não se compatibilizaria com aquela exercida pelo Legislativo e pelo Judiciário. Essa conclusão é alcançada a partir da própria teleologia do enunciado normativo constitucional, não sendo necessário o recurso à "intenção". O mesmo pode ser dito em relação a diversos textos constitucionais do século XIX e início do século XX, que devem necessariamente se adaptar aos avanços da humanidade (*v.g.*: a Constituição belga de 1831 dispõe, em seu art. 25 (antigo art. 18), que "(l) a presse est libre. La censure ne pourra jamais être établie", não havendo dúvida em relação à sua aplicação aos meios audiovisuais de comunicação, isso apesar de, à época, somente ser conhecida a imprensa escrita – "presse").

[1688] Cf.: MORTATI, Costantino. Costituzione dello Stato: dottrine generali e Costituzione della Repubblica italiana. In: *Enciclopedia del diritto*. Milano: Giuffrè, (1962) 2007. v. XI, p. 139, §27.

[1689] DWORKIN, Ronald. *Taking rights seriously*. Massachusetts: Harvard University Press, 1999. p. 134.

[1690] Cf.: PIERANDREI, Franco. L'interpretazione delle norme costituzionali in Italia. In: *Scritti di diritto costituzionale*. Torino: Giappichelli, 1964. v. 2, p. 645 (669).

[1691] Cf.: ZAGREBELSKY, Gustavo. *Manuale di iritto costituzionale*: il sistema delle fonti del diritto. Torino: UTET, 1987. v. I, p. 75-76.

Outro complicador em relação à *voluntas legislatoris* diz respeito à necessária interação da norma com outras normas do sistema. Essa influência se torna perceptível já no processo de interpretação, em que o intérprete, perante uma pluralidade de significados possíveis, deve optar por aquele que evite a irrupção de conflitos normativos, contribuindo, desse modo, para a preservação da harmonia do sistema.[1692] Na medida em que disposições normativas já existentes, ou que venham a ser editadas, ofereçam significados não previstos pelo legislador, daí poderão advir consequências inconciliáveis com a *voluntas legislatoris*, como a necessidade de o significado que almejou para a sua "norma" ser preterido por outro, isso sob pena de gerar uma antinomia real quando cotejado com algumas normas do sistema. Ainda é possível que o significado preferido pelo legislador, após a inter-relação normativa, contribua para o surgimento de lacunas, principalmente "lacunas de colisão", ou redundâncias. O intérprete, desse modo, deve sempre direcionar sua atividade à harmonização das distintas normas do sistema, objetivo igualmente abrangido pela ideia de *interpretação sistemática*.[1693]

Como se percebe, são consideráveis as dificuldades em contextualizar a *voluntas legislatoris* em um plano puramente subjetivo, refletindo a específica intenção dos responsáveis pela elaboração do texto. Não é por outra razão que se verifica o surgimento de construções alternativas, as quais, preservando o intento original, o de reconhecer a existência de uma *voluntas* e, consequentemente, aumentar os limites à atividade do intérprete, procuram se distanciar de um desconfortável "psicologismo".[1694] Essas construções, em linhas gerais, costumam estar centradas no *texto* ou na *razão*.

A primeira construção defende que a *voluntas* há de ser apreendida a partir dos atos exteriorizados pela autoridade competente por ocasião da produção normativa ou, de modo mais objetivo, a partir do texto normativo.[1695] A norma e, *ipso facto*, a *voluntas legislatoris* que lhe é subjacente, deveriam ser apreendidas pelo intérprete por meio do contato com os enunciados linguísticos, produzidos com o objetivo de estabelecer padrões de regulação para o ambiente sociopolítico. Esses enunciados, como já afirmado, teriam um sentido imanente, vinculado ao momento histórico de sua produção, que seria tão somente descoberto pelo intérprete. Na célebre frase de Oliver Wendell Holmes: "We do not inquire what the legislature meant; we ask only what the statutes means".[1696]

[1692] Cf.: SANTIAGO NIÑO, Carlos. *Introducción al análisis del derecho*. 2. ed. Buenos Aires: Astrea, 2005. p. 247-248.
[1693] Cf.: CARNELUTTI, Francesco. *Teoria generale del diritto*. 3. ed. Roma: Società Editrice del Foro Italiano, 1951. p. 291.
[1694] BETTI, Emilio. *Interpretazione della legge e degli atti giuridici*: teoria generale e dogmatica. 2. ed. Milano: Giuffrè, 1971. p. 261 e ss.
[1695] No direito norte-americano, James Madison já sustentava a necessidade de distinguir entre o significado público ou a intenção de um texto normativo e a opinião pessoal dos indivíduos que o escreveram. Cf.: POWELL, H. Jefferson. James Madison theory of interpretation power. *In*: LEVINSON, Sanford; MAILLOUX, Steven. *Interpreting law and literature*: a hermeneutic reader. Illinois: Northwestern University Press, 1988. p. 97 (97 e ss.).
[1696] The theory of legal interpretation, publicado originalmente em *HLR* n. 12, 1899, e reproduzido em *Collected legal papers*. New York: Peter Smith, 1952, p. 203 (207) (WENDELL HOLMES, Oliver. The theory of legal interpretation. 1899. p. 417. *In*: *Collected legal papers*. New York: Peter Smith, 1952. p. 203 (207). Sedgwick, do mesmo modo, também reconheceu que "the intention of the legislature is to be found in the statute itself" (SEDGWICK, Theodore. *A treatise on the rules wich govern the interpretation and application of statutory and constitutional law*. New York: J. S. Voorhies, 1857. p. 243).

De acordo com Black,[1697] quando o significado literal dos significantes linguísticos não expresse, com precisão, a funcionalidade aparente do texto e o objetivo que o órgão legislativo teve em mente, "é a intenção, não as palavras, que deve preponderar". Caminhando no mesmo norte, observava Sedgwick,[1698] em meados do século XIX, que as distintas construções teóricas existentes sempre partiam de uma premissa comum: "Não é permitido interpretar o que não necessita de interpretação", o que ocorreria sempre que fosse conhecida a intenção subjacente ao objeto interpretado.[1699] Quando tal intenção, que nada mais seria que a "intenção do legislador", fosse duvidosa, seria preciso deflagrar o processo de interpretação, cuja função era identificá-la. Com isso, evitar-se-ia investir os juízes, responsáveis pela palavra final quanto ao sentido da norma, em uma "espécie de poder legislativo".[1700] Esse entendimento, em verdade, remonta às origens da ciência jurídica inglesa. Blackstone,[1701] em meados do século XVIII, já defendia a necessidade de se privilegiar a intenção do legislador, mas, em lição seguida por Sedgwick[1702] e Story,[1703] ressaltava que esta seria identificada com a análise dos sinais que a exteriorizam (palavras, contexto, objeto, efeitos, consequências, espírito e razão dos padrões normativos). Método desse tipo, de natureza histórico-objetiva, seria direcionado à pesquisa da vontade objetiva do constituinte, não de sua vontade subjetiva, impossível de ser conhecida. A vontade seria identificada a partir desses sinais exteriores, prevalecendo o princípio de que "o declarado, ainda que não pensado, vale como pensado".[1704]

O sentido das expressões linguísticas, de acordo com essa construção, seria obtido com a análise de fatores semânticos e sintáticos, não com o concurso de fatores extrínsecos. No ambiente anglo-saxão, entendimentos dessa natureza costumam ser inseridos sob a epígrafe mais ampla do textualismo (*textualism*). Partindo de uma postura essencialmente conservadora do princípio democrático e da separação dos poderes, essa concepção

---

[1697] BLACK, Henry Campbell. *Handbook on the construction and interpretation of the laws*. 2. ed. St. Paul: West Publishing, 1911. p. 142.

[1698] SEDGWICK, Theodore. *A treatise on the rules wich govern the interpretation and application of statutory and constitutional law*. New York: J. S. Voorhies, 1857. p. 227.

[1699] Nas incisivas palavras do *Justice* John Marshall, do Supremo Tribunal norte-americano, "[w]here a law is plain and unambiguous, wether it be expressed in general or limited terms, the legislature should be intended to mean what they have plainly expressed, and consequently no room is left to construction. But if, from a view of the whole law or from other laws in pari materia, the evident intention is different from the literal import of the terms employed to express it in a particular part of the law, that intention should prevail, for that in fact is the will of the legislature" (*United States vs. Fischer*, 6 U.S. 358 (399), 1805).

[1700] Cf.: SEDGWICK, Theodore. *A treatise on the rules wich govern the interpretation and application of statutory and constitutional law*. New York: J. S. Voorhies, 1857. p. 230.

[1701] BLACKSTONE, William. *Commentaries on the laws of England*. Philadelphia: Childs & Peterson, 1860. v. 1, p. 59.

[1702] SEDGWICK, Theodore. *A treatise on the rules wich govern the interpretation and application of statutory and constitutional law*. New York: J. S. Voorhies, 1857. p. 243 e 295. Nas palavras do autor: as modernas decisões indicam "that the intention of the legislature is to be found in the statute itself". O Supremo Tribunal norte-americano decidiu no mesmo sentido: *Schooner Paulina's Cargo v. United States*, 11 U.S. 52, 1812.

[1703] STORY, Joseph. *Commentaries on the Constitution of the United States with a preliminary review of the constitutional history of Colonies and States before the adoption of the Constitution*. Boston: Hilliard, Gray and Company, 1833. v. I, §§400 e 405.

[1704] Cf.: CARNELUTTI, Francesco. *Teoria generale del diritto*. 3. ed. Roma: Società Editrice del Foro Italiano, 1951. p. 292. Donati, do mesmo modo, entendia que o conceito jurídico deveria ter a sua extensão e conteúdo expressos pelas palavras da lei, consoante o seu significado comum. Havendo dificuldade em identificar o seu sentido, deveria o juiz recorrer ao pensamento do legislador (DONATI, Donato. *Il problema delle lacune dell'ordinamento giuridico*. Milano: Società Editrice Libraria, 1910. p. 195-197).

apregoa que os juízes devem interpretar os enunciados linguísticos normativos do modo mais literal possível.[1705] O sentido literal evidente, obtido a partir dos contornos semânticos e sintáticos do texto, deve preterir a qualquer outro. O textualismo, nas palavras de Popkin,[1706] tem um objetivo fundamental: "Giving to judges as little to do as possible", daí ser comum, em todas as construções que se enquadrem sob essa epígrafe, jurídicas ou não, a resistência às ciências naturais e a qualquer referencial metafísico[1707] em que se diminui a importância do que está aparente (*rectius*: o texto) e aumenta-se a relevância das operações mentais realizadas pelo intérprete.

O textualismo pode assumir três formatos, que diferem entre si conforme a extensão da análise textual realizada pelo intérprete: (1) limites do enunciado ("clause-bound") – a atenção do intérprete é direcionada a partes específicas do texto, que são analisadas isoladamente; (2) estrutura ("structuralist") – os distintos enunciados são analisados levando-se em consideração a sua condição de parte integrante do texto em que inseridos; e (3) propósito ("purposive") – em que se busca identificar os objetivos do enunciado ou do texto em que inserido.[1708] A conjunção desses três formatos evidencia o que tem sido rotineiramente tratado como interpretação literal, sistemática e teleológica, isso com a peculiaridade de que o intérprete não pode avançar para além do texto e muito menos levar em consideração fatores estranhos a ele.

Embora seja exato que os desenvolvimentos experimentados pelo constitucionalismo parecem não mais se ajustar ao textualismo extremado (*rectius*: "clause-bound"), bem sintetizado na célebre construção de Montesquieu,[1709] no sentido de que o poder de julgar deve ser "invisível e nulo" e que os julgamentos não devem ser mais que um "texto preciso da lei", são comuns as tentativas de conter o distanciamento entre literalidade textual e resultado da interpretação.[1710] Em suas versões clássicas, o textualismo apregoava a preeminência dos enunciados normativos sobre a atividade intelectiva do intérprete. Na atualidade, as atenções se voltam à utilização de técnicas que permitam a identificação do sentido a ser atribuído ao texto, não propriamente à minimização do papel desempenhado pelo intérprete. O textualismo contemporâneo, bem refletido na preocupação com a unidade do sistema e os fins a serem alcançados pela norma, busca retrair o potencial expansivo das opções do intérprete, restringindo, ao mínimo possível, as atividades que deve realizar na adjudicação de sentido ao texto.[1711]

Aqueles que apregoam o textualismo defendem a impossibilidade de o juiz interpretar a disposição normativa subjetivamente, substituindo a noção de bem comum

---

[1705] Cf.: MARMOR, Andrei. *Law in the age of pluralism*. New York. Oxford University Press, 2007. p. 199.

[1706] POPKIN, William D. *Statutes in court*: the history and theory os statutory interpretation. Durham e London: Duke University Press, 1999. p. 157.

[1707] Cf.: RORTY, Richard. *Consequences of pragmatism*. Minneapolis: University of Minnesotta Press, 1982. p. 139-159. O autor desenvolve suas reflexões a partir da comparação entre o idealismo do século XIX, que somente apregoa a importância das ideias e nada mais, e o textualismo do século XX, que centra sua atenção no texto.

[1708] Cf.: O'NEILL, Johnathan George. *Originalism in American law and politics*: a constitutional history. Maryland: JHU, 2005. p. 4; e POWELL, H. Jefferson. *Constitutional conscience*: the moral dimension of judicial decision. Chicago and London: University of Chicago Press, 2008. p. 44-47.

[1709] MONTESQUIEU, Barão de. *L'esprit des lois*. Paris: Garnier Frères, 1949. t. 1, p. 165-166.

[1710] Cf.: POPKIN, William D. *Statutes in court*: the history and theory os statutory interpretation. Durham e London: Duke University Press, 1999. p. 153.

[1711] Cf.: POPKIN, William D. *Statutes in court*: the history and theory os statutory interpretation. Durham e London: Duke University Press, 1999. p. 154.

externada pela autoridade competente por suas predileções pessoais.[1712] Deve passar ao largo de considerações políticas e morais, da alçada exclusiva das funções executiva e legislativa. A atividade do intérprete, longe de se desenvolver no plano subjetivo, seria direcionada à individualização do entendimento já sedimentado na comunidade (*v.g.*: as representações numéricas deixam pouco espaço para que o intérprete, à luz da realidade, exerça uma atividade de integração) ou em um círculo específico, como o Tribunal Constitucional. Esse entendimento parte da premissa de que o significante linguístico possui um significado intrínseco (ainda que arbitrariamente atribuído por alguém, como ocorre em qualquer linguagem), que independe do modo e do contexto em que utilizado. O significante linguístico *tem* um significado, não o *recebe*.

Face à evidente desconsideração da interdependência entre texto e contexto, da volatilidade da linguagem e da importância do papel do intérprete na apreensão da realidade, esse segundo paradigma não ostenta a autossuficiência que aparenta ter. A questão torna-se particularmente complexa ao observarmos que a Constituição formal costuma ser integrada por enunciados linguísticos sensíveis a influxos de natureza política e moral, o que torna inviável, senão impossível, qualquer tentativa de alijar o intérprete de considerações dessa natureza.[1713] Os inconvenientes do textualismo tornam-se evidentes nas situações em que a literalidade do texto, insensível e indiferente às vicissitudes do contexto, conduza a resultados absurdos e, consequentemente, inaceitáveis.[1714]

Note-se que o processo pedagógico não raras vezes enunciado pelo textualismo, no sentido de que a adstrição do intérprete à literalidade do texto normativo aumentaria o grau de responsabilidade do legislador, que não poderia contar com a certeza de correção "a posteriori", dificilmente alcançará resultados satisfatórios. E isso por duas razões básicas: a primeira aponta para a inviabilidade prática de o Legislativo monitorar todas as situações, judicializadas ou não, em que o significado literal se mostre absurdo, de modo a aperfeiçoar a prática legislativa; a segunda, por sua vez, indica que o texto normativo jamais será estruturado de modo a afastar o risco de as vicissitudes do contexto tornarem absurdo um significado literal inicialmente tido como adequado. Acresça-se que, ao centralizar exclusivamente na autoridade responsável pela produção normativa o *múnus* de delinear o conteúdo da norma, o textualismo nada mais faz que uma tentativa de tornar hermético aquilo que, na essência, deve ser aberto, vale dizer, o processo de interpretação.

Posturas originalistas ou não originalistas tendem a ser influenciadas por fatores puramente ideológicos, apontando para a anuência do intérprete ao *status quo* constitucional. Na realidade norte-americana, por exemplo, a maioria dos conservadores é originalista, o que encontra justificativa na sua irrestrita adesão ao caráter puramente liberal das ideias dos *founding fathers*. Na Itália, por sua vez, a maior parte dos progressistas é originalista, isso porque a Constituição sempre apresentou um potencial muito mais avançado que as ideias políticas e culturais prevalecentes.[1715]

[1712] Cf.: SCALIA, Antonin. *A matter of interpretation*: federal courts and the law. New Jersey: Princeton University Press, 1998. p. 23-25.

[1713] Cf.: BARBOSA PINTO, Marcos. *Constituição e democracia*. Rio de Janeiro: Renovar, 2009. p. 314.

[1714] Cf.: MARMOR, Andrei. *Law in the age of pluralism*. New York. Oxford University Press, 2007. p. 200.

[1715] Cf.: LUCIANI, Massimo. L'interprete della Costituzione di fronte al rapporto fatto-valore: il testo costituzionale nella sua dimensione diacronica. *Diritto e Società*, n. 1, p. 1-26, 2009. p. 1 (23); e MORTATI, Costantino. Costituzione

A interpretação constitucional, com a correlata resolução das conflitualidades intrínsecas, não reflete um processo egocêntrico, centrado em uma disposição constitucional específica e de todo indiferente ao seu entorno. O conhecido postulado da unidade constitucional, lugar comum na teoria da constituição, é consequência lógica da conexão linguística e da coerência sistêmica que devem caracterizar todo e qualquer arcabouço normativo,[1716] como sói ser a ordem constitucional. Interpretar uma disposição constitucional significa interpretar toda a Constituição.[1717]

Importantes decisões proferidas pelo Supremo Tribunal norte-americano entre as décadas de 50 e 60 do século XX, período em que esteve sob a presidência de Earl Warren, são criticadas pelos originalistas. Relembrando o que dissemos em momento anterior, na medida em que seus fundamentos não poderiam ser reconduzidos aos contornos originais do texto constitucional, foram vistas como exemplos de ativismo judicial: [*v.g.*: *Brown vs. Board of Education*,[1718] que determinou o fim da segregação racial nas escolas, prevalecendo o entendimento de que tal medida afrontava, em relação aos negros, a cláusula da *equal protection of laws*; *Miranda vs. Arizona*,[1719] que estendeu os direitos dos acusados da prática de infrações penais, ao reconhecer a nulidade da confissão obtida sem que o preso tenha sido informado do direito de permanecer em silêncio, o que afrontaria a Quinta Emenda, consagradora do *right against self-incrimination* ("Ninguém será obrigado a testemunhar contra si próprio em um processo criminal"); e *Griswold vs. Connecticut*,[1720] que abriu as fronteiras do direito fundamental à privacidade].

A segunda construção, não obstante reconheça as consequências advindas da permanência do texto constitucional, que tende a se distanciar no tempo, ficando alijado das vicissitudes do entorno, entende que a produção normativa não pode ser dissociada da *voluntas*. Se a vontade do constituinte histórico está situada em um momento estranho às peculiaridades do presente, ao que se soma a constatação de que a Assembleia Constituinte não protrai as suas ações no tempo, sendo as reformas constitucionais normalmente realizadas pela legislatura ordinária, ainda que observadas regras específicas, inviabilizando, desse modo, a aferição da vontade constituinte atual, a solução é atribuir contornos objetivos à análise. E tal será feito com a identificação da vontade de uma autoridade razoável, figura idealizada e moldada pelo intérprete, e que permitirá aferir, de acordo com as vicissitudes atuais do ambiente sociopolítico, o significado a ser atribuído ao enunciado linguístico.[1721] Distingue-se a intenção objetiva da norma, originária de um legislador abstrato, que nada mais é que uma intenção

---

dello Stato: dottrine generali e Costituzione della Repubblica italiana. *In*: *Enciclopedia del diritto*. Milano: Giuffrè, (1962) 2007. v. XI, p. 139, §29, nota 126.

[1716] "Cada norma singular no constituye un elemento aislado e incomunicado en el sentido del Derecho, sino que se integra en un ordenamiento jurídico determinado" (Tribunal Constitucional Espanhol, Sentença nº 150, de 4.10.1990).

[1717] Cf.: LUCAS VERDU, Pablo. *Teoría general de las articulaciones constitucionales*. Madrid: Dykinson, 1998. p. 20-21.

[1718] 347 *U.S.* 483, 1954. Cf.: BICKEL, Alexander. The original understanding and the segregation decision. *Harvard Law Review*, n. 69, p. 1, 1953. p. 1; DWORKIN, Ronald. *Life's dominion*. New York: Vintage Books, 1994. p. 138-143; e KRAMER, Larry D. *The people themselves*: popular constitutionalism and judicial review. New York: Oxford University Press, 2004. p. 220.

[1719] 384 *U.S.* 436, 1966. Cf.: LEVY, Leonard W. *Origins of the fifth amendment*: the right against self-incrimination. Chicago: Ivan R. Dee, 1999. p. 405-432.

[1720] 381 *U.S.* 479, 1965.

[1721] FALCON, Giandomenico. *Lineamenti di diritto pubblico*. 3. ed. Padova: CEDAM, 1991. p. 19.

fictícia utilizada para justificar a interpretação alcançada, da interpretação subjetiva, que encontra ressonância em um legislador concreto, historicamente identificado.[1722]

A individualização do objetivo dessa autoridade, por sua vez, exige que se tenha em mente o juízo valorativo de um "membro razoável do Congresso", ficção jurídica que incide mesmo quando um problema específico não tenha sido sequer considerado.[1723] Caberia ao intérprete questionar como tal pessoa (real ou fictícia), perante a linguagem, estrutura e objetivos gerais (atuais e hipotéticos) da disposição normativa, desejaria que a disposição normativa fosse interpretada à luz das circunstâncias de um caso específico.[1724] O foco no propósito, segundo Breyer,[1725] é compatível com a vontade popular. O foco nas consequências, por sua vez, indica se, e em que extensão se obteve êxito na facilitação de resultados que refletem tal vontade.

É importante ressaltar que o recurso à vontade de um "membro razoável do Congresso", pela elevada abstração que traz consigo, subordinada que está ao imaginário do intérprete, pode conduzir a resultados que, longe de prestigiar o texto normativo e a pseudovontade dos congressistas, venham a desconsiderá-los por completo. O recurso à metáfora do "legislador racional", de modo a introduzir um conjunto de máximas de racionalidade no processo de comunicação normativa, deve ser visto mais como um artifício, que propriamente como um modo de afastar a influência das opções pessoais do intérprete. O que se tem, em verdade, é a atribuição, a um legislador imaginário, de conclusões lastreadas em pré-compreensões, ideologias e juízos valorativos do próprio intérprete. O objetivo, único e exclusivo, é externar uma aparente obediência a visões específicas do princípio democrático, que centram no legislador a competência exclusiva de delinear significados normativos.[1726] O intérprete, com isso, atribui a outrem decisões que ele próprio tomou.

Exemplo clássico dos possíveis desvirtuamentos que a tese do "legislador racional" pode oferecer é encontrado na célebre decisão proferida pelo Supremo Tribunal norte-americano no Caso *Church of the Holy Trinity vs. The United States*.[1727] Apesar de uma lei federal sobre imigração proibir a contratação, e o consequente ingresso no território dos Estados Unidos, de quaisquer trabalhadores estrangeiros, o Tribunal entendeu que a regra, embora não excepcionada em nenhuma parte do texto normativo, não se aplicaria à contratação de um ministro religioso britânico, por contrária ao seu espírito e à intenção do legislador, pois seria inconcebível que o Congresso de uma nação cristã tivesse pretendido tal coisa.

Observa-se que a insistência na tese originalista, com a consequente desconsideração de todos os inconvenientes mencionados, não terá o efeito de eliminar a liberdade decisória do intérprete na atribuição de significado ao texto constitucional. Afinal, como

---

[1722] Cf.: ZAGREBELSKY, Gustavo. *Manuale di iritto costituzionale*: il sistema delle fonti del diritto. Torino: UTET, 1987. v. I, p. 73.
[1723] Cf.: BREYER, Stephen. *Active liberty*: interpreting our democratic Constitution. New York: Vintage Books, 2005. p. 88 e 106.
[1724] Cf.: BREYER, Stephen. *Active liberty*: interpreting our democratic Constitution. New York: Vintage Books, 2005. p. 88.
[1725] BREYER, Stephen. *Active liberty*: interpreting our democratic Constitution. New York: Vintage Books, 2005. p. 115.
[1726] Cf.: SAMPAIO FERRAZ JR., Tercio. Limites da interpretação jurídica. *Revista Brasileira de Filosofia*, v. 232, p. 57-77, jan./jun. 2009. p. 57 (74-75).
[1727] 143 *U.S.* 457, 1892.

visto, não é incomum a existência de divergências em relação ao significado originário, ou, mesmo, quanto aos efeitos que as especificidades da realidade podem gerar sobre a sua individualização.[1728]

Entender que os conceitos constitucionais devem ter o mesmo significado atribuído à época em que foram originariamente empregados, embora prestigie a segurança jurídica,[1729] caminha em norte contrário à preservação da força normativa da Constituição, que pode cair em desuso sempre que se mostrar absolutamente incompatível com a realidade. Diversamente ao que apregoa o originalismo, a Constituição é diuturnamente transformada na "realidade de sua aplicação política e judiciária".[1730] Como ressaltado por Zagrebelsky,[1731] as construções que se insurgem contra a possibilidade de reconstrução dinâmica do direito, afirmando que essa atividade é de competência exclusiva da autoridade constituinte ou legislativa, estão fadadas à falência, isso por tentarem bloquear a evolução que a interpretação possibilita ao direito.

Acresça-se que não se pode deixar de reconhecer a coerência da observação de Sadurski, no sentido de que onde as Constituições são recentes e os *founding fathers* ainda podem ser consultados, o argumento originalista não costuma ser tão combatido.[1732] No extremo oposto, observa-se que quanto mais o aparecimento da Constituição se distancia no tempo, menos se justifica o recurso à intenção constituinte.[1733] Afinal, a disposição constitucional a ser interpretada, ainda que concebida em sua individualidade, não surge isolada. Pelo contrário, influencia e é influenciada pelas demais normas constitucionais, também elas derivadas de disposições específicas, que integram a ordem constitucional e devem ser compreendidas de modo a lhe conferir a necessária coesão. É possível existirem conexões de sentido totalmente ignoradas à época do surgimento da Constituição, o que pode decorrer de uma interpretação evolutiva, exigida pelas novas nuances do ambiente sociopolítico e que assegura a "tão famosa 'equação entre o direito e a vida'",[1734] como, também, de reformas constitucionais que deem origem a novas normas, que necessariamente influenciarão no processo de interpretação das disposições constitucionais preexistentes.

A evolutividade é característica comum a todo e qualquer ato normativo, o que decorre de razões lógicas, inerentes à inarredável relação entre texto e contexto e à própria dinâmica do direito, bem como de razões jurígenas, isso em relação à necessária

---

[1728] Cf.: PERRY, Michael J. *The Constitution in the courts*: law or politics? New York: Oxford University Press, 1996. p. 69-70.
[1729] Nas palavras de Richard A. Epstein, "é um negócio usualmente perigoso por um verniz moderno em um termo tradicional" (EPSTEIN, Richard A. *How progressives rewrote the Constitution*. Washington: Cato Institute, 2007. p. 9).
[1730] DOGLIANI, Mario. *Interpretazioni della Costituzione*. Milano: Franco Angeli, 1982. p. 90.
[1731] ZAGREBELSKY, Gustavo. *Manuale di iritto costituzionale*: il sistema delle fonti del diritto. Torino: UTET, 1987. v. I p. 83.
[1732] SADURSKI, Wojciech. Constitutional courts, individual rights, and the problem of judicial activism in postcommunist Central Europe. *In*: PRIBAN, Jiri; ROBERTS, Pauline; YOUNG, James. *Systems of justice in transition*: Central European experiences since 1989. Hampshire: Ashgate, 2003. p. 13 (19).
[1733] Cf.: ZAGREBELSKY, Gustavo. *Manuale di iritto costituzionale*: il sistema delle fonti del diritto. Torino: UTET, 1987. v. I, p. 74.
[1734] Cf.: DOMINGUES DE ANDRADE, Manuel A. *Ensaio sobre a teoria da interpretação das leis*. 2. ed. Coimbra: Arménio Amado, 1963. p. 57. Vide, ainda: LAVAGNA, Carlos. *Cositutizone e socialismo*. Bologna: Il Mulino, 1977. p. 36.

preservação do ideal democrático.[1735] Observa-se, sob esse último prisma, que a "interpretação evolutiva é uma forma de democracia difusa",[1736] permitindo a contínua concorrência dos partícipes do processo de comunicação normativa no delineamento da norma, que se mantém sempre atual e ajustada às exigências do contexto. A importância da interpretação evolutiva torna-se particularmente acentuada no plano constitucional, isso em razão do frequente recurso às normas de estrutura principiológica, à diversidade de temas genericamente versados pela Constituição formal, consequência lógica do seu caráter fundante, e à grande influência de referenciais axiológicos, exigindo constantes operações de densificação e reacomodação de conteúdo, de modo a assegurar a coerência do sistema. Esses fatores em muito corroboram a perspicácia de Steven D. Smith,[1737] ao afirmar que "sentido textual" é o tipo de coisa "que, desgraçadamente, possui a infeliz propriedade de não existir".

Deve-se ressaltar que a visão da ordem constitucional, em seus contornos originais ou, de modo mais específico, a visão do momento político subjacente à sua elaboração, não deve ser de todo desconsiderada. Dificuldades à parte, não se pode negar, com Massimo Luciani,[1738] que na gênese de qualquer ato de produção normativa encontra-se uma manifestação de vontade, com evidente intuito comunicativo e que, em certo momento histórico, consubstanciou um modo de veiculação do poder estatal. A *voluntas legislatoris*, apesar do "psicologismo" que a sua simples menção faz despertar no operador do direito, é um inegável fator de conexão entre texto normativo e princípio democrático. Sua força e relevância, embora sofram evidente enfraquecimento com o fluir do tempo e a mudança do contexto, devem ser igualmente consideradas pelo intérprete. Consideração, é importante frisar, não guarda correlação com adstrição acrítica ou indiferença aos circunstancialismos que necessariamente influem no processo de interpretação conducente ao delineamento da norma constitucional. Afinal, se, por sua própria natureza, qualquer padrão normativo é "expressão duma vontade inteligente", isso não significa dizer, como ressaltado por Domingues de Andrade,[1739] que, "de direito, a vontade deva ser considerada na definição do seu teor", máxime em virtude da dificuldade em individualizá-la.

É inegável, em qualquer caso, que os enunciados linguísticos objeto de interpretação não surgiram de um ser mecânico, avesso ao sentir e ao pensar. Não é por outra razão que Carnelutti,[1740] em uma abordagem que sobrepunha os referenciais de texto e norma, já observara que o valor prático da norma depende tanto do pensamento daquele que

---

[1735] Cf.: LAVAGNA, Carlos. *Costituzione e socialismo*. Bologna: Il Mulino, 1977. p. 36. A inevitabilidade da interpretação evolutiva, fruto da necessária interação entre texto e contexto em uma democracia permanente, permite afirmar, segundo o autor, que a sua existência deve ser considerada contida na "intenção do legislador", que jamais poderia indicar a existência de significados estáticos, como apregoado por algumas teorias formalistas (LAVAGNA, Carlos. *Costituzione e socialismo*. Bologna: Il Mulino, 1977. p. 42).

[1736] Cf.: LAVAGNA, Carlos. *Costituzione e socialismo*. Bologna: Il Mulino, 1977. p. 41.

[1737] SMITH, Steven Douglas. What does constitutional interpretation interpret? *In*: HUSCROFT, Grant (Ed.). *Expouding the Constitution*: esays in constitutional theory. New York: Cambridge University Press, 2008. p. 21 (28).

[1738] LUCIANI, Massimo. L'interprete della Costituzione di fronte al rapporto fatto-valore: il testo costituzionale nella sua dimensione diacronica. *Diritto e Società*, n. 1, p. 1-26, 2009. p. 1 (7).

[1739] DOMINGUES DE ANDRADE, Manuel A. *Ensaio sobre a teoria da interpretação das leis*. 2. ed. Coimbra: Arménio Amado, 1963. p. 41.

[1740] CARNELUTTI, Francesco. *Teoria generale del diritto*. 3. ed. Roma: Società Editrice del Foro Italiano, 1951. p. 292.

a constrói, quanto daquele que a aplica. Ou, na perspectiva de Ward,[1741] embora seja possível afirmar que a leitura de textos literários reflete um "ir e vir dialético" entre autor e intérprete, esse último efetivamente contribui para o delineamento do significado que será atribuído aos enunciados interpretados. Utilizando como paradigma os referenciais de direito e literatura, é possível afirmar que a teoria do direito representa o exercício, em certo grau, de uma verdadeira crítica literária, exigindo a apreensão e a valoração da mensagem originária, o que permitirá identificar o seu verdadeiro sentido na atualidade. Compreender a relação do texto com o contexto originário e os propósitos almejados pelo Constituinte são atitudes de todo relevantes para se compreender a evolução da base axiológica que dá sustentação à Constituição e contribui para a sua permanência.[1742] No entanto, somente a interação do texto com o novo contexto permitirá delinear o seu significado e assegurar a permanência da própria ordem constitucional, que não pode ser vista como um ponto isolado no espaço e distante no tempo.

A influência da vontade política subjacente à produção normativa, no processo de interpretação, pode ser identificada em interessante exemplo oriundo do Supremo Tribunal Federal brasileiro. Apenas 44 dias após a aprovação da Emenda Constitucional nº 20/1998, que introduziu substanciais alterações no regime de previdência, foi sancionada a Lei nº 9.783/1999, que, dentre outras disposições, instituía contribuição para o financiamento da seguridade social sobre os rendimentos de pensionistas e servidores inativos da União. À época, era sabido que a reforma constitucional somente havia sido aprovada após acordo entre as lideranças partidárias no sentido de excluir do texto qualquer autorização a essa espécie de cobrança. O texto aprovado, no entanto, não continha qualquer vedação expressa. O Supremo Tribunal, apreciando a questão, reconheceu a presença do vício de inconstitucionalidade na referida Lei, utilizando, como principal argumento, a vontade do poder reformador.[1743] Aduziu, em síntese, que, apesar de a Emenda Constitucional nº 20/1998 ter promovido modificações tão amplas no regime de previdência dos servidores públicos, o Congresso Nacional havia conscientemente se abstido de autorizar tal exação tributária.[1744] Como se constata, o

---

[1741] WARD, Ian. *Introduction to critical legal theory*. 2. ed. Great Britain: Routledge Cavendish, 2004. p. 163. No mesmo sentido, indicando os alicerces de sustentação das construções teóricas normalmente enquadradas sob a epígrafe dos *critical legal studies*, que apregoam uma visão liberal dos direitos e maximizam o papel dos tribunais na garantia dos valores fundamentais do sistema e na implementação do progresso social, vide: BAUMAN, Richard W. *Ideology and community in the first wave of critical legal studies*. Toronto: University of Toronto Press, 2002. p. 3 e ss.

[1742] Cf.: LUCIANI, Massimo. L'interprete della Costituzione di fronte al rapporto fatto-valore: il testo costituzionale nella sua dimensione diacronica. *Diritto e Società*, n. 1, p. 1-26, 2009. p. 1 (24-25).

[1743] Pleno, ADI nº 2.010 MC/DF, Rel. Min. Celso de Mello, j. em 30.9.1999, DJ de 12.4.2002.

[1744] Invocando o teor dos debates parlamentares, afirmou o Ministro Celso de Mello, relator do caso, que "[o] argumento histórico, no processo de interpretação constitucional, não se reveste de caráter absoluto. Qualifica-se, no entanto, como expressivo elemento de útil indagação das circunstâncias que motivaram a elaboração de determinada norma inscrita na Constituição, permitindo o conhecimento das razões que levaram o constituinte a acolher ou a rejeitar as propostas que lhe foram submetidas. [...] O registro histórico dos debates parlamentares, em torno da proposta que resultou na Emenda Constitucional nº 20/98 (PEC nº 33/95), revela-se extremamente importante na constatação de que a única base constitucional – que poderia viabilizar a cobrança, relativamente aos inativos e aos pensionistas da União, da contribuição de seguridade social – foi conscientemente excluída do texto, por iniciativa dos próprios Líderes dos Partidos Políticos que dão sustentação parlamentar ao Governo, na Câmara dos Deputados (Comunicado Parlamentar publicado no Diário da Câmara dos Deputados, p. 04110, edição de 12.2.98). O destaque supressivo, patrocinado por esses Líderes partidários, excluiu, do Substitutivo aprovado pelo Senado Federal (PEC nº 33/95), a cláusula destinada a introduzir, no texto da Constituição, a necessária previsão de cobrança, aos pensionistas e aos servidores inativos, da contribuição de seguridade social".

Tribunal interpretou a omissão constitucional como um verdadeiro silêncio eloquente, o que o levou a concluir que a vontade política exteriorizada pelo mesmo corpo político, desta feita no exercício do poder legislativo ordinário, era inconstitucional.

2.2 Teorias axiológicas

Inserimos, sob a epígrafe mais ampla das teorias axiológicas, aquelas construções que consideram, no delineamento da norma constitucional, influxos de ordem axiológica colhidos no ambiente sociopolítico. A mais célebre dessas construções é a capitaneada por Ronald Dworkin, para quem razões de ordem moral são componentes indissociáveis do processo de densificação do direito. A neutralidade moral não é um estado a ser aspirado pelos juízes na interpretação da Constituição, o que a situa em extremo oposto à teoria do contrato.[1745] Isso, no entanto, não significa que posições liberais ou conservadoras devam ter, de acordo com as predileções pessoais, necessária preeminência, mas sim, que os juízes, não obstante suas concepções particulares de liberdade, igualdade e fraternidade, devem identificar aquela que melhor se ajusta ao caso.[1746] Será justamente a "leitura moral" da Constituição que fará o intérprete oscilar entre concepções puramente liberais ou progressistas, podendo contribuir, ainda, para salvá-la da "fossilização" a que a estrita adesão ao texto, como preconizado pelo intento originalista, certamente conduziria.[1747] O dever de Hércules, o juiz ideal de Dworkin, seria justamente "elaborar uma moralidade constitucional coerente",[1748] que ofereceria a base axiológica de sustentação e desenvolvimento das normas constitucionais.

Ainda que o texto normativo seja vago ou ambíguo, esgotando-se as potencialidades da linguagem sem a sua superação, Hércules, direcionando o processo de interpretação à criação de uma ordem social melhor e com o auxílio da moralidade política, sempre seria capaz de identificar a "única resposta correta" ("one right answer").[1749] O intérprete desenvolveria uma atividade de descobrimento, não de verdadeira criação. O significado correto estaria alicerçado em bases morais e seria individualizado a partir de um ponto de vista externo ao texto. Esse aspecto, aliás, é um dos mais controversos da teoria de Dworkin, já que, além dos problemas metódicos que envolvem a temática, tal resposta preexistiria à própria decisão judicial.[1750]

Ao desenvolver a sua teoria moral, Dworkin procura rediscutir algumas construções positivistas demonstrando que o direito, longe de estar separado da moral, seria diretamente influenciado por ela. Os princípios jurídicos, por sua vez, seriam as portas de entrada da moral no direito. Em prol de sua teoria, invoca o Caso *Riggs vs. Palmer*, de 1889, julgado pelo Tribunal de Apelação de Nova York. Ali, apreciando a situação de um homem que, apesar de condenado à prisão pelo assassinato de seu avô, figurava

---

[1745] DWORKIN, Ronald. *Freedom's law*: the moral reading of the American constitution. Cambridge: Harward University Press, 1996. p. 7 e ss.

[1746] DWORKIN, Ronald. *Freedom's law*: the moral reading of the American constitution. Cambridge: Harward University Press, 1996. p. 2-3, 36-37, 82, 313-320.

[1747] Cf.: PHILLIPS, Alfred. *Lawyer's language*: how and why legal language is different. London and New York: Routledge, 2003. p. 17.

[1748] Cf.: DWORKIN, Ronald. *Taking rights seriously*. Massachusetts: Harvard University Press, 1999. p. 123-130.

[1749] DWORKIN, Ronald. *Taking rights seriously*. Massachusetts: Harvard University Press, 1999. p. 68-71 e 82-86.

[1750] Cf.: JACKSON, Bernard S. *Semiotics and legal theory*. London: Routledge, 1987. p. 193.

como herdeiro em seu testamento e pretendia receber a herança deixada por sua vítima, decidiu o Tribunal que não obstante fundada na lei, a pretensão não deveria ser acolhida, já que dissonante do princípio não escrito de que ninguém pode beneficiar-se com o mal causado a outrem. Analisando a decisão, concluiu Dworkin que (1) os princípios, diversamente das normas ou regras, que são enunciadas, expressando a vontade de uma autoridade, são descobertos pelo juiz; (2) a obediência ao princípio é suscetível de ser escalonada em graus; (3) os princípios possuem natureza moral; (4) os princípios não são universais, pois existiriam situações em que é plenamente aceitável a obtenção de lucro a partir do dano causado a outrem; (5) a utilização dos princípios pode suspender a aplicação de uma regra válida ou estabelecer exceções a ela.

Acresça-se, ainda, com Dworkin, que os princípios afastariam qualquer margem de discricionariedade do juiz nos casos difíceis. Em outras palavras, ainda que as regras em vigor não forneçam uma solução clara, não compete ao juiz escolher aquela que lhe pareça adequada, mas sim, descobrir o princípio aplicável ao caso, possibilidade sempre ao alcance de Hércules, o juiz ideal.[1751] Para tanto, bastaria que fosse capaz de identificar e estruturar a melhor construção teórica, de modo a justificar toda a base jurídica existente (preceitos constitucionais, leis, princípios etc.). Seriam justamente as pautas morais que direcionariam a aplicação do direito, em especial nos casos difíceis, que não encontram solução em uma regra preestabelecida. Na medida em que preexistem ao processo de interpretação, deveriam ser tão somente apreendidas e aplicadas, não oferecendo qualquer margem de discrição ao intérprete, que se limitaria a identificar a única resposta correta. No extremo oposto, ocupado pelo positivismo, ter-se-ia, segundo Dworkin,[1752] uma excessiva discricionariedade dos juízes na solução dos casos difíceis. À míngua de uma regra clara do sistema capaz de solucioná-los, deveriam criar a regra que lhes parecesse mais adequada, atuando como verdadeiros legisladores. Trata-se do exercício de uma discricionariedade em sentido forte (*stronge sense*), não estando o poder de escolha sujeito a qualquer balizamento.

A teoria de Dworkin é suscetível a algumas críticas. Constata-se, inicialmente, ser plenamente factível que a abstração de um conjunto de regras possa resultar em princípios distintos, cabendo ao juiz identificar aquele que se mostra apto a alcançar a "melhor solução possível" para o caso. Em consequência, o princípio a ser utilizado não é propriamente descoberto, mas sim, escolhido, sendo fruto de operações valorativas realizadas pelo juiz, daí decorrendo a inevitável influência de suas preferências pessoais. Ainda é relevante notar que a influência da moral no delineamento dos princípios jurídicos não permite concluir que também eles possuam natureza moral. A base axiológica que integra e preenche o conteúdo das normas jurídicas de estrutura principiológica apresenta natureza própria e funcionalidade específica. Mesmo sendo correta a constatação de que a resolução dos casos difíceis, apesar da intensa influência de fatores extrínsecos, suscetíveis de juízos valorativos extremamente diversificados, pode apresentar contornos de obviedade quando analisada sob a ótica dos padrões de justiça do *homo medius*, daí não decorre, necessariamente, que sempre haverá uma única solução correta. É natural que as especificidades do caso, quando cotejadas e sopesadas, estando todas igualmente

---

[1751] DWORKIN, Ronald. *Taking rights seriously*. Massachusetts: Harvard University Press, 1999. p. 81-130.
[1752] DWORKIN, Ronald. *Taking rights seriously*. Massachusetts: Harvard University Press, 1999. p. 17 e 34.

amparadas pelos materiais jurídicos utilizados pelo juiz, possam dar ensejo a conclusões que, apesar de díspares, mostrem-se igualmente razoáveis.

Os dogmas estabelecidos em *Taking rights seriously* passaram por uma nova fase de reflexões em *Law's empire*. Dworkin busca superar a doutrina positivista de que o direito se forma a partir da autoridade, defendendo que a argumentação legal é uma espécie de "interpretação construtiva" (*constructive interpretation*).[1753] O diferencial de qualquer teoria moral do direito consiste justamente na impossibilidade de se recorrer, como justificação última das soluções encontradas pelo intérprete, a um argumento de autoridade. Referenciais morais, em verdade, não são considerados válidos ou adequados pela só razão de derivarem de uma fonte, mas sim, por terem reconhecido esse predicado em certo contexto.[1754] O direito seria algo construído, não meramente achado ou conhecido. Até então, Dworkin também comungava da concepção positivista de que o direito seria "uma coisa achada". Dissentia, apenas, em relação ao que era achado. Para ele, apenas as regras, não os princípios, que estariam fora do direito positivo e teriam raízes na moral.[1755] Ao reconhecer que a "interpretação construtiva" é o único caminho conducente ao direito, afasta qualquer possibilidade de o direito ser achado, não criado.

Observa-se, na teoria moral de Dworkin, que os enunciados normativos possuem uma funcionalidade e que é dever do intérprete fazer com que cumpram essa funcionalidade (*v.g.*: "levando os direitos a sério").[1756] O seu construtivismo, no entanto, ao ser estruturado com base em leituras morais, tende a distanciar o intérprete das potencialidades do texto. A norma constitucional passará a ser precipuamente estruturada não com base na linguagem textual, mas sim, em harmonia com o discurso filosófico.[1757] Esse aspecto se tornará particularmente nítido nas situações em que algum enunciado normativo constitucional, tendo sido estruturado em uma linguagem que ofereça pouco ou nenhum espaço à penetração de fatores extrínsecos, conduza a significados que, parafraseando Brian Bix,[1758] poderíamos denominar de "moralmente equivocados". Em casos tais, *quid iuris*? Simplesmente ignorá-los ou reestruturá-los a partir de uma leitura moral da Constituição?

Originalistas e procedimentalistas também criticam a teoria moral de Dworkin, argumentando que ela (1) não assegura que os juízes apliquem a lei ao invés de fazerem política;[1759] e (2) não indica a melhor solução possível. Sob a ótica dos juízes, a teoria permite que eles cheguem a conclusões diametralmente opostas a respeito

---

[1753] DWORKIN, Ronald. *Law's empire*. Massachusetts: Harvard University Press, 2000. p. vii; 52; e 87.
[1754] Cf.: SANTIAGO NIÑO, Carlos. *Introducción al análisis del derecho*. 2. ed. Buenos Aires: Astrea, 2005. p. 345.
[1755] DWORKIN, Ronald. *Taking rights seriously*. Massachusetts: Harvard University Press, 1999. p. 22 e ss.
[1756] Cf.: DWORKIN, Ronald. *Taking rights seriously*. Massachusetts: Harvard University Press, 1999. p. 184 e ss.
[1757] Cf.: PHILLIPS, Alfred. *Lawyer's language*: how and why legal language is different. London and New York: Routledge, 2003. p. 22. Barber e Fleming denominam de "philosophic approach" a abordagem que, além de promover a "fusão do direito constitucional com a teoria moral", tal qual preconizado por Dworkin (DWORKIN, Ronald. *Taking rights seriously*. Massachusetts: Harvard University Press, 1999. p. 149), enfatiza a dependência para com as ciências sociais (BARBER, Sotirius A.; FLEMING, James A. *Constitutional interpretation*. New York: Oxford University Press, 2007. p. xiii).
[1758] BIX, Brian. *Law, language and legal determinacy*. Oxford: Claredon Press, 1993. p. 27 e ss.
[1759] Política, em seus contornos mais basilares, é a atividade ontologicamente inserida na esfera dos ramos essencialmente políticos do Estado. Cf.: ALLAN, T.R.S. *Constitutional justice*: a liberal theory of the rule of law. New York: Oxford University Press, 2001. p. 161-162.

da individualização da norma constitucional e, consequentemente, a respeito da constitucionalidade ou da inconstitucionalidade de qualquer lei. A teoria, ademais, ofereceria pouca orientação em relação ao raciocínio a ser utilizado em cada caso concreto, não mostrando, por exemplo, quando um princípio deve ser utilizado em detrimento da história ou dos precedentes. Em casos controversos, como aborto, pena capital, direitos dos homossexuais, direitos econômicos e sociais, os valores existentes podem caminhar em direções opostas, o que sujeitaria a sua incidência à discricionariedade de cada juiz.[1760] Como ressalta Griffin,[1761] além de ser plenamente factível a existência de padrões normativos moralmente assépticos (*v.g.*: algumas normas de organização), ainda se observa que a remissão a considerandos de pura moral torna tais padrões extremamente indeterminados, podendo carecer do consenso social que deveria lhes dar forma. Essa última crítica se mostra, em certa medida, exagerada, já que o próprio Dworkin[1762] reconhece que "the moral reading is not appropriate to everything a constitution contains". É o que ocorre, por exemplo, com a exigência de idade mínima para se concorrer a um cargo eletivo. Enunciados linguísticos dessa natureza são nitidamente impermeáveis aos influxos axiológicos.

Críticas à parte, a doutrina de Dworkin tem o mérito de demonstrar a sensibilidade axiológica do direito, ainda que o Juiz Hércules não se desprenda do idealismo e a Constituição formal esteja sempre sujeita a ser excepcionada por algum princípio.

Ainda merece referência a base axiológica que se desprende da teoria da integração de Rudolf Smend.[1763] Considerando que a Constituição deve estar encadeada com a coletividade, que ostenta valores específicos e funcionalidade própria no âmbito do Estado que se forma a partir de sua organização política, é natural a conclusão de que o seu fundamento existencial e os critérios utilizados para a sua interpretação devem ser delineados em harmonia com o sentido e a realidade inerentes à própria Constituição, não de acordo com a literalidade de seus enunciados linguísticos ou com os conceitos extraídos da dogmática jurídica. Prefere-se o espírito em detrimento da letra: a Constituição possui um conteúdo axiológico que, para ser delineado, não prescinde da interação com uma coletividade concreta. Com isso, o conteúdo normativo da Constituição será obtido de modo sensato e compatível com o seu objeto de regulação. Para alcançar esse objetivo, é necessário que o intérprete busque *compreender* a Constituição, o que será feito com a consideração dos valores inerentes à ciência do espírito. Ao permanecer sensível à função de integração desempenhada pela ordem constitucional, o intérprete conduz um processo que tem por fim "a produção sempre nova da totalidade da vida do Estado".[1764]

A extrema sensibilidade axiológica da ordem constitucional bem demonstra a impossibilidade de a individualização de suas normas passar ao largo das conflitualidades

---

[1760] Cf.: BEATY, David M. *The ultimate rule of law*. New York: Oxford University Press, 2004. p. 29-30.

[1761] GRIFFIN, James. Lei moral, lei positiva. *In*: LOPES ALVES, João. *Ética e o futuro da democracia*. Lisboa: Colibri, 1998. p. 115 (131).

[1762] DWORKIN, Ronald. *Freedom's law*: the moral reading of the American constitution. Cambridge: Harward University Press, 1996. p. 8.

[1763] SMEND, Rudolf, *Costituzione e diritto costituzionale* (*Verfassung und Verfassungsrecht*, 1928). (Trad. Jorg Luther e Fabio Fiore). Milano: Giuffrè, 1988.

[1764] Cf.: SMEND, Rudolf, *Costituzione e diritto costituzionale* (*Verfassung und Verfassungsrecht*, 1928). (Trad. Jorg Luther e Fabio Fiore). Milano: Giuffrè, 1988. p. 150.

intrínsecas afetas aos valores constitucionais. Esses valores, em verdade, penetram não só nos enunciados linguísticos, como na própria interpretação constitucional, que, consoante os padrões do *homo medius*, não costuma ser conduzida por um ser insensível, indiferente a certos referenciais axiológicos tidos como corretos ou adequados. A relação existente entre interpretação (*Auslegung*) e valores (*Geltungen*) se apresenta com grande intensidade, o que termina por condicionar, reciprocamente, o evolver de ambos.[1765] Essa conclusão torna-se evidente ao observarmos que o evolver do processo de interpretação é caracterizado pela realização de sucessivos juízos valorativos, atividade intelectiva que, não obstante direcionada à interação entre texto e contexto, é influenciada pela humanidade do intérprete, em que pensamentos e sentimentos se aproximam de tal modo que chegam a formar uma simbiose existencial.

A partir desse condicionamento recíproco entre os referenciais de interpretação e valor, constata-se que os enunciados linguísticos inseridos na Constituição formal não serão objeto de análise e valoração em uma dimensão de neutralidade axiológica.

A ordem constitucional, tal qual o evolver sociopolítico, é essencialmente cambiante, sendo a sua vocação à permanência diretamente proporcional à capacidade de oferecer novas respostas para problemas desconhecidos à época de sua promulgação. É rica em virtualidades não expressas e ainda inexploradas, o que exige que seja interpretada de modo a prestigiar a sua capacidade expansiva, aproximando-a do contexto sociopolítico.[1766] Acresça-se que a mutabilidade do texto constitucional é diretamente influenciada pelas vicissitudes do ambiente sociopolítico. Como ressalta Häberle,[1767] o critério de fundo para que o mesmo texto possa e, de fato, deva ser interpretado de distintas maneiras no tempo e no espaço, é a cultura prevalecente, que subjaz a cada Constituição. O texto, longe de assumir contornos absolutos, é um referencial de relatividade. Apresentará conteúdos diversos em cada uma das realidades culturais em que apareça, sendo diretamente influenciado pelas variações de tempo e espaço.

Na síntese de Radbruch, a interpretação jurídica é "uma mescla indissolúvel de elementos produtivos e reprodutivos, teóricos e práticos, cognoscitivos e criativos, objetivos e subjetivos, científicos e supracientíficos".[1768] Na interpretação constitucional, atividade necessariamente desenvolvida sobre referenciais normativo-axiológicos, os Tribunais hão de dispensar "grande importância" à natureza democrática da Constituição[1769] e ao desenvolvimento das relações sociais, privilegiando a realidade em detrimento de um formalismo exacerbado e asséptico.[1770]

A interpenetração entre disposição constitucional e realidade, de modo que os juízes possam justificar suas conclusões a partir da projeção do texto no plano sociopolítico, não é propriamente um convite ao subjetivismo e um atentado à democracia. Não é, igualmente, um indefectível instrumento de abuso, permitindo que a vontade popular seja

---

[1765] Cf.: SCHREIER, F. *Die Interpretation der Gesetze und Rechtsgeschäfte*. Leipzig: Hirschefeld, 1927. p. 6.

[1766] Cf.: AINIS, Michele. *Cultura e politica*: il modello costituzionale. Padova: CEDAM, 1991. p. 4.

[1767] HÄBERLE, Peter. *Teoría de la Constitución como ciencia de la cultura* (*Verfassungslehre als Kulturwissenschaft*). (Trad. Emilio Mikunda). Madrid: Tecnos, 2000. p. 45.

[1768] RADBRUCH, Gustav. *Relativismo y derecho*. (Trad. Luis Villar Borda). Santa Fé de Bogotá: Temis, 1999. p. 44.

[1769] Cf.: BREYER, Stephen. *Active liberty*: interpreting our democratic Constitution. New York: Vintage Books, 2005. p. 5.

[1770] Cf.: POUND, Roscoe. The need of a sociological jurisprudence. *TGBI*, n. 19, p. 607, 1907. p. 607 (607-610).

substituída pela vontade pessoal do intérprete. Esse tipo de preocupação, que circunda as teorias que Breyer denomina de textualista (em respeito às disposições legais), originalista (em respeito à Constituição) ou literalista (resumindo as anteriores),[1771] não é elemento indissociável de uma visão constitucional que busque romper com as amarras de uma vetusta e pouco profícua vontade constituinte[1772] ou de uma completude textual de todo incompatível com as vicissitudes da realidade em que a Constituição projetará sua força normativa. A ordem constitucional distingue-se de um poema ou de um romance na medida em que sua funcionalidade se projeta, necessariamente, para o exterior, não se exaurindo nos contornos formais do texto. A realidade não é um referencial distante, a ela indiferente e por ela não alcançado. Pelo contrário: influir na realidade é a própria razão existencial da Constituição. Ainda que assuma contornos abstratos, como pode ocorrer no controle de constitucionalidade, a interpretação constitucional sempre levará em consideração manifestações concretas, que tanto podem refletir casos específicos, quanto a realidade sociopolítica em sua integridade.

A norma constitucional, ademais, por ser fruto da atividade do intérprete, terá o seu conteúdo necessariamente influenciado por referenciais subjetivos, que nortearão, por exemplo, a apreensão da realidade, a escolha dos fatores externos a serem levados em consideração e a individualização da base axiológica que dá sustentação à ordem constitucional. Essa constatação indica que distintas interpretações constitucionais podem resultar não só da influência de questões lógicas, como, também, de questões psicológicas, revelando um evidente conflito entre visões políticas diferentes.[1773]

A necessária interação entre texto e contexto, ao que se soma a importância assumida pela conflitualidade intrínseca no plano axiológico, evidenciam que o intérprete não pode desconsiderar a influência dos valores no delineamento da norma constitucional. De qualquer modo, embora essa operação, de fato, possa ser vista como uma "leitura moral da Constituição", não podem ser ignorados os balizamentos oferecidos pelos enunciados linguísticos da Constituição formal que, em grande parte, face à sua normal permeabilidade, consubstanciam molduras estáticas à espera de conteúdos dinâmicos. Uma teoria axiológica dessa natureza é a que mais se afeiçoa à funcionalidade da interpretação constitucional.

2.3 Teorias procedimentais

Consideram-se procedimentais aquelas teorias que, a partir dos objetivos a serem alcançados, indicam o percurso metódico a ser percorrido, preservando, tanto quanto possível, a autonomia dessas operações, normalmente atribuídas a atores diversos. No plano constitucional, a invocação desse tipo de construção está normalmente associada à tentativa de limitar a liberdade valorativa da jurisdição constitucional, que não poderia integrar livremente o texto constitucional consoante o seu modo de ver e entender a

---

[1771] Cf.: BREYER, Stephen. *Active liberty*: interpreting our democratic Constitution. New York: Vintage Books, 2005. p. 116.
[1772] Como ressaltou Radbruch, "a lei pode ser mais inteligente que seus autores, e o intérprete entendê-la melhor que eles" (RADBRUCH, Gustav. *Relativismo y derecho*. (Trad. Luis Villar Borda). Santa Fé de Bogotá: Temis, 1999. p. 44).
[1773] Cf.: SMITH, Rogers M. *Liberalism and American constitutional law*. Harvard: Harvard University Press, 1985. p. 228.

realidade. Com isso, busca-se prestigiar as opções políticas fundamentais declinadas no texto normativo, ali postas por agentes democraticamente legitimados, devendo o intérprete, que carece de legitimidade democrática, zelar pela sua plena operacionalização.

A principal teoria procedimental a se fazer referência é aquela capitaneada por John Hart Ely,[1774] que busca demonstrar as virtudes e os defeitos da teoria do contrato e da teoria axiológica, por ele denominadas, respectivamente, em harmonia com a construção de Grey,[1775] de "interpretativista" e "não interpretativista" (ou "literalismo" e "não literalismo").

A teoria interpretativista defende que os juízes, ao decidirem questões constitucionais, devem permanecer adstritos à revelação das normas que estejam expressas na Constituição ou, embora implícitas, sejam tidas como evidentes. Na medida em que esse tipo de construção teórica se restringe à análise do texto constitucional e dos valores ali contemplados, entendem os seus seguidores que ela melhor se ajusta à teoria democrática, isso por reduzir a discricionariedade judicial e concentrar as opções políticas fundamentais nos órgãos que detêm a representatividade democrática. Ely ainda identifica duas formas de interpretativismo. A primeira, de contornos mais estritos, prestigia a "cláusula de certeza" ("clause bound"), indicando que a Constituição deve ser interpretada de acordo com a sua linguagem, processo que pode contar com o auxílio da história constituinte, mas que deve permanecer ao largo de políticas, valores ou princípios externos ao seu texto. A segunda forma de interpretativismo, de contornos mais amplos, reconhece que certos enunciados linguísticos inseridos na Constituição não podem ser interpretados com o só recurso à linguagem e à história constituinte, sendo imprescindível a colheita de subsídios fora do texto, que a ele se integrariam. Os interpretativistas defendem que a invalidação de qualquer ato dos órgãos de soberania deveria resultar de uma dedução cuja premissa fundamental fosse claramente encontrada na Constituição.

Quanto aos aspectos negativos, observa-se que o interpretativismo[1776] termina por investir contra os valores que entende prestigiar. Afinal, a democracia seria nitidamente afetada ao se negar às gerações futuras a possibilidade de formarem seus juízos valorativos a partir das relações entre texto e contexto, direcionando, desse modo, suas próprias vidas, isso sem olvidar que a abertura semântica de muitas normas constitucionais ("disposições de sentido aberto", no dizer de Ely)[1777] torna inevitável que as decisões judiciais adotem parâmetros diversos, que não aqueles meramente textuais. Ely acentua

---

[1774] ELY, John Hart. *Democracy and distrust*: a theory of judicial review. 11. ed. Cambridge: Harvard University, 1995. p. 1 e ss.

[1775] GREY, Thomas C. Do we have an unwritten constitution? *Stanford Law Review*, n. 27, p. 703, 1975. p. 703 (703-704).

[1776] Sobre a vinculação do intérprete ao texto e à intenção dos *Framers*, vide: TUSHNET, Mark V. Following the rules laid down: a critique of interpretivism and neutral principles. *In*: LEVINSON, Sanford; MAILLOUX, Steven. *Interpreting law and literature*: a hermeneutic reader. Illinois: Northwestern University Press, 1988. p. 193 (193 e ss.).

[1777] ELY, John Hart. *Democracy and distrust*: a theory of judicial review. 11. ed. Cambridge: Harvard University, 1995. p. 43. Como observa Dworkin, esses padrões vagos ("vague standards"), apesar de serem escolhidos deliberadamente, causam uma grande onda de controvérsias políticas e legais, que podem assumir um lado "estrito" e outro "liberal" (*v.g.*: nos casos relacionados à segregação racial, o Supremo Tribunal norte-americano adotou uma postura liberal, enquanto os críticos permaneceram do lado estrito), conforme a interpretação permaneça, ou não, alheia a determinados valores morais que não possam ser facilmente reconduzidos ao texto constitucional e ao pensamento dos "fundadores" (DWORKIN, Ronald. *Taking rights seriously*. Massachusetts: Harvard University Press, 1999. p. 132-137).

a inexequibilidade do interpretativismo estrito, já que o texto não prescinde dos influxos recebidos do contexto.

A teoria não interpretativista, por sua vez, entende que os juízes, agindo de modo consentâneo com a vida social, deveriam definir os "valores fundamentais" a que se referiu Bickel[1778] e que poderiam ser reconduzidos à Constituição.[1779] Não precisariam se limitar à execução do texto, podendo individualizar normas não reconduzíveis aos seus limites semânticos. Diversamente dessa construção, o interpretativismo de sentido amplo exige que a individualização da norma derive dos "general themes of the entire constitutional document and not from source entirely beyond its four corners",[1780] não podendo ser obtida integralmente fora do texto.

Para os realistas, os "valores fundamentais" da teoria não interpretativista seriam delineados a partir da percepção do juiz, que empregaria os critérios necessários à resolução da situação concreta. Como os valores pessoais prestigiados por cada juiz assumem contornos voláteis, ficando à mercê de contingências à margem de qualquer controle, objeta Ely que essa construção carece da objetividade e da certeza inerentes ao direito. Para os naturalistas, por exemplo, deveriam ser utilizados os valores imutáveis inerentes à concepção de direito natural prestigiada pelo intérprete (*v.g.*: obtidos a partir da razão, do estado de natureza, da religião etc.). Essa concepção é igualmente frágil em razão da falta de objetividade e da dificuldade em se obter uma verdade ética de contornos absolutos, estáveis e imutáveis. Quanto à teoria dos "princípios neutrais" ("neutral principles"), preconizada por Wechster,[1781] sustenta Ely que, apesar de apregoar a neutralidade dos juízes, que deveriam aplicar idêntico princípio aos casos similares, ela não logra êxito em demonstrar como é obtido o conteúdo substantivo dos princípios e qual é o método seguido para a obtenção dos valores utilizados, já que a só neutralidade na aplicação não seria suficiente para propiciar uma fonte substancial.[1782] A descoberta dos "valores fundamentais" a partir da aplicação do "método da razão familiar ao discurso da filosofia moral", hipótese sustentada por Bickel, é igualmente combatida por Ely, com o argumento de que a razão só pode conectar premissas à conclusão, não dizendo nada por si, e que cada indivíduo, em especial quando integrado às classes mais elevadas, tem a sua própria filosofia moral, o que confere ao argumento acentuado contorno elitista e antidemocrático. Por fim, a utilização da tradição, critério também sugerido por Bickel, tem sua fragilidade explicitada quando instado a oferecer respostas suficientes e inequívocas, também perdendo em objetividade.

Ely prossegue na análise das teorias não interpretativistas, de alicerce essencialmente axiológico, aferindo a correção da tese de que os valores sociais a serem considerados pelos juízes devem ser aqueles "amplamente compartilhados na sociedade", refletindo

---

[1778] BICKEL, Alexander. *The least dangerous branch*. 2. ed. New Haven: Yale University Press, 1986. p. 236 e ss.
[1779] ELY, John Hart. *Democracy and distrust*: a theory of judicial review. 11. ed. Cambridge: Harvard University, 1995. p. 44-62.
[1780] ELY, John Hart. *Democracy and distrust*: a theory of judicial review. 11. ed. Cambridge: Harvard University, 1995. p. 12.
[1781] WECHSTER, Hebert. Toward neutral principles of constitutional law. *Harward Law Review*, n. 73, p. 1-30, 1959. p. 1 (1 e ss.).
[1782] ELY, John Hart. *Democracy and distrust*: a theory of judicial review. 11. ed. Cambridge: Harvard University, 1995. p. 54-55.

a ideia de "consenso".[1783] Malgrado seja evidente que a utilização dos valores que se refletem no consenso, extraídos de uma opinião majoritária, certamente oferece aspectos positivos ao contribuir para afastar o subjetivismo do juiz, permitir a reconstrução do *iter* argumentativo percorrido e render homenagem ao princípio democrático, Ely opõe-se à tese. Sustenta que se a função do consenso é proteger o direito da maioria, melhor seria seguir o processo legislativo, certamente mais apto a alcançar esse objetivo que o processo judicial. Por outro lado, entendendo-se que a função do consenso é a de proteger a minoria contra a ação da maioria, ter-se-ia a incongruência de empregar os juízos de valor da maioria como mecanismo de proteção da minoria. A escolha dos valores seria tarefa afeta ao processo político ordinário.

Na visão de Ely, com abstração do referencial utilizado para conferir sustentação aos valores, não cabe aos tribunais individualizá-los e impor a sua observância no ambiente sociopolítico. É de todo infrutífera a tentativa de identificar valores que se ajustem à textura aberta das disposições constitucionais, pois, também aqui, os tribunais atuariam como órgãos legislativos. No extremo oposto, sustenta que uma postura interpretativista, vendo o direito como um sistema fechado, imune às influências do contexto, terminaria por eliminar a permeabilidade de muitos dos termos utilizados. Para superar esse impasse, adere à construção desenvolvida pelo Supremo Tribunal norte-americano sob a presidência de Earl Warren. Nesse período, o Tribunal direcionou sua jurisprudência à sedimentação dos direitos fundamentais, em especial na esfera criminal; na qualificação dos eleitores e no delineamento das circunscrições eleitorais; e na promoção do princípio da igualdade (*equal protection clause*), particularmente em relação aos negros e aos estrangeiros. Com isso, o Tribunal assegurou a abertura do processo político e corrigiu algumas discriminações contra as minorias, terminando por estruturar uma razoável teoria da representação política. Diversamente das construções teóricas que apregoam a imposição judicial dos "valores fundamentais", essa tese ("representation-reinforcing orientation"),[1784] ao evitar que os juízes se substituam aos representantes eleitos, não só seria compatível com a democracia representativa, como também a reforçaria.[1785]

A feição procedimental da Constituição apresentaria um duplo sentido: algumas de suas disposições seriam primordialmente direcionadas ao processo de resolução das disputas individuais (*rectius*: "process writ small", segundo Ely) e outras assegurariam uma ampla participação no processo de formação e condução do governo

---

[1783] ELY, John Hart. *Democracy and distrust*: a theory of judicial review. 11. ed. Cambridge: Harvard University, 1995. p. 63 e ss.

[1784] ELY, John Hart. *Democracy and distrust*: a theory of judicial review. 11. ed. Cambridge: Harvard University, 1995. p. 87.

[1785] ELY, John Hart. *Democracy and distrust*: a theory of judicial review. 11. ed. Cambridge: Harvard University, 1995. p. 100 e ss. De acordo com Ely, em uma democracia representativa, "value determinations are to be made by our elected representatives" (ELY, John Hart. *Democracy and distrust*: a theory of judicial review. 11. ed. Cambridge: Harvard University, 1995. p. 103). Paulo de Tarso Ramos Ribeiro, discorrendo sobre a justificação dos procedimentos de decisão judicial, observa que "a racionalidade procedimental da justiça só se legitima quando é capaz de institucionalizar mecanismos de permeabilização às reivindicações éticas que incluam: a) a democratização do procedimento pelo acesso à justiça mediante a participação equitativa dos sujeitos de direito; b) a discussão acerca da procura da verdade e sua busca recorrente nos institutos processuais; c) padrões de revisão e controle da racionalidade do processo" (RAMOS RIBEIRO, Paulo de Tarso. *Direito e processo*: razão burocrática e acesso à justiça. São Paulo: Max Limonad, 2002. p. 189).

(*rectius*: "aimed process writ large"), sendo estas últimas divididas entre as provisões constitucionais e as decisões judiciais destinadas a assegurar o correto funcionamento do processo político, garantindo a preservação do pluralismo democrático, de modo que os diferentes grupos integrados ao ambiente sociopolítico possam dele participar, o que afasta qualquer tentativa de discriminação. Com isso, permite-se que tanto representantes da maioria, quanto representantes da minoria, possam alcançar o poder.[1786] O papel primordial da jurisdição constitucional seria o de assegurar a normalidade do processo político e facilitar a representação dos interesses das minorias, resultados que seriam alcançados com a preservação das liberdades fundamentais, como a liberdade de expressão e associação, que se integram a um "processo democrático efetivo e aberto".[1787] A teoria procedimental, de acordo com Ely, seria absolutamente compatível com o sistema de democracia representativa. Os juízes certificariam a integridade do processo democrático garantindo que os direitos políticos e civis de expressão, reunião e sufrágio sejam observados, bem como que, em uma sociedade desigual, as minorias sejam respeitadas. Na construção de Ely, esse seria um modo de superar as limitações concretas do pluralismo, evitando que a representação das minorias seja meramente virtual ou aparente.[1788] Os juízes, nesse contexto, deveriam atuar como árbitros, somente intervindo quando um time obtiver "vantagem injusta" (*unfair advantage*), não porque o "time errado" (*wrong team*) pontuou.[1789]

A *ratio essendi* do direito constitucional, de acordo com Ely,[1790] seria intervir naquelas situações em que o "representative government cannot be trusted", não quando é reconhecida a possibilidade de cumprir suas funções institucionais sem oferecer qualquer risco aos alicerces da democracia. Em consequência, não poderia o Tribunal Constitucional reconhecer direitos não reconduzíveis à Constituição formal e que não busquem assegurar a participação política ou evitar a exclusão das minorias.

Ely, no entanto, não logrou êxito em separar o processo da substância ou, mesmo, demonstrar que a Constituição só recepciona os valores procedimentais, excluindo os substantivos, daí a crítica de que sua teoria é "radicalmente indeterminada e fundamentalmente incompleta".[1791] Acresça-se que, ao reservar os juízos de valor integralmente para a legislatura, não oferece critérios satisfatórios para que os tribunais possam intervir. Ignora-se que os tribunais certamente podem contribuir para assegurar a existência de uma sociedade pluralista, ao que se soma a constatação de que apresentam grande

---

[1786] ELY, John Hart. *Democracy and distrust*: a theory of judicial review. 11. ed. Cambridge: Harvard University, 1995. p. 82 e 84.
[1787] ELY, John Hart. *Democracy and distrust*: a theory of judicial review. 11. ed. Cambridge: Harvard University, 1995. p. 103.
[1788] Cf. HABERMAS, Jürgen. *Direito e democracia*: entre facticidade e validade (Faktizität und Geltung: Beiträge zur Diskurstheorie des Rechts und des demokratischen Rechtsstaats). (Trad. Flávio Beno Siebeneichler). Rio de Janeiro: Tempo Brasileiro, 1997. v. I, p. 328.
[1789] ELY, John Hart. *Democracy and distrust*: a theory of judicial review. 11. ed. Cambridge: Harvard University, 1995. p. 103.
[1790] ELY, John Hart. *Democracy and distrust*: a theory of judicial review. 11. ed. Cambridge: Harvard University, 1995. p. 183.
[1791] TRIBE, Lawrence H. The puzzling persistence of process-based constitutional theories. *Yale Law Journal*, n. 89, p. 1063, 1980.

domínio em certas áreas, como se dá no contexto dos direitos processuais.[1792] A própria individualização da norma, em *ultima ratio*, é tarefa que não prescinde da participação dos tribunais e que decorre das constantes mutações do contexto e, consequentemente, das necessárias vicissitudes das demais normas, não permanecendo sobreposta ao texto ou confinada aos juízos valorativos de natureza política anteriormente realizados pelo legislador.

O conceito de representação democrática, ademais, é extremamente vago, sendo suscetível a muitas variantes para que possa indicar aos juízes como agir ou que tipo de direitos de participação e representação devem defender. Como afirmou Dworkin,[1793] Ely não oferece nenhuma diretriz a respeito dos direitos básicos que, como a liberdade de expressão, devem ser considerados fundamentais, merecendo vigorosa proteção dos tribunais. Acresça-se que não determina sequer as regras mais básicas de representação (*v.g.*: como os votos devem ser contados ou os distritos demarcados), não indicando, ainda, em que circunstâncias os juízes devem zelar pelas minorias que não podem se proteger politicamente, pois não aponta em que situações a maioria poderia limitar a liberdade da minoria.[1794]

Embora deva ser elogiada a moralidade substantiva da teoria procedimental de Ely, não havendo valor maior que o de uma sociedade que governa a si própria de forma justa e racional, ela não consegue criar as pré-condições para o bom funcionamento da ordem democrática, em que os cidadãos sejam genuinamente hábeis a governar a si próprios.[1795]

No âmbito das teorias procedimentalistas, ainda merece referência a construção de Jürgen Habermas, que, embora estruturada em termos universais, se ajusta parcialmente à teoria de Ely ou, de modo mais específico, ao seu objetivo de fortificar a democracia. Habermas[1796] observa que Ely é refratário à influência de princípios morais ou de valores no delineamento da substância das normas constitucionais, o que, alegadamente, poderia comprometer a parcialidade do juiz. Esse pensamento seria justificado pela própria estrutura da Constituição norte-americana, primordialmente direcionada à solução de problemas de organização e procedimento, não à recepção e à veiculação de valores substanciais. Por ostentar contornos formais, caberia ao juiz, apenas, zelar pela indenidade da organização e do procedimento, os quais conferem eficácia ao processo democrático.

A construção de Ely, que tem o evidente propósito de promover o "judicial self-restraint", não é considerada coerente por Habermas.[1797] Afinal, o repúdio à "jurisprudência dos valores" e à influência dos princípios na interpretação constitucional, tal qual

---

[1792] Cf.: CRAIG, Paul P. *Public law and democracy in the United Kingdom and the United States of America*. Oxford: Clarendon Press, 1990. p. 97.

[1793] DWORKIN, Ronald. *A matter of principle*. Cambridge: Harvard University Press, 1985. p. 57-71.

[1794] Cf.: BEATY, David M. *The ultimate rule of law*. New York: Oxford University Press, 2004. p. 17.

[1795] Cf.: BEATY, David M. *The ultimate rule of law*. New York: Oxford University Press, 2004. p. 19.

[1796] Cf.: HABERMAS, Jürgen. *Direito e democracia*: entre facticidade e validade (Faktizität und Geltung: Beiträge zur Diskurstheorie des Rechts und des demokratischen Rechtsstaats). (Trad. Flávio Beno Siebeneichler). Rio de Janeiro: Tempo Brasileiro, 1997. v. I, p. 326 e ss.

[1797] Cf.: HABERMAS, Jürgen. *Direito e democracia*: entre facticidade e validade (Faktizität und Geltung: Beiträge zur Diskurstheorie des Rechts und des demokratischen Rechtsstaats). (Trad. Flávio Beno Siebeneichler). Rio de Janeiro: Tempo Brasileiro, 1997. v. I, p. 328-329.

apregoado por Dworkin, não se harmoniza com a conclusão de que Ely deve pressupor a validade de princípios e recomendar ao juiz que se oriente de acordo com princípios procedimentais. A isso soma-se a constatação de que a própria ideia de procedimento democrático se apoia em um princípio de justiça, indicando o igual respeito por todos.

Especificamente em relação ao controle de constitucionalidade, o Tribunal Constitucional não deve adotar uma concepção excessivamente "paternalista", normalmente associada à desconfiança em relação aos critérios de racionalidade que norteiam a atuação das maiorias ocasionais.[1798] Em verdade, deve distanciar-se da política e se calcar na racionalidade do discurso.

Em sua "teoria do discurso", Habermas sustenta que o direito só tem legitimidade quando surge, de modo discursivo, a partir da opinião e da vontade de cidadãos a quem são reconhecidos os mesmos direitos, tanto perante a lei, quanto em relação à possibilidade de fazê-los valer na realidade. Nessa perspectiva, os destinatários se veem como autores do direito, o que aumenta a sua perspectiva de aceitação no ambiente sociopolítico.[1799] À luz do princípio do discurso, todas as normas que tenham o assentimento de todos os seus destinatários em potencial, na medida em que participem dos discursos racionais, podem pretender a sua validade, daí a necessidade de ser assegurada a sua participação nos processos de deliberação e de decisão voltados à produção normativa, de modo a possibilitar o desenvolvimento da liberdade comunicativa de cada um dos envolvidos.[1800] São prestigiados, desse modo, os instrumentos de realização do processo democrático, ainda que os resultados alcançados destoem dos padrões axiológicos sedimentados no ambiente sociopolítico.[1801] Ainda que a norma não consiga se impor, tendo sua validade social contestada, ela será legítima por ter surgido de um processo legislativo racional.[1802]

Apesar de reconhecer a importância dos valores sociais, Habermas entende ser difícil alcançar um consenso racional a respeito do seu conteúdo, o mesmo não ocorrendo em relação ao processo democrático, daí a sua preferibilidade. Com isso, apesar de excluir a intervenção da jurisdição constitucional na definição dessa base axiológica, reconhece a necessidade de proteção dos direitos fundamentais, especificamente para

---

[1798] Cf.: HABERMAS, Jürgen. *Direito e democracia*: entre facticidade e validade (Faktizität und Geltung: Beiträge zur Diskurstheorie des Rechts und des demokratischen Rechtsstaats). (Trad. Flávio Beno Siebeneichler). Rio de Janeiro: Tempo Brasileiro, 1997. v. I, p. 329.

[1799] Cf.: HABERMAS, Jürgen. *Direito e democracia*: entre facticidade e validade (Faktizität und Geltung: Beiträge zur Diskurstheorie des Rechts und des demokratischen Rechtsstaats). (Trad. Flávio Beno Siebeneichler). Rio de Janeiro: Tempo Brasileiro, 1997. v. I, p. 157 e ss.

[1800] Cf.: HABERMAS, Jürgen. *Direito e democracia*: entre facticidade e validade (Faktizität und Geltung: Beiträge zur Diskurstheorie des Rechts und des demokratischen Rechtsstaats). (Trad. Flávio Beno Siebeneichler). Rio de Janeiro: Tempo Brasileiro, 1997. v. I, p. 164.

[1801] Discorrendo sobre a teoria procedimental, mas preocupando-se, igualmente, com os resultados obtidos, observa Robert Alexy que as regras mais importantes do discurso são as de que, (1) quem assim desejar, pode tomar parte; e (2) qualquer um que tome parte no discurso pode questionar ou introduzir uma afirmação e expressar suas atitudes, desejos ou necessidades (ALEXY, Robert. Justice and discourse (discourse theory and human rights). *In*: LOPES ALVES, João. *Ética e o futuro da democracia*. Lisboa: Colibri, 1998. p. 133 (133-134)]. De modo correlato, ninguém pode ser obstado no direito de participar ou sofrer qualquer coação interna ou externa no curso de sua participação. Essas regras expressam as ideias de universalidade e autonomia, indicando que a norma só alcançará concordância universal se as consequências de sua observância para a satisfação dos interesses de todos puderem ser aceitas por todos. O consenso sempre estará condicionado aos argumentos apresentados.

[1802] Cf.: HABERMAS, Jürgen. *Direito e democracia*: entre facticidade e validade (Faktizität und Geltung: Beiträge zur Diskurstheorie des Rechts und des demokratischen Rechtsstaats). (Trad. Flávio Beno Siebeneichler). Rio de Janeiro: Tempo Brasileiro, 1997. v. I, p. 50.

o delineamento das normas de conteúdo controvertido, em razão de sua importância para o processo democrático.[1803]

A teoria procedimental de Habermas, contextualizada no plano constitucional ou infraconstitucional, ao realçar a necessidade de assegurar a plenitude do princípio democrático e exigir a aquiescência dos participantes do discurso com as decisões a serem tomadas, automaticamente reduz a possibilidade de expansão da atuação dos tribunais no delineamento da norma. Esse quadro termina por relegar a plano secundário a importância das conflitualidades intrínsecas no plano axiológico e, consequentemente, a sua influência no delineamento da norma constitucional. Afinal, somente os órgãos democraticamente legitimados poderiam realizar juízos valorativos dessa natureza, não sendo dado aos tribunais incluir, em suas decisões, os valores apreendidos no ambiente sociopolítico.

As teorias procedimentais, de um modo geral, pecam por não conseguir isolar os objetivos a serem alcançados, tornando-os imunes à influência de referenciais axiológicos, o que, *ipso facto*, mantém a necessidade de serem realizados juízos valorativos. A Constituição não pode ter sua força normativa delineada à margem dos valores e muito menos se ajusta à passividade que o procedimentalismo, em certa medida, atribui ao intérprete.[1804]

3 Funcionalidades da interpretação constitucional

Uma primeira questão a ser abordada diz respeito à relação angular que se forma entre o intérprete, que ocupa o vértice, o texto e a norma. A estrutura dessa imagem parte da premissa de que não há conexão direta entre texto e norma, elementos que ocupam uma posição de antecedente e consequente no âmbito da atividade desenvolvida pelo intérprete.

O texto dá origem à norma apenas e tão somente do modo estabelecido pelo intérprete. Essa assertiva, a nosso ver, mostra-se irretocável, mesmo quando contextualizada no âmbito da doutrina tradicional, que também se refletia no célebre brocardo latino "in claris cessat interpretatio".[1805] A interpretação jurídica, em seus contornos clássicos, seria uma *função de conhecimento*, ou, na síntese de Santi Romano,[1806] uma atividade de "cognição do direito vigente".

Ao intérprete competiria, apenas, identificar o significado, único, imanente aos enunciados linguísticos normativos. A "verdadeira" interpretação somente seria necessária quando os contornos semânticos do enunciado fossem obscuros ou ambíguos, não quando fossem claros. Mesmo aqui a atividade do intérprete era imprescindível à individualização da norma, competindo a ele conhecer do texto e externar o seu único sentido. Não obstante a sobreposição dos conteúdos do texto e da norma, cabia a alguém,

---

[1803] Cf.: HABERMAS, Jürgen. *Direito e democracia*: entre facticidade e validade (Faktizität und Geltung: Beiträge zur Diskurstheorie des Rechts und des demokratischen Rechtsstaats). (Trad. Flávio Beno Siebeneichler). Rio de Janeiro: Tempo Brasileiro, 1997. v. I, p. 326.

[1804] Cf.: TRIBE, Lawrence H. *Constitutional choices*. Cambridge: Harvard University Press, 1985. p. 21-28.

[1805] Cf.: BARBOSA, Rui. *Commentarios à Constituição Federal Brasileira*: colligidos e ordenados por Homero Pires. São Paulo: Saraiva, 1932. v. I, p. 155.

[1806] ROMANO, Santi. Interpretazione evolutiva. *In: Frammenti di un dizionario giuridico*. Milano: Giuffrè, 1947. p. 119.

cognominado ou não de intérprete, analisar os significantes linguísticos e indicar o seu único sentido, o que, por via reflexa, excluía a possibilidade de conexão direta entre texto e norma. Lembrando as palavras de Paresce, "[n]essun testo parla da solo. Bisogna che qualcuno lo interroghi e l'interrogante è necessariamente l'interprete".[1807]

À constatação de que o intérprete, qualquer que seja a metodologia seguida, é imprescindível à individualização da norma, segue-se a necessidade de identificar se a sua atividade é livremente desenvolvida ou se está sujeita a balizamentos. A primeira proposição, como soa evidente, não se afeiçoa aos sistemas de Constituição escrita, intitulada por Loewenstein de "pressuposto primário de uma democracia política", "popularmente editada e popularmente modificada".[1808] Fosse ampla a liberdade do intérprete, a ordem constitucional deixaria de ser o vértice e o paradigma de validade da ordem jurídica interna para assumir contornos puramente orientativos.

Em relação aos balizamentos a serem observados pelo intérprete, são múltiplas as construções existentes, que variam desde a quase que total supressão de sua liberdade valorativa, até alcançar o extremo oposto, com ampla preeminência dessa liberdade. Em um extremo, o intérprete desenvolveria *função de mero conhecimento*, marcada por uma lógica binária em que do significante *A*, necessariamente decorre o significado *B*, não havendo espaço para a influência de fatores extrínsecos ou para a realização de juízos valorativos que culminarão com a escolha de uma dentre múltiplas opções existentes. A partir desse extremo, em maior ou menor intensidade, há sempre o reconhecimento de que o intérprete desempenha uma *função de integração criativa*, de modo que, a partir do texto e com o concurso de fatores extrínsecos, realiza juízos valorativos e promove escolhas que culminarão com a individualização da norma constitucional.

3.1 Interpretação constitucional: reconhecer ou adjudicar?

Correlata à constatação de que o intérprete, partindo de significantes linguísticos, desenvolve atividade intelectiva voltada à individualização da norma constitucional, tem-se a necessidade de delinear a teleologia dessa atividade e, a partir daí, individualizar a essência da ação a ser praticada.

Em decorrência da força normativa e dos balizamentos estabelecidos pelo texto constitucional, o intérprete, qualquer que seja o método escolhido ou o "pré-conceito" que possua, sempre desenvolverá, em um primeiro momento, uma atividade de natureza cognoscitiva. O direito, antes de tudo, é linguagem, utilizada como fonte de expressão e ação social. Daí ser comum a comparação entre o intérprete e o crítico literário:[1809] apesar da diversidade de objetivos, ambos analisam o texto e identificam virtudes, equívocos e potencialidades. É necessário que o intérprete "entre em contato" com a base linguística sobre a qual desenvolverá a sua atividade, verifique a intensidade com que a realidade poderá influir no delineamento do seu significado e, somente então, faça

---

[1807] BENTIVOGLIO, Ludovico Matteo. Interpretazione delle norme internazionali. In: *Enciclopedia del diritto*. Milano: Giuffrè, 2007. v. XXII, p. 152 (§15).

[1808] LOEWENSTEIN, Karl. *Political reconstruction*. New York: Maximilian, 1946. p. 119.

[1809] Cf.: WHITE, James Boyd. *Heracles' bow*: essays on the rhetoric and poetics of the law. Wisconsin: University of Wisconsin Press, 1989. p. 77; DWORKIN, Ronald. *A matter of principle*. Cambridge: Harvard University Press, 1985. p. 146; e EAGLETON, Terry. *Literary theory*: an introduction. 3. ed. Minneapolis: University of Minnesota Press, 2008. p. 176 e ss.

incidir pré-conceitos e métodos nessa operação. O cognitivismo, no entanto, normalmente não irá exaurir a atividade do intérprete. Em verdade, isso somente será possível caso se entenda que o intérprete deve apenas reconhecer um sentido preexistente, e não contribuir para a sua construção.

A ação de mero conhecimento, em sua essência, limita a presença da conflitualidade intrínseca. Essa conclusão é facilmente alcançada ao constatarmos que o intérprete, ao proceder como mero observador, apreendendo um conteúdo preexistente à sua atividade, termina por lhe conferir preeminência. Nesse caso, não há uma diversidade de métodos ou de resultados passíveis de figurarem como objeto de escolha. Não se atribui à norma constitucional um conteúdo volátil, sensível à realidade e aos circunstancialismos de ordem temporal e espacial que a informam. Não há adjudicação de conteúdo, mas mero reconhecimento de um conteúdo previamente ofertado. A conflitualidade intrínseca se manifestou, com maior intensidade, em momento anterior, perante operadores diversos (filólogos, constituintes, tribunal constitucional etc.), que realizaram os juízos valorativos necessários e definiram o sentido a ser encontrado pelo intérprete.

O reconhecimento de que a atividade puramente cognoscitiva não exaure o papel do intérprete, que pode se deparar com uma pluralidade de métodos,[1810] conducentes a uma pluralidade de sentidos, ou com uma pluralidade de sentidos originários de um mesmo método, exigirá que escolhas sejam realizadas.[1811] O intérprete realizará valorações e tomará decisões,[1812] superando as conflitualidades intrínsecas e, ao final desse processo, adjudicará um sentido ao enunciado semântico que serviu de base à sua atividade. Conflitualidade intrínseca, decisão e adjudicação compõem a estrutura do processo de interpretação. Cada um desses fatores não prescinde da companhia dos demais. Incidem de modo concorrente e complementar, estando o consequente condicionado à presença do antecedente. Não há decisão, se não houver conflitualidade intrínseca. Não há adjudicação de sentido, sem poder de escolha e correlata decisão. Na simplicidade de Owen Fiss: "adjudicação é interpretação".[1813]

O intérprete, além de conhecer, pode adjudicar um sentido que até então não era associado à disposição constitucional. A adjudicação de sentido, para que não seja arbitrária, deve, sensível às exigências do problema, principiar pela base linguística que dá sustentação à atividade do intérprete e ser guiada, como ressalta Carrió,[1814] por *standards* valorativos (sociais, políticos, econômicos etc.) que permitam a sua reconstrução argumentativa. A decisão termina por encontrar fundamento nesses *standards*, não propriamente na disposição normativa sobre a qual se desenvolveu a interpretação. O que se verifica não é uma relação de conformidade, mas de compatibilidade, assegurando que tais *standards* não se oponham ao texto constitucional. Como se constata, a crítica de que a adjudicação não configura um ato de cognição, mas de poder, fazendo melhor

---

[1810] Cf.: FRIEDMAN, Lawrence M. On the interpretation of laws. *Ratio Juris*, v. 1, n. 3, p. 252-262, 1988. p. 252 (259).

[1811] Cf.: PENSOVECCHIO LI BASSI, Antonino. *L'interpretazione delle norme costituzionali*: natura, metodo, difficoltà e limiti. Milano: Giuffrè, 1972. p. 10-11.

[1812] Cf.: ROSS, Alf. *Direito e justiça (On law and justice)*. (Trad. Edson Bini). São Paulo: Edipro, 2003. p. 167.

[1813] FISS, Owen. Objectivity and interpretation. *Stanford Law Review*, n. 34, p. 739-763, 1982. p. 739 (739 e ss.).

[1814] CARRIÓ, Genaro R. *Notas sobre derecho y lenguaje*. 5. ed. Buenos Aires: Abeledo-Perrot-LexisNexis, 2006. p. 57. Vide, ainda, WROBLEWSKI, Jerzy. Moral values and legal reasoning: some aspects of their mutual relations. *In*: SADURSKI, Wojciech (Ed.). *Ethical dimensions of legal theory*. The Netherlands: Rodopi, 1991. p. 15 (22).

figura na política, não no plano do conhecimento,[1815] é apenas parcialmente verdadeira. Se ato de puro conhecimento não é, a adjudicação também em nada se confunde com o arbítrio. Trata-se do resultado final de um processo argumentativo desenvolvido de modo racional e que deve permanecer adstrito aos balizamentos traçados pelo enunciado linguístico interpretado.

O *conhecimento*, não raro, é defendido sob o argumento de que demonstra a "fidelidade à letra da Constituição", enquanto a *adjudicação* de sentido poderia ser associada, por seus partidários, à "fidelidade à justiça" ou, mesmo, à "fidelidade à Constituição", que seria o produto da atividade do intérprete. Seus detratores, por sua vez, poderiam falar em "manipulação infiel": infiel ao texto e à autoridade que o produziu. A oscilação entre esses extremos há de observar o necessário respeito ao texto constitucional e levar em conta a sua interação com a realidade, fatores que devem convergir e se harmonizar, não servir de alicerce a posições extremadas.

No direito norte-americano, a distinção ontológica entre as atividades de *conhecer* e *adjudicar* culminou com o surgimento da dicotomia entre *interpretation* e *construction*. A interpretação seria realizada quando identificada a obscuridade ou a vagueza dos significantes linguísticos empregados no enunciado normativo, permitindo que seja identificado o sentido que se mostrava ambíguo, oculto ou ininteligível. O sentido seria encontrado com a só análise do texto e as decisões do intérprete dele não se distanciariam.[1816] A construção, por sua vez, exige uma "combinação de elementos", de modo a alcançar certas conclusões. É estruturada com a união de dois ou mais elementos fornecidos pelo texto, as premissas, que possibilitam o surgimento de uma inferência, e a conclusão.[1817] De modo mais objetivo, pode-se afirmar que a construção busca obter significados e estendê-los a situações não amparadas pela literalidade do texto ou, mesmo, encontrar soluções para as situações em que as distintas partes do texto sejam inconciliáveis ou conduzam a resultados incoerentes.[1818] A sua realização decorre da necessidade de contornar imperfeições ou insuficiências do texto,[1819] reais ou imaginárias, que comprometem a sua coerência e afrontam a racionalidade esperada. O intérprete, nesse caso, deve ser guiado pelos referenciais de boa-fé e consciência.[1820]

[1815] Cf.: WEST, Robin. *Narrative, authority and law*. USA: University of Michigan Press, 1993. p. 91.

[1816] Cf.: LIEBER, Francis. *Legal and political hermeneutics*: or principles of interpretation and construction in law and politics, with remarks on precedents and authorities. Boston: Charles C. Litle and James Brown, 1839. p. 66. No mesmo sentido: FITCH SMITH, E. *Commentaries on statute and constitutional law and statutory and constitutional construction*: containing an examination of adjudged cases on constitutional law under the Constitution of the United States, and the constitution of the respective states concerning legislative power, and also the consideration of the rules of law in the construction of statutes and constitutional provisions. New York: Gould Banks & Gould, 1848. p. 600-603.

[1817] BLACK, Henry Campbell. *Handbook on the construction and interpretation of the laws*. 2. ed. St. Paul: West Publishing, 1911. p. 2-3; e LIEBER, Francis. *Legal and political hermeneutics*: or principles of interpretation and construction in law and politics, with remarks on precedents and authorities. Boston: Charles C. Litle and James Brown, 1839. p. 58 e 61.

[1818] Cf.: STORY, Joseph. *Commentaries on the Constitution of the United States with a preliminary review of the constitutional history of Colonies and States before the adoption of the Constitution*. Boston: Hilliard, Gray and Company, 1833. v. I, §427.

[1819] Cf.: BRYCE, James. *La république américaine*: le gouvernement national. (Trad. Daniel Müller). Paris: M. Giard & E. Brière, 1911. t. 1, p. 550.

[1820] Cf.: LIEBER, Francis. *Legal and political hermeneutics*: or principles of interpretation and construction in law and politics, with remarks on precedents and authorities. Boston: Charles C. Litle and James Brown, 1839. p. 58.

Essas imperfeições e insuficiências são especialmente percebidas em relação às situações desconhecidas ou não previstas pela autoridade responsável pela produção normativa.

Para que essa atividade não se transmude em arbítrio, é necessário que se harmonize com os referenciais de autoridade e legitimidade que dão sustentação aos enunciados normativos, daí a preocupação em se invocar a intenção dos *founding fathers* (pais fundadores) ou a funcionalidade que os textos interpretados devem ostentar, o que justifica a obtenção de novos significados a partir do mesmo texto e a sua aplicação a situações sobre as quais ordinariamente não se projetariam.

Na interpretação, o significado é encontrado no texto. Na construção, nos valores e objetivos que nortearam a sua elaboração, vale dizer, em seu "espírito".[1821] Esse espírito, como afirmara Story,[1822] ao fornecer a identidade da Constituição, torna-se tão importante quanto as palavras que formam o texto constitucional, não podendo ser ignorado na identificação do seu significado.

Observa-se que a dicotomia entre interpretação e construção encontra maior sustentação nos resultados a serem alcançados pelo intérprete, que propriamente nos métodos utilizados para encontrá-los. Como exemplo de interpretação, pode ser mencionado o entendimento de que a vedação às leis *ex post facto*[1823] somente alcança os procedimentos de natureza penal, não os civis,[1824] conclusão que, apesar de restritiva, mantém-se adstrita aos limites textuais do preceito. Já o entendimento de que a competência do Congresso para regular o comércio interestadual[1825] alcançaria inúmeras matérias correlatas, ainda que não fosse identificado um vínculo direto com essa temática,[1826] é um nítido exemplo de construção, sendo ampliado o potencial

---

[1821] LIEBER, Francis. *Legal and political hermeneutics*: or principles of interpretation and construction in law and politics, with remarks on precedents and authorities. Boston: Charles C. Litle and James Brown, 1839. p. 56.

[1822] Cf.: STORY. *Commentaries on the Constitution of the United States with a preliminary review of the constitutional history of Colonies and States before the adoption of the Constitution*. vol. I. Boston: Hilliard, Gray and Company, 1833, §427.

[1823] Constituição de 1787, art. I, Seção 9, §3º e Seção 10, §1º.

[1824] O Supremo Tribunal norte-americano, em *Calder vs. Bull* (3 U.S. 386, 1798), apreciando a constitucionalidade de lei editada pelo Estado de Connecticut, que previa a possibilidade de ser realizada nova inquirição no curso da instrução probatória dos processos judiciais, incluindo aqueles que estivessem em curso, não vislumbrou qualquer afronta à vedação constitucional de leis retroativas, que somente existiria quanto à incidência de sanções criminais em relação a condutas praticadas em momento anterior à lei que as criou. Os *Justices* Chase e Paterson, formaram a maioria com Iredell e Cushing, tendo realçado que a expressão "ex post facto laws" tinha natureza eminentemente técnica, sendo aplicada, mesmo antes da Revolução, apenas às punições criminais. Observaram, ainda, que as autoridades responsáveis pela elaboração da Constituição certamente "understood and used the words in their known and appropriate signification" (p. 397). Em *Cummings vs. Missouri* (71 U.S. 277, 1867) e em *Ex Parte Garland* (71 U.S. 333, 1866), o Tribunal apreciou a constitucionalidade de leis que impunham a certos profissionais a obrigação de jurar que não ajudaram ou mesmo simpatizaram com a rebelião que culminou na Guerra Civil. Nesses casos, prevaleceu o entendimento de que tais leis, apesar de não terem cominado a pena de prisão, consubstanciavam verdadeiras medidas punitivas, pois impediam os antigos rebeldes de exercer suas profissões.

[1825] Constituição de 1787, art. I, Seção 8, §3º.

[1826] A divisão de competências entre a União e os Estados-membros, embora não tenha sofrido alterações formais após a promulgação da Constituição de 1787, tem passado por distintas vicissitudes na evolução do constitucionalismo norte-americano. Se em um primeiro momento o Supremo Tribunal buscou preservar a autonomia estadual em toda a sua plenitude, observa-se que, a partir do início do século XIX, com o *New Deal*, os poderes da União foram sensivelmente ampliados. Para tanto, era constante a invocação da competência da União para legislar sobre comércio interestadual e internacional. Em *Wickard vs. Filburn* (317 U.S. 111, 1942), o Tribunal manteve a condenação de um produtor de trigo que ultrapassara as cotas estabelecidas em lei federal, isso porque, se a conduta fosse repetida por todos os agricultores do país, poderia acarretar o excesso de produção e a correlata queda do preço, consequência indesejável após a depressão. Em *Perez vs. Unites States* (402 U.S. 146, 1971), o Tribunal apreciou a constitucionalidade do *Consumer Credit Protection Act*, de 1964, que criminalizara a usura e o

expansivo do texto. Em qualquer caso, o Supremo Tribunal norte-americano[1827] há muito observou que os vocábulos *interpretação* e *construção*, apesar das diferenças existentes, têm sido indistintamente empregados no uso comum.

Com os olhos voltados ao objeto da interpretação, o enunciado linguístico constitucional, observa-se a tradicional adoção de classificação indicativa de que o intérprete pode alcançar resultados de natureza declarativa, extensiva ou restritiva. Para tanto, parte-se da premissa de que existem dois objetos distintos a serem considerados: o primeiro, obtido a partir de uma análise puramente linguística, indica os significados possíveis do enunciado interpretado, sob uma perspectiva léxico-gramatical; o segundo, por sua vez, aponta para o significado obtido pelo intérprete após a resolução das conflitualidades intrínsecas que surgiram nos planos axiológico, teleológico e operativo. Esse último significado, como soa evidente, também assumirá a forma de um enunciado linguístico. Individualizados os objetos, realiza-se uma operação de cotejamento: caso haja sobreposição, diz-se que o resultado da interpretação é declarativo; caso o segundo objeto seja mais amplo que o primeiro, o resultado é extensivo; sendo a recíproca verdadeira, a hipótese é de interpretação restritiva.[1828] As bases desse raciocínio remontam a Von Savigny,[1829] ao dizer, a respeito dessas operações, que "cada uma tem por objetivo pôr em harmonia a expressão e o pensamento", estando esse último projetado no texto.

---

uso de técnicas extorsivas para a cobrança do crédito. Ao decidir pela competência da União para legislar sobre a matéria, entendeu que essas atividades, em última *ratio*, por serem dominadas por organizações criminosas, representam um sério risco para o comércio interestadual. No importante Caso *Garcia vs. San Antonio Metropolitan Transit Authority* (469 U.S. 528, 1985), o Tribunal superou a decisão adotada em *National League of Cities vs. Usery* (426 U.S. 833, 1976) e eliminou praticamente todos os limites de natureza federativa que poderiam conter o poder do Congresso sob a *commerce clause*. Aqui, admitiu que a lei federal estabelecesse limites para o horário de trabalho e definisse o salário-mínimo a ser adotado tanto em relação à iniciativa privada, quanto para os funcionários públicos. A ampliação dos poderes da União não encontrou limites por praticamente seis décadas, o que decorreu, segundo Rosenfeld, da nacionalização e da crescente internacionalização da economia dos Estados Unidos, bem como da expansão dos direitos fundamentais assegurados no plano federal (ROSENFELD, Michel. Les décisions constitutionnelles de la Cour suprême américaine pour la session 1998-1999: redefinir les limites du fédéralisme au détriment des droits individuels. *Revue du Droit Publique et Science Politique*, n. 5, p. 1329-1342, sept./oct. 2000. p. 1329 (1330)). Esse quadro somente começou a sofrer alterações a partir de 1995, quando o Tribunal, em *United States vs. Lopez* (14 U.S. 549, 1995), reconheceu a inconstitucionalidade de lei que considerara crime federal o porte de arma de fogo no interior das escolas, norma que, até então, poderia ser facilmente enquadrada na cláusula de comércio. Afinal, as despesas decorrentes dos ferimentos eventualmente causados por essas armas ou as consequências deletérias que poderiam advir na educação das novas gerações, certamente poderiam comprometer a competitividade dos EUA no plano internacional. Prevaleceu, no entanto, o entendimento de que a simples posse de uma arma de fogo no interior da escola não caracterizaria uma atividade comercial ou econômica, o que deslocava a questão para a alçada exclusiva do direito penal dos Estados. Em *Printz vs. United States* (521 U.S. 808, 1997), o Tribunal declarou a inconstitucionalidade de lei que determinava que fosse realizada a verificação dos antecedentes judiciais de toda pessoa que pretendesse adquirir uma arma de fogo, *múnus* que recairia sobre a polícia local. Face à resistência de alguns xerifes, o caso chegou ao Supremo Tribunal, que embasou a sua decisão no fato de o encargo de aplicar o direito federal, atribuído aos funcionários estaduais, importava em uma inadmissível afronta à autonomia dos Estados.

[1827] *United States vs. Keitel*, 211 U.S. 370, 1908.

[1828] Na realidade italiana, o exemplo de Guastini é bem sugestivo: o art. 89, 1, da Constituição italiana de 1947 dispõe que "nenhum ato do Presidente da República é válido se não é referendado pelos Ministros proponentes..." (GUASTINI, Ricardo. *Distinguiendo*: estudios de teoría y metateoría del derecho. (Trad. Jordi Ferrer i Beltrán). Barcelona: Gedisa, 1999. p. 225). Como todos os atos presidenciais devem ser referendados pelos Ministros proponentes, conclui-se, a partir da literalidade da disposição, que o Presidente não pode adotar nenhum ato sem prévia proposta ministerial. A doutrina dominante, no entanto, reconhece a existência dos atos de iniciativa presidencial, totalmente desvinculados de uma proposta ministerial.

[1829] VON SAVIGNY, Friedrich Karl. *Traité de droit romain*. (Trad. M. CH. Guenoux). Paris: Firmin Didot Fréres, 1840. t. 1, p. 225.

Esse tipo de classificação, em seus contornos clássicos, encontra-se estritamente relacionado à realização, por parte do intérprete, de uma atividade essencialmente cognitiva. Essa constatação é facilmente comprovada ao observamos o teor dos brocardos latinos que caracterizam a interpretação extensiva (*lex minus scripsit quam voluit*) e a interpretação restritiva (*lex plus scripsit minus voluit*). Como a lei, no primeiro caso, disse menos do que queria,[1830] e, no segundo, mais do que queria, o *múnus* do intérprete seria identificar a sua exata vontade, o que culminaria com a ampliação ou a retração dos seus contornos semânticos.

Na medida em que o texto não possui significados imanentes, mostra-se sensível às vicissitudes do contexto ambiental e necessariamente carece de interpretação, pode-se afirmar que a classificação da interpretação quanto ao resultado não se mostra apta a produzir efeitos satisfatórios em relação a possíveis excessos ou censuráveis retrações por parte do intérprete. Afinal, ao contextualizarmos o primeiro objeto de comparação no plano puramente linguístico, somente encontraremos significados incompletos, que serão normalmente insuscetíveis de aproveitamento no delineamento da norma constitucional. Utiliza-se o advérbio normalmente por uma razão muito simples: lembrando o que dissemos por ocasião da análise das conflitualidades intrínsecas no plano linguístico, é plenamente factível que certos enunciados, como aqueles que empregam significantes linguísticos de natureza numérica ou nomes próprios, deixem pouco ou nenhum espaço para a penetração de fatores extrínsecos, permitindo, com isso, que seja satisfatoriamente realizada a referida comparação.

Note-se que os aforismos tradicionalmente catalogados e repetidos por doutrina e tribunais, como aqueles que apregoam a necessidade de conferir interpretação restritiva à imposição de penalidade e extensiva à outorga de direitos e à proteção da coletividade,[1831] refletem, em verdade, uma operação mais complexa. Apontam para a estruturação de um postulado de racionalidade a ser necessariamente observado no curso do processo de interpretação. Esse postulado indica o modo de compreensão da *plena eficácia* da ordem constitucional, conceito que, como veremos, não indica que todo e qualquer enunciado linguístico deve dar lugar a significados que explorem ao máximo o seu potencial semântico de expansão (que não é o único a ser considerado pelo intérprete), mas sim, que, a partir da natureza da matéria versada e do valor que ostenta no sistema, será possível identificar se ela se ajusta à sua estrutura e linha de desenvolvimento ou se reflete um fator de contenção, assumindo feições de limite ou exceção. No primeiro caso, o objetivo será obter significados mais amplos. No segundo,

---

[1830] Von Savigny inseria sob a epígrafe da interpretação extensiva o *argumentum a contrario*, isso porque são estabelecidos os limites semânticos em que o legislador circunscreveu o seu pensamento (VON SAVIGNY, Friedrich Karl. *Traité de droit romain*. (Trad. M. CH. Guenoux). Paris: Firmin Didot Fréres, 1840. t. 1, p. 231).

[1831] MAXIMILIANO, Carlos. *Hermenêutica e aplicação do direito*. 19. ed. Rio de Janeiro: Forense, 2007. p. 204-205. No Brasil, o Supremo Tribunal Federal, com o objetivo de assegurar a supremacia da Constituição e o pleno exercício da jurisdição constitucional, entendeu que o processo de controle abstrato de constitucionalidade é indisponível, não comportando a incidência do instituto da desistência. Declarou que "[o] princípio da indisponibilidade, que rege o processo de controle concentrado de constitucionalidade, impede a desistência da ação direta já ajuizada. O art. 169, §1º, do RISTF-80, que veda ao Procurador-Geral da República essa desistência, aplica-se, extensivamente, a todas as autoridades e órgãos legitimados pela Constituição de 1988, para a instauração do controle concentrado de constitucionalidade (art. 103)" (STF. Pleno, ADI-MC nº 387/RO, Rel. Min. Celso de Mello, j. em 1.3.1991, *DJ* de 11.10.1991). No mesmo sentido: STF. Pleno, ADI-MC nº 1.368/RS, Rel. Min. Néri da Silveira, j. em 19.12.1995, *DJ* de 19.12.1996; e STF. Pleno, ADI nº 164/DF, Rel. Min. Moreira Alves, j. em 8.9.1993, *DJ* de 17.12.1993.

significados mais restritos, evitando que a ordem constitucional deixe de alcançar o seu pleno desenvolvimento.

Dizer que a interpretação é declarativa, extensiva ou restritiva com o só cotejo dos significados obtidos pelo intérprete com a base semântica sobre a qual se desenvolveu a sua atividade, passa a impressão de que se atribuiu demasiado e completo valor a quem decididamente não o possui. O texto é base sobre a qual se desenvolvem os meios, não fim em si mesmo.

3.2 Tensão dialética entre segurança jurídica e função de integração criativa

O reconhecimento de que o processo de interpretação constitucional não deve se desprender de um referencial de racionalidade, isso por ser fruto de uma atividade intelectiva ontologicamente racional, não tem sido suficiente para o surgimento de uma zona de absoluta convergência em relação à previsibilidade dos resultados alcançados.[1832] Essa previsibilidade, que nada mais é que o conhecimento da essência e do alcance da norma constitucional, assume decisiva influência na estabilidade das relações sociais e, consequentemente, na garantia da segurança jurídica (*Rechtssicherheit* dos alemães,[1833] *normative certainty* dos norte-americanos).[1834] Com os olhos voltados a esse objetivo, é possível afirmar que a segurança jurídica costuma ser perseguida ou com a tentativa de eliminação de qualquer juízo valorativo ou decisório a cargo do intérprete, que desempenharia uma função de mero conhecimento de conteúdos normativos preexistentes, ou, reconhecido o seu papel criativo, com a possibilidade de reconstrução do *iter* argumentativo percorrido.

Ao desempenhar uma *função de mero conhecimento*, o intento do intérprete seria o de *descobrir* o sentido inerente ao texto, que assumiria, por assim dizer, contornos puramente objetivos. "Nenhuma sentença ou forma de palavras", afirmava Lieber,[1835] "poderia ter mais que um verdadeiro sentido", e a busca desse sentido "é a verdadeira base de toda a interpretação". Na medida em que o texto exprime um único sentido e, *ipso facto*, uma única norma, afigura-se evidente que esta última, com a objetividade que lhe é característica, preexiste à atividade do intérprete. O processo de interpretação tem normas, não textos, como objeto, o que permite que seja estabelecida uma nítida e rígida divisão, sob o prisma orgânico-funcional, entre os momentos de criação e interpretação. Não é por outra razão que já se encontra em Fitch Smith[1836] a advertência de que a "interpretação judicial" não deveria culminar com a formação de uma "legislação judicial". Esse proceder valoriza o silogismo mecânico e advoga que padrões estáveis e

---

[1832] Cf.: PECZENIK, Aleksander. *On law and reason*. 2. ed. The Netherlands: Springer, 1989. p. 31.
[1833] Cf.: RIECHELMANN, Frank. *Rechtssicherheit als Freiheitsschutz*: Struktur des verfassungsrechtlichen Bestandsschutzes. Deutschland: BoD – Books on Demand, 2009. p. 19-22.
[1834] Cf.: MENKE, Christoph. *Reflections of equality*. Califórnia: Stanford University Press, 2006. p. 101.
[1835] LIEBER, Francis. *Legal and political hermeneutics*: or principles of interpretation and construction in law and politics, with remarks on precedents and authorities. Boston: Charles C. Litle and James Brown, 1839. p. 86.
[1836] FITCH SMITH, E. *Commentaries on statute and constitutional law and statutory and constitutional construction*: containing an examination of adjudged cases on constitutional law under the Constitution of the United States, and the construction of the respective states concerning legislative power, and also the consideration of the rules of law in the construction of statutes and constitutional provisions. New York: Gould Banks & Gould, 1848. p. 577.

previsíveis de conduta concedem aos interessados o poder de planejar o seu futuro, o que é crucial para que tenham o sentimento de que têm algum controle sobre suas vidas.[1837]

Teorias dessa natureza, em suas feições mais primitivas, conferiam primazia e autonomia ao discurso constituinte, situado no plano das fontes do direito, em relação ao discurso interpretativo que se limitaria a declará-lo, sem qualquer interação ou influência quanto ao significado da norma.[1838] Na medida em que apregoam a mera descoberta do significado já existente, possuem contornos nitidamente "estáticos",[1839] desconsiderando a importância da evolução social e o papel do intérprete no delineamento da norma. Esse último aspecto foi bem enfatizado pelo *Justice* Marshall ao entregar a opinião do Supremo Tribunal norte-americano no Caso *Osborn vs. United States*:

> [o] Poder Judiciário não tem vontade própria em situação alguma. Sua autoridade, delineada de modo distinto da das leis, não existe. Os tribunais são meros instrumentos das leis e não têm querer. [...] O poder da justiça nunca consiste em executar os desígnios do juiz, senão em cumprir os do legislador ou, em outras palavras, os da lei.[1840]

O problema aumenta em complexidade em relação às correntes metodológicas que buscam afastar a influência de fatores extrínsecos e, consequentemente, evitar o subjetivismo do intérprete.

De acordo com Carrió,[1841] significados objetivos, em verdade, ou indicam a *voluntas legislatoris* ou a compreensão que, em contextos semelhantes, possuem, de modo francamente preponderante, todos aqueles que operam com o significante ou a expressão linguística objeto de interpretação. Em outras palavras, é necessário um *paradigma*, junto ao qual o intérprete colherá o significado que deve ser atribuído ao texto. Distanciando-se do paradigma, o significado encontrado será *praeter* ou *contra constitutionem*. É o que preconiza a teoria do contrato ou originalista, cujos inconvenientes já foram realçados.

Não é incomum sustentar-se que a *função de mero conhecimento* se manifestaria na solução dos denominados "casos fáceis", em que não há maiores dúvidas quanto à correspondência, de uma dada ideia, ao núcleo central do enunciado linguístico objeto de interpretação.[1842] Quer em relação ao sentido ofertado pela *voluntas legis*, quer em relação àquele decorrente dos usos da linguagem, sua incidência somente se tornaria insuficiente no que diz respeito aos "casos difíceis" ou atípicos. Essa construção, no entanto, peca em não distinguir o discurso interpretativo do descritivo.[1843] Enquanto o primeiro atribui significado ao objeto interpretado, o segundo descreve um significado preexistente. Mesmo em relação aos "casos fáceis", em que os contornos semânticos e sintáticos do texto são autoindicativos do seu significado, não há espaço para atividades

---

[1837] Cf.: FRANK, Jerome. *Law and the modern mind*. New York: Brentano's, 1930. p. 127 e ss.
[1838] Cf.: TARELLO, Giovanni. *L'interpretazione della legge*. Milano: Giuffrè, 1980. p. 38.
[1839] Cf.: WROBLEWSKI, Jerzy; BÁNKOWSKI, Zenon; MACCORMICK, Neil. *The judicial application of law*. Springer: The Netherlands, 1992. p. 109.
[1840] 22 U.S. 738, 1824.
[1841] Cf.: CARRIÓ, Genaro R. *Notas sobre derecho y lenguaje*. 5. ed. Buenos Aires: Abeledo-Perrot-LexisNexis, 2006. p. 57.
[1842] Cf.: PATTERSON, Dennis. *Law and truth*. Oxford: Oxford University Press, 1999. p. 94-95.
[1843] Cf.: TARELLO, Giovanni. *L'interpretazione della legge*. Milano: Giuffrè, 1980. p. 61-65.

puramente descritivas. Ao transitar do significante para o significado, o intérprete, com escusas pela tautologia, desenvolve um discurso interpretativo no qual aferirá, igualmente, a possível existência de fatores extrínsecos relevantes para o processo de interpretação. Um sociólogo empírico do direito, por sua vez, ao se referir ao significado encontrado pelo intérprete, atuará de modo puramente descritivo,[1844] sem incursões nas decisões tomadas. Enquanto o discurso interpretativo não se ajusta à lógica binária do verdadeiro ou falso, o que impede que se atribua tal qualificação ao significado encontrado, o discurso descritivo, ao tomar por referencial um significado previamente existente e conhecido, com ela se compatibiliza. Aliás, sua utilidade, ou não, depende do fato de ser verdadeiro ou falso. Na medida em que não há interpretação jurídica em um universo neutro e asséptico, sendo sempre necessária a valoração da vida subjacente ao contexto ambiental, o intérprete não se limita a um ato de conhecimento. É justamente isso que a diferencia da interpretação da história.[1845]

Nos "casos difíceis", que se tornam frequentes na medida em que se verifica uma maior abertura semântica das disposições constitucionais ou um distanciamento temporal entre a entrada em vigor do texto constitucional e o momento em que suas disposições são interpretadas, o intérprete, não raro, esgota os métodos cognitivos sem alcançar um juízo de certeza a respeito do potencial expansivo do texto, não sendo incomum que sejam alcançados significados originariamente não previstos. Nesses casos, caracterizados pela preeminência das "zonas de penumbra", o intérprete tem sua liberdade valorativa potencializada, o que o afasta de uma postura formalista e o aproxima do realismo.

A insuficiência do discurso semiótico, de base axiomático-dedutiva, pode ser explicada, como realçado por Alexy,[1846] por quatro motivos básicos: as interferências no processo de comunicação normativa, cujas causas são bem diversificadas (ambiguidade, vagueza etc.); a possibilidade de eclodirem conflitos normativos; a existência de situações concretas que demandem regulação normativa, mas que não se enquadrem no potencial expansivo de nenhum enunciado linguístico inserido na Constituição formal; e a excepcional possibilidade de a decisão do intérprete, ao resolver as conflitualidades intrínsecas e delinear a norma, contrariar os balizamentos oferecidos pelo texto.[1847]

À míngua de uma norma preexistente, o intérprete não realiza um "processo de extração", mas sim, de construção.[1848] Não lhe sendo dado conhecer o que não está disponível para simples conhecimento, resta ao intérprete *decidir* o que pode, ou não, ser reconduzido às expressões linguísticas utilizadas no texto constitucional. A interpretação, longe de se esgotar no plano cognitivo, não prescinde de valorações, o que justifica a

---

[1844] Cf.: GUASTINI, Ricardo. *Das fontes às normas* (*Dalle fonti alle norme*). (Trad. Edson Bini). São Paulo: Quatier Latin, 2005. p. 152.
[1845] Cf.: PIERANDREI, Franco. L'interpretazione delle norme costituzionali in Italia. *In*: *Scritti di diritto costituzionale*. Torino: Giappichelli, 1964. v. 2, p. 645 (647).
[1846] ALEXY, Robert. *Teoria da argumentação jurídica* (*Theorie der Juristischen Argumentation*). (Trad. Zilda Hutchinson Schild Silva). São Paulo: Landy, 2001. p. 17.
[1847] Nesse caso, como ressaltado por Larenz, verifica-se um desenvolvimento do direito "*extra legem*, à margem da regulação legal, mas *intra jus*, dentro do quadro da ordem jurídica global e dos princípios que lhe servem de base" (LARENZ, Karl. *Metodologia da ciência do direito* (*Methodenlehre der Rechtswissenschaft*). (Trad. José Lamego). 3. ed. Lisboa: Fundação Calouste Gulbenkian, 1997. p. 588).
[1848] Cf.: LAVAGNA, Carlos. *Costituzione e socialismo*. Bologna: Il Mulino, 1977. p. 37.

necessidade de decisão.[1849] O balizamento à atividade do intérprete continua a existir, mas, ao invés de uma relação de conformidade, tem-se uma relação de compatibilidade entre a norma resultante do poder de decisão do intérprete e o texto que lhe deu origem. O intérprete não se limita a conhecer: passa a criar.

É importante ressaltar que, mesmo nos "casos fáceis", o intérprete não permanecerá à margem de atos decisórios. Afinal, ainda que sua atividade se limite à verificação das diretivas de sentido da linguagem utilizada, conectando os significantes linguísticos ao seu significado aparente, também aqui estaremos perante uma atividade tipicamente decisória. Decisão de que (1) não há ambiguidade ou vagueza, semântica ou sintática, a ser contornada; (2) há conexão entre o significante interpretado e um único significado; e (3) pela estrutura dos enunciados normativos, há pouco ou nenhum espaço para a penetração de fatores extrínsecos. Em situações dessa natureza, o intérprete simplesmente decidirá que não há conflitualidades intrínsecas a serem superadas. Na medida em que se verifica a intermediação dessa atividade entre significante e significado, afigura-se evidente que a norma não é um dado preexistente, mas sim, consequente a ela. É necessária a permanente interpretação do texto constitucional, que deve sempre se inserir em um processo de "interminável adaptação a novas circunstâncias".[1850]

Identificar em que medida a interpretação jurídica e, por identidade de razões, a interpretação constitucional, reflete uma atividade de criação é uma das tarefas mais difíceis da ciência do direito.[1851] É plenamente factível que sejam atribuídos contornos polissêmicos ao vocábulo *criação*, que pode ser visto em seu sentido ordinário, indicando a elaboração inicial, a invenção *ex novo*, ou assumir variações de grau, alcançando todas as atividades que convergem para a consecução desse objetivo. Nesse último caso, a força criadora não seria atributo exclusivo de qualquer delas, mas o efeito sinergético de todas juntas.

A criação *ex novo*, à margem dos significados em potencial do texto, pode resultar de duas razões bem definidas: o arbítrio ou a necessidade de integração de lacunas.

No primeiro caso, o intérprete, apesar de não encontrar qualquer amparo na Constituição para a norma almejada, pretende que seja reconhecida a sua imperatividade e vê-la operativa. Tal ocorre pelo fato de normalmente prestigiar uma ideologia de interpretação que confere pouca ou nenhuma importância a referenciais semióticos. Suas decisões, ainda que amparadas por uma "intenção ontologicamente pura", são baseadas em referenciais estranhos ao texto interpretado (*v.g.*: de natureza sociológica, psicológica...), alcançando significados que não podem ser a ele reconduzidos. Em sua empreitada, explora a abertura semântica dos significantes linguísticos empregados nas disposições constitucionais e lhes atribui o significado que melhor se amolda às suas aspirações. Para conferir uma aparência de normalidade às suas ações e obter maior aceitabilidade nas decisões tomadas, busca estabelecer uma conexão artificial entre texto e norma.

[1849] Cf.: WROBLEWSKI, Jerzy. Cognition of norms and cognition trough norms. *In*: DI BERNARDO, Giuliano. *Normative structures of the social world*. Amsterdam: Rodopi, 1988. v. 11, p. 223 (236).

[1850] Cf.: KAUFMANN, Arthur. *Filosofia do direito* (*Rechtsphilosophie*). (Trad. António Ulisses Cortês). Lisboa: Fundação Calouste Gulbenkian, 2004. p. 353.

[1851] Cf.: ASCOLI, Max. *La interpretazione delle legi*: saggio di filosofia del diritto. Roma: Athenaeum, 1928. p. 9.

Em linha de princípio, seria possível argumentar que o número de significados reconduzíveis ao texto normativo é necessariamente finito,[1852] ainda que a concorrência de outras normas do sistema ou de fatores extrínsecos tidos como relevantes possa elastecer o seu alcance. Não se pode negar, por outro lado, que certas situações de vagueza semântica, ao dificultarem a identificação dos limites de aplicabilidade do enunciado linguístico, podem conduzir a uma propagação infinita de significados potencialmente úteis. É o que ocorre, por exemplo, com significantes como "pesado" e "longe", que podem ser integrados por significados que a mente humana é incapaz de compartimentar, tal qual ocorre, aliás, com os números. Nesse particular, o símbolo do infinito – ∞ – é bem conhecido por todos.

Reconhecer que um significante linguístico se harmoniza com uma pluralidade de significados não é o mesmo que afirmar que ele se ajusta a qualquer significado.[1853] Arbitrariedades dessa natureza tornam-se particularmente graves quando praticadas pelo Tribunal Constitucional, intérprete último da ordem constitucional, que usurpa uma função tipicamente constituinte e restringe a possibilidade de restabelecimento da higidez formal da Constituição, nitidamente afrontada com a deturpação dos significados possíveis, à margem do poder reformador.

A grande dificuldade é traçar a linha limítrofe entre as atividades de "interpretar" e "criar *ex novo*", o que, por certo, guarda similitude com o intento de assegurar ou simplesmente fraturar um referencial de segurança jurídica. Essa distinção torna-se particularmente complexa por não haver concordância em relação ao exato alcance desses conceitos. O que, para alguns, aparenta ser o exercício de boa-fé da atividade interpretativa, para outros apresenta-se como a injustificável assunção, pelo intérprete, de uma atividade afeta à esfera exclusiva do Constituinte.[1854] Aliás, não é incomum a crítica de que as construções teóricas que apregoam o exercício de uma função de integração criativa por parte do intérprete, consideradas "progressistas" na realidade norte-americana, sob os auspícios de uma pseudocompatibilização entre Constituição e realidade, veem na interpretação a oportunidade de, não apenas compreender, mas "reescrever" cláusulas-chaves do texto constitucional.[1855] Essa nova Constituição terminaria por refletir a sabedoria dos seus reformadores intelectuais, afrontando a principal regra da interpretação constitucional: se discordamos do texto original, não podemos reformá-lo.

Acresça-se a possibilidade de o próprio ambiente sociopolítico, não obstante as críticas inerentes a toda e qualquer sociedade pluralista, referendar as inovações introduzidas por um intérprete qualificado, reconhecendo a serenidade das posições adotadas e sua importância para a preservação da própria harmonia entre as estruturas estatais de poder. O exemplo do Supremo Tribunal norte-americano é bem sugestivo a

---

[1852] Cf.: FISCH, Stanley Eugene. *Is there a text in this class?*: the authority of interpretive communities. 11. ed. Harvard: Harvard University Press, 1980. p. 338; e GUASTINI, Ricardo. *Das fontes às normas* (*Dalle fonti alle norme*). (Trad. Edson Bini). São Paulo: Quatier Latin, 2005. p. 225.

[1853] Cf.: CHANDLER, Daniel. *Semiotics*: the basics. New York: Routledge, 2002. p. 19; e GUASTINI, Ricardo. *Das fontes às normas* (*Dalle fonti alle norme*). (Trad. Edson Bini). São Paulo: Quatier Latin, 2005. p. 223.

[1854] Cf.: ABRAHAM, Henry J. *The Judiciary*: the Supreme Court in the governmental process. 2. ed. Boston: Allyn and Bacon, 1971. p. 105.

[1855] Cf.: EPSTEIN, Richard A. *How progressives rewrote the Constitution*. Washington: Cato Institute, 2007. p. 135-137.

esse respeito. Como ressaltado por Griffin,[1856] alguns significados obtidos pelo Tribunal sequer podem ser reconduzidos aos contornos semânticos do texto constitucional, ao que se soma a constatação de que algumas decisões são tão significantes que passam a ser vistas como verdadeiras emendas constitucionais.

No segundo caso, o da necessidade de contornar a presença de lacunas normativas, o intérprete deve necessariamente encontrar o padrão normativo mais adequado à solução do caso concreto.

Em sentido contrário à existência das lacunas normativas, há muito tem sido invocado o dogma da completude do direito, sendo extremamente diversificadas as construções teóricas que buscam explicá-lo. Encampando a síntese de Guastini,[1857] essas construções podem ser agrupadas do seguinte modo: (1ª) a da "norma geral negativa",[1858] que estaria presente em todo ordenamento jurídico e indicaria que o comportamento ou é alcançado por uma norma particular que o proíbe ou é alcançado pela norma geral que o permite, o que excluiria a ocorrência de lacunas – face à sua nítida feição liberal e por estar essencialmente direcionada ao direito penal, essa construção não é acolhida pela maior parte dos ordenamentos, que costumam permitir a solução de casos particulares com o emprego da analogia; (2ª) a do "espaço vazio de direito",[1859] variante da doutrina anterior, apregoando que as condutas não qualificadas deonticamente configuram um indiferente jurídico, assumindo contornos neutrais perante os poderes constituídos; (3ª) a da "obrigação decisória" ou "norma de fechamento",[1860] que consubstancia o dever imposto aos juízes em inúmeras ordens jurídicas, de necessariamente solucionar o caso *sub judice*, o que os obriga a decidir qualquer controvérsia que lhes seja apresentada, quer recorrendo ao direito vigente, quer elaborando a norma que lhes pareça mais adequada[1861] – por se tratar de opção legislativa, não seria propriamente um postulado de lógica jurídica, isso sem olvidar que a presença da obrigação decisória e o oferecimento de meios para a solução das lacunas partem da premissa de ser possível a sua ocorrência; (4ª) a da "abertura da ordem jurídica",[1862] indicando o seu amplo potencial expansivo em razão da permeabilidade dos princípios gerais do direito, os quais, mesmo que não formulados explicitamente, são encontrados a partir de sucessivas abstrações das regras existentes ou, mesmo, extraídos da base axiológica oferecida pelo ambiente.

[1856] GRIFFIN, James. *American constitutionalism*: from theory to politics. Illinois: Princeton University Press, 1998. p. 27.

[1857] GUASTINI, Ricardo. *Das fontes às normas* (*Dalle fonti alle norme*). (Trad. Edson Bini). São Paulo: Quatier Latin, 2005. p. 178-182.

[1858] Cf.: KELSEN, Hans. *Teoria geral das normas* (*Allgemeine Theorie der Normen*). (Trad. José Florentino Duarte). Porto Alegre: Sergio Antonio Fabris, 1986. p. 127-128.

[1859] Cf.: HESSE, Konrad. *Elementos de direito constitucional da República Federal da Alemanha* (*Grundzüge des Verfassungsrechts der Bundesrepublik Deutschland*). (Trad. Luís Afonso Heck). Porto Alegre: Sérgio Antonio Fabris, 1998. p. 39; e GOMES CANOTILHO, José Joaquim. *Constituição dirigente e vinculação do legislador*: contributo para a compreensão das normas constitucionais programáticas. 2. ed. Coimbra: Coimbra Editora, 2001. p. 115.

[1860] Cf.: JORI, Mario; PINTORE, Anna. *Manuale di teoria generale del diritto*. 2. ed. Torino: Giappichelli, 1995. p. 222.

[1861] Nesse caso, seria possível afirmar que as lacunas efetivamente existem no plano substancial ou ontológico, mas não no plano jurisdicional, de modo que o ordenamento jurídico não seria "completo", mas "fechado". Cf.: MODUGNO, Franco. *Interpretazione giuridica*. Padova: CEDAM, 2009. p. 17-18.

[1862] Cf.: DWORKIN, Ronald. *Taking rights seriously*. Massachusetts: Harvard University Press, 1999. p. 22 e ss.

O reconhecimento, pela metodologia contemporânea, de que os princípios, a exemplo das regras, seriam espécies do gênero norma,[1863] terminou por reduzir o potencial expansivo das lacunas, que ficariam confinadas às situações que, exigindo uma regulação por meio de regras, que ostentam funcionalidade distinta à dos princípios, não tenham sido por elas alcançadas.

É importante distinguir entre "lacuna normativa" e "lacuna axiológica": enquanto a primeira decorre da ausência de regulação normativa para certas situações, a segunda surgirá quando, apesar de a solução normativa efetivamente existir, não tiverem sido consideradas todas as propriedades que, à luz de certos valores, possam ser tidas como relevantes no delineamento das situações que serão alcançadas pela norma.[1864] A identificação das propriedades relevantes e das propriedades irrelevantes é tarefa que principiará pela elaboração do texto normativo e será ultimada ao fim do processo de interpretação, com o delineamento da norma. Identificadas as propriedades alcançadas pela norma, todas as demais serão consideradas irrelevantes. A lacuna axiológica surge justamente no momento em que essas propriedades, apesar de amparadas por certas pautas axiológicas, são desconsideradas. Esse tipo de lacuna decorre da constatação de que a injustiça decorreu da não consideração de propriedades axiologicamente relevantes. Ainda merece menção a possibilidade de as lacunas axiológicas alcançarem o plano normativo, o que ocorrerá quando o intérprete, identificando a sua presença, concluir que a desconsideração da propriedade axiologicamente relevante é tão injusta que inviabiliza a própria incidência da norma na situação considerada, isso apesar de ela preencher as propriedades exigidas.

A possibilidade de integração das lacunas normativas há muito é reconhecida no âmbito do direito privado, especialmente por ocasião do exercício da atividade jurisdicional. No entanto, deve ser recebida com certa cautela na esfera do direito constitucional. Afinal, a Constituição limita-se a traçar os lineamentos essenciais do sistema jurídico, daí ser natural que receba contornos gerais e não desça a minúcias em relação a inúmeras matérias. Uma inequívoca lacuna constitucional exigirá a identificação de um conjunto regulatório tendencialmente completo e a presença de situações específicas que não são por ele alcançadas ou, o que é mais raro, que duas normas constitucionais sejam absolutamente incompatíveis, dando azo ao surgimento de uma antinomia real, tornando-as reciprocamente ineficazes. É a denominada "lacuna de colisão".[1865] Além da dificuldade em identificar a sua presença, é preciso não confundi-las com o "silêncio

---

[1863] Cf.: BERTEA, Stefano. Legal argumentation theory and the concept of law. *In*: VAN EEMERENM F. H.; BLAIR, J. Anthony; A. WILLARD, Charles. *Anyone who has a view*: theoretical contributions to the study of argumentation. The Netherlands: Springer, 2003. p. 213 (219).

[1864] Cf.: SANTIAGO NIÑO, Carlos. *Introducción al análisis del derecho*. 2. ed. Buenos Aires: Astrea, 2005. p. 287; ALCHOURRÓN, Carlos E.; BULYGIN, Eugenio. *Introducción a la metodología de las ciencias jurídicas y sociales*. Buenos Aires: Astrea, 2006. p. 157 e ss.; e DINIZ, Maria Helena. *Norma constitucional e seus efeitos*. 8. ed. São Paulo: Saraiva, 2009. p. 75. Essa última autora ainda faz referência às "lacunas ontológicas": surgem sempre que a eficácia jurídica da norma não é acompanhada de sua eficácia social, de sua observância no ambiente sociopolítico, terminando por cair em desuso.

[1865] Cf.: ENGISCH, Karl. *Introdução ao pensamento jurídico* (*Einführung in das Juristische Denken*). (Trad. J. Baptista Machado). 8. ed. Lisboa: Fundação Calouste Gulbenkian, 2001. p. 314-315.

eloquente"[1866] ou a "questão constitucionalmente livre",[1867] em que a exclusão de certa espécie de regulação, ao invés de ser acidental, é voluntária.

Se o acolhimento da criação *ex novo* está longe de ser unanimidade, a concorrência do intérprete no processo de individualização da norma constitucional parece percorrer caminho inverso. Já em Kelsen,[1868] observa-se a preocupação em dissecar o conteúdo da norma jurídica e os partícipes na sua elaboração: como o sistema jurídico é composto de normas gerais, aquelas editadas pela autoridade competente, e de normas individuais, estas produzidas pelo intérprete, em especial o juiz, intérprete autêntico,[1869] afigura-se evidente que esse último desenvolve uma atividade criativa. Ainda segundo ele,[1870] o sistema jurídico, sob o prisma estático, seria um conjunto de normas gerais e de normas individuais hierarquicamente organizadas. Sob o prisma dinâmico, por sua vez, seria um processo jurídico de produção e aplicação, sendo composto por uma pluralidade de atos normativos, cada qual refletindo, a um só tempo, a aplicação de uma norma hierarquicamente superior e a criação de uma norma hierarquicamente inferior. O intérprete, ao aplicar a norma geral, estaria criando a norma individual. A construção de Kelsen, embora engenhosa, não explica a intensidade com que o intérprete converge na integração do sentido da norma geral ou, mesmo, como a norma individual poderia consubstanciar verdadeira criação, se é mera especificação da norma geral, cujo sentido preexiste a ela.

A participação do intérprete na individualização da própria norma geral, possibilidade em tudo infensa aos dogmas do formalismo clássico, tem crescido em importância e aceitação. Teorias dessa natureza, que podem ser denominadas de valorativas ou decisórias, exigiram o redimensionamento da tradicional dicotomia entre os momentos de criação e aplicação da norma, aquela, afeta ao legislador, esta, ao intérprete, bem como a releitura da própria funcionalidade da interpretação jurídica, que não se esgotaria em uma atividade puramente cognoscitiva, voltada ao conhecimento de normas preexistentes. No âmbito dessas teorias, é importante distinguir as extremadas daquelas de feição moderada. As teorias extremadas, como o realismo norte-americano, defendem que a norma, enquanto ato juridicamente vinculante, somente surge no momento de sua aplicação pelo intérprete (*rectius*: o Tribunal), que lhe atribui (livremente) o sentido que lhe parece mais adequado. Até então, não existe qualquer significado, mas mera expectativa da decisão a ser proferida. As teorias moderadas, por sua vez, defendem que, antes da conclusão do processo de interpretação e da prolação da decisão que individualiza a norma, não existe um significado unívoco, mas sim, uma pluralidade de significados atribuíveis ao enunciado linguístico.

[1866] Cf.: GOMES CANOTILHO, José Joaquim. *Direito constitucional e teoria da Constituição*. 7. ed. Coimbra: Almedina, 2010. p. 1233-1236.

[1867] Cf.: HESSE, Konrad. *Elementos de direito constitucional da República Federal da Alemanha* (*Grundzüge des Verfassungsrechts der Bundesrepublik Deutschland*). (Trad. Luís Afonso Heck). Porto Alegre: Sérgio Antonio Fabris, 1998. p. 39.

[1868] KELSEN, Hans. *Teoria pura do direito* (*Reine Rechtslehre*). (Trad. João Baptista Machado). 6. ed. São Paulo: Martins Fontes, 2003. p. 33 e ss.; e 260.

[1869] KELSEN, Hans. *Teoria pura do direito* (*Reine Rechtslehre*). (Trad. João Baptista Machado). 6. ed. São Paulo: Martins Fontes, 2003. p. 387-388.

[1870] KELSEN, Hans. *Teoria pura do direito* (*Reine Rechtslehre*). (Trad. João Baptista Machado). 6. ed. São Paulo: Martins Fontes, 2003. p. 79-80.

Na medida em que desconsideram a vinculatividade dos enunciados linguísticos objeto de interpretação, verdadeiras molduras nas quais se desenvolve a atividade do intérprete, isso para utilizarmos a imagem cunhada por Kelsen,[1871] e apregoam a total indeterminação dos significados, o que afasta qualquer balizamento à interpretação e termina por negar a própria presença das conflitualidades intrínsecas, já que desconsiderados os significados em potencial, as teorias extremadas devem ser preteridas pelas moderadas.[1872] A teoria da moldura, como é intuitivo, somente determina, *a priori*, a exclusão das decisões e dos significados incorretos, mas não logra êxito em definir, com precisão, qual é a melhor decisão dentre aquelas possíveis.[1873]

O intérprete, embora não esteja vocacionado à criação da norma *ex novo*, concorre com a autoridade responsável pela edição dos enunciados normativos na consecução desse propósito. Somam forças, desenvolvendo suas atividades em momentos que, embora cronologicamente sucessivos, se complementam e integram. Como o texto normativo deve tornar-se realidade concreta, é imperativo o reconhecimento de que sua abstração deve permanecer aberta e receptiva à concretude da vida, competindo ao intérprete realizar essa aproximação.[1874] A atividade do intérprete não é primária, mas complementar, recaindo sobre ele o *múnus* de integrar o texto ao contexto.[1875] Pratica um "acto judicativamente decisório", cumprindo, *in concreto*, as intenções axiológicas e normativas do direito e, consequentemente, se distanciando do plano puramente abstrato, preferido pelo positivismo legalista, lastreado em premissas analítico-dedutivas.[1876] O receio quanto à participação do intérprete na construção do significado da norma pode ser considerado um ponto comum a todos aqueles que, como Donati,[1877] repudiavam a denominada "interpretação progressiva", vista como a atividade de "identificação do conteúdo da norma que, sem contrastar com a sua letra, melhor se ajuste às particularidades do caso a ser resolvido e às necessidades do novo tempo". Como se percebe, não era suficiente a adstrição ao texto: o intérprete deveria permanecer alheio a qualquer criação.

Como afirmamos, a adstrição do intérprete ao texto, sob certa ótica, também pode ser vista como o exercício de uma atividade cognitiva. Não no sentido de apreensão de um significado preexistente, mas como identificação da base de desenvolvimento da interpretação, que não pode desconsiderar as suas potencialidades.[1878] Nessa linha,

---

[1871] KELSEN, Hans. *Teoria pura do direito* (*Reine Rechtslehre*). (Trad. João Baptista Machado). 6. ed. São Paulo: Martins Fontes, 2003. p. 390-391.
[1872] Cf.: MORESO, José Juan. *La indeterminación del derecho y la interpretación de la Constitución*. Madrid: CEPC, 1997. p. 213 e ss.; e MODUGNO, Franco. *Interpretazione giuridica*. Padova: CEDAM, 2009. p. 76.
[1873] Cf.: ADEODATO, João Maurício. *A retórica constitucional*: sobre tolerância, direitos humanos e outros fundamentos éticos do direito positivo. São Paulo: Saraiva, 2009. 160.
[1874] Cf.: KAUFMANN, Arthur. *Filosofia do direito* (*Rechtsphilosophie*). (Trad. António Ulisses Cortês). Lisboa: Fundação Calouste Gulbenkian, 2004. p. 183.
[1875] Cf.: PENSOVECCHIO LI BASSI, Antonino. *L'interpretazione delle norme costituzionali*: natura, metodo, difficoltà e limiti. Milano: Giuffrè, 1972. p. 14.
[1876] Cf.: CASTANHEIRA NEVES, A. *O actual problema metodológico da interpretação jurídica*. Coimbra: Coimbra Editora, 2003. v. I, p. 11-12.
[1877] DONATI, Donato. *Il problema delle lacune dell'ordinamento giuridico*. Milano: Società Editrice Libraria, 1910. p. 200 e ss.
[1878] Cf.: MODUGNO, Franco. *Interpretazione giuridica*. Padova: CEDAM, 2009. p. 86.

seria possível afirmar que o intérprete deve desenvolver, sequencialmente, atividades de conhecimento, valoração e decisão.

Ao se afirmar que o objeto da interpretação não é constituído de normas, mas de "formulações linguísticas de significado indeterminado",[1879] reconhece-se, *ipso facto*, a imprescindibilidade da atividade do intérprete, que assumirá contornos valorativos e decisórios. O significado dessas formulações só será determinado após a conclusão do processo de interpretação, ainda que sejam enquadradas sob a epígrafe dos "casos fáceis", que são menos permeáveis à influência de fatores extrínsecos e oferecem significados mais evidentes ao primeiro exame. Esse tipo de construção conduz a resultados "dinâmicos", possibilitando que o significado dos enunciados linguísticos interpretados seja adaptado às necessidades contemporâneas da vida. Face à sua própria funcionalidade, atribuindo um elevado nível de liberdade ao intérprete, apresentam níveis de uniformidade sensivelmente inferiores às teorias "estáticas".[1880] A Constituição, longe de ser um produto acabado, é constantemente construída e reconstruída.[1881]

Embora seja exato que a superação do positivismo formalista diminuiu a resistência ao reconhecimento da atividade integradora do intérprete, o qual, para individualizar a norma, efetivamente leva em consideração fatores extrínsecos ao texto, que a ele se integram no curso do processo de interpretação, ainda se está longe de qualquer consenso quanto à intensidade dessa relação entre texto e realidade, bem como quanto aos limites do poder decisório exercido pelo intérprete no curso do referido processo.

Há quem afirme que, embora seja verdadeiro que o intérprete não desempenha atividade de mero conhecimento, isso em razão da necessidade de serem tomadas verdadeiras decisões nos casos difíceis, caracterizados pela presença de uma dissonância de sentidos e pela variedade de soluções possíveis, a alegada "função criadora" da interpretação constitucional nada mais é que "um abuso de linguagem e uma grave fonte de confusões".[1882] A nosso ver, a questão não pode ser contextualizada num plano em que somente os extremos se sobressaiam ou resolvida a partir de uma lógica binária. Afinal, a existência de um enunciado linguístico a ser interpretado e a sua possível suscetibilidade à influência de fatores extrínsecos, que concorrerão para o delineamento do seu conteúdo, são indicativos de que o texto escrito é tão somente parte de um projeto mais amplo, que será complementado em harmonia com as diretrizes estabelecidas pelo intérprete. Diretrizes distintas podem conduzir a resultados diversos, daí se dizer que o intérprete, em decorrência dos poderes de seleção e de decisão que ostenta, efetivamente desempenha uma atividade a que podemos atribuir contornos de criação.[1883] Esse poder criacionista, apesar de não surgir *ex novo*, indiferente às fontes do direito constitucional, efetivamente concorre para o delineamento da norma, daí não nos parecer adequado negar a sua essência apenas por ser imperativa a observância dos

---

[1879] Cf.: MODUGNO, Franco. *Interpretazione giuridica*. Padova: CEDAM, 2009. p. 46.

[1880] Cf.: WROBLEWSKI, Jerzy; BÁNKOWSKI, Zenon; MACCORMICK, Neil. *The judicial application of law*. Springer: The Netherlands, 1992. p. 109.

[1881] Cf.: DINIZ DANTAS, Davi. *Interpretação constitucional no pós-positivismo*: teoria e casos práticos. São Paulo: Madras, 2005. p. 183.

[1882] CARRIÓ, Genaro R. *Notas sobre derecho y lenguaje*. 5. ed. Buenos Aires: Abeledo-Perrot-LexisNexis, 2006. p. 61.

[1883] Cf.: SLAPPER, Gary; KELLY, David. *Source book on the English legal system*. 2. ed. London: Cavendish Smith Bailey & Gunn, 2001. p. 2.

balizamentos traçados pela disposição constitucional. Poder Constituinte e intérprete, cada qual ao seu modo e no tempo devido, efetivamente participam do processo de criação da norma constitucional.[1884]

Há, ainda, quem sustente que a função criativa seria uma espécie de "ultima ratio" da interpretação constitucional, somente se tornando operativa após a utilização de todos os métodos exegéticos postos à disposição do intérprete para a "identificação" do sentido da norma, que preexistiria à sua atividade cognoscitiva. Frustrada a pesquisa em torno dos argumentos semânticos e sintáticos, em relação à *intentio* do Constituinte e aos demais métodos da escola clássica (sistemático, teleológico etc.), o intérprete atribuiria ao texto o significado que lhe parecesse mais justo, possibilidade relativamente comum no plano constitucional, isso em razão de seus termos vagos e incompletos.[1885] Esse argumento peca em três aspectos: (1º) condiciona a transição entre as atividades de conhecimento e criação à inépcia do intérprete; (2º) passa ao largo da existência de métodos de interpretação compatíveis com as especificidades da ordem constitucional; e (3º) ignora que o intérprete, mesmo no manuseio dos métodos clássicos, efetivamente concorre para a individualização da norma constitucional, que não é descoberta, mas efetivamente construída.

A compreensão dessa funcionalidade criacionista da interpretação constitucional torna-se particularmente relevante ao constatarmos que, entre os enunciados normativos estruturados pelo Poder Constituinte e a norma constitucional propriamente dita, será necessário o desenvolvimento de uma atividade intelectiva que agregue significados aos significantes interpretados. Essa operação aumenta em complexidade quando observamos a possível ambiguidade e vagueza da linguagem empregada nos enunciados normativos, a influência de fatores extrínsecos, colhidos no ambiente sociopolítico, e as vicissitudes que influem no delineamento do perfil do próprio intérprete, como a pré-compreensão a respeito de certos temas, a formação ideológica e a metodologia empregada. É natural a conclusão de que doutrina e jurisprudência, ao se valeram da Constituição formal como matéria prima, não só são criativas, como não podem deixar de sê-lo.[1886]

Na *função de integração criativa*, o intérprete não se limita a descobrir, a partir de um paradigma específico, o significado inerente à estrutura linguística do texto constitucional, isolado e imune à influência de fatores extrínsecos ou de viés subjetivo, como são aqueles produzidos pelo juízo valorativo de cada operador do direito. As construções que reconhecem a liberdade valorativa do intérprete são as que mais se afeiçoam ao atual estágio de evolução da ciência jurídica, sendo particularmente relevantes por realçarem a interação entre texto normativo e realidade. A norma é um dado consequente, encontrado ao fim da atividade do intérprete e que está conectado a um dado antecedente, o texto, objeto e base de desenvolvimento do processo de interpretação.

O enunciado linguístico inserido no texto constitucional é tão somente o significante que deve ser valorado pelo intérprete em busca do significado normativo. Fala-se em

---

[1884] Cf.: MODUGNO, Franco. *Interpretazione giuridica*. Padova: CEDAM, 2009. p. 242.
[1885] Cf.: AUBERT, Jean-François. *Traité de droit constitutionnel suisse*. Neuchatel: Ides et Calendes, 1967. v. I, p. 123.
[1886] Cf.: GAVAZZI, Gaetano. Topica giuridica. *In: Novissimo digesto italiano*, v. XIX, p. 409-417, 1973. p. 409 (414).

integração na medida em que o intérprete complementa, com sua atividade, o texto normativo, harmonizando-o e ajustando-o à realidade. Diz-se que essa atividade é *criativa* pelo fato de a interpretação não expressar mero ato de conhecimento, de descobrimento, mas sim, de vontade.[1887]

Até que seja ultimado o processo de interpretação, não há norma propriamente dita, mas normatividade em potência, cujos contornos exatos ainda são desconhecidos. Essa constatação tem levado a doutrina a afirmar que o intérprete exerce, em certa medida, poder semelhante àquele que originou o texto interpretado: poder legislativo no caso da lei, poder constituinte em relação à Constituição.[1888] Semelhante, frise-se, não idêntico. Métodos, pautas argumentativas, juízos valorativos e decisões, todos diretamente influenciados por critérios de conveniência social, ostentam vital importância no delineamento da norma constitucional, mas não fazem parte da ordem constitucional. Admitir o contrário seria (1) reconhecer a possibilidade de ser alterada, ou mesmo ignorada, a própria funcionalidade do texto normativo, que tem por trás de si uma autoridade competente, igualmente incumbida de tomar decisões que se ajustem à conveniência social; e (2) advogar que todas as questões versadas no texto normativo permanecem abertas e suscetíveis, na maior amplitude possível, aos influxos de convivência social e à plena reconstrução por parte do intérprete. O reconhecimento da dicotomia entre intérprete e autoridade competente para a produção normativa, ocupando planos distintos, mas interligados, caminha em norte contrário ao postulado da autossuficiência do sistema jurídico e bem demonstra a sua permeabilidade a fatores exógenos.

A atividade desenvolvida pelo intérprete, marcada por valorações e decisões, denota que a politicidade não é atributo exclusivo dos juízos valorativos realizados pela autoridade responsável pela elaboração dos enunciados normativos. O reconhecimento de que o intérprete efetivamente contribui para o delineamento da norma aponta para a insuficiência da rígida separação entre os momentos de criação e de aplicação do direito: o primeiro, sensível à politicidade; e o segundo, adstrito à juridicidade. O intérprete, afinal, concorre para a criação da norma que irá aplicar ou, mesmo, chega a criá-la *ex novo*, postura que, quando motivada pelo arbítrio, costuma ser influenciada por uma excessiva politização e pelo afã de tornar exclusiva uma atividade que em sua essência é concorrente.

Na medida em que o momento de criação normativa se estende e alcança o processo de interpretação, que é necessariamente permeável à influência de fatores extrínsecos, colhidos no ambiente sociopolítico, afigura-se evidente que juízos valorativos de ordem política não podem ser simplesmente destacados ou evitados. No plano constitucional, Assembleia Constituinte e intérprete, cada qual ao seu tempo, realizam juízos dessa natureza. Há, no entanto, uma evidente distinção de grau, já que, enquanto a primeira ostenta uma ampla liberdade valorativa, o segundo está condicionado aos balizamentos por ela estabelecidos, sendo conduzido pela politicidade apenas no espaço que lhe foi deixado.

[1887] Cf.: VIOLA, Francesco; ZACCARIA, Giuseppe. *Diritto e interpretazione*: lineamenti di teoria ermeneutica del diritto. 6. ed. Roma: Laterza, 2009. p. 322 e 329.

[1888] Cf.: HAMON, Francis; TROPER, Michel; BURDEAU, Georges. *Manuel de droit constitutionnel*. 27. ed. Paris: L.G.D.J, 2001. p. 59.

Embora seja exato afirmar que a linguagem normativa nem sempre se compatibiliza com significados unívocos, o que em muito enfraquece os balizamentos opostos ao intérprete e, consequentemente, à politicidade, não se pode negar que tais balizamentos efetivamente existem, ainda que possam receber a alcunha de fracos ou débeis.[1889]

O elemento volitivo da interpretação indica a capacidade de o intérprete representar, mentalmente, um ou mais sentidos passíveis de serem atribuídos ao texto, construídos a partir de distintos métodos de interpretação, e, ao fim, decidir aquele que deve preponderar.[1890] O poder decisório do intérprete é ínsito e inseparável da interpretação enquanto ato de vontade, que pressupõe que seja reconhecida a existência de (certa) liberdade valorativa e possibilidade de escolha.

Fala-se em (certa) liberdade na medida em que a atividade do intérprete, apesar de se expandir mais nas zonas de penumbra, em que há dúvidas em relação ao alcance do enunciado linguístico, não pode avançar ao ponto de promover uma ruptura com o seu alicerce de sustentação, o texto normativo. Devem ser respeitados o "positive semantic core", que não deixa margem a dúvidas quanto ao enquadramento de certos significados, e o "negative semantic core", que exclui certos significados de modo peremptório, assegurando-se mais liberdade para o intérprete em relação à "semantic penumbra", que não pode ser superada com o só recurso às diretivas de sentido da língua.[1891] O conceito de pessoa humana, por exemplo, pode ser elasticido ao ponto de absorver o feto, mas jamais poderá alcançar os semoventes, ainda que domesticados. A preservação de qualquer sistema normativo exige que o intérprete permaneça nele integrado, sem que suas escolhas gerem fraturas no elo que deve unir texto, interpretação e norma. Escolha importa em decisão, e esta será realizada no curso do processo de interpretação, como antecedente lógico ao delineamento da norma. O intérprete, sem mergulhar por inteiro no âmbito da criação, distancia-se do plano puramente *descritivo*, em que há mera apreensão de significados pré-constituídos, para contribuir na própria formação do enunciado deôntico, que, à luz das especificidades do problema, tão somente principia no texto normativo, não estando nele exaurido. Não há que se falar, ainda, em *reconstrução* do sentido da norma, não sob o prisma de reprodução do significado preexistente, o que desconsideraria a influência dos fatores extrínsecos e do juízo valorativo do intérprete. Reconstrução haverá se visualizarmos o prefixo *re* como indicador de uma atividade independente da construção, dando seguimento àquela tão somente iniciada pela autoridade responsável pela produção normativa.

Essa operação, como soa evidente, não assume contornos propriamente objetivos, sendo influenciada pelas preferências subjetivas do intérprete. Diversamente das disposições constitucionais, fruto de uma atividade normativo-constituinte e preexistentes

---

[1889] Cf.: GUASTINI, Ricardo. *Das fontes às normas (Dalle fonti alle norme)*. (Trad. Edson Bini). São Paulo: Quatier Latin, 2005. p. 221-222.

[1890] Sobre os contornos volitivo e decisório da atividade interpretativa, vide: GUASTINI, Ricardo. *Das fontes às normas (Dalle fonti alle norme)*. (Trad. Edson Bini). São Paulo: Quatier Latin, 2005. p. 23.

[1891] Cf.: WROBLEWSKI, Jerzy; BÁNKOWSKI, Zenon; MACCORMICK, Neil. *The judicial application of law*. Springer: The Netherlands, 1992. p. 97.

à interpretação, as normas constitucionais são fruto de decisões interpretativas em que afloram a vontade do intérprete, o que bem demonstra a sua volatilidade.[1892]

É justamente a função de integração criativa que assegura a evolutividade da ordem constitucional. Sensível às vicissitudes do contexto, o intérprete ajusta e atualiza a Constituição. Não obstante a estabilidade formal, logra êxito em alcançar uma mutabilidade material. O Direito norte-americano tem sido campo fértil à confrontação jurisprudencial de dogmas anacrônicos, ensejando oscilações de entendimento em relação a temáticas de vital importância para a harmônica convivência social. Em alguns casos, como lembrado por Michael Dorf,[1893] a questão é saber se, no tempo que transcorreu entre as decisões, os "evolving standards of decency that mark the progress of a maturing society"[1894] justificam uma nova interpretação da Constituição. Essa visão é corroborada pela *Justice* Sandra O'Connor,[1895] ao observar que o Supremo Tribunal, ao apresentar mudanças reais de entendimento, reflete as mudanças de atitude da população em geral. É uma instituição reativa, que não deve se distanciar das situações de consenso social.

Em relação aos direitos dos homossexuais, o Supremo Tribunal norte-americano, em *Bowers vs. Hardwick*,[1896] de 1986, não estendeu a essa camada da população, em toda a sua intensidade, o direito constitucional à privacidade. Partindo da premissa de que esse direito não assegurava aos homossexuais a faculdade de praticarem sodomia ("any sexual act involving the sex organs of one person and the mouth or anus of another") no interior da própria casa, terminou por reconhecer a constitucionalidade de lei da Geórgia que criminalizava tal conduta. Esse entendimento foi posteriormente superado em *John Geddes Lawrence and Tyron Gardner vs. Texas*,[1897] de 2003, sendo declarada a inconstitucionalidade de lei texana que criminalizou a prática de relações sexuais consentidas entre adultos.[1898]

Quanto aos direitos dos negros, a interpretação constitucional no território norte-americano assumiu contornos verdadeiramente traumáticos. No Caso *Dred Scott vs. Sandford*,[1899] de 1857, a Suprema Corte decidiu que os americanos descendentes de africanos, quer escravos, quer livres, não poderiam ser considerados cidadãos dos Estados Unidos, tendo julgado inconstitucional o *Missouri Compromise Act*, de 1820, que abolira a escravidão em toda a Louisiana, com exceção do Missouri, por entender que teriam sido violados os direitos dos senhores de escravos sem o devido processo legal. Esse entendimento, que encontraria amparo no art. 1º, seção 2, da Constituição de 1787, preceito que fazia referência às "pessoas livres", precipitou a deflagração

---

[1892] Cf.: GUASTINI, Ricardo. *Das fontes às normas* (*Dalle fonti alle norme*). (Trad. Edson Bini). São Paulo: Quatier Latin, 2005. p. 275-276.

[1893] DORF, Michael. *No litmus test*: law versus politics in the twenty-first century. Lanham: Rowman & Littlefield, 2006. p. 1.

[1894] *Trop vs. Dulles*, 356 U.S. 86 (101), 1958.

[1895] O'CONNOR, Sandra. *The majesty of the law*: reflections of a Supreme Court Justice. New York: Random House, 2003. p. 166.

[1896] 478 U. S. 186.

[1897] 538 U.S. 1.

[1898] Sobre as distintas possibilidades de enquadramento dos direitos dos homossexuais na Constituição norte-americana (*v.g.*: *privacy, equal protection, rationality* etc.), vide: SUSTEIN, Cass. *Designing democracy*: what constitutions do. New York: Oxford University Press, 2001. p. 186 e ss.

[1899] 60 U.S. 393.

da guerra de secessão e somente foi superado em 1865, com a aprovação da Décima Terceira Emenda, que aboliu a escravidão. No *Civil Rights Cases*,[1900] de 1883, o Tribunal declarou a inconstitucionalidade dos preceitos do *Civil Rights Act*, de 1875, que proibiam a discriminação racial em hospedagens, transportes públicos e lugares públicos de diversão. Em *Plessy vs. Ferguson*,[1901] de 1896, foi reconhecida a constitucionalidade de uma lei da Louisiana que determinava às ferrovias que providenciassem "equal but separate accommodations for the white and colored races". Era a teoria do "equal but separate". Posteriormente, em *Brown vs. Board of Education*, de 1952, o Tribunal decidiu pela inconstitucionalidade da segregação racial nas escolas públicas, política moralmente reprovável e que privava a sociedade do talento em potencial dos membros das minorias raciais. Essa decisão, louvável sobre todos os aspectos, invocou o disposto na Seção 1 da Décima Quarta Emenda, de 1868, que dispunha sobre privilégios e imunidades, devido processo legal e igual proteção das leis, princípios de indiscutível relevância, mas que, até então, não haviam sido interpretados por nenhum Tribunal de modo a obstar a segregação racial.

A possibilidade de a pena de morte ser aplicada aos criminosos que cometeram seus crimes quando ainda não haviam completado dezoito anos de idade também gerou intensos debates no Supremo Tribunal norte-americano. Discutia-se se esse tipo de situação poderia, ou não, ser considerado incompatível com a Oitava Emenda, de 1791, que veda a imposição de penalidades cruéis ou não usuais. Em *Stanford vs. Kentucky*,[1902] de 1989, o Tribunal, pela maioria de 5 a 4, entendeu que não. Dezesseis anos depois, em *Roper vs. Simmons*,[1903] também pela maioria de um voto, decidiu que sim.

4 O intérprete e o seu elemento anímico

O reconhecimento do pluralismo político e a intensa influência que o contexto exerce sobre o texto no delineamento do significado das normas constitucionais são fatores que certamente depõem a favor da "sociedade aberta dos intérpretes da Constituição" a que se referiu Häberle.[1904] Como todos aqueles que vivem no âmbito espacial de eficácia da Constituição são alcançados por sua força normativa, ao que se soma o fato de concorrerem para o delineamento da realidade em que se projetará, em especial para a formação da base cultural que delineia o ambiente sociopolítico, é natural que não sejam alijados do processo voltado ao delineamento das normas constitucionais.[1905]

Ainda que o significado final seja outorgado pelo Tribunal Constitucional, todos aqueles que vivenciam e aplicam a Constituição, como cidadãos, grupos de interesse, opinião pública e órgãos estatais, devem ser vistos como verdadeiros sujeitos, não

---

[1900] 109 *U.S.* 3.
[1901] 163 *U.S.* 537, 1896.
[1902] 492 *U.S.* 361.
[1903] 543 *U.S.* 551.
[1904] HÄBERLE, Peter. *Hemenêutica constitucional*: a sociedade aberta dos intérpretes da Constituição: contribuição para a interpretação pluralista e "procedimental" da Constituição (Die offene Gesellschaft der Verfassungsinterpreten: ein Beitrag zur pluralistischen und "prozessualen" Verfassungsinterpretation). (Trad. Gilmar Ferreira Mendes). Porto Alegre: Sérgio Antonio Fabris, 2002. Como afirma o autor, "a sociedade é livre e aberta, na medida que se amplia o círculo dos intérpretes da Constituição em sentido lato".
[1905] Cf.: MODUGNO, Franco. *Interpretazione giuridica*. Padova: CEDAM, 2009. p. 241-244.

como objetos. É factível que influirão na formação e no amadurecimento das teses e antíteses que precipitarão as conflitualidades intrínsecas e moldarão os diversos significados "precários" que surgirão até o delineamento do significado final.[1906] O fato de certas estruturas de poder assumirem, juridicamente, o *status* de intérpretes finais,[1907] enquanto os demais ocupariam a posição de pré-interpretes (*Vorinterpreten*),[1908] em nada compromete a importância do papel desempenhado por esses últimos. Contribuem para a oxigenação democrática do processo de densificação normativa e, consequentemente, para a formação do *acquis* constitucional.[1909] A pluralidade de intérpretes é um eficaz mecanismo para o aumento da ideologia participativa e correlata sedimentação da "vontade de Constituição". A própria permanência da Constituição é influenciada pela sua "interiorização" por parte dos indivíduos, o que pressupõe um processo de "socialização" temporal e espacialmente contextualizado.[1910]

Evidencia-se, desse modo, a insuficiência da tradicional divisão da interpretação constitucional, quanto à origem, em legislativa, administrativa e judicial. Essa classificação, como se percebe, prestigia a divisão orgânico-funcional do poder e indica os conteúdos obtidos a partir de argumentos e decisões tomados no âmbito dos órgãos estatais, adotando-se como parâmetro a tripartição desenvolvida por Montesquieu. Os órgãos legislativos interpretam a Constituição ao delinearem sua estrutura, conduzirem o processo legislativo etc.; os administrativos, ao implementarem os atos de execução de políticas públicas, delinearem a esfera jurídica individual imune à sua intervenção etc.; os judiciais, ao aplicarem o direito ao caso concreto, ao zelarem pela supremacia da Constituição em relação à lei infraconstitucional etc. Ainda se pode falar em interpretação doutrinária,[1911] que consubstancia aquela realizada pelos estudiosos com o objetivo de delinear significados constitucionais em bases estritamente científicas, daí advindo resultados harmônicos ou dissociados do contexto ambiental.

A fragilidade da metodologia jurídica tradicional, intimamente ligada a uma concepção de sociedade fechada, somente sensível à interpretação realizada por órgãos judiciais e no âmbito de processos formais,[1912] tornou evidente a sua incapacidade para

---

[1906] Cf.: HÄBERLE. *Hermenêutica Constitucional* (Die offene Gesellschaft der Verfasungsinterpreten: ein Beitrag zur pluralistischen und "prozessualen" Verfassungsinterpretation). (Trad. Gilmar Ferreira Mendes). Porto Alegre: Sérgio Antonio Fabris, 2002, p. 33.

[1907] Até o século XIX, era frequente a concentração da interpretação no Parlamento, órgão que detém a representatividade popular. Na atualidade, é comum que a palavra final a respeito da interpretação constitucional seja atribuída ao órgão responsável pelo controle de constitucionalidade das leis, normalmente o Tribunal Constitucional (*v.g.*: é o que ocorre na Alemanha (*Grundgesetz*, art. 93, 11) e na Espanha (Lei Orgânica do Tribunal Constitucional, de 3 de outubro de 1979, art. 1º, 1)) ou um órgão de cúpula do próprio Poder Judiciário (*v.g.*: é o modelo adotado no Brasil (Constituição de 1988, art. 102, caput, inc. III e §2º) e nos Estados Unidos da América, que adotam o *judicial review* no plano federal desde o célebre Caso *Marbury vs. Madison* (1 Cranch 137, 1803)).

[1908] Cf.: HÄBERLE, Peter. *Europäische Verfassungslehre*. 3. ed. Baden-Baden: Nomos, 2005. p. 263.

[1909] Cf.: HÄBERLE. *Hermenêutica Constitucional* (Die offene Gesellschaft der Verfasungsinterpreten: ein Beitrag zur pluralistischen und "prozessualen" Verfassungsinterpretation). (Trad. Gilmar Ferreira Mendes). Porto Alegre: Sérgio Antonio Fabris, 2002, p. 14-15.

[1910] Cf.: KAUFMANN, Arthur. *Filosofia do direito* (*Rechtsphilosophie*). (Trad. António Ulisses Cortês). Lisboa: Fundação Calouste Gulbenkian, 2004. p. 324.

[1911] Cf.: VON SAVIGNY, Friedrich Karl. *Traité de droit romain*. (Trad. M. CH. Guenoux). Paris: Firmin Didot Fréres, 1840. t. 1, p. 204.

[1912] Cf.: HÄBERLE. *Hermenêutica Constitucional* (Die offene Gesellschaft der Verfasungsinterpreten: ein Beitrag zur pluralistischen und "prozessualen" Verfassungsinterpretation). (Trad. Gilmar Ferreira Mendes). Porto Alegre: Sérgio Antonio Fabris, 2002, p. 12.

responder às situações em que questões afetas à Constituição material, como o regimento interno do Parlamento, demandam interpretação constitucional e sequer são submetidas a um Tribunal dotado dessa espécie de competência.[1913] Essa constatação, aliás, remonta ao clássico James Bryce,[1914] ao reconhecer que "todos interpretam a Constituição" e que muitas questões constitucionais sequer são suscitadas em um processo: daí a conclusão de que "é um erro supor que o Poder Judiciário é o único intérprete da Constituição".

Diversidade de intérpretes, à evidência, não guarda similitude com nivelamento das conclusões alcançadas. O que distingue os intérpretes da Constituição, além da aptidão pessoal e do conhecimento técnico, é o grau de eficácia atribuído aos significados encontrados após a conclusão do processo de interpretação. Em outras palavras, embora conduzam operações mentais ontologicamente idênticas, a eficácia da norma (*v.g.*: temporária ou definitiva, *inter partes* ou *erga omnes*) apresentará variações conforme a "posição institucional"[1915] do intérprete, merecendo especial realce o Tribunal Constitucional, que detém a palavra final em relação ao significado da norma constitucional. Fora das estruturas estatais de poder, o cidadão tende a ser preterido pelo doutrinador, não sendo incomum que o "argumento de autoridade" receba destacada importância nas decisões proferidas no âmbito da jurisdição constitucional.[1916] Acresça-se que esse "argumento" também pode encontrar origem em instituições estranhas ao próprio ambiente sociopolítico, como Tribunais de grande respeitabilidade e tradição, integrados a outros Estados de Direito ou, mesmo, a organizações internacionais.

A distinção de grau entre as distintas interpretações realizadas não afeta a essência da atividade desenvolvida: há interpretações vinculantes e não vinculantes, mas ambas se enquadram no gênero mais amplo da interpretação constitucional.

A concorrência de intérpretes formalmente autorizados com intérpretes materialmente situados no âmbito constitucional, inserindo-se, sob a epígrafe destes últimos, todos aqueles que sejam destinatários das normas constitucionais e contribuam para a moldagem da realidade que concorre para a sua formação, não oferece qualquer risco à unidade constitucional. Trata-se, em verdade, de projeção necessária do princípio democrático, que se reflete na participação ativa dos cidadãos na interpretação constitucional. A unidade surge justamente a partir das divergências inerentes ao processo democrático, permitindo a formação de significados que tendem a refletir as zonas de convergência sedimentadas no ambiente sociopolítico.

Toda e qualquer pessoa humana, ao abrigo de uma estrutura orgânica, pública ou privada, ou sob a luz exclusiva de sua individualidade, ao exercer a atividade intelectiva cognominada de interpretação constitucional, o fará sob os auspícios de um elemento

---

[1913] Cf.: HÄBERLE. *Hermenêutica Constitucional* (Die offene Gesellschaft der Verfasungsinterpreten: ein Beitrag zur pluralistischen und "prozessualen" Verfassungsinterpretation). (Trad. Gilmar Ferreira Mendes). Porto Alegre: Sérgio Antonio Fabris, 2002, p. 42.

[1914] BRYCE, James. *La république américaine*: le gouvernment national. (Trad. Daniel Müller). Paris: M. Giard & E. Brière, 1911. t. 1, p. 546.

[1915] Cf.: TARELLO, Giovanni. *L'interpretazione della legge*. Milano: Giuffrè, 1980. p. 8.

[1916] Cf.: CANOSA USERA, Raul. *Interpretación constitucional y fórmula política*. Madrid: Centro de Estudios Constitucionales, 1988. p. 204-206.

anímico.[1917] É justamente esse elemento anímico que direcionará a escolha do objeto a ser interpretado, dos distintos aspectos do contexto ambiental tidos como relevantes e das grandezas que concorrerão na formação das conflitualidades intrínsecas. Além de refletir a racionalidade do intérprete, apresenta algumas especificidades que influem diretamente na formação dos significados constitucionais, fruto, como vimos, de uma atividade de integração criativa. Essas características são (1) a pré-compreensão, que reflete a visão do intérprete, anterior à deflagração de sua atividade, a respeito do objeto interpretado e do próprio ambiente sociopolítico; (2) a compreensão, que tem o seu potencial condicionado pela pré-compreensão e se mostra de vital importância na devida consideração de todos os fatores intrínsecos e extrínsecos que concorrem para o delineamento da norma constitucional; (3) o sentimento, indicativo do grau de sensibilidade do intérprete em relação a certos referenciais de natureza axiológica que, no pensamento humano, interagem com a razão; (4) a liberdade valorativa, que o sistema ou suas escolhas metódicas podem expandir ou retrair; e (5) a ideologia prestigiada, que direciona a formação do respectivo discurso interpretativo e contribui para a escolha dos balizamentos a que o intérprete deverá permanecer adstrito.

Ao falarmos em pré-compreensão, compreensão, sentimento, liberdade valorativa e ideologia, afigura-se evidente que não nos situamos no plano da pura objetividade, capaz de individualizar verdades absolutas com o só recurso às esferas de consenso sedimentadas no ambiente sociopolítico. O produto de uma atividade intelectiva de natureza racional, como a interpretação constitucional, jamais assumirá contornos que passem ao largo dos aspectos que caracterizam a própria humanidade do intérprete. Do mesmo modo que os seres humanos não são planificados e muito menos totalmente idênticos entre si, também o produto de sua atividade intelectiva não o será. Essa constatação bem demonstra a impossibilidade de o conteúdo da norma assumir contornos gerais, unívocos e invariáveis. Não bastassem as características da linguagem, como a vagueza e a ambiguidade dos enunciados linguísticos, ao que se soma a diversidade de fatores extrínsecos e de normas que integram o sistema e concorrem para o resultado do processo de interpretação, também a figura do intérprete apresenta diversidades tão intensas que impedem a sua desconsideração.

A atividade de puro conhecimento, característica do positivismo clássico, marcada pela preeminência do *ruler* e correlata *divisio* entre os momentos de criação e aplicação do direito, passou por um profundo realinhamento epistemológico. Fundamento e axiologia da norma desprendem-se do legislador e passam a ser compartilhados com o intérprete, que se distancia da inércia valorativa do mero "porta-voz" e é alçado à dinâmica operativa de "voz" do direito. A intersubjetividade é irmã gêmea do pluralismo, sendo fruto inevitável da "sociedade aberta de intérpretes da Constituição", do pensamento problemático, das variações metodológicas, da maleabilidade do referencial de justiça, da flexibilidade constitucional e das técnicas constantemente utilizadas para a resolução de conflitos ou aferição da constitucionalidade de restrições impostas a direitos constitucionais, como a ponderação de interesses e o critério de proporcionalidade. A interpretação

---

[1917] Hegel, aliás, já observara que o direito nada mais é que a "existência da vontade livre" ("Dasein des freien Willens"): HEGEL, Georg Wilhelm Friedrich. *Grundlinien der Philosophie des Rechts*. 4. ed. Hamburg: Felix Meiner, 1955. p. 45.

constitucional, ademais, é inevitavelmente influenciada pela pré-compreensão e pelas preferências políticas e ideológicas dos intérpretes, o que, além da aproximação de elementos cognitivos e volitivos, bem demonstra a impossibilidade de aprisioná-la em um utópico referencial de objetividade.[1918]

A própria concorrência de métodos interpretativos, os quais, longe de assumirem um papel de neutralidade na interpretação constitucional, têm decisiva influência no seu resultado, também contribui para o delineamento da conflitualidade intrínseca, exigindo uma decisão por parte do intérprete.[1919] Aliás, é justamente com o auxílio do método que o intérprete externa a sua pré-compreensão e as suas preferências. O tecnicismo metódico, em consequência, jamais poderia ser visto como garantia de imparcialidade dos resultados obtidos no processo de interpretação. Afinal, não há interpretação sem pré-compreensão, conclusão evidente ao observarmos que a ausência desta última inviabiliza a formação de qualquer vínculo intelectivo entre o intérprete e o enunciado linguístico do qual se pretende extrair a norma, tornando-o absolutamente incompreensível.[1920]

Por permanecer indissociável das características que formam a sua individualidade, o intérprete sempre assumirá uma posição em relação aos valores envolvidos e à funcionalidade esperada da norma. Apregoar uma postura de neutralidade por parte do intérprete é o mesmo que apregoar a cisão de sua essência, aproveitando-se a razão e descartando os demais aspectos afetos à sua sensibilidade e capacidade de aprender o entorno e formar juízos de valor. A neutralidade, não raro, se vê envolvida pela insinceridade daqueles que buscam encobrir suas conclusões com remissões textuais e inversões metódicas que, longe de permitirem a reconstrução do *iter* percorrido, servem tão somente para confundir e fraudar a percepção de qualquer observador externo.

Se a objetividade e a neutralidade não são objetivos a serem perseguidos, já que evidente a impossibilidade de serem alcançados, isso não significa que o processo de interpretação deva permanecer refém do arbítrio do intérprete. Negar a objetividade absoluta não significa subtrair qualquer colorido de previsibilidade às operações desenvolvidas no plano intersubjetivo, daí a constante preocupação em serem estabelecidos parâmetros de direcionamento para as atividades do Tribunal Constitucional. Não é incomum que, mesmo nos sistemas de raiz romano-germânica, os Tribunais busquem render certa homenagem aos precedentes,[1921] inclusive com o reconhecimento, ainda que implícito, do seu maior ônus argumentativo, sempre que deles destoem. Outro instrumento de vital relevância para a previsibilidade das decisões é o texto constitucional, que deve ser interpretado, não propriamente ignorado ou, em extremo oposto, idealizado. A compreensão dos distintos fatores que concorrem para a formação

---

[1918] Cf.: GRIMM, Dieter. *Constituição e política* (*Die Verfassung und die Politik*). (Trad. Geraldo de Carvalho). Belo Horizonte: Del Rey, 2006. p. 10.
[1919] Cf.: GRIMM, Dieter. *Constituição e política* (*Die Verfassung und die Politik*). (Trad. Geraldo de Carvalho). Belo Horizonte: Del Rey, 2006. p. 15.
[1920] Cf.: CORTELLA, Lucio. The rationality of language: philosophic consequences of the hermeneutic paradigm. *Journal of Legal Interpretation (Reasonableness and Interpretation)*, Münster: LIT, p. 55-70, 2003. p. 55 (68).
[1921] Precedente, do latim *praecedere*, relativo ao que vem antes, indica a decisão de um caso análogo ou, em seus pontos principais, idêntico a outro. Nos sistemas de *common law*, atuam como regras que direcionam o julgamento dos casos posteriores.

dos juízos valorativos do intérprete certamente contribui para desnudar a insinceridade argumentativa e o anseio de impor desejos individuais à consciência coletiva.

À falência do esquema "sujeito/objeto", em que sujeito cognoscente e objeto cognoscido apresentam-se rigidamente separados, também se segue a constatação de que o processo de interpretação não é puramente objetivo, já que o significado da norma não é uma substância à espera de mero conhecimento, e também não é puramente subjetivo, isso em razão dos balizamentos textuais e dos postulados de racionalidade a que o intérprete deve aderir. A interpretação, em verdade, é simultaneamente objetiva e subjetiva,[1922] sendo sempre influenciada por fatores passíveis de apreensão (*v.g.*: o texto constitucional) e por operações mentais de contornos nitidamente subjetivos.

Essa inter-relação entre referenciais objetivos e subjetivos deve avançar de modo equilibrado, evitando, por exemplo, que a insensibilidade axiológica contribua para distanciar a norma das especificidades do contexto em que se projetará ou, mesmo, que a excessiva sensibilidade faça o texto sucumbir perante os desejos pessoais do intérprete. É justamente esse equilíbrio que permitirá que um intérprete moralmente defeituoso possa alcançar normas socialmente adequadas, de modo a convencer os demais participantes do processo de comunicação normativa.[1923]

4.1 Pré-compreensão e compreensão na interpretação constitucional

A interpretação constitucional, enquanto atividade intelectiva racional, surge e se desenvolve com estrita dependência do pensamento humano, que compreende os aspectos inerentes à memória e à inferência. A memória delineia o adquirido e a inferência o resultado do processo mental que individualiza proposições até então desconhecidas.[1924] Ao ser responsável por moldar a individualidade do intérprete, formando a sua base de conhecimento, a memória consubstancia um pressuposto de indiscutível utilidade para qualquer atividade de inferência. É justamente a partir da dicotomia entre os referenciais de memória e inferência que se desenvolvem os conceitos de pré-compreensão e compreensão.

A pré-compreensão, a exemplo da memória, também indica algo adquirido, inerente à individualidade do intérprete e que antecede a própria deflagração do processo de interpretação. A diferença é que na pré-compreensão estamos perante um adquirido que não é fruto de uma atividade de apreensão acrítica do conhecimento, mas sim, de uma visão particular do intérprete a respeito de sua realidade existencial e de sua inserção no ambiente sociopolítico, o que inclui todos os fatores que o circundam. Essa visão, como soa evidente, será influenciada pelos circunstancialismos que envolvem a individualidade do intérprete, como a sua formação cultural, a posição que ocupa na sociedade, os seus interesses econômicos e as suas reações psicológicas aos distintos acontecimentos que se manifestam no ambiente circundante. Na pré-compreensão, a subjetividade se apresenta em sua maior intensidade. Ainda que fatores extrínsecos,

---

[1922] Cf.: KAUFMANN, Arthur. *Filosofia do direito* (*Rechtsphilosophie*). (Trad. António Ulisses Cortês). Lisboa: Fundação Calouste Gulbenkian, 2004. p. 397.

[1923] Cf.: BULYGIN, Eugenio. El concepto de eficacia. In: *Validez y eficacia del derecho*. Buenos Aires: Astrea, 2005. p. 23 (39).

[1924] Cf.: SAEED, John I. *Semantics*. 2. ed. Malden: Wiley-Blackwell, 2003. p. 182.

colhidos no ambiente, tenham vital importância no seu delineamento, o intérprete não tem qualquer compromisso com a exteriorização e consequente inserção no processo de comunicação dos dogmas e das impressões que carrega em seu pensamento, o que, por certo, demandaria um ônus argumentativo no convencimento dos demais participantes.

Na compreensão, por sua vez, o intérprete se desprende dos recantos de sua individualidade e, para utilizarmos a terminologia de Gadamer,[1925] participa de uma "intenção comum", que se estende entre os participantes do processo de comunicação normativa. Nesse processo, ainda segundo Gadamer, forma-se um "círculo hermenêutico". À guisa de ilustração, pode ser mencionada a impossibilidade de serem compreendidas as partes sem a pré-compreensão do todo e, de modo correlato, a impossibilidade de compreensão do todo sem um entendimento a respeito das partes.[1926] Esse círculo, de dimensões bem diversificadas, expõe a relação de influência recíproca entre referenciais distintos utilizados no processo de interpretação, como o texto e o contexto.[1927] No que diz respeito à relação circular entre esses últimos referenciais, observa-se, com Paresce,[1928] que ela não tem natureza formal, não é puramente subjetiva e muito menos objetiva. O que existe, em verdade, é uma nítida articulação entre texto e contexto, consoante as diretrizes traçadas pelo intérprete. A funcionalidade da compreensão é a de identificar o teor das "mensagens" veiculadas por meio do processo de comunicação normativa, o que exige considerações em torno de seu alicerce de sustentação, o texto, e dos distintos fatores, colhidos no contexto, que concorrem para a individualização do seu significado. Daí a síntese de Böckenförde, ao afirmar que "o objetivo da interpretação é orientar-se, por meio da compreensão, ao sentido e à realidade da Constituição e da vida constitucional".[1929]

Como resulta evidente da própria natureza humana, o intérprete somente compreende aquilo que é capaz de compreender.[1930] Só é capaz de falar argumentativamente a respeito do que está inserido em seu "horizonte de compreensão".[1931] Para tanto, é imprescindível o recurso ao adquirido, tanto aquele formado a partir da mera apreensão da informação (*v.g.*: o conhecimento da linguagem, de vital importância para a participação no processo de comunicação normativa), quanto aquele que surja a partir de suas valorações interiores, formando a sua visão pessoal a respeito de diversos fatores, incluindo aqueles descritos nos enunciados linguísticos objeto de interpretação.[1932] Embora ostente uma evidente antecedência lógica em relação à compreensão, a pré-compreensão

---

[1925] GADAMER, Hans-Georg. *Verdade e método* (*Wahrheit und methode*): traços fundamentais de uma hermenêutica filosófica. (Trad. Flávio Paulo Meurer). 6. ed. Petrópolis: Vozes, 2004. v. I, p. 354 e ss.

[1926] Cf.: KAUFMANN, Arthur. *Filosofia do direito* (*Rechtsphilosophie*). (Trad. António Ulisses Cortês). Lisboa: Fundação Calouste Gulbenkian, 2004. p. 121; e MÁRTIRES COELHO, Inocêncio. *Da hermenêutica filosófica à hermenêutica jurídica*: fragmentos. São Paulo: Saraiva, 2010. p. 79-80.

[1927] Cf.: MEDER, Stephan. *Missverstehen und Verstehen*. Tübingen: Mohr Siebeck, 2004. p. 193 e ss.

[1928] PARESCE, Enrico. Interpretazione (fil. dir. e teoria gen.). *In*: *Enciclopedia del diritto*. Milano: Giuffrè, (1972) 2007. v. XXII, p. 152 (§9).

[1929] Cf.: BÖCKENFÖRDE, Ernst-Wolfgang; NICOLETTI, Michele; BRINO, Omar. *Stato, costituzione, democrazia*: studi di teoria della costituzione e di diritto costituzionale. Milano: Giuffrè, 2006. p. 86.

[1930] Cf.: PARESCE, Enrico. Interpretazione (fil. dir. e teoria gen.). *In*: *Enciclopedia del diritto*. Milano: Giuffrè, (1972) 2007. v. XXII, p. 152 (§15).

[1931] Cf.: KAUFMANN, Arthur. *Filosofia do direito* (*Rechtsphilosophie*). (Trad. António Ulisses Cortês). Lisboa: Fundação Calouste Gulbenkian, 2004. p. 68.

[1932] Cf.: BERTI, Giorgio. *Interpretazione costituzionale*: lezioni di diritto pubblico. 4. ed. Verona: CEDAM, 2001. p. 102.

não a anula e muito menos a absorve. Afinal, é justamente por meio da compreensão que o intérprete irá efetivamente se inserir no processo de comunicação normativa, atividade que, além do subjetivismo inerente à pré-compreensão, será influenciada pelo teor dos enunciados linguísticos objeto de interpretação e pelas vicissitudes do contexto.

Pré-compreensão e compreensão refletem estados mentais essencialmente dinâmicos,[1933] sendo naturalmente construídos e reconstruídos a partir dos influxos recebidos do exterior e das vicissitudes afetas à própria capacidade intelectiva do intérprete. Concorrem para a formação de uma relação nitidamente circular: a pré-compreensão antecede e viabiliza a compreensão; a compreensão permite a formação de um novo adquirido mental e a consequente reconstrução da pré-compreensão.

A grande dificuldade, por vezes, é impedir que a intensidade da pré-compreensão, o pouco apreço aos limites estabelecidos pelos enunciados linguísticos inseridos no texto constitucional e a indiferença às vicissitudes do contexto cheguem ao extremo de tornar o processo de interpretação um mero instrumento de veiculação das aspirações e dos desejos do intérprete, concebidos em sua individualidade e que são arbitrariamente impostos aos demais participantes do processo de comunicação normativa. Tanto a reflexão em torno dos fatores linguísticos, quanto o delineamento dos fatores circunstanciais que refletem a realidade subjacente ao processo de interpretação, não podem chegar ao extremo de desconsiderar os dados empíricos postos ao alcance do intérprete, terminando por moldar uma figura híbrida que encontre no subjetivismo a sua essência e seja meramente ornada com um colorido de concretude.

Além de sensibilidade e bom senso, requisitos imprescindíveis à apreensão e valoração, tanto da realidade, quanto do potencial expansivo do texto interpretado, a atividade intelectiva voltada à individualização da norma constitucional não pode prescindir da *boa-fé* do intérprete. A boa-fé indica o desejo consciente de atribuir o melhor sentido possível ao texto interpretado, o que exige honestidade na (1) consideração de todos os fatores extrínsecos que concorrem para a formação do significado, (2) escolha e correta utilização dos métodos de interpretação, (3) observância dos limites textuais e (4) transigência com pré-conceitos, evitando, como ressaltado por Barber e Fleming,[1934] que o processo de interpretação assuma os contornos de mera encenação, sendo utilizado, apenas, para justificar conclusões prévias e indiferentes ao texto e a qualquer preocupação metódica. Com isso, serão observadas as "virtudes constitucionais" a que se referiu Powell[1935] e afastados o subterfúgio, a implicância e a manipulação política, que tendem a desvirtuar a funcionalidade e o sentido da norma.[1936]

[1933] Cf.: KAUFMANN, Arthur. *Filosofia do direito* (*Rechtsphilosophie*). (Trad. António Ulisses Cortês). Lisboa: Fundação Calouste Gulbenkian, 2004. p. 13.

[1934] BARBER, Sotirius A.; FLEMING, James A. *Constitutional interpretation*. New York: Oxford University Press, 2007. p. 155-156.

[1935] POWELL, H. Jefferson. *Constitutional conscience*: the moral dimension of judicial decision. Chicago and London: University of Chicago Press, 2008. p. 11.

[1936] Cf.: LIEBER, Francis. *Legal and political hermeneutics*: or principles of interpretation and construction in law and politics, with remarks on precedents and authorities. Boston: Charles C. Litle and James Brown, 1839. p. 93.

4.2 O sentimento constitucional

O substantivo *sentimento* tanto indica a sensibilidade para perceber algo, quanto o resultado dessa percepção. Ao agregarmos o adjetivo *constitucional*, estaremos fazendo referência, no primeiro caso, à sensibilidade ou à capacidade de perceber a essência das normas ou valores constitucionais; no segundo, ao estado de ânimo formado a partir dessa percepção, que tanto pode concorrer para a construção da pré-compreensão, quanto da compreensão.

Embora seja exato afirmar que a capacidade de apreensão é inerente à racionalidade humana, a sensibilidade assume contornos mais amplos, não sendo inteiramente enquadrável sob essa epígrafe. Absorve emoções que não podem ou não precisam ser reconstruídas argumentativamente, o que afasta qualquer explicação racional a seu respeito. Esse quadro é particularmente relevante ao observarmos a "onipresença da emoção" no desenvolvimento e na experiência cotidiana dos seres humanos. A consciência, no entanto, não é propriamente a antítese da emoção, já que viabiliza a apreensão dos sentimentos e oferece as condições necessárias para o seu "impacto máximo", permitindo, além disso, que a pessoa reflita e planeje, controlando, ao menos parcialmente, as suas emoções.[1937] É justamente o controle dos excessos da emoção que configura o *múnus* da razão. Razão e emoção sempre concorrem para a individualização do ser humano e uma não prescinde da outra.

Quando a emoção e o sentimento formado sob sua influência são contextualizados exclusivamente no âmbito da pré-compreensão, não haverá qualquer efeito negativo em relação à atividade do intérprete. Afinal, em um plano idealístico, que nem sempre é observado em sua pureza conceitual, a pré-compreensão tão somente viabiliza a formação do conhecimento, não definindo, *a priori*, as decisões a serem tomadas pelo intérprete.

A questão se tornará mais complexa quando o sentimento avançar da pré-compreensão para a compreensão, não como fator provisório, característico da espécie humana e aberto aos influxos da razão, o que faz parte da pré-compreensão, consubstanciando pressuposto necessário à compreensão, mas como critério de antecipação e definição das decisões tomadas no curso do processo de interpretação. Em outras palavras, embora o sentimento se faça presente na pré-compreensão e, por via reflexa, na compreensão, não pode afastar a racionalidade e ser fator decisivo para a definição do significado a ser atribuído aos enunciados linguísticos normativos.

Kaufmann,[1938] apesar de ver o "sentimento do direito" como algo positivo, entendia que ele não deveria "intervir na determinação da decisão" a ser tomada pelos juízes na interpretação dos padrões normativos. Essa afirmação, malgrado ande de braços dados com o referencial de racionalidade que se espera em todas as decisões tomadas no curso do processo de interpretação, não leva em consideração a dicotomia existente entre pré-compreensão e compreensão. Se a pré-compreensão (1) se forma a partir de juízos valorativos lastreados na razão e na emoção, e (2) configura pressuposto necessário ao

---

[1937] Cf.: DAMÁSIO, António. *O mistério da consciência*: do corpo e das emoções ao conhecimento de si (The feeling of what happens: body and emotions in the making of conciouness). (Trad. Laura Teixeira Motta). São Paulo: Companhia das Letras, 2000. p. 80-81.
[1938] KAUFMANN, Arthur. *Filosofia do direito* (*Rechtsphilosophie*). (Trad. António Ulisses Cortês). Lisboa: Fundação Calouste Gulbenkian, 2004. p. 95.

surgimento da compreensão, o sentimento, ínsito no antecedente, há de estar presente no consequente. Isso, no entanto, não chega ao extremo de contrariar o espírito das conclusões de Kaufmann: o sentimento não pode preterir a razão. Não há como se negar, de qualquer modo, que, ao se integrar à pré-compreensão, o sentimento efetivamente intervém na formação do adquirido que possibilitará o surgimento da compreensão. Essa intervenção pode (1) se limitar à influência inicial, sendo posteriormente afastada sempre que verificada a sua total incompatibilidade com os únicos referenciais de racionalidade passíveis de serem seguidos no curso do processo de interpretação, ou (2) influir na escolha dos próprios referenciais de racionalidade, possibilidade que pressupõe a existência de uma diversidade de percursos argumentativos que possam ser reconduzidos à razão e absorvidos pelos balizamentos oferecidos pelo enunciado linguístico objeto de interpretação. Nesse último caso, o sentimento, apesar de encoberto pela razão, terá decisiva influência no seu próprio acolhimento. A essa constatação soma-se outra: os sentimentos podem influir, igualmente, na escolha dos métodos de interpretação, conferindo-se preeminência àqueles que, além de conducentes a resultados harmônicos com a razão, satisfaçam às preferências do intérprete.

A inter-relação entre dados objetivos, como o texto constitucional, e instrumentos eminentemente racionais, como os métodos de interpretação, com o sentimento, certamente contribui para "humanizar" a norma constitucional e, em uma perspectiva mais ampla, para aumentar, no ambiente sociopolítico, a zona de convergência a respeito do significado que lhe foi atribuído. É justamente essa zona de convergência que contribui para a formação da "vontade de Constituição" a que se referiu Hesse e que permite distinguir entre "ter Constituição" e "estar em Constituição".[1939]

4.3 Ideologias do discurso interpretativo

A interpretação, enquanto atividade intelectiva voltada à atribuição de significado a enunciados linguísticos textuais, é necessariamente influenciada pela visão do intérprete a respeito da funcionalidade do texto normativo e de sua interação com o contexto. Enquanto posturas excessivamente formalistas tendem a valorizar o texto em detrimento da realidade, uma elevada sensibilidade a referenciais axiológicos, ou às especificidades do contexto, tende a direcionar o intérprete para a busca dos significados que lhe pareçam mais justos, ainda que não possam ser reconduzidos ao texto.

Em seus contornos mais amplos, a liberdade do intérprete para realizar uma constante releitura da Constituição formal, viabilizando a sua contínua atualização, permite que se fale, com Wróblewski,[1940] em uma *ideologia dinâmica de interpretação jurídica*, contrapondo-a à *ideologia estática de interpretação jurídica*. A primeira indica a imperativa adaptação do direito às necessidades da vida social, distanciando-se de concepções originalistas e puramente cognoscitivas. A segunda, por sua vez, com o alegado objetivo de prestigiar a certeza e a estabilidade, confere especial realce a algum paradigma de sentido, o que compromete a atualização do texto pelo intérprete. Enquanto a ideologia

---

[1939] Cf.: LUCAS VERDU, Pablo. *El sentimiento constitucional*: aproximación al estudio del sentir constitucional como modo de integración política. Madrid: Reus, 1985. p. 67.
[1940] WROBLEWSKI, Jerzy. *Constitución y teoría general de la interpretación jurídica*. (Trad. Arantxa Azurza). Madrid: Cuadernos Civitas, 2001. p. 72-75.

dinâmica visualiza matizes de adaptabilidade e criatividade na interpretação, melhor se ajustando às vicissitudes da vida social, a estática a concebe como uma atividade de descobrimento, daí decorrendo um nítido "governo dos mortos sobre os vivos".[1941]

Com os olhos voltados à postura assumida pelo intérprete em relação às inúmeras variáveis envolvidas no processo de interpretação, é possível afirmar que o discurso interpretativo pode assumir seis contornos básicos: (1) sociológico; (2) psicológico; (3) semiótico; (4) sociossemiótico; (5) lógico-finalístico; e (6) empírico.[1942]

No discurso interpretativo sociológico, a identificação e a resolução das conflitualidades intrínsecas são integralmente direcionadas pelas especificidades do contexto. O intérprete busca individualizar significados que atendam às necessidades do ambiente sociopolítico, ainda que isso importe em um total distanciamento do texto.[1943] No discurso psicológico, o intérprete, além de não se considerar adstrito a qualquer balizamento linguístico, confere primazia ao seu modo pessoal de ver e entender o texto e o contexto, que pode, ou não, encontrar ressonância na realidade. O discurso semiótico, diversamente dos dois anteriores, é caracterizado por uma total adstrição ao texto normativo. O intérprete busca compreender todas as nuances afetas ao léxico e à gramática, mas minimiza a influência do contexto, que somente é considerado enquanto fenômeno cultural, atuando sobre a estruturação e o sentido da linguagem. No discurso sociossemiótico, o intérprete, conquanto preserve o interesse na linguagem, que mantém o seu *status* de balizamento intransponível, busca uni-la às necessidades do contexto, levando em devida conta a funcionalidade da produção normativa e os efeitos que a norma produzirá na realidade. Nesse caso, o intérprete pauta suas valorações e escolhas por opções puramente técnicas e racionais, afastando o arbítrio e permitindo a reconstrução do *iter* argumentativo percorrido. No discurso lógico-finalístico, a racionalidade continua a direcionar a atuação do intérprete, mas o respeito à linguagem deixa de fazer parte imprescindível da equação. O objetivo é alcançar um significado que se ajuste ao padrão de racionalidade do *homo medius*, ainda que afronte o texto e não reflita os anseios pessoais do intérprete. Por fim, no discurso empírico, o objetivo é, tão somente, identificar um resultado com o qual o processo de interpretação deva estar comprometido, ainda que não seja possível associá-lo a um alicerce sociológico, psicológico, semiótico ou lógico. É o que ocorre com o realismo norte-americano, que busca atribuir à norma o sentido preferido pelos juízes, sem qualquer preocupação com textos normativos preexistentes.[1944]

Os discursos interpretativos que situam em plano secundário a preocupação com referenciais semióticos, se aproximando da tópica pura, terminam por se distanciar da própria essência de uma atividade interpretativa.[1945] Afinal, o intérprete se sobrepõe

---

[1941] WROBLEWSKI, Jerzy. *Constitución y teoría general de la interpretación jurídica*. (Trad. Arantxa Azurza). Madrid: Cuadernos Civitas, 2001. p. 76.

[1942] Vide, com variações na classificação: VILLAR PALASI, José Luis. *La interpretación y los apotegmas jurídico-lógicos*. Madrid: Tecnos, 1975. p. 34-35.

[1943] Segundo Aubert, quando o intérprete recorre ao método dito teleológico contemporâneo, permitindo que ao texto seja atribuído o significado que mais se ajuste à atualidade, nada mais faz que um *jeu de l'esprit* (jogo do espírito) – AUBERT, Jean-François. *Traité de droit constitutionnel suisse*. Neuchatel: Ides et Calendes, 1967. p. 118.

[1944] Cf.: TARELLO, Giovanni. *L'interpretazione della legge*. Milano: Giuffrè, 1980. p. 47.

[1945] Cf.: PÉREZ LUÑO, Antonio Enrique. *Derechos humanos, estado de derecho y Constitución*. 8. ed. Madrid: Tecnos, 2003. p. 263.

aos limites textuais para modificá-los ou anulá-los, enveredando por uma atividade de criação *ex novo*. A compatibilização do texto constitucional com a realidade exige moderação por parte do intérprete, que deve permanecer adstrito ao potencial expansivo dos enunciados linguísticos interpretados, isso sob pena de alterá-los ou suprimi-los.[1946] Essa última opção, embora não seja incomum, especialmente em relação à interpretação realizada pelo Tribunal Constitucional, faz com que o intérprete avance em considerações a respeito da oportunidade e da correção do próprio enunciado interpretado, o que não se ajusta ao referencial de rigidez constitucional.[1947] Lembre-se, com Sustein,[1948] que mesmo que possa ser adequado, pragmaticamente falando, substituir a melhor visão possível da Constituição pela nossa própria Constituição, "the substitution cannot count as interpretation".

5 Hermetismo ou permeabilidade textual

A interpretação de qualquer documento jurídico, e a Constituição não foge à regra, pode receber dois enfoques: um interno e outro externo.[1949] No enfoque interno, a atividade intelectiva do intérprete leva em consideração, apenas, as características intrínsecas do objeto interpretado, o texto normativo, que permanece imune à influência de fatores extrínsecos durante o processo destinado à identificação do seu significado. O enfoque externo, por sua vez, lança o olhar para além do texto, alcançando todos os fatores que, a juízo do intérprete, contribuem para o delineamento do seu significado.

A interpretação constitucional, enquanto atividade intelectiva voltada à individualização da norma, deve, com os olhos voltados ao problema, necessariamente principiar pelo texto constitucional. Esse ponto de partida tanto pode ser concebido de modo exauriente, esgotando todos os elementos cognitivos ofertados ao intérprete, quanto ostentar uma função meramente delimitadora da ingerência dos demais elementos passíveis de serem utilizados.

A primeira concepção aponta para uma interpretação impermeável, que faz do texto o início e o fim de toda atividade intelectiva, sendo proscrita a ingerência de qualquer elemento exterior. O intérprete deve permanecer adstrito ao texto, que oferecerá todo o instrumental necessário à individualização da norma. Em verdade, o texto se confundiria com a própria norma, já que o significado desta última estaria nele implícito, aguardando, apenas, a sua descoberta pelo intérprete. Concepções dessa natureza, que também se afeiçoam ao designativo de "formalismo interpretativo", apregoam a neutralidade e somente consideram os elementos intrínsecos do texto normativo, desconsiderando

---

[1946] Cf.: ÁLVAREZ CONDE, Enrique. *Curso de derecho constitucional*: el Estado constitucional. El sistema de fuentes. Los derechos y libertades. 2. ed. Madrid: Tecnos, 1996. v. I, p. 164.

[1947] Cf.: PENSOVECCHIO LI BASSI, Antonino. *L'interpretazione delle norme costituzionali*: natura, metodo, difficoltà e limiti. Milano: Giuffrè, 1972. p. 104-110.

[1948] SUSTEIN, Cass. *A constitution of many minds*: why de founding document doesn't mean what it meant before. Princeton: Oxford: Princeton University Press, 2009. p. 28.

[1949] Cf.: BUTT, Peter; CASTLE, Richard William. *Modern legal drafting*: a guide to using clearer language. Cambridge: Cambridge University Press, 2001. p. 39.

elementos históricos, ideológicos, morais, econômicos, ambientais ou qualquer outro fator extrínseco que reflita um dado inerente à realidade.[1950]

A segunda concepção, ao atribuir ao texto constitucional uma função meramente delimitadora dos elementos intelectivos extrínsecos a ele e que devem necessariamente influir na individualização da norma, aponta para a sua permeabilidade. Longe de discriminar fatores intrínsecos e extrínsecos, promove a sua aproximação e integração, permitindo que a norma passe a refletir a interação entre forma e realidade. Acresça-se que a força normativa e o caráter fundante da Constituição não permitem que seja inferida a sua total independência em relação a qualquer outro fator que a circunda, de modo a descontextualizá-la do ambiente sociopolítico. Longe de surgir e se movimentar em um "vazio histórico",[1951] indiferente aos sistemas cultural, político e social, a Constituição com eles se articula, sendo a interpretação dos enunciados que veicula diretamente influenciada pela percepção do intérprete a respeito da intensidade dessa articulação. O enunciado linguístico é apenas um dos elementos a que o intérprete recorre no processo de individualização da norma constitucional.[1952]

O texto constitucional, por ser sensível ao ambiente sociopolítico, não pode receber significados que desconsiderem a "natureza das coisas" ("Natur der Sache"),[1953] vale dizer, a realidade subjacente a esse ambiente e, principalmente, o modo como essa realidade é diuturnamente vista pelos componentes do grupamento.

5.1 Os extremos do formalismo e do realismo

Os discursos argumentativos que buscam definir a funcionalidade da interpretação constitucional são extremamente variáveis e apresentam inúmeras vicissitudes quando comparados entre si. No que diz respeito à posição assumida em relação ao texto, mais especificamente ao seu hermetismo ou permeabilidade, merecem maior atenção os extremos do formalismo e do realismo, isso, obviamente, sem desconsiderar as inúmeras teorias intermédias. Essas construções teóricas certamente contribuem para a individualização de significados na prática constitucional, mas partem de pontos diversos e caminham em sentidos distintos, conduzindo a resultados que podem apresentar distinções substanciais quando cotejados entre si.

Especificamente em relação ao formalismo, observa-se que a perspectiva de análise aqui adotada se amolda à construção de Bobbio,[1954] associando-o ao positivismo enquanto teoria voltada ao delineamento da imposição estatal, permitindo, desse modo, contrapô-lo ao realismo. Já o estudo do positivismo enquanto método, que apregoa a separação entre direito e moral, conduziria a uma relação de oposição com as teorias naturalistas.

[1950] Cf.: TARELLO, Giovanni. *Diritto, enunciati, usi*: studi di teoria e metateoria del diritto. Bologna: Il Mulino, 1974. p. 38; e FRANKENBERG, Günther. *A gramática da Constituição e do direito* (*Autorität und Integration*: zur Gramatik von Recht und Verfassung). (Trad. Elisete Antoniuk). Belo Horizonte: Del Rey, 2007. p. 413.
[1951] GARCÍA-PELAYO, Manuel. *Las transformaciones del Estado contemporáneo*. 2. ed. Madrid: Alianza, 1985. p. 144.
[1952] Cf.: LAVAGNA, Carlos. *Costituzione e socialismo*. Bologna: Il Mulino, 1977. p. 38.
[1953] Cf.: BYDLINSKI, Franz. *Juristische Methodenlehre und Rechtsbegriff*. 2. ed. Wien: Springer, 1991. p. 51 e ss.
[1954] BOBBIO, Norberto. Sul positivismo giuridico. *Rivista di Filosofia*, n. LII, p. 14-34, 1961. p. 14 (14 e ss.).

O formalismo,[1955] também denominado de teoria cognitiva,[1956] é a expressão mais lídima do método jurídico-tradicional ou lógico-dedutivo.[1957] Vê no direito um sistema fechado, apto a disponibilizar soluções para todos os problemas que a realidade pode oferecer. No plano das fontes, o direito legislado teria total preeminência sobre as demais. Em sua concepção pura, projeta *ab ovo*, com precisão matemática, numa série de cálculos formais, as normas que serão aplicadas pelo intérprete. Em uma concepção dinâmica e evolutiva, o formalismo se assemelharia a uma "combinatória", permitindo que, a partir de fórmulas iniciais, sejam alcançadas outras fórmulas, observados alguns preceitos operativos fixos,[1958] que são os métodos interpretativos de índole cognitiva. O que não pode ser racionalmente construído é juridicamente irrelevante.[1959] Nesse caso, a norma jurídica desprende-se da vontade de seus idealizadores e acompanha o evolver da sociedade a partir de processos sucessivos de abstração, permitindo que sejam extraídas de seus contornos semânticos, com absoluta coerência sistêmica, as soluções para as novas situações que se apresentem.

O intérprete se limitaria a descobrir a norma aplicável ao caso concreto,[1960] realizando, nos casos difíceis, uma interpretação lógico-sistêmica, coerente com os padrões conceituais inerentes à ordem jurídica, atividade que, salvo autorização expressa, prescindiria da concorrência de fatores extrínsecos, como objetivos sociais e *standards* morais. Argumentações dessa natureza, também denominadas de "conceitualistas",[1961] se utilizam, em caráter preponderante ou exclusivo, de definições pré-constituídas dos significantes linguísticos empregados nos enunciados normativos, o que descontextualiza a norma dos fins a que se destina e do ambiente sociopolítico em que se projetará, considerações que não frequentam o rol de preocupações do intérprete. Soler,[1962] por exemplo, realçou esse viés formalista ao se insurgir contra a possibilidade de o direito "elaborar conceitos abstratos" que não sejam "mandados inflexíveis". Considerando que a norma precisa ser necessariamente abstrata, ao intérprete não deve ser reconhecido o poder de torná-la flexível, isso sob pena de desconsiderar a sua própria imperatividade. A abstração, como característica estrutural da norma, não justificaria a sua manipulação.

[1955] Sobre as distintas concepções de formalismo que pode refletir (1) uma concepção formal da justiça, (2) uma concepção formal do direito, (3) uma concepção da ciência do direito como ciência formal ou (4) uma teoria formal da interpretação jurídica, vide: BOBBIO, Norberto. Sul formalismo giuridico. *Rivista Italiana di Diritto e Procedura Penale*, p. 977-998, 1958. p. 977 (977 e ss.).

[1956] Cf.: GUASTINI, Ricardo. *Das fontes às normas (Dalle fonti alle norme)*. (Trad. Edson Bini). São Paulo: Quatier Latin, 2005. p. 139-140.

[1957] Cf.: DUXBURY, Neil. *Patterns of American jurisprudence*. New York: Oxford University Press, 1997. p. 9-10.

[1958] Cf.: VIEHWEG, Theodor. *Tópica e jurisprudência (Topik und Rechtsphilosophie)*. (Trad. Tércio Sampaio Ferraz Jr.). Brasília: Departamento de Imprensa Nacional, 1979. p. 78-79.

[1959] Cf.: WEBER, Max. *Economía e sociedad*. (Trad. Eduardo García Maynez e Eugenio Imaz). México: Fondo de Cultura, 1944. p. 26-27.

[1960] Cf.: SOLER, Sebastián. *La interpretación de la ley*. Barcelona: Ariel, 1962. p. 73-74. Nas palavras do autor, "lo importante no es lo que haremos una vez que estemos dentro de la casa; lo importante es decidir si entramos o no entramos; estamos frente a un dilema". O intérprete somente deveria decidir que norma aplicar, não incursionando na definição do seu conteúdo.

[1961] TARELLO, Giovanni. *Il realismo giuridico americano*. Milano: Giuffrè, 1962. p. 117. Note-se que Heck utilizava o designativo "método jurídico conceitualista" ou "método de inversão" para uma vertente específica do formalismo, a jurisprudência dos conceitos (HECK, Philipp. The formation of concepts and the jurisprudence of interests (Bregriffsbildung und Interessensjurisprudenz). (Trad. M. Magdalena Schoch). In: *The jurisprudence of interests*. Cambridge: Harvard University Press, 1948. p. 101 (172-173)).

[1962] SOLER, Sebastián. *La interpretación de la ley*. Barcelona: Ariel, 1962. p. 35-36.

Para o formalismo, os enunciados linguísticos obtidos pelo intérprete, fruto de sua atividade cognitiva, seriam formas de manifestação do discurso descritivo, o que tornaria possível a verificação de sua verdade ou, eventualmente, de sua falsidade.[1963] A completude do direito e sua inarredável coerência sistêmica afastariam a existência de lacunas e de antinomias, restando ao intérprete apenas identificar a única norma preexistente e aplicável ao caso. Por não haver liberdade valorativa, não haveria decisão (criativa) propriamente dita. A decisão jurídica, em verdade, representaria a mera aplicação de um preceito abstrato a um fato concreto.[1964] Observa-se que o reconhecimento, ou não, dos dogmas da completude do direito e da ausência de lacunas estão intimamente associados à atribuição, ou não, de um papel criativo ao intérprete.[1965]

Ao se projetar na aplicação da norma, na sua efetiva interação com a realidade, o formalismo vai se coadunar com o raciocínio silogístico, sendo somente nesse momento, posterior à ultimação do processo de interpretação e à individualização da norma, que o operador do direito tomará uma verdadeira decisão.

Ao afirmarmos que o formalismo, enquanto teoria da interpretação, é avesso às decisões, direcionamos nossa análise à individualização do significado. Em outras palavras, se o significado é preexistente à interpretação, sendo tão somente declarado pelo intérprete, afigura-se evidente que não há espaço para escolhas ou decisões. Isso, obviamente, não exclui a constatação de que o intérprete, no momento imediatamente anterior ao início do processo de interpretação, efetivamente realiza escolhas e toma decisões. Afinal, incumbe a ele definir, dentre as inúmeras disposições normativas existentes no sistema, a qual delas direcionará a sua atenção, bem como se a disposição escolhida se ajusta aos padrões de validade exigidos, sendo, portanto, utilizável.[1966] Essa operação, aliás, sempre será realizada, qualquer que seja a construção teórica prestigiada pelo intérprete.

Partindo da síntese de Tarello,[1967] pode-se afirmar que o formalismo interpretativo, em sua concepção mais ampla, congrega todas as teorias que sustentam a existência de significados intrínsecos à norma (ou ao sistema de normas) e não reconhecem a influência de fatores extrínsecos, como aqueles de natureza histórica, teleológica, econômica, funcional e ambiental. A investigação jurídica termina por ser depurada de todos os fatores "metajurídicos" e passa ao largo de valorações de natureza moral, utilitária etc.[1968] A essência do formalismo reside na premissa de ser possível alcançar significados sem mediação ou distorção, assegurando a segurança e a justiça do processo de comunicação normativa.[1969] O intérprete se limita a declarar o direito vigente, não cria

---

[1963] Cf.: GUASTINI, Ricardo. *Das fontes às normas* (*Dalle fonti alle norme*). (Trad. Edson Bini). São Paulo: Quatier Latin, 2005. p. 139.
[1964] Cf.: WEBER, Max. *Economía e sociedad*. (Trad. Eduardo García Maynez e Eugenio Imaz). México: Fondo de Cultura, 1944. p. 26.
[1965] Cf.: WROBLEWSKI, Jerzy; BÁNKOWSKI, Zenon; MACCORMICK, Neil. *The judicial application of law*. Springer: The Netherlands, 1992. p. 102-103.
[1966] Cf.: WROBLEWSKI, Jerzy; BÁNKOWSKI, Zenon; MACCORMICK, Neil. *The judicial application of law*. Springer: The Netherlands, 1992. p. 11.
[1967] TARELLO, Giovanni. *Diritto, enunciati, usi*: studi di teoria e metateoria del diritto. Bologna: Il Mulino, 1974. p. 38.
[1968] Cf.: ORESTANO, Riccardo. *Diritto*: incontri e scontri. Bologna: Il Mulino, 1981. p. 388-391.
[1969] Cf.: HARPHAM, Geoffrey Galt. *Getting it right*: language, literature, and ethics. Chicago: University of Chicago Press, 1992. p. 59.

direito novo:[1970] com isso, mantem-se adstrito ao tecnicismo, não avançando na política. Esse, aliás, é ponto nodal da defesa que Ernst Weinrib[1971] promove do formalismo: trata-se da "inteligibilidade imanente", indicando que a norma deve ser entendida em seus próprios termos, a partir de um ponto de vista interno, o que preserva a dicotomia entre direito e política. Não haveria espaço, desse modo, para a denominada discricionariedade judicial, entendimento que fortaleceria a função legislativa e minimizaria o papel dos tribunais. Essa limitação à liberdade dos tribunais faz com que o formalismo, em certas ocasiões, se desprenda da teoria da interpretação e alcance, ele próprio, o plano dos valores, refletindo, por assim dizer, uma postura ideológica afinada com a democracia e que rechaça o "governo dos juízes", isso para utilizarmos a expressão popularizada por E. Lambert.[1972] Teorias contemporâneas, como a encabeçada por Dworkin,[1973] também preconizam a ausência de discricionariedade judicial, sob o argumento de existir uma única solução justa no plano jurídico. O fazem, no entanto, a partir de um ponto de vista externo ao texto, aos precedentes e à intenção legislativa, condicionando a justificação da decisão judicial à sua adequação a um princípio moral.[1974]

Ainda em relação à pretensa objetividade do formalismo, isso ao partir da premissa de que os métodos de interpretação direcionam o intérprete na resolução de todo entrave com que possa se deparar em sua atividade intelectiva, afastando qualquer decisionismo de sua parte, o que se verifica é a tentativa de se justificar, metodicamente, verdadeiras decisões tomadas pelo intérprete. A discricionariedade, em verdade, é uma pratica que, apesar de recorrente, não chega a ser admitida na intensidade desejada.[1975] Ao se afirmar que a "discricionariedade não está integrada à atividade do intérprete", nada mais se faz que minimizar o seu ônus argumentativo em reconstruir o *iter* percorrido. Os métodos de interpretação, longe de o guiarem, serviriam para encobrir o seu caminho, desviando a atenção em relação à essência de suas decisões.

A posição de primazia que se busca atribuir ao texto normativo é bem percebida com a "regra da clareza da linguagem" (*plain language rule*), que aponta para a impossibilidade de o intérprete ir além dos significantes linguísticos quando o seu significado for claro e unívoco.[1976] O correto seria atribuir à norma o significado que emerge da clareza da linguagem, o que privilegiaria a vontade, tal qual transposta para o texto, da autoridade responsável pela elaboração do enunciado normativo. Com os olhos votados a esse entendimento, o primeiro problema a ser enfrentado diz respeito à tensão dialética entre clareza e ambiguidade, não sendo demais lembrar que a inclinação para um ou outro desses referenciais será normalmente influenciada pelo juízo subjetivo do intérprete. O segundo problema está relacionado à constatação de que ao isolarmos o texto normativo do seu entorno, vale dizer, da realidade em que se projetará, corremos

---

[1970] Cf.: BOBBIO, Norberto. Giusnaturalismo e positivismo *giuridico*. 3. ed. Milano: Edizioni di Comunitá, 1977. p. 94.
[1971] WEINRIB, Ernest. Legal formality: on the immanent rationality of law. *Yale Law Journal*, n. 97, p. 949, 1988. p. 949 (951).
[1972] LAMBERT, E. *Le gouvernement des juges et la lutte contre la législation sociale aux États-Unis*: l'expérience américaine du contrôle judiciaire de la constitutionnalité des lois. Paris: Marcel Giard, 1921.
[1973] DWORKIN, Ronald. *A matter of principle*. Cambridge: Harvard University Press, 1985. p. 119 e ss.
[1974] Cf.: PATTERSON, Dennis. *Law and truth*. Oxford: Oxford University Press, 1999. p. 78.
[1975] Cf.: BARAK, Aaron. *Purposive interpretation in law*. (Trad. Sari Bashi). Oxford: Princeton University Press, 2007. p. xii e xiii.
[1976] Cf.: SOLAN, Lawrence M. *The language of judges*. Chicago; London: The University of Chicago Press, 1993. p. 93.

o risco de individualizarmos normas injustas ou dissonantes dos próprios objetivos que justificam a sua existência.[1977] Não é por outra razão que o intérprete em geral, e o Tribunal Constitucional em particular, normalmente oferecem alguma resistência quanto à utilização acrítica da "regra da clareza da linguagem", que costuma ser empregada, apenas, em relação aos significantes linguísticos que possam ser tidos como unívocos (*v.g.*: prescrições categóricas que utilizam significantes numéricos, nomes próprios etc.).

Ao se apregoar a utilização de uma linguagem clara (*plain language*) na estruturação dos enunciados normativos, o objetivo não é propriamente o de torná-los totalmente imunes às suas debilidades intrínsecas ou criar uma barreira à influência de fatores extrínsecos no processo de interpretação, imunizando o texto à influência da realidade. O que se almeja, em verdade, é tão somente conter o potencial expansivo das conflitualidades intrínsecas, o que limitará o poder de decisão do intérprete, permitindo que sejam alcançados níveis satisfatórios de previsibilidade e precisão. O objetivo constantemente perseguido, nem sempre com êxito, é encontrar, tanto quanto possível, uma zona de convergência entre direito e linguagem.[1978] Alguns positivistas, como Hart,[1979] atentando para as indeterminações linguísticas que um ordenamento jurídico pode oferecer, como a ambiguidade e a vagueza semântica, ofereceram grandes contribuições para a compreensão de que o direito não é um sistema autossuficiente, que disponibiliza todas as soluções do ponto de vista de um observador interno. Daí o constante recurso a critérios não jurídicos, mas sim morais, como aqueles que dão sustentação aos princípios jurídicos.

A denominada jurisprudência dos conceitos (*Begriffsjurisprudenz*), variante mais conhecida do formalismo e que foi impulsionada por Ihering,[1980] ao menos em sua primeira fase,[1981] pressupõe a racionalidade intrínseca do sistema jurídico e busca estruturá-lo como uma "pirâmide de conceitos".[1982] O vértice dessa pirâmide seria ocupado pelo conceito de maior generalidade possível, no qual devem se subsumir, como espécies e subespécies, em escala decrescente de generalidade, todos os demais conceitos. Adota-se um método de "construção", permitindo que a partir da combinação de conceitos jurídicos fundamentais sejam alcançados padrões de conduta implícitos no direito legislado.[1983] Os conceitos derivados sempre serão reconduzidos ao originário,[1984]

[1977] Cf.: SOLAN, Lawrence M. *The language of judges*. Chicago; London: The University of Chicago Press, 1993. p. 93-94 e 108.

[1978] Cf.: CONLEY, John M.; O'BARR, William. *Just words*: law, language and power. Chicago e London: University of Chicago Press, 1998. p. 14.

[1979] HART, Herbert L. A. *O conceito de direito* (*The concept of law*). (Trad. A. Ribeiro Mendes). 3. ed. Lisboa: Fundação Calouste Gulbenkian, 2001. p. 137 e ss.

[1980] VON IHERING, Rudolf. *L'esprit du droit romain dans les diverses phases de son développement*. (Trad. O. de Meulenaere). Paris: A. Chevalier-Marescq, 1886. t. 1, p. 26-48. Segundo Von Ihering, todo organismo pode ser visto do ponto de vista anatômico, alcançando tanto as partes que o compõem, quanto sua ação recíproca, ou psicológico, que diz respeito às duas funções. A existência das regras de direito enquadra-se no plano anatômico, pressupondo o poder de formulá-las. Essas regras explícitas, por sua vez, podem dar origem a novas regras, que estão "latentes" no sistema.

[1981] Cf.: BYDLINSKI, Franz. *Juristische Methodenlehre und Rechtsbegriff*. 2. ed. Wien: Springer, 1991. p. 110, nota 259.

[1982] Cf.: OTTE, Gerhard. Ist die Begriffsjurisprudenz wirklich tot? *In*: HADDING, Walther. *Festgabe Zivilrechtslehrer 1934/1935*. Berlin: Walter de Gruyter, 1999. p. 433 (433).

[1983] Cf.: SANTIAGO NIÑO, Carlos. *Introducción al análisis del derecho*. 2. ed. Buenos Aires: Astrea, 2005. p. 324-325.

[1984] Cf.: LARENZ, Karl. *Metodologia da ciência do direito* (*Methodenlehre der Rechtswissenschaft*). (Trad. José Lamego). 3. ed. Lisboa: Fundação Calouste Gulbenkian, 1997. p. 310-312.

formando um sistema de regras logicamente evidente, sem contradições e sem lacunas. Essa teoria encampa o dogma da completude do direito e busca descrevê-lo de modo sistemático, reagrupando as normas de acordo com os institutos que as informam, ainda que isso, por fim, resulte em uma manipulação do texto normativo.[1985] O intérprete desempenharia uma atividade mecânica e essencialmente cognitiva, não avançando em juízos valorativos a respeito das consequências práticas que decorreriam dos significados encontrados.[1986] O positivismo normativo de Kelsen,[1987] em certa medida, pode ser integrado a essa estrutura, sendo o topo da pirâmide ocupado pela *Grundnorm*, fonte de validade de todo o ordenamento jurídico.

O processo dedutivo preconizado por essa teoria, por refletir uma "teoria exegética objetiva",[1988] terminaria por conduzir, conforme a posição ocupada na pirâmide, à precedência, em abstrato, de alguns conceitos sobre outros, relegando a plano secundário os circunstancialismos e os demais fatores extrínsecos presentes no momento em que individualizado o conteúdo da norma. A atividade do intérprete seria limitada à subsunção dos fatos aos contornos prefixados da norma, que estaria integrada a um sistema fechado de conceitos jurídicos.[1989] Em consequência, a unidade interior do direito derivaria de uma ideia de justiça de matiz lógico-formal ou axiomático-dedutivo, afastando qualquer feição de tipo valorativo ou axiológico.[1990] Ainda que algum padrão de conduta seja delineado a partir de razões práticas, ele deveria ser artificialmente vinculado a um conceito preexistente.[1991] Essa teoria, além de desconhecer a importância das demais fontes do direito que não o direito legislado, minimiza suas imperfeições e afasta a necessária inter-relação entre texto e contexto, já que o intérprete desconsidera as aspirações da vida social[1992] e não atenta para as consequências sociais que se desprenderão dos significados normativos. A insensibilidade da subsunção mecânica aos incontáveis problemas que eclodem no ambiente sociopolítico bem demonstra a insuficiência dessa doutrina.[1993] Tal, no entanto, não afasta a constatação de que a subsunção, ainda que permeada por intensos juízos valorativos, é técnica de uso recorrente pelos operadores do direito. E quanto menos intensos forem os juízos valorativos, parece surgir a impressão

---

[1985] Cf.: GUASTINI, Ricardo. *Das fontes às normas* (*Dalle fonti alle norme*). (Trad. Edson Bini). São Paulo: Quatier Latin, 2005. p. 169-171; e AARNIO, Aulis. *The rational as reasonable*: a treatise on legal justification. The Netherlands: Springer, 1987. p. 126-127.

[1986] Cf.: STONE, Julius. *The province and function of law*. Cambridge: Harvard University Press, 1950. p. 160-162.

[1987] KELSEN, Hans. *Teoria pura do direito* (*Reine Rechtslehre*). (Trad. João Baptista Machado). 6. ed. São Paulo: Martins Fontes, 2003. p. 226.

[1988] NEVES, Marcelo. A interpretação jurídica no estado democrático de direito. In: GRAU, Eros Roberto; SANTIAGO GUERRA FILHO, Willis (Org.). *Direito constitucional*: estudos em homenagem a Paulo Bonavides. São Paulo: Malheiros, 2001. p. 356 (357).

[1989] Cf.: LARENZ, Karl. *Metodologia da ciência do direito* (*Methodenlehre der Rechtswissenschaft*). (Trad. José Lamego). 3. ed. Lisboa: Fundação Calouste Gulbenkian, 1997. p. 64.

[1990] Cf.: CANARIS, Claus-Wilhelm. *Pensamento sistemático e conceito de sistema na ciência do direito* (*Systemdenken und Systembegriff in der Jurisprudenz*). (Trad. A. Menezes Cordeiro). 5. ed. Lisboa: Fundação Calouste Gulbenkian, 1989. p. 30.

[1991] Cf.: HECK, Philipp. The formation of concepts and the jurisprudence of interests (Bregriffsbildung und Interessensjurisprudenz). (Trad. M. Magdalena Schoch). In: *The jurisprudence of interests*. Cambridge: Harvard University Press, 1948. p. 101 (103).

[1992] Cf.: ESPÍNOLA, Eduardo; ESPÍNOLA FILHO, Eduardo. *A Lei de Introdução ao Código Civil Brasileiro*. 3. ed. Rio de Janeiro: Renovar, 1999. p. 164.

[1993] Cf.: BYDLINSKI, Franz. *Juristische Methodenlehre und Rechstsbegriff*. 2. ed. Wien: Springer, 1991. p. 113.

que os resultados alcançados são mais jurídicos que aqueles alcançados após intensa atividade intelectiva.[1994]

O formalismo, ademais, ainda peca por minimizar as conflitualidades inerentes à própria construção semântica das disposições normativas e, por via reflexa, dos conceitos jurídicos que lhes são subjacentes. A imperiosa utilização da linguagem convencional,[1995] por si só, é indicativo de que os referenciais de generalidade, ambiguidade e vagueza semântica irão, inevitavelmente, se manifestar na produção normativa, o que bem demonstra a ausência de uma pretensa "precisão matemática"[1996] nos enunciados normativos. Mesmo no plano estritamente semântico, identificar o alcance do texto não se assemelha a uma atividade de puro descobrimento.[1997] Também aqui, ao se deparar com significados diversos, deve o intérprete realizar escolhas, contribuindo para a individualização da norma.[1998] Em verdade, pode-se afirmar que as imprecisões da linguagem normativa consubstanciam o problema determinante da interpretação jurídica.[1999] Acresça-se que a lógica binária do formalismo, ao confinar o intérprete a uma única alternativa, vale dizer, ou adotar uma postura descritiva e prestigiar a segurança jurídica, ou avançar em juízos valorativos de efeitos imprevisíveis, passa ao largo dos caminhos intermédios oferecidos pela interpretação constitucional. Esse estado de coisas se intensifica ao constatarmos a intensa permeabilidade axiológica da ordem constitucional, o que bem demonstra a insuficiência do delineamento do seu conteúdo sob uma perspectiva estritamente lógico-jurídica e a necessidade de vê-la sob um prisma jurídico-político.[2000]

Face aos inconvenientes que atrai para o processo de interpretação, já que promove uma separação quase que absoluta entre texto e contexto,[2001] o formalismo mereceu de Dennis Patterson[2002] o comentário de ser a mais maligna abordagem contemporânea do direito. O vigor que (veladamente)[2003] ainda ostenta em alguns ciclos certamente decorre do seu maior apelo à segurança jurídica, que não seria comprometida com a ingerência de fatores extrínsecos ou com atividades valorativas puramente subjetivas. Com isso, preserva-se a *voluntas legis*, que não deveria ser suprimida ou desvirtuada

---

[1994] Cf.: CANOSA USERA, Raul. *Interpretación constitucional y fórmula política*. Madrid: Centro de Estudios Constitucionales, 1988. p. 10.

[1995] Cf.: CARRIÓ, Genaro R. *Notas sobre derecho y lenguaje*. 5. ed. Buenos Aires: Abeledo-Perrot-LexisNexis, 2006. p. 67-68.

[1996] Cf.: LLOYD, Dennis. *Introduction to jurisprudence*. Londres: Stevens and Sons, 1959. p. 398.

[1997] Soler, de modo algo utópico, em evidente desconsideração das limitações da linguagem ordinária, defende que as palavras da lei devem ser necessariamente exatas, inteligíveis com facilidade por todos, sem possibilidade de deformação (SOLER, Sebastián. *Fé en el derecho y otros ensayos*. Buenos Aires: TEA, 1956. p. 130-131).

[1998] Cf.: SANTIAGO NIÑO, Carlos. *Introducción al análisis del derecho*. 2. ed. Buenos Aires: Astrea, 2005. p. 339.

[1999] Cf.: WROBLEWSKI, Jerzy. Legal language and legal interpretation. *Law and PhilosophyI*, v. 4, n. 2, p. 239-255, ago. 1985. p. 239 (245 e ss.).

[2000] Cf.: LUCAS VERDU, Pablo. *El sentimiento constitucional*: aproximación al estudio del sentir constitucional como modo de integración política. Madrid: Reus, 1985. p. 114.

[2001] Cf.: MICHAELS, Walter Benn. Against formalism: chickens and rocks. *In*: LEVINSON, Sanford; MAILLOUX, Steven. *Interpreting law and literature*: a hermeneutic reader. Illinois: Northwestern University Press, 1988. p. 215 (215 e ss.).

[2002] PATTERSON, Dennis. *Law and truth*. Oxford: Oxford University Press, 1999. p. 22.

[2003] Weinrib pode ser considerado uma exceção à regra. Segundo ele, o formalismo reflete a mais lídima aspiração do direito: a de ser uma "prática normativa inteligível e imanente" (WEINRIB, Ernest. Legal formalism. *In*: PATTERSON, Dennis (Org.). *A companion to philosophy of law and legal theory*. USA: Wiley-Blackwell, 1999 (reimp. de 2003). p. 332 (332).

pela *voluntas interpretis*. Um modo inconsciente de prestigiar o formalismo consiste na renitente confusão entre texto e norma, sendo frequente a referência à "interpretação da norma", como se a norma fosse um dado previamente oferecido ao intérprete, que se limitaria a descobrir o significado nela oculto.

Apesar da intensa resistência ao formalismo, não se pode negar, como realçou Black, que, primeiramente, o enunciado normativo deve ser interpretado consoante "o significado ordinário das palavras e o efeito gramatical próprio da ordem em que se acham dispostas no texto".[2004] O intérprete, em qualquer caso, não se encontra livre para distorcer os significados possíveis do texto constitucional ou substituir um significante por outro, de modo a alcançar os significados que melhor se ajustem às suas aspirações.[2005]

O hermetismo e a objetividade que integram a essência do formalismo encontraram resistência em inúmeras correntes metodológicas, todas sectárias da insuficiência ou, mesmo, da incorreção das premissas utilizadas. As alternativas ao formalismo não refletem uma mera opção metódica, mas verdadeiro imperativo de ordenação social. Afinal, o distanciamento dos valores que permeiam o ambiente sociopolítico pode colaborar para arrefecer a voluntária adesão à ordem jurídica. Acresça-se que a indiferença às consequências a serem produzidas pela norma, vale dizer, aos efeitos de sua efetiva projeção na realidade, torna metodicamente inviável a individualização de certas normas programáticas, mais especificamente daquelas voltadas ao direcionamento de políticas públicas (*policies*).

Distanciam-se do formalismo as construções que apregoam a necessária consideração, pelo intérprete, da influência de fatores extrínsecos na individualização da norma, da base axiológica que dá sustentação à ordem jurídica e das consequências (políticas, econômicas etc.) decorrentes da interação da norma com o ambiente sociopolítico. No plano puramente metódico, parte das construções teóricas, de contornos moderados ou extremados, que se situam no extremo oposto ao formalismo, pode ser enquadrada sob a epígrafe mais ampla do realismo ou "teoria cética".[2006] Não só afasta a tese de ser possível a individualização prévia das normas jurídicas, identificáveis, *a priori*, com o só recurso a meios lógicos, como nega a sua própria existência, vendo-as como uma espécie de racionalização *a posteriori*, como produto exclusivo da atividade do intérprete (*rectius*: o juiz ou o doutrinador). A norma, longe de se sobrepor ao texto, somente existiria no momento em que começasse a desempenhar algum papel na comunidade.[2007] Por tal razão, não são alcançados pelo conceito de realismo as construções teóricas, como a de Dworkin,[2008] que, apesar de levarem em consideração, no processo de interpretação,

---

[2004] BLACK, Henry Campbell. *Handbook on the construction and interpretation of the laws*. 2. ed. St. Paul: West Publishing, 1911. p. 70.

[2005] Cf.: LINHARES-DIAS, Rui. *How to show things with words*. The Hague: Mouton de Gruyter, 2006. p. 24; e STORY, Joseph. *Commentaries on the Constitution of the United States with a preliminary review of the constitutional history of Colonies and States before the adoption of the Constitution*. Boston: Hilliard, Gray and Company, 1833. v. I. §407.

[2006] Cf.: GUASTINI, Ricardo. *Das fontes às normas* (*Dalle fonti alle norme*). (Trad. Edson Bini). São Paulo: Quatier Latin, 2005. p. 140; e CARRIÓ, Genaro R. *Notas sobre derecho y lenguaje*. 5. ed. Buenos Aires: Abeledo-Perrot-LexisNexis, 2006. p. 360.

[2007] Cf.: WALDRON, Jeremy. *The dignity of legislation*. Cambridge: Cambridge University Press, 1999. (John Robert Seeley Lectures, v. 2). p. 10.

[2008] DWORKIN, Ronald. *A matter of principle*. Cambridge: Harvard University Press, 1985. p. 119 e ss.

a influência de fatores extrínsecos, não associam a existência e a validade da norma à sua efetiva aplicação, como fazem os realistas.

As teorias realistas, de um modo geral, assumem contornos metafísicos, utilizando a linguagem e o pensamento como instrumentos descritivos do mundo.[2009] A "realidade objetiva" existe e ostenta seus fatores constitutivos com abstração do conhecimento e da habilidade daqueles que buscam apreendê-la. Essas teorias direcionam sua atenção às atividades de interpretação e aplicação do direito, em especial no âmbito dos tribunais, ou, mesmo, aos sistemas, conceitos e propostas interpretativas oferecidos pela doutrina,[2010] sendo esse o objeto da ciência jurídica, não a norma propriamente dita. A norma só seria objeto de estudo e reflexão após o seu surgimento. Noções como verdadeiro ou falso careceriam de qualquer fundamento epistêmico, devendo ser tão somente reconhecidas. Em comum, as construções realistas ostentam a preocupação em "encarar os fatos de frente".[2011] A realidade fática não mais assume contornos meramente contingentes e acessórios. Passa a delinear o próprio direito. O objetivo do realismo é explicar faticamente o dever (*Sollen*) inerente à imperatividade do direito.[2012]

O que diferencia as construções realistas, de modo simples e objetivo, é o potencial expansivo da atividade do intérprete, diretamente influenciada pela importância atribuída ao texto e ao contexto. Teorias extremadas privilegiam este vetor e abrem mão daquele, teorias moderadas, embora valorizem a realidade, não deixam de atribuir alguma importância às disposições normativas. Embora algumas dessas teorias reconheçam que os significantes linguísticos são o ponto de partida da atividade do intérprete, praticamente todas afastam a necessidade de que ocupem o ponto de chegada.[2013] Convergem em relação à insuficiência da linguagem, apontando para a imprecisão da regra que apregoa a constante existência de significados próprios e característicos dos significantes linguísticos empregados nos enunciados normativos, os quais, para o formalismo, seriam tão somente conhecidos, e quanto à inexistência de uma normatividade ínsita ao texto. Face à diversidade de posturas assumidas por cada intérprete, influindo diretamente sobre a individualização da norma, afigura-se evidente que o resultado da interpretação não pode ser qualificado de verdadeiro ou falso. E, ainda, como acentuado por Michael Dorf,[2014] distanciam-se de tal modo do mecanicismo característico das práticas formalistas que chegam ao extremo de não visualizar características jurídicas na metodologia de decisão empregada pelos Tribunais.

No âmbito das teorias realistas extremadas ou radicais, podem ser mencionadas a escola do direito livre (*Freirechtslehre*), de origem germânica, e o realismo jurídico norte-americano. Ambas, cada qual ao seu modo, buscaram tornar o sistema jurídico

---

[2009] Cf.: MARMOR, Andrei. *Interpretation and legal theory*. 2. ed. Oregon: Hart, 2005. p. 66.
[2010] Cf.: TARELLO, Giovanni. *Diritto, enunciati, usi*: studi di teoria e metateoria del diritto. Bologna: Il Mulino, 1974. p. 38.
[2011] Cf.: LEVY, Beryl Harold. *Anglo-American philosophy of law*: an introduction to its development and outcome. New Jersey: Transaction, 1991. p. 88.
[2012] Cf.: SEELMANN, Kurt. *Rechtsphilosophie*. 4. ed. München: C. H. Beck, 2007. p. 45.
[2013] Cf.: SCHAUER, Frank. *Thinking like a lawyer*: a new introduction to legal reasoning. USA: Harvard University Press, 2009. p. 151.
[2014] DORF, Michael. *No litmus test*: law versus politics in the twenty-first century. Lanham: Rowman & Littlefield, 2006. p. xix.

muito mais aberto que antes,[2015] quando imperava o formalismo. Para essas teorias, o intérprete encontra-se totalmente livre para atribuir qualquer significado ao texto normativo.[2016]

A escola do direito livre, capitaneada por Kantorowicz[2017] e Ehrlich,[2018] conferiu maior desenvolvimento ao historicismo preconizado por Von Savigny,[2019] que se opunha às concepções naturalistas ou à pura lógica formal da escola da exegese e via o direito como fruto da história, vivendo no "espírito do povo" (*Volksgeist*), não como um produto da vontade dos homens.[2020] O intérprete, ademais, não permaneceria adstrito à literalidade do texto normativo, devendo promover uma interpretação sistemática da ordem jurídica. O direito seria um dado a ser descoberto, não criado, e que deveria refletir, de modo passivo, o adquirido no ambiente social.[2021] De acordo com essa concepção, o direito seria um fenômeno essencialmente sociológico, não puramente normativo.[2022]

Fala-se em "direito livre" para realçar a liberdade do intérprete em se distanciar do direito legislado, que não é a fonte exclusiva do direito, sempre que as necessidades sociais o exigirem. Como ressaltado por Kaufmann,[2023] "Freirecht" significa "livre da lei" ("frei vom Gesetz"). O cerne dessa teoria se situava no reconhecimento de que o direito era um fenômeno social e que nem sempre o direito positivo conseguia acompanhar as vicissitudes do ambiente sociopolítico. Kantorowicz adotava uma postura mais extremada, entendendo que acima do direito legislado estava o "direito vivo do povo", o "direito justo", que deveria ser apreendido na realidade social e aplicado às situações litigiosas, preterindo o "direito" que se distanciasse das aspirações de justiça próprias

---

[2015] Cf.: FRIEDMAN, Lawrence M. On the interpretation of laws. *Ratio Juris*, v. 1, n. 3, p. 252-262, 1988. p. 252 (261).

[2016] Cf.: TROPER, Michel. *Pour une théorie juridique de l'État*. Paris: PUF, 1994. p. 332.

[2017] KANTOROWICZ, Hermann Ulrich. La lucha por la ciencia del derecho. *In*: GOLDSCHMIDT, Werner. *La ciencia del derecho*: Savigny, Kirchmann, Zitelmann, Kantorowicz. Buenos Aires: Losada, 1949. p. 325-377. O percursor estudo de Kantorowicz foi publicado em 1906, com o uso do pseudônimo *Gnaeus Flavius*, tribuno romano que tornou públicas, acessíveis ao povo, as regras de procedimento (as *actiones*), que até então eram mantidas em segredo pelos patrícios e pelos pontífices, conselheiros do rei, imperador ou ditador. Vide *Encyclopaedia Britannica*, verbete sobre *Gnaeus Flavius*.

[2018] EHRLICH, Eugen. *I fondamenti della sociologia del diritto* (*Grundlegung der Soziologie des Rechts*). (Trad. Alberto Febbrajo). Milano: Giuffrè, 1976.

[2019] VON SAVIGNY, Friedrich Karl. *Traité de droit romain*. (Trad. M. CH. Guenoux). Paris: Firmin Didot Fréres, 1840. t. 1, p. 14 e ss.

[2020] Em relação ao historicismo, é inegável a sua utilidade na junção dos referenciais de evolutividade e normatividade. A história, como ressaltado por Jörn Rüsen, permite que significados formados a partir dos processos temporais do passado, tornados presentes pela pré-compreensão do intérprete ou pelo método de interpretação escolhido, contribuam para elucidar o conteúdo das ações presentes (RÜSEN, Jörn. *Razão histórica. Teoria da história*: os fundamentos da ciência histórica. (Trad. Estevão de Rezende Martins). Brasília: Universidade de Brasília, 2001. p. 108-109).

[2021] Na realidade brasileira, a exemplo do que se verifica em diversos outros Estados de Direito, são encontradas versões da concepção sociológica de Kantorowicz e Ehrlich, como o "direito achado na rua" (DE SOUSA JÚNIOR, José Geraldo. *Ideias para a cidadania e para a justiça*. Porto Alegre: Sergio Antonio Fabris, 2008) e o "direito alternativo" (BUENO DE CARVALHO, Amilton. *Direito alternativo em movimento*. 6. ed. Rio de Janeiro: Lumen Juris, 2005), em que se preconiza uma justiça democrática radical, com intenso debate entre órgãos jurisdicionais e população, ainda que sejam alcançadas soluções à margem dos balizamentos oferecidos pelo Legislativo.

[2022] Cf.: BILLOTA, Bruno. Diritto e società. *In*: LA TORRE, Massimo; SCERBO, Alberto. *Una introduzione alla filosofia del diritto*. Itália: Rubbettino, 2003. p. 191 (193-195).

[2023] KAUFMANN, Arthur. Problemgeschichte der Rechtsphilosophie. *In*: ELLSCHEID, Günter. Strukturen naturrechtlichen. *In*: HASEMER, Winfried; NEUMANN, Ulfrid; KAUFMANN, Arthur. *Einführung in Rechtstheorie der Gegenwart*. 7. ed. Heidelberg: C. F. Müller, 2004. p. 26 (120).

da sociedade.[2024] O justo seria alcançado no plano concreto, recebendo grande influência emotiva e se mostrando insuscetível a um efetivo controle de racionalidade. Ehrlich, por sua vez, desenvolveu uma construção mais moderada, entendendo que o juiz somente teria liberdade para criar a norma adequada ao caso quando o texto da lei não oferecesse uma solução. Com isso, afasta-se dos dogmas do positivismo neutral e busca valorizar a própria *ratio essendi* do direito, vale dizer, o comprometimento com o bem estar social, permitindo a sua união aos padrões ético-comportamentais predominantes no ambiente sociopolítico. Tanto o direito livre, quanto o direito estatal, exerceriam influência sobre a sociedade: o primeiro, de modo espontâneo, o segundo, com o auxílio da coerção.[2025]

A construção de Ehrlich, espécie de "teoria jurídica idealista",[2026] tem o mérito de se desprender da lógica dedutiva e do hermetismo textual, com preeminência da literalidade dos enunciados utilizados, avançando para o reconhecimento da permeabilidade axiológica do direito e da estrita conexão entre texto e contexto (*rectius*: realidade social), o que contribuiria para remediar o paulatino distanciamento entre a produção normativa e o evolver social. Segundo ele, a orientação da sociedade não seria atributo exclusivo das decisões concretas dos tribunais, já que o próprio ambiente social ofereceria as regras de comportamento em cada relação jurídica,[2027] o que bem denota a relevância atribuída ao direito consuetudinário nessa construção teórica. Ao lado das normas de decisão, aplicadas na solução de cada litígio, existem as "normas vivas", que se formam a partir da vida em sociedade, sendo tarefa da sociologia do direito distinguir umas e outras.[2028] Em qualquer caso, as normas de direito constituem o esqueleto da ordem jurídica, sendo o alicerce mais importante da organização social.[2029] A criação livre do direito surge em oposição ao formalismo positivista e reflete uma "crise della fiducia nella legge",[2030] indicando que o intérprete deve estar sensível ao contexto no delineamento da norma, não permanecendo confinado à literalidade do enunciado linguístico.[2031] O operador do direito deve ter conhecimentos não só jurídicos, mas também sociológicos e econômicos, e possuir um sentimento natural de justiça e equidade. É importante ressaltar que essa construção não tinha propriamente o objetivo de reforçar a discricionariedade dos juízes. Suas decisões, em verdade, deveriam buscar fundamento na tradição jurídica e estar comprometidas com a realização da justiça.[2032]

[2024] De acordo com Kantorowicz, um dos ideais do direito livre seria a justiça, com especial deferência à liberdade e à personalidade (KANTOROWICZ, Hermann Ulrich. La lucha por la ciencia del derecho. *In*: GOLDSCHMIDT, Werner. *La ciencia del derecho*: Savigny, Kirchmann, Zitelmann, Kantorowicz. Buenos Aires: Losada, 1949. p. 367-369.

[2025] KANTOROWICZ, Hermann Ulrich. La lucha por la ciencia del derecho. *In*: GOLDSCHMIDT, Werner. *La ciencia del derecho*: Savigny, Kirchmann, Zitelmann, Kantorowicz. Buenos Aires: Losada, 1949. p. 325 (335).

[2026] Cf.: MODUGNO, Franco. *Interpretazione giuridica*. Padova: CEDAM, 2009. p. 65.

[2027] EHRLICH, Eugen. *I fondamenti della sociologia del diritto* (*Grundlegung der Soziologie des Rechts*). (Trad. Alberto Febbrajo). Milano: Giuffrè, 1976. p. 14-17.

[2028] EHRLICH, Eugen. *I fondamenti della sociologia del diritto* (*Grundlegung der Soziologie des Rechts*). (Trad. Alberto Febbrajo). Milano: Giuffrè, 1976. p. 53-57.

[2029] EHRLICH, Eugen. *I fondamenti della sociologia del diritto* (*Grundlegung der Soziologie des Rechts*). (Trad. Alberto Febbrajo). Milano: Giuffrè, 1976. p. 55.

[2030] Cf.: CALAMANDREI, Piero. *La certezza del diritto e la responsabilità della dottrina*. Napoli: Morano, 1965. (Oppere Giuridiche, v. 1), p. 505.

[2031] EHRLICH, Eugen. *I fondamenti della sociologia del diritto* (*Grundlegung der Soziologie des Rechts*). (Trad. Alberto Febbrajo). Milano: Giuffrè, 1976. p. 95 e ss.

[2032] Cf.: LARENZ, Karl. *Metodologia da ciência do direito* (*Methodenlehre der Rechtswissenschaft*). (Trad. José Lamego). 3. ed. Lisboa: Fundação Calouste Gulbenkian, 1997. p. 79.

Paralelamente à escola do direito livre, desenvolveu-se, na realidade francesa, a "libre recherche scientifique du droit" ("livre investigação científica do direito"), capitaneada por François Gény.[2033] Embora se distanciasse do legalismo preconizado pelo positivismo da escola da exegese, apregoando a insuficiência da lei para a resolução dos problemas da vida, realizava uma construção nitidamente híbrida: quando a solução fosse oferecida pela lei, deveria prevalecer a *voluntas legislatoris* na identificação do seu sentido; as técnicas de sistematização oferecidas pelo positivismo deveriam continuar a ser adotadas; a influência do ambiente social no delineamento dos padrões de conduta era irrefutável; e, ao apregoar que uma postura analítica não poderia abarcar todas as nuances da vida, ainda se mostrava sensível aos influxos do direito natural.

O direito livre, embora busque alicerce no referencial mais amplo de justiça, o que permitiria, inclusive, afastar a utilização do direito legislado, no caso concreto, sempre que suas soluções se mostrassem inadequadas, peca por desconsiderar o papel do direito no próprio delineamento do contexto. O direito tem como funcionalidade não só retratar, como, também, moldar o contexto. Acresça-se que situações de aparente ruptura entre esses dois referenciais podem ser remediadas com o próprio processo de interpretação ou, em um plano mais extremado, com a reforma legislativa, sempre possível em ambientes democráticos. Não se justifica que o intérprete faça cessar o vínculo que deve existir entre texto normativo e norma em qualquer situação que, à luz de sua pré-compreensão ou após a apreensão dos fatores extrínsecos que tenha como relevantes, não considere justa a solução encontrada. Essa escola, embora tenha valorizado o ato decisório do intérprete na adjudicação do sentido normativo, pecou por inviabilizar a formação de qualquer arquétipo de racionalidade nesse processo. Além da insegurança jurídica, o direito livre, em seus aspectos mais amplos, concentraria nos juízes o poder de moldar a norma sem qualquer adstrição a um balizamento prévio. O juiz, como afirmou Miguel Reale, seria "como que legislador num pequenino domínio, o domínio do caso concreto".[2034]

O realismo jurídico norte-americano, por sua vez, que contou com grande aceitação na primeira metade do século XX, opunha-se à concepção de que o direito seria constituído de conceitos absolutos e doutrinas fixas, que evoluiriam por meio de um processo de desenvolvimento lógico, caracterizado pela coesão dos distintos fatores que o integram, tal qual preconizado pela jurisprudência dos conceitos.[2035] Insurgindo-se contra esse entendimento, afirmava Oliver Wendell Holmes que "a vida do direito não tem sido lógica, tem sido experiência".[2036] Para os realistas, decidir os casos concretos de modo lógico equivaleria a tomar decisões mecanicamente, *modus operandi* que poderia conduzir a resultados indesejados.[2037] O texto escrito não solucionaria os litígios, limitando-se a

---

[2033] GENY, François. *Méthode d'interpretation et sources en droit privé positif*. Paris: Marescq Ainé, 1919. v. 1, p. 78.
[2034] REALE, Miguel. *Lições preliminares de direito*. 27. ed. São Paulo: Saraiva, 2010. p. 289.
[2035] Cf.: SEGAL, Jeffrey Allan; SPAETH, Harold J. *The Supreme Court and the attitudinal model revisited*. Cambridge: Cambridge University Press, 2002. p. 87-88; GOLDING, Martin Philip. *Filosofia e teoria do direito*. (Trad. Ari Marcelo Solon). Porto Alegre: Sergio Antonio Fabris, 2010. p. 106-107; e HULL, N. E. H. *Roscoe Pound and Karl Llewellyn*: searching for an American jurisprudence. Chicago: University of Chicago Press, 1997. p. 32-33.
[2036] WENDELL HOLMES, Oliver. *The common law*. Boston: Mark De Wolfe Howe, 1963. (1. ed. 1881). p. 5, nota 1.
[2037] Cf.: ANDERSON, Bruce. *"Discovery" in legal decision-making*. The Netherlands: Springer, 1996. p. 3.

contribuir para que fosse antevisto o pensamento dos juízes.[2038] A norma, que somente surgiria após a atividade do intérprete, não seria descrita, mas sim prevista,[2039] o que seria feito com a observância, a partir de um "ponto de vista externo", do comportamento passado dos juízes, com abstração de maiores considerações em torno das fontes do direito.[2040] Apregoava-se, desse modo, que a teoria do direito deveria se antecipar e descrever o comportamento a ser adotado pelos juízes, o que influenciaria na interpretação de qualquer padrão normativo,[2041] isso porque os juízes teriam participação ativa no delineamento da norma.[2042] Não é por outra razão que que essa construção teórica foi cognominada de "teoria da previsão" ("predict theory").[2043]

Com os olhos voltados à observação de Holmes, no sentido de que a "palavra é a pele de uma ideia",[2044] observava McBain[2045] que a sua aplicação a uma Constituição viva torna evidente que a sua pele é elástica, expansível e constantemente renovada. Se o texto formal da Constituição norte-americana tem cerca de seis mil palavras, milhões têm sido escritas, pelos tribunais, para a elucidação das ideias que veiculam. De acordo com esse tipo de realismo, o direito e, consequentemente, a norma jurídica, consubstanciam aquilo que se manifesta na realidade, e o que se manifesta na realidade não são axiomas ou princípios morais, mas o modo como os Tribunais compreendem e resolvem as questões concretas.[2046] Essa teoria, que desempenhou relevante papel no redimensionamento da funcionalidade do direito e dos juristas em relação à sociedade,[2047] buscou romper com concepções puramente abstratas, que associavam o direito a postulados de justiça e razão humana, e passou a descrevê-lo em bases empiricamente verificáveis, o que explica o fato de as decisões judiciais ocuparem o epicentro da teoria. Esse tipo de realismo, face à sensibilidade aos valores colhidos pelos juízes em um ambiente em constante mutação, ostenta nítidos contornos sociológicos.[2048] O objetivo, por sua vez, era o de tornar o direito um efetivo instrumento de "good public policy".[2049]

[2038] Cf.: LLEWELLYN, Karl N. *The bramble bush*: on our law and its study. New York: Textbook, 2003. p. 11 e ss.

[2039] Cf.: CARDOZO, Benjamin Nathan. *Selected writings*. New York: Fallon, 1947. p. 18.

[2040] Cf.: HART, Herbert L. A. *O conceito de direito* (*The concept of law*). (Trad. A. Ribeiro Mendes). 3. ed. Lisboa: Fundação Calouste Gulbenkian, 2001. p. 149 e ss.

[2041] Na fórmula de Oliver Wendell Holmes, "as predições do que, de fato, farão os tribunais, e nada de mais pretensioso, é o que entendo como sendo o direito" (WENDELL HOLMES, Oliver. The path of the law (1897). *In*: Collected legal papers. New York: Peter Smith, 1952. p. 167 (173)).

[2042] Cf.: O'NEILL, Johnathan George. *Originalism in American law and politics*: a constitutional history. Maryland: JHU, 2005. p. 6.

[2043] Cf.: LEITER, Brian. *Legal realism*. *In*: PATTERSON, Dennis (Org.). *A companion to philosophy of law and legal theory*. USA: Wiley-Blackwell, 1999 (reimp. de 2003). p. 261 (262).

[2044] *Towne vs. Eisner*, 245 U.S. 418 (425), 1918.

[2045] McBAIN, Howard Lee. *The living Constitution*. New York: Macmillan, 1928. p. 33.

[2046] Cf.: GRAY, John Chipman. *The nature and sources of the law*. New York: Columbia University Press, 1919. p. 84. Em tom crítico, afirmava que "o direito de uma grande nação consiste nas opiniões de uma meia dúzia de homens velhos e gentis, alguns dos quais provavelmente de inteligência muito limitada". Afinal, se esses homens integram o tribunal mais elevado do país, "nenhuma regra ou princípio que se recusem a seguir pode ser considerado direito desse País" (GRAY, John Chipman. *The nature and sources of the law*. New York: Columbia University Press, 1919. p. 125). Constata-se que "os juízes são os criadores, não os descobridores do direito" (GRAY, John Chipman. *The nature and sources of the law*. New York: Columbia University Press, 1919. p. 121). Vide, ainda: TEBBIT, Mark. *Philosophy of law*: an introduction. London: Routledge, 2000. p. 22-23.

[2047] Cf.: LLOYD, Dennis. *Introduction to jurisprudence*. Londres: Stevens and Sons, 1959. p. 209.

[2048] Cf.: RICHARD, David A. J. *Toleration and the Constitution*. Oxford: Oxford University Press, 1986. p. 7.

[2049] Cf.: FISS, Owen. *The law as it could be*. New York: New York University Press, 2003. p. 200.

Enquanto os Tribunais não se pronunciassem a respeito de certo padrão de conduta, definindo os seus contornos e indicando as suas potencialidades, não haveria qualquer norma a seu respeito. Até então, existiriam meras opiniões, leigas ou doutrinárias, a respeito do direito a ser formado, passíveis, ou não, de se concretizar. O significado do texto normativo, imposto à comunidade como direito, é aquele indicado pelos Tribunais, e nenhum outro.[2050] De modo simples e objetivo: após a decisão há direito, antes, mera conjectura.[2051]

Face ao seu total empirismo, associando a individualização da norma ao conteúdo que lhe será atribuído pelos juízes, por ocasião de sua aplicação, esse tipo de realismo assume contornos individualistas, exigindo a identificação de predileções pessoais, opções ideológicas e, por fim, do próprio humor dos juízes, o que teria decisiva influência no teor das normas. Acresça-se, ainda, que o realismo não leva na devida conta as alterações do ambiente sociopolítico, culturais ou normativas, que certamente podem influenciar o comportamento dos juízes. Essa teoria atribui maior relevância à regularidade comportamental que à juridicidade do *iter* de individualização da norma jurídica e da norma de decisão, o que bem demonstra a sua total incompatibilidade com as teorias da interpretação desenvolvidas nos sistemas do tipo europeu-continental.[2052] Em sentido contrário às suas premissas, observa-se que os juízes somente poderiam aplicar algo preexistente e imperativo, o que bem demonstra que essa concepção de realismo realiza uma simbiose entre a norma propriamente dita, fruto do processo de interpretação, e a norma de decisão, que regeu o caso concreto levado em consideração.

Os juízes devem seguir um paradigma vinculante. No modelo anglo-saxão, esse paradigma pode se refletir nos precedentes ou, mais especificamente, nos métodos, nas pautas argumentativas e nas especificidades do caso concreto que foram consideradas na sua formação. Nesse modelo, em que prevalece o princípio do *stare decisis*, as decisões sucessivas devem manter-se adstritas à *ratio decidendi* das decisões precedentes, não surgindo em um universo de pura abstração. Face ao caráter vinculante da *ratio decidendi* dos precedentes, ela consubstancia a norma a ser aplicada nas decisões posteriores, ainda que se passe ao largo de qualquer referência direta aos textos normativos.[2053] No modelo europeu-continental, os principais paradigmas vinculantes, para os juízes, seriam as pautas estabelecidas pela autoridade responsável pela produção normativa. Ao vislumbrar a existência desse paradigma, o intérprete não se limita a antever o comportamento dos juízes, mas sim, a identificar o *dever ser* que direcionará a sua atividade.

O realismo escandinavo, encabeçado por Alf Ross, preconiza a realização, pelo intérprete, de um discurso argumentativo essencialmente descritivo, à margem de juízos valorativos. A descrição é direcionada aos enunciados da ciência jurídica, que versam sobre fatos e, consequentemente, podem ser tidos como verdadeiros ou falsos. Esses fatos estão consubstanciados nas decisões judiciais que delineiam o sentido da

---

[2050] Cf.: GRAY, John Chipman. *The nature and sources of the law*. New York: Columbia University Press, 1919. p. 170. Em suas palavras, "[t]he courts put life into the dead words of the statue" (nº 120).

[2051] Cf.: FRANK, Jerome. *Law and the modern mind*. New York: Brentano's, 1930. p. 46.

[2052] Cf.: PARESCE, Enrico. Interpretazione (fil. dir. e teoria gen.). In: *Enciclopedia del diritto*. Milano: Giuffrè, (1972) 2007. v. XXII, p. 152 (§25).

[2053] Cf.: MODUGNO, Franco. *Appunti per una teoria generale del diritto*: la teoria del diritto oggettivo. 3. ed. Torino: Giappichelli, 2000. p. 37.

norma, e na ideologia difundida no ambiente judiciário.[2054] Tal decorreria da constatação de que as fontes do direito não se limitam às "oficiais", vale dizer, aos enunciados linguísticos emanados da autoridade competente, alcançando, igualmente, os fatores que influenciam no delineamento das decisões judiciais, como os princípios de justiça tidos pelos juízes como imperativos. Seriam as fontes "reais" ou não objetivadas do direito,[2055] que somente são conhecidas com a análise do comportamento dos juízes. Essa espécie de realismo, ao descrever o comportamento dos juízes, busca influir no seu direcionamento, não se limitando à mera atividade de previsão e observação externa.

A construção de Ross[2056] busca estabelecer um ponto de equilíbrio entre o "realismo norte-americano" e o denominado "realismo psicológico". Enquanto o primeiro afirma que "o direito é válido porque é aplicado", o segundo sustenta que "o direito é aplicado porque é válido", o que decorreria de sua aceitação pela consciência popular. Cada uma dessas teorias, concebida em sua individualidade, seria criticável: o realismo norte-americano, por ser impossível prever o comportamento dos juízes a partir da mera observação externa,[2057] e o realismo psicológico,[2058] por associar o conceito de direito válido à consciência jurídica individual, conceito colhido junto à psicologia, o que o converte em um fenômeno individual semelhante à moralidade. O equilíbrio necessário seria alcançado com a compatibilização da essência de cada qual. O paradigma norte-americano contribuiria para assegurar a coerência e a previsibilidade das decisões formuladas pelos juízes sob um ponto de vista externo. O psicológico associaria a coerência a um conjunto sistemático de significados e determinações, pressupondo que o juiz seja direcionado por uma ideologia normativa conhecida por todos.[2059] O direito seria fruto de decisões judiciais coerentes e previsíveis, estruturado a partir de significados e determinações que se formam a partir de uma ideologia normativa de conteúdo conhecido, ideologia esta que se vê influenciada pelo texto normativo objeto de interpretação.[2060]

Ainda segundo Ross, o texto normativo pode ser visto como o ponto de partida da interpretação jurídica, cabendo ao intérprete analisar a sua conexão com o contexto e a situação concreta sobre a qual se projetará.[2061] Esse processo, por sua vez, somente será finalizado com a decisão judicial. Em consequência, a afirmação de que o significado atribuído a um texto normativo faz parte do direito válido de certo Estado deve ser compreendida como veiculando a previsão de que se esse texto for submetido à apreciação dos tribunais, em situações concretas, o significado que se pretende atribuir será integrado à decisão.[2062] Nesse caso, a *interpretação* dos enunciados linguísticos somente se aperfeiçoaria no momento em que realizada a *aplicação* da norma, pelos

---

[2054] Cf.: GUASTINI, Ricardo. *Das fontes às normas (Dalle fonti alle norme)*. (Trad. Edson Bini). São Paulo: Quatier Latin, 2005. p. 107-108.
[2055] Cf.: ROSS, Alf. *Direito e justiça (On law and justice)*. (Trad. Edson Bini). São Paulo: Edipro, 2003. p. 101 e ss.
[2056] Cf.: ROSS, Alf. *Direito e justiça (On law and justice)*. (Trad. Edson Bini). São Paulo: Edipro, 2003. p. 91 e ss.
[2057] Cf.: ROSS, Alf. *Direito e justiça (On law and justice)*. (Trad. Edson Bini). São Paulo: Edipro, 2003. p. 100.
[2058] Cf.: ROSS, Alf. *Direito e justiça (On law and justice)*. (Trad. Edson Bini). São Paulo: Edipro, 2003. p. 98.
[2059] Cf.: ROSS, Alf. *Direito e justiça (On law and justice)*. (Trad. Edson Bini). São Paulo: Edipro, 2003. p. 100.
[2060] Cf.: MODUGNO, Franco. *Interpretazione giuridica*. Padova: CEDAM, 2009. p. 55-56.
[2061] Cf.: ROSS, Alf. *Direito e justiça (On law and justice)*. (Trad. Edson Bini). São Paulo: Edipro, 2003. p. 135 e ss.
[2062] Cf.: ROSS, Alf. *Direito e justiça (On law and justice)*. (Trad. Edson Bini). São Paulo: Edipro, 2003. p. 65 e ss.

juízes, a uma finalidade concreta. Ainda que múltiplas decisões sejam proferidas em certo sentido, o significado da norma, nas situações analisadas em momento posterior, continuará a refletir a incerta previsão de uma decisão jurídica futura, já que novos fatores, de natureza extrínseca ao texto e, não raro, dependentes da valoração da prova produzida, poderão influir sobre a decisão dos juízes.[2063]

Ainda que à ciência jurídica sejam atribuídos contornos essencialmente descritivos, sendo direcionada à previsão das decisões judiciais, os juízes, ao entrarem em contato com o texto normativo e com os fatos subjacentes ao caso concreto, realizando a análise inerente à sua atividade, realizam uma interpretação construtiva, unindo conhecimento e valoração.[2064]

No realismo moderado de Ross, a ordem jurídica, longe de ser formada pelas decisões judiciais, é integrada por normas jurídicas. Para que uma norma seja considerada parte integrante da ordem jurídica, não basta que seja aferida a sua validade formal, é preciso demonstrar a possibilidade de ser aplicada pelos juízes. Santiago Nino[2065] recorda que Kelsen combate esse tipo de concepção realista com um argumento contundente, que bem demonstra a sua inserção em um círculo vicioso: se a definição da norma jurídica vigente pressupõe a sua aplicação pelos juízes e a qualidade de juiz não é propriamente natural, mas atribuída por uma norma jurídica, será necessário recorrer a uma norma jurídica antes que o juiz exerça a sua atividade judicante. A aplicação, desse modo, seria uma questão de eficácia, não de existência.

Entre os extremos do formalismo e do realismo encontram-se as teorias que reconhecem, simultaneamente, a vinculatividade do texto normativo, que não pode ser desconsiderado ou deturpado, e o papel criativo do intérprete no delineamento do seu significado. Nesse processo, o intérprete deve integrar o texto ao contexto, realizar os juízos valorativos exigidos e tomar as decisões necessárias à individualização da norma. Essas teorias atribuem aos enunciados normativos uma funcionalidade distinta daquela preconizada pelas concepções formalistas. Longe de reconhecer que tais enunciados são a fonte imediata dos procedimentos e decisões que se projetarão na realidade, essas concepções lhes atribuem uma utilidade meramente instrumental. Devem ser empregados na construção das soluções que melhor se ajustem às vicissitudes do ambiente sociopolítico, o que importa na sua interação com inúmeros fatores extrínsecos, interação esta que se desenvolverá em harmonia com as diretrizes estabelecidas pelo intérprete. O texto normativo seria apenas um dentre os múltiplos elementos que concorrem na formação das decisões tomadas pelo intérprete.[2066] Os aspectos morfológicos desse processo de interpretação evidenciam que o intérprete possui um elevado poder discricionário, que se manifesta (1) na escolha dos fatores a serem considerados; (2) na intensidade em que devem ser considerados; e (3) no resultado de sua interação com

---

[2063] Cf.: ROSS, Alf. *Direito e justiça (On law and justice)*. (Trad. Edson Bini). São Paulo: Edipro, 2003. p. 67.
[2064] Cf.: ROSS, Alf. *Direito e justiça (On law and justice)*. (Trad. Edson Bini). São Paulo: Edipro, 2003. p. 165 e ss.
[2065] Cf.: SANTIAGO NIÑO, Carlos. *Introducción al análisis del derecho*. 2. ed. Buenos Aires: Astrea, 2005. p. 94.
[2066] Cf.: LEVI, Judith N.; WALKER, Anne Graffam. *Language in the judicial process*. New York: Plenum Press, 1990. p. 138.

o enunciado normativo. Esse processo não seria "mais organizado e previsível que a própria ordem social".[2067]

Para essas construções, que poderíamos incluir sob a epígrafe de uma "metodologia valorativa", a centralidade atribuída ao intérprete aponta para uma simbiose de forças no processo de criação normativa, que principia com a elaboração do texto e se estende à individualização da norma. Esse entendimento, como se percebe, é totalmente avesso ao alicerce do formalismo clássico, prosélito da dicotomia entre os momentos de criação e de aplicação da norma, bem como à hegemônica base democrática que sustenta a autoridade responsável pela elaboração normativa. Argumenta-se que o intérprete deve zelar pela estrita aproximação do texto normativo à realidade, o que não configura mera opção, mas sim, um imperativo de ordem lógica, fruto da inevitável mutabilidade dos significantes linguísticos e do caráter nitidamente cambiante do entorno sociopolítico.

Em relação às tentativas de reduzir a importância dos juízos valorativos a cargo do intérprete, cremos que se ocupam mais da aparência que propriamente da *ratio essendi* da questão. É o caso do *judicial minimalism* de Sunstein,[2068] que apregoa a possibilidade de o intérprete, mais especificamente o juiz, se abster de avançar nas razões teóricas que dão sustentação às suas decisões, o que o manteria distante dos conflitos de natureza axiológica. Para tanto, deve se ater a argumentos de natureza pragmática, prestigiando a linha evolutiva da jurisprudência. Com isso, deixaria os conflitos valorativos circunscritos ao espaço público e, consequentemente, prestigiaria o princípio democrático. Observa-se, por outro lado, que o mero silêncio quanto aos valores não se mostra suficiente à aferição de sua presença e efetiva influência no ambiente normativo ou, de modo diverso, à negação de sua existência. Sempre que os valores se mostrem relevantes à individualização do significado dos enunciados linguísticos, o juiz não pode deixar de considerá-los. Deve, tão somente, ajustar-se a certos padrões de racionalidade colhidos no ambiente sociopolítico, harmonizando-se aos padrões de justiça material ali sedimentados.[2069] Note-se que obrar em contrário terminaria por desconsiderar a influência do contexto e a própria funcionalidade da ordem constitucional.

O grande desafio a ser enfrentado é justamente o de descobrir alternativas ao formalismo sem chegar ao extremo de negar a importância das disposições normativas, vale dizer, dos padrões formais emanados das autoridades competentes, na formação do direito.

Diversamente da jurisprudência dos conceitos, que apregoa a suficiência do método lógico-dedutivo e o objetivismo da técnica de subsunção, a jurisprudência dos interesses (*Interessenjurisprudenz*),[2070] valoriza o trabalho juscientífico e a importância

---

[2067] Cf.: LEVI, Judith N.; WALKER, Anne Graffam. *Language in the judicial process*. New York: Plenum Press, 1990. p. 138.

[2068] SUSTEIN, Cass. *One case at a time*: judicial minimalism on the Supreme Court. Cambridge: Harvard University Press, 1999. p. 61 e ss.; e SUSTEIN, Cass. *Designing democracy*: what constitutions do. New York: Oxford University Press, 2001. p. 151 e ss.

[2069] Cf.: ZACCARIA, Giuseppe. I giudizi di valore nell'interpretazione giuridica. *Persona y Derecho, Revista de Fundamentación de las Instituciones Jurídicas y de Derechos Humanos*, n. 61, p. 103-114, jul./dic. 2009. p. 103 (111).

[2070] Cf.: PAWLOWSKI, Hans-Martin. *Methodenlehre für Juristen*: Theorie der Norm und des Gesetzes: ein Lehrbuch. 3. ed. Heidelberg: Hüthig Jehle Rehm, 1999. p. 216.

da realidade.[2071] Na síntese de Kaufmann,[2072] a ciência do direito não seria o resultado do primado da lógica, mas, sim, dos valores da vida ("nicht Primat der Logik, sondern Primat der Lebenswerte!"). Com essa "inversão de método",[2073] o fim a ser alcançado pela norma assume especial relevância no processo de interpretação, exigindo uma valoração sensível dos interesses envolvidos (sociais, morais, econômicos etc.). Essa construção, que teve em Phillip Heck um de seus expoentes, em muito se serviu do alicerce oferecido por Ihering,[2074] que, na segunda fase do seu pensamento, distanciou-se da jurisprudência dos conceitos e da dedução lógica para perquirir a finalidade do direito. Ao apregoar o bem-estar social, passa a defender um "utilitarismo sociológico".[2075] Com isso, aos métodos clássicos de interpretação (*rectius*: "o quadrado Savigny") agrega o método teleológico, comprometido com a finalidade social da norma, em que se busca estabelecer um equilíbrio entre os interesses individuais, coletivos e públicos,[2076] concepção que relega a plano secundário a letra e a *voluntas* subjacente à lei.

A jurisprudência dos interesses, impregnada de intenso dinamismo, ao ver o direito como uma "ciência prática" ("praktischen Wissenschaft"),[2077] confere maior mobilidade ao intérprete, que passa a investigar tanto o conteúdo do texto normativo, quanto as exigências concretas da vida.[2078] Desse modo, são identificados os interesses reais subjacentes à disposição normativa, permitindo a emissão de decisões objetivamente adequadas e direcionadas à tutela dos interesses amparados pela ordem jurídica que, em si, é um produto de interesses. Como nem todos os interesses podem ser identificados no âmbito de operações valorativas previamente realizadas pelo legislador, a atividade do intérprete não pode ser dedutivamente reconduzida a um esquema legal.[2079] Promove-se, com isso, uma profunda alteração teórica na interpretação jurídica, já que o significado da norma não mais é considerado ínsito no texto.[2080]

Acresça-se que a jurisprudência dos interesses é particularmente sensível à ponderação de bens, operação que tanto pode ser realizada antes, quanto após a individualização da norma. No primeiro caso, contribui para a solução das conflitualidades intrínsecas, no segundo, para a solução do conflito entre normas, mais especificamente daquelas de estrutura principiológica. O aspecto negativo dessa teoria reside em sua adstrição aos fins inerentes ao padrão normativo interpretado, não àqueles subjacentes

---

[2071] Cf.: LARENZ, Karl. *Metodologia da ciência do direito* (*Methodenlehre der Rechtswissenschaft*). (Trad. José Lamego). 3. ed. Lisboa: Fundação Calouste Gulbenkian, 1997. p. 64.
[2072] KAUFMANN, Arthur. Problemgeschichte der Rechtsphilosophie. *In*: ELLSCHEID, Günter. Strukturen naturrechtlichen. *In*: HASEMER, Winfried; NEUMANN, Ulfrid; KAUFMANN, Arthur. *Einführung in Rechtstheorie der Gegenwart*. 7. ed. Heidelberg: C. F. Müller, 2004. p. 26 (120).
[2073] BYDLINSKI, Franz. *Juristische Methodenlehre und Rechtsbegriff*. 2. ed. Wien: Springer, 1991. p. 81.
[2074] VON IHERING, Rudolf. *A evolução no direito* (*Der Zweck im Recht*). Salvador: Progresso, 1950. v. I.
[2075] VON IHERING, Rudolf. *A evolução no direito* (*Der Zweck im Recht*). Salvador: Progresso, 1950. v. I, p. 165.
[2076] Cf.: VON IHERING, Rudolf. *A evolução no direito* (*Der Zweck im Recht*). Salvador: Progresso, 1950. v. I p. 302 e ss.
[2077] Cf.: BYDLINSKI, Franz. *Juristische Methodenlehre und Rechtsbegriff*. 2. ed. Wien: Springer, 1991. p. 114 e 223.
[2078] Cf.: PENSOVECCHIO LI BASSI, Antonino. *L'interpretazione delle norme costituzionali*: natura, metodo, difficoltà e limiti. Milano: Giuffrè, 1972. p. 44-45.
[2079] Cf.: LARENZ, Karl. *Metodologia da ciência do direito* (*Methodenlehre der Rechtswissenschaft*). (Trad. José Lamego). 3. ed. Lisboa: Fundação Calouste Gulbenkian, 1997. p. 163. De acordo com ele, a ideia de interesse mostrava-se equívoca, ora sendo "entendida como fator causal da motivação do legislador, ora como objeto das valorações por ele empreendidas ou mesmo como critério de valoração".
[2080] Cf.: MENGONI, Luigi. *Ermeneutica e dogmatica giuridica*. Milano: Giuffrè, 1996. p. 71.

à realidade presente no momento da interpretação.[2081] É inegável, de qualquer modo, o seu mérito em ter iniciado o desenvolvimento de um "pensamento jurídico causal" ("kausalen Rechtsdenken").[2082]

A jurisprudência dos valores (*Wertungsjurisprudenz*), por sua vez, não só é sensível aos influxos da realidade e à mobilidade do intérprete, como, também, acresce à formalidade textual uma intensa sensibilidade axiológica, o que lhe permite apreender a essência dos valores subjacentes a um certo paradigma, como a ordem jurídica ou o ambiente sociopolítico.[2083] Nesse último caso, ao "humanizar" as disposições normativas objeto de interpretação, permitindo que o seu significado seja delineado em harmonia com o modo de pensar, ser e estar no ambiente social,[2084] a jurisprudência dos valores não chega a resgatar as concepções naturalistas.[2085] O que faz, em verdade, é agregar à influência da realidade um fator imaterial que a partir dela se forma e que permite delinear a sua essência e identidade. Para essa teoria, as disposições normativas, em especial as de estrutura principiológica, como a dignidade humana, devem ser integradas por valores supralegais e transcendentes que alicerçam e estruturam o sistema jurídico, os quais em nada se confundem com uma ordem natural pressuposta.[2086] A funcionalidade da ordem jurídica é a de se projetar em dado ambiente sociocultural,[2087] o que impede que seja ignorada a sua identidade, isso sob pena dela própria carecer de uma identidade.

A partir de um discurso *racional*, a norma, cuja parte visível até então se cingia a um furtivo padrão textual, é integrada e seu conteúdo descortinado. A associação dos direitos fundamentais a uma "ordem objetiva de valores", que encontra o seu ponto central na personalidade e na dignidade humanas, é constantemente invocada pelo Tribunal Constitucional Federal alemão.[2088] Essa teoria é indicativa de uma vertente na qual a atividade de mera subsunção normativa cede lugar à de integração, que pressupõe uma sensibilidade axiológica.

A importância da realidade na construção da norma, embora não deva ser amesquinhada, ao ponto de ser ignorada, também não deve ser confinada nas profundezas do subjetivismo do intérprete, ocupando uma linha limítrofe que diste poucos passos do

---

[2081] Cf.: ESPÍNOLA E ESPÍNOLA FILHO. *Lei de introdução ao Código Civil Brasileiro*. 3. ed. Rio de Janeiro: Renovar, 1999. p. 167.

[2082] Cf.: BYDLINSKI, Franz. *Juristische Methodenlehre und Rechstsbegriff*. 2. ed. Wien: Springer, 1991. p. 123.

[2083] Cf.: MEYER, Ernst. *Grundzüge einer systemorientierten Wertungsjurisprudenz*. Tübingen: Mohr Siebeck, 1984. p. 82 e ss.

[2084] O *locus* dos cânones axiológicos também pode ser situado na lei e na ideia de direito (Cf.: LONGO, Andréa. LONGO, Andrea. *I valori costituzionali come categoria dogmatica*: problemi e ipotesi. Napoli: Jovene, 2007. p. 274). A primeira concepção se situa no plano puramente estático, a segunda no plano idealístico. Ambas padecem do defeito de ignorar a base cultural que dá sustentação ao referencial de valor.

[2085] Para Cristina Queiroz, o recurso a valores constitucionais é uma forma de juridificação do direito natural (QUEIROZ, Cristina. *Direitos fundamentais*: teoria geral. 2. ed. Coimbra: Coimbra Editora, 2010. p. 45). Em suas palavras: "a jurisprudência dos valores substantivos recolhe hoje a herança jusnaturalista".

[2086] Cf.: LARENZ, Karl. *Metodologia da ciência do direito* (*Methodenlehre der Rechtswissenschaft*). (Trad. José Lamego). 3. ed. Lisboa: Fundação Calouste Gulbenkian, 1997. p. 167. Segundo o autor, para o reconhecimento de valores ou critérios de valoração supralegais ou pré-positivos, é possível invocar "os valores positivados nos direitos fundamentais, especialmente nos artigos 1º a 3º da Lei Fundamental, recorrer a uma longa tradição jusfilosófica, a argumentos linguísticos ou ao entendimento que a maior parte dos juízes tem de que é a sua missão chegar a decisões 'justas'".

[2087] Cf.: BARAK, Aaron. *Purposive interpretation in law*. (Trad. Sari Bashi). Oxford: Princeton University Press, 2007. p. 163.

[2088] BVerfGE 7,198 (205), 1958 (*Lüth Urteil*).

arbítrio. A resistência às posturas realistas é bem exposta na interessante construção de Morris R. Cohen,[2089] que contrapunha intelectuais e místicos, conforme a atitude adotada na utilização da lógica. Os intelectuais, além de confiarem em todos os resultados da argumentação, também acreditam que nenhum resultado seguro pode ser obtido por outro meio. No direito, conferem maior ênfase à norma que à decisão, o que termina por ignorar as consequências absurdas a que a aplicação da norma frequentemente conduz: *summun jus, summa iniuria*. Os místicos, por outro lado, desconfiam da argumentação, tendo fé na intuição, nos sentidos ou nos sentimentos. Com isso, diversamente dos intelectuais, confinados à argumentação e à solidez da norma, conferem maior realce às suas decisões, que são influenciadas não só por referenciais argumentativos, como, também, por suas percepções. Os místicos poderiam ser enquadrados sob a epígrafe dos realistas extremados, comprometidos com a realização do ideal de justiça, ainda que tal importe em uma total fratura com o alicerce de sustentação da atividade do intérprete, o texto constitucional. É de todo necessário, como observa White,[2090] que haja uma integração entre pensamento e sentimento, permitindo que sejam conhecidos os limites entre a consciência individual e a linguagem normativa.

Embora seja inegável que inúmeros estudiosos do direito têm o sonho, ainda que velado, de delinear uma teoria normativista da interpretação constitucional, capaz de oferecer todas as diretivas necessárias à solução de todos os problemas que se manifestam no curso do processo de interpretação, constata-se que a realidade apresenta contornos bem distintos. O normativismo, ao associar o direito a um conjunto de normas, dissociando-o dos fatos sociais, faz com que sejam aquelas, não estes, o objeto da ciência jurídica. Esta, por sua vez, se expressa em linguagem normativa (*rectius*: deôntica – é obrigatório, é proibido etc.), não em linguagem factual.[2091] Seu objeto deve ser tão somente conhecido, de modo que as conclusões do intérprete, reconhecendo-o, ou não, devem receber o qualificativo de verdadeiras ou falsas. A interpretação jurídica assumiria contornos puramente descritivos. O improvável retorno ao formalismo clássico, que ofereceria referenciais de segurança e objetividade mais artificiais que propriamente articulados com técnicas argumentativas sensíveis à realidade e ao relevante papel desempenhado pelo intérprete, contribuiu para a proliferação de teorias da interpretação, normalmente prosélitas da realização de amplos juízos valorativos e no crescente reconhecimento da importância dos fatores extrínsecos, de vital importância na atribuição de significado aos enunciados linguísticos textuais.

Diversamente das teorias normativistas, as teorias que poderíamos denominar de *expansivas* oferecem apenas as bases de desenvolvimento da interpretação constitucional. Não as esgotam e muito menos minimizam o papel do intérprete. Não bastasse isso, distanciando-se do formalismo clássico, que se identifica com o positivismo ideológico a que se referiu Bobbio e apregoa a necessária vinculação do intérprete às normas produzidas pela autoridade competente,[2092] tal como abstração da justiça do seu conteúdo,

---

[2089] COHEN, Morris Raphael. The place of logic in the law. *Harvard Law Review*, n. 29, p. 622, 1916. p. 622 (622 e ss.).
[2090] WHITE, James Boyd. *Heracles' bow*: essays on the rhetoric and poetics of the law. Wisconsin: University of Wisconsin Press, 1989. p. 132.
[2091] Cf.: KELSEN, Hans. *Teoria pura do direito* (*Reine Rechtslehre*). (Trad. João Baptista Machado). 6. ed. São Paulo: Martins Fontes, 2003. p. 79 e ss.
[2092] Cf.: SANTIAGO NIÑO, Carlos. *Introducción al análisis del derecho*. 2. ed. Buenos Aires: Astrea, 2005. p. 36-37.

as teorias expansivas apresentam uma intensa sensibilidade axiológica, que se faz presente no próprio processo de individualização da norma. Teorias dessa natureza, apesar de extremamente variáveis, diferenciando-se entre si tanto em seus traços essenciais, como em filigranas metódicas, podem ser agrupadas em categorias mais amplas, as quais, conquanto não possam ser consideradas exaurientes, possibilitam a compreensão das principais divergências existentes. O primeiro ponto de desencontro entre essas teorias reside na individualização e na delimitação do potencial expansivo das grandezas que formam a trilogia do processo de individualização da norma constitucional: *texto*, *contexto* e *interpretação*.

A influência de fatores extrínsecos no processo de interpretação não pode prescindir de uma sólida base metódica, indicando, com a clareza possível, os distintos vetores contrapostos (linguísticos, axiológicos, teleológicos e operativos) e os parâmetros seguidos pelo intérprete ao tomar decisões. Desconsiderar esse *modus operandi* é a melhor maneira de enfraquecer o lenitivo e fortalecer a própria patologia que se busca combater: a insensibilidade crônica de um formalismo inerte. Afinal, o formalismo sempre teve o mérito de apregoar a segurança, antítese do subjetivismo e do arbítrio em que pode redundar a atividade desenvolvida pelo intérprete.

Enquanto os formalistas possuem um elevado apego à segurança jurídica, os realistas, além de não a verem como o resulto lógico das técnicas de índole formal, não a reconhecem como um princípio absoluto, que possa justificar o distanciamento dos referenciais de justiça subjacentes a qualquer padrão normativo. Essa, aliás, é uma das principais críticas ao realismo, que é acusado de tornar o direito e as decisões jurídicas imprevisíveis e inconsistentes, ensejando o surgimento de conteúdos distintos em casos semelhantes e apresentando variações de intérprete para intérprete.[2093]

Para que excessos sejam evitados, é necessário que os enunciados normativos tenham reconhecida a sua importância na estruturação do sistema normativo e na harmonização dos participantes do processo de comunicação. Parafraseando Dworkin, é preciso que sejam "levados a sério". Se é evidente que a linguagem é permeável à realidade, não menos evidente é a constatação de que os enunciados normativos podem ser estruturados de modo a reduzir ou, mesmo, a eliminar essa permeabilidade. A utilização de significantes linguísticos que remetam a dados numéricos (*v.g.*: "o Parlamento é integrado por cem Deputados"), por exemplo, não oferecerá nenhum espaço à liberdade valorativa do intérprete. Em situações dessa natureza e mesmo em outras menos extremadas, é inevitável a conclusão de que o intérprete desempenhará uma atividade que, embora procedimentalmente decisória, já que atribuirá um significado ao texto, será quase que exclusivamente cognitiva no plano pragmático. Em outras situações, a permeabilidade do texto à influência de fatores extrínsecos será tão intensa que a adesão ao formalismo e ao cognitivismo que dele se desprende será simplesmente tachada de ilógica ou irracional. Não é incomum, ainda, que perante um texto normativo tido como "não satisfatório", o intérprete realize manipulações dos significados compatíveis com a linguagem utilizada e alcance outros dela dissociados. Nesses casos, confere absoluta preeminência aos seus pré-conceitos ou a certos fatores

---

[2093] Cf.: LEVI, Judith N.; WALKER, Anne Graffam. *Language in the judicial process*. New York: Plenum Press, 1990. p. 138.

extrínsecos, desconsiderando por completo as potencialidades da linguagem. A norma assim obtida não será propriamente fruto do processo de interpretação, mas resultado de uma operação autônoma, indiferente ao texto e à autoridade que o produziu.

São múltiplos, enfim, os excessos passíveis de serem praticados pelo intérprete ao aferir os limites e as potencialidades dos enunciados normativos, o que confere especial relevo à compreensão da funcionalidade da interpretação constitucional. As decisões tomadas pelo intérprete devem apresentar uma "racionalidade externa", qualificação recebida a partir do ponto de vista de um observador.[2094] O seu reconhecimento pressupõe a observância dos postulados de racionalidade, ínsitos e inseparáveis do processo de interpretação constitucional, e a possibilidade de o *iter* seguido, nos planos metódico, argumentativo e decisório, ser reconstruído pelos demais partícipes do processo de comunicação normativa.

5.2 Discurso interpretativo e fatores ambientais que interagem com o texto

O discurso interpretativo, face à necessária interação entre a estática textual e a dinâmica ambiental, deve alcançar todos os fatores e pressuposições que possam influir no regular desenvolvimento do processo de interpretação.[2095] A ordem constitucional está necessariamente conectada à realidade, exigindo a verificação de seus propósitos à luz das condições políticas, econômicas e sociais contemporâneas à sua interpretação. Partindo da premissa de que os comandos normativos extraídos da Constituição devem refletir os valores da sociedade ou, de modo mais preciso, a sua identidade cultural, compete ao intérprete compreender os seus propósitos no contexto social e direcioná-los à concretização dos enunciados linguísticos constitucionais.[2096] Não é por outra razão que a inalterabilidade semântica do texto constitucional não obsta que seja ele constantemente enriquecido em seu conteúdo por interpretações que o ajustem às novas demandas sociopolíticas, sendo os resultados alcançados verdadeiras extensões dele.[2097] Esse processo sofrerá a influência de distintos fatores ambientais, que podem coexistir e influir no delineamento do significado a ser atribuído ao texto formal. Nesse particular, é factível que a evolutividade do ambiente sociopolítico possa resultar, ao fim do processo de interpretação, em alterações de sentido tão intensas e profundas que se assemelhem, em seus efeitos, a verdadeiras reformas.[2098] Texto e contexto necessariamente interagem e evoluem juntos ou, a depender do paradigma de análise, involuem juntos. O certo, como dissemos em mais de uma oportunidade, é que a Constituição formal não pode permanecer indiferente ao seu entorno.

[2094] Cf.: WROBLEWSKI, Jerzy; BÁNKOWSKI, Zenon; MACCORMICK, Neil. *The judicial application of law*. Springer: The Netherlands, 1992. p. 213.

[2095] Cf.: SOURIOUX, Jean-Louis; LERAT, Pierre. *Le langage du droit*. Paris: Presses Universitaires de France, 1975. p. 57.

[2096] Cf.: BARAK, Aaron. A judge on judging: the role of a Supreme Court in a democracy. *Harward Law Review*, n. 116, p. 16, 2002. p. 16 (28).

[2097] Cf.: KAMMEN, Michael. *A machine that would go of itself*: the Constitution in American culture. New Brunswick; London: Transaction, 2006. p. 12 e 226.

[2098] Cf.: PENSOVECCHIO LI BASSI, Antonino. *L'interpretazione delle norme costituzionali*: natura, metodo, difficoltà e limiti. Milano: Giuffrè, 1972. p. 62.

Se é exato afirmar que a Constituição é um organismo vivo, isso somente é possível com a realização do processo de interpretação, responsável por atribuir a enunciados linguísticos formalmente estáticos a mobilidade necessária para acompanhar as vicissitudes do ambiente sociopolítico. Na medida em que o contexto é o paradigma a ser seguido por essa mobilidade, desconsiderá-lo significaria confinar a ordem constitucional ao formalismo asséptico, retirando-lhe qualquer sopro de vida. Essa permeabilidade da interpretação constitucional dá origem à formação de inúmeros círculos valorativos: os de menor dimensão refletem a interação do enunciado linguístico com grandezas específicas (*v.g.*: de natureza axiológica ou operativa); o de maior dimensão, por sua vez, reflete a integralidade do contexto, exigindo que sejam consideradas as influências recíprocas entre as grandezas que compõem os círculos menores e, por fim, permite a comparação entre os distintos significados possíveis, conferindo ao intérprete o conhecimento necessário à decisão final, atribuindo significado à norma.

A interpretação permeável comporta inúmeras subdivisões, que variarão consoante a preponderância dos fatores extrínsecos utilizados e a técnica empregada para a construção do processo de interpretação. Essa constatação ainda conduz a outra, lógica e indissociavelmente ligada a ela: o intérprete pode escolher distintos fatores extrínsecos a serem levados em consideração, organizá-los segundo múltiplos padrões de preferência e utilizar distintas técnicas, isso para ficarmos apenas no plano das escolhas que podem ser argumentativamente justificadas, pois ainda há aquelas que não se harmonizam com referenciais mínimos de racionalidade, abrindo um novo leque de resultados.

A interpretação, longe de assumir contornos absolutos, é essencialmente relativa,[2099] o que enseja reflexões, inclusive, a respeito da própria determinabilidade da ordem constitucional. Corroborando a indeterminação, pode-se argumentar que as vicissitudes que cercam os fatores colhidos no contexto (seleção, apreensão, utilização...) tornam o processo de interpretação incontrolavelmente aberto e imprevisível, comprometendo a segurança que a literalidade do texto constitucional poderia oferecer.[2100] O processo de interpretação, ademais, poderia ser utilizado, apenas, para legitimar pré-entendimentos, predileções e valores pessoais.[2101] Embora seja exato que o processo de interpretação, por apresentar contornos relativos, não permite que a ordem constitucional ostente, *a priori*, indefectíveis níveis de determinação, deve-se atentar para a inevitabilidade desse estado de coisas, que decorre não só da utilização de significantes linguísticos, como, também, da forma em que são normalmente empregados no texto constitucional. Nessa perspectiva, um ceticismo normativo, apregoando a total indeterminação da ordem constitucional, pouco teria a somar. O melhor a fazer é aceitar a presença de ambivalências e contradições nas tentativas de individualização da norma constitucional e, para minimizá-las, prestigiar a metodologia jurídica, investindo na racionalidade

---

[2099] Na síntese de Zagrebelsky: "Mutando le sue regole muta il suo risultato" (ZAGREBELSKY, Gustavo. *Manuale di iritto costituzionale*: il sistema delle fonti del diritto. Torino: UTET, 1987. v. I, p. 70).

[2100] O clássico Sedgwick, após prestigiar a literalidade do texto e a *intentio legislatoris*, combatia, com veemência, a possibilidade de os juízes terem sua mente influenciada e levarem em consideração "many extrinsic facts", insuscetíveis de prova (SEDGWICK, Theodore. *A treatise on the rules wich govern the interpretation and application of statutory and constitutional law*. New York: J. S. Voorhies, 1857. p. 241).

[2101] Não obstante a plasticidade, é difícil alcançar a neutralidade apregoada pelo *Justice* Blackmun, do Supremo Tribunal norte-americano, no Caso *Roe vs. Wade* (410 *U.S.* 113, 116, de 1973): "nossa tarefa é, naturalmente, decidir os litígios segundo parâmetros constitucionais, livre de emoções e preferências".

do processo de interpretação, o que necessariamente passa pelo zelo na adequada apreensão dos fatores extrínsecos que nele influirão. Isso, obviamente, sem desconsiderar a importância do texto constitucional.

Na sugestiva imagem de Zagrebelsky,[2102] a interpretação equivale a "transformar a disposição em norma". A metáfora do jurista italiano condensa três constatações de inegável importância: (1ª) o intérprete, na medida em que parte do texto, tem sua atividade delimitada por ele, não criando a norma de modo isolado e *ex novo*, com ampla e irrestrita mobilidade; (2ª) norma e disposição possuem naturezas jurídicas distintas, uma é significado, a outra significante; a norma é imperativa, o texto é limitador e indicativo; (3ª) para que a disposição tenha sua natureza alterada, transmudando-se em norma, é necessário um processo, dirigido pelo intérprete e possivelmente influenciado pelos fatores ambientais que agirão sobre o ponto de partida semântico identificado a partir das especificidades do problema.

Os fatores ambientais normalmente considerados na interpretação constitucional, por vezes vistos como pautas argumentativas ou, a depender de sua natureza, como verdadeiros métodos de interpretação (*v.g.*: o método histórico, o comparatista etc.), são o histórico, o comparatista, o axiológico, o ideológico e o factual.

O fator histórico reflete a linha de desenvolvimento do ambiente sociopolítico e de sua base normativa, sendo normalmente enquadrados, nesse último plano, não só a normatização antecedente, como, também, os aspectos circunstanciais subjacentes à aprovação das disposições constitucionais objeto de interpretação. Argumentos de cunho histórico são rotineiramente invocados pelas denominadas "teorias do contrato", mais especificamente por aquelas de contornos originalistas.

O fator comparatista faz ingressar, nos juízos valorativos e decisórios desenvolvidos pelo intérprete, o sentido atribuído a enunciados normativos similares em sistemas jurídicos diversos, o que, a depender da importância do sistema tido como paradigma ou de sua influência no sistema local, poderá influenciar no processo de decisão do intérprete. A consideração de fatores dessa natureza deve ser cercada de grande cautela. Afinal, além dos aspectos semântico e normativo, este alicerçado naquele, não pode passar despercebido que cada sistema se desenvolve numa realidade própria, influenciada por aspectos culturais que permitem a sua identificação com uma sociedade específica.[2103] A compreensão de textos estrangeiros, mais especificamente do sentido construído a partir deles, deve ser necessariamente antecedida pela análise das características culturais que justificaram o seu surgimento e influíram no delineamento do seu conteúdo. Os sistemas comparados, ademais, devem ser comparáveis, vale dizer, devem ostentar o mesmo grau de desenvolvimento.[2104] Todo e qualquer sistema, no curso de sua evolução, passa por distintos níveis de desenvolvimento em relação à compreensão de conceitos de vital importância para o desenvolvimento do Estado e da sociedade, como, por exemplo, a proteção dos direitos humanos e a divisão de poderes. Comparar sistemas que não estejam no mesmo nível pode servir de estímulo a retrocessos ou a aprimoramentos

---

[2102] ZAGREBELSKY, Gustavo. *Manuale di iritto costituzionale*: il sistema delle fonti del diritto. Torino: UTET, 1987. v. I, p. 69.
[2103] Cf.: DE CRUZ, Peter. *Comparative law in a changing world*. 2. ed. London: Cavendish, 1999. p. 216-217.
[2104] Cf.: DE CRUZ, Peter. *Comparative law in a changing world*. 2. ed. London: Cavendish, 1999. p. 221.

puramente artificiais, sem qualquer base de sustentação no ambiente sociopolítico. Comparações dessa natureza, no entanto, podem ser úteis não para deslindar sentidos, mas sim, para identificar os sentidos a serem afastados ou aqueles que, no curso da evolução, devem ser acolhidos.

O fator axiológico assume indiscutível importância ao refletir a própria base de sustentação da ordem constitucional. Veicula os valores culturais que se desprendem do ambiente sociopolítico e penetram na Constituição, contribuindo para ajustá-la à realidade. É justamente esse fator que influi no surgimento da conflitualidade intrínseca entre valores e necessariamente influencia, com acentuada intensidade, as decisões adotadas pelo intérprete.

O fator ideológico, embora ostente uma nítida carga axiológica, é especificamente voltado aos aspectos basilares do sistema político e à natureza da relação mantida entre as estruturas de poder e a sociedade, o que permite que se fale, por exemplo, em liberalismo ou em socialismo. A ideologia vigente no ambiente sociopolítico deve ser apreendida pelo intérprete, influenciado a sua compreensão em relação à Constituição formal. Nesse particular, não é incomum constatar que os referenciais ideológicos que direcionaram a elaboração do texto constitucional não mais se compatibilizam com aqueles prevalecentes no ambiente sociopolítico. Tal ocorrendo, competirá ao intérprete, observados os balizamentos textuais, delinear uma norma que, tanto quanto possível, reflita, ainda que em pequena dimensão, os influxos ideológicos colhidos no contexto.

Por último, o fator factual oferece, ao intérprete, uma visão de contornos realistas e prospectivos, permitindo que sejam devidamente consideradas as especificidades do caso concreto e visualizados, com antecedência, quais efeitos a norma potencialmente individualizável pode produzir no ambiente sociopolítico, o que deve ser igualmente sopesado ao se definir o seu significado.[2105] Esse fator, dito factual, traz à lembrança, de imediato, o método tópico de interpretação jurídica, que leva em consideração todas as especificidades do caso concreto e busca se ajustar às exigências de uma sociedade pluralista.

6 Postulados de racionalidade na interpretação constitucional

Atributo inerente e indissociável do ser humano, a racionalidade, em seus contornos mais amplos, aponta para a aptidão de conhecer e entender, a partir de relações lógicas, aspectos abstratos ou concretos das ideias universais objeto de apreciação. No plano mais restrito, a racionalidade encontra-se atrelada a um especial modo de conhecer e entender, que se afeiçoa aos padrões comportamentais adotados em certas esferas da vida humana. Quando o comportamento adotado se afeiçoa a esses padrões, a essas máximas, diz-se que ele é racional. No primeiro caso, a racionalidade assume contornos nitidamente instrumentais, viabilizando a obtenção do resultado. No segundo, é vista como atributo do resultado, qualificando-o positivamente.

O conceito de racionalidade não raro é associado ao de razoabilidade, absorvendo-o, por ele sendo absorvido ou dele se separando, de modo que cada qual preserve a sua

---

[2105] No direito norte-americano, são bem conhecidos os fatores factuais que influíram no julgamento do célebre Caso *Marbury vs. Madison*, 1 *Cranch* 137, 1803.

autonomia de sentido. Von Wright,[2106] por exemplo, entende que a racionalidade é orientada aos objetivos, denotando a correção dos raciocínios, eficiência dos meios em relação aos fins escolhidos, confirmação e prova das crenças seguidas. A razoabilidade, por sua vez, é orientada aos valores, estando relacionada ao modo de compreensão da vida, o que permite que sejam os respectivos juízos valorativos considerados bons ou ruins. Enquanto o razoável é necessariamente racional, o meramente racional nem sempre será razoável.

Rawls,[2107] em sentido diverso, não visualiza uma relação necessária entre racionalidade e razoabilidade. Com os olhos voltados à sua teoria da justiça, vincula o razoável à disposição de propor e sujeitar-se a termos equitativos de cooperação. Quanto ao racional, indicaria a disposição de reconhecer os limites do juízo e de aceitar as suas consequências. Como o razoável é um modo imparcial e altruísta de ver a sociedade, que estaria baseada na ideia de benefício mútuo, seria plenamente possível a sua configuração sem que se lhe atribua, simultaneamente, a qualidade de racional. Afinal, o racional estaria associado à forma pela qual um agente dotado das capacidades de julgamento e deliberação realiza fins e interesses afetos à sua individualidade, estando presente sempre que alcançados padrões ótimos de eficiência em relação aos fins a serem alcançados ou quando for selecionada a alternativa mais provável. Como o agente racional nem sempre tem a sensibilidade moral de se engajar em uma cooperação equitativa, ele nem sempre será razoável. Na sentença de Rawls, "[o]s agentes racionais tornam-se quase psicopatas quando seus interesses se resumem a benefícios para si próprios".[2108] Em sociedades razoáveis, caracterizadas por uma igualdade geral em questões básicas, todos têm seus próprios fins racionais, que esperam realizar, e buscam propor, em termos equitativos, que os demais os aceitem, de modo que todos possam se beneficiar.

É perceptível que a relação entre o racional e o razoável pode ser vista a partir de uma perspectiva inclusiva ou de uma perspectiva exclusiva.[2109] Será inclusiva ao se reconhecer, com Von Wright, que o razoável sempre tem como condição necessária o racional, o que significa afirmar que só pode ser tido como bom aquilo que ostente correção lógica e eficiência no raciocínio. A recíproca, no entanto, não é verdadeira, sendo plenamente possível que o "meramente racional" não seja razoável,[2110] o que ocorre quando se haja de modo instrumentalmente correto, mas sejam alcançados resultados considerados ruins. Exclusiva, por sua vez, será a perspectiva de análise que, a exemplo da construção de Rawls, considere a antecedência do vetor racional dispensável ao surgimento do razoável.

De acordo com a construção de Rawls, o racional se ajustaria ao *eu*, o razoável ao *nós*. Daí a sua conclusão sobre a inexistência de necessária precedência entre essas figuras. Não é de se descartar, porém, que em não poucas ocasiões, o *nós* pode viabilizar a

---

[2106] BERNARDO, Giuliano. Images of science and forms of rationality. In: *The tree of knowledge and other essays*. Leiden: Brill, 1993. p. 172 (173).
[2107] RAWLS, John. *O liberalismo político*. (Trad. Dinah de Abreu Azevedo). 2. ed. São Paulo: Ática, 2000. p. 92-98.
[2108] RAWLS, John. *O liberalismo político*. (Trad. Dinah de Abreu Azevedo). 2. ed. São Paulo: Ática, 2000. p. 95.
[2109] Cf.: ALEXY, Robert. The reasonableness of law. In: SARTOR, Giovanni; BONGIOVANNI, Giorgio; VALENTINI, Chiara (Org.). *Reasonableness and law*. New York: Springer, 2009. p. 5 (6).
[2110] Cf.: VON WRIGHT, Georg Henrik. Images of science and forms of rationality. In: *The tree of knowledge and other essays*. Leiden: Brill, 1993. p. 172 (173).

existência do *eu*, permitindo concluir que a irrestrita adesão a concepções individualistas pode vir a destoar do padrão de racionalidade sedimentado no ambiente sociopolítico.

Apesar das dissonâncias, observa-se que tanto em Von Wright, quanto em Rawls, o razoável apresenta elementos morais, o racional não.[2111] A nosso ver, embora se mostre adequado estabelecer a precedência entre racionalidade e razoabilidade preconizada por Von Wright, também a primeira é influenciada pela identidade cultural da sociedade, o que inclui os valores nela sedimentados a respeito dos raciocínios que se ajustam a um padrão de adequação argumentativa.

Os conceitos de racionalidade e razoabilidade podem ser igualmente aproximados a partir da distinção entre "racionalidade prática" e "racionalidade instrumental": a primeira refletiria os critérios considerados pela razão prática para determinar se um juízo valorativo deve ser considerado correto, o que a aproximaria da razoabilidade; a segunda, o encadeamento dos raciocínios realizados para a sua construção.

Ao transportarmos essas noções para o ambiente constitucional, mais especificamente para a individualização do conteúdo das normas constitucionais, será necessário identificar o que se espera de todo e qualquer intérprete que se proponha a analisar os significantes oferecidos e, a partir deles, encontrar os significados a que se atribuirá imperatividade, gozando de todos os atributos característicos das normas constitucionais.

A partir da própria funcionalidade da Constituição, viga mestra do Estado e da ordem jurídica, norma-mãe que confere e pode retirar a validade de todos os atos jurídicos editados no território em que projeta a sua força normativa, pode-se afirmar, sem prejuízo das inúmeras variantes argumentativas passíveis de serem seguidas, que existem dois padrões básicos de racionalidade a serem adotados pelo intérprete. O primeiro deles, mais específico, diz respeito à conexão que deve existir entre o significado escolhido e os referenciais de texto e contexto, de modo que o intérprete não realize escolhas que destoem dos padrões comportamentais tidos como aceitáveis no âmbito jurídico e social.[2112] O segundo padrão, de maior amplitude, encontra alicerce na relação entre o texto e o significado que lhe é atribuído, sendo certo que este último será visto como o seu reflexo na realidade. É justamente essa relação que oferece o principal padrão de racionalidade a ser obedecido pelo intérprete: o de atribuir significados que permitam a plena eficácia de cada enunciado normativo.[2113] É a "interpretação ampla" referida por Story,[2114] na qual se explora todo o potencial expansivo dos enunciados linguísticos e de sua interação com a realidade (*v.g.*: entre dois ou mais significados possíveis, deve-se optar por aquele que alcance o maior número possível de particularidades). A plena eficácia somente será alcançada quando exploradas todas as potencialidades do texto e, no momento de lhe atribuir o significado, for possível antever os efeitos que a norma produzirá no próprio sistema e na realidade.

[2111] Cf.: ALEXY, Robert. The reasonableness of law. *In*: SARTOR, Giovanni; BONGIOVANNI, Giorgio; VALENTINI, Chiara (Org.). *Reasonableness and law*. New York: Springer, 2009. p. 5 (6).

[2112] Cf.: ALEXY, Robert. The reasonableness of law. *In*: SARTOR, Giovanni; BONGIOVANNI, Giorgio; VALENTINI, Chiara (Org.). *Reasonableness and law*. New York: Springer, 2009. p. 5 (7).

[2113] Saivgny já observara que "[l]e but de l'interprétation est de tirer de chaque loi le plus d'instruction possible" (VON SAVIGNY, Friedrich Karl. *Traité de droit romain*. (Trad. M. CH. Guenoux). Paris: Firmin Didot Fréres, 1840. t. 1, p. 210).

[2114] STORY. *Commentaries on the Constitution of the United States with a preliminary review of the constitutional history of Colonies and States before the adoption of the Constitution*. vol. I. Boston: Hilliard, Gray and Company, 1833, §403.

A ideia de *plena eficácia* não deve ser concebida em um plano conceitualmente abstrato, de modo que todo e qualquer enunciado linguístico dê lugar a normas cujo conteúdo explore, ao máximo, o potencial expansivo do respectivo texto. Em verdade, é preciso identificar a natureza da matéria versada (*v.g.*: atribuição ou restrição de direitos e poderes) e o valor que ostenta no sistema (*v.g.*: ideologias liberais e socialistas tendem a ter visões distintas a respeito da expansão ou da retração de direitos e deveres), o que permitirá identificar se ela se harmoniza à sua estrutura e linha de desenvolvimento ou se reflete um fator de contenção, assumindo feições de limite ou exceção. No primeiro caso, o dos enunciados de estrutura e desenvolvimento, a plena eficácia será alcançada com uma interpretação conducente a significados mais amplos. No segundo, com significados mais restritos. Ressalte-se, desde logo, que essa última proposição não importa em uma *contraditio in terminis*, refletida na inconciliabilidade dos referenciais de *plena eficácia* e *restrição do potencial expansivo do texto*. A Constituição, longe de se assemelhar a uma constelação, em que cada estrela, embora concorra para a sua formação, independe das demais, deve ser vista como um corpo unitário, cujas partículas contribuem, umas com as outras, para a evolução de todo o conjunto. A *plena eficácia* se associa ao conjunto, não às partículas que o compõem. Não é por outra razão que os enunciados que, longe de formarem a estrutura da Constituição ou se integrarem à sua linha de desenvolvimento, a limitem, devem receber significados de alcance restrito. Afinal, se os significados fossem amplos, eles simplesmente comprometeriam a *plena eficácia* do todo. É nesse sentido que deve ser compreendida a conhecida máxima latina *favorabilia sunt amplianda, odiosa restringenda*.

A necessidade de assegurar a plena eficácia do próprio regime constitucional direcionou a prolação, pelo Conselho Constitucional italiano, da polêmica Sentença nº 16/1978.[2115] Nessa decisão, entendeu-se que o §2º do art. 75 da Constituição de 1947, ao relacionar as matérias em que é vedada a realização de referendo ab-rogativo de lei ("Non è ammesso il referendum per le leggi tributarie e di bilancio, di amnistia e di indulto, di autorizzazione a ratificare trattati internazionali"), restringindo, desse modo, a participação política dos cidadãos, não era taxativo. Em outras palavras, seria possível ampliar as restrições ali previstas em prol da preservação dos alicerces de sustentação do Estado italiano.

Na ocasião, dentre outras matérias, o Tribunal apreciou a possibilidade de submeter a referendo popular a proposta de revogação do Código Penal Militar de Paz, tendo decidido que o rol de restrições contemplado no §2º do art. 75 poderia ser estendido para além de sua previsão textual, o que resultava de uma interpretação sistemática, alcançando, igualmente, as matérias essenciais ao funcionamento do ordenamento democrático. Em suas palavras, não se pode sustentar que "il secondo comma debba essere isolato, ignorando i nessi che lo ricollegano alle altre componenti la disciplina costituzionale del referendum abrogativo". Seria possível integrá-lo a outras "ipotesi implicite d'inammissibilità, inerenti alle caratteristiche essenziali e necessarie dell'istituto del referendum abrogativo; e che questa Corte non possa – d'altro lato – ricavarne conseguenze di sorta, solo perché il testo dell'art. 75 secondo comma Cost. non le considera

---

[2115] Rel. Lívio Paladin, *Gazz. Uff.* nº 39, de 8.02.1978.

specificamente". Essas hipóteses, segundo o Tribunal, poderiam ser divididas em quatro grupos: (1º) a formulação de quesito que contenha uma pluralidade de demandas independentes e heterogêneas, inclusive de valor constitucional, o que comprometeria a genuína manifestação popular; (2º) quesito que alcance atos normativos outros que não a lei ordinária (*v.g.*: as leis constitucionais); (3º) quesito que alcance disposições legais de conteúdo constitucionalmente vinculado, isso por reproduzirem, literalmente ou não, comandos constitucionais; (4º) quesito que diga respeito a matérias conexas àquelas relacionadas no §2º do art. 75. Em relação ao Código Penal Militar, ali estariam encartadas disposições afetas à defesa da Pátria, à obrigatoriedade do serviço militar e à indefectível existência das forças armadas, reconhecidos e garantidos pelo art. 52 da Constituição de 1947.

No precedente italiano, restringiu-se a participação política dos cidadãos em prol da preservação da estrutura do Estado, opção certamente controversa quando a contextualizamos em um Estado Democrático em que a vontade popular é a sua base última de sustentação.

O Supremo Tribunal Federal brasileiro também protagonizou uma situação de evidente resistência à plena eficácia de um direito fundamental. Trata-se do "mandado de injunção". Face aos efeitos deletérios das omissões legislativas que comprometem que seja alcançada a plenitude dos efeitos da norma constitucional, em especial daquelas que versam sobre os direitos fundamentais, a Constituição de 1988, em seu art. 5º, LXXI, dispôs sobre a possibilidade de ser concedido mandado de injunção "sempre que a falta de norma regulamentadora torne inviável o exercício dos direitos e liberdades constitucionais e das prerrogativas inerentes à nacionalidade, à soberania e à cidadania". A literalidade do preceito, em linha de princípio, não deixa margem a dúvidas: à falta de norma geral, cabe ao Judiciário a imediata edição da norma individual.[2116]

Ressalte-se, de início, que no direito comparado não é usual a existência de um instrumento que congregue o poder de o órgão jurisdicional, suprindo a omissão legislativa, editar padrão normativo primário e determinar a sua imediata execução: são encontradas apenas figuras afins, normalmente restritas à expedição de provimentos mandamentais, de natureza negativo-proibitiva, destinadas a assegurar a integridade das normas constitucionais.[2117] No caso brasileiro, o Tribunal, ainda impactado pela

---

[2116] Cf.: SANTIAGO GUERRA FILHO, Willis. *Processo constitucional e direitos fundamentais*. 4. ed. São Paulo: RCS, 2005. p. 137-156.

[2117] No Direito francês, merecem menção a atuação do: (a) *Médiateur de la Republique*, espécie de *ombudsman*, que pode expedir uma *injonction* (ordem), fixando prazo para que a autoridade responsável cumpra uma decisão coberta pela coisa julgada, redundando, o descumprimento, em publicação de relatório no *Journal Officiel*, o que tornará pública a negativa; e a do (b) juiz administrativo, que, anteriormente ao trânsito em julgado, não pode expedir *injonctions* à Administração visando ao cumprimento de obrigações de fazer e de não fazer, devendo limitar-se às *injonctions d'instruction*, voltadas à produção de provas no respectivo procedimento (Cf.: CHAPUS, René. *Droit administratif général*. 15. ed. Paris: Montchrestien, 2001. t. I, p. 466, 815-816 e 820-821). No Direito espanhol, tem-se o *recurso de amparo*, havendo grande celeuma quanto à sua natureza jurídica (se recurso ou ação de competência originária), que pode ser ajuizado por "toda persona natural ou jurídica que invoque un interes legítimo, así como el Defensor Del Pueblo y el Ministério Fiscal" (Constituição de 1978, art. 162, 2) e pressupõe o esgotamento das vias ordinárias (LOTC, arts. 43 e 44), tendo por fim assegurar a preeminência dos direitos fundamentais e das liberdades públicas violados por atos de autoridades públicas (Cf.: BALAGUER CALLEJÓN, Francisco *et al.* (Coord.). *Derecho constitucional*. 2. ed. Madrid: Tecnos, 2003. v. I, p. 243-249). No Direito alemão, tem-se a (*die*) *Verfassungsbeschwerde* (reclamação constitucional), cuja utilização não tem avançado no sentido de ensejar a edição da norma individual (Cf.: PESTALOZZA, Christian. *Die echte Verfassungsbeschwerde*: Vortrag, gehalten vor der Juristischen Gesellschaft zu Berlin am 18. Oktober 2006. Berlin: Walter de Gruyter, 2007. p. 8 e ss.). No

magnitude da inovação, apresentou nítida resistência ao exercício do novo poder que lhe foi outorgado. Embora tenha reconhecido a desnecessidade de legislação integradora do instituto,[2118] ao que se soma a aceitação do mandado de injunção coletivo,[2119] isso apesar da ausência de previsão constitucional expressa, vinha dispensando uma interpretação excessivamente tímida ao instituto. Exigia que a omissão inconstitucional persistisse por um razoável lapso temporal[2120] e não admitia a concessão de medida liminar,[2121] restringido, em regra, o alcance do provimento jurisdicional à mera declaração da omissão inconstitucional. Com isso, deixava de editar a norma individual reguladora do caso concreto.[2122]

Essa interpretação, que estimulava o surgimento de uma verdadeira simbiose entre o mandado de injunção e a ação de inconstitucionalidade por omissão, aniquilando qualquer possibilidade de eficácia social do primeiro, ao que se soma a já recorrente ineficácia da segunda, sofreu aperfeiçoamento. O Tribunal avançou em seu entendimento ao reconhecer a possibilidade de fixação de prazo para que o Legislativo suprisse a omissão, ao término do qual, a depender da hipótese, poderia o interessado gozar do direito[2123] ou postular a indenização pelos danos sofridos.[2124] Por persistir a ausência de regulamentação do direito referido no art. 8º, §3º, do ADCT da CR/1988, que previa a concessão de reparação econômica a certos profissionais perseguidos durante o regime militar, isso apesar das comunicações anteriores, "o Tribunal decidiu assegurar, de plano, o direito à indenização, sem constituir em mora o Congresso Nacional, para,

---

Direito português, somente é contemplada a fiscalização de inconstitucionalidade por omissão, de natureza abstrata e concentrada, não havendo instrumento voltado à tutela dos direitos individuais que se assemelhe ao mandado de segurança e ao mandado de injunção do Direito brasileiro (Cf.: MIRANDA, Jorge. *Manual de direito constitucional*. 3. ed. Coimbra: Coimbra Editora, 2008. t. VI, p. 322 e ss.). No Direito inglês, enquanto as *prerrogative orders* autorizam as Cortes a exercerem uma jurisdição de supervisão sobre os tribunais inferiores e demais autoridades públicas, a *injunction* é um remédio equitativo (*equitable remedy*) disponível em todos os ramos do Direito, público e privado, para proteger os direitos da pessoa contra infrações não amparadas pela lei, acrescendo-se que o *Human Rights Act* de 1998 (art. 12) dispõe sobre o procedimento a ser seguido na concessão, pelos tribunais, das *interim injunctions*, voltadas à garantia da liberdade de expressão (Cf.: BRADLEY, A. W.; EWING, K. D. *Constitutional and administrative law*. 13. ed. Harlow: Pearson Education, 2003. p. 731 e 421). No Direito norte-americano, o *writ of injunction*, originário da jurisdição por equidade e que tem substituído o *writ of mandamus* – voltado à efetivação de normas constitucionais específicas (sentido positivo) e que se encontra em desuso – consubstancia uma ordem endereçada às autoridades públicas ou aos particulares e que visa a obstar violações a direitos individuais (sentido negativo), encontrando o seu fundamento nas Emendas Constitucionais nºs 5 e 14, que também contemplam a cláusula do *due process of law* (Cf.: ALDERMAN, Ellen; KENNEDY, Caroline. *In our defense*. Nova York: Avon Books, 1998. p. 183-188).

[2118] MI nº 107, Rel. Min. Moreira Alves, j. em 23.11.1989, *RTJ* nº 133, p. 11.

[2119] MI nº 144, Rel. Min. Sepúlveda Pertence, j. em 3.8.1982, *DJ* de 28.5.1993.

[2120] MI nº 361, Rel. Min. Néri da Silveira, j. em 8.4.1994, *DJ* de 17.6.1994.

[2121] MI nº 553, Rel. Min. Celso de Mello, j. em 13.5.1997, *DJ* de 16.6.1995.

[2122] MI nº 585/TO, Rel. Min. Ilmar Galvão, j. em 15.5.2002, *DJ* de 2.8.2002 – direito de greve dos servidores públicos, art. 37, VII, da CR/1988; MI nº 584/SP, Rel. Min. Moreira Alves, j. em 29.11.2001, *DJ* de 22.2.2001, MI nº 587, Rel. Min. Sepúlveda Pertence, j. em 3.10.2001, *DJ* de 31.10.2001 e MI nº 588, Rel. Min. Ellen Gracie, j. em 3.10.2001, *DJ* de 14.12.2001 – taxa máxima de juros, art. 192, §3º, da CR/1988, preceito já revogado; MI nº 95, Rel. Min. Carlos Velloso, j. em 7.10.1992, *DJ* de 18.6.1993 – direito ao aviso prévio proporcional, art. 7º, XXI, da CR/1988; e MI nº 219, Rel. Min. Octávio Gallotti, j. em 22.8.1990, *DJ* de 22.8.1990 – número de representantes de cada unidade federativa na Câmara dos Deputados, art. 45, §1º, da CR/1988.

[2123] MI nº 232, Rel. Min. Moreira Alves, *DJ* de 27.3.1992.

[2124] MI nº 283, Rel. Min. Sepúlveda Pertence, j. em 20.3.1991, *DJ* de 14.11.1991 – anistia e direito a reparação econômica, art. 8º, §3º do ADCT da CR/1988.

mediante ação de liquidação, independentemente de sentença de condenação, fixar o valor da indenização".[2125]

Em momento posterior, novo avanço foi identificado, tendo o Supremo Tribunal Federal decidido pela aplicação de norma infraconstitucional já existente, com pertinência temática a situações que careciam de legislação específica. O Tribunal, analisando a renitência do Congresso Nacional em regulamentar o direito de greve dos servidores públicos, direito fundamental dependente de integração pela legislação infraconstitucional, declarou a omissão legislativa e determinou que fosse aplicado, no que coubesse, a Lei nº 7.783/1989, regente do setor privado.[2126] Com isso, além de sanar, temporariamente, a apontada omissão legislativa, maximizou a importância do mandado de injunção e conferiu plena eficácia ao comando constitucional contido no art. 37, VII, que assegura o direito de greve aos servidores. O mesmo ocorreu em relação à aposentadoria especial dos servidores públicos, tendo decidido pela possibilidade de aplicação das regras do regime geral de previdência social enquanto o art. 40, §4º, da Constituição de 1988 não fosse regulamentado pelo Congresso Nacional.[2127]

O constante surgimento de interferências na compreensão da linguagem jurídica torna inevitável que sobre o intérprete recaia o *múnus* de contornar as situações de ambiguidade e vagueza conceitual que exsurgem dos enunciados linguísticos contidos na Constituição formal. A existência de uma pluralidade de significados, todos amparados pelos aspectos semânticos e sintáticos do texto, redunda em uma situação de conflitualidade que há de ser solucionada com os olhos voltados à preocupação em escolher o significado que confira a maior amplitude possível ao texto,[2128] observados, obviamente, os balizamentos inerentes à matéria versada, cujo delineamento será inevitavelmente influenciado pela ideologia prestigiada pelo intérprete. O significado escolhido deve ser idôneo a tornar mais eficiente a funcionalidade que se espera da norma, o que deve ser aferido em conformidade com o sistema em que inserida e as exigências do contexto.[2129]

Individualizado o significado que mais se ajuste ao potencial do texto, deve o intérprete aferir se a norma constitucional é realmente operativa e se tem perspectivas de se tornar efetiva na realidade,[2130] atendendo a funcionalidade a que se destina. Deve evitar, tanto quanto possível, condicionar a eficácia da norma ao juízo potestativo dos destinatários em potencial, salvo, obviamente, se isso fizer parte de sua própria essência. É o caso das normas programáticas que disponham sobre a implementação de políticas públicas, cujo potencial transformador da realidade é sensivelmente influenciado por juízos valorativos de natureza política realizados pelo Executivo e pelo Legislativo.

[2125] MI nº 543, Rel. Min. Nélson Jobim, j. em 26.10.2000, *DJ* de 24.5.2002.
[2126] MI nº 670, 708 e 712, Rel. p/acórdão Min. Gilmar Mendes, j. em 25.10.2007, *DJ* de 31.10.2008.
[2127] MI nº 788/DF, Rel. Min. Carlos Britto, j. em 15.4.2009, *DJ* de 7.5.2009; MI nº 795/DF, Rel. Min. Cármen Lúcia, j. em 15.4.2009, *DJ* de 21.5.2009; e MI nº 758/DF, Rel. Min. Marco Aurélio j. em 1.7.2008, *DJ* de 25.9.2008.
[2128] STORY. *Commentaries on the Constitution of the United States with a preliminary review of the constitutional history of Colonies and States before the adoption of the Constitution*. vol. I. Boston: Hilliard, Gray and Company, 1833, §428.
[2129] Cf.: PIERANDREI, Franco. L'interpretazione delle norme costituzionali in Italia. In: *Scritti di diritto costituzionale*. Torino: Giappichelli, 1964. v. 2, p. 645 (648).
[2130] Cf.: WHITE, James Boyd. *Heracles' bow*: essays on the rhetoric and poetics of the law. Wisconsin: University of Wisconsin Press, 1989. p. 78.

Ao se deparar com o conflito entre normas constitucionais, o intérprete deve buscar solucioná-lo de modo a harmonizar as normas colidentes, restringindo, o mínimo possível, a sua eficácia. A partir desse padrão de racionalidade, o intérprete direcionará a sua atividade com o objetivo de satisfazer as exigências de justiça subjacentes a qualquer padrão normativo.

Para que a racionalidade do processo de interpretação seja assegurada, é necessário que o intérprete, ao desenvolver a sua atividade, observe certos postulados, teleologicamente comprometidos com a obtenção de significados que se mostrem coerentes e harmônicos com todas as opções oferecidas pelos significantes analisados. Essas proposições, ínsitas em qualquer processo intelectivo de análise textual, atuam como verdadeiras diretivas lógicas para a compreensão dos enunciados normativos veiculados pela Constituição, não podendo ser desconsideradas pelo intérprete. No âmbito da doutrina constitucional, não é incomum que essas proposições sejam cognominadas de *presunções* ou, mesmo, de *princípios de interpretação*.

As presunções teriam a função de delinear, *prima facie*, uma qualidade intrínseca ao objeto interpretado. Invocando a terminologia utilizada por Malatesta,[2131] podemos afirmar que são mecanismos de pré-individualização da "identidade intrínseca" de certo objeto. O conjunto desses mecanismos faz surgir a probabilidade, antes de qualquer evidência concreta, de que o enunciado normativo e a norma que dele se desprenderá apresentem as características que grandezas dessa natureza ordinariamente ostentam. É nesse sentido que poderíamos falar, com Black,[2132] em presunções contra a incoerência, a injustiça, a inconveniência, o absurdo e a ineficácia.

No plano conceitual, a distinção entre *postulados* e *presunções* é nitidamente influenciada pela sua definitividade, ou não: enquanto os primeiros necessariamente assumem essa característica, as presunções podem, ou não, ser definitivas. É por tal razão que tradicionalmente se fala em presunções *iuris tantum* e *iuris et de iure*, conforme admitam, ou não, prova em contrário. Enquanto as presunções indicam uma espécie de característica afeta a ato ou fato juridicamente relevante, os postulados apontam para uma imposição.

Embora não sejam desejados, vícios como incoerência, injustiça, inconveniência, absurdo e ineficácia são constantemente encontrados nos padrões normativos, decorrendo, quer de defeitos do texto interpretado, quer da má condução do processo de interpretação. Partindo dessa constatação, seríamos naturalmente levados a reconhecer que não existem verdadeiros postulados de racionalidade na interpretação constitucional, mas meras presunções, que podem ceder às especificidades da realidade. Essa impressão inicial, no entanto, não possui a consistência desejada.

O que se verifica, em verdade, é que o intérprete não pode transigir com essas diretivas de identidade, não pode negar a sua correção e não pode deixar de perseguir a sua plena concretização, isso sob pena de sua atividade situar-se a jusante da racionalidade. A possível frustração desse objetivo não as transforma em presunções.

[2131] DEI MALATESTA, Nicola Framarino. *A lógica das provas em matéria criminal (La logica delle prove in criminale)*. (Trad. Waleska Girotto Silverberg). São Paulo: Conan, 1995. v. I p. 211.

[2132] BLACK, Henry Campbell. *Handbook on the construction and interpretation of the laws*. 2. ed. St. Paul: West Publishing, 1911. p. 118-134. No mesmo sentido: Cf.: WROBLEWSKI, Jerzy; BÁNKOWSKI, Zenon; MACCORMICK, Neil. *The judicial application of law*. Springer: The Netherlands, 1992. p. 103.

Quando se fala, por exemplo, em presunção de não absurdo ou de justiça da *norma*, busca-se atribuir ao resultado da interpretação, à norma, uma característica temporária que não se coaduna com as suas feições definitivas. A pré-identidade que proposições dessa natureza procuram delinear somente se ajustaria às características do enunciado normativo, norma em potência ainda dependente da intervenção do intérprete. Ao lembramos que o enunciado normativo não é propriamente uma norma, afigura-se evidente a impossibilidade de ele ser absurdo ou injusto, dentre outros predicados negativos. Ao veicularem as diretivas lógicas a serem necessariamente observadas pelo intérprete, dessas proposições se desprende a sua verdadeira natureza jurídica. São postulados de racionalidade que devem ser seguidos no curso do processo de interpretação, ainda que, ao final, a norma constitucional encontrada, por absoluta imposição dos circunstancialismos fáticos e jurídicos ou por mera opção do intérprete, deles se distancie. Ainda que as potencialidades do texto não lhe permitam individualizar uma norma harmônica com esses postulados, não é dado ao intérprete simplesmente ignorar as balizas estabelecidas.

Face à própria funcionalidade dos postulados, exigências metódicas que não podem ser logicamente desconsideradas pelo intérprete, isso sob pena de comprometer a própria racionalidade do resultado alcançado, não parece adequado intitulá-los de princípios,[2133] ainda que cognominados de "princípios de natureza instrumental".[2134] Não há margem valorativa para considerá-los aplicáveis, ou não, à interpretação constitucional. Não são vocacionados à conflitualidade e se mostram ontologicamente avessos à ponderação, o que evidencia a sua distinção em relação aos princípios em geral.[2135]

[2133] Fazem referência aos princípios de interpretação constitucional, dentre outros: DAVID ARAÚJO, Luiz Alberto; SERRANO NUNES JÚNIOR, Vidal. *Curso de direito constitucional*. 14. ed. São Paulo: Saraiva, 2010. p. 104-111; SANTIAGO GUERRA FILHO, Willis. *Processo constitucional e direitos fundamentais*. 4. ed. São Paulo: RCS, 2005. p. 76-82; SANTIAGO GUERRA FILHO, Willis; GARBELLINI CARNIO, Henrique. *Teoria da ciência jurídica*. 2. ed. São Paulo: Saraiva, 2009. p. 177-180; DE ALBUQUERQUE SILVA, Celso. *Interpretação constitucional operativa*. Rio de Janeiro: Lumen Juris, 2001. p. 41 e ss.; CANOSA USERA, Raul. *Interpretación constitucional y fórmula política*. Madrid: Centro de Estudios Constitucionales, 1988. p. 141 e ss.; HESSE, Konrad. *Elementos de direito constitucional da República Federal da Alemanha* (*Grundzüge des Verfassungsrechts der Bundesrepublik Deutschland*). (Trad. Luís Afonso Heck). Porto Alegre: Sérgio Antonio Fabris, 1998. p. 65-68; e GOMES CANOTILHO, José Joaquim. *Direito constitucional e teoria da Constituição*. 7. ed. Coimbra: Almedina, 2010. p. 1223-1226. Há, ainda, quem faça referência aos princípios, mas realce que se assemelham aos *topoi* do método tópico, direcionando a seleção e a valoração dos argumentos (ALFLEN, Kelly Susane. Jurisprudência e hermenêutica: sobre o formalismo do pensamento hermenêutico-jurídico rumo à consolidação do direito jurisprudencial constitucional. *In*: CRUZ FERREIRA, Luiz Alexandre. *Hermenêutica, cidadania e direito*. Campinas: Millennium, 2005. p. 45 (64)). Observa-se que esse último entendimento não atenta para a liberdade do intérprete na seleção dos *topoi*, o que não parece se ajustar à indeclinabilidade dos postulados.

[2134] Cf.: BARROSO, Luís Roberto. Neoconstitucionalismo e constitucionalização do direito: o triunfo tardio do direito constitucional no Brasil. *In*: LEITE SAMPAIO, José Adércio (Org.). *Constituição e crise política*. Belo Horizonte: Del Rey, 2006. p. 97-106). Tais princípios "constituem premissas conceituais, metodológicas ou finalísticas que devem anteceder, no processo intelectual do intérprete, a solução concreta da solução posta" (BARROSO, Luís Roberto. O começo da história: a nova interpretação constitucional e o papel dos princípios no direito brasileiro. *In*: BARROSO, Luís Roberto (Org.). *Temas de direito constitucional*. 2. ed. Rio de Janeiro: Renovar, 2008. t. III, p. 3 (33-40)). A unidade constitucional, para Canosa Usera, seria um exemplo de princípio instrumental (CANOSA USERA, Raul. *Interpretación constitucional y fórmula política*. Madrid: Centro de Estudios Constitucionales, 1988. p. 163).

[2135] Também falando em postulados, merece referência o entendimento de Celso Ribeiro Bastos, que menciona os postulados da unidade, da supremacia da Constituição, da maior efetividade possível e o postulado decorrente da harmonização (BASTOS, Celso Ribeiro. *Hermenêutica e interpretação constitucional*. 2. ed. São Paulo: Celso Bastos, 1999. p. 102-107). No mesmo sentido: MEYER-PFLUG. Samantha. Das especificidades da interpretação constitucional. *In*: RAMOS TAVARES, André; FERREIRA MENDES, Gilmar; GANDRA DA SILVA MARTINS,

Especificamente em relação aos postulados de racionalidade a serem observados no decorrer da interpretação constitucional, podem ser mencionados os de coerência, possibilidade de realização, justiça, conveniência e não absurdo. Esses postulados serão particularmente relevantes na resolução das conflitualidades intrínsecas, influindo nas decisões a serem tomadas pelo intérprete quando mais de um significado puder ser extraído do mesmo significante. Os significados que deles se distanciem devem ser preteridos em detrimento daqueles que os prestigiem.

O postulado de coerência traz consigo uma multiplicidade de fatores constitutivos, todos voltados ao estabelecimento de uma linearidade intelectiva, de modo que referenciais textuais e circunstanciais, em caso de identidade ou intensa semelhança, sejam tratados de modo harmônico pelo intérprete. A importância da coerência, enquanto diretriz de igualdade e justiça, indica que a atividade do intérprete não assume contornos puramente dedutíveis. Deve avançar de braços dados com a lógica e alcançar, tanto quanto possível, o consenso e a adesão dos demais partícipes do processo de comunicação normativa.[2136]

A coerência deve estar presente tanto no processo de individualização da norma constitucional, aproximando e integrando os significantes linguísticos empregados no enunciado normativo, de modo a alcançar um referencial de harmonia entre eles, quanto na sua correlação com outras normas do mesmo sistema, o que permite que se lhe atribuam feições internas e externas. A congruência das normas constitucionais, como é intuitivo, depende da coerência adotada na condução do processo de interpretação.[2137]

A coerência interna aponta não só para a impossibilidade de ser desconsiderada a ação recíproca entre os significantes linguísticos, como, também, para a inadequação de significados que tornem supérflua ou redundante uma parte dos significantes empregados.[2138] Além da clássica consideração de que obrar em contrário terminaria por afrontar a autoridade responsável pela elaboração normativa, deve-se lembrar que a linguagem jurídica, não obstante os seus propósitos específicos, não apresenta peculiaridades sintáticas quando cotejada com a linguagem ordinária. A exemplo do que verificamos no âmbito desta última, os enunciados linguísticos devem ser vistos como um todo unitário, em que cada significante que os compõe possui uma funcionalidade, de modo a assegurar a higidez do processo de comunicação.[2139] Se o intérprete possui liberdade para atribuir significados, o mesmo não ocorre em relação à desconsideração de

---

Ives. *Lições de direito constitucional*: em homenagem ao Jurista Celso Bastos. Rio de Janeiro: Saraiva, 2005. p. 49-66 (57-65); DE ARRUDA OLIVEIRA, Dinara. Pressupostos hermenêutico-constitucionais. *In*: RIBEIRO MOREIRA, Eduardo; GONÇALVES JÚNIOR, Jerson Carneiro; POLLETI BETTINI, Lucia Helena. *Hermenêutica constitucional*: homenagem aos 22 anos do Grupo de Estudos Maria Garcia. São Paulo: Conceito Editorial, 2010. p. 201 (205-212); e SANTOS BEZERRA, Paulo César. *Lições de teoria constitucional e de direito constitucional*. 2. ed. Rio de Janeiro: Renovar, 2009. p. 149.

[2136] Cf.: VILLAR PALASI, José Luis. *La interpretación y los apotegmas jurídico-lógicos*. Madrid: Tecnos, 1975. p. 94.

[2137] Cf.: LUCAS VERDU, Pablo. *El sentimiento constitucional*: aproximación al estudio del sentir constitucional como modo de integración política. Madrid: Reus, 1985. p. 107.

[2138] Cf.: WROBLEWSKI, Jerzy; BÁNKOWSKI, Zenon; MACCORMICK, Neil. *The judicial application of law*. Springer: The Netherlands, 1992. p. 99-100; AGUILA, Yann. Cinq questions sur l'interprétation constitutionnelle. *Revue Française de Droit Constitutionnel*, Paris: Presses Universitaires de France, n. 21, p. 9-46, 1995. p. 9 (28); e DOMINGUES DE ANDRADE, Manuel A. *Ensaio sobre a teoria da interpretação das leis*. 2. ed. Coimbra: Arménio Amado, 1963. p. 64.

[2139] Cf.: RODRÍGUEZ, Victor Gabriel. *Argumentação jurídica*: técnicas de persuasão e lógica informal. 2. ed. Campinas: LZN, 2004. p. 45.

significantes. No primeiro caso, assegura-se. No segundo, compromete-se a compreensão da comunicação normativa.

A coerência externa, em um primeiro momento, exige que o intérprete, no processo de individualização de uma ou mais normas constitucionais, não oscile de entendimento em situações em que seja constatada uma identidade de significantes, de circunstâncias e, principalmente, da funcionalidade que se espera dos significantes linguísticos envolvidos. A interpretação da linguagem, tanto quanto possível, deve harmonizar a identidade de significantes com a identidade de significados, evitando oscilações injustificadas.[2140] Essa ideia de harmonização torna-se particularmente relevante quando os enunciados linguísticos, apesar de integrados por significantes distintos, ostentem a mesma funcionalidade e devam veicular significados similares.[2141] A coerência, nesse caso, se identifica com uma qualidade negativa, apontando para a ausência de contradições.[2142] Em prol de sua preservação, o intérprete pode ser obrigado a optar por um "significado médio", que se ajuste às distintas situações passíveis de serem alcançadas pelos distintos enunciados linguísticos.[2143] Esse quadro, por outro lado, pode sofrer oscilações em relação a significantes linguísticos inseridos em distintos diplomas normativos, máxime quando separados por um considerável lapso temporal. No âmbito constitucional, essa possibilidade se fará sentir, com maior intensidade, nos sistemas, como o brasileiro e o norte-americano, em que as reformas constitucionais sequer precisam ser incorporadas ao texto formal da Constituição, coexistindo lado a lado com ele. Essa divisão formal pode fazer com que certos significados apresentem maior adaptação a um texto que ao outro.

A coerência externa ainda apresenta uma faceta em que é bem acentuada a interação entre texto e contexto, mais especificamente o contexto sistêmico. Aponta para o dever de o intérprete, na condução do processo de interpretação, levar na devida conta a necessidade de harmonizar a norma a ser individualizada com as demais normas do sistema,[2144] evitando o surgimento de redundâncias e a precipitação de

---

[2140] Cf.: SEDGWICK, Theodore. *A treatise on the rules wich govern the interpretation and application of statutory and constitutional law*. New York: J. S. Voorhies, 1857. p. 238; e STORY, Joseph. *Commentaries on the Constitution of the United States with a preliminary review of the constitutional history of Colonies and States before the adoption of the Constitution*. Boston: Hilliard, Gray and Company, 1833. v. I, §454. François Luchaire fala em "princípio da unidade do vocabulário" para justificar a necessidade de ser atribuído igual sentido ao termo repetido em distintas partes do texto (LUCHAIRE, François. De la méthode en droit constitutionnel. *Revue du Droit Public et de la Sience Politique en France et a L'Étranger*, n. 2, p. 275-329, mars./avr. 1981. p. 275 (292)).

[2141] Cf.: SOKOLOWSKI, Robert. *Husserlian meditations*: how words present things. USA: Northwestern University Press, 1974. p. 20.

[2142] Cf.: GUASTINI, Ricardo. *Das fontes às normas* (*Dalle fonti alle norme*). (Trad. Edson Bini). São Paulo: Quatier Latin, 2005. p. 71.

[2143] Cf.: LUCHAIRE, François. De la méthode en droit constitutionnel. *Revue du Droit Public et de la Sience Politique en France et a L'Étranger*, n. 2, p. 275-329, mars./avr. 1981. p. 275 (295).

[2144] A *Loi d'interprétation de Quebec*, no Canadá, referida por Coté, expressa, em seu art. 41.1, a essência da coerência sistêmica, consubstanciando um verdadeiro postulado de racionalidade do sistema jurídico, *verbis*: "[l]es dispositions d'une loi s'interprètent les unes par les autres en donnant à chacune le sens qui découle de l'ensemble et qui lui donne effet" (COTÉ, Pierre-André. *Interpretation des lois*. 3. ed. Cowansville: Yvon Blais, 1999. p. 390). "A boa interpretação", como realçado por Petter, "é aquela que promove a máxima integração com o mínimo de conflito entre os elementos do sistema" (PETTER, Lafayette Josué. *Princípios constitucionais da ordem econômica*: o significado e o alcance do art. 170 da Constituição Federal. 2. ed. São Paulo: Revista dos Tribunais, 2008. p. 117).

conflitualidades normativas.[2145] Para tanto, deve proceder a tantas "reinterpretações" quantas sejam necessárias (e possíveis) a esse desiderato, contornando, em cada uma delas, as incoerências existentes.[2146]

A busca pela coerência é uma das aspirações do método sistemático de interpretação e um modo de preservação da unidade da Constituição,[2147] que não pode ser interpretada em tiras, fatias ou pedaços.[2148] A coerência, com isso, termina por conduzir a uma "recíproca justificação" das normas do sistema,[2149] de modo que o significado de uma norma confere sustentação ao significado atribuído a outra. O Tribunal Constitucional Federal alemão[2150] há muito reconheceu que uma disposição constitucional (*Verfassungsbestimmung*) não pode ser interpretada de modo isolado, voltada para si mesma, com desconsideração da "conexão de sentido" (*Sinnzusammenhang*) que mantém com as demais disposições da Constituição, que apresenta uma "unidade interna" (*Einheit darstellt*). A ideia de unidade torna imperativo que o processo de interpretação esteja comprometido com a harmonização das distintas normas constitucionais, realizando-se a sua "concordância prática", de modo que possam coexistir e se expandir na maior intensidade possível. Ainda que à luz das peculiaridades do caso, uma das normas deva sofrer retrações em prol da expansão de outra norma, isso não compromete a afirmação de que a ideia de unidade sempre irá direcionar a atividade do intérprete.

A redundância decorre da existência de uma pluralidade de soluções idênticas, veiculadas por normas distintas, para o mesmo caso. Ainda que seja possível afirmar que todas as normas envolvidas são eficazes, já que aptas a produzir efeitos, é evidente que essa superfetação normativa não se afeiçoa a um padrão de racionalidade. Afinal, enquanto uma das normas efetivamente se projetará na realidade, as demais, por serem repetitivas, nada acrescerão. O intérprete, ao individualizar a norma, deve sempre preterir conteúdos redundantes.[2151] O conflito normativo, por sua vez, aponta para uma pluralidade de soluções diversas, veiculadas por normas distintas, para o mesmo caso. Na redundância, as soluções ofertadas subsistem, no conflito, não. Em situações desse tipo,

---

[2145] Cf.: CRISAFULLI, Vezio. *Lezioni di diritto costituzionale*. 6. ed. Verona: CEDAM, 1993. v. II, t. I, p. 209; BINDREITER, Uta. *Why grundnorm?*: a treatise on the implications of Kelsen's doctrine. The Netherlands: Springer, 2002. (Law and Philosophy Library, v. 58), p. 136-137; e DE MORAES, Alexandre. *Direito constitucional*. 25. ed. São Paulo: Atlas, 2010. p. 14.

[2146] Cf.: BINDREITER, Uta. *Why grundnorm?*: a treatise on the implications of Kelsen's doctrine. The Netherlands: Springer, 2002. (Law and Philosophy Library, v. 58), p. 141.

[2147] Como ressaltado por Maurer, o denominado "princípio da unidade da Constituição" (*Prinzip der Einheit der Verfassung*) estabelece orientação similar ao princípio da interpretação sistemática (MAURER, Hartmut. *Staatsrecht I*: Grundlagen. Verfassungsorgane. Staatsfunktionen. 5. ed. München: C. H. Beck, 2007. p. 24). Essa orientação, aliás, remonta a Von Savigny, ao afirmar que "l'élément systématique a pour objet le lien intime qui unit les institutions et les règles du droit au sein d'une vaste unité" (VON SAVIGNY, Friedrich Karl. *Traité de droit romain*. (Trad. M. CH. Guenoux). Paris: Firmin Didot Fréres, 1840. t. 1, p. 209).

[2148] Cf.: MÜLLER, Friedrich. *Métodos de trabalho do direito constitucional*. 3. ed. (Trad. Peter Naumann). Rio de Janeiro: Renovar, 2005. p. 84; GRAU, Eros Roberto. *Ensaio e discurso sobre a interpretação/aplicação do direito*. 5. ed. São Paulo: Malheiros, 2009. p. 127; e OLIVEIRA PETER DA SILVA, Christine. *Hermenêutica dos direitos fundamentais*: uma proposta constitucionalmente adequada. Brasília: Brasília Jurídica, 2005. p. 277.

[2149] Cf.: PECZENIK, Aleksander. *On law and reason*. 2. ed. The Netherlands: Springer, 1989. p. 165.

[2150] *BVerfGE* 1, 14 (32), 1951 (*Südweststaat*).

[2151] Lembrando a classificação de Ross a respeito das antinomias e das inconsistências (ROSS, Alf. *Direito e justiça (On law and justice)*. (Trad. Edson Bini). São Paulo: Edipro, 2003. p. 158), que podem ser do tipo total-total, total-parcial e parcial-parcial, também as redundâncias podem ser classificadas de modo similar, conforme haja uma total superposição entre os campos de aplicação das normas envolvidas; a totalidade de uma norma seja coincidente com apenas parte da outra; e apenas partes de cada norma sejam redundantes.

será plenamente factível que cada significado possível se mostre compatível com uma norma constitucional distinta. Tal ocorrendo, será necessário identificar, em momento anterior à resolução da conflitualidade intrínseca, a que norma constitucional se deve atribuir preeminência na harmonização com a futura norma. Nesse caso, a resolução da conflitualidade intrínseca terá como pressuposto a superação de uma conflitualidade extrínseca, vale dizer, de um conflito entre normas constitucionais.[2152] Essa operação, é importante frisar, não aponta para a internalização de todo e qualquer conflito normativo. Indica, apenas, que o intérprete deve sempre buscar a harmonização, o que não afasta a possibilidade de os demais fatores intrínsecos, extrínsecos e de natureza operativa apontarem para a necessidade de ser preferido o significado dissonante das normas preexistentes, daí decorrendo uma antinomia normativa a ser posteriormente solucionada.

Deve-se evitar, igualmente, o surgimento de conflitos normoaxiológicos, decorrentes da dissonância entre o significado encontrado e os valores que dão sustentação ao sistema e permeiam as suas normas.[2153] Conflitos dessa natureza, não raro, assumirão natureza normativa, isso porque os distintos valores do sistema costumam ser reconduzidos a normas que os albergam. As normas constitucionais serão axiologicamente coerentes ou harmônicas se albergarem os mesmos valores ou se, apesar de distintos, forem compatíveis entre si, não chegando a entrar em colisão.

Em qualquer caso, o postulado da coerência não pode chegar ao extremo de igualar as diferenças, possibilidade plenamente factível no texto constitucional, em que, a partir da maior abertura semântica dos significantes empregados e do constante emprego da linguagem ordinária, é comum que significantes idênticos denotem significados diversos. O intérprete deve ser coerente com o que se espera do próprio postulado da coerência: evitar que o igual seja tratado como diferente, não permitindo, do mesmo modo, que o diferente seja tratado como igual.

O postulado da possibilidade de realização, ou da não inoperância, ou do "efeito útil"[2154] indica que os enunciados normativos não devem ser interpretados de modo a atribuir-lhes um significado que inviabilize o alcance de qualquer resultado prático, refletindo um desnecessário dispêndio de tempo e energia por parte do Constituinte e do intérprete.[2155] Esse aspecto é bem acentuado nos conhecidos brocardos latinos "lex non cogit ad impossibilia" e "lex non intendit aliquid impossibile".[2156] A norma constitucional não deve impor comandos impossíveis de serem realizados, o que pode ser analisado sob a ótica dos requisitos exigidos para a sua incidência ou sob o prisma das consequências que dela advirão, caso preenchida a sua hipótese de incidência. A

[2152] Para maior desenvolvimento do tema, vide: GARCIA, Emerson. *Conflito entre normas constitucionais*: esboço de uma teoria geral. Rio de Janeiro: Lumen Juris, 2008.
[2153] Cf.: WROBLEWSKI, Jerzy; BÁNKOWSKI, Zenon; MACCORMICK, Neil. *The judicial application of law*. Springer: The Netherlands, 1992. p. 100-101.
[2154] Cf.: LUCHAIRE, François. De la méthode en droit constitutionnel. *Revue du Droit Public et de la Sience Politique en France et a L'Étranger*, n. 2, p. 275-329, mars./avr. 1981. p. 275 (293-294).
[2155] Cf.: WROBLEWSKI, Jerzy; BÁNKOWSKI, Zenon; MACCORMICK, Neil. *The judicial application of law*. Springer: The Netherlands, 1992. p. 106.
[2156] Cf.: LIEBER, Francis. *Legal and political hermeneutics*: or principles of interpretation and construction in law and politics, with remarks on precedents and authorities. Boston: Charles C. Litle and James Brown, 1839. p. 128.

impossibilidade, em ambos os casos, pode ser de ordem física, prática ou lógica:[2157] (1) física, quando contrariar regras da natureza, o que pode ocorrer de modo absoluto ou tão somente relativo, nesse último caso, com a presença da impossibilidade apenas em certas circunstâncias; (2) prática, quando, apesar de possível a realização do comando, for exigido um excessivo dispêndio de tempo, energia ou dinheiro, ensejando encargos que não justifiquem o benefício gerado; ou (3) lógica, quando estiver baseada em uma contradição, que pode ser interna, quando a hipótese de incidência mostra-se incompatível com a consequência jurídica, (*v.g.*: após a renúncia do titular, a decretação de perda do cargo dependerá...), ou externa, em que o requisito exigido para a incidência da norma mostra-se incompatível com a disciplina traçada por outra norma, o que inviabiliza a sua realização. Em relação à consequência, a norma pode estatuir comandos contraditórios entre si ou que se choquem com o comando de outras normas (*v.g.*: enquanto uma norma permite, outra proíbe).

Para a plena realização dos objetivos da norma, é necessário que o intérprete, ao resolver as conflitualidades intrínsecas no plano operativo, busque identificar todas as nuances envolvidas, de modo a viabilizar a projeção, na realidade, dos bens e valores tidos como protegidos no plano conceitual.

A necessidade de a norma produzir um efeito útil indica que o intérprete, ao se deparar com dois significados distintos, igualmente reconduzíveis ao enunciado linguístico interpretado, deve preferir aquele que possa produzir algum efeito útil em detrimento daquele que não ofereça utilidade alguma. Perante uma diversidade de significados, todos igualmente úteis, deve preferir aquele que mais se afeiçoe aos valores prevalecentes na situação analisada. Descendo a um plano de maior especificidade, observa-se que esse postulado assume especial relevância nas situações em que se esteja perante uma situação de aparente (1) redundância, indicando a preferência pelo significado que permita o surgimento de uma norma distinta; ou (2) antinomia, permitindo que, ao invés de se afastar a própria incidência de uma das normas colidentes, seja estabelecida uma relação de *regra* e *exceção* entre elas.

O postulado de justiça, dedutível do comprometimento da ordem constitucional com os referenciais de ordenação social e correção, indica que qualquer enunciado normativo deve ser interpretado de modo a assegurar a prevalência desses valores. Trata-se de postulado de intenso colorido axiológico, refletindo padrões de correção vigentes no ambiente sociopolítico, em determinada época e de acordo com certas circunstâncias.[2158] Valores como liberdade, igualdade, ordem e segurança mantêm uma relação permanente de fluxo e refluxo com o ideal de justiça, alimentando e sendo alimentados, dando sustentação e sendo sustentados. Sem justiça não há liberdade, igualdade, ordem e segurança.[2159] Sem a preocupação com esses valores, a justiça seria como um invólucro destituído de conteúdo.

[2157] Cf.: BLACK, Henry Campbell. *Handbook on the construction and interpretation of the laws*. 2. ed. St. Paul: West Publishing, 1911. p. 119-120; e SANTIAGO NIÑO, Carlos. *Introducción al análisis del derecho*. 2. ed. Buenos Aires: Astrea, 2005. p. 289-291.

[2158] Cf.: SALDANHA, Nelson. Em torno dos valores. *Revista da Academia Brasileira de Letras Jurídicas*, n. 11, p. 79-90, 1. sem. 1997. p. 79 (83).

[2159] Cf.: REALE. *Lições preliminares de direito*. 27. ed. São Paulo: Saraiva, 2010, p. 373-377.

A preocupação com o postulado de justiça é particularmente intensa nos casos em que a norma construída pelo intérprete possa ser aplicada não só em situações comuns e ordinárias, como também em situações incomuns e extraordinárias, dando azo, nesse último caso, a consequências aparentemente injustas. Essa possibilidade, em linha de princípio, não deve fazer com que o intérprete busque construir "sentidos balanceados", premido pelo receio de que os significados encontrados em dado contexto ensejem o surgimento de consequências injustas quando transpostos, com base no postulado de coerência, para situações pouco comuns e de rara ocorrência. Identificada tal possibilidade, não deve o intérprete eximir-se de identificar um significado que se mostre consentâneo com um padrão ordinário ótimo de justiça. Para as situações incomuns, designativo que bem demonstra a especificidade dos circunstancialismos que as circundam, não haverá propriamente uma quebra de coerência caso o intérprete busque ajustar o significado do texto aos padrões de justiça adotados. Afinal, a harmonia de significados, base de sustentação do postulado de coerência, não dispensa a identidade de circunstancialismos.

O postulado de conveniência indica que a norma constitucional não é vocacionada à criação de dificuldades ou ofensas para o interesse público ou privado. O direito deve ser sempre compreendido como significando algo benéfico à coletividade[2160] e às distintas individualidades que a compõem. Significados que imponham sacrifícios injustificados ou que restrinjam, de modo desproporcional, o exercício de direitos individuais, sem um benefício correlato para a coletividade ou para outros particulares, padecem de manifesta inconveniência. Acresça-se que esse postulado deve ser ajustado à base de valores subjacente ao texto constitucional, que direcionará a formação dos padrões de correção e incorreção, permitindo identificar os sacrifícios e restrições a serem considerados compatíveis com o ambiente sociopolítico.

Do postulado do não absurdo extrai-se que as normas constitucionais não devem ser individualizadas de modo a produzir efeitos incompatíveis com o padrão de racionalidade do *homo medius*, afrontando a razão e o senso comum.[2161] Trata-se de verdadeira "regra de ouro"[2162] da interpretação constitucional, sendo nitidamente refratário às construções puramente formalistas, prosélitas da "jurisprudência mecânica" a que se referiu Roscoe Pound.[2163] Há, com isso, evidente limitação às possibilidades de interpretação, obstando que certos significados ultrapassem o plano das conjecturas e alcancem a realidade.[2164] Enquanto o *absurdo*, nas ciências exatas, assume contornos de impossibilidade física, indicando proposições contrárias a um axioma ou a uma verdade autoevidente, no

---

[2160] Cf.: WROBLEWSKI, Jerzy; BÁNKOWSKI, Zenon; MACCORMICK, Neil. *The judicial application of law*. Springer: The Netherlands, 1992. p. 106; e LIEBER, Francis. *Legal and political hermeneutics*: or principles of interpretation and construction in law and politics, with remarks on precedents and authorities. Boston: Charles C. Litle and James Brown, 1839. p. 135.

[2161] Cf.: LIEBER, Francis. *Legal and political hermeneutics*: or principles of interpretation and construction in law and politics, with remarks on precedents and authorities. Boston: Charles C. Litle and James Brown, 1839. p. 89. O autor realça a importância da boa-fé e do senso comum para evitar absurdos.

[2162] Cf.: CHARMAN, Mary; VANSTONE, Bobby; SHERRATT, Liz. *As law*. 4. ed. Devon: Willan, 2006. p. 62.

[2163] POUND, Roscoe. Mechanical jurisprudence. *CLR*, n. 8, p. 208, 1908. p. 208 (208).

[2164] Cf.: BYDLINSKI, Franz. *Juristische Methodenlehre und Rechstsbegriff*. 2. ed. Wien: Springer, 1991. p. 373.

plano jurídico-constitucional se identifica com a irracionalidade do significado que se busca atribuir ao enunciado normativo.[2165]

A violação ao postulado do não absurdo normalmente estará associada à impossibilidade de realização das normas encontradas, que não alcançarão qualquer resultado prático, e com a injustiça de seus comandos, que raramente se harmonizarão com os referenciais de proteção individual e bem comum. Como as normas constitucionais não se destinam à regulação de uma dimensão alheia ao ambiente sociopolítico, devem se harmonizar com o senso comum, daí se exigir do intérprete que prefira o significado comum ao não usual, o provável ao improvável, o justo ao injusto, o fácil ao difícil e o compreensível ao incompreensível.[2166] O intérprete deve atuar com bom senso no processo de individualização da norma constitucional.

Ao reconhecermos a existência e a funcionalidade dos postulados comprometidos com a racionalidade da interpretação constitucional, certamente avançamos na superação das dificuldades descritas por Sedgwick,[2167] que advertia para a impossibilidade de serem estabelecidos balizamentos rígidos e intransponíveis para uma atividade de natureza essencialmente intelectiva. Se a estruturação metódica do processo de interpretação, guiando o intérprete nas valorações que venha a realizar e nas decisões que deve tomar, é algo plenamente factível, as dificuldades aumentam em intensidade quando ingressamos na essência dessa atividade, na forma de ver e entender a interação entre texto normativo e realidade, seara em que o intelecto tende a subjugar o tecnicismo. A solução seria providenciar a adesão, à sistematização dos métodos e ao rigor formal das classificações, de um treinamento intelectual, de uma completa educação da mente, que se refletisse na busca constante por um resultado justo. Nesse particular, a apreensão dos postulados de racionalidade da interpretação constitucional tende a domar o intelecto e a diminuir o risco de desvios inconscientes.

6.1 Postulado do não absurdo e retração textual

Não é incomum que o intérprete, ao transitar da abstração do texto normativo à especificidade da situação concreta, constate que os significados possíveis, que se oferecem ao seu poder de decisão, mostram-se absolutamente (1) inoperantes ou (2) inconvenientes e injustos quando cotejados com o sistema em que inseridos.[2168] É oportuno lembrar a advertência de Barak no sentido de que embora a interpretação não deva dissolver a unidade constitucional, ela não pode artificialmente impor "unity where none exists".[2169] Nesses casos, será possível realizar o que se convencionou denominar de

---

[2165] Cf.: BLACK, Henry Campbell. *Handbook on the construction and interpretation of the laws*. 2. ed. St. Paul: West Publishing, 1911. p. 129-130.

[2166] Cf.: LIEBER, Francis. *Legal and political hermeneutics*: or principles of interpretation and construction in law and politics, with remarks on precedents and authorities. Boston: Charles C. Litle and James Brown, 1839. p. 118; e STORY, Joseph. *Commentaries on the Constitution of the United States with a preliminary review of the constitutional history of Colonies and States before the adoption of the Constitution*. Boston: Hilliard, Gray and Company, 1833. v. I, §§427 e 451.

[2167] SEDGWICK, Theodore. *A treatise on the rules wich govern the interpretation and application of statutory and constitutional law*. New York: J. S. Voorhies, 1857. p. 228.

[2168] HASSEMER, Winfried. Rechtstheorie, Methodenlehre und Rechtsreform. *In*: KAUFMANN, Arthur. *Rechtstheorie*: Ansätze zu einem kritischen Rechtsverständnis. Karlsruhe: C. F. Müller, 1971. p. 27 (30).

[2169] BARAK, Aaron. *Purposive interpretation in law*. (Trad. Sari Bashi). Oxford: Princeton University Press, 2007. p. 378.

interpretação ab-rogante, derrogante ou corretiva, de natureza lógica ou axiológica,[2170] que terá lugar conforme seja possível, ou não, extrair algum significado do enunciado linguístico interpretado.

A interpretação ab-rogante indica que a disposição normativa, apesar de formalmente válida, não oferece nenhum sentido, devendo ser afastada do processo de interpretação face à sua total inaptidão para originar uma norma operante, conveniente e justa. Apesar da semelhança dos efeitos, não pode ser considerada uma revogação em sentido próprio, pois, além de não gerar efeitos definitivos, o intérprete não possui poder normativo.[2171] Na interpretação derrogante, a inaptidão é apenas parcial, indicando que somente parte do dispositivo não pode dar origem a uma norma. Essas duas primeiras técnicas, como se percebe, assumem feição essencialmente negativa. A interpretação corretiva, *minus* em relação a essas figuras, embora preserve os contornos da disposição, promove pequenos ajustes em seu alcance, de modo a integrá-la materialmente ao restante do sistema.

As conclusões alcançadas pelo intérprete serão aferidas sob um prisma lógico quando os enunciados linguísticos se mostrarem semanticamente inoperantes (*v.g.*: por remeterem a preceitos ou institutos inexistentes) ou por não ser possível ajustá-los ao postulado de coerência do sistema (*v.g.*: por serem contrapostos a outro enunciado em pleno vigor, o que inviabiliza a subsistência de ambos). Em situações dessa natureza, ou o intérprete não extrairá um significado amplo dos significantes interpretados, ou promoverá uma interpretação corretiva, que pode ser realizada com a desconsideração de algum dos significantes que compõem o enunciado, resgatando, desse modo, a sua coerência, ou, mesmo, ampliando o potencial expansivo de algum dos significantes utilizados.

Ao analisarmos a temática no plano axiológico, será natural a constatação de que o manejo da interpretação ab-rogante, derrogante ou corretiva estará normalmente associada à presença de uma situação de conflitualidade entre dois valores essenciais a qualquer sistema constitucional: a justiça e a segurança jurídica.[2172] Afinal, é factível que em situações específicas a atribuição de significados semanticamente compatíveis com os enunciados linguísticos interpretados crie no intérprete sentimento semelhante àquele imortalizado na sentença de Cícero: "Summum ius, summa iniuria". Nesse caso, ao render homenagem ao enunciado linguístico, o qual, a rigor, não pode receber qualquer significado, mas tão somente aquele que se harmonize com o seu potencial expansivo, o intérprete pode individualizar uma norma que prestigia pequenina parcela do sistema em detrimento de sua integralidade ou, mesmo, que afronte valores basilares à própria humanidade. Agarra-se à segurança jurídica e vê esvanecer qualquer vestígio de justiça.

Embora não se negue que um sistema constitucional sempre coexiste com o risco velado da injustiça, máxime quando se busque interpretar a Constituição formal de modo a atribuir resultados que mantenham uma relação de compatibilidade (não de

---

[2170] Cf.: DE OLIVEIRA ASCENSÃO, José. *Introdução à ciência do direito*. 3. ed. Rio de Janeiro: Renovar, 2005. p. 412-414.
[2171] Cf.: BOBBIO, Norberto. *Teoria dell'ordinamento giuridico*. Torino: Giappichelli, 1960. p. 106.
[2172] Tremblay fala na contraposição entre as concepções de *rule of law as certainty* e *rule of law as justice*, conforme o objetivo fundamental da lei seja o de assegurar certeza ou justiça, destacando a preeminência desse último objetivo (TREMBLAY, Luc B. *The rule of law, justice, and interpretation*. Quebec: McGill-Queen's Press, 1997. p. 149 e ss. e 166 e ss.).

necessária conformidade) com os enunciados integrados ao seu texto, não se deve desconsiderar a possibilidade de a injustiça assumir proporções tão intensas que importe em verdadeira ruptura sistêmica. Embora seja dever do intérprete evitar esse resultado, é possível que mesmo após a resolução das conflitualidades intrínsecas, em que são preteridos valores, fins e modos de operacionalização normativa incompatíveis com qualquer referencial de justiça, não seja possível alcançar um significado que a satisfaça ou, ao menos, que não a afronte de modo tão intenso. Se a possibilidade é plenamente aceitável para o positivismo enquanto ideologia, que rende homenagem ao direito posto e impõe a imperatividade de sua observância com abstração do conteúdo que veicule, em situações extremas, ela pode conduzir ao descrédito do próprio sistema.

Por deixar de atribuir eficácia a um enunciado linguístico constitucional, que não dará origem a norma alguma, a interpretação ab-rogante deve assumir contornos excepcionais, sendo reservada a situações extremas.

A interpretação ab-rogante, derrogante ou corretiva pode ter sua gênese vinculada a uma incontornável contradição textual ou a uma incongruência de regime,[2173] hipóteses raras face à ideia de unidade da ordem constitucional e à sua "pretensão de correção",[2174] indicativos de que as distintas partes do sistema devem coexistir harmonicamente e se ajustar à concepção de justiça. Pode decorrer, ainda, da completa ausência das condições sociopolíticas que justificaram a edição da disposição constitucional, daí decorrendo a sua falta de eficácia na situação concreta. Somente quando resultarem infrutíferas todas as tentativas de se atribuir força normativa à disposição (*rectius*: utilizando-se todos os métodos de interpretação disponíveis), harmonizando-a com as demais, é que se poderá falar em interpretação ab-rogante, derrogante ou corretiva.

Essa espécie de interpretação, em situação de normalidade institucional, estará normalmente associada à (1) inserção de um arremedo de enunciado na Constituição formal, cujo sentido não possa ser decifrado sem que o intérprete se substitua ao constituinte e edite um padrão normativo absolutamente distinto do texto "interpretado"; ou à (2) remissão a disposições constitucionais inexistentes. Além do equívoco textual, também a simultânea convergência de influxos ideológicos, característica própria das "Constituições compromissórias", pode justificá-la, isso em razão da (3) presença de disposições normativas que, embora contemporâneas entre si, mostrem-se absolutamente inconciliáveis,[2175] demonstrando uma atitude irracional[2176] por parte do constituinte. Situações desse tipo podem ocorrer tanto na análise isolada da disposição constitucional (1 e 2) quanto no seu cotejo com outras disposições constitucionais (3).

A interpretação ab-rogante, derrogante ou corretiva terá grande importância nas situações de ruptura constitucional ou de momentânea anormalidade institucional.[2177]

[2173] Cf.: DE OLIVEIRA ASCENSÃO, José. *O direito*: introdução e teoria geral. 13. ed. Coimbra: Almedina, 2010. p. 416.

[2174] Cf.: ALEXY, Robert. Sobre las relaciones necesarias entre el derecho y la moral. (Trad. Pablo Larrañaga). *In*: ALEXY, Robert. *Derecho y razón práctica*. México: Fontamara, 2002. p. 61-62.

[2175] Cf.: DE OLIVEIRA ASCENSÃO, José. *O direito*: introdução e teoria geral. 13. ed. Coimbra: Almedina, 2010. p. 416-419.

[2176] Cf.: GARCÍA FIGUEROA, Alfonso. *Principios y positivismo jurídico*. Madrid: Centro de Estudios Políticos y Constitucionales, 1998. p. 171.

[2177] Cf.: GARCIA, Emerson. *Conflito entre normas constitucionais*: esboço de uma teoria geral. Rio de Janeiro: Lumen Juris, 2008. p. 333-334.

Ao se conceber o Estado como uma unidade dinâmica, sujeita às múltiplas vicissitudes que se operam na sociedade politicamente organizada, é inegável que a Constituição não permanecerá à margem dessa evolução. A depender da intensidade dessas vicissitudes, distintos serão os efeitos em relação à preservação da funcionalidade dos enunciados linguísticos que integram a Constituição formal.

Vicissitudes mínimas são acompanhadas de uma interpretação prospectiva do texto constitucional, atualizando o seu sentido de modo a compatibilizá-lo com o respectivo contexto. Vicissitudes medianas podem exigir reformas da Constituição, alterando, acrescendo ou suprimindo disposições. Vicissitudes máximas, por sua vez, podem assumir uma feição de (1) definitividade, decorrendo de ruptura constitucional, com a transição de um regime para outro e o consequente surgimento de uma nova ordem constitucional; ou de (2) temporariedade, reflexo da ausência dos circunstancialismos fáticos que justificaram a edição da respectiva disposição.

Considerando que nas vicissitudes mediana e máxima (com feição de definitividade) o texto da norma deve ser necessariamente alterado, a fim de adequá-lo à realidade, põe-se o problema de identificar a postura a ser adotada pelo intérprete enquanto tal não ocorrer.

Cremos que a solução da questão será encontrada a partir da correta individualização de uma premissa: a preservação ou não da força normativa da Constituição. No primeiro caso, ainda que determinada disposição constitucional se mostre dissonante dos valores sociais, sua observância será imperativa. No segundo, não.

Somente na vicissitude máxima (com feição de definitividade) há uma ruptura constitucional, do que decorre a supressão de toda a força normativa da ordem constitucional até então vigente. Nesse caso, ainda que não haja a imediata promulgação de uma nova Constituição, o texto anterior não mais se compatibiliza com o novo regime e as forças políticas dominantes, o que lhe retira o caráter imperativo. Tratando-se de vicissitude mediana, a Constituição preserva a sua força normativa e a interpretação há de recair sobre o texto, explorando todas as suas potencialidades, jamais ignorando-as. Na vicissitude máxima, ao revés, a Constituição perde a sua força normativa, o que lhe retira o próprio *status* de objeto da interpretação.

No que diz respeito à vicissitude máxima com feição de temporariedade, uma situação de anormalidade institucional faz com que a disposição constitucional, temporariamente, se aparte do sistema e se mostre absolutamente incompatível com ele: caso utilizada, ensejará iniquidades e comprometerá o potencial normativo de outras disposições que com ela interagem.[2178]

[2178] No julgamento do HC nº 89.417-7, realizado em 22 de agosto de 2006, o Supremo Tribunal Federal brasileiro, por sua Primeira Turma, afastou a utilização do significado potencialmente atribuível a uma disposição constitucional por se mostrar absolutamente incompatível com a situação de anormalidade institucional presente no contexto ambiental. O *habeas corpus* foi impetrado por parlamentar do Estado de Rondônia, cuja prisão "em flagrante" fora decretada pela Ministra relatora do Inquérito nº 529, do Superior Tribunal de Justiça, sob a acusação de ser ele o chefe de uma organização criminosa instalada na Assembleia Legislativa local, organização esta que se ramificara pelas principais estruturas de poder do Estado, cooptando, inclusive, membros do Tribunal de Justiça e do Tribunal de Contas, o que terminou por atrair o caso para a esfera federal. Sustentava-se a incompetência do Superior Tribunal de Justiça e, em especial, a violação aos §§2º e 3º do art. 53 c.c. o §1º do art. 27, ambos da Constituição da República. De acordo com esses preceitos, o Deputado Estadual, desde a expedição do diploma, (1) somente poderia ser preso em caso de flagrante de crime inafiançável, (2) nesse caso, os autos deveriam ser remetidos, dentro de vinte e quatro horas, à Assembleia Legislativa, para que resolvesse sobre a prisão e (3)

Face à supremacia da ordem constitucional, elemento fundante que deve ser plenamente operativo em todas as partículas que o integram, é factível que a segurança jurídica é um valor ínsito e indissociável do sistema, enquanto a justiça deve ser vista como um objetivo a ser sempre perseguido. A segurança jurídica somente deve ser preterida quando a "norma injusta" assuma contornos intoleráveis, quer quando cotejada com os bens, interesses e valores de estatura constitucional, quer quando o paradigma de análise seja a ordem internacional, como se verifica quando inobservado o *ius cogens* ou a ordem comunitária. Fala-se em intolerabilidade da injustiça por uma razão muito simples: em sociedades pluralistas é plenamente comum a existência de divergências em relação ao acerto ou ao desacerto de atos e opiniões, o mesmo ocorrendo em relação à justiça das normas individualizadas pelo intérprete, daí o necessário cuidado ao se optar pela não inserção de uma norma no sistema, tornando inoperante o enunciado constitucional. Presente uma situação de absoluta intolerabilidade para os padrões de racionalidade sedimentados na ordem interna ou na ordem externa, ter-se-á a formação de uma zona de consenso ou, ao menos, de grande convergência em relação à preservação da justiça em detrimento da segurança jurídica, o que dará embasamento à opção do intérprete e evitará a disseminação de um sentimento de ruptura constitucional. Em qualquer caso, deve-se reconhecer que é por demais tênue a linha limítrofe entre justiça e segurança jurídica ou, de modo mais específico, até que ponto é aceitável a expansão de uma delas sem a compressão da outra.

O recurso à interpretação ab-rogante, derrogante ou corretiva se ajusta aos postulados de racionalidade da interpretação constitucional. Afinal, evita o surgimento de situações de conflitualidade extrínseca que poderiam conduzir o intérprete, face à

---

iniciado o processo criminal, por crime praticado após a diplomação, deveria o órgão jurisdicional dar ciência à Assembleia Legislativa, que poderia sustar a tramitação da ação enquanto durasse o mandato. Alegava-se, ainda, a incongruência de um mandado de prisão "em flagrante", figura inexistente no direito brasileiro, bem como que a alegada flagrância referia-se ao crime de quadrilha, cuja pena mínima era de 1 (um) ano de prisão, não se tratando, portanto, de crime inafiançável. Quanto aos demais crimes imputados ao impetrante, como não havia flagrante, não poderiam legitimar a sua prisão. A Ministra Cármem Lúcia, relatora, apreciando a alegada violação à imunidade parlamentar, reconheceu que a decisão da intitulada autoridade coatora, apesar de destoar do claro sentido das regras constitucionais invocadas, era plenamente justificada pelas circunstâncias do caso, harmonizando-se com as demais normas do sistema. Em seu voto, afirmou que a Constituição, ao mesmo tempo em que assegura a imunidade relativa dos parlamentares, o que é feito em benefício do eleitor com vistas à autonomia do órgão legiferante, proíbe a impunidade absoluta de quem quer que seja, sendo estes os referenciais de interpretação das disposições constitucionais suscitadas pelo impetrante. Invocando as lições de Black e de Rui Barbosa, defendeu que qualquer lei deve ser interpretada em consonância com a realidade, o seu espírito e a razão, não podendo ser excluída do sistema em que inserida. A imunidade parlamentar existe para o regular funcionamento das instituições democráticas, não para legitimar a sua destruição e autorizar a prática de crimes. No caso concreto, a aplicação das regras invocadas pelo impetrante sempre asseguraria a sua impunidade, pois a manutenção da prisão seria decidida pelos demais integrantes da organização criminosa, seus pares na Assembleia Legislativa do Estado de Rondônia. Sendo evidente a impossibilidade de os parlamentares decidirem livremente sobre a prisão, como se aplicar as regras constitucionais invocadas? Em situações desse tipo, "há que se sacrificar a interpretação literal e isolada de uma regra para se assegurar a aplicação e o respeito de todo o sistema constitucional". Embora seja o impetrante um parlamentar, a necessidade de garantir a segurança pública indica que "a prisão haverá de ser aplicada segundo as regras que valem para todos quando o status funcional de alguém já não esteja em perfeita adequação ao ofício que determina a aplicação do regime jurídico constitucional ao agente". Apesar do não atendimento das regras específicas que regulam a prisão de parlamentares, "o que se tem por demonstrado é que o mínimo do conteúdo normativo exigido para a prisão decretada, na contingência de uma excepcional condição, foi atendido. [...] A prisão atende, portanto, à ordem pública, ao princípio da segurança de todos e de cada um dos membros da sociedade. Nem se indague sobre a excepcionalidade e a gravidade da prisão, mais ainda quando se volta contra um agente que representa o povo". O voto foi acompanhado por dois outros Ministros, havendo duas dissidências.

natureza da norma considerada demasiado injusta (*v.g.*: uma regra), a situações de difícil solução.

7 Métodos de interpretação constitucional

No léxico, método, do grego *méthodos*, indica o caminho para alcançar um fim. Longe de refletir o mero deslocamento físico, absorve programas, processos ou técnicas passíveis de serem utilizados para que um dado objetivo seja atingido. O método, desse modo, assume contornos instrumentais, o que o distingue claramente do resultado da interpretação. A conexão existente entre método e resultado tanto pode assumir contornos vinculados, quanto livres: no primeiro caso, é possível falarmos em *método algoritmo*, em que um conjunto de critérios, quando empregado, necessariamente conduz a certo resultado (*v.g.*: o processo de transformação do petróleo em gasolina), e em *método criterial*, no qual tais critérios são necessários à obtenção do resultado, mas o seu conteúdo é desconhecido.[2179] Os métodos de interpretação são essencialmente criteriais.

Os métodos de interpretação, como soa evidente, não têm a imperatividade característica dos padrões normativos. Além disso, merece lembrança a constatação de Sustein, no sentido de que "[n]o approach to constitutional law makes sense in every imaginable nation or in every possible world",[2180] o que torna particularmente difíceis as generalizações nessa seara. Isso, obviamente, não afasta a constatação de que esses métodos contribuem para assegurar a racionalidade da atividade do intérprete.[2181] Essa funcionalidade é especialmente percebida nas situações em que, perante uma conflitualidade intrínseca e a imprescindibilidade de proferir uma decisão, o intérprete individualize e, consequentemente, escolha, dentre dois ou mais significados potencialmente atribuíveis ao enunciado linguístico, aquele que deve preponderar. A escolha, sua transparência e aceitabilidade, como é intuitivo, serão diretamente influenciadas pelos métodos empregados.[2182] Esses métodos, por sua vez, apesar de ostentarem uma certa pretensão à universalidade, podendo se ajustar a sistemas substancialmente distintos entre si, não passam ao largo das peculiaridades locais. Nesse particular, é natural que nos sistemas de origem anglo-saxônica, em que a produção normativa se assenta sobre bases histórico-consuetudinárias, os métodos prevalecentes, como aqueles voltados à adequação do significado normativo aos precedentes, sejam distintos dos métodos utilizados nos sistemas de base escrita.[2183]

O evolver da dogmática jurídica tem demonstrado que os métodos de interpretação estão longe de alcançar os referenciais de irrestrita generalidade e ampla aceitação. Em verdade, são comuns as divergências em torno dos pressupostos que autorizam ou

---

[2179] Cf.: FERNANDEZ, Atahualpa. *Direito, evolução, racionalidade e discurso jurídico*: a "realização do direito" sob a perspectiva das dinâmicas evolucionárias. Porto Alegre: Sergio Antonio Fabris, 2002. p. 223-225.

[2180] SUSTEIN, Cass. *A constitution of many minds*: why de founding document doesn't mean what it meant before. Princeton; Oxford: Princeton University Press, 2009. p. 19.

[2181] Cf.: BLACK, Henry Campbell. *Handbook on the construction and interpretation of the laws*. 2. ed. St. Paul: West Publishing, 1911. p. 9.

[2182] Cf.: PIEROTH, Bodo. L'apport de Jürgen Habermas au droit constitutionnel. *Revue du Droit Public et de la Sience Politique en France et a l'Étranger*, n. 6, p. 1487, nov./déc. 2007. p. 1487 (1491).

[2183] Cf.: LUCAS VERDU, Pablo. *El sentimiento constitucional*: aproximación al estudio del sentir constitucional como modo de integración política. Madrid: Reus, 1985. p. 116.

exigem a sua utilização, dos objetivos a que se destinam e da amplitude que podem assumir no processo de interpretação, já que, não raro, colidem uns com os outros. Esses aspectos, aliás, tendem a variar conforme a teoria da interpretação utilizada.

A interpretação, pela própria funcionalidade que ostenta, pode ser vista como um conjunto aberto de métodos, que podem ser criados e recriados, encampados ou renegados, consoante os problemas que se apresentem ao intérprete e suas preferências pessoais. Embora seja exato afirmar que o quantitativo de métodos é imenso e que é claramente inexequível a pretensão de hierarquizá-los ou, mesmo, de estabelecer uma escala lógica e imutável de preferências,[2184] não menos exata é a constatação de que o intérprete não permanece à margem de qualquer balizamento em seu poder de escolha. Não fosse assim, o texto normativo permaneceria refém da sua criatividade e poder de manipulação, tudo em evidente prejuízo aos demais participantes do processo de comunicação. O intérprete não pode desconsiderar a lógica argumentativa que se reflete na concepção de "eterno retorno", vale dizer, sempre terá o ônus de demonstrar que os juízos valorativos e as decisões adotadas encontram amparo no texto, base de desenvolvimento de sua atividade hermenêutica. A interpretação deve "sempre retornar à Constituição".[2185] Outro balizamento ao poder de escolha do intérprete é o dever de permanecer adstrito aos postulados de racionalidade da interpretação constitucional.

Ato de escolha e poder de disposição hão de permanecer adstritos à racionalidade. Os métodos concorrentes devem ser utilizados nos limites de sua utilidade e compatibilidade, possibilitando a individualização de significados que se ajustem à funcionalidade esperada da norma e que se harmonizem aos limites do texto.[2186] O texto não deve ser visto propriamente como um óbice à satisfação dos propósitos pessoais do intérprete, mas sim, como um aliado na identificação dos significados passíveis de serem atribuídos à norma.[2187]

Teorias exclusivistas, que buscam individualizar o significado da norma constitucional com o recurso a um único método (*v.g.*: com o recurso exclusivo ao texto ou à vontade constituinte), ao relegarem a plano secundário significados somente passíveis de identificação com o recurso a métodos diversos, raramente alcançarão resultados satisfatórios.[2188] Encampando a metáfora de Farber e Sherry,[2189] é possível estabelecer uma conexão entre batatas e métodos: do mesmo modo que as primeiras, apesar das propriedades nutritivas, não garantirão a saúde do indivíduo caso sua dieta prescinda

---

[2184] Cf.: VILLAR PALASI, José Luis. *La interpretación y los apotegmas jurídico-lógicos*. Madrid: Tecnos, 1975. p. 94.

[2185] Cf.: AZZARITI, Gaetano. Interpretação e teoria dos valores: retorno à Constituição (Interpretazione e teoria dei valori: tornare alla Costituzione). (Trad. Juliana Salvetti). *Revista Brasileira de Direito Constitucional*, n. 6, p. 157-168, 2005. p. 157 (162/163). O autor afirma que a existência de "vínculos textuais" evita "que o processo interpretativo possa ser admitido como uma criação da norma por parte do intérprete" (AZZARITI, Gaetano. Interpretação e teoria dos valores: retorno à Constituição (Interpretazione e teoria dei valori: tornare alla Costituzione). (Trad. Juliana Salvetti). *Revista Brasileira de Direito Constitucional*, n. 6, p. 157-168, 2005. p. 164), entendimento que merece uma breve ressalva. O intérprete sempre concorre no processo de criação normativo. O que não deve é fazê-lo *ex novo*, ignorando, por puro capricho, os balizamentos oferecidos pelo texto.

[2186] Cf.: BARROSO, Luís Roberto. *Interpretação e aplicação da Constituição*. 7. ed. São Paulo: Saraiva, 2009. p. 134.

[2187] Cf.: DOMINGUES DE ANDRADE, Manuel A. *Ensaio sobre a teoria da interpretação das leis*. 2. ed. Coimbra: Arménio Amado, 1963. p. 65.

[2188] No mesmo sentido: FREITAS, Juarez. *A interpretação sistemática do direito*. 4. ed. São Paulo: Malheiros, 2004. p. 68.

[2189] FARBER, Daniel A.; SHERRY, Suzanna. *Desperately seeking certainty*: the misguided quest for constitutional foundations. Chicago: University of Chicago Press, 2004. p. 1-2.

de outros alimentos, incontáveis métodos, malgrado a relevância que ostentam, não são suficientes para assegurar a saúde do regime constitucional, caso sejam utilizados com exclusividade. É natural que os resultados obtidos dessa maneira sejam radicais, conferindo especial ênfase a fatores específicos e relegando a plano secundário os demais.

A teoria da argumentação jurídica tem demonstrado que aos modos de argumentação tradicionais devem ser agregados outros mais, que variam conforme as razões que concorrem para a sua formação ou os objetivos que procuram alcançar. Os argumentos passíveis de serem utilizados na interpretação jurídica são extremamente diversificados, não sendo incomum a invocação do caráter técnico ou ordinário da linguagem, do sentimento jurídico, da garantia de realização da justiça, da harmonia jurídica, da orientação para as consequências, dos precedentes etc. A grande dificuldade é identificar a existência de uma possível ordem de precedência entre esses argumentos, que, em um primeiro momento, poderia ser identificada atribuindo-se um "peso relativo"[2190] a cada um deles, peso este que apresentaria variações conforme as especificidades do enunciado linguístico objeto de interpretação e as circunstâncias subjacentes ao momento de sua utilização.

A possibilidade de o intérprete escolher os métodos de interpretação que utilizará na transição entre significantes e significados bem justifica a ausência de linearidade nessa seara. Não é incomum que significados idênticos sejam alcançados a partir de métodos distintos, ou, mesmo, que métodos idênticos, influenciados pelas singularidades do juízo valorativo realizado por cada intérprete, conduzam a significados distintos.[2191] Embora não haja objetividade no modo de condução do processo de interpretação, é plenamente factível a possibilidade de se identificar, *prima facie*, o absurdo ou a defensabilidade do método escolhido.

A maximização dos objetivos constitucionais exige que a norma delineada pelo intérprete esteja necessariamente comprometida com um referencial de racionalidade, que tanto se manifesta no plano intrínseco, quanto no plano extrínseco. No primeiro caso, o da racionalidade intrínseca, preserva-se a coerência lógica entre os contornos semânticos do enunciado linguístico interpretado e a norma, o que pressupõe um atuar adequado do intérprete na escolha dos métodos de interpretação a serem utilizados e na resolução das conflitualidades intrínsecas que se manifestem. Na racionalidade extrínseca, por sua vez, a norma deixa de ser vista em sua individualidade, passando a se relacionar, em momento posterior ao processo de interpretação, com paradigmas externos, que podem ser contextualizados no âmbito normativo, o que garante a articulação com as demais normas do sistema, ou no âmbito axiológico, refletindo a compatibilidade da norma com os valores sedimentados no ambiente sociopolítico. Nesse último caso, contribui-se para o surgimento de zonas de consenso, com a consequente aceitação da norma.

Racionalidade intrínseca e racionalidade extrínseca devem harmonizar-se, evitando que opções aparentemente coerentes *in abstrato* mostrem-se de todo descabidas ao se projetarem na realidade, ou, mesmo, que, no afã de facilitar a articulação com o sistema

---

[2190] Cf.: KAUFMANN, Arthur. *Filosofia do direito (Rechtsphilosophie)*. (Trad. António Ulisses Cortês). Lisboa: Fundação Calouste Gulbenkian, 2004. p. 71.
[2191] Cf.: VILLAR PALASI, José Luis. *La interpretación y los apotegmas jurídico-lógicos*. Madrid: Tecnos, 1975. p. 27.

ou a compatibilidade com determinados valores sociais e políticos, sejam obtidas normas intrinsecamente irracionais. A correta apreensão da realidade, delineando o contexto a ser levado em consideração no curso do processo de interpretação, sem pré-conceitos ou intolerâncias, permite que a racionalidade extrínseca seja vista como mero desdobramento da intrínseca, assegurando a harmonia entre texto e contexto. Realidade deturpada, por sua vez, resulta em contexto viciado, com o consequente comprometimento da racionalidade da norma, quer intrínseca, quer extrínseca.

É de todo avessa a uma racionalidade argumentativa a escolha dos métodos de interpretação *a posteriori*, como tentativa de justificar o significado previamente atribuído ao enunciado linguístico com o só recurso ao instinto ou a argumentos de razão prática.[2192] Os métodos de interpretação somente cumprem a sua funcionalidade quando atuam como verdadeiros fatores de conexão entre significantes e significados, tendo sua aplicação influenciada pela apreensão e consequente filtragem das distintas dimensões do contexto. Note-se que o comprometimento metódico em nada afeta a importância e a funcionalidade da pré-compreensão. Esta, no entanto, com escusas pela tautologia, continuará a ser uma *pré-compreensão*, que somente pode ceder lugar à *compreensão*, racionalmente, com o auxílio dos métodos de interpretação. Argumentação e atribuição de significado são atividades que devem permanecer conectadas.

Os métodos, enquanto percursos argumentativos voltados à operacionalização da teoria da interpretação prestigiada pelo intérprete, podem assumir diversas feições. Com os olhos voltados à resolução das conflitualidades intrínsecas, pode ser invocada a sistematização de Böckenförde,[2193] que agrupa os principais métodos de interpretação existentes em quatro arquétipos básicos. São eles, com pequenas variações terminológicas, (1) o método clássico, surgido no âmbito do direito privado e que confere especial realce ao texto normativo e aos aspectos de cunho literal, histórico, sistemático, lógico e teleológico; (2) o método tópico-problemático, em que o intérprete, com os olhos voltados ao problema, recorre a pontos de vista já sedimentados no ambiente sociopolítico e, tomando o texto normativo como mero ponto de vista, desenvolve livremente sua argumentação em busca da solução adequada ao caso; (3) o método científico-axiológico, que busca relacionar a ordem de valores subjacente à Constituição formal com a sua função de integração da coletividade, o que exige a identificação da realidade que caracteriza esta última, com seus valores e aspirações; e (4) o método concretizador, em que o intérprete, sensível ao problema e partindo de suas pré-compreensões, constrói o significado da norma em consonância com os influxos recebidos do contexto.[2194]

A classificação de Böckenförde direcionará nossa abordagem, isso com uma única exceção, a do denominado método científico axiológico. A opção decorre da similitude

---

[2192] Cf.: ENGISCH, Karl. *Introdução ao pensamento jurídico* (*Einführung in das Juristische Denken*). (Trad. J. Baptista Machado). 8. ed. Lisboa: Fundação Calouste Gulbenkian, 2001. p. 85.
[2193] BÖCKENFÖRDE, Ernst-Wolfgang; NICOLETTI, Michele; BRINO, Omar. *Stato, costituzione, democrazia*: studi di teoria della costituzione e di diritto costituzionale. Milano: Giuffrè, 2006. p. 65-98.
[2194] Gomes Canotilho adota classificação similar, mas, diversamente de Böckenförde, analisa, em itens distintos, o "método hermenêutico-concretizador", que encontrou grande desenvolvimento na obra de Konrad Hesse, e a "metódica jurídica normativo-estruturante", que tem seu expoente em Friedrich Müller (GOMES CANOTILHO, José Joaquim. *Direito constitucional e teoria da Constituição*. 7. ed. Coimbra: Almedina, 2010. p. 1210-1213).

estrutural desse método com as denominadas teorias axiológicas da interpretação, o que desaconselha a sua análise em separado.

7.1 Métodos clássicos e insuficiência do "quadrado Savigny"

Vittorio Scialoja,[2195] no final do século XIX, já combatia o entendimento, então predominante, de que os métodos de interpretação seriam gerais, aplicáveis indistintamente e de modo igualitário a todos os ramos do direito. Como cada lei tem uma estrutura, daí decorreriam regras meramente relativas de interpretação, variáveis de acordo com a lei a ser interpretada. Em consequência, preceitos normativos sobre a organização do Estado e a formação das leis seriam interpretados de modo distinto de outras leis de natureza diversa, como as leis penais e as leis civis. Ao final, concluía que um mesmo preceito poderia ser interpretado de diferentes maneiras, conforme a organização política do Estado. Alfredo Rocco,[2196] em momento posterior, averbou que o entendimento de Scialoja não deveria ser compreendido no sentido de que os princípios de interpretação seriam sempre variáveis, conforme o tempo e o lugar, de acordo com as vicissitudes da organização política do Estado. Indicaria, apenas, que nenhum preceito pode ser interpretado isoladamente, dissociado do sistema político em que inserido. Concluía ser plenamente factível existirem "princípios e cânones de interpretação que valem para todo o sistema, em todo o tempo e em todo o lugar". Não obstante o reconhecimento dessa verdadeira sensibilidade política, indicativo da relação entre texto e contexto, as divergências em torno da generalização dos métodos de interpretação continuaram a ser a tônica.

A interpretação jurídica tem sido tradicionalmente caracterizada pelo emprego de métodos bem definidos. São eles: o literal, o lógico, o histórico e o sistemático,[2197] também denominados de "quadrado Savigny", aos quais, por influência da "jurisprudência dos

---

[2195] SCIALOJA, Vittorio. Sulla teoria della interpretazione delle leggi. In: *Studio in onore di Francesco Schupfer*: diritto odierno. Torino: Editrice, 1898. p. 303 (306-307).

[2196] ROCCO, Alfredo. L'interpretazione delle leggi processuali. In: *Studi di diritto commerciale ed altri scritti giuridici*. Roma: Società Editrice Del "Foro Italiano", 1933. v. Primo, p. 71 (77-83).

[2197] Cf.: VON SAVIGNY, Friedrich Karl. *Traité de droit romain*. (Trad. M. CH. Guenoux). Paris: Firmin Didot Fréres, 1840. t. 1, p. 208. Barroso afirma que "[o]s métodos clássicos de interpretação remontam ao magistério de Savigny, fundador da Escola Histórica do Direito, e que, em seu Sistema, de 1840, distinguiu, em terminologia moderna, os métodos gramatical, sistemático e histórico. Posteriormente, uma quarta perspectiva foi acrescentada, que foi a interpretação teleológica" (BARROSO, Luís Roberto. *Interpretação e aplicação da Constituição*. 7. ed. São Paulo: Saraiva, 2009. p. 129). Essa informação, no entanto, não corresponde ao que consta da versão francesa da obra de Von Savigny (falando sobre as partes constitutivas da interpretação da lei, dizia ele: "On y distingue quatre éléments, l'élément grammatical, logique, historique et systématique" – VON SAVIGNY, Friedrich Karl. *Traité de droit romain*. (Trad. M. CH. Guenoux). Paris: Firmin Didot Fréres, 1840. t. 1, p. 208) e aos estudos que têm sido desenvolvidos a respeito de sua construção teórica. Vide, entre outros: PENSOVECCHIO LI BASSI, Antonino. *L'interpretazione delle norme costituzionali*: natura, metodo, difficoltà e limiti. Milano: Giuffrè, 1972. p. 39-46; VIOLA, Francesco; ZACCARIA, Giuseppe. *Diritto e interpretazione*: lineamenti di teoria ermeneutica del diritto. 6. ed. Roma: Laterza, 2009. p. 221-231; ALEXY, Robert. *Teoria da argumentação jurídica* (*Theorie der Juristischen Argumentation*). (Trad. Zilda Hutchinson Schild Silva). São Paulo: Landy, 2001. p. 18; STARCK, Christian; SCHMIDT, Thorsten Ingo. *Staatsrecht*. 2. ed. München: C.H. Bech, 2008. p. 27-28; KAUFMANN, Arthur. Problemgeschichte der Rechtsphilosophie. In: ELLSCHEID, Günter. Strukturen naturrechtlichen. In: HASEMER, Winfried; NEUMANN, Ulfrid; KAUFMANN, Arthur. *Einführung in Rechtstheorie der Gegenwart*. 7. ed. Heidelberg: C. F. Müller, 2004. p. 26 (113); SCHROTH, Ulrich. Hermeneutik, Noninterpretation und richterliche Normanwendung. In: HASEMER, Winfried; NEUMANN, Ulfrid; KAUFMANN, Arthur. *Einführung in Rechtstheorie der Gegenwart*. 7. ed. Heidelberg: C. F. Müller, 2004. p. 270 (279); e PAVČNIK, Marijan. *Juristisches Verstehen und Entscheiden*. Wien: Springer, 1993. p. 22.

interesses", posteriormente se juntou o método teleológico. Lembre-se, nesse particular, que a escola histórica capitaneada por Von Savigny, ao se insurgir contra a racionalidade abstrata e o positivismo legalista preconizados pela escola da exegese (contemporânea ao movimento de codificação francês), via o direito como fruto da história cultural de cada povo, sendo, portanto, o "espírito do povo" (*Volksgeist*). O direito seria uma realidade estrutural, dogmaticamente estável, sendo privilegiado o seu caráter sistêmico e relegada a plano secundário a sua capacidade de adaptação prática. Esse aspecto bem justifica o porquê de a construção de Von Savigny ser refratária ao método teleológico, que não prescinde da influência do contexto e do juízo valorativo do intérprete, tendo, por fim, se diluído na "jurisprudência dos conceitos".

O método literal ou semiótico é direcionado à análise dos aspectos semânticos e sintáticos do enunciado linguístico interpretado. Busca identificar os significados passíveis de serem reconduzidos aos enunciados linguísticos de natureza normativa. Com abstração da teoria de interpretação constitucional que se prestigie, trata-se de método sempre considerado pelo intérprete, que jamais passa ao largo do texto normativo, isso sob pena de desenvolver atividade outra que não a sua interpretação. É, a um só tempo, o primeiro método a que o intérprete recorre,[2198] e talvez o mais suscetível a equívocos. Caso utilizado de modo isolado, tende a dissociar o texto do contexto, passando ao largo da funcionalidade da norma a ser individualizada e da necessidade de compatibilizá-la com as demais normas do sistema. Enquanto algumas construções teóricas, em franco declínio, apregoavam a sua primazia, de modo que o resultado da interpretação seria tanto mais correto ou defensável quanto maior fosse a sua proximidade com o significado ordinariamente atribuído ao texto interpretado,[2199] que poderia ter contornos técnicos ou comuns, jurídicos ou não, sustenta-se, na atualidade, que o texto representa apenas uma parte do instrumental utilizado pelo intérprete, máxime em razão de sua vagueza e ambiguidade.

O significado do texto tanto pode ser contextualizado em momento contemporâneo à interpretação, indicando o seu sentido na atualidade, quanto pode se reportar ao momento em que o texto foi elaborado, nesse último caso, prestigiando-se o originalismo e a correlata intenção do legislador. A utilização do método literal pode refletir um prévio comprometimento do intérprete com o resultado a ser obtido, de modo a vinculá-lo à literalidade do texto, ou indicar que o processo de interpretação tão somente se desenvolve com observância dos balizamentos traçados pelo texto, não estando comprometido com a sua literalidade.

As distintas vicissitudes que cercam a linguagem constitucional e as frequentes interferências no processo de comunicação normativa, como exposto por ocasião da análise das conflitualidades intrínsecas no plano linguístico, evidenciam a necessidade de serem utilizados métodos suplementares, que nem sempre se ajustarão à literalidade do texto. Afinal, mesmo quando contextualizamos a análise do método literal em um

---

[2198] Cf.: STEIN, Ekkehart; FRANK, Götz Frank. *Staatsrecht*. 19. ed. Tübingen: Mohr Siebeck, 2004. p. 38-39.

[2199] Cf.: BLACKSTONE, William. *Commentaries on the laws of England*. Philadelphia: Childs & Peterson, 1860. v. 1, p. 59-60. Domingues de Andrade também realçava que perante significantes explícitos e categóricos, que não exporiam senão um significado, o intérprete deveria sempre acatá-lo, ainda que levasse a resultados divergentes daqueles oferecidos por outros métodos de interpretação, que perderiam o seu valor (DOMINGUES DE ANDRADE, Manuel A. *Ensaio sobre a teoria da interpretação das leis*. 2. ed. Coimbra: Arménio Amado, 1963. p. 28).

plano de pureza conceitual, em que se apregoa a autossuficiência do texto, é fácil concluir que os enunciados linguísticos que o integram raramente serão redigidos em termos suficientemente precisos,[2200] externando significados *prima facie* que não demandem qualquer juízo valorativo por parte do intérprete. Acresça-se, como fora ressaltado por Pierandrei, que a regra áurea da interpretação é a de que a *litera legis* tem valor enquanto evidenciar a *ratio legis*.[2201] A interpretação, principalmente no plano constitucional, não raro, deverá ultrapassar a forma aparente para alcançar a essência, o que não implica, necessariamente, no correlato rompimento da conexão entre texto e norma.

O método lógico é utilizado na identificação de um referencial de racionalidade na relação entre os distintos fatores que concorrem para o delineamento do significado, como é o caso do enunciado linguístico interpretado, da razão que justificou a sua edição (*rectius*: a *ratio legis*) e da funcionalidade assumida pelo direito no ambiente sociopolítico. Na síntese de Von Savigny, o objetivo desse método seria "a decomposição do pensamento ou das relações lógicas que unem suas diferentes partes".[2202] A partir dessa atividade intelectiva, seria possível apreender as vicissitudes do sistema, de modo a identificar o sentido da norma consoante a função a ser por ela desempenhada. A *ratio legis* identificaria o objetivo prático da norma e, em sua substância, deve ser vista como razão suficiente, isso a partir de sua essência de instrumento de disciplina da vida social.[2203]

O método histórico busca aferir a evolução dos institutos e o estado do direito à época da edição do enunciado normativo e, consequentemente, identificar o sentido que pode ser atribuído a ele. O cotejo entre a situação *a quo* e a situação *ad quem* auxilia na identificação das necessidades existentes no contexto ambiental e dos objetivos a serem alcançados pela norma. Müller[2204] ainda distingue o método histórico do genético,[2205] atribuindo a este último a análise das circunstâncias jurídico-políticas que envolveram a aprovação do respectivo enunciado normativo, o que é feito a partir dos trabalhos preparatórios e de outros documentos de época. Tal contribuiria para a identificação de um referencial objetivo a ser simplesmente conhecido pelo intérprete, referencial este normalmente identificado sob a epígrafe da *voluntas legislatoris*. A sua importância, na atualidade, tem sido sensivelmente minimizada, consequência natural face à reconhecida sensibilidade do texto aos influxos do contexto e à função de integração criativa comumente atribuída à interpretação constitucional. Mostra-se útil, de qualquer modo, em relação à demonstração da sedimentação histórica de conceitos e institutos, indicativo de que certos significados têm sido prestigiados no curso da evolução

---

[2200] Cf.: LUCHAIRE, François. De la méthode en droit constitutionnel. *Revue du Droit Public et de la Sience Politique en France et a L'Étranger*, n. 2, p. 275-329, mars./avr. 1981. p. 275 (291).

[2201] PIERANDREI, Franco. L'interpretazione delle norme costituzionali in Italia. *In*: *Scritti di diritto costituzionale*. Torino: Giappichelli, 1964. v. 2, p. 645 (648).

[2202] Cf.: VON SAVIGNY, Friedrich Karl. *Traité de droit romain*. (Trad. M. CH. Guenoux). Paris: Firmin Didot Fréres, 1840. t. 1, p. 208.

[2203] Cf.: PIERANDREI, Franco. L'interpretazione delle norme costituzionali in Italia. *In*: *Scritti di diritto costituzionale*. Torino: Giappichelli, 1964. v. 2, p. 645 (649).

[2204] MÜLLER, Friedrich. *Juristische Methodik*: Grundlagen Öffentliches Recht. 9. ed. Berlin: Duncker & Humblot, 2004. v. I, p. 205.

[2205] A distinção é encampada por Gomes Canotilho, que inclui ambos, juntamente com os métodos literal, sistemático e teleológico, sob a epígrafe do método hermenêutico clássico (GOMES CANOTILHO, José Joaquim. *Direito constitucional e teoria da Constituição*. 7. ed. Coimbra: Almedina, 2010. p. 1211).

jurídica, política e social do Estado de Direito.[2206] A norma, enquanto entidade viva e dinâmica, não deve prescindir do conhecimento de seus antepassados, das circunstâncias de seu nascimento e das vicissitudes surgidas no curso de sua vigência. Não sendo identificadas alterações significativas do contexto, ter-se-á um relevante argumento para a preservação, em futuras interpretações, do significado já sedimentado. A *ratio* do método histórico, como ressaltado por Griffin,[2207] é a de transitar pelo passado de modo a delinear a autoridade normativa do presente.

O método sistemático ou harmonizador apresenta indiscutível importância na preservação da unidade e da coerência da ordem jurídica. Identifica o significado da norma constitucional considerando as relações que mantêm com os demais elementos do sistema e a posição que nele ocupa.[2208] A denominada interpretação sistemática engloba a realização de três operações básicas. A primeira operação é direcionada à individualização dos significantes a serem interpretados. Busca cotejar o enunciado linguístico inicialmente considerado pelo intérprete com os demais enunciados que integram o texto normativo, de modo a verificar se devem ser considerados conjuntamente, formando um único programa normativo, e, consequentemente, se darão origem a uma única norma, ou se cada qual deve ser analisado em sua individualidade, daí resultando o surgimento de normas distintas. Essa operação busca coordenar os enunciados linguísticos disponíveis, sem ultrapassar a simples identificação de uma conexão semântica, o que reflete uma espécie de "interpretação meramente combinatória".[2209] A segunda operação direciona-se à verificação do significado a ser atribuído aos significantes interpretados. Cabe ao intérprete identificar os significados possíveis consoante a influência dos significados geralmente atribuídos a significantes e a enunciados linguísticos similares integrados a outras partes do sistema jurídico, quer o paradigma esteja situado no plano constitucional, quer no plano infraconstitucional. A terceira operação, que poderíamos denominar de harmonização sistêmica propriamente dita, assegura, de modo direto, a preservação do postulado de coerência do sistema. O intérprete deve identificar, dentre os significados possíveis, aquele que mais se compatibiliza com as demais normas existentes, evitando, tanto quanto possível, o surgimento de antinomias. Afinal, como ressaltado por Häberle,[2210] a unidade constitucional aponta para uma evidente relação de complementaridade entre os diversos bens e interesses objeto de regulação.

É factível que o processo de interpretação dos enunciados linguísticos inseridos na Constituição formal, caso sejam concebidos em sua individualidade, não só pode

---

[2206] Cf.: DOMINGUES DE ANDRADE, Manuel A. *Ensaio sobre a teoria da interpretação das leis.* 2. ed. Coimbra: Arménio Amado, 1963. p. 29; e GRIFFIN, Stephen M. Constitutional theory transformed. *In*: FEREJOHN, John A.; RAKOYE, Jack N.; RILEY, Jonathan (Org.). *Constitutional culture and democratic rule.* Cambridge: Cambridge University Press, 2001. p. 288 (298).

[2207] GRIFFIN, Stephen M. Constitutional theory transformed. *In*: FEREJOHN, John A.; RAKOYE, Jack N.; RILEY, Jonathan (Org.). *Constitutional culture and democratic rule.* Cambridge: Cambridge University Press, 2001. p. 288 (298).

[2208] Cf.: AARNIO, Aulis. *The rational as reasonable*: a treatise on legal justification. The Netherlands: Springer, 1987. p. 126-128.

[2209] Cf.: LAVAGNA, Carlos. *Ricerche sul sistema normativo.* Milano: Giuffrè, 1984. p. 533; e GUASTINI, Ricardo. *Distinguiendo*: estudios de teoría y metateoría del derecho. (Trad. Jordi Ferrer i Beltrán). Barcelona: Gedisa, 1999. p. 228.

[2210] HÄBERLE, Peter. *La liberdad fundamental en el estado constitucional.* (Trad. Jürgen Saligmann e César Landa). Granada: Comares, 2003. p. 30.

conduzir a significados totalmente dissociados do contexto, como, principalmente, comprometer a própria unidade do sistema, que pode se tornar incompreensível, incoerente e inoperante.[2211] O significado atribuído ao texto deve ser delineado de modo a compatibilizá-lo com as demais normas do sistema, influenciando e sendo influenciado. A norma, longe de ser vista como partícula isolada, coexiste e se ajusta às demais normas. Afastam-se, com isso, os significados que, com abstração das especificidades do caso concreto, conduzam à incoerência e à inocuidade de outras normas do sistema. Uma feição específica da interpretação sistemática encontra-se condensada no denominado "estruturalismo".[2212] De acordo com ele, o intérprete, ao decidir que significado atribuir à norma constitucional, deve preferir aquele que se ajuste aos traços estruturais da Constituição formal (*v.g.*: no modelo norte-americano, o federalismo, a separação dos poderes e a democracia).

A relevância desse método, em verdade, transcende a liberdade valorativa do intérprete quanto a utilizá-lo ou não. É imperativo que o resultado da interpretação seja sistemático e coerente, de modo a preservar a própria unidade constitucional. Não é por outra razão que a coerência é considerada um postulado de racionalidade da interpretação constitucional.

Embora seja exato afirmar que cada partícula do texto deve ser interpretada em harmonia com as diretivas de significado que se desprendem do todo, não menos exata é a constatação de que a diretiva geral pode conviver com diretivas específicas, que a ela opõem exceções.[2213] Estas não são propriamente fatores de ruptura do sistema, mas sim fatores de mobilidade sistêmica, permitindo a sua subsistência mesmo perante uma realidade cambiante e não uniforme.

O método teleológico ou funcional, por sua vez, se preocupa com os fins a que se destina a norma,[2214] o que influi no delineamento do seu significado. Deve-se observar que a ideia de fim, como ressaltado por Karl Engisch,[2215] apresenta feições pluridimensionais: pode assumir contornos internos, de modo que uma norma ou conjunto de normas apresente soluções a problemas surgidos a partir de outra norma ou conjunto de normas (*v.g.*: há normas que dispõem sobre a atuação dos agentes públicos e normas que impõem sanções para a hipótese de descumprimento, dissuadindo o agente a atuar de modo ilícito); ou contornos externos, nesse caso, ao influenciar o delineamento da realidade subjacente ao ambiente sociopolítico. Em ambas as situações, é possível identificar fins mais amplos ou mais estritos, imediatos ou mediatos, dotados de maior concretude ou de maior abstração, e afetos a bens e interesses de importância variável.

Na medida em que todo e qualquer padrão normativo está comprometido com a proteção de bens ou interesses a que se atribui relevância jurídica, afigura-se evidente que a norma deve ter o seu conteúdo individualizado de modo a alcançar, na maior

---

[2211] Cf.: STEIN, Ekkehart; FRANK, Götz Frank. *Staatsrecht*. 19. ed. Tübingen: Mohr Siebeck, 2004. p. 41-42.
[2212] Cf.: BLACK JR., Charles L. *Structure and relationship in constitutional law*. Baton Rouge: Louisiana State University Press, 1969. p. 23.
[2213] Cf.: LUCHAIRE, François. De la méthode en droit constitutionnel. *Revue du Droit Public et de la Sience Politique en France et a L'Étranger*, n. 2, p. 275-329, mars./avr. 1981. p. 275 (298).
[2214] Cf.: AUBERT, Jean-François. *Traité de droit constitutionnel suisse*. Neuchatel: Ides et Calendes, 1967. p. 121.
[2215] ENGISCH, Karl. *Introdução ao pensamento jurídico* (*Einführung in das Juristische Denken*). (Trad. J. Baptista Machado). 8. ed. Lisboa: Fundação Calouste Gulbenkian, 2001. p. 141-143.

medida possível, a realização desses fins.[2216] Essa visão teleológica, vista por alguns como expressão do método a que se deve atribuir "preponderância",[2217] desempenha um relevante papel na busca pela máxima efetividade da norma. Esse método tanto pode refletir o significado mais adequado para o ambiente sociopolítico no momento da interpretação, quanto pode indicar o significado que, à época da produção do texto, se ajustava às funções idealizadas por seu autor. Essa última possibilidade, por caminhar em norte contrário às vicissitudes do contexto e à evolutividade da ordem constitucional, deve ser preterida.

Os métodos de interpretação, de acordo com a construção de Von Savigny,[2218] não devem ser vistos como unidades autônomas e ontologicamente distintas, mas sim, como operações concorrentes que, longe de estarem sujeitas ao gosto e ao capricho do intérprete, devem ser necessariamente reunidas. Esse argumento, no entanto, não afasta a constatação de que em certas situações será visível a possibilidade de os métodos existentes não atuarem de modo concorrente no delineamento do significado da norma, mostrando-se reciprocamente excludentes. Em outras palavras, é possível que cada método considerado, concebido em sua individualidade, conduza a significado distinto, de modo que o intérprete deva realizar a escolha do significado preponderante e, por via reflexa, do método que lhe dá sustentação.[2219] Ainda que um desses métodos possa assumir maior importância no plano pragmático, à luz das especificidades do caso, justificando, desse modo, a própria desconsideração de outro, não há hierarquia entre eles. Em relação ao modo de utilizá-los e ao valor relativo que podem alcançar, somente é possível estabelecer diretivas de racionalidade, não fórmulas algébricas.[2220]

A tentativa de transplantar os métodos clássicos para a seara constitucional parte da premissa de que a Constituição deveria ser interpretada do mesmo modo que se interpreta a lei. Ao se associar essas figuras, prestigia-se, em termos gerais, uma conquista do Estado de Direito, que apregoa a imperatividade e a generalidade de ambas, mas renega-se a plano secundário uma especificidade digna de nota: a equiparação da Constituição à lei é nitidamente artificial.

A Constituição formal, como já afirmado, apresenta nítidas singularidades quando cotejada com as demais espécies normativas, singularidades estas que se traduzem na sua posição de primazia e autossustentabilidade; no seu caráter fundante, ocupando uma posição superior na hierarquia das fontes; na maior indeterminação semântica de

---

[2216] Cf.: STEIN, Ekkehart; FRANK, Götz Frank. Staatsrecht. 19. ed. Tübingen: Mohr Siebeck, 2004. p. 37-38.

[2217] Cf.: MAXIMILIANO, Carlos. Hermenêutica e aplicação do direito. 19. ed. Rio de Janeiro: Forense, 2007. p. 314. François Luchaire apregoa que o intérprete, ao se deparar com métodos que conduzam a resultados contraditórios, deve atribuir preeminência ao significado que produza um efeito útil (LUCHAIRE, François. De la méthode en droit constitutionnel. Revue du Droit Public et de la Sience Politique en France et a L'Étranger, n. 2, p. 275-329, mars./avr. 1981. p. 275 (311)). Construções positivistas, não raro, defendem a preeminência de uma "teoria teleológico-formal". Cf.: WEINBERGER, Ota. The analytico-dialectical theory of justice. In: MACCORMICK, Neil; WEINBERGER, Ota (Org.). An institutional theory of law: new approaches to legal positivism. Netherlands: Springer, 1986 (reimp. de 1992). p. 145 (157-158).

[2218] VON SAVIGNY, Friedrich Karl. Traité de droit romain. (Trad. M. CH. Guenoux). Paris: Firmin Didot Fréres, 1840. t. 1, p. 209-210.

[2219] Cf.: KAUFMANN, Arthur. Filosofia do direito (Rechtsphilosophie). (Trad. António Ulisses Cortês). Lisboa: Fundação Calouste Gulbenkian, 2004. p. 94; e ENGISCH, Karl. Introdução ao pensamento jurídico (Einführung in das Juristische Denken). (Trad. J. Baptista Machado). 8. ed. Lisboa: Fundação Calouste Gulbenkian, 2001. p. 145.

[2220] Cf.: DOMINGUES DE ANDRADE, Manuel A. Ensaio sobre a teoria da interpretação das leis. 2. ed. Coimbra: Arménio Amado, 1963. p. 31.

seus enunciados linguísticos; e na sua maior permeabilidade axiológica, apontando para uma extrema sensibilidade à influência dos valores colhidos no contexto, em especial daqueles de natureza política. A lei, por sua vez, deriva da Constituição e é condicionada por ela; é formada a partir de enunciados linguísticos com nível relativamente elevado de determinação de conteúdo; embora seja axiologicamente permeável, o é em níveis inferiores à Constituição, o que deriva da estruturação de seus enunciados linguísticos e de sua natureza derivada, não podendo destoar dos valores constitucionais; e normalmente apresenta um programa normativo do tipo "se... então".[2221] Constata-se que, diversamente da lei, a Constituição é essencialmente voltada à definição das condições-quadro e das regras processuais de ação e de decisão política, o que faz com que boa parte de suas normas dificilmente seja suscetível de execução em sentido judiciário. A igualdade entre lei e Constituição é uma ficção que não encontra ressonância na própria funcionalidade dos métodos tradicionais,[2222] no modo como sistematizados por Von Savigny,[2223] já que primordialmente direcionados ao direito privado.

Não obstante o reconhecimento de que a Constituição, a exemplo de todo e qualquer padrão normativo, mostra-se plenamente receptível aos métodos tradicionais de interpretação jurídica, já integrados ao denominado "patrimônio adquirido da hermenêutica jurídica",[2224] suas especificidades exigem um *plus*. A insuficiência dos métodos interpretativos clássicos, como ressaltado por Böckenförde,[2225] criou um "flanco a descoberto", deficiência que exige o emprego de novos recursos de ordem metódica. Essa conclusão, embora possa ser vista como lugar comum na dogmática contemporânea, não afasta a conclusão de que o legado da doutrina clássica, apesar de não mais ostentar uma posição de absoluta primazia, é frequentemente utilizado pelos Tribunais Constitucionais.[2226]

É natural que a interpretação constitucional seja campo propício para o desenvolvimento de uma elevada gama de métodos, cujo uso não se faz sentir com igual intensidade em outros ramos do direito. Essa constatação bem demonstra a inconsistência da tese[2227]

[2221] Cf.: BÖCKENFÖRDE, Ernst-Wolfgang; NICOLETTI, Michele; BRINO, Omar. *Stato, costituzione, democrazia*: studi di teoria della costituzione e di diritto costituzionale. Milano: Giuffrè, 2006. p. 67.

[2222] Cf.: PIERANDREI, Franco. L'interpretazione delle norme costituzionali in Italia. In: *Scritti di diritto costituzionale*. Torino: Giappichelli, 1964. v. 2, p. 645 (650); e BÖCKENFÖRDE, Ernst-Wolfgang; NICOLETTI, Michele; BRINO, Omar. *Stato, costituzione, democrazia*: studi di teoria della costituzione e di diritto costituzionale. Milano: Giuffrè, 2006. p. 67-69.

[2223] Como afirmado pelo grande jurista tedesco, sua obra era direcionada à análise não do direito público, mas do direito privado, assim compreendido aquele direito que os romanos denominavam *jus civile*, e que, ao tempo da República, era objeto exclusivo de estudo do jurisconsulto, *jurisprudentia* (VON SAVIGNY, Friedrich Karl. *Traité de droit romain*. (Trad. M. CH. Guenoux). Paris: Firmin Didot Fréres, 1840. t. 1, p. 2).

[2224] Cf.: ENGISCH, Karl. *Introdução ao pensamento jurídico* (*Einführung in das Juristische Denken*). (Trad. J. Baptista Machado). 8. ed. Lisboa: Fundação Calouste Gulbenkian, 2001. p. 137.

[2225] BÖCKENFÖRDE, Ernst-Wolfgang; NICOLETTI, Michele; BRINO, Omar. *Stato, costituzione, democrazia*: studi di teoria della costituzione e di diritto costituzionale. Milano: Giuffrè, 2006. p. 70.

[2226] Referindo-se ao *Bundesverfassungsgericht*, observa Böckenförde que os métodos clássicos de interpretação, com especial realce para os métodos sistemático e teleológico, são explicitamente invocados em suas decisões (*v.g.*: BVerfGE 1, 299 (312); BVerfGE 11, 126 (130); e BVerfGE 40, 353 (365)), isso apesar de os métodos realmente seguidos variarem caso a caso (BÖCKENFÖRDE, Ernst-Wolfgang; NICOLETTI, Michele; BRINO, Omar. *Stato, costituzione, democrazia*: studi di teoria della costituzione e di diritto costituzionale. Milano: Giuffrè, 2006. p. 62).

[2227] Cf.: AUBERT, Jean-François. *Traité de droit constitutionnel suisse*. Neuchatel: Ides et Calendes, 1967. p. 117; e PENSOVECCHIO LI BASSI, Antonino. *L'interpretazione delle norme costituzionali*: natura, metodo, difficoltà e limiti. Milano: Giuffrè, 1972. p. 23.

de que a interpretação constitucional não apresentaria qualquer especificidade em relação à interpretação jurídica em geral, já que ambas estão voltadas ao delineamento de uma norma jurídica. O "quadrado Savigny" e a interpretação teleológica estão longe de esgotar as suas necessidades metódicas.[2228] Como ressaltado por Forsthof[2229] e Larenz,[2230] devem ser aplicados "em princípio", mas nem sempre serão suficientes. A razão, aliás, é simples: foram estruturados sob a égide do formalismo clássico, que se mostrava refratário à influência de fatores extrínsecos ao processo de interpretação, em especial àqueles de natureza axiológica, bem como ao comprometimento com a realização de certos objetivos, que poderiam ser reconduzidos à ideia mais ampla de justiça. Sua função era conhecer a verdade (*Wahrheit*) da lei.[2231]

O reconhecimento da abertura do sistema jurídico se reflete no modo de interpretar o texto constitucional, que não pode permanecer voltado para si mesmo. Uma metodologia puramente normativista, como aquela que dá sustentação aos métodos tradicionais, ao conceber o direito como um sistema fechado, simplesmente inviabiliza a compreensão do texto constitucional do modo e com a sensibilidade desejada na atualidade. A esses fatores se somam a abertura linguística das disposições constitucionais, em que vaguezas e ambiguidades costumam se apresentar com especial intensidade e a extrema permeabilidade axiológica da ordem constitucional, que se mostra particularmente sensível aos influxos políticos. Esses aspectos bem demonstram o acerto de Pensovecchio Li Bassi,[2232] ao afirmar que a interpretação constitucional exige "una particulare sensibilità".

Mostra-se igualmente relevante o tracejar das fronteiras que separam a interpretação constitucional da criação *ex novo*, não raro com o propósito, declinado ou oculto, de retificar possíveis erros de avaliação do Constituinte ou desconsiderar a base textual, retraindo-a ou estendendo-a, de modo a evitar resultados que, à luz da situação concreta, sejam considerados absurdos ou simplesmente inadequados.

7.2 Método tópico-problemático e abertura sistêmica

A importância assumida pela conflitualidade intrínseca no processo de interpretação constitucional encontra-se nitidamente entrelaçada à superação de certas incongruências quanto ao modo de ver o sistema jurídico e à funcionalidade da atividade desenvolvida pelo intérprete. As construções teóricas que sustentavam a existência de um "sistema fechado", fruto do movimento de codificação oitocentista, apregoavam a sua completude

---

[2228] Cf.: MAURER, Hartmut. *Staatsrecht I*: Grundlagen. Verfassungsorgane. Staatsfunktionen. 5. ed. München: C. H. Beck, 2007. p. 23-25; OTERO, Paulo. Fragmentação da Constituição formal. *In*: GANDRA DA SILVA MARTINS, Ives; LEITE DE CAMPOS, Diogo. *O direito contemporâneo em Portugal e no Brasil*. São Paulo: Saraiva, 2004. p. 31 (57-58); BARROSO, Luís Roberto. *Interpretação e aplicação da Constituição*. 7. ed. São Paulo: Saraiva, 2009. p. 108; e RIBEIRO MOREIRA, Eduardo. Neoconstitucionalismo e teoria da interpretação. *In*: RIBEIRO MOREIRA, Eduardo; GONÇALVES JÚNIOR, Jerson Carneiro; POLLETI BETTINI, Lucia Helena. *Hermenêutica constitucional*: homenagem aos 22 anos do Grupo de Estudos Maria Garcia. São Paulo: Conceito Editorial, 2010. p. 215 (216).

[2229] FORSTHOFF, Ernst. Die umbildung des Verfassungsgesetzes. *In*: *Festschrift für Carl Schmitt zum 70. Geburtstag*. Berlim: Duncker und Rumblot, 1959. p. 35 (36).

[2230] LARENZ, Karl. *Metodologia da ciência do direito (Methodenlehre der Rechtswissenschaft)*. (Trad. José Lamego). 3. ed. Lisboa: Fundação Calouste Gulbenkian, 1997. p. 513-514.

[2231] Cf.: MEDER, Stephan. *Missverstehen und Verstehen*. Tübingen; Mohr Siebeck, 2004. p. 116.

[2232] PENSOVECCHIO LI BASSI, Antonino. *L'interpretazione delle norme costituzionali*: natura, metodo, difficoltà e limiti. Milano: Giuffrè, 1972. p. 58.

e consequente indiferença aos influxos recebidos do contexto e ao papel desempenhado pelos valores, que não exerceriam qualquer influência no delineamento do significado normativo. Era o campo propício ao apogeu dos métodos clássicos de interpretação, baseados na autonomia existencial entre os momentos de criação e aplicação do direito, valorizando, desse modo, a separação dos poderes. O hermetismo do sistema e a função meramente declaratória da interpretação tinham um objetivo bem definido: conferir ares de objetividade aos resultados alcançados pelo intérprete, que permaneceriam imunes a juízos valorativos de natureza subjetiva, sendo controlados com maior facilidade.

Como contraponto ao pensamento sistemático (fechado), calcado no raciocínio lógico-dedutivo, que só admite as soluções decorrentes das premissas ínsitas no sistema e não oferece respostas adequadas para os problemas novos, surgiu o pensamento problemático ou tópico, que reconhece a influência do problema no delineamento da norma e realça o papel desempenhado pelo intérprete.

O pensamento tópico, que remonta a Aristóteles[2233] e encontra em Theodor Viehweg o seu maior expoente no pensamento contemporâneo, apregoa uma argumentação jurídica que se desenvolve a partir do problema. Enquanto o pensamento sistemático seleciona problemas a partir do sistema, o pensamento problemático parte do problema para alcançar o sistema.[2234]

A tópica, como se disse, é uma técnica direcionada à resolução do problema, assim considerada a questão que aparentemente comporta mais de uma resposta e que pressupõe um entendimento preliminar a respeito do aspecto a ser considerado.[2235] Para

---

[2233] ARISTÓTELES. Topici. In: Organon. (Trad. Giorgio Colli). 2. ed. Milano: Adelphi, 2008. p. 405-644. Como fora declinado por Aristóteles, o seu objetivo era encontrar um método que permitisse a constituição "de raciocínios concatenados que partam de elementos fundados sobre a opinião" (Livro I, 100a, 18, p. 405). Para tanto, distinguiu quatro espécies de raciocínio: (1) demonstrativo, constituído e derivado de proposições verdadeiras e primárias, das quais se parte, e que mantém uma relação dedutiva com outras proposições; (2) dialético, em que a argumentação parte de proposições a respeito das quais há consenso ou que são aceitas pela maioria, aceitação que dispensa a própria comprovação de sua verdade; (3) erístico, estruturado de acordo com proposições que são aparentemente fundadas sobre a opinião, mas não o são, ou de acordo com proposições sabidamente não aceitas pela maioria; e (4) paralogístico, em que as proposições de que se parte não permitem que sejam alcançadas conclusões, não são verdadeiras nem inaugurais e não são fundadas na opinião (Livro I, 100a, 25 a 30; 100b; e 101a, p. 407-408). As distintas espécies de raciocínio são utilizadas na argumentação casuística e no convencimento. Os tópicos ou proposições utilizados, que não justificam a si próprios, devendo encontrar sustentação na convergência de opiniões a seu respeito, oferecem as soluções para os problemas. Para Aristóteles, os problemas seriam divididos em (I) problemas do acidente, que surgem em situações momentâneas, podendo ser alterados sem comprometer a essência da coisa considerada (Livros II e III, p. 435-477); (II) problemas do gênero, englobando a essência da coisa, ainda que não sejam exclusivos dela, e que permitem a sua união com outras coisas semelhantes (Livro IV, p. 478-506); (III) problemas de propriedade, relacionados a um predicado da coisa, que a diferencia das demais sem definir a sua essência (Livro V, p. 507-548); (IV) problemas da definição, que descrevem, em uma oração, a essência da coisa considerada. Os problemas são o ponto de partida dos raciocínios. As proposições, o resultado dos argumentos utilizados para a sua solução (Livros VI e VII, p. 549-608). As questões a serem enfrentadas devem observar o seguinte método: (a) escolha da área em que serão propostas; (b) sua organização mental; e (c) apresentação dos argumentos ao adversário (Livro VIII, 155b, p. 609). Aristóteles ainda oferece uma série de recursos argumentativos, como a necessidade de não se contrapor a uma proposição universal sem a concreta demonstração de sua inaplicabilidade; antever os argumentos que serão opostos à tese apresentada; etc. (Livro VIII, 8, p. 628). Por fim, trata da solidez dos argumentos, que devem ostentar uma coerência interna, ainda que no plano pragmático, reconheça a possibilidade de serem alcançadas conclusões verdadeiras a partir de proposições falsas (Livro VIII, 11, p. 631-636).

[2234] Cf.: VIEHWEG, Theodor. Tópica e jurisprudência (Topik und Rechtsphilosophie). (Trad. Tércio Sampaio Ferraz Jr.). Brasília: Departamento de Imprensa Nacional, 1979. p. 35.

[2235] Cf.: VIEHWEG, Theodor. Tópica e jurisprudência (Topik und Rechtsphilosophie). (Trad. Tércio Sampaio Ferraz Jr.). Brasília: Departamento de Imprensa Nacional, 1979. p. 34.

tanto, recorre-se aos *topoi*, fórmulas voláteis, suscetíveis às variações de tempo e lugar, que indicam aspectos tidos como relevantes no ambiente sociopolítico e sobre os quais se verifica uma relativa convergência de entendimento,[2236] atuando como importantes fatores de persuasão. O cerne do raciocínio tópico encontra-se na identificação do problema e na busca das premissas a serem utilizadas na obtenção da solução mais adequada. Nesse particular, é dever do pensador de problemas identificar todos os *topoi* que se mostrem relevantes.

São exemplos de *topoi*, ou "lugares comuns" (tópica deriva do grego *topos*, que corresponde ao latim *locus*, indicando lugar), as noções de bem comum, interesse público, direito individual, as inferências lógicas (*a símile, a contrario, a maiore ad minus* etc.),[2237] máximas que se integram ao conhecimento adquirido. Os *topoi* podem assumir distintos graus de generalidade e especificidade, referindo-se tanto a áreas mais extensas do conhecimento, quanto a áreas mais restritas. Formam um catálogo de contornos voláteis, tanto no plano qualitativo, quanto no plano quantitativo. Com isso, apresentam a flexibilidade necessária para se ajustar às singularidades do problema enfrentado.[2238]

Enquanto a verificação do problema e a consequente constatação de inexistência de um paradigma decisório previamente estabelecido caracterizam a *"tópica de primeiro grau"*, a atividade intelectiva que identifica os catálogos de *topoi* já sedimentados, deles partindo para a resolução do problema, configura a "tópica de segundo grau".[2239] A tópica, ao mover-se no campo argumentativo, pressupõe um "conflito de opiniões", assumindo contornos eminentemente dialéticos.[2240] A superação desse conflito, antecedente necessário à individualização da norma constitucional, não será alcançada a partir de um processo dedutivo e muito menos pode ser obtida com a prévia eliminação das opiniões tidas como contrárias. É imperativo que os argumentos utilizados, face às especificidades do problema, sejam persuasivos, sendo irrelevante qualquer qualificação prévia, concebida *in abstracto*.

O método tópico valoriza a persuasão pela via argumentativa e busca superar a simplicidade lógico-dedutiva do positivismo clássico, despertando a atenção do intérprete para as especificidades do contexto e para a necessidade de serem alcançados conteúdos justos na regulação do caso concreto.[2241] Mostra-se indispensável à conexão do enunciado linguístico abstrato à casuística do caso concreto.[2242] Em consequência, distancia-se do

---

[2236] Kriele fala em "opiniões geralmente aceitas" (KRIELE, Martin. *Theorie der Rechtsgewinnung*: entwickelt am Problem der Verfassungsinterpretation. Berlin: Duncker u. Humblot, 1967. p. 135).

[2237] Cf.: VIEHWEG, Theodor. *Tópica e jurisprudência (Topik und Rechtsphilosophie)*. (Trad. Tércio Sampaio Ferraz Jr.). Brasília: Departamento de Imprensa Nacional, 1979. p. 40. Struck, em sua obra *Topische Jurisprudenz* (STRUCK, Gerhard. *Topische Jurisprudenz*. Frankfurt a. M.: Athenaeum,1971), ofereceu um catálogo de 64 *topoi*, como "a lei" (STRUCK, Gerhard. *Topische Jurisprudenz*. Frankfurt a. M.: Athenaeum,1971. p. 7), "não se deve pretender o impossível" (STRUCK, Gerhard. *Topische Jurisprudenz*. Frankfurt a. M.: Athenaeum,1971. p. 33) e "o objetivo" (STRUCK, Gerhard. *Topische Jurisprudenz*. Frankfurt a. M.: Athenaeum,1971. p. 34).

[2238] Cf.: FISCHER, Christian. *Topoi verdeckter Rechtsfortbildungen im Zivilrecht*. Tübingen: Mohr Siebeck, 2007. p. 14 e ss.; e SOARES MENDONÇA, Paulo Roberto. *A tópica e o Supremo Tribunal Federal*. Rio de Janeiro: Renovar, 2003. p. 103.

[2239] VIEHWEG, Theodor. *Tópica e jurisprudência (Topik und Rechtsphilosophie)*. (Trad. Tércio Sampaio Ferraz Jr.). Brasília: Departamento de Imprensa Nacional, 1979. p. 36.

[2240] Cf.: MODUGNO, Franco. *Interpretazione giuridica*. Padova: CEDAM, 2009. p. 216.

[2241] Cf.: STEIN, Ekkehart; FRANK, Götz Frank. *Staatsrecht*. 19. ed. Tübingen: Mohr Siebeck, 2004. p. 43-44.

[2242] GARCÍA DE ENTERRÍA, Eduardo. *La Constitución como norma y el Tribunal Constitucional*. 3. ed. Madrid: Civitas, 2001. p. 225, nota 230.

silogismo mecanicista e se direciona à construção de um discurso comprometido com a melhor solução, resultado que será influenciado pelos *topoi* escolhidos pelo intérprete e pela argumentação apresentada, estando ambas comprometidas com a obtenção de conteúdos que, na resolução de um problema específico, mais se aproximem do ideal de justiça. Ao distanciar-se do cognitivismo característico das construções positivistas, o método tópico não adere às concepções antipositivistas, como as de viés naturalista, estando funcionalmente comprometido com um objetivo específico: a solução de problemas concretos.[2243] Com sua construção, Viehweg contribui para a reformulação de antecedentes teorias materiais do direito, como a *jurisprudência dos interesses* de Heck e a *escola do direito livre* de Kantorowicz e Ehrlich. O discurso tópico se principia, desenvolve e finaliza com proposições delineadas argumentativamente.[2244]

A tópica estimula a iniciativa e a ação do intérprete, que deve identificar o problema e pensar a partir dele. Viehweg[2245] observa que o próprio emprego da linguagem ordinária contribui para a imperativa consideração dos aspectos subjacentes ao caso concreto, permitindo a densificação do conteúdo dos enunciados linguísticos que formam o texto normativo.

Em sua atividade, o intérprete deve atribuir a cada fator que considere relevante para a solução do problema, qualquer que seja a sua natureza (direito legislado, métodos de interpretação, princípios jurídicos, máximas de experiência etc.), o *status* de *topoi*. Os *topoi* são escolhidos a partir do problema e o problema é resolvido a partir dos *topoi*.[2246] Cada um desses *topoi*, que não apresentam qualquer hierarquia quando cotejados entre si, será utilizado como ponto de partida da argumentação, que sempre buscará a convergência de entendimentos em relação à melhor forma de solucionar o problema.[2247] Ao promover uma ampla abertura metodológica, admitindo a utilização de toda e qualquer técnica interpretativa que se mostre adequada ao caso, a tópica torna-se particularmente dependente do poder de persuasão dos argumentos utilizados e de sua capacidade de gerar consenso. A tópica faz da interpretação constitucional um processo argumentativo aberto, cujos critérios de orientação não são previamente definidos. O texto não oferece conteúdos determinados e o intérprete o utiliza, juntamente com as ferramentas dogmáticas de que dispõe, como ponto de vista parcial para a solução do problema. É usado livremente e não vincula o resultado.[2248] O intérprete, em consequência, possui uma liberdade de argumentação quase ilimitada. Na medida em que o processo de interpretação não está vinculado a uma ordem hierárquica de argumentos ou a

---

[2243] Cf.: BONAVIDES, Paulo. O método tópico de interpretação constitucional. *In*: RAMOS TAVARES, André; FERREIRA MENDES, Gilmar; GANDRA DA SILVA MARTINS, Ives. *Lições de direito constitucional em homenagem ao jurista Celso Bastos*. Rio de Janeiro: Saraiva, 2005. p. 1 (5).

[2244] Cf.: GAVAZZI, Gaetano. Topica giuridica. *In*: *Novissimo digesto italiano*, v. XIX, p. 409-417, 1973. p. 409 (410).

[2245] VIEHWEG, Theodor. *Tópica e jurisprudência (Topik und Rechtsphilosophie)*. (Trad. Tércio Sampaio Ferraz Jr.). Brasília: Departamento de Imprensa Nacional, 1979. p. 82.

[2246] Como ressaltado por Viehweg, "o modo de buscar as premissas influi na índole das deduções e, ao contrário, a índole das conclusões indica a forma de buscar as premissas" (VIEHWEG, Theodor. *Tópica e jurisprudência (Topik und Rechtsphilosophie)*. (Trad. Tércio Sampaio Ferraz Jr.). Brasília: Departamento de Imprensa Nacional, 1979. p. 40).

[2247] Cf.: VIEHWEG, Theodor. *Tópica e jurisprudência (Topik und Rechtsphilosophie)*. (Trad. Tércio Sampaio Ferraz Jr.). Brasília: Departamento de Imprensa Nacional, 1979. p. 104.

[2248] Cf.: BÖCKENFÖRDE, Ernst-Wolfgang; NICOLETTI, Michele; BRINO, Omar. *Stato, costituzione, democrazia*: studi di teoria della costituzione e di diritto costituzionale. Milano: Giuffrè, 2006. p. 73-74.

uma sucessão de argumentos ou pontos de vista específicos, ele não só se torna mais democrático,[2249] como possibilita o contínuo aperfeiçoamento das instituições jurídicas.[2250]

A tópica, como ressaltado por Viehweg,[2251] embora não conduza a soluções absolutas, não é destituída de qualquer previsibilidade. É necessário que haja certo grau de convergência a respeito dos *topoi* utilizados pelo intérprete. Esses *topoi* surgem a partir de um raciocínio dialético em que pululam teses e antíteses, refletindo o teor de posições majoritárias que são diretamente influenciadas pela argumentação utilizada na sua sustentação. O intérprete não deve promover fraturas abruptas dos *topoi* já sedimentados. Os novos *topoi* refletirão a evolução exigida pelo surgimento de novos problemas, estando igualmente dependentes do resultado de um novo embate entre teses e antíteses. Como se percebe, o êxito da tópica depende, em grande medida, da amplitude das zonas de consenso, que não só possibilitam o aumento da previsibilidade do conteúdo, como também contribuem para a estabilidade constitucional.[2252]

Face aos distintos fatores que leva em consideração, ao que se soma a busca pela conciliação do texto escrito com a realidade circundante, a tópica é muito mais aderente à práxis que os métodos puramente formais, tornando-se "o tronco de uma grande árvore, que se esgalha em distintas direções".[2253]

Não é exagero afirmar que o pensamento tópico encontra-se na base da quase totalidade das construções teóricas voltadas à superação da metodologia clássica, prosélita de um positivismo neutral, de todo indiferente ao seu entorno e à satisfação concreta de um referencial de justiça. A importância assumida pelo problema torna-se particularmente nítida ao observarmos que a interpretação jurídica, regra geral, é motivada pela necessidade de individualizar a norma que incidirá sobre a situação concreta. A identificação do problema, ao menos fora de um ambiente acadêmico ou puramente reflexivo, é antecedente lógico e necessário à atividade intelectiva desenvolvida pelo intérprete, podendo ser vista como o seu ponto de partida.[2254] Com os olhos voltados ao problema, o intérprete identificará o enunciado linguístico sobre o qual desenvolverá a sua atividade.

O problema também assume especial relevância na identificação do contexto ambiental a ser considerado pelo intérprete. É factível que interpretações *in abstracto* tendem a levar em conta um contexto de maior amplitude que aquele considerado na interpretação *in concreto*, voltada à individualização da norma que regerá uma situação específica. Variações de ordem qualitativa ou quantitativa certamente influirão na identidade do contexto e, consequentemente, na sua interação com o texto. O resultado

---

[2249] A democratização possibilitada pelo método tópico foi objeto de desenvolvimento por Häberle na Hermenêutica Constitucional. (HÄBERLE, Peter. *Hermenêutica constitucional*: a sociedade aberta dos intérpretes da Constituição: contribuição para a interpretação pluralista e "procedimental" da Constituição (Die offene Gesellschaft der Verfasungsinterpreten: ein Beitrag zur pluralistischen und "prozessualen" Verfassungsinterpretation). (Trad. Gilmar Ferreira Mendes). Porto Alegre: Sérgio Antonio Fabris, 2002).

[2250] Cf.: BÖCKENFÖRDE, Ernst-Wolfgang; NICOLETTI, Michele; BRINO, Omar. *Stato, costituzione, democrazia*: studi di teoria della costituzione e di diritto costituzionale. Milano: Giuffrè, 2006. p. 74.

[2251] VIEHWEG, Theodor. *Tópica e jurisprudência* (*Topik und Rechtsphilosophie*). (Trad. Tércio Sampaio Ferraz Jr.). Brasília: Departamento de Imprensa Nacional, 1979. p. 41.

[2252] Cf.: BÖCKENFÖRDE, Ernst-Wolfgang; NICOLETTI, Michele; BRINO, Omar. *Stato, costituzione, democrazia*: studi di teoria della costituzione e di diritto costituzionale. Milano: Giuffrè, 2006. p. 79.

[2253] Cf.: BONAVIDES, Paulo. *Curso de direito constitucional*. 25. ed. São Paulo: Malheiros, 2010. p. 497.

[2254] Cf.: MODUGNO, Franco. *Interpretazione giuridica*. Padova: CEDAM, 2009. p. 200-201.

será a identificação de variações na natureza e na intensidade das conflitualidades intrínsecas que surgirão no processo de interpretação, com reflexos no significado a ser atribuído ao texto.

Nos sistemas de *common law*, a força normativa dos precedentes e a reverência ao *case law* são nítidos exemplos da importância há muito assumida pelo pensamento problemático. Em relação aos sistemas de *civil law*, a Constituição formal, por constituir um "sistema aberto de regras e princípios", com acentuada abertura semântica, grande permeabilidade aos influxos exteriores, sendo constantemente construída e reconstruída, e carente de interação com a realidade para a própria determinação de seus traços fundamentais, é, igualmente, ambiente propício à utilização do pensamento problemático. Concepções formalistas e dedutivas, ainda que ocupem o ápice do rol de preferências do intérprete, dificilmente se compatibilizariam com a estrutura dos enunciados linguísticos que integram a ordem constitucional.

Apesar de sua sensibilidade aos influxos da realidade, a tópica pura é vulnerável a não poucas críticas.

Inicialmente, observa-se que o intérprete parte do problema para o enunciado linguístico normativo, que não é visto como vinculante, figurando apenas como mais um ponto de partida. Sua atividade fica imune aos balizamentos oferecidos pelas decisões externadas pelo Constituinte no texto constitucional, podendo avançar sem qualquer limite.[2255] A Constituição formal é despida de sua imperatividade e se transforma em "material de direito constitucional": sua importância varia conforme o consenso existente no momento do seu uso e o entendimento do intérprete em relação à sua utilidade na resolução do problema.[2256] Daí se afirmar que, com a tópica, a normatização estatal perde o primado.[2257] Face à perspectiva de estudo adotada na presente investigação, em que se sustenta a necessária inter-relação entre texto e contexto, sem a absorção de um pelo outro, pode-se afirmar que essa é uma das principais críticas direcionadas à "tópica pura", o que inviabiliza a sua adoção do modo preconizado por Viehweg. O processo de interpretação, apesar de surgir a partir do problema, que terá decisiva influência na escolha dos enunciados linguísticos a serem interpretados, deve se desenvolver no espaço por eles oferecido. Os juízos valorativos da alçada do intérprete serão exercidos em um plano previamente cognoscível, de modo a assegurar um nível mínimo de previsibilidade em relação aos resultados a serem alcançados, exigência que se faz necessária mesmo em "sociedades complexas, pluralistas e desarmônicas".[2258]

[2255] Cf.: GOMES CANOTILHO, José Joaquim. *Direito constitucional e teoria da Constituição*. 7. ed. Coimbra: Almedina, 2010. p. 1212 e HESSE, Konrad. *Elementos de direito constitucional da República Federal da Alemanha* (*Grundzüge des Verfassungsrechts der Bundesrepublik Deutschland*). (Trad. Luís Afonso Heck). Porto Alegre: Sérgio Antonio Fabris, 1998. p. 63-64.

[2256] Cf.: BÖCKENFÖRDE, Ernst-Wolfgang; NICOLETTI, Michele; BRINO, Omar. *Stato, costituzione, democrazia*: studi di teoria della costituzione e di diritto costituzionale. Milano: Giuffrè, 2006. p. 75. De acordo com o autor, a Constituição se torna um recipiente aberto, o qual, de acordo com o consenso que forma a pré-compreensão do momento, pode receber muitas e heterogêneas interpretações (BÖCKENFÖRDE, Ernst-Wolfgang; NICOLETTI, Michele; BRINO, Omar. *Stato, costituzione, democrazia*: studi di teoria della costituzione e di diritto costituzionale. Milano: Giuffrè, 2006. p. 79).

[2257] Cf.: BONAVIDES, Paulo. O método tópico de interpretação constitucional. *In*: RAMOS TAVARES, André; FERREIRA MENDES, Gilmar; GANDRA DA SILVA MARTINS, Ives. *Lições de direito constitucional em homenagem ao jurista Celso Bastos*. Rio de Janeiro: Saraiva, 2005. p. 1 (7).

[2258] MODUGNO, Franco. *Interpretazione giuridica*. Padova: CEDAM, 2009. p. 201.

A segunda crítica é a de que a tópica pura promove o evidente enfraquecimento da segurança jurídica. Afinal, considerando a ausência de definição precisa do ponto de partida a ser utilizado pelo intérprete para a solução do problema e da variedade de *topoi* a que pode recorrer, ele sempre seria direcionado por suas preferências pessoais. Partindo dessa constatação, seria possível afirmar que se a ordem constitucional já é acentuadamente permeável à política, o emprego do método tópico faria com que ela se tornasse suscetível a uma integral politização, variável conforme a oscilação dos problemas e a vontade das maiorias ocasionais. Embora se reconheça que a liberdade valorativa do intérprete é parte indissociável do processo de interpretação, o que, por si só, já denota a impossibilidade de serem alcançados padrões de segurança jurídica semelhantes àqueles almejados pelo positivismo clássico, a tópica pura potencializa esse aspecto.

Kriele[2259] já realçara a necessidade de o pensar por problemas ser direcionado por uma argumentação racional e, principalmente, político-constitucional. Com isso, seria possível evitar que a indeterminação do procedimento e das razões subjacentes à interpretação constitucional permitisse o florescer do arbítrio do intérprete. Como diretrizes, estabeleceu a necessidade de ser reconhecido o caráter vinculante do texto constitucional, que não poderia ser tomado como mero ponto de vista, bem como o dever de o intérprete, a partir de uma argumentação jurídico-racional,[2260] proceder à ponderação de todos os fatores colhidos na realidade, identificando, a partir de critérios racionais – o que necessariamente atrai a identificação das esferas de consenso do ambiente sociopolítico –, aqueles a que se deve atribuir preeminência no caso concreto. A esses fatores, Kriele[2261] agrega o caráter vinculante dos precedentes do Tribunal Constitucional, o que aumentaria a previsibilidade dos juízos valorativos a serem realizados. Essa construção, como se percebe, foi acolhida, ao menos parcialmente, por diversas teorias contemporâneas, que reconhecem a relevância do problema, a imperatividade do texto constitucional, a sua interação com o contexto e a imprescindibilidade de o intérprete realizar juízos valorativos no curso do processo de interpretação. Kriele, como se percebe, buscou estabelecer balizamentos em seara na qual reinava ampla liberdade.

A terceira crítica, que merece análise mais detida, reside no alegado deslocamento da ótica de análise do plano sistêmico para o construtivo-problemático, opção que, conquanto possa se mostrar exitosa para a solução de um caso específico, superando o hermetismo que acompanha o método lógico-dedutivo, parece caminhar em norte contrário à coerência do sistema, que deixará de ser visto sob o prisma de sua unidade.[2262] As soluções de problemas semelhantes nem sempre se harmonizariam entre si e com

---

[2259] KRIELE, Martin. *Theorie der Rechtsgewinnung*: entwickelt am Problem der Verfassungsinterpretation. Berlin: Duncker u. Humblot, 1967. p. 132 e ss.
[2260] Cf.: KRIELE, Martin. *Theorie der Rechtsgewinnung*: entwickelt am Problem der Verfassungsinterpretation. Berlin: Duncker u. Humblot, 1967. p. 177 e ss.
[2261] KRIELE, Martin. *Theorie der Rechtsgewinnung*: entwickelt am Problem der Verfassungsinterpretation. Berlin: Duncker u. Humblot, 1967. p. 258 e ss.
[2262] Cf.: CANARIS, Claus-Wilhelm. *Pensamento sistemático e conceito de sistema na ciência do direito* (*Systemdenken und Systembegriff in der Jurisprudenz*). (Trad. A. Menezes Cordeiro). 5. ed. Lisboa: Fundação Calouste Gulbenkian, 1989. p. 273-277. O próprio Viehweg reconhecia que a unidade sistemática é "algo antecipado", embora seja difícil identificar até que ponto "ela existe efetivamente" (VIEHWEG, Theodor. *Tópica e jurisprudência* (*Topik und Rechtsphilosophie*). (Trad. Tércio Sampaio Ferraz Jr.). Brasília: Departamento de Imprensa Nacional, 1979. p. 80).

os demais comandos do sistema, de modo que o método tópico "não leva a um sistema (total), mas a uma pluralidade de sistemas", isso sem qualquer comprovação de sua compatibilidade com um sistema total.[2263]

Para que seja superada a incompatibilidade entre o pensamento problemático e o sistemático, o processo de interpretação deve manter-se adstrito aos limites estabelecidos pelo texto normativo, que não pode ser visto, tão somente, tal qual apregoado pela "tópica pura", como um dos *topoi* à disposição do intérprete. O direito não pode abandonar a ideia de sistema e ser reduzido a um catálogo de *topoi*.[2264] Acresça-se que a sensibilidade aos influxos do contexto e, de modo mais específico, do caso concreto, não é propriamente uma característica refratária ao pensamento sistemático. O que se verifica é a sua incompatibilidade com uma concepção fechada de sistema, não com uma unidade existencial normoaxiologicamente ordenada ou, de modo mais sintético, com um sistema aberto.

Pensamento problemático e sistema (aberto), longe de veicularem ideias antinômicas, integram-se. Afinal, a individualização da norma não prescinde de considerações em torno das especificidades do caso concreto e de sua necessária inter-relação com as demais normas do sistema, assegurando, desse modo, a sua coerência interna. A própria noção de "abertura" aponta para a incompletude do conhecimento científico e para a modificabilidade dos padrões jurígenos.[2265] É necessário, de qualquer modo, que o pensador de problemas não passe ao largo de considerações em relação à coerência interna do sistema e procure organizar e hierarquizar as distintas proposições que norteiam a sua argumentação. O pensamento problemático torna-se mais um fator de alimentação do sistema, que é axiologicamente sensível aos influxos recebidos da realidade, assegurando a sua adaptabilidade às vicissitudes do ambiente sociopolítico. Torna-se possível remediar, desse modo, o inconveniente oriundo das distintas velocidades com que se movem, de um lado, o texto escrito, e, de outro, a sociedade.[2266]

O reconhecimento da abertura do sistema e da relevância do pensamento problemático não importa na necessária afirmação de que os métodos tradicionais de interpretação já não preservam qualquer utilidade. Embora se reconheça que a sua funcionalidade era maximizada sob os auspícios do raciocínio lógico-dedutivo, não se pode negar que os subsídios que oferecem ao intérprete, apesar de não serem os únicos, ainda assumem grande importância no processo de interpretação. Além dos métodos literal e teleológico, merece especial realce o sistemático. O delineamento do significado de qualquer partícula não pode passar ao largo de sua inserção em um universo mais amplo, o que bem demonstra a impossibilidade de o processo de interpretação assumir

---

[2263] Cf.: LARENZ, Karl. *Metodologia da ciência do direito* (*Methodenlehre der Rechtswissenschaft*). (Trad. José Lamego). 3. ed. Lisboa: Fundação Calouste Gulbenkian, 1997. p. 202; e MODUGNO, Franco. *Interpretazione giuridica*. Padova: CEDAM, 2009. p. 234.

[2264] Cf.: MODUGNO, Franco. *Interpretazione giuridica*. Padova: CEDAM, 2009. p. 228.

[2265] Cf.: CANARIS, Claus-Wilhelm. *Pensamento sistemático e conceito de sistema na ciência do direito* (*Systemdenken und Systembegriff in der Jurisprudenz*). (Trad. A. Menezes Cordeiro). 5. ed. Lisboa: Fundação Calouste Gulbenkian, 1989. p. 109.

[2266] Cf.: GAVAZZI, Gaetano. *Elementi di teoria del diritto*. 2. ed. Torino: Giappichelli, 1984. p. 43.

contornos setoriais, desconsiderando a integridade do sistema. Daí ser possível afirmar que "a interpretação jurídica é sistemática ou não é interpretação".[2267]

7.3 Método concretizador

A funcionalidade da Constituição formal, enquanto padrão de regulação social que se expande em uma realidade nitidamente cambiável, não se harmoniza com as feições de um produto acabado e insuscetível de se ajustar às especificidades de cada momento histórico. A promoção da interação entre texto e contexto é *múnus* que recai sobre o intérprete, fazendo com que a ordem constitucional transite da plasticidade formal para a concretude de um específico ambiente sociopolítico. Esse é o alicerce estrutural da metódica concretista de Konrard Hesse.[2268] A interpretação constitucional é "concretização", não existindo "independente de problemas concretos".[2269]

A Constituição deve ser sempre concebida em sua atualidade, individualidade e concretude. Considerando a sua vinculação a um ambiente histórico-concreto, a atividade do intérprete assume relevância ímpar no delineamento do seu conteúdo. Afinal, cabe a ele apreender a realidade e promover a sua interação com o significante interpretado. A relevância dessa atividade é percebida nas situações em que o significado possível não seja inequívoco, ensejando dúvidas insuscetíveis de serem superadas pelos métodos clássicos.

O processo de interpretação, que se dirige à obtenção de um resultado constitucionalmente adequado, deve principiar com a individualização do problema concreto que se pretende solucionar, avançar com a identificação do programa normativo sobre o qual se desenvolverá a atividade intelectiva do intérprete, o que não prescinde de sua pré-compreensão, e culminar com o delineamento da norma. Não há método de interpretação autônomo, separado desses fatores.[2270] Como o programa da norma deve ter o seu significado compreendido para a resolução do problema, os métodos tradicionais têm sua importância reconhecida. Ressalte-se que o texto, por si só, não oferece suficiente e precisa concretização, sendo necessário relacioná-lo com os pontos de vista do âmbito da norma.

A construção teórica de Hesse parte da premissa de que não existe "um sistema concluído e uniforme, lógico-axiomático ou hierárquico de valores",[2271] o que exige um avanço "tópico" por parte do intérprete, o qual, embora normativamente vinculado, pressupõe que seja analisado o pró e o contra de cada ponto de vista utilizado. Nesse processo, o intérprete deve buscar a concordância prática entre os bens jurídicos protegidos, traçando os limites de todos eles, de modo a alcançar uma "eficácia ótima".

[2267] Cf.: FREITAS, Juarez. *A interpretação sistemática do direito.* 4. ed. São Paulo: Malheiros, 2004. p. 74.
[2268] HESSE, Konrad. *Elementos de direito constitucional da República Federal da Alemanha* (*Grundzüge des Verfassungsrechts der Bundesrepublik Deutschland*). (Trad. Luís Afonso Heck). Porto Alegre: Sérgio Antonio Fabris, 1998. p. 61-70.
[2269] HESSE, Konrad. *Elementos de direito constitucional da República Federal da Alemanha* (*Grundzüge des Verfassungsrechts der Bundesrepublik Deutschland*). (Trad. Luís Afonso Heck). Porto Alegre: Sérgio Antonio Fabris, 1998. p. 62.
[2270] HESSE, Konrad. *Elementos de direito constitucional da República Federal da Alemanha* (*Grundzüge des Verfassungsrechts der Bundesrepublik Deutschland*). (Trad. Luís Afonso Heck). Porto Alegre: Sérgio Antonio Fabris, 1998. p. 63.
[2271] HESSE, Konrad. *Elementos de direito constitucional da República Federal da Alemanha* (*Grundzüge des Verfassungsrechts der Bundesrepublik Deutschland*). (Trad. Luís Afonso Heck). Porto Alegre: Sérgio Antonio Fabris, 1998. p. 63.

Na doutrina de Friedrich Müller,[2272] que se dedicou de modo mais amplo à temática, a norma não se sobrepõe ao texto, sendo concretizada a partir dele. É a resultante da convergência de fatores linguísticos e factuais, aqueles inerentes ao texto normativo, estes às especificidades da realidade em que se projetará. O intérprete, realizando uma atividade essencialmente intelectiva e decisória, é o responsável pela condução do processo de concretização, que principia pela identificação do problema, avança pela individualização do texto normativo, se desenvolve sob os influxos da realidade e somente se completa com a solução do caso concreto.[2273] Nesse *iter*, o intérprete confere vida e utilidade ao enunciado linguístico inserido na Constituição formal, que alcança o *status* de norma constitucional a partir da simbiose entre texto e contexto, promovida pela interpretação, culminando com a formação da norma de decisão, resultado final do processo de concretização. Abandona-se o formalismo e encampa-se o dinamismo da práxis. O objetivo: adotar critérios prático-normativos voltados à decisão do caso concreto.[2274] Nesse "avanço tópico", diversamente da "tópica pura", a base textual, que não tem um significado (*Bedeutung*) próprio, direciona (*dirigiert*) e limita (*begrenzt*) a atividade do intérprete. É, além disso, influenciado pela política jurídica, devendo sopesar as consequências e os efeitos das decisões.[2275]

O texto normativo, concebido em sua individualidade, carece de normatividade. Oferece, apenas, as diretivas e os limites a serem observados pelo intérprete no processo de concretização da norma, que não prescinde da interação com a realidade.[2276] O enunciado linguístico textual oferece significados em potência, somente alcançando o *status* de verdadeira norma ao fim da atividade intelectiva desenvolvida pelo intérprete. A normatividade, desse modo, deve ser vista como o "efeito do procedimento metódico de concretização".[2277]

Apesar de ambos serem formados por enunciados linguísticos, a dicotomia existencial verificada entre texto e norma torna-se particularmente nítida ao analisarmos a essência dessas figuras. O texto é estático e acentuadamente vago. Permanece indiferente à ação do tempo e aos influxos sociais, mantendo a sua vigência formal enquanto não revogado ou alterado por outro. E acolhe, sob sua base semântica, uma pluralidade de significados, fruto do potencial expansivo da linguagem, que sempre carece de interpretação. A norma, por sua vez, é dinâmica e de conteúdo determinado. Ajusta-se às vicissitudes da realidade, sendo diretamente influenciada pelos diversos fatores exógenos que se desprendem do ambiente sociopolítico, o que a torna viva e cambiante, indicativo

---

[2272] MÜLLER, Friedrich. *Juristische Methodik*: Grundlagen Öffentliches Recht. 9. ed. Berlin: Duncker & Humblot, 2004. v. I, p. 258 e ss.; MÜLLER, Friedrich. *Discours de la méthode juridique (Juristische Methodik)*. (Trad. Olivier Jouanjan). France: Presses Universitaires de France, 1996. p. 186 e ss.; e MÜLLER, Friedrich. *Métodos de trabalho do direito constitucional*. 3. ed. (Trad. Peter Naumann). Rio de Janeiro: Renovar, 2005. p. 47 e ss.

[2273] Cf.: MÜLLER, Friedrich. *Juristische Methodik*: Grundlagen Öffentliches Recht. 9. ed. Berlin: Duncker & Humblot, 2004. v. I, p. 470.

[2274] Cf.: CASTANHEIRA NEVES, A. *Metodologia jurídica*: problemas fundamentais. Coimbra: Coimbra Editora, 1993. p. 84.

[2275] Cf.: MÜLLER, Friedrich. *Juristische Methodik*: Grundlagen Öffentliches Recht. 9. ed. Berlin: Duncker & Humblot, 2004. v. I, p. 127, 258 e 476 (resumo).

[2276] Cf.: MÜLLER, Friedrich. *Métodos de trabalho do direito constitucional*. 3. ed. (Trad. Peter Naumann). Rio de Janeiro: Renovar, 2005. p. 41.

[2277] Cf.: GOMES CANOTILHO, José Joaquim. *Direito constitucional e teoria da Constituição*. 7. ed. Coimbra: Almedina, 2010. p. 1188.

de que o seu conteúdo é constantemente construído e reconstruído.[2278] Reflete, ademais, o ápice de um processo decisório voltado ao delineamento do significado que veicula a verdadeira força normativa da Constituição. Enquanto o texto pode assumir contornos praticamente universais, acompanhando o fenômeno da padronização constitucional, a norma é delineada à luz de fatores circunstanciais, colhidos no ambiente sociopolítico, variáveis no tempo e no espaço.

Acresça-se que a unidade sistêmica da ordem constitucional não passaria de um sonho distante se os referenciais de texto e norma fossem sobrepostos. Afinal, como o significado preexistiria ao processo de interpretação, não se mostraria sensível às demais normas do sistema e muito menos poderia ter o sentido ajustado de modo a evitar a irrupção de conflitos normativos. Essa ausência de sobreposição é igualmente realçada pela existência das normas constitucionais consuetudinárias, que surgem a partir dos influxos colhidos na realidade e independem de um texto escrito.[2279]

Cabe ao intérprete, com os olhos voltados ao caso concreto, identificar o enunciado linguístico a ser interpretado, que consubstancia o "programa da norma", e os distintos fatores empíricos que tenham relação com o problema e que concorrem para o delineamento do significado da norma, todos colhidos na realidade, o "âmbito da norma". A realidade interage com o texto e assume decisiva influência no delineamento do conteúdo normativo. Permite a aproximação entre forma e substância, intensificando as relações entre Estado e sociedade.[2280] Esse aspecto da metódica concretista, ao aproximar texto e realidade, evidencia uma nítida separação em relação ao positivismo normativo preconizado por Kelsen, que apregoava a coexistência da norma e da realidade sem necessários pontos de contato.[2281]

Ressalte-se não ser incomum que a estrutura do enunciado linguístico se mostre pouco receptiva à influência da realidade no delineamento da norma constitucional. Enunciados que utilizem significantes numéricos são exemplos característicos. Aqui, a preeminência é da técnica de subsunção, havendo uma aplicação com limitada liberdade de análise.[2282] Mesmo nessas situações, apesar da impermeabilidade do programa da norma, será possível, em situações extremas, que se apele a uma interpretação ab-rogante, derrogante ou corretiva, de modo a aproximar texto e realidade.

[2278] Não é por outra razão que Hesse fala em um processo de "mutação constitucional permanente" (HESSE, Konrad. *Elementos de direito constitucional da República Federal da Alemanha* (*Grundzüge des Verfassungsrechts der Bundesrepublik Deutschland*). (Trad. Luís Afonso Heck). Porto Alegre: Sérgio Antonio Fabris, 1998. p. 51) e Marcelo Neves em "metamorfoses normativas sem alteração textual" (NEVES, Marcelo. A interpretação jurídica no estado democrático de direito. In: GRAU, Eros Roberto; SANTIAGO GUERRA FILHO, Willis (Org.). *Direito constitucional*: estudos em homenagem a Paulo Bonavides. São Paulo: Malheiros, 2001. p. 356, (366)). Sustein, referindo-se à realidade norte-americana, informa que o imaginário coletivo, ao pensar em reformas constitucionais, direciona sua atenção à interpretação judicial, não ao papel que seria desempenhado pelos representantes eleitos (SUSTEIN, Cass. *A constitution of many minds*: why the founding document doesn't mean what it meant before. Princeton; Oxford: Princeton University Press, 2009. p. 3), constatação que, se um por lado, é influenciada pela hiper-rigidez da Constituição de 1787, por outro, retrata a consciência a respeito da coexistência dos referenciais de permanência e mutabilidade constitucional.

[2279] Cf.: MÜLLER, Friedrich. *Métodos de trabalho do direito constitucional*. 3. ed. (Trad. Peter Naumann). Rio de Janeiro: Renovar, 2005. p. 39.

[2280] Cf.: BERTI, Giorgio. *Interpretazione costituzionale*: lezioni di diritto pubblico. 4. ed. Verona: CEDAM, 2001. p. 204.

[2281] Cf.: MÜLLER, Friedrich. *Tesis acerca de la estructura de las normas jurídicas*. (Trad. Luis Villacorta Mancebo). Madrid: Centro de Estudios Constitucionales, 1989. p. 114.

[2282] Cf.: MÜLLER, Friedrich. *Discours de la méthode juridique (Juristische Methodik)*. (Trad. Olivier Jouanjan). France: Presses Universitaires de France, 1996. p. 239.

O intérprete, ao promover a aproximação entre texto e realidade, terá sua atividade coordenada pelos postulados de racionalidade da interpretação constitucional. No curso do processo de concretização, ele participará ativamente de dois níveis de criação da norma, isso ao individualizar a norma jurídica, de natureza geral, fruto da interação entre programa e âmbito da norma; e, posteriormente, ao estabelecer a norma de decisão, de natureza individual, a ser aplicada à situação concreta. Nessa atividade, o intérprete confere especial realce aos influxos da realidade e às especificidades do caso concreto, mas não desconsidera os métodos clássicos de interpretação consubstanciados no "quadrado Savigny".

Müller insurge-se contra o formalismo característico do positivismo enquanto método, que atribui ao intérprete o exercício de uma atividade puramente cognitiva, voltada à identificação de "decisões voluntaristas preexistentes",[2283] com conteúdo certo, substancialmente concluído, e que não carece de qualquer acréscimo. Distancia-se, igualmente, do voluntarismo inerente à tópica, que sobrepõe o problema ao texto normativo.

A exemplo de Hesse, Müller também afasta o uso dos valores no delineamento da norma, o que estaria necessariamente associado a uma "valoração e ponderação subjetivamente irracionais",[2284] totalmente à mercê do imaginário do intérprete. A resistência à técnica da ponderação decorreria de sua alegada incontrolabilidade, comprometendo a objetividade da ciência jurídica e inviabilizando a própria fundamentação das conclusões alcançadas. Operação dessa natureza, aliás, ofereceria um "pragmatismo sem direção",[2285] não devendo ser acolhida.

A metódica estruturante, como acentuado por Müller, pode ser racionalmente justificada, mas é insuscetível de alcançar um nível de precisão matemática.[2286] Tal decorre justamente da confluência de fatores intrínsecos e extrínsecos, subjetivos e objetivos, ao que se soma a realização de uma atividade intelectiva e a tomada de decisões por parte do intérprete. Com isso, oferece uma elevada margem de discricionariedade ao intérprete, o que diminui a previsibilidade a respeito do teor de suas decisões.

O grande mérito das construções de Hesse e de Müller está no reconhecimento da importância assumida pela realidade, devidamente contextualizada nos planos espacial e temporal, na individualização do significado da norma. Verifica-se, por outro lado, que a intensa permeabilidade axiológica da linguagem constitucional não afasta a importância dos valores e a necessidade de serem realizados juízos valorativos no curso do processo de interpretação. Será frequente, inclusive, o recurso à técnica da ponderação, que assume singular importância na verificação das grandezas a que se deve atribuir preeminência sempre que verificada a conflitualidade intrínseca nos planos axiológico e teleológico. Nessa linha, é factível a possibilidade de os elementos estruturais

---

[2283] MÜLLER, Friedrich. *Métodos de trabalho do direito constitucional*. 3. ed. (Trad. Peter Naumann). Rio de Janeiro: Renovar, 2005. p. 44.
[2284] MÜLLER, Friedrich. *Métodos de trabalho do direito constitucional*. 3. ed. (Trad. Peter Naumann). Rio de Janeiro: Renovar, 2005. p. 17.
[2285] MÜLLER, Friedrich. *Métodos de trabalho do direito constitucional*. 3. ed. (Trad. Peter Naumann). Rio de Janeiro: Renovar, 2005. p. 20.
[2286] MÜLLER, Friedrich. *Juristische Methodik*: Grundlagen Öffentliches Recht. 9. ed. Berlin: Duncker & Humblot, 2004. v. I, p. 452.

da metódica concretizadora, especialmente (a) a importância atribuída ao problema, (b) a necessária relação entre programa e âmbito da norma e (c) a adstrição do intérprete aos balizamentos oferecidos pelo texto, serem utilizados no desenvolvimento de uma teoria axiológica da interpretação constitucional. Com isso, será possível reconhecer os balizamentos oferecidos pelo texto, as especificidades da realidade e a importância dos valores colhidos junto à base cultural do ambiente sociopolítico.

Ainda que a metódica concretista tenha sido concebida justamente como contraponto às teorias axiológicas, que poderiam desaguar na arbitrariedade do intérprete, especialmente o Tribunal Constitucional, senhor último da "ordem de valores" e da "técnica da ponderação", a sua compatibilização não só é aconselhável, como necessária. O processo de individualização da norma constitucional, com a interação entre texto e contexto, traz à lembrança a teoria tridimensional do direito de Miguel Reale,[2287] indicativa de que o fenômeno jurídico sempre está associado a um fato (econômico, geográfico etc.); a um valor, que confere sentido a esse fato e direciona a ação humana na realização de certa finalidade; e a uma norma, indicando a conexão estabelecida entre fato e valor, que se integram um ao outro. A integração dinâmica e dialética desses fatores, que não permanecem separados, mas coexistem em uma unidade concreta, terá como resultante o direito, realidade histórico-cultural.

A base cultural que confere sustentação aos valores e os postulados de racionalidade a serem observados pelo intérprete certamente diminuem o risco do "pragmatismo incontrolável" a que se referiu Müller. No entanto, também aqui, não se pode esperar ou exigir precisão matemática nas decisões alcançadas pelo intérprete.

7.4 Ponderação pré-normativa

O reconhecimento da confluência de fatores intrínsecos e extrínsecos no processo de interpretação, exigindo a realização de juízos valorativos e a tomada de decisões, evidencia que a escolha das grandezas preponderantes em certos planos de projeção da conflitualidade intrínseca será influenciada pela escala de preferência adotada pelo intérprete. Embora não seja propriamente refém das pré-compreensões e do arbítrio, sendo direcionada pelos postulados de racionalidade da interpretação constitucional, essa escala é inicialmente formada a partir de uma atividade intelectiva eminentemente subjetiva. Em sua formação, o intérprete deve cotejar as grandezas envolvidas, contrapondo a importância de cada uma delas a partir dos significados que podem originar e dos efeitos que podem produzir no ambiente sociopolítico. As conclusões alcançadas a partir dessa relação de contraposição nada mais são que o resultado de um juízo de ponderação (*Abwägung*).

A ação de ponderar tanto pode indicar a consideração ou o exame detido de algo, quanto a avaliação comparativa de duas ou mais grandezas, de modo a identificar aquela que, à luz de certos critérios, possui maior importância. Para tanto, são avaliadas vantagens e desvantagens, alcançando-se, ao final, uma decisão. O primado da democracia e do pluralismo torna a ponderação uma atividade não só comum, como

---

[2287] REALE, Miguel. *Lições preliminares de direito*. 27. ed. São Paulo: Saraiva, 2010. p. 64; e REALE, Miguel. *Filosofia do direito*. 20. ed. São Paulo: Saraiva, 2010. p. 497 e ss.

indispensável no Estado de Direito. Sua utilidade principia pela elaboração normativa, cabendo à autoridade competente identificar quais os bens, valores, ideologias e fins a serem protegidos, com a consequente materialização de suas opções nos enunciados linguísticos inseridos no texto formal. Em um segundo momento, a ponderação assumirá indiscutível importância no processo de interpretação. Afinal, o intérprete, ao identificar os distintos planos de manifestação da conflitualidade intrínseca, deverá escolher as grandezas preponderantes, delinear os significados em potencial e decidir qual deles será atribuído à norma. O terceiro momento, por sua vez, se desenvolve integralmente no plano normativo: após a resolução das conflitualidades intrínsecas e não logrando êxito em evitar a irrupção de conflitos normativos, o operador do direito fará uso da ponderação para identificar qual das normas de estrutura principiológica antagônicas deve reger o caso concreto,[2288] daí resultando a individualização da norma de decisão. Note-se que ponderação dessa última espécie ainda poderá influenciar na resolução de conflitualidades intrínsecas, o que ocorre quando o intérprete, ao se deparar com um incidente dessa natureza, tenha que identificar, no âmbito de uma pluralidade de normas dissonantes, com qual delas deve compatibilizar o significado a ser escolhido. Essa escolha, como já afirmado, será direcionada pela hierarquia axiológica das normas concorrentes, sendo sempre preferível, para o intérprete, harmonizar suas escolhas com as normas de grau superior. É factível que a ponderação não se compatibiliza com uma imutável hierarquia de valores (*Werthierarchien*), concebidos *in abstracto*.[2289]

Face aos limites imanentes da presente investigação, é à ponderação realizada no curso do processo de interpretação que dedicaremos nossa atenção.

Inicialmente, é relevante observar que *ponderação*, mesmo quando desenvolvida no plano pré-normativo, não apresenta uma relação de superposição com *interpretação*. Há uma nítida relação de *conteúdo* e *continente* entre ambas. A ponderação assume contornos metódicos no âmbito do processo de interpretação, funcionalmente voltado à atribuição de significado ao enunciado linguístico interpretado. Encontra-se vocacionada ao balanceamento das grandezas em oposição, concorrendo para a superação das conflitualidades intrínsecas, incidente que se põe entre o texto e a norma.[2290] Em relação às razões contrapostas, a ponderação assume perspectivas semelhantes ao discurso argumentativo, em que teses e antíteses são apresentadas e avaliadas.

O primeiro passo é identificar o que pode ser objeto de ponderação. Nesse particular, observa-se que a conflitualidade se manifesta em quatro planos básicos – linguístico, axiológico, teleológico e operativo –, cada qual caracterizado pela oposição de grandezas

---

[2288] Cf.: JESTAEDT, Matthias. *Grundrechtsentfaltung im Gesetz*: Studien zur Interdependenz von Grundrechtsdogmatik und Rechtsgewinnungstheorie. Tübingen: Mohr Siebeck, 1999. p. 50 e ss.; e SCHOCH, Friedrich. *Übungen im öffentlichen Recht*: Verfassungsrecht und Verfassungsprozeßrecht. Berlin: Walter de Gruyter, 2000. p. 81.

[2289] Cf.: RENSMANN, Thilo. *Wertordnung und Verfassung*: das Grundgesetz im Kontext grenzüberschreitender Konstitutionalisierung. Tübingen: Mohr Siebeck, 2007. p. 318.

[2290] Humberto Ávila fala na possibilidade de ponderação de regras, o que ocorreria sempre que presente uma hipótese normativa semanticamente aberta, exigindo do intérprete o exame das diversas razões concorrentes, à luz das circunstâncias do caso, com o objetivo de delinear o seu conteúdo (ÁVILA, Humberto. *Teoria dos princípios*: da definição à aplicação dos princípios jurídicos. 11. ed. São Paulo: Malheiros, 2010. p. 48-49). Esse raciocínio exige um reparo de ordem conceitual. *In casu*, a ponderação se desenvolve no âmbito de um processo de interpretação que tem disposições normativas, não regras, como objeto. A operação, desse modo, é funcionalmente vocacionada ao delineamento da norma, que pode ser, ou não, uma regra, qualificação somente passível de ser descoberta ao fim desse processo.

ontologicamente distintas e que demandam decisões por parte do intérprete. Essas decisões se fazem necessárias para identificar os significados potencialmente atribuíveis à norma, o que pode redundar na conclusão de que existem vários ou apenas um significado possível. Em qualquer caso, a superação das conflitualidades intrínsecas pode ser alcançada com o só recurso aos demais métodos de interpretação e aos postulados de racionalidade que direcionam essa atividade intelectiva, ou demandar um *plus*, isso em razão da subsistência de dúvidas em relação às grandezas preponderantes e, consequentemente, aos significados para cuja formação podem concorrer. Nessas situações, é natural o recurso à ponderação. A ponderação é igualmente útil no cotejo dos argumentos que dão sustentação às distintas grandezas existentes, em cada um dos planos de conflitualidade, e aos respectivos significados.

Dentre os distintos planos de manifestação da conflitualidade intrínseca, o linguístico demanda um esclarecimento. Esse plano é formado pelos enunciados linguísticos que carecem de interpretação. As grandezas envolvidas, por sua vez, são os distintos significados decorrentes das interferências de ordem linguística (*v.g.*: vagueza e ambiguidade) e que se harmonizam semanticamente com os significantes interpretados. Nesse caso, não são propriamente os significados em potencial que serão objeto de ponderação, mas sim, os fins ou valores a que conferem preeminência no ambiente sociopolítico. Afinal, somente estes últimos são passíveis de ostentar maior ou menor importância, não os significados em potencial.

Embora seja comum que cada enunciado linguístico dê origem a uma norma, é possível que o intérprete, ao definir a base textual sobre a qual se desenvolverá o processo de interpretação, venha a valer-se de uma pluralidade de enunciados linguísticos, que serão analisados de modo unitário e darão origem a somente uma norma. Essa possibilidade é restrita às situações em que haja identidade da temática e uma estrita conexão existencial entre os significantes. Ao unir os fragmentos dispersos pela Constituição formal e moldar uma unidade textual, o intérprete, longe de manipular as potencialidades do texto, preserva um padrão mínimo de racionalidade, evitando que qualquer deles seja desconsiderado ou tenha sua importância minimizada. Afasta-se, desse modo, a possibilidade de serem agregados enunciados dotados de evidente autonomia, operação que, em última *ratio*, importaria em uma artificial prevenção de conflitos normativos. Diz-se artificial na medida em que as dissonâncias existentes deveriam ser superadas no momento em que delineada a norma de decisão, solução que (1) contribuiria para individualizar os distintos bens jurídicos tutelados, que não seriam simplesmente absorvidos por aquele que detém preeminência na situação concreta; (2) prestigiaria a força normativa da Constituição, conferindo plena eficácia ao seu texto, isso com a preservação da funcionalidade de cada um dos enunciados autônomos; e (3) evitaria a manipulação textual, atividade que, em seus contornos mais extremados, colocaria em risco a própria Constituição.

A relação estabelecida entre os enunciados linguísticos e a situação concreta que demanda regulação normativa é de *pertinência*. Como os enunciados carecem de significado, que só será alcançado quando ultimado o processo de interpretação, é natural que o intérprete, ao escolher a base sobre a qual se desenvolverá a sua atividade intelectiva, realize um juízo valorativo meramente perfunctório, calcado em sua pré-compreensão e nos aspectos semânticos do texto. A escolha dos enunciados linguísticos é operação de todo avessa a qualquer consideração a respeito de sua importância. Presente a identidade da temática versada e a conexão existencial entre eles, é imperativa a sua análise conjunta, daí decorrendo o delineamento de uma única norma constitucional. Ausente a identidade temática ou a conexão existencial, os enunciados devem ser objeto de processos apartados de interpretação, o que redundará na formação de normas distintas, ainda que colidentes entre si.[2291] Nessa última situação, a ponderação somente terá lugar na superação das conflitualidades extrínsecas.

A exemplo da conflitualidade intrínseca no plano linguístico, também aquela que surge no plano operativo merece alguns esclarecimentos complementares. O objetivo do intérprete, aqui, é delinear uma ou mais normas que assegurem a máxima expansão do enunciado linguístico inserido na Constituição formal. Essas normas, uma vez delineadas, a depender de suas especificidades, estarão sujeitas à ponderação com outras normas do sistema, ocasião em que serão devidamente considerados os valores que albergam e os fins a que se destinam. Em relação ao momento pré-normativo, aquele que interessa às conflitualidades intrínsecas, verifica-se a existência de comandos deônticos e de faculdades a eles correlatas, potencialmente reconduzíveis ao enunciado linguístico interpretado, os quais podem coexistir ou não. A decisão a ser tomada pelo intérprete, longe de permanecer adstrita ao aspecto exterior desses comandos e faculdades, deve levar em consideração a sua essência, pois é justamente ela que deve se tornar operativa. Em consequência, não é propriamente o comando deôntico ou a faculdade a ele correlata que serão objeto de sopesamento, mas sim, os valores e os fins aos quais se afeiçoem ou dos quais se distanciem.

A técnica da ponderação, ao ser utilizada no curso do processo de interpretação, pressupõe, como dissemos, que o intérprete tenha identificado, em cada um dos planos da conflitualidade intrínseca, as grandezas que considera pertinentes e os respectivos argumentos de sustentação. A partir daí, procede à valoração, isolada e comparativa, de cada um deles, identificando aqueles que, à luz das circunstâncias do caso, ostentam maior importância ou "peso".[2292] Com isso, será possível estabelecer uma gradação entre essas grandezas, que terá uma utilidade específica, circunscrita ao caso concreto, não assumindo contornos universais. Essa gradação, por sua vez, assumirá vital importância quando não se mostrar possível a concordância prática entre as grandezas envolvidas, de modo que uma delas deva ser total ou parcialmente preterida.[2293] Como se percebe, não acolhemos a tese da incomensurabilidade dos valores, o que impediria o estabelecimento de uma escala comum que viabilizasse a sua avaliação, ordenação e comparação.[2294] A própria ideia de valor, em si, traduz a ideia de importância, referencial que pode ser subdividido em distintos níveis de gradação.

[2291] Em sentido contrário, admitindo a ponderação entre enunciados normativos, mas sem maiores considerações em relação às questões aqui versadas, vide: DE BARCELLOS, Ana Paula. Ponderação, racionalidade e atividade jurisdicional. *In*: BARROSO, Luís Roberto (Org.). *A reconstrução democrática do direito público no Brasil*. Rio de Janeiro: Renovar, 2007. p. 259 (260, 265-266).

[2292] Cf.: HUBMANN, Heinrich. *Wertung und Abwägung im Recht*. Köln: Carl Heymans, 1977. p. 149.

[2293] Cf.: FISCHER-LESCANO, Andreas; TEUBNER, Gunther. *Regime-Kollisionen*: zur Fragmentierung des globalen Rechts. Frankfurt a. M.: Suhrkamp, 2006. p. 88.

[2294] Cf.: ANDERSON, Elisabeth. *Value in ethics and economics*. Cambridge: Harvard University Press, 1993. p. 56.

Pode-se afirmar que a denominada "lei da ponderação" (*Abwägungsgesetz*) assume praticamente os mesmos contornos qualquer que seja a seara do conhecimento em que aplicada, exigindo (1) identificação das grandezas colidentes, (2) atribuição de peso a cada uma delas e (3) decisão daquelas que devem preponderar, total ou parcialmente.[2295]

Face à necessária influência do entorno, o peso ostentado por cada uma das grandezas envolvidas assume contornos meramente relativos, apresentando variações conforme as especificidades do caso. É a "fórmula da diferença" (*Differenzformel*) a que se referiu Hubmann.[2296]

A definição do peso a ser atribuído a cada uma das grandezas envolvidas, bem como a individualização dos fatores externos, colhidos no contexto ambiental e que influirão nessa atividade, não é operação calcada em referenciais puramente objetivos e que comporte precisão matemática. Pode-se afirmar que a técnica da ponderação, acima de um método jurídico, é um "método geral do pensamento" (*allgemeine Denkmethode*),[2297] de cunho instrumental, sendo diretamente influenciada pelos aspectos subjetivos afetos ao intérprete. A ponderação acompanha o intérprete durante todo o percurso do processo de interpretação.[2298] Operações valorativas dessa natureza sofrem influência direta do intelecto de cada intérprete, de sua formação e capacidade de apreender e analisar os distintos contornos da realidade. Esse aspecto, por outro lado, não afasta a necessidade de o intérprete, tanto quanto possível, harmonizar as grandezas colidentes, de modo a evitar que a plena satisfação de uma delas importe no integral sacrifício das demais.

A resolução das conflitualidades que surgem nos planos axiológico e teleológico[2299] exige grande sensibilidade do intérprete. Posições extremadas, embora possam se harmonizar com a literalidade dos enunciados linguísticos interpretados, caminham em norte contrário aos referenciais de pluralismo e tolerância, devendo ser evitadas. Como ressaltado por Perelman,[2300] a realização de juízos de valor, no processo de atribuição de sentido aos enunciados linguísticos, deve ser influenciada pelo esforço em preservar os distintos valores envolvidos, garantindo uma solução de equilíbrio.

Ainda que o *iter* percorrido pelo intérprete possa ser argumentativamente reconstruído, é factível que o uso da técnica da ponderação, a exemplo do próprio processo de interpretação, não terá como resultado uma única resposta correta.[2301] Incontrolável promiscuidade entre os planos deontológico e axiológico, insegurança jurídica e risco de manipulação são razões comumente invocáveis para se justificar o porquê de a ponderação não ter encontrado, em sistemas constitucionais de grande

---

[2295] Cf.: ALEXY, Robert. Grundrechte, Abwägung und Rationalität. *Journal of Legal Interpretation (Reasonableness and Interpretation)*, Münster: LIT, p. 113-126, 2003. p. 113 (120).
[2296] HUBMANN, Heinrich. *Wertung und Abwägung im Recht*. Köln: Carl Heymans, 1977. p. 162.
[2297] Cf.: HUBMANN, Heinrich. *Wertung und Abwägung im Recht*. Köln: Carl Heymans, 1977. p. 145.
[2298] Cf.: DE OLIVEIRA ASCENSÃO, José. *Introdução à ciência do direito*. 3. ed. Rio de Janeiro: Renovar, 2005. p. 465.
[2299] Também reconhecendo a necessidade de ponderação para a escolha da utilidade a ser alcançada pela norma, vide: CANOSA USERA, Raul. *Interpretación constitucional y fórmula política*. Madrid: Centro de Estudios Constitucionales, 1988. p. 214.
[2300] PERELMAN, Chaïm. *Ética e direito (Étique et droit)*. (Trad. Maria Ermantina de Almeida Prado Galvão). São Paulo: Martins Fontes, 2005. p. 567.
[2301] Realçando, como demérito da ponderação, a excessiva valorização da "subjetividade" assujeitadora do intérprete, vide: STRECK, Lenio Luiz. *Verdade e consenso*: Constituição, hermenêutica e teorias discursivas: da possibilidade à necessidade de respostas corretas em direito. Rio de Janeiro: Lumen Juris, 2009. p. 178-179.

tradição, como o norte-americano, acolhimento semelhante àquele obtido na dogmática e nos tribunais tedescos.[2302]

É importante ressaltar que do mesmo modo que ao texto não pode ser atribuído qualquer significado, as escolhas realizadas pelo intérprete, ao resolver as conflitualidades intrínsecas, também não se mostrarão adequadas quando destoarem dos *standards* prevalecentes no ambiente sociopolítico. Esses *standards* encontram sustentação no alicerce cultural da sociedade e na racionalidade que a caracteriza.[2303] Quanto maior a aproximação com as zonas de consenso ou, mesmo, de acentuada convergência, maior será a generalização da *opinio* de que as decisões tomadas pelo intérprete são plenamente defensáveis.

A interpenetração entre os planos intelectivo, discursivo e decisório é característica indissociável do processo de interpretação, o mesmo ocorrendo em relação à ponderação. As críticas endereçadas à última, máxime após a virada axiológica do constitucionalismo, serão, inevitavelmente, endereçadas ao primeiro. Segurança e mobilidade, objetivos sempre perseguidos por uma ordem constitucional, andam de braços dados com variações de entendimento a respeito de sua intensidade e extensão, fazendo parte da própria dialética de sistemas pluralistas.

7.5 Sinergia metódica e argumentação jurídica

Na condução do processo de interpretação, o intérprete certamente irá se valer de métodos de uso comum, de emprego "obrigatório" em qualquer atividade que, amparada por referenciais de racionalidade e técnica jurídica, busque atribuir significados aos significantes de natureza normativa. A escolha de outros métodos não só acompanhará suas predileções pessoais, como será diretamente influenciada pela natureza das divergências verificadas por ocasião da avaliação dos fatores intrínsecos e extrínsecos, bem como pela operatividade esperada da futura norma constitucional.

Em relação aos métodos que podem ser considerados de uso comum ou "obrigatório", certamente estão o literal, o sistemático e o teleológico, que há muito despertaram a atenção da doutrina "clássica". Essa conclusão é facilmente alcançada ao constatarmos que o primeiro método aponta para a análise da base de desenvolvimento de todo o processo de interpretação, que é justamente o texto constitucional. Quanto ao segundo, tem-se a evidente preocupação em não permitir que significantes, enunciados ou textos linguísticos sejam vistos e compreendidos como partículas isoladas, indiferentes à influência do entorno no delineamento do seu significado. O terceiro, por sua vez, é sensível à constatação de que toda e qualquer norma há de ter uma funcionalidade no ambiente sociopolítico, o que impede a sua desconsideração. Métodos dessa natureza não estão suscetíveis a qualquer juízo de conveniência por parte do intérprete, que deve necessariamente levá-los em consideração, ainda que suas conclusões venham a se distanciar do sentido literal dos enunciados normativos ou, eventualmente, longe de se harmonizar às demais normas do sistema, assumam os contornos de exceção, de

---

[2302] Cf.: MÖLLER, Kai. Abwägungsverbote im Verfassungsrecht. *Der Staat*, v. 46, n. 1, p. 109-128, 2007. p. 109 (109 e ss.).

[2303] Cf.: SADURSKI, Wojciech. Reasonableness and value pluralism in law and politics: *In*: BONGIOVANNI, Giorgio; SARTOR, Giovanni; VALENTINI, Chiara. *Reasonableness and law*. New York: Springer, 2009. p. 129 (139).

enunciado deôntico especialíssimo que encontre justificativa na excepcionalidade de certos fatores extrínsecos.

Também não nos parece possível que seja desconsiderada a influência da realidade no processo de interpretação constitucional, o que atrai a incidência das bases de sustentação oferecidas pela metódica concretista, que não prescinde, obviamente, do pensamento problemático.

Os demais métodos existentes e o modo de utilizá-los tendem a acompanhar a teoria da interpretação encampada pelo intérprete, que não só influencia na formação das diretrizes a serem seguidas, como, também, pode estabelecer os paradigmas a que deve se ater o resultado da interpretação. Esses métodos podem conduzir a *decisões interpretativas livres*, que somente rendem obediência a valores generalíssimos, como a justiça, ou a *decisões interpretativas dirigidas*, que apontam, *a priori*, as diretrizes a serem observadas pelo intérprete no curso do processo de interpretação.

A prolação de decisões interpretativas dirigidas é uma preocupação comum às distintas teorias da interpretação. Afinal, costumam ser estruturadas de modo a possibilitar que sejam alcançados resultados comprometidos com os paradigmas que prestigiam. O dirigismo pode resultar de imposição normativa, de uma prática reiterada, embasada na lógica do sistema, ou de pura opção do intérprete. Nos dois primeiros casos, o intérprete não terá espaço para aferir a conveniência em seguir as diretrizes postas, no último, as seguirá por decisão sua.

O dirigismo decorrente de imposição normativa é aquele materializado em normas que, *a priori*, indiquem os valores ou fins a serem prestigiados pelo intérprete, ao que se soma a sua correlata preeminência quando colidam com outros valores ou fins concorrentes na formação das conflitualidades intrínsecas e que possam influir no delineamento do significado da norma. Exemplo dessa espécie de dirigismo encontra-se materializado na parte final do art. 18 da Constituição sérvia de 2006. Após enunciar que a ordem constitucional deve garantir a implementação dos direitos humanos na extensão em que são reconhecidos pelas normas de direito internacional, bem como que a lei deve cingir-se ao necessário à viabilização do seu exercício, não podendo, em nenhuma circunstância, afetar a sua substância, dispôs sobre o modo de interpretar as disposições normativas que os veiculam. Disposições dessa natureza "devem ser interpretadas em benefício da promoção dos valores da sociedade democrática, perseguidos por padrões internacionais válidos, em matéria de direitos humanos e das minorias, bem como pela prática das instituições internacionais que supervisionam a sua implementação". À luz desse preceito constitucional, constata-se que, uma vez identificada a presença da conflitualidade intrínseca e de uma pluralidade de significados compatíveis com o texto constitucional, será preferido aquele que se harmonize com os valores da sociedade democrática, do modo em que são regidos e aplicados no plano internacional. Nesse caso, tem-se um paradigma superior e a correlata obrigação de o intérprete realizar uma interpretação conforme.

Outra espécie de dirigismo interpretativo decorrente de imposição normativa, de contornos mais teóricos que propriamente reais, já que não costuma ser acolhida pelas ordens constitucionais, consiste na fixação dos métodos de interpretação na própria

Constituição formal.[2304] Esse tipo de técnica, como lembrado por Recasens Siches,[2305] além de não alcançar o efeito pretendido pelos formalistas, o de assegurar uma inexpugnável segurança jurídica, avança em seara estritamente científica e ainda peca por desconsiderar que os enunciados linguísticos de "contornos metódicos" também carecem de interpretação.

O dirigismo decorrente da lógica do sistema pode ser visto sob dois prismas distintos, um interno e outro externo.

Sob a ótica interna, o dirigismo lógico indica que o intérprete, ao se deparar com dois ou mais significados compatíveis com o enunciado linguístico interpretado, deve preferir aquele que se ajuste às normas dotadas de preeminência axiológica no âmbito do próprio sistema. Embora seja exato afirmar que as normas constitucionais, por serem formalmente iguais,[2306] ocupam o mesmo plano existencial, fruto da unidade sistêmica da Constituição e da consequente origem comum de suas normas, que advêm do exercício do poder constituinte ou de um processo legislativo que nele encontre as suas raízes, é inevitável a conclusão que nem todas ostentam a mesma importância. Como já fora observado, a hierarquia axiológica entre as normas constitucionais figura entre os fatores endógenos que influem na resolução das conflitualidades intrínsecas, isso porque o intérprete, ao se deparar com dois ou mais significados possíveis, deve preferir aquele que se harmonize com as normas de gradação superior.

Sob a ótica externa, o dirigismo lógico busca compatibilizar as decisões do intérprete com um paradigma estranho ao sistema jurídico em que inserido e no qual se desenvolve o processo de interpretação. Nesse plano, assumem indiscutível importância o direito internacional público e o direito formado a partir de organizações internacionais de integração, como a União Europeia. São fatores exógenos que terminam por influenciar o delineamento das normas do sistema constitucional.

Por último, o dirigismo por opção encontra-se associado ao interesse do intérprete em delinear os significados normativos de acordo com suas pré-compreensões e aspirações pessoais ou em harmonia com a teoria da interpretação a que confira preeminência. No primeiro caso, ao privilegiar o subjetivismo em detrimento de qualquer referencial de racionalidade, verifica-se que suas opções metódicas serão nitidamente arbitrárias, já que a pré-compreensão avançará em sua atividade intelectiva e suprimirá a própria funcionalidade da compreensão, que não refletirá um raciocínio sensível aos fatores endógenos e exógenos que deveriam influir no delineamento do significado normativo. No segundo caso, o intérprete associará métodos e decisões a um alicerce teórico. Apesar

---

[2304] Comandos dessa natureza são muito comuns no plano infraconstitucional. É o caso do art. 12 das disposições preliminares ao Código Civil italiano, intitulado "Interpretazione della legge": "Nell'applicare la legge non si può ad essa attribuire altro senso che quello fatto palese dal significato proprio delle parole secondo la connessione di esse, e dalla intenzione del legislatore". Como o direito se expressa por meio da linguagem e não é possível que a interpretação jurídica se subtraia às regras de interpretação linguística, Zagrebelsky enfatiza a inutilidade e a redundância da primeira parte do preceito (ZAGREBELSKY, Gustavo. *Manuale di iritto costituzionale*: il sistema delle fonti del diritto. Torino: UTET, 1987. v. I, p. 71-72).

[2305] RECASENS SICHES, Luís. *Nueva filosofía de la interpretación del derecho*. México: Fondo de Cultura Económica, 1956. p. 172-173.

[2306] Cf.: REQUEJO PAGÉS, Juan Luis. *Las normas preconstitucionales y el mito del poder constituyente*. Madrid: Centro de Estudios Políticos y Constitucionales, 1998. p. 84; e GOMES CANOTILHO, José Joaquim. *Constituição dirigente e vinculação do legislador*: contributo para a compreensão das normas constitucionais programáticas. 2. ed. Coimbra: Coimbra Editora, 2001. p. 146.

disso, ressalte-se que tais teorias não devem permanecer desconectadas dos padrões de racionalidade do ambiente sociopolítico, isso sob pena de conduzirem a significados que não encontrem um nível mínimo de convergência em relação aos demais partícipes do processo de comunicação normativa.

O dirigismo metódico, qualquer que seja ele, encontra-se normalmente comprometido com o objetivo de conferir uma feição específica ao resultado do processo de interpretação, quer definindo, *a priori*, o próprio teor da norma, quer aproximando-a de certos valores ou objetivos que se considere relevantes. Esse tipo de atividade, como se percebe, nem sempre se assemelha à busca pela concretização dos referenciais mais amplos de "justiça" e de "melhor solução possível". O intérprete, em verdade, não raro com evidente insinceridade, busca vincular a concretização desses referenciais mais amplos à correlata atribuição de um conteúdo previamente escolhido. A existência de um objetivo vinculado é particularmente perceptível em relação à utilização isolada de dois métodos clássicos de interpretação: o literal e o histórico. É justamente a esses métodos que o intérprete costuma recorrer quando pretende desempenhar uma função de mero conhecimento, vinculando o resultado de sua atividade, a individualização da norma, ao sentido que, em determinados ciclos, se atribui aos enunciados linguísticos, ou àquele que exsurge dos trabalhos preparatórios do processo constituinte.

Em outro extremo, encontra-se a utilização dos métodos de interpretação de modo técnico, mas sem comprometimento com a individualização de resultados previamente definidos. Nesse caso, o intérprete não se limita a expor o resultado previamente delineado e que se encontra encoberto pelo método escolhido. Utiliza os distintos métodos existentes de modo racional, construindo o conteúdo da norma que mais se afeiçoa às grandezas prevalecentes nos distintos planos de manifestação da conflitualidade intrínseca. Tem em mira, apenas, os referenciais mais amplos de justiça e correção técnica, o que confere maior mobilidade ao resultado a ser construído. Embora seja comum, em toda e qualquer atividade intelectiva, que conclusões específicas sejam alcançadas com a utilização de certas classes de argumentos, isso não indica, necessariamente, a presença de um método que antecipe, de modo vinculante, as características do resultado. O método, enquanto processo ou técnica argumentativa, deve conduzir a um resultado que se mostre harmônico com as pautas argumentativas utilizadas, mas estas não precisam veicular conclusões *a priori*, limitando-se a assegurar as articulações entre texto, realidade e caso concreto.

Observa-se, em verdade, que os métodos de interpretação não são ontologicamente livres ou vinculados, mas têm essa característica atribuída pelo intérprete. Essa constatação, em certa medida, remonta a Sedgwick,[2307] que, após mencionar algumas das classificações que procuram ordenar os distintos modos ou espécies de interpretação, como ocorre, por exemplo, com a divisão em (1) extensiva ou restritiva, (2) liberal, natural e mista, e (3) autêntica, usual e doutrinária, observa que a adesão a qualquer delas terá influência direta na escolha dos métodos a serem utilizados pelo intérprete, que optará por aqueles que se ajustam às suas premissas conceituais.

[2307] SEDGWICK, Theodore. *A treatise on the rules wich govern the interpretation and application of statutory and constitutional law*. New York: J. S. Voorhies, 1857. p. 226.

Além da inevitável correlação entre método e resultado da interpretação, é igualmente possível que o intérprete, conscientemente ou não, mantenha-se intransigente em relação às suas pré-compreensões e desenvolva o que Lieber[2308] denominou de *interpretatio predestinata*. Com isso, ao invés de utilizar os métodos existentes, de modo a identificar todos os significados passíveis de serem atribuídos ao texto normativo, daí decorrendo um ato de decisão e a correlata individualização da norma, manipula métodos ou ignora os limites do texto e passa a desenvolver uma atividade não propriamente conclusiva, mas pseudojustificadora. O processo de interpretação não se encontraria comprometido com a identificação de um significado, destinando-se, apenas, à justificação de um significado atribuído *a priori*. Por tal razão, essa atividade cognitiva, em verdade, sequer se amolda ao conceito de interpretação, mais se assemelhando a uma espécie de argumentação *ex post facto*.

Os métodos de interpretação, longe de permanecerem isolados e incomunicáveis, necessariamente convergem na realização de um objetivo comum, o delineamento da norma constitucional. Essa premissa inicial, que remonta a Savigny, não afasta, evidentemente, a constatação de que cada método costuma ser associado a uma específica teoria da interpretação, conferindo preeminência a certos referenciais que assumirão decisiva importância na atribuição de significado ao significante interpretado.

Ao encamparmos uma teoria axiológica da interpretação, reconhecemos, *ipso fato*, que o texto, contrariamente ao apregoado pelo textualismo, não apresenta um sentido imanente, ínsito e inseparável do enunciado linguístico interpretado. Afastamos, igualmente, a tese de que o significado deve ser perquirido junto à *voluntas legislatoris*, tal qual sustentado pelo originalismo. O texto, em verdade, não prescinde do contexto e dos influxos axiológicos que dele se desprendem. Essa constatação evidencia que ambos devem ter a sua importância reconhecida, sendo necessariamente considerados pelo intérprete. Em consequência, pode-se afirmar que todos os métodos que a ela se ajustem devem ser igualmente considerados, o que bem demonstra (1) a utilidade do "quadrado Savigny" e do método teleológico que a ele foi agregado, (2) a imprescindibilidade da metódica concretista, isso ao apregoar a importância em se perquirir a interação entre o programa e o âmbito da norma, e (3) a influência do problema sobre as decisões a serem tomadas pelo intérprete.

Cada um dos métodos utilizados contribuirá para que o intérprete identifique as conflitualidades intrínsecas existentes e, consequentemente, os significados potencialmente atribuíveis à norma. Nesse processo, deve decidir a que grandezas atribuir preeminência, o que, nos planos axiológico e teleológico, exigirá, por vezes, o emprego da técnica da ponderação. Valores e fins de maior peso no ambiente sociopolítico hão de ser tratados com prioridade. Uma vez identificada uma pluralidade de significados reconduzíveis ao mesmo enunciado linguístico, é natural que o intérprete, comprometido com a obtenção da melhor solução possível e com os olhos voltados aos mesmos paradigmas axiológicos e teleológicos, que podem ser prestigiados ou comprometidos de distintas maneiras, realize nova ponderação.

[2308] LIEBER, Francis. *Legal and political hermeneutics*: or principles of interpretation and construction in law and politics, with remarks on precedents and authorities. Boston: Charles C. Litle and James Brown, 1839. p. 72.

A devida consideração dos métodos de interpretação e a correlata realização de juízos de ponderação serão influenciadas pelos juízos valorativos realizados pelo intérprete, "protagonista ativo"[2309] desse processo e que deve preservar uma coerência argumentativa em sua atividade. Diversamente do "objetualismo", significante que aglutina as concepções teóricas que veem no direito um conjunto de objetos, jurídicos ou factuais, que a ciência jurídica deve conhecer e descrever (v.g.: naturalismos e positivismos),[2310] a argumentação jurídica é um exemplo de "não objetualismo". De acordo com ela, o direito não tem uma existência distinta do conjunto de raciocínios realizados pelo intérprete e que se mostram imprescindíveis para que ele seja identificado e efetivamente observado por todos os partícipes do processo de comunicação normativa. Daí se afirmar que o direito pode ser visto como uma prática social de caráter interpretativo.[2311] O objetualismo reconhece, no direito, um objeto preexistente à atividade do intérprete, a ser tão somente apreendido por ele (*rectius*: um sistema fechado de normas). O não objetualismo, por sua vez, reconhece a concorrência do intérprete na individualização do direito (*rectius*: um sistema aberto de normas).

A argumentação jurídica apresenta algumas características básicas, que se mostram sempre presentes aos olhos de um observador externo. É essencialmente linguística, sendo estruturada com a observância dos padrões léxicos e gramaticais vigentes no ambiente sociopolítico. É inter-relacional, não individualista, isso por ser direcionada à interação entre dois ou mais interlocutores. É pragmática, conferindo realce à operatividade dos argumentos utilizados e à relação texto-contexto. Por fim, é racional, refletindo uma atividade intelectiva que atribui, veicula ou reconhece as características de um objeto a partir dos influxos recebidos da razão, o que ocorre sem prejuízo da influência de fatores morais e emotivos.[2312]

As teorias da argumentação apresentam uma funcionalidade comum: fornecer subsídios para construir e aferir a solidez dos distintos raciocínios produzidos em contextos jurídicos.[2313] Esses raciocínios, no que diz respeito às conflitualidades intrínsecas, se manifestam no curso do processo de interpretação, conduzindo à individualização da norma constitucional e, em um segundo momento, à norma de decisão. A concorrência de entendimentos divergentes, todos racionalmente defensáveis, a respeito de uma mesma situação fática ou jurídica, evidencia a dificuldade ou, mesmo, a impossibilidade de se encontrar uma única resposta correta nessa seara.

A utilização de pontos de vista (*topoi*) pelas distintas teorias tópicas é um nítido exemplo de técnica argumentativa que busca selecionar os argumentos a serem utilizados na comunicação pública, assumindo contornos retóricos, ou, em uma discussão,

---

[2309] ECO, Umberto. *I limiti dell'interpretazione*. 4. ed. Milano: Bompiani, 2004. p. 217.

[2310] Cf.: BERTEA, Stefano. *Certezza del diritto e argomentazione giuridica*. Itália: Rubbettino, 2002. p. 14.

[2311] Cf.: VIOLA, Francesco; ZACCARIA, Giuseppe. *Diritto e interpretazione*: lineamenti di teoria ermeneutica del diritto. 6. ed. Roma: Laterza, 2009. p. 202.

[2312] Cf.: VAN EEMEREN, F. H.; GROOTENDORST, R.; SNOECK HENKEMANS, Francisca. *Fundamentals of argumentation theory*: a handbook of historical backgrounds and contemporary developments. New Jersey: Lawrence Erlbaum, 1996. p. 2; e JOHNSON, Ralph H. *Manifest racionality*: a pragmatic theory of argument. USA: Taylor & Francis, 2009. p. 150 e ss.

[2313] Cf.: ATIENZA, Manuel. *As razões do direito*: teorias da argumentação jurídica. Perelman, Viehweg, Alexy, MacCormick e outros (Las razones del derecho: teorías de la argumentación jurídica). (Trad. Maria Cristina Guimarães Cupertino). 3. ed. São Paulo: Landy, 2006. p. 18.

apresentando feição dialética.[2314] Face à influência da pré-compreensão e a correlata mobilidade que podem assumir, é natural que esses argumentos apresentem contornos extremamente abertos e variáveis. No entanto, sempre serão estruturados de modo a serem (1) o resultado de uma investigação reflexiva, (2) criticamente testados, (3) mutuamente influentes e (4) passíveis de gerar consenso ou a adesão do maior número possível de interlocutores.[2315] Daí se falar na "bilateralidade da argumentação", reflexo da interação e do convencimento que deve existir entre todos os envolvidos no processo de comunicação. Não é por outra razão que as técnicas de argumentação devem buscar conciliar a autonomia individual ou, mais especificamente, a liberdade de escolha, com a interdependência social.

Ao ser contextualizada no âmbito da interpretação constitucional, a argumentação jurídica não pode prescindir dos fundamentos colhidos na Constituição formal, mais especificamente dos fundamentos de natureza linguístico-normativa. Trata-se de verdadeira imposição jurídico-metódica que colhe o seu fundamento na força vinculante do texto constitucional. A norma delineada pelo intérprete há de manter uma conexão existencial com os enunciados linguísticos inseridos na Constituição formal, alicerce fundamental de toda a atividade intelectiva por ele desenvolvida. Na medida em que limitada pela obrigação de referência às fontes do direito constitucional, condiciona a adequação dos argumentos à correlata justificação perante essas fontes.[2316] A expressão da linguagem das fontes possui uma autoridade ou força de que carecem outras formas de expressão, daí resultando uma nítida prioridade hermenêutica, o que lhes confere o *status* de ponto de partida da argumentação.[2317]

A adesão ao texto constitucional bem realça a necessidade de o discurso argumentativo manter-se atrelado ao plano jurígeno, que interage e é alimentado por toda sorte de fatores exógenos colhidos no contexto ambiental. Não obstante a inegável influência das pré-compreensões do intérprete e a intensa penetração de referenciais axiológicos no delineamento do conteúdo da norma constitucional, a argumentação desenvolvida não é puramente lógico-intelectiva ou axiológica. Afinal, não pode romper com o plano jurígeno.

Do mesmo modo que os métodos de interpretação, os argumentos utilizados pelo intérprete também ostentam caráter instrumental. Estão teleologicamente comprometidos com a atribuição de significado ao significante interpretado. A distinção é que, diversamente dos métodos clássicos, não estão compartimentados sob epígrafes que permitam identificar, *a priori*, a sua funcionalidade, sendo extremamente diversificados. A argumentação jurídica reflete a visão do intérprete a respeito do direito e da sociedade, do modo de interação entre o Estado e a pessoa humana, e dos fatores que concorrem para a individualização da norma constitucional. O estudo da argumentação jurídica

---

[2314] Cf.: GARSSEN, Bart. Argument schemes. *In*: VAN EEMEREN, Frans H. (Org.). *Crucial concepts in argumentation theory*. Amsterdam: Amsterdam University Press, 2001. p. 81 (82).
[2315] Cf.: JACOBS, Scott. Two conceptions of openess in argumentation theory. *In*: VAN EEMEREN, F. H.; BLAIR, J. Anthony; A. WILLARD, Charles. *Anyone who has a view*: theoretical contributions to the study of argumentation. The Netherlands: Springer, 2003. p. 147 (147).
[2316] Cf.: DE SOUSA E BRITO, José. Razão democrática e direito. *In*: LOPES ALVES, João. *Ética e o futuro da democracia*. Lisboa: Colibri, 1998. p. 143 (147).
[2317] Cf.: DE SOUSA E BRITO, José. Razão democrática e direito. *In*: LOPES ALVES, João. *Ética e o futuro da democracia*. Lisboa: Colibri, 1998. p. 143 (148).

é tradicionalmente influenciado por escolas lógicas[2318] e metodológicas, que buscam traçar os seus lineamentos estruturais em consonância com os referenciais teóricos a que atribuem preeminência. A sua funcionalidade tem sido polarizada por (1) concepções normativistas, que conferem ênfase à necessidade de os juízes justificarem suas decisões de modo racional ou ao modo de as discussões legais serem conduzidas razoavelmente; e por (2) concepções descritivistas, que, a partir dos influxos recebidos da vida real, buscam identificar técnicas argumentativas que se mostrem eficazes no convencimento de certa audiência.[2319] Na medida em que mesmo o poder jurisdicional encontra suas raízes na soberania popular, afigura-se evidente a necessidade de serem delineados instrumentos analíticos que formem uma *"ponte"* entre o normativo e o descritivo.[2320]

Com abstração das discussões teóricas a respeito da possível inserção da argumentação jurídica no âmbito da lógica ou da metodologia jurídica ou, mesmo, de sua autonomia existencial, é possível afirmar que, no âmbito do processo de interpretação constitucional, (1) a argumentação jurídica é essencialmente metódica, já que finalisticamente comprometida com o delineamento da norma constitucional e com a aferição de sua justiça; e (2) os métodos de interpretação são nitidamente argumentativos, isso em razão da atividade intelectiva que direciona o seu uso e dos postulados de racionalidade a que devem permanecer adstritos.

Em seus traços mais amplos, a argumentação jurídica pode indicar uma abordagem lógica, retórica ou dialógica.[2321]

Na abordagem lógica, a ênfase é atribuída aos padrões normativos existentes e à sua validade formal, que são utilizados como critérios de racionalidade da argumentação jurídica. Em relação aos seus aspectos materiais, exige que qualquer decisão seja reconstruída a partir de argumentos logicamente válidos e que se ajustem aos padrões normativos existentes, bem como que os fatos levados em consideração sejam conhecidos ou provados. A consideração de que um argumento é logicamente válido pode apresentar inúmeras variantes, sendo comum considerar como tal aquele que se baseia em uma regra geral, o que atende ao princípio de generalização e, consequentemente, se amolda à lógica deôntica, permitindo que a mesma solução seja estendida a casos similares. Em relação aos aspectos formais da abordagem lógica, exige-se que a decisão esteja conectada às razões declinadas na justificação. O raciocínio silogístico, como se percebe, apresenta contornos nitidamente lógicos.

A abordagem retórica, longe de privilegiar os aspectos formais, como o faz a abordagem lógica, valoriza o conteúdo dos argumentos a partir do seu grau de aceitabilidade por parte da audiência a que são destinados e das especificidades do contexto

---

[2318] Abordagens pioneiras, como a de Kalinowski (KALINOWSKI, G. Le raisonnement juridique et la logique juridique. In: *Études de logique déontique*. Bruxelles: Emile Bruylant, 1970. v. IV, p. 11), analisavam no âmbito da lógica, por exemplo, os argumentos das proposições modais e deônticas, o que ensejava nítidos inconvenientes na aferição de seu valor moral.

[2319] Cf.: FETERIS, Eveline T. *Fundamentals of legal argumentation*: a survey of theories on the justification of judicial decisions. The Netherlands: Springer, 1999. (Argumentation Library, v. 1), p. 14.

[2320] Cf.: VAN EEMEREN, Frans H.; GROOTENDORST, R. *Argumentation, communication, and fallacies*: a pragma-dialectical perspective. New Jersey: Lawrence Erlbaum, 1992. p. 6.

[2321] Cf.: FETERIS, Eveline T. *Fundamentals of legal argumentation*: a survey of theories on the justification of judicial decisions. The Netherlands: Springer, 1999. (Argumentation Library, v. 1), p. 15-20.

em que são utilizados.[2322] A argumentação não seria direcionada a um interlocutor passivo, daí a preocupação, sintetizada por Perelman, de "obter ou aumentar a adesão de outrem às teses que se lhe propõem ao seu assentimento".[2323] Enquanto a abordagem lógica se desenvolve a partir de uma postura essencialmente intelectiva, valorizando o raciocínio individual, a abordagem retórica se preocupa com a compreensão social, conferindo preeminência ao convencimento e à crítica de todos os envolvidos no processo de comunicação.[2324] Com isso, torna-se essencialmente preocupada com a resolução dos conflitos verificados no ambiente sociopolítico.

Na abordagem dialógica ou dialética, a argumentação jurídica é considerada a partir da observância de regras procedimentais que assegurem a racionalidade da discussão, permitindo que sejam levados em devida conta os aspectos relevantes, as teses e as antíteses, daí surgindo uma avaliação crítica,[2325] de modo a identificar se o argumento é provável, plausível ou aceitável.[2326] O acolhimento do argumento está condicionado à observância, no curso do procedimento, de certos padrões formais e materiais de aceitabilidade,[2327] o que permite que seja a argumentação jurídica vista como uma forma de comunicação racional e dialética que operacionaliza a formação de zonas de consenso.[2328] Para que um argumento seja tido como justificado, é preciso que sejam analisados os aspectos formais e materiais, que se apresentam em dois níveis: o interno e o externo.[2329] Na justificação interna, as atenções se voltam ao plano formal, indicando que o argumento deve ser logicamente válido, o que pressupõe a demonstração de que estão presentes, como premissas, padrões normativos e fatos, e, a partir deles, a decisão. Na justificação externa, os aspectos materiais adquirem primazia, exigindo que seja analisado se os padrões normativos e os fatos levados em consideração são aceitáveis. Em relação à racionalidade do procedimento, sua configuração exige que sejam observados certos princípios do sistema, indicados por Feteris[2330] como sendo os princípios de consistência, eficiência, comprovação, coerência, generalidade e sinceridade.

[2322] Cf.: GERRITSEN, Susanne. Unexpressed concepts. In: VAN EEMEREN, Frans H. (Org.). Crucial concepts in argumentation theory. Amsterdam: Amsterdam University Press, 2001. p. 51 (60); e FETERIS, Eveline T. Argumentation in the field of law. In: VAN EEMEREN, Frans H. (Org.). Crucial concepts in argumentation theory. Amsterdam: Amsterdam University Press, 2001. p. 201 (204-205).

[2323] PERELMAN, Chaïm. Retóricas (Rhétoriques). (Trad. Maria Ermantina de Almeida Prado Galvão). São Paulo: Martins Fontes, 2004. p. 57.

[2324] Cf.: JACOBS, Scott. Two conceptions of openess in argumentation theory. In: VAN EEMEREN, F. H.; BLAIR, J. Anthony; A. WILLARD, Charles. Anyone who has a view: theoretical contributions to the study of argumentation. The Netherlands: Springer, 2003. p. 147 (148).

[2325] Cf.: HOUTLOSSER, Peter. Points of view. In: VAN EEMEREN, Frans H. (Org.). Crucial concepts in argumentation theory. Amsterdam: Amsterdam University Press, 2001. p. 27 (30).

[2326] Cf.: WALTON, Douglas N. Plausible argument in everyday conversation. Albany: Suny Press, 1992. p. 96.

[2327] Prestigiando a abordagem dialógica, vide: ALEXY, Robert. Teoria da argumentação jurídica (Theorie der Juristischen Argumentation). (Trad. Zilda Hutchinson Schild Silva). São Paulo: Landy, 2001. p. 28; PECZENIK, Aleksander. On law and reason. 2. ed. The Netherlands: Springer, 1989. p. 197 e ss.; e AARNIO, Aulis. The rational as reasonable: a treatise on legal justification. The Netherlands: Springer, 1987. p. 185 e ss.

[2328] Cf.: BLAIR, J. Anthony. Relationships among logic, dialectic and rethoric. In: VAN EEMERENM F. H.; BLAIR, J. Anthony; A. WILLARD, Charles. Anyone who has a view: theoretical contributions to the study of argumentation. The Netherlands: Springer, 2003. p. 91 (94).

[2329] Cf.: BERTEA, Stefano. Legal argumentation theory and the concept of law. In: VAN EEMERENM F. H.; BLAIR, J. Anthony; A. WILLARD, Charles. Anyone who has a view: theoretical contributions to the study of argumentation. The Netherlands: Springer, 2003. p. 213 (215).

[2330] FETERIS, Eveline T. Argumentation in the field of law. In: VAN EEMEREN, Frans H. (Org.). Crucial concepts in argumentation theory. Amsterdam: Amsterdam University Press, 2001. p. 201 (209).

Os fatores levados em consideração na estruturação da argumentação jurídica costumam ser de natureza filosófica, teórica, reconstrutiva, empírica e prática.[2331] Os fatores filosóficos dizem respeito aos critérios de racionalidade da argumentação jurídica e à natureza dos padrões utilizados para a sua individualização (*v.g.*: normativos, morais etc.).[2332] Os fatores teóricos estão associados à estruturação metódica da argumentação jurídica, identificando os elementos que influem na justificação de uma decisão e o modo de considerá-los (*v.g.*: justificação interna, direcionada aos aspectos formais, e justificação externa, baseada nos aspectos materiais), bem como os princípios que direcionam essa atividade (*v.g.*: coerência). Os fatores reconstrutivos buscam direcionar a reconstrução analítica da argumentação jurídica, permitindo a formação de uma visão clara a respeito dos distintos estágios de sua formação, o que facilita a sua compreensão e consequente crítica. Para tanto, são identificados tanto os argumentos implícitos, quanto os explícitos, bem como a estrutura que apresentam. Acresça-se que a reconstrução tende a acompanhar a abordagem que se faz da argumentação jurídica, podendo assumir contornos lógicos,[2333] retóricos[2334] ou dialógicos.[2335] Os fatores empíricos estão direcionados à identificação dos aspectos da realidade a serem levados em consideração na estruturação dos argumentos,[2336] com especial realce às especificidades do problema concreto.[2337] Os fatores práticos conferem relevância ao modo como se projetarão na realidade e aos distintos resultados obtidos com a influência dos fatores filosóficos, teóricos, reconstrutivos e empíricos.

Ainda merecem referência os fatores implícitos, que influem no delineamento dos argumentos utilizados, mas não são declinados aos interlocutores. A utilização de pressuposições como condições de verdade de uma proposição é um exemplo bem sugestivo. Com isso, tornam-se parte essencial do argumento.[2338]

É recorrente o desenvolvimento de técnicas discursivas, permeadas de argumentos lógicos, de autoridade ou de precedência histórica, destinados a provocar a adesão às

---

[2331] Cf.: FETERIS, Eveline T. *Fundamentals of legal argumentation*: a survey of theories on the justification of judicial decisions. The Netherlands: Springer, 1999. (Argumentation Library, v. 1), p. 21-25.

[2332] Alexy, por exemplo, constrói sua teoria da argumentação associando a racionalidade da argumentação prática geral aos influxos recebidos das regras de racionalidade (ALEXY, Robert. *Teoria da argumentação jurídica* (*Theorie der Juristischen Argumentation*). (Trad. Zilda Hutchinson Schild Silva). São Paulo: Landy, 2001. p. 189 e ss.). Klaus Günther, por sua vez, considera a argumentação jurídica uma forma especial de argumentação moral geral (GÜNTHER, Klaus. *Teoria da argumentação no direito e na moral*: justificação e aplicação (Der Sinn für Angemessenheit: Anwedungsdiskurse in Moral und Recht). (Trad. Claudio Molz). São Paulo: Landy, 2004. p. 33 e ss.).

[2333] MACCORMICK, Neil; WEINBERGER, Ota (Org.). *An institutional theory of law*: new approaches to legal positivism. Netherlands: Springer, 1992. p. 42.

[2334] Cf.: MAKAU, Josina. M. The Supreme Court and reasonableness. *Quarterly Journal of Speech*, n. 70, p. 379-396, 1984. p. 379 (379 e ss.).

[2335] Cf.: JOSÉ PLUG, H. The argumentative use of examples in legislative discussions: the burq-ban case. *In*: FETERIS, E. T. *et al. Argumentation and the application of legal rules*. Amsterdan: Rozenberg, 2009. p. 107 (107 e ss.).

[2336] Cf.: VAN EEMEREN, Frans H; GROOTENDORST, R. *A systematic theory of argumentation*: the pragma-dialectical approach. Cambridge University Press, 2004. p. 27.

[2337] Cf.: NEUMANN, Ulfrid. Theorie der juristischen Argumentation. *In*: HASEMER, Winfried; NEUMANN, Ulfrid; KAUFMANN, Arthur. *Einführung in Rechtstheorie der Gegenwart*. 7. ed. Heidelberg: C. F. Müller, 2004. p. 333 (334).

[2338] Cf.: GERRITSEN, Susanne. Unexpressed concepts. *In*: VAN EEMEREN, Frans H. (Org.). *Crucial concepts in argumentation theory*. Amsterdam: Amsterdam University Press, 2001. p. 51 (61-62).

teses apresentadas.[2339] Com os olhos voltados à realidade norte-americana, Markovits[2340] identifica seis espécies de argumentos normalmente empregados no processo de interpretação constitucional. São eles os argumentos textuais, de princípio moral, históricos, estruturais, de precedentes judiciais e prudenciais.[2341] Esse rol, longe de apresentar contornos universais e imutáveis, tende a se expandir ou retrair conforme as especificidades do ambiente sociopolítico e as opções teóricas e metódicas do intérprete. É um bom exemplo do modo de estruturação da argumentação jurídica e da sinergia metódica que costuma acompanhá-la.

Os argumentos textuais exploram as potencialidades semânticas e sintáticas do enunciado linguístico interpretado, podendo assumir contornos originalistas ou não originalistas, sensíveis ou não à influência de fatores extrínsecos. Nessa esfera é igualmente analisada a interação entre os distintos enunciados linguísticos que integram o texto constitucional e a influência que outras normas podem exercer sobre as conclusões do intérprete, operações que contribuem para assegurar a unidade sistêmica da ordem constitucional.

Argumentos de princípio moral são aqueles que formam a base axiológica subjacente ao ambiente sociopolítico. Podem assumir uma posição de primazia ou de complementaridade, conforme o intérprete prestigie uma teoria axiológica da interpretação de contornos extremados ou moderados. Qualquer princípio moral pode atuar de modo direto ou indireto no delineamento da norma constitucional. No primeiro caso, é o responsável pelo delineamento do seu conteúdo. No segundo, influencia a escolha de argumentos que terão essa função.

Argumentos históricos, de vital importância nas teorias do contrato, são o recurso preferido pelas construções originalistas. Buscam identificar o significado atribuído aos enunciados linguísticos à época da promulgação do texto constitucional ou, a partir da análise dos trabalhos preparatórios, a intenção constituinte. Também se enquadra nessa categoria a correlação que se busca estabelecer entre acontecimentos contemporâneos à elaboração do texto e os objetivos almejados com a sua aprovação.

Os argumentos estruturais preocupam-se com o papel a ser desempenhado pela futura norma constitucional no âmbito da organização político-administrativa. O Estado de Direito, qualquer que seja ele, sempre apresenta aspectos estruturais e objetivos fundamentais a que a norma delineada pelo intérprete deve se integrar. Situa-se nessa esfera a preocupação com a divisão e a harmonia dos poderes, bem como

---

[2339] Sobre a retórica, vide: PERELMAN, Chaïm. Rhétorique et politique. *In*: CRANSTON, Maurice; MAIR, Peter. *Langage et politique*. Bruxelles: Bruylant, 1982. p. 5 (5).

[2340] MARKOVITS, Richard S. *Matters of principle*: legitimate legal argument and constitutional interpretation. New York: New York University Press, 1998. p. 57 e ss.

[2341] Bobbitt faz referência aos argumentos textual, histórico, estrutural, prudencial, doutrinal e ético (BOBBITT, Philip. From the constitutional fate: theory of the Constitution. *In*: LEVINSON, Sanford; MAILLOUX, Steven. *Interpreting law and literature*: a hermeneutic reader. Illinois: Northwestern University Press, 1988. p. 363 (366 e ss) e BOBBITT, Philip. Constitutional law and interpretation. *In*: PATTERSON, Dennis (Org.). *A companion to philosophy of law and legal theory*. USA: Wiley-Blackwell, 1999 (reimp. de 2003). p. 126 (127)). O argumento doutrinal gera e aplica as normas oriundas dos precedentes, se assemelhando aos argumentos de precedentes judiciais referidos por Markowitz. O argumento ético, por sua vez, que permite atribuir os predicados de bom ou ruim ao conteúdo pretendido pelo intérprete, se assemelha aos argumentos de princípios morais. Os demais, por sua vez, não apresentam distinções substanciais.

com as liberdades fundamentais (expressão, imprensa, associação etc.) que conferem sustentação e permitem a fiscalização do poder estatal.[2342]

Argumentos de precedentes judiciais ou de ordem prática, como é intuitivo, assumem vital importância nos sistemas de raiz anglo-saxônica, em que prevalece o princípio do *stare decisis*. Os tribunais inferiores estão vinculados à *ratio decidendi* dos tribunais superiores, e, mesmo estes, veem-se limitados por sua jurisprudência, que somente deve ser superada com a demonstração da superveniência de argumentos fático-jurídicos que gerem uma situação de ruptura com os precedentes.

Por fim, argumentos prudenciais são aqueles que se preocupam com o impacto que a futura norma produzirá na realidade, realizando um "balanço dos custos e benefícios".[2343] Podem ser divididos do seguinte modo: (a) o benefício social a ser obtido; (b) a possibilidade de a norma não ser obedecida pelo povo; (c) a possibilidade de a norma não ser cumprida pelos agentes públicos; (d) o risco de a norma ensejar um incremento na violação de direitos individuais, o que decorreria do fato de um grande número de cidadãos não aceitá-la; e (e) o risco de a interpretação adotada gerar uma ruptura política que possa enfraquecer os tribunais.

Os juízos valorativos adotados e as decisões tomadas devem se mostrar aptos a um exame externo a respeito da racionalidade do discurso realizado. A racionalidade, é importante frisar, não pode ser vista como o só produto da individualidade, do modo de pensar e agir de cada ser humano. O parâmetro de adequação comportamental não prescinde da influência recebida do contexto, da base cultural que fornece a identidade do grupamento. O discurso argumentativo, ademais, não se desenvolve no plano puramente jurídico, sendo evidente a influência de fatores de natureza pragmática nos juízos valorativos e decisórios realizados pelo intérprete.

O individual, ao se aproximar do coletivo, tende a ter a sua própria racionalidade realçada, daí a necessidade de os argumentos possíveis apresentarem contornos de generalidade, de modo a refletir, se não o consenso, ao menos uma relativa convergência de entendimentos a respeito de sua aceitação. Observa-se, ainda, que o aumento da cientificidade, com especial ênfase aos métodos de interpretação utilizados, tende a conferir maior transparência aos reais propósitos almejados pelo intérprete. Esse aspecto mostra-se nitidamente relevante em relação à interpretação realizada pelos órgãos jurisdicionais, que têm o dever de fundamentar as suas decisões, permitindo, desse modo, a reconstrução do *iter* argumentativo percorrido. O Tribunal Constitucional Federal alemão, aliás, já reconheceu que o juiz, ao proferir suas decisões, "deve partir da argumentação racional" ("muß auf rationaler Argumentation beruhen"),[2344] o que evidencia a preocupação de que possível discricionariedade não se transmude em arbitrariedade.

[2342] Na realidade norte-americana ainda merece referência o direito de ter armas, consagrado na Segunda Emenda, de 1791, que tem sido historicamente interpretado como meio para se evitar o surgimento de um governo tirânico. Cf.: MARKOVITS, Richard S. *Matters of principle*: legitimate legal argument and constitutional interpretation. New York: New York University Press, 1998. p. 60.

[2343] Cf.: BOBBITT, Philip. From the constitutional fate: theory of the Constitution. *In*: LEVINSON, Sanford; MAILLOUX, Steven. *Interpreting law and literature*: a hermeneutic reader. Illinois: Northwestern University Press, 1988. p. 363 (366 e ss).

[2344] *BVerfGE* 34, 269 (287), 1973 (*Soraya*).

O pressuposto da capacidade de persuasão do raciocínio jurídico realça o comprometimento das construções "não objetualistas" com a tese de que parte relevante do direito não encontra origem no poder, mas sim, em um ato de vontade.[2345] Essa constatação é particularmente nítida em relação à integração de lacunas e à individualização das normas que encontrem sua origem em enunciados linguísticos intensamente permeáveis aos influxos recebidos da realidade (*v.g.*: as normas de estrutura principiológica). Embora se reconheça que o intérprete sempre desempenha uma função de integração criativa, não menos exata é a constatação de que, nesses exemplos, a importância da argumentação jurídica é em muito potencializada.

8 Adjudicação de significado e liberdade decisória do intérprete

A partir da constatação de que o processo de interpretação encontra-se finalisticamente comprometido com o delineamento da norma constitucional, o que exige a superação das conflitualidades intrínsecas a partir de juízos valorativos e decisórios, afigura-se evidente que os significados encontrados nem sempre apresentarão uma relação de conformidade com os resultados obtidos por intérpretes diversos. Dessa constatação decorre a dificuldade em se afirmar que o resultado encontrado é suscetível de ter a sua correção ou incorreção aferida por um observador externo. A simples agregação da partícula negativa *in* ao adjetivo *correto* bem demonstra a existência de uma relação de contraposição entre um paradigma modelo, aquele tido como correto, e todos os demais que dele destoem. Esse paradigma modelo, por sua vez, tanto pode ser individualizado sob o prisma do *iter* percorrido até o seu delineamento, assumindo contornos meramente argumentativos, ou ser analisado em sua essência, na identidade que assume junto ao contexto em que inserido.

A correção argumentativa associa o resultado da interpretação aos métodos utilizados e aos fatores intrínsecos e extrínsecos considerados pelo intérprete, que exercerão influência direta no delineamento do significado normativo. Enquanto as teorias do contrato tendem a conferir preeminência ao texto normativo e à *voluntas legislatoris*, sendo refratárias à influência de fatores extrínsecos obtidos a partir do contexto, as teorias axiológicas reconhecem a permeabilidade do texto aos fatores extrínsecos, o que acentua a sua capacidade de adaptação às modificações verificadas no ambiente sociopolítico. Variações argumentativas, como é intuitivo, podem conduzir a uma diversidade de resultados.

Ainda que o intérprete mantenha-se fiel a certos referenciais teóricos, é factível que o procedimento seguido, embora observe uma estrutura previamente definida e siga determinados padrões conceituais, pode apresentar algumas especificidades que se ajustem às suas opções pessoais. É o que ocorre, por exemplo, quando da escolha dos métodos de interpretação a que se deve atribuir preeminência ou dos fatores extrínsecos que devem interagir com o significante objeto de interpretação. Em situações dessa natureza, somente será possível falarmos em correção argumentativa em um sentido lato, vale dizer, indicando a observância de certos padrões de racionalidade e a adesão

---

[2345] Cf.: BERTEA, Stefano. *Certezza del diritto e argomentazione giuridica*. Itália: Rubbettino, 2002. p. 14.

aos traços fundamentais da teoria interpretativa preferida pelo observador externo. Essa, aliás, é a única espécie de correção que se pode esperar em uma operação para a qual concorrem diversos fatores de natureza linguística e não linguística, que o intérprete, sob a influência de sua individualidade, deve escolher e valorar.

Em qualquer caso, liberdade não guarda similitude com arbítrio.[2346] À possibilidade de reconstrução argumentativa somam-se os balizamentos oferecidos pelo texto e a necessidade de as decisões do intérprete se harmonizarem com a base cultural e os referenciais de racionalidade sedimentados no ambiente sociopolítico. Ainda aqui, é factível que a correção não assumirá contornos objetivos, mas sim, se ajustará às opções teóricas de tantos quantos lancem os olhos sobre o resultado do processo de interpretação. O intérprete deve sempre justificar (*rectius*: fundamentar,[2347] isso em relação aos juízes), argumentativamente, suas decisões, ônus que aumenta na medida em que se distancie dos contornos semânticos do enunciado interpretado.[2348] Justificação argumentativa, à evidência, não guarda relação de identidade com correção substancial.

A correção substancial, por sua vez, é uma qualidade diretamente atribuída ao resultado do processo de interpretação, à norma delineada pelo intérprete. Observa-se, desde logo, que o reconhecimento da existência de correção dessa natureza somente se compatibiliza com a atribuição, à interpretação constitucional, de uma função de mero conhecimento, não de integração criativa. A interpretação dos enunciados normativos, enquanto segmentos da linguagem, não é propriamente verdadeira ou falsa,[2349] como entendiam, por exemplo, as doutrinas normativo-formalistas, o que se mostrava lógico na medida em que apregoavam a preexistência da norma ao processo de interpretação e atribuíam ao intérprete uma atividade de puro conhecimento, não incursionando na seara da criação.[2350] A vagueza dos enunciados utilizados, ao impedir que sobre eles sejam construídos desenhos ou esquemas precisos, maximiza o potencial da interpretação, possibilitando uma variada composição de interesses.[2351] A estrita dependência existente entre o significado do texto e o contexto que o informa realça a importância da realidade no processo de interpretação, realidade esta que pode ser apreendida de modos diversos e com intensidade distinta, bem demonstrando que sob um "ponto de vista sociológico",[2352] a interpretação não se coaduna com resultados unívocos.

[2346] Cf.: BITTAR, Eduardo C. B. Hermenêutica e Constituição: a dignidade da pessoa humana como legado à pós-modernidade. *In*: ALMEIDA FILHO, Agassiz; MELGARÉ, Plínio (Org.). *Dignidade da pessoa humana*: fundamentos e critérios interpretativos. São Paulo: Malheiros, 2010. p. 239 (245).

[2347] Enquanto a fundamentação é ontologicamente voltada à explicitação das razões que conduziram a um resultado, a argumentação apresenta contornos mais amplos, indicando a busca pela adesão do leitor, ouvinte ou interlocutor às razões adotadas e ao resultado obtido. Cf.: RODRÍGUEZ, Victor Gabriel. *Argumentação jurídica*: técnicas de persuasão e lógica informal. 2. ed. Campinas: LZN, 2004. p. 32-33.

[2348] Cf.: STRECK, Lenio Luiz. Hermenêutica, Constituição e processo, ou de "como discricionariedade não combina com democracia": o contraponto da resposta correta. *In*: AMORIM MACHADO, Felipe Daniel; ANDRADE CATTONI DE OLIVEIRA, Marcelo. *Constituição e processo*: a constituição do processo no constitucionalismo democrático brasileiro. Belo Horizonte: Del Rey, 2009. p. 3 (23).

[2349] Cf.: TROPER, Michel. *A filosofia do direito (La philosophie du droit)*. (Trad. Ana Deiró). São Paulo: Martins Fontes, 2008. p. 132.

[2350] Cf.: TARELLO, Giovanni. *Diritto, enunciati, usi*: studi di teoria e metateoria del diritto. Bologna: Il Mulino, 1974. p. 87 e ss.; e 389 e ss.

[2351] Cf.: DOGLIANI, Mario. *Interpretazioni della Costituzione*. Milano: Franco Angeli, 1982. p. 91.

[2352] Cf.: FRIEDMAN, Lawrence M. On the interpretation of laws. *Ratio Juris*, v. 1, n. 3, p. 252-262, 1988. p. 252 (259).

Mesmo Kelsen,[2353] no auge do positivismo, apregoava que as normas (*rectius*: os textos) nada mais seriam que molduras de uma plêiade de interpretações, cabendo à interpretação científica elencar todos os possíveis significados e, à interpretação autêntica,[2354] vale dizer, àquela realizada pelos tribunais, escolher o significado a ser seguido.

Ao fim do processo de interpretação, certos resultados se aproximarão mais da literalidade do texto e outros não, mas nem por isso será possível enquadrar, uns e outros, sob a epígrafe da correção ou da incorreção. O que se identificará é a interpretação praticada, possível ou habitual,[2355] em contraste com aquela refutada, impossível ou excepcional. Nesse sentido, seria possível falar em "norma verdadeira", que consubstanciaria o resultado de um processo de interpretação conduzido de modo racional, em nada se confundindo com um "significado verdadeiro", associado a um juízo de infalibilidade incompatível com o discurso interpretativo.[2356] Note-se que a própria concepção de verdade assume contornos flexíveis, variando conforme os circunstancialismos de ordem pessoal, espacial e temporal. Não é por outra razão que o mesmo enunciado linguístico normativo, ainda que permaneça formalmente intacto, pode receber duas ou mais interpretações no curso de sua vigência, todas consideradas boas e aceitáveis. A ordem constitucional tende a mudar junto com a renovação de ideias e a alteração dos circunstancialismos subjacentes à realidade circundante.

A própria natureza da interpretação constitucional, dividida entre os referenciais de argumentação e decisão, evidencia a inevitável realização de juízos valorativos por parte do intérprete, que deve alcançar o melhor resultado possível.[2357] O comprometimento

---

[2353] KELSEN, Hans. *Teoria pura do direito* (*Reine Rechtslehre*). (Trad. João Baptista Machado). 6. ed. São Paulo: Martins Fontes, 2003. p. 4-10 e 387-397. Nas palavras de Kelsen, "a norma jurídica funciona como um sistema de interpretação" (KELSEN, Hans. *Teoria pura do direito* (*Reine Rechtslehre*). (Trad. João Baptista Machado). 6. ed. São Paulo: Martins Fontes, 2003. p. 4).

[2354] Após ressaltar que, na linguagem ordinária, autêntica é a interpretação realizada pelo mesmo sujeito que elaborou o texto, Guastini oferece quatro sentidos distintos para a expressão: (1º) interpretação realizada pelo mesmo órgão que elaborou o documento em questão, o que, embora seja factível em relação às Constituições outorgadas, é de difícil realização quanto às promulgadas, isso em razão da dissolução da Assembleia Constituinte; (2º) a interpretação de um documento mediante outro que ostente o mesmo *nomen iuris*, o que também se mostra inviável no plano constitucional, já que uma Constituição, quando sucede a outra, a revoga; (3º) interpretação de um documento mediante outro dotado da mesma força jurídica, o que se mostra plenamente factível, no plano constitucional, com o exercício do poder de emenda; (4º) interpretação por um órgão que detenha a última palavra sobre a matéria (*v.g.*: o Tribunal Constitucional) – GUASTINI, Ricardo. *Distinguiendo*: estudios de teoría y metateoría del derecho. (Trad. Jordi Ferrer i Beltrán). Barcelona: Gedisa, 1999. p. 292-293. Não é de se excluir, ainda segundo Guastini, a possibilidade de o próprio sistema impor a realização de uma interpretação autêntica (GUASTINI, Ricardo. *Distinguiendo*: estudios de teoría y metateoría del derecho. (Trad. Jordi Ferrer i Beltrán). Barcelona: Gedisa, 1999. p. 242). Nesse particular, o *référé législatif* previsto na Constituição francesa do ano III, em seu art. 256, é um exemplo bem sugestivo de interpretação dessa natureza realizada pelo Poder Legislativo: "[l]orsque, après une cassation, le seconde jugement sur le fonde est attaqué par les mêmes moyens que le premier, la question ne peut plus être agitée au Tribunal de cassation, sans avoir être soumise au Corps législatif, qui porte une loi à laquelle le Tribunal de cassation est tenu à se conformer". Outro exemplo interessante pode ser colhido na realidade brasileira, mais especificamente na Carta outorgada de 1937: "[n]o caso de ser declarada a inconstitucionalidade de uma lei que, a juízo do Presidente da República, seja necessária ao bem-estar do povo, à promoção ou defesa de interesse nacional de alta monta, poderá o Presidente da República submetê-la novamente ao exame do Parlamento: se este a confirmar por dois terços de votos em cada uma das Câmaras, ficará sem efeito a decisão do Tribunal".

[2355] Cf.: TARELLO, Giovanni. *Diritto, enunciati, usi*: studi di teoria e metateoria del diritto. Bologna: Il Mulino, 1974. p. 395.

[2356] Cf.: MODUGNO, Franco. *Interpretazione giuridica*. Padova: CEDAM, 2009. p. 79.

[2357] Cf.: FREITAS, Juarez. *A interpretação sistemática do direito*. 4. ed. São Paulo: Malheiros, 2004. p. 64.

com esse objetivo, também cognominado de "perfeccionismo",[2358] decorre da *ratio essendi* de qualquer padrão de regulação social, a de realizar a justiça.

Por se encontrar lastreada em um processo de contornos decisórios, é factível a existência de certo grau de discricionariedade nos juízos valorativos realizados pelo intérprete,[2359] que oscilará conforme a intensidade das conflitualidades intrínsecas. Considerando que a visão pessoal do intérprete a respeito da Constituição formal e do ambiente sociopolítico, permeada por sua pré-compreensão, emoção e capacidade de compreensão, terá influência direta tanto no delineamento da norma, quanto no tracejar da própria noção de justiça,[2360] é evidente a existência de uma esfera de liberdade. Essa discricionariedade, que se mostra insuprimível,[2361] não denota uma ausência de balizamento. Somente se oferecem ao poder de escolha do intérprete grandezas e significados conectados ao sistema e ao ambiente sociopolítico, não aqueles que só encontrem amparo em sua pré-compreensão e preferência pessoal.

Esse modo de compreender a liberdade decisória do intérprete não parece se ajustar à pecha de cético atribuída por Dworkin.[2362] A interpretação é atividade humana, acompanhada de virtudes e defeitos que não se compatibilizam com o idealismo metódico que o Juiz Hércules traz consigo. A "única resposta correta" pode, de fato, existir, o que é facilmente perceptível em relação aos enunciados linguísticos que não ofereçam nenhuma permeabilidade aos influxos da realidade e a intensos juízos valorativos por parte do intérprete. No entanto, não é e não pode ser considerada um postulado de interpretação.

Face à já referida interação entre a atividade do intérprete e a realidade, torna-se particularmente difícil falar em aperfeiçoamento ou em involução da interpretação constitucional.[2363] Os resultados alcançados pelo intérprete, por receberem a influência direta dos fatores extrínsecos então existentes, que são essencialmente cambiáveis, tendem a acompanhar as vicissitudes e a se ajustar às necessidades do ambiente sociopolítico. A única possibilidade de comparação é identificar uma situação de paridade entre os circunstancialismos existentes em ambos os momentos de interpretação, unidade comum que permitirá aferir qual resultado melhor se ajusta à realidade.

[2358] Cf.: SUSTEIN, Cass. *A constitution of many minds*: why de founding document doesn't mean what it meant before. Princeton; Oxford: Princeton University Press, 2009. p. 22.

[2359] Cf.: GUASTINI, Ricardo. *Distinguiendo*: estudios de teoría y metateoría del derecho. (Trad. Jordi Ferrer i Beltrán). Barcelona: Gedisa, 1999. p. 54.

[2360] Cf.: BARAK, Aaron. *Purposive interpretation in law.* (Trad. Sari Bashi). Oxford: Princeton University Press, 2007. p. 212-213.

[2361] Cf.: ZAGREBELSKY, Gustavo. Corti costituzionali e diritti universali. *Rivista Trimestrale di Diritto Pubblico,* n. 2, p. 297-311, 2006. p. 297 (303).

[2362] DWORKIN, Ronald. *Taking rights seriously.* Massachusetts: Harvard University Press, 1999. p. 279; e DWORKIN, Ronald. *Law's empire.* Massachusetts: Harvard University Press, 2000. p. 76 e ss.

[2363] Cf.: FRIEDMAN, Lawrence M. On the interpretation of laws. *Ratio Juris,* v. 1, n. 3, p. 252-262, 1988. p. 252 (259).

PROPOSIÇÕES

Introdução

1. O pluralismo, embora crie uma imagem complexa da verdade e estimule a conflitualidade, não afasta a possibilidade de convergência, que pode ser alcançada por uma multiplicidade de percursos distintos.

2. O "pluralismo radical", ao se contrapor à fixação de limites, atenta contra a própria liberdade, daí a importância do "pluralismo limitado", que concilia os referenciais de liberdade e autoridade.

3. Conflitos e decisões são indissociáveis da ordem constitucional, principiando pelos trabalhos constituintes, estendendo-se ao processo de interpretação e alcançando a individualização da norma de decisão que regerá o caso concreto.

4. A conflitualidade intrínseca é um incidente, efetivo ou potencial, que surge no curso do processo de interpretação e reflete a oposição entre grandezas argumentativamente relevantes, passíveis de influir no delineamento de uma pluralidade de significados reconduzíveis ao mesmo enunciado linguístico.

5. As atividades de valoração e decisão, ínsitas e inseparáveis da interpretação constitucional, decorrem da necessidade de identificar e superar as conflitualidades intrínsecas, permitindo a individualização da norma constitucional.

Título I – Conflitualidade Intrínseca da Norma Constitucional
Capítulo I – Formação da conflitualidade intrínseca

6 A configuração da conflitualidade intrínseca exige a presença de três requisitos básicos: unicidade de programa normativo, unicidade de âmbito de incidência dos significados e significados divergentes.

7. As conflitualidades intrínsecas e os significados potencialmente atribuíveis ao texto normativo, por serem diretamente influenciados pela relação entre texto e contexto, variam conforme os circunstancialismos de natureza espacial e temporal.

8. As mutações constitucionais serão normalmente antecedidas pela necessária resolução de conflitualidades intrínsecas, que oferecerão, ao intérprete, no mínimo, dois significados divergentes, exceção feita, apenas, às situações em que o antigo significado se mostre totalmente incompatível com qualquer *standard* atual de racionalidade e juridicidade.

9. A *norma constitucional* ocupa uma posição intermédia entre o enunciado linguístico inserido na Constituição formal e a *norma de decisão* que regerá o caso concreto: enquanto aquela é individualizada com a só superação das conflitualidades intrínsecas, esta última somente será delineada após a resolução das antinomias porventura existentes.

10. Havendo identidade temática e estrita conexão existencial, duas ou mais disposições normativas ou, mesmo, alguns de seus fragmentos, desde que ostentem autonomia gramatical quando delas destacados, podem formar uma base textual unitária no processo de interpretação, dando origem a uma única norma constitucional.

11. As normas constitucionais delineadas a partir da mesma base textual, por uma pluralidade de intérpretes, em processos paralelos de interpretação, devem coexistir até que um intérprete final, normalmente o Tribunal Constitucional, identifique, entre os significados possíveis (*rectius*: geralmente encontrados nos processos anteriores de interpretação), aquele que irá prevalecer. Nesse caso, não há propriamente a solução de um conflito normativo, mas, sim, a mera superação de significados provisórios, que aparecem sob a forma de conflitualidades intrínsecas no último processo de interpretação.

12. O modo de resolução das conflitualidades intrínsecas, enquanto antecedente à individualização da norma constitucional, tem influência direta no seu relacionamento com as demais normas do sistema, podendo evitar, ou estimular, o surgimento de conflitualidades extrínsecas (*rectius*: antinomias).

13. A interpretação constitucional, ainda que delineada com o objetivo de evitar a irrupção de antinomias, não pode chegar ao extremo de desconsiderar a individualidade das distintas bases textuais que integram a Constituição formal, sempre que dotadas de potencialidade para delinear normas específicas.

14. O potencial expansivo da conflitualidade intrínseca tende a ser inversamente proporcional ao da conflitualidade extrínseca, de modo que a ampliação das questões resolvidas no âmbito da primeira normalmente reduzirá a possibilidade de irrupção da segunda.

15. A indeterminação textual dos enunciados linguísticos inseridos na Constituição formal, fruto de sua inicialidade sistêmica e de sua pretensão de permanência, daí decorrendo a exigência de contínua adaptabilidade aos influxos recebidos do ambiente sociopolítico, ao que se soma a sua maior permeabilidade axiológica, singulariza e intensifica as conflitualidades intrínsecas que se manifestam no plano constitucional, quando cotejadas com aquelas de natureza infraconstitucional.

16. Enquanto as "normas de organização e procedimento" tendem a apresentar maior completude textual e assumem contornos meramente instrumentais, interagindo de modo menos intenso com a realidade subjacente ao ambiente sociopolítico, as "normas de conteúdo", além de apresentarem, em regra, menor completude textual, regem, diretamente, as relações do poder com o indivíduo, o que aumenta a sua sensibilidade aos influxos recebidos do contexto e, consequentemente, amplia as conflitualidades intrínsecas que surgem no processo de interpretação.

17. As conflitualidades intrínsecas que se formam durante o processo de individualização das normas programáticas exigem intensos juízos valorativos por parte do intérprete em relação aos valores a serem prestigiados e aos fins a serem alcançados, não sendo incomum que enunciados linguísticos normalmente associados a normas

dessa natureza (*v.g.*: aqueles que dispõem sobre os direitos sociais) deem origem a normas preceptivas, o que ocorre com a integração do seu conteúdo normativo com o recurso a princípios e valores afetos ao sistema (*v.g.*: o respeito à dignidade humana).

18. As denominadas "normas implícitas", face à maior volatilidade da base textual sobre a qual se desenvolve a atividade do intérprete, que encontra balizamentos mais tênues aos seus juízos valorativos e, consequentemente, pode ampliar os significados em potencial, são mais suscetíveis às conflitualidades intrínsecas que as "normas explícitas".

19. Os princípios constitucionais mostram-se particularmente dependentes de referenciais axiológicos para o delineamento do seu conteúdo, o que torna o respectivo processo de interpretação muito mais suscetível às conflitualidades intrínsecas que aquele que culminará com a individualização de uma regra.

20. A conflitualidade intrínseca tende a ser ampliada ou restringida conforme as variações de ordem qualitativa e quantitativa das concausas consideradas pelo intérprete. Interpretações *in abstracto*, dissociadas de uma situação específica, normalmente levarão em conta aspectos mais amplos da realidade. Interpretações *in concreto*, por sua vez, serão direcionadas pelas especificidades da situação a ser regulada, o que reduz, sensivelmente, os aspectos da realidade considerados pelo intérprete.

21. O contexto linguístico pode assumir contornos intra, infra ou supraconstitucionais: no primeiro caso, os enunciados linguísticos constitucionais têm o seu potencial expansivo influenciado pelos significados atribuídos a outros enunciados inseridos na Constituição formal; no segundo caso, pelos significados já sedimentados no plano infraconstitucional; no terceiro, pelos significados colhidos em um plano superior à Constituição, não passível de ser ignorado sem consequências desfavoráveis para o Estado ou seus agentes.

22. As peculiaridades do contexto linguístico e do não linguístico, que influenciam no surgimento das conflitualidades intrínsecas e, consequentemente, no significado da norma constitucional, devem manter uma conexão com o enunciado linguístico interpretado, não podendo justificar uma ruptura com os significados semanticamente possíveis.

Capítulo II – Planos de projeção da conflitualidade intrínseca

23. Utilizando-se como parâmetro os objetivos primários da interpretação constitucional, refletidos na atividade valorativa desenvolvida sobre os referenciais de texto, valor, fim e modo de alcançar o fim, a conflitualidade intrínseca, incidente que antecede a individualização da norma constitucional, pode ser contextualizada nos planos linguístico, axiológico, teleológico e operativo.

24. As conflitualidades intrínsecas que surgem no plano linguístico estão associadas ao caráter aberto da linguagem, daí decorrendo a sua suscetibilidade aos influxos oriundos do contexto e à percepção que sobre ele tenha o intérprete.

25. A comunicação normativa é necessariamente influenciada pelo potencial expansivo da linguagem, pelos referenciais culturais que atuem no delineamento do seu sentido e pelo pensamento, que serve de alicerce à atividade intelectiva desenvolvida pelo intérprete.

26. A cultura é fruto de um processo contínuo e constantemente renovável, sendo responsável pela individualização de uma comunidade e, consequentemente, pela sua

distinção em relação às demais. Desse processo resulta uma dimensão axiológica, que interage com o texto normativo e contribui para a construção da identidade de uma ordem constitucional específica.

27. O pensamento humano, enquanto mola propulsora da atividade intelectiva desenvolvida pelo intérprete, é particularmente sensível aos referenciais de memória e inferência: o primeiro aponta para o adquirido, para as pré-compreensões, o segundo para a possibilidade de construção de novas ideias a partir do adquirido e de sua interação com a realidade. Em consequência, o delineamento de normas constitucionais com o só recurso à memória nem sempre permitirá que o resultado se ajuste à tríade estrutural da comunicação normativa: linguagem, cultura e pensamento.

28. No curso do processo de interpretação, o só recurso à memória somente se mostrará uma opção viável quando os enunciados linguísticos forem estruturados de modo a oferecer pouco espaço à penetração da realidade e seus significados já estiverem sedimentados no ambiente sociopolítico.

29. Face à descontextualização do texto constitucional, fruto do distanciamento existente entre o contexto subjacente ao seu surgimento e o contexto de individualização da norma, somente no momento de sua contextualização é que a Constituição terá sua identidade delineada, sofrendo sucessivas recontextualizações conforme o evolver do ambiente sociopolítico. Os precedentes do Tribunal Constitucional, ao direcionarem interpretações futuras, devem ser constantemente recontextualizados, evitando situações de ruptura com a realidade.

30. A utilização de uma "linguagem para propósitos específicos", quer pelo Constituinte, quer pelo intérprete, tende a dificultar a inteligibilidade do processo de comunicação e, consequentemente, a comprometer a força normativa da Constituição. Esse quadro se agrava quando são utilizadas, além da linguagem jurídica, outras linguagens específicas, próprias de outros sistemas de comunicação.

31. O intérprete, tal qual um "tradutor", deve simplificar a linguagem utilizada no texto constitucional, tornando-a acessível, ao fim de sua atividade, aos demais partícipes do processo de comunicação normativa. A singularidade dessa "tradução" é a sua não adstrição ao sentido originário do texto, mas sim, à resultante de sua interação com a realidade.

32. As características pessoais do intérprete, como o seu nível de inteligência e grau de conhecimento da realidade, ao que se somam as suas opções metódicas, podem concorrer para o surgimento de distorções no curso do processo de comunicação normativa, dificultando a atribuição de significado ao significante objeto de interpretação. Também os aspectos emocionais despertados pelo texto podem influir nos fatores extrínsecos que o intérprete venha a considerar e, em um segundo momento, em sua decisão.

33. O significado alcançado pelo intérprete tende a alcançar padrões satisfatórios de concordância no ambiente sociopolítico sempre que presente uma compatibilidade de ordem intelectiva, ideológica e sociológica entre ele e os demais partícipes do processo de comunicação normativa.

34. A ambiguidade de um enunciado linguístico constitucional somente estará caracterizada quando duas pessoas razoavelmente bem informadas a ele puderem

atribuir uma diversidade de significados amparados pela racionalidade do *homo medius*, o que exclui os significados absurdos.

35. Ainda que o intérprete esteja comprometido com a plena eficácia da Constituição, a opção entre o *significado de alcance amplo* e o *significado de alcance estrito* será influenciada não só pela funcionalidade que se pretende atribuir à norma (*v.g.*: o seu papel na tensão dialética entre poder e ser humano) como, também, pela postura político-ideológica assumida pelo intérprete.

36. Não obstante as distorções que enseja, a vagueza conceitual assegura a mobilidade e a facilidade de adaptação da ordem constitucional, o que torna comum a eclosão de conflitos e potencializa os juízos valorativos realizados pelo intérprete.

37. Ambiguidade e vagueza são propriedades inerentes à linguagem e à sua interação com o contexto, sendo dinâmicas por natureza, o que permite que venham a surgir no curso do próprio processo de interpretação e impede que sejam evitadas, ainda que, no momento de elaboração do texto constitucional, seja visualizada uma aparente clareza e coerência sistêmica em suas disposições.

38. A sintaxe tem influência direta na compreensão dos limites semânticos dos enunciados linguísticos objeto de interpretação, sendo responsável pela coordenação lógica dos significantes empregados e das ideias apresentadas. Deficiências no seu uso podem estimular distorções com o surgimento de uma ambiguidade sintática.

39. À possibilidade de o enunciado linguístico interpretado contar com significantes que não ofereçam qualquer sentido plausível segue a necessidade de o intérprete, ao resolver as conflitualidades intrínsecas, tomar decisões que superem as iniquidades e confiram um significado racional ao objeto da interpretação. Em situações extremas, pode ser necessária a própria desconsideração do significante que comprometa a atribuição de (algum) sentido ao significante interpretado.

40. A impossibilidade de a "escusa da ignorância" legitimar a inobservância dos ditames da ordem constitucional não afasta a constatação de que a adesão ao desconhecido mais se assemelha à indiferença que propriamente a uma verdadeira emissão de vontade, o que dificulta que a essencialidade da Constituição penetre no imaginário popular e garanta a sua permanência.

41. O processo de delineamento das inferências normativas, por sucederem significados já individualizados, tende a apresentar conflitualidades intrínsecas em menor intensidade, reduzindo o espaço valorativo deixado ao intérprete.

42. A emotividade suscitada por certos significantes linguísticos tende a influenciar as conclusões alcançadas pelo intérprete na identificação e na resolução das conflitualidades intrínsecas.

43. Enunciados linguísticos "herméticos", por se mostrarem insuscetíveis à penetração de referenciais axiológicos, oferecem pouca mobilidade ao intérprete e podem fazer com que a solução jurídica de uma dada situação não se harmonize com a solução moral almejada. Esse tipo de conflito normoaxiológico, embora não influa no delineamento da norma constitucional, pode gerar resistência para a sua aceitação no ambiente sociopolítico, comprometendo a sua permanência.

44. Os fatores de natureza axiológica, ao influírem no delineamento do significado dos enunciados linguísticos, se, de um lado, lhes conferem elevada mobilidade, do

outro, reduzem as chances de univocidade do sentido das normas, o que aumenta o ônus argumentativo do intérprete ao resolver as conflitualidades intrínsecas verificadas nesse plano.

45. Valores colhidos no ambiente sociopolítico e na Constituição formal mantêm entre si uma relação de osmose recíproca, influenciando e sendo influenciados.

46. A apregoada universalidade das construções naturalistas, ao ignorar as vicissitudes do ambiente sociopolítico, não logra estabelecer uma relação de identidade entre os sistemas jurídicos, alicerçados em distintos referenciais de justo e injusto.

47. Como a norma é fruto da interação entre texto e contexto, direito e moral, apesar de consubstanciarem unidades distintas, não permanecem separados em compartimentos estanques. Comunicam-se e interpenetram-se. Em consequência, carecem de sustentação metódica as construções positivistas que negam a ação de influxos axiológicos no delineamento do significado dos enunciados linguísticos normativos.

48. A depender das especificidades do objeto jurídico, os padrões axiológicos que influem no delineamento da norma podem estar vinculados a círculos mais amplos que o território de cada Estado de Direito, permitindo, com isso, que atos internos sejam cotejados com referenciais externos, colhidos no âmbito da sociedade internacional.

49. A existência de uma "hierarquia de valores" é influenciada tanto pelas preferências pessoais do intérprete, quanto pelas especificidades do ambiente sociopolítico. Quando a argumentação desenvolvida no curso do processo de interpretação privilegia o *eu* e relega a plano secundário o *nós*, ela tende a diminuir a defensabilidade das conclusões alcançadas junto aos demais partícipes do processo de comunicação normativa.

50. A dinamicidade do consenso faz com que ele apresente variações de natureza temporal, pessoal e espacial, o que, por via reflexa, torna igualmente dinâmicos os valores, subjacentes ao ambiente sociopolítico, a que confere sustentação.

51. A rigidez ideológica, no regime constitucional, além de incompatível com o ideal democrático e o pluralismo, compromete a formação das conflitualidades intrínsecas no plano axiológico e, consequentemente, a aproximação entre texto e contexto.

52. Cada um dos objetivos setoriais da Constituição formal deve ser realizado de modo harmônico com os demais, evitando, desse modo, que a irrestrita satisfação de certos fins impeça que sejam realizados outros igualmente amparados pelo sistema.

53. O fim a ser alcançado pela norma constitucional deve ser delineado a partir dos balizamentos do texto constitucional e da influência recebida do contexto, não podendo ser substituído por objetivos somente reconduzíveis ao imaginário do intérprete.

54. Ainda que se reconheça a autonomia existencial da Constituição formal e a vinculatividade dos objetivos políticos nela contemplados, o intérprete, ao resolver as conflitualidades intrínsecas, influi, diretamente, no delineamento desses objetivos, moldando a teleologia constitucional.

55. A resolução das conflitualidades intrínsecas no plano teleológico, mediatamente comprometida com a realização do ideal de justiça, deve sempre se ajustar à preservação dos direitos fundamentais, que absorvem todas as feições positivas de uma ordem constitucional e buscam realçar os valores que a justiça é capaz de realizar.

56. Na medida em que a norma constitucional é vocacionada à interação com a realidade, o intérprete, ao definir os fins a serem por ela alcançados, deve antever as

reações e repercussões práticas que cada um dos significados possíveis desencadeará no ambiente sociopolítico.

57. A resolução das conflitualidades intrínsecas no plano teleológico, com consideração exclusiva da pré-compreensão do intérprete a respeito das forças políticas que devem ser prestigiadas ou preteridas, traduz uma manipulação da realidade que, em *utima ratio*, compromete a necessária compatibilização entre texto e contexto.

58. A interpretação dos enunciados linguísticos da Constituição formal não pode ser direcionada, única e exclusivamente, por uma visão consequencial, voltada ao bem a ser produzido para a maioria dos membros da coletividade, com a correlata desconsideração do pluralismo e dos direitos individuais. Na identificação da teleologia constitucional, a satisfação do bem-estar social não autoriza que seja desconsiderada a dignidade humana.

59. As conflitualidades intrínsecas no plano operativo exigem que o intérprete identifique os operadores deônticos passíveis de serem atribuídos aos enunciados linguísticos interpretados, podendo redundar em posições de gozo, com a atribuição de direitos ou faculdades, e em posições de obrigação, correlatas à imposição de deveres.

60. A norma constitucional pode se tornar operativa com a imposição de distintos deveres específicos, coexistentes ou reciprocamente excludentes, que se manifestam no dever de realização *lato sensu*, englobando ações ou omissões, e no dever de regulação, impondo a produção normativa.

61. À fórmula básica da liberdade, consistente na permissão de gozo e na proibição de afronta, pode ser agregada a imposição de que sejam criados mecanismos que viabilizem o gozo, o que se fará necessário sempre que a própria materialização do direito fundamental estiver faticamente vinculada ao oferecimento de meios que tornem possível a sua existência.

62. No plano operativo da norma constitucional, à fórmula geral da igualdade, interditando tratamentos discriminatórios, pode ser agregada a imposição de que a igualdade transite do plano formal ao material, o que será alcançado com a oferta de tratamento diferenciado a grupos ou classes em histórica posição de inferioridade no ambiente sociopolítico.

63. A depender da natureza dos direitos sociais em consideração e do papel que desempenham na densificação da dignidade humana, é possível que os enunciados linguísticos que os contemplem deem origem não a normas programáticas, carentes de integração legislativa, definindo o seu conteúdo e a respectiva fonte de custeio, mas, sim, a normas preceptivas, fazendo decorrer, diretamente da ordem constitucional, o direito subjetivo à sua fruição e o dever de oferecimento das respectivas prestações materiais.

Título II – Interpretação Constitucional e Resolução da Conflitualidade Intrínseca
Capítulo I – Considerações preliminares

64. A identificação e consequente resolução das conflitualidades intrínsecas serão diretamente influenciadas pela teoria e pelos métodos de interpretação utilizados pelo intérprete.

65. As conflitualidades intrínsecas não devem ser resolvidas de modo isolado, mas sim, em sua globalidade, já que o significado atribuído à norma será influenciado pelas distintas grandezas existentes, que se manifestam nos diversos planos de conflitualidade.

66. A decisão final proferida pelo intérprete, individualizando a norma constitucional, é antecedida por diversas decisões parciais, necessariamente proferidas para a superação das conflitualidades intrínsecas ou, mesmo, para o reconhecimento de sua inexistência.

67. A unidade sistêmica da Constituição formal, ao que se soma a presença de uma evidente hierarquia axiológica entre as normas que a partir dela são individualizadas, evidencia que o significado encontrado quando da resolução das conflitualidades intrínsecas será influenciado pelas distintas normas do sistema, na medida da importância atribuída a cada qual.

68. A ordem jurídica internacional influencia tanto a formação das conflitualidades intrínsecas, quanto os juízos valorativos realizados pelo intérprete, que, tanto quanto possível, deve optar, entre os significados que se oferecem ao seu poder de escolha, por aquele que se harmonize com essa espécie de fator exógeno.

69. No âmbito das organizações internacionais de integração, em que parte dos poderes de soberania é transferida pelos Estados-membros, o dirigismo interpretativo, em decorrência do primado do interesse coletivo, é um imperativo de ordem lógica.

70. A interpretação constitucional é, a um só tempo, fator de propulsão e instrumento de resolução das conflitualidades intrínsecas.

Capítulo II – Resolução da conflitualidade intrínseca e primazia da pessoa humana

71. A identificação da essência da dignidade humana, além de sensível à amplitude da proteção oferecida pelo direito, não prescinde de sensibilidade axiológica, sendo influenciada pelas variações do contexto.

72. A base axiológica de sustentação da dignidade humana tende a se ampliar ou restringir, conforme a amplitude do ambiente sociopolítico: círculos menores, por apresentarem maiores pontos de convergência, tendem a ampliar os seus contornos essenciais; círculos maiores, a restringi-los.

73. Os distintos fatores que compõem a dignidade humana têm o seu epicentro estrutural fornecido pelo direito internacional, que indicará o seu conteúdo mínimo, enquanto cada Estado Democrático de Direito, por consubstanciar um círculo menor, com maior possibilidade de consenso, tende a ampliá-la.

74. No plano regional, especialmente sob a influência de organizações internacionais de integração, o âmbito de convergência a respeito do conteúdo essencial da dignidade humana, embora tendencialmente maior que o do direito internacional, ainda será inferior ao dos Estados-Membros de nível civilizatório mais avançado.

75. O delineamento do mínimo existencial, enquanto parte operativa da dignidade humana, não prescinde dos referenciais axiológicos, colhidos no ambiente sociopolítico, e da filosofia política subjacente ao respectivo Estado de Direito.

76. Na identificação dos limites dos direitos fundamentais, a teoria externa, que mais se afeiçoa à necessária preservação da individualidade existencial das distintas normas do sistema, conduzirá a níveis de conflitualidade intrínseca mais reduzidos que aqueles decorrentes da encampação da teoria interna.

Capítulo III – A funcionalidade resolutiva da interpretação constitucional

77. As teorias do contrato, de viés originalista, ao verem o significado como algo inerente à *voluntas legislatoris*, desconsideram o hiato existente entre o pensamento e

a linguagem que o representa, a constante renovação do alicerce democrático, que se situa no povo atual, não no povo contemporâneo à elaboração do texto, e a influência que o contexto realiza sobre o texto.

78. O contexto linguístico, que pode sofrer modificações durante a vigência da Constituição formal, influi na interpretação de seus enunciados, impedindo que a interpretação constitucional recorra a uma *voluntas* indiferente ao seu teor no momento em que o intérprete realiza a sua atividade.

79. A interpretação dos enunciados linguísticos da Constituição formal com o recurso à *voluntas* de um "Constituinte razoável", embora busque externar uma aparente obediência a visões específicas do princípio democrático, é estratagema pelo qual o intérprete atribui a outrem decisões que ele próprio tomou.

80. As teorias axiológicas de interpretação constitucional, embora se ajustem à sensibilidade do texto ao contexto, não podem conduzir a resultados que se distanciem da base linguística oferecida pela Constituição formal, de modo a delinear significados que se compatibilizem, apenas, com as opções pessoais do intérprete.

81. As teorias procedimentais, ao indicarem, a partir dos objetivos a serem alcançados, o percurso metódico a ser percorrido, e apregoar a autonomia dessa atividade, não logram êxito em circunscrever o processo de interpretação ao plano puramente operativo, de modo a minimizar a importância dos distintos valores colhidos no contexto e abster o intérprete da realização de juízos valorativos.

82. A classificação que atribui contornos declaratórios, extensivos ou restritivos ao resultado da interpretação não se harmoniza com a atividade de integração criativa realizada pelo intérprete, já que pressupõe a existência de um sentido inerente ao texto.

83. A atividade intelectiva que busca atribuir significado ao significante interpretado é necessariamente influenciada por um elemento anímico, que se materializa nos contornos da pré-compreensão, na capacidade de compreensão, no grau de sensibilidade a referenciais axiológicos, na liberdade valorativa e na ideologia prestigiada pelo intérprete.

84. A pré-compreensão, enquanto visão particular do intérprete a respeito de sua realidade existencial e de sua inserção no ambiente sociopolítico, influi diretamente na sua capacidade de compreensão, direcionada à apreensão do texto e, a partir dos distintos fatores colhidos no contexto, à individualização do seu significado.

85. O sentimento constitucional, ao refletir a capacidade de percepção de uma base de valores e influir no delineamento do estado de ânimo que concorre para a construção da pré-compreensão e da compreensão, contribui para humanizar a norma constitucional e para aumentar, no ambiente sociopolítico, a zona de convergência a respeito do significado que lhe foi atribuído.

86. A jurisprudência dos conceitos, ao preconizar a suficiência de operações dedutivas *in abstracto*, relega a plano secundário os circunstancialismos e os demais fatores extrínsecos que influem no delineamento da norma, desconsiderando a própria importância e potencialidade das conflitualidades intrínsecas.

87. Teorias realistas, não obstante a abertura que atribuem ao sistema jurídico, terminam por desconsiderar a importância do texto normativo e enfraquecer, de modo parcial ou total, os balizamentos que oferece aos juízos valorativos e decisórios do intérprete.

88. A jurisprudência dos interesses, embora sensível às operações valorativas a cargo do intérprete, ao permanecer adstrita aos fins inerentes ao padrão normativo interpretado, desconsidera as conflitualidades intrínsecas que se manifestam no plano axiológico, afastando-se das exigências subjacentes ao ambiente sociopolítico.

89. A jurisprudência dos valores, ao se mostrar sensível à interação entre texto e contexto, conferindo especial importância à base axiológica que a partir deles se forma, realça, desse modo, a função de integração criativa da interpretação constitucional.

90. O principal padrão de racionalidade a ser seguido no processo de interpretação constitucional consiste na atribuição de significados que assegurem plena eficácia aos enunciados linguísticos interpretados.

91. A plena eficácia da Constituição formal há de ser alcançada a partir de uma visão unitária de sua funcionalidade, de modo que os enunciados afetos à sua estrutura e base de desenvolvimento recebam significados amplos, enquanto aqueles que as restringem devem ter a sua expansão contida.

92. Os postulados de racionalidade da interpretação constitucional consubstanciam diretivas lógicas a respeito das quais o intérprete não pode transigir e que não se confundem com as presunções ou com os princípios constitucionais, o que decorre do caráter *prima facie* dos últimos.

93. O postulado de coerência aponta para a harmonização dos significantes que formam o enunciado linguístico interpretado, dos significados atribuídos a significantes de contornos similares e das distintas normas da Constituição formal, assegurando a preservação de sua unidade.

94. O postulado da possibilidade de realização exige que à norma sejam atribuídos significados passíveis de alcançar a realidade, sem qualquer óbice de ordem física, prática ou lógica.

95. O postulado de justiça está associado à necessidade de serem observados os padrões de correção sedimentados no ambiente sociopolítico.

96. O postulado de conveniência indica que a norma deve produzir benefícios para a coletividade, sem descurar das individualidades que a compõem.

97. O postulado do não absurdo aponta para a necessidade de serem preteridos significados que afrontem a razão e o senso comum.

98. As vicissitudes do ambiente sociopolítico, máxime quando assumam contornos extremos, decorrentes de uma situação de ruptura constitucional ou de temporária anormalidade institucional, podem justificar a realização de uma interpretação ab-rogante, derrogante ou corretiva, o que ocorrerá sempre que certas disposições constitucionais conduzirem a resultados iníquos e dissociados do sistema.

99. A liberdade na escolha dos métodos de interpretação constitucional não autoriza a desconsideração de padrões de racionalidade ou, mesmo, que tal seja feito *a posteriori*, com o só objetivo de justificar decisões prévias.

100. O pensamento problemático exerce influência direta no delineamento dos distintos aspectos do contexto ambiental, o qual, face à interação com o texto, atua no surgimento das conflitualidades intrínsecas e, consequentemente, no significado da norma.

101. Os elementos estruturais da metódica concretista, idealizada como contraponto às teorias axiológicas, apresentam extrema relevância na operacionalização dessa última, isso ao reconhecer a importância do problema, a necessária relação entre programa e âmbito da norma e a adstrição do intérprete aos balizamentos oferecidos pelo texto.

102. A ponderação pré-normativa, realizada pelo intérprete no curso do processo de interpretação, é primordialmente direcionada à superação de situações de contraposição entre referenciais axiológicos e teleológicos, exigindo que o peso atribuído às grandezas envolvidas e os juízos valorativos realizados se harmonizem com os *standards* de racionalidade prevalecentes no ambiente sociopolítico.

103. As técnicas de argumentação jurídica, que buscam assegurar a racionalidade do discurso desenvolvido pelo intérprete, são influenciadas pela sinergia dos métodos de interpretação e não podem desconsiderar os balizamentos oferecidos pelos significantes interpretados. A argumentação jurídica é essencialmente metódica e os métodos de argumentação nitidamente argumentativos: sua sinergia está teleologicamente comprometida com o direcionamento dos juízos valorativos e decisórios realizados pelo intérprete, justificando-os.

104. A liberdade decisória do intérprete é diretamente proporcional à intensidade das conflitualidades intrínsecas. O resultado dessa atividade, por sua vez, somente é suscetível a um controle de racionalidade, não se ajustando a rígidos referenciais de correção argumentativa e substancial.

REFERÊNCIAS

AARNIO, Aulis. *The rational as reasonable*: a treatise on legal justification. The Netherlands: Springer, 1987.

ABRAHAM, Henry J. *The Judiciary*: the Supreme Court in the governmental process. 2. ed. Boston: Allyn and Bacon, 1971.

ABRAHAN, Kenneth S. Statutory interpretation and literary theory: some common concerns of an unlikely pair. *In*: LEVINSON, Sanford; MAILLOUX, Steven. *Interpreting law and literature*: a hermeneutic reader. Illinois: Northwestern University Press, 1988.

ACKERMAN, Bruce. *Nós, o povo soberano*: fundamentos do direito constitucional (We the people: foundations). (Trad. Mauro Raposo de Mello). Belo Horizonte: Del-Rey, 2006.

ACKERMAN, Bruce. *The failure of the founding fathers*: Jefferson, Marshall and the rise of presidential democracy. Cambridge: Harward University Press, 2005.

ACKERMAN, Bruce. The new separation of powers. *Harward Law Review*, v. 113, n. 3, p. 632-727, jan. 2000.

ACKERMAN, Bruce. The rise of world constitutionalism. *Virginia Law Review*, n. 83, p. 771-797, 1997.

ADEODATO, João Maurício. *A retórica constitucional*: sobre tolerância, direitos humanos e outros fundamentos éticos do direito positivo. São Paulo: Saraiva, 2009.

ADOLFO LAMAS, Félix. Tradición, tradiciones y tradicionalismos. *In*: DIP, Ricardo (Org.). *Tradição*: revolução e pós-modernidade. Campinas: Millennium, 2001.

AGOSTINHO, Santo. *A doutrina cristã*. São Paulo: Paulus, 2002.

AGUILA, Yann. Cinq questions sur l'interprétation constitutionnelle. *Revue Française de Droit Constitutionnel*, Paris: Presses Universitaires de France, n. 21, p. 9-46, 1995.

AGUILA, Yann; HUGLO, Christian; KOSCIUSKO-MORIZET, Nathalie. Droit constitutionnel et droit de l'environnement, in Constitutions. *Revue de Droit Constitutionnel Appliqué*, p. 493-503, oct./dec. 2010.

AINIS, Michele. *La legge oscura*: come e perché non funziona. Roma: Laterza, 1997.

AINIS, Michele. *Cultura e politica*: il modello costituzionale. Padova: CEDAM, 1991.

AKMAJIAN, Adrian. *Linguistics*: an introduction to language and communication. 5. ed. Massachusetts: MIT, 2001.

ALBERT, Marta. Relativismo ético, ¿absolutismo jurídico? *Persona y Derecho, Revista de Fundamentación de las Instituciones Jurídicas y de Derechos Humanos*, n. 61, p. 33-52, jul./dic. 2009.

ALCHOURRÓN, Carlos E.; BULYGIN, Eugenio. *Introducción a la metodología de las ciencias jurídicas y sociales*. Buenos Aires: Astrea, 2006.

ALDERMAN, Ellen; KENNEDY, Caroline. *In our defense*. Nova York: Avon Books, 1998.

ALEXANDER, Larry. Precedent. *In*: PATTERSON, Dennis (Org.). *A companion to philosophy of law and legal theory*. USA: Wiley-Blackwell, 2003.

ALEXANDER, Larry. Tudo ou nada? As intenções das autoridades e a autoridade das intenções. *In*: MARMOR, Andrei. *Direito e interpretação (Law and interpretation)*. (Trad. Luís Carlos Borges). São Paulo: Martins Fontes, 2004.

ALEXANDER, Larry; KRESS, Kenneth. Contra os princípios jurídicos. *In*: MARMOR, Andrei. *Direito e interpretação (Law and interpretation)*. (Trad. Luís Carlos Borges). São Paulo: Martins Fontes, 2004.

ALEXANDER, Larry; SHERWIN, Emily. *The rule of rules*: morality, rules, and the dilemmas of Law. USA: Duke University Press, 2001.

ALEXY, Robert. Balancing, constitutional review and representation. *International Journal of Constitutional Law*, v. 3, n. 4, p. 572-581, 2005.

ALEXY, Robert. *Begriff und Geltung des Rechts*. Freiburg/München: Karl Alber GmbH, 2002.

ALEXY, Robert. Colisão de direitos fundamentais e realização de direitos fundamentais no estado de direito democrático. (Trad. Luís Afonso Heck). *Revista de Direito Administrativo*, n. 217, p. 67-79, 1999.

ALEXY, Robert. Derechos, razonamiento jurídico y discurso racional. (Trad. Pablo Larrañaga). *In*: ALEXY, ROBERT. *Derecho y razón práctica*. México: Fontamara, 2002.

ALEXY, Robert. Direitos fundamentais no estado constitucional democrático, para a relação entre direitos do homem, direitos fundamentais, democracia e jurisdição constitucional. (Trad. Luís Afonso Heck). *Revista de Direito Administrativo*, n. 217, p. 55-66, 1999.

ALEXY, Robert. Grundrechte, Abwägung und Rationalität. *Journal of Legal Interpretation (Reasonableness and Interpretation)*, Münster: LIT, p. 113-126, 2003.

ALEXY, Robert. Justice and discourse (discourse theory and human rights). *In*: LOPES ALVES, João. *Ética e o futuro da democracia*. Lisboa: Colibri, 1998.

ALEXY, Robert. La idea de una teoría procesal de la argumentación jurídica. (Trad. Ernesto Garzón Valdés). *In*: ALEXY, Robert. *Derecho y razón práctica*. México: Fontamara, 2002.

ALEXY, Robert. Sistema jurídico, principios jurídicos y razón práctica. (Trad. Manuel Atienza). *In*: ALEXY, Robert. *Derecho y razón práctica*. México: Fontamara, 2002.

ALEXY, Robert. Sobre las relaciones necesarias entre el derecho y la moral. (Trad. Pablo Larrañaga). *In*: ALEXY, Robert. *Derecho y razón práctica*. México: Fontamara, 2002.

ALEXY, Robert. *Teoria da argumentação jurídica (Theorie der Juristischen Argumentation)*. (Trad. Zilda Hutchinson Schild Silva). São Paulo: Landy, 2001.

ALEXY, Robert. *The argument from injustice*: a reply to legal positivism. Oxford: Oxford University Press, 2002.

ALEXY, Robert. The nature of arguments about the nature of law. *In*: MEYER, Lukas H. L.; PAULSON, Stanley; MENKO POGGE, Thomas. *Rights, culture, and the law*: themes from the legal and political philosophy of Joseph Raz. New York: Oxford University Press, 2003.

ALEXY, Robert. The reasonableness of law. *In*: SARTOR, Giovanni; BONGIOVANNI, Giorgio; VALENTINI, Chiara (Org.). *Reasonableness and law*. New York: Springer, 2009.

ALEXY, Robert. *Theorie der Grundrechte*. Baden-Baden: Suhrkamp Taschenbuch, 1994.

ALEXY, Robert; BULYGIN, Eugenio. *La pretensión de corrección del derecho*: la polémica sobre la relación entre derecho y moral. (Trad. Paula Gaido). Bogotá: Universidad Externado de Colombia, 2001.

ALFLEN, Kelly Susane. Jurisprudência e hermenêutica: sobre o formalismo do pensamento hermenêutico-jurídico rumo à consolidação do direito jurisprudencial constitucional. *In*: CRUZ FERREIRA, Luiz Alexandre. *Hermenêutica, cidadania e direito*. Campinas: Millennium, 2005.

ALLAN, T.R.S. *Constitutional justice*: a liberal theory of the rule of law. New York: Oxford University Press, 2001.

ALLEN, Carleton Kemp. *Law in the making*. 7. ed. Oxford: Oxford University Press, 1964.

ALLEWELDT, Ralf. *Bundesverfassungsgericht und Fachgeric/htsbarkeit*. Tübingen: Mohr Siebeck, 2006.

ALLOTT, Philip. *Towards the international rule of law*: essays in integrated constitutional theory. London: Cameron May, 2006.

ALLWOOD, Jens S.; ANDERSSON, Lars-Gunnar; DAHL, Östen. *Logic in linguistics*. Cambridge: Cambridge University Press, 1977.

ALMEIDA FERRO, Ana Luíza. *Interpretação constitucional*: a teoria procedimentalista de John Hart Ely. Belo Horizonte: Decálogo, 2007.

ALMEIDA, Alberto Carlos. *A cabeça do brasileiro*. Rio de Janeiro/São Paulo: Record, 2007.

ALMOND, Brenda. Morality and multiculturalism. *In*: NISSEN, Ulrik; ANDERSEN, Svend; REUTER, Lars. *The sources of public morality*: on the ethics and religion debate: proceedings of the annual conference of the Societas Ethica in Berlin, August 2001. Münster: LIT, 2003.

ALONSO GARCÍA, Enrique. *La interpretación de la Constitución*. Madrid: Centro de Estudios Constitucionales, 1984.

ÁLVAREZ CONDE, Enrique. *Curso de derecho constitucional*: el Estado constitucional. El sistema de fuentes. Los derechos y libertades. 2. ed. Madrid: Tecnos, 1996. v. I.

AMADO DE SOUZA BARRETO, Fábio. O princípio da dignidade da pessoa humana. *Revista de Direito da Associação dos Defensores Públicos do Estado do Rio de Janeiro*, v. I, p. 93, jul./set. 2002.

AMOROSO, Giovanni. I seguiti delle decisioni di interpretazione adeguatrice della Corte costituzionale nella giurisprudenza di legittimità della Corte di cassazione. *Rivista Trimestrale di Diritto Pubblico*, n. 3, p. 769-806, 2008.

ANCEL, Marc. *Utilidade e métodos do direito comparado*. (Trad. Sérgio José Porto). Porto Alegre: Sergio Antonio Fabris, 1980.

ANDERSON, Benedict. *Imagined communities*: reflections on the origins and spread of nationalism. 2. ed. London: Verso, 1991.

ANDERSON, Bruce. *"Discovery" in legal decision-making*. The Netherlands: Springer, 1996.

ANDERSON, Elisabeth. *Value in ethics and economics*. Cambridge: Harvard University Press, 1993.

ANHUT, Reimund; HEITMEYER, Wilhelm. Desintegration, Konflikt, Ethnisierung: *In*: IMBUSCH, Peter; HEITMEYER, Wilhelm. *Integration – Desintegration*: ein Reader zur Ordnungsproblematik moderner Gesellschaften. Wiesbaden: V.S., 2008.

ANTUNES ROCHA, Cármen Lúcia. O princípio da dignidade da pessoa humana e a exclusão social. *Revista Interesse Público*, n. 4, p. 23-48.1999.

ANZILOTI, Dionísio. *Corso di diritto internazionale*. Roma: Spoleto, 1912.

ARDANT, Philippe. *Institutions politiques & droit constitutionnel*. 4. ed. Paris: L.G.D.J., 1992.

ARISTÓTELES. *A Política*. (Trad. Roberto Leal Ferreira). São Paulo: Martins Fontes, 1998.

ARISTÓTELES. *Etica Niocomachea*. (Trad. Claudio Mazzarelli). Milano: Bompiani Testi a Fronte, 2007.

ARISTÓTELES. Topici. *In*: *Organon*. (Trad. Giorgio Colli). 2. ed. Milano: Adelphi, 2008.

ARRIMADA, Lucas. Derecho, moral y política: derecho constitucional, moral institucional y política democrática: sobre frenos, puentes y motores en la democracia deliberativa. *In*: GARGARELLA, Roberto. *Teoría y crítica del derecho constitucional*. Buenos Aires: Abeledo-Perrot LexisNexis, 2008. t. I.

ARTOSI, Alberto. Reasonableness, common sense and science. *In*: BONGIOVANNI, Giorgio; SARTOR, Giovanni; VALENTINI, Chiara. *Reasonableness and law*. New York: Springer, 2009.

ASCOLI, Max. *La interpretazione delle legi*: saggio di filosofia del diritto. Roma: Athenaeum, 1928.

ASPREY, Michele M. *Plain language for lawyers*. Sydney: The Federation Press, 2003.

ASSIER-ANDRIEU, Louis. *O direito nas sociedades humanas* (*Le droit dans le sociétés humaines*). (Trad. Maria Ermantina Galvão). São Paulo: Martins Fontes, 2000.

ASSIS DE ALMEIDA, Guilherme; OCHSENHOFER CHRISTMANN, Martha. *Ética e direito*: uma perspectiva integrada. 3. ed. São Paulo: Atlas, 2009.

ATIENZA, Manuel. ¿Es el positivismo jurídico una teoría aceptable del derecho? *In*: RIBEIRO MOREIRA, Eduardo; GONÇALVES JÚNIOR, Jerson Carneiro; POLLETI BETTINI, Lucia Helena. *Hermenêutica constitucional*: homenagem aos 22 anos do Grupo de Estudos Maria Garcia. São Paulo: Conceito Editorial, 2010.

ATIENZA, Manuel. *As razões do direito*: teorias da argumentação jurídica. Perelman, Viehweg, Alexy, MacCormick e outros (Las razones del derecho: teorías de la argumentación jurídica). (Trad. Maria Cristina Guimarães Cupertino). 3. ed. São Paulo: Landy, 2006.

AUBERT, Jean-François. *Traité de droit constitutionnel suisse*. Neuchatel: Ides et Calendes, 1967. v. I e II.

AUSTIN, J. L. *How to do things with words*. Oxford: Oxford University Press, 1962.

AUSTIN, J. L. *The province of jurisprudence determined and the uses of the study of jurisprudence*. Indianapolis: Hackett, 1998.

AUSTIN, J. L. *The province of jurisprudence determined*. Cambridge: Cambridge University Press, 1995.

AVELAR FREIRE SANT'ANNA, Alayde. *A radicalização do direito*. Porto Alegre: Sérgio Antonio Fabris, 2004.

ÁVILA, Humberto. *Teoria dos princípios*: da definição à aplicação dos princípios jurídicos. 11. ed. São Paulo: Malheiros, 2010.

AZZARITI, Gaetano. Interpretação e teoria dos valores: retorno à Constituição (Interpretazione e teoria dei valori: tornare alla Costituzione). (Trad. Juliana Salvetti). *Revista Brasileira de Direito Constitucional*, n. 6, p. 157-168, 2005.

AZZENA, Luisa. Le regole (mutevoli) della Costituzione econômica. *In*: *Il respetto delle regole*: scritti degli allievi in onore di Alessandro Pizzorusso. Torino: Giappichelli, 2005.

BACELAR GOUVEIA, Jorge. *Manual de direito constitucional*. 3. ed. Coimbra: Almedina, 2010. v. 1.

BACHOF, Otto. *Jueces y Constitución*. (Trad. Rodrigo Bercovitz Rodríguez-Cano). Madrid: Civitas, 1985.

BACHOF, Otto. *Normas constitucionais inconstitucionais?* (*Verfassungswidrige Verfassungsnormen?*). (Trad. José Manuel M. Cardoso da Costa). Coimbra: lmedina, 1994.

BACHOF, Otto. *Verfassungswidrige Verfassungsnormen*. Tübingen: J. C. B. Mohr, 1951.

BÄCKER, Carsten. Der Syllogismus als Grundstruktur des juristischen Begründens? *Rechtstheorie*, v. 40, n. 3, p. 404-424, 2009.

BADURA, Peter. *Staatsrecht, Systematische Erläuterung des Grundgesetzes*. 3. ed. München: C. H. Beck, 2003.

BAKER, Bruce. *Taking the law into their own hands*: lawless law enforces in Africa. Hampshire: Ashgate, 2002.

BALAGUER CALLEJÓN, Francisco et al. (Coord.). *Derecho constitucional*. 2. ed. Madrid: Tecnos, 2003. v. I.

BALAGUER CALLEJÓN, Francisco. A Carta dos Direitos Fundamentais da União Europeia. *Direito Público*, n. 35, p. 7-23, set./out. 2010.

BALAGUER, CALLEJÓN, María Luisa. Las sentencias del Tribunal Constitucional. *In*: BALAGUER CALLEJÓN, Francisco (Org.). *Derecho constitucional*. 2. ed. Madrid: Tecnos, 2003. v. I.

BANKOWSKI, Zenon; MACLEAN, James. *The universal and the particular in legal reasoning*. Hampshire: Ashgate, 2006.

BAPTISTA MACHADO, João. *Introdução ao direito e ao discurso legitimador*. 17. reimp. Coimbra: Almedina, 2008.

BARAK, Aaron. A judge on judging: the role of a Supreme Court in a democracy. *Harward Law Review*, n. 116, p. 16, 2002.

BARAK, Aaron. L'exercice de la fonction juridictionnelle vu par un juge: le rôle de la Cour dans une démocratie. *Revue Française de Droit Constitutionnel*, n. 66, p. 227-302, abr. 2006.

BARAK, Aaron. *Purposive interpretation in law*. (Trad. Sari Bashi). Oxford: Princeton University Press, 2007.

BARATA-MOURA, José. Democracia e razão. *In*: LOPES ALVES, João. *Ética e o futuro da democracia*. Lisboa: Colibri, 1998.

BARBER, Sotirius A.; FLEMING, James A. *Constitutional interpretation*. New York: Oxford University Press, 2007.

BARBOSA PINTO, Marcos. *Constituição e democracia*. Rio de Janeiro: Renovar, 2009.

BARBOSA, Rui. *Commentarios á Constituição Federal Brasileira*: colligidos e ordenados por Homero Pires. São Paulo: Saraiva, 1932. v. I.

BARBOSA, Rui. *Commentarios á Constituição Federal Brasileira*: colligidos e ordenados por Homero Pires. São Paulo: Saraiva, 1933. v. IV.

BARILE, Paolo. *Diritti dell'uomo e libertà fondamentali*. Bologna: Il Mulino, 1984.

BARR, Dale J.; KEYSAR, Boaz. Making sense of how we make sense: the paradox of egocentrism in language use. *In*: COLSTON, Herbert L.; KATZ, Albert N. *Figurative language comprehension*: social and cultural influences. New Jersey: Routledge, 2005.

BARRANCO AVILÉS, Maria del Carmen. *La teoría jurídica de los derechos fundamentales*. Madrid: Dykinson, 2004.

BARRON, Anne. *Acquisition in interlanguage pragmatics*: learning how to do things with words in a study abroad cotext. Philadelphia: John Benjamins, 2003. (Pragmatics & Beyond, v. 108).

BARROSO, Luís Roberto. *Curso de direito constitucional contemporâneo*. 2. ed. São Paulo: Saraiva, 2010.

BARROSO, Luís Roberto. Fundamentos teóricos e filosóficos do novo direito constitucional brasileiro (pós-modernidade, teoria crítica e pós-positivismo). *In*: BARROSO, Luís Roberto (Org.). *A nova interpretação constitucional*: ponderação, direitos fundamentais e relações privadas. 3. ed. Rio de Janeiro: Renovar, 2008; e *In*: BARROSO, Luís Roberto (Org.). *Temas de direito constitucional*. 2. ed. Rio de Janeiro: Renovar, 2009. t. II.

BARROSO, Luís Roberto. *Interpretação e aplicação da Constituição*. 7. ed. São Paulo: Saraiva, 2009.

BARROSO, Luís Roberto. Neoconstitucionalismo e constitucionalização do direito: o triunfo tardio do direito constitucional no Brasil. *In*: LEITE SAMPAIO, José Adércio (Org.). Constituição e crise política. Belo Horizonte: Del Rey, 2006. e *In*: BARROSO, Luís Roberto (Org.). *Temas de direito constitucional*. Rio de Janeiro: Renovar, 2009. t. IV.

BARROSO, Luís Roberto. O começo da história: a nova interpretação constitucional e o papel dos princípios no direito brasileiro. *In*: BARROSO, Luís Roberto (Org.). *Temas de direito constitucional*. 2. ed. Rio de Janeiro: Renovar, 2008. t. III.

BARROSO, Luís Roberto. *O direito constitucional e a efetividade de suas normas*. 9. ed. Rio de Janeiro: Renovar, 2009.

BARROSO, Luís Roberto; DE BARCELLOS, Ana Paula. O começo da história: a nova interpretação constitucional e o papel dos princípios no direito brasileiro. *In*: BARROSO, Luís Roberto (Org.). *A nova interpretação constitucional*: ponderação, direitos fundamentais e relações privadas. 3. ed. Rio de Janeiro: Renovar, 2008.

BARRY, Brian. Justice and democracy *In*: LOPES ALVES, João. *Ética e o futuro da democracia*. Lisboa: Colibri, 1998.

BARSHACK, Lior. Time and the Constitution. *International Journal of Constitutional Law*, v. 7, n. 4, p. 553-576, Oct. 2009.

BARTOLOMÉ CENZANO, José Carlos. *Derechos fundamentales y libertades públicas*. Valencia: Tirant lo Blanch, 2003.

BARZOTTO, Luiz Fernando. Pessoa e reconhecimento: uma análise estrutural da dignidade da pessoa humana. *In*: ALMEIDA FILHO, Agassiz; MELGARÉ, Plínio (Org.). *Dignidade da pessoa humana*: fundamentos e critérios interpretativos. São Paulo: Malheiros, 2010.

BASSI, Franco. Il principio della separazione dei poteri. *Rivista Trimestrale di Diritto Pubblico*, n. 1, p. 17 (18), 1965.

BASTOS, Celso Ribeiro. *Hermenêutica e interpretação constitucional*. 2. ed. São Paulo: Celso Bastos, 1999.

BAUM, Lawrence. *A Suprema Corte Americana*. (Trad. Élcio Cerqueira). Rio de Janeiro: Forense Universitária, 1987.

BAUMAN, Richard W. *Ideology and community in the first wave of critical legal studies*. Toronto: University of Toronto Press, 2002.

BEATY, David M. *The ultimate rule of law*. New York: Oxford University Press, 2004.

BECCARIA, Cesare. *Dos delitos e das penas* (*Dei delitti e delle pene*, 1764). (Trad. Paulo M. Oliveira). São Paulo: Atena, 1954.

BECKER, Joachim. *Transfergerechtigkeit und Verfassung*: die Finanzierung der Rentenversicherung im Steuer – und Abgabensystem und im Gefüge staatlicher Leistungen. Tübingen: Mohr Siebeck, 2001.

BELADIEZ ROJO, Margarita. *Los principios jurídicos*. Madrid: Tecnos, 1994.

BELLAH, Robert. *The good society*. New York: Kopf, 1991.

BELLERT, I. *La linguistica testuale* (*On a condition of the coherence of text*). (Trad. M. Elisabeth Conte) Milano: Feltrinelli, 1977.

BENDITT, Theodore M. *Law as rule and principle*: problems of legal philosophy. California: Standord University Press, 1978.

BENTHAM, Jérémie. *An introduction to the principles of morals and legislation*. USA: Adegi Graphics LLC, 1961.

BENTHAM, Jérémie. Principes de législation. *In: Oeuvres de Jérémie Bentham*. (Org. e Trad. É. Dumont). 3. ed. Bruxelles: Société Belge de Librairie, 1840. t. 1.

BENTHAM, Jérémie. Vue générale d'un corps complet de législation. *In: Oeuvres de Jérémie Bentham*. (Org. e trad. É. Dumont). 3. ed. Bruxelles: Société Belge de Librairie, 1840. t. 1.

BENTIVOGLIO, Ludovico Matteo. Interpretazione delle norme internazionali. *In: Enciclopedia del diritto*. Milano: Giuffrè, 2007. v. XXII.

BENTLEY, Arthur Fischer. *The process of government*: a study of social pressures. Evaston: Principia, 1949.

BENVENISTE, E. *Problèmes de linguistique générale*. Paris: Gallimard, 1966.

BERGSON, Henri. *The two sources of morality and religion*. (Trad. R. Ashley Audra e Cloudsley Brereton, com o auxílio de W. Horsfall Carter). Notre Dame: University of Notre Dame Press, 1977.

BERKELEY, George. *A treatise concerning the principles of human understanding (1710)*. Oxford: Jonathan Dancy, 1998.

BERK-SELIGSON, Susan. *The bilingual courtroom in the judicial process*. 2. ed. Chicago: Chicago University Press, 2002.

BERNAL PULIDO, Carlos. *El principio de proporcionalidad y los derechos fundamentales*. 2. ed. Madri: Centro de Estudios Políticos y Constitucionales, 2005.

BERNSTEIN, Richard J. *Beyond objectivism and relativism*: science, hermeneutics, and praxis. 4. ed. Pennsylvania: University of Pennsylvania Press, 1983.

BERTEA, Stefano. *Certezza del diritto e argomentazione giuridica*. Itália: Rubbettino, 2002.

BERTEA, Stefano. Diritto e norma. *In*: LA TORRE, Massimo; SCERBO, Alberto. *Una introduzione alla filosofia del diritto*. Itália: Rubbettino, 2003.

BERTEA, Stefano. Legal argumentation theory and the concept of law. *In*: VAN EEMERENM F. H.; BLAIR, J. Anthony; A. WILLARD, Charles. *Anyone who has a view*: theoretical contributions to the study of argumentation. The Netherlands: Springer, 2003.

BERTI, Giorgio. *Diritto e Stato*: riflessioni sul cambiamento. Padova: CEDAM, 1986.

BERTI, Giorgio. *Interpretazione costituzionale*: lezioni di diritto pubblico. 4. ed. Verona: CEDAM, 2001.

BESSON, Samantha. European legal pluralism after Kadi. *ECLR*, v. 5, n. 2, p. 237-264, 2009.

BETTI, Emilio. *Interpretazione della legge e degli atti giuridici*: teoria generale e dogmatica. 2. ed. Milano: Giuffrè, 1971.

BETTI, Emilio. *Teoria generale dell'interpretazione*. 2. ed. Milano: Giuffrè, 1990. v. II.

BEVILAQUA, Clóvis. *Teoria geral do direito civil*. 7. ed. Rio de Janeiro: Francisco Alves, 1955.

BEZERRA FALCÃO, Raimundo. *Ensaios acerca do pensamento jurídico*. São Paulo: Malheiros, 2008.

BIANCHI, Paolo. Poteri sostitutivi statali e "perseguimento degli interessi unitari". *In*: *Il respetto delle regole*: scritti degli allievi in onore di Alessandro Pizzorusso. Torino: Giappichelli, 2005.

BIANCO, Franco. *Introduzione all'ermeneutica*. 4. ed. Milano: Laterza, 2005.

BICKEL, Alexander. *The least dangerous branch*. 2. ed. New Haven: Yale University Press, 1986.

BICKEL, Alexander. The original understanding and the segregation decision. *Harvard Law Review*, n. 69, p. 1, 1953.

BIDART CAMPOS, German J. *Manual de la Constitución reformada*. Buenos Aires: Ediar, 2006. t. I.

BIDART CAMPOS, German J. *Teoría general de los derechos humanos*. Buenos Aires: Astrea, 1991.

BIELEFELDT, Heiner. *Philosophie der Menschenrechte*: Grundlagen eines weltweiten Freiheitsethos. Frankfurt: Primus, 1998.

BIFULCO, Daniela, *L'inviolabilità dei diritti sociali*. Napoli: Eugenio Jovene, 2003.

BILBAO UBILLO, Juan Maria. *La eficacia de los derechos fundamentales frente a particulares*: análisis de la jurisprudencia del Tribunal Constitucional. Madrid: Centro de Estudios Políticos y Constitucionales, 1997.

BILLOTA, Bruno. Diritto e società. *In*: LA TORRE, Massimo; SCERBO, Alberto. *Una introduzione alla filosofia del diritto*. Itália: Rubbettino, 2003.

BIN, Roberto. *Capire la Costituzione*. 2. ed. Bari: Laterza, 2008.

BINDREITER, Uta. *Why grundnorm?*: a treatise on the implications of Kelsen's doctrine. The Netherlands: Springer, 2002. (Law and Philosophy Library, v. 58).

BIRKENSTOCK, Eva. Rechtstheorien ohne Moralphilosophie: zur Abkopplung neuer Rechtstheorien von der Rechtsphilosophischen Tradition. *Der Staat*, v. 46, n. 4, p. 561-572, 2007.

BITTAR, Eduardo C. B. Ética, cidadania e Constituição: o direito à dignidade e à condição humana. *Revista Brasileira de Direito Constitucional*, n. 8, p. 125, jul./dez. 2006.

BITTAR, Eduardo C. B. Hermenêutica e Constituição: a dignidade da pessoa humana como legado à pós-modernidade. *In*: ALMEIDA FILHO, Agassiz; MELGARÉ, Plínio (Org.). *Dignidade da pessoa humana*: fundamentos e critérios interpretativos. São Paulo: Malheiros, 2010.

BITTAR, Eduardo C. B.; DE ALMEIDA, Guilherme Assis. *Curso de filosofia do direito*. 8. ed. São Paulo: Atlas, 2010.

BIX, Brian. *American constitutionalism*: from theory to politics. USA: Pricenton University Press, 1998.

BIX, Brian. *Analyzing law*: new essays in legal theory. Oxford: Oxford University Press, 1998.

BIX, Brian. *Law, language and legal determinacy*. New York: Oxford University Press, 2003.

BIX, Brian. *Law, language and legal determinacy*. Oxford: Claredon Press, 1993.

BIX, Brian. Natural law theory. *In*: PATTERSON, Dennis (Org.). *A companion to philosophy of law and legal theory*. USA: Wiley-Blackwell, 2003.

BIX, Brian. Questões na interpretação jurídica. *In*: MARMOR, Andrei. *Direito e interpretação* (*Law and interpretation*). (Trad. Luís Carlos Borges). São Paulo: Martins Fontes, 2004.

BLACK JR., Charles L. *Structure and relationship in constitutional law*. Baton Rouge: Louisiana State University Press, 1969.

BLACK, Henry Campbell. *Handbook on the construction and interpretation of the laws*. 2. ed. St. Paul: West Publishing, 1911.

BLACKSTONE, William. *Commentaries on the laws of England*. Philadelphia: Childs & Peterson, 1860. v. 1 e 2.

BLAIR, J. Anthony. Relationships among logic, dialectic and rethoric. *In*: VAN EEMERENM F. H.; BLAIR, J. Anthony; A. WILLARD, Charles. *Anyone who has a view*: theoretical contributions to the study of argumentation. The Netherlands: Springer, 2003.

BLANCO DE MORAIS, Carlos. *Justiça constitucional*: garantia da Constituição e controlo da constitucionalidade. 2. ed. Coimbra: Coimbra Editora, 2006. t. I.

BLANCO DE MORAIS, Carlos. *Justiça constitucional*: o contencioso constitucional português entre o modelo misto e a tentação do sistema de reenvio. Coimbra: Coimbra Editora, 2005.

BLOOMER, Aileen; GRIFFITHS, Patrick; MERRISON, Andrew. *Introducing language in use*: a coursebook. Onix: Routledge, 2005.

BOBBIO, Norberto. *A era dos direitos*. (Trad. Carlos Nélson Coutinho). Rio de Janeiro: Campus, 1992.

BOBBIO, Norberto. Consuetudine (teoria generale). *In*: *Enciclopedia del diritto*. Milano: Giuffrè. (1961) 2007. v. IX.

BOBBIO, Norberto. Fatto normativo. *In*: *Enciclopedia del diritto*. Milano: Giuffrè, (1967) 2007. v. XVI.

BOBBIO, Norberto. *Giusnaturalismo e positivismo giuridico*. 3. ed. Milano: Edizioni di Comunitá, 1977.

BOBBIO, Norberto. *O positivismo jurídico*: lições de filosofia do direito. (Trad. Marcio Pugliesi, Edson Bini e Carlos E. Rodrigues). São Paulo: Ícone, 1995.

BOBBIO, Norberto. Sul formalismo giuridico. *Rivista Italiana di Diritto e Procedura Penale*, p. 977-998, 1958.

BOBBIO, Norberto. Sul positivismo giuridico. *Rivista di Filosofia*, n. LII, p. 14-34, 1961.

BOBBIO, Norberto. *Teoria dell'ordinamento giuridico*. Torino: Giappichelli, 1960.

BOBBIO, Norberto; MATTEUCCI, Nicola; PASQUINO, Gianfranco. *Dicionário de política* (*Dizionario di politica*). (Trad. Carmen C. Varriale, Gaetano lo Monaco, João Ferreira, Luís Guerreiro Pinto Caçais e Renzo Dino). 12. ed. Brasília: Editora Universidade de Brasília, 2004. v. 1 e 2.

BOBBITT, Philip. Constitutional law and interpretation. *In*: PATTERSON, Dennis (Org.). *A companion to philosophy of law and legal theory*. USA: Wiley-Blackwell, 2003.

BOBBITT, Philip. From the constitutional fate: theory of the Constitution. *In*: LEVINSON, Sanford; MAILLOUX, Steven. *Interpreting law and literature*: a hermeneutic reader. Illinois: Northwestern University Press, 1988.

BÖCKENFÖRDE, Ernst-Wolfgang. Teoría e interpretación de los derechos fundamentales. *In*: *Escritos sobre derechos fundamentales*. (Trad. Juan Requejo Pagés e Ignácio Villaverde Menéndez). Baden-Baden: Nomos, 1993.

BÖCKENFÖRDE, Ernst-Wolfgang; NICOLETTI, Michele; BRINO, Omar. *Stato, costituzione, democrazia*: studi di teoria della costituzione e di diritto costituzionale. Milano: Giuffrè, 2006.

BOLZAN DE MORAES, José Luis; RIGO SANTIN, Janaína. Constituição e direitos humanos. ou: só é possível dignidade na Constituição. *In*: ALMEIDA FILHO, Agassiz; MELGARÉ, Plínio (Org.). *Dignidade da pessoa humana*: fundamentos e critérios interpretativos. São Paulo: Malheiros, 2010.

BONAVIDES, Paulo. A interpretação da Constituição. *In*: RIBEIRO MOREIRA, Eduardo; GONÇALVES JÚNIOR, Jerson Carneiro; POLLETI BETTINI, Lucia Helena. *Hermenêutica constitucional*: homenagem aos 22 anos do Grupo de Estudos Maria Garcia. São Paulo: Conceito Editorial, 2010.

BONAVIDES, Paulo. *Curso de direito constitucional*. 25. ed. São Paulo: Malheiros, 2010.

BONAVIDES, Paulo. O método tópico de interpretação constitucional. *In*: RAMOS TAVARES, André; FERREIRA MENDES, Gilmar; GANDRA DA SILVA MARTINS, Ives. *Lições de direito constitucional em homenagem ao jurista Celso Bastos*. Rio de Janeiro: Saraiva, 2005.

BONGIOVANNI, Giorgio. *Costituzionalismo e teoria del diritto*. Bari: Laterza, 2008.

BONJEAN, Georges. *Explication méthodique des Institutes de Justinien*. Paris: A. Durand et Pedone-Lauriel, 1878. t. 1.

BORGES, Arnaldo. *Origens da filosofia do direito*. Porto Alegre: Sérgio Antonio Fabris, 1999.

BOROWSKI, M. *La estrutura de los derechos fundamentales*. Bogotá: Universidad Externado de Colombia, 2003.

BRADLEY, A. W.; EWING, K. D. *Constitutional and administrative law*. 13. ed. Harlow: Pearson Education, 2003.

BRADLEY, Gerard V. The tragic case of capital punishment. *In*: ESKRIDGE JR., William N.; LEVINSON, Sanford (Org.). *Constitutional stupidities, constitutional tragedies*. New York: New York University Press, 1998.

BREST, Paul. The misconceived quest for the original understanding. *UL Review*, n. 60, p. 204, 1980.

BREYER, Stephen. *Active liberty*: interpreting our democratic Constitution. New York: Vintage Books, 2005.

BRIC, Johannes. *Vereinsfreiheit*: eine rechtsdogmatische Untersuchung der Grundfragen des Vereinsrechts. Wien: Springer, 1998.

BRITO, Miguel Nogueira de. *A Constituição constituinte*: ensaio sobre o poder de revisão da Constituição. Coimbra: Coimbra Editora, 2000.

BRODOCZ, André. Die symbolische Dimension konstitutioneller Institutionen: *über* kulturwissenschaftliche Ansätze in der Verfassungstheorie. *In*: SCHWELLING, Birgit (Org.). *Politikwissenschaft als Kulturwissenschaft*: Theorien, Methoden, Problemstellungen. Heidelberg: VS, 2004.

BROWN, Matthew; MARTICHOU-FARABON, Elisabeth; PERDU, Michel. *The language of english law and politics*. Paris: Ophrys, 2003.

BRUGGER, Winfried. Radikaler und geläutereter Pluralismus. *Der Staat*, n. 29, p. 497, 1990.

BRYCE, James. *La république américaine*: le gouvernment national. (Trad. Daniel Müller). Paris: M. Giard & E. Brière, 1911. t. 1.

BUENO DE CARVALHO, Amilton. *Direito alternativo em movimento*. 6. ed. Rio de Janeiro: Lumen Juris, 2005.

BULHÕES PEDREIRA, José Luiz. *Conhecimento, sociedade e direito*: introdução ao conceito de direito. Rio de Janeiro: Renovar, 2008.

BÜLLESBACH, Alfred. Systemtheorie im Recht. *In*: HASEMER, Winfried; NEUMANN, Ulfrid; KAUFMANN, Arthur. *Einführung in Rechtstheorie der Gegenwart*. 7. ed. Heidelberg: C. F. Müller, 2004.

BULYGIN, Eugenio. El concepto de eficacia. *In*: *Validez y eficacia del derecho*. Buenos Aires: Astrea, 2005.

BUNG, Jochen. Theorie der Interpretation: Davidson. *In*: BUCKEL, Sonja; CHRISTENSEN, Ralph; FISCHER-LESCANO, Andreas (Org.). *Neue Theorien des Rechts*. 2. ed. Stuttgart: Lucius & Lucius, 2009.

BURGESS, Susan. *The founding fathers, pop culture, and constitutional law*: who's your daddy? Hampshire: Ashgate, 2009.

BURKE, Edmund. Reflexiones sobre la Revolución francesa (1790). *In*: *Textos políticos*. México: Fondo de Cultura Económica, 1996.

BUTT, Peter; CASTLE, Richard William. *Modern legal drafting*: a guide to using clearer language. Cambridge: Cambridge University Press, 2001.

BYDLINSKI, Franz. *Fundamentale Rechts-grundsätze*. Wien: Springer, 1988.

BYDLINSKI, Franz. *Juristische Methodenlehre und Rechstsbegriff*. 2. ed. Wien: Springer, 1991.

CADART, Jacques. *Institutions politiques et droit constitutionnel*. 3. ed. Paris: Economica, 1990. v. 1.

CAFÉ ALVES, Alaôr. A função ideológica do direito na sociedade moderna. *Revista Brasileira de Filosofia*, v. 232, p. 169-179, jan./jun. 2009.

CALABRESI, Guido; BOBBITT, Philip. *Tragic choices*: the conflicts society confronts in the allocation of tragically scarce resources. New York – London: W. W. Norton & Company, 1978.

CALABRICH SCHLUCKING, Marialva. *A proteção constitucional do mínimo imune*. Porto Alegre: Sergio Antonio Fabris, 2009.

CALAMANDREI, Piero. *La certezza del diritto e la responsabilità della dottrina*. Napoli: Morano, 1965. (Oppere Giuridiche, v. 1).

CALLIESS, Gralf-Peter. Systemtheorie: Luhmann/Teubner. *In*: BUCKEL, Sonja; CHRISTENSEN, Ralph; FISCHER-LESCANO, Andreas (Org.). *Neue Theorien des Rechts*. 2. ed. Stuttgart: Lucius & Lucius, 2009.

CALLYHAN ROBINSON, William. *Elements of American jurisprudence*. USA: BiblioBazaar, 2008.

CAMPBELL BLACK, Henry. *Handbook on the construction and interpretation of the laws*. New York: West Publishing, 1911.

CAMPBELL, Tom. Human rights: shifting boundaries. *In*: CAMPBELL, Tom; GOLDSWORTHY, Jeffrey Denys; STONE, Adrienne Sarah Ackary. *Protecting human rights*: instruments and institutions. Oxford: Oxford University Press, 2003.

CAMPBELL, Tom. *Prescriptive legal positivism*: law, rights and democracy. London: Routledge Cavendish, 2004.

CAMPBELL, Tom. *Rights*: a critical introduction. New York: Routledge, 2006.

CANARIS, Claus-Wilhelm. *Direitos fundamentais e direito privado*. (Trad. Ingo Wolfgang Sarlet e Paulo Mota Pinto). Coimbra: Almedina, 2003.

CANARIS, Claus-Wilhelm. *Pensamento sistemático e conceito de sistema na ciência do direito* (*Systemdenken und Systembegriff in der Jurisprudenz*). (Trad. A. Menezes Cordeiro). 5. ed. Lisboa: Fundação Calouste Gulbenkian, 1989.

CANOSA USERA, Raul. *Interpretación constitucional y fórmula política*. Madrid: Centro de Estudios Constitucionales, 1988.

CAPPELLETTI, Mauro. *Juízes legisladores?* (*Giudici legislatori?*). (Trad. Carlos Alberto Álvaro de Oliveira). Porto Alegre: Sérgio Antonio Fabris, 1993.

CAPPELLETTI, Mauro. *O controle de constitucionalidade das leis no direito comparado*. 2. ed. Porto Alegre: Sergio Antonio Fabris, 1992.

CAPPELLETTI, Mauro. *Proceso, ideologías, sociedad*. (Trad. Santiago, Sentis Melendo). Buenos Aires: Europa-América, 1974.

CARBONE, Carmelo. *I doveri pubblici individuali nella Costituzione*. Milano: Giuffrè, 1968.

CARCATERRA. Gaetano. *La forza costitutiva delle norme*. Roma: Bulzoni, 1979.

CARCATERRA. Gaetano. *Le norme costitutive*. Milano: Giuffrè, 1974.

CARDOSO MATOS, Nelson Juliano. Judicialização da política e politização da justiça: noções gerais e distinções conceituais. *In*: METON MARQUES DE LIMA, Francisco; SANTOS PESSOA, Robertônio. *Constitucionalismo, direito e democracia*. Rio de Janeiro: GZ, 2009.

CARDOZO, Benjamin Nathan. *Selected writings*. New York: Fallon, 1947.

CARDOZO, Benjamin. *The nature of the judicial process*. New Haven: Yale University Press, 1921.

CAREY, Susan. *The origin of concepts*. Oxford: Oxford University Press, 2009.

CARNEIRO, Maria Francisca. *Paradoxos no direito*: lógica e teoria de categorias. Porto Alegre: Núbia Fabris, 2009.

CARNELUTTI, Francesco. *Teoria generale del diritto*. 3. ed. Roma: Società Editrice del Foro Italiano, 1951.

CARRILLO SALCEDO, Juan Antonio. *Soberania de los estados y derechos humanos en derecho internacional contemporáneo*. 2. ed. Madrid: Tecnos, 2001.

CARRINO, Agostino. *Die Normenordnung*. Wien: Springer, 1998.

CARRIÓ, Genaro R. *Notas sobre derecho y lenguaje*. 5. ed. Buenos Aires: Abeledo-Perrot-LexisNexis, 2006.

CARRIÓ, Genaro R. *Sobre los límites del lenguaje normativo*. Buenos Aires: Astrea, 2008.

CARTON, Richard P. *Legal and historical society*. Dublin: Robert T. White, 1867.

CARVAJAL CORDÓN, Julián. *Moral, derecho y política en Immanuel Kant*. Cuenca: Universidad de Castilla La Mancha, 1999.

CASALTA NABAIS, José. *O dever fundamental de pagar impostos*. Coimbra: Almedina, 2009.

CASSESE, Antonio. *I diritti umani oggi*. Roma-Bari: Laterza, 2009.

CASTANHEIRA NEVES, A. *Metodologia jurídica*: problemas fundamentais. Coimbra: Coimbra Editora, 1993.

CASTANHEIRA NEVES, A. *O actual problema meotodológico da interpretação jurídica*. Coimbra: Coimbra Editora, 2003. v. I.

CASTILHO, Ricardo. *Justiça social e distributiva*: desafios para concretizar direitos sociais. São Paulo: Saraiva, 2009.

CASTILHO, Ricardo. Valores constitucionais. *In*: RIBEIRO MOREIRA, Eduardo; GONÇALVES JÚNIOR, Jerson Carneiro; POLLETI BETTINI, Lucia Helena. *Hermenêutica constitucional*: homenagem aos 22 anos do Grupo de Estudos Maria Garcia. São Paulo: Conceito Editorial, 2010.

CASTLES, Francis A. *The future of the welfare state*: crisis myths and crisis realities. New York: Oxford University Press, 2004.

CASTRO RANGEL, Paulo. *Repensar o poder judicial*: fundamentos e fragmentos. Porto: Publicações Universidade Católica, 2001.

CATALANO, John. *Francis Lieber*: hermeneutics and practical reason. Maryland: University Press of America, 2000.

CATANIA, Alfonso. *Metamorfosi del diritto*: decisione e norma nell'età globale. Bari: Laterza, 2008.

CATTANEO, Mario A. Alcune riflessioni sulla vitalità del diritto naturale. *Rivista Inernazionale di Filosofia del Diritto*, série V, n. 3, p. 449-454, giul./set. 2009.

CAVALCANTI MAIA, Antonio. As transformações dos sistemas jurídicos contemporâneos: apontamentos acerca do neoconstitucionalismo. *In*: RIBEIRO MOREIRA, Eduardo; GONÇALVES JÚNIOR, Jerson Carneiro; POLLETI BETTINI, Lucia Helena. *Hermenêutica constitucional*: homenagem aos 22 anos do Grupo de Estudos Maria Garcia. São Paulo: Conceito Editorial, 2010.

CENEVIVA, Walter. *Direito constitucional brasileiro*. 3. ed. São Paulo: Saraiva, 2003.

CHAMBERS, J. K. *Sociolinguistics theory*: linguistic variation and its social significance. 2. ed. Maden: Wiley-Blackwell, 2003. (Language in Society, v. 32).

CHANDLER, Daniel. *Semiotics*: the basics. New York: Routledge, 2002.

CHAPUS, René. *Droit administratif général*. 15. ed. Paris: Montchrestien, 2001. t. I.

CHARMAN, Mary; VANSTONE, Bobby; SHERRATT, Liz. *As law*. 4. ed. Devon: Willan, 2006.

CHEMERINSKY, Erwin. *Constitutional law*: principles and policies. 3. ed. New York: Aspen, 2006.

CHESSA, Omar. *Libertà fondamentali e teoria costituzionale*. Milano: Guiffrè, 2002.

CHIASSONI, Pierluigi. *Tecnica dell'interpretazione giuridica*. Bologna: Il Mulino, 2007.

CHIERCHIA, Genaro; McCONNELL-GINET, Sally. *Meaning and grammar*: an introduction to semantics. 2. ed. Massachusetts: MIT Press, 2000.

CHITI, Mario P. *Diritto amministrativo europeo*. Milano: Giuffrè, 1999.

CHOI, Naomi. Defending anti-naturalism after the interpretive turn: Charles Taylor and the human sciences. *History of Political Thought*, v. XXX, n. 4, p. 693-718, 2009.

CHOUDHRY, Sujit. Managing linguistic nationalism through constitution design: lessons from South Asia. *International Journal of Constitutional Law*, v. 7, n. 4, p. 577-618, oct. 2009.

CHRISTODOULIDS, Emilios. Elliding the particular: a comment on Neil MacCormick's Particulars and universals. *In*: BANKOWSKI, Zenon; MACLEAN, James (Org.). *The universal and the particular in legal reasoning*. Hampshire: Ashgate, 2006.

CÍCERO, Marco Túlio. *La república*. Madrid: Aguilar, 1979.

COCURUTTO, Ailton. *Os princípios da dignidade da pessoa humana e da inclusão social*. São Paulo: Malheiros, 2008.

COELHO, Luís Fernando. *Lógica jurídica e interpretação das leis*. Rio de Janeiro: Forense, 1979.

COHEN, Jonathan. Effective participation of national minorities as a tool for conflict prevention. *International Journal on Minority and Group Rights*, v. 16, n. 4, p. 539-548, 2009.

COHEN, Morris Raphael. The place of logic in the law. *Harvard Law Review*, n. 29, p. 622, 1916.

COLEMAN, Jules L. *Hart's postscript*: essays on the postscript to the concept of law. Oxford: Oxford University Press, 2001.

COLEMAN, Jules L. *The invisible origins of legal positivism*: a re-reading of a tradition. The Netherlands: Springer, 2001. Law and Philosophy Library, v. 52).

COLEMAN, Jules L. *The practice of principle*: in defence of a pragmatist approach to legal theory. Oxford: Oxford University Press, 2001.

COLEMAN, Jules L.; LEITER, Brian. Determinação, objetividade e autoridade. *In*: MARMOR, Andrei. *Direito e interpretação* (*Law and interpretation*). (Trad. Luís Carlos Borges). São Paulo: Martins Fontes, 2004.

COLEMAN, Jules L.; LEITER, Brian. Legal positivism. *In*: PATTERSON, Dennis (Org.). *A companion to philosophy of law and legal theory*. USA: Wiley-Blackwell, 2003.

COLLOCA, Stefano. Antinomie proeretiche vs. antinomie dikastiche. *Rivista Inernazionale di Filosofia del Diritto*, série V, n. 3, p. 441-447, giul./set. 2009.

COMPLAK, Krystian. Dignidad humana como categoría normativa en Polonia. *Cuestiones Constitucionales*, n. 14, p. 71-90, ene./jun. 2006.

CONKLIN, William E. *The invisible origins of legal positivism*: a re-reading of a tradition. Netherlands: Kluver Academic Publishers, 2001.

CONLEY, John M.; O'BARR, William. *Just words*: law, language and power. Chicago e London: University of Chicago Press, 1998.

CONROY, John. *Unspeakable acts, ordinary people*: the dynamics of torture. New York: Alfred R. Knopf, 2000.

CONSTANT, Benjamin. Del'esprit de conquête. *In*: *Oeuvres*: présenté et annoté par Alfred Roulin. Paris: Gallimard, 1957.

CONSTANTINO PETRI, Maria José. *Manual de linguagem jurídica*. São Paulo: Saraiva, 2009.

CONTE, Amedeo Giovanni. Il curvo sillogismo normative: Ilmar Tammelo vs. Sesto Empirico. *Rivista Inernazionale di Filosofia del Diritto*, série V, n. 3, p. 363-377, giul./set. 2009.

COOLEY, Thomas McIntiry. *A treatise on the constitutional limitations*. 4. ed. Boston: Little, Brown and Company, 1878.

CORNU, Gérard. *Linguistique juridique*. Paris: Montchrestien, 1990.

CORRÊA DE ANDRADE, André Gustavo. O princípio fundamental da dignidade humana e sua concretização judicial. *Revista de Direito do Tribunal de Justiça do Estado do Rio de Janeiro*, n. 58, p. 49, jan./mar. 2004.

CORREIA BAPTISTA, Eduardo. *Ius cogens em direito internacional*. Lisboa: Lex, 1997.

CORREIA JESUÍNO, Jorge. Valores, justiça e direitos: a perspectiva da psicologia social. *In*: LOPES ALVES, João. *Ética e o futuro da democracia*. Lisboa: Colibri, 1998.

CORSO, Guido. I diritti sociali nella Costituzione italiana. *Rivista Trimestrale di Diritto Pubblico*, n. 3, p. 755, 1981.

CORTELLA, Lucio. The rationality of language: philosophic consequences of the hermeneutic paradigm. *Journal of Legal Interpretation (Reasonableness and Interpretation)*, Münster: LIT, p. 55-70, 2003.

CORTESE, Anthony Joseph Paul. *Opposing hate speech*. USA: Greenwood, 2006.

CORTEZ BONIFÁCIO, Artur. Normatividade e concretização: a legalidade constitucional. *In*: MOREIRA DE MOURA, Lenice S. (Org.). *O novo constitucionalisno na era pós-positivista*: homenagem a Paulo Bonavides. São Paulo: Saraiva, 2009.

CORWIN, Edward S. *Court over Constitution*. Princeton: Princeton University Press, 1938.

CORZO SOSA, Edgar. *La cuestión de inconstitucionalidad*. Madrid: Centro de Estudios Políticos y Constitucionales, 1998.

COSSIO, Carlos. *Teoría de la verdad jurídica*. Buenos Aires: El Foro, 2007.

COSTA, Pietro. Diritti fondamentali (storia). *In*: *Enciclopedia del diritto*. Milano: Giuffrè, 2008. t. 2.

COTARELO, Ramon. *Del estado del bienestar al estado del malestar*: la crisis del estado social y el problema de la legitimidad. 2. ed. Madrid: Centro de Estudios Constitucionales, 1990.

COTÉ, Pierre-André. *Interpretation des lois*. 3. ed. Cowansville: Yvon Blais, 1999.

COTTA, Sergio. Politique et symbole. *In*: CRANSTON, Maurice; MAIR, Peter. *Langage et politique*. Bruxelles: Bruylant, 1982.

COTTERILL, Janet. *Language in the legal process*. Hampshire: Palgrave Macmillan, 2002.

COTTERRELL, Roger B. M. *The politics of jurisprudence*: a critical introduction to legal philosophy. USA: University of Pennsylvania Press, 1992.

COTTROL, Robert J.; DIAMOND, Raymond T.; WARE, Leland B. *Brown v. Board of Education*: case, culture and the Constitution. Lawrence: University Press of Kansas, 2003.

COULTHARD, Malcolm; JOHNSON, Alison. *An introduction to forensic linguistics*: language in evidence. New York: Routledge, 2007.

COUZENS HOY, David. Interpreting the law: hermeneutical and poststructuralist perspectives. *In*: LEVINSON, Sanford; MAILLOUX, Steven. *Interpreting law and literature*: a hermeneutic reader. Illinois: Northwestern University Press, 1988.

CRABBE, V. C. R. A. C. *Understanding statutes*. London: Cavendish, 1994.

CRAIG, Paul P. *Public law and democracy in the United Kingdom and the United States of America*. Oxford: Clarendon Press, 1990.

CRAIN, Stephen; LILLO-MARTIN, Diane Carolyn. *An introduction to linguistic theory and language acquisition.*. Oxford: Blackwell 1999. (Blackwell Textbooks in Linguistics, v. 15).

CRANSTON, Maurice. The language of politics. *In*: CRANSTON, Maurice; MAIR, Peter. *Langage et politique*. Bruxelles: Bruylant, 1982.

CRANSTON, Maurice. *What are human hights?* London: Blodey Head, 1973.

CRISAFULLI, Vezio. Atto normativo. *In*: *Enciclopedia del diritto*. Milano: Giuffrè, (1959) 2007. v. IV.

CRISAFULLI, Vezio. Disposizione (e norma). *In*: *Enciclopedia del diritto*. Milano: Giuffrè, (1964) 2007. v. XIII.

CRISAFULLI, Vezio. Fonti del diritto (dir. cost.). *In*: *Enciclopedia del diritto*. Milano: Giuffrè, (1968) 2007. v. XVII.

CRISAFULLI, Vezio. *Lezioni di diritto costituzionale*. 2. ed. Verona: CEDAM, 1970. v. I.

CRISAFULLI, Vezio. *Lezioni di diritto costituzionale*. 5. ed. Verona: CEDAM, 1984. v. II, t. II.

CRISAFULLI, Vezio. *Lezioni di diritto costituzionale*. 6. ed. Verona: CEDAM, 1993. v. II, t. I.

CRISAFULLI, Vezio. *Stato, popolo, governo*: illusioni e delusioni costituzionali. Milano: Giuffrè, 1985.

CRISAFULLI, Vezio; NOCILLA, Damiano. Nazione. *In*: *Enciclopedia del diritto*. Milano: Giuffrè, (1977) 2007. v. XXVII.

CROSS, Rupert.. *Precedent in English law*. 4. ed. Oxford: Clarendon Press, 1991.

CROSSWITHE, James. *The rhetoric of reason*: writing and the attractions of argument. Wiscosin: University of Wisconsin Press, 1996.

CRUZ FERREIRA, Luiz Alexandre; CRUZ FERREIRA, Alexandre Mendes. Consenso e resistência como horizontes hermenêuticos da participação-cidadã no direito. *In*: CRUZ FERREIRA, Luiz Alexandre. *Hermenêutica, cidadania e direito*. Campinas: Millennium, 2005.

CRUZ, Paulo Márcio. *Política, poder, ideologia & estado contemporâneo*. São Paulo: Juruá, 2005.

CRYSTAL, David. *A dictionary of linguistics and phonetics*. 2. ed. Oxford: Blackwell, 1985.

CULICOVER, Peter W.; NOWAK, Andrzej. *Dynamical grammar*: minimalism, acquisition, and change. Oxford: Oxford University Press, 2003. (Foundations of Syntax, v. 2).

DA SILVA PITAS, José Severino. Revolta da dignidade e a revolução ética. *Revista de Informação Legislativa do Senado Federal*, ano 33, n. 131, p. 129, jul./set. 1996.

DA SILVA, José Afonso. Cidadania e dignidade da pessoa humana. *Revista da Procuradoria-Geral da República*, n. 9, p. 119, jul./dez. 1996.

DA SILVA, José Afonso. *Curso de direito constitucional positivo*. 33. ed. São Paulo: Malheiros, 2010.

DAHL, Robert. *A preface to democratic theory*. Chicago: University of Chicago Press, 1956.

DAHRENDORF, Ralf. Der moderne soziale Konflikt. *In*: IMBUSCH, Peter; HEITMEYER, Wilhelm. *Integration-Desintegration*: ein Reader zur Ordnungsproblematik moderner Gesellschaften. Wiesbaden: V.S., 2008.

DAHRENDORF, Ralf. *Ensaios de teoria da sociedade*. (Trad. Regina Lúcia M. Morel). Rio de Janeiro-São Paulo: Zahar-EDUSP, 1974.

DALLARI, Dalmo de Abreu. *A Constituição na vida dos povos*: da Idade Média ao século XXI. São Paulo: Saraiva, 2010.

DALTON, Claire. An essay in the deconstruction of contract doctrine. *In*: LEVINSON, Sanford; MAILLOUX, Steven. *Interpreting law and literature*: a hermeneutic reader. Illinois: Northwestern University Press, 1988.

DAMÁSIO, António. *O mistério da consciência*: do corpo e das emoções ao conhecimento de si (The feeling of what happens: body and emotions in the making of conciouness). (Trad. Laura Teixeira Motta). São Paulo: Companhia das Letras, 2000.

DAN COHEN, Meir. Interpretando o discurso oficial. *In*: MARMOR, Andrei. I (Law and interpretation). (Trad. Luís Carlos Borges). São Paulo: Martins Fontes, 2004.

DASCAL, Marcelo. *Interpretação e compreensão*. (Trad. Márcia Heloisa Lima da Rocha). São Leopoldo: Editora Unisinos, 2006.

DAVID ARAÚJO, Luiz Alberto; SERRANO NUNES JÚNIOR, Vidal. *Curso de direito constitucional*. 14. ed. São Paulo: Saraiva, 2010.

DAVIS, Roy W. A brake? The Union's new "bill of rights". *European Human Rights Law Review*, n. 5, p. 449-460, 2005.

DE AGUIAR BARROS, José Manoel. *O partido dos justos*: a politização da justiça. Porto Alegre: Sergio Antonio Fabris, 2002.

DE ALBUQUERQUE SILVA, Celso. *Interpretação constitucional operativa*. Rio de Janeiro: Lumen Juris, 2001.

DE ALMEIDA SECCO, Orlando. *Introdução ao estudo do direito*. 11. ed. Rio de Janeiro: Lumen Juris, 2009.

DE ALMEIDA VIVEIROS DE CASTRO, Flávia. *Interpretação constitucional e prestação jurisdicional*. 2. ed. Rio de Janeiro: Lumen Juris, 2004.

DE AQUINO, São Tomás. *Os princípios da realidade natural (De principiis naturae)*. (Trad. Henrique Pinto Rema). Porto: Porto Editora, 2003.

DE AQUINO, São Tomás. *Suma teológica*: Prima Secundae. São Paulo: Loyola, 2002.

DE ARRUDA OLIVEIRA, Dinara. Pressupostos hermenêutico-constitucionais. *In*: RIBEIRO MOREIRA, Eduardo; GONÇALVES JÚNIOR, Jerson Carneiro; POLLETI BETTINI, Lucia Helena. *Hermenêutica constitucional*: homenagem aos 22 anos do Grupo de Estudos Maria Garcia. São Paulo: Conceito Editorial, 2010.

DE BARCELLOS, Ana Paula. Alguns parâmetros normativos para a ponderação constitucional. *In*: BARROSO, Luís Roberto (Org.). *A nova interpretação constitucional*: ponderação, direitos fundamentais e relações privadas. 3. ed. Rio de Janeiro: Renovar, 2008.

DE BARCELLOS, Ana Paula. Constitucionalização das políticas públicas em matéria de direitos fundamentais: o controle político-social e o controle jurídico no espaço democrático. *In*: WOLFGANG SARLET, Ingo; BENETTI TIMM, Luciano (Org.). *Direitos fundamentais*: orçamento e "reserva do possível". 2. ed. Porto Alegre: Livraria do Advogado, 2010.

DE BARCELLOS, Ana Paula. *Ponderação, racionalidade e atividade jurisdicional*. Rio de Janeiro: Renovar, 2005.

DE BARCELLOS, Ana Paula. Ponderação, racionalidade e atividade jurisdicional. *In*: BARROSO, Luís Roberto (Org.). *A reconstrução democrática do direito público no Brasil*. Rio de Janeiro: Renovar, 2007.

DE BARROS BELLO FILHO, Ney. *Sistema constitucional aberto*. Belo Horizonte: Del Rey, 2003.

DE BARROS CARVALHO, Paulo. O preâmbulo e a prescritividade constitutiva dos textos jurídicos. *In*: RIBEIRO MOREIRA, Eduardo; GONÇALVES JÚNIOR, Jerson Carneiro; POLLETI BETTINI, Lucia Helena. *Hermenêutica constitucional*: homenagem aos 22 anos do Grupo de Estudos Maria Garcia. São Paulo: Conceito Editorial, 2010.

DE BARROS CARVALHO, Paulo. Sobre o percurso de construção de sentido: modelo de interpretação do direito tributário. *In*: RAMOS TAVARES, André; FERREIRA MENDES, Gilmar; GANDRA DA SILVA MARTINS, Ives. *Lições de direito constitucional em homenagem ao jurista Celso Bastos*. Rio de Janeiro: Saraiva, 2005.

DE CRUZ, Peter. *Comparative law in a changing world*. 2. ed. London: Cavendish, 1999.

DE CUPIS, Adriano. *I diritti della personalità*. Milano: Giuffrè, 1950.

DE DOMINGO, Tomás *¿Conflictos entre derechos fundamentales?* Madrid: Centro de Estudios Políticos y Constitucionales, 2001.

DE FINA, Giuseppe. *Diritto comunitario*. Torino: UTET, 1980.

DE GIORGI, Raffaele. *Scienza del diritto e legittimazione*: critica dell'epistemologia giuridica tedesca da Kelsen a Luhmann. Lecce: Pensa Multimedia, 1998.

DE JESUS JULIOTTI, Pedro. A pena privativa de liberdade, o regime disciplinar diferenciado e a dignidade da pessoa humana. *Revista do Ministério Público de São Paulo – Justitia*, n. 198, p. 27, jan./jun. 2008.

DE LAMOTHE, Olivier Dutheillet. Le Conseil constitutionnel et le droit européen. *Revue Française de Droit Constitutionnel*, n. 57, p. 23-35, 2004.

DE MELLO CARVALHO MUKAI, Ana Cândida. Breve estudo sobre a linguagem da Constituição: a linguagem como via de acesso ao conteúdo da Constituição pelos cidadãos. In: RIBEIRO MOREIRA, Eduardo; GONÇALVES JÚNIOR, Jerson Carneiro; POLLETI BETTINI, Lucia Helena. *Hermenêutica Constitucional*: homenagem aos 22 anos do Grupo de Estudos Maria Garcia. São Paulo: Conceito Editorial, 2010.

DE MELO ALEXANDRINO, José. *A estruturação do sistema de direitos, liberdades e garantias na Constituição portuguesa*. Coimbra: Almedina, 2006. v. I e II.

DE MORAES, Alexandre. *Direito constitucional*. 25. ed. São Paulo: Atlas, 2010.

DE MOURA AGRA, Walber. *Curso de direito constitucional*. 5. ed. Rio de Janeiro: Forense, 2009.

DE OLIVEIRA ASCENSÃO, José. *Introdução à ciência do direito*. 3. ed. Rio de Janeiro: Renovar, 2005.

DE OLIVEIRA ASCENSÃO, José. *O direito*: introdução e teoria geral. 13. ed. Coimbra: Almedina, 2010.

DE OLIVEIRA LIMA, Newton. *Jurisdição constitucional e construção de direitos fundamentais no Brasil e nos Estados Unidos*. São Paulo: MP, 2009.

DE OLIVEIRA SERRANO, Ana Isabel. Competências, da noção ao referencial. *Revista de Estudos Políticos e Sociais*, v. XXIII, n. 1-4, p. 441-572, jan./dez. 2001.

DE OTTO, Ignacio. *Derecho constitucional*: sistema de fuentes. 2. ed. Barcelona: Ariel, 2001.

DE RUGGIERO, Luigi. *Tra consenso e ideologia*: studio di ermeneutica giuridica. Napoli: Eugenio Jovene, 1977.

DE SOUSA E BRITO, José. Razão democrática e direito. In: LOPES ALVES, João. *Ética e o futuro da democracia*. Lisboa: Colibri, 1998.

DE SOUSA JÚNIOR, José Geraldo. *Ideias para a cidadania e para a justiça*. Porto Alegre: Sergio Antonio Fabris, 2008.

DE SOUSA SANTOS, Boaventura. *A gramática do tempo*: para uma nova cultura política. São Paulo: Cortez, 2006.

DE SOUSA SANTOS, Boaventura. Por uma concepção multicultural de direitos humanos. In: *Revista Crítica de Ciências Sociais*, n. 48, p. 11-32, 1997.

DE SOUZA MENDONÇA, Jacy. *Curso de filosofia do direito*: o homem e o direito. São Paulo: Quartier Latin, 2006.

DE SOUZA SAMPAIO, Nélson. Hierarquia entre normas constitucionais. *Revista de Informação Legislativa do Senado Federal*, n. 85, p. 5-20, 1985.

DE SOUZA SAMPAIO, Nélson. Inconstitucionalidade de emenda constitucional. *Revista de Direito Público*, v. 16, n. 67, p. 5-19, 1983.

DE TOLEDO BARROS, Suzane. *O princípio da proporcionalidade e o controle da constitucionalidade das leis restritivas de direitos fundamentais*. 2. ed. Brasília: Brasília Jurídica, 2000.

DE VERGOTTINI, Giuseppe. *Diritto costituzionale*. 3. ed. Padova: CEDAM, 2001.

DEBBASCH, Charles et al. *Droit constitutionnel et institutions politiques*. 3. ed. Paris: Economica, 1990.

DEBRIX, François. *Language, agency, and politics in a constructed world*. New York: M. E. Sharpe, 2003.

DEI MALATESTA, Nicola Framarino. *A lógica das provas em matéria criminal* (*La logica delle prove in criminale*). (Trad. Waleska Girotto Silverberg). São Paulo: Conan, 1995. v. I.

DEI MALATESTA, Nicola Framarino. *A sociedade e o Estado*. (Trad. Lúcia Amélia Fernandez Baz e Maria Sicília Damiano). São Paulo: LZN, 2003.

DEINHAMMER, Robert. Ist eine "Option für die Armen" in der Rechtwissenschaft? *Archiv für Rechts- und Sozialphilosophie*, v. 93, n. 4, p. 551-562, 2007.

DEL VECCHIO, Giorgio. *Lições de filosofia do direito*. (Trad. António José Brandão). 5. ed. Coimbra: Arménio Amado, 1979.

DEL VECCHIO, Giorgio. *Sui principi generali del diritto*. Milano: Giuffrè, 1958.

DELPÉRÉE, Francis; VERDUSSEN, Marc. Le système fédéral. *In*: DELPÉRÉE, Francis. *La Belgique fédérale*. Bruxelles: Bruylant, 1994.

DENMAN, Daniel. The Charter of Fundamental Rights. *European Human Rights Law Review*, n. 4, p. 349-359, 2010.

DERBLI, Felipe. *O princípio de proibição de retrocesso social na Constituição de 1988*. Rio de Janeiro: Renovar, 2007.

DERSHOWITZ, Alan M. *Is there a right to remain silent?*: coercive interrogation and the Fifth Amendment after 9/11. New York: Oxford University Press, 2008.

DERSHOWITZ, Alan M. *Why terrorism works*: understanding the threat, responding to the challenge. New Haven: Yale University Press, 2003.

DI BERNARDO, G. The formal model M of the game of chess as a type of social context. *In*: DI BERNARDO, Giuliano. *Normative structures of the social world*. Amsterdam: Rodopi, 1988. v. 11.

DI CELSO, M. Mazziotti; SALERMO, G. M. *Manuale di diritto costituzionale*. Padova: CEDAM, 2002.

DI CELSO, M. Mazziotti; SALERMO, G. M. *Manuale di diritto costituzionale*. 3. ed. Padova: CEDAM, 2005.

DI COSIMO, Giovanni. *Coscienza e costituzione*: il limiti del diritto di fronte al convincimenti interiori della persona. Milano: Giuffrè, 2000.

DIAS FERREIRA, Carlos Wagner. Interpretação constitucional e argumentação jurídica. *In*: MOREIRA DE MOURA, Lenice S. (Org.). *O novo constitucionalisno na era pós-positivista*: homenagem a Paulo Bonavides. São Paulo: Saraiva, 2009.

DICEY, Albert Venn. *Introduction to the study of the law of the Constitution*. England: Elibron, 2005.

DICIOTTI, E. *Interpretazione della legge e discorso razionale*. Torino: Giappichelli, 1999.

DICIOTTI, E. *Verità e certezza nell'interpretazione della legge*. Torino: Giappichelli, 1999.

DIEZ DE VELASCO, Manuel. *Instituciones de derecho internacional público*. Madrid: Tecnos, 2002.

DIMOULIS, Dimitri; MARTINS, Leonardo. *Teoria geral dos direitos fundamentais*. 2. ed. São Paulo: Revista dos Tribunais, 2010.

DINIZ DANTAS, Davi. *Interpretação constitucional no pós-positivismo*: teoria e casos práticos. São Paulo: Madras, 2005.

DINIZ, Maria Helena. *Lei de Introdução ao Código Civil Brasileiro interpretada*. 14. ed. São Paulo: Saraiva, 2009.

DINIZ, Maria Helena. *Norma constitucional e seus efeitos*. 8. ed. São Paulo: Saraiva, 2009.

DIPPEL, Horst. *História do constitucionalismo moderno*: novas perspectivas. (Trad. António Manuel Hespanha e Cristina Nogueira da Silva). Lisboa: Fundação Calouste Gulbenkian, 2007.

DIXON, Martin. *Textbook on international law*. 4· ed. Oxford: Oxford University Press, 2000.

DOBELLE, Jean-François. Le droit international et la protection des droits de l'homme. *In*: PERRIN DE BRICHAMBAUT *et al.* (Org.). *Leçons de droit international public*. Paris: Dalloz, 2002.

DOGLIANI, Mario. *Interpretazioni della Costituzione*. Milano: Franco Angeli, 1982.

DOISE, Willem. Conflictual dynamics and values in social representations of human rights. *In*: LOPES ALVES, João. *Ética e o futuro da democracia*. Lisboa: Colibri, 1998.

DOMINGUES DE ANDRADE, Manuel A. *Ensaio sobre a teoria da interpretação das leis*. 2. ed. Coimbra: Arménio Amado, 1963.

DOMINGUES, Ivan. *Epistemologia das ciências humanas*. São Paulo: Loyola, 2004.

DONATI, Donato. *Il problema delle lacune dell'ordinamento giuridico*. Milano: Società Editrice Libraria, 1910.

DONOVAN, James M. *Legal anthropology*: an introduction. USA: Rowman & Littlefield, 2008.

DORF, Michael. *No litmus test*: law versus politics in the twenty-first century. Lanham: Rowman & Littlefield, 2006.

DOUGLAS, William O. *The right of the people*. New York: Pyramid Books, 1966.

DOWNES, William. *Language and society*. 2. ed. Cambridge: Cambridge University Press, 1998.

DUARTE, David. *A norma de legalidade procedimental administrativa*: a teoria da norma e a criação de normas de decisão na discricionariedade instrutória. Coimbra: Almedina, 2006.

DUBUT, Thomas. Le juge constitutionnel et les concepts: réflexions à propos des "exigences constitutionnelles. *Revue Française du Droit Constitutionnel*, n. 80, p. 749-764, oct. 2009.

DUGUIT, Léon. *L'état, le droit objectif et la loi positive*. Paris: Dalloz, 2003.

DUGUIT, Léon. *Manuel de droit constitutionnel*. 2. ed. Paris: E. de Boccard, 1911.

DUGUIT, Léon. *Traité de droit constitutionnel*. 3. ed. Paris: Ancienne Librairie Fontemong & Cie., 1927. t. I.

DUGUIT, Léon. *Traité de droit constitutionnel*. 3. ed. Paris: Ancienne Librairie Fontemong & Cie., 1927. t. III.

DUPUY, Pierre-Marie. *Droit international public*. 6. ed. Paris: Dalloz, 2002.

DÜRIG, Günter. Der Grundrechtssatz von der Menschenwürde. *AöR*, n. 81, p. 117-158, 1957.

DURKHEIM, Émile. *As regras do método sociológico*. (Trad. Paulo Neves). São Paulo: Martins Fontes, 2003.

DURKHEIM, Émile. *De la division du travail social*. Paris: Presses Universitaires de France, 1973.

DURKHEIM, Émile. *Lições de sociologia*: a moral, o direito, o Estado. (Trad. J. B. Damasco Penna). São Paulo: T. A. Queiroz-Edusp, 1983.

DURKHEIM, Émile. *On morality and society*: selected writings. Chicago: University of Chicago Press, 1973.

DUXBURY, Neil. *Patterns of American jurisprudence*. New York: Oxford University Press, 1997.

DWORKIN, Ronald. *A matter of principle*. Cambridge: Harvard University Press, 1985.

DWORKIN, Ronald. Affirmative action: does it work? In: *Sovereign virtue: the theory and practice of equality*. Massachusetts: Harvard University Press, 2002.

DWORKIN, Ronald. *Freedom's law*: the moral reading of the American constitution. Cambridge: Harward University Press, 1996.

DWORKIN, Ronald. Hart's Posthumous Reply. *Philosophy & Social Theory*, NYU School of Law, n. 4, 1994.

DWORKIN, Ronald. *Law's empire*. Massachusetts: Harvard University Press, 2000.

DWORKIN, Ronald. *Life's dominion*. New York: Vintage Books, 1994.

DWORKIN, Ronald. *O direito da liberdade*: a leitura moral da Constituição norte-americana (Freedom's law). (Trad. Marcelo Brandão Cipolla). São Paulo: Martins Fontes, 2006.

DWORKIN, Ronald. Seven critics. *Georgia Law Review*, n. 11, p. 1201-1267, 1977.

DWORKIN, Ronald. *Taking rights seriously*. Massachusetts: Harvard University Press, 1999.

EAGLETON, Terry. *Literary theory*: an introduction. 3. ed. Minneapolis: University of Minnesota Press, 2008.

ECO, Umberto. *A theory of semiotics*. USA: Indiana University Press, 1979.

ECO, Umberto. *I limiti dell'interpretazione*. 4. ed. Milano: Bompiani, 2004.

ECO, Umberto. *Opera aperta*: forma e indeterminazione nelle poetiche contemporanee. Milano: Bompiani, 1993.

EDMUNDSON, William A. *Uma introdução aos direitos (An introduction to rights)*. (Trad. Evandro Ferreira e Silva). São Paulo: Martins Fontes, 2006.

EEMEREN, F. H. *Crucial concepts in argumentation theory*. Amsterdam: Amsterdam University Press, 2001.

EEMEREN, F. H.; BLAIR, J. Anthony; WILLARD, Charles A. *Anyone who has a view*: theoretical contributions to the study of argumentation. The Netherlands: Springer, 2003. (Argumentation Library, v. 8).

EEMEREN, F. H.; GROOTENDORST, R. *A systematic theory of argumentation*: the pragma-dialectical approach. Cambridge: Cambridge University Press, 2004. (Ariel Empresa, v. 14).

EGIDI, Rosaria. *In search of a new humanism*: the philosophy of Georg Henrik von Wright. The Netherlands: Springer, 1999. (Synthese Library, v. 282).

EHMKE, Horst. Prinzipen der Verfassungsinterpretation. *In*: Gefährdungshaftung im *öffentlichen* Recht. *Aussprache zu den Berichten in den Verhandlungen der Tagung der Vereinigung der Deutschen Staatsrechtslehrer*, n. 20, p. 53-98, 1961.

EHRENZWEIG, Albert Armin; KNIGHT, Max. *Law*: a personal view. The Netherlands: BRILL, 1977.

EHRLICH, Eugen. *I fondamenti della sociologia del diritto* (*Grundlegung der Soziologie des Rechts*). (Trad. Alberto Febbrajo). Milano: Giuffrè, 1976.

EISFELD, Rainer. *Il pluralismo fra liberalismo e socialismo* (*Pluralismus zwischen Liberalismus und Sozialismus*). (Trad. Gustavo Corni). Bologna: Il Mulino, 1976.

ELIAS, Stephen; LEVINKIND, Susan. *Legal research*: how to find & understand the Law. 14. ed. USA: Nolo, 2005.

ELLSCHEID, Günter. Recht und Moral. *In*: HASEMER, Winfried; NEUMANN, Ulfrid; KAUFMANN, Arthur. *Einführung in Rechtstheorie der Gegenwart*. 7. ed. Heidelberg: C. F. Müller, 2004.

ELLSCHEID, Günter. Strukturen naturrechtlichen. *In*: HASEMER, Winfried; NEUMANN, Ulfrid; KAUFMANN, Arthur. *Einführung in Rechtstheorie der Gegenwart*. 7. ed. Heidelberg: C. F. Müller, 2004.

ELY, John Hart. *Democracy and distrust*: a theory of judicial review. 11. ed. Cambridge: Harvard University, 1995.

ELY, John Hart. The constitutionality of reverse racial discrimination. *University of Chicago Law Review*, v. 41, p. 723-741, 1974.

ENGBERG, Jan; HELLER, Dorothee. Vagueness and indeterminacy in law. *In*: BHATIA, Vijay K.; CANDLIN, Christopher N.; ENGBERG, Jan. *Legal discourse across cultures and systems*. Hong Kong: Hong Kong University Press, 2008.

ENGISCH, Karl. *Introdução ao pensamento jurídico* (*Einführung in das Juristische Denken*). (Trad. J. Baptista Machado). 8. ed. Lisboa: Fundação Calouste Gulbenkian, 2001.

EPSTEIN, Richard A. *How progressives rewrote the Constitution*. Washington: Cato Institute, 2007.

ESKRIDGE, William. *Dynamic statutory interpretation*. USA: Harward University Press, 1994.

FALCON, Giandomenico. *Lineamenti di diritto pubblico*. 3. ed. Padova: CEDAM, 1991.

FARAGO, France. *La laïcité*: tolérance voilée? Nantes: Pleins Feux, 2005.

FARBER, Daniel A.; SHERRY, Suzanna. *Desperately seeking certainty*: the misguided quest for constitutional foundations. Chicago: University of Chicago Press, 2004.

FARBER, Daniel A.; SHERRY, Suzanna. *Judgment calls*: principle and politics in constitutional law. New York: Oxford University Press, 2009.

FARIA, José Eduardo. *O direito na economia globalizada*. São Paulo: Malheiros, 2002.

FARIAS, Domenico. *Idealità e indeterminatezza dei principi costituzionali*. Milano: Giuffrè, 1981.

FASOLD, Ralph W. *The sociolinguistcs of language*. 7. ed. Malden: Wiley-Blackwell, 1990. (Language in Society, v. 6).

FASOLD, Ralph W.; CONNOR-LINTON, Jeff. *An introduction to language and linguistics*. Cambridge: Cambridge University Press, 2006.

FASSÓ, Guido. Jusnaturalismo. *In*: BOBBIO, Norberto; MATEUCCI, Nicola; PASQUINO, Gianfranco. *Dicionário de política* (*Dizionario di politica*). (Trad. Carmen C. Varriale, Gaetano Lo Mônaco, João Ferreira, Luís Guerreiro Pinto Caçais e Renzo Dino). 12. ed. Brasília: Editora da Universidade de Brasília, 2004. v. 1 e 2.

FAVOREU, Louis *et al*. *Droit constitutionnel*. 6. ed. Paris: Dalloz, 2003.

FAVOREU, Louis; PHILIP, Loïc. *Les grandes décisions du Conseil Constitutionnel*. 12. ed. Paris: Dalloz, 2003.

FAVRE, Antoine. *Droit constitutionnel suisse*. 2. ed. Fribourg: Éditions Universitaires Fribourg, 1970.

FERIOLI, Elena A. Lo straniero tra diritti fondamentali e multiculturalismo. *In*: *Il respetto delle regole*: scritti degli allievi in onore di Alessandro Pizzorusso. Torino: Giappichelli, 2005.

FERNANDES PEIXOTO, Francisco David. O princípio do balanceamento (balancing) ou do contrapeso de valores e bens constitucionalmente protegidos. *In*: NOGUEIRA MATIAS, João (Org.). *Neoconstitucionalismo e direitos fundamentais*. São Paulo: Atlas, 2009.

FERNÁNDEZ RODRIGUEZ, José Júlio. *La inconstitucionalidad por omisión*: teoria general. Derecho comparado. El caso español. Madrid: Civitas, 1998.

FERNÁNDEZ SÁNCHEZ, Pablo Antonio, La violation grave des droits de l'homme comme une menace contre la paix. *Revue de Droit International de Sciences Diplomatiques et Politiques*, v. 77, n. 1, p. 23-59, 1999.

FERNANDEZ, Atahualpa. *Direito, evolução, racionalidade e discurso jurídico*: a "realização do direito" sob a perspectiva das dinâmicas evolucionárias. Porto Alegre: Sergio Antonio Fabris, 2002.

FERNÁNDEZ-GARCIA, Eusébio *Dignidad humana y ciudadanía cosmopolita*. Madrid: Dykinson, 2001.

FERRAJOLI, Luigi. Los fundamentos de los derechos fundamentales: debate com Luca Baccelli, Michelangelo Bovero, Ricardo Guastini, Mario Jori, Anna Pintore, Ermanno Vitale y Danilo Zolo. *In*: DE CABO, A.; PISARELLO, G. *Los fundamentos de los derechos fundamentales*. Madrid: Trotta, 2001.

FERRAJOLI, Luigi. *Principia iuris*: teoria del diritto e della democrazia. Roma-Bari: Laterza, 2007. v. I.

FERRAJOLI, Luigi. Sobre los derechos fundamentales. *CC*, n. 15, p. 113-136, jul./dic. 2006.

FERREIRA DA CUNHA, Paulo. *Direito constitucional aplicado*: viver a Constituição, a cidadania e os direitos humanos. Lisboa: Quid Juris, 2007.

FERREIRA DA CUNHA, Paulo. *Filosofia jurídica prática*. Belo Horizonte: Fórum, 2009.

FERREIRA DA CUNHA, Paulo. Homem e pessoa: conotações e denotações no dealbar de um novo direito pessoal e social. *In*: ALMEIDA FILHO, Agassiz; MELGARÉ, Plínio (Org.). *Dignidade da pessoa humana*: fundamentos e critérios interpretativos. São Paulo: Malheiros, 2010.

FERREIRA DA SILVA MAC CRORIE, Benedita. *A vinculação dos particulares aos direitos fundamentais*. Coimbra: Almedina, 2005.

FERREIRA DE CARVALHO, Oswaldo; ROMEIRO COSTA, Eliane. O princípio da proibição de retrocesso social no atual marco jurídico-constitucional brasileiro. *Direito Público*, n. 34, p. 7-40, jul./ago. 2010.

FERREIRA MENDES, Gilmar. *Direitos fundamentais e controle de constitucionalidade*: estudos de direito constitucional. 3. ed. São Paulo: Saraiva, 2009.

FERREIRA MENDES, Gilmar. *Moreira Alves e o controle de constitucionalidade no Brasil*. São Paulo: Saraiva, 2004.

FERREIRA MENDES, Gilmar; MÁRTIRES COLEHO, Inocêncio; GONET BRANCO, Paulo Gustavo. *Curso de direito constitucional*. 5. ed. São Paulo: Saraiva – Instituto Brasiliense de Direito Público, 2010.

FERREIRA SANTOS, Gustavo. Neoconstitucionalismo, direitos fundamentais e pré-condições da democracia. *In*: METON MARQUES DE LIMA, Francisco; SANTOS PESSOA, Robertônio. *Constitucionalismo, direito e democracia*. Rio de Janeiro: GZ, 2009.

FETERIS, Eveline T. Argumentation in the field of law. *In*: VAN EEMEREN, Frans H. (Org.). *Crucial concepts in argumentation theory*. Amsterdam: Amsterdam University Press, 2001.

FETERIS, Eveline T. *Fundamentals of legal argumentation*: a survey of theories on the justification of judicial decisions. The Netherlands: Springer, 1999. (Argumentation Library, v. 1).

FINNIS, John. *Lei natural e direitos naturais (Natural law and natural rights)*. (Trad. Leila Mendes). São Leopoldo: Unisinos, 2007.

FISCH, Stanley Eugene. *Doing what comes naturally*: change, rhetoric, and the practice of theory in literary and legal studies. USA: Duke University Press, 1990.

FISCH, Stanley Eugene. *Is there a text in this class?*: the authority of interpretive communities. 11. ed. Harvard: Harvard University Press, 1980.

FISCHER, Christian. *Topoi verdeckter Rechtsfortbildungen im Zivilrecht*. Tübingen: Mohr Siebeck, 2007.

FISCHER-LESCANO, Andreas. Prozedurale Rechtstheorie: wiethölter. *In*: BUCKEL, Sonja; CHRISTENSEN, Ralph; FISCHER-LESCANO, Andreas (Org.). *Neue Theorien des Rechts*. 2. ed. Stuttgart: Lucius & Lucius, 2009.

FISCHER-LESCANO, Andreas; TEUBNER, Gunther. *Regime-Kollisionen*: zur Fragmentierung des globalen Rechts. Frankfurt a. M.: Suhrkamp, 2006.

FISS, Owen. A autonomia do direito. *In*: LEITE SAMPAIO, José Adércio (Org.). *Constituição e crise política*. Belo Horizonte: DelRey, 2006.

FISS, Owen. Objectivity and interpretation. *Stanford Law Review*, n. 34, p. 739-763, 1982.

FISS, Owen. *The law as it could be*. New York: New York University Press, 2003.

FITCH SMITH, E. *Commentaries on statute and constitutional law and statutory and constitutional construction*: containing an examination of adjudged cases on constitutional law under the Constitution of the United States, and the constitution of the respective states concerning legislative power, and also the consideration of the rules of law in the construction of statutes and constitutional provisions. New York: Gould Banks & Gould, 1848.

FLEINER, Thomas. La giustiziabilità dei diritti sociali. *In*: BORGHI, Marco. *Costituzione e diritti sociali*. Fribourg: Éditions Universitaires Fribourg, 1990. v. 2.

FLETCHER, George P. *Our secret Constitution*: how Lincoln redefined American Constitution. New York: Oxford University Press, 2001.

FLETCHER, George P; SHEPPARD, Steve. *American law in a global context*: the basics. New York: Oxford University Press, 2005.

FORGÓ, Nikolaus; SOMEK, Alexander. Nachpositivistisches Rechtsdenken. *In*: BUCKEL, Sonja; CHRISTENSEN, Ralph; FISCHER-LESCANO, Andreas (Org.). *Neue Theorien des Rechts*. 2. ed. Stuttgart: Lucius & Lucius, 2009.

FORSTHOFF, Ernst. *Der Staat der Industriegesellschaft*: dargestellt am Beispiel der Bundesrepublik Deutschland. 2. ed. München: Beck, 1971.

FORSTHOFF, Ernst. Die umbildung des Verfassungsgesetzes. *In*: *Festschrift für Carl Schmitt zum 70. Geburtstag*. Berlim: Duncker und Rumblot, 1959.

FRAENKEL, Ernst. *Reformismus und Pluralismus*. DDR: Hoffmann und Campe, 1973.

FRANCO MONTORO, André. *Introdução à ciência do direito*. 28. ed. São Paulo: Revista dos Tribunais, 2009.

FRANK, Jerome. *Law and the modern mind*. New York: Brentano's, 1930.

FRANKENBERG, Günther. *A gramática da Constituição e do direito* (*Autorität und Integration*: zur Gramatik von Recht und Verfassung). (Trad. Elisete Antoniuk). Belo Horizonte: Del Rey, 2007.

FRANKENBERG, Günther. Comparing constitutions: ideas, ideals and ideology – toward a layered narrative. *IJCL*, v. 4, n. 3, p. 439-459, 2006.

FRAWLEY, William. *Linguistic semantics*. New Jersey: Routledge, 1992.

FREENDEN, Michael. *Ideologies and political theory*: a conceptual approach. Oxford: Clarendon, 1996.

FREITAS, Juarez. *A interpretação sistemática do direito*. 4. ed. São Paulo: Malheiros, 2004.

FREUND, Ernst. *The police power*: public policy and constitutional rights. New York: Callaghan & Company, 1904.

FRIED, Charles. Sonnet LXV and the "black ink" of the framers' intention. *In*: LEVINSON, Sanford; MAILLOUX, Steven. *Interpreting law and literature*: a hermeneutic reader. Illinois: Northwestern University Press, 1988.

FRIEDMAN, Lawrence M. On the interpretation of laws. *Ratio Juris*, v. 1, n. 3, p. 252-262, 1988.

FRIEDMANN, W. *Legal theory*. 5. ed. New York: Columbia University Press, 1967.

FUKUYAMA, Francis. *Nosso futuro pós-humano*: consequências da revolução da biotecnologia. Rio de Janeiro: Rocco, 2003.

FULLER, Lon L. *Legal fictions*. California: Stanford University Press, 1967.

GADAMER, Hans-Georg. *Verdade e Método* (*Wahrheit und methode*): complementos e índice, traços fundamentais de uma hermenêutica filosófica. (Trad. Enio Paulo Giachini). 2. ed. Petrópolis: Vozes, 2004. v. II.

GADAMER, Hans-Georg. *Verdade e método* (*Wahrheit und methode*): traços fundamentais de uma hermenêutica filosófica. (Trad. Flávio Paulo Meurer). 6. ed. Petrópolis: Vozes, 2004. v. I.

GALGANO, Francesco. La globalizzazione e le fonti del diritto. *Rivista Trimestrale di Diritto Pubblico*, n. 2, p. 313-323, 2006.

GALVAN, S. *Über* den Begriff von Möglich Welt in den Anwendungen der Modal Logik. *In*: DI BERNARDO, Giuliano. *Normative structures of the social world*. Amsterdam: Rodopi, 1988. v. 11.

GARCÍA DE ENTERRÍA, Eduardo. *La Constitución como norma y el Tribunal Constitucional*. 3. ed. Madrid: Civitas, 2001.

GARCÍA DE ENTERRÍA, Eduardo; FERNÁNDEZ, Tomás-Ramón. *Curso de derecho administrativo*. Madrid: Civitas, 2004. v. I.

GARCÍA FIGUEROA, Alfonso. Positivismo corrigido e positivistas incorrigíveis. *In*: RIBEIRO MOREIRA, Eduardo; GONÇALVES JÚNIOR, Jerson Carneiro; POLLETI BETTINI, Lucia Helena. *Hermenêutica constitucional*: homenagem aos 22 anos do Grupo de Estudos Maria Garcia. São Paulo: Conceito Editorial, 2010.

GARCÍA FIGUEROA, Alfonso. *Principios y positivismo jurídico*. Madrid: Centro de Estudios Políticos y Constitucionales, 1998.

GARCIA, Emerson. *Conflito entre normas constitucionais*: esboço de uma teoria geral. Rio de Janeiro: Lumen Juris, 2008.

GARCIA, Emerson. Dignidade da pessoa humana: referenciais metodológicos e regime jurídico. *Revista de Direito Privado*, Revista dos Tribunais n. 21, p. 85-111, jan./mar. 2005.

GARCIA, Emerson. Direito judicial e teoria da Constituição. *Revista Brasileira de Direito Constitucional*, n. 6, p. 412-435, jul./dez. de 2005.

GARCIA, Emerson. Princípio da separação dos poderes: os órgãos jurisdicionais e a concreção dos direitos sociais. *Revista da Faculdade de Direito da Universidade de Lisboa*, v. XLVI, n. 2, p. 955-1003, 2005.

GARCIA, Emerson. *Proteção internacional dos direitos humanos*: breves reflexões sobre os sistemas convencional e não convencional. 2. ed. Rio de Janeiro: Lumen Juris, 2009.

GARCIA, Maria. A reforma previdenciária e o princípio da dignidade da pessoa humana: os limites da atuação legislativa do Estado. *Revista de Direito Civil, Imobiliário, Agrário e Empresarial*, n. 43, p. 73, 2003.

GARCÍA-PELAYO, Manuel. *Las transformaciones del Estado contemporáneo*. 2. ed. Madrid: Alianza, 1985.

GARGARELLA, Roberto. Constitucionalismo versus democracia. *In*: GARGARELLA, Roberto. *Teoría y crítica del derecho constitucional*. Buenos Aires: Abeledo-Perrot LexisNexis, 2008. t. I.

GARGARELLA, Roberto. De la alquimía interpretativa al maltrato constitucional: la interpretación del derecho em manos de la Corte Suprema Argentina. *In*: GARGARELLA, Roberto. *Teoría y crítica del derecho constitucional*. Buenos Aires: Abeledo-Perrot LexisNexis, 2008. t. I.

GARGARELLA, Roberto. El contenido igualitario del constitucionalismo. *In*: GARGARELLA, Roberto. *Teoría y crítica del derecho constitucional*. Buenos Aires: Abeledo-Perrot LexisNexis, 2008. t. I.

GARGARELLA, Roberto. El nacimiento del constitucionalismo popular. *In*: GARGARELLA, Roberto. *Teoría y crítica del derecho constitucional*. Buenos Aires: Abeledo-Perrot LexisNexis, 2008. t. I.

GARGARELLA, Roberto. Injertos y rechazos: radicalismo político y trasplantes constitucionales en América. *In*: GARGARELLA, Roberto. *Teoría y crítica del derecho constitucional*. Buenos Aires: Abeledo-Perrot LexisNexis, 2008. t. I.

GARGARELLA, Roberto. La dificultosa tarea de la interpretación constitucional. *In*: GARGARELLA, Roberto. *Teoría y crítica del derecho constitucional*. Buenos Aires: Abeledo-Perrot LexisNexis, 2008. t. I.

GARGARELLA, Roberto. Un papel renovado para la Corte Suprema: democracia e interpretación judicial de la Constitución. *In*: GARGARELLA, Roberto. *Teoría y crítica del derecho constitucional*. Buenos Aires: Abeledo-Perrot LexisNexis, 2008. t. I.

GARNER, Bryan A. *Legal writing in plain English*: a text with exercises. Chicago: The University of Chicago Press, 2001.

GARSSEN, Bart. Argument schemes. *In*: VAN EEMEREN, Frans H. (Org.). *Crucial concepts in argumentation theory*. Amsterdam: Amsterdam University Press, 2001.

GARZÓN VALDÉS, Ernesto; SPOLANSKY, Norberto E.; SANTIAGO NINO, Carlos; EUGENIA URQUIJO, Maria. *Lenguaje y acción humana*. Buenos Aires: Ad Hoc, 2007.

GAVAZZI, Gaetano. *Elementi di teoria del diritto*. 2. ed. Torino: Giappichelli, 1984.

GAVAZZI, Gaetano. Topica giuridica. *In: Novissimo digesto italiano*, v. XIX, p. 409-417, 1973.

GEIS, George S. Internal poison pills. *New York University Law Review*, v. 84, n. 5, p. 1169-1221, 2009.

GELLNER, Ernest. *Words and things*: an examination of, and an attack on, linguistic philosophy. 2. ed. New York: Routledge, 2005.

GENY, François. *Méthode d'interpretation et sources en droit privé positif*. Paris: Marescq Ainé, 1919. v. 1.

GEORGE, Robert P. *The autonomy of law*: essays on legal positivism. Oxford: Oxford University Press, 1999.

GERRITSEN, Susanne. Unexpressed concepts. *In*: VAN EEMEREN, Frans H. (Org.). *Crucial concepts in argumentation theory*. Amsterdam: Amsterdam University Press, 2001.

GIBBONS, John. *Forensic linguistics*: an introduction to language in the justice system. Cornwall: Wiley-Blackwell, 2003. (Language in Society, v. 32).

GIBBONS, John. Taking legal language seriously. *In*: GIBBONS, John *et al*. (Org.). *Language in the law*. India: Orient Longman, 2004.

GIBBS, Raymond W. *The poetics of mind*: figurative thought, language, and understanding. Cambridge: Cambridge University Press, 1994.

GINSBURG, Tom. *Judicial review in new democracies*: constitutional courts in Asian cases. Cambridge: Cambridge University Press, 2003.

GIORA, Rachel. *On our mind*: salience, context and figurative language. New York: Oxford University Press, 2003.

GIORA, Rachel; FEIN, Ofer. Irony: context and salience. *In*: GOLDFORD, Dennis J. *The American Constitution and the debate over originalism*. Cambridge: Cambridge University Press, 2005.

GIZBERT-STIDINICK, Tomazs. Conflict of laws in adjudication. *In*: SADURSKI, Wojciech (Ed.). *Ethical dimensions of legal theory*. The Netherlands: Rodopi, 1991.

GOESEL-LE BIHAN, Valérie. Le contrôle exercé par le Conseil constitutionnel: défense et illustration d'une théorie générale. *Revue Française de Droit Constitutionnel*, n. 45, p. 67-83, 2001.

GOESEL-LE BIHAN, Valérie. Réflexion iconoclaste sur le contrôle de proporcionnalité exercé par le Conseil constitutionnel. *Revue Française de Droit Constitutionnel*, n. 30, p. 227-267, 1997.

GOLDFORD, Dennis J. *The American Constitution and the debate over originalism*. New York: Cambridge University Press, 2005.

GOLDING, Martin Philip. *Filosofia e teoria do direito*. (Trad. Ari Marcelo Solon). Porto Alegre: Sergio Antonio Fabris, 2010.

GOLDING, Martin Philip. *Legal reasoning*. Canadá: Broadview, 2001.

GOLDMAN, Alvin I. Epistemic relativism and reasonable disagreement. *In*: FELDMAN, Richard; WARFIELD, Ted A. *Disagreement*. Oxford: Oxford University Press, 2010.

GOMES CANOTILHO, José Joaquim. *"Brancosos" e interconstitucionalidade*: itinerários dos discursos sobre a historicidade constitucional. 2. ed. Coimbra: Almedina, 2008.

GOMES CANOTILHO, José Joaquim. *Constituição dirigente e vinculação do legislador*: contributo para a compreensão das normas constitucionais programáticas. 2. ed. Coimbra: Coimbra Editora, 2001.

GOMES CANOTILHO, José Joaquim. *Direito constitucional e teoria da Constituição*. 7. ed. Coimbra: Almedina, 2010.

GOMES CANOTILHO, José Joaquim. *Estudos sobre direitos fundamentais*. Coimbra: Coimbra Editora, 2008.

GOMES CANOTILHO, José Joaquim. Intervenções. *In: Canotilho e a Constituição dirigente*. 2. ed. Rio de Janeiro: Renovar, 2005.

GOMES CANOTILHO, José Joaquim. O ativismo judicirio: entre o nacionalismo, a globalização e a pobreza. *In*: MOREIRA DE MOURA, Lenice S. (Org.). *O novo constitucionalisno na era pós-positivista*: homenagem a Paulo Bonavides. São Paulo: Saraiva, 2009.

GOMES CANOTILHO, José Joaquim; MOREIRA, Vital. *Fundamentos da Constituição*. Coimbra: Coimbra Editora, 1991.

GÓMEZ PUENTE, Marcos. *La inactividad del legislador*: una realidad suscetible de control. Madrid: McGraw-Hill, 1997.

GONÇALVES FERREIRA FILHO, Manoel. *Aspectos do direito constitucional contemporâneo*. 3. ed. São Paulo: Saraiva, 2009.

GONÇALVES FERREIRA FILHO, Manoel. *Curso de direito constitucional*. 32. ed. São Paulo: Saraiva, 2006.

GONÇALVES JÚNIOR, Jerson Carneiro. Constitucionalismo do século XXI: interpretação constitucional ligada ao sistema de proteção da Constituição. *In*: RIBEIRO MOREIRA, Eduardo; GONÇALVES JÚNIOR, Jerson Carneiro; POLLETI BETTINI, Lucia Helena. *Hermenêutica constitucional*: homenagem aos 22 anos do Grupo de Estudos Maria Garcia. São Paulo: Conceito Editorial, 2010.

GONÇALVES PEREIRA, André; DE QUADROS, Fausto. *Manual de direito internacional público*. 3. ed. Coimbra: Almedina, 2009.

GONZÁLEZ MORENO, Beatriz. *El estado social*: naturaleza jurídica y estructura de los derechos sociales. Madrid: Civitas, 2002.

GONZÁLEZ PÉREZ, Jesús. *La dignidad de la persona*. Madrid: Civitas, 1986.

GORMAN, Jonathan. *Rights and reason*: an introduction to the philosophy of richts. Montreal & Kingston: McGill-Queen's University Press, 2003.

GRAU, Eros Roberto. *A ordem econômica na Constituição de 1988*: interpretação e crítica. 14. ed. São Paulo: Malheiros, 2010.

GRAU, Eros Roberto. *Ensaio e discurso sobre a interpretação/aplicação do direito*. 5. ed. São Paulo: Malheiros, 2009.

GRAU, Eros Roberto. *O direito posto e direito pressuposto*. 7. ed. São Paulo: Malheiros, 2008.

GRAY, John Chipman. *The nature and sources of the law*. New York: Columbia University Press, 1919.

GRAY, John Chipman. *The nature and sources of the law*. New York: Columbia University Press, 1919.

GREENAWALT, Kent. *Conflicts of law and morality*. Oxford: Oxford University Press, 1989.

GREY, Thomas C. Do we have an unwritten constitution? *Stanford Law Review*, n. 27, p. 703, 1975.

GRIFFIN, James. *American constitutionalism*: from theory to politics. Illinois: Princeton University Press, 1998.

GRIFFIN, James. Lei moral, lei positiva. *In*: LOPES ALVES, João. *Ética e o futuro da democracia*. Lisboa: Colibri, 1998.

GRIFFIN, Stephen M. Constitutional theory transformed. *In*: FEREJOHN, John A.; RAKOYE, Jack N.; RILEY, Jonathan (Org.). *Constitutional culture and democratic rule*. Cambridge: Cambridge University Press, 2001.

GRIMM, Dieter. *Constituição e política (Die Verfassung und die Politik)*. (Trad. Geraldo de Carvalho). Belo Horizonte: Del Rey, 2006.

GROPPALI, Alexandre. *Filosofia do direito*. (Trad. Ricardo Rodrigues Gama). Campinas: LZN, 2003.

GU, Sharron. *The boundaries of meaning and the formation of law*: legal concepts and reasoning in the English, Arabic and Chinese traditions. Québec: McGill-Queen's Press, 2006.

GUASTINI, Ricardo. Constitutive rules and the is-ought dichotomy. *In*: DI BERNARDO, Giuliano. *Normative structures of the social world*. Amsterdam: Rodopi, 1988. v. 11.

GUASTINI, Ricardo. *Das fontes às normas (Dalle fonti alle norme)*. (Trad. Edson Bini). São Paulo: Quatier Latin, 2005.

GUASTINI, Ricardo. *Distinguiendo*: estudios de teoría y metateoría del derecho. (Trad. Jordi Ferrer i Beltrán). Barcelona: Gedisa, 1999.

GUASTINI, Ricardo. La costituzionalizzazione dell'ordinamento italiano. *Ragion Pratica*, n. 11, p. 185-206, 1988.

GUASTINI, Ricardo. Produzione di norme a mezzo di norme: un contributo alla'analisi del ragionamento giuridico. *In*: GIANFORMAGGIO, L.; LECALDANO, E. *Ética e diritto*: le vie della giustificazione razionale. Bari: Latterza, 1986.

GUASTINI, Ricardo. *Produzione e applicazione del diritto*: lezioni sulle "preleggi". Torino: Giappichelli, 1989.

GUISAN, Esperanza. Democracy and its moral limits (an utilitarian approach). *In*: LOPES ALVES, João. *Ética e o futuro da democracia*. Lisboa: Colibri, 1998.

GÜNTHER, Klaus. *Teoria da argumentação no direito e na moral*: justificação e aplicação (Der Sinn für Angemessenheit: Anwedungsdiskurse in Moral und Recht). (Trad. Claudio Molz). São Paulo: Landy, 2004.

GUTMANN, Amy; THOMPSON, Dennis Frank. *Democracy and disagreement*. 2. ed. USA: Harvard University Press, 1996.

HAASHER, Guy. Law, reason and ethics in the philosophy of human rights. *In*: SADURSKI, Wojciech (Ed.). *Ethical dimensions of legal theory*. The Netherlands: Rodopi, 1991.

HÄBERLE, Peter. *Costituzione e identità cultural*: tra Europa e stati nazionali. (Trad. Igino Schraffl). Milano: Giuffrè, 2006.

HÄBERLE, Peter. Dignità dell'uomo e diritti sociali nelle Costituzioni degli stati di diritto. *In*: BORGHI, Marco. *Costituzione e diritti sociali*. Fribourg: Éditions Universitaires Fribourg, 1990.

HÄBERLE, Peter. *Europäische Verfassungslehre*. 3. ed. Baden-Baden: Nomos, 2005.

HÄBERLE, Peter. Function und Bedeutung der Verfassungsgerichte in vergleichender Perspektive. *Europäische Grundrechte Zeitschrift*, a. 32, n. 22-23, p. 685-688, 2005.

HÄBERLE, Peter. *Hemenêutica constitucional*: a sociedade aberta dos intérpretes da Constituição: contribuição para a interpretação pluralista e "procedimental" da Constituição (Die offene Gesellschaft der Verfasungsinterpreten: ein Beitrag zur pluralistischen und "prozessualen" Verfassungsinterpretation). (Trad. Gilmar Ferreira Mendes). Porto Alegre: Sérgio Antonio Fabris, 2002.

HÄBERLE, Peter. *La liberdad fundamental en el estado constitucional*. (Trad. Jürgen Saligmann e César Landa). Granada: Comares, 2003.

HÄBERLE, Peter. *Libertad, igualdad, fraternidad*: 1789 como historia, actualidad y futuro del Estado constitucional (1789 als Teil der Geschichte, Gegenwart und Zukunft des Verfassungsstaates). (Trad. Ignacio Gutiérrez Gutiérrez). Madrid: Trotta, 1998.

HÄBERLE, Peter. *Pluralismo y Constitución*: estudios de teoría constitucional de la sociedad abierta (Die Verfassung des Pluralismus: Studien zur Verfassungstheorie der offenen Gesellschaft). (Trad. Emilio Mikunda). Madrid: Tecnos, 2002.

HÄBERLE, Peter. *Teoría de la Constitución como ciencia de la cultura* (Verfassungslehre als Kulturwissenschaft). (Trad. Emilio Mikunda). Madrid: Tecnos, 2000.

HABERMAS, Jürgen. *Après l'État-nation*: une nouvelle constellation politique. (Trad. Rainer Rochlitz). Paris: Fayard, 2000.

HABERMAS, Jürgen. *Direito e democracia*: entre facticidade e validade (Faktizität und Geltung: Beiträge zur Diskurstheorie des Rechts und des demokratischen Rechtsstaats). (Trad. Flávio Beno Siebeneichler). Rio de Janeiro: Tempo Brasileiro, 1997. v. I e II.

HABERMAS, Jürgen. *Écrits politiques* (Kleine politische Schriften). (Trad. Christian Bouchindhomme e Rainer Rochlitz). Paris: Les Éditions du CERF, 1990.

HABERMAS, Jürgen. *Entre naturalismo e religião*: estudos filosóficos (Zwischen Naturalismus und Religion: Philosophische Aufsätze). (Trad. Flávio Beno Siebeneichler). Rio de Janeiro: Tempo Brasileiro, 2007.

HABERMAS, Jürgen. *Teoría de la acción comunicativa*: complementos e estudios prévios. Madrid: Cátedra, 1989.

HABERMAS, Jürgen. Valores e normas. Sobre o pragmatismo kantiano de Hilary Putnam. *In*: ROCHLITZ, Rainer. *Habermas*: o uso público da razão. (Trad. Léa Novaes). Rio de Janeiro: Tempo Brasileiro, 2002.

HAIGH, Rupert. *Legal English*. Oxon: Routledge-Cavendish, 2009.

HALE, Sandra Beatriz. *The discourse of court interpreting*: discourse practices of the law, the witness, and the interpreter. Philadelphia: John Benjamins, 2004. (Benjamins Translation Library, v. 52).

HAMILTON, Alexander; MADISON, James; JAY, John. *The Federalist*. New York: Barnes & Noble Classics, 2006.

HAMON, Francis; TROPER, Michel; BURDEAU, Georges. *Manuel de droit constitutionnel*. 27. ed. Paris: L.G.D.J, 2001.

HAMPSHIRE, Stuart. *Innocence and experience*. USA: Harvard University Press, 1989.

HAMPSHIRE, Stuart. Morality and conflict. *In*: CLARKE, Stanley G.; SIMPSON, Evan. *Anti-theory in ethics and moral conservatism*. Albany: Suny Press, 1989.

HANSCHMANN, Felix. Theorie transnationaler Rechtsprozesse. *In*: BUCKEL, Sonja; CHRISTENSEN, Ralph; FISCHER-LESCANO, Andreas (Org.). *Neue Theorien des Rechts*. 2. ed. Stuttgart: Lucius & Lucius, 2009.

HANSON, Jon D.; HART, Melissa R. Law and economics. *In*: PATTERSON, Dennis (Org.). *A companion to philosophy of law and legal theory*. USA: Wiley-Blackwell, 2003.

HARE, Richard Mervyn. *Essays on political morality*. Oxford: Oxford University Press, 1998.

HARE, Richard Mervyn. *Freedom and reason*. Oxford: Oxford University Press, 1965. (Oxford Paperbacks, v. 92).

HARE, Richard Mervyn. *The language of morals*. Oxford: Oxford University Press, 1991. (Oxford Paperbacks, v. 77).

HARPHAM, Geoffrey Galt. *Getting it right*: language, literature, and ethics. Chicago: University of Chicago Press, 1992.

HARRIS, C. E. *Applying moral theories*. 5. ed. USA: Wadsworth, 2006.

HARRIS, J. W. *Legal philosophies*. Londres: Butterworths, 1980.

HART, Herbert L. A. Are there any natural rights? *In*: GOODIN, Robert E.; PETTIT, Philip. *Contemporary political philosophy*: an anthology. 2. ed. USA: Blackwell, 2006.

HART, Herbert L. A. *Law, Liberty and Morality*. Califórnia: Stanford University Press, 1963.

HART, Herbert L. A. *O conceito de direito (The concept of law)*. (Trad. A. Ribeiro Mendes). 3. ed. Lisboa: Fundação Calouste Gulbenkian, 2001.

HART, Herbert L. Definizione e teoria nella giurisprudenza. *In: Contributi all'analisi del diritto*. (Org. e Trad. Vittorio Frosini). Milano: Giuffrè, 1964.

HART, Herbert L. Esistono diritti naturali. *In: Contributi all'analisi del diritto*. (Org. e Trad. Vittorio Frosini). Milano: Giuffrè, 1964.

HART, Herbert L. Il positivismo e la separazione fra diritto e morale. *In: Contributi all'analisi del diritto*. (Org. e Trad. Vittorio Frosini). Milano: Giuffrè, 1964.

HART, Herbert L. L'ascrizione di responsabilità e di diritti. *In: Contributi all'analisi del diritto*. (Org. e Trad. Vittorio Frosini). Milano: Giuffrè, 1964.

HART, Herbert L. Obbligazione morale e obbligazione giuridica. *In: Contributi all'analisi del diritto*. (Org. e Trad. Vittorio Frosini). Milano: Giuffrè, 1964.

HASSEMER, Winfried. Rechtstheorie, Methodenlehre und Rechtsreform. *In*: KAUFMANN, Arthur. *Rechstheorie*: Ansätze zu einem kritischen Rechtsverständnis. Karlsruhe: C. F. Müller, 1971.

HAURIOU, Maurice. *Précis de droit administratif et de droit public*. Paris: Dalloz, 1933.

HAWKES, Terence. *Structuralism and semiotics*. 2. ed. New York: Routledge, 2003.

HECK, Philipp. The formation of concepts and the jurisprudence of interests (Bregriffsbildung und Interessensjurisprudenz). (Trad. M. Magdalena Schoch). *In: The jurisprudence of interests*. Cambridge: Harvard University Press, 1948.

HEGEL, Georg Wilhelm Friedrich. *Grundlinien der Philosophie des Rechts*. 4. ed. Hamburg: Felix Meiner, 1955.

HENDRICKS, Christina; OLIVER, Kelly. *Language and liberation*: feminism, philosophy and language. Albany: Suny Press, 1999.

HERINGER, H. J. Not by nature nor by intention: the normative power of the language signs. *In*: DI BERNARDO, Giuliano. *Normative structures of the social world*. Amsterdam: Rodopi, 1988. v. 11.

HERMANN, Klenner. *Rechtsleere*: Verurteilung der Reinen Rechtslehre. Frankfurt/Main: Marxistische Blätter, 1972.

HERRERA LIMA, Maria. Impatiality and tolerance in the theory of justice. *In*: LOPES ALVES, João. *Ética e o futuro da democracia*. Lisboa: Colibri, 1998.

HESSE, Konrad. *A força normativa da Constituição (Die normative Kraft der Verfassung)*. (Trad. Gilmar Ferreira Mendes). Porto Alegre: Sérgio Antonio Fabris, 1991.

HESSE, Konrad. *Elementos de direito constitucional da República Federal da Alemanha (Grundzüge des Verfassungsrechts der Bundesrepublik Deutschland)*. (Trad. Luís Afonso Heck). Porto Alegre: Sérgio Antonio Fabris, 1998.

HESSEN, Johannes. *Filosofia dos valores*. (Trad. Luís Cabral Moncada). Coimbra: Almedina, 2001.

HESSEN, Johannes. *Teoria do conhecimento*. (Trad. Antonio Correia). 8. ed. Coimbra: Arménio Amado, 1987.

HILLIER, Tim. *Principles of public international law*. 2. ed. London: Cavendish, 1999.

HIRSCH JR., E. D. Contrafactuals in interpretation. *In*: LEVINSON, Sanford; MAILLOUX, Steven. *Interpreting law and literature*: a hermeneutic reader. Illinois: Northwestern University Press, 1988.

HIRSCHL, Ran. *Towards juristocracy*: the origins and consequences of the new constitucionalism. Cambridge: Harvard University Press, 2004.

HOBBES, Thomas. *Do cidadão (De cive)*. (Trad. Fransmar Costa Lima). São Paulo: Martin Claret, 2004.

HOBBES, Thomas. *Leviatã*: ou matéria, forma e poder de um estado eclesiástico e civil (Leviathan: or matter, form and power of a commonweath ecclesiastical and civil). (Trad. Alex Marins). São Paulo: Martin Claret, 2005.

HOUSER, Rick; WILCZENSKI, Felicia; DOMOKOS-CHENG HAM, MaryAnna. *Culturally relevant ethical decision-making in counseling*. London: SAGE, 2006.

HOUTLOSSER, Peter. Points of view. *In*: VAN EEMEREN, Frans H. (Org.). *Crucial concepts in argumentation theory*. Amsterdam: Amsterdam University Press, 2001.

HOWARD, A. E. Dick. La protection des droits sociaux en droit constitutionnel américain. *Revue Française de Science Politique*, v. 40, n. 2, p. 173-191, 1990.

HUBMANN, Heinrich. *Wertung und Abwägung im Recht*. Köln: Carl Heymans, 1977.

HUDSON, Richard A. *Sociolinguistics*. 2. ed. Cambridge: Cambridge Universtiy Press, 1996.

HULL, N. E. H. *Roscoe Pound and Karl Llewellyn*: searching for an American jurisprudence. Chicago: University of Chicago Press, 1997.

HURD, Heidi M. Interpretando as autoridades. *In*: MARMOR, Andrei. *Direito e interpretação (Law and interpretation)*. (Trad. Luís Carlos Borges). São Paulo: Martins Fontes, 2004.

HURD, Heidi M. *O combate moral (Moral combat)*. (Trad. Edson Bini). São Paulo: Martins Fontes, 2003.

HUSCROFT, Grant. *Expounding the Constitution*: essays in constitutional theory. Cambridge: Cambridge University Press, 2008.

HUTCHINSON, Dennis J. Brown vs. Board of Education. *In*: *The Oxford guide to United States Supreme Court decision*. New York: Oxford University Press, 2000.

HWANG, Shu-Pern. Rechtsanwendung in der pluralistischen Demokratie. *Der Staat*, v. 46, n. 3, p. 442-462, 2007.

IGNATIEFF, Michael. *Whose universal values?*: the crisis in human rights. The Hague: Foundation Horizon, 1999.

IMBUSCH, Peter. *Integration – Desintegration*: ein Reader zur Ordnungsproblematik moderner Gesellschaften. Wiesbaden: VS, 2008.

INNIS, Robert E. *Semiotics*: an introductory anthology. USA: Indiana University Press, 1985.

INOUE, Kyoko. *MacArthur's Japanese Constitution*: a linguistic and cultural study of its making. Chicago: University of Chicago Press, 1991.

IRONS, Peter. *A people's history of the Supreme Court*. New York: Penguin, 1999.

ISENSEE, Josef; KIRCHHOF, Paul. *Handbuch des Staatrechts der Bundesrepublik Deutschland*. 2. ed. Heidelberg: C.F. Müller Juristicher Verlag, 2000. v. V.

JACKSON, Bernard S. *Semiotics and legal theory*. London: Routledge, 1987.

JACKSON, Bernard S. Semiotics and the problem of interpretation. *In*: NERHOT, Patrick. *Law, interpretation and reality*: essays in epistemology, hermeneutics and jurisprudence. Dordrecht: Kluwer, 1990.

JACOBS, Scott. Two conceptions of openess in argumentation theory. *In*: VAN EEMEREN, F. H.; BLAIR, J. Anthony; A. WILLARD, Charles. *Anyone who has a view*: theoretical contributions to the study of argumentation. The Netherlands: Springer, 2003.

JACQUÉ, Jean-Paul. Droit constitutionnel national. Droit communautaire, CEDH, Charte des Nations Unies. L'instabilité des rapports de système entre ordres juridiques. *Revue Française de Droit Constitutionnel*, n. 69, p. 3-37, jan. 2007.

JANOSKI, Thomas. *Citizenship and society*: a framework of rights & obligations in liberal, traditional, and social democratic regimes. Cambridge: Cambridge University Press, 1998.

JARASS, Hans D.; PIEROTH, Bodo. *Grundgesetz für die Bundesrepublik Deutschland*. München: C. H. Beck, 2009.

JAYAWICKRAMA, Nihal. *The judicial application of human rights law*: national, regional and international jurisprudence. Cambridge: Cambridge University Press, 2002.

JELLINEK, Georg. *Gesetz und Verordnung*. Tübingen: Scientia Verlag Aalen, 1887.

JESTAEDT, Matthias. *Grundrechtsentfaltung im Gesetz*: Studien zur Interdependenz von Grundrechtsdogmatik und Rechtsgewinnungstheorie. Tübingen: Mohr Siebeck, 1999.

JOHNSON, James. Inventing constitution traditions: the poverty of fatalism. *In*: FEREJOHN, John A.; RAKOVE, Jack N.; RILEY, Jonathan (Ed.). *Constitutional culture and democratic rule*. Cambridge: Cambridge University Press, 2001.

JOHNSON, Ralph H. *Manifest racionality*: a pragmatic theory of argument. USA: Taylor & Francis, 2009.

JORI, Mario; PINTORE, Anna. *Manuale di teoria generale del diritto*. 2. ed. Torino: Giappichelli, 1995.

JOSÉ PLUG, H. The argumentative use of examples in legislative discussions: the burq-ban case. *In*: FETERIS, E. T. et al. *Argumentation and the application of legal rules*. Amsterdan: Rozenberg, 2009.

JOSEPH, John Earl. *Language and politics*. Edinburgh: Edinburgh University Press, 2006.

JOURDAN, Christine; TUITE, Kevin. *Language, culture and society*: key topics in linguistic anthropology. Cambridge: Cambridge University Press, 2006. (Studies in the Social and Cultural Foundations of Language, v. 23).

KALINOWSKI, G. Le raisonnement juridique et la logique juridique. *In*: *Études de logique déontique*. Bruxelles: Emile Bruylant, 1970. v. IV.

KALINOWSKI, G. Les performatifs en droit: sur la distinction entre le langage prescriptif et le langage performatif. *In*: DI BERNARDO, Giuliano. *Normative structures of the social world*. Amsterdam: Rodopi, 1988. v. 11.

KAMMEN, Michael. *A machine that would go of itself*: the Constitution in American culture. New Brunswick; London: Transaction, 2006.

KAMTO, Maurice. Responsabilité de l'état et responsabilité de l'individu pour crime de génocide: quels mécanismes de mise em oeuvre? *In*: BOUSTANY, Katia; DORMOY, Daniel (Org.). *Génocide (s)*. Bruxelas: Éditions de L'Université de Bruxelles, 1999.

KANT, Immanuel. *Crítica da razão prática*. São Paulo: Martins Fontes, 2003.

KANT, Immanuel. *Crítica da razão pura (Kritik der reinen Vernunft)*. (Trad. Manuela Pinto dos Santos e Alexandre Fradique Morujão. 5. ed. Lisboa: Fundação Calouste Gulbenkian, 2001.

KANT, Immanuel. *Fundamentação da metafísica dos costumes e outros escritos*. (Trad. Leopoldo Holzbach). São Paulo: Martin Claret, 2004.

KANT, Immanuel. *Metafísica dos costumes* (*Metaphysik der Sitten*). (Trad. José Lamego). Lisboa: Fundação Calouste Gulbenkian, 2005.

KANTOROWICZ, Hermann Ulrich. *La definición del derecho.* Madri: Revista de Occidente, 1964.

KANTOROWICZ, Hermann Ulrich. La lucha por la ciencia del derecho. *In*: GOLDSCHMIDT, Werner. *La ciencia del derecho*: Savigny, Kirchmann, Zitelmann, Kantorowicz. Buenos Aires: Losada, 1949.

KATZ, Albert N. Figurative language and figurative thought. *In*: KATZ, Albert N. *Figurative language and thought.* New York: Oxford University Press, 1998.

KAUFMANN, Arthur. *Filosofia do direito* (*Rechtsphilosophie*). (Trad. António Ulisses Cortês). Lisboa: Fundação Calouste Gulbenkian, 2004.

KAUFMANN, Arthur. *La filosofia del derecho en la posmodernidad* (*Rechtsphilosophie in der Nach-Neuzeit*). (Trad. Luis Villar Borda). Bogotá: Temis, 2007.

KAUFMANN, Arthur. Problemgeschichte der Rechtsphilosophie. *In*: ELLSCHEID, Günter. Strukturen naturrechtlichen. *In*: HASEMER, Winfried; NEUMANN, Ulfrid; KAUFMANN, Arthur. *Einführung in Rechtstheorie der Gegenwart.* 7. ed. Heidelberg: C. F. Müller, 2004.

KAUFMANN, Arthur. Rechtsphilosophie, Rechtstheorie, Rechtsdogmatik. *In*: ELLSCHEID, Günter. Strukturen naturrechtlichen. *In*: HASEMER, Winfried; NEUMANN, Ulfrid; KAUFMANN, Arthur. *Einführung in Rechtstheorie der Gegenwart.* 7. ed. Heidelberg: C. F. Müller, 2004.

KAUFMANN, Arthur. Strukturen naturrechtlichen. *In*: HASEMER, Winfried; NEUMANN, Ulfrid; KAUFMANN, Arthur. *Einführung in Rechtstheorie der Gegenwart.* 7. ed. Heidelberg: C. F. Müller, 2004.

KAY, Richard S. American constitutionalism. *In*: ALEXANDER, Larry. *Constitutionalism*: philosophical foundations. Cambridge: Cambridge University Press, 1998.

KEEL PEREIRA, Marcos. O lugar do princípio da dignidade da pessoa humana na jurisprudência dos tribunais portugueses: uma perspectiva metodológica. *Working Paper*, Faculdade de Direito da Universidade Nova de Lisboa, n. 4, 2002.

KELLER, Helen; SIGRON, Maya. Radikal-islamischer religiöser Extremismus im Spannungsfeld von Meinungsfreiheit und staatlicher Sicherheit/Fall A.K. und A.R. gegen Usbekistan vor dem UN-AMR. *EuGRZ*, a. 37, n. 1-5, p. 20-22, März 2010.

KELSEN, Hans. *Teoria geral das normas* (*Allgemeine Theorie der Normen*). (Trad. José Florentino Duarte). Porto Alegre: Sergio Antonio Fabris, 1986.

KELSEN, Hans. *Teoria pura do direito* (*Reine Rechtslehre*). (Trad. João Baptista Machado). 6. ed. São Paulo: Martins Fontes, 2003.

KIMMINICH, Otto. A jurisdição constitucional e o princípio da divisão de poderes. (Trad. Anke Schlimm e Gilmar Ferreira Mendes). *Revista de Informação Legislativa*, n. 105, p. 283, jan./mar. 1990.

KIRCHHOF, Paul. *Der Staat als Garant und Gegner der Freiheit*: von Privileg und Überfluss zu einer Kultur des Masses. München: Ferdinand Schöningh, 2004.

KNIGHT, Jack. Institutionalizing constitutional interpretation. *In*: FEREJOHN, John A.; RAKOYE, Jack N.; RILEY, Jonathan (Org.). *Constitutional culture and democratic rule.* Cambridge: Cambridge University Press, 2001.

KOJA, Friedrich. Die Verfassung. *In*: *Staatsrecht in Theorie und Praxis*: Festschrift Robert Walter zum 60. Geburtstag. Wien: Manzsche Verlags, 1991.

KOKOTT, Juliane; SOBOTTA, Christoph. Die Charta der Grundrechte der Europäischen Union nach dem Inkrafttreten des Vertrags von Lissabon. *Europäische Grundrechte Zeitschrift*, a. 37, n. 10-13, p. 265-271, jul. 2010.

KORINEK, Karl. Zur Interpretation von Verfassungsrecht. *In*: *Staatsrecht in Theorie und Praxis*: Festschrift Robert Walter zum 60. Geburtstag. Wien: Manzsche, 1991.

KORTIAN, Garbis. Legalité, légitimité et justice: remarques à propos d'une controverse sur la rationalité du droit moderne. *In*: LOPES ALVES, João. *Ética e o uturo da democracia.* Lisboa: Colibri, 1998.

KRAMER, Larry D. *In defense of legal positivism*: law without trimmings. Oxford: Oxford University Press, 2003.

KRAMER, Larry D. *The people themselves: popular constitutionalism and judicial review*. New York: Oxford University Press, 2004.

KRIELE, Martin. *Theorie der Rechtsgewinnung*: entwickelt am Problem der Verfassungsinterpretation. Berlin: Duncker u. Humblot, 1967.

KYMLICKA, Will. *Les théories de la justice*: une introduction. Libéraux, utilitaristes, libertariens, marxistes, communautariens, féministes. Paris: La Découverte, 1999.

LA TORRE, Massimo. *Una introduzione alla filosofia del diritto*. Itália: Rubbettino, 2003.

LADRIERE, Jean. Hermenêutica e epistemologia. (Trad. Marcio Anatole de Souza Romeiro). *Revista Brasileira de Filosofia*, v. 232, p. 332-354, jan./jun. 2009.

LAMBERT, E. *Le gouvernement des juges et la lutte contre la législation sociale aux* États-Unis: l'expérience américaine du contrôle judiciaire de la constitutionnalité des lois. Paris: Marcel Giard, 1921.

LANE, Jan-Erik. *Constitutions and political theory*. Manchester: Manchester University Press, 1996.

LANE, Jessica. The poetics of legal interpretation. *In*: LEVINSON, Sanford; MAILLOUX, Steven. *Interpreting law and literature*: a hermeneutic reader. Illinois: Northwestern University Press, 1988.

LARENZ, Karl. *Derecho justo*: fundamentos de ética jurídica (*Richtiges Recht*: Grundzüge einer Rechtsethik). (Trad. Luis Díez-Picazo). Madrid: Civitas, 2001.

LARENZ, Karl. *Metodologia da ciência do direito* (*Methodenlehre der Rechtswissenschaft*). (Trad. José Lamego). 3. ed. Lisboa: Fundação Calouste Gulbenkian, 1997.

LASSWELL, Harold D. *Politics*: who gets, what, when, how. New York: Peter Smith, 1950.

LATOUR, Bruno. Pour un dialogue entre science politique et science studies. *RFSP*, v. 58, n. 4, p. 657-678, aug. 2008.

LAURENT, François. *Principes du droit civil français*. 3. ed. Paris: A. Marescq, 1878.

LAVAGNA, Carlos. *Costituzione e socialismo*. Bologna: Il Mulino, 1977.

LAVAGNA, Carlos. *Ricerche sul sistema normativo*. Milano: Giuffrè, 1984.

LEBRETON, Gilles. *Libertés publiques & droits de l'homme*. 3. ed. Paris: Armand Colin, 1997.

LEITE ARAÚJO, Luiz Bernardo. Desacordo razoável e aceitabilidade racional. *In*: RIBEIRO MOREIRA, Eduardo; GONÇALVES JÚNIOR, Jerson Carneiro; POLLETI BETTINI, Lucia Helena. *Hermenêutica constitucional*: homenagem aos 22 anos do Grupo de Estudos Maria Garcia. São Paulo: Conceito Editorial, 2010.

LEITE SAMPAIO, José Adércio. Hermenêutica e distanciamento: uma narrativa historiográfica. *In*: AMORIM MACHADO, Felipe Daniel; ANDRADE CATTONI DE OLIVEIRA, Marcelo. *Constituição e processo*: a constituição do processo no constitucionalismo democrático rasileiro. Belo Horizonte: Del Rey, 2009.

LEITER, Brian. Legal realism. *In*: PATTERSON, Dennis (Org.). *A companion to philosophy of law and legal theory*. USA: Wiley-Blackwell, 2003.

LEITER, Brian. Naturalism and naturalized jurisprudence. *In*: BIX, Brian (Org.). *Analyzing law*: new essays in legal theory. Oxford: Oxford University Press, 1998.

LENZ, Sebastian. *Vorbehaltlose Freiheitsrechte*: stellung und Funktion vorbehaltloser Freiheitsrechte in der Verfassungsordnung. Tübingen: Mohr Siebeck, 2006.

LEONI, Bruno. *Lezioni di filosofia del diritto*. Itália: Rubbettino, 2003. (Biblioteca Austríaca, v. 15).

LERNER, Melvin J. The "intuitive" and "normative" senses of justice: a social psychological theory of their origins, structures and dynamics. *In*: LOPES ALVES, João. *Ética e o futuro da democracia*. Lisboa: Colibri, 1998.

LEVI, Judith N.; WALKER, Anne Graffam. *Language in the judicial process*. New York: Plenum Press, 1990. (Law, Society and Policy, v. 5).

LEVINSON, Sanford. Designing an Amendment process. *In*: FEREJOHN, John A.; RAKOYE, Jack N.; RILEY, Jonathan (Org.). *Constitutional culture and democratic rule*. Cambridge: Cambridge University Press, 2001.

LEVINSON, Sanford. *Pragmatics*. Cambridge: Cambridge University Press, 1983.

LEVINSON, Sanford; MAILLOUX, Steven. *Interpreting law and literature*: a hermeneutic reader. Illinois: Northwestern University Press, 1988.

LÉVI-STRAUSS, Claude. *As estruturas elementares do parentesco*. (Trad. Mariano Ferreira). Petrópolis: Vozes, 1982.

LEVY, Beryl Harold. *Anglo-American philosophy of law*: an introduction to its development and outcome. New Jersey: Transaction, 1991.

LEVY, Leonard W. *Origins of the fifth amendment*: the right against self-incrimination. Chicago: Ivan R. Dee, 1999.

LIEBER, Francis. *Legal and political hermeneutics*: or principles of interpretation and construction in law and politics, with remarks on precedents and authorities. Boston: Charles C. Litle and James Brown, 1839.

LIEBERMAN, Myron. *Public education*: an autopsy. USA: Harvard University Press, 1993.

LILLO, Pasquale. *Diritti fondamentali e libertà della persona*. Torino: Giappichelli, 2001.

LIMONGI FRANÇA, Rubens. *Hermenêutica jurídica*. 9. ed. São Paulo: Revista dos Tribunais, 2009.

LINCH, J. M. *Negotiating the Constitution*: the earliest debates over original intent. London: Cornell University Press, 1999.

LINHARES-DIAS, Rui. *How to show things with words*. The Hague: Mouton de Gruyter, 2006.

LIPPMANN, Walter. *The good society*. New Jersey: Transaction, 2004.

LLEWELLYN, Karl N. *The bramble bush*: on our law and its study. New York: Textbook, 2003.

LLOYD, Dennis. *Introduction to jurisprudence*. Londres: Stevens and Sons, 1959.

LÖBNER, Sebastian. *Semantik*: eine Einführung, Berlin: Walter de Gruyter, 2003.

LOBO TORRES, Ricardo. *O direito ao mínimo existencial*. Rio de Janeiro: Renovar, 2009.

LOBO TORRES, Ricardo. O mínimo existencial e os direitos fundamentais. *Revista de Direito Administrativo*, n. 177, p. 20-49, jul./set. 1989.

LOBO TORRES, Ricardo. O mínimo existencial, os direitos sociais e os desafios de natureza orçamentária. *In*: WOLFGANG SARLET, Ingo; BENETTI TIMM, Luciano (Org.). *Direitos fundamentais*: orçamento e "reserva do possível". 2. ed. Porto Alegre: Livraria do Advogado, 2010.

LOCKE, John. *Ensaio sobre o entendimento humano (An essay concerning human understanding)*. (Trad. Eduardo Abranches de Soveral). Lisboa: Fundação Calouste Gulbenkian, 1999. v. II.

LOCKE, John. *Segundo tratado sobre o governo (Two treatises of government)*. (Trad. Alex Marins). São Paulo: Martin Claret, 2005.

LOEWENSTEIN, Karl. *Political reconstruction*. New York: Maximilian, 1946.

LONGO, Andrea. *I valori costituzionali come categoria dogmatica*: problemi e ipotesi. Napoli: Jovene, 2007.

LONGO, Andrea. Valori, principi e Costituzione: qualque spunto sui meccanismi di positivizzazione delle istanze assiologiche di base. *Diritto e Società*, n. 1, p. 76, 2002.

LOPES SALDANHA, Jânia Maria; FLORES MACHADO, Sadi. O papel da jurisdição na efetivação dos direitos humanos: o cosmopolitismo para além do constitucional e do internacional, a partir do diálogo entre Têmis, Marco Polo e o Barão Cosme de Rondó. *In*: MOREIRA DE MOURA, Lenice S. (Org.). *O novo constitucionalismo na era pós-positivista*: homenagem a Paulo Bonavides. São Paulo: Saraiva, 2009.

LÖWY, Michael. *Ideologias e ciência social*: elementos para uma análise marxista. São Paulo: Cortez, 2002.

LUCAS VERDU, Pablo. *El sentimiento constitucional*: aproximación al estudio del sentir constitucional como modo de integración política. Madrid: Reus, 1985.

LUCAS VERDU, Pablo. *Teoría de la Constitución como ciencia cultural*. 2. ed. Madrid: Dykinson, 1998.

LUCAS VERDU, Pablo. *Teoría general de las articulaciones constitucionales*. Madrid: Dykinson, 1998.

LUCHAIRE, François. De la méthode en droit constitutionnel. *Revue du Droit Public et de la Sience Politique en France et a L'Étranger*, n. 2, p. 275-329, mars./avr. 1981.

LUCIANI, Massimo. L'interprete della Costituzione di fronte al rapporto fatto-valore: il testo costituzionale nella sua dimensione diacronica. *Diritto e Società*, n. 1, p. 1-26, 2009.

LUHMANN, Niklas. *Sociologia do direito*. (Trad. Gustavo Bayer). Rio de Janeiro: Tempo Brasileiro, 1983. v. II.

LUST, Barbara et al. *Syntactic theory and first language acquisition*: cross-linguistic perspectives. New Jersey: Routledge, 1994. v. 2.

LUZZATI, Claudio. *L'interprete e il legislatore*: saggio sulla certezza del diritto. Milano: Giuffrè, 1999.

LUZZATI, Claudio. *La vagheza delle norme*: un'analisi del linguagio giuridico. Milano: Giuffrè, 1990.

LYONS, David. *Forms and limits of utilitarianism*. Oxford: Oxford University Press, 1965.

MACCORMICK, Neil. *Argumentação jurídica e teoria do direito (Legal reasoning and legal Theory)*. (Trad. Waldéa Barcellos). São Paulo: Martins Fontes, 2006.

MACCORMICK, Neil. Law, morality and positivism. *In*: MACCORMICK, Neil; WEINBERGER, Ota (Org.). *An institutional theory of law*: new approaches to legal positivism. Netherlands: Springer, 1992.

MACCORMICK, Neil. *Legal right and social democracy*: essays in legal and political philosophy. New York: Clarendon Press, 1982.

MACCORMICK, Neil. On analitical jurisprudence. *In*: MACCORMICK, Neil; WEINBERGER, Ota (Org.). *An institutional theory of law*: new approaches to legal positivism. Netherlands: Springer, 1992.

MACCORMICK, Neil. Particulars and universals. *In*: BANKOWSKI, Zenon; MACLEAN, James (Org.). *The universal and the particular in legal reasoning*. Hampshire: Ashgate, 2006.

MACCORMICK, Neil; SUMMERS, Robert S. Further general reflections and conclusions. *In*: MACCORMICK, D. Neil; SUMMERS, Robert S. (Org.). *Interpreting precedents*: a comparative study. 3. ed. England: Dartmouth; Ashgate, 1997.

MACCORMICK, Neil; WEINBERGER, Ota. *An institutional theory of law*: new approaches to legal positivism. The Netherlands: Spring, 1992.

MACEDO SILVA, Anabelle. *Concretizando a Constituição*. Rio de Janeiro: Lumen Juris, 2005.

MAGALHÃES FILHO, Glauco Barreira. *Hermenêutica e unidade axiológica da Constituição*. Belo Horizonte: Mandamentos, 2001.

MAGALHÃES PISCITELLI, Rui. A dignidade da pessoa e os limites a ela impostos pela reserva do possível. *Revista da Escola da Advocacia Geral da União*, a. V, n. 11, p. 107, dez. 2006.

MAIDOWSKI, Ulrich. *Umgekehrte Diskriminierung*: Quotenregelungen zur Frauenförderung im *öffentlichen* Dienst und in den politischen Parteien. Berlin: Duncker & Humblot, 1989.

MAILLOUX, Steven. Rethorical hermeneutics. *In*: LEVINSON, Sanford; MAILLOUX, Steven. *Interpreting law and literature*: a hermeneutic reader. Illinois: Northwestern University Press, 1988.

MAKAU, Josina. M. The Supreme Court and reasonableness. *Quarterly Journal of Speech*, n. 70, p. 379-396, 1984.

MAKINSON, David. Rights of peoples: a logician's point of view. *In*: CRAWFORD, James. *The rights of peoples*. Oxford: Clarendon Press, 1995.

MANNING, D. J. *Liberalism*. London: D. J. Manning: J. M. Dent & Sons, 1976.

MARIA CRUZ, Luiz. La desformalización de la Constitución: notas sobre la crítica de Ernest Forstohoff al (neo)constitucionalismo. *In*: DE JULIOS-CAPUZANO, Alfonso (Org.). *Ciudadanía y derecho en la era de la globalización*. Madrid: Dykinson, 2007.

MARKOVITS, Richard S. *Matters of principle*: legitimate legal argument and constitutional interpretation. New York: New York University Press, 1998.

MARMELSTEIN, George. *Curso de direitos fundamentais*. 2. ed. São Paulo: Atlas, 2009.

MARMOR, Andrei. An essay on the objectivity of law. *In*: BIX, Brian (Org.). *Analyzing law*: new essays in legal theory. Oxford: Oxford University Press, 1998.

MARMOR, Andrei. *Interpretation and legal theory*. 2. ed. Oregon: Hart, 2005.

MARMOR, Andrei. *Law in the age of pluralism*. New York. Oxford University Press, 2007.

MARMOR, Andrei. *Positive law and objective values*. Oxford: Oxford University Press, 2001.

MARMOR, Andrei. *Social conventions*: from language to law. New Jersey: Princeton University Press, 2009.

MARMOR, Andrei. Três conceitos de objetividade. *In*: MARMOR, Andrei. *Direito e interpretação* (*Law and interpretation*). (Trad. Luís Carlos Borges). São Paulo: Martins Fontes, 2004.

MARSHALL, Geoffrey. *Constitutional theory*. New York: Oxford University Press, 1971.

MARSHALL, Geoffrey. The Constitution: its theory and interpretation. *In*: BOGDANOR, Vernon. *The British Constitution in the twentieth century*. New York: Oxford University Press, 2005.

MARTINEZ-ROLDÁN, Luis. Relativismo ético y discrecionalidad judicial. *Persona y Derecho, Revista de Fundamentación de las Instituciones Jurídicas y de Derechos Humanos*, n. 61, p. 115-142, jul./dic. 2009.

MARTINI, Carlo Maria; ZAGREBELSKY, Gustavo. *La domanda di giustizia*. Torino: Giulio Einaudi, 2003.

MARTINS ALBUQUERQUE, Ana Paula; NOGUEIRA MATIAS, João Luís. A vida em conflito. *In*: NOGUEIRA MATIAS, João (Org.). *Neoconstitucionalismo e direitos fundamentais*. São Paulo: Atlas, 2009.

MÁRTIRES COELHO, Inocêncio. *Da hermenêutica filosófica à hermenêutica jurídica*: fragmentos. São Paulo: Saraiva, 2010.

MASON, Marianne. *Courtroom interpreting*. Maryland: University Press of America, 2008.

MASSINI-CORREAS, Carlos. El fundamento de los derechos humanos en la propuesta positivista-relativista de Luigi Ferrajoli. *Persona y Derecho, Revista de Fundamentación de las Instituciones Jurídicas y de Derechos Humanos*, n. 61, p. 227-248, jul./dic. 2009.

MATTILA, Heikki E. S. *Comparative legal linguistics*. Hampshire: Ashgate, 2006.

MAURER, Hartmut. *Staatsrecht I*: Grundlagen. Verfassungsorgane. Staatsfunktionen. 5. ed. München: C. H. Beck, 2007.

MAXIMILIANO, Carlos. *Hermenêutica e aplicação do direito*. 19. ed. Rio de Janeiro: Forense, 2007.

McBAIN, Howard Lee. *The living Constitution*. New York: Macmillan, 1928.

McCARTHY, John. *Formalizing common sense papers*. New Jersey: Intellect Books, 1990.

McCAWLEY, James D. *Everything that linguists have always wanted to know about logic but were ashamed to ask*. 2. ed. Chicago: Chicago University Press, 1993.

McLEOD, Ian. *Legal method*. 2. ed. England: MacMillan, 1996.

McMAHON, Christopher. *Reasonable disagreement*: a theory of political morality. Cambridge: Cambridge University Press, 2009.

McMENAMIN, Gerald R.; CHOI, Dongdoo. *Forensic linguistics*: advances in forensic stylistics. Florida: CRC, 2002.

MEDEIROS, Rui. *A decisão de inconstitucionalidade*: os autores, o conteúdo e os efeitos da decisão de inconstitucionalidade da lei. Lisboa: Universidade Católica Editora, 1999.

MEDER, Stephan. *Missverstehen und Verstehen*. Tübingen; Mohr Siebeck, 2004.

MEIRELLES TEIXEIRA, J. H. *Curso de direito constitucional*. Rio de Janeiro: Forense Universitária, 1991.

MELLINKOFF, David. *The language of the law*. Boston: Little Brown, 1963.

MENDES DE ALMEIDA, Cândido. *Introdução e comentários ao Código Philipino ou Ordenações e Leis do Reino de Portugal*. 14. ed. Rio de Janeiro: Typ. do Instituto Philomayhico, 1870.

MENDES, Gilmar F. Integração social e perspectivas da democracia. *In*: LEITE SAMPAIO, José Adércio (Org.). *Constituição e crise política*. Belo Horizonte: Del Rey, 2006.

MENDONÇA, Eduardo. Da faculdade de gastar ao dever de agir: o esvaziamento contramajoritário de políticas públicas. *In*: WOLFGANG SARLET, Ingo; BENETTI TIMM, Luciano (Org.). *Direitos fundamentais*: orçamento e "reserva do possível". 2. ed. Porto Alegre: Livraria do Advogado, 2010.

MENGONI, Luigi. *Ermeneutica e dogmatica giuridica*. Milano: Giuffrè, 1996.

MENKE, Christoph. *Reflections of equality*. Califórnia: Stanford University Press, 2006.

MEROLA CHIERCHIA, Pietro. *L'interpretazione sistematica della Costituzione*. Padova: CEDAM, 1978.

MERTZ, Elisabeth. *The language of law school*: learning to "think like a lawyer". New York: Oxford University Press, 2007.

MEYER, Ernst. *Grundzüge einer systemorientierten Wertungsjurisprudenz*. Tübingen: Mohr Siebeck, 1984.

MEYER-PFLUG. Samantha. Das especificidades da interpretação constitucional. *In*: RAMOS TAVARES, André; FERREIRA MENDES, Gilmar; GANDRA DA SILVA MARTINS, Ives. *Lições de direito constitucional*: em omenagem ao Jurista Celso Bastos. Rio de Janeiro: Saraiva, 2005.

MIAILLE, Michel. *Introdução crítica do direito (Une introduction critique au droit)*. 3. ed. (Trad. Ana Prata). Lisboa: Estampa, 2005.

MICHAELS, Walter Benn. Against formalism: chickens and rocks. *In*: LEVINSON, Sanford; MAILLOUX, Steven. *Interpreting law and literature*: a hermeneutic reader. Illinois: Northwestern University Press, 1988.

MICHAELS, Walter Benn. The fate of the Constitution. *In*: LEVINSON, Sanford; MAILLOUX, Steven. *Interpreting law and literature*: a hermeneutic reader. Illinois: Northwestern University Press, 1988.

MICHELMAN, Frank I. Constitutional autorship. *In*: ALEXANDER, Larry. *Constitutionalism*: philosophical foundations. Cambridge: Cambridge University Press, 1998.

MILLER SWAIN, Carol. *The new white nationalism in America*: its challenge to integration. New York: Cambridge University Press, 2002.

MILROY, Lesley; GORDON, Matthew J. *Sociolinguistics*: method and interpretation. Malden: Wiley-Blackwell, 2003. (Language in Society, v. 34).

MIRANDA, Jorge. A Constituição portuguesa e a dignidade da pessoa humana. *Revista de Direito do Ministério Público do Estado do Rio de Janeiro*, n. 24, p. 131, jul./dez. 2006.

MIRANDA, Jorge. Acabar com o frenesim constitucional. *In*: *Nos 25 anos da Constituição da República de 1976*: evolução constitucional e perspectivas futuras. Lisboa: AFDL, 2001.

MIRANDA, Jorge. *Curso de direito internacional público*. 4. ed. Cascais: Principia, 2010.

MIRANDA, Jorge. *Manual de direito constitucional*. 3. ed. Coimbra: Coimbra Editora, 2008. t. VI.

MIRANDA, Jorge. *Manual de direito constitucional*. 4. ed. Coimbra: Coimbra Editora, 2008. t. IV.

MIRANDA, Jorge. *Manual de direito constitucional*. 6. ed. Coimbra: Coimbra Editora, 2007. t. II.

MIRANDA, Jorge; MEDEIROS, Rui. *Constituição portuguesa anotada*. Coimbra: Coimbra Editora, 2010. t. I.

MIRKINE-GUETZÉVITCH, Boris. *Les Nouvelles tendances du droit constitutionnel*. Paris: Marcel Giard, 1931.

MODUGNO, Franco. *Appunti per una teoria generale del diritto*: la teoria del diritto oggettivo. 3. ed. Torino: Giappichelli, 2000.

MODUGNO, Franco. *Interpretazione giuridica*. Padova: CEDAM, 2009.

MODUGNO, Franco. *La regionevolezza nella giustizia costituzionale*. Napoli: Editoriale Scientifica, 2009.

MODUGNO, Franco. *Legge – ordinamento giuridico – pluralità degli ordinamenti*: saggi di teoria generale del diritto. Milano: Giuffrè, 1985.

MÖLLER, Kai. Abwägungsverbote im Verfassungsrecht. *Der Staat*, v. 46, n. 1, p. 109-128, 2007.

MONACO, Ricardo. *Manuale di diritto internazionale pubblico*. 2. ed. Torino: UTET, 1980.

MONCHO i PASCUAL, Josep Rafael. *Ética de los derechos humanos*. Madrid: Tecnos, 2000.

MONTEIRO, João Paulo. Liberalismo político e crítica da ideologia. *In*: LOPES ALVES, João. *Ética e o futuro da democracia*. Lisboa: Colibri, 1998.

MONTESQUIEU, Barão de. *L'esprit des lois*. Paris: Garnier Frères, 1949. t. 1.

MOORE, George Edward. *Principia ethica*. 2. ed. Cambridge: Cambridge University Press, 1993.

MOORE, Michael S. Interpretando a interpretação. *In*: MARMOR, Andrei. *Direito e interpretação (Law and interpretation)*. (Trad. Luís Carlos Borges). São Paulo: Martins Fontes, 2004.

MOORE, Michael S. Law as a functional kind. *In*: GEORGE, Robert P. *Natural theory*: contemporay essays. Oxford: Clarendon, 1992.

MOORE, Michael S. The interpretive turn in modern theory: a turn for the worse. *Stanford Law Review*, n. 41, p. 871, 1989.

MORAES MOTA, Marcel. Teorias axiolgicas dos direitos fundamentais e hermenêutica constitucional. *In*: NOGUEIRA MATIAS, João (Org.). *Neoconstitucionalismo e direitos fundamentais*. São Paulo: Atlas, 2009.

MORANGE, Jean. *Libertés publiques*. Paris: PUF, 1985.

MOREIRA DE MOURA, Lenice S. A dimensão antropoética do princípio da dignidade humana: elementos para compreensão da dignidade planetária ou dignidade integral. *In*: MOREIRA DE MOURA, Lenice S. (Org.). *O novo constitucionalisno na era pós-positivista*: homenagem a Paulo Bonavides. São Paulo: Saraiva, 2009.

MOREIRA, Luiz. *A Constituição como simulacro*. Rio de Janeiro: Lumen Juris, 2007.

MOREIRA, Luiz. Direito e política. *In*: LEITE SAMPAIO, José Adércio (Org.). *Constituição e crise política*. Belo Horizonte: Del Rey, 2006.

MOREIRA, Vital. O futuro da Constituição. *In*: GRAU, Eros Roberto; SANTIAGO GUERRA FILHO, Willis (Org.). *Direito constitucional*: estudos em homenagem a Paulo Bonavides. São Paulo: Malheiros, 2001.

MORESO, José Juan. El reino de los derechos y la objetividad de la moral. *In*: DICIOTTI, E. (Org.). *Diritti umani ed oggettività della morale*. Siena: Dipartimento di Scienze Storiche, Giuridiche, Politiche e Sociali di Siena, 2003.

MORESO, José Juan. *La indeterminación del derecho y la interpretación de la Constitución*. Madrid: CEPC, 1997.

MORETAU, Olivier. Le raisonnable et le droit: standards, prototypes et interprétation uniforme. *Journal of Legal Interpretation (Reasonableness and Interpretation)*, Münster: LIT, p. 221-238, 2003.

MORRIS, Charles William. *Foundations of the language of signs*. 5. ed. Chicago: University of Chicago Press, 1947.

MORRIS, Charles William. *Signs, language and behavior*. 4. ed. New Jersey, Prentice Hall, 1946.

MORRONE, Andrea. Constitution adjudication and the principle of reasonableness. *In*: BONGIOVANNI, Giorgio; SARTOR, Giovanni; VALENTINI, Chiara. *Reasonableness and law*. New York: Springer, 2009.

MORTATI, Costantino. Costituzione dello Stato: dottrine generali e Costituzione della Repubblica italiana. *In*: *Enciclopedia del diritto*. Milano: Giuffrè, (1962) 2007. v. XI.

MORTATI, Costantino. Diritto costituzionale. *In*: *Enciclopedia del diritto*. Milano: Giuffrè, (1964) 2007. v. XII.

MORTATI, Costantino. *Istituzioni di diritto pubblico*. 12. ed. Padova: CEDAM, 1991. t. I.

MORTATI, Costantino. *Istituzioni di diritto pubblico*. 7. ed. Padova: CEDAM, 1967. t. II.

MOUTOUH, Hugues. La dignité de l'homme en droit. *Revue de Droit Publique et Science Politique*, n. 1, p. 159-196, 1999.

MULGAN, Tim. *The demands of consequentialism*. Oxford: Oxford University Press, 2005.

MÜLLER, Felix. Ökonomische Theorie des Rechts. *In*: BUCKEL, Sonja; CHRISTENSEN, Ralph; FISCHER-LESCANO, Andreas (Org.). *Neue Theorien des Rechts*. 2. ed. Stuttgart: Lucius & Lucius, 2009.

MÜLLER, Friedrich. *Discours de la méthode juridique (Juristische Methodik)*. (Trad. Olivier Jouanjan). France: Presses Universitaires de France, 1996.

MÜLLER, Friedrich. *Juristische Methodik*: Grundlagen Öffentliches Recht. 9. ed. Berlin: Duncker & Humblot, 2004. v. I.

MÜLLER, Friedrich. *Metodologia do direito constitucional*. 4. ed. São Paulo: Revista dos Tribunais, 2010.

MÜLLER, Friedrich. *Métodos de trabalho do direito constitucional*. 3. ed. (Trad. Peter Naumann). Rio de Janeiro: Renovar, 2005.

MÜLLER, Friedrich. *Tesis acerca de la estructura de las normas jurídicas*. (Trad. Luis Villacorta Mancebo). Madrid: Centro de Estudios Constitucionales, 1989.

MÜNCH, Richard. Elemente einer Theorie der Integration moderne Gesellschaften. *In*: IMBUSCH, Peter; HEITMEYER, Wilhelm. *Integration – Desintegration*: ein Reader zur Ordnungsproblematik moderner Gesellschaften. Wiesbaden: V.S., 2008.

MUÑOS MACHADO, Santiago. *Cinco estudios sobre el poder y la tecnica de legislar*. Madrid: Civitas, 1986.

MURARO NOVAIS, Fábio. Pressupostos hermenêutico-constitucionais: a origem e o papel dos postulados constitucionais. *In*: RAMOS TAVARES, André; FERREIRA MENDES, Gilmar; GANDRA DA SILVA MARTINS, Ives. *Lições de direito constitucional*: em homenagem ao Jurista Celso Bastos. Rio de Janeiro: Saraiva, 2005.

MURILLO DE LA CUEVA, Pablo Lucas. El Poder Judicial en el Estado autonómico. *Teoría y Realidad Constitucional*, n. 5, p. 89, 2000.

MURPHY, Mark C. *Natural law in jurisprudence and politics*. Cambridge: Cambridge University Press, 2006.

NANIA, Roberto. *Il valore della Costituzione*. Milano: Giuffrè, 1986.

NAPIER, Jemina; McKEE, Rachel Locker; GOSWELL, Della. *Sign language interpreting*: theory and practice in Australia and New Zealand. Sydney: The Federation Press, 2006.

NASCIMBENE, Bruno. L'individuo e la tutela internazionale dei diritti umani. *In*: CARBONE, Sergio M.; LUZZATTO, Riccardo; SANTA MARIA, Alberto (Ed.). *Istituzioni di diritto internazionale*.Torino: Giappichelli, 2002.

NAVARRO, Pablo E. Derechos implícitos y limites constitucionales. *Revista Brasileira de Filosofia*, v. 232, p. 38-56, jan./jun. 2009.

NELSON, Samuel Peter. *Beyond the First Amendment*: the politics of free speech and pluralism. Maryland: Johns Hopkins University Press, 2005.

NERHOT, Patrick. Interpretation in legal science. *In*: NERHOT, Patrick. *Law, interpretation and reality*: essays in epistemology, hermeneutics and jurisprudence. Dordrecht: Kluwer, 1990.

NERHOT, Patrick. The law and its reality. *In*: NERHOT, Patrick. *Law, interpretation and reality*: essays in epistemology, hermeneutics and jurisprudence. Dordrecht: Kluwer, 1990.

NEUMAN, Gerald L. *Strangers to the Constitution*: imigrants, borders and fundamental law. New Jersey: Princeton University Press, 1996.

NEUMANN, Ulfrid. Theorie der juristischen Argumentation. *In*: HASEMER, Winfried; NEUMANN, Ulfrid; KAUFMANN, Arthur. *Einführung in Rechtstheorie der Gegenwart*. 7. ed. Heidelberg: C. F. Müller, 2004.

NEUMANN, Volker. Menschenwürde und Existenzminimum. *In*: BREUER, Rüdiger et al. (Org.). *Neue Zeitschrift für Verwaltungsrecht*, p. 426-432, 1995.

NEVES, Marcelo. *A constitucionalização simbólica*. 2. ed. São Paulo: Martins Fontes, 2007.

NEVES, Marcelo. *A constitucionalização simbólica*. São Paulo: Acadêmica, 1994.

NEVES, Marcelo. A interpretação jurídica no estado democrático de direito. *In*: GRAU, Eros Roberto; SANTIAGO GUERRA FILHO, Willis (Org.). *Direito constitucional*: estudos em homenagem a Paulo Bonavides. São Paulo: Malheiros, 2001.

NEVES, Marcelo. *Transconstitucionalismo*. São Paulo: WMF/Martins Fontes, 2009.

NEWTON, Jim. *Justice for all*: Earl Warren and the nation he made. New York: Riverhead, 2007.

NICCOLAI, Silvia. Donne col viso coperto. *In*: *Il respetto delle regole*: scritti degli allievi in onore di Alessandro Pizzorusso. Torino: Giappichelli, 2005.

NIELSEN, Sandro. *The bilingual LSP dictionary*: principles and practice for legal language. Tübingen: Günter Narr, 1994.

NIESEN, Peter; EBERL, Oliver. Demokratischer Positivismus: Habermas und Maus. *In*: BUCKEL, Sonja; CHRISTENSEN, Ralph; FISCHER-LESCANO, Andreas (Org.). *Neue Theorien des Rechts*. 2. ed. Stuttgart: Lucius & Lucius, 2009.

NIPPERDEY, Hans-Carl. Die würde des Menschen. *In*: NEUMANN, Franz; NIPPERDEY, Franz; SCHEUNER, Ulrich (Org.). *Die Grundrechte*. Berlin: Duncker & Humblot, 1954. v. II.

NOWAK, John E.; ROTUNDA, Ronald D. *American constitutional law*. 7. ed. St. Paul: West, 2004.

NOWAK, John E.; ROTUNDA, Ronald D. *Treatise on constitutional law*: substance and procedure. St. Paul: West, 1992. v. 3.

NOZICK, Robert. *Anarchia, stato e utopia*: i fondamenti filosofici dello "Stato Minimo". Firenze: Le Mollier, 1981.

O'CONNOR, Sandra. *The majesty of the law*: reflections of a Supreme Court Justice. New York: Random House, 2003.

O'NEILL, Johnathan George. *Originalism in American law and politics*: a constitutional history. Maryland: JHU, 2005.

OESER, Erhard. *Evolution and constitution*: the evolutionary selfconstruction (i.e. self-construction) of law. The Netherlands: Springer, 2003. (Theory and Decision Library, série A: Philosophy and Methodology of the Social Sciences, v. 37).

OLIVEIRA PETER DA SILVA, Christine. *Hermenêutica dos direitos fundamentais*: uma proposta constitucionalmente adequada. Brasília: Brasília Jurídica, 2005.

OLLERO, Andrés. Derecho y moral: implicaciones actuales: a mode de introducción. *Persona y Derecho, Revista de Fundamentación de las Instituciones Jurídicas y de Derechos Humanos*, n. 61, p. 17-31, jul./dic. 2009.

ONIDA, Valerio. *La Costituzione*: la legge fondamentale della Repubblica. 2. ed. Bologna: Il Mulino, 2007.

OPALEK, K. Directives, norms and performatives. *In*: DI BERNARDO, Giuliano. *Normative structures of the social world*. Amsterdam: Rodopi, 1988. v. 11.

OPPENHEIM, Felix E. Justiça. *In*: MATTEUCCI, Nicola; PASQUINO, Gianfranco. *Dicionário de política (Dizionario di politica)*. (Trad. Carmen C. Varriale, Gaetano Lo Mônaco, João Ferreira, Luís Guerreiro Pinto Caçais e Renzo Dino). 12. ed. Brasília: Editora Universidade de Brasília, 2004. v. 1 e 2.

OPPENHEIMER, Margaret; MERCURO, Nicholas. *Law and economics*: alternative economic approaches to legal and regulatory issues. New York: M.E. Sharpe, 2005.

ORESTANO, Riccardo. *Diritto: incontri e scontri*. Bologna: Il Mulino, 1981.

ORTONY, Andrew. Metaphor, language and thought. *In: Metaphor and thought*. 2. ed. Cambridge: Cambridge University Press, 1993.

OST, F. Juge-pacificateur, juge-arbitre, juge entraîneur: trois modèles de justice. *In*: GERARD, PH.; OST, F.; VAN DE KERCHOVE, M. *Fonction de juger et pouvoir judiciaire*: transformations et déplacements. Bruxelas: Publications des Facultés Universitaires Saint-Louis, 1983.

OST, François. Retour sur l'interprétation. *Journal of Legal Interpretation (Reasonableness and Interpretation)*, Münster: LIT, p. 127-150, 2003.

OTERO PARGA, Milagros. *Valores constitucionales*: introducción a la filosofía del derecho: axiología jurídica. Santiago de Compostela: Universidad de Santiago de Compostela, 1999.

OTERO, Paulo. *Direito constitucional português*: identidade constitucional. Coimbra: Almedina, 2010. v. I.

OTERO, Paulo. Fragmentação da Constituição formal. *In*: GANDRA DA SILVA MARTINS, Ives; LEITE DE CAMPOS, Diogo. *O direito contemporâneo em Portugal e no Brasil*. São Paulo: Saraiva, 2004.

OTERO, Paulo. *Instituições políticas e constitucionais*. Coimbra: Almedina, 2009. v. I.

OTERO, Paulo. *Legalidade e administração pública*: o sentido da vinculação administrativa à juridicidade. Coimbra: Almedina, 2007.

OTO RAMOS DUARTE, Écio; POZZOLO, Susanna. *Neoconstitucionalismo e positivismo jurídico*. São Paulo: Landy, 2006.

OTTE, Gerhard. Ist die Begriffsjurisprudenz wirklich tot? *In*: HADDING, Walther. *Festgabe Zivilrechtslehrer 1934/1935*. Berlin: Walter de Gruyter, 1999.

OWEN WILLIAMS, Bernard Arthur. *Morality*: an introduction to ethics. Cambridge: Cambridge University Press, 1993.

PACE, Alessandro. *Problemática delle libertà costituzionali*: parte generale. 3. ed. Padova: CEDAM, 2003.

PAGANO, Aúthos. *O direito natural, a justiça e os fatos sociais*. São Paulo: Luzes Gráficas, 1966.

PARESCE, Enrico. Dogmatica giuridica. *In*: *Enciclopedia del diritto*. Milano: Giuffrè, (1972) 2007. v. XIII.

PARESCE, Enrico. Interpretazione (fil. dir. e teoria gen.). *In*: *Enciclopedia del diritto*. Milano: Giuffrè, (1972) 2007. v. XXII.

PARODI, Giampaolo. Seguito giurisdizionale delle decisioni costituzionali interpretative e additive di principio ed elementi di difusione' nel controllo di costituzionalità. *Rivista Trimestrale di Diritto Pubblico*, n. 3, p. 821-849, 2008.

PASQUALINI, Alexandre. *Hermenêutica e sistema jurídico*: uma introdução à interpretação sistemática do direito. Porto Alegre: Livraria do Advogado, 1998.

PATTERSON, Dennis. *Law and truth*. Oxford: Oxford University Press, 1999.

PAVČNIK, Marijan. *Juristisches Verstehen und Entscheiden*. Wien: Springer, 1993.

PAWLOWSKI, Hans-Martin. *Methodenlehre für Juristen*: Theorie der Norm und des Gesetzes: ein Lehrbuch. 3. ed. Heidelberg: Hüthig Jehle Rehm, 1999.

PEARSON, Jennifer. *Terms in context*. The Netherlands: John Benjamins, 1998. (Studies in Corpus Linguistics, v. 1).

PECES-BARBA MARTINEZ, Gregorio. *Los valores superiores*. Madrid: Tecnos, 1984.

PECES-BARBA MARTINEZ, Gregorio. *Tránsito a la modernidad y derechos fundamentales*. Madrid: Mezquita, 1982.

PECZENIK, Aleksander. *On law and reason*. 2. ed. The Netherlands: Springer, 1989.

PECZENIK, Aleksander. Prima-facie values and the law. *In*: SADURSKI, Wojciech (Ed.). *Ethical dimensions of legal theory*. The Netherlands: Rodopi, 1991.

PENSOVECCHIO LI BASSI, Antonino. *L'interpretazione delle norme costituzionali*: natura, metodo, difficoltà e limiti. Milano: Giuffrè, 1972.

PEREIRA COUTINHO, Luís Pedro. *A autoridade moral da Constituição*: da fundamentação da validade do direito constitucional. Coimbra: Coimbra Editora, 2009.

PEREIRA DA SILVA, Jorge. *Dever de legislar e protecção jurisdicional contra omissões legislativas*. Lisboa: Universidade Católica Editora, 2003.

PEREIRA DE SOUSA, José Péricles; MALVEIRA DEOCLECIANO, Pedro Rafael. Mutação constitucional por interpretação: promoção ou ameaça aos direitos fundamentais? *In*: NOGUEIRA MATIAS, João Luis. *Neoconstitucionalismo e direitos fundamentais*. São Paulo: Atlas, 2009.

PERELMAN, Chaïm. Avoir un sens et donner un sens. *Logique et Analyse*, n. 20, p. 235, dec. 1962.

PERELMAN, Chaïm. *Ética e direito (Étique et droit)*. (Trad. Maria Ermantina de Almeida Prado Galvão). São Paulo: Martins Fontes, 2005.

PERELMAN, Chaïm. Les antinomies en droit: essai de synthèse. *In*: PERELMAN, Chaïm. *Les antinomies en droit*. Bruxelles: Établissements Émile Bruylant, 1965.

PERELMAN, Chaïm. *Retóricas (Rhétoriques)*. (Trad. Maria Ermantina de Almeida Prado Galvão). São Paulo: Martins Fontes, 2004.

PERELMAN, Chaïm. Rhétorique et politique. *In*: CRANSTON, Maurice; MAIR, Peter. *Langage et politique*. Bruxelles: Bruylant, 1982.

PERELMAN, Chaïm; OLBRECHTS-TYTECA, Lucie. *Tratado da argumentação (Traité de l'argumentation)*: a nova retórica. (Trad. Maria Ermantina de Almeida Prado Galvão). São Paulo: Martins Fontes, 2005.

PEREZ FILHO, José Augusto. Interpretação constitucional: métodos e princípios. *In*: MOREIRA DE MOURA, Lenice S. (Org.). *O novo constitucionalismo na era pós-positivista*: homenagem a Paulo Bonavides. São Paulo: Saraiva, 2009.

PÉREZ LUÑO, Antonio Enrique. *Derechos humanos, estado de derecho y Constitución*. 8. ed. Madrid: Tecnos, 2003.

PERLINGIERI, Pietro. *Il diritto civile nella legalità costituzionale*. Napoli: ESA, 1984.

PERRIN, Georges J. *Droit international public*. Zurich: Schulthess, 1999.

PERRONE CAMPOS MELLO, Patrícia. *Precedentes*: o desenvolvimento judicial do direito no constitucionalismo contemporâneo. Rio de Janeiro: Renovar, 2008.

PERRY, Michael J. *Morality, politics and law*. New York: Oxford University Press, 1990.

PERRY, Michael J. *Religion in politics*: constitutional and moral perspectives. New York: Oxford University Press, 1999.

PERRY, Michael J. *The Constitution in the courts*: law or politics? New York: Oxford University Press, 1996.

PERRY, Michael J. *The idea of human rights*. New York: Oxford Unviersity Press, 1998.

PERRY, Michael J. *Under God?*: religious faith and liberal democracy. Cambridge: Cambridge University Press, 2003.

PERRY, Michael J. *We the people*: the Fourteenth Amendment and the Supreme Court. Oxford: Oxford Unviersity Press, 2001.

PERRY, Michael J. What is "the Constitution"? (and other fundamental questions). *In*: ALEXANDER, Larry. *Constitutionalism*: philosophical foundations. Cambridge: Cambridge University Press, 1998.

PERRY, Ralph Barton. *General theory of value*. USA: Read Books, 2007.

PERRY, Stephen R. Interpretação e metodologia na teoria jurídica. *In*: MARMOR, Andrei, *Direito e interpretação (Law and interpretation)*. (Trad. Luís Carlos Borges). São Paulo: Martins Fontes, 2004.

PERTICI, Andrea. Le regole della comunicazione politica. *In*: *Il respetto delle regole*: scritti degli allievi in onore di Alessandro Pizzorusso. Torino: Giappichelli, 2005.

PESTALOZZA, Christian. *Die echte Verfassungsbeschwerde*: Vortrag, gehalten vor der Juristischen Gesellschaft zu Berlin am 18. Oktober 2006. Berlin: Walter de Gruyter, 2007.

PETTER, Lafayette Josué. *Princípios constitucionais da ordem econômica*: o significado e o alcance do art. 170 da Constituição Federal. 2. ed. São Paulo: Revista dos Tribunais, 2008.

PFERSMANN, Otto. Esquisse d'une théorie des droits fondamentaux. *In*: FAVOREAU, Louis (Org.). *Droits des libertés fondamentaux*. 2. ed. Paris: Dalloz, 2002.

PHILIPPS, Lothar. Normentheorie. *In*: HASEMER, Winfried; NEUMANN, Ulfrid; KAUFMANN, Arthur. *Einführung in Rechtstheorie der Gegenwart*. 7. ed. Heidelberg: C. F. Müller, 2004.

PHILIPS, Susan Urmston. *Ideology in the language of judges*: how judges practice law, politics and courtroom control. New York: Oxford University Press, 1998.

PHILLIPS, Alfred. *Lawyer's language*: how and why legal language is different. London and New York: Routledge, 2003.

PHILLIPS, Alfred. *The lawyer and society*. Glasgow: Ardmoray, 1987.

PIA LARA, Maria. Positive and negative freedom: questions regarding the quality of life. *In*: LOPES ALVES, João. *Ética e o futuro da democracia*. Lisboa: Colibri, 1998.

PICARD, Edmond. *Le droit pur*. Paris: Flammarion, 1908.

PIERANDREI, Franco. L'interpretazione delle norme costituzionali in Italia. *In*: *Scritti di diritto costituzionale*. Torino: Giappichelli, 1964. v. 2.

PIEROTH, Bodo. L'apport de Jürgen Habermas au droit constitutionnel. *Revue du Droit Public et de la Sience Politique en France et a l'Étranger*, n. 6, p. 1487, nov./déc. 2007.

PIESSE, E. L. *The elements of drafting*. 10. ed. rev. J. K. Aitken; Peter J. Butt. Sydney: Lawbrook, 2004.

PINCUS, Fred L. *Reverse discrimination*: dismantling the myth. Colorado: Lynne Rienner, 2003.

PIOVANI, Pietro. *Linee di una filosofia del diritto*. 3. ed. Padova: CEDAM, 1968.

PIRES OHWEILER, Leonel. Políticas públicas e controle jurisdicional: uma análise hermenêutica à luz do Estado Democrático de Direito. *In*: WOLFGANG SARLET, Ingo; BENETTI TIMM, Luciano (Org.). *Direitos fundamentais*: orçamento e "reserva do possível". 2. ed. Porto Alegre: Livraria do Advogado, 2010.

PLATÃO. *A república*. (Trad. Maria Helena da Rocha Pereira). 9. ed. Lisboa: Fundação Calouste Gulbenkian, 2001.

PLATÃO. *Teeteto*. (Trad. Adriana Manuela Nogueira e Marcelo Boeri). Lisboa: Fundação Calouste Gulbenkian, 2005.

POLLACK, Malla. O alto custo de não se ter direitos positivos: uma perspectiva dos Estados Unidos. *In*: WOLFGANG SARLET, Ingo; BENETTI TIMM, Luciano (Org.). *Direitos fundamentais*: orçamento e "reserva do possível". 2. ed. Porto Alegre: Livraria do Advogado, 2010.

POPKIN, William D. *Statutes in court*: the history and theory os statutory interpretation. Durham e London: Duke University Press, 1999.

POPPER, Karl. *A sociedade aberta e seus inimigos (The open society and its enemies)*. (Trad. Mílton Amado). São Paulo: Editora da Universidade de São Paulo, 1987. t. 1.

POPPER, Karl. *The logic of scientific discovery*. 2. ed. New York: Harper Torchbooks, 1968.

POSCHE, Ralf. *Grundrechte als Abwehrrechte*: reflexive Regelung rechtlich geordneter Freiheit. Tübingen: Mohr Siebeck, 2003.

POSNER, Richard. *An analysis economic of law*. Boston: Little Brown, 1972.

POSNER, Richard. *Frontiers of legal theory*. Cambridge: Harvard University Press, 1999.

POSNER, Richard. *How judges think?* Cambridge: Harvard University Press, 2008.

POUND, Roscoe. *Jurisprudence*. New Jersey: The Lawbook Exchange, 2000. v. 1.

POUND, Roscoe. Mechanical jurisprudence. *CLR*, n. 8, p. 208, 1908.

POUND, Roscoe. *Social control through law*. New Jersey: Transaction Publishers, 1996.

POUND, Roscoe. The need of a sociological jurisprudence. *TGBI*, n. 19, p. 607, 1907.

POUND, Roscoe. *The spirit of the common law*. New Jersey: Transaction, 1999.

POWELL, H. Jefferson. *Constitutional conscience*: the moral dimension of judicial decision. Chicago and London: University of Chicago Press, 2008.

POWELL, H. Jefferson. James Madison theory of interpretation power. *In*: LEVINSON, Sanford; MAILLOUX, Steven. *Interpreting law and literature*: a hermeneutic reader. Illinois: Northwestern University Press, 1988.

PRAKASAM, A. The Indian Evidence Act 1872: a lexicogrammatical study. *In*: GIBBONS, John *et al.* (Org.). *Language in the law*. India: Orient Longman, 2004.

PRIETO DE PEDRO, Jesús. *Lenguas, lenguaje y derecho*. Madrid: Civitas, 1991.

PRIETO SANCHIS, Luis. *Ideología e interpretación jurídica*. Madrid: Tecnos, 1987.

PRIETO SANCHIS, Luis. *Justicia constitucional y derechos fundamentales*. Madrid: Trotta, 2003.

PRIETO SANCHIS, Luis. *Ley, principios, derechos*. Madrid: Dykinson, 1998.

PRIETO SANCHIS, Luis. Los princípios como vehiculos de la moral en el derecho. *In*: RIBEIRO MOREIRA, Eduardo; GONÇALVES JÚNIOR, Jerson Carneiro; POLLETI BETTINI, Lucia Helena. *Hermenêutica constitucional*: homenagem aos 22 anos do Grupo de Estudos Maria Garcia. São Paulo: Conceito Editorial, 2010.

PROTIÈRE, Guillaume. Les principes généraux dans la jurisprudence internationale: éléments d'une différenciation fonctionnelle. *Revue du Droit Public et de la Science Politique en France et a l'Étranger*, n. 1, p. 259, jan./fev. 2008.

PUFENDORF, Samuel. *Os deveres do homem e do cidadão de acordo com as leis do direito natural (The whole duty of man, according to the law of nature)*. (Trad. Eduardo Francisco Alves). Rio de Janeiro: Topbooks, 2007.

PUGLIESE, Márcio. Hermenêutica constitucional. *In*: RIBEIRO MOREIRA, Eduardo; GONÇALVES JÚNIOR, Jerson Carneiro; POLLETI BETTINI, Lucia Helena. *Hermenêutica constitucional*: homenagem aos 22 anos do Grupo de Estudos Maria Garcia. São Paulo: Conceito Editorial, 2010.

PUGLIESE, Márcio. Primeiras reflexões sobre método e um novo conceito de sujeito. *Revista Brasileira de Filosofia*, v. 232, p. 257-292, jan./jun. 2009.

PUGLIESE, Márcio. *Teoria do direito*. 2. ed. São Paulo: Saraiva, 2009.

PUTNAM, Hilary. *Meaning and the moral sciences*. London: Routledge, 1978.

QUADRI, Rolando. Dell'applicazione della legge in generale. *In*: SCIALOJA, Antonio; BRANCA, Giuseppe. *Commentario del Codice Civile*: art. 10-15. Bologna: Nicola Zanichelli, 1974.

QUEIRÓ, Afonso. *Lições de direito administrativo*. Coimbra: João Arantes, 1976. v. I.

QUEIROZ, Cristina. *Direito constitucional*: as instituições do estado democrático e constitucional. Coimbra: Coimbra Editora, 2009.

QUEIROZ, Cristina. *Direitos fundamentais sociais*: funções, âmbito, conteúdo, questões interpretativas e problemas de justiciabilidade. Coimbra: Coimbra Editora, 2006.

QUEIROZ, Cristina. *Direitos fundamentais*: teoria geral. 2. ed. Coimbra: Coimbra Editora, 2010.

QUEIROZ, Cristina. *Interpretação constitucional e poder judicial*: sobre a epistemologia da construção constitucional. Coimbra: Coimbra Editora, 2000.

QUEIROZ, Cristina. *O princípio da não reversibilidade dos direitos fundamentais*: princípios dogmáticos e prática jurisprudencial. Coimbra: Coimbra Editora, 2006.

QUINTERO, Cesar A. *Los decretos con valor de ley*. Madrid: Instituto de Estudios Políticos, 1958.

RADBRUCH, Gustav. Cinco minutos de filosofia do direito. *In*: *Filosofia do direito (Rechtsphilosophie)*. Coimbra: Arménio Amado, 1974.

RADBRUCH, Gustav. Gesetzliches Unrecht und übergesetzliches Recht. *In*: *Rechtsphilosophie*. 4. ed. Stuttgart: Erik Wolf, 1950.

RADBRUCH, Gustav. *Relativismo y derecho*. (Trad. Luis Villar Borda). Santa Fé de Bogotá: Temis, 1999.

RAIBLE, Wolfgang. Foundations: theoretical foundations of language universal and language tipology. *In*: HASPELMATH, Martin (Org.). *Language universals and language tipology*: an international handbook. Berlim/New York: Walter de Gruyter, 2001, v. 1, t. 1.

RAMALHO RABENHORST, Eduardo. O valor da pessoa humana e o valor da natureza. *In*: ALMEIDA FILHO, Agassiz; MELGARÉ, Plínio (Org.). *Dignidade da pessoa humana*: fundamentos e critérios interpretativos. São Paulo: Malheiros, 2010.

RAMOS DUARTE, Écio Oto; POZZOLO, Suzanna. *Neoconstitucionalismo e positivismo jurídico*: as faces da teoria do direito em tempos de interpretação moral da Constituição. São Paulo: Landy, 2006.

RAMOS RIBEIRO, Paulo de Tarso. *Direito e processo*: razão burocrática e acesso à justiça. São Paulo: Max Limonad, 2002.

RAMOS TAVARES, André. *Curso de direito constitucional*. 3. ed. São Paulo: Saraiva, 2006.

RAMOS TAVARES, André. Princípio da consubstancialidade parcial dos direitos fundamentais na dignidade do homem. *Revista Brasileira de Direito Constitucional*, n. 4, p. 225-240, 2004.

RANNEY, Frances J. *Aristotle's ethics and legal rhetoric*: an analysis of language beliefs and the law. Hampshire: Ashgate, 2005.

RAWLS, John. *A theory of justice*. USA: Harvard University Press, 2005.

RAWLS, John. *O liberalismo político*. (Trad. Dinah de Abreu Azevedo). 2. ed. São Paulo: Ática, 2000.

RAWLS, John. *Uma teoria da justiça*. (Trad. Vamireh Chacon). Brasília: Editora Universidade de Brasília, 1981.

RAZ, Joseph. Interpretação sem restabelecimento: *In*: MARMOR, Andrei. *Direito e interpretação (Law and interpretation)*. (Trad. Luís Carlos Borges). São Paulo: Martins Fontes, 2004.

RAZ, Joseph. On the authority and interpretation of constitutions: some preliminaries. *In*: ALEXANDER, Larry. *Constitutionalism*: philosophical foundations. Cambridge: Cambridge University Press, 1998.

RAZ, Joseph. *Practical reason and norms*. New York: Oxford, 2002.

RAZ, Joseph. *The authority of law*: essays on law and morality. Oxford: Oxford University Press, 1983.

RAZ, Joseph. *The concept of a legal system*: an introduction to the theory of legal system. 2. ed. Oxford: Oxford University Press, 1980.

REALE, Miguel. *Experiência e cultura*. 3. ed. São Paulo: Saraiva, 1983.

REALE, Miguel. *Filosofia do direito*. 20. ed. São Paulo: Saraiva, 2010.

REALE, Miguel. *Lições preliminares de direito*. 27. ed. São Paulo: Saraiva, 2010.

RECASENS SICHES, Luís. *Experiencia jurídica, naturaleza de la cosa y lógica de lo razonable*. México: Fondo de Cultura Económica, 1971.

RECASENS SICHES, Luís. *Iusnaturalismos actuales comparados*. Madrid: Universidad de Madrid, 1970.

RECASENS SICHES, Luís. *Nueva filosofia de la interpretación del derecho*. México: Fondo de Cultura Económica, 1956.

REED AMAR, Akhil. *America's Constitution*: a biography. New York: Random House, 2005.

REES, Neil; LINDSAY, Katherine; RICE, Simon. *Australian Anti-Discrimination Law*: text, cases and materials. Sidney: Federation Press, 2008.

REIS GONÇALVES PEREIRA, Jane. *Interpretação constitucional e direitos fundamentais*. Rio de Janeiro: Renovar, 2006.

REIS NOVAIS, Jorge. *As restrições aos direitos fundamentais não expressamente autorizadas pela Constituição*. 2. ed. Coimbra: Coimbra Editora, 2010.

REIS NOVAIS, Jorge. *Direitos sociais*: teoria jurídica dos direitos sociais enquanto direitos fundamentais. Coimbra: Coimbra Editora, 2010.

RENSMANN, Thilo. *Wertordnung und Verfassung*: das Grundgesetz im Kontext grenzüberschreitender Konstitutionalisierung. Tübingen: Mohr Siebeck, 2007.

REQUEJO PAGÉS, Juan Luis. *Las normas preconstitucionales y el mito del poder constituyente*. Madrid: Centro de Estudios Políticos y Constitucionales, 1998.

REUTER, Paul. *Droit international public*. 4. ed. Paris: Presses Universitaires de France, 1973.

RIBEIRO DE MORAES, Lorena. A dignidade da pessoa humana e os direitos fundamentais. *Revista do Ministério Público do Estado de Goiás*, a. 11, n. 16, p. 91-112, dez. 2008.

RIBEIRO MOREIRA, Eduardo. Neoconstitucionalismo e teoria da interpretação. *In*: RIBEIRO MOREIRA, Eduardo; GONÇALVES JÚNIOR, Jerson Carneiro; POLLETI BETTINI, Lucia Helena. *Hermenêutica constitucional*: homenagem aos 22 anos do Grupo de Estudos Maria Garcia. São Paulo: Conceito Editorial, 2010.

RIBEIRO ROMANO, Rodrigo. A contribuição hermenêutica de Schleiermacher: um ensaio epistemológico positivista ante a transgressão hermenêutica constitucional. *In*: MOREIRA DE MOURA, Lenice S. (Org.). *O novo constitucionalisno na era pós-positivista*: homenagem a Paulo Bonavides. São Paulo: Saraiva, 2009.

RIBEIRO SERPA, José Hermílio. *Direito constitucional interdisciplinar*. Porto Alegre: Sergio Antonio Fabris, 2006.

RICCOBONO, Francesco. *Equità e ragionevolezza nell'attuazione dei diritti*. Napoli: Guida, 2004.

RICHARD, David A. J. *Toleration and the Constitution*. Oxford: Oxford University Press, 1986.

RICOEUR, Paul. *O justo 1*: a justiça como regra moral e como instituição (Le juste I). (Trad. Ivone C. Benedetti). São Paulo: Martins Fontes, 2008.

RIECHELMANN, Frank. *Rechtssicherheit als Freiheitsschutz*: Struktur des verfassungsrechtlichen Bestandsschutzes. Deutschland: BoD – Books on Demand, 2009.

RIGAUX, François. The concept of fact in legal science. *In*: NERHOT, Patrick. *Law, interpretation and reality*: essays in epistemology, hermeneutics and jurisprudence. Dordrecht: Kluwer Academic, 1990.

RILEY, Jonathan. Constitutional democracy as a two-stage game. *In*: FEREJOHN, John A.; RAKOVE, Jack N.; RILEY, Jonathan (Ed.). *Constitutional culture and democratic rule*. Cambridge: Cambridge University Press, 2001.

RIPERT, Georges. *A regra moral nas obrigações civis*. (Trad. Osório de Oliveira). Campinas: Bookseller, 2000.

RIVERO, Jean. *Les libertés publiques*. Paris: Presses Universitaires de France, 1973.

RIZZATO NUNES, Luiz Antônio. *O princípio constitucional da dignidade da pessoa humana*: doutrina e jurisprudência. São Paulo: Saraiva, 2007.

ROBLES, Gregório. *O direito como texto*: quatro estudos de teoria comunicativa do direito. São Paulo: Manole, 2005.

ROCCO, Alfredo. L'interpretazione delle leggi processuali. *In*: *Studi di diritto commerciale ed altri scritti giuridici*. Roma: Società Editrice Del "Foro Italiano", 1933. v. Primo.

RODRIGUES MACIEL, José Fabio. Hermenêutica e interpretação constitucional na história do direito. *In*: RIBEIRO MOREIRA, Eduardo; GONÇALVES JÚNIOR, Jerson Carneiro; POLLETI BETTINI, Lucia Helena. *Hermenêutica constitucional*: homenagem aos 22 anos do Grupo de Estudos Maria Garcia. São Paulo: Conceito Editorial, 2010.

RODRÍGUEZ, Victor Gabriel. *Argumentação jurídica*: técnicas de persuasão e lógica informal. 2. ed. Campinas: LZN, 2004.

ROKEACH, M. *The nature of human values*. New York: Free Press, 1973.

ROMANO, Santi. *Corso di diritto internazionale*. 11. ed. Padova: CEDAM, 1929.

ROMANO, Santi. Interpretazione evolutiva. *In*: *Frammenti di un dizionario giuridico*. Milano: Giuffrè, 1947.

ROOSEVELT III, Kermit. *The myth of judicial activism*: making sense of Supreme Court decisions. USA: Yale University Press, 2008.

RORTY, Richard. *Consequences of pragmatism*. Minneapolis: University of Minnesotta Press, 1982.

ROSCOE, Henry; ROSCOE, Thomas. *Westminster Hall*: or, professional relics and anecdotes of the bar, bench, and woolsack. London: J. Knight & H. Lacey, 1825.

ROSEN, Stanley. *Freedon and spontaneity*. *In*: LOPES ALVES, João. *Ética e o futuro da democracia*. Lisboa: Colibri, 1998.

ROSENFELD, Michel. L'égalité et la tension dialectique entre l'identité et la différence. *Constitutions – Revue de Droit Constitutionnel Appliqué*, p. 177-194, avr./juin. 2010.

ROSENFELD, Michel. Les décisions constitutionnelles de la Cour suprême américaine pour la session 1998-1999: redefinir les limites du fédéralisme au détriment des droits individuels. *Revue du Droit Publique et Science Politique*, n. 5, p. 1329-1342, sept./oct. 2000.

ROSS, Alf. *Direito e justiça (On law and justice)*. (Trad. Edson Bini). São Paulo: Edipro, 2003.

ROSS, Alf. *Il concetto di validità e il conflito tra positivismo giuridico e giusnaturalismo*. (Trad. A. Febbrajo). Itália: A. Pessina, 1961.

ROSS, Alf. *Lógica de las normas*. (Trad. José S. P. Hierro). Granada: Comares, 2000.

ROSSI, Pelegrino. *Cours de droit constitutionnel professé à la Faculté de Droit de Paris*. 5. ed. Paris: Guillaumin, 1884. v. 1 e 4.

ROTHEMBURG, Walter Claudius. *Direito constitucional*. São Paulo: Verbatim, 2010.

ROUSSEAU, D.; GAUDIN, Hélène. Le droit constitutionnel européen en débat. *Revue du Droit Public et de la Sience Politique en France et a l'Étranger*, n. 3, p. 721, mai./jun. 2008.

ROUSSEAU, Dominique. *Les libertés individuelles et la dignité de la personne*. Paris: Montchrestien, 1998.

ROUX, Guillaume. Xénophobie, "cultures politiques" et théories de la menace. *Revue Française de Science Politique*, v. 58, n. 1, p. 69-95, fev. 2008.

ROVER, Aires José; SERBENA, Cesar Antonio; GAZIERO CELLA, José Renato. Conexões entre moral e direito sob um ponto de vista lógico. *In*: *Revista Brasileira de Filosofia*, v. 232, p. 247-256, jan./jun. 2009.

RUBENFELD, Jed. Legitimacy and interpretation. *In*: ALEXANDER, Larry. *Constitutionalism*: philosophical foundations. Cambridge: Cambridge University Press, 1998.

RUFINO DO VALE, André. *Estrutura das normas de direitos fundamentais*: repensando a distinção entre regras, princípios e valores. São Paulo: Saraiva, 2009.

RUGGERI, Antonio. *Fonti e norme nell'ordinamento e nell'esperienza costituzionale*. Torino: Giappichelli, 1993.

RUGGERI, Antonio. Metodi e dottrine dei costituzionalisti ed orientamenti della giurisprudenza costituzionale in tema di fonti e della loro composizione in sistema. *Diritto e Società*, n. 1, p. 141-184, 2000.

RUOTOLO, Marco. La "funzione ermeneutica" delle convenzioni internazionali sui diritti humani nei confronti delle disposizioni costituzionali. *In*: *Diritto e Società*, n. 2, p. 291-319, 2000.

RÜSEN, Jörn. *Razão histórica. Teoria da história*: os fundamentos da ciência histórica. (Trad. Estevão de Rezende Martins). Brasília: Universidade de Brasília, 2001.

RÜTHERS, Bernd. Methodenfragen als Verfassungsfragen? *Rechtstheorie*, v. 40, n. 3, p. 253-283, 2009.

SADURSKI, Wojciech. Constitutional courts, individual rights, and the problem of judicial activism in postcommunist Central Europe. *In*: PRIBAN, Jiri; ROBERTS, Pauline; YOUNG, James. *Systems of justice in transition*: Central European experiences since 1989. Hampshire: Ashgate, 2003.

SADURSKI, Wojciech. *Ethical dimensions of legal theory*. The Netherlands: Rodopi, 1991.

SADURSKI, Wojciech. *Freedom of speech and its limits*. The Netherlands: Springer, 2001. (Law and Philosophy Library, v. 38).

SADURSKI, Wojciech. Reasonableness and value pluralism in law and politics: *In*: BONGIOVANNI, Giorgio; SARTOR, Giovanni; VALENTINI, Chiara. *Reasonableness and law*. New York: Springer, 2009.

SAEED, John I. *Semantics*. 2. ed. Malden: Wiley-Blackwell, 2003.

SAGER, Lawrence. The birth logic of a democratic constitution. *In*: FEREJOHN, John A.; RAKOVE, Jack N.; RILEY, Jonathan (Ed.). *Constitutional culture and democratic rule*. Cambridge: Cambridge University Press, 2001.

SAGER, Lawrence. The domain of constitutional justice. *In*: ALEXANDER, Larry. *Constitutionalism*: philosophical foundations. Cambridge: Cambridge University Press, 1998.

SALAZAR, Roberta. Pressupostos hermenêutico-constitucionais. *In*: RIBEIRO MOREIRA, Eduardo; GONÇALVES JÚNIOR, Jerson Carneiro; POLLETI BETTINI, Lucia Helena. *Hermenêutica Constitucional*: homenagem aos 22 anos do Grupo de Estudos Maria Garcia. São Paulo: Conceito Editorial, 2010.

SALDANHA, Nelson. Em torno dos valores. *Revista da Academia Brasileira de Letras Jurídicas*, n. 11, p. 79-90, 1. sem. 1997.

SAMPAIO FERRAZ JR., Tercio. *Introdução ao estudo do direito*: técnica, decisão, dominação. 4. ed. São Paulo: Atlas, 2003.

SAMPAIO FERRAZ JR., Tercio. Limites da interpretação jurídica. *Revista Brasileira de Filosofia*, v. 232, p. 57-77, jan./jun. 2009.

SAMPAIO, Nélson de Souza. Hierarquia entre normas constitucionais. *Revista de Informação Legislativa do Senado Federal*, n. 85, p. 5-20, 1985.

SAMPAIO, Nélson de Souza. Inconstitucionalidade de emenda constitucional. *Revista de Direito Público*, v. 16, n. 67, p. 5-19, 1983.

SANDOVAL GÓES, Guilherme. Neoconstitucionalismo. *In*: BARROSO, Luís Roberto (Org.). *A reconstrução democrática do direito público no Brasil*. Rio de Janeiro: Renovar, 2007.

SANTIAGO GUERRA FILHO, Willis. *Processo constitucional e direitos fundamentais*. 4. ed. São Paulo: RCS, 2005.

SANTIAGO GUERRA FILHO, Willis; GARBELLINI CARNIO, Henrique. *Teoria da ciência jurídica*. 2. ed. São Paulo: Saraiva, 2009.

SANTIAGO NIÑO, Carlos. *Ética y derechos humanos*: un ensayo de fundamentación. 2. ed. Buenos Aires, 2007.

SANTIAGO NIÑO, Carlos. *Introducción al análisis del derecho*. 2. ed. Buenos Aires: Astrea, 2005.

SANTOS BEZERRA, Paulo César. *Lições de teoria constitucional e de direito constitucional*. 2. ed. Rio de Janeiro: Renovar, 2009.

SANTOS, Fernando. Teoria dos princípios: um mapa conceitual. *In*: METON MARQUES DE LIMA, Francisco; SANTOS PESSOA, Robertônio. *Constitucionalismo, direito e democracia*. Rio de Janeiro: GZ, 2009.

SARMENTO, Daniel. *A ponderação de interesses na Constituição federal*. Rio de Janeiro: Lumen Juris, 2000.

SARMENTO, Daniel. Interesses públicos vs. interesses privados na perspectiva da teoria e da filosofia constitucional. *In*: LEITE SAMPAIO, José Adércio (Org.). *Constituição e crise política*. Belo Horizonte: Del Rey, 2006.

SARSFIELD CABRAL, Francisco. Pluralismo e consenso: o debate ético na democracia. *In*: LOPES ALVES, João. *Ética e o futuro da democracia*. Lisboa: Colibri, 1998.

SAUNDERS, Cheryl; LE ROY, Katherine. *The rule of law*. Sydney: Federation Press, 2003.

SCALIA, Antonin. *A matter of interpretation*: federal courts and the law. New Jersey: Princeton University Press, 1998.

SCARPELLI, Uberto. *Cos'è il positivismo giuridico*. Milano: Edizioni di Comunità, 1965.

SCERBO, Alberto. *Giustizia, sovranità, virtù*. Itália: Rubbettino, 2004.

SCHANE, Sanford A. *Language and the law*. London: Continuum, 2006.

SCHAPP, Jan. *Liberdade, moral e direito*: elementos de uma filosofia do direito (Freiheit, Moral und Recht: Grundzüge einer Philosophie des Rechts). (Trad. Mariana Ribeiro de Souza). Porto Alegre: Sergio Antonio Fabris, 2009.

SCHAUER, Frank. *Thinking like a lawyer*: a new introduction to legal reasoning. USA: Harvard University Press, 2009.

SCHAUER, Frederick. An essay on constitutional language. *In*: LEVINSON, Sanford; MAILLOUX, Steven. *Interpreting law and literature*: a hermeneutic reader. Illinois: Northwestern University Press, 1988.

SCHAUER, Frederick. Positivism through think and thin. *In*: BIX, Brian (Org.). *Analyzing law*: new essays in legal theory. Oxford: Oxford University Press, 1998.

SCHILLING, Theodor. Beyond multilingualism: on different approaches to the handling of diversing language versions of a community law. *European Law Journal*, v. 16, n. 1, p. 47-66, jan. 2010.

SCHMIDT, Walter. I diritti fondamentali sociali nella Repubblica Federale Tedesca. *In*: *Rivista Trimestrale di Diritto Pubblico*, p. 785, n. 3, 1981.

SCHMITT, Carl. La tiranía de los valores (Die Tyrannei der Werte). (Trad. Anima Schmitt de Otero). *Revista de Estudios Políticos*, n. 115, p. 65-81, ene./feb. 1961.

SCHMITT, Carl. *Teologia política (Politische Teologie)*. (Trad. Elisete Antoniuk). Belo Horizonte: Del Rey, 2006.

SCHMITT, Carl. *Teoría de la Constitución (Verfassungslehre)*. (Trad. Francisco Ayala). Madrid: Alianza, 2003.

SCHNEIDEREIT, Gaby. *Legal language as a special language*: structural features of English legal language. Germany: Green, 2007.

SCHOCH, Friedrich. *Übungen im öffentlichen Recht*: Verfassungsrecht und Verfassungsprozeßrecht. Berlin: Walter de Gruyter, 2000.

SCHREIER, F. *Die Interpretation der Gesetze und Rechtsgeschäfte*. Leipzig: Hirschefeld, 1927.

SCHROTH, Ulrich. Hermeneutik, Noninterpretation und richterliche Normanwendung. *In*: HASEMER, Winfried; NEUMANN, Ulfrid; KAUFMANN, Arthur. *Einführung in Rechtstheorie der Gegenwart*. 7. ed. Heidelberg: C. F. Müller, 2004.

SCHWABE, Jürgen. *Grundkurs Staatsrecht*: eine Einführung für Studienanfänger. Berlin: Walter de Gruyter, 1995.

SCHWARTZ, Bernard. *A history of the Supreme Court*. New York: Oxford University Press, 1995.

SCHWEIGHOFER, Erich. *Legal knowledge representation*: automatic text analysis in public international and European law. The Netherlands: Kluwer Law International, 1999. (Law and Electronic Commerce, v. 7).

SCIALOJA, Vittorio. Sulla teoria della interpretazione delle leggi. *In*: *Studio in onore di Francesco Schupfer*: diritto odierno. Torino: Editrice, 1898.

SEDGWICK, Theodore. *A treatise on the rules wich govern the interpretation and application of statutory and constitutional law*. New York: J. S. Voorhies, 1857.

SEELMANN, Kurt. *Rechtsphilosophie*. 4. ed. München: C. H. Beck, 2007.

SEGAL, Jeffrey Allan; SPAETH, Harold J. *The Supreme Court and the attitudinal model revisited*. Cambridge: Cambridge University Press, 2002.

SENETERRI DA SILVA RODRIGUES, Raimilan. A moderna interpretação dos direitos fundamentais. *In*: NOGUEIRA MATIAS, João (Org.). *Neoconstitucionalismo e direitos fundamentais*. São Paulo: Atlas, 2009.

SÉRVULO DA CUNHA, Sérgio. *Fundamentos de direito constitucional*. São Paulo: Saraiva, 2008. v. 2.

SETERS, Paul van. *Communitarianism in law and society*. USA: Rowman & Littlefield, 2006.

SGARBOSSA, Luís Fernando; JENSEN, Geziela. *Elementos de direito comparado*: ciência, política legislativa, integração e prática judiciária. Porto Alegre: Sergio Antonio Fabris, 2008.

SHAKESPEARE, William. *Romeo and Juliet*. Ato II, Cena II. *In*: *The complete works of William Shakespeare*. Cleveland: The World Syndicate, s/d.

SHAPIRO, Martin. Judicial review in developed democracies. *In*: GLOPPEN, Siri; GARGARELLA, Roberto; SKAAR, Elin. *Democratization and the judiciary*: the accountability function of courts in new democracies. London: Frank Cass, 2004.

SHEPPARD, William. *The touchstone of common assurances*: or, A plain and familiar treatise, opening the learning of the common assurances, or conveyances of the kingdom. 6. ed. Dublin: John Exshaw, 1785.

SHINER, Roger A. Law and morality. *In*: PATTERSON, Dennis (Org.). *A companion to philosophy of law and legal theory*. USA: Wiley-Blackwell, 2003.

SIEYÈS, Emmanuel Joseph. *Exposição refletida dos direitos do homem e do cidadão (Préliminaire de la Constitution*: reconnaissance et exposition raisonnée des droits de l'homme et du citoyen). (Trad. Emerson Garcia). Rio de Janeiro: Lumen Juris, 2008.

SIEYÈS, Emmanuel Joseph. *Qu'est-ce que le Tiers-État*. 3. ed. Versailles: D. Pierres, 1789.

SIMONDS, Roger. *Rational individualism*: the perennial philosophy of legal interpretation. Netherlands: Rodopi, 1995. (Value Inquiry Book Series, Natural Law Studies, v. 20).

SLAIBI FILHO, Nagib. *Direito constitucional*. 3. ed. Rio de Janeiro: Forense, 2009.

SLAPPER, Gary; KELLY, David. *Source book on the English legal system*. 2. ed. London: Cavendish Smith Bailey & Gunn, 2001.

SMART, J. J. C. An outline of a system of utilitarian ethic. *In*: SMART, J. J. C.; OWEN WILLIAMS, Bernard Arthur. *Utilitarianism*: for and against (1973). Cambridge: Cambridge University Press, 1998.

SMEND, Rudolf, *Costituzione e diritto costituzionale (Verfassung und Verfassungsrecht*, 1928). (Trad. Jorg Luther e Fabio Fiore). Milano: Giuffrè, 1988.

SMITH, Adam. *Inquérito sobre a natureza e as causas da riqueza das nações (An inquiry into the nature and causes of the wealth of nations)*. (Trad. Teodora Cardoso e Luís Cristóvão de Aguiar). 4. ed. Lisboa: Fundação Calouste Gulbenkian, 1999. v. I.

SMITH, Rogers M. *Liberalism and American constitutional law*. Harvard: Harvard University Press, 1985.

SMITH, Steven Douglas. *Constitution and the pride of reason*. New York: Oxford University Press, 1998.

SMITH, Steven Douglas. What does constitutional interpretation interpret? *In*: HUSCROFT, Grant (Ed.). *Expouding the Constitution*: esays in constitutional theory. New York: Cambridge University Press, 2008.

SNOECK HENKEMANS, A. Francisca. Argumentations structures. *In*: VAN EEMEREN, Frans H. (Org.). *Crucial concepts in argumentation theory*. Amsterdam: Amsterdam University Press, 2001.

SOARES MENDONÇA, Paulo Roberto. *A tópica e o Supremo Tribunal Federal*. Rio de Janeiro: Renovar, 2003.

SOKOLOWSKI, Robert. *Husserlian meditations*: how words present things. USA: Northwestern University Press, 1974.

SOLAN, Lawrence M. The Clinton scandal: some legal lessons for linguistics. *In*: COTTERILL, Janet. *Language in the legal process*. New York: Palgrave Macmillan, 2002.

SOLAN, Lawrence M. *The language of judges*. Chicago, London: The University of Chicago Press, 1993.

SOLER, Sebastián. *Fé en el derecho y otros ensayos*. Buenos Aires: TEA, 1956.

SOLER, Sebastián. *La interpretación de la ley*. Barcelona: Ariel, 1962.

SOLOZÁBAL ECHAVARRÍA, Juan José. El estado social como estado autonómico. *Teoría y Realidad Constitucional*, n. 3, p. 61, 1999.

SORRENTI, Giusi. *L'interpretazione conforme a Costituzione*. Milano: Giuffrè, 2006.

SOTELO FELIPPE, Márcio. *Razão jurídica e dignidade humana*. São Paulo: Max Limonad, 1996.

SOURIOUX, Jean-Louis; LERAT, Pierre. *Le langage du droit*. Paris: Presses Universitaires de France, 1975.

SPERTI, Angioletta. La libertà e segretezza della corrispondenza e delle comunicazioni tra vecchie e nuove prospettive di tutela dei diritti fondamentali. *In: Il respetto delle regole*: scritti degli allievi in onore di Alessandro Pizzorusso. Torino: Giappichelli, 2005.

STAFF, Ilse. *Verfassungsrecht*. Baden-Baden: Nomos, 1976.

STARCK, Christian; SCHMIDT, Thorsten Ingo. *Staatsrecht*. 2. ed. München: C.H. Bech, 2008.

STEIN, Ekkehart; FRANK, Götz Frank. *Staatsrecht*. 19. ed. Tübingen: Mohr Siebeck, 2004.

STEINMETZ, Wilson. Direitos fundamentais e relações entre particulares: anotações sobre a teoria dos imperativos de tutela. *Revista Brasileira de Direito Constitucional*, n. 5, p. 205, jan./jun. 2005.

STIEFELMANN LEAL, Roger. *O efeito vinculante na jurisdição constitucional*. São Paulo: Saraiva, 2006.

STONE SWEET, Alec. *Governing with judges*: constitutional politics in Europe. New York: Oxford University Press, 2002.

STONE SWEET, Alec; MATHEWS, Jud. Proportionality, judicial review and global constitutionalism. *In*: BONGIOVANNI, Giorgio; SARTOR, Giovanni; VALENTINI, Chiara. *Reasonableness and law*. New York: Springer, 2009.

STONE, Adrienne. Introduction. *In*: CAMPBELL, Tom; GOLDSWORTHY, Jeffrey Denys; STONE, Adrienne Sarah Ackary. *Protecting human rights*: instruments and institutions. Oxford: Oxford University Press, 2003.

STONE, Julius. *The province and function of law*. Cambridge: Harvard University Press, 1950.

STONE, Martin. Focalizando o direito: o que a interpretação jurídica não é. *In*: MARMOR, Andrei. *Direito e interpretação (Law and interpretation)*. (Trad. Luís Carlos Borges). São Paulo: Martins Fontes, 2004.

STORY, Joseph. *Commentaries on the conflict of laws, foreign and domestic*: in regard to contracts, rights, and remedies, and especially in regard to marriages, divorces, wills, successions, and judgments. Boston: Hilliard, Gray and Company, 1834.

STORY, Joseph. *Commentaries on the Constitution of the United States with a preliminary review of the constitutional history of Colonies and States before the adoption of the Constitution*. Boston: Hilliard, Gray and Company, 1833. v. I.

STRECK, Lenio Luiz. A hermenêutica filosófica e as possibilidades de superação do positivismo pelo (neo) constitucionalismo. *In*: LEITE SAMPAIO, José Adércio (Org.). *Constituição e crise política*. Belo Horizonte: Del Rey, 2006.

STRECK, Lenio Luiz. A hermenêutica jurídica nos vinte anos da Constituição do Brasil. *In*: MOREIRA DE MOURA, Lenice S. (Org.). *O novo constitucionalisno na era pós-positivista*: homenagem a Paulo Bonavides. São Paulo: Saraiva, 2009.

STRECK, Lenio Luiz. *Hermenêutica jurídica e(m) crise*: uma exploração hermenêutica da construção do direito. 6. ed. Porto Alegre: Livraria do Advogado, 2005.

STRECK, Lenio Luiz. *Hermenêutica jurídica e(m) crise*: uma exploração hermenêutica da construção do direito. 8. ed. Porto Alegre: Livraria do Advogado, 2008.

STRECK, Lenio Luiz. Hermenêutica, Constituição e processo, ou de "como discricionariedade não combina com democracia": o contraponto da resposta correta. *In*: AMORIM MACHADO, Felipe Daniel; ANDRADE CATTONI DE OLIVEIRA, Marcelo. *Constituição e processo*: a constituição do processo no constitucionalismo democrático brasileiro. Belo Horizonte: Del Rey, 2009.

STRECK, Lenio Luiz. *Jurisdição constitucional e hermenêutica*: uma nova crítica ao direito. Porto Alegre: Livraria do Advogado, 2002.

STRECK, Lenio Luiz. *Jurisdição constitucional e hermenêutica*: uma nova crítica do direito. 2. ed. Rio de Janeiro: Forense, 2004.

STRECK, Lenio Luiz. O positivismo discricionarista e a crise do direito no Brasil: a resposta correta (adequada à Constituição) como um direito fundamental do cidadão. *In*: BRAGA KLEVENHUSEN, Renata. *Temas sobre direitos humanos*: em homenagem ao professor Vicente de Paulo Barreto. Rio de Janeiro: Lumen Juris, 2009.

STRECK, Lenio Luiz. *O que é isto*: decido conforme minha consciência? Porto Alegre: Livraria do Advogado, 2010.

STRECK, Lenio Luiz. *Verdade e consenso*: Constituição, hermenêutica e teorias discursivas: da possibilidade à necessidade de respostas corretas em direito. Rio de Janeiro: Lumen Juris, 2009.

STRUCK, Gerhard. *Topische Jurisprudenz*. Frankfurt a. M.: Athenaeum,1971.

STUART MILL, John. *A liberdade*: utilitarismo (On liberty and utilitarianism). (Trad. Eunice Ostrensky). São Paulo: Martins Fontes, 2000.

STUART MILL, John. *Le gouvernement representative*. (Trad. M. Dupont-White). Paris: Guillaumin et Cie., Éditeurs, 1877.

STYCHIN, Carl F.; MULCAHY, Linda. *Legal methods and systems*. London: Sweet & Maxwell, 2007.

SUÁREZ, Francisco. *Tratado de las leyes y de Dios legislador*: de la ley positiva humana en si misma y en quanto puede considerarse en la pura naturaleza del hombre, la cual se llama también ley civil. (Trad. Jaime Torrubiano Ripol). Madrid: Reus, 1918. v. 3.

SUSTEIN, Cass et al. *Are judges political?*: an empirical analysis of the federal judiciary. Washington: Brookings Institution Press, 2006.

SUSTEIN, Cass. *A constitution of many minds*: why de founding document doesn't mean what it meant before. Princeton; Oxford: Princeton University Press, 2009.

SUSTEIN, Cass. *Designing democracy*: what constitutions do. New York: Oxford University Press, 2001.

SUSTEIN, Cass. *Legal reasoning and political conflict*. New York. Oxford University Press, 1996.

SUSTEIN, Cass. *One case at a time*: judicial minimalism on the Supreme Court. Cambridge: Harvard University Press, 1999.

SUSTEIN, Cass. Por que os grupos vão a extremos. *In*: LEITE SAMPAIO, José Adércio (Org.). *Constituição e crise política*. Belo Horizonte: Del Rey, 2006.

TAEKEMA, Sanne. *The concept of ideals in legal theory*. The Hague: Springer, 2002. (Law and Philosophy Library, v. 63).

TAMANAHA, Brian Z. *Beyond the formalist-realist divide*: the role of politics in judging. New Jersey: Princeton University Press, 2010.

TÄNNSJÖ, Torbjörn. *Hedonistic utilitarianism*. Edinburgh: Edinburgh University Press, 1998.

TARELLO, Giovanni. *Diritto, enunciati, usi*: studi di teoria e metateoria del diritto. Bologna: Il Mulino, 1974.

TARELLO, Giovanni. *Il realismo giuridico americano*. Milano: Giuffrè, 1962.

TARELLO, Giovanni. *L'interpretazione della legge*. Milano: Giuffrè, 1980.

TAYLOR, Charles. Nationalism and modernity. *In*: McKIM, Robert; McMAHAN, Jeff. *The morality of nationalism*. Oxford: Oxford University Press, 1999.

TEBBIT, Mark. *Philosophy of law*: an introduction. London: Routledge, 2000.

TERSMAN, Folke. *Moral disagreement*. New York: Cambridge University Press, 2006.

THOMPSON FORD, Richard. *Racial culture*: a critique. New Jersey: Princeton University Press, 2005.

TIERSMA, Peter M. *Legal language*. Chicago: The University of Chicago Press, 1999.

TOBLER, Christa. *Indirect discrimination*: a case study into the development of the legal concept of indirect discrimination under EC law. Oxford: Intersentia, 2005.

TOCQUEVILLE, Aléxis de. *A democracia na América* (*De la démocratie en Amérique*): livros I e II. (Trad. Eduardo Brandão). São Paulo: Martins Fontes, 2004.

TOOLAN, Michael J. *Narrative*: a critical linguistic introduction. 2. ed. Oxon: Routledge, 2001.

TRAVERSO, Carlo Emilio. *La tutela costituzionale della persona umana prima della nascita*. Milano: Giuffrè, 1977.

TREMBLAY, Luc B. *The rule of law, justice, and interpretation*. Quebec: McGill-Queen's Press, 1997.

TRIBE, Lawrence H. *American constitutional law*. 2. ed. New York: The Foundation Press, 1988.

TRIBE, Lawrence H. *American constitutional law*. 3. ed. New York: The Foundation Press, 2000.

TRIBE, Lawrence H. *Constitutional choices*. Cambridge: Harvard University Press, 1985.

TRIBE, Lawrence H. *The invisible constitution*. New York: Oxford University Press, 2008.

TRIBE, Lawrence H. The puzzling persistence of process-based constitutional theories. *Yale Law Journal*, n. 89, p. 1063, 1980.

TRIBE, Lawrence H; DORF, Michael. *On reading the Constitution*. Cambridge: Harvard University Press, 1991.

TRIMARCHI, Pietro. *Istituzioni di diritto privato*. 6. ed. Milano: Giuffrè, 1983.

TROPER, Michel. *A filosofia do direito (La philosophie du droit)*. (Trad. Ana Deiró). São Paulo: Martins Fontes, 2008.

TROPER, Michel. *Pour une théorie juridique de l'État*. Paris: PUF, 1994.

TROPER, Michel. The fact and the law. *In*: NERHOT, Patrick. *Law, interpretation and reality*: essays in rpistemology, hermeneutics and jurisprudence. Dordrecht: Kluwer Academic, 1990.

TROPER, Michel; VERZA, Annalisa. Legal philosophy: general aspects (concepts, rights and doctrines). *Proceedings of the 19th World Congress of the International Association for Philosophy of Law and Social Philosophy (IVR) New York, June 24-30, 1999*. Sttutgard: Franz Steiner, 2002. (ARSP, v. 82).

TROSBORG, Anna. *Rhetorical strategies in legal language*: discourse analysis of statutes. Tübingen: Günter Narr, 1997.

TROYER, John. *The classical utilitarians*: Bentham and Mill. Indianapolis: Hackett, 2003.

TULLY, James. *Une étrange multiplicité*: le constitutionnalisme à une époque de diversité (Strange multiplicity: constitutionalism in an age of diversity). Québec: Presses Université Laval, 1999.

TUSHNET, Mark V. Following the rules laid down: a critique of interpretivism and neutral principles. *In*: LEVINSON, Sanford; MAILLOUX, Steven. *Interpreting law and literature*: a hermeneutic reader. Illinois: Northwestern University Press, 1988.

TUSHNET, Mark V. *Taking the Constitution away from the courts*. New Jersey: Princeton University Press, 2000.

VALA, Jorge. Social values and contexts of interaction: *In*: LOPES ALVES, João. *Ética e o futuro da democracia*. Lisboa: Colibri, 1998.

VAN DER VEN, J. J. M. *Ius humanum*: das Menschliche und das Rechtliche. Frankfurt Am Main: Metzner, 1981.

VAN EEMEREN, F. H.; GROOTENDORST, R.; SNOECK HENKEMANS, Francisca. *Fundamentals of argumentation theory*: a handbook of historical backgrounds and contemporary developments. New Jersey: Lawrence Erlbaum, 1996.

VAN EEMEREN, Frans H. The state of art in argumentation theory. *In*: VAN EEMEREN, Frans H. (Org.). *Crucial concepts in argumentation theory*. Amsterdam: Amsterdam University Press, 2001.

VAN EEMEREN, Frans H.; GROOTENDORST, R. *Argumentation, communication, and fallacies*: a pragma-dialectical perspective. New Jersey: Lawrence Erlbaum, 1992.

VAN EEMEREN, Frans H; GROOTENDORST, R. *A systematic theory of argumentation*: the pragma-dialectical approach. Cambridge University Press, 2004. (Ariel Empresa, v. 14).

VAN MAARSEVEEN, Henc; VAN DER TANG, Ger. *Written constitutions*: a computerized comparative study. New York: Oceana, 1978.

VAN PEURSEN, C.A. Language and politics in cultural perspective. *In*: CRANSTON, Maurice; MAIR, Peter. *Langage et politique*. Bruxelles: Bruylant, 1982.

VAN REES, M. Agnès. Argument interpretation and reconstruction. *In*: VAN EEMEREN, Frans H. (Org.). *Crucial concepts in argumentation theory*. Amsterdam: Amsterdam University Press, 2001.

VANBERG, Georg. *The politics of constitutional review in Germany*. New York: Cambridge University Press, 2005.

VASCONCELLOS, Arnaldo. *Teoria da norma jurídica*. 6. ed. São Paulo: Malheiros, 2006.

VASCONCELOS DINIZ, Mário Augusto. *Constituição e hermenêutica constitucional*. 2. ed. Belo Horizonte: Mandamentos, 2002.

VATTEL, Emer de. *Le droit des gens ou Principes de la loi naturelle*. Paris: Guillaumin et Cie, 1863. t. I.

VERHOEVEN, Joe. *Droit international public*. Bruxelas: Larcier, 2000.

VERNET LLOBET, Jaume. *El sistema federal austriaco*. Madrid: Marcial Pons, 1997.

VERZA, Annalisa. Neutrality toward microdifferences, toleration toward macrodifferences. *In*: TROPER, Michel; VERZA, Annalisa. *Legal philosophy*: general aspects (concepts, rights and doctrines): proceedings of the 19th World Congress of the International Association for Philosophy of Law and Social Philosophy (IVR), New York, June 24-30, 1999, v. 82 de ARSP. Sttutgard: Franz Steiner, 2002.

VIEHWEG, Theodor. *Tópica e jurisprudência (Topik und Rechtsphilosophie)*. (Trad. Tércio Sampaio Ferraz Jr.). Brasília: Departamento de Imprensa Nacional, 1979.

VIEIRA DE ANDRADE, José Carlos. La protection des droits sociaux dans l'ordre juridique du Portugal. *In*: ILIOPOULOS-STRANGAS, Julia (Org.). *Droits de l'homme*. Bruxelas: Ant. N. Sakkoulas Athènes, 1997. v. III.

VIEIRA DE ANDRADE, José Carlos. *Os direitos fundamentais na Constituição portuguesa de 1976*. 4. ed. Coimbra: Almedina, 2010.

VIESTI, Giuseppe. *Il decreto-leggi*. Napoli: Jovene, 1967.

VIGUIER, Jacques. Le primauté juridique de la langue nationale française sur les langues régionales secondes. *Revue du Droit Public et de la Science Politique en France et à l'Étranger*, n. 6, p. 1635-1648, nov./dec. 2009.

VILLAR PALASI, José Luis. *La interpretación y los apotegmas jurídico-lógicos*. Madrid: Tecnos, 1975.

VILLEY, Michel. Abrégé du droit naturel classique. *Archives de Philosophie du Droit*, n. 6, p. 25-72, 1961.

VILLEY, Michel. La genèse du droit subjectif chez Guillaume d'Occam. *Archives de Philosophie du Droit*, n. 9, p. 97-127, 1964.

VILLEY, Michel. *Leçons d'histoire de la philosophie du droit*. Paris: Dalloz, 1962.

VILLEY, Michel. *Réflexions sur la philosophie et le droit*: Les Carnets. Paris: PUF, 1995.

VIOLA, Francesco; ZACCARIA, Giuseppe. *Diritto e interpretazione*: lineamenti di teoria ermeneutica del diritto. 6. ed. Roma: Laterza, 2009.

VOLPI, Franco. Herméneutique et philosofie pratique. *Journal of Legal Interpretation (Reasonableness and Interpretation)*, Münster: LIT, p. 11-42, 2003.

VON IHERING, Rudolf. *A evolução no direito (Der Zweck im Recht)*. Salvador: Progresso, 1950. v. I.

VON IHERING, Rudolf. *L'esprit du droit romain dans les diverses phases de son développement*. (Trad. O. de Meulenaere). Paris: A. Chevalier-Marescq, 1886. t. 1.

VON IHERING, Rudolf. *L'esprit du droit romain dans les diverses phases de son développement*. (Trad. O. de Meulenaere). Paris: A. Chevalier-Marescq, 1888. t. 3.

VON OERTZEN ARAÚJO, Clarice. Semiótica na hermenêutica e interpretação constitucional. *In*: RIBEIRO MOREIRA, Eduardo; GONÇALVES JÚNIOR, Jerson Carneiro; POLLETI BETTINI, Lucia Helena. *Hermenêutica constitucional*: homenagem aos 22 anos do Grupo de Estudos Maria Garcia. São Paulo: Conceito Editorial, 2010.

VON SAVIGNY, Friedrich Karl. *Juristiche Methodenlehre*. Stuttgart: K. F. Koehler, 1951.

VON SAVIGNY, Friedrich Karl. *Traité de droit romain*. (Trad. M. CH. Guenoux). Paris: Firmin Didot Fréres, 1840. t. 1.

VON WRIGHT, Georg Henrik. Action logic as a basis for deontic logic. *In*: DI BERNARDO, Giuliano. *Normative structures of the social world*. Amsterdam: Rodopi, 1988. v. 11.

VON WRIGHT, Georg Henrik. Images of science and forms of rationality. *In*: *The tree of knowledge and other essays*. Leiden: Brill, 1993.

VON WRIGHT, Georg Henrik. *Norm and action*: a logical enquiry. Londres: Routledge, 1963.

VOSSKUHLE, Andreas. Religionsfreiheit und Religionskritik: zur Verrechtlichung religiöser Konflikte. *Europäische Grundrechte Zeitschrift*, a. 37, n. 18-21, p. 537-543, nov. 2010.

VOSSKUHLE, Andreas. Theorie un Praxis der verfassungskonformen Auslegung von Gesetzen durch Fachgerichte: Kritische Bestandsaufnahme und Versuch einer Neubestimmung. *Archiv des Öffentlichen Rechts*, n. 125, v. 2, p. 177-201, 2000.

WALDRON, Jeremy. As intenções dos legisladores e a legislação não intencional. *In*: MARMOR, Andrei. *Direito e interpretação* (*Law and interpretation*). (Trad. Luís Carlos Borges). São Paulo: Martins Fontes, 2004.

WALDRON, Jeremy. *Law and disagreement*. Oxford: Oxford University Press, 1999.

WALDRON, Jeremy. Precommitment and disagreeement. *In*: ALEXANDER, Larry. *Constitutionalism*: philosophical foundations. Cambridge: Cambridge University Press, 1998.

WALDRON, Jeremy. The core of the case of judicial review. *Yale Law JournalI*, n. 115, p. 1346-1370, 2006.

WALDRON, Jeremy. *The dignity of legislation*. Cambridge: Cambridge University Press, 1999. (John Robert Seeley Lectures, v. 2).

WALKENHAUS, Ralf. *Konservatives Staatsdenken*: eine wissenssoziologische Studie zu Ernst Rudolf Huber. Berlin: Akademie, 1997.

WALKER, Neil. The burden of universalism. *In*: BANKOWSKI, Zenon; MACLEAN, James (Org.). *The universal and the particular in legal reasoning*. Hampshire: Ashgate, 2006.

WALKER, Samuel. *Hate speech*: the history of an American controversy. USA: University of Nebraska Press, 1994.

WALTER, Christian. *Terrorism as a challenge for national and international law*: security versus liberty? Berlin: Springer, 2004. (Beiträge zum ausländischen öffentlichen Recht und Völkerrecht, 169).

WALTER, Robert. *La estructura del orden jurídico* (*Der Aufbau der Rechtsordnung*). (Trad. Ernesto Volkening). Santa Fe de Bogotá: Temis, 1984.

WALTON, Douglas N. *Plausible argument in everyday conversation*. Albany: Suny Press, 1992.

WALUCHOW, Wilfrid. J. *Inclusive legal positivism*. Oxford: Oxford University Press, 1994.

WARD, Ian. *Introduction to critical legal theory*. 2. ed. Great Britain: Routledge Cavendish, 2004.

WARDHAUGH, Ronald. *An introduction to sociolinguistics*. 5. ed. Malden: Wiley-Blackwell, 2006. (Blackwell Textbooks in Linguistics, v. 4).

WARNOCK, Mary. *Imagination*. Califórnia: University of California Press, 1976.

WATSON-BROWN, Anthony. Defining 'Plain English' as an aid to legal drafting. *Statute Law Review*, v. 30, n. 2, p. 85-96, 2009.

WEBER, Albrecht. L'État social et les droits sociaux en RFA. *Revue Française de Droit Constitutionnel*, n. 24, p. 677-693, 1995.

WEBER, Max. *Economía e sociedad*. (Trad. Eduardo García Maynez e Eugenio Imaz). México: Fondo de Cultura, 1944. (Sociología del Derecho, t. III).

WECHSTER, Hebert. Toward neutral principles of constitucional law. *Harward Law Review*, n. 73, p. 1-30, 1959.

WEINBERGER, Ota. Beyond positivism and natural law. *In*: MACCORMICK, Neil; WEINBERGER, Ota (Org.). *An institutional theory of law*: new approaches to legal positivism. Netherlands: Springer, 1992.

WEINBERGER, Ota. The analytico-dialectical theory of justice. *In*: MACCORMICK, Neil; WEINBERGER, Ota (Org.). *An institutional theory of law*: new approaches to legal positivism. Netherlands: Springer, 1992.

WEINBERGER, Ota. The conditio humana and the ideal of justice. *In*: MACCORMICK, Neil; WEINBERGER, Ota (Org.). *An institutional theory of law*: new approaches to legal positivism. Netherlands: Springer, 1992.

WEINBERGER, Ota. The norm as thought and as reality. *In*: MACCORMICK, Neil; WEINBERGER, Ota (Org.). *An institutional theory of law*: new approaches to legal positivism. Netherlands: Springer, 1992.

WEINERT, Iduna E. O direito da personalidade como direito natural geral: corrente naturalista clássica. *Revista de Informação Legislativa do Senado Federal*, a. 27, n. 108, p. 221, out./dez. 1990.

WEINKAUF, Hermann. Was heißt das: Positivismus als juristische Strategie? *JuristenZeitung*, p. 54-57, 1970.

WEINRIB, Ernest. Legal formalism. *In*: PATTERSON, Dennis (Org.). *A companion to philosophy of law and legal theory*. USA: Wiley-Blackwell, 2003.

WEINRIB, Ernest. Legal formality: on the immanent rationality of law. *Yale Law Journal*, n. 97, p. 949, 1988.

WEISLER, Steven; MILEKIC, Slavoljub P. *Theory of language*. Massachusetts: MIT Press, 2000.

WENDELL HOLMES, Oliver. Law and the Court (1913). *In*: *Collected legal papers*. New York: Peter Smith, 1952.

WENDELL HOLMES, Oliver. *Re-imagining justice*: progressive interpretations of formal equality, rights, and the rule of Law. Hants: Ashgate, 2003.

WENDELL HOLMES, Oliver. *The common law*. Boston: Mark De Wolfe Howe, 1963.

WENDELL HOLMES, Oliver. The other utilitarians. *In*: BIX, Brian (Org.). *Analyzing law*: new essays in legal theory. Oxford: Oxford University Press, 1998.

WENDELL HOLMES, Oliver. The path of the law (1897). *In*: *Collected legal papers*. New York: Peter Smith, 1952.

WENDELL HOLMES, Oliver. The theory of legal interpretation (1899). *In*: *Collected legal papers*. New York: Peter Smith, 1952.

WEST, Robin. *Narrative, authority and law*. USA: University of Michigan Press, 1993.

WEST, Robin. *Progressive constitutionalism*: reconstructing the Fourteenth Amendment. USA: Duke University Press, 1994.

WHITE, James Boyd. *Heracles' bow*: essays on the rhetoric and poetics of the law. Wisconsin: University of Wisconsin Press, 1989.

WHITE, James Boyd. *The legal imagination*. Chicago: The University of Chicago Press, 1985.

WHITECROSS PATON, George. *A text-book of jurisprudence*. 3. ed. Oxford: Clarendon, 1964.

WHITTINGTON, Keith E. *Political foundations of judicial supremacy*: the Presidency, the Supreme Court and constitutional leadership in U.S. history. Princeton; Oxford: Princeton University Press, 2007.

WIEACKER, Franz. *Historia del derecho privado de la Edad Moderna*. (Trad. Francisco Fernández Jardón). Madrid: Aguilar, 1957.

WIECK, William. Constitutional history. *In*: *American constitutional history*: selections from the Encyclopedia of the American Constitutions. New York: Macmillan, 1989.

WILLIAMS, Glanville L. Language and the law. *TLQR*, v. 61, p. 71, jul. 1945.

WILLIAMSON, Timothy. *Vagueness*. New York: Routledge, 1994.

WILLOUGHBY, Westel W. *Principles of the constitutional law of the United States*. 2. ed. New York: Baker, Voorhis & Co., 1983.

WILSON, Willian. Fact and law. *In*: NERHOT, Patrick. *Law, interpretation and reality*: essays in epistemology, hermeneutics and jurisprudence. Dordrecht: Kluwer, 1990.

WINKLER, Günther. *Rechtswissenschaft und Rechtserfahrung*: Methoden – und erkenntniskritische Gedanken über Hans Kelsens Lehre und das Verwaltungsrecht. Wien: Springer, 1994.

WITTGENSTEIN, Ludwig. *Tratado lógico-filosófico* (*Tractatus Logico-Philosophicus*). 3. ed. (Trad. M. S. Lourenço). Lisboa: Fundação Calouste Gulbenkian, 2002.

WOLFGANG SARLET, Ingo. *A eficácia dos direitos fundamentais*: uma teoria geral dos direitos fundamentais na perspectiva constitucional. 10. ed. Porto Alegre: Livraria do Advogado, 2010.

WOLFGANG SARLET, Ingo. As dimensões da dignidade da pessoa humana: construindo uma compreensão jurídico-constitucional necessária e possível. *Revista Brasileira de Direito Constitucional*, n. 9, p. 361, jan./jun. 2007.

WOLFGANG SARLET, Ingo. As dimensões da dignidade da pessoa humana no estado democrático de direito. *In*: MOREIRA DE MOURA, Lenice S. (Org.). *O novo constitucionalisno na era pós-positivista*: homenagem a Paulo Bonavides. São Paulo: Saraiva, 2009.

WOLFGANG SARLET, Ingo. *Dignidade da pessoa humana e direitos fundamentais na Constituição Federal de 1988*. 8. ed. Porto Alegre: Livraria do Advogado, 2010.

WOLFGANG SARLET, Ingo. Os direitos fundamentais sociais: o direito a uma vida digna (mínimo existencial) e o direito privado: apontamentos sobre a possível eficácia dos direitos sociais nas relações entre particulares. *In*: ALMEIDA FILHO, Agassiz; MELGARÉ, Plínio (Org.). *Dignidade da pessoa humana*: fundamentos e critérios interpretativos. São Paulo: Malheiros, 2010.

WOLFGANG SARLET, Ingo. Proibição de retrocesso, dignidade da pessoa humana e direitos sociais: manifestação de um constitucionalismo dirigente possível. *In*: LEITE SAMPAIO, José Adércio (Org.). *Constituição e crise política*. Belo Horizonte: Del Rey, 2006.

WOLFGANG SARLET, Ingo; FILCHTINER FIGUEIREDO, Mariana. Reserva do possível, mínimo existencial e direito à saúde: algumas aproximações. *In*: WOLFGANG SARLET, Ingo; BENETTI TIMM, Luciano (Org.). *Direitos fundamentais*: orçamento e "reserva do possível". 2. ed. Porto Alegre: Livraria do Advogado, 2010.

WOLFSON, Nicholas. *Hate speech, sex speech, free speech*. USA: Greenwood, 1997.

WOLKMER, Antonio Carlos. *Introdução ao pensamento jurídico crítico*. 6. ed. São Paulo: Saraiva, 2008.

WROBLEWSKI, Jerzy. *"Sentido" y "hecho" en el derecho*. (Trad. J. Igartua). San Sebastián: Universidad del País Vasco, 1989.

WROBLEWSKI, Jerzy. Cognition of norms and cognition trough norms. *In*: DI BERNARDO, Giuliano. *Normative structures of the social world*. Amsterdam: Rodopi, 1988. v. 11.

WROBLEWSKI, Jerzy. *Constitución y teoría general de la interpretación jurídica*. (Trad. Arantxa Azurza). Madrid: Cuadernos Civitas, 2001.

WROBLEWSKI, Jerzy. Legal language and legal interpretation. *Law and PhilosophyI*, v. 4, n. 2, p. 239-255, ago. 1985.

WROBLEWSKI, Jerzy. Moral values and legal reasoning: some aspects of their mutual relations. *In*: SADURSKI, Wojciech (Ed.). *Ethical dimensions of legal theory*. The Netherlands: Rodopi, 1991.

WROBLEWSKI, Jerzy. Semantic basis of the theory of legal interpretation. *Logique et Analyse*, n. 6, p. 397-416, dec. 1963.

WROBLEWSKI, Jerzy; BÁNKOWSKI, Zenon; MACCORMICK, Neil. *The judicial application of law*. Springer: The Netherlands, 1992. (Law and Philosophy Library, v. 15).

YULE, George. *The study of language*. 2. ed. Cambridge: Cambridge University Press, 1996.

ZACCARIA, Giuseppe. I giudizi di valore nell'interpretazione giuridica. *Persona y Derecho, Revista de Fundamentación de las Instituciones Jurídicas y de Derechos Humanos*, n. 61, p. 103-114, jul./dic. 2009.

ZAGREBELSKY, Gustavo. Corti costituzionali e diritti universali. *Rivista Trimestrale di Diritto Pubblico*, n. 2, p. 297-311, 2006.

ZAGREBELSKY, Gustavo. *Il "Crucifige!" e la democrazia*. Torino: Einaudi, 1995.

ZAGREBELSKY, Gustavo. *Il diritto mite*: legge, diritto, giustizia. Torino: Einaudi, 2010.

ZAGREBELSKY, Gustavo. La doctrine du droit vivant et la question de constitutionnalité. *Constitutions – RDCA – Revue de Droit Constitutionnel Appliqué*, p. 9-20, jan./fév. 2010.

ZAGREBELSKY, Gustavo. *La giustizia costituzionale*. Bologna: Il Mulino, 1977.

ZAGREBELSKY, Gustavo. *La legge e la sua giustizia*. Bologna: Il Mulino, 2008.

ZAGREBELSKY, Gustavo. *Manuale di iritto costituzionale*: il sistema delle fonti del diritto. Torino: UTET, 1987. v. I.

ZIEDLER, Wolfgang. The Federal Constitutional Court of the Federal Republic of Germany: decisions on the constitutionality of legal norms. *Notre Dame Law Review*, n. 62, p. 504, 1987.

ZIEMBINSKI, Zygmunt. Le contenus et la structure de normes concédant les compétences. *In*: DI BERNARDO, Giuliano. *Normative structures of the social world*. Amsterdam: Rodopi, 1988. v. 11.

ZIEMBINSKI, Zygmunt. *Polish contributions to the theory and philosophy of law*. Amsterdan: Rodopi, 1987.

ZIPPELIUS, Reinhold. *Rechtsphilosophie*. München: C. H. Beck, 1982.

ZIPPELIUS, Reinhold. *Teoria geral do Estado (Allgemeine Staatslehre)*. (Trad. Karin Praefke-Aires Coutinho, coordenação de J. J. Gomes Canotilho). Lisboa: Fundação Calouste Gulbenkian, 1997.

ZIPPELIUS, Reinhold; WÜRTENBERGER, Thomas. *Deutsches Staatsrecht*. 32. ed. München: C. H. Beck, 2008.

*"Ach Gott, die Kunst ist lang
Und kurz ist unser Leben!"*

(Göethe. *Faust. Der Urfaust: Nacht*. Switzerland: Birkhäuser Basel, 1948, p. 13).

Esta obra foi composta em fonte Palatino Linotype, corpo 10
e impressa em papel Offset 75g (miolo) e Supremo 250g (capa)
pela Gráfica Paulinelli.